TRANSFORMAÇÕES NO DIREITO PRIVADO NOS 30 ANOS DA CONSTITUIÇÃO

ESTUDOS EM HOMENAGEM A LUIZ EDSON FACHIN

MARCOS EHRHARDT JÚNIOR

EROULTHS CORTIANO JUNIOR

Coordenadores

Prefácio

Gustavo Tepedino

Eroulths Cortiano Junior

TRANSFORMAÇÕES NO DIREITO PRIVADO NOS 30 ANOS DA CONSTITUIÇÃO

ESTUDOS EM HOMENAGEM A LUIZ EDSON FACHIN

Belo Horizonte

2019

© 2019 Editora Fórum Ltda.

É proibida a reprodução total ou parcial desta obra, por qualquer meio eletrônico, inclusive por processos xerográficos, sem autorização expressa do Editor.

Conselho Editorial

Adilson Abreu Dallari
Alécia Paolucci Nogueira Bicalho
Alexandre Coutinho Pagliarini
André Ramos Tavares
Carlos Ayres Britto
Carlos Mário da Silva Velloso
Cármen Lúcia Antunes Rocha
Cesar Augusto Guimarães Pereira
Clovis Beznos
Cristiana Fortini
Dinorá Adelaide Musetti Grotti
Diogo de Figueiredo Moreira Neto
Egon Bockmann Moreira
Emerson Gabardo
Fabrício Motta
Fernando Rossi
Flávio Henrique Unes Pereira

Floriano de Azevedo Marques Neto
Gustavo Justino de Oliveira
Inês Virgínia Prado Soares
Jorge Ulisses Jacoby Fernandes
Juarez Freitas
Luciano Ferraz
Lúcio Delfino
Marcia Carla Pereira Ribeiro
Márcio Cammarosano
Marcos Ehrhardt Jr.
Maria Sylvia Zanella Di Pietro
Ney José de Freitas
Oswaldo Othon de Pontes Saraiva Filho
Paulo Modesto
Romeu Felipe Bacellar Filho
Sérgio Guerra
Walber de Moura Agra

FÓRUM

Luís Cláudio Rodrigues Ferreira
Presidente e Editor

Coordenação editorial: Leonardo Eustáquio Siqueira Araújo

Av. Afonso Pena, 2770 – 15º andar – Savassi – CEP 30130-012
Belo Horizonte – Minas Gerais – Tel.: (31) 2121.4900 / 2121.4949
www.editoraforum.com.br – editoraforum@editoraforum.com.br

Dados Internacionais de Catalogação na Publicação (CIP) de acordo com a AACR2

T772   Transformações no Direito Privado nos 30 anos da Constituição: estudos em homenagem a Luiz Edson Fachin / Marcos Ehrhardt Júnior, Eroulths Cortiano Junior (Coord.).– Belo Horizonte : Fórum, 2019.

805p.; 17cm x 24cm
ISBN: 978-85-450-0562-9

1. Direito Civil. 2. Direito Empresarial. 3. Direito Privado. 4. Direito do Consumidor. I. Ehrhardt Júnior, Marcos 1. II. Cortiano Junior, Eroulths III. Título.

CDD 342.1
CDU 347

Elaborado por Daniela Lopes Duarte - CRB-6/3500

Informação bibliográfica deste livro, conforme a NBR 6023:2002 da Associação Brasileira de Normas Técnicas (ABNT):

EHRHARDT JÚNIOR, Marcos; CORTIANO JUNIOR, Eroulths (Coord.). *Transformações no Direito Privado nos 30 anos da Constituição*: estudos em homenagem a Luiz Edson Fachin. Belo Horizonte: Fórum, 2019. 805p. ISBN 978-85-450-0562-9.

SUMÁRIO

PREFÁCIO
L. E. FACHIN, O DIREITO CIVIL E A CONSTITUIÇÃO
Gustavo Tepedino, Eroulths Cortiano Junior 21

APRESENTAÇÃO
Marcos Ehrhardt Júnior, Eroulths Cortiano Junior 23

PARTE I
INTRODUÇÃO

A METODOLOGIA DO DIREITO CIVIL NO PENSAMENTO DE LUIZ EDSON FACHIN
CARLOS EDUARDO PIANOVSKI RUZYK 27

1   À guisa de introdução – Premissas epistemológicas para a compreensão da metodologia do direito civil na obra de Luiz Edson Fachin 27
2   Norma, fato e sistema 28
3   Conceitos, ductibilidade e instrumentalidade 31
4   Relevância das dimensões axiológica e funcional 32
5   Tríplice constitucionalização 34

PARTE II
ENTRE O SUJEITO E A PESSOA NAS RELAÇÕES PRIVADAS

PRINCÍPIO DA DIGNIDADE DA PESSOA HUMANA RESSIGNIFICADO A PARTIR DO DIREITO CIVIL CONSTITUCIONAL PROSPECTIVO
PABLO MALHEIROS DA CUNHA FROTA 39

1   Introdução 39
2   Os desafios do direito privado hoje 41
3   Direito civil constitucional prospectivo e a ressignificação do princípio da dignidade da pessoa humana 43
4   Conclusão 51
      Referências 52

DILEMAS E DESAFIOS DA SEGURANÇA JURÍDICA NAS SITUAÇÕES JURÍDICAS EXISTENCIAIS
PAULA MOURA FRANCESCONI DE LEMOS PEREIRA, THAMIS ÁVILA DALSENTER VIVEIROS DE CASTRO 55

    Introdução 55

1   A autonomia existencial e a insuficiência do conceito tradicional de segurança jurídica 56

2   Segurança jurídica e interpretação 60

3   Desafios para a construção da segurança jurídica nas situações jurídicas existenciais 62

    Considerações finais 71

    Referências 72

REPENSANDO SOBRE AS PESSOAS E O ESTATUTO JURÍDICO DO SER
JUSSARA MARIA LEAL DE MEIRELLES 75

1   Introdução 75

2   Gestação de substituição 76

3   Embriões humanos de laboratório 78

4   O ser e o ter 79

5   "Com a cabeça nas nuvens, mas os pés no chão" 80

6   Crítica ao regime de incapacidades 81

7   Pessoa com deficiência 83

8   Considerações finais 84

    Referências 85

ESTATUTO JURÍDICO DO NASCITURO: A NECESSIDADE DE CONSTRUÇÃO DO CONCEITO JURÍDICO DE CONCEPÇÃO EM FACE DOS EMBRIÕES *IN VITRO*
PATRICIA FERREIRA ROCHA, RODOLFO PAMPLONA FILHO 87

1   Introdução 87

2   O nascituro perante a ordem jurídica 88

3   Os reflexos da reprodução humana assistida na delimitação da figura do nascituro 90

4   A necessidade da construção de um conceito jurídico de concepção em face dos embriões *in vitro* 94

5   Conclusão 100

    Referências 101

MERCADO, PESSOA HUMANA E TECNOLOGIAS: A INTERNET DAS COISAS E A PROTEÇÃO DO DIREITO À PRIVACIDADE
CAITLIN SAMPAIO MULHOLLAND 103

1   O direito civil constitucional, a proteção da pessoa humana e sua tutela frente às novas tecnologias 103

2   O caso da televisão que espionava: dados e dignidade 106

3   A internet das coisas (IoT) e os bens inteligentes 108

4	O direito da privacidade e o direito à proteção de dados	110
5	A regulação da IoT e a tutela da privacidade	112
6	Conclusão	114
	Referências	115

DIREITO AO ESQUECIMENTO E O *VENIRE CONTRA FACTUM PROPRIUM*: OS EFEITOS DA AUTOEXIBIÇÃO NA ERA DIGITAL
TATIANE GONÇALVES MIRANDA GOLDHAR 117

1	Introdução	117
2	A erosão do direito à privacidade na era digital	118
3	O direito ao esquecimento no caso de autoexibição e efeitos na responsabilidade civil	124
4	Conclusão	132
	Referências	133

DIREITO DE ARENA: VACILAÇÕES E PERSPECTIVAS
ELIMAR SZANIAWSKI 137

1	Introdução	137
2	Noções sobre a categoria jurídica do direito à própria imagem	138
2.1	A consolidação da tutela do direito à imagem pelos tribunais brasileiros	140
3	Noções sobre a categoria jurídica do direito de arena	144
3.1	A consolidação da tutela do direito de arena pelos tribunais brasileiros	146
4	Conclusão	149
	Referências	150

REFLEXÕES SOBRE A AUTONOMIA DA VONTADE E A INTERDISCIPLINARIDADE NA MEDIAÇÃO
ÁGUIDA ARRUDA BARBOSA, FERNANDA TARTUCE 151

1	Introdução	151
2	Relevância do tema	152
3	Autonomia da vontade como princípio informador da mediação	152
4	Autonomia da vontade e conhecimento interdisciplinar do mediador	154
5	Mediação judicial e autonomia da vontade	158
	Referências	160

O RECONHECIMENTO JURÍDICO DA IDENTIDADE DE GÊNERO NA TRANSEXUALIDADE: ENTRE OURIÇOS E RAPOSAS
JOYCEANE BEZERRA DE MENEZES, ANA PAOLA DE CASTRO E LINS 163

1	Introdução	163
2	Identidade pessoal como direito fundamental: a emergência de uma compreensão dinâmica sob a lente do observador "raposa"	164
3	Identidade de gênero e a jurisprudência brasileira: a passagem do ouriço à raposa	167

3.1 *E agora, José*? Quando a pessoa *trans* bate à porta dos cartórios – Entre ouriços e raposas 175
3.2 Limites externos à autodeterminação em matéria de identidade de gênero: CNJ e corregedorias de justiça dos estados 178
4 Conclusão 179
Referências 180

"OS PRINCÍPIOS" DA AUTONOMIA NA TERMINALIDADE DA VIDA
CARLA MOUTINHO 183
1 Introdução 183
2 Autonomia da vontade *vs.* autonomia privada 185
3 Autonomia do paciente 187
4 Conclusão 193
Referências 194

DIRETIVAS ANTECIPADAS DE VONTADE COMO INSTRUMENTO DE CONCRETIZAÇÃO DO DIREITO FUNDAMENTAL À MORTE DIGNA
GISELDA MARIA FERNANDES NOVAES HIRONAKA,
PRISCILA DE CASTRO TEIXEIRA PINTO LOPES AGAPITO 197
Introdução 197
1 Conceito e escopo das diretivas antecipadas de vontade 198
2 Objeto das diretivas antecipadas de vontade e as necessárias distinções conceituais: eutanásia, ortotanásia, distanásia, suicídio assistido, mistanásia, mandato duradouro, testamento vital 199
3 Direito fundamental à morte digna como norma justificadora do respeito às diretivas antecipadas de vontade 204
4 Aplicação das diretivas antecipadas de vontade 207
5 Diretivas antecipadas de vontade elaboradas pela via do instrumento público: aspectos notariais 211
Conclusão 213
Referências 213

PARTE III
PATRIMÔNIO MÍNIMO E RELAÇÕES PRIVADAS

O PATRIMÔNIO MÍNIMO NA OBRA DE LUIZ EDSON FACHIN E SUA ABORDAGEM EM TRÊS TEMPOS: ESTATUTO EXISTENCIAL DA PESSOA HUMANA, TRÂNSITO JURÍDICO E TITULARIDADES
PAULO NALIN, HUGO SIRENA 221
1 Apresentação e resgate da obra do homenageado 221
2 O nascer do sol: contextualizando o estatuto jurídico do *patrimônio mínimo* 222
3 O "meio-dia do estudo": a hora em que as ideias mais brilham 224
4 O ocaso da tese: o "se por" para renascer 228
Referências 229

TRANSFORMAÇÕES NO CONCEITO JURÍDICO DE PATRIMÔNIO: A CONTRIBUIÇÃO DE LUIZ EDSON FACHIN
LUCIANA PEDROSO XAVIER, MARÍLIA PEDROSO XAVIER 231
1   Introdução 231
2   Entre o ser e o ter: os contornos do patrimônio 232
2.1 A gênese do conceito jurídico de patrimônio: a teoria clássica de Aubry e Rau 234
2.2 A ruptura da teoria objetiva do patrimônio 237
3   Contornos contemporâneos do patrimônio 241

REFLEXÃO SOBRE OS MÍNIMOS: O DIÁLOGO CIVIL CONSTITUCIONAL DA TEORIA DO PATRIMÔNIO MÍNIMO COM A NOÇÃO DE MÍNIMO EXISTENCIAL
MELINA GIRARDI FACHIN, MARCOS ALBERTO ROCHA GONÇALVES 243
1   Introdução 243
2   Premissa: diálogos entre o civil e o constitucional e seus reflexos no campo de ser e ter 244
3   Para ser, ter: patrimônio como garante de um mínimo de dignidade 248
4   Patrimônio mínimo e mínimo existencial: disposições declaratórias e assecuratórias 252
5   Conclusão 257

O PATRIMÔNIO MÍNIMO EXISTENCIAL: A PROTEÇÃO AOS BENS DOS INDIVÍDUOS PARA ALÉM DOS BENS DE FAMÍLIA
JOSÉ BARROS CORREIA JUNIOR, PAULA FALCÃO ALBUQUERQUE 259
     Introdução 259
1   Os bens de família no ordenamento jurídico brasileiro 260
2   A repersonalização do direito civil e a dignidade humana 262
3   A proteção dos bens para além das famílias 267
     Considerações finais 272
     Referências 272

A CONSTRUÇÃO JURISPRUDENCIAL SOBRE O BEM DE FAMÍLIA À LUZ DO ESTATUTO DO PATRIMÔNIO MÍNIMO
DIMITRE BRAGA SOARES DE CARVALHO 275
1   Considerações iniciais sobre o bem de família 275
2   Das modalidades de bem de família previstas no ordenamento jurídico brasileiro: o bem de família voluntário e o bem de família involuntário 276
3   Bem de família e a teoria do patrimônio mínimo: uma construção jurisprudencial 278
3.1 Aplicação extensiva do conceito de bem de família para pessoas solteiras, separadas e viúvas 279
3.2 Da aplicação da Lei do Bem de Família para penhoras anteriores à sua vigência 280
3.3 Da aplicação da regra de bem de família nos casos de inventário/partilha 280
3.4 Ampliação do rol de bens protegidos pela impenhorabilidade 280

3.5   Mitigação do requisito da "moradia no imóvel" pela jurisprudência 281
3.6   Da legitimidade que os integrantes da entidade familiar residentes no imóvel protegido pela Lei nº 8.009/1990 possuem para se insurgirem contra a penhora do bem de família 281
3.7   Da impossibilidade de renúncia ao benefício do bem de família 282
3.8   Da vaga de garagem com matrícula própria 283
3.9   Da "flexibilização" do momento para arguição da impenhorabilidade do bem de família 283
3.10 Das exceções à impenhorabilidade do bem de família 284
3.11 Veículos, obras de arte e adornos suntuosos 284
3.12 Da abrangência da impenhorabilidade 284
3.13 Da possibilidade de penhora parcial do imóvel de alto valor 284
3.14 Dos créditos para construção do imóvel sobre o qual recai o bem de família 285
3.15 Da penhorabilidade nos casos de crédito decorrente do financiamento destinado à construção ou à aquisição do imóvel 285
3.16 Penhora do bem de família pelo credor de pensão alimentícia 286
3.17 Não aplicação da impenhorabilidade ao bem imóvel que tenha sido adquirido com produto de crime ou para execução de sentença penal condenatória a ressarcimento, indenização ou perdimento de bens 287
3.18 Não incidência da impenhorabilidade nas hipóteses de cobrança de impostos, predial ou territorial, taxas de condomínio e contribuições devidas em função do imóvel familiar 287
3.19 Possibilidade de execução de hipoteca sobre o imóvel oferecido como garantia real pelo casal ou pela entidade familiar 288
3.20 A complexa questão da penhorabilidade do bem de família do fiador em contrato de locação 288
3.21 Da fraude na constituição do bem de família legal. Da anulação da venda ou da transferência da impenhorabilidade 289
3.22 Da aplicação do bem de família para residências familiares em imóvel rural 290
3.23 Da aplicação da regra da impenhorabilidade na hipótese de haver mais de um imóvel em nome da família 291
4   Conclusões 291
      Referências 292

FUNÇÃO SOCIAL DA PROPRIEDADE E O ESTATUTO JURÍDICO DO PATRIMÔNIO MÍNIMO: O CONTRIBUTO ESSENCIAL DE LUIZ EDSON FACHIN
JOÃO RICARDO BRANDÃO AGUIRRE, CESAR CALO PEGHINI 295

1   Expedição de premissas no ponto de partida 295
2   A funcionalização da propriedade na contemporaneidade 297
3   A garantia pessoal do patrimônio mínimo 303
4   Conclusão 306
    Referências 307

MÍNIMO EXISTENCIAL E TÉCNICAS DE SEGREGAÇÃO DO PATRIMÔNIO
CARLOS EDISON DO RÊGO MONTEIRO FILHO, ROBERTA MAURO MEDINA MAIA 309

1 Introdução 309
2 A função social exercida pelo bem como critério definidor de sua disciplina jurídica 312
3 O bem de família e a garantia do mínimo existencial do devedor 314
4 O patrimônio de afetação e a garantia do mínimo existencial do adquirente 317
5 Conclusão 319
   Referências 321

PATRIMÔNIO DE AFETAÇÃO E PATRIMÔNIO MÍNIMO
MILENA DONATO OLIVA, PABLO RENTERIA 323

1 Introdução. Dignidade humana e estatuto jurídico do patrimônio mínimo 323
2 O patrimônio de afetação a serviço do patrimônio mínimo 326
2.1 Conceito de patrimônio de afetação 326
2.2 Potencialidades do patrimônio de afetação para assegurar o mínimo existencial. Limitações do direito brasileiro 329
2.3 O exemplo das cláusulas de impenhorabilidade, incomunicabilidade, inalienabilidade e as vantagens do patrimônio de afetação 331
3 Conclusão 334
   Referências 335

DIREITO DAS SUCESSÕES E PATRIMÔNIO MÍNIMO
DANIEL BUCAR, DANIELE TEIXEIRA 337

1 Nota introdutória 337
2 O direito da *saisine* no ordenamento jurídico brasileiro: travessia entre a abstração inoperante e a efetiva tutela civil-constitucional 338
2.1 A *saisine* no direito brasileiro; da ficta magnitude estrutural à instrumentalização funcional 338
2.2 A funcionalização do direito a *saisine* e o patrimônio mínimo: perspectivas legais, jurisprudenciais e o devir 342
3 O instituto da legítima no atual direito sucessório brasileiro: função, liberdade e solidariedade 343
3.1 Função da legítima 345
3.2 Solidariedade familiar e o patrimônio mínimo 347
4 Considerações finais 350
   Referências 351

PARTE IV
RELAÇÕES NEGOCIAIS PRIVADAS

FUNÇÃO SOCIAL DO CONTRATO: ESTADO DA ARTE NOS QUINZE ANOS DE VIGÊNCIA DO CÓDIGO CIVIL BRASILEIRO. AS CONTRIBUIÇÕES TEÓRICAS DE LUIZ EDSON FACHIN
FLÁVIO TARTUCE, ALEXANDRE GOMIDE 357
    Primeiras palavras. Importância do tema 357
1   Explicando o tratamento da função social do contrato no Código Civil de 2002 360
2   A dupla eficácia do princípio da função social do contrato 363
3   A eficácia interna da função social do contrato e a frustração do fim da causa 366
4   Vedação da onerosidade excessiva e função social do contrato. A redução da cláusula penal 372
5   Desvirtuamentos da função social do contrato 374
6   Descumprimento da função social do contrato. As contribuições de Luiz Edson Fachin 379
    Referências 381

NOTAS SOBRE A ADEQUAÇÃO DA CATEGORIA NEGÓCIO JURÍDICO AO MUNDO ATUAL
MARCOS BERNARDES DE MELLO 385
    Preâmbulo 385
1   Introdução 385
2   Noções fundamentais relacionadas à teoria do fato jurídico 387
2.1   A geração da eficácia jurídica 387
2.2   A escolha do fato jurídico e de sua eficácia 387
2.3   A conceituação do fato jurídico 388
2.4   Classificação dos fatos jurídicos 389
2.4.1   A doutrina tradicional 389
2.4.2   A classificação segundo o cerne do suporte fáctico 390
3   O conceito clássico de negócio jurídico 391
4   Uma revisão (necessária) do conceito clássico de negócio jurídico 392
4.1   A necessidade de atualização dos conceitos jurídicos 392
4.2   A inconsistência científica da concepção clássica de negócio jurídico. A desatualização da concepção clássica de negócio jurídico 393
4.3   O equívoco contido na concepção clássica de negócio jurídico 394
4.4   A correção de Pontes de Miranda do conceito de negócio jurídico 394
5   Há inadequação da espécie negócio jurídico ao mundo atual? 395
5.1   Considerações gerais 395
5.2   As objeções à adequação do negócio jurídico aos padrões atuais 395
6   Conclusões 398
    Referências 399

NEGÓCIO JURÍDICO E INTERESSE PÚBLICO: UMA APROXIMAÇÃO A PARTIR DA OBRA DE LUIZ EDSON FACHIN
ROSALICE FIDALGO PINHEIRO, MARCELO CONRADO 401
    Introdução 401
1   "Novo conceito de ato e negócio jurídico" na obra de Luiz Edson Fachin 402
2   O negócio jurídico e sujeito de direito: a supremacia dos interesses privados 406
3   Negócios jurídicos de direitos autorais: supremacia dos interesses públicos? 410
    Considerações finais 415
    Referências 417

O DIREITO CONTRATUAL E A MARCHA DA CONSTITUCIONALIZAÇÃO ENTRE OURIÇOS E RAPOSAS
GERALDO FRAZÃO DE AQUINO JR. 419
1   Considerações iniciais 419
2   Constitucionalização do direito contratual 422
3   Crise na teoria contratual 429
4   Considerações finais 437
    Referências 438

O PARADIGMA PÓS-POSITIVISTA E SUA INFLUÊNCIA NA CONSTRUÇÃO DE UMA TEORIA GERAL DOS CONTRATOS
DANILO RAFAEL DA SILVA MERGULHÃO 441
1   Prolegômenos 441
2   Da necessária mudança de paradigma do sistema contratual 444
3   Conclusão 449
    Referências 450

CUMULAÇÃO DAS ARRAS COM A CLÁUSULA PENAL COMPENSATÓRIA E OS PRINCÍPIOS SOCIAIS DOS CONTRATOS
RODRIGO TOSCANO DE BRITO 451
1   Notas introdutórias 451
2   Princípios sociais dos contratos 452
2.1   Um breve panorama sobre o princípio da função social dos contratos 453
2.2   Princípio da equivalência material: a necessidade de manutenção do equilíbrio objetivo do contrato em todas as suas fases 458
3   Equilíbrio contratual como fio condutor da análise sobre a impossibilidade de cumulação das arras com a cláusula penal compensatória como regra geral 460
4   Conclusões 467
    Referências 468

PARTE V
DIREITO DE DANOS E TITULARIDADES

A REPERSONALIZAÇÃO DO DIREITO CIVIL E SUAS REPERCUSSÕES NA RESPONSABILIDADE CIVIL
ALINE DE MIRANDA VALVERDE TERRA, GISELA SAMPAIO DA CRUZ GUEDES...... 473
1 Introdução 473
2 Crítica ao caráter punitivo do dano extrapatrimonial 477
3 As novas fronteiras do dano indenizável 481
4 A despatrimonialização da reparação do dano moral 485
5 A tutela do patrimônio mínimo e o parágrafo único do art. 928 488
6 Conclusão 490
   Referências 492

O ESTATUTO JURÍDICO DO PATRIMÔNIO MÍNIMO E A MITIGAÇÃO DA REPARAÇÃO CIVIL
MARCELO JUNQUEIRA CALIXTO, CÍNTIA MUNIZ DE SOUZA KONDER 495
1 Introdução 495
2 A consagração do princípio da reparação integral do dano e sua posterior exceção. A interpretação jurisprudencial do art. 944, parágrafo único, do Código Civil 495
3 A tutela jurídica do patrimônio mínimo como legítimo critério para a redução equitativa da reparação 503
4 Conclusão 507
   Referências 508

A TEORIA CRÍTICA DO DIREITO CIVIL E A RESPONSABILIDADE CIVIL POR DANOS EXISTENCIAIS
MÁRIO LUIZ DELGADO REGIS, ROMUALDO BAPTISTA DOS SANTOS 511
   Notas introdutórias 511
1 Breve relato sobre a teoria crítica do direito civil 512
1.1 Pessoa e relação jurídica: crítica ao conceitualismo e ao excesso de abstração 512
1.2 Centralidade da pessoa humana e força normativa da Constituição 514
2 A responsabilidade civil como instrumento de efetivação da tutela da pessoa humana 515
2.1 Reparação de danos morais para tutela da pessoa humana 515
2.2 Alinhamento da responsabilidade civil à tutela constitucional da pessoa humana pela via dos direitos da personalidade 516
2.3 Natureza jurídica dos danos morais em sentido amplo 517
3 Dano existencial 520
   Conclusões 525
   Referências 526

RESPONSABILIDADE CIVIL POR VIOLAÇÃO DO DIREITO AO ESQUECIMENTO
ANDERSON SCHREIBER 529
1   Introdução 529
2   O que é direito ao esquecimento? Crítica à posição do STJ 531
3   Análise dos pressupostos da responsabilidade civil 535
4   A colisão entre direito ao esquecimento e liberdade de informação 538
5   Reparação do dano 540
6   Conclusão 541
     Referências 542

A RESTITUIÇÃO DO ENRIQUECIMENTO SEM CAUSA COMO INSTRUMENTO DE RECOMPOSIÇÃO DO ERÁRIO
MARIA CANDIDA DO AMARAL KROETZ 545
1   Introdução 545
2   O enriquecimento sem causa 546
3   O enriquecimento ilícito 548
4   A restituição do enriquecimento sem causa como instrumento de recomposição do erário 551
5   Conclusão 556
     Referências 557

A FUNÇÃO SOCIAL DA POSSE: TRINTA ANOS DEPOIS
OTAVIO LUIZ RODRIGUES JR. 559
RODRIGO XAVIER LEONARDO 559
1   Introdução: dois vértices e um mesmo autor 559
2   A função social da posse e o jovem escritor 559
3   A posse em Pontes de Miranda e o escritor em sua maturidade 562
4   Os trinta anos da função da posse e a projeção social: doutrina, jurisprudência e política legislativa. Um furo no futuro? 565
     Referências 568

O DIREITO DE LAJE E A TRIDIMENSIONALIDADE DA PROPRIEDADE
NELSON ROSENVALD 571
1   A desconexão entre as propriedades e o novo mercado 572
2   O direito fundamental de propriedade como garantia 573
3   O direito fundamental à propriedade como acesso 576
4   A função social da(s) propriedade(s) 580
5   O direito real de laje como nova manifestação de propriedade 586
6   A inserção da laje na tridimensionalidade da propriedade 590
7   Conclusão 591
     Referências 592

TITULARIDADE DE TERRAS RURAIS POR EMPRESAS DE CAPITAL ESTRANGEIRO E FUNÇÃO SOCIAL DA PROPRIEDADE
KLEBER LUIZ ZANCHIM, LUCIANO DE SOUZA GODOY 595

1   Introdução 595
2   O problema 596
2.1 A Lei nº 5.709/71 e o Parecer AGU nº LA-01/2010 596
3   O tema no STF: ADPF nº 32 e ACO nº 2.463 598
4   Titularidade e poder no agronegócio: relevância e relativização 599
5   Empresa de capital estrangeiro e a função social do imóvel rural 600
6   Função social do imóvel rural e desvio de finalidade do Parecer AGU nº LA-01 602
7   Considerações finais 604
    Referências 605

PARTE VI
FAMÍLIAS E SUCESSÕES

FAMÍLIA APÓS A CONSTITUIÇÃO DE 1988: TRANSFORMAÇÕES, SENTIDOS E FINS
HELOISA HELENA BARBOZA, VITOR ALMEIDA 609

    Introdução 609
1   Transformações: a família antes de 1988 611
2   Sentidos: famílias, multiculturalismo e diversidade 615
3   Fins: limites e recomeço 622

AUTONOMIA PRIVADA NAS RELAÇÕES FAMILIARES: DIREITOS DO ESTADO E ESTADO DOS DIREITOS NAS FAMÍLIAS
RENATA VILELA MULTEDO, ROSE MELO VENCELAU MEIRELES 625

1   Introdução 625
2   Autonomia privada e regulação das relações familiares não patrimoniais 627
3   Autonomia privada e relações parentais 631
4   Considerações finais 634

FILIAÇÃO NO DIREITO DE FAMÍLIA BRASILEIRO: DA PATERNIDADE PRESUMIDA À REPERCUSSÃO GERAL Nº 622 DO SUPREMO TRIBUNAL FEDERAL
ANA CARLA HARMATIUK MATOS, JACQUELINE LOPES PEREIRA 637

    Introdução 637
1   Estado da arte do direito de filiação no ordenamento jurídico brasileiro 638
2   Ascendência genética *versus* paternidade socioafetiva 645
    Conclusão: desafios que se anunciam ao direito de filiação 651
    Referências 652

FILIAÇÃO NO DIREITO DE FAMÍLIA BRASILEIRO: RESSIGNIFICAÇÃO A PARTIR DA *POSSE DE ESTADO* E DA *SOCIOAFETIVIDADE*
RICARDO CALDERÓN 655

1. O legado do homenageado em uma categoria central do direito de família 655
2. Filiação à luz do Código Civil de 1916 656
3. Posse de estado de filho 656
4. Leitura jurídica da afetividade 660
5. Direito de filiação x direito ao conhecimento da ascendência genética 663
6. Multiparentalidade 665
7. Registro extrajudicial da filiação socioafetiva 667
8. Considerações finais 667
    Referências 668

DE VOLTA À FILHA DAS ESTRELAS: CONHECIMENTO DAS ORIGENS E REPRODUÇÃO ASSISTIDA
ANA CAROLINA BROCHADO TEIXEIRA, CARLOS NELSON KONDER 671

1. Introdução 671
2. Filiação na contemporaneidade: entre inovação e tradição 673
3. Do direito à filiação ao direito a conhecer as próprias origens: tornando-se sujeitos de sua própria história 674
4. Arquiteturas da procriação: as técnicas de reprodução assistida 676
5. As novas imagens sem rosto: doadores de sêmen, óvulos e embriões, gestantes substitutas e "beneficiários da técnica" 679
6. Conclusão 683
    Referências 685

O INSTITUTO DA FILIAÇÃO E A CONSTITUIÇÃO FEDERAL: TRANSFORMAÇÕES E PERSPECTIVAS DIANTE DA MULTIPARENTALIDADE
CAMILA BUARQUE CABRAL, KARINA BARBOSA FRANCO 689

   Introdução 689
1. O instituto da filiação e suas transformações 690
2. Atuais contornos do instituto da filiação 693
2.1 A exigência da afetividade 696
3. Multiparentalidade: avanços no reconhecimento da parentalidade socioafetiva 699
3.1 A tese de Repercussão Geral nº 622 do STF 699
    Conclusão 705
    Referências 706

OS ALIMENTOS COMPENSATÓRIOS NO DIREITO BRASILEIRO: INADMISSIBILIDADE POR AUSÊNCIA DE FONTE LEGAL E INCOMPATIBILIDADE DE FUNÇÃO
GUSTAVO TEPEDINO, PAULA GRECO BANDEIRA 709

1. Introdução 709

2	Alimentos civis: função e pressupostos de incidência no direito brasileiro	711
3	Alimentos compensatórios: inadmissibilidade por ausência de fonte legal e incompatibilidade de função	713
4	Conclusão	718

USUCAPIÃO FAMILIAR COMO INSTRUMENTO DE CONCRETIZAÇÃO (OU DISTORÇÃO) DE DIREITOS FUNDAMENTAIS
CATARINA ALMEIDA DE OLIVEIRA,
MARIA RITA DE HOLANDA S. OLIVEIRA 721

	Introdução	721
1	Considerações gerais sobre usucapião como forma de aquisição e perda da propriedade imóvel no direito brasileiro	722
2	Inércia do proprietário como renúncia presumida ao direito de propriedade sobre imóvel	725
3	Usucapião familiar como forma de perda da meação sobre imóvel de moradia da família	726
4	Abandono do lar e não da propriedade, como requisito para usucapião	728
5	Abandono de lar e direito real de habitação	729
6	Culpa nas relações de família	730
7	Usucapião familiar como punição pelo abandono do lar e a violação do direito de romper a relação conjugal – Autonomia da vontade	732
8	Tendência a afastar a discussão sobre a culpa no direito de família contemporâneo e a incoerente usucapião por abandono do lar	732
	Notas conclusivas	734
	Referências	734

PESSOA IDOSA: UM NOVO SUJEITO E A TUTELA JURÍDICA DOS SEUS INTERESSES NAS RELAÇÕES FAMILIARES
ANA LUIZA MAIA NEVARES, VIVIANE GIRARDI 737

1	A longevidade e o envelhecimento no Brasil	737
2	Envelhecimento e a emergência de um novo sujeito de direitos: vulnerabilidade e autonomia	738
3	A proteção do idoso nas relações familiares	739
3.1	As diretivas antecipadas de vontade	740
3.2	A curatela segundo o melhor interesse do idoso	742
3.3	Tomada de decisão apoiada	745
3.4	A obrigação alimentar solidária	747
3.5	Outras esferas de proteção do idoso nas relações familiares: *de lege ferenda*	748
4	Conclusão	750
	Referências	750

AS NORMAS APLICÁVEIS ÀS RELAÇÕES PATRIMONIAIS ADVINDAS DO CASAMENTO E DA UNIÃO ESTÁVEL DA PESSOA COM DEFICIÊNCIA MENTAL OU INTELECTUAL E A PROTEÇÃO DE SEUS INTERESSES
CLÁUDIA STEIN VIEIRA, DÉBORA VANESSA CAÚS BRANDÃO 753

1 A tutela da pessoa com deficiência no direito brasileiro: enxergar o outrora invisível 753
2 O direito de a pessoa com deficiência mental/intelectual constituir família, pelo casamento ou pela união estável: da Convenção Internacional sobre os Direitos das Pessoas com Deficiência ao Estatuto da Pessoa com Deficiência 754
3 As consequências patrimoniais decorrentes do casamento/união estável da pessoa com deficiência mental/intelectual 756
4 Conclusão 759
   Referências 763

DIÁLOGOS: O DIREITO DAS SUCESSÕES E OS INSTITUTOS FUNDAMENTAIS DE DIREITO CIVIL
EROULTHS CORTIANO JUNIOR, ANDRÉ LUIZ ARNT RAMOS 765

   Introdução 765
1 Projeto parental. Ou: a ruidosa sucessão *legítima* ante ao eudemonismo nas famílias 767
2 Titularidades: perspectivas da sucessão *ab intestato* segundo a função social da posse e a propriedade contemporânea 770
3 Contrato: *uma expressão de autonomia da pessoa no espaço de certa liberdade* 772
4 Um direito complexo, um espaço privilegiado de diálogo 774
   Referências 775

OS PACTOS SUCESSÓRIOS ONTEM E HOJE: UMA LEITURA À LUZ DA TEORIA DO PATRIMÔNIO MÍNIMO DE LUIZ EDSON FACHIN
JOSÉ FERNANDO SIMÃO 777

1   Introdução 778
2   As reflexões de outrora 778
2.1 A denominação *pacta corvina* 778
2.2 Notas históricas 779
2.2.1 Notas sobre o direito romano 779
2.2.2 Notas sobre as Ordenações Filipinas e a Consolidação das Leis Civis 779
2.3 Razões de ser da vedação aos pacta corvina 782
3   As reflexões do presente. O diálogo necessário 785
4   Nota conclusiva 787
     Referências 788

POSFÁCIO
QUAIS OS DESAFIOS PARA O DIREITO PRIVADO BRASILEIRO NOS PRÓXIMOS ANOS?
Marcos Ehrhardt Júnior.. 791

SOBRE OS AUTORES.. 795

L. E. FACHIN, O DIREITO CIVIL E A CONSTITUIÇÃO

"Prometo cumprir a Constituição". De forma objetiva e firme, Luiz Edson Fachin prestou seu compromisso ao assumir a cadeira de Ministro do Supremo Tribunal Federal. A frase revela muito de seu autor. Ela revela alguém compromissado com os valores estabelecidos no documento fundante da Nação e da República, no pequeno livro que é comum a todos nós e nos torna, acima de tudo, brasileiros. E esta confiança – a ponto de se tornar juramento – na Constituição tem vários significados. De um lado, revela respeito ao momento atual da nossa existência nacional, porque respeitar a Constituição é respeitar o que nós fomos e o que nós somos. Por outro lado, revela esperança na construção futura do país a partir do que nós fomos e somos, já que a Constituição se desenha de forma dinâmica e alimentada pela seiva da vida; em suma, é acreditar no que nós seremos. Isso é a Constituição: o que nós fomos, o que nós somos, o que nós seremos.

Pois dignidade, cidadania, igualdade, solidariedade e liberdade, entre tantos mais valores marcados em nossa Constituição, estão cotidianamente presentes na obra de Luiz Edson Fachin. Fundamentalmente um civilista – o demonstra sua vasta obra –, Fachin tornou-se um constitucionalista, porque o Direito Civil é também Direito Constitucional, e o Direito Constitucional também é Direito Civil. Essa equação (que, a toda evidência, é uma ousada simplificação da metodologia civil-constitucional) mostra-se verdadeira nas lutas teóricas e práticas pela implantação de um direito a serviço da vida. Como professor, como advogado, como magistrado, ele tem honrado essa escolha: cuidar e cumprir a Constituição. E esse compromisso com o passado, com o presente e com o futuro ele desenvolveu tão bem que se destacou na implantação de uma cultura civil-constitucional no Brasil.

Bem por isso, reuniram-se vários colegas professores, todos plenos da cultura civil-constitucional e irmanados em grupos de pesquisas de norte a sul do Brasil, para prestar uma singela homenagem a Luiz Edson Fachin nestes 30 anos de Constituição que transformaram o Direito Privado.

Os textos, especialmente escritos para esse *liber amicorum*, refletem o pensamento de Luiz Edson Fachin acerca da metodologia do direito civil-constitucional e dos desafios contemporâneos do direito privado, repassam a transformação do sujeito em pessoa no direito contemporâneo, repercutem a necessária e desejada proteção do patrimônio mínimo, analisam os problemas relativos ao trânsito jurídico negocial, confrontam o direito de danos que se renova na teoria e na prática, fornecem novos caminhos aos problemas das titularidades, enfatizam as transformações nos ambientes familiares, preocupam-se com o destino do direito sucessório. Por fim, a partir do passado e do presente, buscam enxergar as transformações que os próximos 30 anos avizinham ao Direito Civil brasileiro. Os textos viajam, enfim, por todo o direito privado em sua dimensão mais existencial, mais humana, mais personalista. Para usar uma expressão cara ao homenageado, os textos cuidam dos limites e das possibilidades de um Direito Civil renovado na e pela experiência constitucional.

O diálogo civil constitucional é itinerário de mão dupla: ao chegar à Constituição o Direito Civil empreende nova viagem; e a Constituição, ao encontrar o Direito Civil, também se renova. Cada chegada é uma partida. Neste ponto, vale tomar de empréstimo as palavras de Helena Kolody, poetisa curitibana muito querida do homenageado: "Na euforia da chegada/há um convite irrecusável/para uma nova partida". A Constituição foi gestada como promessa (lembre-se de um Ulysses Guimarães alertando, em 1988, que a Constituição "não é a Constituição perfeita, mas será útil, pioneira, desbravadora. Será luz, ainda que de lamparina, na noite dos desgraçados"), e se construiu na interpretação adequada. Fruto da esperança (Thiago de Mello: "Era um tempo em que a esperança orvalhava o sonho dos humilhados e soterradas estrelas surgiam rasgando rumos nas consciências amassadas"), superou os seus próprios tempos difíceis e projetou-se no presente e no futuro de um povo. E assim o fez também pelo Direito Civil que ela mesma ajudou a moldar. É dizer e repetir: tanto a Constituição renovou o Direito Civil, como o Direito Civil renovou a Constituição.

Essa construção do nosso ser jurídico, de nossa estrutura jurídica, de nosso direito contemporâneo, é trabalho de muitos. E é também de Luiz Edson Fachin. Por isso esta homenagem, especialmente porque ele transformou pensamento em ação, ideia em fazer. E continua o fazendo. A frase de Murilo Mendes talvez bem traduza o labor do homenageado: "Minhas ideias abstratas/de tanto as tocar, tornaram-se concretas".

Concretizar ideias é tarefa de arte e de engenho. É tarefa de artesão, de artífice. Cabe a Fachin a denominação que Ezra Pound dava ao melhor artífice, ao melhor na arte e no engenho. *Il miglior fabbro*. Fachin, *il miglior fabbro*.

Gustavo Tepedino

Eroulths Cortiano Junior

APRESENTAÇÃO

A finalidade deste livro é render um tributo ao Professor Luiz Edson Fachin por toda a sua trajetória como docente, período profícuo em que se dedicou a difundir seu magistério por todo o Brasil, conquistando uma legião infindável de admiradores e discípulos, dentre os quais se inscrevem os coordenadores deste projeto, prontamente abraçado pela Editora Fórum, na pessoa de Luís Cláudio Rodrigues Ferreira, seu editor e presidente, sempre disposto a disseminar o conhecimento e colaborar com a pesquisa jurídica em nosso país.

Reúne-se nas próximas páginas um grupo de juristas que aderiram à iniciativa de prestar reconhecimento e registrar sua gratidão pelos ensinamentos contidos na vasta obra do homenageado, que permitem explorar possibilidades, limites e paradoxos do Direito Privado de nosso tempo. Para tanto, como numa sinfonia, compuseram um mosaico harmonioso de estudos a partir das lições lançadas por Fachin, que aqui frutificam pela qualidade, competência e dedicação dos 77 (setenta e sete) colaboradores, que ao longo de 50 (cinquenta) artigos procuraram guiar o leitor pelo tortuoso caminho das transformações pelas quais o Direito Privado nacional passou desde o advento da Constituição Federal de 1988.

O livro está dividido em seis partes, iniciando com a análise da metodologia do Direito Civil no pensamento de Fachin, antes de apresentar as reflexões sobre os sujeitos e as pessoas nas relações privadas. Este é o espaço dedicado à análise do princípio da dignidade humana e dos dilemas e desafios da segurança jurídica nas situações existenciais, preparando o terreno para a terceira parte, dedicada integralmente ao estudo do patrimônio mínimo, contributo que se destaca na obra de Fachin, por não limitar a análise ao estatuto existencial da pessoa humana, transcendendo suas ponderações para o campo do trânsito jurídico e das titularidades. Estabelecidas as premissas metodológicas e delineadas as questões relativas à Teoria Geral, destina-se a quarta parte do livro ao estudo das relações negociais privadas, com destaque para acurada abordagem sobre a função social dos contratos e o debate sobre a atualidade e adequação da categoria do negócio jurídico no cenário contemporâneo.

Reservou-se a quinta parte deste livro para a análise das questões atinentes ao Direito de Danos e as Titularidades, com ênfase nos desafios que a expansão dos danos indenizáveis e os novos direitos reais representam num cenário marcado pela repersonalização das relações entre particulares, deixando-se para a sexta e última parte da obra o espaço privilegiado de discussão acerca do direito das famílias e sucessões após a Constituição de 1988. Este é o momento de se analisar a autonomia privada nas relações familiares, a evolução do direito de filiação, alimentos compensatórios, usucapião familiar, pactos sucessórios e relações patrimoniais advindas do casamento e da união estável, dentro de um contexto em que é preciso refletir sobre a tutela da pessoa com deficiência e os idosos.

A partir da leitura dos textos, desenha-se um posfácio que propõe um olhar um pouco mais adiante, buscando-se trançar linhas gerais do que se pode esperar para o Direito Privado nos próximos 30 anos.

Sobreleva destacar a participação de mais de 60 (sessenta) doutores na construção dos textos, quase sempre em coautoria, amplificando o debate e as discussões que são a tônica do excelente trabalho desenvolvido há mais de uma década por diversos grupos de pesquisa, vinculados às Universidades Federais de Alagoas (UFAL), Bahia (UFBA), Ceará (UFC), Goiás (UFG), Paraíba (UFPB), Paraná (UFPR), Pernambuco (UFPE) e Rio Grande do Norte (UFRN), como como às Universidades Estaduais do Rio de Janeiro (UERJ) e São Paulo (USP), dentre tantas outras instituições de ensino, públicas e privadas, que estão relacionadas ao longo da obra. Constitui-se assim uma rede de pesquisa em Direito Civil Constitucional, que em considerável monta deve seus frutos ao magistério iniciado em 1982 pelo Professor Fachin.

A capilaridade deste projeto, que congrega pesquisadores de todo o país, também permite traçar um retrato do estágio atual da pesquisa jurídica em direito privado no Brasil, uma vez que além da sólida demonstração da evolução da área nas últimas décadas, apresenta um rico e crítico diálogo entre doutrina e jurisprudência, facilmente identificável ao longo de boa parte dos textos. Dos diversos verbos conjugados em cada uma das notáveis contribuições deste livro, certamente ressignificar, refletir, construir e superar são alguns dos mais recorrentes. Busca-se nas próximas páginas reafirmar as bases de um direito privado comprometido com os valores constitucionais e que jamais perca de vista seu compromisso emancipatório com os vulneráveis, que exige seguir o caminho da solidariedade social e justiça material.

Fachin pautou sua vida acadêmica no respeito pelo outro, pela palavra amiga e incentivadora, pelo exemplo que motiva e cativa os admiradores de sua humildade, dedicação e comprometimento para com o ensino jurídico no Brasil. Este livro traduz de alguma forma o agradecimento de todos os envolvidos e reafirma o nosso compromisso de seguir lutando na direção desbravada pelo homenageado.

Marcos Ehrhardt Júnior
Eroulths Cortiano Junior

PARTE I

INTRODUÇÃO

A METODOLOGIA DO DIREITO CIVIL NO PENSAMENTO DE LUIZ EDSON FACHIN

CARLOS EDUARDO PIANOVSKI RUZYK

1 À guisa de introdução – Premissas epistemológicas para a compreensão da metodologia do direito civil na obra de Luiz Edson Fachin

A obra de Luiz Edson Fachin se reveste de relevância ímpar na doutrina do direito civil. Trata-se de um dos raros autores que, contemporaneamente, se ocuparam de uma verdadeira teoria do direito civil, e que, por isso, permitem a identificação clara de suas premissas metodológicas e dos pilares sobre os quais se erige o modo pelo qual compreendem esse ramo do direito.

O presente artigo não visa a descrever a teoria crítica do direito civil de Luiz Edson Fachin,[1] mas, sim, sumariar os aspectos estruturais da metodologia do direito civil desenvolvida pelo autor. A rigor, como será possível aferir, essa metodologia transcende os limites específicos do direito civil, sendo correto compreendê-la como uma verdadeira metodologia do direito, que parte da dialética dos *loci* comuns da Constituição (em sua tríplice dimensão) e da força constitutiva dos fatos.

A pretensão de sistematização da refinada metodologia que emerge da extensa obra do autor demanda a realização de mediações, a partir das quais podem ser identificados os elementos epistemológicos básicos para a apreensão da metodologia. Do diálogo entre esses elementos emerge a compreensão sistematizada, ainda que não linear, pois construída "em espiral" e "por camadas" (para empregar expressão cara ao autor) que descreve a metodologia objeto deste estudo.

As mediações a seguir examinadas consistem na relação entre norma, fato e sistema no pensamento do autor. Dessa análise, avança-se para a identificação do papel

---

[1] Sobre o tema: FACHIN, Luiz Edson. *Teoria crítica do direito civil*. Rio de Janeiro: Renovar, 2012. Na terceira edição da obra, foi publicada singela apresentação em que busco sumariar os elementos fundamentais da teoria do direito civil preconizada pelo autor.

metodológico dos conceitos, para, a seguir, chegar-se à investigação das dimensões axiológica e finalística, essenciais à compreensão da metodologia. Por fim, e a título conclusivo, será examinada a "tríplice constitucionalização do direito civil".

A tarefa proposta se desenvolve tomando, desde logo, como premissa, que a compreensão epistemológica do autor a respeito do fenômeno jurídico não se descola do momento de aplicação/construção do direito vivo. Não há, na obra de Fachin, uma metodologia de um direito civil tomado como ciência pura. O saber jurídico é indissociável, nessa visão epistemológica, da realidade que ajuda a forjá-lo e à qual ele se destina.

Daí porque a metodologia do direito civil por ele desenvolvida não estabelece clivagem entre um sistema conceitual e um sistema normativo, tampouco entre o estudo (e o ensino) do direito e o momento de sua realização.

Trata-se de uma metodologia de um direito vivo, poroso e em permanente transformação, no qual as dimensões conceitual e normativa não apenas estão interligadas, mas somente adquirem significado a partir da dialética com a dimensão social.

Não se trata, cabe alertar, de "sociologismo" jurídico, tampouco de acrítica passagem do "ser" para o "dever ser", como falácia naturalista. Essas concepções, que emergiram em certos momentos do início do século XX (ou do final do "longo século XIX"), em boa hora trataram de ser sepultadas no cemitério da história.

A base epistemológica do pensamento de Luiz Edson Fachin é hermenêutica,[2] e, como tal, reconhece a relevância dos signos aos quais os significados serão atribuídos. A expressão normativa formal é elemento necessário para permitir a construção normativa concreta, por meio do processo hermenêutico.

O conceito de sistema é, nessa senda, essencial para entender a metodologia objeto deste estudo. Por isso, cabe avançar na investigação proposta, examinando a relação entre norma, fato e sistema no pensamento de Luiz Edson Fachin.

2 Norma, fato e sistema

A metodologia do direito civil no pensamento de Luiz Edson Fachin se diferencia do positivismo jurídico tanto sob o viés da sua rejeição à clausura formal normativista quanto sob a ótica da crítica ao decisionismo.

Com efeito, Fachin não admite que o objeto do direito se restrinja à norma, uma vez que, como será exposto mais adiante, a dimensão fática ocupa, no pensamento do autor, um papel que não se restringe à premissa menor em um processo lógico-subsuntivo, mas integra ativamente a própria construção normativa, a partir de uma compreensão dialética da relação entre fato social e texto normativo.

Não se trata, nessa linha, tampouco, da pura assunção do conceito positivista de norma concreta, criada pelo juiz no momento da aplicação a partir da moldura normativa. Há, é certo, na metodologia preconizada pelo autor, a compreensão de que a norma é, sempre, norma interpretada. Não fasta a norma concreta como conceito, mas a define de modo diverso da visão positivista, por compreender a própria interpretação de um modo diverso. É essa interpretação, diversamente do que preconiza Kelsen, não parte de

---

[2] FACHIN, Luiz Edson. *Direito civil*: sentidos, transformações e fins. Rio de Janeiro: Renovar, 2015. p. 146.

norma abstrata neutra, tampouco admite a construção arbitrária de sentido nos limites da moldura. A axiologia de que se reveste o processo de criação normativa no pensamento de Fachin não é a dimensão valorativa particular do julgador, que, em voluntarismo decisionista, preencheria a moldura normativa com suas compreensões pessoais.

Diversamente, a construção normativa em Luiz Edson Fachin rechaça a sujeição arbitrária do processo hermenêutico às convicções pessoais do julgador. Sem ignorar a relevância das pré-compreensões que integram, inexoravelmente, o processo hermenêutico, a metodologia desenvolvida pelo autor propõe o refrear do voluntarismo subjetivista, para identificar na força constitutiva dos fatos uma dimensão ativa a, em conjunto com o texto normativo, permitir a construção da norma em concreto.[3]

Em outras palavras: a construção de sentido que determina a norma em seu sentido hermenêutico é limitada não apenas pela moldura formal, mas pela força criativa e normativa dos fatos e pela necessidade de garantia de segurança jurídica substancial – ou seja, de uma previsibilidade que não se esgota no enunciado normativo abstrato, escamoteada por um discurso de neutralidade, mas se erige na prática de construção de um sistema aberto e móvel, em que a estabilização das expectativas não paira acima da história, mas, também, não se sujeita às intempéries do voluntarismo.

A segurança jurídica substancial se assenta em um necessário paradoxo (que, todavia, não se confunde com a contradição): parte-se do reconhecimento de que, sendo a norma, sempre, norma interpretada, haverá um inexorável espaço de incerteza. Mas é, precisamente, o reconhecimento dessa incerteza como inerente ao fenômeno jurídico – falseada pelo discurso utópico da segurança jurídica meramente formal – que permite, metodologicamente, a construção de barreiras de contenção ao voluntarismo. A insegurança jurídica somente se controla por meio de metodologia que parte da afirmação de sua inevitabilidade, para, no passo seguinte, construir os elementos que a limitem, para além da abstração formal, por meio de fundamentação sólida e racional.[4]

Entre esses elementos de limitação está a noção de sistema.

Há, na teorização do autor, uma forte pretensão sistemática – que não se confunde com clausura sistêmica –, e que se configura na dialética entre a norma positivada e a força constitutiva dos fatos. O fenômeno jurídico, para Fachin, não se reduz à incidência normativa, mas parte do contexto real no qual a norma há de ser construída no momento da aplicação.

Daí se identifica, por certo, um componente de tópica na construção metodológica do autor. Ocorre que há, em sua metodologia, rejeição a uma tópica pura e simples que aniquile as possibilidades de sistematização – e, por conseguinte, de promoção de segurança jurídica substancial.[5]

Aqui é necessária uma distinção frente a concepções que renegam as possibilidades do sistema, sob a inspiração de uma suposta pós-modernidade. O pensamento de Fachin é imerso em uma *ratio* moderna-iluminista. Há uma explícita rejeição da fragmentação que resulta em decisionismo e insegurança.[6]

---

[3] FACHIN, Luiz Edson. *Direito civil*: sentidos, transformações e fins. Rio de Janeiro: Renovar, 2015. p. 10.
[4] FACHIN, Luiz Edson. *Direito civil*: sentidos, transformações e fins. Rio de Janeiro: Renovar, 2015. p. 182.
[5] FACHIN, Luiz Edson. *Direito civil*: sentidos, transformações e fins. Rio de Janeiro: Renovar, 2015. p. 88-89.
[6] FACHIN, Luiz Edson. Segurança jurídica entre ouriços e raposas. *Carta Forense*, ago. 2013.

Mas, então, qual seria o sentido da tópica no pensamento de Fachin? A resposta está no reconhecimento de que os fatos sociais são componentes essenciais para que a norma possa se construir, sendo, porém, essa construção, necessariamente, coerente com os princípios vetores que dão unidade ao sistema.

Como anteriormente exposto, em Fachin, norma não é apenas o texto: trata-se de norma interpretada, e, como tal, depende do contexto fático que demandará a construção de sentido do texto.[7]

Por isso é tão relevante no pensamento do autor aquilo que ele denomina de "força construtiva dos fatos". Não se trata, porém, de compreensão que admita que a construção concreta da norma terá conformações díspares a cada momento em que ao operador do direito se apresenta a realização do processo interpretativo. A coerência sistemática, que impõe construções normativas iguais para casos iguais, é postulado inafastável para a compreensão correta da metodologia do direito civil preconizada pelo autor.

A força construtiva dos fatos sociais não consiste na afirmação de que a partir de cada fato emergiria a construção de uma norma em sentido diverso daquela construída em contextos fáticos iguais. Ao contrário, trata-se de reconhecer que o sentido da construção normativa demandada por contextos fáticos equivalentes deve, também, ser o mesmo.

Daí porque a tópica em Fachin é instrumento para a construção de um sistema, que, apesar de aberto e móvel, não perde as características essenciais próprias da ordenação sistemática. Há, em Fachin, diferenciação entre exterioridade e interioridade do sistema, porque a abertura sistemática se desenvolve pela lógica da porosidade, que, assim, filtra aquilo que pode ingressar no sistema. Há, ainda, a ordem e a unidade asseguradas pelos princípios constitucionais, admitindo a mobilidade e a abertura sistemáticas, mas não são sujeitos ao arbítrio hermenêutico.

É que o sentido da construção normativa propiciada pelos princípios, a partir da força construtiva dos fatos e do método dialético, embora não tenha seu exaurimento no texto, tampouco se sujeita ao voluntarismo do intérprete. Mais uma vez, a realidade dos fatos sociais se apresenta como delimitadora das construções possíveis. Isso significa dizer que, em contextos históricos efetivamente diversos, as normas (inclusive de natureza principiológica) podem receber interpretações diversas, mas não se admite tal diversidade hermenêutica partindo do mesmo princípio, no mesmo contexto histórico, quanto aos mesmos fatos sociais.

Mesmo, porém, na mudança de contexto histórico, o ônus de fundamentação para a modificação da construção hermenêutica deve ser rígido. Não se trata de admitir a mudança na interpretação conforme a convicção do novo julgador, mas, exclusivamente, quando a realidade da Constituição substancial assim determina, ou, ainda, quando a mudança hermenêutica aponta, na dialética entre fato e construção normativa, para um sentido prospectivo civilizatório. Esse tema será retomado mais adiante, quando do exame das três constitucionalizações a que se refere Luiz Edson Fachin.

---

[7] FACHIN, Luiz Edson. Aspectos de alguns pressupostos histórico-filosóficos hermenêuticos para o contemporâneo direito civil brasileiro: elementos constitucionais para uma reflexão crítica. *Revista do Tribunal Superior do Trabalho*, v. 77, n. 4, p. 186-203, out./dez. 2011.

A historicidade, nessa senda, alimenta a mobilidade do sistema, permitindo que do mesmo texto possam emergir novas possibilidades hermenêuticas, todas elas pautadas pelos postulados da coerência e da ordenação sistemática.

Não apenas a historicidade das normas integra a metodologia do direito civil em Luiz Edson Fachin, mas, também, a historicidade – e a instrumentalidade – dos conceitos.

3 Conceitos, ductibilidade e instrumentalidade

A teoria crítica do direito civil de Luiz Edson Fachin tem, entre seus pressupostos, a crítica ao conceitualismo oitocentista. É conhecida a posição do autor, em linha com o pensamento de Orlando de Carvalho, de que a redução de mundo a conceitos gerais, abstratos e supostamente neutros e pretensão de exatidão científica escamoteia a realidade do fenômeno jurídico e produz artificial simplificação, que, ao fim e ao cabo, desemboca na negação de direitos.[8]

Sobretudo a redução da pessoa, como conceito abstrato, a um mero elemento da relação jurídica, acaba por reduzir a realidade da vida ao enquadramento lógico-formal a relações jurídicas, previamente ordenadas também mediante conceitos abstratos, negando direitos a sujeitos que ao modelo não se enquadram.

Essa crítica aguda poderia fazer crer que, à primeira vista, na perspectiva metodológica, o autor afastaria por completo a relevância dos conceitos jurídicos. Todavia, uma visão mais atenta do conjunto da obra do autor é reveladora de que os conceitos ocupam, sim, papel relevante em sua metodologia.

Não são, porém, os conceitos gerais e abstratos, com pretensão de neutralidade e que pairam acima da história. O que Fachin critica com veemência, a rigor, não é o emprego instrumental de conceitos, mas, sim, a redução do estudo do direito civil a uma ontologia dos conceitos, na qual o "ser" desses entes abstratos construídos pela inteligência humana é tomado como o objeto em si do saber do civilista.[9]

Estudar o direito civil não é, para Fachin, ordenar logicamente conceitos, como se integrassem uma pirâmide ou fossem partes de um organismo vivo. No pensamento do autor, os conceitos nada mais são do que ferramentas integrantes do processo hermenêutico, de construção das normas a partir da dialética entre fatos sociais e texto.

Não são conceitos dotados de uma verdade pronta e acabada que deve ser revelada pelo jurista com precisão do cientista, mas, sim, instrumentos linguísticos contextualizados historicamente e que, nessa medida, na identificação de seu significado, precisam ser permeados pela axiologia demandada pelo mundo da vida.

A fusão entre signos e significados deixa, no pensamento de Fachin, de ter o sentido unívoco da verdade a-histórica, "insípida e inodora", e é banhado pela dimensão valorativa que a força constitutiva dos fatos acaba por demandar.

Signos se mantêm, mas seus significados se modificam historicamente. Há uma ductibilidade nos conceitos que permite seu emprego instrumental para a construção de respostas demandadas pelos fatos ao direito. Os conceitos, nessa linha, são ferramentas úteis quando permeadas pela axiologia do sistema móvel e aberto – e que encontra essa abertura na porosidade dos princípios, e sua mobilidade em sua historicidade.

---

[8] FACHIN, Luiz Edson. *Teoria crítica do direito civil*. Rio de Janeiro: Renovar, 2003. p. 99 e ss.
[9] FACHIN, Luiz Edson. *Teoria crítica do direito civil*. Rio de Janeiro: Renovar, 2003. p. 96.

Os conceitos não são tomados, na metodologia de Luiz Edson Fachin, como lugares de clausura, mas, sim, como elementos técnicos dotados de ductibilidade, que, permeados pela axiologia derivada da tríplice constitucionalização do direito civil – a ser mais adiante explicitada –, permitem a construção técnica de sentido para a norma em seu sentido hermenêutico.

Exemplos disso podem ser encontrados em vários momentos da obra de Fachin, merecendo especial destaque o conceito de filiação.

Trata-se de conceito profundamente modificado em seu significado contemporâneo, como demonstra o autor em sua análise das transformações históricas da presunção *pater is est*[10] e, sobretudo, na construção do conceito de filiação socioafetiva.

No âmbito desta última, o sentido instrumental dos conceitos – longe da rigidez do conceitualismo pandectista – se revela no emprego da noção de posse de estado para a identificação do parentesco. De simples prova subsidiária da filiação, a tese de Fachin converte a posse de estado e seus elementos em constitutiva da própria filiação, o que só é possível por meio do permear do conceito pela axiologia constitucional de que está imantado o princípio da igualdade entre os filhos.[11]

O *aggiornamento* proposto aos negócios jurídicos e ao contrato[12] também é exemplo dessa ductibilidade, ao lado da função social da posse – por meio da qual o próprio conceito de posse se ressignifica.[13]

Uma das mais claras expressões de como a metodologia de Luiz Edson Fachin oferece caráter dúctil e instrumental aos conceitos jurídicos é a apreensão da teoria dos planos do negócio jurídico de Pontes de Miranda e da própria teoria dos fatos jurídicos.

As perspectivas metodológicas de Luiz Edson Fachin e Pontes de Miranda e, mesmo, suas concepções a respeito do próprio direito são bastante distintas. Mesmo assim, a compreensão de Fachin sobre a historicidade dos conceitos permite a ele assumir a refinada construção estrutural dos signos ponteanos como ponto de partida,[14] permeando, porém, tal arcabouço conceitual, pela axiologia que deriva da constitucionalização do direito civil e, sobretudo, pela sua dimensão funcional.

4 Relevância das dimensões axiológica e funcional

Como se pode constatar até este ponto, a metodologia de Luiz Edson Fachin parte da premissa de que nem os conceitos jurídicos nem as normas em sua expressão formal podem ser reputadas neutras, porque inevitavelmente embebidas da axiologia inerente à sua historicidade.

Os valores de que se revestem textos normativos e conceitos são determinantes, em cotejo com o contexto histórico, tanto para determinar a construção normativa fiel a

---

[10] FACHIN, Luiz Edson. *Estabelecimento da filiação e paternidade presumida*. Porto Alegre: Sérgio Antônio Fabris Editor, 1992.
[11] FACHIN, Luiz Edson. *Da paternidade*: relação biológica e afetiva. Belo Horizonte: Del Rey, 1996. p. 33.
[12] FACHIN, Luiz Edson. O "aggiornamento" do direito civil brasileiro e a confiança negocial. In: FACHIN, Luiz Edson (Org.). *Repensando fundamentos do direito civil brasileiro contemporâneo*. Rio de Janeiro: Renovar, 1998. p. 45.
[13] FACHIN, Luiz Edson. *A função social da posse e a propriedade contemporânea*: uma perspectiva da usucapião imobiliária. Porto Alegre: Sérgio Antonio Fabris Editor, 1988.
[14] FACHIN, Luiz Edson. Dos atos não negociais à superação do trânsito jurídico tradicional a partir de Pontes de Miranda. *Revista da Faculdade de Direito da UFPR*, Curitiba, n. 33, p. 91-98, 2000.

essa dimensão axiológica originária (que não se confunde, cabe enfatizar, com a vontade do legislador), quanto podem, constatadas transformações sociais relevantes, determinar novas construções normativas-hermenêuticas, as quais, a seu turno, demandam a necessária justificação por meio da fundamentação racional.

Conceitos e normas têm substrato axiológico e, à luz desse substrato, projetam-se funcionalmente. Vale dizer: são forjados e reconstruídos hermeneuticamente para a realização de dados contributos, sendo, destarte, relevante no pensamento do autor a efetividade dos *outputs* que o processo de realização do direito produz em proveito das pessoas humanas e relação de coexistencialidade.

A axiologia permeia os princípios dotados de porosidade que ordenam e unificam o sistema, e, ao mesmo tempo, demanda desse sistema a efetividade de contributos transformadores do tecido social.

Emerge, da axiologia constitucional – que não é, em Fachin, estática ou monolítica – a dimensão funcional do direito civil.[15] Trata-se de expressão consequencialista que se constituiu, precisamente, daquilo que demanda a consideração sobre os princípios e sobre a coerência do sistema.

O direito que, ao se construir, tem como um dos seus elementos a força construtiva dos fatos, detém, em sua dialeticidade, funções a serem realizadas em proveito da mesma realidade que integra o fenômeno jurídico.

O cerne dessa dimensão funcional, como se afere da teoria crítica do direito civil desenvolvida pelo autor, é a pessoa humana, em sua concretude. É nessa perspectiva que se afere o lugar da repersonalização do direito civil, fazendo com que a pessoa em relação de coexistencialidade passe a ocupar a posição de centralidade nas preocupações do direito civil.

A função social da posse e da propriedade se destinam, nessa senda, à garantia da vida digna, e às possibilidades de construção da liberdade substancial da pessoa humana.[16] Isso se reflete, à guisa de exemplo, no reconhecimento do direito a um patrimônio mínimo personalíssimo: do direito de propriedade se chega a um direito à propriedade, instrumental à realização de uma vida digna.

A projeção funcional também se expressa na família, mas não como função social propriamente dita, e, sim, na perspectiva de sua função eudemonista, ou seja, de instrumento para que as pessoas em coexistencialidade possam buscar a construção de sua felicidade, em clara superação funcional da família transpessoal oitocentista.[17] O novo conceito plural de família passa, para a sua construção e compreensão, por apreender sua nova dimensão funcional, emergente da força constitutiva das relações sociais em uma sociedade plural.

A dimensão funcional permeada pela expressão axiológica que advém da facticidade encontra guarida na metodologia de Luiz Edson Fachin por meio das tarefas próprias do que o autor denomina de "tríplice constitucionalização", a qual constitui o elemento conclusivo da descrição proposta no presente artigo.

---

[15] FACHIN, Luiz Edson. *Teoria crítica do direito civil*. Rio de Janeiro: Renovar, 2003. p. 78.
[16] FACHIN, Luiz Edson. *Direito civil*: sentidos, transformações e fins. Rio de Janeiro: Renovar, 2015. p. 31.
[17] FACHIN, Luiz Edson. *Elementos críticos do direito de família*. Rio de Janeiro: Renovar, 1999.

5 Tríplice constitucionalização

A metodologia aqui descrita permite aferir que Luiz Edson Fachin adota uma compreensão bastante particular e refinada sobre o que se pode entender como constitucionalização do direito civil.

De tudo o que se descreveu até aqui, pode-se constatar que a metodologia do autor se distancia de qualquer neopositivismo. A tríplice constitucionalização do direito civil – e, a rigor, do direito – não se confunde com a pura e simples substituição do Código Civil pela Constituição, nem se reduz a uma expressão formal da Constituição. A Constituição formal, porém, nem de longe é rechaçada, por integrar, necessariamente, a metodologia de construção do direito no sistema móvel e aberto em sua porosidade.

Luiz Edson Fachin, por certo, reconhece a força normativa da Constituição formal, que é uma das dimensões dessa tríplice constitucionalização. Mas afirma, coerente com as premissas de um sistema aberto e móvel, que se erige na dialética com a força construtiva dos fatos, que o Código Civil "não nasce Código, mas se faz Código", assim como se pode afirmar que a Constituição também se faz Constituição.

É que a força normativa da Constituição formal dá conta apenas da primeira dimensão da constitucionalização do direito civil – e, a rigor, da constitucionalização do próprio ordenamento.

Há outras duas dimensões que são incindíveis da constitucionalização formal, quais sejam, a constitucionalização substancial e a constitucionalização prospectiva.

O conceito de Constituição substancial de Fachin em nada se confunde com a compreensão de Ferdinand Lassalle, que afirma ser a Constituição real fruto dos "fatores reais de poder" (*tatsächlichen Machtverhältnise*), sendo a Constituição formal apenas um "pedaço de papel" (*Stück Papier*).[18]

A constitucionalização substancial, na visão de Lassalle, determina a própria realidade da Constituição formal. Alteradas as relações de poder, nova Constituição formal irá refleti-la.

Diversamente, no pensamento de Fachin, a constitucionalização substancial não se situa nas relações reais de poder econômico, político, militar, mas na realidade das relações sociais das quais, em sua complexidade, emergem demandas por respostas do direito, além de uma multiplicidade de valores que, devidamente filtrados pela porosidade dos princípios da Constituição formal, integram a construção normativa. Por isso, acabam por se expressar na jurisprudência da Corte Constitucional e nos princípios constitucionais implícitos.[19]

O processo hermenêutico que se desenvolve na dialética entre o texto da Constituição formal e as demandas e valores que emergem da Constituição substancial permitem, inclusive, a proteção da pessoa humana em resistência a essas relações reais de poder.

A força constitutiva dos fatos é o que dá conteúdo a essa constitucionalização substancial.

São a pluralidade axiológica e a dinamicidade do processo histórico que permitem arejar o direito civil, seja pela ressignificação de seus conceitos, seja, sobretudo, pela

---

[18] LASSALLE, Ferdinand. Über Verfassungswesen. *Gleichsatz*. Disponível em: <http://www.gleichsatz.de/b-u-t/can/rec/lassalle1verfassung.html>. Acesso em: 5 jun. 2018.
[19] FACHIN, Luiz Edson. *Questões do direito civil brasileiro contemporâneo*. Rio de Janeiro: Renovar, 2008. p. 7.

construção normativa que realiza, a um só tempo, a dimensão formal da Constituição, que baliza e filtra valores, e a Constituição substancial, da qual emergem novos valores e novas demandas, que passam a integrar o fenômeno jurídico independentemente de sua expressa apreensão em modelos formais.

Daí podem emergir algumas questões, a saber, quais seriam as possibilidades transformadoras da construção normativa constitucional, como um *output* ao processo civilizatório, e, também, nessa linha, o que o contexto histórico-fático demanda do direito e, dialeticamente, produz como direito novo.

O potencial transformador do direito é premissa inerente à teoria crítica do direito civil de Luiz Edson Fachin, coerente com sua filiação moderna-iluminista.

É nessa seara que se situa a constitucionalização prospectiva, definida como "a ação permanente e contínua, num sistema jurídico aberto, poroso e plural, de ressignificar os sentidos dos diversos significantes que compõem o discurso jurídico das relações sociais, isto é, propriedade, contrato e família".[20]

Na constitucionalização prospectiva se encontra o fundamento da metodologia descrita neste texto. No sentido transformador de que se reveste essa dimensão da constitucionalização se identificam as possibilidades de projeção tanto das expressões axiológicas de uma sociedade plural quando os contributos funcionais que a construção hermenêutica pode produzir na realidade da vida.

Nessa dimensão prospectiva se tornam mais visíveis os pilares da teoria crítica preconizada pelo autor, centrada na pessoa humana em suas relações de coexistencialidade, em superação à clausura das abstrações e, sobretudo, de uma compreensão sobre o direito que não seja apenas retrospectiva e baseada em um conjunto de soluções prévias, construídas *prêt-à-porter*.

Em suma, a constitucionalização do direito civil recolhe a expressão abstrata da norma, a expressão concreta das decisões que definem seu sentido, os valores que informam a identificação de princípios implícitos e se projeta para a permanente renovação do direito, a acompanhar as demandas e a multiplicidade de valores de uma sociedade plural, e a promover, dialeticamente, a "cidadania em emancipação".[21]

Cidadania em emancipação: eis o contributo funcional mais relevante, que pode sintetizar o pensamento de um autor cuja obra em curso revela a permanente preocupação com um direito humanizado, que consolida avanços civilizatórios e se projeta para um porvir "a serviço da vida".[22] Ideias e autor, por certo, se entrelaçam no caráter profundamente humanista, na rigidez da ética e na seriedade e coerência de atos e propósitos.

Informação bibliográfica deste texto, conforme a NBR 6023:2002 da Associação Brasileira de Normas Técnicas (ABNT):

RUZYK, Carlos Eduardo Pianovski. A metodologia do direito civil no pensamento de Luiz Edson Fachin. In: EHRHARDT JÚNIOR, Marcos; CORTIANO JUNIOR, Eroulths (Coord.). *Transformações no Direito Privado nos 30 anos da Constituição*: estudos em homenagem a Luiz Edson Fachin. Belo Horizonte: Fórum, 2019. p. 27-35. ISBN 978-85-450-0562-9.

---

[20] FACHIN, Luiz Edson. *Questões do direito civil brasileiro contemporâneo*. Rio de Janeiro: Renovar, 2008. p. 7.
[21] FACHIN, Luiz Edson. *Questões do direito civil brasileiro contemporâneo*. Rio de Janeiro: Renovar, 2008. p. 7.
[22] FACHIN, Luiz Edson. *Teoria crítica do direito civil*. Rio de Janeiro: Renovar, 2003. p. 18.

PARTE II

ENTRE O SUJEITO E A PESSOA NAS RELAÇÕES PRIVADAS

PRINCÍPIO DA DIGNIDADE DA PESSOA HUMANA RESSIGNIFICADO A PARTIR DO DIREITO CIVIL CONSTITUCIONAL PROSPECTIVO

PABLO MALHEIROS DA CUNHA FROTA

1 Introdução

Ser convidado pelos professores doutores Marcos Ehrhardt Júnior da Universidade Federal de Alagoas e por Eroulths Cortiano Júnior, da Universidade Federal do Paraná, é motivo de imenso orgulho, que se soma a outros dois motivos:

(i) escrever um texto em um livro que celebra os trinta anos da Constituição Federal da República do Brasil de 1988 (CR/88), que necessita de efetivação constantemente, haja vista os ataques que lhe acometem seus predadores internos e externos, como sempre nos lembra Lenio Streck;[1]

(ii) este o principal, poder escrever um texto em uma obra que homenageia Luiz Edson Fachin, meu orientador de doutorado, que, por meio de sua orientação acadêmica, de vida e profissional, me tornou uma pessoa, um professor e um advogado muito mais qualificado. Confesso que ao ser orientado por ele realizei um antigo sonho, iniciado nos bancos da graduação, quando tive o primeiro contato com sua obra *Teoria crítica do direito civil*, que adquiri em uma livraria em Brasília/DF.

Desde as primeiras páginas me encantei pela escrita, pela técnica, pelo refino e pela profundidade do texto, mas, sobretudo, pela sempre possibilidade de diálogo que Luiz Edson Fachin propicia a quem lê seus textos e(ou) com eles interage, principalmente com aqueles que dele divergem, a possibilitar um concreto espaço democrático e republicano de exposição de ideias, tão raro no Brasil atual.

---

[1] STRECK, Lenio. Cuidado: o canibalismo jurídico ainda vai gerar uma constituinte. *Conjur*, 9 jun. 2016. Disponível em: <https://www.conjur.com.br/2016-jun-09/senso-incomum-cuidado-canibalismo-juridico-ainda-gerar-constituinte>. Acesso em: 30 maio 2018.

E isso comprovei nos quatro maravilhosos anos de uma convivência profícua na época do doutorado (2009-2013), assim como do seu término aos dias atuais, pois mantive, menos do que gostaria, um fraterno convívio mesmo após ele alçar o cargo de Ministro do Supremo Tribunal Federal, no qual tem atuado com o habitual brilho, mesmo quando divergimos no campo das ideias. É um privilégio, portanto, fazer parte de uma obra que homenageia um brasileiro que tanto devotou e devota suas energias trabalhando com e para o direito.

Parabéns e obrigado, Professor Luiz Edson Fachin, por tudo o que fez e faz por todas as pessoas que tiveram e têm o prazer de compartilhar e de trilhar contigo essa travessia que é o (con)viver em uma comunidade que deve pautar-se na inclusão e no reconhecimento ao diálogo, à diferença, à responsabilidade e à hospitalidade.

Feita essa singela homenagem, este texto tem a pretensão de apresentar algumas características do *direito civil constitucional prospectivo*, para que se permita realizar a ressignificação do princípio da dignidade da pessoa humana, assim como demonstrar a riqueza desta construção de Luiz Edson Fachin, tendo por marco teórico as ideias hauridas dos dois últimos livros individuais do homenageado.[2]

A proposição de Fachin revela a concretização do método fenomenológico-hermenêutico, que serve para realizar esse revolvimento de sentido da ideia de interpretar:

> o método fenomenológico, pelo qual se reconstrói o problema jurídico a partir de sua história institucional, para, ao final, permitir que ele apareça na sua verdadeira face. O Direito é um fenômeno que se mostra na sua concretude, mas sua compreensão somente se dá linguisticamente. Por isso, compreender o fenômeno jurídico significa compreendê-lo a partir de sua reconstrução. Não existem várias realidades; o que existe são diferentes visões sobre a realidade. Isto quer dizer que não existem apenas relatos ou narrativas sobre o Direito. Existem, sim, amplas possibilidades de dizê-lo de forma coerente e consistente. *Assim, cada caso jurídico concreto pode ter diferentes interpretações. Mas isso não quer dizer que dele e sobre ele se possam fazer quaisquer interpretações*. Fosse isso verdadeiro poder-se-ia dizer que Nietzsche tinha razão quando afirmou que "fatos não existem; o que existe são apenas interpretações". Contrariamente a isso, pode-se contrapor que, na verdade, *somente porque há fatos é que existem interpretações*. E estes fatos que compõem a concretude do caso podem – e devem – ser devidamente definidos e explicitados.[3]
>
> Como diz Streck, *a escolha pela fenomenologia representa a superação da metafísica no campo do Direito*, de tal modo que uma abordagem hermenêutica – e, portanto, crítica – do Direito jamais pretenderá ter a última palavra. E isso já é uma grande vantagem, sobretudo no paradigma da intersubjetividade.[4]

O aludido método fenomenológico-hermenêutico abarcará cada fato jurídico que traz consigo institutos jurídicos, que no presente texto será tratar de uma mudança

---

[2] FACHIN, Luiz Edson. *Direito civil*: sentidos, transformações e fim. Rio de Janeiro: Renovar, 2015; FACHIN, Luiz Edson. *Teoria crítica do direito civil*. 3. ed. Rio de Janeiro: Renovar, 2012.

[3] STRECK, Lenio. Parecer. *Conjur*. Disponível em: <https://www.conjur.com.br/dl/manifestacao-politica-juizes-nao-punida.pdf>. Acesso em: 2 nov. 2017.

[4] TRINDADE, André Karam; OLIVEIRA, Rafael Tomaz de. Crítica hermenêutica do direito: do quadro referencial teórico à articulação de uma posição filosófica sobre o direito. *Revista de Estudos Constitucionais, Hermenêutica e Teoria do Direito (RECHTD)*, v. 9, ano 3, p. 311-326, set./dez. 2017. p. 325.

de pressuposto do princípio da dignidade da pessoa humana, cuja metodologia será bipartida em procedimento e abordagem. A primeira tem por base o procedimento monográfico, com a análise das obras acima referidas. A segunda se ampara em uma linha crítico-metodológica, lastreada em uma teoria crítica da realidade que compreende o direito como problema e como uma "rede complexa de linguagens e de significados".[5]

Além disso, o direito, na contemporaneidade (década de 1980 do século XX aos dias atuais), esteia-se em uma Constituição (texto e contexto) que sirva de garantia e de efetivação da *democracia* – poder de decisão do povo sobre questões que lhe afetem, e do *constitucionalismo* –, limite formal e material à soberania popular na defesa de posições jurídicas,[6] por meio da tutela e da efetivação promovidas pela interpretação do direito em seus vieses constitucional e infraconstitucional. O direito, destarte, deve ser visto como uma atividade interpretativa:

> interpretativo e é aquilo que é emanado pelas instituições jurídicas, sendo que as questões a ele relativas encontram, necessariamente, respostas nas leis, nos princípios constitucionais, nos regulamentos e nos precedentes que tenham DNA constitucional, e não na vontade individual do aplicador (mesmo que seja o STF). Assim como a realidade, também o direito possui essa dimensão interpretativa. Essa dimensão implica o dever de atribuir às práticas jurídicas o melhor sentido possível para o direito de uma comunidade política.[7]

Nesse contexto, o presente texto apresentará uma síntese das ideias de Luiz Edson Fachin após esta introdução, nos dois tópicos a ela subsequentes, com o intuito de demonstrar os desafios do direito privado atualmente e como a dignidade da pessoa humana pode ser ressignificada a partir dos pressupostos do direito civil constitucional, mormente em sua dimensão prospectiva. Em seguida, apresentar-se-á a conclusão seguida das referências.

2 Os desafios do direito privado hoje

Fachin, em sua última obra, se preocupa com os desafios os quais a disciplina do direito civil atravessa, com isso toma como *prius* reconhecer os limites da civilística para daí refletir sobre um recomeço. Noutros termos, o direito civil é compreendido:

> tanto no sentido de captar a tradição que o conhecimento jurídico projeta na dinâmica dos dias correntes em termos de dogmática jurídica, quanto na direção de haurir as inovações próprias de um sistema *open norm*. Toma o sistema jurídico de regras e princípios como *back ground* do governo das relações interprivadas, sob uma perspectiva de mudança. A partir daí, considera a interpretação o *common core* das tarefas reflexivas, e o faz no garimpo das possibilidades dentro desses limites.[8]

---

[5] GUSTIN, Miracy Barbosa de Sousa; DIAS, Maria Tereza. *(Re)pensando a pesquisa jurídica*: teoria e prática. 4. ed. Belo Horizonte: Del Rey, 2013. p. 21.
[6] CHUEIRI, Vera Karam de; GODOY, Miguel G. Constitucionalismo e democracia – Soberania e poder constituinte. *Revista Direito GV*, São Paulo, v. 11, p. 159-174, jan./jun. 2010.
[7] STRECK, Lenio. *Hermenêutica e jurisdição*. Diálogos com Lenio Streck. Porto Alegre: Livraria do Advogado, 2017. p. 91.
[8] FACHIN, Luiz Edson. *Direito civil*: sentidos, transformações e fim. Rio de Janeiro: Renovar, 2015. p. 1-2.

Nessa senda, destaca-se que se trabalha com a ideia de princípios[9] e regras, que fundam os vários significados atribuídos ao termo *constituição*, que, para Fachin, possui três vertentes: formal, substancial e prospectiva. Essas vertentes apresentam os "limites e as possibilidades para compreensão do Direito Civil nos dias correntes".[10]

Outra perspectiva importante é a de que Fachin, diante do contexto social, econômico e político, busca demonstrar uma percepção teórico-prática que não seja dogmatizante, não sendo possível:

> uma única resposta, mas há sempre a possibilidade de encontrar a resposta correta no sistema jurídico, o desafio está em percorrer os caminhos jurídicos reconhecendo as interfaces entre subjetividade e objetividade, sem sucumbir demasiadamente em rígidas fortalezas teóricas nem perder o rigor.[11]

Nesse passo, Fachin pretende compreender o direito de forma dialogal permanente e interminável, sem restringi-lo a uma operação mecânica, com o texto sendo sempre um fim e um recomeço, como expressamente alude:

> Quem chama ao diálogo e se abre ao debate não pode operar com exclusões, cuja ocorrência no texto, se existir, deve ser debitada ao desconhecimento ou a um lapso do Autor. Convite e chamamento são sinônimos de respeitosa referência, consideração e quando, se for o caso, também de crítica às ideias incorporadas nas respectivas obras.
>
> Pensamento e divergência não se privam. Assim também, técnica e arte, no Direito, não se excluem. À luz de um olhar plural e múltiplo, o conhecimento que se propõe como razoavelmente científico e aberto não pode·descurar de seu limite, senão será exercício de ilusão, nem deixar de explorar suas possibilidades, o que seria hipótese de automutilação intelectual.

---

[9] Este subscritor entende que princípios não são mandados de otimização e sim um padrão de comportamento de determinada comunidade (alteridade) em dado momento histórico, que respeita e problematiza a tradição institucional daquela comunidade de forma íntegra e coerente, não se tornando os princípios cláusulas abertas ou de fechamento de lacuna do sistema, mas sim um prático "fechamento hermenêutico, isto é, não vinculam nem autorizam o intérprete desde fora, mas justificam a decisão no interior da prática interpretativa que define e constitui o direito". Em toda regra, contém um princípio, muitas vezes o da igualdade. A aplicação de um princípio jurídico "deve vir acompanhada de uma detalhada justificação, *ligando-se a uma cadeia significativa*, de onde se possa retirar a generalização principiológica minimamente necessária para a continuidade decisória, sob pena de cair em decisionismo, em que cada juiz tem o seu próprio conceito [...] a aplicação do princípio para justificar determinada exceção não quer dizer que, em uma próxima aplicação, somente se poderá fazê-lo a partir de uma absoluta similitude fática. Isso seria congelar as aplicações. O que é importante em uma aplicação desse quilate é *exatamente o princípio que dele se extrai*, porque é por ele que se estenderá/generalizará a possibilidade para outros casos, em que as circunstâncias fáticas demonstrem a necessidade da aplicação do princípio para justificar uma nova exceção. Tudo isso formará uma cadeia significativa, forjando uma tradição, de onde se extrai a integridade e a coerência do sistema jurídico. Esse talvez seja o segredo da aplicação principiológica". A distinção entre regra e princípio não pode ser estrutural, como faz Alexy – regra como mandado de definição e princípio como mandado de otimização – pois, no viés hermenêutico, a distinção estrutural não resolve o problema da concretização, porque os princípios somente se apresentam se a subsunção das regras ao caso não resolverem a questão. "Para que um princípio tenha obrigatoriedade, ele não pode se desvencilhar da democracia, que se dá por enunciados jurídicos concebidos como regras" (STRECK, Lenio. *Verdade e consenso*. 6. ed. São Paulo: Saraiva, 2017. p. 549; 556-557; 565-566. Veja também, sobre o assunto, as páginas 567-574).

[10] FACHIN, Luiz Edson. *Direito civil*: sentidos, transformações e fim. Rio de Janeiro: Renovar, 2015. p. 2.

[11] FACHIN, Luiz Edson. *Direito civil*: sentidos, transformações e fim. Rio de Janeiro: Renovar, 2015. p. 2-3.

[...] Com sincera e necessária modéstia na postura metodológica, impende dar ao Direito Civil essa ambiência de respeito, tolerância, pluralidade e responsabilidade, sem abrir mão da unidade e da organização do pensamento. O Direito, tal como a vida, não pode diminuir-se ao almejar ser tão somente prático e útil; deve ser mesmo pragmático, mas a vida não se reduz a essas equações mecânicas das operações condicionadas a priori; ao Direito e ao jurista cumpre também, e precipuamente, serem verdadeiros. E assim será se ambos prestarem contas, acima de tudo, à realidade humana.[12] [13]

Nesse passo, o direito exige que o intérprete reflita sobre a indagação de Luiz Edson Fachin: "a que serve e a quem serve o Direito?".[14] Responder a esta pergunta necessita de uma compreensão autêntica do direito, ou seja, uma apreensão que preserve a sua autonomia e não o torne servo de um discurso legitimador do político, da moral, do econômico, entre outros; se assim não for, o direito vigente não passará de uma reprodução do que ele foi ontem – "mais do mesmo" –, como diuturnamente combate Ricardo Aronne.[15]

3 Direito civil constitucional prospectivo e a ressignificação do princípio da dignidade da pessoa humana

Nesse diapasão, para que a Constituição (texto e contexto) seja efetivada e possa concretizar justiça social em qualquer seara jurídica, deve ser interpretada a partir de sua pluralidade de formas de expressão, identificando-se a questão jurídica como um problema social que deva ser contextualizado em três vertentes constitucionais (formal, material e prospectiva), irradiando efeitos à sociedade e ao Estado, como alude Fachin:

> É possível encetar pela dimensão formal, como se explica. A Constituição Federal brasileira de 1988 ao ser apreendida tão só em tal horizonte se reduz ao texto positivado, sem embargo do relevo, por certo, do qual se reveste o discurso jurídico normativo positivado. É degrau primeiro, elementar regramento proeminente, necessário, mas insuficiente.
> Sobreleva ponderar, então, a estatura substancial que se encontra acima das normas positivadas, bem assim dos princípios expressos que podem, eventualmente, atuar como regras para além de serem mandados de otimização.[16] Complementa e suplementa o

---

[12] FACHIN, Luiz Edson. *Direito civil*: sentidos, transformações e fim. Rio de Janeiro: Renovar, 2015. p. 3; 5-6.

[13] Este subscritor discorda do homenageado quanto à tolerância, uma vez que se fia na hospitalidade. Sobre a distinção veja: PEREIRA, Gustavo Oliveira de Lima. *Direitos humanos e hospitalidade*: a proteção internacional para apátridas e refugiados. São Paulo: Atlas, 2014. p. 125-153; MONTANDON, Alain. *O livro da hospitalidade*: acolhida do estrangeiro na história e nas culturas. Tradução de Marcos Bagno e Lea Zilberlicht. São Paulo: Senac, 2011.

[14] FACHIN, Luiz Edson. A "reconstitucionalização" do direito civil brasileiro. In: FACHIN, Luiz Edson. *Questões do direito civil brasileiro contemporâneo*. Rio de Janeiro: Renovar, 2008. p. 20.

[15] ARONNE, Ricardo. *Razão & caos no discurso jurídico e outros ensaios de direito civil-constitucional*. Porto Alegre: Livraria do Advogado, 2010; ARONNE, Ricardo. *Direito civil-constitucional e teoria do caos*. Porto Alegre: Livraria do Advogado, 2006; ARONNE, Ricardo. *Ensaio para um possível discurso civil-constitucional pós-moderno e existencialista*: a aventura da racionalidade do direito privado ou sua impossibilidade. Tese (Pós-Doutorado) – Universidade Federal do Paraná (UFPR), Curitiba, 2012.

[16] Somente não se acolhe a ideia de princípio elucidada por Fachin, como se verificou na nota de rodapé 9. Nos demais pontos, subscreve-se integralmente a ideia de Fachin.

norte formal anteriormente referido, indo adiante até a aptidão de inserir no sentido da constitucionalização os princípios implícitos e aqueles decorrentes de princípios ou regras constitucionais expressas. São esses dois primeiros patamares, entre si conjugados, o âmbito compreensivo da percepção intrassistemática do ordenamento.

Não obstante, o desafio é apreender extrassistematicamente o sentido de possibilidade da constitucionalização como ação permanente, viabilizada na força criativa dos fatos sociais que se projetam para o Direito, na doutrina, na legislação e na jurisprudência, por meio da qual os significados se constroem e refundam de modo incessante, sem juízos apriorísticos de exclusão. Nessa toada, emerge o mais relevante desses horizontes que é a dimensão prospectiva dessa travessia. O compromisso se firma com essa constante travessia que capta os sentidos histórico-culturais dos códigos e reescreve, por intermédio da ressignificação dessas balizas linguísticas, os limites e as possibilidades emancipatórias do próprio Direito.[17]

Fachin propõe nessa linha prospectiva dos seguintes princípios:

Um governo jurídico dos princípios, agora em termos mais gerais, não deixa de tomar princípios como normas. E para tanto, tais princípios devem dar conta da sua sustentabilidade em relação ao sistema interno, do qual fazem parte, e no concernente ao sistema social no qual, externamente, o ordenamento se encontra inserido.

À construção teórica e prática assoma o desafio de formular e sustentar, exemplificativamente:
- princípio do acesso (ao estatuto de sujeitos de direito, individual ou coletivamente consideradas, inclusive das gerações futuras, aos bens da vida, incluindo o acesso à jurisdição);
- princípio da não discriminação (igualdade sem distinção discriminatórias de sexo, raça, opções pessoais e projetos de vida);
- princípio da solidariedade (responsabilidade coexistencial, consideradas as pessoas entre si, responsabilidade intergeracional, e subsidiariedade social: papel essencial das pessoas, das famílias e demais entes no entremeio da sociedade e do Estado);
- princípio da equidade[18] substancial (tratamento diferenciado de situações desiguais; compreende o princípio da diferenciação positiva: modulação funcional, rendimentos, titularidades e outros fatores sociais, laborais e familiares);
- princípio da inserção social: eliminar causas de marginalização e exclusão social, objetivo: concretizar o sentido da dignidade humana;
- princípio do primado dos interesses e dos deveres de ordem pública: dever do Estado em criar e promover condições necessárias à efetivação dos direitos e dos deveres interprivados. Implica em primado, mas não em exclusividade, pois pressupõe partilha das responsabilidades nos diferentes patamares das relações sociais;
- princípio da unidade do sistema jurídico: segurança jurídica material (e não apenas formal) e segurança social, interpretação e aplicação dos princípios e regras de modo articulado, com vista à harmonização entre regras e princípios, e justiça para o caso concreto;
- princípio da preponderância eficacial: o Direito nasce para realizar-se. A realização (como efetividade) do Direito é um dever prestacional do Estado e da sociedade;

---

[17] FACHIN, Luiz Edson. A "reconstitucionalização" do direito civil brasileiro. In: FACHIN, Luiz Edson. *Questões do direito civil brasileiro contemporâneo*. Rio de Janeiro: Renovar, 2008. p. 11-20.

[18] Entende-se que a ideia de equidade está muito vinculada a uma perspectiva subjetiva do intérprete, o que a tornaria incontrolável. Por isso, lastreado na ideia de *fairness* de Dworkin, melhor seria tratar de equanimidade, que demanda uma exposição pública e racional do fundamento do que seja justo em cada caso concreto. Sobre essa ideia de equanimidade veja: STRECK, Lenio. *Jurisdição constitucional*. 5. ed. Rio de Janeiro: Forense, 2018.

- princípio da garantia das situações jurídicas adquiridas (com o fito de imprimir estabilidade plena às relações jurídicas);
- princípio da informação. O conhecimento é pressuposto da responsabilidade, embora não seja necessariamente seu limite.

Esse elenco contém somente um rol não hierarquizado de formulações que podem contribuir com a segurança jurídica material das relações interprivadas, quer no plano do direito nacional, quer no âmbito transnacional. A ordem jurídica, também no cenário internacional contemporâneo, pode e quiçá deva captar essas premissas.

Há, pois, premissas internas; se tomarmos o exemplo do contrato, a assertiva já conhecida é mesmo essa: quem diz contratual não mais diz justo. Ali se vê a superação do modelo formal de contrato, a força da cláusula geral, de conteúdo omnicompreensivo e como preceito de ordem pública; ética e juridicidade informam, assim, as normas comportamentais no direito das obrigações.

E há premissas externas: Direito Civil e direitos fundamentais dialogam aí sob conceitos como "imperativos de tutela" "proibição de insuficiência" e "vedação de retrocesso".

Para essas premissas espaciais, o campo da razão jurídica retempera a superação das dicotomias: público versus privado, norma versus princípio; bem como a mitigação das fronteiras entre sistemas jurídicos: *civil law* e *common law* se redesenham diante de tratados e convenções internacionais sob a incidência nas relações interprivadas.

Problematizações não podem nem devem ser olvidadas, como a referência à *metódica das circunstâncias do caso*, desafiando a ductibilidade conceitual nas oscilações jurisprudenciais; minimalismo e maximalismo da principiologia axiológica de índole constitucional também se traduzem em problema como questão; e por igual, a harmonização possível entre *common law* e *civil law*: aqui há exemplos de dificuldades, com institutos sem correspondência direta, v.g. a *doutrina da consideration*.[19]

Essa síntese do entendimento de Fachin aponta para uma "teoria que não se deixa enclausurar, não se pautando em conceitos prontos; que não se pretende estática, reconhecendo a transitoriedade; que recolhe a juridicidade emergente da faticidade sem negar a normatividade das leis e da Constituição".[20]

Esse contexto autoriza uma releitura (re)constitucionalizante, nas três dimensões referidas, das categorias jurídicas do direito privado, fundadas em uma principiologia de índole constitucional sem redução de complexidade, até porque o caráter ôntico do jurídico se encontra na sociedade, na realidade social, econômica, política, ambiental, entre outras.[21]

Evita-se, com isso, a promoção da opacidade do real,[22] enformada e informada por um "direito à *la carte*". Esses fundamentos permitem refletir, doravante, sobre uma possível ressignificação do princípio da dignidade da pessoa humana.[23]

---

[19] FACHIN, Luiz Edson. *Direito civil*: sentidos, transformações e fim. Rio de Janeiro: Renovar, 2015. p. 171-174.
[20] RUZYK, Carlos Eduardo Pianovski. Prefácio – A teoria crítica do direito civil de Luiz Edson Fachin e a superação do positivismo jurídico. In: FACHIN, Luiz Edson. *Teoria crítica do direito civil*. 3. ed. Rio de Janeiro: Renovar, 2012. p. I-III.
[21] FACHIN, Luiz Edson. A "reconstitucionalização" do direito civil brasileiro. In: FACHIN, Luiz Edson. *Questões do direito civil brasileiro contemporâneo*. Rio de Janeiro: Renovar, 2008. p. 11-20.
[22] BORDIEU, Pierre. *O poder simbólico*. 14. ed. Tradução de Fernando Tomaz. Rio de Janeiro: Bertrand, 2010. p. 187.
[23] Muitas das ideias sobre o princípio da dignidade da pessoa humana foram extraídas do artigo inédito: FROTA, Pablo Malheiros da Cunha; AGUIRRE, Joao Ricardo Brandão; PEIXOTO, Maurício Muriack de Fernandes e. *Transmissibilidade do acervo digital de quem falece*: efeitos dos direitos da personalidade projetados post mortem.

Nesse diapasão, um dos direitos fundamentais[24] previstos em nossa Constituição de 1988 (CR/88) é o princípio da dignidade da pessoa humana,[25] CR/88, art. 1º, III, um dos fundamentos da República, sendo certo que "os direitos que materialmente emergem da dignidade e a sua afirmação e proteção foram tornados como fundamentais",[26] o que será brevemente explicitado, na forma do art. 489 do CPC/15.

Diante disso, o princípio da dignidade da pessoa humana funda "os demais princípios derivam e que norteia todas as regras jurídicas". Tal princípio tem por função (a que serve e a quem serve ou que contributo traz aos particulares e à sociedade e ao Estado) ser o "substrato normativo e axiológico para todos os demais direitos não patrimoniais, como os direitos da personalidade".[27]

A dignidade da pessoa humana somente pode ser verificada concretamente,[28] jamais sendo usada como trunfo argumentativo vazio por quem quer que seja, principalmente quem possui o ofício de julgar casos concretos em âmbito judicial ou extrajudicial ou mesmo formular leis e políticas públicas ou constitucionais com base em tal princípio. Este deve ser o início e o fim do direito e das posições jurídicas que

---

[24] Vera Raposo aduz: "Depois de compreender em toda a sua extensão a extrema importância dos direitos fundamentais. Importância que começa por se revelar de um ponto de vista individual, enquanto conceitos umbilicalmente ligados à dignidade da pessoa humana, projeção positiva e imediata da mesma. Para além desta dimensão subjectiva, igualmente uma dimensão objectiva, na medida em que são elementos essenciais da ordem jurídico-política e condição de qualquer ordem que se reclame democrática, desde logo porque constituem regras de competência do ordenamento jurídico, velando para que os poderes públicos não ultrapassem os seus limites de actuação e para que essa actuação se desenvolva dentro de certos parâmetros. Mas o seu poder conformador não se resume ao nível do direito constitucional, pelo contrário, alastra-se sobre todos os restantes ramos do direito. Os direitos fundamentais não são dotados de uma entidade pré-dada ou talvez, melhor a consciencialização da sua existência não nos vem desde sempre. Pelo contrário, resulta de um processo gradual de desenvolvimento, que pressupôs um certo estádio da comunidade humana, o qual coincide essencialmente com a Modernidade (organização económica capitalista; cultura secularizada, individual e racionalista; Estado soberano que reserva para si o uso da força legítima). Não se quer dizer que os homens que existiram anteriormente não tivessem já direitos, simplesmente, não se apercebiam disso, e, por conseguinte, não os reivindicavam" (RAPOSO, Vera Lúcia. *O direito à imortalidade*: o exercício de direitos reprodutivos mediante técnicas de reprodução assistida e o estatuto jurídico do embrião in vitro. Coimbra: Almedina, 2014. p. 60-61).

[25] Sobre o sentido de dignidade da pessoa humana, direitos fundamentais e a sua eficácia nas relações privadas veja: FACHIN, Melina Girardi; FACHIN, Luiz Edson. Um ensaio sobre dignidade da pessoa humana nas relações jurídicas interprivadas. In: COSTA, José Augusto Fontoura; ANDRADE, José Maria Arruda de; MATSUO, Alexandra Mery Hansen (Org.). *Direito*: teoria e experiência – Estudos em homenagem a Eros Roberto Grau. São Paulo: Malheiros, 2013. t. 1. p. 684-700. Sobre dignidade da pessoa humana e justiça: SOUZA, Ricardo Timm de. *Justiça em seus termos* – Dignidade humana, dignidade do mundo. Rio de Janeiro: Lumen Juris, 2010. Sobre a eficácia nas relações privadas do princípio da dignidade da pessoa humana sem que seja direito fundamental por ser um "direito-mãe", "do qual se extraem direitos mais específicos não enumerados no texto constitucional" (SARMENTO, Daniel. *Dignidade da pessoa humana*. Belo Horizonte: Fórum, 2017. p. 82-83; 86; 88-89).

[26] O princípio da dignidade da pessoa humana foi consagrado no século XX, no 2º Pós-Guerra (GRIMM, Dieter. A dignidade humana é intangível. Tradução de Eduardo Mendonça. *Revista de Direito do Estado*, n. 19, 2010. p. 4; FACHIN, Luiz Edson. Direitos da personalidade no Código Civil brasileiro: elementos para uma análise de índole constitucional da transmissibilidade. In: CASTILHO, Ricardo; TARTUCE, Flávio (Coord.). *Direito civil*: direito patrimonial e direito existencial. São Paulo: Método, 2006. p. 626).

[27] FACHIN, Luiz Edson. Direitos da personalidade no Código Civil brasileiro: elementos para uma análise de índole constitucional da transmissibilidade. In: CASTILHO, Ricardo; TARTUCE, Flávio (Coord.). *Direito civil*: direito patrimonial e direito existencial. São Paulo: Método, 2006. p. 631. Sobre ser um "direito-mãe" desenvolvido de maneira extensa: BARAK, Aharon. *Human dignity*: the constitutional value and the constitutional right. Cambridge: Cambridge University Press, 2015. p. 156-169; DUPRÉ, Catherine. *Importing law in post-communist transitions*: the Hungarian Constitutional Court and the right to human dignity. Oxford: Hart Publishing, 2003. p. 67.

[28] FACHIN, Luiz Edson. Direitos da personalidade no Código Civil brasileiro: elementos para uma análise de índole constitucional da transmissibilidade. In: CASTILHO, Ricardo; TARTUCE, Flávio (Coord.). *Direito civil*: direito patrimonial e direito existencial. São Paulo: Método, 2006. p. 630.

dele buscam fundamento, com a pessoa humana sendo "apreendida no sentido real da dignidade e na percepção concreta de *sujeito de necessidade e liberdade*".[29]

A dignidade da pessoa humana é um imperativo ético existencial, "que decorre de uma ética de alteridade que antecede o Direito e deve, necessariamente, informa-lo".[30] Por isso, a dignidade da pessoa humana se coliga com a ideia de alteridade, que não pressupõe o reconhecimento e a inclusão do outro como igual e amparada pelo viés social da reciprocidade. Noutros termos, "o ponto de partida fundamentado no reconhecimento do outro como 'diferente' e a partir de uma ética avessa ao predicativo da reciprocidade".[31] Tratar a dignidade com o binômio igualdade e reciprocidade apenas se faz adequado se o for a partir da ideia de diferença.

Esse princípio da dignidade da pessoa humana se expressa pelo tratamento humano não degradante, por exemplo, evitar qualquer tipo de preconceito, e pela garantia dos seus substratos para cada pessoa humana, cuja circunscrição ocorre em cada caso concreto, sem que se confunda objeção de consciência com discriminação. Dessa forma, viola a dignidade da pessoa humana, por exemplo, a coisificação ou a objetificação do humano,[32] transformando-o em um instrumento para direitos patrimoniais ou existenciais, a impossibilitar a garantia às necessidades vitais, entre outros.[33] Vera Karam destaca:

> Dignidade diz respeito à importância da vida humana, isto é, as pessoas devem se dar conta que é objetivamente importante como elas vivem e, também, do seu direito (e do exercício deste direito) em tomar decisões éticas para si mesmas. O direito não pode violar a independência ética das pessoas em matéria de religião, por exemplo, ou intimidade. Em outras palavras, o governo tem a obrigação de tratar a vida de cada pessoa como sendo objetiva, distinta e igualmente importante.[34]

Fachin e Pianovski apontam:

> A dignidade da pessoa é dado concreto aferível no atendimento das necessidades que propiciam ao sujeito se desenvolver com efetiva liberdade – que não se apresenta apenas em um âmbito formal, mas se baseia, também, na efetiva presença de condições materiais de existência que assegurem a viabilidade real do exercício dessa liberdade. [...] Trata-se, sim, de proteger a pessoa humana em sua dimensão coexistencial, cuja rede de relações

---

[29] FACHIN, Luiz Edson. Direitos da personalidade no Código Civil brasileiro: elementos para uma análise de índole constitucional da transmissibilidade. In: CASTILHO, Ricardo; TARTUCE, Flávio (Coord.). *Direito civil*: direito patrimonial e direito existencial. São Paulo: Método, 2006. p. 641.

[30] FACHIN, Luiz Edson; RUZYK, Carlos Eduardo Pianovski. Princípio da dignidade humana no direito civil. In: TORRES, Ricardo Lobo; KATAOKA, Eduardo Takemi; GALDINO, Flavio (Org.). *Dicionário de princípios jurídicos*. Rio de Janeiro: Elsevier, 2011. p. 306-307.

[31] PEREIRA, Gustavo Oliveira de Lima. *Direitos humanos e hospitalidade*: a proteção internacional para apátridas e refugiados. São Paulo: Atlas, 2014. p. 120.

[32] FACHIN, Luiz Edson. Direitos da personalidade no Código Civil brasileiro: elementos para uma análise de índole constitucional da transmissibilidade. In: CASTILHO, Ricardo; TARTUCE, Flávio (Coord.). *Direito civil*: direito patrimonial e direito existencial. São Paulo: Método, 2006. p. 632-633.

[33] BARRETO, Vicente de Paulo. *O fetiche dos direitos humanos*. 2. ed. Porto Alegre: Livraria do Advogado, 2013. p. 63-77.

[34] CHUEIRI, Vera Karam de. Igualdade e liberdade: a unidade do valor. In: BARRETO, Vicente de Paula; DUARTE, Francisco Carlos; SCHWARTZ, Germano (Org.). *Direito da sociedade policontextural*. Curitiba: Appris, 2013. p. 127-140.

constitui a sociedade. Não é possível conceber o indivíduo sem o outro, pelo que a tutela da dignidade humana é sempre interindividual, baseada em ética da alteridade, e jamais individualista.[35]

Tal princípio da dignidade da pessoa humana, desse modo, a partir de Fachin:

> impõe (em um primeiro momento) limites à atividade estatal, uma vez que impede a violação, por qualquer dos poderes emanados Estado, da dignidade pessoal de qualquer particular. Em um segundo estágio, o princípio fundamental da dignidade da pessoa humana também vincula os poderes públicos a sua efetivação, não apenas de modo programático, mas também concreto.[36] [37]

Feito esse esquadrinhamento do princípio, passa-se aos substratos da dignidade da pessoa humana, quais sejam: vida, liberdade,[38] igualdade (a partir da diferença),[39] integridade psicofísica[40] e solidariedade social,[41] [42] com a proteção integral ao patrimônio material servindo de suporte para o livre desenvolvimento da pessoa humana.[43] [44]

---

[35] FACHIN, Luiz Edson; RUZYK, Carlos Eduardo Pianovski. Princípio da dignidade humana no direito civil. In: TORRES, Ricardo Lobo; KATAOKA, Eduardo Takemi; GALDINO, Flavio (Org.). *Dicionário de princípios jurídicos*. Rio de Janeiro: Elsevier, 2011. p. 311-312.

[36] FACHIN, Luiz Edson. Direitos da personalidade no Código Civil brasileiro: elementos para uma análise de índole constitucional da transmissibilidade. In: CASTILHO, Ricardo; TARTUCE, Flávio (Coord.). *Direito civil*: direito patrimonial e direito existencial. São Paulo: Método, 2006. p. 635-636.

[37] Fachin esclarece sobre o sentido de constitucionalização do direito civil e a eficácia direta dos direitos fundamentais nas relações privadas: "Diante do inequívoco poder normativo da Constituição, para além de seu caráter político e deontológico, não há como eximir o direito privado de sua observância. Na verdade, o premente movimento de constitucionalização do direito privado relativiza as ideias de direito público e direito privado. Não significa dizer que os estatutos jurídico-privados perdem a sua relevância ou sua aplicabilidade, mas, isto sim, que devem ser lidos sob a égide da Constituição, que tem por característica fundamental e basilar a proteção dos direitos fundamentais. Nesse diapasão, impende notar que ao se tratar de direitos fundamentais, não basta uma aplicação mediata e indireta da Constituição, que sirva apenas como parâmetro interpretativo. Nos casos envolvendo direitos fundamentais, como é a situação que neste trabalho se apresenta, há que se falar em eficácia imediata e direta dos direitos fundamentais nas relações entre particulares. Este é, inclusive, o posicionamento positivado na Constituição Federal, por meio do parágrafo 1º do artigo 5º. De fato, ver os direitos fundamentais apenas como 'parâmetros interpretativos a serem mediados nas relações entre particulares é ficar aquém do programa constitucional de emancipação e concretização dos direitos fundamentais'" (FACHIN, Luiz Edson. A liberdade e a intimidade: uma breve análise das biografias não autorizadas. In: SIMÃO, José Fernando; BELTRÃO, Silvio Romero (Coord.). *Direito civil*: estudos em homenagem à José de Oliveira Ascensão: teoria geral do direito, bioética, direito intelectual e sociedade da informação. São Paulo: Atlas, 2015. v. 1. p. 384).

[38] Indispensável livro sobre liberdade: RUZYK, Carlos Eduardo Pianovski. *Institutos fundamentais do direito civil e liberdade(s)*. Rio de Janeiro: GZ, 2011.

[39] Indispensável livro sobre igualdade, vista como comparação entre duas situações, cuja diferença deve sempre ser respeitada: GUEDES, Jefferson Carús. *Igualdade e desigualdade*: introdução conceitual, normativa e histórica dos princípios. São Paulo: RT, 2014.

[40] Sobre o sentido de integridade psicofísica: EDIEL, José Antônio Peres. *Os transplantes de órgãos e a tutela da personalidade*. Tese (Doutorado) – Programa de Pós-Graduação em Direito, Universidade Federal do Paraná, Curitiba, 1998. p. 21.

[41] Sobre o sentido de solidariedade social veja: FROTA, Pablo Malheiros da Cunha. Processo eleitoral e políticas públicas: influências recíprocas. *Revista Brasileira de Políticas Públicas*, Brasília, v. 5, n. 1, p. 273-301, 2015.

[42] Os sentidos dos substratos estão precisamente postos em MORAES, Maria Celina Bodin de. *Dano à pessoa humana*: uma leitura civil-constitucional dos danos morais. 2. ed. Rio de Janeiro: Processo, 2017.

[43] FACHIN, Luiz Edson. Direitos da personalidade no Código Civil brasileiro: elementos para uma análise de índole constitucional da transmissibilidade. In: CASTILHO, Ricardo; TARTUCE, Flávio (Coord.). *Direito civil*: direito patrimonial e direito existencial. São Paulo: Método, 2006. p. 627; 633-634.

[44] Daniel Sarmento traz importante reflexão sobre os componentes ou substratos da dignidade da pessoa humana, que se complementam com aqueles postos no corpo do texto. Para Sarmento os componentes são:

O mencionado princípio na CR/88 se verifica em três grandes momentos: "(i) como finalidade assegurada no exercício da atividade econômica, tanto pelo Estado, quanto pelos particulares (art. 170, *caput*); (ii) como princípio essencial da família (art. 226, §7º); (iii) como direito fundamental da criança e do adolescente (art. 227, *caput*)"[45] dos idosos e dos demais vulneráveis e hipervulneráveis, circunscrevendo-se à pessoa humana.[46]

Dessa forma, o ser humano é a condição de possibilidade para que o ordenamento jurídico o qualifique como pessoa humana, que se apresenta em dois aspectos: (i) como indivíduo com o direito fundamental a uma existência livre; (ii) "como partícipe do consórcio humano, o interesse ao livre desenvolvimento da 'vida em relações'. A esses dois aspectos essenciais do ser humano podem substancialmente ser reconduzidas todas as instâncias específicas da personalidade".[47] O princípio da dignidade da pessoa subjaz os direitos da personalidade,[48] [49] que não se confinam na racionalidade codificada civil.[50]

Para que não se confundam os institutos em debate, diferencia-se os direitos de personalidade dos direitos da personalidade. Os *direitos de personalidade* conferem aos seres humanos (transformados em pessoas humanas pelo CC – art. 2º – com o nascimento com vida) e aos entes fictícios (transformados em pessoas coletivas – CC, art. 44) a titularidade de posições jurídicas na ordem civil (CC, art. 1º), por meio da personalidade,

---

"o *valor intrínseco da pessoa*, que veda a sua instrumentalização em proveito de interesses de terceiros ou de metas coletivas; a *igualdade*, que implica a rejeição das hierarquias sociais e cultuais e impõe que se busque a sua superação concreta; a *autonomia*, tanto na sua dimensão privada, ligada à autodeterminação individual, como na pública, relacionada à democracia; o *mínimo existencial*, que envolve a garantia das condições materiais indispensáveis para a vida digna; e o *reconhecimento*, que se conecta com o respeito à identidade individual e coletiva das pessoas nas instituições, práticas sociais e relações intersubjetivas" (SARMENTO, Daniel. *Dignidade da pessoa humana*. Belo Horizonte: Fórum, 2017. p. 92-93).

[45] FACHIN, Luiz Edson. Direitos da personalidade no Código Civil brasileiro: elementos para uma análise de índole constitucional da transmissibilidade. In: CASTILHO, Ricardo; TARTUCE, Flávio (Coord.). *Direito civil*: direito patrimonial e direito existencial. São Paulo: Método, 2006. p. 631.

[46] Não se defende qualquer uso do princípio da dignidade da pessoa humana e de qualquer princípio como fundamento vazio e arbitrário para se fundamentar uma decisão. Por isso, prega-se o cumprimento pelos juristas em seus escritos e falas, bem como dos operadores do direito do art. 489 do CPC/15.

[47] FACHIN, Luiz Edson. Direitos da personalidade no Código Civil brasileiro: elementos para uma análise de índole constitucional da transmissibilidade. In: CASTILHO, Ricardo; TARTUCE, Flávio (Coord.). *Direito civil*: direito patrimonial e direito existencial. São Paulo: Método, 2006. p. 626.

[48] Anderson Schreiber afirma um sentido interessante de direitos da personalidade: "atributos humanos que exigem especial proteção no campo das relações privadas, ou seja, na interação entre particulares, sem embargo de encontrarem também fundamento constitucional e proteção nos planos nacional e internacional" (SCHREIBER, Anderson. *Direitos da personalidade*. 2. ed. São Paulo: Atlas, 2013. p. 13).

[49] Paulo Lobo, com razão, fundamenta o caráter pluridisciplinar dos direitos da personalidade: "Os direitos da personalidade são pluridisciplinares. Não se pode dizer, no estágio atual, que eles se situam no direito civil ou no direito constitucional, ou na filosofia do direito, com exclusividade. Sua inserção na Constituição apenas deu-lhes mais visibilidade, mas não os subtraiu inteiramente do âmbito do direito civil. Do mesmo modo, a destinação de capítulo próprio do CC, intitulado 'Dos Direitos da Personalidade', não os faz apenas matéria de direito civil. O estudo unitário da matéria, em suas dimensões constitucionais e civis, tem sido mais bem sistematizado no direito civil constitucional, apto a harmonizá-las de modo integrado. Pontes de Miranda, no seu peculiar modo de analisar o fenômeno, diz que o direito da personalidade é 'ubíquo', pois 'não se pode dizer que nasce no direito civil, e daí se exporta aos outros ramos do sistema jurídico, aos outros sistemas jurídicos e ao sistema jurídico supraestatal; nasce, simultaneamente, em todos' (1971, v. 7, p. 13). A pluridisciplinaridade permite rica abordagem da matéria, a depender do ângulo da análise. Na perspectiva do direito constitucional, são espécies do gênero direitos fundamentais. Na perspectiva do direito civil, constituem o conjunto de direitos inerentes da pessoa, notadamente da pessoa humana, que prevalecem sobre todos os demais direitos subjetivos privados" (LOBO, Paulo. *Direito civil* – Parte geral. 6. ed. São Paulo: Saraiva, 2017. p. 132).

[50] FACHIN, Luiz Edson. Direitos da personalidade no Código Civil brasileiro: elementos para uma análise de índole constitucional da transmissibilidade. In: CASTILHO, Ricardo; TARTUCE, Flávio (Coord.). *Direito civil*: direito patrimonial e direito existencial. São Paulo: Método, 2006. p. 627-628.

o que se diferencia dos *direitos da personalidade*, cabível somente à pessoa humana e ao nascituro, como explica a literatura jurídica:

> De outro lado, na doutrina atual, é atribuída à palavra *personalidade* um triplo significado: (i) mantém-se a sinonímia entre personalidade e capacidade de direito, como está no art. 2.º do CC/2002; e agrega-se (ii) uma função substancial ("personalidade como qualidade do ser pessoa e como fonte de direitos subjetivos") assim discernindo entre personalidade e capacidade (sendo esta o atributo reconhecido a todas as pessoas para serem titulares de direitos subjetivos); distinguem-se, ambas, (iii) da qualificação do termo "personalidade" como direito subjetivo, quando empregada a expressão *Direitos da Personalidade*.
>
> Entre as acepções (i) e (ii), a distinção está em que capacidade indica atributo ou qualidade, consistindo na aptidão para ser titular de direitos atribuída a todos os que se qualificam como pessoas, enquanto personalidade diz respeito a um valor jurídico que deriva do fato de ser pessoa. Do ponto de vista funcional, a distinção é mínima quanto aos seres humanos vivos e às pessoas jurídicas, adquirindo importância apenas para o tema da personalidade dos seres humanos ainda não nascidos (vide §§51 e 52, infra). Já os Direitos da Personalidade são efetivamente direitos, e não atributos ou valores, dizendo respeito a um rol de direitos subjetivos próprios da pessoa humana, previstos em caráter exemplificativo na legislação, e apenas parcialmente e, por analogia, extensíveis às pessoas coletivas (art. 52 do CC/2002).[51]

Na linha do duplo aspecto citado, Capelo de Souza afirma que os direitos da personalidade são aqueles psíquico-somático-ambientais nas relações e situações que as pessoas mantêm com o meio e com os demais sujeitos de direito.[52] Noutros termos, os direitos da personalidade podem ser apreendidos como "um direito à pessoa ser e à pessoa devir", como assevera Orlando de Carvalho.[53]

Por isso, a proteção aos direitos da personalidade é a faceta privada da incidência dos direitos fundamentais nas relações privadas,[54] [55] [56] visto que muitos direitos fundamentais e os direitos da personalidade advêm do princípio da dignidade da pessoa humana,[57] não devendo haver distinção entre os direitos da personalidade e os direitos fundamentais, sendo que nem todo direito fundamental é direito da personalidade (ex.: devido processo legal), mas todo direito da personalidade é direito fundamental.[58]

---

[51] MARTINS-COSTA, Judith; HAICAL, Gustavo; SILVA, Jorge Cesa Ferreira da. Comentários de atualização. §50.B (Doutrina). In: MIRANDA, Francisco Cavalcanti Pontes de. *Tratado de direito privado*. Atualização de Judith Martins-Costa, Gustavo Haical e Jorge Cesa Ferreira da Silva. São Paulo: RT, 2012. t. 1 (parte 1, cap. 1).

[52] SOUZA, Rabindranath Capelo de. *O direito geral de personalidade*. Coimbra: Ed. Coimbra, 1995.

[53] CARVALHO, Orlando. *Os direitos do homem no direito civil português*. Vértice: Coimbra, 1973. p. 24.

[54] LOBO, Paulo. *Direito civil* – Parte geral. 6. ed. São Paulo: Saraiva, 2017. p. 129.

[55] Em sentido oposto, diferenciando as categorias direitos fundamentais e direitos da personalidade: MIRANDA, Jorge; RODRIGUES JUNIOR, Otavio Luiz; FRUET, Gustavo Bonato. Principais problemas dos direitos da personalidade e estado-da-arte da matéria no direito comparado. In: MIRANDA, Jorge; RODRIGUES JUNIOR, Otavio Luiz; FRUET, Gustavo Bonato (Org.). *Direitos da personalidade*. São Paulo: Atlas, 2012. p. 1-23; MAZUR, Maurício. A dicotomia entre os direitos da personalidade e os direitos fundamentais. In: MIRANDA, Jorge; RODRIGUES JUNIOR, Otavio Luiz; FRUET, Gustavo Bonato (Org.). *Direitos da personalidade*. São Paulo: Atlas, 2012. p. 25-64.

[56] Na Constituição Federal de 1988, os direitos da personalidade estão expressos nos arts. 5º, *caput*, V, X, XII, XXVI, LIV, LX, LXXII, LXXV, 199, §4º, 225, §1º, V, 227, *caput*, §6º e 230.

[57] LOBO, Paulo. *Direito civil* – Parte geral. 6. ed. São Paulo: Saraiva, 2017. p. 129.

[58] FACHIN, Luiz Edson; RUZYK, Carlos Eduardo Pianovski. Princípio da dignidade humana no direito civil. In: TORRES, Ricardo Lobo; KATAOKA, Eduardo Takemi; GALDINO, Flavio (Org.). *Dicionário de princípios jurídicos*. Rio de Janeiro: Elsevier, 2011. p. 312-313.

Paulo Lobo aduz que, conforme dispõe o art. 11 do CC, os direitos da personalidade são intransmissíveis, cabendo esclarecer que:

> o que se transmite não é o direito da personalidade, mas a projeção de seus efeitos patrimoniais, quando haja. O direito permanece inviolável e intransmissível, ainda que o titular queira transmiti-lo, pois o que é inerente à pessoa não pode ser dela destacado. A pessoa não transmite sua imagem, ficando dela privada durante certo tempo, o que acarretaria sua despersonalização. O que se utiliza é certa e determinada projeção de sua imagem (a foto, o filme, a gravação), que desta se originou. A regra do Código está, portanto, correta. No sentido do discrime entre intransmissibilidade dos direitos da personalidade, em si, e a transmissibilidade da projeção de seus efeitos patrimoniais, decidiu o STJ (REsp 268.660) pelo direito de a mãe defender a imagem da falecida filha: "Ademais a imagem de pessoa famosa projeta efeitos econômicos para além de sua morte, pelo que os seus sucessores passam a ter, por direito próprio, legitimidade para postularem indenização em juízo". O direito próprio é sobre os efeitos patrimoniais (reparação por danos morais) em virtude da sucessão hereditária. Quanto à defesa da imagem da filha, não se trata de direito próprio, mas de legitimação para defesa de direito alheio.[59]

Deve-se evitar utilizar a racionalidade do direito das coisas para analisar os direitos da personalidade, como aponta Fachin: "o intento de patrimonialização de um direito de personalidade, atribuindo o estatuto jurídico dos direitos reais aos direitos de personalidade, especificamente, o direito à intimidade".[60]

4 Conclusão

Essas breves reflexões nos levam a apontar que o princípio da dignidade da pessoa humana necessita ser ressignificado para que, da igualdade e da tolerância, passemos à diferença (igualdade a partir desta) e à hospitalidade, por dois fundamentos: (i) a igualdade pensada não a partir da diferença mantém o trauma como não aceitação, no mínimo *a priori*, em regra, com tudo aquilo que difere de um padrão majoritário de vida e de concepção de mundo. A igualdade pensada com lastro na diferença impossibilita o mencionado trauma, porque a diferença une e não divide, desde que ela esteja de acordo com os direitos fundamentais; (ii) somente se tolera aquilo que não se gosta ou não se tem apreço, e na primeira oportunidade que se puder afastar daquilo que não se tolera, isso será feito. Na hospitalidade, ao contrário, acolhe-se a diferença mesmo que com ela discorde, respeitando-a, incluindo-a e considerando-a.

Desse modo, a obra de Luiz Edson Fachin permite esse repensar proposto, em uma permanente e contínua construção, desconstrução e reconstrução, cujo fundamento são os direitos fundamentais, sempre historicamente situados e mirando o porvir que abarcará o direito privado em nosso país.

---

[59] LOBO, Paulo. *Direito civil* – Parte geral. 6. ed. São Paulo: Saraiva, 2017. p. 132.
[60] FACHIN, Luiz Edson. A liberdade e a intimidade: uma breve análise das biografias não autorizadas. In: SIMÃO, José Fernando; BELTRÃO, Silvio Romero (Coord.). *Direito civil*: estudos em homenagem à José de Oliveira Ascensão: teoria geral do direito, bioética, direito intelectual e sociedade da informação. São Paulo: Atlas, 2015. v. 1. p. 377.

Referências

ARONNE, Ricardo. *Direito civil-constitucional e teoria do caos*. Porto Alegre: Livraria do Advogado, 2006.

ARONNE, Ricardo. *Ensaio para um possível discurso civil-constitucional pós-moderno e existencialista*: a aventura da racionalidade do direito privado ou sua impossibilidade. Tese (Pós-Doutorado) – Universidade Federal do Paraná (UFPR), Curitiba, 2012.

ARONNE, Ricardo. *Razão & caos no discurso jurídico e outros ensaios de direito civil-constitucional*. Porto Alegre: Livraria do Advogado, 2010.

BARAK, Aharon. *Human dignity*: the constitucional value and the constitucional right. Cambridge: Cambridge University Press, 2015.

BARRETO, Vicente de Paulo. *O fetiche dos direitos humanos*. 2. ed. Porto Alegre: Livraria do Advogado, 2013.

BORDIEU, Pierre. *O poder simbólico*. 14. ed. Tradução de Fernando Tomaz. Rio de Janeiro: Bertrand, 2010.

CARVALHO, Orlando. *Os direitos do homem no direito civil português*. Vértice: Coimbra, 1973.

CHUEIRI, Vera Karam de. Igualdade e liberdade: a unidade do valor. In: BARRETO, Vicente de Paula; DUARTE, Francisco Carlos; SCHWARTZ, Germano (Org.). *Direito da sociedade policontextural*. Curitiba: Appris, 2013.

CHUEIRI, Vera Karam de; GODOY, Miguel G. Constitucionalismo e democracia – Soberania e poder constituinte. *Revista Direito GV*, São Paulo, v. 11, p. 159-174, jan./jun. 2010.

DUPRÉ, Catherine. *Importing law in post-communist transitions*: the Hungarian Constitucional Court and the right to human dignity. Oxford: Hart Publishing, 2003.

FACHIN, Luiz Edson. A "reconstitucionalização" do direito civil brasileiro. In: FACHIN, Luiz Edson. *Questões do direito civil brasileiro contemporâneo*. Rio de Janeiro: Renovar, 2008.

FACHIN, Luiz Edson. A liberdade e a intimidade: uma breve análise das biografias não autorizadas. In: SIMÃO, José Fernando; BELTRÃO, Silvio Romero (Coord.). *Direito civil*: estudos em homenagem à José de Oliveira Ascensão: teoria geral do direito, bioética, direito intelectual e sociedade da informação. São Paulo: Atlas, 2015. v. 1.

FACHIN, Luiz Edson. *Direito civil*: sentidos, transformações e fim. Rio de Janeiro: Renovar, 2015.

FACHIN, Luiz Edson. Direitos da personalidade no Código Civil brasileiro: elementos para uma análise de índole constitucional da transmissibilidade. In: CASTILHO, Ricardo; TARTUCE, Flávio (Coord.). *Direito civil*: direito patrimonial e direito existencial. São Paulo: Método, 2006.

FACHIN, Luiz Edson. *Teoria crítica do direito civil*. 3. ed. Rio de Janeiro: Renovar, 2012.

FACHIN, Luiz Edson; RUZYK, Carlos Eduardo Pianovski. Princípio da dignidade humana no direito civil. In: TORRES, Ricardo Lobo; KATAOKA, Eduardo Takemi; GALDINO, Flavio (Org.). *Dicionário de princípios jurídicos*. Rio de Janeiro: Elsevier, 2011.

FACHIN, Melina Girardi; FACHIN, Luiz Edson. Um ensaio sobre dignidade da pessoa humana nas relações jurídicas interprivadas. In: COSTA, José Augusto Fontoura; ANDRADE, José Maria Arruda de; MATSUO, Alexandra Mery Hansen (Org.). *Direito*: teoria e experiência – Estudos em homenagem a Eros Roberto Grau. São Paulo: Malheiros, 2013. t. 1.

FROTA, Pablo Malheiros da Cunha. Processo eleitoral e políticas públicas: influências recíprocas. *Revista Brasileira de Políticas Públicas*, Brasília, v. 5, n. 1, p. 273-301, 2015.

FROTA, Pablo Malheiros da Cunha; AGUIRRE, Joao Ricardo Brandão; PEIXOTO, Maurício Muriack de Fernandes e. *Transmissibilidade do acervo digital de quem falece*: efeitos dos direitos da personalidade projetados post mortem. Artigo inédito.

GEDIEL, José Antônio Peres. *Os transplantes de órgãos e a tutela da personalidade*. Tese (Doutorado) – Programa de Pós-Graduação em Direito, Universidade Federal do Paraná, Curitiba, 1998.

GRIMM, Dieter. A dignidade humana é intangível. Tradução de Eduardo Mendonça. *Revista de Direito do Estado*, n. 19, 2010.

GUEDES, Jefferson Carús. *Igualdade e desigualdade*: introdução conceitual, normativa e histórica dos princípios. São Paulo: RT, 2014.

GUSTIN, Miracy Barbosa de Sousa; DIAS, Maria Tereza. *(Re)pensando a pesquisa jurídica*: teoria e prática. 4. ed. Belo Horizonte: Del Rey, 2013.

LOBO, Paulo. *Direito civil* – Parte geral. 6. ed. São Paulo: Saraiva, 2017.

MARTINS-COSTA, Judith; HAICAL, Gustavo; SILVA, Jorge Cesa Ferreira da. Comentários de atualização. §50.B (Doutrina). In: MIRANDA, Francisco Cavalcanti Pontes de. *Tratado de direito privado*. Atualização de Judith Martins-Costa, Gustavo Haical e Jorge Cesa Ferreira da Silva. São Paulo: RT, 2012. t. 1.

MAZUR, Maurício. A dicotomia entre os direitos da personalidade e os direitos fundamentais. In: MIRANDA, Jorge; RODRIGUES JUNIOR, Otavio Luiz; FRUET, Gustavo Bonato (Org.). *Direitos da personalidade*. São Paulo: Atlas, 2012.

MIRANDA, Jorge; RODRIGUES JUNIOR, Otavio Luiz; FRUET, Gustavo Bonato. Principais problemas dos direitos da personalidade e estado-da-arte da matéria no direito comparado. In: MIRANDA, Jorge; RODRIGUES JUNIOR, Otavio Luiz; FRUET, Gustavo Bonato (Org.). *Direitos da personalidade*. São Paulo: Atlas, 2012.

MONTANDON, Alain. *O livro da hospitalidade*: acolhida do estrangeiro na história e nas culturas. Tradução de Marcos Bagno e Lea Zilberlicht. São Paulo: Senac, 2011.

MORAES, Maria Celina Bodin de. *Dano à pessoa humana*: uma leitura civil-constitucional dos danos morais. 2. ed. Rio de Janeiro: Processo, 2017.

PEREIRA, Gustavo Oliveira de Lima. *Direitos humanos e hospitalidade*: a proteção internacional para apátridas e refugiados. São Paulo: Atlas, 2014.

RAPOSO, Vera Lúcia. *O direito à imortalidade*: o exercício de direitos reprodutivos mediante técnicas de reprodução assistida e o estatuto jurídico do embrião in vitro. Coimbra: Almedina, 2014.

RUZYK, Carlos Eduardo Pianovski. *Institutos fundamentais do direito civil e liberdade(s)*. Rio de Janeiro: GZ, 2011.

RUZYK, Carlos Eduardo Pianovski. Prefácio – A teoria crítica do direito civil de Luiz Edson Fachin e a superação do positivismo jurídico. In: FACHIN, Luiz Edson. *Teoria crítica do direito civil*. 3. ed. Rio de Janeiro: Renovar, 2012.

SARMENTO, Daniel. *Dignidade da pessoa humana*. Belo Horizonte: Fórum, 2017.

SCHREIBER, Anderson. *Direitos da personalidade*. 2. ed. São Paulo: Atlas, 2013.

SOUZA, Rabindranath Capelo de. *O direito geral de personalidade*. Coimbra: Ed. Coimbra, 1995.

SOUZA, Ricardo Timm de. *Justiça em seus termos* – Dignidade humana, dignidade do mundo. Rio de Janeiro: Lumen Juris, 2010.

STRECK, Lenio. Cuidado: o canibalismo jurídico ainda vai gerar uma constituinte. *Conjur*, 9 jun. 2016. Disponível em: <https://www.conjur.com.br/2016-jun-09/senso-incomum-cuidado-canibalismo-juridico-ainda-gerar-constituinte>. Acesso em: 30 maio 2018.

STRECK, Lenio. *Hermenêutica e jurisdição*. Diálogos com Lenio Streck. Porto Alegre: Livraria do Advogado, 2017.

STRECK, Lenio. *Jurisdição constitucional*. 5. ed. Rio de Janeiro: Forense, 2018.

STRECK, Lenio. Parecer. *Conjur*. Disponível em: <https://www.conjur.com.br/dl/manifestacao-politica-juizes-nao-punida.pdf>. Acesso em: 2 nov. 2017.

STRECK, Lenio. *Verdade e consenso*. 6. ed. São Paulo: Saraiva, 2017.

TRINDADE, André Karam; OLIVEIRA, Rafael Tomaz de. Crítica hermenêutica do direito: do quadro referencial teórico à articulação de uma posição filosófica sobre o direito. *Revista de Estudos Constitucionais, Hermenêutica e Teoria do Direito (RECHTD)*, v. 9, ano 3, p. 311-326, set./dez. 2017.

Informação bibliográfica deste texto, conforme a NBR 6023:2002 da Associação Brasileira de Normas Técnicas (ABNT):

FROTA, Pablo Malheiros da Cunha. Princípio da dignidade da pessoa humana ressignificado a partir do direito civil constitucional prospectivo. In: EHRHARDT JÚNIOR, Marcos; CORTIANO JUNIOR, Eroulths (Coord.). *Transformações no Direito Privado nos 30 anos da Constituição*: estudos em homenagem a Luiz Edson Fachin. Belo Horizonte: Fórum, 2019. p. 39-54. ISBN 978-85-450-0562-9.

DILEMAS E DESAFIOS DA SEGURANÇA JURÍDICA NAS SITUAÇÕES JURÍDICAS EXISTENCIAIS

PAULA MOURA FRANCESCONI DE LEMOS PEREIRA

THAMIS ÁVILA DALSENTER VIVEIROS DE CASTRO

Introdução

Diretamente ligado à noção de Estado de Direito, o princípio da segurança jurídica se dirige ao combate das incertezas e à promoção das ideias de continuidade e previsibilidade na ordem jurídica.[1] Em busca desse ideal de estabilidade nas relações privadas, a teoria civilista de tradição romano-germânica desenhou um modelo formalista de segurança que "inspirou os sistemas latinos a forjar uma constituição do homem privado e a rejeitar, no *laissez-faire*, a verdadeira dimensão da equidade que supõe simultaneamente igualdade e diferenciação".[2]

A segurança jurídica consolidou-se, portanto, como instrumento de manutenção do *status quo* nas relações privadas, sendo a expressão de um sistema que "teima em recusar a travessia do indivíduo ao sujeito, e do sujeito à cidadania".[3] A ruína desse modelo que negligenciou o mundo dos fatos se tornou inevitável e verdadeiramente urgente em razão não só da influência da dignidade da pessoa humana como novo paradigma jurídico e da consequente repersonalização ou despatrimonialização do direito civil, mas também em função da expansão experimentada pelo Poder Judiciário brasileiro no cenário jurídico e político das últimas décadas.

A reconstrução do conceito de segurança jurídica na medida da pessoa humana é, pois, um dos mais importantes desafios do civilista contemporâneo, que precisa encontrar na legalidade constitucional a justa medida para conferir previsibilidade às relações jurídicas sem engessá-las nos tradicionais muros dogmáticos do formalismo de outrora.

---

[1] MARINONI, Luiz Guilherme. Princípio da segurança dos atos jurisdicionais. In: TORRES, Ricardo Lobo; KATAOKA, Eduardo Takemi; GALDINO, Flavio (Org.). *Dicionário de princípios jurídicos*. Rio de Janeiro: Elsevier, 2011. p. 1225.
[2] FACHIN, Luiz Edson. *Teoria crítica do direito civil*. Rio de Janeiro: Renovar, 2003. p. 11.
[3] FACHIN, Luiz Edson. *Teoria crítica do direito civil*. Rio de Janeiro: Renovar, 2003. p. 13

Diante desse cenário, o presente artigo tem como objetivo apresentar reflexões sobre a insuficiência da segurança jurídica de viés unicamente patrimonial e possíveis caminhos para a elaboração da segurança jurídica voltada para as demandas existenciais.

1 A autonomia existencial e a insuficiência do conceito tradicional de segurança jurídica

A insuficiência do conceito tradicional de segurança jurídica é consequência do "inegável envelhecimento do que já nasceu passado, pois foi parido de costas para o presente".[4] De fato, consolidada no Estado Liberal como princípio de manutenção do *status quo* desprovido de vocação para acompanhar as transformações sociais e as mudanças funcionais do direito, a segurança jurídica nos moldes dos interesses burgueses, de viés formalista e patrimonialista, encontra-se deslocada no direito civil contemporâneo. Baseada na lógica de um Estado tímido e de poucas intervenções na liberdade privada, a noção de segurança jurídica serviu perfeitamente às demandas da concepção clássica de autonomia do sujeito patrimonial, de matriz voluntarista e individualista, sem qualquer reconhecimento de interesses socialmente relevantes.

Segurança jurídica e autonomia da vontade formavam um dos mais importantes binômios do "reinado secular de dogmas",[5] que começa a ruir no direito civil contemporâneo diante da nova tábua axiológica que deve guiar as relações privadas. A clara premissa que orienta o pensamento dogmático é a lógica da amnésia, pela qual se ignoram as circunstâncias nas quais se insere um instituto jurídico a fim de sedimentar, através da naturalização desses conceitos, a falsa ideia de que os dogmas não podem ser modificados. Evidentemente, as estruturas legais devem se adaptar aos anseios da sociedade a qual se aplicam, permitindo a constante atualização de seus sentidos a fim de construir conceitos ajustados para a tutela das pessoas concretamente identificadas em seu tempo histórico, não como os sujeitos abstratos de outrora. Com efeito, esse esquema teórico mostra-se absolutamente equivocado, sobretudo para a metodologia civil-constitucional, que tem na historicidade e na relatividade dos institutos jurídicos pilares essenciais para a teoria crítica do direito civil.[6]

Tendo isso em vista, torna-se necessário observar que o conceito clássico de segurança jurídica caiu como luva como fator de estabilização das relações sociais em um modelo jurídico essencialmente patrimonialista, que pouco ou nenhum espaço reservava para a tutela da pessoa em seus aspectos existenciais. Nesse ambiente, em que a autonomia privada patrimonial se consagrou como princípio fundamental e praticamente absoluto,[7] a segurança jurídica revelou todo o seu potencial para garantir

---

[4] FACHIN, Luiz Edson. *Teoria crítica do direito civil.* Rio de Janeiro: Renovar, 2003. p. 11.

[5] FACHIN, Luiz Edson. *Teoria crítica do direito civil.* Rio de Janeiro: Renovar, 2003. p. 1.

[6] Neste sentido: "Não existem instrumentos válidos em todos os tempos e em todos os lugares: os instrumentos devem ser construídos pelo jurista levando-se em conta a realidade que ele deve estudar. [...] o conhecimento jurídico é uma ciência jurídica relativa: precisa-se levar em conta que os conceitos e os instrumentos caracterizam-se pela sua relatividade e por sua historicidade. É grave erro pensar que, para todas as épocas e para todos os tempos haverá sempre os mesmos instrumentos jurídicos. É justamente o oposto: cada lugar, em cada época terá seus próprios mecanismos" (PERLINGIERI, Pietro. Normas constitucionais nas relações privadas. *Revista da Faculdade de Direito da UERJ*, n. 6/7, 1998/1999. p. 63-64).

[7] Isso porque, de acordo com Gustavo Tepedino, tratava-se de "princípio absoluto e pré-jurídico, suscetível de restrições exclusivamente externas e pontuais de acordo com reserva legal" (TEPEDINO, Gustavo. Velhos e novos mitos na teoria da interpretação. Editorial. *Revista Trimestral de Direito Civil – RTDC*, n. 28, 2006).

juridicamente um sistema econômico de circulação de bens e acumulação de riquezas a salvo das ingerências estatais que só foi possível em razão da *summa divisio* direito público e direito privado. O campo de ação da autonomia privada, àquela altura melhor traduzida pelo termo *autonomia individual*,[8] era potencializado em face da tímida e insuficiente intervenção do Estado nas relações privadas. A expansão da autonomia privada patrimonial foi garantida, sobretudo, por um modelo administrativo de direito público que operava sob reserva de intervenção,[9] e por um direito privado cujas estruturas tradicionais se voltavam para a garantia de uma liberdade ligada ao "poder de regular situações jurídicas especialmente patrimoniais: ela se torna liberdade econômica que postula a economia de mercado e a livre concorrência".[10]

Em função do predomínio da dimensão patrimonial que orientava o sistema jurídico vigente, a segurança jurídica operava seus efeitos para garantia da capacidade de movimentação de patrimônio dos sujeitos, de modo a assegurar a base jurídica requerida pelo modelo de produção capitalista:[11] à categoria dos proprietários era reconhecida a vontade como poder absoluto sobre as relações patrimoniais, ao mesmo tempo em que se tornava possível a venda da força de trabalho daqueles que não gozavam da propriedade tradicional, mas que, no entanto, possuíam autonomia para negociar o direito sobre si mesmos.[12]

Outro fator determinante para o desenvolvimento da segurança jurídica unicamente em seu viés patrimonial foi o descompromisso com a igualdade material. O direito tornou-se cego para as singularidades que tornam o sujeito único em sua existência, a pretexto de combater qualquer tipo de tratamento desigual. Consoante a dinâmica de igualdade formal que orientou a produção jurídica burguesa, a personalidade tomada apenas como atributo e não como valor em si representava o ideal do projeto emancipatório da racionalidade iluminista. Como observam Luiz Edson Fachin e Carlos Eduardo Pianovski, o discurso predominante na construção do direito privado moderno "culminou na racionalidade que fez a dignidade da pessoa ser sobrepujada pelo patrimonialismo e pelo conceitualismo".[13] Por tais razões, a autonomia existencial manteve-se à sombra da autonomia patrimonial para o direito civil oitocentista, e, por conseguinte, a segurança jurídica existencial permaneceu carente de desenvolvimento, tornando evidente a insuficiência da segurança jurídica apenas em seu viés patrimonial.

---

[8] O termo *autonomia individual* se refere ao viés subjetivo, psicológico, que consagrava a liberdade dos privados como elemento de concretização do individualismo jurídico. Já a autonomia privada, por sua vez, é nomenclatura que se dirige ao aspecto objetivo da liberdade, pelo que se expressa na manifestação de vontade e seus efeitos jurídicos. Para uma análise aprofundada desta terminologia, v. especialmente, MEIRELES, Rose Melo Vencelau. *Autonomia privada e dignidade humana*. Rio de Janeiro: Renovar, 2009. p. 63 e ss.

[9] HABERMAS, Jurgen. *Direito e democracia entre facticidade e validade*. 2. ed. Rio de Janeiro: Tempo Brasileiro, 2003. v. II. p. 132.

[10] PERLINGIERI, Pietro. *O direito civil na legalidade constitucional*. Rio de Janeiro: Renovar, 2008. p. 339.

[11] A esse respeito, ver: POULANTZAS, Nicos. *O Estado, o poder e o socialismo*. 4. ed. São Paulo: Graal, 2000. p. 101.

[12] O direito sobre si mesmo ou a propriedade originária, nas palavras de Adam Smith: "A propriedade que cada homem tem no seu próprio trabalho é a fonte original de toda outra propriedade, e por isso mais sagrada e inviolável. O patrimônio de um homem pobre consiste na força e destreza das suas mãos; e impedi-lo de aplicar a sua força e destreza da maneira que ele acha mais apropriada, sem lesão do seu vizinho, é uma pura violação desta mais sagrada propriedade. É uma intromissão na justa liberdade quer do trabalhador quer daqueles que poderia estar dispostos a empregá-lo" (PRATA, Ana. *A tutela constitucional da autonomia privada*. Coimbra: Almedina, 1962. p. 9).

[13] FACHIN, Luiz Edson; RUZYK, Carlos Eduardo Pianovski. A dignidade da pessoa humana no direito contemporâneo: uma crítica da raiz dogmática do neopositivismo constitucionalista. *Revista Trimestral de Direito Civil – RTDC*, Rio de Janeiro, v. 35, p. 107-119, 2008.

Nesse sentido, as transformações sociais e jurídicas ocorridas no curso do século XX impõem a releitura da clássica segurança jurídica para vinculá-la definitivamente à noção de proteção integral da dignidade da pessoa humana.[14] No ordenamento jurídico brasileiro, a dignidade da pessoa humana é princípio que tem lugar no rol dos fundamentos da República, na forma do art. 1º, III da Constituição de 1988, com viés francamente coexistencial, voltado para a proteção da pessoa no seu ambiente social, nas constantes experiências intersubjetivas e nos processos de construção de identidades pessoais e grupais. Sua definição encontra obstáculos de diversas naturezas e nos mais variados campos do conhecimento e algumas das maiores dificuldades ocorrem principalmente pela polissemia, vaguidade e porosidade do conceito.[15] Mas ainda que não haja um conteúdo único para a dignidade, é possível considerar que seu núcleo agrega os subprincípios da solidariedade, da liberdade, da igualdade e da integridade psicofísica,[16] sem prejuízo de outros que se imponham como necessários para proteger a pessoa e suas necessidades existenciais.

Por força da dimensão coexistencial da dignidade da pessoa humana no texto constitucional, a solidariedade assume importante papel da reformulação dos institutos jurídicos patrimoniais que carecem de desenvolvimento existencial. Positivada como valor jurídico e um dos objetivos da República,[17] a solidariedade, tanto na sua vertente objetiva quanto na subjetiva,[18] determina que a coexistência deve se dar de acordo com a lógica da reciprocidade, ou seja, de respeito à esfera jurídica alheia do mesmo modo que se respeita a própria, em consideração ao sentido de igualdade formal e material.[19] Nesse contexto, a dignidade configura-se como cláusula geral de tutela e promoção

---

[14] Em síntese de Maria Celina Bodin de Moraes: "Foi o século XX um século de importantes transformações na esfera jurídica, sobretudo no que tange à defesa da pessoa humana. Evidentemente, as pré-condições teóricas para que estas mudanças pudessem ocorrer devem ser procuradas no passado. Como se sabe, há cerca de dois mil anos o cristianismo concebeu a ideia de que todos são iguais e, porque 'filhos do mesmo Pai', deveriam considerar-se, uns aos outros, como irmãos, dotados, portanto, de igual dignidade; por outro lado, a preocupação de filósofos e teóricos com os direitos humanos existe pelo menos desde o século XVII, sendo o Manifesto Comunista documento do séc. XIX. *Mas o traço distintivo do novo paradigma resulta da concreta percepção da insuficiência da teoria positivista quando da passagem do terreno das abstrações para o da práxis*" (MORAES, Maria Celina Bodin de. Constituição e direito civil: tendências. *Revista dos Tribunais*, v. 779, p. 47-78, 2000. Grifos nossos).

[15] Assim prescreve Sarlet: "No caso da dignidade da pessoa, diversamente do que ocorre com as demais normas jusfundamentais, não se cuida de aspectos mais ou menos específicos da existência humana (integridade física, intimidade, vida, propriedade, etc.) mas, sim, de uma qualidade tida como inerente a todo e qualquer ser humano, de tal sorte que a dignidade – como já restou evidenciado – passou a ser habitualmente definida como constituindo o valor próprio que identifica o ser humano como tal, definição esta que, todavia, acaba por não contribuir muito para uma compreensão satisfatória do que efetivamente é o âmbito de proteção da dignidade, na sua condição jurídico-normativa" (SARLET, Ingo Wolfgang. *Dignidade da pessoa humana e direitos fundamentais*. Porto Alegre: Livraria do Advogado, 2001. p. 60).

[16] MORAES, Maria Celina Bodin de. *Danos à pessoa humana*. Uma leitura civil-constitucional do dano moral. Rio de Janeiro: Renovar, 2006. p. 85.

[17] "Art. 3º Constituem objetivos fundamentais da República Federativa do Brasil: I - construir uma sociedade livre, justa e solidária; II - garantir o desenvolvimento nacional; III - erradicar a pobreza e a marginalização e reduzir as desigualdades sociais e regionais; IV - promover o bem de todos, sem preconceitos de origem, raça, sexo, cor, idade e quaisquer outras formas de discriminação".

[18] MORAES, Maria Celina Bodin de. O princípio da solidariedade. In: PEIXINHO, Manoel Messias; GUERRA, Isabella Franco; FILHO NASCIMENTO, Firly (Org.). *Os princípios da Constituição de 1988*. Rio de Janeiro: Lumen Juris, 2001. p. 161.

[19] SARMENTO, Daniel. Os princípios constitucionais da liberdade e da autonomia privada. In: PEIXINHO, Manoel Messias; GUERRA, Isabella Franco; FILHO NASCIMENTO, Firly (Org.). *Os princípios da Constituição de 1988*. Rio de Janeiro: Lumen Juris, 2001. p. 231.

da personalidade,[20] geradora de deveres positivos e negativos, a qual pressupõe que a pessoa seja concebida a partir de uma reflexão multidisciplinar. Isto é, a dignidade, no papel de princípio unificador do ordenamento jurídico, impõe que o olhar dirigido à pessoa seja capaz de englobar a integralidade do indivíduo, levando-se em conta o contexto social, econômico e cultural e as necessidades físicas e psíquicas de cada sujeito.

Essa reviravolta paradigmática gerou efeitos diretos nas relações privadas, rompendo com o primado da patrimonialidade e determinando o condicionamento do ter, consequência necessária da opção constituinte que se irradia por toda a normativa infraconstitucional e gerando movimento denominado repersonalização ou despatrimonialização do direito civil. De acordo com Pietro Perlingieri, despatrimonializar representa uma tendência que coloca o personalismo[21] como superação do individualismo, mas não implica esvaziar a carga valorativa da tutela dos interesses patrimoniais. O perfeito equilíbrio desta nova equação depende de uma troca essencial de papéis: a patrimonialidade deixa de ser um valor em si mesmo, passando a ser um instrumento para a realização dos interesses pessoais e sociais, de tal maneira que o personalismo[22] assuma o lugar de valor fundamental de todo o ordenamento jurídico.[23]

Diante da nova hierarquia de valores, operou-se uma "transformação radical na dogmática do direito civil, estabelecendo uma dicotomia essencial entre as relações jurídicas existenciais e as relações jurídicas patrimoniais".[24] Esta nova *divisio* representa, por sua vez, o antídoto para a antiga divisão entre o público e o privado: a necessidade de disciplinas diferenciadas em relação à tutela das liberdades,[25] segundo seu campo de incidência, que sejam capazes de promover a existência ao mesmo tempo em que garantem a coexistência.

---

[20] TEPEDINO, Gustavo. A tutela da personalidade no ordenamento civil-constitucional brasileiro. In: TEPEDINO, Gustavo. *Temas de direito civil*. Rio de Janeiro: Renovar, 2004. p. 20.

[21] Como esclarece Maria Celina Bodin de Moraes: "A incorporação dos valores personalistas à aplicação do direito civil impede a sua aplicação tecnicista e conservadora em decorrência do movimento de despatrimonialização do direito civil. Este movimento, por ser guiado (rectius, imposto) pelas normas constitucionais, deve prevalecer sobre a aplicação lógico-mecânica dos institutos clássicos ('romanistas') do direito civil, sob pena de preponderar uma alegada racionalidade técnica e científica (embora mascaradamente política) sobre o princípio da democracia constituinte" (MORAES, Maria Celina Bodin de. A utilidade dos princípios na aplicação do direito. Editorial. *Civilistica.com – Revista Eletrônica de Direito Civil*, ano 2, n. 1, 2013. Disponível em: <http://civilistica.com/utilidade-principios/>. Acesso em: 1º jun. 2018).

[22] "No personalismo confluem as ideologias que, depois da Segunda Guerra Mundial, encontram um compromisso político nos princípios fundamentais das novas democracias ocidentais e, em parte, daquelas orientais: o espiritualismo cristão, com veias modernas e sociais, que têm dado vida ao cristianismo social moderno; o existencialismo; o marxismo, recusado na sua integralidade pelo personalismo, mas apreciado pela sua substância humanista de liberação social" (PERLINGIERI, Pietro. *Perfis do direito civil*. Rio de Janeiro: Renovar, 1999. p. 36).

[23] PERLINGIERI, Pietro. *O direito civil na legalidade constitucional*. Rio de Janeiro: Renovar, 2008. p 121-122.

[24] TEPEDINO, Gustavo. Normas constitucionais e direito civil. *Revista da Faculdade de Direito de Campos*, ano IV/V, n. 4/5, p. 167-175, 2003/2004.

[25] A esse respeito, observa Gustavo Tepedino que tal distinção "deixa de ser qualitativa e passa a ser meramente quantitativa, nem sempre se podendo definir qual exatamente é o território do direito público e qual o território do direito privado. Em outras palavras, pode-se provavelmente determinar os campos do direito público ou do direito privado pela prevalência do interesse público ou do interesse privado, não já pela inexistência de intervenção pública nas atividades de direito privado ou pela exclusão da participação do cidadão nas esferas da administração pública. A alteração tem enorme significado hermenêutico, e é preciso que venha a ser absorvida pelos operadores" (TEPEDINO, Gustavo. Premissas metodológicas para a constitucionalização do direito civil. In: TEPEDINO, Gustavo. *Temas de direito civil*. Rio de Janeiro: Renovar, 2004. p. 20).

2 Segurança jurídica e interpretação

Da necessidade de oferecer tutelas diferenciadas a depender das demandas patrimoniais ou existenciais, torna-se urgente repensar o conceito de segurança jurídica, conservando os avanços que sejam adequados ao projeto constitucional contemporâneo e avançando para revelar novas dimensões e funções deste princípio que agora se volta para a proteção da pessoa humana e de suas circunstâncias, e não mais apenas do sujeito patrimonial abstrato. Mas essa proposta de reformulação deve levar em conta as dificuldades decorrentes da interpretação de um instituto que se revela de conteúdo tão indeterminado como é o caso da segurança jurídica.

Sem gozar de uma única definição, o princípio da segurança jurídica se manifesta de diferentes formas nos variados ramos do direito, ainda que se possa apontar em todas elas um certo núcleo comum[26] que remonta à ideia de que todas as pessoas possam confiar que seus direitos e todas as decisões relativas a eles serão vinculadas às normas jurídicas vigentes, elaboradas pelos poderes constituídos para tanto, que também devem se sujeitar aos princípios da legalidade e da confiança. Também conforma a noção de segurança jurídica a intenção de que as normas sejam bastante duradouras para produzir a estabilidade de sua aplicação, favorecendo desse modo a uniformização na interpretação de seus sentidos. Esses fatores remetem a um conteúdo mínimo da segurança, mas nada disso se consolida se a aplicação concreta desse princípio não se der em razão e nos limites da legalidade constitucional.

Isso significa, por seu turno, que embora repleto de nobres sentidos o princípio da segurança jurídica só pode se atualizar, de fato, diante das demandas da sociedade contemporânea se for interpretado e aplicado de acordo com os preceitos constitucionais. Atualizar o seu sentido e repensá-lo de acordo com a legalidade constitucional não significa, por seu turno, que não se deva buscar a previsibilidade. Trata-se, na realidade, de abandonar a ultrapassada dogmática com os olhos voltados unicamente para o passado, a fim de redesenhar a segurança jurídica na dogmática jurídica crítica, cuja marca é a efetividade, segundo a máxima de que o direito existe para se realizar, pois, como afirma Fachin, "Por essa dogmática jurídica crítica, a confiança na jurisdição pressupõe respeito à lei e julgamentos sólidos sem surpresas".[27]

Nesse contexto, diversos instrumentos jurídicos se fortaleceram como expressão da segurança jurídica, que em cada campo jurídico assume diferentes funções, como é o caso das súmulas e das imunidades parlamentares no direito constitucional, nos princípios da reserva legal e da anterioridade da lei penal no direito penal e processual penal, e nos princípios administrativos da publicidade, da legalidade e da razoabilidade que regem a Administração Pública, na preclusão e na coisa julgada, institutos tão caros

---

[26] Na definição de Canotilho, a segurança jurídica pode ser assim descrita: "Os princípios da proteção da confiança e da segurança jurídica pode formular-se assim: o cidadão deve poder confiar em que os actos ou às decisões públicas incidentes sobre os seus direitos, posições jurídicas e relações, praticados de acordo com as normas jurídicas vigentes, se ligam os efeitos jurídicos duradouros, previstos ou calculados com base nessas mesmas normas. Estes princípios apontam basicamente para: (1) a proibição de leis retroativas; (2) a inalterabilidade do caso julgado, (3) a tendencial irrevogabilidade de actos administrativos constitutivos de direitos" (CANOTILHO, J. J. Gomes. *Direito constitucional*. Coimbra: Almedina, 1991. p. 377-378).

[27] FACHIN, Luiz Edson. Segurança jurídica – Entre ouriços e raposas. In: RUZYK, Carlos Eduardo Pianovski et al. (Org.). *Direito civil constitucional* – A ressignificação da função dos institutos fundamentais. Florianópolis: Conceito, 2014. p. 17.

ao processo civil brasileiro. Da Lei de Introdução às Normas de Direito Brasileiro se destaca a previsão de imutabilidade do ato jurídico perfeito, do direito adquirido e da coisa julgada em face de nova lei,[28] além das recentes e polêmicas mudanças introduzidas na LINDB pela Lei nº 13.655 de 2018 sobre disposições acerca da segurança jurídica e da eficiência na criação e na aplicação do direito público.[29]

No direito civil atual não faltam conceitos cuja *ratio* seja promover a estabilidade e a segurança, ainda que, curiosamente, não se tenha assumido de forma expressa esse objetivo em nenhum dos artigos do Código Civil. De fato, nenhuma das dezesseis referências expressas ao vocábulo *segurança* traduz de forma clara a ideia de segurança jurídica como princípio de manutenção de *status quo*. Todavia, os institutos tradicionais da teoria civilista presentes no Código não deixam dúvidas sobre a segurança jurídica como valor norteador da codificação brasileira, incluídos nesse raciocínio tanto o Código de 1916 quanto o de 2002. Assim, por exemplo, tem-se a disciplina jurídica das nulidades do negócio jurídico, os defeitos dos negócios jurídicos, em especial o erro essencial sobre a pessoa, os prazos decadenciais e prescricionais, com destaque para os impedimentos, suspensões e interrupções dos prazos prescricionais. O regime de impedimentos matrimoniais e a própria ordem de vocação hereditária operam seus efeitos com base no rígido sistema de previsões legais elaborado para afastar das relações familiares e sucessórias a margem de incertezas que todas as relações regidas pelo afeto acabam por gerar.

Todos esses mencionados institutos representam importantes desafios para o intérprete do direito, eis que sua aplicação de acordo com o princípio da dignidade da pessoa humana exige do intérprete o recurso necessário a valores e conceitos de conteúdo indeterminado, que, por sua natureza mais aberta e polissêmica, aumenta o ônus argumentativo para alcançar a estabilidade que se espera das decisões judiciais. De fato, a necessidade de reconstrução da clássica ideia de segurança jurídica se impõe também em face da atuação mais intensa da magistratura e da crescente judicialização da política. Como adverte Gustavo Tepedino:

> O reconhecimento do papel criativo dos magistrados não importa em apoio ao decisionismo, ou à atribuição de ilimitado poder aos juízes. Trata-se de fixar limites axiológicos para a atuação da magistratura, com apoio na teoria da argumentação. Há de se reconstruir, assim, o princípio da segurança jurídica.[30]

A construção de um sentido existencial para a segurança jurídica que se volta para o sujeito concreto "que vale pelo que é, sem que precise, para adquirir relevância

---

[28] LINDB: "Art. 6º A Lei em vigor terá efeito imediato e geral, respeitados o ato jurídico perfeito, o direito adquirido e a coisa julgada. §1º Reputa-se ato jurídico perfeito o já consumado segundo a lei vigente ao tempo em que se efetuou. §2º Consideram-se adquiridos assim os direitos que o seu titular, ou alguém por ele, possa exercer, como aqueles cujo começo do exercício tenha termo pré-fixo, ou condição pré-estabelecida inalterável, a arbítrio de outrem. §3º Chama-se coisa julgada ou caso julgado a decisão judicial de que já não caiba recurso".
[29] Entre as mudanças merece destaque a que determina a nova redação do art. 20 da LINDB: "Art. 20. Nas esferas administrativa, controladora e judicial, não se decidirá com base em valores jurídicos abstratos sem que sejam consideradas as consequências práticas da decisão. Parágrafo único. A motivação demonstrará a necessidade e a adequação da medida imposta ou da invalidação de ato, contrato, ajuste, processo ou norma administrativa, inclusive em face das possíveis alternativas".
[30] TEPEDINO, Gustavo. Normas constitucionais e relações privadas na experiência das cortes superiores brasileiras. *Rev. TST*, Brasília, v. 77, n. 3, jul./set. 2011. p. 110.

para o Direito Privado, ser qualificado pelo ter",[31] acaba por ampliar o debate sobre a fundamentação das decisões judiciais e os limites do poder criativo do juiz na legalidade constitucional.

Como afirma Fachin, "precisão e rigor não se confundem, necessariamente, no trato dos signos e conceitos jurídicos, com formalismo excessivo e despropositado",[32] de modo que a adequada interpretação de um conceito está muito mais vinculada a uma fundamentação racional da decisão judicial que o acolhe do que propriamente a uma estrutura dogmática rígida e aparentemente isenta de abertura semântica. Essas considerações se tornam especialmente importantes no cenário de expansão do Poder Judiciário, trazendo à discussão os problemas enfrentados com a superação do formalismo por uma perspectiva mais flexível e principiológica que propiciou e intensificou os movimentos de judicialização da política[33] e o ativismo judicial.

Especialmente diante de novas situações jurídicas existenciais decorrentes dos avanços biotecnológicos, das diversas formas de exploração do corpo humano e de sua fragmentação,[34] a concepção de segurança jurídica precisa ganhar um ressignificado. Emoldurar as relações jurídicas com base em uma dogmática patrimonial e uma legislação precária de uma reflexão multidisciplinar acerca da concepção de pessoa, da pessoa em concreto, seria aniquilar a sua proteção, a garantia do seu livre desenvolvimento.

3 Desafios para a construção da segurança jurídica nas situações jurídicas existenciais

Os operadores do direito têm enfrentado grandes desafios na interpretação e na modulação dos efeitos das novas situações jurídicas existenciais decorrentes das metamorfoses causadas pela biologia, pela biomedicina. As novas tecnologias que afetam as ciências da vida acabam por ampliar o poder de controle sobre a vida humana, propiciando formas diversas de se relacionar e de lidar com a vida, colocando em xeque seu próprio conceito, a definição de seu início e fim. Vive-se, portanto, em uma era de incertezas, de constante transição.

A intervenção na procriação humana por meio de técnicas de reprodução assistida; a gestação de substituição; os estudos e manipulação genética; a clonagem; o transumanismo e pós-humanismo;[35] a transexualidade; as pesquisas com seres humanos;

---

[31] FACHIN, Luiz Edson; RUZYK, Carlos Eduardo Pianovski. Dignidade da pessoa humana no direito civil. In: TORRES, Ricardo Lobo; KATAOKA, Eduardo Takemi; GALDINO, Flavio (Org.). *Dicionário de princípios jurídicos*. Rio de Janeiro: Elsevier, 2011. p. 313.

[32] FACHIN, Luiz Edson. *Teoria crítica do direito civil*. Rio de Janeiro: Renovar, 2003. p. 4.

[33] "Judicialização significa que algumas questões de larga repercussão política ou social estão sendo decididas por órgãos do Poder Judiciário, e não pelas instâncias políticas tradicionais: o Congresso Nacional e o Poder Executivo – em cujo âmbito se encontram o Presidente da República, seus ministérios e a administração pública em geral. Como intuitivo, a judicialização envolve uma transferência de poder para juízes e tribunais, com alterações significativas na linguagem, na argumentação e no modo de participação da sociedade" (BARROSO, Luís Roberto. *Judicialização, ativismo judicial e legitimidade democrática*. Disponível em: <http://www.oab.org.br/editora/revista/users/revista/1235066670174218181901.pdf>. Acesso em: 12 maio 2016).

[34] Cf. RODOTÀ, Stefano. Transformações do corpo. *Revista Trimestral de Direito Civil – RTDC*, v. 5, n. 19, p. 65-107, jul./set. 2004 e TERRA, Aline Miranda Valverde; PEREIRA, Paula Moura Francesconi de Lemos. Considerações acerca do estatuto jurídico do corpo humano. *Revista dos Tribunais*, v. 952, p. 37-58, fev. 2015.

[35] "Pós-humanismo (ou, às vezes, 'transumanismo') é um puro cientismo que propõe alterações fundamentais na natureza humana. Superar os limites biológicos, transcendendo o humano pela tecnologia. O pós-humanista tem

ensaios clínicos;[36] a nanotecnologia,[37] o uso de diretivas antecipadas de vontade – DAV, são algumas hipóteses, entre outras, que demandam reflexões não só no campo ético, social, filosófico e religioso como jurídico.

Uma das primeiras barreiras encontradas pelos aplicadores do direito é o vácuo legislativo e a insuficiência da estrutura patrimonialista ainda existente no tripé da civilística – contrato, propriedade, família – que não resolvem os diversos problemas enfrentados com as novas possibilidades de extensão da vida humana e do exercício da autonomia existencial. Isso porque, no campo contratual, surge a necessidade de entabular novos arranjos negociais, pois os contratos típicos e sua principiologia não atendem às especificidades das situações existenciais, regidas por outros princípios;[38] a ideia de propriedade não é suficiente para salvaguardar os direitos da personalidade, até mesmo por estarem em outra dimensão; e no campo familiar, surgem novos arranjos, com significativas mudanças na filiação, na concepção acerca da maternidade e paternidade, e a forma de planejamento familiar.

Esse quadro acaba por dar mais espaço ao papel criativo do juiz. Instaura-se uma insegurança jurídica não só em um momento prévio à existência de eventuais conflitos de interesses, pois não há uma uniformidade no tratamento dessas situações e nos instrumentos jurídicos a serem utilizados, como pela necessidade de um rígido controle da justificação axiológica utilizada como fundamentação das decisões judiciais.[39]

A existência de cláusulas gerais, conceitos indeterminados e o uso de valores e princípios no julgamento dos casos concretos desestruturam o viés positivista de uma neutra subsunção lógica do caso à lei e trazem com ela o temor da falta de segurança jurídica gerada pelo decisionismo e suposta ausência de legitimidade democrática na atuação criativa do juiz.

---

como objetivo desacelerar ou até parar o processo de envelhecimento, mas somente como uma pequena parte de uma visão maior de re-engenheirar a natureza humana, e, portanto, criar biológica e tecnologicamente seres humanos superiores, que nós seres humanos de hoje desenharemos para o amanhã. Como tal, os pós-humanos não serão mais humanos" (Tradução livre de POST, Stephen Garrard. *Encyclopedia of bioethics*. 3. ed. Nova Iorque: Macmillan Reference USA, 2003. p. xiii).

[36] Segundo a definição da Organização Mundial da Saúde, "para efeitos de registro, um ensaio clínico significa qualquer pesquisa que seleciona prospectivamente participantes humanos, indivíduos ou grupos de pessoas, para participarem de intervenções relacionadas à saúde humana para avaliar efeitos e resultados na saúde. Essas intervenções incluem, mas não se restringem a pesquisas com drogas, células e outros produtos biológicos, procedimentos cirúrgicos ou radiológicos, aparelhos, tratamentos terapêuticos, mudanças no processo de atenção, cuidados preventivos etc". (CASTRO, Regina Celia Figueiredo. Registros de ensaios clínicos e as consequências para as publicações científicas. *Revista da Faculdade de Medicina de Ribeirão Preto e do Hospital das Clínicas da FMRP Universidade de São Paulo*, Ribeirão Preto, v. 42, n. 1, 2009. p. 31-35).

[37] Para Wilson Engelmann e Gustavo Borges, o termo *nanotecnologia* representa a possibilidade científica de manipular átomos e moléculas, ou seja, corresponde à tecnologia que pode trabalhar na escala métrica equivalente a 10-9; que especifica o trabalho na bilionésima parte do metro (ENGELMANN, Wilson; BORGES, Gustavo Silveira. Responsabilidade civil médica pela utilização da nanotecnologia para modificação genética. *Revista de Direito do Consumidor: RDC*, São Paulo, v. 23, n. 93, p. 65-99, 2014).

[38] Rose Melo Vencelau Meireles elenca como princípios jurídicos das situações existenciais o da gratuidade, face a ausência de conteúdo patrimonial; o consentimento qualificado; a revogabilidade da manifestação de vontade colocada no termo de consentimento; o da confiança, e o da autorresponsabilidade, que se apresenta quando alguma lesão é causada com o consentimento do ofendido (MEIRELES, Rose Melo Vencelau. *Autonomia privada e dignidade humana*. Rio de Janeiro: Renovar, 2009. p. 202).

[39] CASTRO, Thamis Dalsenter Viveiros de. O papel criativo do juiz na legalidade civil-constitucional. *Pensar (Unifor)*, v. 21, p. 721-750, 2016.

Diferentemente do que ocorria no Estado Moderno, em que vigorava a concepção formalista, positivista,[40] que restringia a atuação do Poder Judiciário na aplicação da lei mediante raciocínio subsuntivo puramente lógico, consistente em subsumir os casos concretos aos comandos abstratos veiculados nos preceitos legais, o papel do Judiciário na contemporaneidade deixa de ser secundário, de mero aplicador da lei, e ganha espaço para soluções de conflitos por meio de uma concepção substantiva de justiça, fundada em uma nova hermenêutica. A atividade jurisdicional não pode estar presa à subsunção, a uma atuação robótica, sendo plenamente capaz de ponderar e decidir sem arbitrariedade, não comprometendo a segurança em razão da fundamentação de sua decisão (art. 93, IX, da Constituição Federal).

Como consequência dessas premissas, o processo de interpretação não se resume a uma atividade inteiramente discricionária ou mecânica, mas é produto de uma interação entre o intérprete e o texto,[41] uma mistura de objetividade (traça parâmetros de atuação) e subjetividade (sensibilidade do intérprete, permite que busque a solução mais justa).

Adota-se a doutrina da hermenêutica construtivista de Ronald Dworkin,[42] criativa, que conduz a tornar melhor o objeto mediante compreensão dos princípios e valores da comunidade, em que a interpretação é governada pela finalidade da lei, ligada à ideia de justiça, donde se conclui que a incerteza jurídica é simples derivativo da incerteza moral e política. Nessa forma de interpretação cada partícipe é chamado a dar continuidade a sua história, tendo, ao mesmo tempo, o dever de ser coerente e de buscar dar a melhor resposta possível às demandas de sua comunidade política.

Consolida-se a metodologia pós-positivista na passagem para o neoconstitucionalismo, que, na definição de Daniel Sarmento,[43] consiste na "discussão de métodos ou de teorias da argumentação que permitam a procura racional e intersubjetivamente controlável da melhor resposta para os casos difíceis do direito".

O afastamento do dogma da subsunção não é sinônimo de arbítrio, ao revés, impõe a fundamentação argumentativa do *decisum*. O uso da técnica da ponderação e da argumentação[44] é um caminho, uma resposta à questão da legitimidade e segurança jurídica, pois visa à escolha do significado da lei que pareça mais adequado frente às questões postas, baseado em provas concretas e opiniões aceitas, nova retórica. Cabe ao intérprete proceder a interação entre fato e norma e realizar escolhas fundamentadas dentro das diversas possibilidades e limites oferecidos pelo sistema jurídico. Tudo para permitir a solução justa para o caso concreto.

---

[40] O termo *positivismo jurídico*, de acordo com Norberto Bobbio, deriva da locução *direito positivo* contraposto àquela ideia de direito natural, ambos com características antagônicas de acordo com o pensamento aristotélico, romano, medieval e jusnaturalista dos séculos XVII e XVIII, pelo que pode se atribuir ao direito positivo a particularidade, a mutabilidade, o qual é conhecido através de uma declaração de vontade alheia. O direito positivo tem com objeto o que é ordenado e estabelece aquilo que é útil (BOBBIO, Norberto. *O positivismo jurídico*: lições de filosofia do direito. Tradução de Márcio Pugliesi. São Paulo: Ícone, 1995. p. 15).

[41] Sobre a interpretação e aplicação como fenômeno unitário, PERLINGIERI, Pietro. *O direito civil na legalidade constitucional*. Rio de Janeiro: Renovar, 2008. p. 615.

[42] DWORKIN, Ronald. Law, philosophly and interpretation. *Archiv für Rechts-und Sozial philosophie*, v. 80, n. 4, p. 463-475, 1994.

[43] SARMENTO, Daniel. O neoconstitucionalismo no Brasil: riscos e possibilidades. In: SARMENTO, Daniel (Coord.). *Filosofia a e teoria constitucional contemporânea*. Rio de Janeiro: Lumen Juris, 2009. p. 119.

[44] Cf. PERELMAN, Chaim. *O império retórico*: retórica e argumentação. Porto: Asa, 1993.

A ponderação de valores, interesses, bens ou normas consiste em uma técnica de decisão jurídica utilizável nos casos fáceis e difíceis,[45] que envolvem a aplicação de princípios (ou, excepcionalmente, de regras) e que se encontram em aparente linha de colisão, apontando soluções diversas e contraditórias para a questão. O raciocínio ponderativo, que ainda busca parâmetros de maior objetividade, inclui a seleção das normas e dos fatos relevantes, com a atribuição de pesos aos diversos elementos em disputa, em um mecanismo de concessões recíprocas que procura preservar, na maior intensidade possível, os valores contrapostos.

A teoria da argumentação tornou-se, portanto, elemento decisivo da interpretação constitucional, nos casos em que a solução de determinado problema não se encontra previamente estabelecida pelo ordenamento, dependendo de valorações subjetivas a serem feitas à vista do caso concreto.

Todavia, essa nova hermenêutica que amplia o campo de atuação dos magistrados suscita diversos questionamentos acerca da legitimidade da decisão, pois se afasta da suposta certeza e previsibilidade pregadas pelo positivismo jurídico que tem no processo subsuntivo o ideal de segurança jurídica. Nessas hipóteses, o fundamento de legitimidade da atuação judicial transfere-se para o processo argumentativo: a demonstração racional de que a solução proposta é a que mais adequadamente realiza a vontade constitucional.[46]

A segurança jurídica substancial será alcançada dentro de uma "cogniscibilidade, confiabilidade, calculabilidade e efetividade do direito, numa perspectiva dinâmica de controlabilidade semântico-argumentativa e garantia de respeito ao jurídico".[47]

Diante da problemática apresentada, à doutrina caberá, como já exposto por Maria Celina Bodin de Moraes,[48] a elaboração com "urgência da hermenêutica, instrumentos legais e mesmo o ensino jurídico desta nova realidade, sob pena da ruína do sistema"; e ao Poder Judiciário, a tarefa de julgar, perante os novos fatos sociais dentro da legalidade constitucional, observado o comportamento da jurisprudência de forma a não se afastar da previsibilidade das decisões judiciais, uma vez que isso também é uma questão de justiça, pois deriva da necessária coerência e harmonia que devem caracterizar o sistema unitário e plural.

Mas como será o atuar do juiz na análise e julgamentos das situações jurídicas existenciais acima exemplificadas e que não encontram sequer lei específicas regulando?

Os dilemas das novas situações jurídicas na área de saúde já vêm sendo enfrentados pela ética médica[49] e bioética;[50] por meio de normas deontológicas e princípios bioéticos

---

[45] Para uma análise crítica sobre a dicotomia entre casos fáceis e casos difíceis a partir do mito da clareza como questão de linguagem, ver, por todos, PERLINGIERI, Pietro. *O direito civil na legalidade constitucional*. Rio de Janeiro: Renovar, 2008. p. 614 e ss.

[46] Além da motivação das decisões, do debate argumentativo, outra forma de "oxigenação" da instituição judiciária é feita através do uso de mecanismos de participação popular como a audiência pública prévia à prolação da decisão e a figura do *amicus curiae*, introduzidas pela Lei nº 9.868/99, em seu art. 7º, §2º, e art. 9º, §1º.

[47] CORTIANO JUNIOR, Eroulths; RAMOS, André Luiz Arnt. Segurança jurídica, precedente judicial e o direito civil brasileiro: prospecções à luz da teoria do direito. Civilistica.com – *Revista Eletrônica de Direito Civil*, ano 4, p. 1-25, 2015.

[48] MORAES, Maria Celina Bodin de. Os últimos 25 anos e o futuro. Editorial. *Civilistica.com – Revista Eletrônica de Direito Civil*, ano 2, n. 3, 2013. Disponível em:<http://civilistica.com/os-ultimos-25-anos-e-o-futuro/>. Acesso em: 1º jun. 2018.

[49] A ética médica, cuja origem remonta aos séculos III e IV a.C. e à coletânea de escritos atribuídos à Escola de Hipócrates, foi sofrendo consideráveis mudanças ao longo dos séculos na sociedade ocidental. Passa-se da figura do médico tradicional, do interior, o herói que se dedica a salvar a vida dos pacientes, sem supervisão, sem

como o da autonomia, beneficência, não maleficência, e justiça, busca-se um suporte e controle. Todavia, a despeito da importância dessas normas, o direito não pode deixar de regular por meio de normas jurídicas, que, diferentemente do que fora sustentado no positivismo, são permeadas por valor éticos e morais. A saúde e a vida humanas, ao mesmo tempo em que têm um valor moral, também possuem valor jurídico; tanto que diversas prescrições bioéticas encontram eco no ordenamento jurídico, compõem sua "ossatura", nas palavras de Augusto Lopes Cardoso. A moral, por sua vez, interage no ordenamento jurídico manifestando-se através dos princípios os quais integram o direito mesmo sem estarem positivados (visão unificada do direito e moral). Até as normas de conduta são sustentadas em princípios, indicam um valor. Logo, a moral é prévia ao direito, por isso os princípios podem até mesmo afastar a aplicação de normas que lhes contrariem.

A ligação da bioética com o direito,[51] a interdisciplinaridade, se dá tanto no plano teórico como no prático, com forte integração entre as normas éticas e jurídicas, eis que ambas têm prescritibilidade, pois indicam a obrigatoriedade de as pessoas praticarem certos atos, embora alguns conteúdos morais não encontrem previsão legal. No entanto, se diferem pela fonte, pela entidade julgadora do cumprimento da norma, pelo âmbito de aplicação, pela coercibilidade e pelas consequências da inobservância de suas regras.[52]

---

auxílio e dominando diversas áreas, e que sabia o que era melhor para o paciente com base no valor absoluto da sacralidade da vida (década de 1940), para o médico da cidade, especialista, cuja visão do que é melhor para o paciente passou a variar diante do novo contexto social, principalmente na virada do século XIX para o século XX, com a explosão demográfica, no pós-II Guerra Mundial, com o aparecimento de novas tecnologias médicas, máquinas intervindo nas relações médico-paciente, na massificação do serviço, na socialização do atendimento médico, na emancipação do paciente, que forçaram a sociedade e seu médico a relativizar o valor absoluto da sacralidade da vida diante da nova visão acerca do conceito de vida digna, de vida com qualidade e a abrangência da autonomia (JONSEN, Albert R. *The birth of bioethics*. 1. ed. Nova Iorque: Oxford University Press, 1998. p. 3-13 *passim*).

[50] O termo *bioética* foi cunhado na década de 1970, por forte influência americana, tendo sido mencionado pela primeira vez pelo biólogo e oncologista Van Reansselder Potter, da Universidade de Wisconsin, Madison, primeiro em sua obra *Bioethics, the sience of survival*, e retomado em sua famosa obra *Bioethics, bridge to the future*, publicada em 1971 e reeditada em 1988, cujo sentido foi ganhando novos contornos e se aprimorando ao longo dos anos, tanto que a *Encyclopedia of bioethics* foi desenvolvendo novos conceitos em suas edições (1978, 1995, 2004) (POST, Stephen Garrard. *Encyclopedia of bioethics*. 3. ed. Nova Iorque: Macmillan Reference USA, 2003. p. xii).

[51] De acordo com Carlos Casabona, a dialética entre ética e direito para fins de proteção da ciência biomédica se baseia em cinco premissas irrenunciáveis: i) as ciências biomédicas interferem sobre o ser humano em todo processo vital e sua própria identidade coletiva. O foro de debate há de ser multi e interdisciplinar, com a participação de técnicos, investigadores, clínicos, filósofos, juristas, especialistas em ética, e moral, setores da população em geral, psicólogos, sociólogos, economistas, quando for oportuno em razão da matéria, pois afeta potencialmente toda a coletividade; ii) assegurar o pluralismo ideológico de crenças e concepções de qualquer classe, a fim de obter maior consenso; iii) importância dos comitês de bioética independentes dos poderes públicos, que propicia um debate plural e diverso nas representações ideológicas e científicas dos profissionais; iv) uniformização de critérios incluindo o âmbito supranacional e internacional harmonizando as legislações correspondentes e v) a intervenção do direito há de apresentar diversos enfoques, resolver problemas de forma aberta aos valores diferentes e novas matérias, sem incorporar critérios rígidos (ROMEO CASABONA, Carlos. *El derecho y la bioética ante los limites de la vida humana*. Madri: Editorial Universitaria Ramon Areces, 1994. p. 16-17).

[52] De acordo com Norberto Bobbio, existem várias teorias que estabelecem critérios para diferenciar a norma jurídica da norma moral (bilateralidade e unilateralidade, finalidade, destinatário, natureza da obrigação etc.), mas que não são suficientes. O autor adota o critério da violação, vale dizer, da sanção aplicada quando inobservadas as normas. A sanção ética é interna ou externa, social e ocorre por meio de reprovação da comunidade, enquanto que a coercibilidade da norma jurídica é exercida pelo próprio Estado que julga o cumprimento ou não da norma e apenas obriga a todos que estão sujeitos à jurisdição (BOBBIO, Norberto. *Teoria da norma jurídica*. Tradução de Fernando Pavan Baptista e Ariani Bueno Sudatti. Bauru: Edipro, 2001. 160-162).

Nesse contexto, ganha importante relevo a contribuição do biodireito, que, assim como a bioética, surge em meio à era de incertezas no campo científico e tecnológico, para tratar das novas situações sociais resultantes das ciências médicas e biomédicas, que não têm relação própria e estão em descompasso com a dogmática tradicional e a realidade social.

O biodireito, como observa Heloisa Helena Barboza,[53] é composto pelos valores e princípios constitucionais fundamentais do direito,[54] tais como: vida; dignidade humana; solidariedade (art. 1º, III, da CF); direitos fundamentais (art. 5º, da CF); direito à saúde (arts. 194, §4º e 196 da CF); proteção especial da família, da criança, do adolescente, do jovem e da pessoa idosa (art. 226 da CF); meio ambiente ecologicamente equilibrado (art. 225 da CF). Ele auxilia os intérpretes na árdua tarefa de definir os contornos das novas situações jurídicas tipicamente existenciais.

A despeito da ausência de lei regulando diretamente algumas novas situações existenciais, vigora todo o arcabouço normativo composto de princípios e regulamentos jurídicos que devem ser interpretados e complementados pelos valores constitucionais,[55] que encontra posição central no ordenamento jurídico. As decisões devem ser pautadas na legalidade constitucional, que constitui fonte e baliza do sistema jurídico, com eficácia direta nas relações privadas na promoção dos valores personalistas e solidaristas, na cláusula geral de dignidade da pessoa humana.

Os princípios gerais do direito, como acentua Casabona[56], nem sempre serão suficientes, pois não atendem aos novos fenômenos sociais advindos das ciências biomédicas. Por isso, além desses princípios, há aqueles que são retirados da Constituição da República para fazer frente a essa nova realidade social, cabendo ao intérprete buscar solução para o problema quando enfrentar o caso concreto por meio de determinados critérios de interpretação.[57]

---

[53] BARBOZA, Heloisa Helena. Princípios do biodireito. In: BARBOZA, Heloisa Helena; MEIRELLES, Jussara Maria Leal de; BARRETTO, Vicente de Paulo. *Novos temas de biodireito e bioética*. Rio de Janeiro: Renovar, 2003. p. 74.

[54] "[...] admitir a inevitável dimensão axiológica da hermenêutica constitucional não implica, necessariamente, adotar a tese de que os valores devem ser entendidos como normas. A inserção destes no âmbito jurídico relaciona-se ao fato de serem tutelados por normas, não de serem normas. Embora seja certo que as normas constitucionais usualmente possuem uma dimensão axiológica, nem todo valor ostenta caráter normativo. [...] Tanto os princípios como as regras podem expressar valores, e o fato de estes estarem referenciados de forma explícita nos enunciados normativos não determina nenhuma consequência hermenêutica relevante. [...] parece mais acertada a tese de que os valores consubstanciam o conteúdo moral das normas jurídicas, e por essa via integram o processo de interpretação" (PEREIRA, Jane Reis Gonçalves. Princípios e valores. In: TORRES, Ricardo Lobo; KATAOKA, Eduardo Takemi; GALDINO, Flavio (Org.). *Dicionário de princípios jurídicos*. Rio de Janeiro: Elsevier, 2011. p. 1039).

[55] "A lei deve assegurar o princípio da primazia da pessoa, aliando-se às exigências legítimas do progresso do conhecimento científico e da proteção da saúde pública. A propósito desses casos, mesmo diante da inexistência de uma lei específica, cabe ao Juiz dizer o direito, baseando-se em princípios gerais, determinando os limites" (VIEIRA, Tereza Rodrigues. Bioética e direito. *Revista de Informação Legislativa*, Brasília, v. 37, n. 145, p. 197-199, 2000. Disponível em: <https://www2.senado.leg.br/bdsf/bitstream/handle/id/569/r145-20.pdf?sequence=4>. Acesso em: 7 nov. 2016).

[56] ROMEO CASABONA, Carlos. *El derecho y la bioética ante los limites de la vida humana*. Madri: Editorial Universitaria Ramon Areces, 1994. p. 3-20. passim.

[57] Gustavo Tepedino critica a compreensão de que as categorias jurídicas seriam imutáveis, e que aos "fatos bioéticos" aplicam-se os princípios fundamentais consagrados na Constituição da República e uso de cláusulas gerais. Ocorre a reunificação axiológica não mera aplicação dos princípios gerais do direito, estes não se confundem com os princípios constitucionais. Por isso, busca-se o conjunto de princípios incidentes sobre questões bioéticas, que devem reger os fenômenos resultantes da biotecnologia e da biomedicina (TEPEDINO,

Os princípios constitucionais aplicáveis às situações existenciais são: i) dignidade da pessoa humana; ii) princípio da autonomia; iii) princípio da solidariedade social; iv) princípio da precaução; v) princípio da prevenção; vi) princípio da inalienabilidade do corpo humano; e vii) princípio da liberdade científica e da livre iniciativa. Esses princípios jurídicos guardam correspondência com os da bioética, por identidade de valores, advindos da relação entre ética e direito, mas não se igualam.[58]

No caso das novas situações jurídicas acima apontadas é possível indicar que são reguladas basicamente por normas deontológicas, resoluções do Conselho Federal de Medicina e do Conselho Nacional de Saúde. Atualmente, a reprodução humana assistida é regulada pela Resolução nº 2.168/2017 do CFM;[59] as diretivas antecipadas de vontade, pela Resolução nº 1.995/2012; as pesquisas em seres humanos,[60][61] pela Resolução nº 466/2012 do CNS; as pesquisas dirigidas às ciências sociais e humanas pela Resolução nº 510/2016, do CNS; e Resolução nº 251/1997, referente aos ensaios clínicos,[62] e as cirurgias de transgenitalização, pela Resolução nº 1.995/2010 do CFM, lidas em conjunto com o Código de Ética Médica, Resolução nº 1.931/2009 do CFM, e outras normas técnico-administrativas da Anvisa, Ministério da Saúde.

Gustavo. As relações de consumo e a nova teoria contratual. *Cadernos da Pós-Graduação*, Rio de Janeiro, v. 4, n. 5, p. 167-189, 1998. *Passim*).

[58] "não se trata da mera transposição de normas bioéticas para o Direito; essas podem ser observadas e mesmo orientar a formulação de normas jurídicas, desde que não colidam com os princípios de direito. Na verdade, a possibilidade de colisão é remota, na exata medida da relação existente entre Ética e Direito. Contudo, não seria razoável resolverem-se conflitos jurídicos exclusivamente em princípios da Bioética" (BARBOZA, Heloisa Helena. Princípios do biodireito. In: BARBOZA, Heloisa Helena; MEIRELLES, Jussara Maria Leal de; BARRETTO, Vicente de Paulo. *Novos temas de biodireito e bioética*. Rio de Janeiro: Renovar, 2003. p. 71).

[59] No âmbito do direito pátrio, a questão vem sendo negligenciada no que diz respeito à produção legislativa, apesar da existência de alguns projetos de lei do Senado: i) Projeto Original – nº 90, de 1999 – sobre a reprodução assistida; ii) Projeto substituto, nova redação, arquivado em 2007 – amplia o uso da técnica para união estável etc.; iii) Projeto de Lei nº 1.184, de 2003 – amplia a técnica para pessoas solteiras, proíbe a gestação de substituição; iv) Projeto de Lei nº 4.892/2012 – Institui o Estatuto da Reprodução Assistida, para regular a aplicação e utilização das técnicas de reprodução humana assistida e seus efeitos no âmbito das relações civis sociais; e v) Projeto de Lei nº 115/20015 – Institui o Estatuto da Reprodução Assistida, para regular a aplicação e utilização das técnicas de reprodução humana assistida e seus efeitos no âmbito das relações civis sociais. Conforme informações constantes na página do Senado na internet, os projetos de lei sobre reprodução humana assistida estão apensados uns aos outros (BRASIL. Câmara dos Deputados. *PL 115/2015*. Disponível em: <http://www.camara.gov.br/proposicoesWeb/fichadetramitacao?idProposicao=945504>. Acesso em: 4 jun. 2018).

[60] Deu início no Senado Federal a tramitação e aprovação, com emendas, do Projeto de Lei nº 200 de 2015, que "dispõe sobre princípios, diretrizes e regras para a condução de pesquisas clínicas em seres humanos por instituições públicas ou privadas", e que está em tramitação na Câmara dos Deputados; Projeto nº 7.082/2017, "Dispõe sobre a pesquisa clínica com seres humanos e institui o Sistema Nacional de Ética em Pesquisa Clínica com Seres Humanos", recentemente aprovado pela Comissão de Ciência e Tecnologia, Comunicação e Informática, com emendas (BRASIL. Câmara dos Deputados. *PL 7082/2017*. Disponível em: <http://www.camara.gov.br/proposicoesWeb/fichadetramitacao?idProposicao=2125189>. Acesso em: 26 abr. 2018).

[61] Para Eduardo Tomasevicius Filho, apesar de não existir no Brasil lei específica sobre pesquisas em seres humanos, não existiria uma lacuna, pois o Código Civil "trata de diversos assuntos diretamente relacionados a esse tema, em termos de personalidade e capacidade, autonomia, relações familiares e responsabilidade civil" (TOMASEVICIUS FILHO, Eduardo. O Código Civil brasileiro na disciplina da pesquisa com seres humanos. *Revista de Direito Sanitário*, São Paulo, v. 16, n. 2, 2015. p. 119).

[62] Nos termos do art. 6º, XXII, da Resolução RDC nº 9/2015 da Anvisa, ensaios clínicos são pesquisas conduzidas para "confirmar os efeitos clínicos e/ou farmacológicos e/ou qualquer outro efeito farmacodinâmico do medicamento experimental e/ou identificar qualquer reação adversa ao medicamento experimental e/ou estudar a absorção, distribuição, metabolismo e excreção do medicamento experimental para verificar sua segurança e/ou eficácia" (BRASIL. Agência Nacional de Vigilância Sanitária. Resolução da Diretoria Colegiada – RDC nº 9, de 20 de fevereiro de 2015. Dispõe sobre o Regulamento para a realização de ensaios clínicos com medicamentos no Brasil. *Diário Oficial da União*, Brasília, seção 1, n. 41, 3 mar. 2015. p. 69).

A existência dessas normas suscita diversas dúvidas quanto à sua aplicação pelos operadores do direito, seja no momento de orientar na forma como operacionalizar as relações jurídicas tratadas nas resoluções como na solução de conflitos delas decorrentes. Citam-se como exemplo as inquietudes no âmbito da reprodução humana assistida, os negócios jurídicos que serão celebrados entre as pessoas envolvidas participantes das técnicas, clínicas especializadas, doadores de gametas masculinos e femininos e embriões (prestação de serviço, depósito, doação, troca ou permuta, aluguel, compra e venda etc.), descarte de materiais genéticos; garantia ou não do anonimato frente ao direito ao conhecimento da origem genética;[63] e quais normas e princípios orientarão as decisões judiciais em casos de conflitos. Outra área sensível é a da observância das diretivas antecipadas de vontade (testamento vital, procuradores para cuidados de saúde),[64] a forma como devem ser expressas as escolhas prévias dos pacientes acerca da disposição de seu próprio corpo quando estiverem impossibilitados de fazê-las (escrita, verbal, no prontuário, por instrumento público?), como dar efetividade ao exercício de sua autonomia prospectiva, propiciar o conhecimento por terceiros, pelos profissionais de saúde e família, o prazo de sua duração, quais as consequências de sua não observância (responsabilidade civil, disciplina, penal?), entre outros conflitos. Seria a solução enquadrá-las na estrutura formal do testamento já existente, no contrato de mandato? Como garantir o exercício pleno da autonomia da mudança de sexo, o direito à alteração do nome no processo de transgenitalização? E, por fim, no que tange à participação em pesquisas com novos medicamentos, diversas questões se colocam sem respostas tanto no campo ético quanto jurídico, como a possibilidade de participação de crianças e incapazes,[65] como se dá o processo decisório de autorização, o consentimento livre e esclarecido, se cabe em pesquisas sem fins terapêuticos; se é permitido o uso de placebo como critério de controle; a quem dos agentes que integram a pesquisa pode ser atribuída a responsabilidade civil pelos danos causados aos participantes de pesquisa clínica;[66] o regime jurídico aplicável, o direito de se retirar da pesquisa, de obter o medicamento em teste, entre outros.

O Conselho Federal de Medicina é autarquia federal que orienta as condutas dos profissionais médicos e pessoas a eles atreladas, e o Conselho Nacional de Saúde integra o Ministério da Saúde, órgão do Poder Executivo, instância máxima de deliberação do SUS. A primeira indagação que surge é quanto à força normativa dessas normas e sua natureza jurídica, e se devem ser aplicadas ou não pelo Poder Judiciário. As portarias, resoluções,

---

[63] Cabe trazer à colação decisão acerca do sigilo dos dados do doador: TJ/RS. Agravo de Instrumento nº 70052132370. Rel. Luiz Felipe Brasil Santos, Oitava Câmara Cível, j. 4.4.2013.

[64] Indica-se a leitura: BARBOZA, Heloisa Helena. Direito à identidade genética. In: PEREIRA, Rodrigo da Cunha. *Família e cidadania*: o novo CCB e a vacatio legis: anais do III Congresso Brasileiro de Direito de Família. Belo Horizonte: IBDFam, Ordem dos Advogados do Brasil, 2002. Temário III, cap. 2, p. 379-389; LÔBO, Paulo. Direito ao estado de filiação e direito à origem genética: uma distinção necessária. *Jus Navigandi*, Teresina, ano 9, n. 194, 16 jan. 2004.

[65] Cf. TEIXEIRA, Ana Carolina Brochado; PEREIRA, Paula Moura Francesconi de Lemos. A participação de crianças e adolescentes em ensaios clínicos: uma reflexão baseada nos princípios do melhor interesse, solidariedade e autonomia. In: TEPEDINO, Gustavo; TEIXEIRA, Ana Carolina Brochado; ALMEIDA, Vitor. (Org.). *O direito civil entre o sujeito e a pessoa*: estudos em homenagem ao professor Stefano Rodotà. 1. ed. Belo Horizonte: Fórum, 2016. v. 1. p. 191-215.

[66] A respeito do assunto: PEREIRA, Paula Moura Francesconi de Lemos. *A responsabilidade civil como instrumento de proteção à pessoa humana nos ensaios clínicos*. Tese (Doutorado) – Programa de Pós-Graduação em Direito, Universidade do Estado do Rio de Janeiro, Rio de Janeiro, 2017. No prelo.

técnicas e instruções de serviço são normas administrativas,[67] elaboradas diretamente pelo Poder Executivo ou pelas autarquias, editadas com respaldo constitucional por força do disposto nos arts. 5º, XIII, 48, XI, 87, II, 88, 198, todos da Constituição Federal, e decorrem do poder administrativo de polícia conferido aos órgãos. A inobservância dessas normas deontológicas gera consequência no âmbito ético-disciplinar,[68] o que não afasta a aplicação da responsabilidade civil e criminal quando presentes seus requisitos ensejadores.

As referidas resoluções, que têm orientado os profissionais de saúde e vêm sendo objeto de estudos pelos civilistas, já estão sendo aplicadas pelos Tribunais que reconhecem sua força normativa.[69] No entanto, não serão aplicadas quando, em cotejo com os valores e princípios constitucionais,[70] demonstrarem sua inobservância.[71]

A dinamicidade dos fatos sociais e da realidade econômica acirrada pelas inovações tecnológicas incessantes e as mudanças normativas no plano ético e deontológico dessas novas situações jurídicas demandam novas soluções aos casos concretos, que devem ser julgadas por meio de uma interpretação coerente com o sistema jurídico.

A segurança jurídica não é sinônimo de imutabilidade, ela se alcança na sua vertente norma-princípio do ordenamento jurídico pátrio ao se analisar no caso concreto se há o respeito à primazia da pessoa real, com base nos ensinamentos de Stefano Rodotà,

---

[67] Cf. CARVALHO FILHO, José dos Santos. *Manual de direito administrativo*. 7. ed. rev. ampl. e atual. Rio de Janeiro: Lumen Juris, 2001. p. 107-111.

[68] A título de exemplo, no âmbito da ética médica aplica-se a Resolução nº 2.145/2016 do CFM, alterada pela Resolução nº 2.158/2017 do CFM, que aprova o Código de Processo Ético-Profissional (CPEP) no âmbito do Conselho Federal de Medicina (CFM) e Conselhos Regionais de Medicina (CRMs).

[69] A respeito do tema merece a leitura: VILARDO, Maria Aglaé Tedesco. Decisões judiciais no campo da biotecnociência: a bioética como fonte de legitimação. *Revista de Bioética y Derecho*, Barcelona, n. 27, p. 28-37, 2013. Disponível em: <http://www.ub.edu/fildt/revista/pdf/rbyd27_art-tedesco.pdf>. Acesso em: 13 out. 2016. A respeito da aplicação da Resolução nº 1.995/2012 do CFM merece citar o seguinte julgado que permitiu a ortotanásia prevista no testamento vital: TJ/RS. Apelação Cível nº 70054988266. Rel. Irineu Mariani, Primeira Câmara Cível, j. 20.11.2013. Em relação a caso envolvendo pesquisa em seres humanos, fornecimento de medicamento experimental, cabe análise do seguinte julgado: TJ/RS. Agravo de Instrumento nº 70018752733. Rel. Ricardo Raupp Ruschel, Sétima Câmara Cível, j. 25.4.2007.

[70] A inconstitucionalidade de algumas resoluções do Conselho Federal de Medicina – CFM como a Resolução nº 1.805/2006, que trata da ortotanásia, e a Resolução nº 1.995/2012, referente às diretivas antecipadas de vontade, já foi suscitada em ações civis públicas. Em relação à primeira resolução, foi proposta ação civil pública, em 9.5.2007, pelo Ministério Público Federal – MPF, contra o Conselho Federal de Medicina, que tramitou na Décima Quarta Vara Federal do Distrito Federal (Processo nº 2007.34.00.014809-3). Na ação o MPF sustentou que a questão desafia previsão por meio de lei, não tendo o CFM competência para legislar, além de não poder regulamentar, como ética, uma conduta tipificada como crime. Foi proferida sentença que julgou improcedente a ação civil pública, da qual não houve recurso, sob o fundamento de que a conduta balizada pelo CFM não se enquadraria como crime (Disponível em: <http://s.conjur.com.br/dl/sentenca-resolucao-cfm-180596.pdf>. Acesso em: 20 dez. 2016). Quanto à segunda resolução, o Ministério Público Federal do Estado de Goiás promoveu ação civil pública com pedido de liminar contra o CFM (Processo nº 001039- 86.2013.4.01.3500), perante a Primeira Vara Federal em Goiânia, alegando a ilegalidade e a inconstitucionalidade da resolução, entre outros pedidos. A r. sentença julgou improcedentes os pedidos, confirmando a rejeição da liminar, mas recurso fora interposto com a remessa ao Tribunal Regional Federal da 1ª Região (Disponível em: <http://web.trf3.jus.br/acordaos/Acordao/BuscarDocumentoGedpro/3050404>. Acesso em: 4 jun. 2018).

[71] Sobre o tema, o Superior Tribunal de Justiça deixou de aplicar a resolução do Conselho Federal de Medicina, especificamente no que se refere à necessidade de sigilo acerca da identidade dos doadores de gametas, permitindo, no caso concreto, a doação de óvulos de uma irmã para outra (STJ. Agravo Interno no Agravo em Recurso Especial nº 1.042.172/SP. Rel. Min. Assusete Magalhães. Brasília, 21 mar. 2018. Disponível em: <http://www.stj.jus.br/SCON/jurisprudencia/toc.jsp?livre=1042172&&tipo_visualizacao=RESUMO&b=ACOR>. Acesso em: 4 jun. 2018).

em artigo intitulado *Dal soggetto ala persona*,[72] e que remete à desconstrução da ideia do sujeito abstrato que durante muito tempo ocupou o pensar do jurista para uma análise do sujeito em concreto. O centro de determinada situação existencial é a pessoa e a solução de qualquer conflito deve ter como norte o respeito a sua autonomia dentro de uma solidariedade social na moldura constitucional vigente. As tentativas de confinar as situações jurídicas em modelos perfeitos acabam por colocar em xeque a própria liberdade e capacidade de autodeterminação das pessoas.

A leitura interpretativa das situações existenciais se dará não sob um viés patrimonialista, mas ético-social, de forma a promover a harmonia entre livre iniciativa e justiça social.

A ausência de leis regulando essas novas situações existenciais, apesar de gerar aparente insegurança jurídica, não é sinônimo de fragilidade total, pois ao longo da história restou demonstrada a insuficiência dos arquétipos legislativos. É possível encontrar dentro do arcabouço normativo e da axiologia constitucional uma moldura para as situações existenciais concretas, sem com isso abandonar a necessidade de um atuar legislativo em prol da força construtiva dos fatos sociais complexos.

A segurança jurídica não está nas categorias abstratas, na estabilidade estática de uma ordenação, mas, nas palavras de Eroulths Cortiano Junior e André Luiz Arnt Ramos,[73] no equilíbrio em movimento, na análise do objeto em concreto.

Considerações finais

A construção de um renovado conceito de segurança jurídica, desta vez na medida da pessoa humana e de suas demandas existenciais, é tarefa emergencial diante da nova ordem de valores estabelecida pela Constituição Federal de 1988. Na legalidade constitucional, a segurança jurídica deve ser concebida, tal qual o próprio direito civil contemporâneo, "como serviço da vida, a partir de sua raiz antropocêntrica, não para repor em cena o individualismo do século XVIII, nem para retomar a biografia do sujeito jurídico, mas sim para se afastar do tecnicismo e do neutralismo".[74]

O longo caminho que se tem pela frente para delinear institutos jurídicos não mais voltados para o antigo sujeito patrimonial é, nas palavras de Fachin:

> uma busca de respostas que sai do conforto da armadura jurídica, atravessa o jardim das coisas e dos objetos e alcança a praça que revela dramas e interrogações na cronologia ideológica dos sistemas, uma teoria crítica construindo um modo diverso de ver. E aí, sem deixar de ser o que é, se reconhece o "outro" Direito Civil.[75]

---

[72] RODOTÁ, Stefano. *Dal soggeto ala persona*. Napoli: Edizione Scientifica, 2007.
[73] CORTIANO JUNIOR, Eroulths; RAMOS, André Luiz Arnt. Segurança jurídica, precedente judicial e o direito civil brasileiro: prospecções à luz da teoria do direito. *Civilistica.com – Revista Eletrônica de Direito Civil*, ano 4, p. 1-25, 2015.
[74] FACHIN, Luiz Edson. *Teoria crítica do direito civil*. Rio de Janeiro: Renovar, 2003. p. 18.
[75] FACHIN, Luiz Edson. *Teoria crítica do direito civil*. Rio de Janeiro: Renovar, 2003. p. 6.

Referências

AMARAL, Francisco. *Direito civil*: introdução. 6. ed. rev., atual. e aum. Rio de Janeiro: Renovar, 2006.

BARBOZA, Heloisa Helena. Direito à identidade genética. In: PEREIRA, Rodrigo da Cunha. *Família e cidadania*: o novo CCB e a vacatio legis: anais do III Congresso Brasileiro de Direito de Família. Belo Horizonte: IBDFam, Ordem dos Advogados do Brasil, 2002.

BARBOZA, Heloisa Helena. Princípios do biodireito. In: BARBOZA, Heloisa Helena; MEIRELLES, Jussara Maria Leal de; BARRETTO, Vicente de Paulo. *Novos temas de biodireito e bioética*. Rio de Janeiro: Renovar, 2003.

BARROSO, Luís Roberto. *Judicialização, ativismo judicial e legitimidade democrática*. Disponível em: <http://www.oab.org.br/editora/revista/users/revista/1235066670174218181901.pdf>. Acesso em: 12 maio 2016.

BOBBIO, Norberto. *O positivismo jurídico*: lições de filosofia do direito. Tradução de Márcio Pugliesi. São Paulo: Ícone, 1995.

BOBBIO, Norberto. *Teoria da norma jurídica*. Tradução de Fernando Pavan Baptista e Ariani Bueno Sudatti. Bauru: Edipro, 2001.

CANOTILHO, J. J. Gomes. *Direito constitucional*. Coimbra: Almedina, 1991.

CARVALHO FILHO, José dos Santos. *Manual de direito administrativo*. 7. ed. rev. ampl. e atual. Rio de Janeiro: Lumen Juris, 2001.

CASTRO, Regina Celia Figueiredo. Registros de ensaios clínicos e as consequências para as publicações científicas. *Revista da Faculdade de Medicina de Ribeirão Preto e do Hospital das Clínicas da FMRP Universidade de São Paulo*, Ribeirão Preto, v. 42, n. 1, 2009.

CASTRO, Thamis Dalsenter Viveiros de. *Bons costumes no direito civil brasileiro*. São Paulo: Almedina, 2017.

CASTRO, Thamis Dalsenter Viveiros de. O papel criativo do juiz na legalidade civil-constitucional. *Pensar (Unifor)*, v. 21, p. 721-750, 2016.

CORTIANO JUNIOR, Eroulths; RAMOS, André Luiz Arnt. Segurança jurídica, precedente judicial e o direito civil brasileiro: prospecções à luz da teoria do direito. *Civilistica.com – Revista Eletrônica de Direito Civil*, ano 4, p. 1-25, 2015.

DWORKIN, Ronald. Law, philosophly and interpretation. *Archiv für Rechts-und Sozial philosophie*, v. 80, n. 4, p. 463-475, 1994.

ENGELMANN, Wilson; BORGES, Gustavo Silveira. Responsabilidade civil médica pela utilização da nanotecnologia para modificação genética. *Revista de Direito do Consumidor: RDC*, São Paulo, v. 23, n. 93, p. 65-99, 2014.

TEPEDINO, Gustavo. Livro (eletrônico) e o perfil funcional na experiência brasileira. In: VICENTE, Dário Moreira et al. (Org.). *Estudos de direito intelectual em homenagem ao Prof. Doutor José de Oliveira Ascensão*. 1. ed. Coimbra: Almedina, 2015.

FACHIN, Luiz Edson. Segurança jurídica – Entre ouriços e raposas. In: RUZYK, Carlos Eduardo Pianovski et al. (Org.). *Direito civil constitucional – A ressignificação da função dos institutos fundamentais*. Florianópolis: Conceito, 2014.

FACHIN, Luiz Edson. *Teoria crítica do direito civil*. Rio de Janeiro: Renovar, 2003.

FACHIN, Luiz Edson; RUZYK, Carlos Eduardo Pianovski. A dignidade da pessoa humana no direito contemporâneo: uma crítica da raiz dogmática do neopositivismo constitucionalista. *Revista Trimestral de Direito Civil – RTDC*, Rio de Janeiro, v. 35, p. 107-119, 2008.

FACHIN, Luiz Edson; RUZYK, Carlos Eduardo Pianovski. Dignidade da pessoa humana no direito civil. In: TORRES, Ricardo Lobo; KATAOKA, Eduardo Takemi; GALDINO, Flavio (Org.). *Dicionário de princípios jurídicos*. Rio de Janeiro: Elsevier, 2011.

HABERMAS, Jurgen. *Direito e democracia entre facticidade e validade*. 2. ed. Rio de Janeiro: Tempo Brasileiro, 2003. v. II.

JONSEN, Albert R. *The birth of bioethics*. 1. ed. Nova Iorque: Oxford University Press, 1998.

LÔBO, Paulo. Direito ao estado de filiação e direito à origem genética: uma distinção necessária. *Jus Navigandi*, Teresina, ano 9, n. 194, 16 jan. 2004.

MARINONI, Luiz Guilherme. Princípio da segurança dos atos jurisdicionais. In: TORRES, Ricardo Lobo; KATAOKA, Eduardo Takemi; GALDINO, Flavio (Org.). *Dicionário de princípios jurídicos*. Rio de Janeiro: Elsevier, 2011.

MEIRELES, Rose Melo Vencelau. *Autonomia privada e dignidade humana*. Rio de Janeiro: Renovar, 2009.

MORAES, Maria Celina Bodin de. A utilidade dos princípios na aplicação do direito. Editorial. *Civilistica.com – Revista Eletrônica de Direito Civil*, ano 2, n. 1, 2013. Disponível em: <http://civilistica.com/utilidade-principios/>. Acesso em: 1º jun. 2018.

MORAES, Maria Celina Bodin de. Constituição e direito civil: tendências. *Revista dos Tribunais*, v. 779, p. 47-78, 2000.

MORAES, Maria Celina Bodin de. *Danos à pessoa humana*. Uma leitura civil-constitucional do dano moral. Rio de Janeiro: Renovar, 2006.

MORAES, Maria Celina Bodin de. O princípio da solidariedade. In: PEIXINHO, Manoel Messias; GUERRA, Isabella Franco; FILHO NASCIMENTO, Firly (Org.). *Os princípios da Constituição de 1988*. Rio de Janeiro: Lumen Juris, 2001.

MORAES, Maria Celina Bodin de. Os últimos 25 anos e o futuro. Editorial. *Civilistica.com – Revista Eletrônica de Direito Civil*, ano 2, n. 3, 2013. Disponível em: <http://civilistica.com/os-ultimos-25-anos-e-o-futuro/>. Acesso em: 1º jun. 2018.

PEREIRA, Jane Reis Gonçalves. Princípios e valores. In: TORRES, Ricardo Lobo; KATAOKA, Eduardo Takemi; GALDINO, Flavio (Org.). *Dicionário de princípios jurídicos*. Rio de Janeiro: Elsevier, 2011.

PEREIRA, Paula Moura Francesconi de Lemos. *A responsabilidade civil como instrumento de proteção à pessoa humana nos ensaios clínicos*. Tese (Doutorado) – Programa de Pós-Graduação em Direito, Universidade do Estado do Rio de Janeiro, Rio de Janeiro, 2017. No prelo.

PERELMAN, Chaim. *O império retórico*: retórica e argumentação. Porto: Asa, 1993.

PERLINGIERI, Pietro. Normas constitucionais nas relações privadas. *Revista da Faculdade de Direito da UERJ*, n. 6/7, 1998/1999.

PERLINGIERI, Pietro. *O direito civil na legalidade constitucional*. Rio de Janeiro: Renovar, 2008.

PERLINGIERI, Pietro. *Perfis do direito civil*. Rio de Janeiro: Renovar, 1999.

POST, Stephen Garrard. *Encyclopedia of bioethics*. 3. ed. Nova Iorque: Macmillan Reference USA, 2003.

POULANTZAS, Nicos. *O Estado, o poder e o socialismo*. 4. ed. São Paulo: Graal, 2000.

PRATA, Ana. *A tutela constitucional da autonomia privada*. Coimbra: Almedina, 1962.

RODOTÁ, Stefano. *Dal soggeto ala persona*. Napoli: Edizione Scientifica, 2007.

RODOTÀ, Stefano. Transformações do corpo. *Revista Trimestral de Direito Civil – RTDC*, v. 5, n. 19, p. 65-107, jul./set. 2004.

ROMEO CASABONA, Carlos. *El derecho y la bioética ante los limites de la vida humana*. Madri: Editorial Universitaria Ramon Areces, 1994.

SARLET, Ingo Wolfgang. *Dignidade da pessoa humana e direitos fundamentais*. Porto Alegre: Livraria do Advogado, 2001.

SARMENTO, Daniel. O neoconstitucionalismo no Brasil: riscos e possibilidades. In: SARMENTO, Daniel (Coord.). *Filosofia a e teoria constitucional contemporânea*. Rio de Janeiro: Lumen Juris, 2009.

SARMENTO, Daniel. Os princípios constitucionais da liberdade e da autonomia privada. In: PEIXINHO, Manoel Messias; GUERRA, Isabella Franco; FILHO NASCIMENTO, Firly (Org.). *Os princípios da Constituição de 1988*. Rio de Janeiro: Lumen Juris, 2001.

TEIXEIRA, Ana Carolina Brochado; PEREIRA, Paula Moura Francesconi de Lemos. A participação de crianças e adolescentes em ensaios clínicos: uma reflexão baseada nos princípios do melhor interesse, solidariedade e autonomia. In: TEPEDINO, Gustavo; TEIXEIRA, Ana Carolina Brochado; ALMEIDA, Vitor. (Org.). *O direito civil entre o sujeito e a pessoa*: estudos em homenagem ao professor Stefano Rodotà. 1. ed. Belo Horizonte: Fórum, 2016. v. 1.

TEPEDINO, Gustavo. A tutela da personalidade no ordenamento civil-constitucional brasileiro. In: TEPEDINO, Gustavo. *Temas de direito civil*. Rio de Janeiro: Renovar, 2004.

TEPEDINO, Gustavo. As relações de consumo e a nova teoria contratual. *Cadernos da Pós-Graduação*, Rio de Janeiro, v. 4, n. 5, p. 167-189, 1998.

TEPEDINO, Gustavo. Normas constitucionais e direito civil. *Revista da Faculdade de Direito de Campos*, ano IV/V, n. 4/5, p. 167-175, 2003/2004.

TEPEDINO, Gustavo. Normas constitucionais e relações privadas na experiência das cortes superiores brasileiras. *Rev. TST*, Brasília, v. 77, n. 3, jul./set. 2011.

TEPEDINO, Gustavo. Premissas metodológicas para a constitucionalização do direito civil. In: TEPEDINO, Gustavo. *Temas de direito civil*. Rio de Janeiro: Renovar, 2004.

TEPEDINO, Gustavo. Regime jurídico dos bens no Código Civil. In: VENOSA, Sílvio de Salvo; GAGLIARDI, Rafael Villar; NASSER, Paulo Magalhães (Coord.). *10 anos do Código Civil*: desafios e perspectivas. São Paulo: Atlas, 2012.

TEPEDINO, Gustavo. Velhos e novos mitos na teoria da interpretação. Editorial. *Revista Trimestral de Direito Civil – RTDC*, n. 28, 2006.

TERRA, Aline Miranda Valverde; PEREIRA, Paula Moura Francesconi de Lemos. Considerações acerca do estatuto jurídico do corpo humano. *Revista dos Tribunais*, v. 952, p. 37-58, fev. 2015.

TOMASEVICIUS FILHO, Eduardo. O Código Civil brasileiro na disciplina da pesquisa com seres humanos. *Revista de Direito Sanitário*, São Paulo, v. 16, n. 2, 2015.

VIEIRA, Tereza Rodrigues. Bioética e direito. *Revista de Informação Legislativa*, Brasília, v. 37, n. 145, p. 197-199, 2000. Disponível em: <https://www2.senado.leg.br/bdsf/bitstream/handle/id/569/r145-20.pdf?sequence=4>. Acesso em: 7 nov. 2016.

VILARDO, Maria Aglaé Tedesco. Decisões judiciais no campo da biotecnociência: a bioética como fonte de legitimação. *Revista de Bioética y Derecho*, Barcelona, n. 27, p. 28-37, 2013. Disponível em: <http://www.ub.edu/fildt/revista/pdf/rbyd27_art-tedesco.pdf>. Acesso em: 13 out. 2016.

Informação bibliográfica deste texto, conforme a NBR 6023:2002 da Associação Brasileira de Normas Técnicas (ABNT):

PEREIRA, Paula Moura Francesconi de Lemos; CASTRO, Thamis Ávila Dalsenter Viveiros de. Dilemas e desafios da segurança jurídica nas situações jurídicas existenciais. In: EHRHARDT JÚNIOR, Marcos; CORTIANO JUNIOR, Eroulths (Coord.). *Transformações no Direito Privado nos 30 anos da Constituição*: estudos em homenagem a Luiz Edson Fachin. Belo Horizonte: Fórum, 2019. p. 55-74. ISBN 978-85-450-0562-9.

REPENSANDO SOBRE AS PESSOAS E O ESTATUTO JURÍDICO DO SER

JUSSARA MARIA LEAL DE MEIRELLES

1 Introdução

Ao aceitar o honroso convite para participar desta obra, logo me ocorreu a ideia de tentar, em algumas ligeiras páginas, resumir o quanto significou e ainda se retrata na minha vida acadêmica a presença constante das reflexões do caríssimo e fraterno amigo Luiz Edson Fachin. Não tive dificuldade em criar um título para o artigo que ainda estava por escrever. É que o Professor Fachin sempre instigou seus alunos e orientandos a repensar. Aprendi com ele. Repensar. E na seara do direito civil, o que poderia ser mais motivador do que repensar sobre as pessoas? As tais pessoas que o Código Civil sempre trouxe tão perfeitamente desenhadas, mas que se distanciam tanto de nós, as pessoas... Aquelas pessoas que estudamos como categorias científicas tão longínquas da vida fora das letras jurídicas. Daí a necessidade de repensá-las. E repensar o que se pretende como regramento eficaz e maduro, a ampará-las significativamente. Romper os limites do formalismo que pretendeu segurança jurídica e buscar no arcabouço normativo as regras e fundamentos que traduzam, verdadeiramente, o ser. Refletindo sobre o quanto isso tudo marcou as convicções que emergem dos meus próprios trabalhos, hoje, o título do artigo surgiu de modo instantâneo, como um lampejo de evidência: o que mais poderia traduzir a influência do Professor Fachin na minha trajetória acadêmica, no meu pensamento e nas ideias e ideais que até hoje procuro partilhar com meus alunos, do que um constante repensar sobre as pessoas? E é bom lembrar, sempre em busca de reflexões que possam trazer respostas e integrar um todo que mereça ser denominado estatuto jurídico do ser.

Dividi o texto em partes que traduzem as principais atividades que desenvolvi sob a orientação do Professor Fachin. E procurei, em cada uma delas, evidenciar o que de mais significativo e marcante vem lembrado por ele em alguns dos seus textos, os ensinamentos trazidos, o repensar constante, a perspicácia e a sempre arguta atenção em temas delicados e de fragilidade normativa evidente.

Distanciando-me um pouco das lições que tive quanto à redação de trabalhos científicos, tomei a liberdade de redigir o texto na primeira pessoa, para poder referir melhor as minhas inquietudes e, dessa forma, traduzir o meu reconhecimento ao fraterno amigo e sempre Professor Fachin. Não conseguiria fazê-lo com a proximidade pretendida, se usasse a redação distante e impessoal própria dos textos acadêmicos. De qualquer sorte, trago aqui a justificativa prévia (nas palavras do Mestre Fachin, meu *"habeas corpus preventivo"*), esperando que a leitura se torne mais agradável. Peço desculpas pelos eventuais equívocos derivados dos "momentos Nescau" aos quais o professor costuma fazer referência quando lê uma frase ou parágrafo um tanto sem sentido em relação ao texto ou à temática abordada; eles parecem denotar uma pausa na escrita (para um Nescau, talvez) e a retomada um tanto incongruente, em momento posterior. Também justifico e me desculpo previamente pelos inevitáveis "saltos ornamentais" de um tema a outro, mas resumir a gratidão que nutro pelo Professor Fachin em um artigo é tarefa quase impossível; por isso agradeço, uma vez mais, por sempre ter me incentivado a aceitar os desafios que a vida me impôs e a "fazer dos limões uma boa limonada".

2 Gestação de substituição

Seguiam os anos 90 o seu início e, bem assim, a Constituição de 1988 mostrava novos rumos para interpretação e aplicação do direito. As técnicas de reprodução humana assistida reclamavam atenção e eu estava no início das minhas pesquisas de mestrado. Professor Fachin, meu orientador, havia escrito sua tese de doutoramento sobre a paternidade socioafetiva.[1] Eu decidi pesquisar sobre a filiação, a partir da maternidade. O princípio *mater semper certa est*, que tradicionalmente orientava a determinação da figura da mãe identificando-a com a parturiente, merecia uma nova análise: a partir da técnica denominada gestação de substituição, a participação de mais de uma mulher no projeto de parentalidade irrompia um verdadeiro desafio ao jurista e novas escolhas apontavam para uma significativa transformação social.

O sistema brasileiro vigente havia sido surpreendido pelos avanços da chamada engenharia genética e meu orientador assegurou-me que o terreno árido em que eu iria desenvolver meus estudos seria recompensado pelo propósito de vencer desafios, "com a cabeça nas nuvens, mas os pés no chão". E assim iniciei minha viagem sobre esse território ainda um tanto desconhecido e frágil, buscando significado lógico para uma legislação vetusta e que merecia nova leitura. A temática, ademais, transitava entre liberdade e mercancia e, não fosse a voz sempre acolhedora do Professor Fachin a me desenhar os caminhos da pesquisa que se iniciava um tanto claudicante e me encorajar a prosseguir mesmo diante da falta de referências bibliográficas sobre o tema, talvez eu tivesse desistido e desenvolvido outro assunto mais simples.

Busquei demonstrar, a partir das lições do meu orientador, que a civilização ocidental é tradicionalmente vinculada a um sistema de parentesco em que se distingue o parentesco bilateral ou misto e o unilateral (patrilinear ou matrilinear). Exemplo típico de parentesco patrilinear é o sistema romano de parentesco civil (*agnatio*), que, aliás,

---

[1] A tese transformou-se na obra: FACHIN, Luiz Edson. *Estabelecimento da filiação e paternidade presumida*. Porto Alegre: Sergio Antonio Fabris, 1992. 183 p.

originou o patriarcado no Ocidente: o filho oriundo do casamento pertence à família do pai somente, e o vínculo de parentesco maternal (*cognatio*) não o insere na família da mãe, muito embora produza efeitos jurídicos (como os impedimentos matrimoniais). No Código Civil brasileiro, esse traço de unilateralidade é eliminado para dar origem a duas linhas que, simetricamente, determinam o parentesco paternal e o maternal. De maneira que o vínculo jurídico de filiação, segundo a tradição napoleônica do Código de 1804, relaciona determinada pessoa ao seu pai e, igualmente, à sua mãe, e toda a distribuição dos papéis a serem exercidos dentro da família sempre derivou daquela estrutura básica. E se o sistema de parentesco estabelecido pelo Código Civil brasileiro é centralizado na relação materno-filial à qual corresponde, harmonicamente, uma relação de paternidade, importa saber-se ao certo quem é a mãe. Admitida a certeza da maternidade, determinada pelo parto, a filiação paternal se estabelece tendo em vista a figura da mãe. Assim, se a mãe for casada, incide a presunção *pater is est*, atribuindo-se a paternidade ao marido; se não for casada, pode-se estabelecer a paternidade mediante o reconhecimento voluntário ou a investigação.[2]

A gestação de substituição verifica-se, sob o ponto de vista fático, quando uma mulher se dispõe, mediante retribuição em dinheiro ou não, a manter uma gestação em favor de outra. A denominação da técnica foi utilizada pela Resolução nº 1.358, de 11.11.1992, do Conselho Federal de Medicina. Atualmente, também denominada "cessão temporária do útero", é prevista pela Resolução nº 2.168, de 21.9.2017 (*DOU* de 10.11.2017). E sempre foi destacada a sua gratuidade, nas resoluções que a disciplinaram, no Brasil. A doutrina jurídica outorgou-lhe designações diversas, tais como: "gestação por outrem", "cessão de útero", "maternidade por sub-rogação", "maternidade por procuração", "maternidade de substituição", "maternidade de aluguel", "mãe portadora", "mãe por procuração", "mãe interina", "mãe de aluguel", "mãe por comissão". Enfim, todas essas expressões traduzem a mesma situação fática e, sob certo ponto de vista, verdadeiramente revolucionária: a gestação de um ser humano, mantida por uma mulher em favor de outra infértil (ou com alguma impossibilidade referente à gravidez), com a finalidade de, logo após o nascimento com vida, ser a criança entregue à interessada, renunciando a gestante, em favor dessa, a todos os direitos relativos à maternidade.[3]

O ajuste relativo à utilização de útero alheio tem por finalidade regular o comportamento da gestante e dos interessados na gestação de substituição. Visto sob esse prisma, como bem observou à época o orientador do trabalho, tem natureza de acordo destinado a regulamentar interesses particulares perseguidos pelas partes. Assim, impõe ser analisado segundo os princípios da teoria geral dos negócios jurídicos.

Mais uma vez, as observações do professor viriam a me auxiliar. Busquei a diferença que, à época, não era muito facilitada pela doutrina tradicional, entre ato jurídico *stricto sensu* e negócio jurídico. A distinção entre o ato jurídico em sentido estrito e o negócio jurídico, realidades que não se confundem, mas que também não se dissociam de maneira absoluta, porquanto ambos resultam da emissão da vontade, quem me proporcionou foi uma parte da dissertação de mestrado do meu então orientador: o que os diferencia é o fato de o ato consistir em "mero pressuposto de efeitos jurídicos,

---

[2] FACHIN, Luiz Edson. *Estabelecimento da filiação e paternidade presumida*. Porto Alegre: Sergio Antonio Fabris, 1992. p. 20-21.
[3] MEIRELLES, Jussara Maria Leal de. *Gestação por outrem e determinação da maternidade*. Curitiba: Genesis, 1998.

pré-ordenados pela lei, sem função de natureza de auto-regulamento", enquanto "a essência do negócio se assenta no auto-regulamento de interesse particular".[4]

E, assim, passei a analisar a gestação de substituição pela teoria geral dos negócios jurídicos. E embora a apreciação do espaço normativo nacional e estrangeiro tenha me conduzido a concluir pela nulidade do acordo sobre a maternidade derivada de gestação de substituição, passei a analisar com muito maior atenção os fenomenais avanços da biotecnologia, a realidade histórica, as questões socioeconômicas e, evidentemente, a sua influência na vida das pessoas. As pessoas. Sempre elas. Sempre as pessoas. Esse talvez tenha sido – estou quase certa de que foi – o meu primeiro passo de real e efetivo resultado de investigação científica, e mais do que isso, de reconhecimento das constantes mutações sociais que evidenciavam verdadeira crise de determinados postulados clássicos que precisavam ser revistos. Com o olhar nelas, as pessoas.

3 Embriões humanos de laboratório

Durante minha pesquisa sobre a reprodução humana assistida, focada na gestação de substituição, houve um tema que me proporcionou inquietude ainda maior: a inadequação dos embriões humanos de laboratório às categorias jurídicas tradicionalmente estabelecidas e, por conseguinte, o amparo a esses que poderiam ser as pessoas de amanhã. Separei material para posteriores leituras. E o doutoramento, sob a orientação do Professor Fachin, veio em seguida: dezembro de 1999.

Observei que a ordem legislativa civil brasileira reconhece os seres humanos nascidos como *pessoas naturais*, protegendo-lhes os direitos. Também põe a salvo os interesses dos *nascituros* (concebidos no ventre materno e em vias de se tornarem pessoas, ao nascerem com vida). Por fim, assegura vantagens à chamada *prole eventual*, que diz respeito aos seres humanos ainda não concebidos. No entanto, para além dos limites estabelecidos formalmente pela ordem jurídica, o avanço científico dos métodos de reprodução humana artificial possibilitou a concepção extrauterina e, por intermédio dela, a existência de embriões *in vitro*, o que veio a representar realidade nova, totalmente afastada da tradição que fundamentou a codificação civil brasileira.

Percebi de modo muito claro que os embriões concebidos e mantidos em laboratório eram (e são) totalmente estranhos ao modelo clássico desenhado pela lei: não são pessoas naturais, pois inexistente o nascimento com vida; também não são pessoas a nascer (nascituros), mas nem por isso é possível classificá-los como prole eventual (a ser concebida), posto que o embrião é resultado da concepção já ocorrida *in vitro*.

Assim, ao buscar o devido amparo jurídico à vida humana, a doutrina especializada passou a deparar-se com os embriões *in vitro*, não encontrando respostas na categorização oriunda do direito clássico, que viu a proteção jurídica vinculada à perfeita adequação às figuras estabelecidas. Observei, nesse ponto, um claro distanciamento entre a *persona* estabelecida pela lei formal e a vida humana pulsante em laboratório, real e digna de ser protegida, pelo que representa em si mesma e não somente porque demonstra *in vivo* o que a lei descreve de modo abstrato e distante. E decidi, por isso, versar sobre essa

---

[4] FACHIN, Luiz Edson. *Negócio jurídico e ato jurídico em sentido estrito*: diferenças e semelhanças sob uma tipificação exemplificativa no direito civil brasileiro. Dissertação (Mestrado em Direito) – Pontifícia Universidade Católica de São Paulo, São Paulo, 1986. p. 63.

proteção, que resultou na tese de doutoramento, orientada pelo Professor Fachin, que teve por título "da pessoa ao embrião: diferenças e similitude no estatuto jurídico do ser".[5] Mais uma vez, as pessoas. A crítica às categorias clássicas e seu distanciamento com as transformações sociais. Dessa vez, pensando no início da vida humana e no que pode ser entendido como futuras gerações. Sempre pautando o estatuto jurídico do ser nas normas constitucionais que regem a vida e a dignidade humanas.

Considerados em si mesmos portadores de vida, forçoso me pareceu afirmar a necessidade de amparo jurídico específico aos embriões concebidos e mantidos em laboratório. Também concluí estar afastada a sua caracterização como bens suscetíveis de subordinação à mercancia. E para protegê-los sugeri, desde logo, duas tarefas interpretativas: primeiro, distanciá-los da categorização estabelecida tradicionalmente, e segundo, sob o enfoque do amparo, equipará-los aos demais seres humanos.

E aqui também o olhar do professor me apontou um caminho mais amplo, que resultou em artigo crítico que demonstrou todo esse repensar.

4 O ser e o ter

Analisando a pessoa, o sujeito e toda a abstração trazida pelas previsões legislativas como verdadeiro mecanismo da impessoalidade, realizei a leitura crítica do ser conceitual, do sujeito virtual previsto na legislação civil brasileira. O intuito era demonstrar que, em honra aos ideais da codificação privada, com vistas a uma pretensa segurança jurídica vincada na titularidade patrimonial, estava estampado o imenso distanciamento entre o sujeito de direito reduzido a uma clausura patrimonial e o ser humano.

> Traçando-se uma espécie de paralelo tem-se, de um lado, o que se pode denominar pessoa codificada ou sujeito virtual; e, do lado oposto, há o sujeito real, que corresponde à pessoa verdadeiramente humana, vista sob o prisma de sua própria natureza e dignidade, a pessoa gente.[6]

No capítulo que escrevi a respeito, observo que pautado por essa mesma segurança, o sistema passou a outorgar um título a um sujeito sobre um objeto; e, sob essa ótica, as codificações baseadas na concepção clássica (e entre elas o Código Civil brasileiro) têm como pessoa "o senhor da coisa, o senhor do espaço privado, [...] aquele que contrata, tem patrimônio e contrai justas núpcias"; nesse sentido, todo o sistema, é voltado à pretensa perpetuidade.[7]

Para apreender criticamente a noção de sujeito de direito como dimensão de exercício da personalidade que contrata e que dispõe de patrimônio, foram de enorme valia as lições do meu orientador.[8] Para além delas, a própria ideia do texto, que andava

---

[5] Publicada com o título *A vida humana embrionária e sua proteção jurídica* (MEIRELLES, Jussara Maria Leal de. *A vida humana embrionária e sua proteção jurídica*. Rio de Janeiro: Renovar, 2000).

[6] MEIRELLES, Jussara Maria Leal de. O ser e o ter na codificação civil brasileira: do sujeito virtual à clausura patrimonial. In: FACHIN, Luiz Edson (Coord.). *Repensando fundamentos do direito civil brasileiro contemporâneo*. Rio de Janeiro: Renovar, 1998. p. 91.

[7] FACHIN, Luiz Edson. O direito civil exilado. *Revista de Estudos Jurídicos*, Curitiba, v. 3, n. 1, p. 115-116, ago. 1996.

[8] FACHIN, Luiz Edson. A cidade nuclear e o direito periférico (reflexões sobre a propriedade urbana). *Revista dos Tribunais*, São Paulo, n. 723, p. 108, jan. 1996.

paralelamente à minha tese de doutorado, e faltava alguém que me alertasse para isso. Hoje percebo que, muitas vezes, o foco do pesquisador é tão verticalizado, que mesmo as mais evidentes correlações de temas parecem distantes e invisíveis. E é preciso um olhar mais atento, experiente, desafiador, para que o assunto seja enfrentado. As ideias estão lá, mas parece que não as vemos. Com outras lentes, asseguramo-nos de que podemos realizar; e tudo se torna muito mais claro. Obrigada, Professor Fachin!

5 "Com a cabeça nas nuvens, mas os pés no chão"

Segui em estudo e pesquisa, como o orientador sempre me disse que aconteceria. Com olhar sempre voltado à pessoa – à "pessoa gente", logo percebi que temas como determinação da maternidade e da paternidade ante as técnicas de reprodução humana medicamente assistida, ou a proteção do patrimônio genético, ou a respeito da caracterização (ou não) dos embriões humanos como sujeitos de direitos, assuntos tão debatidos na comunidade científica na busca de limites e possibilidades, somente encontrarão resposta satisfatória no direito, eis que ultrapassam a esfera individual, dizendo respeito a relações intersubjetivas e à coletividade.

De igual forma, o aborto; a eutanásia; o problema da identidade pessoal na troca de sexo; as responsabilidades civil, penal e administrativa concernentes às empresas de engenharia genética; o consentimento livre e esclarecido, necessário a legitimar as mais diversas intervenções e experimentações em seres humanos; e tantos outros assuntos relacionados. Os temas aqui apontados – e apenas a título de exemplo, pois são tantos outros – sempre me trouxeram – e trazem – a imediata relação com o valor do ser humano e o respeito que lhe é devido. A cada indagação efetuada, a cada investigação instigante, é o dado axiológico representado pelo ser humano que deve sustentar as respostas. Esse mesmo respeito ao ser humano traduz o fundamento ético que requer toda norma jurídica própria de um Estado de Direito.

A Constituição de 1988 destaca-o já no seu art. 1º, inc. III, ao estabelecer, como fundamento do Estado Democrático de Direito, a dignidade da pessoa humana. Logo, a interpretação e as respostas a todas essas questões científicas – e tantas outras que ainda surgiram e surgirão – devem ser levadas a efeito a partir de uma perspectiva integral do ser humano; é tarefa a realizar a partir da dignidade da pessoa humana, entendida como elemento fundante do Estado Democrático de Direito.

Tendo em vista a supremacia constitucional sobre todas as demais normas jurídicas, impõe-se ressaltar que todo o tecido normativo constitucional, no mesmo plano hierárquico, e infraconstitucional, deve conformar-se e condicionar-se aos ditames da Constituição,[9] cujos princípios constituem o suporte axiológico a harmonizar todo o sistema. Esse suporte axiológico, por evidente, aponta também para normas disciplinadoras da biotecnologia, possibilitando indagar "a que" e "a quem" ela serve. "Isso tudo para que no corpo do direito não ingresse tão simplesmente um novo estatuto do corpo humano a título de artefatos da mercantilização, objetos de mercancia suscetível de trânsito na arena jurídica".[10]

---

[9] TEPEDINO, Gustavo. Direitos humanos e relações jurídicas privadas. In: TEPEDINO, Gustavo. *Temas de direito civil*. Rio de Janeiro: Renovar, 1999. p. 67.

[10] FACHIN, Luiz Edson. Bioética e tecnologia. In: FACHIN, Luiz Edson. *Elementos críticos do direito de família*. Rio de Janeiro: Renovar, 1999. p. 232.

Limites existem aos avanços da tecnologia biomédica. Se não circunscrita pelas dificuldades da própria inventividade científica, suas restrições podem ser de caráter econômico ou político. Mas o querer social, o conjunto de concepções que animam o grupo social, impõe-lhe também limites de natureza diversa. Assim, as restrições de ordem moral, ética e religiosa que, se por um lado impulsionam a elaboração do jurídico, por outro fazem surgir uma espécie de resistência ao novo.

Nessa perspectiva, sempre refletindo nas minhas pesquisas a orientação que recebi, busquei demonstrar que toda novidade biotecnológica, todo o faticamente possível no mundo científico e tecnológico e que atinja direta ou indiretamente o ser humano, pode impactar valores socialmente estabelecidos. E tudo aquilo que ingressar no ordenamento jurídico poderá (e, numa perspectiva otimista, deverá) ser resultado do aceitável, do legitimado pelo conjunto dos valores sociais.[11]

6 Crítica ao regime de incapacidades

Sempre na seara da proteção à pessoa humana e mediante leitura crítica de todo o distanciamento entre o sujeito abstrato que a lei pretende como tal e a pessoa que vivencia os direitos e os deveres, passei a analisar o regime de incapacidades. Iniciei por identificar a insuficiência do seu conteúdo e a incongruência de se pretender esgotar em previsão legislativa todas as nuances comportamentais das pessoas. Desse modo, passei a analisar a autonomia da vontade que inspirou o regime de incapacidades, e este alicerçado na maior ou menor possibilidade de discernimento. De há muito havia assimilado que o critério para determinar a capacidade de exercer os atos da vida civil se vincula ao perfeito juízo do certo e do errado, do lícito e do ilícito, do bem e do mal:

> Enquanto que a capacidade de direito decorre apenas do nascimento com vida, para as pessoas físicas, e da observância dos requisitos legais de constituição, para a pessoa jurídica, a capacidade de fato depende da capacidade natural de entendimento, inteligência e vontade própria da pessoa natural. E como tais requisitos nem sempre existem, ou existem com diversidade de grau, a lei nega ou limita tal capacidade.[12]

Mas o que me intrigava é que a categorização de incapacidades posta pelo sistema clássico vem ao encontro da noção de pessoa como sujeito de direitos, da qual se esperava, segundo a perspectiva própria da época, conhecimento e vontade suficientes para cumprir sua função de sujeito de relações jurídicas. Bem, essa noção abstrata de pessoa não me convencia e o Professor Fachin havia me ensinado a repensar... Logo, eu já estava convencida de que a ideia de pessoa como conceito superior a todo o direito – e, portanto, cuja proteção deveria constituir sua essência –, no período clássico, viu-se transformada em mero instrumento de direito civil, em apoio ao fortalecimento dos objetos do direito.[13] Era o momento de estudar mais sobre as pessoas. E a pesquisa que desenvolvi em estágio pós-doutoral no Centro de Direito Biomédico da Universidade

---

[11] FACHIN, Luiz Edson. Bioética e tecnologia. In: FACHIN, Luiz Edson. *Elementos críticos do direito de família*. Rio de Janeiro: Renovar, 1999. p. 236.
[12] AMARAL, Francisco. *Direito civil*: introdução. 2. ed. Rio de Janeiro: Renovar, 1998. p. 217.
[13] HATTENHAUER, Hans. *Conceptos fundamentales del derecho civil*. Barcelona: Ariel, 1987. p. 19.

de Coimbra teve esse intuito: analisar, interdisciplinarmente, a saúde mental e as implicações jurídicas de um dos transtornos mais comuns na sociedade contemporânea, o transtorno bipolar de humor.

Na sua denominação mais antiga (psicose maníaco-depressiva), o transtorno bipolar de humor caracteriza-se, em apertado resumo, por expressar

> [...] os dois pólos de humor ou de estados afetivos que se alternam: a depressão e seu "oposto", a hipomania ou a mania, dependendo da gravidade, cujas manifestações são euforia, alegria exagerada, grandiosidade, aceleração e uma sensação de prazer intenso ou um estado altamente irritável e agressivo. Várias outras áreas são afetadas nestes estados alterados de humor, como sono, apetite, atividade motora, atenção e concentração, mas a essência está no estado geral do humor, ou seja, no modo como a pessoa se sente.[14]

Por evidente, todo o organicismo, tecnicismo e neutralismo que pautaram a criação da categoria de pessoa, resvalando num verdadeiro ritualismo epidérmico, sem qualquer desígnio humano sensível, não poderiam alcançar essas alterações de comportamento. Ao descrever a incapacidade de modo abstrato e distante, afastou-se o legislador do sujeito real, aquele que eu já havia estudado há tanto tempo e ainda venho estudando, e "que corresponde à pessoa verdadeiramente humana, vista sob o prisma de sua própria natureza e dignidade, a pessoa gente".[15]

Descobri que muitas pessoas famosas apresentaram bipolaridade em algum grau, e é compreensível que, pelo estigma que o transtorno ainda carrega na sociedade, evitaram divulgar seus sintomas ou tratamentos. Na literatura: Agatha Christie, Virginia Woolf, Ernest Hemingway, Edgar Allan Poe, Graham Greene, Hans Christian Andersen; na poesia: T. S. Eliot, Walt Whitman; na música: Tchaikowski e Mozart; no cinema: Robin Williams, Jim Carrey e Elizabeth Taylor; na pintura: Paul Gauguin e Vincent van Gogh; na filosofia: Platão, na física: Isaac Newton; na política: Winston Churchill, Abraham Lincoln e Ulisses Guimarães.[16] Mas há, também, os anônimos e sem condições de tratamento eficaz (ao menos no Brasil). Nesse sentido, os profissionais bipolares, os pais/mães de família bipolares, os filhos/filhas bipolares, os companheiros/companheiras bipolares, que escondem o que sentem o quanto podem, para não serem ridicularizados ou estigmatizados.

Pessoas impulsivas e audaciosas, criativas e inteligentes, são perfeitamente aceitáveis na sociedade contemporânea. E se forem altamente produtivas, tanto melhor. Porém, esse excesso que chega a ser contagiante, muitas vezes, pode desencadear comportamentos totalmente inesperados e inadequados ao próprio meio social que tanto acolheu aquele exagero anterior. Por isso, concluí que o transtorno bipolar não é somente uma questão individual: é social, a merecer atenção e cuidado da mesma sociedade que, de certa forma e, em certa medida, propicia o excesso e, ao mesmo tempo, o critica e, por

---

[14] LARA, Diogo. *Temperamento forte e bipolaridade*: dominando os altos e baixos do humor. 2. ed. Porto Alegre: Diogo Lara, 2004. p. 26.

[15] MEIRELLES, Jussara Maria Leal de. O ser e o ter na codificação civil brasileira: do sujeito virtual à clausura patrimonial. In: FACHIN, Luiz Edson (Coord.). *Repensando fundamentos do direito civil brasileiro contemporâneo*. Rio de Janeiro: Renovar, 1998. p. 91.

[16] LARA, Diogo. *Temperamento forte e bipolaridade*: dominando os altos e baixos do humor. 2. ed. Porto Alegre: Diogo Lara, 2004. p. 132.

vezes, até o condena. Ao se reconhecer a bipolaridade como questão social passa-se, da categorização distante, à solidariedade que aproxima, constrói, cuida. Mas o cuidado não significar infantilizar o outro; é reconhecer-se solidário e igual. Após muita leitura e reflexão, não tenho dúvidas de que cuidar é uma forma responsável de se relacionar. Por isso, propus fosse repensado o regime de incapacidades previsto no Código Civil brasileiro.[17]

7 Pessoa com deficiência

A Convenção sobre os Direitos da Pessoa com Deficiência (e seu protocolo facultativo) foi assinada em Nova York (EUA), em 30.3.2007 e ingressou no ordenamento jurídico brasileiro com *status* de norma constitucional. Aprovada, no Brasil, mediante o Decreto Legislativo nº 186, de 9.7.2008, seguiu o procedimento do §3º do art. 5º da Constituição Federal e foi promulgada pelo Decreto nº 6.949, de 25.8.2009. Muito a estudar. Mais ainda a repensar. Sempre lembrando as sábias ponderações do sempre Professor Fachin: "limites e possibilidades...".

Seguiu-se à Convenção a Lei nº 13.146, de 6.7.2015, denominada "Lei Brasileira de Inclusão da Pessoa com Deficiência (Estatuto da Pessoa com Deficiência)", e esta, ao prever a plena inclusão civil de pessoas que eram tidas como absoluta e relativamente incapazes no sistema anterior, trouxe inúmeros questionamentos sobre a compreensão e a abrangência da inclusão almejada.

Com base na Convenção, a Lei Brasileira de Inclusão, no art. 2º, define:

> pessoa com deficiência aquela que tem impedimento de longo prazo de natureza física, mental, intelectual ou sensorial, o qual, em interação com uma ou mais barreiras, pode obstruir sua participação plena e efetiva na sociedade em igualdade de condições com as demais pessoas.

Por isso, suas disposições destinam-se "a assegurar e a promover, em condições de igualdade, o exercício dos direitos e das liberdades fundamentais por pessoa com deficiência, visando à sua inclusão social e cidadania" (art. 1º).

Reconheci, desde logo, a louvável finalidade inclusiva da nova lei, mas entendo bastante recomendável uma interpretação cautelosa, calcada na isonomia material, de modo a se atingir o necessário amparo jurídico pretendido, sem se confundir o que merece distinção. Assim, comecei por fazer algumas indagações. Qual a razão de ser o regime de incapacidades fundado na proteção? Em outras palavras, por que algumas pessoas precisam ser protegidas por outras? E questiona-se, ainda, no mesmo sentido: tais pessoas precisam, realmente, ser protegidas? Até que ponto, em que medida e quando precisam dessa proteção? E estarão de fato e de direito protegidas? De quê? Para quê? Contra o quê?

E principalmente no que diz respeito à deficiência mental/intelectual, no entanto, observei a necessidade de se fazer outra ordem de considerações posto que, para a

---

[17] MEIRELLES, Jussara Maria Leal de. O transtorno bipolar de humor e o ambiente socioeconômico que o propicia: uma leitura do regime de incapacidades. In: FACHIN, Luiz Edson; TEPEDINO, Gustavo (Org.). *Diálogos sobre direito civil*. Rio de Janeiro: Renovar, 2008. v. II. p. 599-617.

psiquiatria, costumam ser entendidas como sinônimos, e o que importa é o grau da deficiência, que pode ser leve, moderada, grave ou profunda. Desse modo, concluí que, partindo da premissa de que impedimentos de natureza mental/intelectual podem variar no tocante à sua gravidade, parece adequada a proposta da Lei de Inclusão, pautada na Convenção que a antecedeu, no sentido de reconhecer que pessoas que apresentem alguma deficiência mental/intelectual possam, mesmo assim, preservar o discernimento para alguns atos da vida civil. Se o impedimento mental/intelectual for de pouca gravidade e não comprometer o discernimento (e isso deverá ser visto em cada caso), não há razão para a deficiência em si ser critério único a, desde logo, caracterizar incapacidade.[18] Para chegar a tal conclusão, lembrei que, antes mesmo da Lei nº 13.146/2015 já se afirmava que "o excesso de proteção por parte do ordenamento jurídico para com o incapaz pode redundar na verdadeira supressão da subjetividade deste, na medida em que decisões sobre o desenvolvimento de sua própria personalidade fiquem a cargo de terceiros".[19]

Mas há que se pensar, também, nos casos graves, porquanto "oferecer a autonomia privada a quem não pode exercê-la com sentido não é prestar um tributo à sua liberdade, mas antes deixar os seus legítimos interesses à mercê dos titulares dos interesses contrários".[20]

8 Considerações finais

Desde as primeiras incertezas das relações parentais diante dos métodos e técnicas de reprodução humana assistida, passando pelas inquietudes da dissertação e profundas angústias da tese, o estágio pós-doutoral, as orientações dos meus próprios mestrandos e doutorandos, os debates, as palestras, os estudos atuais, toda esperança diante de cada desafio acadêmico teve e terá sempre o traço do hoje fraterno amigo Fachin.

Descobri que repensar as pessoas é meu foco de estudo. É o que me atrai, o que me move a procurar desvendar o que a legislação quer dizer e não diz; e o que a sociedade parece querer. E hoje estou muito convicta de que tudo o que já parecia sedimentado sempre merecerá um novo estudo e que compreender os novos horizontes faz parte dos avanços e retrocessos que emergem da vida social.

E, para terminar este artigo, que de novidade apenas estampa meu mais profundo reconhecimento e pretende traduzir, de forma singela e resumida, a influência que o apoio, a amizade e a orientação do Professor Fachin exerceram na minha trajetória acadêmica, faço minhas as palavras que ele mesmo usou, no prefácio do meu primeiro livro, e lá se vão vinte anos:[21] "embalados nessa direção poderemos, quiçá, em algum

---

[18] MEIRELLES, Jussara Maria Leal de. Diretivas antecipadas de vontade por pessoa com deficiência. In: MENEZES, Joyceane Bezerra de (Org.). *Direito das pessoas com deficiência psíquica e intelectual nas relações privadas*: Convenção sobre os Direitos da Pessoa com Deficiência e Lei Brasileira de Inclusão. Rio de Janeiro: Processo, 2016. p. 713-731.

[19] RODRIGUES, Rafael Garcia. A pessoa e o ser humano no Código Civil. In: TEPEDINO, Gustavo (Org.). *A parte geral do novo Código Civil*. Rio de Janeiro: Renovar, 2002. p. 26.

[20] RIBEIRO, Joaquim de Sousa. *O problema do contrato*. As cláusulas contratuais gerais e o princípio da liberdade contratual. Coimbra: Almedina, 1999. p. 41.

[21] FACHIN, Luiz Edson. Prefácio. In: MEIRELLES, Jussara Maria Leal de. *Gestação por outrem e determinação da maternidade*. Curitiba: Genesis, 1998. p. 16.

futuro e de algum lugar, entender até mesmo o que já proclamara SHAKESPEARE quando iluminou algumas sendas afirmando que 'somos feitos da mesma matéria que compõe os sonhos'". Muito obrigada, Professor Fachin!

Referências

AMARAL, Francisco. *Direito civil*: introdução. 2. ed. Rio de Janeiro: Renovar, 1998.

FACHIN, Luiz Edson. A cidade nuclear e o direito periférico (reflexões sobre a propriedade urbana). *Revista dos Tribunais*, São Paulo, n. 723, p. 108, jan. 1996.

FACHIN, Luiz Edson. Bioética e tecnologia. In: FACHIN, Luiz Edson. *Elementos críticos do direito de família*. Rio de Janeiro: Renovar, 1999.

FACHIN, Luiz Edson. *Elementos críticos do direito de família*. Rio de Janeiro: Renovar, 1999.

FACHIN, Luiz Edson. *Estabelecimento da filiação e paternidade presumida*. Porto Alegre: Sergio Antonio Fabris, 1992.

FACHIN, Luiz Edson. *Negócio jurídico e ato jurídico em sentido estrito*: diferenças e semelhanças sob uma tipificação exemplificativa no direito civil brasileiro. Dissertação (Mestrado em Direito) – Pontifícia Universidade Católica de São Paulo, São Paulo, 1986.

FACHIN, Luiz Edson. O direito civil exilado. *Revista de Estudos Jurídicos*, Curitiba, v. 3, n. 1, p. 115-116, ago. 1996.

FACHIN, Luiz Edson. Prefácio. In: MEIRELLES, Jussara Maria Leal de. *Gestação por outrem e determinação da maternidade*. Curitiba: Genesis, 1998.

HATTENHAUER, Hans. *Conceptos fundamentales del derecho civil*. Barcelona: Ariel, 1987.

LARA, Diogo. *Temperamento forte e bipolaridade*: dominando os altos e baixos do humor. 2. ed. Porto Alegre: Diogo Lara, 2004.

MEIRELLES, Jussara Maria Leal de. *A vida humana embrionária e sua proteção jurídica*. Rio de Janeiro: Renovar, 2000.

MEIRELLES, Jussara Maria Leal de. Diretivas antecipadas de vontade por pessoa com deficiência. In: MENEZES, Joyceane Bezerra de (Org.). *Direito das pessoas com deficiência psíquica e intelectual nas relações privadas*: Convenção sobre os Direitos da Pessoa com Deficiência e Lei Brasileira de Inclusão. Rio de Janeiro: Processo, 2016.

MEIRELLES, Jussara Maria Leal de. *Gestação por outrem e determinação da maternidade*. Curitiba: Genesis, 1998.

MEIRELLES, Jussara Maria Leal de. O ser e o ter na codificação civil brasileira: do sujeito virtual à clausura patrimonial. In: FACHIN, Luiz Edson (Coord.). *Repensando fundamentos do direito civil brasileiro contemporâneo*. Rio de Janeiro: Renovar, 1998.

MEIRELLES, Jussara Maria Leal de. O transtorno bipolar de humor e o ambiente socioeconômico que o propicia: uma leitura do regime de incapacidades. In: FACHIN, Luiz Edson; TEPEDINO, Gustavo (Org.). *Diálogos sobre direito civil*. Rio de Janeiro: Renovar, 2008. v. II.

RIBEIRO, Joaquim de Sousa. *O problema do contrato*. As cláusulas contratuais gerais e o princípio da liberdade contratual. Coimbra: Almedina, 1999.

RODRIGUES, Rafael Garcia. A pessoa e o ser humano no Código Civil. In: TEPEDINO, Gustavo (Org.). *A parte geral do novo Código Civil*. Rio de Janeiro: Renovar, 2002.

TEPEDINO, Gustavo. Direitos humanos e relações jurídicas privadas. In: TEPEDINO, Gustavo. *Temas de direito civil*. Rio de Janeiro: Renovar, 1999.

Informação bibliográfica deste texto, conforme a NBR 6023:2002 da Associação Brasileira de Normas Técnicas (ABNT):

MEIRELLES, Jussara Maria Leal de. Repensando sobre as pessoas e o estatuto jurídico do ser. In: EHRHARDT JÚNIOR, Marcos; CORTIANO JUNIOR, Eroulths (Coord.). *Transformações no Direito Privado nos 30 anos da Constituição*: estudos em homenagem a Luiz Edson Fachin. Belo Horizonte: Fórum, 2019. p. 75-86. ISBN 978-85-450-0562-9.

ESTATUTO JURÍDICO DO NASCITURO: A NECESSIDADE DE CONSTRUÇÃO DO CONCEITO JURÍDICO DE CONCEPÇÃO EM FACE DOS EMBRIÕES *IN VITRO*

PATRICIA FERREIRA ROCHA

RODOLFO PAMPLONA FILHO

1 Introdução

Desde o final da década de 1970, com o nascimento de Louise Brown, a procriação humana deixou de ter relação necessária com o exercício da sexualidade. Os avanços na área de biotecnologia permitiram contornar problemas com a infertilidade, possibilitando a transmissão da carga genética dos pais para seu filho a partir da manipulação laboratorial das células germinativas daqueles e, de outro norte, suplantar a esterilidade mediante o auxílio ao material fecundante de um doador anônimo.

Esta revolução na reprodução humana acabou por produzir implicações sérias nas ciências humanas e sociais, em que pese o direito, como ciência social, não estar conseguindo acompanhá-la na mesma velocidade. Reflexo desta constatação é que a legislação brasileira não conceitua, não regulamenta e tampouco oferece soluções quanto aos efeitos da reprodução humana assistida, tratando-a apenas superficialmente no Código Civil no que diz respeito ao aspecto da parentalidade conjugal presumida.

Acontece que a reprodução humana assistida exige, claramente, uma reformulação na compreensão e na interpretação de várias categorias do direito civil brasileiro, em razão da modificação dos paradigmas que há muito norteiam esse ramo do saber jurídico, porquanto a dinâmica da ciência relativizou os conceitos já consolidados no mundo jurídico, especialmente, para os fins deste artigo, nas implicações que a submissão a tais técnicas, quando realizadas extracorporeamente, acarretam quanto à delimitação do termo inicial da proteção jurídica do ser humano, em que pese o assunto possa trazer a lume outras tantas questões jurídicas complexas.

Com o escopo de se chegar ao resultado esperado, que reflita a temática abordada, a metodologia adotada será, quanto à natureza, básica, pois objetiva gerar conhecimentos novos e úteis para o avanço da ciência jurídica a respeito da delimitação do momento da concepção na reprodução humana assistida *in vitro*. Quanto à abordagem do problema, será qualitativa, já que preocupada com aspectos da realidade que não podem ser quantificados. Com relação ao procedimento técnico, a pesquisa será bibliográfica, utilizando livros e artigos jurídicos publicados em meios convencionais e eletrônicos, além dos dispositivos legais em vigor sobre a matéria. Por fim, quanto ao método de abordagem, a pesquisa será dialética, tendo em vista que o mundo é um conjunto de processos em que as coisas, que não existem isoladas, mas são parte de um todo que se condiciona reciprocamente e mudam ininterruptamente. Nesse sentido, os avanços científicos acerca da procriação artificial trouxeram mudanças significativas na percepção sobre a concepção humana, o que acaba por gerar reflexos em diversos ramos do direito, sendo dada ênfase ao reflexo desta na definição do conceito de nascituro.

2 O nascituro perante a ordem jurídica

O direito existe como razão de regular e ordenar a vida do homem em sociedade e, sendo esta constituída de pessoas, seu estudo deve ser iniciado pelo conhecimento e compreensão do seu sentido e alcance. Não importa o seu conceito vulgar, que designa a pessoa como todo ser humano, mas seu conceito jurídico, de atributo conferido pelo direito que a faz capaz de adquirir e transmitir direitos e deveres jurídicos.

A pessoa, destinatária final de toda norma jurídica, é um conceito cultural e histórico que o direito traz para o seu âmbito, razão pela qual Luiz Edson Fachin afirma que "a pessoa não precede ao conceito jurídico de si próprio, ou seja, só é pessoa quem o Direito define como tal",[1] possuindo, pois, uma perspectiva condicionante, sobre a qual importa reconhecer um dinamismo em razão da necessidade de eterno diálogo com o meio social, seu tempo e seu espaço.[2]

Advertem Cristiano Chaves de Farias e Nelson Rosenvald que "pela própria complexidade da natureza humana, afigura-se importante indicar o início da qualidade de pessoa",[3] determinando o Código Civil brasileiro que esta passa a existir quando o ser humano nasce com vida, sendo este o marco inicial da sua personalidade jurídica, entretanto, logo a seguir, o mesmo dispositivo afirma que os direitos do nascituro serão postos a salvo.[4]

O nascimento é caracterizado pela separação do feto do ventre de sua mãe, momento a partir do qual se afirma a existência de um novo ser, constituindo mãe e filho dois corpos com vida própria.[5] Segundo Chinelato e Almeida, a Organização Mundial de Saúde (OMS) considera nascido vivo todo produto da concepção expulso ou extraído completamente do ventre materno, em qualquer fase da gestação, o qual,

---

[1] FACHIN, Luiz Edson. *Teoria crítica do direito civil*. Rio de Janeiro: Renovar, 2003. p. 89.
[2] FACHIN, Luiz Edson. *Teoria crítica do direito civil*. Rio de Janeiro: Renovar, 2003. p. 26.
[3] FARIAS, Cristiano Chaves de; ROSENVALD, Nelson. *Curso de direito civil*: parte geral. São Paulo: Atlas, 2015. v. 1. p. 259.
[4] "Art. 2º A personalidade civil da pessoa começa do nascimento com vida; mas a lei põe a salvo, desde a concepção, os direitos do nascituro" (BRASIL. *Código Civil Brasileiro de 2002*. Disponível em: <http://www.planalto.gov.br/ccivil_03/leis/2002/L10406.htm>. Acesso em: 30 maio 2018).
[5] GONÇALVES, Carlos Roberto. *Direito civil brasileiro* – Parte geral. 10. ed. São Paulo: Saraiva, 2012. v. 1. p. 101.

depois de separado, manifesta todos os sinais vitais (respiração, pulsação, circulação), não importando que tenha sido ou não cortado o cordão umbilical e esteja ou não completamente separado da placenta.[6]

Na esteira desse entendimento, o ordenamento pátrio considera suficiente para o reconhecimento jurídico da pessoa o mais leve indício de vida, ainda que seguido de morte, sem condicionar a aquisição de direitos à ausência de anomalias, deformidades ou à viabilidade da vida,[7] não havendo dificuldades em precisar tal momento. Esclarecem Pablo Stolze e Rodolfo Pamplona Filho que "no instante em que principia o funcionamento do aparelho cardiorrespiratório, clinicamente aferível pelo exame de docimasia hidrostática de Galeno, o recém-nascido adquire personalidade jurídica",[8] sendo considerado nascido vivo. O nascimento com vida é, portanto, um marco inequívoco do ingresso da pessoa no estado de direito.[9]

Sui generis, no entanto, é a condição do nascituro, que, segundo Carneiro Filho, trata-se de uma vida incipiente, organicamente ordenada ao desenvolvimento de uma pessoa humana.[10] O conceito de nascituro compreende o ser já concebido, mas ainda não nascido. Destaca Luiz Edson Fachin que "na condição de nascituros, com seus direitos protegidos, o sistema jurídico vai aonde quer que o sujeito se encontre, mesmo que seja dentro do ventre materno".[11] Assim, "o Direito se preocupa com aqueles cuja personificação ainda não se deu",[12] tendo em vista que a proteção dos direitos antecede o nascimento.

Aleta, contudo, Carneiro Filho:

> a semântica de nascituro, conquanto todo o empenho em demarcar as propriedades da palavra, possui uma vagueza potencial que dá abertura à visualização de casos fronteiriços nos quais paira uma incerteza sobre a sua aplicação. Isso ocorre por referir-se o termo à etapa pré-natal do ser humano, a qual vai desde a concepção (instante de problemática fixação), passando pela fase da gravidez, até o nascimento exclusive.[13]

O art. 2º do Código Civil brasileiro declara a garantia de direitos ao ente jurídico nascituro desde a sua concepção, repetindo, em linhas gerais, a redação do Código Civil de 1916, tendo apenas substituído o termo *homem* por *pessoa*, o que, ante a imprecisão conceitual do dispositivo, acarreta grande discussão doutrinária acerca da atribuição ou não da qualidade de pessoa àquele, mérito que aqui não iremos enfrentar.

Acontece que a discussão sobre o *status* do nascituro ganha novos contornos com o desenvolvimento das técnicas de reprodução humana assistida, mostrando-se necessária uma delimitação da situação jurídica do embrião pré-implantatório, posto

---

[6] ALMEIDA, Silmara J. A. Chinelato e. *Tutela civil do nascituro*. São Paulo: Saraiva, 2010. p. 196.
[7] MACHADO, Maria Helena. *Reprodução humana assistida*: aspectos éticos e jurídicos. Curitiba: Juruá, 2012. p. 74.
[8] GAGLIANO, Pablo Stolze; PAMPLONA FILHO, Rodolfo. *Novo curso de direito civil* – Parte geral. 4. ed. São Paulo: Saraiva, 2016. v. 1. p. 135.
[9] FACHIN, Luiz Edson. *Teoria crítica do direito civil*. Rio de Janeiro: Renovar, 2003. p. 130.
[10] CARNEIRO FILHO, Humberto João. *De persona a pessoa*: o reconhecimento da dignidade do nascituro perante a ordem jurídica brasileira. Recife: Ed. Universitária da UFPE, 2013. p. 20.
[11] FACHIN, Luiz Edson. *Teoria crítica do direito civil*. Rio de Janeiro: Renovar, 2003. p. 43.
[12] FACHIN, Luiz Edson. *Teoria crítica do direito civil*. Rio de Janeiro: Renovar, 2003. p. 61.
[13] CARNEIRO FILHO, Humberto João. *De persona a pessoa*: o reconhecimento da dignidade do nascituro perante a ordem jurídica brasileira. Recife: Ed. Universitária da UFPE, 2013. p. 41.

que, como adverte Luiz Edson Fachin "A composição jurídica das categorias convive mal com indefinições. E são imprecisões tudo aquilo que escapa àquela definição de antemão estabelecida. A hipótese do nascituro põe às claras os limites desse sistema conceitual e abstrato".[14]

Cabe destacar que o Código Civil em vigor é fruto de um projeto de lei apresentado no ano de 1975, época em que as discussões jurídicas no Brasil sobre a reprodução humana assistida ainda eram incipientes. Durante sua tramitação foi incluída a menção expressa às técnicas de procriação assistida quanto ao aspecto da presunção de parentalidade conjugal, por meio de emenda no Senado Federal no ano de 1984. O vago tratamento da matéria foi proposital e justificado pela necessidade de sua regulamentação em lei especial diante de sua especificidade, que transcenderia o campo de atuação do direito civil. Acontece que, ainda que tenha sido opção do legislador não tratar de temas suficientemente amadurecidos e que a edição de eventual legislação própria não tivesse como esgotar o tratamento de temática tão complexa, até mesmo porque os avanços médico-científicos são incessantes, é reconhecida a premente necessidade do estabelecimento de parâmetro jurídico sobre temática tão polêmica. Nesse sentido e acerca do embrião *in vitro*, Stela M. de Almeida Neves Barbas, citada por Luiz Edson Fachin, afirma:

> O direito tem de disciplinar o que acontece, mas não pode ficar indiferente ao que pode acontecer. O legislador e a doutrina sabem que não se trata de mera hipótese do domínio da ficção. Aquela nova forma de vida é um dado científico e como tal deve ser considerado.[15]

3 Os reflexos da reprodução humana assistida na delimitação da figura do nascituro

A reprodução humana assistida consiste num conjunto de procedimentos médico-científicos que visam unir as células sexuais, a partir da sua manipulação laboratorial, substituindo ou facilitando alguma etapa imperfeita ao longo do processo reprodutivo. É uma consequência imediata da intervenção biomédica com vistas a contornar os problemas relacionados à infertilidade e esterilidade humana, ou, ainda, à transmissão de doenças hereditárias ou infectocontagiosas, a partir da manipulação dos gametas sexuais ou do fruto de sua fusão, o embrião, seja intra ou extracorporeamente, a fim de que se satisfaça o desejo de alcançar a maternidade ou a paternidade.

Maria Helena Diniz conceitua a reprodução humana assistida como o "conjunto de técnicas de operações para unir, artificialmente, os gametas feminino e masculino".[16] Fala-se em procriação "artificial" quando a geração de filhos não se efetiva "naturalmente", sendo necessária a substituição do caminho da relação sexual por métodos cirúrgicos, hormonais e biológicos. Alguns autores criticam a utilização da qualificação "artificial" em relação à reprodução humana, no sentido de que esta não se efetivará por meio de métodos puramente artificiais. Nesse sentido, Guilherme de Oliveira aduz:

---

[14] FACHIN, Luiz Edson. *Teoria crítica do direito civil*. Rio de Janeiro: Renovar, 2003. p. 43.
[15] FACHIN, Luiz Edson. *Teoria crítica do direito civil*. Rio de Janeiro: Renovar, 2003. p. 34.
[16] DINIZ, Maria Helena. *O estado atual do biodireito*. 9. ed. rev., aum. e atual. de acordo com o Código de Ética Médica. São Paulo: Saraiva, 2014. p. 679.

os momentos biológicos essenciais do processo reprodutivo permanecem tão naturais como sempre – não há uma fusão de gametas "artificial" nem uma gestação "artificial". E nunca se viu um embrião "artificial", um feto ou um filho que não fossem absolutamente naturais. Mesmo na fertilização *in vitro* o que se dá é uma transferência do processo natural de um sítio para o outro.[17]

As técnicas de reprodução assistida, portanto, são baseadas na fertilização e não na substituição da reprodução sexual, pois, não obstante a ausência de conjunção carnal, há a combinação das células sexuais femininas e masculinas. Logo, o uso do termo somente se justifica em relação ao meio de se obter a fecundação do óvulo pelo espermatozoide, uma vez que todo o seu sucessivo desenvolvimento transcorre naturalmente.

Levando em consideração o local onde ocorre a fecundação das células sexuais, as técnicas de reprodução humana assistida classificam-se em dois grupos. Sob um primeiro ângulo, a fecundação pode se dar *in vivo*, quando a junção das células sexuais acontece dentro do próprio corpo feminino. Neste caso, o gameta (masculino, em se tratando de inseminação artificial, ou do feminino e masculino, em se tratando de maternidade por substituição) é introduzido no corpo da mulher que irá gestar a criança, aguardando-se que os processos naturais concretizem a fecundação, não havendo nenhum tipo de manipulação externa do óvulo (célula sexual feminina) ou embrião (estrutura originária de fertilização de um óvulo por um espermatozoide), podendo não ocorrer a fusão do material genético.

De outro norte, a fecundação é denominada *in vitro* quando a manipulação dos gametas ocorrer fora do organismo feminino, na qual o óvulo e o espermatozoide são unidos numa placa de cultura ou tubo de ensaio, motivo pelo qual as crianças geradas a partir dessa técnica são chamadas "bebês de proveta". Nesse procedimento, portanto, a fecundação e a formação do ovo se dão extracorporeamente, havendo monitoramento de seu desenvolvimento para que somente venham a ser transferidos ao útero da mulher os embriões quando já iniciada a sua reprodução celular.[18]

Tratando-se de fecundação *in vitro*, em que a manipulação dos gametas humanos se dá externamente ao corpo da mulher, é inevitável, pois, o questionamento acerca da necessidade ou não da implantação do embrião no útero materno para a aquisição da condição de nascituro, ou seja, de pessoa por nascer.[19] A polêmica questão da delimitação do conceito de nascituro foi, de forma precisa, resumida por Maria Berenice Dias da seguinte forma:

> Há quem sustente que a lei, ao falar em "pessoa já concebida", não distingue o *locus* da concepção e não impõe que esteja implantado, exigindo apenas e tão somente a concepção. No entanto, outros afirmam que não há como deixar de reconhecer que a concepção a ser protegida é quando o embrião já se encontra implantado no aparelho reprodutor da mãe. Somente a partir desse instante passam a ser resguardados seus direitos potenciais do nascituro. Afinal, nascituro significa "o que há de nascer". Antes da implantação o embrião

---

[17] OLIVEIRA, Guilherme Freire Falcão de. Legislar sobre procriação assistida. *Revista de legislação e jurisprudência*, Coimbra, n. 3.840/2, 1994. p. 74.
[18] PISETTA, Francieli. *Reprodução assistida homóloga post mortem*: aspectos jurídicos sobre a filiação e o direito sucessório. Rio de Janeiro: Lumen Juris, 2014. p. 31.
[19] DIAS, Maria Berenice. *Manual das sucessões*. 4. ed. São Paulo: Revista dos Tribunais, 2015. p. 130.

excedentário não tem qualquer possibilidade de nascer, não sendo razoável considerá-lo como nascituro antes da transferência para o útero.[20]

Um primeiro critério do conceito jurídico de nascituro leva em conta o seu sentido mais tradicional, ou seja, o momento da implantação do embrião no útero de uma mulher, pois esse seria um estágio crítico ao seu desenvolvimento. A nidação, momento em que o embrião se fixa à mucosa uterina, traça o início da gravidez, constituindo um marco indispensável relativamente à possibilidade de o embrião continuar a evoluir,[21] já que é do endométrio que começará a receber os nutrientes necessários à sua evolução e crescimento. Enquanto continua *in vitro*, o embrião não tem possibilidade alguma de se desenvolver até atingir sua autonomia, pois se encontra com a vida em suspenso, uma vez que sua atividade metabólica foi interrompida pelo congelamento.

A sempre atual lição de Pontes de Miranda ensina que "nascituro é o concebido ao tempo em que se apura a existência intrauterina de quem pode nascer com vida".[22] Essa possibilidade de nascer com vida revela-se mais concreta em relação ao embrião implantado, na medida em que basta aguardar o período de gravidez para sua materialização, ao passo que, em relação ao embrião *in vitro*, o nascimento encontra-se sujeito, entre outros fatores, à vontade de algum interessado no desenvolvimento do novo ser, podendo este permanecer indefinidamente apenas como uma potencialidade. Sobre este aspecto Lincoln Frias leciona:

> Os embriões surgidos da reprodução natural (supondo que tenham o potencial para se desenvolver e que sejam dadas as condições uterinas adequadas) se desenvolverão, a não ser que alguém interfira no processo. Os embriões em laboratório estão em uma situação inversa aos embriões no útero: o embrião no útero se desenvolverá, a menos que haja interferência externa em seu desenvolvimento; o embrião no laboratório não se desenvolverá, a menos que haja interferência externa em seu desenvolvimento. Isso mostra que o potencial do embrião *in vitro* é diferente do potencial do embrião *in vivo* porque o primeiro precisa da ação de alguém para realizar seu potencial.[23]

Ainda na mesma linha de pensamento, aduz Paulo Lôbo que "nascituros são os seres humanos que se desenvolvem no ventre feminino. Sua existência, para os fins do direito civil, tem início com a implantação uterina efetiva, por meios naturais ou artificiais, e se encerra quando nasce com vida ou morto". Complementa o mencionado autor enfatizando que o CCB/2002 faz distinção entre concepção e fecundação ou inseminação, motivo pelo qual, enquanto não ocorrer a nidação, o embrião fecundado *in vitro* não poderá ser considerado legalmente concebido:

> Assim é porque embriões que o Código Civil considera excedentários, ainda que tenham sido fecundados *in vitro* antes da morte do *de cujus*, podem jamais ser transferidos para o útero da mulher, ou ser transferidos sem haver gravidez, ou ser considerados inviáveis, ou haver divergência quanto a sua utilização devido a separação ou divórcio do casal.[24]

---

[20] DIAS, Maria Berenice. *Manual das sucessões*. 4. ed. São Paulo: Revista dos Tribunais, 2015. p. 397.
[21] FÉO, Christina. *Um estatuto para o embrião humano*. Jundiaí: Paco, 2010. p. 43.
[22] MIRANDA, Francisco Cavalcanti Pontes. *Tratado de direito privado*. Rio de Janeiro: Borsoi, 1973. t. LVIII. p. 11.
[23] FRIAS, Lincoln. *A ética no uso e da seleção de embriões*. Florianópolis: Ed. da UFSC, 2012. p. 78-79.
[24] LÔBO, Paulo. *Direito civil*: sucessões. 3. ed. São Paulo: Saraiva, 2016. p. 111.

A nidação proporcionaria, portanto, uma perspectiva ao desenvolvimento do ser humano, sem a qual o embrião não poderá vir a nascer e ter existência autônoma. Sobre o tema, discorrem Carlos Lothar Hoch e Karin Wondracek:

> É extremamente alta a quantidade de óvulos fecundados que não chegam a se alojar no útero. Estimativas variam entre 40% a 70% de zigotos que se perdem no trajeto. A nidação, pois, encerra um processo de rigorosa seleção. Caso todos esses óvulos fecundados, normalmente abortados sem tomada de conhecimento por parte da mulher, devessem ser considerados seres humanos em sentido integral, tratar-se-ia nessa seleção de uma tragédia humana de gigantescas e singulares proporções. Deveria ser deplorado verdadeiro "genocídio natural", com diariamente milhares e milhares de vítimas.[25]

Um segundo critério compreende que a concepção ocorre com a fecundação, na medida em que a união entre óvulo e espermatozoide dá início a uma nova combinação de genes, a um indivíduo que recebeu a carga genética de seus genitores, mas que possui um código genético único capaz de desenvolver-se até tornar-se uma pessoa propriamente dita.[26] Se no momento da fecundação o espermatozoide e o óvulo deixam de existir para formar o zigoto, fazendo com que o que eram duas entidades distintas se transforme em apenas uma com propriedades singulares, a partir desse momento o embrião deveria ser considerado um nascituro. Nesse sentido, Carolina Ferraz ensina:

> O embrião humano não é mais espermatozoide ou óvulo, mas um ser humano completo, tendo em vista que nada mais essencial à sua constituição lhe será acrescentado após a concepção. O novo ser já está formado com toda a gama de informações genéticas/moleculares independentes, operando em unidade, com uma individualidade biológica e identidade humana.[27]

A unicidade genética do embrião é considerada tendo em vista que metade de seus cromossomos foi originada da mãe e a outra metade do pai, fazendo com que ele seja o resultado de uma nova combinação diferente das células de seus pais. Para essa corrente, tenha a fecundação ocorrido dentro do organismo humano ou extracorporeamente, a partir da fusão do material genético dos gametas já teria ocorrido a concepção de um novo ser humano, não havendo que se falar em qualquer distinção do embrião *in vivo* ou *in vitro*. Nascituro, portanto, permaneceria sendo o ser concebido ainda não nascido, sem que faça distinção alguma entre o *locus* da concepção.[28] O termo *nascituro* serviria, então, para designar todas as realidades humanas anteriores ao nascimento, desde o momento da fecundação.

Arrematando o assunto, Cristiane Bauren Vasconcelos afirma que essa suposta crise conceitual é meramente aparente, devendo o termo *nascituro* ser compreendido em

---

[25] HOCH, Lothar Carlos; WONDRACEK, Karin H. K. *Bioética*: avanços e dilemas numa ótica interdisciplinar do início ao crepúsculo da vida. São Leopoldo: Sinodal, 2006. p. 17.
[26] RAMOS, Ana Virginia Gabrich Fonseca Freire. *Vida humana*: da manipulação genética à neoeugenia. Rio de Janeiro: Lumen Juris, 2015. p. 52.
[27] FERRAZ, Carolina Valença. *Biodireito*: a proteção jurídica do embrião in vitro. São Paulo: Verbatim, 2011. p. 21.
[28] HIRONAKA, Giselda Maria Fernandes Novaes. As inovações biotecnológicas e o direito das sucessões. In: TEPEDINO, Gustavo (Org.). *Direito civil contemporâneo*: novos problemas à luz da legalidade constitucional. São Paulo: Atlas, 2008. p. 318.

seu significado atual, ou seja, englobando a hipótese do embrião *in vitro*, ainda que na ocasião da edição do texto legislativo o termo compreendesse apenas o ser concebido *in utero*, por não se visualizar a concepção em outro ambiente. Ensina a autora que "importa tão somente alargar a extensão do conceito, acomodando-o às novas evidências desveladas pela ciência médica".[29] E contra uma possível categorização ou discriminação dos seres humanos em desenvolvimento, anotam Shirley Mitacoré de Souza e Souza Lima:

> Embrião é uma das acepções da palavra *nascituro*. Mas, e se esse *embrião* fosse qualificado? Deixaria ele de ser o que é? Embrião *laboratorial*: eis o adjetivo. Fazendo-se um corte no desenvolvimento do ser concebido exatamente nesta fase, tanto o embrião desenvolvido a partir da concepção em útero materno como o embrião gerado pela concepção em laboratório seriam idênticos em formação e potencialidade, apesar de a "viabilidade" do segundo só existir com a sua implantação no útero. Isso o desqualifica como embrião? Distancia-o da gênese humana? Entendemos que não.[30]

No mesmo sentido, Silmara Juny Chinelatto e Alemida defende não ser "aceitável criar-se a distinção que alguns pretendem fazer, ao confundir 'concepção' com implantação *in vivo* ou *in anima nobile*, negando que o embrião pré-implantatório tenha sido concebido, sem respaldo em lição básica de Genética".[31] Por essa razão, afirma que o conceito de nascituro deve ser amplo para poder abarcar tanto o implantado quanto o embrião pré-implantatório. Assim, para os adeptos dessa corrente, o embrião deve ser considerado nascituro, mesmo se estiver numa proveta, posicionamento com o qual não concordamos.

A existência de distintas visões sobre a situação do embrião na reprodução humana assistida acaba por contribuir para que fique cada vez mais latente a necessidade de uma tutela legal específica em situações que, presentes cada vez mais no nosso cotidiano e carregadas de valor, clamam por norma.[32] Faz-se impreterível e urgente a construção do paradigma no direito sobre o início da vida, ou seja, a definição de um conceito jurídico para a concepção. Deixamos evidente, de antemão, que a adoção por uma ou por outra teoria é uma questão de opção legislativa e deve envolver, além do aspecto científico, critérios éticos, morais, culturais e legais. Por esse motivo, defendemos que a noção jurídica de concepção não deverá ser reduzida a puro fato biológico.

4 A necessidade da construção de um conceito jurídico de concepção em face dos embriões *in vitro*

É inegável que a investigação sobre os critérios que buscam definir o conceito de concepção para o direito, especialmente após a conquista científica que permitiu a geração da vida independentemente do ato sexual, por método científico-laboratorial, apresenta

---

[29] VASCONCELOS, Cristiane Beuren. *A proteção jurídica do ser humano in vitro na era da biotecnologia*. São Paulo: Atlas, 2006. p. 73.

[30] LIMA, Shirley Mitacoré de Souza e Souza. Tratamento jurídico do embrião. *Jus.com.br*, ago. 2005. Disponível em: <https://jus.com.br/artigos/7221/tratamento-juridico-do-embriao>. Acesso em: 21 out. 2016.

[31] ALMEIDA, Silmara J. A. Chinelato e. Estatuto Jurídico do Nascituro: a evolução do direito brasileiro. In: CAMPOS, Diogo Leite de; ALMEIDA, Silmara J. A. Chinelato e (Coord.). *Pessoa humana e direito*. Coimbra: Almedina, 2009. p. 453.

[32] SCALQUETTE, Ana Cláudia S. *Estatuto da reprodução assistida*. São Paulo: Saraiva, 2010. p. 22.

fatores pré-jurídicos, pressupondo conhecimento alheio ao direito e afeto às ciências biológicas. Tal circunstância, todavia, não pode servir como desculpa ou empecilho ao enfrentamento da matéria, já que o direito existe como razão de regular e ordenar a vida do homem em sociedade, sendo imprescindível o estudo e a compreensão da dimensão humana em todos os seus aspectos, a fim de delimitar a esfera de seus direitos e deveres, inclusive aqueles que incidem antes do seu nascimento. Revela-se oportuna, quanto a esse questionamento, a lição de Ana Thereza Meirelles Araújo:

> Muito se discute sobre a real existência de um papel do Direito, através de normas jurídicas, e mesmo, da Bioética, sob a forma de regras morais, na determinação do conceito sobre o início da vida. Entende-se, nesta pesquisa, que à ciência jurídica compete determinar, estritamente, o momento em que ela deve começar a ser protegida, bem como as formas com que esta proteção se dará.[33]

Ressalte-se, assim, que nossa intenção não se trata propriamente de definir o momento do início da vida do ser humano ou de sua individualidade, mas sim em que momento do ciclo vital o sistema jurídico decidirá dar ao ente biológico o *status* de nascituro, assegurando-lhe todos os direitos advindos desta condição, pois a imprecisão quanto ao significado e alcance da expressão *concepção* constante do art. 2º do CCB/2002, a partir do qual o ordenamento reconhece a condição de nascituro ao ser humano, implica uma insegurança jurídica quanto à situação da pessoa em desenvolvimento frente ao arcabouço normativo.

Segundo Francisco Amaral, "a segurança jurídica significa a paz, a ordem, a estabilidade e consiste na certeza de realização do direito".[34] Na esteira desse pensamento, assevera Juliana Fernandes Queiroz que "é necessário que as convenções sejam claras e todos saibam como agir em determinadas situações e, também, como prever o comportamento dos outros",[35] o que não se dá no estado atual do direito brasileiro em relação ao *status* jurídico do embrião extracorpóreo, motivo pelo qual defendemos a construção de um conceito jurídico acerca da concepção humana.

De início, é importante consignar que o marco biológico da concepção, que ocorre com a fusão do espermatozoide ao óvulo, ainda que seja considerado a fronteira de uma nova individualidade genética, pode não corresponder à atribuição, pelo direito, da condição de nascituro ao ente concebido extracorporeamente. É preciso considerar que os gametas sexuais podem vir a não ser fecundados e que os embriões denominados excedentários podem jamais ser transferidos para o útero de uma mulher, para fins de gestação e nascimento. Do mesmo modo, pode ser que o material genético se torne inviável e que, ainda que a transferência ocorra, não haja o desenvolvimento da gravidez. Ou seja, a perspectiva de nascimento do filho gerado a partir de material genético extracorpóreo, seja o espermatozoide, o óvulo ou o embrião, é incerta, contingente e futura, ou, como aduz Henri Atlan, "o embrião não é senão uma pessoa provável".[36]

---

[33] ARAÚJO, Ana Thereza Meirelles. *A proteção do ser humano no direito brasileiro*: embrião, nascituro e pessoa e a condição de sujeito de direito. Rio de Janeiro: Lumen Juris, 2016. p. 131.
[34] AMARAL, Francisco. *Direito civil*: introdução. Rio de Janeiro: Renovar, 2008. p. 18.
[35] QUEIROZ, Juliana Fernandes. *Reprodução assistida post mortem*: aspectos jurídicos de filiação e sucessório. Curitiba: Editora da UFPR, 2015. p. 34-35.
[36] ATLAN, Henri. *A ciência é inumana?* Ensaio sobre a livre necessidade. Tradução de Edgard de Assis Carvalho. São Paulo: Cortez, 2004. p. 85.

Acrescente-se a isso o fato de o embrião só vir a ter perspectivas reais de desenvolvimento depois de sua fixação no útero feminino, momento a partir do qual começará a receber os nutrientes que lhe são necessários para sua evolução e crescimento.[37] Segundo Humberto J. Carneiro Filho, "o ovo humano morre caso não seja implantado ou criopreservado até o 14º dia, pois não consegue evoluir para a fase de gástrula".[38] Dessa forma, para adquirir a qualidade de "nascituro" o embrião careceria da constatação de sua viabilidade, que somente existiria a partir de sua nidação no útero de uma mulher, único ambiente capaz de permitir a sua maturação até se tornar apto à vida extrauterina, pois somente poderá se considerar nascituro o embrião que tenha por fim o nascimento e não a morte.[39]

É preciso, pois, reconhecer a diferença do nível de desenvolvimento entre o nascituro e o embrião *in vitro*, entre a iminência e a eventualidade do nascimento de cada um. A despeito de concordar com o fato de que estar no útero materno não é garantia de pleno desenvolvimento e nascimento com vida do nascituro, pois sua viabilidade não tem marco delimitado cientificamente, estando na dependência de sucessivas transformações no curso do seu desenvolvimento até atingir sua completa autonomia, filiamo-nos a essa teoria por entendermos que ela apresenta mais segurança quanto à sua incidência e seus efeitos. Ainda que se argumente acerca da existência de pesquisas sobre o desenvolvimento de um útero artificial[40] que, em um futuro próximo, poderá recriar todas as condições para o embrião se desenvolver fora do corpo humano, em ambiente artificial, mantemos nosso posicionamento no que diz respeito à necessidade de implantação do embrião para fins de conferir-lhe o *status* de nascituro.

Ademais, ao construir esse conceito jurídico acerca do momento da concepção, é preciso buscar coerência com o ordenamento jurídico e com práticas socialmente aceitas. Neste aspecto, uma questão importante relacionada ao tema diz respeito ao destino dos embriões excedentários quando não há interesse do casal titular do material genético em utilizá-los ou doá-los para outra pessoa ou casal infértil. Como já destacado, durante a fertilização *in vitro* são produzidos embriões em número superior ao limite em que serão implantados, com a finalidade de serem escolhidos aqueles que têm mais chances de se desenvolver e em razão da própria margem de êxito do procedimento, que não oferece garantias quanto ao desenvolvimento de uma gravidez.

Se o *status* de nascituro fosse atribuído ao embrião humano a partir da fecundação, ter-se-ia de garantir a implantação de todos os excedentários e proibir sua destruição, por descarte ou utilização em pesquisas, assim como sua criopreservação por tempo indeterminado. Ocorre que, como assinala Christina Feó,

> não é possível obrigar uma mulher a suportar gravidez não desejada. O Estado não pode garantir "o direito de um embrião à transferência uterina" contra a vontade da mulher,

---

[37] FÉO, Christina. *Um estatuto para o embrião humano*. Jundiaí: Paco, 2010. p. 125.
[38] CARNEIRO FILHO, Humberto João. *De persona a pessoa*: o reconhecimento da dignidade do nascituro perante a ordem jurídica brasileira. Recife: Ed. Universitária da UFPE, 2013. p. 45.
[39] HIRONAKA, Giselda Maria Fernandes Novaes. As inovações biotecnológicas e o direito das sucessões. In: TEPEDINO, Gustavo (Org.). *Direito civil contemporâneo*: novos problemas à luz da legalidade constitucional. São Paulo: Atlas, 2008. p. 318.
[40] BERNARDO, Karla. Útero artificial: o atual desafio científico da reprodução assistida. *Reprodução Assistida*. Disponível em: <http://www.ghente.org/temas/reproducao/utero_artificial_1.htm>.

não podendo, portanto, garantir seu nascimento. O Brasil é exemplo de um Estado onde o livre planejamento familiar é direito constitucional, vedada qualquer forma coercitiva. Seria a autonegação de um Estado estabelecer um direito que ele não pode fazer cumprir. O Estado não deve interferir no direito procriativo do indivíduo.[41]

Dessa forma, não há que se falar em assegurar ao embrião o "direito de prosseguir na sua evolução natural, começando pelo direito de existir, chegando ao direito de nascer e posteriormente aos demais direitos inatos à proteção da vida humana",[42] pois o livre planejamento familiar estabelece que cabe à pessoa ou ao casal decidir sobre sua família, se desejam ou não ter filhos, o momento de tê-los e sua quantidade. Assim, cada pessoa, em sua esfera íntima, tem a faculdade de tomar livremente as decisões a respeito da sua vida reprodutiva, sendo vedado qualquer tipo de controle público ou privado.

Acrescente-se que o reconhecimento de um suposto direito de nascer do embrião configurar-se-ia ainda em afronta à integridade do próprio corpo da mulher, já que esta restaria forçada a aceitar uma gravidez não desejada. Não se olvide que a proteção à integridade corporal é um direito da personalidade, portanto, indisponível e irrenunciável.

A inexistência de um "direito de nascer" conferido ao embrião antes de sua transferência ao útero pode também ser atestada pela permissão à realização do chamado diagnóstico genético pré-implantatório (DGPI), exame que busca impedir a implantação de conceptos portadores de enfermidades graves ou daqueles que não reuniram condições favoráveis para fins de reprodução (ausência de desenvolvimento normal, divisão celular inexpressiva, alteração genética ou cromossômica).[43] Na primeira hipótese, ocorre uma verdadeira seleção genética, impedindo-se a implantação de embriões que possuem condições de se desenvolver, mas que, em razão de transtornos genéticos que podem vir a se manifestar no futuro indivíduo, são impedidos de continuar o seu regular desenvolvimento.

Neste contexto da reprodução humana assistida, há ainda a Lei nº 11.105/2005 (Lei de Biossegurança), que permite a realização de pesquisa científica com os embriões sobressalentes das clínicas de fertilização. Ainda que o embrião humano não possa ser produzido como material disponível para laboratórios, aqueles que não estiverem envolvidos em um projeto parental dos próprios titulares do material genético ou de terceiros e que não forem transferidos ao útero de uma mulher poderão ser destinados à investigação científica. Para a manipulação desses embriões, o art. 5º da mencionada lei estabelece algumas condições:

> que seja realizada exclusivamente para fins de pesquisa e terapia; que as células-tronco embrionárias utilizadas nas pesquisas sejam obtidas de embriões humanos produzidos por fertilização *in vitro*; que as pesquisas sejam feitas em embriões excedentes ou não utilizados no respectivo procedimento de implantação para fins de gestação; que sejam embriões inviáveis; e que em não sendo utilizados para a reprodução humana estivessem congelados há mais de três anos e que haja consentimento de seus genitores.[44]

---

[41] FÉO, Christina. *Um estatuto para o embrião humano*. Jundiaí: Paco, 2010. p. 99.
[42] COSTA, Maria Rosineide da Silva. *A concepção interpretativa de Ronald Dworkin*. Abordagem pré-positivista sobre a tutela jurídica do embrião humano extracorpóreo. Curitiba: Juruá, 2013. p. 121.
[43] ARAÚJO, Ana Thereza Meirelles. *A proteção do ser humano no direito brasileiro*: embrião, nascituro e pessoa e a condição de sujeito de direito. Rio de Janeiro: Lumen Juris, 2016. p. 111.
[44] SALDANHA, Ana Cláudia. *A tutela do embrião humano*. Curitiba: Prismas, 2015. p. 76-77.

Referida lei foi submetida à apreciação de sua constitucionalidade pelo Supremo Tribunal Federal, por meio da ADI nº 3.510/2008, ocasião em que, malgrado o dissenso entre os ministros acerca da condição de ser vivo do embrião pré-implantatório, firmou-se o entendimento de que "a fixação do óvulo fecundado na parede uterina é condição *sine qua non* do seu desenvolvimento ulterior e, como tal, constitui critério de definição do início da vida, concebida como processo ou projeto",[45] ou seja, a Corte entendeu haver necessidade de tratamento diferenciado entre o embrião implantado no útero, denominado nascituro, e o não implantado, a que se designou pré-embrião ou mero concepturo.

Dito de outra forma, o STF se posicionou no sentido de que a vida humana deve ser tutelada de modo variado em cada etapa do seu desenvolvimento biológico, pois os direitos destinados a cada ente (embrião e nascituro) devem ser o reflexo de suas realidades, motivo pelo qual somente a partir da nidação poderá ser atribuído o *status* de nascituro ao embrião. A Primeira Turma do mesmo Tribunal, no julgamento do HC nº 124.306/RJ, em novembro de 2016, foi até mais além, afirmando que "antes da formação do sistema nervoso central e da presença de rudimentos de consciência – o que geralmente se dá após o terceiro mês da gestação – não é possível ainda falar-se em vida em sentido pleno".[46]

A fim de refutar as possíveis críticas acerca da definição de um critério jurídico para a concepção, que não esteja baseado exclusivamente em parâmetros biológicos, basta lembrar que o direito e a medicina determinam o momento do óbito e da extinção da pessoa como aquele da paralisação da atividade cerebral, conforme definido explicitamente na Lei nº 9.434/1997, que regulamenta a remoção de órgãos, tecidos e partes do corpo humano para fins de transplante e tratamento.[47]

É preciso destacar que os critérios para o estabelecimento da morte natural de uma pessoa variaram muito ao longo do tempo, sendo paulatinamente abalados e modificados a partir dos progressos na terapêutica médica, chegando ao seu ápice com a possibilidade de transplante de órgãos. Inicialmente, tais critérios eram baseados na putrefação, no resfriamento do corpo e na rigidez cadavérica. Posteriormente, a morte passou a ser aferida pela cessação da respiração, evoluindo para a verificação de ausência de batimentos cardíacos e, por fim, para a paralisação da atividade cerebral.[48]

A morte encefálica, contudo, não significa a morte clínica, mas apenas a chegada a uma etapa irreversível no processo de morte, ou seja, não tem o sentido de paralisação de todas as funções biológicas do corpo humano, pois, mesmo com o cérebro não mais funcionando, a medula pode ainda executar algumas funções, operando o chamado sistema nervoso autônomo, que funciona de forma inconsciente, fazendo com que o corpo ainda possa ter alguns poucos reflexos e seja mantido o funcionamento de alguns

---

[45] BRASIL. Supremo Tribunal Federal. *ADI 3.510/2008 (STF)*. Disponível em: <http://www.stf.jus.br/arquivo/cms/noticiaNoticiaStf/anexo/adi3510relator.pdf>. Acesso em: 30 maio 2018.
[46] BRASIL. Supremo Tribunal Federal. *HC 124.306/RJ*. Disponível em: <http://www.stf.jus.br/arquivo/cms/noticiaNoticiaStf/anexo/HC124306LRB.pdf>. Acesso em: 30 maio 2018.
[47] BRASIL. *Lei 9.434/97*. Disponível em: <http://www.planalto.gov.br/ccivil_03/leis/L9434.htm>. Acesso em: 30 maio 2018.
[48] MOREIRA FILHO, José Roberto. *Ser ou não ser*: os direitos sucessórios do embrião humano. Belo Horizonte: New Hampton Press, 2007. p. 53-54.

órgãos.⁴⁹ Assim, se a determinação da morte não leva em consideração um critério estritamente biológico, por que a definição do momento da concepção deve se ater somente a tal perspectiva?

A definição jurídica da concepção de uma pessoa, além do critério natural estabelecido pela biologia, deve ser acrescida dos aspectos culturais, filosóficos, antropológicos, políticos e éticos sobre o ser humano. Nesse sentido, conclui Juliana Fernandes Queiroz que "o desenvolvimento biotecnológico, acentuado nos últimos anos, permitiu tão vasto conhecimento, que não comporta mais identificar conceitos estritamente biológicos, sem se atentar para as vertentes culturais".⁵⁰ Defendemos, assim, que a escolha inevitavelmente se dará a partir de uma definição ideológica. Assim também defende Luiz Edson Fachin, para quem a definição de como alguém se torna "pessoa" para o direito "pressupõe algo que não é simplesmente técnico, mas que está no plano das ideias".⁵¹

Havendo fertilização *in vitro*, pois, será preciso distinguir a figura do embrião extracorpóreo e a do nascituro, entendendo-se este último apenas como o ser já em gestação, sem que, com isso, não seja conferida ao embrião uma tutela particular, mas desvinculada dos conceitos existentes. Em resumo, nascituro deve ser entendido exclusivamente como "ente já concebido (quando já ocorreu a fusão dos gametas, a junção do óvulo ao espermatozoide, formando o zigoto ou embrião), nidado (implementado nas paredes do útero materno), porém não nascido".⁵² Importante trazer à lume precioso ensinamento de Pietro Perlingieri, que menciona o perigo de realizar inoportunas generalizações acerca do *status* de situações subjetivas, individuando uma noção vaga e genérica, na qual se inserem realidades muito diversas entre si, sem se ater às particularidades de cada *fattispecie*.⁵³

É imperioso, não obstante, ter sempre em mente que o embrião humano, *in vivo* ou *in vitro*, tem natureza biológica humana e esta não se altera em razão da fase de seu desenvolvimento, ou seja, não é ampliada nem diminuída ao longo do tempo de desenvolvimento biológico, que só termina com a morte.⁵⁴ Qualquer que seja o critério eleito para fins de delimitação do momento da concepção para o direito, é indiscutível que, desde o zigoto, há um ser humano biologicamente vivente, uma vida diferente do espermatozoide e do óvulo, diferente da do pai e da mãe, mas vida humana, se pai e mãe são humanos.⁵⁵ Dessa forma, o embrião humano existente fora do corpo não pode ser tratado nunca como coisa, instrumentalizado.

---

49 AYRES, Nathalie. Morte cerebral: entenda o que ela significa. *Minha Vida*. Disponível em: <http://www.minhavida.com.br/saude/tudo-sobre/30570-morte-cerebral>.
50 QUEIROZ, Juliana Fernandes. *Reprodução assistida post mortem*: aspectos jurídicos de filiação e sucessório. Curitiba: Editora da UFPR, 2015. p. 139.
51 FACHIN, Luiz Edson. *Teoria crítica do direito civil*. Rio de Janeiro: Renovar, 2003. p. 187.
52 ARAÚJO, Ana Thereza Meirelles. *A proteção do ser humano no direito brasileiro*: embrião, nascituro e pessoa e a condição de sujeito de direito. Rio de Janeiro: Lumen Juris, 2016. p. 215.
53 PERLINGIERI, Pietro. *Perfis do direito civil*. 2. ed. Rio de Janeiro: Forense, 2002. p. 132.
54 RAMOS, Ana Virginia Gabrich Fonseca Freire. *Vida humana*: da manipulação genética à neoeugenia. Rio de Janeiro: Lumen Juris, 2015. p. 70.
55 FERRAZ, Sergio. *Manipulações biológicas e princípios constitucionais*: uma introdução. Porto Alegre: Sergio Antonio Fabris, 1991. p. 47.

5 Conclusão

A procriação originada exclusivamente da relação sexual entre o homem e a mulher, da qual resultava a concepção do embrião e seu desenvolvimento no interior do organismo feminino, nem sempre ofereceu as condições necessárias à materialização da descendência, fazendo com que as pessoas, ao longo da história, buscassem diversas soluções visando contornar a impossibilidade de gerar uma nova vida humana, culminando no desenvolvimento das técnicas de reprodução humana assistida.

A reprodução assistida consiste, pois, em procedimentos médico-científicos que interferem no processo de fertilidade humana, visando suplantar as dificuldades ou mesmo a impossibilidade na geração de filhos pela via da conjunção carnal, substituindo ou facilitando alguma etapa imperfeita ao longo do processo reprodutivo ou, ainda, com vistas a evitar a transmissão de doenças hereditárias ou infectocontagiosas.

O distanciamento entre a sexualidade e a procriação veio a se agravar com o desenvolvimento da técnica de criopreservação, procedimento que possibilitou a conservação de espermatozoides, óvulos e embriões por prazo indeterminado, sobrestando sua atividade metabólica em decorrência do resfriamento a baixíssimas temperaturas, sem afetar, todavia, sua qualidade e potencial generativo.

Ocorre que esses progressos na área da reprodução humana passaram a exigir uma remodelação em diversos institutos do direito civil que já não correspondem diretamente à sociedade a que foram dirigidos, necessidade esta dificultada pelo fato de que tais temas ainda se encontram em construção no próprio campo científico. Neste sentido, este artigo buscou aprofundar o estudo quanto à delimitação do conceito de nascituro diante da nova autocompreensão do ser humano a partir das técnicas de reprodução assistida, que permitiram a manipulação dos gametas humanos externamente ao corpo da mulher, sem adentrar, contudo, na definição do momento do início da vida do ser humano ou de sua individualidade.

A reprodução humana assistida extracorpórea acaba por alterar a dinâmica da vida, na medida em que possibilita um hiato entre a fecundação do embrião extracorpóreo e a gestação, que pode se dar por tempo indefinido, razão pela qual defendemos a construção de um conceito jurídico de concepção que defina com precisão os contornos para a atribuição do *status* de nascituro ao ser humano.

Ainda que tenhamos convicção de que o nosso conhecimento possa ser bastante provisório, já que os avanços científicos não têm previsão alguma de cessar e se apresentam por demais incertos, e que, por consequência, qualquer previsão normativa nunca será suficiente para resolver todos os problemas que a matéria apresenta, é preciso que não se olvide que o direito é constantemente construído a partir das interações sociais, razão pela qual defendemos a necessidade da criação de um parâmetro legal que sirva de guia na árdua tarefa de pacificar os conflitos sociais decorrentes da reprodução humana assistida extracorpórea e a proteção da pessoa incipiente. Já alertava Luiz Edson Fachin que "as dificuldades advêm da força de permanência dos significados e dos saberes pretensamente perenes dos significantes",[56] ao mesmo tempo em que admite que "integra a porosidade do jurídico a reconstrução contínua de conceitos e definições".[57]

---

[56] FACHIN, Luiz Edson. *Teoria crítica do direito civil*. Rio de Janeiro: Renovar, 2003. p. 175.
[57] FACHIN, Luiz Edson. *Teoria crítica do direito civil*. Rio de Janeiro: Renovar, 2003. p. 177.

Reconhecemos, não obstante, que a delimitação do conceito jurídico de concepção não deixará de ser fixada de maneira arbitrária, tal qual foram estabelecidos os parâmetros de outros tantos institutos do direito civil, como o da maioridade e o da personalidade jurídica, a partir de valores reputados relevantes para o direito em determinado momento histórico e contexto social.

Em que pese o respeito pelas opiniões divergentes, defendemos que a delimitação de um conceito jurídico de concepção deve tomar como pressuposto a nidação, ou seja, a implantação uterina bem-sucedida deve ser reconhecida como a passagem necessária para qualificar o embrião como nascituro. Dessa forma, nascituros e embriões extracorpóreos não integrariam a mesma categoria jurídica, na medida em que o embrião resultante da fertilização *in vitro*, conservado em laboratório, não se amolda às categorias tradicionais do direito civil, não sendo imediatamente considerado um nascituro e somente passando a sê-lo quando implantado no útero feminino, pois somente assim terá possibilidades de completar o seu processo de desenvolvimento.

Referências

ALMEIDA, Silmara J. A. Chinelato e. Estatuto Jurídico do Nascituro: a evolução do direito brasileiro. In: CAMPOS, Diogo Leite de; ALMEIDA, Silmara J. A. Chinelato e (Coord.). *Pessoa humana e direito*. Coimbra: Almedina, 2009.

ALMEIDA, Silmara J. A. Chinelato e. *Tutela civil do nascituro*. São Paulo: Saraiva, 2010.

AMARAL, Francisco. *Direito civil*: introdução. Rio de Janeiro: Renovar, 2008.

ARAÚJO, Ana Thereza Meirelles. *A proteção do ser humano no direito brasileiro*: embrião, nascituro e pessoa e a condição de sujeito de direito. Rio de Janeiro: Lumen Juris, 2016.

ATLAN, Henri. *A ciência é inumana?* Ensaio sobre a livre necessidade. Tradução de Edgard de Assis Carvalho. São Paulo: Cortez, 2004.

AYRES, Nathalie. Morte cerebral: entenda o que ela significa. *Minha Vida*. Disponível em: <http://www.minhavida.com.br/saude/tudo-sobre/30570-morte-cerebral>.

BERNARDO, Karla. Útero artificial: o atual desafio científico da reprodução assistida. *Reprodução Assistida*. Disponível em: <http://www.ghente.org/temas/reproducao/utero_artificial_1.htm>.

BRASIL. *Código Civil Brasileiro de 2002*. Disponível em: <http://www.planalto.gov.br/ccivil_03/leis/2002/L10406.htm>. Acesso em: 30 maio 2018.

BRASIL. *Lei 11.105/2005 (Biossegurança)*. Disponível em: <http://www.planalto.gov.br/ccivil_03/_ato2004-2006/2005/lei/l11105.htm>. Acesso em: 30 maio 2018.

BRASIL. *Lei 9.434/97*. Disponível em: <http://www.planalto.gov.br/ccivil_03/leis/L9434.htm>. Acesso em: 30 maio 2018.

BRASIL. *Resolução nº 2.168/2017 do Conselho Federal de Medicina*. Disponível em: <https://sistemas.cfm.org.br/normas/visualizar/resolucoes/BR/2017/2168>. Acesso em: 30 maio 2018.

BRASIL. Supremo Tribunal Federal. *ADI 3.510/2008 (STF)*. Disponível em: <http://www.stf.jus.br/arquivo/cms/noticiaNoticiaStf/anexo/adi3510relator.pdf>. Acesso em: 30 maio 2018.

BRASIL. Supremo Tribunal Federal. *HC 124.306/RJ*. Disponível em: <http://www.stf.jus.br/arquivo/cms/noticiaNoticiaStf/anexo/HC124306LRB.pdf>. Acesso em: 30 maio 2018.

CARNEIRO FILHO, Humberto João. *De persona a pessoa*: o reconhecimento da dignidade do nascituro perante a ordem jurídica brasileira. Recife: Ed. Universitária da UFPE, 2013.

COSTA, Maria Rosineide da Silva. *A concepção interpretativa de Ronald Dworkin*. Abordagem pré-positivista sobre a tutela jurídica do embrião humano extracorpóreo. Curitiba: Juruá, 2013.

DIAS, Maria Berenice. *Manual das sucessões*. 4. ed. São Paulo: Revista dos Tribunais, 2015.

DINIZ, Maria Helena. *O estado atual do biodireito*. 9. ed. rev., aum. e atual. de acordo com o Código de Ética Médica. São Paulo: Saraiva, 2014.

FACHIN, Luiz Edson. *Teoria crítica do direito civil*. Rio de Janeiro: Renovar, 2003.

FARIAS, Cristiano Chaves de; ROSENVALD, Nelson. *Curso de direito civil*: parte geral. São Paulo: Atlas, 2015. v. 1.

FÉO, Christina. *Um estatuto para o embrião humano*. Jundiaí: Paco, 2010.

FERRAZ, Carolina Valença. *Biodireito*: a proteção jurídica do embrião in vitro. São Paulo: Verbatim, 2011.

FERRAZ, Sergio. *Manipulações biológicas e princípios constitucionais*: uma introdução. Porto Alegre: Sergio Antonio Fabris, 1991.

FRIAS, Lincoln. *A ética no uso e da seleção de embriões*. Florianópolis: Ed. da UFSC, 2012.

GAGLIANO, Pablo Stolze; PAMPLONA FILHO, Rodolfo. *Novo curso de direito civil* – Parte geral. 4. ed. São Paulo: Saraiva, 2016. v. 1.

GONÇALVES, Carlos Roberto. *Direito civil brasileiro* – Parte geral. 10. ed. São Paulo: Saraiva, 2012. v. 1.

HIRONAKA, Giselda Maria Fernandes Novaes. As inovações biotecnológicas e o direito das sucessões. In: TEPEDINO, Gustavo (Org.). *Direito civil contemporâneo*: novos problemas à luz da legalidade constitucional. São Paulo: Atlas, 2008.

HOCH, Lothar Carlos; WONDRACEK, Karin H. K. *Bioética*: avanços e dilemas numa ótica interdisciplinar do início ao crepúsculo da vida. São Leopoldo: Sinodal, 2006.

LIMA, Shirley Mitacoré de Souza e Souza. Tratamento jurídico do embrião. *Jus.com.br*, ago. 2005. Disponível em: <https://jus.com.br/artigos/7221/tratamento-juridico-do-embriao>. Acesso em: 21 out. 2016.

LÔBO, Paulo. *Direito civil*: parte geral. 4. ed. São Paulo: Saraiva, 2013.

LÔBO, Paulo. *Direito civil*: sucessões. 3. ed. São Paulo: Saraiva, 2016.

MACHADO, Maria Helena. *Reprodução humana assistida*: aspectos éticos e jurídicos. Curitiba: Juruá, 2012.

MIRANDA, Francisco Cavalcanti Pontes. *Tratado de direito privado*. Rio de Janeiro: Borsoi, 1973. t. LVIII.

MOREIRA FILHO, José Roberto. *Ser ou não ser*: os direitos sucessórios do embrião humano. Belo Horizonte: New Hampton Press, 2007.

OLIVEIRA, Guilherme Freire Falcão de. Legislar sobre procriação assistida. *Revista de legislação e jurisprudência*, Coimbra, n. 3.840/2, 1994.

PERLINGIERI, Pietro. *Perfis do direito civil*. 2. ed. Rio de Janeiro: Forense, 2002.

PISETTA, Francieli. *Reprodução assistida homóloga post mortem*: aspectos jurídicos sobre a filiação e o direito sucessório. Rio de Janeiro: Lumen Juris, 2014.

QUEIROZ, Juliana Fernandes. *Reprodução assistida post mortem*: aspectos jurídicos de filiação e sucessório. Curitiba: Editora da UFPR, 2015.

RAMOS, Ana Virginia Gabrich Fonseca Freire. *Vida humana*: da manipulação genética à neoeugenia. Rio de Janeiro: Lumen Juris, 2015.

SALDANHA, Ana Cláudia. *A tutela do embrião humano*. Curitiba: Prismas, 2015.

SCALQUETTE, Ana Cláudia S. *Estatuto da reprodução assistida*. São Paulo: Saraiva, 2010.

VASCONCELOS, Cristiane Beuren. *A proteção jurídica do ser humano in vitro na era da biotecnologia*. São Paulo: Atlas, 2006.

Informação bibliográfica deste texto, conforme a NBR 6023:2002 da Associação Brasileira de Normas Técnicas (ABNT):

ROCHA, Patricia Ferreira; PAMPLONA FILHO, Rodolfo. Estatuto Jurídico do Nascituro: a necessidade de construção do conceito jurídico de concepção em face dos embriões in vitro. In: EHRHARDT JÚNIOR, Marcos; CORTIANO JUNIOR, Eroulths (Coord.). *Transformações no Direito Privado nos 30 anos da Constituição*: estudos em homenagem a Luiz Edson Fachin. Belo Horizonte: Fórum, 2019. p. 87-102. ISBN 978-85-450-0562-9.

MERCADO, PESSOA HUMANA E TECNOLOGIAS: A INTERNET DAS COISAS E A PROTEÇÃO DO DIREITO À PRIVACIDADE

CAITLIN SAMPAIO MULHOLLAND

1 O direito civil constitucional, a proteção da pessoa humana e sua tutela frente às novas tecnologias

Há muito se fala da crise por que passa o direito civil e sua sistemática e da perda da noção do Código Civil como centro valorativo do ordenamento jurídico privado, com a consequente ruína do "reinado secular de dogmas, que engrossaram as páginas de manuais e que engessaram parcela significativa do Direito Civil".[1] A quebra da dicotomia direito público-direito privado,[2] o movimento da descodificação através da proliferação de leis esparsas – algumas se constituindo como verdadeiros microssistemas –, o intervencionismo estatal nas relações privadas, através da chamada "publicização" do direito privado, e a percepção da incapacidade do direito civil clássico de tutelar as novas relações jurídicas de forma equitativa e justa são alguns dos elementos que se unem para sustentar esta ideia de crise e até mesmo de morte do direito civil.[3] Nesse ambiente, é tarefa do estudioso do direito civil "captar os sons dessa primavera em curso".[4]

---

[1] FACHIN, Luiz Edson. *Teoria crítica do direito civil*. Rio de Janeiro: Renovar, 2000. p. 1.
[2] A chamada *summa divisio* do direito estabelecia duas ordens distintas, impermeáveis, cada qual sendo regulada à sua maneira. Enquanto o direito privado se referia aos direitos individuais e inatos do homem, o direito público teria a função de tutelar os interesses gerais da sociedade através do Estado, que deveria se abster de qualquer tipo de incursão na órbita privada dos indivíduos. Sobre o tema, ver por todos, FACHIN, Luiz Edson. *Teoria crítica do direito civil*. Rio de Janeiro: Renovar, 2000.
[3] De fato, Fachin já nos leva a esta conclusão ao sustentar que "a crise do sistema clássico do Direito Civil suscita, antes de mais nada, questões concernentes à sua historicidade, à análise da inter-relação entre Direito e Sociedade, e ao princípio do dinamismo que impinge ao Direito seu eterno diálogo com o meio social, seu tempo e seu espaço. Tampouco se distancia da análise dos conceitos frente à concretude dos fatos que a eles se apresentam" (FACHIN, Luiz Edson. *Teoria crítica do direito civil*. Rio de Janeiro: Renovar, 2000. p. 22).
[4] FACHIN, Luiz Edson. *Teoria crítica do direito civil*. Rio de Janeiro: Renovar, 2000. p. 1.

A consciência de que o sistema jurídico por ser unitário e, portanto, sistemática e hierarquicamente estabelecido, não poderia mais ser analisado e interpretado em blocos estanques e separados, levou à conclusão de que quando diante de um ordenamento fundado em uma norma superior – a Constituição – há que se respeitar os princípios e valores que dela emanam, sob pena de se ver descaracterizado o sentido sistemático do ordenamento. Deslocou-se, dessa maneira, o eixo valorativo do sistema do Código Civil – como ordenador das relações privadas – para a Constituição, fonte dos princípios fundamentais do ordenamento jurídico. Nesse sentido, Fachin afirma que "no domínio juscivilístico não estão-só as regras tradicionalmente aplicáveis às relações de Direito Civil. Chamadas à colação estão as normas constitucionais e nelas encartados os princípios constitucionais, vinculantes e de caráter normativo".[5]

O Código Civil perde assim a sua feição de "constituição" da vida privada,[6] sendo substituído em seu papel unificador do sistema de direito privado pela Constituição Federal e seus princípios, normas e valores superiores, que embasam todo o ordenamento jurídico e inauguram um novo Estado Social. Um desses valores considerados centrais na concepção do novo Estado Social é a dignidade da pessoa humana, alçada a fundamento da República no art. 1º, III, da Constituição Federal.

O princípio da dignidade humana, alçado constitucionalmente a fundamento do Estado Democrático de Direito, é hoje a base valorativa de sustentação de toda e qualquer situação jurídica de direito privado. Sua inclusão no texto constitucional representou a escolha sociocultural-jurídica por uma sociedade solidária e justa, proporcionadora do livre desenvolvimento pessoal de seus cidadãos.

Se for possível dizer-se que a dignidade da pessoa humana, por se erigir como fundamento do Estado Democrático de Direito, deve alcançar todas as esferas do ordenamento jurídico – incluído aí os institutos de direito privado –, é também possível concluir-se que a limitação interpretativa do conteúdo deste valor constitucional será difícil de se alcançar. Nessa dificuldade se encontram as barreiras para a aplicação consciente do princípio da dignidade humana, pois "corre-se o risco da generalização, indicando-a como *ratio* jurídica de todo e qualquer direito fundamental".[7] Segundo Maria Celina Bodin de Moraes, "levada ao extremo, essa postura hermenêutica acaba por atribuir ao princípio um grau de abstração tão intenso que torna impossível sua aplicação".[8] O direito civil é chamado a dar concretude a este princípio através de uma atuação protetiva. É por meio da específica caracterização da pessoa e da consideração de suas qualidades que se dará a verdadeira – no sentido de justa e equitativa – tutela da pessoa em suas relações privadas. A dignidade é um valor absoluto, intrínseco à essência da pessoa humana, único ser que compreende uma valoração interna, superior a qualquer preço, e que não admite substituição equivalente.

O princípio da dignidade da pessoa humana será identificado em cada uma das situações reais em que se possa verificar a concretização dos princípios da liberdade,

---

[5] FACHIN, Luiz Edson. *Teoria crítica do direito civil*. Rio de Janeiro: Renovar, 2000. p. 33.
[6] Para Fachin, "tem-se como objeto desse exame o modelo que inspirou os sistemas latinos a forjar uma 'constituição do homem privado' e a rejeitar, no *laissez-faire*, a verdadeira dimensão da equidade que supõe simultaneamente igualdade e diferenciação" (FACHIN, Luiz Edson. *Teoria crítica do direito civil*. Rio de Janeiro: Renovar, 2000. p. 9).
[7] MORAES, Maria Celina Bodin de. *Danos à pessoa humana*. Rio de Janeiro: Renovar, 2003. p. 84.
[8] MORAES, Maria Celina Bodin de. *Danos à pessoa humana*. Rio de Janeiro: Renovar, 2003. p. 84.

da igualdade, da integridade ou da solidariedade social. Perfaz-se assim o princípio em uma cláusula geral de tutela da pessoa, servindo como princípio "prevalente no momento da concretização normativa e a ponderação de princípios".[9] Significa isto dizer que para toda e qualquer situação em que esteja em jogo ou discussão a situação jurídica existencial, esta deverá prevalecer sobre aquelas patrimoniais se com elas incompatíveis. Este valor servirá como norte na interpretação e aplicação de normas jurídicas sempre sendo considerado na proteção e tutela dos direitos da personalidade do homem e nas suas relações jurídicas, no sentido de proporcionar a base para a realização dos objetivos do Estado Democrático de Direito.

Esses objetivos, estabelecidos na Constituição Federal em seu art. 3º, sintetizam-se na construção de uma sociedade justa, livre e solidária, o que se pretende alcançar através da erradicação das desigualdades sociais e da atuação promocional dos poderes do Estado através da realização da justiça distributiva e da igualdade substancial. Assim, à noção de ilimitada autonomia atribuída aos indivíduos nos sistemas liberais é contraposta a ideia de solidariedade social: se o século XIX foi marcado pelo reinado do individualismo, o século XX, com a revalorização da pessoa e de sua dignidade, é a época do desenvolvimento do solidarismo. Assim:

> o Direito Civil deve, com efeito, ser concebido como "serviço da vida" a partir de sua raiz antropocêntrica, não para repor em cena o individualismo do século XVIII, nem para retomar a biografia do sujeito jurídico, mas sim para se afastar do tecnicismo e do neutralismo.[10]

Junta-se a esses elementos jurídicos a inegável influência dos fatos sociais, tal como a consolidação de uma sociedade de massa, com produção e consumo de bens e serviços em grandes proporções, e o rápido desenvolvimento tecnológico que permite o acesso a novos produtos e serviços que utilizam como principal insumo de sua atividade os dados pessoais. Revela-se, assim, um novo modelo de negócios pautado na utilização de informações da pessoa como moeda, desconsiderando-se em inúmeras situações que estas informações, estes dados, constituem parte da identidade da pessoa humana e, portanto, caracterizam-se como conteúdo de direitos ou interesses de natureza existencial, revelados, principalmente, por meio da proteção e tutela da privacidade.

Considerados estes pressupostos metodológicos e cientes da necessidade de proteção da pessoa humana e de sua personalidade de maneira a priorizar os seus interesses existenciais, entende-se que seja necessário que o direito civil contemporâneo, constitucionalizado, torne sua atenção para os novos desenvolvimentos da tecnologia que permitem e proporcionam a constante violação da personalidade humana. Tutelar preferencialmente a identidade e a privacidade da pessoa humana é fundamental para que o desenvolvimento tecnológico não se encastele em desculpas mercadológicas violadoras da dignidade humana.

---

[9] RUZYK, Carlos Eduardo P. A responsabilidade civil por danos produzidos no curso da atividade econômica e a tutela da dignidade da pessoa humana: o critério do dano ineficiente. In: RAMOS, C. L. S. et al. (Org.). *Diálogos sobre o direito civil*: construindo a racionalidade contemporânea. Rio de Janeiro: Renovar, 2002. p. 131.

[10] FACHIN, Luiz Edson. *Teoria crítica do direito civil*. Rio de Janeiro: Renovar, 2000. p. 15-16.

2 O caso da televisão que espionava: dados e dignidade

Em 2015, foi denunciado pelo *site Daily Beast*[11] que determinadas SmartTVs da Samsung estariam gravando o que se fala no ambiente pessoal da casa ou escritório das pessoas e compartilhando as informações que daí eram coletadas com parceiros comerciais, com o objetivo de criação de perfis de consumo (*profiling*) para direcionamento de serviços e produtos (*targeting*). Isso se tornou possível graças à utilização de um microfone embutido no controle remoto da TV encontrado em alguns modelos da marca. A princípio, o objetivo de tal recurso seria permitir a busca e o acesso de conteúdos ou aplicativos por meio da internet, além de possibilitar o acesso por meio de voz de funcionalidades próprias de uma TV, da forma mais conveniente e prática ao usuário do bem.

Como o padrão de fábrica das TVs predeterminava que o microfone estaria em modo operacional, isto é, ligado, a pessoa, para ser ver protegida de uma invasão absolutamente indevida de sua privacidade, deveria realizar a opção de desabilitar o microfone nas configurações da TV, o que raramente era realizado, seja por conveniência – configurada pelo *trade off* ou por meio da avaliação pela pessoa do equilíbrio razoável entre benefícios e prejuízos a ela –, seja por desconhecimento absoluto a respeito da coleta dessas informações pela Samsung. Como consequência dessa ignorância surge um primeiro problema que diz respeito à falta de consentimento livre, inequívoco, expresso e esclarecido[12] do usuário da TV quanto ao uso, tratamento e compartilhamento de dados.[13] A adesão aos termos do contrato, nesse caso, é mera ficção e pode não representar verdadeiramente o consentimento, como resultado do exercício limitado da autonomia privada do usuário.[14]

Ao analisar os termos de uso e a política de privacidade das TVs inteligentes – que estavam disponibilizados por meio de manual de uso do bem –, se encontrava, entre outras cláusulas, uma de especial relevância, a qual estabelecia que o usuário deveria estar "ciente de que se as palavras faladas provenientes de sua TV incluem informações

---

[11] HARRIS, Shane. Your Samsung SmartTV is spying on you, basically. *The Daily Beast*, 2 maio 2015. Disponível em: <http://www.thedailybeast.com/articles/2015/02/05/your-samsung-smarttv-is-spying-on-you-basically.html>. Acesso em: 7 maio 2018.

[12] Tanto o Marco Civil da Internet (art. 7º, VII e IX), quanto o Projeto de Lei nº 5.276 (art. 5º, VII; art. 7º, I; art. 8º e §§1º e 4º; art. 9º e seus parágrafos; art. 11, I) e o Projeto de Lei do Senado nº 330 (art. 7), reconhecem que o consentimento para coleta, uso, tratamento e compartilhamento de dados deve ser realizado de forma livre, esclarecida, inequívoca e expressa. Podemos considerar que, para tal, a pessoa deve ter o conhecimento prévio, ostensivo e em linguagem simples e direta de todos os riscos referentes àquela contratação, especialmente em relação aos dados, sob pena de nulidade da declaração de vontade emitida.

[13] O conceito de tratamento de dados é trazido no art. 5º, II, do PL nº 5.276, que utiliza a seguinte definição: "toda operação realizada com dados pessoais, como as que se referem a coleta, produção, recepção, classificação, utilização, acesso, reprodução, transmissão, distribuição, processamento, arquivamento, eliminação, avaliação ou controle da informação, modificação, comunicação, transferência, difusão ou extração". De forma semelhante, o §2º do artigo 3º do PLS nº 330, estabelece que "configuram tratamento de dados pessoais a pesquisa, o recolhimento, o registro, a organização, a classificação, a comparação, a valoração, a conservação, a modificação, a adaptação, a alteração, a recuperação, a consulta, a utilização, a transferência, a transmissão, por difusão ou por qualquer outra forma de comunicação, a interconexão, o bloqueio, o descarte e a destruição da informação".

[14] Emblemática é a declaração de executiva da Apple, em audiência realizada no Congresso americano, em que se debateu a proteção da privacidade na telefonia celular, ao ser questionada pelo Senador Mark Pryor sobre como a empresa tinha certeza de que o usuário da plataforma teria lido os seus termos de uso e sua política de privacidade e que, portanto, conhecia o seu conteúdo. Disse a executiva: "eles apertaram o botão de concordância". Esse trecho do depoimento foi retirado do documentário *Terms and conditions may apply*, de Cullen Hoback, de 2013.

pessoais ou confidenciais, tão possível quanto provável que estes dados sejam capturados e transmitidos a terceiros". Há aqui um evidente descumprimento da expectativa de privacidade aguardada pelos usuários de um produto.

Trata-se de verdadeiro reconhecimento por parte da Samsung de que havia não só a possibilidade, mas a probabilidade do uso e compartilhamento de dados pessoais, sem que para isso houvesse um expresso consentimento da pessoa acerca desta ação. A cláusula mencionada, por estar inserida em um contrato de adesão, deveria vir destacada, por se tratar de tema relacionado à proteção de uma situação subjetiva existencial, qual seja, a tutela dos direitos à privacidade e à identidade, e de situação de risco elevado de violação de dados pessoais.[15]

Confrontada com questionamentos sobre eventuais violações ao direito de privacidade dos usuários de suas TVs inteligentes, a Samsung, indagada sobre a configuração padrão do microfone do controle remoto, respondeu:

> a Samsung trata a privacidade do consumidor de maneira séria. Em todas as nossas SmartTVs nós utilizamos padrões de segurança de fábrica, incluindo criptografia de dados, para assegurar as informações pessoais do consumidor e prevenir a coleta ou uso não autorizados por terceiros. O reconhecimento de voz, que permite ao usuário controlar sua TV por meio de comandos de voz é uma característica da Samsung SmartTV, que pode ser ativada ou desativada pelo usuário. O usuário da TV pode também desconectar sua TV da rede wi-fi.

A declaração da Samsung, evidentemente, não traz uma solução aceitável para a questão da falta de consentimento expresso sobre coleta de dados e só reforça a certeza de que a fornecedora do produto continuará a coletar, usar e compartilhar os dados de seus usuários enquanto não houver uma norma específica que limite ou regulamente essa sua atuação.

Nesse caso, questiona-se se é necessária – e, em sendo –, qual o tipo de regulação que deveria ser adotada no Brasil para delimitar o âmbito de proteção do direito de privacidade e dos dados dos consumidores destes bens conectados. Aos poucos, vão surgindo iniciativas regulatórias que indicam a necessidade de tutelar de maneira mais consistente e eficiente os dados pessoais, como desenvolvimento da cláusula geral de proteção da pessoa humana. Nesse sentido, a União Europeia conta com um novo regulamento de proteção de dados, após mais de duas décadas de vigência da Diretiva nº 95/46, que é o Regulamento Geral de Proteção de Dados – conhecida também como GDPR (*General Data Protection Regulation*) – que tem a missão de proteger de forma ampliada e geral os dados pessoais, focada em iniciativas de boas práticas empresariais e *compliance*, que serão, por sua vez, fiscalizadas por meio de autoridades centrais de garantia e proteção de dados.

Resta saber se o Brasil seguirá este modelo regulatório centralizado por meio de uma lei geral ou se teremos – ou devamos ter –, ao invés, uma regulação setorizada

---

[15] Ver, para tanto, conceito e regra trazidos no art. 54, do Código de Defesa do Consumidor, que em seu *caput* considera o contrato de adesão "aquele cujas cláusulas tenham sido aprovadas pela autoridade competente ou estabelecidas unilateralmente pelo fornecedor de produtos ou serviços, sem que o consumidor possa discutir ou modificar substancialmente seu conteúdo" e estatui em seu §4º que "as cláusulas que implicarem limitação de direito do consumidor deverão ser redigidas com destaque, permitindo sua imediata e fácil compreensão".

e temática, considerando as disciplinas jurídicas específicas nas quais ficam mais evidenciados os riscos de eventuais violações aos dados pessoais. Para identificar estes riscos, analisar-se-á uma específica tecnologia, conhecida como *internet das coisas*, que permitirá uma problematização dos debates que surgirão.

3 A internet das coisas (IoT) e os bens inteligentes

Sabe-se que a tecnologia se desenvolve a largos passos e que o direito não consegue acompanhar o seu ritmo, de forma que a sua regulação deficiente revela um obstáculo para a plena proteção dos interesses existenciais da pessoa humana. Não se tratando de ciência preditiva, o direito sempre fica atrás na corrida com – ou para alguns, contra – a tecnologia.

É no âmbito da tecnologia conhecida como internet das coisas (ou *internet of things*, ou, ainda, IoT) que se revela um dos principais debates nesta área, qual seja, o que se refere à proteção da privacidade ou dos dados pessoais que são disponibilizados e coletados por estas "coisas" conectadas, conforme o realizado por meio de televisões inteligentes, por exemplo.

A internet das coisas representa inovação tecnológica que permite a criação de ambiente interligado através de sensores que conectam objetos ou bens por meio da internet, possibilitando não só a comunicação e realização de funções específicas entre as coisas, como gerando, cada vez mais, constante coleta, transmissão, guarda e compartilhamento de dados entre os objetos e, consequentemente, entre as empresas que disponibilizam este tipo de tecnologia às pessoas.

Com a popularização da tecnologia IoT e a sua utilização frequente em objetos de nosso cotidiano – *smartphones*, televisores, relógios, pulseiras identificadoras de funções físicas e de saúde, *tablets*, entre outros – o que se questiona do ponto de vista do direito é se existe uma política eficiente de proteção dos dados e privacidade das pessoas que utilizam tais objetos e se, por outro lado, as pessoas estariam dispostas a renunciar à proteção de seus dados em contrapartida aos benefícios evidentes que tal tecnologia gera na vida delas, justificando esta troca com base numa conveniência pessoal evidente.

Deve-se considerar, nessa nova realidade tecnológica, que os dados de uma pessoa possuem, ao mesmo tempo, um caráter existencial que se revela preponderantemente na proteção da privacidade e da identidade da pessoa humana – em decorrência da tutela de sua dignidade –, e um caráter patrimonial, que se identifica pela possibilidade do uso desses dados como insumo para o desenvolvimento de atividades empresariais das mais diversas áreas. Trata-se, nesse caso, do que se definiu como monetização de dados, ou seja, a conversão de informações em dinheiro.[16] Portanto, ao lado de uma necessária proteção de situações jurídicas de natureza extrapatrimonial (privacidade, identidade, imagem), deve-se atentar que também é possível uma avaliação de natureza patrimonial desses mesmos dados, que, por sua vez, constituem parte fundamental do modelo de

---

[16] Sobre o tema, ficou famosa a capa da revista *The Economist*, de maio de 2017, cuja principal reportagem foi sobre a regulação e proteção de dados, com o sugestivo título *The world's most valuable resource is no longer oil, but data* (THE WORLD'S most valuable resource is no longer oil, but data. *The Economist*, 6 maio 2017. Disponível em: <https://www.economist.com/leaders/2017/05/06/the-worlds-most-valuable-resource-is-no-longer-oil-but-data>).

negócios desenvolvido por grandes atores do mercado de tecnologia, como o Google e o Facebook, que juntos detêm o controle das cinco plataformas de aplicação mais utilizadas no mundo, quais sejam, o Chrome, o WhatsApp, o YouTube, o Instagram e o Facebook.[17]

Ao se referir a esse novo *modus operandi* do capitalismo tecnológico e da construção de um renovado mercado, Luiz Edson Fachin nos brinda com uma reflexão de importância ímpar. Para o doutrinador, nasce nos espaços público e privado

> um argentário entre fragmentado, simultaneamente conservador e inovador. Quando há declínio, ele propõe certo tipo de esperança sob a relação entre custo e benefício; à tradição, ele sugere uma emancipação liberta do passado e sem grande compromisso com o futuro; por conseguinte, ele vive o presente na lógica da utilidade e do desejo; às transformações estruturais da sociedade, ele recomenda tecnociência sem ideologia.[18]

A principal questão que surge no uso da IoT é a que se refere ao desconhecimento que o usuário dos objetos conectados apresenta sobre o fato de que as "coisas inteligentes" utilizam tecnologia de resgate, coleta e compartilhamento de seus dados entre outras pessoas – geralmente fornecedores de produtos e serviços, com interesses comerciais –, que sequer estão incluídas no âmbito contratual do uso do bem referido.

Em exemplo, reflita-se sobre o caso dos *tags* que permitem o acesso a estacionamentos de *shopping centers*. Uma vez afixados no para-brisa do carro, a aproximação de determinada cancela que possua, por sua vez, um sensor conectado a uma rede, permite o acesso ao estacionamento, sem a necessidade de pagamento imediato. No momento seguinte ao da passagem da cancela, o usuário do automóvel recebe uma mensagem em seu celular avisando-o de promoções de lojas que se localizam no interior daquele *shopping*. Muito conveniente e prático, certamente. Será que podemos sustentar que nesse caso há violação do direito à privacidade ou violação de dados pessoais? Será que o contratante do *tag* sabe que sua presença seria identificada num *shopping* por determinadas lojas?

Fato é que nossa sociedade atual é fundamentada num modelo de regulação tecnológica ineficiente que gera, por sua vez, a possibilidade de mercantilização de dados pessoais[19] sem que haja um adequado aparato legal capaz de proteger o direito fundamental à privacidade. É imperioso pensar o papel que o direito deve desempenhar neste cenário, especialmente no Brasil, considerando o déficit informacional que há no uso de tecnologia em nossa sociedade.

Mas para referir aos impactos no direito trazidos pelo uso da tecnologia, é necessário entender-se qual o conceito de privacidade atual – e que devemos utilizar – e como

---

[17] Ver, nesse sentido, WHATSAPP, Facebook e Instagram são os apps sociais mais usados pelos brasileiros. *CanalTech*, 17 ago. 2017. Disponível em: <https://canaltech.com.br/apps/whatsapp-facebook-e-instagram-sao-os-apps-sociais-mais-usados-pelos-brasileiros-99064/>. Acesso em: 17 maio 2018.

[18] FACHIN, Luiz Edson. Entre duas modernidades: a construção da persona e o mercado. *Revista de Direito Brasileira*, 2011. p. 102.

[19] Rodotà ensina que o "corpo eletrônico", conjunto de informações que constituem a nossa identidade, deve ser juridicamente regulado e protegido da mesma forma que o "corpo físico", considerando a unidade e integridade da pessoa humana, a evitar que a pessoa seja considerada um tipo de mina a céu aberto onde qualquer um possa escavar quaisquer informações pessoais e, assim, construir um perfil individual, familiar, de grupo, permitindo que a pessoa se transforme em objeto de poderes externos, economicamente avaliado. O corpo não pode ser objeto de lucro" (RODOTÀ, Stefano. *La rivoluzione della dignità*. Napoli: La Scuola di Pitagora, 2013. p. 33-34).

devemos relacioná-lo com a proteção de dados pessoais para a tutela de interesses não só patrimoniais, como principal e especialmente os existenciais.

4 O direito da privacidade e o direito à proteção de dados

Em nosso ordenamento jurídico, o art. 5º, X, da Constituição Federal,[20] e o art. 21, do Código Civil,[21] fundamentam a proteção da esfera privada de uma pessoa, referindo-se tanto à vida privada, quando à intimidade da pessoa humana. O direito à privacidade e, mais especificamente, o direito à intimidade[22] aludem à proteção da esfera privada ou íntima de uma pessoa, sendo esta abrigada contra ingerências externas, alheias e não requisitadas, e tutelada na medida em que não se permite, sem autorização do titular da informação ou dado, a sua divulgação no meio social.

Este conceito habitual de privacidade está, contudo, superado. Se, tradicionalmente, o direito à privacidade (*right to privacy*) está associado ao direito de ser deixado só,[23] contemporaneamente pode-se afirmar que a privacidade evoluiu para incluir em seu conteúdo situações de tutela de dados sensíveis,[24] de seu controle pelo titular e, especialmente, de "respeito à liberdade das escolhas pessoais de caráter existencial".[25] Para Stefano Rodotà, "a privacidade pode ser definida mais precisamente, em uma primeira aproximação, como o direito de manter o controle sobre as próprias informações",[26] sendo a esfera privada "aquele conjunto de ações, comportamentos, opiniões, preferências, informações pessoais, sobre os quais o interessado pretende manter um controle exclusivo".[27]

Foi com base naquele primeiro conteúdo que em 1890, os *Justices* da *Supreme Court* americana, Warren e Brandeis, determinaram a necessidade de tutela dessa esfera existencial. À época, a interpretação que se dava ao direito à privacidade era restrita e se aplicava a casos em que existia a atuação indevida de terceiros contra aquela esfera. A interpretação que se dava a este direito restringia-se a tutelar a esfera privada de uma pessoa, impedindo que outros pudessem nela ingressar sem sua autorização. Associada à ideia de casa, moradia, esse princípio foi primeiramente utilizado para proteger a vida

---

[20] Art. 5º, X, CF: "são invioláveis a intimidade, a vida privada, a honra e a imagem das pessoas, assegurado o direito a indenização pelo dano material ou moral decorrente de sua violação".

[21] Art. 21, CC: "A vida privada da pessoa natural é inviolável, e o juiz, a requerimento do interessado, adotará as providências necessárias para impedir ou fazer cessar ato contrário a esta norma".

[22] Diverge a doutrina quanto ao uso de expressões como *privacidade, intimidade, segredo, vida privada* etc. Nesse sentido, ensina Bruno Lewicki que "o conjunto das situações hoje ligadas à proteção da vida privada representa um 'conglomerado de interesses diversos'", configurando as inúmeras e variáveis facetas de um conceito em ampliação constante (LEWICKI, Bruno. *A privacidade da pessoa humana no ambiente de trabalho*. Rio de Janeiro: Renovar, 2003. p. 31).

[23] Veja, nesse sentido, a concepção trazida por Warren e Brandeis, em 1890, em artigo intitulado *The right to privacy* (BRANDEIS, Louis; WARREN, Samuel D. The right to privacy. *Harvard Law Review*, 1890).

[24] Dados sensíveis são aquelas informações que dizem respeito à essência da personalidade de uma pessoa.

[25] LEWICKI, Bruno. *A privacidade da pessoa humana no ambiente de trabalho*. Rio de Janeiro: Renovar, 2003. p. 9.

[26] RODOTÀ, Stefano. *A vida na sociedade da vigilância*: a privacidade hoje. Organização, seleção e apresentação de Maria Celina Bodin de Moraes. Tradução de Danilo Doneda e Luciana Cabral Doneda. Rio de Janeiro: Renovar, 2008. p. 92.

[27] RODOTÀ, Stefano. *A vida na sociedade da vigilância*: a privacidade hoje. Organização, seleção e apresentação de Maria Celina Bodin de Moraes. Tradução de Danilo Doneda e Luciana Cabral Doneda. Rio de Janeiro: Renovar, 2008. p. 92.

privada das pessoas, dentro de seu próprio lar, representando nesta tutela um ideal burguês de proteção patrimonial, mais do que de proteção existencial. Esta afirmativa é especialmente verdadeira quando se percebe que as formas de tutela jurídica da privacidade naquele determinado momento histórico se reportam aos instrumentos de proteção da posse e propriedade. Vem daí o uso da expressão *trespass*, que poderia ser traduzido como esbulho em nosso direito possessório. A privacidade, neste contexto, se resumiria a um direito de tutela de uma situação de resguardo, mas com uma forte conotação patrimonial.

A ampliação do conceito de *privacy* se deu, em grande medida, por conta da evolução das formas de divulgação e apreensão de dados pessoais. Com o advento de novas tecnologias, notadamente o desenvolvimento da biotecnologia e da internet, o acesso a dados sensíveis e, consequentemente a sua divulgação foram facilitados de forma extrema. Como resultado, existe uma expansão das formas potenciais de violação da esfera privada, na medida em que se mostra a facilidade por meio da qual é possível o acesso não autorizado de terceiros a esses dados. Com isso, a tutela da privacidade passa a ser vista não só como o direito de não ser molestado, mas também como o direito de ter controle sobre os dados pessoais e, com isso, impedir a sua circulação indesejada.

Na visão de Stefano Rodotà, há, portanto e a princípio, três concepções sobre o direito à privacidade acima apresentadas, quais sejam:

(i) o direito de ser deixado só, em acepção originária, tradicional, e referenciada a um período de liberalismo político e econômico, que direciona a proteção da privacidade a um ideal burguês de tutela patrimonial;

(ii) o direito de ter controle sobre a circulação dos dados pessoais, determinado por meio da construção teórica e jurisprudencial da denominada autodeterminação informativa, estabelecendo a prerrogativa da pessoa de acessar, corrigir, controlar e disponibilizar dados pessoais, por sua livre escolha; e

(iii) o direito à liberdade das escolhas pessoais de caráter existencial, representando a ligação entre a autonomia existencial da pessoa (liberdade) e a construção de sua identidade pessoal por meio da proteção dos seus dados sensíveis – *i.e.*, posição política, expressão partidária, afiliação sindical, opção sexual, condições de saúde etc. (dignidade).[28]

Parte-se, portanto, de seu tradicional conceito, qual seja, a do direito a ficar sozinho; passa-se pela definição que sustenta ser o direito à privacidade o direito que cada um tem de controlar a utilização de informações que digam respeito a si próprio; e, finalmente, chega-se ao seu conteúdo atual: as pessoas têm a liberdade de fornecer as informações que desejarem, se desejarem.

Esta última definição nos leva ao debate a respeito do consentimento para coleta, tratamento ou compartilhamento de dados, que antes era implícito e hoje se torna necessariamente expresso e explícito – ainda que por meio de termos de uso e políticas de privacidade consideradas inadequadas por estabelecerem uma cláusula de aceite dos termos por *default*, com a simples adesão por um clique.

---

[28] RODOTÀ, Stefano. *A vida na sociedade da vigilância*: a privacidade hoje. Organização, seleção e apresentação de Maria Celina Bodin de Moraes. Tradução de Danilo Doneda e Luciana Cabral Doneda. Rio de Janeiro: Renovar, 2008. p. 92 e seguintes.

Também é preciso levar em conta que esse consentimento nem sempre é verdadeiramente livre, pois não raras são as situações em que a utilização de determinado serviço depende da cessão de dados pessoais. Ainda assim, pode-se criticar que o consentimento da pessoa como requisito legitimador e contratual para a coleta de dados apenas reforçaria o caráter proprietário – e não existencial – da privacidade, nesses casos.

Dessa forma, para que seja possível conciliar os direitos fundamentais da pessoa com a crescente coleta de dados possibilitada pelas novas tecnologias, a privacidade assume um conceito menos liberal e passa a ser analisada como um instrumento de controle dos "mineradores" das informações, limitando a sua capacidade de coleta e disposição dos dados.

Contudo, angustia reconhecer o descompasso entre a rapidez do progresso tecnológico e a lentidão da capacidade de elaboração de instrumentos jurídicos que moldarem essa nova realidade. Com base nesta constatação, é preciso pensar em remédios institucionais adequados (políticas regulatórias, por exemplo), na medida em que os remédios jurídicos existentes (normas jurídicas proibitivas) encontram-se engessados, obsoletos ou fadados à obsolescência, pelo fato de que a tecnologia vai se aprimorando e evoluindo.

Por tudo o que foi exposto acima, verifica-se que não é adequado relegar as questões e problemas relacionados à proteção à privacidade na justificativa patrimonial e liberal do livre, esclarecido e desimpedido consentimento da pessoa detentora dos dados. São necessárias novas formas de tratamento jurídico da privacidade, para fins de permitir um maior amparo da pessoa no que diz respeito ao controle dos seus próprios dados.

5 A regulação da IoT e a tutela da privacidade

Tem-se, em conclusão, um problema jurídico que surge do uso de determinada tecnologia, que leva à necessária construção de critérios que podem nortear decisões – sejam elas privadas, legislativas ou judiciais – no que diz respeito à tutela da privacidade.

O primeiro destes critérios é a necessidade de descrição da tecnologia e de sua potencialidade no que diz respeito aos dados eventualmente coletados. Em outras palavras, a pessoa que utiliza a tecnologia deve ter o conhecimento da possibilidade de coleta de dados pessoais. Logo em seguida, deve ser possível ao usuário da tecnologia ter conhecimento da política de privacidade do fornecedor do produto ou serviço, de forma clara e eficiente, levando a um entendimento sobre o que significa a adesão aos termos de uso do serviço. Em continuação, o critério da finalidade deve ser assegurado, isto é, o usuário deve ser avisado de que, em caso de coleta de dados, estes serão usados para determinada finalidade que seja restrita ao âmbito do serviço utilizado, e não compartilhado com terceiros que não são parte do contrato de uso. Ainda, e mais importante, o usuário sempre terá a possibilidade de decidir sobre as formas de coleta, uso e compartilhamento de seus dados, exercitando de maneira plena a sua autodeterminação informativa, inclusive para fins de verificação e correção dos dados coletados, evitando o acesso não autorizado, o uso indevido dos dados, sua modificação e sua divulgação sem autorização.[29]

---

[29] Conforme já mencionado, há algumas iniciativas legislativas em tramitação no Congresso Nacional brasileiro, conforme já mencionado, entre as quais se destacam o Projeto de Lei nº 5.276/2016 e o Projeto de Lei do Senado

É necessário criar uma cultura e fomentar a educação das pessoas no que diz respeito aos problemas que surgem com o compartilhamento e a divulgação de dados pessoais. A sociedade é muito pouco mobilizada para fins de debates sobre o que significa um dado pessoal, um dado sensível, e porque é relevante protegê-los. Além de eventuais projetos legislativos que permitam o desenvolvimento seguro desta tecnologia e ao mesmo tempo a tutela dos dados, é necessário se pensar em políticas públicas em educação com relação à proteção de dados.

Deve-se reconhecer que, se a ciência tecnológica está crescendo mais rápido do que a nossa capacidade de garantir segurança e privacidade aos usuários, estamos falhando ao não promover uma regulamentação apropriada confirmada pela lei. Um cenário jurídico adequado seria a resposta a esses novos desafios legais.[30] Seria interessante pensar num regime de proteção de dados pessoais que ao mesmo tempo fosse embasado em leis, como também por meio da autorregulação e pelo uso da tecnologia, com o desenvolvimento de mecanismos de segurança cada vez mais sofisticados e criptografia de última geração.

Contudo, considerando que há uma dependência crescente entre a cessão de dados e o acesso a serviços, observa-se que a regulação da tecnologia como forma de proteção da privacidade, ao invés de possibilitar a tutela adequada dos dados pessoais, revela um problema de ordem prática: é que a privacidade passa a se tornar obsoleta, considerando a necessidade de constante revelação dos dados pessoais para a aquisição de produtos e serviços. O dilema reside no fato de que para estar no mundo da tecnologia e usufruir da sua potencialidade de conveniências e utilidades é necessário renunciar à proteção dos dados pessoais, que se tornam, em grande medida, a moeda de troca padrão destes serviços. Assim, e de acordo com as palavras de Luiz Edson Fachin:

> entre os significados da equidade, democracia e direitos humanos entroniza-se, todavia, a compra e venda que tudo transforma em mercadoria, mediante uma ordem jurídica que altera a cogência pela negociação, afasta o Estado-legislador do centro dos poderes e intenta limitar o Estado-juiz a retomar-se como *bouche de la loi*; a espacialidade pública cede lugar para a regulação; finanças e moeda constituem o controle da economia que faz movimentar, entre sístoles e diástoles, o Estado e a sociedade detentores dos bens de produção.[31]

De fato, presencia-se agora um período de hiato regulatório e legislativo que se deve, em grande medida, ao fato de não ter sido ainda possível identificar na sociedade brasileira a forma mais eficiente de tutela dos dados pessoais:
(i) se por lei restritiva, impedindo por vezes o avanço da tecnologia, ou tornando-se obsoleta pela implementação de novas tecnologias com novos problemas jurídicos em seu enlace;

---

nº 330/2013. Ambos os projetos de lei partem de um mesmo pressuposto, qual seja, a necessidade premente de proteção de dados pessoais. São projetos que têm uma evidente inspiração na Diretiva nº 95/46/EC da União Europeia e da atual Lei Geral de Proteção de Dados da União Europeia, também conhecida como GDPR.

[30] MAGRANI, Eduardo. Threats of the internet of things in a techno-regulated society. *Eduardo Magrani – Professor e Pesquisador*, 31 jan. 2018. Disponível em: <http://eduardomagrani.com/threats-of-the-internet-of-things-in-techno-regulated-society-new-legal-challenge-of-the-information-revolution-3/>. Acesso em: 28 maio 2018.

[31] FACHIN, Luiz Edson. Entre duas modernidades: a construção da persona e o mercado. *Revista de Direito Brasileira*, 2011. p. 107-108.

(ii) se por regulação por meio de agências públicas (como uma autoridade garantidora da privacidade e dos dados), que determinam passo a passo quais as condutas que devem ser permitidas e quais as que devem ser proibidas, gerando, por vezes um casuísmo exacerbado e por outras uma omissão na atividade regulatória, ocasionada pela pressão das empresas de tecnologia em lucrar;

(iii) se pela autorregulação pela tecnologia, por meio de adoção de sistemas de segurança por meio de criptografia ou outras técnicas inovadoras que protejam os dados pessoais;

(iv) ou, por fim, se pela autorregulação pelo mercado e pela economia, considerando os dados pessoais como insumos e moeda de troca possível na sociedade hiperconectada.

Esta última alternativa é, de longe, a que deve ser evitada e afastada, pois a "coisificação" dos dados pessoais configura uma mercantilização do corpo eletrônico e uma violação frontal ao direito fundamental à identidade e à integridade. Conforme entendimento de Luiz Edson Fachin, diante do espantoso tempo da tecnologia,

> nasce o desafio de compreender a oportunidade da análise do mercado e seus estatutos jurídicos, da racionalidade econômica privada no direito, da moral que se oporia à reificação da sociedade, e da suposta harmonização entre economia e justiça, entre cidadania e consumo.[32]

As demais formas de regulação e proteção de dados pessoais são possíveis e conciliáveis. O próximo passo é encontrar o equilíbrio entre conceder de forma plena o direito à autodeterminação informativa e permitir, ao mesmo tempo, o pleno desenvolvimento de novas tecnologias que utilizam os dados pessoais como insumo para a efetiva realização de suas finalidades.

6 Conclusão

Consideremos o seguinte cenário orwelliano: pessoas, identificadas por sensores colocados em seus corpos,[33] armazenam informações e dados sobre seus hábitos de consumo, sua localização geográfica, seus cartões de crédito, seus dados médicos e seus dados de investimentos. A pessoa, humana, se uniria a um novo conceito de "pessoa", instrumentalizada. O corpo físico, unido a esta nova perspectiva de corpo digital, seria conectado por rede ou radiofrequência a coisas e a outros corpos físico-digitais, visando a uma maior conveniência e eficiência nas trocas sociais. Da conectividade das coisas ampliaríamos para a conectividade dos corpos humanos. Existiria aqui uma "coisificação"

---

[32] FACHIN, Luiz Edson. Entre duas modernidades: a construção da persona e o mercado. *Revista de Direito Brasileira*, 2011. p. 103.

[33] Chamada de RFID (identificação por radiofrequência), a tecnologia já existe e está sendo implementada de forma experimental em alguns países europeus. Ver, nesse sentido, os documentários *Eis os delírios do mundo conectado*, com direção de Werner Herzog, e *Zeitgeist – O filme*, com direção de Peter Joseph. Por meio dessa tecnologia, é possível o armazenamento de dados ou informações a respeito de uma pessoa que permita desde a geolocalização, passando pelo acesso a locais até o pagamento de contas, utilizando o próprio corpo, numa verdadeira unificação do corpo físico ao corpo digital.

da pessoa? Em outras palavras, a coleta, o uso, o tratamento e o compartilhamento de dados seja entre coisas, seja entre corpos digitais, importariam numa "coisificação" da pessoa, por meio da instrumentalização do corpo e da monetização de dados pessoais?

A tecnologia, que hoje permite às coisas se conectarem entre si, permitirá em breve a conexão por rede de pessoas a coisas e de pessoas a pessoas. O capítulo seguinte para a regulação e proteção de dados se encontrará não nas coisas, mas nas pessoas. O direito, como instrumento de regulação e regularização da sociedade, não possui a capacidade de dar conta de todas as potencialidades da tecnologia e seus impactos sobre a pessoa humana. Conforme já observado, o direito segue a reboque das mudanças trazidas pela tecnologia. Ao jurista não é concedida a capacidade de previsão antecipada de todas as consequências, benéficas ou maléficas, decorrentes do desenvolvimento tecnológico.

Considerando que essa realidade tecnológica é atual e que deve ser estimulada e, ao mesmo tempo, levar a uma necessária tutela da pessoa humana, é fundamental pensar-se em mecanismos que, concretamente, protejam os interesses jurídicos subjetivos da pessoa, em sua esfera existencial, considerada prioritariamente.

Ao mesmo tempo em que se deve estimular o pleno desenvolvimento tecnológico, com suas oportunidades e potencialidades, deve-se atentar que a ética desse caminhar da técnica deve vir lado a lado com a plena e efetiva proteção e promoção da pessoa humana. Se não for desta maneira, correremos o risco de brevemente representar o que Orwell e Huxley preconizavam no século passado: uma sociedade absolutamente dominada por métodos de vigilância – sejam públicos, sejam privados – e com o esvaziamento das relações interpessoais.

Referências

BRANDEIS, Louis; WARREN, Samuel D. The right to privacy. *Harvard Law Review*, 1890.

DONEDA, Danilo. *Considerações iniciais sobre os bancos de dados informatizados e o direito à privacidade*. Disponível em: <http://www.buscalegis.ufsc.br/revistas/files/anexos/8196-8195-1-PB.htm>.

DONEDA, Danilo; ALMEIDA, Virgílio; MONTEIRO, Marilia. Governance challenges for the internet of things. *IEEE Xplore*, 23 jun. 2015. Disponível em: <ieeexplore.ieee.org/document/7131425/>.

FACHIN, Luiz Edson. *Direito civil*: sentidos, transformações e fim. 1. ed. Rio de Janeiro: Renovar, 2014.

FACHIN, Luiz Edson. Entre duas modernidades: a construção da persona e o mercado. *Revista de Direito Brasileira*, 2011.

FACHIN, Luiz Edson. Mind the gap between the new portfolio and the so-called old systems. *Boletim da Faculdade de Direito – Universidade de Coimbra*, Coimbra, v. LXXXIX, p. 825-852, 2013.

FACHIN, Luiz Edson. Reformas de que o Brasil precisa: as três fronteiras da democracia. *Revista Bonijuris*, v. 611, p. 9-15, 2014.

FACHIN, Luiz Edson. Segurança jurídica entre ouriços e raposas. In: FONSECA, Reynaldo Soares da; VELOSO, Roberto Carvalho (Org.). *Justiça Federal*: estudos em homenagem ao Desembargador Federal Leomar Amorim. 1. ed. Belo Horizonte: D'Plácido, 2016.

FACHIN, Luiz Edson. *Teoria crítica do direito civil*. 3. ed. Rio de Janeiro: Renovar, 2012.

FACHIN, Luiz Edson. *Teoria crítica do direito civil*. Rio de Janeiro: Renovar, 2000.

HARRIS, Shane. Your Samsung SmartTV is spying on you, basically. *The Daily Beast*, 2 maio 2015. Disponível em: <http://www.thedailybeast.com/articles/2015/02/05/your-samsung-smarttv-is-spying-on-you-basically.html>. Acesso em: 7 maio 2018.

LEWICKI, Bruno. *A privacidade da pessoa humana no ambiente de trabalho.* Rio de Janeiro: Renovar, 2003.

MAGRANI, Eduardo. *A internet das coisas.* 1. ed. Rio de Janeiro: Editora FGV, 2018. v. 1.

MAGRANI, Eduardo. Threats of the internet of things in a techno-regulated society. *Eduardo Magrani – Professor e Pesquisador,* 31 jan. 2018. Disponível em: <http://eduardomagrani.com/threats-of-the-internet-of-things-in-techno-regulated-society-new-legal-challenge-of-the-information-revolution-3/>. Acesso em: 28 maio 2018.

MORAES, Maria Celina Bodin de. *Danos à pessoa humana.* Rio de Janeiro: Renovar, 2003.

OHM, Paul. Broken promises of privacy: responding to the surprising failure of anonymization. *UCLA Law Review,* Colorado, v. 57, 2010.

PAGALLO, Ugo; DURANTE, Massimo; MONTELEONE, Shara. What is new with the internet of things in privacy. *Springer Link.* Disponível em: <link.springer.com/chapter/10.1007%2F978-3-319-50796-5_3>.

RODOTÀ, Stefano. *A vida na sociedade da vigilância:* a privacidade hoje. Organização, seleção e apresentação de Maria Celina Bodin de Moraes. Tradução de Danilo Doneda e Luciana Cabral Doneda. Rio de Janeiro: Renovar, 2008.

RODOTÀ, Stefano. *La rivoluzione della dignità.* Napoli: La Scuola di Pitagora, 2013.

RODOTÀ, Stefano. *La vida y las reglas:* entre el derecho y el no derecho. Tradução de Andrea Greppi. Madrid: Trotta; Fundación Alfonso Martín Escudero, 2010.

RUZYK, Carlos Eduardo P. A responsabilidade civil por danos produzidos no curso da atividade econômica e a tutela da dignidade da pessoa humana: o critério do dano ineficiente. In: RAMOS, C. L. S. *et al.* (Org.). *Diálogos sobre o direito civil:* construindo a racionalidade contemporânea. Rio de Janeiro: Renovar, 2002.

SOLOVE, Daniel. A taxonomy of privacy. *University of Pennsylvania Law Review,* v. 154, n. 3, 2006.

THE WORLD'S most valuable resource is no longer oil, but data. *The Economist,* 6 maio 2017. Disponível em: <https://www.economist.com/leaders/2017/05/06/the-worlds-most-valuable-resource-is-no-longer-oil-but-data>.

WHATSAPP, Facebook e Instagram são os apps sociais mais usados pelos brasileiros. *CanalTech,* 17 ago. 2017. Disponível em: <https://canaltech.com.br/apps/whatsapp-facebook-e-instagram-sao-os-apps-sociais-mais-usados-pelos-brasileiros-99064/>. Acesso em: 17 maio 2018.

WHITMAN, James Q. The two western cultures of privacy: dignity versus liberty. *Faculty Scholarship Series,* Paper 649, 2004. Disponível em: <http://digitalcommons.law.yale.edu/fss_papers/649/>.

Informação bibliográfica deste texto, conforme a NBR 6023:2002 da Associação Brasileira de Normas Técnicas (ABNT):

MULHOLLAND, Caitlin Sampaio. Mercado, pessoa humana e tecnologias: a internet das coisas e a proteção do direito à privacidade. In: EHRHARDT JÚNIOR, Marcos; CORTIANO JUNIOR, Eroulths (Coord.). *Transformações no Direito Privado nos 30 anos da Constituição*: estudos em homenagem a Luiz Edson Fachin. Belo Horizonte: Fórum, 2019. p. 103-116. ISBN 978-85-450-0562-9.

DIREITO AO ESQUECIMENTO E O *VENIRE CONTRA FACTUM PROPRIUM*: OS EFEITOS DA AUTOEXIBIÇÃO NA ERA DIGITAL

TATIANE GONÇALVES MIRANDA GOLDHAR

1 Introdução

O mundo, a sociedade e as relações humanas estão em contínuas e profundas transformações. A cada nova geração se observa uma mudança na forma de as pessoas se inter-relacionarem. A mais marcante delas foi a comunicação virtual, através da internet, porquanto rompe com paradigmas de toda ordem, em especial alguns valores relacionados à condição humana e seus atributos, como os conceitos de comunicação, interação, privacidade, imagem, honra pessoal, reputação, a qual adveio com a revolução digital, iniciada por volta da década de 60, que proporcionou uma das maiores, senão a maior, transformação social dos últimos tempos.

A denominada "era digital",[1] eclodida em meados do século XX, surge em substituição à era industrial que, por sua vez, sucedeu à era da agricultura. O homem vive hoje, indubitavelmente, benefícios, conflitos e incertezas próprias de uma grande revolução paradigmática a qual afeta profundamente os valores sociais, culturais e morais.

Esse novo estágio tem trazido profundos debates jurídicos em todos os sistemas jurídicos, migrando as relações jurídicas digitais a um novo ramo do direito denominado "direito digital",[2] dada a necessidade de aprofundamento em conhecimentos da informática, do mundo digital e de suas relações.

Além dessa nova especialização temática, têm-se produzido recentes estudos no direito civil (direitos da pessoa humana e personalidade) e constitucional (marcadamente

---

[1] No presente artigo, os termos *era digital* e *virtual* são utilizados como sinônimos.
[2] "Se a Internet é um meio, como é o rádio, a televisão, o fax, o telefone, então não há que se falar em Direito de Internet, mas sim em um único Direito Digital cujo grande desafio é estar preparado para o desconhecido, seja aplicando velhas normas ou novas normas, mas com a capacidade de interpretar a realidade social e adequar a solução ao caso concreto na mesma velocidade das mudanças da sociedade" (PINHEIRO, Patrícia Peck. *Direito digital*. 5. ed. São Paulo: Saraiva, 2013. p. 25).

os direitos fundamentais), no Brasil e no Exterior, em razão das mudanças em valores fundamentais e das implicações práticas no que tange à autonomia da vontade, liberdade, informação, imagem e privacidade da pessoa humana, os quais são direitos fundamentais.

Diante desse cenário, demonstrar-se-á que surgem na doutrina e jurisprudência estudos relacionados ao direito ao esquecimento e à memória coletiva, muitas vezes num contraponto e em rota de colisão, normalmente relacionados a fatos e eventos negativos da pessoa humana em dado momento de sua vida, e a responsabilidade civil na internet de provedores, hospedeiros de dados e terceiros pela divulgação supostamente inapropriada dessas imagens, dados e informações, com propensão a causar danos a direitos de personalidade das pessoas envolvidas e expostas indevidamente.

Esse cenário revela-se ainda mais intrigante quando o próprio titular divulga e disponibiliza sua imagem e informações pessoais nas redes sociais e elas são usadas por outras pessoas, sem a devida autorização e sem cunho comercial, mas com conteúdo difamatório, isto é, relacionando-a a situações vexatórias que violam direitos fundamentais.[3]

Em específico, o problema que se põe a averiguar é a possibilidade de se caracterizar a responsabilidade civil e invocar uma indenização por danos materiais e/ou morais, em virtude da violação de atributos da pessoa humana, ou utilização não consentida, por terceiro que obteve os dados a partir da voluntária disponibilização da pessoa nas redes sociais (autoexibição), ao fundamento de direito ao esquecimento dos fatos e dados divulgados.

Para tanto, são as perguntas objeto desta breve pesquisa: há uma erosão do conceito de privacidade e da imagem da pessoa humana, identificada virtualmente, na era digital? E em havendo utilização dos dados pessoais e imagem de alguém, não consentida, que voluntariamente se expõe nas redes sociais, esbarraria a pretensão indenizatória da suposta vítima na máxima do *venire contra factum proprium*, a ponto de excluir ou reduzir uma eventual indenização?

Pretende-se investigar, ainda, se houve mudança no direito à privacidade e autonomia, na sociedade virtual, e se há corresponsabilidade entre aquele que se exibe, nas redes sociais, e o divulgador dessa imagem ou informação, à luz da boa-fé para fins de dimensionamento da responsabilidade civil pela utilização não consentida de dados.

O artigo está dividido em duas partes: a primeira trata da erosão do direito à privacidade na era digital no intuito de demonstrar a problemática da autoexibição nas redes sociais. Em seguida, o artigo discute a possibilidade de alegação do direito ao esquecimento no caso de autoexibição, relacionado com a aplicação do *venire contrafactum proprium* e o princípio da boa-fé *objetiva* na análise da responsabilidade civil de terceiros.

2 A erosão do direito à privacidade na era digital

Os direitos da personalidade formam uma das categorias jurídicas do sistema civilista que mais tem se transformado na atualidade, porque dizem respeito às demandas

---

[3] BENNETT, Steven C. The "right to be forgotten": reconciling EU and US perspectives. *Berkeley J. Int'l Law*, v. 30, n. 161, 2012. Disponível em: <http://scholarship.law.berkeley.edu/bjil/vol30/iss1/4>. Acesso em: 13 maio 2018.

do ser humano em contínua construção. A personalidade pode ser considerada "conjunto de características e atributos da pessoa humana, considerada como objeto de proteção por parte do ordenamento jurídico".[4] Assim, é consenso que a personalidade é qualidade própria à condição humana.

Ensina Pontes de Miranda[5] que "o direito de personalidade, os direitos, as pretensões e ações que dele se irradiam são irrenunciáveis, inalienáveis, irrestringíveis. São direitos irradiados dele os de vida, liberdade, saúde (integridade física e psíquica), honra, igualdade".

Maria Helena Diniz[6] conceitua o princípio da autonomia da vontade como "o poder de estipular livremente, como melhor lhes convier, mediante acordo de vontade, a disciplina de seus interesses, suscitando efeitos tutelados pela ordem jurídica".

Clóvis do Couto e Silva[7] reafirma o conceito:

> [...] a possibilidade, embora não ilimitada, que possuem os particulares para resolver seus conflitos de interesses, criar, associações, efetuar o escambo dos bens e dinamizar, enfim, a vida em sociedade. Para a realização desses objetivos, as pessoas vinculam-se, e vinculam-se juridicamente, através de sua vontade.

A autonomia da vontade, ou autodeterminação, após o Estado Absolutista, despontou como referencial axiológico para o sistema jurídico do liberalismo em formação, esculpido na síntese kantiana segundo a qual a dignidade dos indivíduos era imensurável e assim deveria ser salvaguardada de toda e qualquer violação.[8]

Nesse sentido, a Declaração Universal dos Direitos do Homem de 1948[9] consagrou os direitos fundamentais do homem, impondo o irrestrito reconhecimento jurídico da personalidade humana e a busca incessante pela garantia e materialização desses direitos em qualquer sistema jurídico, respeitadas as interferências culturais próprias de cada nacionalidade. É dizer: cabe ao Estado, *ultima ratio*, resguardar o ser humano de situações que inibam sua formação emocional, espiritual, física e social ou que agridam seus direitos de cidadão universal.[10]

---

[4] TEPEDINO, Gustavo. A tutela da personalidade no ordenamento civil-constitucional brasileiro. In: TEPEDINO, Gustavo. *Temas de direito civil*. Rio de Janeiro: Renovar, 1999. p. 27.

[5] MIRANDA, Francisco Cavalcanti Pontes de. *Tratado de direito privado*. Atualizado por Vilson Rodrigues Alves. 2. ed. Campinas: Bookseller, 2000. t. I. p. 216.

[6] DINIZ, Maria Helena. *Curso de direito civil brasileiro*: teoria das obrigações contratuais e extracontratuais. 27. ed. São Paulo: Saraiva, 2011. p. 41.

[7] SILVA, Clóvis do Couto e. *A obrigação como processo*. São Paulo: Bushatsky, 1976.

[8] O pensamento liberalista justificava a autoridade estatal na vontade dos cidadãos, adotando o pensamento de Immanuel Kant, para quem a vontade de todo ser humano deve ser concebida como vontade legisladora universal (KANT, Immanuel. *Crítica da razão pura*. São Paulo: Abril Cultural, 1980. Coleção Os Pensadores. p. 137).

[9] "A Declaração Universal dos Direitos do Homem representa a manifestação da única prova através da qual um sistema de valores pode ser considerado humanamente fundado e, portanto, reconhecido: e essa é prova é o consenso geral acerca de sua validade" (BOBBIO, Norberto. *A era dos direitos*. Tradução de Celso Nelson Coutinho. Rio de Janeiro: Elsevier, 2004. p. 26).

[10] Os direitos do homem ou da personalidade humana são inegavelmente um fenômeno social, de modo que intangibilidade da liberdade, imagem, honra, igualdade entre pares, identificação pessoal, orientação sexual, são produtos dos processos de conquistas e construções da própria sociedade em que o ser está imerso, não se podendo exigir, de forma arbitrária, num plano interno, mais do que sociedade pôde vivenciar em sua história, sob pena de desindentificação do homem com seu sistema jurídico fundante.

A partir da Constituição Federal de 1988, a dignidade da pessoa humana passa a ser o princípio fundante da ordem jurídica brasileira, irradiando-se para todo o sistema jurídico civil, revelando um movimento de restruturação de bases ontológicas e substanciação de seus institutos e valores, demandando do jurista a um novo olhar no processo hermenêutico para fins de proteção jurídica.[11]

Como diria Luiz Edson Fachin, "o desafio é a abertura de caminhos hermenêuticos sob o valor axial e operativo da Constituição".[12]

Os direitos da personalidade buscam raízes no princípio da dignidade da pessoa humana, o qual constitui hoje um dos mais relevantes ramos de estudo do direito civil, mormente no âmbito das relações virtuais, haja vista a necessidade de atualizá-los frente às demandas da sociedade, e dos novos conceitos de imagem e privacidade, ao contextualizarmos com a identidade virtual via perfis de redes sociais.

Para Rodotà:[13]

> [...] intimidade e respeito, permite que nos aproximemos do tema da dignidade abordando os seus diversos ângulos. A intimidade nos dá ideia de algo inviolável e inalienável. O respeito nos dá a ideia da relação de cada um com todos os demais. A dignidade conjuga estes dois dados, um individual e outro social, e contribui para definir a posição de cada um na sociedade.

Paulo Lôbo[14] adverte:

> [...] os direitos à vida, à honra, à integridade física, à integridade psíquica, à privacidade, dentre outros e inerentes à pessoa, pois sem eles não se concretiza a dignidade humana. A cada pessoa não é conferido o poder de deles dispor, sob pena de reduzir a sua condição humana; todas as demais pessoas devem abster-se de violá-los.

Nesse diapasão, não há dúvidas de que a proteção da personalidade vai muito além da taxatividade do rol dos arts. 11 a 21 do Código Civil, existindo, segundo Gustavo Tepedino, uma verdadeira cláusula geral de tutela da personalidade,[15] uma vez que não se demonstra possível nem viável prever e elencar todos os direitos da personalidade. Nesse sentido, tem-se o Enunciado nº 274 da IV Jornada de Direito Civil:

---

[11] FACHIN, Luiz Edson. *Direito civil*: sentido, transformações e fim. 1. ed. Rio de Janeiro: Renovar, 2014. p. 122.
[12] FACHIN, Luiz Edson. *Direito civil*: sentido, transformações e fim. 1. ed. Rio de Janeiro: Renovar, 2014. p. 124.
[13] RODOTÀ, Stefano. *A vida na sociedade da vigilância*: a privacidade hoje. Tradução de Danilo Doneda e Luciana Cabral Doneda. Rio de Janeiro: Renovar, 2008. p. 234.
[14] LÔBO, Paulo. *Direito civil*. Parte geral. São Paulo: Saraiva, 2009. p. 145.
[15] Destaca Gustavo Tepedino: "A personalidade humana deve ser considerada antes de tudo um valor jurídico, insuscetível, pois, de redução a uma situação jurídica-tipo ou a um elenco de direitos subjetivos típicos, de modo a se proteger eficaz e efetivamente as múltiplas e renovadas situações em que a pessoa venha a se encontrar, envolta em suas próprias e variadas circunstâncias. Daí resulta que o modelo do direito subjetivo tipificado, adotado pelo Codificador brasileiro, será necessariamente insuficiente para atender às possíveis situações subjetivas em que a personalidade humana reclame tutela jurídica" (TEPEDINO, Gustavo. Crise de fontes normativas e técnica legislativa na parte geral do Código Civil de 2002. In: TEPEDINO, Gustavo (Coord.). *A parte geral do Novo Código Civil*: estudos na perspectiva civil-constitucional. Rio de Janeiro: Renovar, 2003. p. XXIII).

Os direitos da personalidade, regulados de maneira não-exaustiva pelo Código Civil, são expressões da cláusula geral de tutela da pessoa humana, contida no art. 1º, inc. III, da Constituição (princípio da dignidade da pessoa humana). Em caso de colisão entre eles, como nenhum pode sobrelevar os demais, deve-se aplicar a técnica da ponderação.

A pedra de toque dos debates do sistema jurídico, para além da identificação de novos direitos, ainda é a proteção e desenvolvimento deles (função tuteladora),[16] o que se constitui um desafio devido às formas tão desiguais de compreender o ser humano e suas necessidades básicas, mormente na sociedade digital. Eis porque a categoria dos direitos da personalidade tende a experimentar profundas transformações e estudos visando adequar o sujeito e seus atributos às mudanças derivadas da tecnologia e de um mundo globalizado.

A passagem do "individualismo para a coexistencialidade", segundo Fachin, exige do intérprete e aplicadores da norma jurídica o redimensionamento de perspectivas com vistas a, sem "egocentrificar" o homem, salvaguardá-lo das inseguranças próprias de um mundo em transição.[17]

Trata-se do reconhecimento de que a autonomia individual e seus atributos, como intimidade, imagem e, portanto, privacidade, valores singulares, constituem e balizam o "projeto de vida" do ser humano em construção, o que precisa ser assegurado mesmo nas relações mais vulneráveis, como é o caso da virtual, como apregoado por Fachin.

Indubitavelmente, o ser humano tem sido mais visto e tem visto mais a vida alheia, como nunca, e o que se passa no mundo. Programas televisivos como Big Brother Brasil revelaram o gosto duvidável de parte da população brasileira que viceja um desejo pela autoexposição desenfreada, sem atentar para os efeitos negativos que esta pode causar.

Segundo Marcos Ehrhardt, o imediatismo e a facilidade de acesso são motivos preocupantes quando se fala em relações virtuais:

> [...] resta configurado um ambiente onde a imediatividade temporal e física do acesso à informação, dado à extrema funcionalidade e celeridade dos meios tecnológicos utilizados, proporciona o que podemos denominar "eliminação virtual das distâncias". Além disso, cumpre ressaltar a democratividade, isto é, o barateamento do acesso à Internet, e consequentemente, a "igualização" de oportunidades aos potenciais usuários, sobretudo aos hipossuficientes.[18]

Nessa tessitura, cabe-nos repensar sobre os contornos do direito fundamental à imagem e privacidade, uma vez que os próprios titulares submetem sua imagem e dados pessoais, num *topoi* cibernético, de fronteiras inacessíveis aos usuários, determinados ou indeterminados, em situações de alto risco de publicização e, portanto, de manipulação não consentida, a ensejar fraturas em direitos fundamentais a repercutir, *quiçá*, no princípio da dignidade da pessoa humana.[19]

---

[16] FACHIN, Luiz Edson. *Direito civil*: sentido, transformações e fim. 1. ed. Rio de Janeiro: Renovar, 2014. p. 13.
[17] FACHIN, Luiz Edson. *Direito civil*: sentido, transformações e fim. 1. ed. Rio de Janeiro: Renovar, 2014. p. 58.
[18] EHRHARDT JÚNIOR, Marcos Augusto de Albuquerque. Sociedade da informação e o direito na era digital. Âmbito Jurídico. Disponível em: <http://www.ambito-juridico.com.br/site/index.php?n_link=revista_artigos_leitura&artigo_id=2165>. Acesso em: 14 maio 2018.
[19] PINHEIRO, Patrícia Peck. *Direito digital*. 5. ed. São Paulo: Saraiva, 2013. p. 38.

Nesse compasso, a Lei nº 12.965/2014 conhecida como "Marco Civil da Internet" reforça no capítulo II os valores da carta constitucional, tratando como nulas quaisquer cláusulas que ofendam esses direitos.

Em seguida, o capítulo III dispõe, ainda, que a guarda dos registros de conexão, de acesso a aplicações de internet, de dados pessoais e de comunicações privadas devem respeitar a intimidade, vida privada, honra e imagem das partes envolvidas, de modo que os provedores não podem vasculhar nem disponibilizar a terceiros os registros deixados pelo usuário em seu acesso à rede, salvo por ordem judicial específica.[20]

A noção de privacidade (intimidade), nesse sentido, deve ser constantemente repensada e redefinida para se adaptar a novas situações e lacunas protetivas da sociedade digital. Diante disso, questiona-se: haveria, para as relações virtuais, um novo conteúdo de privacidade humana, mais alargado, mais penetrável? Como se daria a tutela à privacidade nessa nova ordem digital? A identidade digital deve ser protegida tal qual a identidade real da pessoa humana? Como compatibilizar a liberdade de expressão e informação com o dogma da privacidade?

> A proteção da privacidade, elemento indissociável da personalidade, merece essa tutela integrada, sendo provavelmente um dos casos em que ela é mais necessária. A cotidiana redefinição de forças e meios que possibilitam a intromissão na esfera privada dos indivíduos demanda uma tutela de caráter incessantemente mutável. Sintetizando, a privacidade, incluindo, em seu bojo, a intimidade, é direito da personalidade inviolável, irrenunciável, imprescritível e intransmissível por força do Código Civil de 2002 e, também, um direito fundamental humano por estar previsto no artigo 5º da Constituição.[21]

O pondo nodal aqui é propor a reflexão sobre a possibilidade de um indivíduo que, nessa sociedade digital, expõe-se constantemente, convidando todos os amigos digitais, seja em perfiz públicos ou privados, poder pleitear indenizações pela utilização indevida de sua imagem ou informação publicada, em decorrência de um excesso de exposição que resulta na própria automitigação da privacidade e intimidade.

Entende-se que a imagem pessoal e profissional que é criada em perfis públicos, ou até privados, goza de proteção constitucional porquanto é extensão e reflexo da pessoa humana, identificada virtualmente pelo seu perfil social das redes sociais.

Viktor Mayer-Schönberger, analisando as relações da sociedade digital, defende uma erosão da privacidade humana ao afirmar que "There is no question, the erosion of individual privacy, is a fundamental challenge we are facing in our times".[22]

O direito à privacidade daquele que a expõe nas redes sociais tem mitigações que resultam da conduta do seu próprio titular, cenário este que é cada vez mais comum dada à utilização desenfreada das mídias para reforçar ou fomentar aspectos egoicos da personalidade humana.

---

[20] A penalidade para o descumprimento varia desde advertência até a proibição do direito de exercer suas atividades.

[21] DONEDA, Danilo Cesar Maganhoto. Considerações iniciais sobre bancos de dados informatizados e o direito à privacidade. In: TEPEDINO, Gustavo (Org.). *Problemas de direito civil-constitucional*. Rio de Janeiro: Renovar, 2000. p. 111-136.

[22] MAYER-SCHÖNBERGER, Viktor. *Delete*: the virtue of forgetting in the digital era. Princeton: Princeton University Press, 2009. p. 12.

Segundo Hannah Arendt, a clara separação entre os espaços público e privado esvaneceu. Com o advento da era moderna, a linha divisória tornou-se difusa, pois o corpo político transformou-se em uma família cujos negócios controlam uma gigantesca economia social.[23] Já com a era digital, a privacidade é compartilhada com muitos.

Viktor Mayer-Schönberger, ao perceber a ânsia do ser humano do século XXI, em não ser esquecido, ou de ser lembrado a todo momento através das redes, característica própria da sociedade moderna, de consumo e prazeres fugazes, apregoa que "sharing is the key to keep memories alive, and language is a prime mechanism of doing so, unfortunatly sharing alone is not suficiente. [...] Remembering is always a constructive endeavor".[24]

Destaca Anderson Schreiber que o alargamento das responsabilidades individuais e coletivas num nível precedente à lesão, ou seja, pela produção de risco ao próximo ou do autorrisco, é consequência desse reconhecimento de que há direitos que não podem aguardar a lesão como a imagem e privacidade, sem prejuízo da análise da conduta do próprio titular.[25]

Schreiber coaduna com a ideia de que os interesses existenciais dos indivíduos devem ser tutelados pelo Estado e pelo particular, num estado de "dever geral de cautela", mas que dificuldades práticas exsurgem das problemáticas e dos conflitos de interesses, muitas vezes de igual valor jurídico (informação e privacidade, por exemplo).

Na era da velocidade, de valores e relações líquidas, conforme bem pontua Zygmunt Bauman,[26] as demandas humanas estão cada vez mais crescentes e carentes, de modo que as relações mais instáveis e susceptíveis de agressões ao outro, no aspecto mais profundo, o seu ser, como é o elemento estruturante da personalidade humana, *psique*, identificação de gênero, espiritual etc., fala-se até em dano existencial do ser humano.

Essas agressões são potencializadas pelo estado atual de autoexposição de indivíduos através das redes sociais que contribui para uma verdadeira erosão do conceito e do valor da privacidade e intimidade na atualidade. Essa situação merece enfrentamento peculiar, e Paulo Lôbo apregoa que, na ausência de parâmetros legislativos seguros, deve-se solucionar da seguinte forma:

> [...] quando o juiz depara-se com situação fática que nãos e enquadra nos tipos legais de direitos da personalidade, mas que evidencia violação a esta, deve verificar se é cabível, no caso, a tutela do princípio da dignidade da pessoa humana. Essa operação hermenêutica de reenvio ao princípio assegura a plena aplicabilidade dos direitos da personalidade.[27]

Nesse contexto, a busca na atualidade é por instrumentos argumentativos fundamentados num raciocínio jurídico seguro e que visem garantir o reconhecimento e a proteção no âmbito das relações privadas virtuais.

---

[23] ARENDT, Hannah. *A condição humana*. Tradução de Roberto Raposo. 10. ed. Rio de Janeiro: Forense Universitária, 2001. p. 48.

[24] MAYER-SCHÖNBERGER, Viktor. *Delete*: the virtue of forgetting in the digital era. Princeton: Princeton University Press, 2009. p. 37.

[25] SCHREIBER, Anderson. *Novos paradigmas da responsabilidade civil*: da erosão dos filtros da reparação à diluição dos danos. 6. ed. São Paulo: Atlas, 2015. p. 179-180.

[26] BAUMAM, Zygmunt. *Modernidade líquida*. Rio de Janeiro: Jorge Zahar, 2001.

[27] LÔBO, Paulo. Constitucionalização do direito civil. *Jus Navigandi*, Teresina, ano 3, n. 33, jul. 1999. Disponível em: <http://jus2.uol.com.br/doutrina/texto.asp?id=507>. Acesso em: 23 dez. 2007.

Antonio-Enrique Pérez Luño, ao analisar o comportamento nas redes sociais, reconhece que ela possibilita uma homogênea liberdade de expressão e levanta a preocupação com a segurança dos dados pessoais na rede mundial de computadores:[28]

> [...] ha surgido un movimiento de la doctrina jurídica y de la jurisprudencia de los países con mayor grado de desarrollo tecnológico tendente al reconocimiento de unos nuevos derechos humanos dirigidos a evitar la contaminación tecnológica de las libertades. La libertad informática, la facultad de autodeterminación en la esfera informativa y la protección de datos personales, serian um ejemplo de nuevos derechos tendentes a responder al reto tecnológico.

Com o desafio posto, inclinando-se pela necessidade de ressignificar para melhor compreender os conceitos de privacidade e a imagem nas relações virtuais, a partir de uma visível erosão de tais conteúdos frente as transformações das últimas décadas via massificação do uso da tecnologia em todos os setores, chega-se a hora de enfrentar o cabimento e a plausibilidade da pretensão indenizatória deduzida pelo titular do direito ultrajado em face do agente que eventualmente usa, de forma não consentida, da imagem ou de dados de um perfil nas redes sociais.

3 O direito ao esquecimento no caso de autoexibição e efeitos na responsabilidade civil

O acesso e uso da internet desafia continuamente o ordenamento jurídico brasileiro a uma regulamentação eficiente para manter a ordem social no mundo digital, pois o direito à privacidade e o direito à liberdade de expressão incentivada pelos meios digitais atuais trazem problemas cuja solução não encontra respaldo legal.

No Brasil, o direito ao esquecimento não é estabelecido diretamente por meio de legislação, mas desenvolve-se e ganha contornos jurídicos e dogmáticos através da análise jurisprudencial e doutrinária. Trata-se, portanto, de figura em construção, que tem como ponto de partida o contraponto e a compreensão do direito de privacidade e intimidade.

Considerado como o direito que qualquer um tem não reviver momentos tristes ou dramáticos de sua história, em canais televisivos, mídias sociais e rádios, revela-se como uma extensão ou elemento da privacidade, no intuito de assegurar às pessoas o direito de serem esquecidas pela opinião pública e pela imprensa em relação a atos que praticaram no passado que supostamente comprometeram sua imagem e reputação sociais.[29]

Trata-se de um direito de personalidade já reconhecido no Enunciado nº 531 ("A tutela da dignidade da pessoa humana na sociedade da informação inclui o direito

---

[28] PÉREZ LUÑO, Antonio-Enrique. Teledemocraia, ciberciudadania y derechos humanos. *Revista Brasileira de Políticas Públicas*, v. 4, n. 2, p. 10-11, jul./dez. 2014. Disponível em: <https://www.publicacoesacademicas.uniceub.br/RBPP/article/view/2835>. Acesso em: 1º maio 2018.

[29] PIMENTEL, Alexandre Freire; CARDOSO, Mateus Queiroz. A regulamentação do direito ao esquecimento na lei do marco civil da internet e a problemática da responsabilidade civil dos provedores. *Revista da Ajuris*, v. 42, n. 137, mar. 2015. Disponível em: <http://www.ajuris.org.br/OJS2/index.php/REVAJURIS/article/view/376/310>. Acesso em: 26 maio 2018.

ao esquecimento"), da VI Jornada de Direito Civil do Conselho da Justiça Federal (CJF), cuja justificativa é:

> Os danos provocados pelas novas tecnologias de informação vêm-se acumulando nos dias atuais. O direito ao esquecimento tem sua origem histórica no campo das condenações criminais. Surge como parcela importante do direito do ex-detento à ressocialização. Não atribui a ninguém o direito de apagar fatos ou reescrever a própria história, mas apenas assegura a possibilidade de discutir o uso que é dado aos fatos pretéritos, mais especificamente o modo e a finalidade com que são lembrados.

O direito ao esquecimento foi analisado e assegurado, há quase 5 anos, em dois recursos especiais julgados pela 4ª Turma do Superior Tribunal de Justiça. As decisões, unânimes, marcam a primeira vez que uma corte superior discute o tema no Brasil. Os casos decorrem de dois recursos ajuizados contra reportagens da TV Globo, um deles por um dos acusados mais tarde absolvidos pelo episódio que ficou conhecido como a Chacina da Candelária, no Rio de Janeiro. O outro, pela família de Aída Curi, estuprada e morta em 1958 por um grupo de jovens. As demandas foram à Justiça porque os personagens das notícias no caso de Aída, os familiares, sentiram que não havia necessidade de resgatar suas histórias, já que aconteceram há muitos anos e não faziam mais parte do conhecimento comum da população.

Hodiernamente, a preocupação volta-se para o uso abusivo das redes sociais, emergindo desafios que transbordam para questões éticas profundas por carecer a relação virtual de um código moral ou regra de conduta para o bem-viver até por que a internet criou um ciberespaço em que circula diversas informações sobre diversos conteúdos em escala mundial, muitos deles disponibilizados ingênua e voluntariamente, por nós leigos.[30]

> O ponto nevrálgico dessa exposição no mundo virtual é que ainda há uma ausência de regras explícitas desse comportamento de "vitrine". Essa exposição de si e do outro devem caminhar junto com um regramento, ou, pelo menos, com informações claras, que, além de garantir a liberdade de expressão, estabeleçam consequências para quem divulga e o peso para aquele que tem a sua vida devassada.[31]

Nesse contexto, a celeuma em torno do direito ao esquecimento no mundo virtual, com ênfase nas redes sociais, está diretamente relacionada com a velocidade da difusão da informação telemática aliada à grande dificuldade de supressão dos conteúdos postados, por terceiros e pelo próprio usuário. Nota característica da relação "humana" digital, a instantaneidade informativa no espaço virtual é uma realidade complexa de lidar, pois nem sempre conseguimos retroagir nos conteúdos que disponibilizamos, de modo que às vezes fica quase impossível evitar comentários e efeitos negativos de imagens e informações que deliberadamente expomos.

---

[30] PAESANI, Liliana Minardi. *Direito e internet*: liberdade de informação, privacidade e responsabilidade civil. 5. ed. São Paulo: Atlas, 2012. p. 34.
[31] SILVA, Alexandre Antonio Bruno da; MACIEL, Marlea Nobre da Costa. Direito ao esquecimento: na sociedade informacional há espaço para o epílogo da máquina de tortura kafkiana? *Revista Brasileira de Políticas Públicas*, Brasília, v. 7, n. 3, p. 453-482, 2017. p. 463.

Na medida em que a internet facilita a difusão da informação e do autopropaganda, à serviço de nossos objetivos profissionais, pessoais ou meramente egoicos, ela também acarretou uma espécie de eternização voluntária de dados pessoais, repletos de detalhes íntimos, cujo acesso ilimitado poderá influir negativamente na vida futura profissional e pessoal dos próprios disponibilizadores.

Essa controvérsia, em pauta no Brasil e no exterior,[32] reflete um possível conflito entre o direito à informação e à intimidade e à privacidade, e posteriormente o direito ao esquecimento, os quais sugerem o direito à supressão da informação, em tese. Demandas judiciais surgem com o objetivo de responsabilização de terceiros, provedores ou não, pela utilização não autorizada de imagem ou evento de pessoa, adquirida, muitas vezes, nos próprios perfis da vítima.

Com o advento da Lei do Marco Civil na internet, demandas contra provedores e alguns canais de divulgação de vídeos ficarão cada vez mais remotas, ante a disciplina dada no sentido de depender de ordem judicial específica para tanto e de não ser, em regra, responsabilidade dos provedores a retirada de imagens e vídeos das mídias.

O problema proposto neste artigo, longe de esgotar o assunto, é a situação de responsabilizar um terceiro que acessa o perfil público de alguém e utiliza, sem autorização prévia, a informação, imagem ou relaciona uma fotografia a um outro evento, conteúdo ou acontecimento que não é do agrado da pessoa que disponibilizou a imagem, a ensejar uma irresignação pela invasão não consentida da intimidade.

A preocupação com a proteção da identidade digital é tão grande que originou um comércio setorizado com a atuação de empresas especializadas em "limpar" a imagem de alguém na internet, com a promessa de retirada de informações indesejadas, a exemplo das empresas Reputation Defender[33] e Integrity Defenders.[34]

> As relações humanas e a expressão de manifestação de vontade tomam nova forma, ou seja, ocorrem por diferentes meios eletrônicos e em tempo real e por sua vez exigem novos conhecimentos na busca de provas. Deve-se considerar que, na Sociedade Digital, integra-se ao quadro de testemunhas, não apenas o ser humano, mas também as máquinas. Imagine que em uma troca básica de e-mails entre duas pessoas, temos quatro testemunhas máquinas: a máquina do emissor e seu servidor (duas testemunhas) e a máquina do destinatário, bem como o servidor por ele utilizado caso seja diferente do emissor. Portanto, o meio digital permite que busquemos vestígios de uma ação por todo lugar onde passamos, ou melhor, por onde passam as informações.[35]

---

[32] Nos Estados Unidos, o direito ao esquecimento é designado pela expressão *eraser law*, e foi regulamentado em uma lei do estado da Califórnia, de 23.9.2013 (Lei SB-56821). Esta lei é mais um marco na luta pela normatização do direito ao esquecimento, contudo somente entrou em vigor no dia 1º de janeiro de 2015 e decorre de um estudo acerca do chamado *cyberbullying*, que tem tomado grandes contornos na sociedade norte-americana (BAZELON, Emily. How to stop the bullies. *The Atlantic*, mar. 2013. Disponível em: <http://www.theatlantic.com/magazine/archive/2013/03/how-to-stop-bullies/309217/>). Para o Tribunal Jurídico da União Europeia (TJUE), o direito ao esquecimento não é absoluto, os pedidos de retirada de informações devem ser justificados e compete aos provedores analisar a procedência ou não do pleito (UNIÃO EUROPEIA. Parlement Européen. Commission des libertés civiles, de la justice et des affaires intérieures. *Projet de Rapport*. Disponível em: <http://www.europarl.europa.eu>. Acesso em: 14 maio 2018).

[33] <https://www.reputationdefender.com/>.

[34] <http://integritydefenders.com/>. Os serviços prestados variam desde a simples e única limpeza de informações inconvenientes das primeiras páginas de *sites* de busca (a cada retirada em página diferente do *site* de busca o preço aumenta) até a prestação de serviço continuado mediante o pagamento de uma taxa mensal

[35] POLLI, Vanessa. Mas, afinal, o que é direito digital? *Meon*, 10 jun. 2015. Disponível em: <http://www.meon.com.br/opiniao/opiniao/colunas/mas-afinal-o-que-e-direito-digital>. Acesso em: 22 mar. 2018.

À luz do princípio da boa-fé, quais são os limites para o reconhecimento da responsabilidade civil e da indenização moral e/ou material quando o próprio titular do direto fundamental o expõe e o disponibiliza na rede sem controle algum? Ou seja, se o titular do direito de personalidade flexibiliza seu próprio direito, seria capaz de exigir de outrem, seja do provedor da internet seja de terceiros (amigos indeterminados) uma tutela inibitória ou ressarcitória integral?

Nas redes sociais, a seleção das informações e do conhecimento passa a ser, em grande parte, de responsabilidade do próprio usuário. Nessa linha, a reputação na rede, apesar de ser uma questão séria e delicada, é normalmente menosprezada. Tem-se se falado muito em ética digital, a fim de se investigar quais são as regras deontológicas das relações virtuais, conceitos em construção em razão da urgência e a vulnerabilidade a que estão sujeitos todos nós usuários.[36] Mas não há definições nessa seara deontológica.

A reputação na rede é ligada às informações públicas de uma pessoa qualquer, seja no caso em que ela tenha sido posta na rede pela própria pessoa ou por terceiros. Não importa se é uma foto ou uma opinião manipulada. Os efeitos da distorcida reputação na rede podem ser traumáticos, devastadores, daí a relevância da discussão de se reconhecer um direito de não lembrar ou de ver esquecido um acontecimento que marca fatos negativos em dado momento da vida da pessoa humana, a demandar a pretensão de exclusão da foto, vídeo ou informação das redes sociais.

Basta recordar um episódio ocorrido no mês de maio de 2012, quando fotos íntimas da atriz Carolina Dieckmann foram coletadas do celular da atriz por um indivíduo que as divulgou, causando danos à sua honra e dignidade. Na época, a Lei nº 12.737/12, deu origem aos arts. 154-A e 154-B do Código Penal, tipificando que a invasão ao dispositivo informático alheio passará a ser crime, sendo posta uma pena de 6 (seis) meses a 2 (dois) anos, e multa, se não constituir crime mais grave, na íntegra teremos no texto do §3º.[37]

Em 2013, o Superior Tribunal de Justiça julgou dois recursos especiais nos quais se invocou como razão jurídica o direito ao esquecimento: o REsp nº 1.334.097, relativo ao caso da Chacina da Candelária, e o REsp nº 1.335.153, relativo ao caso da Aída Curi, ambos de relatoria do Ministro Luís Felipe Salomão e referentes a conteúdo televisivo. Em ambos, venceu o direito ao esquecimento.

A representação de tudo isso pode ser traduzida por Ost:[38]

> [...] o direito ao esquecimento, consagrado pela jurisprudência, surge mais claramente como uma das múltiplas facetas do direito a respeito da vida privada. Uma vez que, personagem pública ou não, fomos lançados diante da cena e colocados sob os projetos da atualidade – muitas vezes é preciso dizer, uma atualidade penal –, temos o direito, depois de determinado tempo, a sermos deixados em paz e a recair no esquecimento e no anonimato, do qual jamais queríamos ter saído [...].

---

[36] MAYER-SCHÖNBERGER, Viktor. *Delete*: the virtue of forgetting in the digital era. Princeton: Princeton University Press, 2009.

[37] "§3º Se da invasão resultar a obtenção de conteúdo de comunicações eletrônicas privadas, segredos comerciais ou industriais, informações sigilosas, assim definidas em lei, ou o controle remoto não autorizado do dispositivo invadido" e o §4º acrescenta: "Na hipótese do §3º, aumenta-se a pena de um a dois terços se houver divulgação, comercialização ou transmissão à terceiro, a qualquer título, dos dados ou informações obtidos".

[38] OST, François. *O tempo do direito*. Tradução de Élcio Fernandes. Bauru: Edusc, 2005. p. 160-161.

A jurisprudência anterior à Lei do Marco Civil que é de 2014, sobre o direito ao esquecimento, restringia-se a conteúdos caluniosos ou difamatórios, porém, no âmbito da internet, ele está relacionado com a prerrogativa personalíssima que deve possuir um cidadão de apagar seus dados pessoais mesmo que verdadeiros e independentemente de ilícito penal ou civil.[39] Ou seja, não interessa mais saber!

Quando invocado, normalmente, o direito ao esquecimento é cotejado em relação ao direito à informação ou à memória coletiva, daquele que demanda conhecer um dado ou fato sobre terceiro, ou ainda em relação ao direito à memória coletiva, denunciando assim uma pretensa colisão entre esses dois direitos fundamentais.[40]

Extrai-se, ainda, da Lei do Marco Civil na Internet, que o direito ao esquecimento não detém caráter absoluto porque ressalva que os provedores não podem excluir prontamente todas as informações dos usuários, pois devem observar outros preceitos relativos à guarda de dados, prescritos pela própria lei. O art. 18 preceitua que "o provedor de conexão à Internet não será responsabilizado civilmente por danos decorrentes de conteúdo gerado por terceiros", de modo que se terceira utiliza uma informação publicada pelo próprio titular dito lesado, o provedor de internet, *a priori*, não será responsabilizado, e a retirada de qualquer conteúdo somente é possível por ordem judicial específica e direcionada ao provedor, que age dentro das limitações técnicas de seus serviços (art. 19, LMCI).

Indene de dúvidas que a lei trouxe novidades e esclarecimento, além de direitos pertinentes para todos nós usuários, mas também, no que tange à responsabilidade dos provedores de internet, preceituou que eles não são responsáveis civilmente pelos danos causados por conteúdo gerado pelos seus usuários, transferindo a responsabilidade da exposição para o usuário do serviço.

Alexandre Freire Pimentel e Mateus Cardoso[41] analisam a possibilidade de responsabilidade solidária entre o provedor de aplicações de internet e o terceiro causador do dano e ponderam que, antes da vigência da LMCI, a jurisprudência do Superior Tribunal de Justiça havia se firmado no sentido de que o provedor deveria responder solidariamente com o terceiro causador do dano,[42] se não retirasse o conteúdo ofensivo imediatamente. Contudo, após a LMCI, a responsabilidade solidária dos provedores de aplicações de internet foi claramente mitigada, pois a responsabilidade será direta e exclusiva do terceiro causador do dano, salvo se os provedores de aplicações de internet não atenderem à ordem judicial (subsidiária), caso em que responderão solidariamente com o terceiro causador do dano.[43]

---

[39] FLEISCHER, Peter. Right to be forgotten, or how to edit your history. *Peter Fleischer*, 29 jan. 2012. Disponível em: <http://peterfleischer.blogspot.com/2012/01/right-to-be-forgotten-or-how-to-edit.html>. Acesso em: 12 nov. 2013.

[40] Nesse passo, Alexy adverte que "o ponto decisivo na distinção entre regras e princípios é que princípios são normas que ordenam que algo seja realizado na maior medida possível dentro das possibilidades jurídicas e fáticas existentes. Princípios são, por conseguinte, mandamentos de otimização" (ALEXY, Robert. *Teoria dos direitos fundamentais*. São Paulo: Malheiros, 2014. p. 101).

[41] PIMENTEL, Alexandre Freire; CARDOSO, Mateus Queiroz. A regulamentação do direito ao esquecimento na lei do marco civil da internet e a problemática da responsabilidade civil dos provedores. *Revista da Ajuris*, v. 42, n. 137, mar. 2015. p. 59. Disponível em: <http://www.ajuris.org.br/OJS2/index.php/REVAJURIS/article/view/376/310>. Acesso em: 26 maio 2018.

[42] STJ, AgRg-AREsp nº 293.951/RS 2013/0030978-0, publicado em 3.9.2013.

[43] O uso disseminado da internet e das redes sociais permite que sejam armazenadas informações pessoais, mensagens privadas, fotografias e dados sobre os hábitos de busca e navegação, que são apenas alguns de tantos

Dessa forma, compete sempre e inicialmente ao cidadão usuário a responsabilidade em avaliar se determinado *site* é de fato seguro para inserção de seus dados pessoais, a fim de se evitar danos pela simples má-utilização no uso da ferramenta.[44] Daí a necessidade de cautelas com a autoexibição.

A questão da defesa do direito à privacidade do ser humano real também deve ser repensada e ressignificada, porque muitas vezes é o próprio titular que a expõe, porque a privacidade envolve fundamentalmente o acesso a informações pessoais que não se tornaram públicas. Sua conduta deve levar em consideração o princípio da boa-fé e o *venire contra facto proprium*, que é desdobramento vetorial daquele por ter o condão de sopesar responsabilidades e suas consequências quando o titular do direito violado dá origem ao processo da agressão.

O grau da autoexibição, à luz do princípio da boa-fé, nas redes sociais, nesse diapasão, funciona como um regulador e dosador para fins de responsabilização ou não do terceiro que utiliza a imagem disponibilizada.

O caso da atriz Daniella Cicarelli foi o pioneiro nessa discussão sobre o quão se poderia responsabilizar alguém pela divulgação de vídeos pessoais na rede virtual, mas o STJ em 2006 condenou o YouTube a retirar os vídeos de circulação e pagar uma indenização a ela e a seu ex-namorado pela reprodução nos seus canais. Naquele momento, não vigia a Lei do Marco Civil. Hoje, o resultado poderia ser diametralmente oposto.

Recentemente, a 6ª Câmara Cível do Tribunal de Justiça do Rio Grande do Sul seguiu entendimento firmado pelo Superior Tribunal de Justiça no REsp nº 595.600/SC para manter a sentença que negou a uma mulher indenização por ter sua imagem divulgada num grupo do Facebook após ser fotografada numa festa com um "gogoboy". Nos dois graus de jurisdição, prevaleceu o entendimento de que o fato de a própria autora expor voluntariamente a sua dignidade ao escrutínio alheio, ao se deixar fotografar em local público, abraçada a um "gogoboy" exclui o direito à indenização. Seguem trechos da decisão do Tribunal:

> [...] Não se pode cometer o delírio de, em nome do direito de privacidade, estabelecer-se uma redoma protetora em torno de uma pessoa para torná-la imune de qualquer veiculação atinente a sua imagem. Se a demandante expõe sua imagem em cenário público, não é ilícita ou indevida sua reprodução pela imprensa, uma vez que a proteção à privacidade encontra limite na própria exposição realizada. [...].

Importante notar que, nesse caso, a magistrada sentenciante advertiu que não se aplica ao caso o entendimento da Súmula nº 403 do STJ, que diz: "independe de prova do prejuízo a indenização pela publicação não autorizada de imagem de pessoa com fins econômicos ou comerciais", afinal o réu postou a foto sem citar o nome da autora

---

elementos aptos a serem utilizados de forma ilegítima (EHRHARDT JÚNIOR, Marcos Augusto de Albuquerque; NUNES, Danyelle Rodrigues de Melo; PORTO, Uly de Carvalho Rocha. Direito ao esquecimento segundo o STJ e sua incompatibilidade com o sistema constitucional brasileiro. *Revista de Informação Legislativa: RIL*, v. 54, n. 213, p. 63-80, jan./mar. 2017. p. 74. Disponível em: <http://www12.senado.leg.br/ril/edicoes/54/213/ril_v54_n213_p63>. Acesso em: 2 maio 2018).

[44] PAESANI, Liliana Minardi. *Direito e internet*: liberdade de informação, privacidade e responsabilidade civil. 5. ed. São Paulo: Atlas, 2012. p. 45.

em grupo fechado do Facebook, de modo que sua identificação só foi possibilitada em decorrência dos comentários que se seguiram à publicação.

A premissa fincada nessa decisão é que quem se expõe não tem direito à indenização pela divulgação de imagem.

No REsp nº 595.600/SC, ao julgar situação semelhante em que a recorrente foi fotografada em praia pública de *topless*, e essa imagem fora utilizada e divulgada sem sua autorização, o STJ, sob a Relatoria do Ministro César Asfor Rocha, asseverou: "[...] Assim, se a demandante expõe sua imagem em cenário público, não é ilícita ou indevida sua reprodução sem conteúdo sensacionalista pela imprensa, uma vez que a proteção à privacidade encontra limite na própria exposição realizada. [...]".

Dessa forma, percebe-se uma tendência de negar a responsabilidade civil ou diminuir a indenização pela violação de direitos da personalidade quando o próprio titular contribui para a divulgação ou se expõe demasiadamente, colocando-se em situações "moralmente reprováveis", considerando-se os valores atuais da sociedade digital e que a vulnerabilidade da imagem é provocada pela própria "vitima".

O *racio decidendi* dos julgados que negam indenização à vítima que dá início ao processo difamatório a partir das imagens e informações colocadas nas redes sociais encontra respaldo, indiretamente, também na máxima *venire contra factum proprium*, desdobramento do princípio jurídico da boa-fé objetiva.

Na lição de Pontes de Miranda,[45] "a ninguém é lícito *venire contra factum proprium*, isto é, exercer direito, pretensão ou ação, ou exceção, em contradição com o que foi a sua atitude anterior, interpretada objetivamente, de acordo com a lei".

Ora, se alguém atua no sentido da autoexibição excessiva e acaba se colocando numa situação comprometedora da própria reputação, há que se invocar a máxima do *venire contra factum proprium* para fins de analisar os riscos e consequências a que essa pessoa se sujeita, uma vez que as informações e dados colocados nas redes sociais, muitas vezes, possuem destinatários desconhecidos e exposição indeterminada.

O raciocínio que atrai a máxima do brocardo jurídico da teoria dos atos próprios é que se há a disponibilização do conteúdo pelo titular, há tolerância nos comentários em relação à determinada situação postada e na eventual referibilidade por terceiros, independentemente do intuito comercial.

O desejo de responsabilização e condenação de terceiros em indenizações – comportamento posterior – que utilizam uma imagem publicada por seu titular e a relaciona com fatos ou circunstâncias comprometedoras é, portanto, uma conduta contraditória, considerando o excesso da autoexibição nas redes sociais – comportamento anterior – a recomendar o julgador análise cuidadosa com o objetivo de evitar condenações sem considerar a conduta do titular do direito supostamente lesionado.

> Em nosso ordenamento jurídico, entretanto, há vedação do comportamento contraditório, consubstanciado na máxima *venire contra factum proprium*. Com efeito, há proibição de que "alguém pratique uma conduta em contradição com sua conduta anterior, lesando a legítima confiança de quem acreditara na preservação daquele comportamento inicial.[46]

---

[45] MIRANDA, Francisco Cavalcanti Pontes de. *Tratado de direito privado*. Atualizado por Vilson Rodrigues Alves. 2. ed. Campinas: Bookseller, 2000. t. I. p. 64

[46] TEPEDINO, Gustavo; BARBOZA, Heloisa Helena; MORAES, Maria Celina Bodin de. *Código Civil interpretado conforme a Constituição da República*. Rio de Janeiro: Renovar, 2006. v. II. p. 20.

Considerando as funções da boa-fé, uma delas é conformar a atitude do ser humano aos postulados éticos e à confiança que deve existir nas relações, de modo que, ao se expor em demasia, o próprio indivíduo compromete seu próprio direito e põe em risco eventual pretensão indenizatória.[47]

Nesse sentido, a teoria dos atos próprios impediria o sujeito de buscar uma reparação civil ou, ainda, poderia ter a responsabilidade civil e a indenização redimensionadas, ponderando-se o comportamento não só daquele que causa a lesão, mas também o que a exibiu em circunstancias ditas excessivas. É o que se denomina corresponsabilidade.

> O *venire contra factum proprium* tem aplicação predominantemente extra-contratual. É uma fonte autônoma de obrigação porque importa a quebra da confiança que o *factum proprium* cria, independentemente de outro ato jurídico. Inclusive este fato não precisa ser ato jurídico.[48]

No que tange ao valor da indenização, se reconhecido, ele será estabelecido observando o art. 944 do Código Civil, que dispõe: "a indenização mede-se pela extensão do dando". Assim, inevitável se observar a proporção e o princípio da razoabilidade. Oportuno destacar que os tribunais têm asseverado que o prejuízo alegado deve ser real. Em outras palavras, é imprescindível que para gerar a indenização exista um dano potencial capaz de gerar consequências projetadas pela exposição do indivíduo (dano existencial).

Destaque-se que quando a exposição da imagem é dirigida para fins comerciais, não há necessidade de prova do dano, conforme entendimento consolidado pelo Superior Tribunal de Justiça na Súmula nº 403, mas se a utilização ainda que não consentida não tiver interesse lucrativo, inverte-se o ônus da prova e cabe à vítima provar que sua imagem e honra foram prejudicadas, sem prejuízo de cotejar sua pretensão com a conduta de autoexposição ou exibição voluntária, no intuito de se investigar a corresponsabilidade, e interferir no *quantum* indenizatório, segundo os parâmetros da razoabilidade e da proporcionalidade.

Note-se que com a entrada em vigor, em 25.5.2018, da mais importante regulamentação de proteção de dados na Europa (GDPR), que substitui as diretrizes de proteção existentes desde 1995, todos os países da União Europeia passarão a ter uma única regulamentação ainda mais rígida para a proteção de dados dos cidadãos europeus, sendo o Brasil afetado diretamente, o que demanda a edição de uma norma semelhante.

A principal mudança é que qualquer uso ou processamento indevido de dados pessoais de cidadãos da União Europeia – incluindo oferta de serviços, distribuição de estatísticas e monitoramento de hábitos de consumo e comportamento – serão passíveis de punição, mesmo que esse uso tenha sido feito fora da União Europeia.

Assim, o processamento de dados de cidadãos europeus por empresas localizadas no Brasil, por exemplo, pode ser penalizado com multas equivalentes a até 4%

---

[47] PENTEADO, Luciano de Camargo. *Figuras parcelares da boa-fé objetiva e venire contra factum proprium*. p. 10. Disponível em: <www.flaviotartuce.adv.br/assets/uploads/artigosc/Luciano_venire.doc>. Acesso em: 27 maio 2018.

[48] PENTEADO, Luciano de Camargo. *Figuras parcelares da boa-fé objetiva e venire contra factum proprium*. p. 15. Disponível em: <www.flaviotartuce.adv.br/assets/uploads/artigosc/Luciano_venire.doc>. Acesso em: 27 maio 2018.

do faturamento anual da empresa ou 20 milhões de euros. O novo regulamento reforça que, mesmo estando *on-line*, nós não podemos perder a segurança ou privacidade.

Dessa forma, esse novo regulamento demanda uma legislação específica no Brasil sobre proteção de dados, também, com vistas a melhor regulamentar a matéria no Brasil e assegurar o tráfego seguro na internet, assim como os desdobramentos das relações jurídicas virtuais, a fim de que cada vez mais as pessoas possam usar a tecnologia para construir e salvaguardar sua imagem e privacidade com responsabilidade e equilíbrio.

4 Conclusão

A importância de compreender o direito à privacidade e a intimidade na era digital relaciona-se substancialmente com a necessidade de conformação com a proteção dos direitos fundamentais carimbados pela Constituição Federal brasileira, porquanto o desenvolvimento tecnológico inseguro e o uso descontrolado das mídias virtuais transformaram-se em um instrumento de lesão a direitos de personalidade.

É indispensável a realização de estudos que levem em consideração tais mudanças e a potencial erosão que experimenta o conceito de privacidade na era digital.

A intimidade e a privacidade transformaram-se na questão central da vida privada moderna, com ênfase na era digital, pois é através daquela que o ser humano exerce a sua individualidade. Assim, apesar do avanço de instrumentos jurídicos de tutela à intimidade e à vida privada, a sua violação aumenta exponencialmente, devido às contínuas exposições e susceptibilidades nas redes sociais e grupos virtuais.

Por isso, a compreensão da vida privada e da intimidade na atualidade não é fenômeno fácil. Concluir pelo íntimo e particular numa sociedade exposta a riscos imensuráveis, cujas liberdades são vigiadas, é tarefa que se impõe.

A pesquisa conclui que o Brasil carece ainda de uma legislação própria para proteção de dados virtuais e que a sociedade grassa em usufruir das redes sociais de forma desenfreada. Recentemente, a Câmara dos Deputados aprovou por unanimidade o projeto que prevê a criação da Lei Geral de Proteção de Dados Pessoais (PL nº 4.060/2012),[49] o qual disciplina a forma como informações são coletadas e tratadas, especialmente em meios digitais, como dados pessoais de cadastro ou até mesmo textos e fotos publicadas em redes sociais. A matéria foi encaminhada ao Senado.

Nessa toada, conclui-se que a autoexibição demasiada e sem propósito no âmbito virtual mitiga o direito à privacidade e aumenta as chances de agressões à intimidade e à imagem da pessoa, ao tempo em que atrai uma grande responsabilidade do indivíduo que disponibiliza esses conteúdos. Verifica-se forte tendência jurisprudencial na exclusão da responsabilidade civil de quem utiliza dados da internet voluntariamente postados, com amparo nos princípios da boa-fé e do *venire contra facto propruim*.

Desse modo, é preciso fomentar a autorresponsabilidade dos usuários das redes sociais, principalmente, no uso da internet com vistas a contribuir para intangibilidade

---

[49] Atenção para o art. 11: "O responsável pelo tratamento de dados, bem como eventuais subcontratados, deverão dotar medidas tecnológicas aptas a reduzir ao máximo o risco da destruição, perda, acesso não autorizado ou de tratamento não permitido pelo titular", e para o art. 19: "O titular poderá, a qualquer momento, requerer o bloqueio do tratamento de seus dados pessoais, salvo se a manutenção do tratamento for necessária à execução de obrigações legais ou contratuais".

do direito à privacidade e intimidade nas relações jurídicas virtuais, garantindo sua tutela integral (inibitória ou ressarcitória), mas, ao mesmo tempo, cultivar os valores humanistas e éticos e a conscientização do uso racional da tecnologia para preservação de espaços realmente particulares da pessoa humana, visando à promoção da emancipação individual e social.

Referências

ALEXY, Robert. *Teoria dos direitos fundamentais*. São Paulo: Malheiros, 2014.

ARENDT, Hannah. *A condição humana*. Tradução de Roberto Raposo. 10. ed. Rio de Janeiro: Forense Universitária, 2001.

BAUMAM, Zygmunt. *Modernidade líquida*. Rio de Janeiro: Jorge Zahar, 2001.

BAZELON, Emily. How to stop the bullies. *The Atlantic*, mar. 2013. Disponível em: <http://www.theatlantic.com/magazine/archive/2013/03/how-to-stop-bullies/309217/>.

BENNETT, Steven C. The "right to be forgotten": reconciling EU and US perspectives. *Berkeley J. Int'l Law*, v. 30, n. 161, 2012. Disponível em: <http://scholarship.law.berkeley.edu/bjil/vol30/iss1/4>. Acesso em: 13 maio 2018.

BOBBIO, Norberto. *A era dos direitos*. Tradução de Celso Nelson Coutinho. Rio de Janeiro: Elsevier, 2004.

CANÁRIO, Pedro. Direito ao esquecimento: enunciado do CJF põe em risco registros históricos. *Revista Consultor Jurídico*, 25 abr. 2013. Disponível em: <http://www.conjur.com.br/2013-abr-25/direito-esquecimento-poe-risco-arquivo-historico-dizem-especialistas>. Acesso em: 25 abr. 2013.

CARVALHO, Luis Gustavo Grandinetti Castanho de. *Direito de informação e liberdade de expressão*. Rio de Janeiro: Renovar, 1999.

COSTA, José Augusto Fontoura; MINIUCI, Geraldo. Não adianta nem tentar esquecer: um estudo sobre o direito ao esquecimento. *Revista Brasileira de Políticas Públicas*, v. 7, n. 3, 2017.

CUNHA, Paulo Ferreira da. Direitos de personalidade, figuras próximas e figuras longínquas. In: SARLET, Ingo Wolfgang (Org.). *Jurisdição e direitos fundamentais*. Porto Alegre: Livraria do Advogado, 2006. v. I. t. II.

DINIZ, Maria Helena. *Curso de direito civil brasileiro*: teoria das obrigações contratuais e extracontratuais. 27. ed. São Paulo: Saraiva, 2011.

DONEDA, Danilo Cesar Maganhoto. Considerações iniciais sobre bancos de dados informatizados e o direito à privacidade. In: TEPEDINO, Gustavo (Org.). *Problemas de direito civil-constitucional*. Rio de Janeiro: Renovar, 2000.

DONEDA, Danilo Cesar Maganhoto. *Da privacidade à proteção de dados pessoais*. São Paulo: Renovar, 2006.

EHRHARDT JÚNIOR, Marcos Augusto de Albuquerque. Sociedade da informação e o direito na era digital. Âmbito Jurídico. Disponível em: <http://www.ambito-juridico.com.br/site/index.php?n_link=revista_artigos_leitura&artigo_id=2165>. Acesso em: 14 maio 2018.

EHRHARDT JÚNIOR, Marcos Augusto de Albuquerque; NUNES, Danyelle Rodrigues de Melo; PORTO, Uly de Carvalho Rocha. Direito ao esquecimento segundo o STJ e sua incompatibilidade com o sistema constitucional brasileiro. *Revista de Informação Legislativa: RIL*, v. 54, n. 213, p. 63-80, jan./mar. 2017. Disponível em: <http://www12.senado.leg.br/ril/edicoes/54/213/ril_v54_n213_p63>. Acesso em: 2 maio 2018.

FACHIN, Luiz Edson. "Virada de Copérnico": um convite à reflexão sobre o direito civil brasileiro contemporâneo. In: FACHIN, Luiz Edson (Coord.). *Repensando fundamentos do direito civil brasileiro contemporâneo*. Rio de Janeiro: Renovar, 1998.

FACHIN, Luiz Edson. *Direito civil*: sentido, transformações e fim. 1. ed. Rio de Janeiro: Renovar, 2014.

FARIAS, Edilson Pereira de. *Colisão de direitos*: a honra, a intimidade, a vida privada e a imagem versus a liberdade de expressão e informação. 2. ed. Porto Alegre: Sergio Antônio Fabris Editor, 2000.

GODOY, Claudio Luiz Bueno de. *A liberdade de imprensa e os direitos da personalidade*. São Paulo: Atlas, 2001.

KANT, Immanuel. *Crítica da razão pura*. São Paulo: Abril Cultural, 1980. Coleção Os Pensadores.

LÔBO, Paulo. Constitucionalização do direito civil. *Jus Navigandi*, Teresina, ano 3, n. 33, jul. 1999. Disponível em: <http://jus2.uol.com.br/doutrina/texto.asp?id=507>. Acesso em: 23 dez. 2007.

LÔBO, Paulo. *Direito civil*. Parte geral. São Paulo: Saraiva, 2009.

MAYER-SCHÖNBERGER, Viktor. *Delete*: the virtue of forgetting in the digital era. Princeton: Princeton University Press, 2009.

MIRANDA, Francisco Cavalcanti Pontes de. *Tratado de direito privado*. Atualizado por Vilson Rodrigues Alves. 2. ed. Campinas: Bookseller, 2000. t. I.

OST, François. *O tempo do direito*. Tradução de Élcio Fernandes. Bauru: Edusc, 2005.

PAESANI, Liliana Minardi. *Direito e internet*: liberdade de informação, privacidade e responsabilidade civil. 5. ed. São Paulo: Atlas, 2012.

PENTEADO, Luciano de Camargo. *Figuras parcelares da boa-fé objetiva e venire contra factum proprium*. Disponível em: <www.flaviotartuce.adv.br/assets/uploads/artigosc/Luciano_venire.doc>. Acesso em: 27 maio 2018.

PÉREZ LUÑO, Antonio-Enrique. Teledemocraia, ciberciudadania y derechos humanos. *Revista Brasileira de Políticas Públicas*, v. 4, n. 2, p. 10-11, jul./dez. 2014. Disponível em: <https://www.publicacoesacademicas.uniceub.br/RBPP/article/view/2835>. Acesso em: 1º maio 2018.

PERLINGIERI, Pietro. *Perfis do direito civil* – Introdução ao direito civil constitucional. 2. ed. Rio de Janeiro: Renovar: 1999.

PIMENTEL, Alexandre Freire; CARDOSO, Mateus Queiroz. A regulamentação do direito ao esquecimento na lei do marco civil da internet e a problemática da responsabilidade civil dos provedores. *Revista da Ajuris*, v. 42, n. 137, mar. 2015. Disponível em: <http://www.ajuris.org.br/OJS2/index.php/REVAJURIS/article/view/376/310>. Acesso em: 26 maio 2018.

PINHEIRO, Patrícia Peck. *Direito digital*. 5. ed. São Paulo: Saraiva, 2013.

POLLI, Vanessa. Mas, afinal, o que é direito digital? *Meon*, 10 jun. 2015. Disponível em: <http://www.meon.com.br/opiniao/opiniao/colunas/mas-afinal-o-que-e-direito-digital>. Acesso em: 22 mar. 2018.

RODOTÀ, Stefano. *A vida na sociedade da vigilância*: a privacidade hoje. Tradução de Danilo Doneda e Luciana Cabral Doneda. Rio de Janeiro: Renovar, 2008.

RODOTÀ, Stefano. *Il diritto di avere diritto*. Roma: Laterza, 2015.

ROLB FILHO, Ilton Noberto. Direito, intimidade e vida privada: uma perspectiva histórico-política para uma delimitação contemporânea. *Revista Eletrônica do CEJUR*, v. 1, n. 1, ago./dez. 2006.

ROSEN, Jeffrey. Internet means the end of forgetting. *The New York Times*, 21 jul. 2010. Disponível em: <https://www.nytimes.com/2010/07/25/magazine/25privacy-t2.html>. Acesso em: 14 maio 2018.

SARLET, Ingo Wolfgang. *A eficácia dos direitos fundamentais*. 9. ed. rev. e atual. Porto Alegre: Livraria do Advogado, 2008.

SARLET, Ingo Wolfgang. *Dignidade da pessoa humana e direitos fundamentais na Constituição Federal de 1988*. 9. ed. Porto Alegre: Livraria do Advogado, 2012.

SARMENTO, Daniel. *Direitos fundamentais e relações privadas*. 2. ed. 3 tir. Rio de Janeiro: Lumen Juris, 2010.

SCHREIBER, Anderson. As três correntes do direito ao esquecimento. *Jota*, São Paulo, 18 jun. 2017. Disponível em: <www.jota.info/artigos/as-tres-correntes-do-direito-ao-esquecimento-18062017>. Acesso em: 13 maio 2017.

SCHREIBER, Anderson. *Novos paradigmas da responsabilidade civil*: da erosão dos filtros da reparação à diluição dos danos. 6. ed. São Paulo: Atlas, 2015.

SILVA, Alexandre Antonio Bruno da; MACIEL, Marlea Nobre da Costa. Direito ao esquecimento: na sociedade informacional há espaço para o epílogo da máquina de tortura kafkiana? *Revista Brasileira de Políticas Públicas*, Brasília, v. 7, n. 3, p. 453-482, 2017.

SILVA, Clóvis do Couto e. *A obrigação como processo*. São Paulo: Bushatsky, 1976.

STEINMETZ, Wilson Antônio. *Vinculação dos particulares a direitos fundamentais*. São Paulo: Malheiros, 2005.

TEPEDINO, Gustavo. A tutela da personalidade no ordenamento civil-constitucional brasileiro. In: TEPEDINO, Gustavo. *Temas de direito civil*. Rio de Janeiro: Renovar, 1999.

TEPEDINO, Gustavo. Crise de fontes normativas e técnica legislativa na parte geral do Código Civil de 2002. In: TEPEDINO, Gustavo (Coord.). *A parte geral do Novo Código Civil*: estudos na perspectiva civil-constitucional. Rio de Janeiro: Renovar, 2003.

TEPEDINO, Gustavo. O Código Civil e o direito civil-constitucional. In: TEPEDINO, Gustavo. *Temas de direito civil*. Rio de Janeiro: Renovar, 2006. t. II.

TEPEDINO, Gustavo. *Temas de direito civil*. 2. ed. Rio de Janeiro/São Paulo: Renovar, 2001.

TEPEDINO, Gustavo; BARBOZA, Heloisa Helena; MORAES, Maria Celina Bodin de. *Código Civil interpretado conforme a Constituição da República*. Rio de Janeiro: Renovar, 2006. v. II.

UNIÃO EUROPEIA. Parlement Européen. Commission des libertés civiles, de la justice et des affaires intérieures. *Projet de Rapport*. Disponível em: <http://www.europarl.europa.eu>. Acesso em: 14 maio 2018.

VIOLA, Mario *et al*. Entre privacidade e liberdade de informação e expressão: existe um direito ao esquecimento no Brasil? In: TEPEDINO, Gustavo; TEIXEIRA, Ana Carolina Brochado; ALMEIDA, Vitor. *O direito civil entre o sujeito e a pessoa*: estudos em homenagem ao professor Stefano Rodotà. Belo Horizonte: Fórum, 2016.

Informação bibliográfica deste texto, conforme a NBR 6023:2002 da Associação Brasileira de Normas Técnicas (ABNT):

GOLDHAR, Tatiane Gonçalves Miranda. Direito ao esquecimento e o venire contra factum proprium: os efeitos da autoexibição na era digital. In: EHRHARDT JÚNIOR, Marcos; CORTIANO JUNIOR, Eroulths (Coord.). *Transformações no Direito Privado nos 30 anos da Constituição*: estudos em homenagem a Luiz Edson Fachin. Belo Horizonte: Fórum, 2019. p. 117-135. ISBN 978-85-450-0562-9.

DIREITO DE ARENA: VACILAÇÕES E PERSPECTIVAS

ELIMAR SZANIAWSKI

1 Introdução

Em 2014 protocolamos junto à Direção da Faculdade de Direito, Setor de Ciências Jurídicas, da Universidade Federal do Paraná, nosso pedido de inscrição para o Concurso para Professor Titular de Direito Civil, que culminou com nossa aprovação e investidura no cargo de Professor Titular da Faculdade de Direito da UFPR em 14.12.2014.

O ápice do concurso consistia em arguição e defesa de memorial sobre nossa trajetória acadêmica perante banca constituída pelo Professor Titular Dr. Luiz Edson Fachin (UFPR), na presidência, Professor Titular Dr. Francisco Amaral (UFRJ), Professor Titular Dr. Wanderlei de Paula Barreto (UEM) e Professor Titular Dr. José Isaac Pilati (UFSC).

Concluídos os debates e proclamado o resultado do concurso, passaram os participantes dessa fase a comentar sobre os avanços da jurisprudência brasileira em relação à evolução e à expansão dos direitos de personalidade, vindo à baila o tema do direito ao conhecimento da própria origem genética do indivíduo, do direito à imagem da pessoa e do direito de arena, visto, este último, por grande parte de juristas brasileiros, como um dos novos direitos especiais de personalidade.

Nessa oportunidade, incentivou-nos o ilustre Ministro Luiz Edson Fachin para que em próximos estudos enfrentássemos os referidos temas. O direito ao conhecimento da própria origem genética e familiar foi objeto de longo estudo e reflexão que integra obra de nossa autoria, denominada *Diálogos com o direito de filiação brasileiro*, que deverá vir a lume ainda neste ano de 2018.

O honroso convite que nos foi formulado pelo eminente Professor Doutor Eroulths Cortiano Jr. para integrarmos com um trabalho o livro em homenagem ao Ministro Luiz Edson Fachin pareceu-nos ser o momento exato para apresentarmos nossa singela contribuição para a reflexão e consagração do *direito de arena* no direito brasileiro.[1]

---

[1] O termo *direito de arena* encontra sua origem nos antigos anfiteatros romanos, nos quais se desenvolviam os jogos, os espetáculos públicos e as lutas entre gladiadores e feras, cujo chão era coberto de areia.

O *direito de arena* possui pontos de contato com o *direito* à *própria imagem*, mas com esse não se confunde. A promulgação da Lei nº 9.615/1998, com a redação dada pela Lei nº 12.395/2011, destinada a instituir normas gerais sobre o desporto e dando outras providências, não regulou o *direito de arena*, determinando, tão somente, no art. 42:

> pertence às entidades de prática desportiva o direito de arena, consistente na prerrogativa exclusiva de negociar, autorizar ou proibir a captação, a fixação, a emissão, a transmissão, a retransmissão ou a reprodução de imagens, por qualquer meio ou processo, de espetáculo desportivo de que participem.[2]

A omissão do legislador brasileiro em estabelecer a noção, as características e os limites do *direito de arena* conduziu grande parte da doutrina e, principalmente, a jurisprudência a incorrer em equívocos no tocante à caracterização dessa categoria jurídica, confundindo-a com o direito à própria imagem do atleta ou vislumbrando-a como modalidade específica do direito à própria imagem.

Para melhor entendimento da matéria, julgamos ser necessário trazermos algumas noções sobre o direito à imagem a serem abordadas no próximo capítulo.

2 Noções sobre a categoria jurídica do direito à própria imagem

A categoria jurídica do *direito* à *imagem* possui natureza dúplice. A noção de imagem possui duas concepções diversas que não se confundem, a saber: a *imagem-física*, também denominada de *imagem-retrato* e a *imagem-atributo*.

Sob um primeiro aspecto a imagem de uma pessoa diz respeito à sua aparência física. Trata-se da *imagem-física* do indivíduo, seu retrato. A noção de imagem-física ou imagem-retrato foi elaborada por Hugo Donellus no séc. XVI, reconhecida como direito de personalidade.[3]

A noção de imagem-retrato foi se afirmando no decorrer dos séculos, constituindo-se na melhor forma de defesa da pessoa contra os atentados praticados por artistas plásticos, escultores etc., contra a imagem retratada de uma pessoa, mediante charges, desenhos e pinturas, conhecida como o direito à própria imagem.

A imagem-física compreende não só a imagem retratada da fisionomia da pessoa, mas, também, sua voz, as atitudes gestuais, a sexualidade, a profissão, cuja divulgação, sem a devida autorização, é proibida, uma vez que integra os elementos constitutivos da identidade pessoal do indivíduo.[4]

O outro aspecto, a *imagem-atributo*, incide na imagem social da pessoa. Consiste na situação do indivíduo visto tal qual se insere na sociedade. A *imagem-atributo* compreende o conjunto de caracteres pelos quais o indivíduo é reconhecido no âmbito social, ou seja, no sentido do conceito social de que desfruta em seu meio.[5] A categoria da *imagem-atributo* não se confunde com a *honra objetiva* da pessoa. A *imagem-atributo* consiste no retrato social da pessoa. A *honra objetiva* diz respeito ao bom conceito e à boa

---

[2] BRASIL. *Lei nº 9.615/1998*. Disponível em: <http://www.planalto.gov.br/ccivil_03/leis/l9615consol.htm>.
[3] SZANIAWSKI, Elimar. *Direitos de personalidade e sua tutela*. 2. ed. São Paulo: RT, 2005. p. 39.
[4] MIRANDA, Francisco Cavalcanti Pontes de. *Tratado de direito privado*. 3. ed. São Paulo: Borsoi, 1971. §738. 2.
[5] SILVA NETO, Manoel Jorge e. *Curso de direito constitucional*. 8. ed. São Paulo: Saraiva, 2013. p. 517.

fama do indivíduo no meio social. O conceito que o grupo social possui sobre a conduta moral do indivíduo se circunscreve ao âmbito da *honra objetiva*. A *imagem-atributo*, por sua vez, resultaria da "construção dos atributos subjetivos do indivíduo" via de regra, relacionados às atividades ou à vida profissional da pessoa.[6]

Logo, a violação ao direito à imagem pode se dar quando o agente atenta contra a *imagem-atributo* da pessoa, resultando na sua desonra pública ou, mesmo, no âmbito de um círculo restrito de pessoas. O atentado praticado contra a *imagem física* ou *imagem-retrato* da pessoa se dá mediante a realização de alterações ou distorções da imagem, por meio da captação não autorizada da imagem do indivíduo ou sua divulgação, sem qualquer autorização. Num como noutro caso, com relação a qualquer atentado praticado tanto contra a *imagem-retrato* como contra a *imagem-atributo*, a vítima possui os meios jurídicos destinados a fazer cessar o atentado na iminência de ser realizado, ou se já praticado o ato e esse vier a se protrair no tempo, mediante o emprego da tutela inibitória. Assim a vítima obterá a cessação da violação à sua imagem, cumulando o pedido com a respectiva indenização para a reparação do dano.[7] Na hipótese de o ato ilícito ter sido perpetrado, caberá somente ao lesado a reparação dos danos morais e materiais.

Atente-se que a tutela da *imagem-retrato* somente possui cabimento em relação às pessoas naturais. As pessoas jurídicas, devido a suas peculiaridades, encontram apenas tutela da sua *imagem-atributo*.

É frequente a ocorrência da colisão de direitos de personalidade entre si, e aqui nos interessa diretamente a colisão do interesse do público à informação e à liberdade de imprensa e o interesse do particular em manter sua imagem e sua privacidade preservadas, longe do conhecimento público. Nesse sentido, o Enunciado nº 279, da IVª Jornada de Direito Civil, procura dar elementos ao magistrado para ponderar o conflito de direitos legitimamente tutelados postos em causa, decorrentes da colisão de direitos de personalidade e fundamentais, diante de eventual caso concreto, cuja dicção determina:

> Enunciado 279. Art. 20: A proteção à imagem deve ser ponderada com outros interesses constitucionalmente tutelados, especialmente em face do direito de amplo acesso à informação e da liberdade de imprensa. Em caso de colisão, levar-se-á em conta a notoriedade do retratado e dos fatos abordados, bem como a veracidade destes e, ainda, as características de sua utilização (comercial, informativa, biográfica), privilegiando-se medidas que não restrinjam a divulgação de informações.[8]

O citado enunciado se revela salutar ao determinar que o magistrado, ao deferir a tutela à imagem de uma pessoa, deverá ponderar esse interesse com outros interesses constitucionalmente tutelados, considerando a notoriedade do interessado, a natureza dos fatos dos quais se pretende a tutela, a veracidade destes e, ainda, a finalidade de sua utilização.

Ocorrendo a efetiva colisão do direito à imagem de uma pessoa e o direito ao acesso à informação e à liberdade de imprensa, deverá o juiz considerar a finalidade da

---

[6] SILVA NETO, Manoel Jorge e. *Curso de direito constitucional*. 8. ed. São Paulo: Saraiva, 2013. p. 517.
[7] MARINONI, Luiz Guilherme. *Tutela inibitória*. 5. ed. São Paulo: RT, 2012. p. 27.
[8] CENTRO DE ESTUDOS JUDICIÁRIOS DO CONSELHO DA JUSTIÇA FEDERAL. *Enunciado nº 279*. IVª Jornada de Direito Civil. Disponível em: <http://daleth.cjf.jus.br/revista/enunciados/IVJornada.pdf>. Acesso em: 12 maio 2014.

divulgação da imagem ou da privacidade da pessoa, cuidando de preservar as medidas que não restrinjam a divulgação de informações de interesse público.

O parágrafo único, do art. 20, do Código Civil, legitima o cônjuge, os ascendentes e os descendentes de uma pessoa a requererem judicialmente a proibição da divulgação de escritos, da transmissão da palavra, da publicação, da exposição ou da utilização da imagem do retratado, quando esse for morto ou considerado ausente.[9]

Embora o Código Civil não contenha disposição expressa, o companheiro supérstite se inclui no rol das pessoas legitimadas para requerer a tutela da imagem da pessoa falecida contra a divulgação de escritos, da transmissão da palavra, da publicação, da exposição ou da utilização da imagem, diante da possibilidade de ocorrer um atentado que lhe atinja a honra, a boa fama ou a respeitabilidade, ou se se destinarem a fins comerciais. Além de justa, é legal a inclusão do companheiro como parte legítima para impedir que a divulgação de aspectos da vida privada ou secreta do falecido sejam divulgados e lhe tragam prejuízo. Tendo em vista que a Constituição de 1988 reconheceu a união estável entre duas pessoas como entidade familiar, jamais poderia o legislador infraconstitucional ter omitido a pessoa do companheiro entre as interessadas em tutelar a memória do falecido.

Em boa hora o Enunciado nº 275, do CEJ, inseriu a categoria do convivente supérstite como parte legítima para demandar contra os atentados praticados contra a boa memória ou a boa imagem do companheiro falecido.[10]

Os meios judiciais para impedir a prática de atentados à vida privada e ao direito à imagem se dão através da interposição de mandados de segurança, de *habeas corpus*, de *habeas data* e de *mandado de injunção*, todas estas medidas denominadas ações constitucionais. No âmbito do processo civil, temos à disposição, para fazer cessar os atentados, além da *ação inibitória antecipada*, da *ação inibitória* propriamente dita, as ações ordinárias com tutela antecipada e as medidas cautelares específicas e inominadas. Em todas as modalidades de atentados, é cabível a ação de indenização por dano moral e patrimonial através da qual a vítima deverá obter uma reparação ampla.

A seguir, cumpre analisarmos o desenvolvimento da tutela da personalidade pelos tribunais brasileiros.

2.1 A consolidação da tutela do direito à imagem pelos tribunais brasileiros

No presente capítulo, serão analisados alguns arestos da lavra de tribunais brasileiros dos últimos 40 anos. Alguns, embora sejam antigos, constituem-se em marcos pontuais da evolução e consolidação da jurisprudência na proteção do direito à imagem antes da promulgação do Código Civil de 2002. Tal inserção se destina a demonstrar que, embora decorrido quase meio século, os tribunais brasileiros continuam se preocupando

---

[9] O parágrafo único, do art. 20, do CC, se torna inócuo e repetitivo diante do disposto no parágrafo único, do art. 12, que tutela o direito geral de personalidade. O parágrafo único do art. 20 regula situação idêntica à do parágrafo único do art. 12, legitimando o cônjuge, o convivente, os ascendentes e os descendentes de uma pessoa a representá-la em juízo.

[10] CENTRO DE ESTUDOS JUDICIÁRIOS DO CONSELHO DA JUSTIÇA FEDERAL. *Enunciado nº 275*. IVª Jornada de Direito Civil. Disponível em: <http://www.stj.jus.br/publicacaoseriada/index.php/jornada/article/viewFile/2604/2683>. Acesso em: 12 jun. 2017.

precipuamente com a repercussão comercial e publicitária decorrente da utilização não autorizada da imagem de uma pessoa.

A análise da jurisprudência brasileira do final do século passado, em relação à tutela ao direito à imagem, revela que a maior parte das decisões dos tribunais se deu em decorrência da publicação de fotografias não autorizadas de pessoas, para fins publicitários e de *marketing*.[11]

São pontuais os casos de Marlene França, atriz que desempenhou um papel de destaque no filme *Caçada sangrenta*, que teve sua imagem fotográfica publicada em capa de disco e lançada ao público sem a devida autorização e obteve, a seu favor, a condenação da gravadora ao pagamento de indenização pela violação do seu direito à própria imagem;[12] de Carlos Alberto Torres, capitão da seleção brasileira que levantou a "Taça Jules Rimet" no México, em 1970, por ocasião em que o Brasil conquistou o título de Tricampeão Mundial de Futebol e que teve sua imagem televisionada utilizada diversas vezes para fins publicitários. Carlos Alberto demandou a TV Globo, a Coca-Cola e as empresas que utilizaram aquela imagem em publicidade, sob o fundamento da violação do direito à própria imagem. As empresas rés foram condenadas a pagar-lhe indenização pela violação do direito à própria imagem.[13]

Em outro julgado, o Tribunal de Justiça do Estado do Rio de Janeiro decidiu pela inexistência de violação do direito à própria imagem. Trata-se de pedido de indenização pela divulgação não consentida da imagem de membros da Escola de Samba da Mangueira contra duas requeridas. A primeira, que fotografou os autores e outros momentos do desfile carnavalesco e a segunda, que divulgou a imagem dos autores através da impressão de cartões-postais turísticos, com objetivo comercial, sem autorização dos retratados, tendo obtido as fotografias e negativos por meio de cessão do material fotográfico da primeira ré. A sentença de primeiro grau julgou pela violação e atentado do direito à própria imagem, condenando as rés ao pagamento de indenização. Em grau recursal, a decisão recorrida foi modificada por maioria de votos no sentido da improcedência do pedido, sob o fundamento de ser o evento carnavalesco uma festividade pública, expondo os participantes sua imagem e sua privacidade, não havendo, consequentemente, ofensa ao direito à imagem. O voto vencido do Des. Fonseca Passos julgou pela ofensa ao direito à própria imagem entendendo que o fato de os autores estarem participando de um evento público não faz perder, por este motivo, o direito de preservarem sua imagem, mormente pelo fato de que a divulgação indevida de suas imagens não se deu para divulgação das festividades populares, mas para a exploração comercial através de cartões-postais, inclusive por empresa diversa da que retratou os autores. Para Fonseca Passos, a imagem dos retratados foi transformada em "matéria de propaganda comercial", cabendo, consequentemente, a indenização às vítimas do atentado. Em decorrência da existência de voto vencido, foi embargada a decisão da câmara julgadora, sendo vencedora, por maioria, a tese de que quem participa de eventos públicos se expõe voluntariamente, despersonaliza-se, massifica-se, passa a constituir uma multidão e integra sua imagem às demais. Diz a ementa do aresto:

---

[11] Alguns arestos foram transladados da obra de nossa autoria *Direitos de personalidade e sua tutela* (2. ed. São Paulo: RT, 2005) para o presente trabalho.
[12] TJ/SP. Ap. Cível nº 256.354. Rel. Des. Batalha de Camargo. *RT*, n. 497, p. 87.
[13] TJGB. Ap. Cível nº 83.763. Rel. Wellington Pimentel. *RT*, n. 464, p. 226.

"Direito à Imagem – Fotografias de acontecimento carnavalesco – A pessoa que dele participa renuncia à sua privacidade".[14]

Realmente quando alguém é fotografado ou televisionado em lugar público, entende a boa doutrina, bem como a jurisprudência alienígena, estar o retratado ou televisionado abrindo mão de sua esfera privada, de sua vida íntima, passando a pertencer àquele acontecimento público, tal como solenidades de inaugurações, futebol, funerais, paradas militares, desastres, incêndios, inundações ou catástrofes em geral. Nesses casos, cede o direito à própria imagem e o direito à privacidade seu lugar ao direito à informação pública, não se constituindo as imagens captadas nesses eventos em violação aos direitos de personalidade. Pelo fato de as pessoas estarem em público e se confundirem na massa do povo, não há que se falar em violação da intimidade ou da privacidade ou, mesmo, da própria imagem, desde que não seja utilizada posteriormente, com finalidade de publicidade e de *marketing*. Deve ser separado o caso da pessoa que participa em público de uma reportagem sobre o evento, sendo sua fotografia publicada entre outras pessoas em revista, jornal, cinema ou televisão, integrando, também, nesses casos, a hipótese de alguém deixar-se fotografar propositadamente, mostrando-se, exibindo-se, para ter sua foto publicada em periódico qualquer, daquele onde a pessoa, sem saber que está sendo fotografada ou filmada, vem a ter sua fotografia publicada e utilizada sem sua autorização, para fins lucrativos de outrem. Idêntico é o caso em que a pessoa, deixando-se fotografar ou filmar, vem a ter suas fotos utilizadas para fins promocionais de atividades alheias ou, mesmo, como chamativo para a venda do produto, jornal, revista, quando haverá, indiscutivelmente, violação à imagem da pessoa.[15] Na hipótese do acórdão comentado, houve, realmente, uma festa popular quando foram obtidas as fotos dos sambistas. Mas estas não vieram a ser inseridas no texto de um periódico ou como *flashes* de televisão. Ocorreu, na realidade, a utilização comercial das fotos para a confecção de cartões-postais para a venda no comércio, não se caracterizando uma massa popular não identificável. Ao contrário, os autores são perfeitamente identificáveis e, portanto, entendemos que houve a efetiva *divulgação não autorizada da imagem* dos sambistas, tendo sido mais feliz o entendimento dos votos vencidos que, embora tenham sustentado a tese da existência de violação do direito à imagem dos autores, se mostra mais adequada à próxima categoria, *divulgação não autorizada da imagem* alheia.

Finalizamos o presente capítulo mediante análise de um importante acórdão do Tribunal de Justiça do Estado do Paraná, que tutela o direito à própria imagem e à vida privada dos autores.

O aresto, prolatado no ano de 2001, trata de um pedido de indenização por danos morais, intentado por uma adolescente e sua mãe em 4.12.1998, por ter sido seu nome e sua fotografia publicados em manchete, em conhecido periódico de grande circulação, em uma reportagem concedida a um repórter, sobre os perigos que os jovens desavisadamente enfrentam com o vírus HIV, ao iniciar sua vida sexual, sendo que abaixo do retrato da autora dizia "quem vê cara não vê AIDS". Nesta entrevista, segundo as

---

[14] Embargos infringentes na Ap. Cível nº 31.525. Rel. Des. Paulo Dourado de Gusmão, 3.ª C. Civ., votos divergentes, Des. Fernando Celso e Fonseca Passos *ADCOAS*, 104.463.

[15] CUPIS, Adriano de. *Os direitos da personalidade*. Lisboa: Morais, 1961. p. 131 e ss. e DOTTI, René Ariel. *Proteção à vida privada e liberdade de informação*. São Paulo: RT, 1980. p. 212.

autoras, teria a primeira declarado ao repórter que "teria transado sem camisinha" e que nunca fizera o teste do HIV, além do mais, havia distorção em relação ao que houvera sido declarado pela jovem, sendo que a publicação não correspondia exatamente às verdadeiras declarações dela. A publicação da reportagem pela ré resultou em má-fama para a primeira autora, principalmente no colégio que frequentava, além de caracterizar uma verdadeira devassa em sua vida íntima, causando a editora à vítima uma profunda dor moral, razão pela qual ingressou a autora com o pedido de indenização por danos morais. A mãe da adolescente ingressou com pedido de indenização sob fundamento de que a divulgação da matéria, da forma como se deu, também, lhe causara uma dor moral profunda, como mãe de uma adolescente que tem sua vida sexual divulgada ao público e de ser sua filha tratada como portadora do vírus HIV. As autoras pediram indenização por danos morais no valor de 1.000 salários mínimos ou, sucessivamente, 200 salários mínimos, caso entendesse o julgador pela aplicação da Lei de Imprensa. No mérito, alegou a requerida estar exercendo sua atividade de acordo com o direito à livre manifestação do pensamento e de liberdade à informação, direitos constitucionalmente garantidos e que não podem sofrer óbices. Alegou, ainda, que a reportagem era decorrente de uma série de entrevistas realizadas com jovens em torno da semana que marcava a "luta mundial contra a AIDS", reproduzindo apenas as opiniões dos entrevistados da mesma forma espontânea e sincera como foram manifestadas pelos entrevistados. No tocante à primeira autora, suas palavras foram preservadas da mesma forma como foram ditas, não sendo cabível a cobrança de indenização contra quem atua dentro do seu exercício regular do direito. Em relação à segunda autora, procurou a ré excluí-la do feito por não haver qualquer menção em relação àquela na reportagem.

Em primeiro grau, foram julgados procedentes os pedidos das autoras, por fundamento que o ofício da informação não pode desconsiderar os valores íntimos da pessoa e tratando, a espécie, de pessoa em formação, a intimidade e a privacidade da vítima deveria ser preservada pelo jornalista, sendo irrelevante ter a autora efetivamente manifestado as declarações constantes na reportagem. Em relação à segunda autora, entendeu o juiz *a quo* que a mãe da jovem veio a ser atingida pelos efeitos da reportagem uma vez que "tudo o que afeta um filho atinge seus pais". O magistrado de primeiro grau afastou a aplicação da Lei de Imprensa, por entender que a Constituição não recepcionou a referida lei, razão pela qual o magistrado ao quantificar o dano moral deve atender ao fato de que a indenização não constitua um enriquecimento sem causa para a vítima nem um ônus demasiado grande ao ofensor, atendendo sempre ao caráter sancionador da indenização. Nesse sentido, fixou o magistrado o valor da indenização a ser paga pela ré, a cada uma das requerentes, em R$48.960,00 e a condenou, ainda, ao pagamento das verbas da sucumbência. Em grau recursal, o Tribunal de Justiça do Estado do Paraná reformou em parte a sentença de primeiro grau no tocante à fixação da verba indenizatória, confirmando o entendimento de ter, efetivamente, ocorrido violação do direito à privacidade e à imagem da primeira autora, expondo a público sua vida sexual, através da publicação de seu nome e de sua imagem sob manchete, causando-lhe má-fama e vexame decorrente da publicação. Dessa maneira, caracteriza-se a culpa da editora por negligência ao direito à privacidade de uma pessoa em formação, violando os preceitos de proteção integral à criança e ao adolescente, nos termos do art. 227, da CF/88 e ferindo a proteção outorgada pelo Estatuto da Criança e do Adolescente, bem como a dignidade da pessoa humana (Lei nº 8.069/90 e art. 1º, III da CF/88). O fato de a reportagem citar o nome e identificar, através da imagem, a entrevistada afeta sua imagem, honra e privacidade, tendo a editora negligenciado o dever de respeitar a inviolabilidade da imagem e da intimidade da adolescente.[16]

O Supremo Tribunal Federal tem confirmado a maior parte das decisões dos tribunais estaduais, que tutelam o direito à própria imagem.[17] Consoante pode ser constatado, o reconhecimento da violação ao direito à própria imagem tem sido protegido principalmente nas hipóteses em que houver emprego da imagem alheia, sem o expresso consentimento da pessoa retratada, para compor anúncios comerciais ou qualquer forma de promoção publicitária ou, ainda, se aquele que divulga a imagem obtiver alguma espécie de lucro pela utilização indevida dela.

3 Noções sobre a categoria jurídica do direito de arena

O surgimento dos cinejornais que exibiam o esporte na tela e, principalmente, o advento da televisão, trouxeram à baila um novo tema que consiste no direito à imagem do atleta captada pela mídia em eventos esportivos. O certame esportivo, que inicialmente se limitava aos espectadores pagantes nos estádios, passou a ser assistido por milhões de espectadores no país e ao redor do mundo, os quais, frente à tela de seus televisores ou pela internet, se tornaram consumidores do produto esportivo consumindo, também, os produtos de propaganda e as marcas dos anunciantes e patrocinadores.

Dessa maneira, as empresas de televisão e de comunicação social passaram a explorar rico filão em que se transformou a atividade esportiva, mediante divulgação de reportagens, matérias jornalísticas e audiovisuais, envolvendo personalidades do mundo esportivo.[18]

---

[16] "DANO MORAL - DIREITO À IMAGEM - Exposição da INTIMIDADE de ADOLESCENTE em JORNAL - Matéria sobre AIDS - CULPA - ART. 227/CF - ART. 1/CF, III - ART. 5/CF, V e X - Ofensa à LEI 8069/90 - LEI 5250/67 - RECEPÇÃO não integral pela CONSTITUIÇÃO FEDERAL - MAJORAÇÃO do VALOR da INDENIZAÇÃO. Dano moral - Empresa jornalística de grande circulação - Matéria que expõe a vida sexual de adolescente, publicando seu nome e imagem sob a manchete "quem vê cara não vê AIDS" - Má-fama e vexame resultantes da publicação - Culpa caracterizada, negligência ao direito à privacidade de pessoa em formação, proteção integral à criança e ao adolescente (art. 227 CF/88). Indisponibilidade do direito à personalidade - Dano moral da mãe reflexo e diminuto em comparação ao da filha - Sentença que fixa a indenização em 360 salários mínimos para cada uma provimento parcial do recurso, para fixar o valor da indenização da menor em R$ 45.000,00 e, o da sua mãe em R$ 22.500,00. 1 É incontestável a dor moral que a editora-ré causou à adolescente, publicando sua imagem e nome em matéria que acabou por devassar sua vida íntima. 2 - Não se pode falar em disponibilidade das informações prestadas, portanto atingem a vida privada de pessoa em formação, ferindo a doutrina da proteção integral abraçada pelo Estatuto da Criança e do Adolescente, bem como a dignidade da pessoa humana (Lei nº 8.069/90 e artigo 1º, III - CF/88). 3 - A Lei nº 5.250/67 não foi recepcionada integralmente pela Constituição Federal, porquanto restringe o exercício e a quantificação de um direito erigido à condição de garantia fundamental (artigo 5º, incisos V e X - CF/88). 4 - Com a divulgação da matéria, da forma como se deu, a dor moral da segunda autora deve ser tida como reflexa e circunscrita a âmbitos menores que ao vexame suportado pela menor. Assim, incorreta a fixação do valor correspondente ao dano moral em idênticas proporções" (TJ/PR. Ap. Cív. nº 0089264-4 - Comarca de Curitiba, Ac. nº 19.885, unân. Rel. Des. Munir Karam, 2ª Câm. Cív., j. 31.10.2001. *DJPR*, 12 nov. 2001).

[17] O RE nº 91.328-9-SP, julgado pela 2ª T. do STF, de relatoria do Min. Djaci Falcão, confirmou a sentença de primeiro grau e o acórdão do TJ/SP, que confirmara a decisão de primeira instância (*RT*, n. 521, p. 111), no sentido de proteger o direito à própria imagem quando esta fosse utilizada para fins lucrativos, sem a necessária autorização do retratado. Por essas razões, foi a ré condenada a indenizar os autores, pela existência de violação ao mencionado direito de personalidade. (*RT*, n. 558, p. 230 e *ADCOAS*, 84.383).

[18] MARQUES, Erickson Gavazza. Liberdade de informação, internet, árbitros de futebol e atletas amadores: aspectos controvertidos da comercialização das imagens no espetáculo esportivo. In: MACHADO, Rubens Approbato et al. (Coord.). *Curso de direito desportivo sistêmico*. São Paulo: Quartier Latin, 2007. p. 145.

A exploração econômica do espetáculo esportivo por parte das empresas de rádio e televisão, juntamente com os clubes esportivos e as entidades administrativas do desporto, provocaram o surgimento de discussões em torno da natureza da imagem do atleta profissional e do uso das imagens dele, captadas durante o desenvolvimento do certame esportivo.

Inicialmente, defendia-se a proteção do direito à própria imagem do atleta tendo, consequentemente, o direito a ser indenizado pelo uso e pela divulgação de sua imagem ao público, tal qual tivesse o desportista sofrido a captação e a divulgação indevida de sua imagem para fins comerciais.

Tal tese, porém, não poderia ter guarida pelo direito, tendo em vista que a captação e divulgação da imagem do atleta durante o jogo não se configuraria exatamente em um direito à própria imagem do indivíduo, tendo em vista que a captação da imagem e sua transmissão pela mídia não se constituiria em um atentado ao direito de personalidade do atleta. Tratando-se a captação e divulgação de um certame esportivo de um fato lícito, autorizadas pelos clubes e entidades administrativas do desporto, destaca-se seu caráter público.

Qual seria, então, a natureza da atuação do atleta durante o certame esportivo?

Assim como a atuação de um ator em um espetáculo teatral, ou em um filme cinematográfico, ou em televisão, constitui-se em uma atividade profissional em que há prestação de serviços mediante exposição da imagem do ator ao público, situação semelhante ocorre no certame esportivo, no qual o atleta, igualmente, expõe sua imagem ao público pagante ou televisivo.

A atuação do atleta no curso do certame esportivo transmitido constitui-se em uma prestação de serviços ao clube e, principalmente, às emissoras de rádio, televisão e outras mídias, não cabendo, consequentemente, nenhuma indenização por violação à própria imagem do atleta, mas outro tipo de recompensa remuneratória que vem sendo denominada *direito de arena*.

A presente exegese demonstra que, ao falar-se da imagem do atleta, duas categorias jurídicas diversas e inconfundíveis despontam, o *direito à própria imagem* e o *direito de arena*.

O direito de arena, conforme já se falou anteriormente, possui pontos de contato com o *direito à própria imagem*, mas ambas as categorias não se confundem.

O *direito à própria imagem-retrato* do atleta, segundo examinado acima, consiste em um direito especial de personalidade cujo objeto visa tutelar a pessoa do atleta da captação não autorizada de sua imagem por terceiros. Ao lado desse direito, gravita o *direito da não divulgação da imagem* da pessoa, obtida lícita ou ilicitamente, outorgando ao retratado a possibilidade de se opor à divulgação não autorizada dessa imagem. A tutela do *direito à própria imagem* da pessoa do atleta se caracteriza pela vedação de captação e utilização da imagem fora do campo ou do ginásio esportivo. Difere o *direito à própria imagem* do atleta da captação e utilização da imagem do desportista durante o evento esportivo, as quais caracterizam, segundo nossa percepção, uma categoria diversa, o *direito de arena*.

O *direito de arena* consiste no direito de o atleta profissional participar do preço, da autorização, da fixação e da transmissão ou retransmissão do espetáculo esportivo público mediante entrada paga. Assim, conceitua-se o *direito de arena* como um direito de natureza patrimonial que versa no pagamento de 5% do valor recebido pelos clubes, a título de transmissão ou retransmissão do evento esportivo, sendo o citado valor dividido entre os atletas relacionados para a partida que atuam diretamente no certame ou estão à disposição no banco de reservas para a qualquer tempo participar ou não da partida.[19] O valor recebido pela transmissão ou difusão do jogo possui natureza jurídica remuneratória, sendo pago por terceiro. Os lucros auferidos da exploração de direitos desportivos audiovisuais serão repassados aos sindicatos de atletas profissionais, e estes os distribuirão, em partes iguais, aos atletas profissionais participantes do espetáculo desportivo. O atleta adquire o direito de ser remunerado por sua atuação ou participação no evento esportivo.[20] No *direito de arena*, a titularidade do direito pertence à entidade esportiva que realiza o jogo, segundo determinação do art. 42, da Lei nº 9.615/1998 ao contrário do *direito à própria imagem*, cuja titularidade é da pessoa que teve sua imagem indevidamente captada e/ou divulgada por terceiros.

O direito à imagem (imagem-retrato) visa proteger a manifestação física do indivíduo, constituída pela imagem fisionômica, bem como sua voz, suas características pessoais, sua sexualidade e sua profissão, vedando a captação e a divulgação dessa imagem sem a devida autorização, protegendo, dessa maneira, a identidade pessoal do indivíduo e a própria intimidade. O *direito de arena*, por sua vez, consiste na prerrogativa exclusiva de as entidades de prática desportiva poderem negociar, autorizar ou proibir a captação, a fixação, a emissão, a transmissão, a retransmissão ou a reprodução de imagens, por qualquer meio ou processo, de espetáculo desportivo de que participem.[21]

3.1 A consolidação da tutela do direito de arena pelos tribunais brasileiros

O *direito de arena* vem, aos poucos, sendo consolidado pela jurisprudência dos tribunais. Trata-se de um tema controvertido, não havendo tratamento uniforme dado à matéria, embora tenha a Lei nº 9.615/1998, com a redação dada pela Lei nº 12.395/2011, procurado disciplinar o direito da entidade de prática desportiva de "negociar, autorizar e proibir a fixação, a transmissão ou retransmissão de imagem de espetáculo ou eventos desportivos de que participem".[22]

Ao contrário do que de início se poderia imaginar, o tratamento e o desenvolvimento dado pela jurisprudência ao *direito de arena* vêm ocorrendo com maior frequência perante a Justiça do Trabalho e com menos intensidade nos tribunais cíveis.

Traremos, a seguir, dois arestos da lavra do Tribunal Regional do Trabalho da 3ª Região publicados, respectivamente, em 2001 e em 2005, cujo entendimento dos julgadores se deu no sentido de que o *direito de arena* e o *direito à imagem do atleta* seriam

---

[19] BARROS, Alice Monteiro de. *As relações de trabalho no espetáculo*. São Paulo: LTr, 2003. p. 51 e ss.

[20] Diz o art. 42, da Lei nº 12.395/2011: "Art. 42. Pertence às entidades de prática desportiva o direito de arena, consistente na prerrogativa exclusiva de negociar, autorizar ou proibir a captação, a fixação, a emissão, a transmissão, a retransmissão ou a reprodução de imagens, por qualquer meio ou processo, de espetáculo desportivo de que participem. §1º Salvo convenção coletiva de trabalho em contrário, 5% (cinco por cento) da receita proveniente da exploração de direitos desportivos audiovisuais serão repassados aos sindicatos de atletas profissionais, e estes distribuirão, em partes iguais, aos atletas profissionais participantes do espetáculo, como parcela de natureza civil. §2º [...]" (BRASIL. *Lei nº 12.395, de 16 de março de 2011*. Disponível em: <http://www.planalto.gov.br/ccivil_03/_ato2011-2014/2011/lei/l12395.htm>).

[21] Cf. previsão do art. 42, da Lei nº 9.615/1998, com a redação dada pela Lei nº 12.395/2011.

[22] Art. 42, da Lei nº 9.615/1998.

categorias jurídicas similares, não havendo distinção entre ambas. Veja-se a ementa do acórdão do TRT, da 3ª Região, proferido em 2001:

> SALÁRIO. JOGADOR DE FUTEBOL. DIREITO DE ARENA. OUTROS GANHOS PELO USO DA IMAGEM POR TERCEIROS. NATUREZA JURÍDICA. VALORES ALEATÓRIOS E VARIADOS. PREFIXAÇÃO EM CONTRATO DE TRABALHO. FRAUDE. EFEITOS.
> O chamado direito de arena, valor que é pago por terceiros, detentores dos meios de comunicação, aos atletas, como remuneração pela transmissão dos jogos dos quais eles são os principais atores e os catalisadores da motivação popular para angariar audiências, não constitui salário, direto ou indireto, no sentido técnico do instituto, sobre quaisquer de suas modalidades, eis que não se destina, nem mesmo remota ou indiretamente, ao custeio do trabalho prestado ao clube contratante, nem tem relação alguma com a execução do contrato de trabalho. [...].
> A exploração econômica da própria imagem, que é direito inerente à personalidade, dá ao titular direito aos lucros que esta proporcione, independentemente do contrato de trabalho, pelo qual seu compromisso é exclusivamente o de atuar como atleta, disputando os torneios, com o fim de lograr sucessos e títulos. A utilização da imagem faz parte não disso, mas do mundo dos negócios mercantis que gravita em torno do esporte em si, com outros fins e outras regras. Portanto, não constitui salário.[23]

Em idêntico sentido, ouça-se a dicção do acórdão do TRT, da 3ª Região, de 2005, cuja ementa assim expressa:

> "DIREITO DE ARENA E DIREITO DE IMAGEM SIMILARIDADE". O artigo 42 da Lei 9615/98 não faz qualquer alusão a direito de arena, mas sim ao direito da entidade de prática desportiva de "negociar, autorizar e proibir a fixação, a transmissão ou retransmissão de imagem de espetáculo ou eventos desportivos de que participem", sendo a referida lei uma extensão do direito de imagem previsto no art. 5º, XXVIII, letra "a" da Constituição da República Federativa do Brasil, que cuida também da reprodução da imagem e voz humana nas atividades desportivas, não mencionando acerca do direito de arena. Logo, se o texto legal não faz qualquer menção a direito de arena, deduz-se disto que o direito de arena e direito de imagem não são figuras distintas, havendo similaridade entre ambas. A doutrina apenas adotou outra terminologia não prevista na lei.[24]

Em idêntico sentido decidiu a 4ª Turma do Tribunal Superior do Trabalho pela similitude do *direito de arena* e do *direito* à *própria imagem* do atleta. Tal qual os tribunais de instancia inferior, o Tribunal Superior do Trabalho distorce e confunde a natureza jurídica e a finalidade do direito de tutela da personalidade do atleta, por atentado à sua imagem, do direito econômico de participar das vantagens materiais pecuniárias por sua apresentação no *show* esportivo. Diz a ementa do aresto:

> EMBARGOS DE DECLARAÇÃO - DIREITO DE ARENA E/OU DE IMAGEM - JOGADOR DE FUTEBOL PROFISSIONAL - NATUREZA JURÍDICA SALARIAL - INEXISTÊNCIA DE OMISSÃO - PROTELAÇÃO DO FEITO - MULTA. [...]. 2. O acórdão embargado foi expresso no enfrentamento dos aspectos da lide deduzidos nos presentes embargos. Tanto que ficou consignado em seus fundamentos que o direito de arena nada mais é do que

---

[23] TRT 3ª Região. RO nº 8.495/01, 3ª T. Rel. Paulo Araújo, j. 11.12.2001.
[24] TRT 3ª Região. RO nº 00960-2004-016-03-00-0, 7ª T. Rel. Rodrigo Ribeiro Bueno. *DJMG*, 13 set. 2005.

o direito de o desportista profissional participar do preço, da autorização, da fixação, da transmissão ou retransmissão do espetáculo esportivo público com entrada paga. *Trata-se de direito ligado* à *imagem do atleta e que, desse modo, pode ser chamado de direito de imagem*. 3. Assim, tanto o TRT quanto o acórdão embargado, ao fazerem referência ao direito de arena, estavam tratando também do direito de imagem, e vice-versa. Não se verifica, portanto, a omissão do acórdão, de modo a permitir o trânsito destes declaratórios. [...].[25]

As decisões da 7ª Turma, do Tribunal Regional do Trabalho da 3ª Região e do Tribunal Superior do Trabalho, ao afirmarem *"que o direito de arena* e o *direito* à *imagem* não são figuras distintas, havendo similaridade entre ambas"*, não são das mais felizes, constituindo-se os fundamentos dos respectivos arestos em um grave equívoco.

O Superior Tribunal de Justiça, ao conhecer a matéria posta em causa, relativa ao *direito de arena*, expressou entendimento contrário ao esposado pelos julgados do Superior Tribunal do Trabalho, vislumbrando as categorias *direito* à *imagem-retrato* do atleta e *direito de arena* como duas figuras jurídicas diversas e inconfundíveis.

> CIVIL E PROCESSUAL. ÁLBUM DE FIGURINHAS ("HERÓIS DO TRI") SOBRE A CAMPANHA DO BRASIL NAS COPAS DE 1958, 1962 E 1970. USO DE FOTOGRAFIA DE JOGADOR SEM AUTORIZAÇÃO DOS SUCESSORES. DIREITO DE IMAGEM. VIOLAÇÃO. LEI N. 5.988, DE 14.12.1973, ART. 100. EXEGESE. LEGITIMIDADE ATIVA DA VIÚVA MEEIRA E HERDEIROS. CPC, ARTS. 12, V, E 991, I. CONTRARIEDADE INOCORRENTE. I. A viúva e os herdeiros do jogador falecido são parte legitimada ativamente para promoverem ação de indenização pelo uso indevido da imagem do de cujus, se não chegou a ser formalmente constituído espólio ante a inexistência de bens a inventariar. II. Constitui violação ao Direito de Imagem, que não se confunde com o de Arena, a publicação, carente de autorização dos sucessores do de cujus, de fotografia do jogador em álbum de figurinhas alusivo à campanha do tricampeonato mundial de futebol, devida, em consequência, a respectiva indenização, ainda que elogiosa a publicação. III. Recurso especial não conhecido.[26]

A jurisprudência em relação à matéria é controvertida. São encontrados nos repertórios atuais arestos do próprio Tribunal Superior do Trabalho que afastam a equivocada tese da similitude do *direito* à *própria imagem* do desportista e do *direito de arena*, consoante se infere do exame das ementas a seguir:

> DIREITO DE ARENA – NATUREZA JURÍDICA. Nos termos da Lei 9.615/98, o direito de arena é aquele que a entidade de prática desportiva tem de negociar, autorizar e proibir a fixação, a transmissão ou retransmissão de imagem de espetáculo ou eventos desportivos de que participem. A titularidade do direito de arena é da entidade de prática desportiva e, por determinação prevista na referida Lei, apenas o atleta que tiver participado do evento fará jus ao recebimento de um percentual do preço estipulado para a transmissão ou retransmissão do respectivo evento esportivo. Fica claro, portanto, que, embora pago por terceiros, o direito de arena percebido pelo atleta, em verdade, é uma contraprestação pelo trabalho prestado em favor do clube, ou seja, não tem por intuito indenizar o atleta, mas, sim, remunerá-lo por sua participação no espetáculo. Em sendo assim, dúvidas

---

[25] TST. ED-RR nº 557/2003-023-04-00.3, 4ª T. Rel. Min. Ives Gandra Martins Filho. *DJ*, 6 out. 2006. Grifos nossos.
[26] STJ. REsp nº 113963 SP 1996/0073314-7, T. 4ª. Rel. Min. Aldir Passarinho Jr., j. 20.9.2005. *DJ*, 10 out. 2005, p. 369. *RDDP*, v. 35, p. 110.

não restam de que o direito de arena tem natureza jurídica de remuneração, guardando, inclusive, similitude com as gorjetas previstas no artigo 457 da CLT, que também são pagas por terceiros. Recurso de Revista conhecido e não provido.[27]

DIREITO DE ARENA. NATUREZA JURÍDICA. A jurisprudência desta Corte tem atribuído natureza jurídica remuneratória à parcela paga ao atleta decorrente do denominado direito de arena. De outro lado, não corresponde a uma parcela paga diretamente pelo empregador, aproximando-se do sistema das gorjetas. Portanto, em face de sua similaridade com as gorjetas, aplica-se, por analogia, o artigo 457 da CLT e a Súmula nº 354 do TST, o que exclui os reflexos no cálculo do aviso-prévio, adicional noturno, horas extras e repouso semanal e autoriza repercussão em gratificação natalina, férias com o terço constitucional e FGTS. Precedentes. Não conhecido.[28]

O Tribunal Superior do Trabalho vem, aos poucos, se alinhando à correta exegese que conceitua o *direito* à *imagem* do atleta como um direito especial de personalidade e o *direito de arena*, um direito natureza patrimonial, entendido como remuneração pela prestação de serviços, não se identificando com o direito especial de personalidade da imagem do atleta. Dessa maneira, o Tribunal Superior do Trabalho vem afastando os equívocos que surgiram em sua própria jurisprudência recente no tocante à matéria aqui tratada, confundindo duas categorias jurídicas inconfundíveis e diversas.

4 Conclusão

Concluindo: o *direito de arena* ou o *direito da entidade de prática desportiva de* "negociar, autorizar e proibir a fixação, a transmissão ou retransmissão de imagem de espetáculo ou eventos desportivos de que participem" não traz em seu bojo os pressupostos e características dos direitos de personalidade, contidos no art. 11, do Código Civil. Atente-se, ainda, ao fato de que a exclusão voluntária do atleta pelo clube patrocinador do certame, da participação da remuneração auferida pela transmissão ou retransmissão de imagem do evento desportivo, não se constitui em um atentado contra a dignidade do jogador, nos termos do inc. III, do art. 1º, da Constituição Federal, nem enseja indenização por dano moral.

O *direito à própria imagem-retrato* do atleta, segundo examinado acima, consiste em um direito especial de personalidade cujo objeto visa tutelar a pessoa do atleta da captação não autorizada de sua imagem por terceiros. Ao lado desse direito, gravita o *direito* à *não divulgação da imagem*, o qual dá ao retratado a possibilidade de se opor à divulgação não querida dessa imagem. A tutela do *direito* à *própria imagem* da pessoa do atleta se caracteriza pela vedação de captação e utilização da imagem fora do campo ou do ginásio esportivo. Difere o *direito* à *própria imagem* do atleta da captação e utilização da imagem do desportista durante o evento esportivo, as quais caracterizam, segundo nossa percepção, uma categoria diversa, o *direito de arena*.

---

[27] TST. Proc. RR nº 1.751/2003-060-01-00. Rel. Min. José Simpliciano Fontes de F. Fernandes, j. 9.4.2008. *COAD*, n. 23, 2008. p. 232. Fascículo Semanal. Disponível em: <http://coad.com.br/app/webroot/files/trab/pdf/ct_net/2008/ct2308.pdf>. Acesso em: 9 out. 2014.

[28] TST. Proc. RR nº 2960-19.2012.5.02.0036, 5ª T. Rel. Min. Emmanoel Pereira, j. 11. 2.2015.

O *direito de arena* não é outra coisa senão o direito do atleta profissional de participar do preço, da autorização, da fixação e da transmissão ou retransmissão do espetáculo esportivo público mediante entrada paga. Assim, caracteriza-se o *direito de arena* como um direito de natureza patrimonial e não de personalidade, que consiste no pagamento de 5% do valor recebido pelos clubes, a título de transmissão ou retransmissão do evento, sendo o citado valor dividido entre os atletas relacionados para a partida, atuando ou estando à disposição no banco de reservas. No *direito de arena*, ao contrário do *direito à própria imagem*, cuja titularidade é a de quem teve a imagem indevidamente captada e/ou divulgada, a titularidade é da entidade esportiva. O valor recebido possui natureza jurídica remuneratória, sendo pago por terceiro. O atleta adquire o direito de ser remunerado por sua atuação ou participação no evento esportivo.

Referências

BARROS, Alice Monteiro de. *As relações de trabalho no espetáculo*. São Paulo: LTr, 2003.

BRASIL. *Código Civil de 2002*. Disponível em: <www.planalto.gov.br/ccivil_03/Leis/2002/l10406.htm>.

BRASIL. *Lei nº 9.615/1998*. Disponível em: <http://www.planalto.gov.br/ccivil_03/leis/l9615consol.htm>.

BRASIL. *Lei nº 12.395, de 16 de março de 2011*. Disponível em: <http://www.planalto.gov.br/ccivil_03/_ato2011-2014/2011/lei/l12395.htm>.

CENTRO DE ESTUDOS JUDICIÁRIOS DO CONSELHO DA JUSTIÇA FEDERAL. *Enunciado nº 279*. IVª Jornada de Direito Civil. Disponível em: <http://daleth.cjf.jus.br/revista/enunciados/IVJornada.pdf>. Acesso em: 12 maio 2014.

CENTRO DE ESTUDOS JUDICIÁRIOS DO CONSELHO DA JUSTIÇA FEDERAL. *Enunciado nº 275*. IVª Jornada de Direito Civil. Disponível em: <http://www.stj.jus.br/publicacaoseriada/index.php/jornada/article/viewFile/2604/2683>. Acesso em: 12 jun. 2017.

CUPIS, Adriano de. *Os direitos da personalidade*. Lisboa: Morais, 1961.

DOTTI, René Ariel. *Proteção à vida privada e liberdade de informação*. São Paulo: RT, 1980.

MARINONI, Luiz Guilherme. *Tutela inibitória*. 5. ed. São Paulo: RT, 2012.

MARQUES, Erickson Gavazza. Liberdade de informação, internet, árbitros de futebol e atletas amadores: aspectos controvertidos da comercialização das imagens no espetáculo esportivo. In: MACHADO, Rubens Approbato *et al*. (Coord.). *Curso de direito desportivo sistêmico*. São Paulo: Quartier Latin, 2007.

MIRANDA, Francisco Cavalcanti Pontes de. *Tratado de direito privado*. 3. ed. São Paulo: Borsoi, 1971.

SILVA NETO, Manoel Jorge e. *Curso de direito constitucional*. 8. ed. São Paulo: Saraiva, 2013.

SZANIAWSKI, Elimar. *Direitos de personalidade e sua tutela*. 2. ed. São Paulo: RT, 2005.

Informação bibliográfica deste texto, conforme a NBR 6023:2002 da Associação Brasileira de Normas Técnicas (ABNT):

SZANIAWSKI, Elimar. Direito de arena: vacilações e perspectivas. In: EHRHARDT JÚNIOR, Marcos; CORTIANO JUNIOR, Eroulths (Coord.). *Transformações no Direito Privado nos 30 anos da Constituição*: estudos em homenagem a Luiz Edson Fachin. Belo Horizonte: Fórum, 2019. p. 137-150. ISBN 978-85-450-0562-9.

REFLEXÕES SOBRE A AUTONOMIA DA VONTADE E A INTERDISCIPLINARIDADE NA MEDIAÇÃO

ÁGUIDA ARRUDA BARBOSA

FERNANDA TARTUCE

A vontade é tudo. É um tão grande princípio vital como o Sol. Contra ela as fatalidades, as febres, o ideal, quebram-se como bolas de sabão.

Eça de Queirós

1 Introdução

Contribuir para uma obra coletiva em homenagem ao reconhecido Jurista Luiz Edson Fachin constitui um desafio; afinal, ela será composta a partir da coletânea de matérias que têm como fio condutor o diálogo com a produção científica do destacado civilista.

Os estudiosos do direito civil das últimas gerações atuam, de certo modo, como instrumentos de divulgação do pensamento do homenageado – que tem inovado, sobremodo, na interpretação do direito privado a partir do diálogo com a Constituição Federal de 1988.

Ademais, além de jurista de alta qualificação, trata-se de um poeta: por ser um professor que ensina temas que exigem profunda reflexão, valendo-se da linguagem poética, ele permite que o discípulo o acompanhe com leveza no percurso pedagógico.

Para exemplificar a assertiva, vale lembrar o discurso de paraninfo por ele proferido em 17.2.2006, intitulado *A cinza voa, mas é o fogo que tem asa*: "Discorrendo sobre a greve das palavras, dirige-se aos formandos dizendo-lhes: sem o beneplácito de luxuosas palavras, venho apenas com o singelo toque do comboio de cordas que bate no peito de cada um dos aqui presentes". Após expor outras belas palavras, encerra a oração recomendando aos afilhados: "É imprescindível sentir o mundo, a pulsação da vida em cada causa que põe em causa a vida inteira. Creiam-me: seus passos podem tocar as estrelas".

Com este viés de poesia como instrumento capaz de trazer uma contribuição ao diálogo com a obra de Luiz Edson Fachin, o desafio é enfrentar a construção teórica do instituto da mediação a partir da percepção sobre a autonomia da vontade segundo a ótica do jurista. Para dar ênfase à linguagem poética, ousa-se dizer que mediação é uma voz à procura de instrumento.

2 Relevância do tema

A adoção da mediação é uma realidade que há décadas vem beneficiando pessoas envolvidas em conflitos intersubjetivos por todo o mundo. O Brasil, desde o advento da Resolução nº 125/2010 do CNJ, passou a adotar institucionalmente, como política pública, o incentivo à mediação e à conciliação judiciais. Vale lembrar que a tal instrumento normativo se somaram, em 2015, o Código de Processo Civil e a Lei de Mediação (Lei nº 13.140).

A intensa valorização da autocomposição vem desafiando os aplicadores do direito a se adaptarem à pauta consensual. Sabe-se que a mera mudança de leis dificilmente consegue, por si só, alterar as práticas arraigadas de quem está acostumado a lidar com controvérsias sob o prisma contencioso; de todo modo, o caminho da mediação passou a se tornar mais claro e acessível para muitas pessoas nos últimos tempos.

Nesse cenário, a realização de mediações judiciais passou a compor uma alternativa concreta para lidar com litígios, sendo de suma relevância atentar para a autonomia dos envolvidos na sua utilização.

Essas percepções não escaparam à habitual perspicácia do homenageado: Luiz Edson Fachin escreveu, com Marcos Rocha Gonçalves, um artigo[1] que lança luzes sobre a relevante hermenêutica da autonomia da vontade na utilização de meios consensuais em juízo, e é com esse artigo que pretendemos dialogar na presente oportunidade.

3 Autonomia da vontade como princípio informador da mediação

A autonomia da vontade das partes é reconhecida expressamente no ordenamento brasileiro como um dos princípios regentes da mediação e da conciliação (CPC/2015, art. 166; Lei nº 13.140/2015, art. 2º, V; CNJ, Resolução nº 125/2010, anexo III).

O reconhecimento da autonomia da vontade implica conceber que a deliberação expressa por uma pessoa plenamente capaz, com liberdade e observância dos cânones legais, seja tida como soberana.[2]

O vocábulo *vontade* expressa diversos significados:

> 1. faculdade que tem o ser humano de querer, escolher, livremente praticar ou deixar de praticar certos atos;
> 2. força interior que impulsiona o indivíduo a realizar aquilo a que se propôs, a atingir seus fins ou desejos – ânimo, determinação e firmeza;
> 3. grande disposição em realizar algo por outrem – empenho, interesse, zelo;

---

[1] FACHIN, Luiz Edson; GONÇALVES, Marcos Alberto Rocha. Hermenêutica da autonomia da vontade como princípio informador da mediação e conciliação. *Revista de Informação Legislativa*, v. 48, n. 190, t. 2, p. 7-13, abr./jun. 2011. Disponível em: <http://www2.senado.leg.br/bdsf/item/id/242941>. Acesso em: 5 abr. 2018.

[2] TARTUCE, Fernanda. *Mediação nos conflitos civis*. 4. ed. São Paulo: Método, 2018. p. 202.

4. capacidade de escolher, de decidir entre alternativas possíveis – volição;
5. sentimento de desejo ou aspiração motivado por um apelo físico, fisiológico, psicológico ou moral – querer;
6. deliberação, determinação, decisão que alguém expressa no intuito de que seja cumprida ou respeitada.[3]

A autonomia da vontade, também entendida como autodeterminação, é um valor essencial para a proveitosa implementação de meios consensuais de composição de conflitos.

A mediação permite que as pessoas decidam os rumos da controvérsia e protagonizem, sendo esse o seu desejo, uma saída consensual: ao incluir o sujeito como importante ator na abordagem da crise, valoriza-se sua percepção e considera-se seu senso de justiça.

A autonomia remete a um tema importante: a voluntariedade. Conversações só podem acontecer se os participantes aderirem à sua ocorrência; assim, eles devem escolher (ou pelo menos aceitar) o caminho consensual do início ao fim do procedimento. Para quem leva a autonomia a sério, a voluntariedade precisa ser objeto de considerável atenção, já que ela se conecta com a disposição das partes de se engajar nas conversas.[4]

Ao abordar o tema no cenário da autocomposição judicial, a Resolução nº 125/2010 do CNJ reconhece ser a autonomia da vontade o dever de respeitar os diferentes pontos de vista dos envolvidos, assegurando-lhes que cheguem a uma decisão voluntária e não coercitiva com liberdade para tomar as próprias decisões durante ou no final do processo, podendo interrompê-lo a qualquer momento (Anexo III, art. 2º, II).

Por conceber a pessoa como protagonista de decisões e responsável por seu destino, a mediação revela ter como fundamento ético a dignidade humana em seu sentido mais amplo.[5]

Como bem pontuam Luiz Edson Fachin e Marcos Rocha, a arquitetura constitucional vigente no Brasil a partir de 1988 "alinhou o ordenamento político, econômico e jurídico à proteção dos direitos fundamentais, pretendendo assim garantir uma sociedade na qual o ter não possa suplantar o ser".[6]

Para os autores:

> no campo da conciliação e da mediação, a introdução da autonomia da vontade como fundamento remete, necessariamente, a toda a teoria crítica do Direito Civil, contextualizada com a realidade contemporânea das necessidades e pretensões sociais quanto aos critérios de justiça.[7]

---

[3] VONTADE. *Dicionário Houaiss da Língua Portuguesa*. Disponível em: <http://houaiss.uol.com.br>. Acesso em: 3 jun. 2018.
[4] TARTUCE, Fernanda. Mediação, autonomia e audiência inicial nas ações de família. In: EHRHARDT JR., Marcos (Org.). *Impactos do novo CPC e do EPD no direito civil brasileiro*. Belo Horizonte: Fórum, 2016. v. 1. p. 77-91. Disponível em: <http://www.fernandatartuce.com.br/wp-content/uploads/2017/05/Media%C3%A7%C3%A3o-autonomia-e-vontade-a%C3%A7oes-familiares-no-NCPC.pdf>. Acesso em: 4 jun. 2018.
[5] TARTUCE, Fernanda. *Mediação nos conflitos civis*. 4. ed. São Paulo: Método, 2018. p. 203.
[6] FACHIN, Luiz Edson; GONÇALVES, Marcos Alberto Rocha. Hermenêutica da autonomia da vontade como princípio informador da mediação e conciliação. *Revista de Informação Legislativa*, v. 48, n. 190, t. 2, p. 7-13, abr./jun. 2011. Disponível em: <http://www2.senado.leg.br/bdsf/item/id/242941>. Acesso em: 5 abr. 2018.
[7] FACHIN, Luiz Edson; GONÇALVES, Marcos Alberto Rocha. Hermenêutica da autonomia da vontade como princípio informador da mediação e conciliação. *Revista de Informação Legislativa*, v. 48, n. 190, t. 2, p. 7-13, abr./jun. 2011. Disponível em: <http://www2.senado.leg.br/bdsf/item/id/242941>. Acesso em: 5 abr. 2018.

4 Autonomia da vontade e conhecimento interdisciplinar do mediador

Consoante célebre frase de Hannah Arendt, "a pura violência é muda".[8] Para transformar um comportamento irascível, segundo a filósofa, é preciso dar voz ao sujeito para que sua vontade deixe de ser eclipsada pela violência (que acaba deixando-o mudo). A mediação permite a expansão da vontade em sua plenitude.

Eis a complexidade a ser enfrentada para compreender esta importante ferramenta disponível para o aprimoramento do acesso à justiça: a mediação apresenta-se no mundo contemporâneo como instrumento pragmático apto a proporcionar meios, ao sujeito de direito, para que ele alcance a autonomia da vontade ao acessar a justiça.

Porém, de acordo com as lentes constitucionais que potencializam, sobremodo, a plenitude da pessoa, de acordo com a amplitude que lhe é outorgada, é de rigor entender o que é a vontade humana a partir de influências culturais, psíquicas, antropológicas, psicanalíticas, religiosas e, sobretudo, afetivas.

A mediação constitui-se a partir do encontro de pessoas e de suas respectivas "dignidades" e "humanidades"; portanto, esta atividade reconhecida pelo ordenamento brasileiro só se legitima se estiver alinhada ao princípio da afetividade, sendo essencial interpretar a vontade sob a ótica da linguagem da interdisciplinaridade.

Ao ponto, é importante asseverar o principal objetivo da mediação: proporcionar ao protagonista do conflito uma dinâmica adequada à expressão da vontade humana e digna de sua humanidade, à luz de valores como a solidariedade e a alteridade.

Partindo-se do pressuposto de que a mediação é um instrumento para concretizar a dignidade da pessoa humana (permitindo que ela alcance autonomia enquanto sujeito de direito), nota-se tratar-se de corolário da irradiação constitucional.

Para a compreensão da assertiva de que a mediação se fundamenta na autonomia da vontade como princípio informador, é preciso rever conceitos e afastar mitos, lembrando que as definições de mediação e interdisciplinaridade não são claras. A ausência de uma categorização fundamentada em marcos teóricos quanto a tais definições acaba acarretando, de certa maneira, o comprometimento do sentido de cada termo.

Em relação à interdisciplinaridade, a primeira resposta costumeiramente dada sobre o seu conceito é a de que se trata de um atendimento feito por, no mínimo, dois profissionais. Quando se refere a conflitos ligados ao direito de família, aparece a falsa ideia sobre a excelência de que os sujeitos do conflito sejam atendidos, simultaneamente, por um advogado e um psicólogo.

No entanto, o atendimento interdisciplinar pressupõe um conhecimento complexo; como será exposto, a interdisciplinaridade não é somente a soma do conhecimento de no mínimo duas especialidades profissionais. Se os conceitos em exame apresentam muitas versões desconexas, a dificuldade aumenta ao se tentar conceituar a mediação interdisciplinar.

A vivência de estabelecer uma comunicação entre mediação e interdisciplinaridade está na conclusão de que é possível construir uma passarela entre os dois conceitos em exame e surpreender-se com a criatividade inerente a este universo do conhecimento humano.

---

[8] ARENDT, Hannah. *A condição humana*. Tradução de Celso Lafer. Rio de Janeiro: Forense, 1983. p. 41.

Os conceitos em referência são novos, e já habitam, com frequência, o ambiente científico, de um modo geral. No entanto, o universo das ciências jurídicas ainda não acolheu plenamente esta perspectiva.

A evolução da mediação depende desta compreensão teórica do seu lugar no contexto científico.

Registre-se que há forte tendência em se confundirem os conceitos de disciplinaridade, multidisciplinaridade, pluridisciplinaridade e interdisciplinaridade, que são concretamente distintos.

Inicialmente, releva considerar o conceito de disciplinaridade nos ensinamentos de Hilton Japiassu:

> [...] exploração científica especializada de determinado domínio homogêneo de estudo, isto é, o conjunto sistemático e organizado de conhecimentos que apresentam características próprias nos planos do ensino, da formação, dos métodos, e das matérias; esta exploração consiste em fazer surgir novos conhecimentos que se substituem aos antigos.[9]

A disciplinaridade desenvolveu-se de tal forma, desde o início do século XX, que deu origem à era da especialidade, que enfoca o conhecimento muito aprofundado de um domínio cada vez mais limitado de uma parcela do saber. O exemplo mais evidente desta tendência aparece na medicina, que acaba se revelando muito especializada e setorizada em detrimento de uma visão global do paciente.

Edgar Morin, um dos grandes teóricos da interdisciplinaridade, assevera com propriedade: "os hiperespecialistas são pretensos conhecedores, mas de fato praticantes de uma inteligência cega, porque abstrata, por evitar a globalidade e a contextualização dos problemas".[10]

O conhecimento específico fica ilhado pela esfera de não conhecimento, projetando-se a constatação de que, quanto maior o conhecimento especializado, maior a distância entre a realidade e a universalidade humana. O homem é, ao mesmo tempo, um ser social e dotado de afetividade porque ele se relaciona a partir de sua realidade interna.

A contribuição da era da especialidade do conhecimento levou o homem ao apogeu de uma sociedade tecnologicamente desenvolvida que muito contribuiu para o avanço da humanidade. Contudo, é preciso conscientizar-se do surgimento de uma nova era que clama por uma inversão do significado do saber e preconiza a volta à essência do homem, recuperando, assim, o equilíbrio ontológico.

Hilton Japiassu enfatiza que a pluridisciplinaridade "caracteriza-se pela justaposição de diversas disciplinas situadas geralmente no mesmo nível hierárquico e agrupadas, mantendo-se as relações existentes".[11]

Em síntese, a semelhança entre multidisciplinaridade e pluridisciplinaridade está no agrupamento disciplinar, na justaposição; a diferença é marcada pela possibilidade de existência de cooperação em relação à pluridisciplinaridade, pois o agrupamento de disciplinas pode alcançar o objetivo de se extrair uma contribuição (mas sem se valer de uma coordenação advinda de um nível hierárquico superior).

---

[9] JAPIASSU, Hilton. *Interdisciplinaridade e patologia do saber*. São Paulo: Imago, 1976. p. 72.
[10] MORIN, Edgar. *Os sete saberes necessários à educação do futuro*. São Paulo: Cortez, 1999. p. 81.
[11] JAPIASSU, Hilton. *Interdisciplinaridade e patologia do saber*. São Paulo: Imago, 1976. p. 73.

O conceito de interdisciplinaridade envolve maior complexidade por se tratar de neologismo que traduz um significado ainda não inteiramente sintetizado por uma compreensão universal. Conforme ensina Hilton Japiassu, "a interdisciplinaridade define-se como axiomática comum a um grupo de disciplinas conexas e definidas no nível hierárquico imediatamente superior, introduzindo-se a noção de finalidade".[12] Trata-se de um sistema de dois níveis e de objetivos múltiplos em que a coordenação procede do nível superior.

A exemplo da falta de um conceito universal, na Bélgica é considerada interdisciplinar, além de outras, a relação entre os diferentes ramos das ciências jurídicas (por exemplo, entre direito penal e direito civil). Já na França há uma forte tendência à estruturação de estudos com grupos compostos por especialistas de diferentes áreas com o propósito de extrair um resultado unificado que englobe as diversas sínteses; nessa esteira, é considerada interdisciplinar a relação entre disciplinas com diferentes métodos de observação do mesmo fenômeno.

Merece destaque o notável trabalho, elucidativo do processo de produção interdisciplinar, elaborado por ocasião da realização das *Jornadas de Estudos Québec-Europa*, no Canadá, em setembro de 1999, tendo como título *La médiation Familiale du XXIe. Siècle*:[13] o documento final foi elaborado a partir de diversas intervenções, sendo de natureza inteiramente interdisciplinar. Assim, a conclusão contém a ótica de filósofos, sociólogos, advogados, magistrados, assistentes sociais, pedagogos, psicólogos, psicanalistas, conselheiros conjugais – sendo todos, destaque-se, mediadores.

O profícuo resultado só foi possível a partir da coordenação hierarquicamente superior, dando sentido às intervenções voltadas ao mesmo tema. A produção científica de natureza interdisciplinar já se firmou de tal modo que têm sido constantes as obras coletivas.[14]

Japiassu conclui, enfim, que a interdisciplinaridade "corresponde a uma evolução dos tempos atuais, resultante de um caminho irreversível, vindo preencher os vazios deixados pelo saber proveniente das áreas de especialidade do conhecimento"; nessa medida:

> constitui importante instrumento de reorganização do meio científico, a partir da construção de um saber que toma por empréstimo os saberes de outras disciplinas, integrando-os num conhecimento de um nível hierarquicamente superior, desencadeando uma transformação institucional mais adequada ao bem da sociedade e do homem.[15]

Segundo elogiável aporte de Lídia Reis de Almeida Prado,[16] a interdisciplinaridade amplia a potencialidade do conhecimento humano pela articulação entre as disciplinas

---

[12] JAPIASSU, Hilton. *Interdisciplinaridade e patologia do saber*. São Paulo: Imago, 1976. p. 75

[13] Simpósio realizado em Québec, no Canadá, de 23 a 25.9.1999, promovido pelo Institut Européen de Médiation Familiale e Centre de Médiation IRIS Québec, sobre temas voltados à guarda compartilhada.

[14] Os franceses e os belgas chamam as obras coletivas de *Mélanges*, o que se traduz por misturas, no português; elas têm sido produzidas em profusão sob fundamento de que, nos tempos atuais, já não é suficiente a leitura de apenas um autor sobre determinado tema, principalmente no tocante à necessidade de conhecer o tema sob a ótica de outras ciências. No Brasil, também já se percebe há tempos a adoção desta tendência estrangeira,

[15] JAPIASSU, Hilton. *Interdisciplinaridade e patologia do saber*. São Paulo: Imago, 1976. p. 18.

[16] PRADO, Lídia Almeida. *O juiz e a emoção*. São Paulo: Milenium, 2003. p. 6.

e o estabelecimento de um diálogo entre elas visando à construção de uma conduta epistemológica.[17]

Prossegue a autora:

> A interdisciplinaridade é considerada como a mais recente tendência da teoria do conhecimento, decorrência obrigatória da modernidade, por se tratar de um saber oriundo da predisposição para um "encontro" entre diferentes pontos de vista (diferentes consciências), o que pode levar, criativamente, à transformação da realidade.[18]

É importante destacar que a interdisciplinaridade é, primeiramente, uma conduta individual, vindo a se tornar coletiva a partir de um movimento de transformação da atividade do pensar em atividade do fazer.

A produção de conhecimento interdisciplinar é oriunda da adoção de uma atitude individual construída com suporte na observação e na cooperação com outros saberes. Para tanto, é de fundamental importância despertar no pesquisador uma nova manifestação de inteligência e uma nova pedagogia – em franca oposição à extrema especialização inerente à propedêutica interdisciplinar.

Assim, para compreender a mediação interdisciplinar é preciso adotar uma atitude corajosa de despojamento de conceitos, seja para repensá-los, seja para afastá-los quando defasados e marcados por preconceitos reacionários. Trata-se de uma atividade ousada que exige ampliação do conhecimento, já que aos fundamentos jurídicos imprescindíveis à indicação da mediação devem ser acrescidos os saberes advindos de outras disciplinas, permitindo agregar informações e reflexões que descortinam o verdadeiro sentido da profissão de origem à qual se agrega a função mediadora, seja ela jurídica ou de outra seara (como saúde mental ou outras).

A transformação da atividade do pensar em atividade do fazer (que decorre da interdisciplinaridade) constitui a transdisciplinaridade, assim definida por Ubiratan D'Ambrosio:

> A transdisciplinaridade não constitui uma nova filosofia, nem uma nova metafísica. Tampouco, uma ciência das ciências. Muito menos uma nova atitude religiosa. Em todas as culturas o conhecimento está subordinado a um contexto natural, social e de valores. Indivíduos e povos criam, ao longo da história, instrumentos teóricos de reflexão e observação. Associados a estes, desenvolvem técnicas e habilidades para explicar, entender, conhecer e aprender, visando saber e fazer. Assim, teorias e práticas são respostas a questões e situações diversas geradas pela necessidade de sobrevivência e transcendência. A transdisciplinaridade é o reconhecimento de que não há espaço nem tempo culturais e privilegiados que permitam julgar e hierarquizar – como mais corretos ou verdadeiros – complexos de explicações e de convivência com a realidade. A transdisciplinaridade é uma postura transcultural de respeito pelas diferenças; de solidariedade na satisfação das necessidades fundamentais e de busca de uma convivência harmoniosa com a natureza.[19]

---

[17] O termo grego *episteme*, que significa ciência, por oposição a *doxa* (opinião) e a *techné* (arte, habilidade), foi reintroduzido na linguagem filosófica por Michel Foucault com o sentido novo para designar o "espaço" historicamente situado onde se reparte o conjunto dos enunciados que se referem a territórios empíricos, constituindo o objeto de um conhecimento positivo (não científico). Fazer a arqueologia dessa episteme é descobrir as regras de organização mantidas por tais enunciados (JAPIASSU, Hilton; MARCONDES, Danilo. *Dicionário básico de filosofia*. 4. ed. Rio de Janeiro: Jorge Zahar Editor, [s.d.]. p. 88).

[18] PRADO, Lídia Almeida. *O juiz e a emoção*. São Paulo: Milenium, 2003. p. 6.

[19] D'AMBROSIO, Ubiratan. *Transdisciplinaridade*. São Paulo: Palas Athena, 1997. p. 9.

Por meio da compreensão interdisciplinar, a atividade do mediador visa à gestão de conflitos. Em um caso de divórcio, por exemplo, os membros da família podem demandar ou aceitar a intervenção confidencial e imparcial de uma terceira pessoa (o mediador familiar) para levá-los a encontrar, por si próprios, as bases de um acordo durável e mutuamente aceito que considere as necessidades de cada um e particularmente os interesses das crianças no espírito de corresponsabilidade parental; como se nota, trata-se de uma prática social que privilegia o princípio da solidariedade familiar.

A mediação familiar aborda a competição da desunião principalmente em relação a fatores relacionais, econômicos e patrimoniais. O procedimento pode ser acessível ao conjunto de membros da *família* (ascendentes, descendentes, colaterais) concernentes à ruptura da comunicação cuja origem está vinculada a uma separação.

Diante da conclusão de que a interdisciplinaridade é a linguagem da mediação, não há qualquer possibilidade de promover o estudo da mediação, assim como os critérios para elaboração legislativa, sem uma abordagem que privilegie as características próprias da reunião de saberes de outras áreas do conhecimento.

A fundamentação teórica que dá sustentação à assertiva de que a mediação é um conhecimento interdisciplinar faz toda a diferença para a compreensão do lugar deste conhecimento para exercer a função de transformação do conflito.

Portanto, a legitimação da prática da mediação pressupõe que o mediando seja acolhido por um sistema regido pelo conhecimento interdisciplinar que lhe assegure a autonomia da vontade.

Ao tratar dessa importante diretriz, destacam Luiz Edson Fachin e Marcos Rocha Gonçalves que, como a mediação e a conciliação são

> inerentes à atuação dos interesses privados, a menção da autonomia da vontade como fundamento da mediação deve ser interpretada a partir de ressignificação desta categoria já construída no âmbito do Direito Civil, conectando processo e Direito Material no ambiente constitucional.[20]

Como bem apontam tais autores, "a releitura constitucional do autoregulamento do campo jurídico destinado aos interesses interprivados encontra assento nas possibilidades hermenêuticas do projeto do novo Código de Processo Civil. Impende não mitigá-las".[21]

5 Mediação judicial e autonomia da vontade

O acolhimento do instituto da mediação pelo Código de Processo Civil foi exaltado por Luiz Edson Fachin no artigo de sua coautoria com o qual se pretende construir um diálogo:

---

[20] FACHIN, Luiz Edson; GONÇALVES, Marcos Alberto Rocha. Hermenêutica da autonomia da vontade como princípio informador da mediação e conciliação. *Revista de Informação Legislativa*, v. 48, n. 190, t. 2, p. 7-13, abr./jun. 2011. Disponível em: <http://www2.senado.leg.br/bdsf/item/id/242941>. Acesso em: 5 abr. 2018.

[21] FACHIN, Luiz Edson; GONÇALVES, Marcos Alberto Rocha. Hermenêutica da autonomia da vontade como princípio informador da mediação e conciliação. *Revista de Informação Legislativa*, v. 48, n. 190, t. 2, p. 7-13, abr./jun. 2011. Disponível em: <http://www2.senado.leg.br/bdsf/item/id/242941>. Acesso em: 5 abr. 2018.

No campo da conciliação e da mediação, a introdução da autonomia da vontade como fundamento remete, necessariamente, a toda a teoria crítica do Direito Civil, contextualizada com a realidade contemporânea das necessidades e pretensões sociais quanto a critério de justiça. A inovação do projeto de novo Código de Processo Civil é, assim, atenta à evolução das categorias jurídicas e compõe o mosaico que, na diversidade, forma a unidade hermenêutica.[22]

Sob o olhar da teoria crítica do direito civil,[23] impõe-se uma releitura criteriosa da implantação do instituto em uma viagem pedagógica a partir de uma hermenêutica que reconheça a categoria jurídica na qual se insere a mediação, para apontar, criativamente, o caminho para promover o aprimoramento do ordenamento jurídico.

Num primeiro plano, é preciso reconhecer que o acolhimento da mediação pelo CPC representa a conquista do movimento em prol do estudo e da pesquisa do conhecimento que se presta ao aperfeiçoamento da prestação jurisdicional. Representa, também, um passo para a reforma do Poder Judiciário, norteada por uma mudança de mentalidade e de valores. Afinal, é preciso educar para mediar.

Para que os dispositivos que regulam a mediação sejam instrumentos eficazes no enfrentamento de conflitos – principalmente os decorrentes de relações oriundas do direito de família –, é preciso promover uma formação rigorosa dos operadores do direito, incluindo a inserção da disciplina "mediação" nos cursos de graduação[24] e oferecendo formação especializada sobre o tema, com cursos regulares, para ampliar a competência sobre meios consensuais.

A mediação é um conhecimento de natureza interdisciplinar cuja prática no trato dos conflitos constrói uma mentalidade capaz de moldar usos e costumes e trazer mudanças no tecido social. Quando o mediando é recepcionado pelo Poder Judiciário e encontra a alternativa da mediação, ao inserir-se na dinâmica promovida por um mediador preparado que lhe dá espaço para que fale sobre seu sentimento, ele se sente reconhecido em sua dignidade e sua humanidade. Nesse momento ele estará apto a expressar sua vontade e, consequentemente, aberto a uma atitude solidária para escutar o outro protagonista em seu sentimento.

Eis, portanto, a autonomia da vontade como princípio norteador que permite ao sujeito de direito fazer escolhas responsáveis de acordo com a capacidade de que dispõe naquele momento. Daí a assertiva de que a mediação cuida do amor possível.

Valendo-se da mediação como espírito investigativo da compreensão do sofrimento humano nos conflitos de família, em médio e longo prazo revelam um extraordinário alcance de valor pedagógico, já que a consciência construtiva do conflito será disseminada para as gerações futuras das famílias formadas pelas crianças bem assistidas de hoje, na ruptura do casal conjugal de seus pais.

---

[22] FACHIN, Luiz Edson; GONÇALVES, Marcos Alberto Rocha. Hermenêutica da autonomia da vontade como princípio informador da mediação e conciliação. *Revista de Informação Legislativa*, v. 48, n. 190, t. 2, p. 7-13, abr./jun. 2011. Disponível em: <http://www2.senado.leg.br/bdsf/item/id/242941>. Acesso em: 5 abr. 2018.

[23] FACHIN, Luiz Edson. *Teoria crítica do direito civil à luz do Novo Código Civil brasileiro*. Rio de Janeiro: Renovar, 2012.

[24] Sobre o tema, vale destacar que na I Jornada de Prevenção e Solução Extrajudicial de Conflitos promovida pelo Conselho da Justiça Federal em 2016 foi aprovado o Enunciado nº 24: "sugere-se que as faculdades de direito instituam disciplinas autônomas e obrigatórias e projetos de extensão destinados à mediação, à conciliação e à arbitragem, nos termos dos arts. 2º, §1º, VIII, e 8º, ambos da Resolução CNE/CES n. 9, de 29 de setembro de 2004".

A mediação apresenta-se como um conhecimento criativo, capaz de promover a humanização do direito, em especial do direito de família; para que isso se concretize, porém, os mediadores precisarão ter preparo científico de natureza interdisciplinar para conhecer a tutela que o direito oferece às pessoas envolvidas em um conflito familiar, reconhecendo a complexidade da tarefa e a responsabilidade humana que assumem perante os jurisdicionados, a sociedade e a ciência jurídica.

Para otimizar as normas inseridas no Código de Processo Civil, é preciso haver um investimento teórico na formação dos mediadores. A natureza interdisciplinar da mediação exige a consideração de um conteúdo programático capaz de estruturar o modo pensar-sentir-querer para que o mediador desenvolva a imparcialidade e a capacidade de exercer uma escuta qualificada.[25]

Para acentuar a natureza desta formação universal do mediador, vale realçar o conceito de interdisciplinaridade adotado por Lídia Almeida Prado:

> a interdisciplinaridade amplia a potencialidade do conhecimento humano, pela articulação entre as disciplinas e o estabelecimento de um diálogo entre os mesmos, visando à construção de uma conduta epistemológica. [...] A interdisciplinaridade é considerada como a mais recente tendência da teoria do conhecimento, decorrência obrigatória da modernidade, por se tratar de um saber oriundo da predisposição para um "encontro" entre diferentes pontos de vista (diferentes consciências), o que pode levar, criativamente, à transformação da realidade.[26]

A maior contribuição trazida pelo CPC em relação à mediação está no fato de impor ao profissional de direito que se debruce sobre este conhecimento organizado, reconhecendo-o como importante instrumento de distribuição de justiça. Este é o ganho maior que a mediação recebe: sua valorização por ser vista como um conhecimento nobre que demanda uma formação teórica responsável. Mediar não é para qualquer um: é preciso ter talento para fazer uso de linguagem poética.

Referências

ARENDT, Hannah. *A condição humana*. Tradução de Celso Lafer. Rio de Janeiro: Forense, 1983.

BARBADO, Michelle Tonon. Reflexões sobre a institucionalização da mediação no Direito positivo brasileiro. In: AZEVEDO, André Gomma de (Org.). *Estudos em arbitragem, mediação e negociação*. Brasília: Brasília Jurídica, 2002. v. 3.

BARBOSA, Águida Arruda. Formação do mediador familiar interdisciplinar. In: PEREIRA, Rodrigo da Cunha (Coord.). *Família* – Entre o público e o privado. Anais do VIII Congresso Brasileiro de Direito de Família. Belo Horizonte: IBDFam; Lex Magister, 2012.

BARBOSA, Águida Arruda. *Mediação familiar interdisciplinar*. São Paulo: Atlas, 2015.

BARBOSA, Águida Arruda. Mediação familiar: uma cultura de paz. *Revista da Faculdade de Direito de São Bernardo do Campo*, ano 8, n. 10, 2004.

---

[25] BARBOSA, Águida Arruda. Formação do mediador familiar interdisciplinar. In: PEREIRA, Rodrigo da Cunha (Coord.). *Família* – Entre o público e o privado. Anais do VIII Congresso Brasileiro de Direito de Família. Belo Horizonte: IBDFam; Lex Magister, 2012. p. 11-25.

[26] PRADO, Lídia Almeida. *O juiz e a emoção*. São Paulo: Milenium, 2003. p. 3.

D'AMBROSIO, Ubiratan. *Transdisciplinaridade*. São Paulo: Palas Athena, 1997.

FACHIN, Luiz Edson. *Teoria crítica do direito civil à luz do Novo Código Civil brasileiro*. Rio de Janeiro: Renovar, 2012.

FACHIN, Luiz Edson; GONÇALVES, Marcos Alberto Rocha. Hermenêutica da autonomia da vontade como princípio informador da mediação e conciliação. *Revista de Informação Legislativa*, v. 48, n. 190, t. 2, p. 7-13, abr./jun. 2011. Disponível em: <http://www2.senado.leg.br/bdsf/item/id/242941>. Acesso em: 5 abr. 2018.

JAPIASSU, Hilton. *Interdisciplinaridade e patologia do saber*. São Paulo: Imago, 1976.

JAPIASSU, Hilton; MARCONDES, Danilo. *Dicionário básico de filosofia*. 4. ed. Rio de Janeiro: Jorge Zahar Editor, [s.d.].

MORAES, Maria Celina Bodin de. O princípio da dignidade humana. In: MORAES, Maria Celina Bodin de (Coord.). *Princípios do direito civil contemporâneo*. Rio de Janeiro: Renovar, 2006.

MORIN, Edgar. *Os sete saberes necessários à educação do futuro*. São Paulo: Cortez, 1999.

PRADO, Lídia Almeida. *O juiz e a emoção*. São Paulo: Milenium, 2003.

TARTUCE, Fernanda. Estímulo à autocomposição no Novo Código de Processo Civil. *Carta Forense*, 3 out. 2016. Disponível em: <http://www.cartaforense.com.br/m/conteudo/artigos/estimulo-a-autocomposicao-no-novo-codigo-de-processo-civil/17017>. Acesso em: 8 jul. 2017

TARTUCE, Fernanda. *Mediação nos conflitos civis*. 4. ed. São Paulo: Método, 2018.

TARTUCE, Fernanda. Mediação, autonomia e audiência inicial nas ações de família. In: EHRHARDT JR., Marcos (Org.). *Impactos do novo CPC e do EPD no direito civil brasileiro*. Belo Horizonte: Fórum, 2016. v. 1. Disponível em: <http://www.fernandatartuce.com.br/wp-content/uploads/2017/05/Media%C3%A7%C3%A3o-autonomia-e-vontade-a%C3%A7oes-familiares-no-NCPC.pdf>. Acesso em: 4 jun. 2018.

VICENTE, Dário Moura. A autonomia privada e os seus diferentes significados à luz do direito comparado. *Revista de Direito Civil Contemporâneo*, v. 8, p. 275-289, jul./set. 2016. Disponível em: <http://www.mpsp.mp.br/portal/page/portal/documentacao_e_divulgacao/doc_biblioteca/bibli_servicos_produtos/bibli_boletim/bibli_bol_2006/RDCivCont_n.8.13.PDF>. Acesso em: 28 maio 2018.

Informação bibliográfica deste texto, conforme a NBR 6023:2002 da Associação Brasileira de Normas Técnicas (ABNT):

BARBOSA, Águida Arruda; TARTUCE, Fernanda. Reflexões sobre a autonomia da vontade e a interdisciplinaridade na mediação. In: EHRHARDT JÚNIOR, Marcos; CORTIANO JUNIOR, Eroulths (Coord.). *Transformações no Direito Privado nos 30 anos da Constituição*: estudos em homenagem a Luiz Edson Fachin. Belo Horizonte: Fórum, 2019. p. 151-161. ISBN 978-85-450-0562-9.

O RECONHECIMENTO JURÍDICO DA IDENTIDADE DE GÊNERO NA TRANSEXUALIDADE: ENTRE OURIÇOS E RAPOSAS

JOYCEANE BEZERRA DE MENEZES

ANA PAOLA DE CASTRO E LINS

Muitas coisas sabe a raposa; mas o ouriço, uma grande.

(Arquíloco)

1 Introdução

Isaiah Berlin utilizou a afirmativa da epígrafe acima para elaborar uma classificação metafórica dos intelectuais em ouriços ou raposas. Entre os ouriços incluiu aqueles que cultivavam uma visão monista e unitária da realidade, pretensamente coerente, por meio da qual orientavam todo o seu pensamento. Entre as raposas estariam aqueles que se interessavam por muitas coisas, almejavam diversos fins e objetivos, admitindo uma abordagem pluralista da realidade.

Da leitura do texto *Segurança jurídica entre ouriços e raposas*, de autoria do Ministro Edson Fachin (2014), ilustríssimo homenageado desta obra, a utilização dessa classificação dicotômica se presta a evidenciar as diferentes perspectivas de apreciação do que seja segurança jurídica, propondo certa mediação entre elas.

Valendo-se dessa mesma metáfora nos será possível separar os modos de apreensão da identidade no Brasil, sobretudo quanto à abordagem do gênero. Uma percepção da identidade de gênero sob o aspecto estático representará a visão do ouriço, enquanto a abordagem sob o aspecto dinâmico será comum à visão da raposa. Nessa última perspectiva, a construção identitária é um processo perene que perpassa critérios como gênero, raça, cor e nome, elementos que não são uma determinação inexorável do fato do nascimento ou do vínculo político-geográfico.

O desafio será detectar os efeitos dessa maleabilidade identitária no âmbito do direito, com o fito de garantir um mínimo de estabilidade para as relações jurídicas que o sujeito possa vir a firmar ou que já haja inaugurado. Mas antecipa-se em ressalvar que a imposição de limites externos à autonomia em matéria existencial é tarefa bastante delicada.

Parte-se da premissa de que a pessoa humana é livre no processo de desenvolvimento de sua personalidade e, consequentemente, na sua afirmação identitária. Reitera-se que o gênero não é uma condição biológica inata cristalizada nos determinantes do sexo cariotípico. Resulta de uma construção subjetiva ao longo da vida, que deve ser acatada como uma manifestação da personalidade, a ser reconhecida pelo Estado e respeitada pela sociedade, independentemente de "qualquer" readequação corporal do sexo genético. Por isso, não é demais destacar que a identidade de gênero em desacordo com o sexo biológico não constitui um efeito patológico a ser corrigido, nem um desvio moral a ser repreendido.

Para chegar a esse mesmo entendimento, o Judiciário brasileiro partiu de uma visão unitária, fazendo coincidir a identidade de gênero com os caracteres sexuais primários e secundários; e só, muito recentemente, passou a admitir o gênero como um processo de autocompreensão pessoal. Cumpre ao presente texto analisar a mudança teórica na percepção da categoria identitária e apontar a paulatina virada dos tribunais superiores para admitir uma visão dinâmica da identidade.

Entre ouriços e raposas, o Supremo Tribunal Federal – STF afirmou uma visão plural quando do julgamento da ADI nº 4.275, procurando estabelecer balizamentos mínimos para a garantia da identidade de gênero com a possibilidade da alteração documental, independentemente de ação judicial. Indaga-se sobre a possibilidade de eventuais limitações a esse direito quando, para além da eficácia pessoal, os atos de autodeterminação identitária apresentarem efeitos na esfera de terceiros.

2 Identidade pessoal como direito fundamental: a emergência de uma compreensão dinâmica sob a lente do observador "raposa"

Sem uma enumeração taxativa dos direitos fundamentais, a Constituição brasileira de 1988 assegurou expressamente o direito à vida, à liberdade, à igualdade, à integridade física, à inviolabilidade da intimidade, da vida privada, da honra e da imagem, além da proibição da tortura, da discriminação e dos atos de degradação do ser humano. O conjunto desses direitos se coaduna com a plataforma dos direitos humanos, ressaltando a força do pensamento moral contemporâneo de que toda pessoa é merecedora de respeito. Sem garantir a sua autonomia,[1] atributo que justifica e fundamenta o direito ao desenvolvimento da personalidade, expressamente previsto em algumas constituições ocidentais, não haverá respeito à pessoa.

---

[1] De acordo com Miracy Gustin (2009, p. 19), a autonomia se revela como uma necessidade humana essencial e não apenas como um interesse ou um desejo. Essa necessidade se volta à emancipação da pessoa e contribui para o desenvolvimento da sua humanidade. Isso porque a autodeterminação não é derivada da mera volição do homem, corresponde mais a um objetivo, a um fim natural ou moral, historicamente determinado, que legitima a sua sociabilidade e é pressuposto de sua atuação em sociedade. É por intermédio da autodeterminação que o homem pode exercer seu potencial criativo, a fim de avançar socialmente em busca de sua realização plena. Uma interpretação sistemática do ordenamento que, por óbvio, considera os valores constitucionais, exclui o pretexto assertivo e negativista do argumento da segurança jurídica, pois, considerando a autodeterminação como a própria dignidade quando se trata da pessoa em concreto, é de se respeitar as suas decisões conforme as suas próprias convicções.

Embora a Constituição brasileira não haja previsto expressamente um direito ao desenvolvimento da personalidade, implicitamente o fez pela conjugação dos princípios *dignidade da pessoa humana*, liberdade e igualdade.

O princípio da liberdade individual, que implica o respeito à privacidade, à intimidade e ao exercício da vida privada, garante a todos a possibilidade de realizar, sem interferências de qualquer sorte, as próprias escolhas individuais, exercendo-as da forma que lhes seja mais conveniente (MORAES, 2007, p. 107). É pelo viés da liberdade que a autonomia se consolida como um dos meios de realização da dignidade da pessoa humana, mormente no que toca às situações existenciais, sendo considerada "como verdadeiro instrumento de promoção da personalidade" (MEIRELES, 2009, p. 74).

Com essa noção pós-romântica da diferença individual, as pessoas assumem uma ampla liberdade para desenvolver a sua personalidade, seguindo o caminho que lhes bem aprouver, ainda que suas escolhas sejam repugnantes às demais, no aspecto moral (TAYLOR, 2013, p. 26). "Em busca do bem que lhes apraz" – seguem rumo ao que entendem ser a sua felicidade. Sensível a esse movimento, o STF já reconheceu a autonomia em sua faceta de "buscar a felicidade", como se pode ler nas decisões que trataram do reconhecimento jurídico da união entre pessoas do mesmo sexo, notadamente no julgamento da ADI nº 4.277.

Seguindo esse percurso biográfico sob o amparo do direito ao desenvolvimento da personalidade e do direito à busca da felicidade (que parecem até sinônimos) e por meio dos direitos à honra, à intimidade, à vida privada, emerge o direito à identidade, que também ostenta fundamentalidade material. Identidade consistirá no resultado e nas possibilidades de todas as escolhas. Sem o monitoramento ou a proteção das instituições tradicionais que perderam a sua hegemonia, "as identidades ganharam livre curso, e agora cabe a cada indivíduo, homem ou mulher, capturá-las em pleno vôo, usando os seus próprios recursos e ferramentas" (BAUMAN, 2005, p. 35). Isso porque a identidade individual se sobrepõe a qualquer ideia de pertencimento ou identidade nacional, dado bastante esmaecido na era da pós-modernidade.

Na síntese de Rodotà (2014, p. 283), a identidade ostenta um caráter poliédrico que não se submete a um fator despótico ou totalizador. Sua integridade dependerá da não submissão da pessoa aos esquemas identitários que fogem do seu poder de controle e construção. Nesse particular, continua, a pessoa não pode sofrer constrangimento para se enquadrar àquelas categorias idealizadas ou aprovadas pela multiplicidade de sujeitos externos.

Em grande parte, essa expansão da liberdade da pessoa constitucionalizada para a sua autoconstrução biográfica se assenta na cláusula geral de tutela balizada no princípio "dignidade da pessoa humana", fundamento do Estado brasileiro (art. 1º, III, da Constituição Federal de 1988).[2] É sobretudo por esse princípio que a pessoa humana é elevada a um valor central do sistema jurídico, cujo fim primordial é o de assegurar o seu desenvolvimento. Nessa medida, os institutos do direito civil assumem um perfil funcional que os aproxima dos fins constitucionais e, consequentemente, do objetivo

---

[2] A legitimidade da intervenção do Estado nos aspectos que se referem à autonomia existencial, na esteira da metodologia civil-constitucional, é pautada pela premissa de que a positivação da dignidade humana na Constituição de 1988 demonstra que o constituinte optou pela função promocional do direito (CASTRO, 2017, p. 25).

primordial de promover a expansão e garantia dos direitos fundamentais da pessoa,[3] que definitivamente não poderá ser instrumentalizada à condição de meio.

Nesse cenário, a identidade já não se apresenta como uma categoria estática, delineada pelos caracteres imutáveis do sexo biológico, da condição racial ou nacionalidade, como instruía o discurso da modernidade. A perspectiva unívoca de identidade, representativa do pensamento "ouriço", pautada naqueles critérios estáveis comuns a um sujeito abstrato e unificado, sucumbiu (HALL, 2011, p. 7), fazendo surgir uma identidade fragmentada, capaz de referenciar o sujeito pós-moderno como uma pessoa singular e em contínua construção.

Não se apresenta mais como um dado fixo, essencial e permanente, mas como uma "celebração móvel", que se define historicamente e não biologicamente.[4] Ao longo das diversas fases de sua vida, a pessoa pode assumir "identidades que não são unificadas em torno de um eu coerente" (HALL, 2011, p. 13). Ninguém mantém uma identidade estática e unificada do nascimento à morte. Se assim se declarar, certamente será por haver optado revelar apenas uma narrativa fantasiosa a respeito de si. Viver é um processo perene de reconstrução. Eis aqui uma perspectiva plural da identidade aproximada ao pensamento do intelectual "raposa".

Sob essa leitura, o sujeito e a concepção de identidade cunhados sob o paradigma da modernidade estão mortos. Foram descentrados, segundo Stuart Hall (2011, p. 34-46), a partir de cinco contributos importantes, dos quais o primeiro foi o pensamento marxista, que vê em cada indivíduo um sujeito real e singular. O segundo contributo resultou da teoria freudiana, com a descoberta do inconsciente, sustentando que a sexualidade e a estrutura dos desejos humanos são formadas por processos psíquicos e simbólicos do inconsciente, orientados sob uma lógica distinta da que se desenvolve pela razão. A subjetividade emerge, portanto, como um produto inconsciente de processos psíquicos. Não há como teorizar e escolher, racional e matematicamente, o gênero a que se quer pertencer.

Um terceiro contributo está associado à manifestação da linguagem. A comunicação pela língua aplica palavras de significados dinâmicos, de modo que o sujeito comunicante não terá o inteiro domínio do teor de sua fala. O significado é instável, porque as palavras ecoam outros significados que elas próprias colocam em movimento. Portanto, ainda que se procure o fechamento (a identidade), o significado será perturbado pela diferença. E significados suplementares, "sobre os quais não temos qualquer controle, surgirão e subverterão nossa tentativa de criar mundos fixos e estáveis" (HALL, 2011, p. 42). Nessa medida, questionou-se a sustentação de qualquer pensamento unívoco e totalitário. O quarto contributo está no pensamento de Foucault sobre o poder disciplinar que

---

[3] A leitura dos institutos do direito civil orientada primordialmente pela função e não apenas pela estrutura permite uma maior aproximação com a Constituição. Nessa medida, o sujeito abstrato de direito cede espaço à pessoa concretamente considerada, sujeito de direitos fundamentais, a quem se reconhece autodeterminação e desenvolvimento, consectários da dignidade da pessoa. A pessoa, em toda a sua complexidade "antecede e sucede às instituições" (FACHIN, 2015, p. 60-61).

[4] No terreno das identidades faz todo sentido a afirmativa de Fachin, ainda no ano 2000, conclamando o seu leitor a considerar o vasto céu e as inúmeras estrelas a descobrir, cuja luz deve levar o direito civil a seguir "amalgamado por um fio condutor que reconheça no singular as possibilidades da regulação jurídica sem aprisionamentos conceituais" (FACHIN, 2000, p. 322). Desafia-nos, nesse mesmo livro e página, a construir o novo saber na transversalidade, "afrontando a verticalidade da cognição insossa e a horizontalidade do conhecimento pouco profundo".

milita para controlar os desejos, o corpo, o trabalho e os prazeres da pessoa em função de uma suposta ordem pública pacífica pela domesticação de um sujeito dócil. O quinto e último fator de descentramento do sujeito moderno pode ser creditado ao feminismo, em cujas pautas esteve o processo de politização da subjetividade, da identidade e do processo de identificação, contribuindo para expandir a discussão sobre a formação das identidades sexuais e de gênero.

Afirmar a identidade significa demarcar fronteiras entre quem pertence e quem não pertence e estabelecer uma classificação. "Dizer 'o que somos' significa também dizer 'o que não somos'" (SILVA, 2007, p. 81-83). Essa "escolha" de valores, atributos e preferências de cada um no processo de autoconstrução identitária se faz individual e coletivamente, na medida em que a pessoa sempre estará em contínua relação dialógica com os demais (TAYLOR, 2013, p. 53). O sujeito se constrói em referência ao outro e a partir do outro, em uma expansão subjetiva que também se impõe de modo inconsciente.

As bases jurídicas e sociológicas remontam à compreensão de que a identidade do sujeito dotado de dignidade constitui uma expressão individual e singular, resultante de uma perene construção subjetiva que influencia e é influenciada pelos demais sujeitos e pela cultura. Nessa aventura de se autoconstruir prepondera a vontade do próprio sujeito, devendo-se recusar legitimidade a qualquer interferência heterônoma, ainda que não se possa negar a influência intermitente de forças políticas, religiosas, econômicas e culturais atuantes na vida social.[5]

Em suma, o direito ao reconhecimento da identidade se sustenta pelo respeito às escolhas do sujeito e contra a imputação de uma identidade que não corresponda à sua (KONDER, 2018, p. 5). Uma proteção ausente, incompleta ou defeituosa do direito à identidade pessoal constitui, no quadro normativo atual, lesão à dignidade da pessoa (KONDER, 2018, p. 5). Eventuais limites ao direito à identidade haverão de se justificar no aspecto finalístico da própria autonomia, que tem amparo direto no princípio da dignidade da pessoa. Não há razão para uma limitação qualquer pautada na realização de finalidades sociais ou de encargos sociais.

3 Identidade de gênero e a jurisprudência brasileira: a passagem do ouriço à raposa

As características físicas e as qualidades atribuídas ao gênero não são legados ou uma condição imutável da natureza. A identidade de gênero não é determinada com o nascimento, como um verdadeiro destino biológico (LINS; MENEZES, 2017, p. 6). Pelo contrário, "a condição do homem e da mulher não se inscreve em seu estado corporal, ela é construída socialmente" (LE BRETON, 2007, p. 66), em um processo que se inicia muito antes da vida adulta.

---

[5] Como explica Touraine (1997, p. 90), "A construção do Sujeito nunca leva à organização de um espaço psicológico, social e cultural perfeitamente protegido. O desprendimento da mercadoria e da comunidade nunca termina; o espaço da liberdade é constantemente invadido e o Sujeito constitui-se tanto pelo que recusa como pelo que afirma. Nunca é senhor de si mesmo e do seu meio e faz sempre aliança com o diabo contra os poderes estabelecidos, com o erotismo que derruba os códigos sociais e com uma figura supra-humana, divina, de si mesmo".

Essa condição constitui aspecto relevantíssimo da identidade, que resulta de uma autopercepção como masculino ou feminino, independentemente de qualquer evidência biológica (LOURO, 2012, p. 28-30). Como um contínuo devir, a identidade evoca, inclusive, a possibilidade de o sujeito viver os gêneros e ampliar o exercício da sexualidade para além da lógica binária já analisada por Derrida (1991).[6]

No mar de instabilidade e contínua possibilidade de transformação, "*nenhuma* identidade sexual — nem mesmo a mais normativa — é automática, autêntica, facilmente assumida; *nenhuma* identidade sexual existe sem negociação ou construção" (BRITZMAN, 1996, p. 74, grifos no original), sob pena de se instaurarem a hierarquização das identidades e o enfraquecimento da igualdade (SILVA, 2007, p. 83).

Relativamente às questões de gênero e sexualidade, ainda que não se trate de uma norma escrita, a heteronormatividade constitui uma imposição poderosa e atuante que "implica uma distribuição de espaços de conhecimento, de saberes autorizados e não autorizados, de costumes e tradições, de modos 'corretos' e 'adequados' de fazer as coisas, de indivíduos aceitos e de indivíduos abjetos" (SEFFNER, 2013, p. 73).

No Brasil, a heteronormatividade vigeu ao longo dos tempos para agregar e supervalorizar os indivíduos cujos desejos e arranjos afetivos são heterossexuais, legitimando jurídica e socialmente as suas famílias, especialmente as monogâmicas, pautadas na fidelidade e na procriação. Tudo o que for estranho a esse modelo é associado à ideia de transtorno, promiscuidade, risco de doença, desagregação, violência e destruição da família – o caos (SEFFNER, 2013, p. 68-69).

Até recentemente, o direito não reconhecia a identidade de gênero dissociada da "verdade biológica", tampouco os efeitos jurídicos da união familiar entre pessoas do mesmo sexo. Quando a realidade das praças descortinou os *estranhos* afetos, e as manifestações que ordinariamente se restringiam aos espaços privados transbordaram para o espaço público, o direito se fez cego ou repressor. Só muito lentamente passou a aceitar as possibilidades alheias ao padrão heteronormativo.

Para essa inclusão do *estranho*, foi importante a reflexão criteriosa daqueles que podemos chamar intelectuais *raposas*, aqui representados pelo ilustre homenageado – Luiz Edson Fachin (2015, p. 156), que sempre questionou a intervenção heterônoma no "achatamento das identidades".

Não faz sentido limitar a autonomia existencial pela intuição moral construída a partir do que a maioria discrimina como certo ou errado, melhor ou pior, mais ou menos elevado. É ofensivo à autonomia existencial condenar o sujeito a partir desse padrão heterônomo de moralidade (TAYLOR, 2013, p. 17). A ofensa a padrões sociais definidos como o ideal de moralidade de um grupo (mesmo majoritário) não representa uma razão para justificar a providência jurídica de intervenção limitadora da autonomia privada, especialmente nos casos em que não há ofensa a direitos alheios aos do titular da situação jurídica subjetiva em questão (CASTRO, 2017, p. 66).

Cumpre ao direito acolher as transformações havidas na praça da realidade e ressignificar os institutos do direito civil, deslocando o foco jurídico do patrimônio para a pessoa em si (FACHIN, 2015, p. 163). Pessoa *in concreto*, como aquela que escapa à

---

[6] O processo de classificação identitária estruturada em torno de oposições binárias, de duas classes polarizadas, foi analisado de forma detalhada por Jacques Derrida (1991, p. 73-75), para quem todas as relações de identidade estão ordenadas em oposições binárias: masculino-feminino; branco-negro; heterossexual-homossexual.

estrutura oitocentista do *sujeito abstrato* de direito – agora qualificada como um sujeito de carne, temporal e espacialmente localizado (RODOTÀ, 2014, p. 136).

Classificada como um "transtornado", cujo diagnóstico no Manual Diagnóstico e Estatístico de Doenças Mentais (DSM) e no Código Internacional de Doenças e Problemas Relacionados à Saúde (CID) se encerra no capítulo da disforia de gênero, a pessoa *trans* ainda é um daqueles "estranhos". Seriam doentes? Anormais? Patológicos? Não. Apenas desejam trilhar seus caminhos identitários de modo diferente do padrão heteronormativo. Nessa medida, o reconhecimento de sua identidade é "defeituoso", incompleto quando se relaciona a uma dimensão médica a ser tratada ou normalizada.

A atenção que o Sistema Único de Saúde – SUS dispensa à pessoa *trans*, nas hipóteses de transgenitalização, justifica-se naquele diagnóstico médico, e não no aspecto subjetivo que eventualmente possa reivindicar uma adequação do corpo ao gênero, o que destoa do cuidado que deveria ser dispensado àqueles que pretendem apenas o reconhecimento social e jurídico de sua condição identitária, livre de qualquer perspectiva psicopatologizante que reclame uma retificação, um conserto, uma correção corporal.

Quando se patologiza a transexualidade como um tipo de transtorno mental, acusando-se delírios e disforias, aplica-se a "linguagem da correção, adaptação e normalização", o que reforça a acepção de que a experiência identitária pode ser homogeneizada. Evoca também a ideia de um tratamento médico, como toda patologia (BUTLER, 2009, p. 114). Esse modelo paternalista do cuidado clínico obscurece a diversidade de vivências e dos processos subjetivos que a constitui, retirando a liberdade narrativa e a autonomia dos sujeitos transexuais na tomada de decisões existenciais (BORBA, 2016, p. 49-50).

Patologizar a identidade de gênero é desvalorizar a autodeterminação da pessoa *trans*. É apagar a pessoa, transformando-a no seu diagnóstico, transmutando-a de sujeito a paciente (TEIXEIRA, 2013, p. 115). Nesse sentido é que Judith Butler (2009, p. 114) afirma, "o próprio diagnóstico desvaloriza a capacidade de autodeterminação das pessoas que são diagnosticadas".

Os Princípios de Yogyakarta[7] rompem com essa perspectiva patologizante, na medida em que sustentam a livre expressão da identidade de gênero como um direito fundamental decorrente da cláusula geral de tutela da pessoa, como antes referido.

Além daqueles princípios e das normas constitucionais, é possível citar o Pacto Internacional sobre Direitos Civis e Políticos e o Pacto de São José da Costa Rica, que obrigam o Estado-Parte à garantia de igualdade a todas as pessoas, proibindo qualquer tipo de discriminação. Nesse aspecto, em particular, destaca-se a opinião consultiva da Corte-Interamericana de Direitos Humanos (CORTE INTERAMERICANA DE DERECHOS HUMANOS, [s.d.]), recém-emitida para sustentar a aplicação do Pacto de São José para a garantia dos direitos à identidade de gênero e à orientação sexual, permitindo a alteração dos dados relativos ao nome e gênero na documentação registral da pessoa.

Porém, quando a temática da transexualidade chegou à jurisprudência brasileira, em meados dos anos noventa, as decisões não seguiam esse parâmetro inclusivo.

---

[7] Direito ao reconhecimento perante a lei (Princípio 3): "[...] [a] orientação sexual e identidade de gênero autodefinidas por cada pessoa constituem parte essencial de sua personalidade e um dos aspectos mais básicos de sua autodeterminação, dignidade e liberdade. Nenhuma pessoa deverá ser forçada a se submeter a procedimentos médicos, inclusive cirurgia de mudança de sexo, esterilização ou terapia hormonal, como requisito para o reconhecimento legal de sua identidade de gênero" (PRINCÍPIOS DE YOGYAKARTA, [s.d.]).

Orientavam-se pela heteronormatividade, que era muito forte à época, ecoando os versos do poeta do sertão nordestino, Luiz Gonzaga (1984): "porque mulher tem que ser fêmea e homem tem que ser macho".[8] Senão, veja-se a ementa:

> Registro civil de nascimento. Nome. Retificação. Mudança do sexo. Impossibilidade. Retificação no Registro Civil. Mudança de nome e de sexo. Impossibilidade. [...] Se o requerente ostenta aparência feminina, incompatível com a sua condição de homem, haverá de assumir as consequências, porque a opção foi dele. [...] *Quem nasce homem ou mulher, morre como nasceu. Genitália similar não é autêntica. Autêntico é o homem ser do sexo masculino e a mulher do feminino, a toda evidência.* (TJ/RJ. Ap. Civ. nº 1993.001.06617. Rel. Des. Geraldo Batista, 8ª C.C., j. 18.3.1997. Grifos nossos)

Em 1989, o brasileiro Luiz Roberto Gambine Moreira, popularmente conhecido como *Roberta Close*, pleiteou a alteração do seu nome e gênero judicialmente, após se submeter à cirurgia de redesignação de sexo na Inglaterra, mas não logrou êxito. Embora a decisão de primeira instância, consubstanciada em sentença de mais de cinquenta páginas, houvesse autorizado a mudança do nome e gênero,[9] foi integralmente revertida nas instâncias superiores.

A partir de recurso promovido pelo Ministério Público, a 8ª Câmara do Tribunal de Justiça, por unanimidade, reformulou a sentença, com argumentos biologicistas, para manter o nome e o sexo masculino na certidão de nascimento de Luiz Roberto Moreira. O fato de ela continuar produzindo hormônios masculinos (comprovado em perícia) seria fator impeditivo de alteração do registro civil. Segundo a decisão do TJ, "sexo não é opção, mas determinismo biológico, estabelecido na fase da gestação". De igual modo, asseverou que no processo não havia avaliação de que existisse, no caso, a "prevalência do sexo natural sobre o psicológico". A matéria não foi examinada pelas Cortes superiores, à época, porque o recurso extraordinário foi inadmitido, assim como foi improvido o agravo de instrumento interposto contra a sua inadmissão (FREITAS, 1997).

Mais inusitado ainda foi o caso do transexual brasileiro Juracy. Após dez anos de vida conjugal na Dinamarca, com um marido francês e um filho adotado segundo a legislação francesa, decidiu visitar os parentes no interior da Bahia e, na ocasião, decidiu, juntamente com o cônjuge, adotar, "à moda brasileira", uma criança abandonada de seis anos de idade. Ao tentar obter o passaporte para o novo filho, Juracy foi presa pela Polícia Federal, sob a alegativa de crimes de uso de documento falso (art. 304, CP), promoção de ato destinado ao envio de criança para o exterior (art. 239, da Lei nº 8.069/90) e falsidade ideológica (art. 299, CP), sendo recolhida à ala masculina do presídio de Água Santa. Somado a tudo isso, o Ministério Público também questionou a irregularidade de adoção por um casal de homossexuais (TEPEDINO, 2015, p. 1008).

---

[8] Trecho da letra da música *Tem pouca diferença*, com autoria registrada por Luiz Gonzaga e Gal Costa (1984) (GONZAGA, [s.d.]).

[9] Trecho da decisão: "Manter-se um ser amorfo, por um lado mulher, psíquica e anatomicamente reajustada, e por outro lado homem, juridicamente, em nada contribuiria para a preservação da ordem social e da moral, parecendo-nos muito pelo contrário um fator de instabilidade para todos aqueles que com ela contatasse, quer nas relações pessoais, sociais e profissionais, além de constituir solução amarga, destrutiva, incompatível com a vida. [...] A escolha do sexo independe, pois, do determinismo biológico e resultará do tratamento que lhe coube desde a mais tenra infância. Nessa medida, ser homem ou mulher independe de ser macho ou fêmea. O sexo psicossocial se põe além do sexo morfológico ou hormonal e por estas razões, em termos psicanalíticos, a sexualidade não está absolutamente relacionada a aspectos biológicos" (Processo nº 1.876/1.991 – Rio de Janeiro).

Apenas a partir da década de 2000, os tribunais passaram a permitir a modificação do nome da pessoa após a cirurgia de transgenitalização, sem, contudo, autorizar a alteração do gênero na documentação identitária. Em 2007, o Superior Tribunal de Justiça – STJ abordou a questão por meio de voto do Ministro Carlos Alberto Menezes Direito, que integrava a Terceira Turma do STJ. O voto foi acolhido, determinando-se a alteração registral do sexo e nome com a observação, no próprio documento, de que a modificação se fizera por determinação judicial (O DIREITO..., 2014). Para o Ministro Direito, a verdade dos fatos não poderia ser omitida do registro, sob pena de se ofender o princípio da veracidade registral.[10]

Decisão inédita do STJ, já no ano de 2009, igualmente originária da Terceira Turma, garantiu ao transexual a modificação do nome e do gênero em registro após a alteração corporal pela cirurgia, sem a referência de que aquela alteração se fazia por determinação judicial. Tais dados passavam a constar apenas nos livros cartorários, pois segundo as razões da relatora do recurso, Ministra Nancy Andrighi, impor aquela informação na certidão registral seria expor a pessoa a situações constrangedoras e discriminatórias.[11]

A despeito do avanço das decisões do STJ no curso daqueles anos, as decisões mantinham-se influenciadas pela heteronormatividade, ora pela imposição da informação documental de que a alteração registral se fazia por decisão judicial; ora pelo condicionamento da mudança do gênero ao procedimento médico-cirúrgico de transgenitalização, que importa em alto risco à saúde e lesão à integridade psicofísica. Impunha-se um disciplinamento ao corpo *trans*, em oposição, inclusive, ao disposto no art. 13, do Código Civil.

Somente no ano de 2017, o STJ passou a admitir a modificação registral, independentemente de prévia cirurgia. Entendimento firmado pela Quarta Turma atendeu ao pedido de modificação de prenome e de gênero de um homem que se identificava como mulher. Nos autos, havia farta documentação sobre a sua condição identitária e a avaliação psicológica pericial que reafirmava a sua identificação social, sem que houvesse feito ou quisesse fazer a transgenitalização. O colegiado entendeu que o direito da *pessoa trans* à modificação registral não poderia ser condicionado à realização de cirurgia, cujo sucesso não é, sequer, garantido pela medicina.

Essa decisão marcou a passagem da visão *ouriço* da identidade para uma abordagem *raposa*. Sob uma compreensão dinâmica da identidade, na ponderação entre identidade de gênero, realidade biológica e o princípio infraconstitucional da imutabilidade registral, fez prevalecer como merecedor de maior tutela o livre desenvolvimento da personalidade e da autodeterminação identitária (TRANSEXUAIS..., 2017).

---

[10] "Mudança de sexo. Averbação no registro civil. 1. O recorrido quis seguir o seu destino, e agente de sua vontade livre procurou alterar no seu registro civil a sua OPÇÃO, cercada do necessário acompanhamento médico e de intervenção que lhe provocou a alteração da natureza gerada. [...] Esconder a vontade de quem a manifestou livremente é que seria preconceito, discriminação, opróbrio, desonra, indignidade com aquele que escolheu o seu caminhar no trânsito fugaz da vida e na permanente luz do espírito. 2. Recurso especial conhecido e provido" (STJ. REsp nº 678.933. Rel. Min. Carlos Alberto Menezes Direito, 3ª T., j. 22.3.2007. DJ, 21 maio 2007).

[11] "Direito civil. Recurso especial. Transexual submetido à cirurgia de redesignação sexual. Alteração do prenome e designativo de sexo. Princípio da dignidade da pessoa humana. [...] - Em última análise, afirmar a dignidade humana significa para cada um manifestar sua verdadeira identidade, o que inclui o reconhecimento da real identidade sexual, em respeito à pessoa humana como valor absoluto. [...] E a alteração do designativo de sexo, no registro civil, bem como do prenome do operado, é tão importante quanto a adequação cirúrgica, porquanto é desta um desdobramento, uma decorrência lógica que o Direito deve assegurar" (STJ. REsp nº 1.008.398. Rel. Min. Nancy Andrighi, 3ª T., j. 15.10.2009. *DJe*, 18 nov. 2009).

Finalmente, a matéria chegou ao Supremo Tribunal Federal – STF, por meio da Ação Direta de Inconstitucionalidade (ADI) nº 4.275 e do Recurso Extraordinário (RE) nº 670.422, com repercussão geral reconhecida. Enquanto o recurso questionava acórdão do Tribunal de Justiça do Rio Grande do Sul (TJ/RS) que confirmou a decisão de primeiro grau que permitia a mudança de nome no registro civil, mas condicionava a alteração de gênero à realização de prévia cirurgia de transgenitalização; a ADI, proposta pela Procuradoria Geral da República (DF), suscita a possibilidade de uma interpretação conforme a Constituição do art. 58, da Lei de Registros Públicos, para reconhecer o direito da pessoa *trans* à substituição de prenome e sexo no registro civil, independentemente da cirurgia.

Nos dois processos, o STF reconheceu o direito à identidade de gênero. O recurso extraordinário assegurou a modificação dos dados registrais sem a exigência da cirurgia de transgenitalização, sob o fundamento jurídico do direito à autodeterminação sexual, reflexo dos direitos de personalidade, do direito à intimidade e outros. A partir da apreciação desse recurso, a Corte fixou o entendimento de que a identidade de gênero não está atrelada à sexualidade biológica. *In verbis*, o resumo do voto do relator, Ministro Dias Toffoli:

> RECURSO EXTRAORDINÁRIO. CONSTITUCIONAL. REPERCUSSÃO GERAL. TEMA 761. ALTERAÇÃO DE REGISTRO CIVIL DE TRANSEXUAL. RETIFICAÇÃO DO NOME E DO GÊNERO. INEXIGÊNCIA DE PRÉVIA REALIZAÇÃO DA CIRURGIA DE TRANSGENITALIZAÇÃO. EXCLUSÃO DO TERMO "TRANSEXUAL" NOS ASSENTOS DO REGISTRO CIVIL. DIREITO À IDENTIDADE INDIVIDUAL E SOCIAL. VIOLAÇÃO DA DIGNIDADE DA PESSOA HUMANA E DOS DIREITOS DA PERSONALIDADE. DIREITO DAS MINORIAS. 1 – Tese de Repercussão Geral – Tema 761: É possível a alteração de gênero no registro civil de transexual, mesmo sem a realização de procedimento cirúrgico de adequação de sexo, sendo vedada a inclusão, ainda que sigilosa, do termo "transexual" ou do gênero biológico nos respectivos assentos. 2 – Não é possível que uma pessoa seja tratada civilmente como se pertencesse a sexo diverso do qual se identifica e se apresenta publicamente, pois a identidade sexual encontra proteção nos direitos da personalidade e na dignidade da pessoa humana, previstos na Constituição Federal (CF). Tese de Repercussão Geral proposta pela Procuradoria-Geral da República no RE 845.779. 3 – Condicionar a alteração de gênero no assentamento civil de transexual à realização da cirurgia de transgenitalização viola o direito à saúde e à liberdade, e impossibilita que seja retratada a real identidade de gênero da pessoa trans, que é verificável por outros fatores, além do biológico. 4 – Não se afigura lógica nem razoável decisão que, de um lado, permite a alteração de antenome do recorrente, averbando antropônimo nitidamente masculino, e, de outro, insiste em manter, no assentamento civil do trans-homem que não se submeteu à neocolpovulvoplastia, a anotação do gênero feminino ou do termo "transexual". 5 – A inclusão do termo transexual no registro civil não condiz com o real gênero com o qual se identifica a pessoa trans e viola os direito à identidade, ao reconhecimento, à saúde, à liberdade, à privacidade, à igualdade e à não discriminação, todos corolários da dignidade da pessoa humana, bem como o direito a recursos jurídicos e medidas corretivas. Tal averbação, ainda que sigilosa, é discriminatória e reforça o estigma sofrido pelo transexual, pois a legislação, para fins de registro, somente reconhece dois sexos: o feminino e o masculino. 6 – Parecer pelo provimento do recurso.[12]

---

[12] STF. Recurso Extraordinário RG RE nº 670.422/RS, repercussão geral.

A ADI nº 4.275, cujo relator inicial era o Ministro Marco Aurélio, sendo posteriormente substituído pelo Ministro Luiz Edson Fachin, admitiu a interpretação do art. 58, da LRP, conforme a Constituição e o Pacto de São José da Costa Rica. Em virtude disso, autorizou a pessoa *trans* a alterar administrativamente seus assentos registrais (nome e gênero) sem a prévia cirurgia ou a realização de tratamentos hormonais ou patologizantes. Embora não tenha sido publicada a decisão final, os votos dos ministros já foram disponibilizados nos sítios eletrônicos da *web world wild*, assim como a ata do julgamento.

Por unanimidade, os ministros da Corte Suprema reconheceram o direito à identidade de gênero e à correspondente modificação dos dados registrais, e a maioria acolheu a desnecessidade de autorização judicial para essa alteração. Votaram nesse sentido o homenageado desta obra, Ministro Edson Fachin, e os ministros Luiz Roberto Barroso, Rosa Weber, Luiz Fux, Celso de Mello e a presidente, Cármen Lúcia. Vencidos neste ponto foram os ministros Alexandre de Moraes, Ricardo Lewandowski e Gilmar Mendes, que sustentaram a indispensabilidade da autorização judicial para a alteração.

Cumpre-nos destacar a densidade teórica e argumentativa do Ministro Luiz Edson Fachin, cujo voto adverte que o caso sob exame transcende a análise da normatização infraconstitucional sobre os registros públicos, para reclamar uma solução adequada aos direitos fundamentais, notadamente, os direitos de personalidade. Julga procedente a ADI, sob o fundamento do direito à identidade de gênero na cláusula geral de tutela da pessoa, cujas bases constitucionais se extraem do art. 5º, em especial, do direito à liberdade, à igualdade, à inviolabilidade da vida privada, da honra e da imagem das pessoas (inc. X). Destaca a cláusula aberta do art. 5º, §2º, da Constituição, que permite a incidência imediata dos direitos humanos, para reiterar que a igualdade e não discriminação são princípios aos quais o Brasil está obrigado em face dos tratados que subscreveu (Pacto Internacional sobre Direitos Civis e Políticos e Pacto de São José da Costa Rica).

Mais especificamente, cita a opinião consultiva da Corte Interamericana sobre Direitos Humanos (OC nº 24-2017), que sustenta a aplicação do Pacto de São José em favor do direito à identidade de gênero da pessoa *trans*. Com isso, justifica a correlação entre o direito à identidade de gênero, o direito ao nome e os demais direitos de personalidade que o próprio Pacto de São José assegura (em especial nos arts. 3º, 7º, 11.2 e 18), sem que se possa opor qualquer objeção, sob pena de incorrer-se em discriminação.

Dito isto, o voto é assertivo no sentido de limitar o paternalismo jurídico na vida privada das pessoas, de sorte que o Estado deve se abster "de interferir em condutas que não prejudicam a terceiros e, ao mesmo tempo, buscar viabilizar as concepções e os planos de vida dos indivíduos, preservando a neutralidade estatal".[13] Nessa medida, reputa atentatória à dignidade a exigência de prévia cirurgia para que o sujeito possa obter o pleno reconhecimento de sua identidade de gênero na sua documentação identitária.[14] Portanto, e mais uma vez fazendo uso das conclusões apresentadas na

---

[13] Ação Direta de Inconstitucionalidade nº 4.275, de 2018, voto-vogal, p. 13.
[14] Como diz, em seu voto: "Evidencia-se, assim, com olhar solidário e empático sobre o outro, que inadmitir a alteração do gênero no assento de registro civil é atitude absolutamente violadora de sua dignidade e de sua liberdade de ser, na medida em que não reconhece sua identidade sexual, negando-lhe o pleno exercício de sua afirmação pública".

opinião consultiva da Corte Interamericana, defere a possibilidade de modificação registral do nome e gênero, quando solicitado pela pessoa *trans*, como uma forma de respeito à sua personalidade.

Por fim, julga procedente a ADI, fazendo-o nos seguintes termos:

> Diante de todo o exposto, *julgo procedente a presente ação direta para dar interpretação conforme a Constituição e o Pacto de São José da Costa Rica ao art. 58 da Lei 6.015/73, de modo a reconhecer aos transgêneros, que assim o desejarem, independentemente da cirurgia de transgenitalização, ou da realização de tratamentos hormonais ou patologizantes, o direito à substituição de prenome e sexo diretamente no registro civil.* (Grifos nossos)

O voto do Ministro Celso de Mello segue na mesma direção, reconhecendo a possibilidade de modificação do nome e gênero nos assentos registrais, sob proteção do direito à identidade de gênero, reflexo da autodeterminação, dos direitos de personalidade e do direito à busca da felicidade, todos centrados no valor "dignidade da pessoa humana". Dispensa a prévia realização de cirurgia, porque não é esta o que traz para o sujeito o gênero com o qual se identifica.

Nestes termos, foi julgado procedente o pedido da Procuradoria Geral da República para que, mediante interpretação do art. 58, da LRP conforme a Constituição, se reconhecesse aos transexuais, que assim o desejassem, independentemente da cirurgia de transgenitalização, o direito à substituição de prenome e sexo no registro civil. No próprio pedido, a PGR sugeriu as balizas necessárias para o pedido de alteração, sejam elas:

> (i) idade superior a 18 anos;
> (ii) convicção, há pelo menos 3 anos, de pertencer ao gênero oposto ao biológico; e
> (iii) baixa probabilidade, de acordo com pronunciamento de grupo de especialistas, de modificação da identidade de gênero.

O dispositivo de sentença promulgado pela Corte Suprema,[15] porém, não adota qualquer balizamento, senão veja-se:

> Decisão: O Tribunal [...] julgou procedente a ação para dar interpretação conforme a Constituição e o Pacto de São José da Costa Rica ao art. 58 da Lei 6.015/73, de modo a reconhecer aos transgêneros que assim o desejarem, independentemente da cirurgia de transgenitalização, ou da realização de tratamentos hormonais ou patologizantes, o direito à substituição de prenome e sexo diretamente no registro civil. [...] 1º.3.2018.

Entende-se, portanto, que esses critérios não foram acolhidos pela decisão como balizas condicionantes da alteração registral. A modificação, segundo o STF, dependerá apenas do requerimento da pessoa que se autocompreende como transexual. Conforme esclarece trecho do voto do Ministro Edson Fachin:

---

[15] Ação Direta de Inconstitucionalidade nº 4.275, de 2018.

a alteração dos assentos no registro público depende apenas da livre manifestação de vontade da pessoa que visa expressar sua identidade de gênero. A pessoa não deve provar o que é, e o Estado não deve condicionar a expressão da identidade a qualquer tipo de modelo, ainda que meramente procedimental.[16]

3.1 *E agora, José?* Quando a pessoa *trans* bate à porta dos cartórios – Entre ouriços e raposas

Até a Justiça Eleitoral já permitiu a alteração do nome do eleitor *trans* no respectivo título,[17] exigindo mera autodeclaração. Mas a mudança nos assentos registrais, objeto do julgamento da ADI nº 4.275, ainda vem sofrendo óbice em todo o país. Muitos cartórios têm recusado atender aos requerimentos formulados, alegando que ainda aguardam as orientações do Conselho Nacional de Justiça sobre como deverão proceder.

Aqueles que se apressaram em procurar os oficiais de registro para corrigir seus dados registrais, compatibilizando-os ao gênero que ostentam, ficaram frustrados, a exemplo do que ocorreu com *Dionísio Varela*, que teve seu requerimento negado pelo cartório, ainda no mês de abril de 2018. Em desabafo, diz:

> me senti privado de um direito, porque passar por cima da decisão do Supremo e negar um direito da pessoa *trans* é errado. Eu já perdi emprego por causa disso, minha imagem e nome não condizem com meus documentos e preciso explicar que sou transexual. (CARTÓRIOS..., 2018)

Sobre essa matéria, o Conselho Nacional de Justiça havia sido provocado anteriormente, por meio do pedido de providências formulado pela Defensoria Pública da União (nº 0005184-05.2016.2.00.0000), mas ainda não havia se manifestado.

Em março do corrente ano de 2018, após a decisão do STF, um despacho do CNJ naquele processo determinou um prazo de quinze dias para que as Corregedorias da Justiça dos Estados e do Distrito Federal, a Associação Nacional dos Registradores de Pessoas Naturais – Arpen e a Associação dos Notários e Registradores do Brasil – Anoreg/BR se pronunciassem sobre a minuta de provimento que se lhes apresentava.

Nos termos da minuta, a mudança administrativa do nome e gênero pela pessoa *trans* estará condicionada à apresentação dos documentos arrolados no art. 4º, §4º,[18]

---

[16] Ação Direta de Inconstitucionalidade nº 4.275, de 2018, voto-vogal, p. 15.
[17] Portaria Conjunta TSE nº 1, de 17.4.2018.
[18] "Art. 4º O procedimento será realizado com base na autonomia da pessoa requerente que deverá declarar, perante o oficial do RCPN, a vontade de proceder à adequação da identidade pela averbação do prenome, do gênero ou de ambos. [...] §4º A pessoa requerente deve apresentar, no ato do requerimento, os seguintes documentos: I - certidão de nascimento atualizada; II - certidão de casamento atualizada, se o caso; III - cópia do registro geral de identidade-RG; IV - cópia da identificação civil nacional-ICN, se houver; V - cópia do passaporte brasileiro, se houver; VI - cópia do cadastro de pessoa física perante o Ministério da Fazenda-CPF; VII - comprovante de endereço; VIII - certidão do distribuidor cível do local de residência dos últimos 5 (cinco) anos (estadual/federal); IX - certidão do distribuidor criminal do local de residência dos últimos 5 (cinco) anos (estadual/federal); X - certidão de execução criminal do local de residência dos últimos 5 (cinco) anos (estadual/federal); XI - certidão de tabelionatos de protestos do local de residência dos últimos 5 (cinco) anos, SPC e SERASA; XII - certidão da justiça eleitoral do local de residência dos últimos 5 (cinco) anos; XIII - certidão da justiça do trabalho do local de residência dos últimos 5 (cinco) anos; XIV - certidão da justiça militar, se o caso; XV - laudo médico atestando a transexualidade/travestilidade, se o caso; XVI - parecer psicológico atestando a transexualidade/travestilidade, se o caso; XVII - laudo médico atestando a realização de cirurgia de redesignação de sexo, se o caso; [...]".

todos *indispensáveis* para o deferimento da alteração (§5º),[19] salvo aqueles que estão listados nos incs. XV, XVI e XVII, que se prestam apenas a "conferir segurança ao procedimento". A existência de ações cíveis, criminais ou execuções ou em andamento ou débitos pendentes, como nas hipóteses dos incs. VIII, IX, X, XI e XIII, do §4º, do art. 4º, também impedirão a alteração pretendida na via administrativa (art. 4º, §6º).[20] De igual modo, se houver pendências com a Justiça Eleitoral e com a Justiça Militar (art. 4º, §7º),[21] a alteração registral não será efetuada.

Todas as exigências que a minuta arrola visam a resguardar interesses que são menos relevantes quando em confronto com o direito à identidade existencial de gênero. É o que resta claro, na leitura do voto do Ministro Ricardo Lewandowski:

> [...] é importante relembrar que a mera existência de dívidas não obsta a mudança de nome e gênero, embora seja recomendável exigir a comprovação da cientificação dos credores acerca da mudança. Tampouco a existência de antecedentes criminais pode justificar a vedação à mudança, bastando, para tanto, que sejam igualmente comunicadas as autoridades responsáveis.

Entende-se que o CNJ, com essa minuta, restringe os efeitos da decisão do STF, sobrepondo interesses patrimoniais, públicos e políticos aos interesses existenciais da pessoa *trans*, na medida em que condiciona o acesso à alteração registral à inexistência de débitos civis, ações cíveis ou penais pendentes. Um eleitor que não está em dia com a Justiça Eleitoral, conquanto tenha seu nome social registrado no título, não poderia modificar seus dados registrais na certidão de nascimento ou casamento, por exemplo. De igual sorte, uma pessoa *trans* que não fez o alistamento militar estaria impedida de retificar seus registros como autorizou o STF.

Solução outra poderia ser oferecida para garantir tanto a segurança jurídica e a estabilidade das relações jurídicas quanto os direitos existenciais da pessoa *trans*, como sugere o Ministro Lewandowski no trecho do voto que se lê acima.

Também contraria a decisão do STF a disposição do art. 5º, que, embora reafirme o caráter sigiloso da alteração registral, abre a possibilidade de se fazer constar a informação na certidão dos assentos, se assim for determinado em decisão judicial.[22] Pela decisão que julga a ADI nº 4.275, não se podem informar as razões da alteração nas certidões registrais, guardando-as apenas no livro respectivo. Neste aspecto, o STF seguiu a opinião consultiva da Corte Interamericana de Direitos Humanos (§§134-140). Trata-se de uma informação de caráter sigiloso, um dado sensível que somente interessa à pessoa. Sua publicização implicará um reconhecimento parcial ou defeituoso da identidade.

---

[19] "Art. 4º [...] §5º A falta de quaisquer dos documentos listados no parágrafo anterior impede alteração pretendida, com exceção dos documentos indicados nos incisos XV, XVI e XVII que são solicitados com o fim de conferir segurança ao procedimento".

[20] "Art. 4º [...] §6º A existência de ações em andamento ou débitos pendentes, nas hipóteses dos incisos VIII, IX, X, XI e XIII, do §4º impedem a alteração pretendida".

[21] "Art. 4º [...] §7º Nos casos indicados nos incisos XII e XIV, do §4º, a pendência de regularidade impedem a alteração pretendida".

[22] "Art. 5º A alteração descrita no presente provimento tem natureza sigilosa e a informação a seu respeito não pode constar das certidões dos assentos, salvo se solicitada pela pessoa requerente ou por determinação judicial, hipóteses em que a certidão deverá dispor sobre todo o conteúdo registral".

Aspecto interessante da minuta está na possibilidade de se estender essa alteração a outros documentos pessoais que, direta ou indiretamente, façam referência à sua identificação (art. 8º), bem como na faculdade de se averbar a alteração do prenome e do gênero no registro de nascimento dos filhos e dos netos da pessoa requerente, a depender da anuência deles, se maiores, ou dos seus pais, se ainda menores (art. 8º, parágrafo único).[23]

Enquanto o CNJ não define as regras, alguns estados, por meio das correspectivas Corregedorias dos Tribunais, anteciparam-se em disciplinar a atuação dos cartórios nesse assunto, visando garantir o pleno cumprimento da decisão do STF.[24]

No Ceará, a Corregedoria Geral da Justiça do Estado estabeleceu, no mês de maio de 2018, o Provimento nº 9/2018 (CORREGEDORIA GERAL DA JUSTIÇA DO ESTADO DO CEARÁ, 2018) para orientar o procedimento de averbação do prenome e gênero nos assentos de nascimento e casamento de pessoas *trans*, até que o Conselho Nacional de Justiça – CNJ venha a disciplinar a matéria de forma definitiva. A partir dessa iniciativa, o Ceará foi o primeiro da federação a realizar a mudança registral (BRUNO, 2018).

Segundo o Provimento nº 9/2018, a mudança administrativa do nome e/ou gênero constitui reflexo de um direito potestativo da pessoa interessada. Nesse aspecto já destaca toda a importância que a matéria requer.

Ao interessado cabe, com exclusividade, requerer a medida, desde que maior ou emancipado, juntando os documentos arrolados no art. 7º, quais sejam:

I - certidão de nascimento atualizada;
II - certidão de casamento atualizada, se o caso;
III - cópia do registro geral de identidade - RG;
IV - cópia da identificação civil nacional - ICN, se houver;
V - cópia do passaporte brasileiro, se houver;
VI - cópia do cadastro de pessoa física perante o Ministério da Fazenda - CPF;
VII - comprovante de endereço;
VIII - certidão do distribuidor cível do local de residência dos últimos 5 anos (estadual/federal);
IX - certidão do distribuidor criminal do local de residência dos últimos 5 anos (estadual/federal);
X - certidão de execução criminal do local de residência dos últimos 5 anos (estadual/federal);
XI - certidão de tabelionatos de protestos do local de residência dos últimos 5 anos, SPC e SERASA;
XII - certidão da justiça eleitoral do local de residência dos últimos 5 anos;
XIII - certidão da justiça do trabalho do local de residência dos últimos 5 anos;
XIV - certidão da justiça militar, se for o caso.

---

[23] "Art. 8º Finalizado o procedimento de alteração no assento, a pessoa requerente deverá providenciar a alteração nos demais registros que digam respeito direta ou indiretamente a sua identificação, além de seus documentos pessoais. Parágrafo único. A subsequente averbação da alteração do prenome e do gênero no registro de nascimento dos filhos e dos netos da pessoa requerente dependerá da anuência dos filhos, se maiores, e dos pais, respectivamente".

[24] Os primeiros estados a publicarem os provimentos gerais foram Ceará, Rio Grande do Sul, São Paulo (Santos), Sergipe e Goiás.

A modificação tem caráter irrevogável, só podendo ser desconstituída por decisão judicial. E não se autoriza a alteração dos apelidos de família. Assim como a minuta do CNJ, o provimento cearense também dispõe que o requerimento seja dirigido, preferencialmente, ao ofício onde foi lavrado o assento originário. Mas, alternativamente, admite que seja apresentado a outra serventia do Estado, ambos competentes para analisar e processar o requerimento.

Difere particularmente da minuta apresentada pelo CNJ porque não permite que a existência de ações judiciais em trâmite, débitos abertos ou deveres civis, trabalhistas, militares e políticos, como nas hipóteses dos incs. VIII a XIV do art. 7º, venham a obstar o objetivo do requerente. Se o interessado provar ao registrador que comunicou a sua pretensão aos interessados para a salvaguarda de prejuízos (art. 8º),[25] ainda logrará alterar administrativamente seus registros.

Finalizado o procedimento administrativo de alteração do registro, o interessado deverá proceder à retificação de todos os seus documentos pessoais e demais registros que trazem referência à sua identificação. O Provimento nº 9/2018 também autoriza a retificação administrativa dos documentos dos filhos e netos da pessoa *trans*, desde que haja autorização dos pais, se forem menores, ou deles próprios, sendo maiores (art. 12).[26]

3.2 Limites externos à autodeterminação em matéria de identidade de gênero: CNJ e corregedorias de justiça dos estados

A decisão do STF na ADI nº 4.275 prestigiou o aspecto da autonomia existencial do sujeito *trans*, assegurando-lhe que essa sua autocompreensão identitária seja consignada nos seus documentos registrais. Temerosos de que a mudança documental possa trazer prejuízo ou ameaça a direito de terceiros ou a certos interesses públicos, os cartórios esperam que o Conselho Nacional de Justiça oriente como serão feitas essas alterações.

Se é importante a orientação sistemática para que haja uma uniformidade dos processos administrativos registrais, não é possível, com isso, restringir o âmbito de incidência dos efeitos da decisão da Corte Suprema em sede de ação direta de inconstitucionalidade.

Ainda que a autoconstrução identitária não se realize sem a interação com o outro, é necessário ponderar que o interesse existencial diretamente conectado à garantia da dignidade da pessoa humana e ao direito ao livre desenvolvimento da personalidade não seja mitigado por força de interesses patrimoniais. A cláusula geral de tutela da pessoa sob a qual se garante o direito à identidade de gênero, devidamente assegurada pelo STF, não pode sofrer limitações em decorrência de finalidades sociais ou para a realização de qualquer encargo social.

Não assiste razão condicionar a mudança de gênero e nome à prévia quitação com a Justiça Eleitoral ou Militar. Até porque, ao transexual mulher, por exemplo, será

---

[25] "Art. 8º A existência de ações judiciais em tramitação, débitos abertos ou deveres civis pendentes, nas hipóteses dos incisos VIII, IX, X, XI, XII, XIII e XIV do art. 7º não impedem o alcance do objeto pretendido".

[26] "Art. 12. Finalizado o procedimento, o interessado deverá providenciar a alteração dos demais registros que serão afetados pela novel qualificação, além de seus documentos pessoais. Parágrafo único - A subsequente averbação do prenome e do gênero no registro de nascimento dos filhos e dos netos do Requerente dependerá da anuência daqueles, se maiores, e dos pais desses, respectivamente".

dispensada a prestação desse serviço. Tampouco se pode limitar um direito desse porte em razão de dívidas civis, trabalhistas ou mesmo em virtude da existência de ações penais em trâmite.

Viveiros de Castro (2017, p. 175-176) explica que a autonomia existencial não poderá sofrer limitação da cláusula geral de bons costumes se os efeitos do ato não reverberarem efeitos na esfera jurídica de terceiros, ou seja, implicar efeitos meramente pessoais. Complementamos que nem mesmo a lei poderia oferecer uma tal limitação. Na hipótese em questão, a vontade do interessado em mudar o gênero e o nome para melhor adequação à sua identidade torna-se um direito potestativo, após a decisão do STF.

Se a decisão da pessoa *trans* apresentar alguma eficácia interpessoal, é necessário aplicar uma solução ponderada. Não se pode admitir que haja o sacrifício do direito ao exercício da identidade em nome de interesses que não sejam, comparativamente, merecedores da mesma tutela. No caso sob exame, a minuta de provimento apresentada pelo CNJ, quando impede a alteração registral nos casos do art. 4º, §§5º, 6º e 7º, é frontalmente contrária à decisão do STF e, portanto, contrária à interpretação proposta para o art. 58, da LRP. Passando com um tal teor, será, pois, inconstitucional.

A pendência de débitos, a negativação dos dados no Serasa e/ou SPC, a existência de ações civis, trabalhistas, penais ou fiscais em trâmite não podem, por si, obstar o direito à mudança registral. Quando muito, podem levantar a necessidade de se informar a pretensão da mudança, para o fim de salvaguardar os interesses de terceiros. Mas é importante ressaltar que essa informação não trará para terceiros o direito de impedir ou restringir a pretensão de alteração registral.

A decisão da pessoa em alterar seus dados registrais não poderá, em absoluto, sofrer limitação pelo interesse público. O respeito à identidade pessoal, este sim, é que se apresenta como um interesse público a ser respeitado. Como também, é do interesse da coletividade que a todos seja assegurada a tutela da identidade pessoal (KONDER, 2018, p. 8).

Ainda que o próprio STF tenha reconhecido força normativa às resoluções do CNJ, conforme ação declaratória de constitucionalidade (ADC nº 12/DF), se a minuta sob análise vier a ser aprovada, será, por certo, considerada inconstitucional, uma vez que contraria a interpretação assinalada pelo STF para o caso.

4 Conclusão

A identidade de gênero é um direito fundamental, decorrente da dignidade e da liberdade que toda pessoa humana tem de fazer as próprias escolhas. Para a integral tutela da personalidade é imprescindível respeitar a vontade do próprio sujeito no processo de autoconstrução, afastando-se qualquer interferência heterônoma que seja obstáculo às suas decisões existenciais.

Ao assegurar o direito de substituir prenome e sexo diretamente no registro civil, sob uma perspectiva de autopercepção identitária não psicopatologizante, o Supremo Tribunal Federal sobrelevou a autonomia da pessoa *trans* em atenção à sua dignidade e ao direito de buscar a felicidade, tão correlacionado à ideia de desenvolvimento da personalidade.

Não há razão constitucional para justificar limitações externas aos atos de autonomia que trazem apenas efeitos pessoais. Na hipótese em que tais atos produzam consequências interpessoais, a ponderação necessária há que ser feita tomando por referência a primazia das questões existenciais sobre as patrimoniais.

Daí se depreende que os critérios estabelecidos pelo Conselho Nacional de Justiça "em nome da segurança jurídica" não podem servir de instrumentos limitadores da autonomia, pois acabam por desproteger ou constranger a pessoa *trans*, em clara afronta à decisão da ADI nº 4.275, e, portanto, inconstitucionais. A alteração no registro civil dos transgêneros deve ser reconhecida sem qualquer condicionante à livre expressão identitária.

São tantos os documentos exigidos no provimento do CNJ, que não parecem condizer com a proposta de simplificação da retificação registral. Reitera-se que a existência de ações civis, trabalhistas ou criminais ou mesmo a eventual possibilidade de fraudes a terceiros não é motivo para dificultar o gozo desses direitos fundamentais, de forma a impedir ou restringir a pretensa alteração registral. Os interesses contrapostos à autonomia da pessoa *trans* que a minuta do CNJ visa resguardar não têm merecimento de tutela suficiente para obstar a alteração registral. Outra medida, como a informação da pretensão aos terceiros interessados, seria menos gravosa à identidade da pessoa *trans* e igualmente eficaz, sendo ainda mais adequada ao sistema constitucional.

A visão *ouriço* da identidade, com sua narrativa ensaiada e seu discurso padronizado, cedeu espaço para uma abordagem *raposa*, multifacetada e para além das normas convencionalizadas. No intuito de garantir a pluralidade de direitos às pessoas *trans*, ao ponderar identidade de gênero, realidade biológica e princípio infraconstitucional da imutabilidade dos registros públicos, o STF fez predominar como merecedores de maior tutela o livre desenvolvimento da personalidade e o pleno respeito à autodeterminação identitária.

Referências

BAUMAN, Ziygmunt. *Identidade*: entrevista a Benedetto Vecchi. Tradução de Carlos Alberto Medeiros. Rio de Janeiro: Jorge Zahar, 2005.

BORBA, Rodrigo. *O (des)aprendizado de si*: transexualidades, interação e cuidado em saúde. Rio de Janeiro: Editora Fiocruz, 2016.

BRITZMAN, Deborah. O que é essa coisa chamada amor: identidade homossexual, educação e currículo. *Educação & Realidade*, Porto Alegre, v. 21, n. 1, p. 71-96, jan./jun. 1996.

BRUNO, Lia. Ceará é o 1º estado do País a autorizar mudança de gênero no registro civil sem autorização judicial. *O Povo*, 9 maio 2018. Disponível em: <https://www.opovo.com.br/noticias/fortaleza/2018/05/ceara-e-o-1-estado-do-pais-a-autorizar-mudanca-de-genero-no-registro.html>. Acesso em: 3 jun. 2018.

BUTLER, Judith. Desdiagnosticando o gênero. *Physis Revista de Saúde Coletiva*, Rio de Janeiro, v. 19, n. 1, p. 95-126, 2009. Disponível em: <http://www.scielo.br/scielo.php?script=sci_arttext&pid=S0103-73312009000100006&lng=en&nrm=iso>. Acesso em: 10 maio 2017.

CARTÓRIOS não estão respeitando decisão do STF. *Diário do Nordeste*, 21 abr. 2018. Disponível em: <http://diariodonordeste.verdesmares.com.br/cadernos/cidade/cartorios-nao-estao-respeitando-decisao-do-stf-1.1927383>. Acesso em: 2 jun. 2018.

CASTRO, Thamis Dalsenter Viveiros de. *Bons costumes no direito civil brasileiro*. São Paulo: Almedina, 2017.

CASTRO, Thamis Dalsenter Viveiros de. *Corpo e autonomia*: a interpretação do artigo 13 do Código Civil brasileiro. 2009. 161 f. Dissertação (Mestrado) – Departamento de Direito, Pontifícia Universidade Católica do Rio de Janeiro, Rio de Janeiro, 2009.

CORREGEDORIA GERAL DA JUSTIÇA DO ESTADO DO CEARÁ. Provimento nº. 9/2018. *Caderno 1: Administrativo*, Fortaleza, ano VIII, ed. 1898, 2018. Disponível em: <http://corregedoria.tjce.jus.br/wp-content/uploads/2018/05/Prov-09-2018.pdf>. Acesso em: 2 jun. 2018.

CORTE INTERAMERICANA DE DERECHOS HUMANOS. *Opinión Consultiva OC-24/17 de 24 de noviembre de 2017 solicitada por la República de Costa Rica* – Identidad de género, e igualdad y no discriminación a parejas del mismo sexo. [s.d.]. Disponível em: <http://www.migalhas.com.br/arquivos/2018/1/art20180111-04.pdf##LS>. Acesso em: 12 maio 2018.

DERRIDA, Jacques. *Limited Inc*. Campinas: Papirus, 1991.

FACHIN, Luiz Edson. *Direito civil*. Sentidos, transformações e fins. Rio de Janeiro: Renovar, 2015.

FACHIN, Luiz Edson. Segurança jurídica entre ouriços e raposas. In: TEPEDINO, Gustavo; FACHIN, Luiz Edson; LÔBO, Paulo (Coord.). *Direito civil-constitucional*. A ressignificação da função dos institutos fundamentais do direito civil contemporâneo e suas consequências. Florianópolis: Conceito, 2014.

FACHIN, Luiz Edson. *Teoria crítica do direito civil*. Rio de Janeiro: Renovar, 2000.

FREITAS, Silvana. Recurso para mudança do nome de Roberta Close é negado no STF. *Folha de S. Paulo*, São Paulo, 22 fev. 1997. Disponível em: <http://www1.folha.uol.com.br/fsp/1997/2/22/cotidiano/16.html>. Acesso em: 1º jun. 2018.

GONZAGA, Luiz. Tem pouca diferença. *Cifras*. [s.d.]. Disponível em: <https://www.cifras.com.br/cifra/luiz-gonzaga/tem-pouca-diferenca>. Acesso em: 12 maio 2018.

GUSTIN, Miracy Barbosa de Sousa. *Das necessidades humanas aos direitos*: ensaio de sociologia e filosofia do direito. Belo Horizonte: Del Rey, 2009.

HALL, Stuart. *A identidade cultural na pós-modernidade*. Tradução de Tadeu da Silva e Guacira Lopes Louro Tomaz. Rio de Janeiro: DP&A, 2011.

KONDER, Carlos Nelson. O alcance do direito à identidade pessoal no direito civil brasileiro. *Pensar – Revista de Ciências Jurídicas*, Fortaleza, v. 23, n. 1, p. 1-11, jan./mar. 2018. Disponível em: <http://periodicos.unifor.br/rpen/article/view/7497/pdf>. Acesso em: 30 maio 2018.

LE BRETON, David. *A sociologia do corpo*. 2. ed. Tradução de Sonia M. S. Fuhrmann. Petrópolis: Vozes, 2007.

LINS, Ana Paola de Castro e; MENEZES, Joyceane Bezerra de. A hormonioterapia em adolescente diagnosticado com disforia de gênero como reflexo do direito ao desenvolvimento da personalidade. *Civilistica.com*, Rio de Janeiro, ano 6, n. 1, 2017. Disponível em: <http://civilistica.com/a-hormonioterapia-em-adolescente/>. Acesso em: 25 maio 2018.

LOURO, Guacira Lopes. Gênero e sexualidade: pedagogias contemporâneas. *Pro-Posições*, Campinas, v. 19, n. 2, p. 17-23, maio/ago. 2008.

LOURO, Guacira Lopes. *Gênero, sexualidade e educação*: uma perspectiva pós-estruturalista. 14. ed. Petrópolis: Vozes, 2012.

MEIRELES, Rose Melo Vencelau. *Autonomia privada e dignidade humana*. Rio de Janeiro: Renovar, 2009.

MORAES, Maria Celina Bodin. *Danos à pessoa humana*. Uma leitura civil-constitucional dos danos morais. Rio de Janeiro: Renovar, 2007.

O DIREITO dos indivíduos transexuais de alterar o seu registro civil. *Jusbrasil*. 2014. Disponível em: <https://stj.jusbrasil.com.br/noticias/154275355/o-direito-dos-individuos-transexuais-de-alterar-o-seu-registro-civil>. Acesso em: 1º jun. 2018.

PRINCÍPIOS DE YOGYAKARTA. [s.d.]. Disponível em: <http://www.clam.org.br/uploads/conteudo/principios_de_yogyakarta.pdf>.

RODOTÀ, Stefano. *El derecho a tener derechos*. Madrid: Trotta, 2014.

SARMENTO, Daniel. *Direitos fundamentais e relações privadas*. 2. ed. Rio de Janeiro: Lumen Juris, 2010.

SEFFNER, Fernando. A produção da diversidade e da diferença no campo do gênero e da sexualidade: enfrentamentos ao regime da heteronormatividade. In: BLOS, Wladimir; BILA, Fabio Pessanha (Org.). *Diversidades e desigualdades na contemporaneidade*. Salvador: EDUFBA, 2013.

SILVA, Tomaz Tadeu da. A produção social da identidade e da diferença. In: SILVA, Tomaz Tadeu da (Org.); HALL, Stuart; WOODWARD, Kathryn. *Identidade e diferença*: a perspectiva dos estudos culturais. 7. ed. Petrópolis: Vozes, 2007.

SUESS, Aimar. Análisis del panorama discursivo alrededor de la despatologización trans: processos de transformación de los marcos interpretativos em diferentes campos sociales. In: MISSÉ, Miquel; COLL-PLANAS, Gerard (Org.). *El género desordenado*: críticas en torno a la patologización de la transexualidad. Madrid: Egales, 2010.

SUPREMO Tribunal Federal STF – Repercussão Geral no Recurso Extraordinário RG RE 670422 RS Rio Grande do Sul. *Jusbrasil*. [s.d.] Disponível em: <https://stf.jusbrasil.com.br/jurisprudencia/311628936/repercussao-geral-no-recurso-extraordinario-rg-re-670422-rs-rio-grande-do-sul>. Acesso em: 22 maio 2018.

TAYLOR, Charles. *As fontes do self*. A construção da identidade moderna. 4. ed. Tradução de Adail Ubirajara Sobral e Dinah de Abreu Azevedo. São Paulo: Loyola, 2013.

TEIXEIRA, Ana Carolina Brochado. Poder familiar e o aspecto finalístico de promover o desenvolvimento e o bem-estar da pessoa. In: MENEZES, Joyceane Bezerra de; MATOS, Ana Carla Harmatiuk Matos (Org.). *Direito das famílias por juristas brasileiras*. São Paulo: Saraiva, 2013.

TEPEDINO, Gustavo. Direitos humanos e relações jurídicas privadas. *Revista do Ministério Público*, Rio de Janeiro, p. 1005-1015, 2015. Edição comemorativa. Disponível em: <http://publicacao.mprj.mp.br/rmprj/rmp_comemorativa/files/assets/basic-html/page1039.html>. Acesso em: 10 maio 2018.

TOURAINE, Alain. *Iguais e diferentes*. Poderemos viver juntos? Lisboa: Editora Instituto Piaget, 1997.

TRANSEXUAIS têm direito à alteração do registro civil sem realização de cirurgia. *STJ*, 9 maio 2017. Disponível em: <http://www.stj.jus.br/sites/STJ/default/pt_BR/Comunica%C3%A7%C3%A3o/noticias/Not%C3%ADcias/Transexuais-t%C3%AAm-direito-%C3%A0-altera%C3%A7%C3%A3o-do-registro-civil-sem-realiza%C3%A7%C3%A3o-de-cirurgia>. Acesso em: 1º jun. 2018.

Informação bibliográfica deste texto, conforme a NBR 6023:2002 da Associação Brasileira de Normas Técnicas (ABNT):

MENEZES, Joyceane Bezerra de; LINS, Ana Paola de Castro e. O reconhecimento jurídico da identidade de gênero na transexualidade: entre ouriços e raposas. In: EHRHARDT JÚNIOR, Marcos; CORTIANO JUNIOR, Eroulths (Coord.). *Transformações no Direito Privado nos 30 anos da Constituição*: estudos em homenagem a Luiz Edson Fachin. Belo Horizonte: Fórum, 2019. p. 163-182. ISBN 978-85-450-0562-9.

"OS PRINCÍPIOS" DA AUTONOMIA NA TERMINALIDADE DA VIDA

CARLA MOUTINHO

1 Introdução

A releitura do direito civil, sob a perspectiva do direito civil-constitucional, segundo a qual o direito privado deve ser visto sob o prisma da Constituição Federal, foi realizada, no Brasil, pelos professores Luiz Edson Fachin, Paulo Luiz Netto Lôbo, Gustavo Tepedino e Maria Celina Bodin de Moraes.

Cada um, à sua maneira, foi responsável por construir um pilar da moderna doutrina civil-constitucional na qual os demais acadêmicos e estudiosos do direito civil se inspiram. Assim, é impossível enxergar o direito civil sob a perspectiva constitucional sem pensar nesses professores.

Este livro foi inspirado no aniversário de 30 anos da Constituição Federal de 1988 para homenagear – com gratidão e justiça – aquele que assumiu a responsabilidade de interpretá-la sob as lentes do Supremo Tribunal Federal, o – sempre – Professor e – hoje – Ministro Luiz Edson Fachin.

Ao tratar da doutrina civil-constitucional, o Professor Luiz Edson Fachin:

> Com o advento da Constituição da República, em 5 de outubro de 1988, o direito privado passou, novamente, por ampla transformação. Por certo, tal transformação não se iniciou com a Carta de 88, mas ela foi o momento mais visível desse movimento, quando os dispositivos antes inerentes apenas ao Direito Privado constitucionalizaram-se, passando à leitura pelas lentes da Constituição [...]. Paulatinamente, todavia, o texto maior passava a ser incorporado na práxis jurídica, notadamente na seara privada. O influxo constitucional é tão acentuado que muitos autores, ao tratar das implicações da Carta no Direito Privado, em especial no Direito Civil, cunharam a consagrada expressão "Constitucionalização do Direito Civil", que demonstra justamente a força que a Carta constitucional emprestou a distintos institutos tipicamente de Direito Privado.[1]

---

[1] FACHIN, Luiz Edson. O direito que foi privado: a defesa do pacto civilizatório emancipador e dos ataques a bombordo e a boreste. *Revista de Informação Legislativa*, Brasília, ano 45, n. 179, p. 207- 217, jul./set. 2008.

Assim, apesar de a constitucionalização dos institutos de direito privado não ter vindo imediatamente com a promulgação da Constituição Federal de 1988, esta foi o grande marco na elevação do indivíduo como ponto central das relações jurídicas e na valorização da justiça social.

Isso porque, além de positivar o princípio da solidariedade social (art. 3º, inc. I), regular a ordem econômica e social (arts. 170 e segs.) e instituir a função social da propriedade (art. 5º, inc. XXIII), a Constituição de 88 erigiu o princípio da dignidade da pessoa humana como fundamento da República Federativa do Brasil.

Além disso, a Constituição determinou a proteção constitucional dos vulneráveis, do consumidor (art. 5º, inc. XXXII), da criança, do idoso e da família (arts. 226-230). Tudo isso demonstra a clara escolha do constituinte de intervir nas relações entre particulares.

Seguindo o espírito preconizado pela Constituição, tanto o Código de Defesa do Consumidor como o Código Civil se afastaram do liberalismo preconizado pelo então Código Civil de 1916 e buscaram concretizar os objetivos do Estado Social.

O divisor de águas, no entanto, não foram as codificações, mas a forma como a doutrina civil-constitucional passou a interpretá-las: a Constituição deixou de ser uma mera carta de intenções e passou a assumir um papel proativo nas relações privadas.

O patrimônio, protagonista das codificações oitocentistas, cedeu espaço ao indivíduo e o direito foi repersonalizado para elevar o indivíduo ao protagonismo do ordenamento. Nesse sentido, o Professor Luiz Edson Fachin:

> No âmbito do Direito Privado, mais especialmente na seara do Direito Civil, a matriz constitucional inaugurada em 1988, construída com fundamento nos princípios da dignidade da pessoa humana e da solidariedade, propiciou a resignificação dos conceitos tendo como norte o substrato constitucional. Marca indissociável do novo paradigma constitucional é a repersonalização do Direito, uma clara ruptura com o fetichismo das titularidades absolutas. A tutela dos direitos fundamentais, próprios do ser e não do ter, tornou-se, ao menos no plano do dever ser, o paradigma da ordem constitucional.[2]

O fundamento do Estado Social é o princípio da dignidade da pessoa humana, tendo como um dos seus alicerces para a garantia do protagonismo do indivíduo o hoje denominado princípio da autonomia privada.

Diante dessas considerações, indaga-se: qualificando o indivíduo como senhor da sua vida e protagonista das relações jurídicas, como se dá o exercício da sua autonomia privada nas questões existenciais?

O presente artigo tem por objetivo traçar uma análise de várias faces do princípio da autonomia para, em um segundo momento, dar aplicabilidade a este princípio no âmbito da terminalidade da vida.

Nesse aspecto, refletir sobre "os princípios" da autonomia – da vontade, privada e do paciente – cuja aplicabilidade é imediata no direito civil constitucional, notadamente, no direito da personalidade, implica, necessariamente, dialogar com a doutrina do Professor Luiz Edson Fachin.

---

[2] FACHIN, Luiz Edson; GONÇALVES, Marcos Alberto. Hermenêutica da autonomia da vontade como princípio informador da mediação e conciliação. *Revista de Informação Legislativa*, v. 48, n. 190 t. 2, p. 7-13, abr./jun. 2011.

2 Autonomia da vontade *vs.* autonomia privada

Etimologicamente, o vocábulo *autonomia*, do grego, significa própria (*autós*) norma (*nomos*), isto é, a capacidade de prescrever suas próprias normas, de se autogovernar, de se autorregrar.

Inicialmente, a autonomia "da vontade", estruturada pela doutrina de Kant, foi vista como um princípio de cunho subjetivo, pois a vontade era inserida na essência do indivíduo e dele emanava.

No liberalismo, a autonomia da vontade, diante da sua natureza subjetiva, confundia-se com a própria ideia de liberdade individual, pois compreendida pela busca dos anseios pessoais do sujeito por ditar sua própria lei.[3]

O pensamento de Kant estava na ideia de autonomia limitada pela moralidade porque, segundo ele, a vontade só poderia ser boa se fosse moralmente aceita pela sociedade. Nesse sentido, Kant extraiu a essência da vontade dos seres humanos, preservando a subjetividade da vontade íntima do indivíduo, por meio de princípios válidos para todos. A vontade do sujeito seria perfeita se mantivesse a harmonia com a moralidade e com as leis objetivas.[4]

Diante da constatação de antinomias[5] provocadas pela vontade subjetivista, a visão da vontade interiorizada foi cedendo espaço a uma concepção mais objetiva, isto é, a vontade manifestada ou declarada, pois é por meio da exteriorização da vontade que o querer passa a ser relevante juridicamente.[6]

Em razão disso, a ideia de autonomia privada refinou as impurezas do subjetivismo para alcançar o viés objetivista do princípio da autonomia, decorrente da exteriorização da vontade prestada pelo próprio sujeito.

Durante o liberalismo, a autonomia privada se manteve alicerçada na igualdade formal e na legalidade estrita. A ideia negativa de liberdade era compreendida na atuação livre do indivíduo e condicionada a não atingir a liberdade de outrem. Sobre o assunto, Luiz Edson Fachin:

> A vontade soberana das partes, no pensamento liberal individualista exacerbado, regia todo o desenvolvimento das relações privadas, levando ao extremo a concepção de liberdade como espaço da ausência plena de intervenção do Estado. A norma legal e o direito possuíam, neste influxo, caráter estrutural, destinado a garantir que a vontade dos sujeitos fosse materializada em uma relação jurídica tendente à perpetuidade.[7]

---

[3] LÔBO, Paulo. *Direito civil*: parte geral. 2. ed. São Paulo: Saraiva, 2010. p. 98-99.
[4] KANT, Immanuel. *Fundamentação da metafísica dos costumes e outros escritos*. Tradução de Leopoldo Holzbach. São Paulo: Martin Claret, 2002. p. 51-64.
[5] Maria Celina Bodin de Moraes aponta como exemplo de antinomias: a discrepância entre a vontade interna e a exteriorizada, a impossibilidade de se perquirir a vontade dos incapazes ou, ainda, a possibilidade de se aliar efeitos buscados pelos sujeitos a resultados indesejados por eles (MORAES, Maria Celina Bodin de. A causa dos contratos. *Revista Trimestral de Direito Civil*, Rio de Janeiro, v. 21, p. 95-119, jan./mar. 2005. p. 100).
[6] BORGES, Roxana Cardoso Brasileiro. *Direitos de personalidade e autonomia privada*. 2. ed. 2. tir. São Paulo: Saraiva, 2009. p. 52.
[7] FACHIN, Luiz Edson; GONÇALVES, Marcos Alberto. Hermenêutica da autonomia da vontade como princípio informador da mediação e conciliação. *Revista de Informação Legislativa*, v. 48, n. 190 t. 2, p. 7-13, abr./jun. 2011.

Assim, os limites da autonomia privada clássica eram formados tão somente pela lei, os bons costumes e a ordem pública. Essas balizas se demonstraram insuficientes para o Estado Social.

Isso porque o advento do Estado Social trouxe outro contorno à autonomia privada, quando substituiu a igualdade formal pela material, mediante uma intervenção mais expressiva do Poder Público nas relações privadas, e estreitou a dicotomia existente entre o direito público e o direito privado.

A autonomia privada não deixou de ser respeitada, porém passou a ser funcionalizada. Isso porque foi enquadrada em parâmetros trazidos pela justiça social, notadamente, os princípios da igualdade material e da dignidade da pessoa humana.

A doutrina da constitucionalização do direito privado fez uma releitura dos dispositivos do Código Civil por meio das lentes da Constituição Federal de modo a permitir que a solidariedade e a dignidade, valores sociais exaltados pelo constituinte, assumissem a função de limites para o exercício da autonomia. Esta, para manter o equilíbrio entre os sujeitos das relações privadas, detém agora uma postura de incentivo desses valores.

Nesse ponto, o Professor Luiz Edson Fachin reconhece ter havido um deslocamento de protagonismo dos interesses patrimoniais, dado pelo ordenamento jurídico, para a proteção da pessoa humana. Segundo ele, "Ao proteger (regular) o patrimônio, deve-se fazê-lo apenas e de acordo com o que ele significa: suporte ao livre desenvolvimento da pessoa".[8]

Por outro lado, no âmbito patrimonial, notadamente nos contratos, pode-se afirmar que o alicerce da autonomia é pautado nos valores sociais da livre iniciativa (art. 170 da CF/88). Nesse sentido, o Professor Luiz Edson Fachin:

> Novos tempos traduzem outro modo de apreender tradicionais institutos jurídicos. Não se trata de aniquilar a autonomia privada, mas sim de superar o ciclo histórico do individualismo exacerbado, substituindo-o pela coexistencialidade. Quem contrata não mais contrata apenas com quem contrata, eis aí o móvel que sinaliza, sob uma ética contratual contemporânea, para a solidariedade social.[9]

Já nas relações existenciais, como ocorre, por exemplo, no consentimento dos pais para o matrimônio de um filho menor de dezesseis anos, ou no reconhecimento da paternidade de um filho havido fora do casamento,[10] o princípio da dignidade da pessoa humana, além de limitador, é fundamento para o exercício dessa autonomia.

A autonomia privada, portanto, corresponde ao poder outorgado pelo sistema jurídico ao indivíduo para que ele expresse livremente suas escolhas e, em decorrência, sujeite-se às consequências jurídicas delas advindas, sejam estas constitutivas, modificativas ou extintivas de direitos.[11]

---

[8] FACHIN, Luiz Edson. Direitos da personalidade no Código Civil brasileiro: elementos para uma análise constitucional de transmissibilidade. In: CASTILHO, Ricardo; TARTUCE, Flávio (Org.). *Direito civil*: direito patrimonial e direito existencial. Estudos em homenagem a professora Giselda Maria Fernandes Novaes Hironaka. 1. ed. São Paulo: Método, 2006. p. 634.

[9] FACHIN, Luiz Edson. O direito civil sob a Constituição de 1988. *Revista do Instituto dos Advogados Brasileiros*, v. 36, n. 97, p. 199-201, 2009. p. 200.

[10] LÔBO, Paulo. *Direito civil*: obrigações. 2. ed. São Paulo: Saraiva, 2011. p. 21.

[11] PERLINGIERI, Pietro. *Perfis do direito civil*: introdução ao direito civil constitucional. 2. ed. Rio de Janeiro: Renovar, 2002. p. 17; 97.

Com a evolução conceitual da autonomia privada, percebe-se que o poder de se autorregrar, segundo sua própria vontade, não faz mais desta autonomia sinônimo da liberdade, pois aquela, segundo Rose Meireles, implica a "expressão privada da liberdade jurídica"[12] em que há autorregência do indivíduo dentro dos limites impostos pelo ordenamento jurídico já referidos acima.

Ademais, não há como conceder ao indivíduo um espaço de liberdade que macule os preceitos constitucionais, pois a autonomia privada deve servir de instrumento para a concretização da dignidade humana.[13]

Aliás, a autonomia, vista como expressão da liberdade, é uma das condições imprescindíveis à realização do indivíduo como pessoa, sendo necessária, ainda, a conjugação dos demais princípios aqui abordados para que o ordenamento jurídico possa proporcionar ao sujeito de direitos a fruição dessa dignidade.

Nesse sentido, Anderson Schreiber pontua:

> A ordem jurídica não é contra ou a favor da vontade. É simplesmente a favor da realização da pessoa, o que pode ou não corresponder ao atendimento da sua vontade em cada caso concreto. Se a dignidade humana consiste, como se viu, no próprio "fundamento da liberdade", o exercício dessa liberdade por cada indivíduo só deve ser protegido na medida em que corresponda a tal fundamento.[14]

Saliente-se que não é a dignidade humana a ser ponderada frente aos demais valores constitucionais. Longe disso, ela é o ponto que deve ser atingido por meio da ponderação desses valores, dentro da seara da razoabilidade, tomando as medidas necessárias, adequadas e proporcionais, para alcançar a solução ideal do caso concreto com o mínimo de sacrifício possível.[15]

Atualmente, a liberdade, vista sob o prisma das relações extrapatrimoniais, tem por escopo garantir a privacidade, a intimidade e o livre exercício da vida privada do indivíduo, para que ele exerça as suas escolhas pessoais de maneira independente.[16]

No entanto, essa faceta da liberdade, expressada pela autonomia, no que concerne à concretização de direitos existenciais, não é tida como absoluta e ilimitada, pois é incapaz de absorver, por si só, o princípio da dignidade da pessoa humana, construído também pelos valores da igualdade, da solidariedade e da integridade.[17]

3 Autonomia do paciente

Não obstante todo o exposto no que diz respeito à autonomia privada, o biodireito ao se apoderar do conceito jurídico de autonomia, para conceituar o direito de

---

[12] MEIRELES, Rose Melo Vencelau. *Autonomia privada e dignidade humana*. Rio de Janeiro: Renovar, 2009. p. 69.
[13] BARBOZA, Heloísa Helena. Autonomia em face da morte: alternativa para a eutanásia? In: PEREIRA, Tania da Silva. *Vida, morte e dignidade humana*. Rio de Janeiro: GZ, 2010. p. 36-37.
[14] SCHREIBER, Anderson. *Direitos da personalidade*. São Paulo: Atlas, 2011. p. 26
[15] MEIRELES, Rose Melo Vencelau. *Autonomia privada e dignidade humana*. Rio de Janeiro: Renovar, 2009. p. 198.
[16] MORAES, Maria Celina Bodin de. *Na medida da pessoa humana*: estudos de direito civil-constitucional. Rio de Janeiro: Renovar, 2010. p. 108.
[17] MEIRELES, Rose Melo Vencelau. *Autonomia privada e dignidade humana*. Rio de Janeiro: Renovar, 2009. p. 190.

autodeterminação do paciente em relação aos tratamentos a serem por ele vivenciados, retomou o subjetivismo de outrora, priorizando a autonomia da vontade e a liberdade subjetiva.

Maria de Fátima Freire de Sá e Diogo Luna Moureira, ao conceber a definição de autonomia privada, no âmbito da terminalidade, afirmam que: "Considera-se autonomia, ou direito à autonomia, a capacidade ou aptidão que têm as pessoas de conduzirem suas vidas como melhor convier ao entendimento de cada uma delas".[18]

Na mesma linha de pensar, Rachel Sztajn emprega à autonomia privada[19] o "poder de disposição de faculdades e direitos subjetivos, reconhecendo, porém, que desse exercício resultam modificações em relações jurídicas".[20]

Com toda reverência que essa doutrina merece, percebe-se ter havido uma apropriação equivocada do atual conceito jurídico de autonomia privada, pois a natureza objetiva assumida pelo princípio visou preservar a vontade exteriorizada do indivíduo, em substituição às escolhas não manifestadas, conforme já explanado acima.

Mais adequado seria substituir esta ideia subjetivista referida acima quanto à autonomia do paciente – como prerrogativa de decidir sobre si mesmo e sobre a própria saúde – por autodeterminação, isto é, o direito de se determinar subjetivamente segundo sua vontade, suas crenças e pré-compreensões.

Diante disto, manter-se-ia o conceito jurídico de "autonomia privada do paciente" no campo da objetividade, isto é, da exteriorização formal da vontade, seja por meio do testamento vital, seja por meio das diretivas antecipadas de vontade – DAV.

Sob esta perspectiva, a autonomia privada do paciente há de ser expressada e não pode ser objeto de questionamento por parte do médico. Com isso, abandona-se a ideia paternalista de que as decisões clínicas dos profissionais de saúde são soberanas em relação aos seus doentes.

Os pacientes, no exercício de sua autonomia privada, têm o direito de assumir o domínio sobre a escolha das terapias a que serão submetidos, mediante os esclarecimentos prestados pelo médico responsável.

Aliás, dentro da legalidade, esta é a finalidade do art. 24 do Código de Ética Médica:[21] conceder ao paciente o direito de decidir livremente sobre sua pessoa ou seu bem-estar.

Por outro lado, não se deve esquecer que, apesar da redação dada ao inc. XX do Capítulo I do Código de Ética Médica,[22] a relação jurídica decorrente de contrato remunerado de prestação de serviços médicos é de consumo.

As partes desta relação são o médico-fornecedor (prestador de serviço técnico-científico) e o paciente-consumidor (pessoa física carecedora de atendimento médico), nos termos dos arts. 2º e 3º do Código de Defesa do Consumidor – CDC.

---

[18] SÁ, Maria de Fátima Freire de; MOUREIRA, Diogo de Luna. *Autonomia para morrer*: eutanásia, suicídio assistido e diretivas antecipadas de vontade. Belo Horizonte: Del Rey, 2012. p. 145.

[19] A autora utiliza a expressão *autonomia privada em sentido estrito*.

[20] SZTAJN, Rachel. *Autonomia privada e direito de morrer*: eutanásia e suicídio assistido. São Paulo: Cultural Paulista; Universidade Cidade de São Paulo, 2002. p. 25.

[21] "Art. 24. Deixar de garantir ao paciente o exercício do direito de decidir livremente sobre sua pessoa ou seu bem-estar, bem como exercer sua autoridade para limitá-lo".

[22] "XX - A natureza personalíssima da atuação profissional do médico não caracteriza relação de consumo".

Assim, a referida regra de cunho deontológico, contida no Código de Ética Médica, não tem o condão de afastar a proteção constitucional concedida ao consumidor no art. 5º, inc. XXXII, da Constituição Federal.[23]

Ademais, as normas instituídas pelo CDC são de ordem pública e de interesse social e, nesta hipótese, destinadas a proteger toda pessoa que utiliza os serviços médicos de forma remunerada.

Logo, entre os inúmeros direitos decorrentes dessa relação de consumo conferidos à parte vulnerável, enfocam-se:

> o direito de decidir sobre o seu tratamento e sua vida; direito de ser informado, passo a passo, dos procedimentos médicos aos quais será submetido; direito de conhecer os serviços de saúde existentes, dar seu consentimento informado antes de qualquer procedimento de diagnóstico ou de terapia; direito de recusar tratamento ou não-aceitação da continuidade terapêutica nos casos incuráveis ou de sofrimento atroz.[24]

Tudo isso resume-se no direito à informação, pressuposto para que o paciente possa dispor do seu consentimento livre e esclarecido e, assim, realizar sua autonomia privada.

Nesse aspecto, o direito fundamental à informação é assegurado tanto pela Constituição Federal de 1988 (art. 5º, inc. XIV) como pelo Código de Defesa do Consumidor (art. 6º, inc. VI) e tem por objetivo conceder ao paciente o conhecimento e a compreensão dos dados essenciais do produto ou serviço a ser adquirido por ele, repercutindo de forma direta e imediata na sua escolha.[25]

Numa análise mais detida, o paciente-consumidor tem o direito de ser informado tanto sobre seu diagnóstico, em uma linguagem acessível, clara e precisa, quanto sobre as diferentes alternativas terapêuticas, de acordo com a sua condição clínica, mediante a explanação das vantagens, desvantagens, riscos, efeitos colaterais e possíveis reações adversas provenientes do tratamento.

Sobre o assunto, a Carta dos Direitos dos Usuários de Saúde (Portaria nº 1.820/2009) estabelece no art. 4º, parágrafo único, inc. IX que é direito dos usuários dos serviços de saúde: "a informação a respeito de diferentes possibilidades terapêuticas, de acordo com sua condição clínica, baseado nas evidências científicas, e a relação custo-benefício das alternativas de tratamento, com direito à recusa, atestado na presença de testemunha".

A informação prestada adequadamente materializa o "direito de escolha" do paciente-consumidor denominado de "consentimento livre e esclarecido", "consentimento informado", "consentimento pós-informação" ou "consentimento consciente".[26]

Seguindo esta linha de pensar, o Conselho Nacional de Saúde, ao regulamentar, no inc. II.7 da Resolução nº 196/96, as diretrizes e regras para pesquisas com seres

---

[23] PEREIRA, Paula Moura Francesconi de Lemos. *Relação médico-paciente*: o respeito à autonomia do paciente e a responsabilidade civil do médico pelo dever de informar. Rio de Janeiro: Lumens Juris, 2011. p. 39-44.
[24] PEREIRA, Paula Moura Francesconi de Lemos. *Relação médico-paciente*: o respeito à autonomia do paciente e a responsabilidade civil do médico pelo dever de informar. Rio de Janeiro: Lumens Juris, 2011. p. 71-77.
[25] LÔBO, Paulo. A informação como direito fundamental do consumidor. *Jus Navigandi*, Teresina, ano 6, n. 51, 1 out. 2001. Disponível em: <https://jus.com.br/artigos/2216>. Acesso em: 29 maio 2018.
[26] BARBOZA, Heloísa Helena. A autonomia da vontade e a relação médico-paciente no Brasil. *Lex Medicinae – Revista Portuguesa de Direito da Saúde*, Coimbra, v. 1, n. 2, jul./dez. 2004. p. 6.

humanos, preferiu a expressão "consentimento livre e esclarecido", definindo-a da seguinte maneira:

> II.7 - Consentimento livre e esclarecido - anuência do participante da pesquisa e/ou de seu representante legal, livre de vícios (simulação, fraude ou erro), dependência, subordinação ou intimidação, após esclarecimento completo e pormenorizado sobre a natureza da pesquisa, seus objetivos, métodos, benefícios previstos, potenciais riscos e o incômodo que esta possa acarretar.

Gustavo Tepedino e Anderson Schreiber alertam que a materialização da autonomia privada do paciente ocorre por meio do consentimento informado:

> A exigência de consentimento informado, como expressão do direito da autodeterminação da pessoa humana, vem transformar a relação entre médico e paciente, substituindo o paternalismo de outrora por uma participação ativa do enfermo nas decisões terapêuticas, especialmente em setores em que a medicina não oferece uma solução consagrada pela prática médica, mas uma variedade ainda indefinida de tratamentos. O medicado deixa, assim, de ser mero paciente para se tornar agente do processo de cura, como expressão do seu direito de autodeterminação no campo biológico.[27]

O esclarecimento completo sobre o quadro clínico do doente repercute diretamente no exercício da autonomia do paciente, por meio da sua manifestação de vontade, isto é, de seu consentimento formal. Neste ponto, compete ao médico prestar todas as informações necessárias para que o exercício desta autonomia seja realizado da maneira mais lídima possível, sem interferir na opção adotada pelo doente.

Em uma análise mais detida, pode-se dizer que o direito de viver ou de se deixar morrer sem o prolongamento artificial é uma das formas de materialização do princípio da autonomia privada do paciente, exercido por meio da vontade declarada do doente terminal, com os contornos constitucionais da dignidade da pessoa humana.

Neste ponto, o Professor Luiz Edson Fachin questiona: "Se a vida vale ser vivida, valerá ser vivida não importa em que terríveis condições? Qual a vida com dignidade?". E, adiante, responde:

> Dito de outra forma, a questão da eutanásia não deve ser limitada apenas à tradicional questão da legitimidade da morte consentida, justificada por razões humanitárias. Há que se pensar o que a moderna medicina tem feito em prol da dignidade humana e, principalmente, o que o homem está fazendo em relação à sua dignidade.[28]

A saúde e a vida do ser humano, portanto, devem ser preservadas dentro do espaço da dignidade, construída pela conjugação da solidariedade, da integridade e da

---

[27] TEPEDINO, Gustavo; SCHREIBER, Anderson. O extremo da vida. Eutanásia, accanimento terapêutico e dignidade humana. *Revista Trimestral de Direito Civil*, Rio de Janeiro, v. 39, p. 3-17, jul./set. 2009. p. 6.

[28] FACHIN, Luiz Edson. Direitos da personalidade no Código Civil brasileiro: elementos para uma análise constitucional de transmissibilidade. In: CASTILHO, Ricardo; TARTUCE, Flávio (Org.). *Direito civil*: direito patrimonial e direito existencial. Estudos em homenagem a professora Giselda Maria Fernandes Novaes Hironaka. 1. ed. São Paulo: Método, 2006.

igualdade, sem que, com isso, se exija do indivíduo o prolongamento de uma vida em condições sub-humanas.

O exercício da autonomia privada do paciente para a escolha do melhor caminho a ser percorrido nos momentos finais da vida é melhor alcançado quando há uma reflexão sobre os valores em questão.

Ressalte-se, por oportuno, ter a solidariedade, no âmbito das relações existenciais, assumido conotação diversa de fraternidade extraída da ideia de função social, em que o interesse individual cede espaço ao coletivo. A solidariedade aqui é vista como a própria função social em si, pois que voltada para a proteção da pessoa humana, meta suprema do sistema jurídico brasileiro.[29]

É dentro desta concepção solidarística que o paciente deve também ser reinserido no meio social, com o recebimento de carinho e atenção dos que o cercam, para, assim, ter o seu sofrimento minorado.

Por outro lado, a preservação da integridade do ser humano decorre do direito amplo à saúde, definido pela Organização Mundial de Saúde – OMS como um complexo de arranjos sociais, consubstanciado entre normas e políticas públicas que busquem propiciar ao indivíduo um ambiente favorável para a sua saúde.[30]

Sob esse prisma, a integridade psicofísica do indivíduo deve ser vista – na condição de direito da personalidade – de forma ampla, abrangendo, além da saúde física e mental, a vida, o nome, a honra, a imagem, a privacidade, o corpo, a identidade pessoal.[31]

No âmbito da terminalidade da vida, a materialização dessa integridade psicofísica consiste em viabilizar meios ao indivíduo para viver os últimos dias de sua existência com o mínimo de sofrimento e o máximo de conforto físico e mental.

Tal se concretiza pela filosofia dos *hospices*. Esta palavra está vinculada ao radical do vocábulo *hospitium* que se significa *acolhimento*. Nos dias atuais, os *hospices* designam o ambiente onde são ministradas medidas de conforto, em que não mais se obstina a cura, mas o bem-estar dos doentes para reumanizar o processo de finitude, por meio de um atendimento especial prestado por uma equipe multidisciplinar.

A ideologia defendida pelo *hospices* busca, na medida do possível, viabilizar a liberdade do doente fora dos hospitais, como forma de abrandar sua dor e aflição, deixando que o internamento hospitalar seja a última opção de tratamento. Isso se materializa por meio de hospitais-residência e de atendimento domiciliar.

Ademais, para que a igualdade substancial do doente seja assegurada, as situações devem ser analisadas caso a caso. Em outras palavras, a igualdade deve ser garantia incondicional, não só no recebimento de informações sobre a doença, mas também no curso do tratamento.

---

[29] MEIRELES, Rose Melo Vencelau. *Autonomia privada e dignidade humana*. Rio de Janeiro: Renovar, 2009. p. 43-45.
[30] WORLD HEALTH ORGANIZATION – WHO. *National Cancer Control Programmes*: Core Capacity Self-Assessment Tool. NCC core self-assessment tool. 2011. Disponível em: <http://www.who.int/cancer/publications/nccp_tool2011/en/>. Acesso em: 10 set. 2012.
[31] FACHIN, Luiz Edson. Direitos da personalidade no Código Civil brasileiro: elementos para uma análise constitucional de transmissibilidade. In: CASTILHO, Ricardo; TARTUCE, Flávio (Org.). *Direito civil*: direito patrimonial e direito existencial. Estudos em homenagem a professora Giselda Maria Fernandes Novaes Hironaka. 1. ed. São Paulo: Método, 2006. p. 634.

Nesse aspecto, as informações devem ser precisas e adequadas, por se tratar de relação de consumo, na qual o consumidor é uma pessoa doente, cuja vulnerabilidade é ainda mais acentuada, pela enfermidade que o acomete, razão pela qual deve ser tratado desigualmente na medida desta desigualdade.

Importante registrar, ainda, que a autonomia privada do paciente deve garantir também a ele o direito de lutar obstinadamente por sua vida, buscando, quanto possível, a cura, se tal for sua vontade. Coibir o desejo individual de suportar um tratamento em busca de cura também seria atentatório à autonomia, à dignidade, à integridade e à solidariedade.

É a materialização da autonomia do paciente o ponto a ser garantido: seja para afastar-se de tratamentos fúteis, seja para buscar terapias de cura, desde que dentro dos parâmetros estabelecidos pelos princípios aqui ressaltados.

Defende-se o respeito à opção do doente, pois será ele quem suportará as consequências dos tratamentos escolhidos. Este pensamento se restringe ao exercício da autonomia privada do paciente dentro da composição da dignidade garantida pelo ordenamento jurídico.

Diferencia-se, portanto, da ideia apontada por Roxana Borges quando afirmou competir "a cada um definir a sua dignidade e apontar em que hipóteses ela é maculada".[32] Para a autora, portanto, a conotação de dignidade é dada pelo próprio indivíduo.

Aliás, prefere-se considerar que a garantia para o desenvolvimento da pessoa não resulta somente do exercício da autonomia do sujeito. Isso porque a definição individual do significado de dignidade, extraída da vontade livre de vícios, finda por conceder à autonomia privada um caráter absoluto que ela não detém.[33] [34]

Para uns, o tratamento por meio de amputação de um membro atingido por células cancerígenas terá como consequência uma mutilação insuportável; para outros, será a porta de acesso à fé para dias melhores de vida. A experiência é pessoal e, por isso, a decisão do paciente deve ser respeitada, para que seja mantido o livre desenvolvimento de sua personalidade.

Na visão do direito civil constitucional, a garantia da morte correta se materializa pelo princípio da autonomia privada dentro das balizas do princípio da dignidade da pessoa humana. Isso ocorre não só quando é possível prestar um bom tratamento médico, cercado dos cuidados paliativos e do acompanhamento familiar, mas também quando se respeitam as pré-compreensões do indivíduo, honrando a sua autonomia.

Nesse sentido, Heloísa Helena Barboza[35] pondera: "A autonomia revela-se, enquanto manifestação da liberdade e da dignidade humana, um dos princípios norteadores a serem resguardados em tais situações, sob pena de violação do princípio da dignidade da pessoa humana".

---

[32] BORGES, Roxana Cardoso Brasileiro. *Direitos de personalidade e autonomia privada*. 2. ed. 2. tir. São Paulo: Saraiva, 2009. p. 143.
[33] MEIRELES, Rose Melo Vencelau. *Autonomia privada e dignidade humana*. Rio de Janeiro: Renovar, 2009. p. 192.
[34] MORAES, Maria Celina Bodin de. *Na medida da pessoa humana*: estudos de direito civil-constitucional. Rio de Janeiro: Renovar, 2010. p. 44.
[35] BARBOZA, Heloísa Helena. Autonomia em face da morte: alternativa para a eutanásia? In: PEREIRA, Tania da Silva. *Vida, morte e dignidade humana*. Rio de Janeiro: GZ, 2010. p. 46-47.

Deve-se, portanto, cumprir a escolha do paciente terminal, a fim de permitir a ele, somente a ele, decidir por se deixar morrer ou por prolongar a sua vida por meio de aparelhos, suportando o sofrimento da doença manifestamente incurável e, repita-se, imbuído de todas as suas crenças.

4 Conclusão

Neste trabalho, buscou-se trazer alguns aspectos da terminalidade vistos sob a perspectiva do seu principal fundamento: "os princípios" da autonomia privada. Diz-se princípios porque a depender do momento ou da perspectiva dada à autonomia ela terá conceituações diferentes, muitas vezes confundidas entre si.

Sob o ponto de vista kantiano, a autonomia da vontade tem natureza subjetiva e é moldada dentro dos parâmetros de moralidade do indivíduo. A autonomia da vontade era vista, portanto, na vontade interiorizada de cada um em consonância com seus valores, crenças e pré-compreensões.

Por outro lado, a autonomia privada extraiu o subjetivismo kantiano e passou a enxergar a autonomia de forma objetiva, isto é, como manifestação da vontade prestada pelo indivíduo.

A autonomia do paciente, por sua vez, não deve guardar qualquer natureza de subjetividade. Esta vontade subjetivada pode ser alocada no que se chama de autodeterminação, entendida como o direito do paciente de se determinar segundo suas crenças e pré-compreensões.

Já o conceito jurídico de "autonomia privada do paciente" se posiciona no campo da objetividade, insculpida na vontade declarada e formalizada pelas diretivas antecipadas de vontade – DAV, pela procuração de saúde ou pelo testamento vital.

A terminalidade da vida, sob a perspectiva do direito civil-constitucional, é uma matéria ainda pouco debatida no Brasil, principalmente com relação ao direito de viver com ou sem o prolongamento artificial.

Até aqui não há consenso quanto ao regramento a ser adotado para as situações existenciais. Isso decorre principalmente da omissão do legislador ordinário federal, que ainda não se posicionou sobre o assunto, apesar da existência de alguns projetos de lei com esse fim.

Apesar disso, é possível garantir ao indivíduo o exercício da autonomia privada do paciente dentro dos parâmetros trazidos pela Constituição Federal, com vistas a alcançar a dignidade deste ao final da vida.

Nesse aspecto, diversas publicações sobre a autonomia privada na terminalidade da vida, vista sob perspectiva da doutrina do direito civil-constitucional, são de leitura obrigatória para o estudo da matéria, notadamente, as jovens civilistas Ana Carolina Brochado Teixeira, Ana Luiza Maia Nevares, Paula Moura Francesconi de Lemos Pereira, Rose Melo Vencelau Meireles e Roxana Cardoso Brasileiro Borges, todas citadas neste texto.

Estas autoras, e tantos outros estudiosos, formam um imenso grupo de civilistas-constitucionais espalhados por todo o Brasil, comprometidos em disseminar a aplicação do direito civil sob o prisma da Constituição.

Neste ponto, para usar as palavras do professor homenageado,

> Mentes e corações povoam o Direito Civil brasileiro contemporâneo e que aqui dizem presente no abraço de gerações de juscivilistas vincados pelo compromisso social, na

produção intelectual acadêmica de qualidade e repercussão na jurisprudência, emergindo, sob o farol de seus mestres e educadores, descendentes da prole no cultivo recente de herdeiros que são legatários, mas jamais súditos.[36]

Essas mesmas mentes e corações, responsáveis por contribuir atualmente para o engrandecimento do direito civil constitucional, não encontrariam terreno tão fértil a germinar não fosse pelas sementes lançadas pelo Professor Luiz Edson Fachin que tanto honra e engrandece o Supremo Tribunal Federal.

Outra maneira não há de homenagear um grande mestre senão a de entregar-lhe todo o aprendizado colhido durante esses anos em forma de textos fundamentados na sua obra.

Ao Professor Luiz Edson Fachin, imensa gratidão.

Referências

ASCENSÃO, José de Oliveira. *O direito*: introdução e teoria geral. Uma perspectiva luso-brasileira. 10. ed. Coimbra: Almedina, 1997.

BARBOZA, Heloísa Helena. A autonomia da vontade e a relação médico-paciente no Brasil. *Lex Medicinae – Revista Portuguesa de Direito da Saúde*, Coimbra, v. 1, n. 2, jul./dez. 2004.

BARBOZA, Heloísa Helena. Autonomia em face da morte: alternativa para a eutanásia? In: PEREIRA, Tania da Silva. *Vida, morte e dignidade humana*. Rio de Janeiro: GZ, 2010.

BARROSO, Luís Roberto; MARTEL, Letícia de Campos Velho. A morte como ela é: dignidade e autonomia individual no final da vida. *Revista do Ministério Público*, Rio de Janeiro, n. 40, p. 103-139, abr./jun. 2011.

BORGES, Roxana Cardoso Brasileiro. *Direitos de personalidade e autonomia privada*. 2. ed. 2. tir. São Paulo: Saraiva, 2009.

DWORKIN, Ronald. *Domínio da vida*: aborto, eutanásia e liberdades individuais. São Paulo: Martins Fontes, 2003.

FACHIN, Luiz Edson. A reconstitucionalização do direito civil brasileiro: lei nova e velhos problemas à luz de 10 desafios. *Revista de la Facultad de Derecho de la Universidad de Granada*, Argentina, v. 10, p. 209-214, 2005.

FACHIN, Luiz Edson. *Direito civil*: sentidos, transformações e fim. 1. ed. Rio de Janeiro: Renovar, 2014.

FACHIN, Luiz Edson. Direitos da personalidade no Código Civil brasileiro: elementos para uma análise constitucional de transmissibilidade. In: CASTILHO, Ricardo; TARTUCE, Flávio (Org.). *Direito civil*: direito patrimonial e direito existencial. Estudos em homenagem a professora Giselda Maria Fernandes Novaes Hironaka. 1. ed. São Paulo: Método, 2006.

FACHIN, Luiz Edson. Ensaio sobre a incidência dos direitos fundamentais na construção do direito privado brasileiro contemporâneo a partir do direito civil-constitucional no Brasil. In: KLEVENHUSEN, Renata Braga (Coord.). *Direitos fundamentais e novos direitos*. 2ª série. Rio de Janeiro: Lumen Juris, 2006.

FACHIN, Luiz Edson. O direito civil sob a Constituição de 1988. *Revista do Instituto dos Advogados Brasileiros*, v. 36, n. 97, p. 199-201, 2009.

FACHIN, Luiz Edson. O direito que foi privado: a defesa do pacto civilizatório emancipador e dos ataques a bombordo e a boreste. *Revista de Informação Legislativa*, Brasília, ano 45, n. 179, p. 207- 217, jul./set. 2008.

FACHIN, Luiz Edson. Reformas de que o Brasil precisa: as três fronteiras da democracia. *Revista Bonijuris*, v. 611, p. 09-15, 2014.

---

[36] FACHIN, Luiz Edson. Ensaio sobre a incidência dos direitos fundamentais na construção do direito privado brasileiro contemporâneo a partir do direito civil-constitucional no Brasil. In: KLEVENHUSEN, Renata Braga (Coord.). *Direitos fundamentais e novos direitos*. 2ª série. Rio de Janeiro: Lumen Juris, 2006. p. 67-76.

FACHIN, Luiz Edson. Segurança jurídica entre ouriços e raposas. In: FONSECA, Reynaldo Soares da; VELOSO, Roberto Carvalho (Org.). *Justiça Federal*: estudos em homenagem ao Desembargador Federal Leomar Amorim. 1. ed. Belo Horizonte: D'Plácido, 2016.

FACHIN, Luiz Edson; GONÇALVES, Marcos Alberto. Hermenêutica da autonomia da vontade como princípio informador da mediação e conciliação. *Revista de Informação Legislativa*, v. 48, n. 190 t. 2, p. 7-13, abr./jun. 2011.

HAMBRO, Peter. Future powers of attorney. In: ATKIN, Bill. *The International Survey of Family Law*. Wellington: Family Law, 2013.

KANT, Immanuel. *Fundamentação da metafísica dos costumes e outros escritos*. Tradução de Leopoldo Holzbach. São Paulo: Martin Claret, 2002.

LÔBO, Paulo. A informação como direito fundamental do consumidor. *Jus Navigandi*, Teresina, ano 6, n. 51, 1 out. 2001. Disponível em: <https://jus.com.br/artigos/2216>. Acesso em: 29 maio 2018.

LÔBO, Paulo. Autorregramento da vontade – Um insight criativo de Pontes de Miranda. *Jus Navigandi*, Teresina, ano 18, n. 3748, 5 out. 2013. Disponível em: <http://jus.com.br/artigos/25357>. Acesso em: 4 nov. 2013.

LÔBO, Paulo. *Direito civil*: obrigações. 2. ed. São Paulo: Saraiva, 2011.

LÔBO, Paulo. *Direito civil*: parte geral. 2. ed. São Paulo: Saraiva, 2010.

LÔBO, Paulo. *Direito civil*: sucessões. São Paulo: Saraiva, 2013.

MARINELI, Marcelo Romão. A declaração de vontade do paciente terminal. As diretivas antecipadas de vontade à luz da Resolução 1.995/2012 do Conselho Federal de Medicina. *Jus Navigandi*, Teresina, ano 18, n. 3774, 31 out. 2013. Disponível em: <http://jus.com.br/artigos/25636>. Acesso em: 9 nov. 2013.

MATOS, Gustavo Faissol Janot de; VICTORINO, Josué Almeida. Critérios para diagnóstico de sepse, sepse grave e choque séptico. *Revista Brasileira de Terapia Intensiva*, p. 102-104, 2013. Disponível em: <http://www.amib.com.br/rbti/download/artigo_2010622183955.pdf>. Acesso em: 7 out. 2013.

MEIRELES, Rose Melo Vencelau. *Autonomia privada e dignidade humana*. Rio de Janeiro: Renovar, 2009.

MENEZES, Rachel Aisengart. Autonomia e decisões ao final da vida: notas sobre o debate internacional contemporâneo. In: PEREIRA, Tania da Silva. *Vida, morte e dignidade humana*. Rio de Janeiro: GZ, 2010.

MENEZES, Rachel Aisengart. Um modelo para morrer: uma etapa na construção social contemporânea da pessoa? *Revista de Antropologia Social*, Curitiba, v. 3, p. 103-116, 2003.

MORAES, Maria Celina Bodin de. A causa dos contratos. *Revista Trimestral de Direito Civil*, Rio de Janeiro, v. 21, p. 95-119, jan./mar. 2005.

MORAES, Maria Celina Bodin de. *Na medida da pessoa humana*: estudos de direito civil-constitucional. Rio de Janeiro: Renovar, 2010.

MOREIRA, Luiza Amélia Cabus; OLIVEIRA, Irismar Reis de. Algumas questões éticas no tratamento de anorexia nervosa. *Jornal Brasileiro de Psiquiatria*, Rio de Janeiro, v. 57, n. 3, 2008. Disponível em: <http://www.scielo.br/pdf/jbpsiq/v57n3/01.pdf>. Acesso em: 24 nov. 2013.

NEVARES, Ana Luiza Maia; MEIRELES, Rose Melo Vencelau. Apontamentos sobre o direito de testar. In: PEREIRA, Tania da Silva. *Vida, morte e dignidade humana*. Rio de Janeiro: GZ, 2010.

PEREIRA, Caio Mário da Silva. *Instituições de direito civil*: contratos. 12. ed. rev. e atual. Rio de Janeiro: Forense, 2007. v. III.

PEREIRA, Paula Moura Francesconi de Lemos. *Relação médico-paciente*: o respeito à autonomia do paciente e a responsabilidade civil do médico pelo dever de informar. Rio de Janeiro: Lumens Juris, 2011.

PERLINGIERI, Pietro. *Perfis do direito civil*: introdução ao direito civil constitucional. 2. ed. Rio de Janeiro: Renovar, 2002.

PESSOA, Laura Scalldaferri. *Pensar o final e a honrar a vida*: direito à morte digna. São Paulo: Saraiva, 2013.

PETERKOVA, Helena. Rationing – A marginal argument in the end-of-life debate? *Revista Fórum de Direito Civil – RFDC*, Belo Horizonte, ano II, n. 2, p. 175-188, jan./abr. 2012.

ROSKAM, Jacques. Survie purement végétative dans la cérébrosclérose. Euthanasie, dysthanasie, orthothanasie. *Revue Médicale de Liège*, Liège, v. V, n. 20, p. 709-713, 15 out. 1950.

SÁ, Maria de Fátima Freire de; MOUREIRA, Diogo de Luna. *Autonomia para morrer*: eutanásia, suicídio assistido e diretivas antecipadas de vontade. Belo Horizonte: Del Rey, 2012.

SCHREIBER, Anderson. *Direitos da personalidade*. São Paulo: Atlas, 2011.

SCHWENZER, Ingeborg; KELLER, Tomie. A new law for the protection of adults. In: ATKIN, Bill. *The International Survey of Family Law*. Wellington: Family Law, 2013.

SZTAJN, Rachel. *Autonomia privada e direito de morrer*: eutanásia e suicídio assistido. São Paulo: Cultural Paulista; Universidade Cidade de São Paulo, 2002.

TEIXEIRA, Ana Carolina Brochado. *Saúde, corpo e autonomia privada*. Rio de Janeiro: Renovar, 2010.

TEPEDINO, Gustavo. A tutela da personalidade no ordenamento civil-constitucional brasileiro. In: TEPEDINO, Gustavo. *Temas de direito civil*. 4. ed. Rio de Janeiro: Renovar, 2008.

TEPEDINO, Gustavo; SCHREIBER, Anderson. Minorias no direito civil brasileiro. *Revista Trimestral de Direito Civil*, Rio de Janeiro, v. 10, p. 135-155, abr./jun. 2002.

TEPEDINO, Gustavo; SCHREIBER, Anderson. O extremo da vida. Eutanásia, accanimento terapêutico e dignidade humana. *Revista Trimestral de Direito Civil*, Rio de Janeiro, v. 39, p. 3-17, jul./set. 2009.

WORLD HEALTH ORGANIZATION – WHO. *National Cancer Control Programmes*: Core Capacity Self-Assessment Tool. NCC core self-assessment tool. 2011. Disponível em: <http://www.who.int/cancer/publications/nccp_tool2011/en/>. Acesso em: 10 set. 2012.

ZABALA BLANCO, Jaime. *Autonomía e instrucciones previas*: um análisis comparativo de lãs legislaciones autonômicas del Estado Español. 2007. Tese (Doutorado) – Universidad de Cantabria, Departamento de Fisiología y Farmacología, Cantabria, 2007. Disponível em: <http://www.tesisenred.net/bitstream/handle/10803/10650/TesisJZB.pdf?sequence=1>. Acesso em: 27 nov. 2013.

Informação bibliográfica deste texto, conforme a NBR 6023:2002 da Associação Brasileira de Normas Técnicas (ABNT):

MOUTINHO, Carla. "Os princípios" da autonomia na terminalidade da vida. In: EHRHARDT JÚNIOR, Marcos; CORTIANO JUNIOR, Eroulths (Coord.). *Transformações no Direito Privado nos 30 anos da Constituição*: estudos em homenagem a Luiz Edson Fachin. Belo Horizonte: Fórum, 2019. p. 183-196. ISBN 978-85-450-0562-9.

DIRETIVAS ANTECIPADAS DE VONTADE COMO INSTRUMENTO DE CONCRETIZAÇÃO DO DIREITO FUNDAMENTAL À MORTE DIGNA

GISELDA MARIA FERNANDES NOVAES HIRONAKA[1]
PRISCILA DE CASTRO TEIXEIRA PINTO LOPES AGAPITO

Introdução

Na medida em que regula as relações humanas, o direito não tem sentido e razão de ser se não for – ele mesmo – humano. Essa construção, aparentemente pleonástica, serve para demonstrar o que deveria ser evidente para todos: o direito não tem como função a limitação arbitrária das liberdades; muito pelo contrário, seu objetivo é as *reconhecer* e, com isso, *tutelar* os anseios de cada comunidade, propiciando a cada indivíduo, na maior medida possível,[2][3] a fruição de sua existência e a oportunização de caminhos que realizem ao máximo sua *condição humana*.[4] Isso exige, então, uma proteção à liberdade, principalmente no que diz respeito às decisões *existenciais*.[5]

---

[1] Auxiliou-me nas pesquisas para este artigo o Professor Rommel Andriotti, que é mestrando em Direito Civil pela Fadisp, mestrando em Direito Civil Processual pela PUC-SP e especialista em Direito Civil e Processo Civil pela EPD.

[2] Trata-se de um princípio, um *mandado de otimização*, para usar a linguagem de Robert Alexy (v. ALEXY, Robert. *Teoria dos direitos fundamentais*. Tradução de Virgílio Afonso da Silva. São Paulo: Malheiros, 2015).

[3] Aqui se encontram, também, as limitações jurídicas, incluindo a máxima de que a liberdade de um não pode ser usada de modo a violar a liberdade do outro. As limitações à vontade devem ser usadas como uma proteção ao outro. Devem ser comedidas, portanto. Naquilo que é íntimo ao emissor da vontade, que apenas a ele toca, e que não prejudica terceiros, sua vontade deve ser respeitada na maior medida possível.

[4] Na medida em que se possibilita *ação* perante uma *pluralidade*, o que seria o ápice da *condição humana*, para usar os termos de Hannah Arendt (v. ARENDT, Hannah. *The human condition*. 2. ed. Chicago: University of Chicago Press, 1998).

[5] Estamos usando o termo no sentido de extrapatrimonial, conforme o uso corrente e consagrado da palavra nos círculos de civilistas, entre os quais o próprio Prof. Fachin (v., por exemplo, FACHIN, Luiz Edson. *Estatuto jurídico do patrimônio mínimo*. 2. ed. rev. e atual. Rio de Janeiro: Renovar, 2006), inspirado por Pietro Perlingieri (PERLINGIERI, Pietro. *Perfis do direito civil*. 3. ed. rev. e ampl. Tradução de Maria Cristina De Cicco. Rio de Janeiro: Renovar, 2002. p. 27).

Logo, o jurista deve ter um olhar sociológico e psicológico para os fatos da vida, percebendo seus valores subjacentes, assim como os anseios sociais que os circundam, para definir, em primeiro lugar, se são merecedores de tutela jurídica. Se o forem, é dever do jurista os defender tão prontamente quanto possível, pois o fato da vida que privilegia a dignidade da pessoa humana deve ser percebido pelos jurisconsultos com brevidade, alterando-se a lei ou sua interpretação, com a agilidade possível, para refletir o novo contexto.

Nessa ordem de ideias, há um fato da vida clamando por atenção. Trata-se da situação daqueles que, saudáveis ou já adoecidos, possuem diretivas relativas aos tratamentos médicos que se lhes devem ser aplicados (ou não) quando não puderem mais externar sua volição. Referimo-nos às *diretivas antecipadas de vontade*.

1 Conceito e escopo das diretivas antecipadas de vontade

Sobre o tema, Luciana Dadalto conceitua diretivas antecipadas de vontade como um documento escrito por uma pessoa no pleno exercício de suas capacidades, com a finalidade de manifestar previamente sua vontade acerca de *tratamentos e não tratamentos* a que deseja ser submetida quando estiver impossibilitada de manifestar sua vontade.[6] Ana C. B. Teixeira e Renata L. Rodrigues as conceituam como "determinações prévias dadas por certas pessoas – estando elas ou não na condição de pacientes no momento de sua elaboração –, que devem ser cumpridas, ante uma situação na qual elas se tornem incompetentes para decidir o cuidado de si mesmo".[7] O Conselho Federal de Medicina, com grande pioneirismo, buscou colmatar a lacuna normativa que existe com relação ao tema por meio da edição da Resolução nº 1.995/2012, que dispõe sobre diretivas antecipadas de vontade. A própria resolução traz um conceito para o instituto em seu art. 1º, definindo "diretivas antecipadas de vontade como o conjunto de desejos, prévia e expressamente manifestados pelo paciente, sobre cuidados e tratamentos que quer, ou não, receber no momento em que estiver incapacitado de expressar, livre e autonomamente, sua vontade".[8] A resolução traz segurança *administrativa* para os médicos, que não poderão perder suas licenças por acatarem as diretivas antecipadas de vontade, mas lhes falta a devida segurança *civil* e *criminal*, eis que o tema, até o momento, não foi objeto de legislação e os operadores do direito ainda divergem quanto à sua licitude ou não.

Assim, para dar mais segurança jurídica ao tema, há em tramitação na Câmara dos Deputados o Projeto de Lei nº 5.559/2016. O projeto adota muito do que já foi utilizado na Resolução nº 1.995/2012 e traz diversos outros direitos para pacientes. A resolução também conceitua diretivas antecipadas de vontade, fazendo-o da seguinte forma: "documento que contém expressamente a vontade do paciente quanto a receber ou não

---

[6] DADALTO, Luciana. *Testamento vital*. Rio de Janeiro: Lumen Juris, 2010. p. 110.

[7] TEIXEIRA, Ana Carolina Brochado; RODRIGUES, Renata de Lima. Análise do ordenamento jurídico brasileiro: o conteúdo jurídico do direito fundamental à liberdade no processo de morrer. In: GODINHO, Adriano Marteleto; LEITE, George Salomão; DADALTO, Luciana (Coord.). *Tratado brasileiro sobre direito fundamental à morte digna*. São Paulo: Almedina, 2017. p. 381.

[8] BRASIL. Conselho Federal de Medicina. Resolução CFM n. 1.995/2012. *DOU*, Seção I, p. 269-270, 31 ago. 2012. Disponível em: <https://sistemas.cfm.org.br/normas/visualizar/resolucoes/BR/2012/1995>. Acesso em: 30 maio 2018.

cuidados, procedimentos e tratamentos médicos, a ser respeitada quando ele não puder expressar, livre e autonomamente, a sua vontade".[9]

Em que pesem a leve variação conceitual e nossa discordância pontual de pontos de alguns desses conceitos,[10] está claro que as diretivas antecipadas de vontade são declarações autorizando ou não autorizando determinadas práticas médicas antes do momento em que elas se fizerem necessárias, declarações essas que serão levadas em consideração quando o paciente já não puder mais se expressar livremente.

Se analisadas segundo o prisma da teoria do fato jurídico, as *diretivas antecipadas de vontade* são, sem dúvida, *negócio jurídico*, isto é, declaração de vontade destinada a produzir efeitos que o declarante pretende e o direito reconhece, *para quando estiver em estado de terminalidade da vida e impossibilitado de manifestar qualquer vontade*. É um ato unilateral, personalíssimo, gratuito e revogável.

Então, as diretivas antecipadas de vontade visam, a um só tempo, garantir ao *paciente* que sua vontade será atendida no momento de terminalidade da vida, e, também, garantir *ao médico* um respaldo jurídico para a tomada de decisão em situações conflitivas.

2 Objeto das diretivas antecipadas de vontade e as necessárias distinções conceituais: eutanásia, ortotanásia, distanásia, suicídio assistido, mistanásia, mandato duradouro, testamento vital

Algumas distinções terminológicas são proveitosas para diferenciar diversos conceitos que, junto das diretivas antecipadas de vontade, compõem um complexo de direitos decorrentes do que se convencionou chamar de direito fundamental à morte digna.[11]

Entre esses conceitos, talvez o principal seja a eutanásia. Esta é uma palavra que etimologicamente deriva de duas outras palavras de origem grega: *eu* (bom) e *thanatos* (entidade que representa a morte).[12] Eutanásia quer significar, portanto, a *morte boa*. Claus Roxin, célebre criminalista alemão, propôs conceito de eutanásia aplaudido por juristas e médicos,[13] definindo-a como "a ajuda que é prestada a uma pessoa gravemente doente, a seu pedido ou pelo menos em consideração à sua vontade presumida, no intuito de lhe possibilitar uma morte compatível com a sua concepção da dignidade

---

[9] BRASIL. Câmara dos Deputados. *Projeto de Lei n. 5.559/2016, que dispõe sobre os direitos dos pacientes e dá outras providências.* Autores: Pepe Vargas (PT/RS), Chico D'Angelo (PT/RJ) e Henrique Fontana (PT/RS). Brasília: Congresso Nacional, 2016. Disponível em: <http://www.camara.gov.br/proposicoesWeb/fichadetramitacao?idProposicao=208797>. Acesso em: 29 maio 2018.

[10] Por exemplo, acreditamos não ser técnico começar a conceituar diretivas antecipadas de vontade como "documento", porque as diretivas são *negócios jurídicos*, e o documento que as exterioriza é dado acessório, externo, que não está no campo da existência. A lógica é a mesma daquela utilizada para diferenciar um contrato do *instrumento* que o materializa (a *escritura*, se público; o *instrumento particular*, se privado).

[11] O tema vem ganhando atenção dia após dia, e já há até tratados escritos sobre isso. V., por todos, GODINHO, Adriano Marteleto; LEITE, George Salomão; DADALTO, Luciana (Coord.). *Tratado brasileiro sobre direito fundamental à morte digna.* São Paulo: Almedina, 2017.

[12] LOPES, Antônio Carlos; LIMA, Carolina Alves de Souza; SANTORO, Luciano de Freitas. *Eutanásia, ortotanásia e distanásia*: aspectos médicos e jurídicos. 3. ed. atual. e ampl. Rio de Janeiro: Atheneu, 2018. p. 27.

[13] V., por exemplo, LOPES, Antônio Carlos; LIMA, Carolina Alves de Souza; SANTORO, Luciano de Freitas. *Eutanásia, ortotanásia e distanásia*: aspectos médicos e jurídicos. 3. ed. atual. e ampl. Rio de Janeiro: Atheneu, 2018. p. 28.

humana".[14] Esse autor ainda diferencia a eutanásia *stricto sensu* da eutanásia *lato sensu*, sendo aquela a prestada após iniciado o processo de morte, que será inevitável haja ou não intervenção; e a eutanásia *lato sensu* aquela em que se contribui para a abreviação da vida de uma pessoa gravemente doente sendo que ela ainda poderia viver por tempo indefinido, mas não deseja fazê-lo por causa do intenso sofrimento causado pela doença.

Ainda, é possível classificar a eutanásia em ativa ou passiva, direta ou indireta.

A eutanásia é ativa quando há, por parte do agente, uma ação que abrevie a vida de alguém que sofre; a passiva, mais comum, é a que ocorre quando a morte do outro é antecipada por causa de uma omissão, notadamente a não utilização de práticas médicas que teriam a propriedade de prolongar aquela vida.

A eutanásia será direta quando o agente praticar ações ou omissões que pretendam deliberadamente findar com a vida do outro, abreviando-lhe o sofrimento. Ela será indireta quando determinada ação ou omissão for parte do próprio tratamento da pessoa que sofre, ou servir como medida lenitiva para lhe aliviar a dor, mas que possui como efeito colateral certo ou possível o encurtamento da expectativa de vida do paciente. Nesse caso, o objetivo do médico não é causar a morte do paciente, mas esse é um risco assumido no tratamento da moléstia ou nas medidas de atenuação da dor.[15]

A *ortotanásia*, outro conceito relevante, deriva etimologicamente das palavras gregas *orthos* (certo, correto) e *thanatos* (morte), querendo significar *morte correta*, ou, mais precisamente no sentido que a doutrina lhe dá, *morte no tempo certo*. A ortotanásia é permitida no Brasil como prática médica desde novembro de 2006 por causa da Resolução nº 1.805/2006 do Conselho Federal de Medicina. O art. 1º da resolução autoriza a prática da ortotanásia pelos médicos, sendo possível defini-la, a partir da leitura do texto do regulamento, como a limitação ou suspensão de procedimentos e tratamentos que prolonguem a vida do doente em fase terminal, de enfermidade grave e incurável, respeitada a vontade da pessoa ou de seu representante legal.[16] Em outras palavras, trata-se da "morte no seu tempo, isto é, a morte cuja ocorrência não é antecipada nem adiada".[17]

---

[14] ROXIN, Claus. A apreciação jurídico-penal da eutanásia. Tradução de Luis Greco, autorizada pelo autor, do artigo "Die strafrechtliche Beurteilung der Sterbehilfe". *Revista Brasileira de Ciências Criminais*, São Paulo, v. 32, out./dez. 2000. p. 1.

[15] Nesse sentido, v., entre outros, ROXIN, Claus. A apreciação jurídico-penal da eutanásia. Tradução de Luis Greco, autorizada pelo autor, do artigo "Die strafrechtliche Beurteilung der Sterbehilfe". *Revista Brasileira de Ciências Criminais*, São Paulo, v. 32, out./dez. 2000. p. 2; LOPES, Antônio Carlos; LIMA, Carolina Alves de Souza; SANTORO, Luciano de Freitas. *Eutanásia, ortotanásia e distanásia*: aspectos médicos e jurídicos. 3. ed. atual. e ampl. Rio de Janeiro: Atheneu, 2018. p. 71.

[16] Por ser curta, tomamos a liberdade de transcrever a resolução na íntegra: "Art. 1º É permitido ao médico limitar ou suspender procedimentos e tratamentos que prolonguem a vida do doente em fase terminal, de enfermidade grave e incurável, respeitada a vontade da pessoa ou de seu representante legal. §1º O médico tem a obrigação de esclarecer ao doente ou a seu representante legal as modalidades terapêuticas adequadas para cada situação. §2º A decisão referida no *caput* deve ser fundamentada e registrada no prontuário. §3º É assegurado ao doente ou a seu representante legal o direito de solicitar uma segunda opinião médica. Art. 2º O doente continuará a receber todos os cuidados necessários para aliviar os sintomas que levam ao sofrimento, assegurada a assistência integral, o conforto físico, psíquico, social e espiritual, inclusive assegurando-lhe o direito da alta hospitalar. Art. 3º Esta resolução entra em vigor na data de sua publicação, revogando-se as disposições em contrário". Tudo conforme BRASIL. Conselho Federal de Medicina. Resolução CFM n. 1.805/2006. *DOU*, Seção I, p. 169, 28 nov. 2006. Disponível em: <http://www.portalmedico.org.br/resolucoes/cfm/2006/1805_2006.htm>. Acesso em: 29 maio 2018.

[17] GODINHO, Adriano Marteleto. Ortotanásia e cuidados paliativos: o correto exercício da prática médica no fim da vida. In: GODINHO, Adriano Marteleto; LEITE, George Salomão; DADALTO, Luciana (Coord.). *Tratado brasileiro sobre direito fundamental à morte digna*. São Paulo: Almedina, 2017. p. 134.

Como se verifica, a ortotanásia requer, essencialmente, a abstenção de atos tendentes a alongar a vida do indivíduo; é uma omissão, portanto. Isso a aproxima bastante da figura da eutanásia passiva, já tratada acima, que também envolve uma omissão. Entretanto, alguns autores explicam que essas duas figuras não são equivalentes, não se podendo confundi-las, pois elas diferiam quanto ao *momento*.[18] Na ortotanásia, os atos prolongadores da vida do paciente só são cessados quando seu diagnóstico fatal é dado como certo. No caso da eutanásia passiva, a cessação dos atos prolongadores da vida vem *antes* dessa certeza, podendo-se dizer que a morte veio, pelo menos naquele momento, *em função da omissão médica*. Então, *na ortotanásia, porque a morte é certa, suspende-se o tratamento médico; na eutanásia passiva, suspende-se o tratamento médico, tornando certa uma morte que era provável.*

Partindo dessa premissa, verifica-se que, embora a ortotanásia não seja sinônimo de eutanásia passiva, ela o é da eutanásia *stricto sensu*, na classificação de Claus Roxin, o que tornaria a ortotanásia, então, uma espécie do gênero eutanásia, entendimento seguido no Brasil por Paulo José da Costa Jr.[19] e que pode mesmo ter acertado.

A *distanásia* (ou *obstinação terapêutica*), por sua vez, afigura-se como o antônimo da ortotanásia: trata-se da manutenção da vida do paciente a todo e qualquer custo, artificialmente, ainda que com sofrimento, e mesmo que o prognóstico seja de morte certa por ferimento ou moléstia incurável. É o prolongamento não natural da vida de um paciente, o que se vê comumente em cenários médicos quando a família se vale de frases do tipo "Doutor, faça tudo o que estiver ao seu alcance, utilize de todos os meios disponíveis, pois os avanços da tecnologia foram feitos para isso".[20] Então, a distanásia está normalmente ligada a procedimentos médicos desproporcionais e a medidas de tratamento fúteis, que permitem o prolongamento da vida apenas em termos quantitativos, mas que peca enormemente em fatores qualitativos. É a garantia da vida, sim, mas de uma vida *indigna*, pautada por sofrimento e por desesperança. Por isso mesmo a distanásia, composta pelos termos *dis* (mau, ruim, algo malfeito) e *thanatos* (morte), simboliza uma morte ruim, sofrida, torturante, indigna. Atualmente, a distanásia é *lícita*, já que a ortotanásia é uma *possibilidade* do médico diante dos desejos do paciente ou da família (modal deôntico permitido – P), e não uma obrigação (modal deôntico obrigatório – O), de modo que a vida *poderá* ser indefinidamente prolongada, desde que haja condições materiais e financeiras, além do pedido do paciente ou da família. Não é nem preciso dizer que a distanásia não é recomendável, sendo que o valor *vida* não é absoluto, mormente quando desacompanhado daqueles outros caracteres que formam o núcleo duro da dignidade humana, entre os quais a não submissão à tortura ou a tratamentos desumanos ou degradantes (CF/88, art. 5º, III).[21]

---

[18] Nesse sentido, v. SANTORO, Luciano de Freitas. Morte digna: o direito do paciente terminal. Curitiba: Juruá, 2010. p. 108; e também LOPES, Antônio Carlos; LIMA, Carolina Alves de Souza; SANTORO, Luciano de Freitas. Eutanásia, ortotanásia e distanásia: aspectos médicos e jurídicos. 3. ed. atual. e ampl. Rio de Janeiro: Atheneu, 2018. p. 73.

[19] COSTA JR., Paulo José da. *Curso de direito penal*. 9. ed. São Paulo: Saraiva, 2008. p. 306.

[20] Exemplo que encontramos em DADALTO, Luciana; SAVOI, Cristiana. Distanásia: entre o real e o irreal. In: GODINHO, Adriano Marteleto; LEITE, George Salomão; DADALTO, Luciana (Coord.). *Tratado brasileiro sobre direito fundamental à morte digna*. São Paulo: Almedina, 2017. p. 152.

[21] "Ninguém será submetido a tortura nem a tratamento desumano ou degradante", conforme BRASIL. *Constituição da República Federativa do Brasil de 1988*. Brasília: Congresso Nacional (Poder Constituinte), 1988. Disponível em: <http://www.planalto.gov.br/ccivil_03/constituicao/constituicao.htm>. Acesso em: 11 jul. 2017.

Conquanto haja quem sustente que a distanásia na verdade é *vedada* em atenção ao comando constitucional suprarreferenciado (modal deôntico de proibição – V),[22] entendemos que isso não é sustentável segundo a fotografia atual do ordenamento jurídico. Se o pedido de *obstinação terapêutica* vem do próprio paciente em sua plena consciência e livre vontade, ainda que esteja sendo atormentado por aflitivas dores, não poderá o médico contrariá-lo e praticar a ortotanásia, em primeiro lugar porque isso viola a própria Resolução CFM nº 1.805/2006, que é clara ao vincular a decisão do médico à vontade do paciente; em segundo lugar porque a própria concepção de situação degradante e de tratamentos médicos desproporcionais é muito subjetiva e, por isso, relativa. Pode haver pacientes que tenham maior tolerância à dor, ou que nutram maior esperança de convalescença, e que, por isso, considerem razoável prolongar a existência por um tempo mais longo do que aquele a ser mensurado por um paciente mais desesperançado ou com menor resistência à dor na mesma situação. Os próprios médicos e familiares podem ter variadas posições acerca do que seria aceitável em termos de sofrimento terapêutico e proporcionalidade de tratamentos, de modo que essa decisão deve ficar a cargo, em primeiro lugar, do paciente, depois de seus familiares, se o paciente ou o representante legal dele não puder se expressar e, por último, do médico, ressalvadas, claro, as possibilidades fáticas e econômicas relativas a cada caso.

Há, ainda, a autoeutanásia, ou suicídio eutanásico, ou simplesmente *suicídio assistido*, que é

> o comportamento em que o próprio indivíduo dá fim à sua vida sem a intervenção direta de terceiro na conduta que o levará à morte, embora essa outra pessoa, por motivos humanitários, venha a participar prestando assistência moral ou material para a realização do ato.[23]

Esse suicídio se diferenciaria do comum porque na autoeutanásia o sujeito tem realmente uma moléstia ou ferimento grave e pretende pôr fim ao seu sofrimento, e é esse elemento que solidariza o terceiro, ao passo que o suicídio comum prescinde desse elemento. De qualquer forma, o entendimento corrente é o de que, no Brasil, a autoeutanásia configuraria, para a pessoa que auxiliou o moribundo, o crime de indução, instigação ou auxílio ao suicídio (CP, art. 122). Daí porque a autoeutanásia não seria *legal* no ordenamento jurídico atual.[24] Mas é de se notar, quiçá, certa tendência de alteração desse cenário, uma vez que países como a Holanda, a Suíça e a Bélgica[25] já legalizaram essa prática, submetendo-a, claro, à comprovação de sérios requisitos previstos em lei. O tempo dirá.

---

[22] LOPES, Antônio Carlos; LIMA, Carolina Alves de Souza; SANTORO, Luciano de Freitas. *Eutanásia, ortotanásia e distanásia*: aspectos médicos e jurídicos. 3. ed. atual. e ampl. Rio de Janeiro: Atheneu, 2018. p. 75.

[23] LOPES, Antônio Carlos; LIMA, Carolina Alves de Souza; SANTORO, Luciano de Freitas. *Eutanásia, ortotanásia e distanásia*: aspectos médicos e jurídicos. 3. ed. atual. e ampl. Rio de Janeiro: Atheneu, 2018. p. 77.

[24] Nesse sentido, VILLAS-BÔAS, Maria Elisa. Eutanásia. In: GODINHO, Adriano Marteleto; LEITE, George Salomão; DADALTO, Luciana (Coord.). *Tratado brasileiro sobre direito fundamental à morte digna*. São Paulo: Almedina, 2017. p. 109.

[25] SÁ, Maria de Fátima Freire de; MOUREIRA, Diogo Luna. Suicídio assistido. In: GODINHO, Adriano Marteleto; LEITE, George Salomão; DADALTO, Luciana (Coord.). *Tratado brasileiro sobre direito fundamental à morte digna*. São Paulo: Almedina, 2017. p. 104 *et seq*.

A *mistanásia*, por fim, é a *morte miserável*. Trata-se da antecipação da morte por falta do atendimento médico adequado ou pela consideração de que determinado sujeito ou grupo de pessoas é *indigno* de viver. No primeiro caso encontram-se os milhares de pessoas que, por falta de condições materiais, não conseguem ter acesso a serviço médico de qualidade e, consequentemente, pela falta dos cuidados necessários, falecem quando haveria plenas condições de sobrevida se houvesse tratamento adequado. Então, "a mistanásia é geralmente a morte do pobre, resultado de uma vida precária e com pouca ou nenhuma qualidade – é uma morte indireta, causada pelo abandono, omissão ou negligência social e pessoal".[26] No segundo caso, são exemplos os genocídios étnicos ou a criação de grupos de extermínio contra, digamos, aqueles que se encontram em situação de miserabilidade, independentemente de sofrimento (o que alguns denominam, de forma absolutamente incorreta, de eutanásia econômica). Aliás, o chamado "programa eutanásia" nazista – em nome do qual milhões de judeus, ciganos, poloneses, comunistas, homossexuais, testemunhas de Jeová e deficientes físicos e mentais foram assassinados durante o holocausto – é exemplo de *mistanásia*, ou seja, também não tem nada a ver com eutanásia. Essas práticas (ou omissões, no primeiro caso) não se confundem com a eutanásia, pois esta pressupõe um sentimento de solidariedade com aquele que sofre. Então – e muito pelo contrário –, chamando as coisas pelo seu nome exato,[27] mistanásia se trata, isso sim, de um nome diferente para uma odiosa limpeza sociológica e econômica, que nega aos menos favorecidos ou às minorias o próprio direito de continuar vivendo.[28] Sua prática é certamente criminosa e não deve ser aceita por nenhum cidadão do mundo.

Cabe também distinguir, ainda que brevemente, duas outras figuras. A primeira é o *mandato duradouro*. Trata-se da "nomeação de uma pessoa de confiança do outorgante que deverá ser consultado pelos médicos", normalmente sendo o próprio outorgado um médico, para quando surgir a necessidade de tomada de decisão sobre cuidados de saúde ou for necessário esclarecer alguma dúvida sobre as diretivas antecipadas de vontade e o outorgante não puder mais se manifestar. O outorgado, também denominado procurador de saúde, deverá decidir levando em consideração, na maior medida possível, a própria vontade do paciente.[29] Desse modo, fica claro que essa figura não se confunde com as diretivas antecipadas de vontade, pois se trata simplesmente da nomeação de um procurador para assuntos de saúde.

E, ainda, o termo *testamento vital*, que tem sido usado em dois sentidos. Às vezes, é utilizado como um outro nome para as diretivas antecipadas de vontade. Nesses casos, as figuras são tratadas como sinônimos: onde se vir *testamento vital*, pode-se ler *diretivas antecipadas de vontade*. Em nosso sentir, porém, *testamento vital* não é uma denominação

---

[26] PESSINI, Leo; RICCI, Luiz Antonio Lopes. O que entender por mistanásia. In: GODINHO, Adriano Marteleto; LEITE, George Salomão; DADALTO, Luciana (Coord.). *Tratado brasileiro sobre direito fundamental à morte digna*. São Paulo: Almedina, 2017. p. 182.

[27] V. WHITE, Ellen G. *The collection*: volume one with five books: Steps to Christ; Christ's object lessons; Education; The ministry of healing and the mount of blessing. [s.l.]: TWC, 2016. pos. 8706.

[28] Para mais sobre mistanásia, ver: DINIZ, Maria Helena. *O estado atual do biodireito*. 10. ed. São Paulo: Saraiva, 2017. p. 372. Ver também: PESSINI, Leo; RICCI, Luiz Antonio Lopes. O que entender por mistanásia. In: GODINHO, Adriano Marteleto; LEITE, George Salomão; DADALTO, Luciana (Coord.). *Tratado brasileiro sobre direito fundamental à morte digna*. São Paulo: Almedina, 2017.

[29] DIRETIVAS antecipadas de vontade: testamento vital e mandato duradouro. *Testamento Vital*. Disponível em: <http://testamentovital.com.br/diretivas-antecipadas-de-vontade/>. Acesso em: 29 maio 2018.

juridicamente adequada para o fenômeno tratado neste estudo, pois entendemos que ele não é nem vital nem testamento. O termo *vital* pode causar confusões aos mais desavisados, pois os efeitos das diretivas se direcionam justamente para o fim da vida e como isso deve ocorrer. O termo *testamento* possui conteúdo próprio, específico e técnico. Com relação ao conceito de testamento, podemos tomar, por exemplo, a definição de José Lopes de Oliveira, para quem testamento seria "ato personalíssimo, unilateral, gratuito, solene e revogável, pelo qual alguém, segundo norma de direito, dispõe, no todo ou em parte, de seu patrimônio para depois de sua morte, ou determina providências de caráter pessoal ou familiar".[30] Como se vê, trata-se de instituto que se apresenta com conteúdo específico e bem diferente do que seriam os chamados *testamentos vitais*, razão pela qual a utilização desse termo resta completamente desaconselhada. No mais, *testamentos vitais* também não devem ser utilizados como espécies do gênero diretivas antecipadas de vontade. Os que defendem essa estrutura o fazem a partir de uma lei norte-americana sobre o assunto, que faz uma distinção que não se aplica à legislação brasileira, sendo desnecessário importar essa sistematização do direito americano.

Diante de toda essa gama conceitual, percebe-se que as diretivas antecipadas de vontade não excluem conceitos como eutanásia, ortotanásia etc., mas sim tratam justamente sobre elas. Então, a eutanásia e os outros conceitos atinentes ao direito de morte digna serão o *objeto* das diretivas antecipadas de vontade. Em uma diretiva, o paciente pode, por exemplo, tanto expressar seu desejo pela obstinação terapêutica (distanásia) como, ao contrário, manifestar-se desejando a ortotanásia ou, mais ainda, pode manifestar-se pela eutanásia direta e ativa. Logo, com relação ao *objeto* do negócio jurídico *diretivas antecipadas de vontade*, a sua validade deverá ser aferida de acordo com a licitude (ou não) daquilo que se expressou. Se as diretivas antecipadas expressarem um desejo por uma eutanásia direta e ativa, o negócio será inválido por ilicitude do objeto (CC, art. 166, II), pois essa prática não é legal no Brasil, ou seja, há uma proibição de atendimento da vontade por força de disposições contrárias, estampadas no nosso ordenamento jurídico. Se, contudo, as diretivas antecipadas de vontade contiverem um pedido de ortotanásia, este objeto deverá ser considerado válido, pois – respeitados os entendimentos contrários – a ortotanásia é lícita enquanto prática médica (conforme a Resolução CFM nº 1.805/2006), havendo de ser executada a vontade do paciente, que foi expressada por meio das diretivas; e também é tida como lícita como prática médica (conforme a Resolução CFM nº 1.995/2012). Além disso, é importante levar em consideração, para fins de aplicação das diretivas antecipadas de vontade, as objeções de consciência e/ou conflitos do médico, além daquelas circunstâncias clínicas que já estejam superadas pela medicina.

3 Direito fundamental à morte digna como norma justificadora do respeito às diretivas antecipadas de vontade

A nação ocidental pioneira na regulação das diretivas antecipadas de vontade são provavelmente os Estados Unidos, cuja luta formal pela legalização dos instrumentos

---

[30] OLIVEIRA, José Lopes de. Sucessões *apud* HIRONAKA, Giselda Maria Fernandes Novaes; CAHALI, Francisco José. *Direito das sucessões*. 5. ed. rev. São Paulo: RT, 2014. p. 267.

de garantia de uma *morte digna* data da década de 30.³¹ Na década de 90, houve a edição do *Patient Self-Determination Act*, que legalizou os atos de manifestação volitiva prévia sobre tratamentos médicos e os sistematizou, estabelecendo como gênero as diretivas antecipadas de vontade e, como espécies desse gênero, o *living will* (declaração prévia de vontade para o fim da vida ou testamento vital) e o *durable power of attorney for health care* (mandato duradouro).³² Sobre as diretivas, diz a lei que os indivíduos possuem

> the right to formulate advanced directives recognized under State law relating to the provision of care when such individuals are incapacitated, such as through – (I) the appointment of an agent or surrogate to make health care decisions on behalf of such an individual, and (II) the provision of written instructions concerning the individual's health care (including instructions for the disposition of organs).³³

Embora esta sistematização não seja primorosa ou suficiente, é inegável o mérito dos norte-americanos por terem regulamentado precocemente algo tão relevante e que, em muitos países – Brasil incluído –, até hoje não foi objeto de legalização. Ainda sobre os Estados Unidos, é importante pontuar apenas que as diretivas antecipadas de vontade estão submetidas às respectivas legislações estaduais que cuidam do direito à morte digna, que podem ser mais liberais (autorizando o suicídio assistido, por exemplo) ou menos (autorizando apenas a ortotanásia, por exemplo), sendo que, "no momento, a ajuda para morrer está legalmente disponível em apenas um pequeno número de Estados em todos os Estados Unidos".³⁴ Como antes mencionado, outros países já avançaram nesse sentido, como Bélgica,³⁵ Holanda e Suíça; outros nem tanto: a Espanha e a Inglaterra,³⁶ por exemplo, ainda não reconheceram o direito à eutanásia ou ao suicídio assistido.³⁷

---

[31] Referimo-nos à fundação da Sociedade Nacional para a Legalização da Eutanásia, criada nos Estados Unidos em 1937. Aliás, um breve e útil resumo histórico da normatização da eutanásia nos Estados Unidos pode ser encontrado em: JAEGER-FINE, Toni. Morte com dignidade nos Estados Unidos. In: GODINHO, Adriano Marteleto; LEITE, George Salomão; DADALTO, Luciana (Coord.). *Tratado brasileiro sobre direito fundamental à morte digna*. São Paulo: Almedina, 2017. p. 316 *et seq.*

[32] DIRETIVAS antecipadas de vontade: testamento vital e mandato duradouro. *Testamento Vital*. Disponível em: <http://testamentovital.com.br/diretivas-antecipadas-de-vontade/>. Acesso em: 29 maio 2018.

[33] Em tradução livre: "o direito de formular diretivas antecipadas reconhecidas sob a Lei Estadual sobre a prestação de cuidados quando tais indivíduos estão incapacitados, tais como através de (i) nomeação de um agente ou substituto para tomar decisões de cuidados de saúde em nome de tal indivíduo, e (ii) fornecimento de instruções escritas relativas aos cuidados de saúde daquele indivíduo (incluindo instruções para a disposição de órgãos)", como encontramos e traduzimos de UNITED STATES OF AMERICA. Congress. *H. R. 4449* – Patient Self-Determination Act of 1990. Washington: Congress, 1990. Disponível em: <https://www.congress.gov/bill/101st-congress/house-bill/4449/text>. Acesso em: 30 maio 2018.

[34] JAEGER-FINE, Toni. Morte com dignidade nos Estados Unidos. In: GODINHO, Adriano Marteleto; LEITE, George Salomão; DADALTO, Luciana (Coord.). *Tratado brasileiro sobre direito fundamental à morte digna*. São Paulo: Almedina, 2017. p. 338.

[35] Ver, ainda: CARVALHO, Carla Vasconcelos. Direito à morte digna na Bélgica: um consenso dialogicamente construído. In: GODINHO, Adriano Marteleto; LEITE, George Salomão; DADALTO, Luciana (Coord.). *Tratado brasileiro sobre direito fundamental à morte digna*. São Paulo: Almedina, 2017. p. 287-306.

[36] V. MALUF, Adriana Caldas do Rego Freitas Dabus. Direito à morte digna na Inglaterra: análise jurídica do caso Lilian Boyes. In: GODINHO, Adriano Marteleto; LEITE, George Salomão; DADALTO, Luciana (Coord.). *Tratado brasileiro sobre direito fundamental à morte digna*. São Paulo: Almedina, 2017. p. 237-264.

[37] MÖLLER, Letícia Ludwig. Direito à morte digna na Espanha: análise jurídica do caso Ramón Sampedro. In: GODINHO, Adriano Marteleto; LEITE, George Salomão; DADALTO, Luciana (Coord.). *Tratado brasileiro sobre direito fundamental à morte digna*. São Paulo: Almedina, 2017. p. 233.

No sentido da normativa brasileira, partimos do pressuposto de que – como ocorre em toda análise jurídica – é imprescindível buscar, antes de tudo, as balizas que regem o tema, na esteira da constitucionalização das relações privadas, conforme defendido pela civilística contemporânea.[38] As principais normas constitucionais aplicáveis a esse assunto são, sem dúvida, a proteção à dignidade da pessoa humana (art. 1º, III, da CF/88),[39] a proibição de tratamento desumano (art. 5º, III, da CF/88)[40] e a proteção da autonomia da vontade, princípio constitucional implícito, decorrente de vários direitos fundamentais previstos no art. 5º da CF/88.[41] Todos esses princípios constitucionais indicam a existência, conforme já defendido, de um direito fundamental à morte digna.

Em termos de legislação infraconstitucional, não há no Brasil, ainda, legislação específica sobre o tema. Em âmbito infralegal, porém, há dois importantes regramentos deontológicos sobre o assunto. Trata-se da Resolução do Conselho Federal de Medicina (CFM) nº 1.931/2009, que institui o atual Código de Ética Médica, em vigor desde 2010; e a Resolução do Conselho Federal de Medicina (CFM) nº 1.995/2012, que dispõe sobre as diretivas antecipadas de vontade dos pacientes.[42] Esses regulamentos trazem grande avanço ao reconhecimento da importância da vontade do paciente para a suspensão de tratamentos fúteis, mas, ainda assim, não são suficientes para albergar com tranquilidade os problemas práticos atinentes a esse delicado assunto, na relação médico-paciente, pelos motivos acima mencionados (há proteção administrativa, mas ainda não há segurança civil e criminal).

Essas resoluções médicas são flagrantemente constitucionais, pois as diretivas antecipadas de vontade estão protegidas constitucionalmente pelo princípio da dignidade da pessoa humana e derivam do direito fundamental ao tratamento humano e digno, avesso à tortura (CF, art. 5º, III), principalmente. Nesse sentido caminham inúmeros juristas brasileiros e estrangeiros. Entre eles podemos mencionar Ronald Dworkin,[43] Claus Roxin,[44] Ruy Rosado de Aguiar Júnior,[45] Camilla Appel, George Salomão

---

[38] V., por todos, PERLINGIERI, Pietro. *O direito civil na legalidade constitucional*. Tradução de Maria Cristina De Cicco. Rio de Janeiro: Renovar, 2008; TEPEDINO, Gustavo; BARBOZA, Heloisa Helena; MORAES, Maria Celina Bodin de. *Código Civil interpretado conforme a Constituição da República*. 2. ed. rev. e atual. Rio de Janeiro: Renovar, 2007; FACHIN, Luiz Edson. *Teoria crítica do direito civil*. Rio de Janeiro: Renovar, 2003.

[39] "Art. 1º A República Federativa do Brasil, formada pela união indissolúvel dos Estados e Municípios e do Distrito Federal, constitui-se em Estado Democrático de Direito e tem como fundamentos: [...] III - a dignidade da pessoa humana", conforme BRASIL. *Constituição da República Federativa do Brasil de 1988*. Brasília: Congresso Nacional (Poder Constituinte), 1988. Disponível em: <http://www.planalto.gov.br/ccivil_03/constituicao/constituicao.htm>. Acesso em: 11 jul. 2017.

[40] "Art. 5º Todos são iguais perante a lei, sem distinção de qualquer natureza, garantindo-se aos brasileiros e aos estrangeiros residentes no País a inviolabilidade do direito à vida, à liberdade, à igualdade, à segurança e à propriedade, nos termos seguintes: III – ninguém será submetido a tortura nem a tratamento desumano ou degradante" (BRASIL. *Constituição da República Federativa do Brasil de 1988*. Brasília: Congresso Nacional (Poder Constituinte), 1988. Disponível em: <http://www.planalto.gov.br/ccivil_03/constituicao/constituicao.htm>. Acesso em: 11 jul. 2017).

[41] Ver, por exemplo, a liberdade de manifestação do pensamento (CF/88, art. 5º, IV), a liberdade de consciência e de crença (CF/88, art. 5º, VI), a livre expressão artística e intelectual (CF/88, art. 5º, IX), o próprio princípio da legalidade (CF/88, art. 5º, II) etc.

[42] Esta resolução já foi referida anteriormente. Conferir.

[43] DWORKIN, Ronald. *Domínio da vida: aborto, eutanásia e liberdades individuais*. 2. ed. Tradução de Jefferson Luiz Camargo. Revisão da tradução por Silvana Vieira. São Paulo: WMF Martins Fontes, 2009. p. 302.

[44] V. ROXIN, Claus. A apreciação jurídico-penal da eutanásia. Tradução de Luis Greco, autorizada pelo autor, do artigo "Die strafrechtliche Beurteilung der Sterbehilfe". *Revista Brasileira de Ciências Criminais*, São Paulo, v. 32, out./dez. 2000. p. 9.

[45] APPEL, Camilla. Introdução. In: GODINHO, Adriano Marteleto; LEITE, George Salomão; DADALTO, Luciana (Coord.). *Tratado brasileiro sobre direito fundamental à morte digna*. São Paulo: Almedina, 2017. p. 17.

Leite,[46] Lenio Luiz Streck,[47] Flávia Piovesan e Roberto Dias,[48] Nehemias Domingos de Melo,[49] Luciana Dadalto e Cristiana Savoi,[50] Maria de Fátima Freire de Sá e Diogo Luna Moureira,[51] Ana Carolina Brochado Teixeira e Renata de Lima Rodrigues,[52] Luciano de Freitas Santoro,[53] Antônio Carlos Lopes e Carolina Alves de Souza,[54] entre outros.

Aliás, Ronald Dworkin sentencia com grande impacto e seriedade que "levar alguém a morrer de uma maneira que outros aprovam, mas que para ele representa uma terrível contradição de sua própria vida, é uma devastadora e odiosa forma de tirania".[55] O jurista tem razão. Empoderar o paciente e respeitar suas diretivas antecipadas de vontade se trata, então, da *validação jurídica* do exercício do direito fundamental à liberdade de tomar decisões pessoais, de caráter personalíssimo, *imune a interferências externas*, de médicos, da família, de pessoas ou de instituições que pretendam impor sua própria concepção de "vida boa".

4 Aplicação das diretivas antecipadas de vontade

Sobre o uso das diretivas antecipadas de vontade na prática, ainda hoje é bastante *restrito o número de brasileiros* que fizeram as suas próprias diretivas. Várias são as razões

---

[46] LEITE, George Salomão. Bioética constitucional. In: GODINHO, Adriano Marteleto; LEITE, George Salomão; DADALTO, Luciana (Coord.). *Tratado brasileiro sobre direito fundamental à morte digna*. São Paulo: Almedina, 2017. p. 29.

[47] STRECK, Lenio Luiz. A efetividade dos direitos fundamentais no Brasil: entre judicialização da política e ativismo judicial – A morte digna como resposta adequada à Constituição. In: GODINHO, Adriano Marteleto; LEITE, George Salomão; DADALTO, Luciana (Coord.). *Tratado brasileiro sobre direito fundamental à morte digna*. São Paulo: Almedina, 2017. p. 50.

[48] "A ordem constitucional de 1988, inspirada no princípio da dignidade humana a iluminar e a redimensionar todo universo de direitos – com destaque aos direitos à vida e à liberdade –, assegura o direito à morte digna como um direito constitucional implícito, decorrente de seus valores, regime e princípios. No Estado Democrático de Direito, pautado no pluralismo e no secularismo, autoriza ao titular do direito à vida que possa dela dispor, decidindo, livremente, com fundamento em sua concepção de dignidade, sobre a intenção de continuar a viver e o modo como pretende morrer. O reconhecimento constitucional do direito à morte digna decorre dos direitos à liberdade, à autonomia, ao respeito e à vida, no marco de um Estado laico, no qual impera a razão pública e secular. Negá-lo é aceitar o paternalismo despótico" (PIOVESAN, Flávia; DIAS, Roberto. Proteção jurídica da pessoa humana e o direito à morte digna. In: GODINHO, Adriano Marteleto; LEITE, George Salomão; DADALTO, Luciana (Coord.). *Tratado brasileiro sobre direito fundamental à morte digna*. São Paulo: Almedina, 2017. p. 56).

[49] MELO, Nehemias Domingos de. O direito de morrer com dignidade. In: GODINHO, Adriano Marteleto; LEITE, George Salomão; DADALTO, Luciana (Coord.). *Tratado brasileiro sobre direito fundamental à morte digna*. São Paulo: Almedina, 2017. p. 93 *et seq*.

[50] V. DADALTO, Luciana; SAVOI, Cristiana. Distanásia: entre o real e o irreal. In: GODINHO, Adriano Marteleto; LEITE, George Salomão; DADALTO, Luciana (Coord.). *Tratado brasileiro sobre direito fundamental à morte digna*. São Paulo: Almedina, 2017. p. 164.

[51] SÁ, Maria de Fátima Freire de; MOUREIRA, Diogo Luna. Suicídio assistido. In: GODINHO, Adriano Marteleto; LEITE, George Salomão; DADALTO, Luciana (Coord.). *Tratado brasileiro sobre direito fundamental à morte digna*. São Paulo: Almedina, 2017. p. 201.

[52] TEIXEIRA, Ana Carolina Brochado; RODRIGUES, Renata de Lima. Análise do ordenamento jurídico brasileiro: o conteúdo jurídico do direito fundamental à liberdade no processo de morrer. In: GODINHO, Adriano Marteleto; LEITE, George Salomão; DADALTO, Luciana (Coord.). *Tratado brasileiro sobre direito fundamental à morte digna*. São Paulo: Almedina, 2017. p. 381.

[53] V. SANTORO, Luciano de Freitas. *Morte digna*: o direito do paciente terminal. Curitiba: Juruá, 2010.

[54] LOPES, Antônio Carlos; LIMA, Carolina Alves de Souza; SANTORO, Luciano de Freitas. *Eutanásia, ortotanásia e distanásia*: aspectos médicos e jurídicos. 3. ed. atual. e ampl. Rio de Janeiro: Atheneu, 2018. p. 40 et seq.

[55] DWORKIN, Ronald. *Domínio da vida*: aborto, eutanásia e liberdades individuais. 2. ed. Tradução de Jefferson Luiz Camargo. Revisão da tradução por Silvana Vieira. São Paulo: WMF Martins Fontes, 2009. p. 307.

para isso, quer para pacientes, quer para seus familiares. Exatamente por isso, ainda hoje é bastante restrito o número de situações reais que se apresentam aos médicos, nos hospitais, requisitando deles a decisão máxima, de acordo com a vontade exarada pelo paciente no documento. Todos esses pontos resultam numa insegurança tanto para as pessoas que querem deixar o registro de suas vontades (expressão máxima de suas liberdades) quanto para os médicos, que têm que lidar com os conflitos próprios, e/ou com os conflitos dos familiares.

Mas esses todos são fatos da vida – da vida como ela é – que, como já dissemos antes, clamam por atenção, uma vez que as pessoas envolvidas em tais situações (movidas por valores sociais que ainda não foram internalizados pela maioria dos sistemas jurídicos) terminam por cometer ilícitos, agindo às escuras para praticar atos que se afiguram como corretos em suas consciências, mas vedados pela sempre fria letra da lei. Nos Estados Unidos, Toni Jaeger-Fine informa que na maior parte daquela nação a ajuda para morrer "continua sendo ilegal, mas há provas que apoiam a ideia de que os médicos às vezes furtivamente ajudam doentes terminais a morrer", sendo que,

> na ausência de uma estrutura jurídica, esses médicos (e outros) continuam vulneráveis à acusação de homicídio, de assistência ao suicídio ou assassinato; e à possível morte por negligência ou processos de negligência médica; e à possibilidade de perda de suas licenças [médicas].[56]

No Brasil não é diferente. O advogado Alberto Zacharias Toron denuncia que casos como esses estão no cotidiano dos hospitais e que "vivemos uma situação de muita hipocrisia. Como há uma fronteira" – prossegue ele:

> nem sempre clara entre a socialmente admitida ortotanásia e, de outro lado, a eutanásia, ou, em português claro, entre o que é crime e o que não é, persiste uma situação em que médicos e familiares de pacientes terminais fazem uma espécie de pacto de silêncio, ficando os profissionais e os familiares com o pesado fardo de suas opções semipúblicas/semiclandestinas.[57]

O advogado tem razão em suas considerações. Trata-se de situação muito importante e grave, digna de nota e de reflexão. Decididamente, o país necessita de uma regulamentação que esclareça a obscuridade e afaste a incerteza.

Alguns tribunais brasileiros têm se manifestado de modo não convencional, nesse sentido. Por exemplo, o Tribunal de Justiça do Rio Grande do Sul, já famoso pelo arrojo nas decisões relativas a liberdades existenciais, possui interessante decisão, proferida na Apelação Cível nº 70054988266, julgada pela Primeira Câmara Cível em 20.11.2013, tendo como relator Irineu Mariani, que indeferiu um pedido do Ministério Público estadual para forçar um paciente cujo pé estava necrosado a se submeter a uma intervenção

---

[56] JAEGER-FINE, Toni. Morte com dignidade nos Estados Unidos. In: GODINHO, Adriano Marteleto; LEITE, George Salomão; DADALTO, Luciana (Coord.). *Tratado brasileiro sobre direito fundamental à morte digna*. São Paulo: Almedina, 2017. p. 337.

[57] TORON, Alberto Zacharias. Prefácio. In: LOPES, Antônio Carlos; LIMA, Carolina Alves de Souza; SANTORO, Luciano de Freitas. *Eutanásia, ortotanásia e distanásia*: aspectos médicos e jurídicos. 3. ed. atual. e ampl. Rio de Janeiro: Atheneu, 2018.

cirúrgica de amputação, pois a infecção poderia se alastrar para o restante do corpo e colocar em risco a vida daquela pessoa. O paciente, porém, negou-se peremptoriamente a fazer a cirurgia, pois acreditava que, com o pé amputado, não teria uma vida digna, preferindo ficar como estava mesmo que a morte chegasse antecipadamente. Ele era capaz e estava perfeitamente lúcido no momento em que se manifestou. Sua vontade ficou documentada, inclusive, no próprio processo. Tratou-se claramente de uma diretiva de vontade, portanto.[58] O Tribunal, corretamente, reconheceu o direito do paciente de não se submeter ao tratamento, pontuando que o direito à vida não é absoluto e deve ser combinado com o princípio da dignidade da pessoa humana, concluindo, brilhantemente, que viver não é um dever, mas sim um direito.

Passando para alguns aspectos mais práticos sobre o assunto, ao elaborar suas diretivas antecipadas de vontade, há alguns cuidados materiais e formais a serem tomados.

Idealmente, o paciente deve contar com o auxílio de um médico na elaboração do documento, especialmente no que diz respeito à recusa de tratamentos, e à ocasião de recusá-los. Isso porque, conforme muito bem apontado por Ruy Rosado de Aguiar Júnior, baseado em profunda análise doutrinária e legislativa, nacional e estrangeira, um aspecto fundamental relacionado a tratamentos médicos – e nisso se incluem as diretivas antecipadas de vontade (DAVs) – é o consentimento informado do paciente, pois, "quanto mais grave o resultado da ação ou da omissão médica, maior o cuidado com o dever de informar [do médico]".[59] Essa gravidade, no caso das DAVs, é flagrante, pois elas têm o condão de reduzir a vida do paciente. A falta de informação tem repercussão na validade do negócio jurídico, pois retira o requisito "consciência" do elemento *vontade* (que deve ser livre e consciente). Entendemos que a ausência de um profissional médico, no momento da elaboração das diretivas da vontade, não invalida, de per si, o negócio. Contudo, essa ausência pode ser usada como indício de que a vontade não foi expressa de forma consciente, o que pode resultar na invalidade do negócio, a teor do que já ocorre, por exemplo, com os negócios jurídicos processuais celebrados sem a participação de advogado.[60] Claro que, no caso concreto, a invalidade poderá ser afastada, por exemplo, se quem elaborar a diretiva for, ele mesmo, um médico, ou se ficar comprovado que ele tinha subsídios e conhecimentos suficientes para a elaborar.

Com relação à forma, o art. 2º, §4º, da Resolução CFM nº 1.995/2012 dispõe simplesmente que o médico registrará, no prontuário, as diretivas que lhe forem comunicadas pelo paciente. A leitura da resolução dá a entender que as diretivas poderiam ser, inclusive, verbais, quando proferidas diretamente no trato médico-paciente.[61] Contudo, esse

---

[58] Não podemos considerá-la "antecipada", pois ela não foi dada anteriormente para ter efeitos quando o paciente não pudesse exprimir sua vontade; ela foi, então, "incidental", uma diretiva incidental de vontade.

[59] AGUIAR JÚNIOR, Ruy Rosado de. Consentimento informado. In: GODINHO, Adriano Marteleto; LEITE, George Salomão; DADALTO, Luciana (Coord.). *Tratado brasileiro sobre direito fundamental à morte digna*. São Paulo: Almedina, 2017. p. 357.

[60] O Enunciado nº 18 do FPPC tem a seguinte redação: "Há indício de vulnerabilidade quando a parte celebra acordo de procedimento sem assistência técnico-jurídica", cf. IX FÓRUM Permanente de Processualistas Civis – Recife. *Fórum Permanente de Processualistas Civis*, 20 jul. 2017. p. 9. Disponível em: <http://fpprocessualistascivis.blogspot.com>. Acesso em: 30 maio 2018.

[61] Essa é a opinião de TEIXEIRA, Ana Carolina Brochado; RODRIGUES, Renata de Lima. Análise do ordenamento jurídico brasileiro: o conteúdo jurídico do direito fundamental à liberdade no processo de morrer. In: GODINHO, Adriano Marteleto; LEITE, George Salomão; DADALTO, Luciana (Coord.). *Tratado brasileiro sobre direito fundamental à morte digna*. São Paulo: Almedina, 2017. p. 383.

não nos parece ser exatamente o melhor entendimento. Se a lei exige escritura pública para negócios muito menos importantes (como imobiliários), justamente almejando segurança jurídica, não é coerente que não se exija um mínimo de cuidado formal quando da elaboração de diretivas antecipadas de vontade. Por outro lado, o jurista deve estar atento à realidade de que nem sempre será possível a elaboração de diretivas por meio de um tabelião; a uma, por conta, talvez, das condições socioeconômicas da pessoa; a duas, porque a própria dinâmica da evolução da doença pode dificultar ou impossibilitar que isso se dê, mesmo porque as diretivas podem ser efetivadas quando a pessoa já se encontra na condição de paciente, ou até mesmo acamada (desde que ela ainda tenha como exprimir sua vontade livre e consciente). Por isso, é recomendável que o documento seja confeccionado por tabelião, em cartório de notas, sendo que essa medida aumentará substancialmente a segurança jurídica do negócio. Nessa hipótese, a diretiva antecipada de vontade deve ser registrada na Censec – Central Notarial de Serviços Eletrônicos Compartilhados.[62] [63]

Na impossibilidade de formalização pela via do tabelião de notas, devem as diretivas pelo menos ser lançadas por escrito, e, se também isso não for possível, a declaração do paciente deve ser gravada (em áudio ou audiovisual) e/ou realizada na presença de testemunhas. Repudiamos a possibilidade de o paciente lançar a declaração única e exclusivamente ao médico que o está incidentalmente atendendo e essa declaração ser validada somente com base no que o médico lançar unilateralmente no prontuário. E há de se esclarecer que essa precaução não se relaciona a qualquer desconfiança em relação à credibilidade dos médicos, mas sim a uma especial atenção ao atendimento da vontade do paciente, sobretudo quando a declaração possa ter o condão de lhe encurtar a vida.

Ainda, é importante apontar que as diretivas antecipadas de vontade devem ser aplicadas apenas a *casos de terminalidade*. Sobre essa situação, J. M. Grau Veciana entende que paciente terminal é aquele cuja condição de insanabilidade é irreversível, independentemente de ser tratado ou não, apresentando alta probabilidade de morrer em tempo relativamente curto.[64]

Há de se verificar, então, que estado de *terminalidade* é diferente de *estado vegetativo persistente* (EVP). Isso porque este último é aquele estado em que o paciente mantém funções cardiovasculares, respiratórias, renais, termorreguladoras e endócrinas, alterna sono e vigília, mas não mostra nenhum contato com o meio externo e nenhuma atividade voluntária.[65] Por isso, em princípio e aprioristicamente, as diretivas antecipadas de vontade não se aplicariam aos casos de *estado vegetativo persistente*, pois a supressão dos cuidados a esse tipo de paciente não corresponderia à ortotanásia, mas, sim, a uma eutanásia passiva, ainda não autorizada no Brasil.

---

[62] A instituição tem sítio eletrônico: <www.censec.org.br>.
[63] É como se aconselha aos advogados, quando consultados, para a elaboração de DAVs para seus clientes.
[64] VECIANA, J. M. Grau. Estado vegetativo persistente: aspectos clínicos. *Medicina Intensiva*, Madrid, v. 28, n. 3, 2004. p. 108-111.
[65] BOUZA-ALVARES, C. Medidas de soporte vital en un paciente en estado vegetativo persistente. *Medicina Intensiva*, Madrid, v. 28, n. 3, 2004. p. 156.

5 Diretivas antecipadas de vontade elaboradas pela via do instrumento público: aspectos notariais

Como negócio jurídico que é, muito mais conveniente e seguro que se opte por lavrá-lo perante um tabelião de notas. O notário, ou tabelião de notas, é um oficial público, profissional do direito, cuja atuação imprime segurança jurídica aos atos nos quais for chamado a intervir, prevenindo litígios futuros.

Toda vez que o negócio jurídico for instrumentalizado por meio de uma escritura pública, estarão melhor garantidos os requisitos de validade, ou seja: o tabelião dá a sua fé pública acerca da capacidade jurídica e civil do agente, averigua se o objeto do negócio desejado era lícito e possível e se foram seguidas todas as formalidades legais. Dessa maneira, um tabelião não permitirá que um menor de dezesseis anos lavre um instrumento desses, ou que sejam feitas disposições *contra legem*, por exemplo, de eutanásia direta e ativa. O tabelião confere o documento de identidade da parte, com todo o seu conhecimento grafotécnico e documentoscópico, atestando que aquela pessoa, além de civilmente capaz, realmente é a de quem se trata no documento e que a escritura foi lavrada na data tal, no endereço tal.

Além disso, o tabelião, quando atua, também afasta os chamados "defeitos dos negócios jurídicos", certificando que o comparecente se manifestou de maneira livre de coação, erro, dolo etc., protegendo contra eventual possibilidade de anulação do ato. Percebendo que a pessoa não está certa de sua manifestação de vontade, ou está em aparente coação, seja de parentes ou de terceiros, o tabelião simplesmente se recusa à lavratura.

Inclusive, quando o ato é feito por escritura pública, quanto aos fatos atestados pelo notário, existe a *presunção de veracidade e autenticidade*, uma vez que apostos sob o manto da *fé pública*, havendo uma garantia de idoneidade do negócio e ficando invertido o ônus da prova.[66] Quem desejar desconstituir um negócio lavrado por escritura pública é que precisará provar judicialmente o defeito do negócio jurídico ou a invalidade do ato por outro motivo. A presunção é de veracidade e autenticidade.

O negócio jurídico lavrado perante o tabelião de notas gera efeitos *erga omnes* e ninguém poderá alegar desconhecimento, nem de sua existência nem de seu conteúdo, seja pela possibilidade de busca do ato na central abaixo mencionada (Censec), seja pela viabilidade de obtenção de certidão pública do ato em si, no tabelionato no qual foi lavrado.

A diretiva antecipada de vontade, assim como qualquer outro ato notarial lavrado, fica arquivada de maneira permanente nos arquivos do cartório e é, por força normativa, arquivada também de maneira digital, com *backup* múltiplo (físico e nas nuvens), o que garante a sua perpetuidade no tempo e no espaço, mesmo nas situações mais adversas.

Outro robusto motivo para que se opte pela forma pública é a existência de uma central nacional de registro dos atos lavrados em cartórios de notas. Toda escritura pública é informada eletronicamente à Central Nacional de Serviços Compartilhados (Censec), cuja regulamentação se encontra no Provimento nº 18/2012 do CNJ.[67] Essa

---

[66] "Art. 405. O documento público faz prova não só da sua formação, mas também dos fatos que o escrivão, o chefe de secretaria, o tabelião ou o servidor declarar que ocorreram em sua presença".

[67] Da Central Notarial de Serviços Eletrônicos Compartilhados: "Art. 1º Fica instituída a Central Notarial de Serviços Eletrônicos Compartilhados – CENSEC, disponível por meio do Sistema de Informações e Gerenciamento

informação peremptória do tabelião é feita de maneira *gratuita*, e a central pode ser consultada por qualquer autoridade pública lá cadastrada. Relativamente às diretivas antecipadas de vontade, essa consulta, também gratuita, é *aberta ao público*, e basta que se preencham alguns dados do declarante que a central imediatamente indicará se existe ou não DAV lavrada em nome dele e em qual tabelionato se encontra.[68]

Tanto os tabelionatos de notas como as centrais nacionais extrajudiciais de dados contam atualmente com os mais modernos meios de tráfego eletrônico e segurança jurídica no arquivamento e proteção de dados, sendo uma importante ferramenta para a consecução dos objetivos das DAVs, quais sejam: conhecimento de sua existência pelos médicos e familiares e efetividade no seu cumprimento.

Tendo aumentado sobremaneira a procura pela lavratura desse tipo de ato nos tabelionatos nos últimos tempos, independentemente da linha à qual se incline o outorgante (há os que desejam tratamento que prolongue a vida e, ao contrário, há os que o repudiem), identificamos como força motriz dessas pessoas a vontade pulsante e inerente de decidir sobre o *seu* futuro, de maneira digna, sem deixar a cargo de parentes ou equipe médica o desfecho de sua própria vida.

Algumas cláusulas comuns nesse tipo de escritura são: (1) manifestação de vontade no sentido de que, em caso de terminalidade, sejam ou não ligados equipamentos médicos para manutenção da vida e respiração artificial; (2) eleição do *procurador duradouro*, ou *procurador médico* (é comum que se nomeie até mais de um procurador ou se preveja a participação de um terceiro, em caso de empate de opiniões sobre o laudo de conclusão de morte encefálica, p. ex.); (3) declaração sobre ser ou não doador de órgãos; (4) autorização (ou negativa de autorização) ao procurador médico para necropsia, injeção de substâncias no corpo, embalsamação, colocação em refrigeração etc.; (5) disposições sobre o desejo de ter ministro religioso de acordo com sua crença no momento da morte, de haver ou não velório, de ser cremado (e o destino das cinzas) ou enterrado etc.; (6) nomeação prévia de advogado, gestor de negócios ou procurador, para caso de incapacidade mental posterior à lavratura da DAV, com ou sem interdição; entre outras disposições que serão feitas considerando-se o caso concreto (desejo de ser internado em asilo, casa de repouso ou justamente o contrário, de que isso não ocorra etc.).

Na impossibilidade de a pessoa dirigir-se até o tabelionato de notas, é possível a convocação do tabelião até o local onde esta se encontra, para que a escritura seja lavrada em diligência. O usual é que o tabelião encontre a parte para uma conversa e entrevista prévia, e, acertados os detalhes, seja lavrado o instrumento definitivo, no seu livro de notas.

Notarial – SIGNO e publicada sob o domínio www.censec.org.br, desenvolvida, mantida e operada pelo Colégio Notarial do Brasil – Conselho Federal (CNB/CF), sem nenhum ônus para o Conselho Nacional de Justiça ou qualquer outro órgão governamental, com objetivo de: I. interligar as serventias extrajudiciais brasileiras que praticam atos notariais, permitindo o intercâmbio de documentos eletrônicos e o tráfego de informações e dados; II. aprimorar tecnologias com a finalidade de viabilizar os serviços notariais em meio eletrônico; III. implantar em âmbito nacional um sistema de gerenciamento de banco de dados, para pesquisa; IV. incentivar o desenvolvimento tecnológico do sistema notarial brasileiro, facilitando o acesso às informações, ressalvadas as hipóteses de acesso restrito nos caso de sigilo; V. possibilitar o acesso direto de órgãos do Poder Público a informações e dados correspondentes ao serviço notarial".

[68] CADASTRO. *Colégio Notarial do Brasil*. Disponível em: <https://censec.org.br/Cadastro/Centrais/Cep/ConsultaAto-1.aspx>.

Comum também é a pessoa aproveitar o ensejo da DAV para lavrar (ou pensar sobre) o seu testamento público, uma vez que disposições patrimoniais *post mortem* só podem ser viabilizadas por ele.

Importante ressaltar que a diretiva antecipada de vontade é prementemente *revogável*, seja porque a pessoa pode mudar de ideia com o passar dos anos (o que no momento da lavratura era considerado uma doença incurável futuramente pode ser tratado), seja porque, com o amadurecimento pessoal e o passar do tempo, as pessoas mudam mesmo de ideia e o que consideravam bom e justo em um momento pode não o ser mais para a frente. Havendo revogação da DAV, ela será também imediatamente comunicada à Censec.

Para a feitura da escritura, basta a apresentação de um documento de identidade (RG, CNH, passaporte, identidade professional ou CTPS). Se a parte não souber se expressar no idioma nacional, pode valer-se de tradutor público juramentado, devidamente inscrito na junta comercial estadual. Não são necessárias quaisquer testemunhas instrumentárias ao ato, a não ser que a parte não saiba ou não possa assinar, momento no qual será exigida uma testemunha para assinar a rogo.

Finalmente, frisa-se que o tabelião de notas (diferentemente do oficial de registro civil e de imóveis, p. ex.) é profissional de livre escolha da parte, não sendo necessário dirigir-se ao cartório do bairro ou de onde se encontra o paciente. Como é o notário que criará o ato em si (com a lavratura), ele deverá ser eleito por confiança do contratante, que, assim como escolheu o seu advogado, o seu médico, escolherá o tabelião que melhor lhe traduzir a vontade.[69]

Conclusão

A interpretação do direito deve ter índole e caráter humanos, e levar em consideração os anseios sociais e as necessidades individuais nas situações que concretamente se apresentam para serem solucionadas por uma comunidade. Existem problemas fáticos na vida das pessoas que o direito precisa resolver. Há pessoas com problemas de saúde, circunstância que pode fazê-las sofrer intensamente. Os avanços da medicina conseguem, muitas vezes, mantê-las vivas, mas – seria o caso de perguntar – a que custo? Não estamos a falar apenas de custos patrimoniais ou de recursos humanos, mas também, e principalmente, de custos existenciais, ou seja, se é adequado manter viva uma pessoa mesmo quando ela própria não considera digna a sobrevida que a medicina lhe pode proporcionar. Nossa resposta é negativa. O princípio da dignidade da pessoa humana, cumulado com a vedação à tortura e ao tratamento degradante, permite exegese no sentido de que há, sim, um direito fundamental à morte digna, protegido pela Constituição. Aliás, é possível ir além: esse não é nem um direito de "morrer", mas, sim, de *viver* com *dignidade*, em cada segundo da existência.

Nesse contexto, as diretivas antecipadas de vontade são importantes instrumentos na concretização desse direito fundamental à vida e à morte digna e, a despeito de não possuírem regulação legislativa, devem ser, na maior medida possível, respeitadas

---

[69] No estado de São Paulo, no ano de 2018, uma escritura dessa natureza custa R$411,59, valor módico para o tanto de segurança jurídica que se consegue (valor de junho de 2018).

pelos médicos e familiares. E estes, ao mesmo tempo, ao tomarem decisões difíceis, devem estar protegidos e resguardados por nossa jurisprudência, pois os cidadãos de bem não podem viver sob a sombra de um possível processo civil ou criminal, que os puna, pelo fato de terem lutado até as últimas consequências em prol da dignidade do paciente. Defendemos estas posturas, indene de dúvida, relativamente às situações já regulamentadas pelo Conselho Federal de Medicina, notadamente os casos de diretivas antecipadas de vontade relacionadas à ortotanásia, que devem ser consideradas totalmente lícitas e válidas.

Com relação a outros casos, a *ponderação* é necessária, devendo-se analisar as atitudes dos envolvidos, caso a caso, sem preciosismo irracional à norma jurídica infraconstitucional, mas também sem o desvio corrosivo e irresponsável das regras, uma vez que o sistema, como um todo, visa, acima de tudo, à preservação da dignidade da pessoa humana. Conforme a sempre atenta e atual lição do Professor Luiz Edson Fachin, a aferição do que se tem por "vida digna" admite subjetividade, e deve ser avaliada conforme o caso concreto.[70] Deve-se, pois, repudiar a pseudossegurança do mero positivismo, pois é fundamental abandonar "a postura da segurança dos conceitos, uma vez que, em uma certa medida, as explicações segmentadas conduzem a uma banalização da complexidade dos problemas",[71] sendo que o novo direito civil, que queremos e defendemos, serve "para apreender e não clausular as relações".[72]

Daí ser fundamental retomar a antiga discussão sobre a legitimidade do direito. Esse tema encontra-se magistralmente posto, sob a pena e as defesas do Professor Luiz Edson Fachin, para quem

> o instrumental jurídico se vê de fato com a sua legitimidade contestada, à medida que ela se coloca como fonte única de regulação social. Isso se mostra claramente quando uma regra é absolutamente distante da prática social. Não é, pois, o fundamento formal de racionalidade que desaparece, mas o fundamento de legitimidade. O conteúdo da regra não se coaduna ao conteúdo das relações concretas, das relações sociais travadas no mundo dos fatos.[73]

É necessário e urgente, pois, diminuir essa defasagem entre o direito e os fatos da vida. No caso do direito à morte digna e às diretivas antecipadas de vontade, propomos os seguintes fundamentos para uma nova interpretação do tema.

Por *primeiro*, o respeito à autonomia privada do paciente no que diz respeito às suas decisões existenciais, pois é ele quem melhor pode dizer o que entende por vida digna, e, na medida em que o ordenamento protege a dignidade da pessoa humana, há implicitamente um princípio da primazia da vontade do paciente com relação aos tratamentos médicos aos quais se submeterá ou não. Isso envolve, entre outros desdobramentos, o reconhecimento da validade das diretivas antecipadas de vontade, o reconhecimento da licitude da ortotanásia e a utilização da *técnica da ponderação* em outros casos especiais, sob diversos ou diferentes matizes. Para tanto, há de se levar,

---

[70] FACHIN, Luiz Edson. *Estatuto jurídico do patrimônio mínimo*. 2. ed. rev. e atual. Rio de Janeiro: Renovar, 2006. p. 285.
[71] FACHIN, Luiz Edson. *Teoria crítica do direito civil*. Rio de Janeiro: Renovar, 2003. p. 196.
[72] FACHIN, Luiz Edson. *Teoria crítica do direito civil*. Rio de Janeiro: Renovar, 2003. p. 320.
[73] FACHIN, Luiz Edson. *Teoria crítica do direito civil*. Rio de Janeiro: Renovar, 2003. p. 226.

cuidadosamente, em consideração as características do caso concreto, pautando-se em critérios como o da dignidade *in concreto* do paciente; levar em consideração também o procedimento dos médicos e familiares envolvidos e sua solidariedade para com o paciente; e, ainda, considerar a aceitação social do ato, como percebido pelo direito naquela comunidade, bem como o que seria exigível, ou não, dos envolvidos em termos de conduta adequada, dada a complexidade da situação, o grau de emergência do fato e a pressão psicológica a que estavam submetidos os agentes. Como resultado da ponderação no caso concreto, é possível quiçá concluir pela licitude de atos específicos praticados por médicos e validados por familiares ou procuradores vitais.

Por *segundo*, um íntimo diálogo entre juristas e médicos na definição de conceitos relevantes para a matéria (por exemplo, a importantíssima diferença, especialmente para os da área do direito, entre tratamentos indispensáveis, úteis e fúteis). Os trabalhos e definições que resultarem desse diálogo devem levar em consideração, pelo menos, os seguintes pontos: o delicado trânsito entre a racionalidade e a afetividade familiar, os cuidados paliativos agregados ao bem-estar do paciente, a suspensão dos suportes vitais e, ainda, eventuais resistências de parte dos profissionais da saúde.

Por *terceiro*, é importantíssimo que o Brasil avance na edição de uma lei que trate verticalmente o assunto. Porque a ausência de regulamentação, infelizmente, só tem mesmo produzido insegurança, quer para o paciente, quer para o médico.

Referências

AGUIAR JÚNIOR, Ruy Rosado de. Consentimento informado. In: GODINHO, Adriano Marteleto; LEITE, George Salomão; DADALTO, Luciana (Coord.). *Tratado brasileiro sobre direito fundamental à morte digna*. São Paulo: Almedina, 2017.

ALEXY, Robert. *Teoria dos direitos fundamentais*. Tradução de Virgílio Afonso da Silva. São Paulo: Malheiros, 2015.

APPEL, Camilla. Introdução. In: GODINHO, Adriano Marteleto; LEITE, George Salomão; DADALTO, Luciana (Coord.). *Tratado brasileiro sobre direito fundamental à morte digna*. São Paulo: Almedina, 2017.

ARENDT, Hannah. *The human condition*. 2. ed. Chicago: University of Chicago Press, 1998.

BOUZA-ALVARES, C. Medidas de soporte vital en un paciente en estado vegetativo persistente. *Medicina Intensiva*, Madrid, v. 28, n. 3, 2004.

BRASIL. Câmara dos Deputados. *Projeto de Lei n. 5.559/2016, que dispõe sobre os direitos dos pacientes e dá outras providências*. Autores: Pepe Vargas (PT/RS), Chico D'Angelo (PT/RJ) e Henrique Fontana (PT/RS). Brasília: Congresso Nacional, 2016. Disponível em: <http://www.camara.gov.br/proposicoesWeb/fichadetramitacao?idProposicao=208797>. Acesso em: 29 maio 2018.

BRASIL. Conselho Federal de Medicina. Resolução CFM n. 1.805/2006. *DOU*, Seção I, p. 169, 28 nov. 2006. Disponível em: <http://www.portalmedico.org.br/resolucoes/cfm/2006/1805_2006.htm>. Acesso em: 29 maio 2018.

BRASIL. Conselho Federal de Medicina. Resolução CFM n. 1.995/2012. *DOU*, Seção I, p. 269-270, 31 ago. 2012. Disponível em: <https://sistemas.cfm.org.br/normas/visualizar/resolucoes/BR/2012/1995>. Acesso em: 30 maio 2018.

BRASIL. *Constituição da República Federativa do Brasil de 1988*. Brasília: Congresso Nacional (Poder Constituinte), 1988. Disponível em: <http://www.planalto.gov.br/ccivil_03/constituicao/constituicao.htm>. Acesso em: 11 jul. 2017.

CADASTRO. *Colégio Notarial do Brasil*. Disponível em: <https://censec.org.br/Cadastro/Centrais/Cep/ConsultaAto-1.aspx>.

CARVALHO, Carla Vasconcelos. Direito à morte digna na Bélgica: um consenso dialogicamente construído. In: GODINHO, Adriano Marteleto; LEITE, George Salomão; DADALTO, Luciana (Coord.). *Tratado brasileiro sobre direito fundamental à morte digna*. São Paulo: Almedina, 2017.

COSTA JR., Paulo José da. *Curso de direito penal*. 9. ed. São Paulo: Saraiva, 2008.

DADALTO, Luciana. *Testamento vital*. Rio de Janeiro: Lumen Juris, 2010.

DADALTO, Luciana; SAVOI, Cristiana. Distanásia: entre o real e o irreal. In: GODINHO, Adriano Marteleto; LEITE, George Salomão; DADALTO, Luciana (Coord.). *Tratado brasileiro sobre direito fundamental à morte digna*. São Paulo: Almedina, 2017.

DINIZ, Maria Helena. *O estado atual do biodireito*. 10. ed. São Paulo: Saraiva, 2017.

DIRETIVAS antecipadas de vontade: testamento vital e mandato duradouro. *Testamento Vital*. Disponível em: <http://testamentovital.com.br/diretivas-antecipadas-de-vontade/>. Acesso em: 29 maio 2018.

DWORKIN, Ronald. *Domínio da vida*: aborto, eutanásia e liberdades individuais. 2. ed. Tradução de Jefferson Luiz Camargo. Revisão da tradução por Silvana Vieira. São Paulo: WMF Martins Fontes, 2009.

FACHIN, Luiz Edson. *Estatuto jurídico do patrimônio mínimo*. 2. ed. rev. e atual. Rio de Janeiro: Renovar, 2006.

FACHIN, Luiz Edson. *Teoria crítica do direito civil*. Rio de Janeiro: Renovar, 2003.

GODINHO, Adriano Marteleto. Ortotanásia e cuidados paliativos: o correto exercício da prática médica no fim da vida. In: GODINHO, Adriano Marteleto; LEITE, George Salomão; DADALTO, Luciana (Coord.). *Tratado brasileiro sobre direito fundamental à morte digna*. São Paulo: Almedina, 2017.

GODINHO, Adriano Marteleto; LEITE, George Salomão; DADALTO, Luciana (Coord.). *Tratado brasileiro sobre direito fundamental à morte digna*. São Paulo: Almedina, 2017.

IX FÓRUM Permanente de Processualistas Civis – Recife. *Fórum Permanente de Processualistas Civis*, 20 jul. 2017. Disponível em: <http://fpprocessualistascivis.blogspot.com>. Acesso em: 30 maio 2018.

JAEGER-FINE, Toni. Morte com dignidade nos Estados Unidos. In: GODINHO, Adriano Marteleto; LEITE, George Salomão; DADALTO, Luciana (Coord.). *Tratado brasileiro sobre direito fundamental à morte digna*. São Paulo: Almedina, 2017.

LEITE, George Salomão. Bioética constitucional. In: GODINHO, Adriano Marteleto; LEITE, George Salomão; DADALTO, Luciana (Coord.). *Tratado brasileiro sobre direito fundamental à morte digna*. São Paulo: Almedina, 2017.

LOPES, Antônio Carlos; LIMA, Carolina Alves de Souza; SANTORO, Luciano de Freitas. *Eutanásia, ortotanásia e distanásia*: aspectos médicos e jurídicos. 3. ed. atual. e ampl. Rio de Janeiro: Atheneu, 2018.

MALUF, Adriana Caldas do Rego Freitas Dabus. Direito à morte digna na Inglaterra: análise jurídica do caso Lilian Boyes. In: GODINHO, Adriano Marteleto; LEITE, George Salomão; DADALTO, Luciana (Coord.). *Tratado brasileiro sobre direito fundamental à morte digna*. São Paulo: Almedina, 2017.

MELO, Nehemias Domingos de. O direito de morrer com dignidade. In: GODINHO, Adriano Marteleto; LEITE, George Salomão; DADALTO, Luciana (Coord.). *Tratado brasileiro sobre direito fundamental à morte digna*. São Paulo: Almedina, 2017.

MÖLLER, Letícia Ludwig. Direito à morte digna na Espanha: análise jurídica do caso Ramón Sampedro. In: GODINHO, Adriano Marteleto; LEITE, George Salomão; DADALTO, Luciana (Coord.). *Tratado brasileiro sobre direito fundamental à morte digna*. São Paulo: Almedina, 2017.

OLIVEIRA, José Lopes de. Sucessões *apud* HIRONAKA, Giselda Maria Fernandes Novaes; CAHALI, Francisco José. *Direito das sucessões*. 5. ed. rev. São Paulo: RT, 2014.

PEREIRA, André Dias; MATOS, Mafalda Francisco. Direito à morte digna na Itália: análise jurídica do caso Eliana Englaro. In: GODINHO, Adriano Marteleto; LEITE, George Salomão; DADALTO, Luciana (Coord.). *Tratado brasileiro sobre direito fundamental à morte digna*. São Paulo: Almedina, 2017.

PERLINGIERI, Pietro. *O direito civil na legalidade constitucional*. Tradução de Maria Cristina De Cicco. Rio de Janeiro: Renovar, 2008.

PERLINGIERI, Pietro. *Perfis do direito civil*. 3. ed. rev. e ampl. Tradução de Maria Cristina De Cicco. Rio de Janeiro: Renovar, 2002.

PESSINI, Leo; RICCI, Luiz Antonio Lopes. O que entender por mistanásia. In: GODINHO, Adriano Marteleto; LEITE, George Salomão; DADALTO, Luciana (Coord.). *Tratado brasileiro sobre direito fundamental à morte digna*. São Paulo: Almedina, 2017.

PIOVESAN, Flávia; DIAS, Roberto. Proteção jurídica da pessoa humana e o direito à morte digna. In: GODINHO, Adriano Marteleto; LEITE, George Salomão; DADALTO, Luciana (Coord.). *Tratado brasileiro sobre direito fundamental à morte digna*. São Paulo: Almedina, 2017.

ROXIN, Claus. A apreciação jurídico-penal da eutanásia. Tradução de Luis Greco, autorizada pelo autor, do artigo "Die strafrechtliche Beurteilung der Sterbehilfe". *Revista Brasileira de Ciências Criminais*, São Paulo, v. 32, out./dez. 2000.

SÁ, Maria de Fátima Freire de; MOUREIRA, Diogo Luna. Suicídio assistido. In: GODINHO, Adriano Marteleto; LEITE, George Salomão; DADALTO, Luciana (Coord.). *Tratado brasileiro sobre direito fundamental à morte digna*. São Paulo: Almedina, 2017.

SANTORO, Luciano de Freitas. *Morte digna*: o direito do paciente terminal. Curitiba: Juruá, 2010.

STRECK, Lenio Luiz. A efetividade dos direitos fundamentais no Brasil: entre judicialização da política e ativismo judicial – A morte digna como resposta adequada à Constituição. In: GODINHO, Adriano Marteleto; LEITE, George Salomão; DADALTO, Luciana (Coord.). *Tratado brasileiro sobre direito fundamental à morte digna*. São Paulo: Almedina, 2017.

TEIXEIRA, Ana Carolina Brochado; RODRIGUES, Renata de Lima. Análise do ordenamento jurídico brasileiro: o conteúdo jurídico do direito fundamental à liberdade no processo de morrer. In: GODINHO, Adriano Marteleto; LEITE, George Salomão; DADALTO, Luciana (Coord.). *Tratado brasileiro sobre direito fundamental à morte digna*. São Paulo: Almedina, 2017.

TEPEDINO, Gustavo; BARBOZA, Heloisa Helena; MORAES, Maria Celina Bodin de. *Código Civil interpretado conforme a Constituição da República*. 2. ed. rev. e atual. Rio de Janeiro: Renovar, 2007.

TORON, Alberto Zacharias. Prefácio. In: LOPES, Antônio Carlos; LIMA, Carolina Alves de Souza; SANTORO, Luciano de Freitas. *Eutanásia, ortotanásia e distanásia*: aspectos médicos e jurídicos. 3. ed. atual. e ampl. Rio de Janeiro: Atheneu, 2018.

UNITED STATES OF AMERICA. Congress. H. R. 4449 – Patient Self-Determination Act of 1990. Washington: Congress, 1990. Disponível em: <https://www.congress.gov/bill/101st-congress/house-bill/4449/text>. Acesso em: 30 maio 2018.

VECIANA, J. M. Grau. Estado vegetativo persistente: aspectos clínicos. *Medicina Intensiva*, Madrid, v. 28, n. 3, 2004.

VILLAS-BÔAS, Maria Elisa. Eutanásia. In: GODINHO, Adriano Marteleto; LEITE, George Salomão; DADALTO, Luciana (Coord.). *Tratado brasileiro sobre direito fundamental à morte digna*. São Paulo: Almedina, 2017.

WHITE, Ellen G. *The collection*: volume one with five books: Steps to Christ; Christ's object lessons; Education; The ministry of healing and the mount of blessing. [s.l.]: TWC, 2016.

Informação bibliográfica deste texto, conforme a NBR 6023:2002 da Associação Brasileira de Normas Técnicas (ABNT):

HIRONAKA, Giselda Maria Fernandes Novaes; AGAPITO, Priscila de Castro Teixeira Pinto Lopes. Diretivas antecipadas de vontade como instrumento de concretização do direito fundamental à morte digna. In: EHRHARDT JÚNIOR, Marcos; CORTIANO JUNIOR, Eroulths (Coord.). *Transformações no Direito Privado nos 30 anos da Constituição*: estudos em homenagem a Luiz Edson Fachin. Belo Horizonte: Fórum, 2019. p. 197-217. ISBN 978-85-450-0562-9.

PARTE III

PATRIMÔNIO MÍNIMO E RELAÇÕES PRIVADAS

Parte II

PATRIMÔNIO MÍNIMO E
RELAÇÕES PRIVADAS

O PATRIMÔNIO MÍNIMO NA OBRA DE LUIZ EDSON FACHIN E SUA ABORDAGEM EM TRÊS TEMPOS: ESTATUTO EXISTENCIAL DA PESSOA HUMANA, TRÂNSITO JURÍDICO E TITULARIDADES

PAULO NALIN

HUGO SIRENA

1 Apresentação e resgate da obra do homenageado

Disse José Saramago, certa feita, que o único valor efetivamente revolucionário é a bondade. Segundo ele, é o único que conta. E se se ousar transferir esse diagnóstico para o âmbito acadêmico, ter-se-á em Luiz Edson Fachin a personificação dessa revolução, a identificação da bondade.

Em todos os seus escritos, o Ministro Fachin nunca está só: se o está – na condição de autor individual –, sempre convoca a seus leitores para uma reflexão, para uma construção conjunta dos pensamentos que ousa – magistralmente – compartilhar. Reconhecendo-se insuficiente e topando repartir a formatação de suas ideias, Prof. Fachin é a bondade em pessoa. Nunca sozinho, nunca ensimesmado na suficiência de sua autoridade acadêmica, é bondoso em nos oportunizar um espaço para conjugar esforços na busca por uma ciência jurídica efetivamente crítica.

Nas linhas que ora se apresentam, adota-se esse *leitmotiv* bondoso de sua teorização, para enfrentar o tema do estatuto jurídico do patrimônio mínimo, a partir da sua abordagem nos estatutos existencial e patrimonial da pessoa humana, no trânsito jurídico e nas titularidades. Assim esmiuçar-se-á a tese do professor, em três frentes: uma dialógica, em que se buscará extrair, fotograficamente, a realidade do *patrimônio mínimo* exposto pelo mestre; uma crítica, que terá o viés cinematográfico, apresentando a perspectiva dinâmica do patrimônio mínimo e a reformulação causada no pensamento civilista contemporâneo; e, por fim, uma emancipatória, projetando o por vir do direito civil dentro desse tema fundamental.

Enfim, têm-se as três estruturas fundantes do pensamento de Fachin: o diálogo, a crítica e a emancipação. Em todas elas, a mesma característica: a bondade. Porque, se a bondade é o valor que efetivamente traduz a revolução, Prof. Fachin é, de fato, um revolucionário.

2 O nascer do sol: contextualizando o estatuto jurídico do *patrimônio mínimo*

A definição conceitual do estatuto jurídico do patrimônio mínimo parte, em Fachin, de algumas premissas fundamentais, a saber: (i) os fenômenos de *repersonalização* e *despatrimonialização* são corolário fundantes do movimento de constitucionalização do direito civil, que permitiram uma reformulação da organização sistêmica do ordenamento jurídico, a partir de uma "virada de Copérnico"; (ii) o eixo orbital do ordenamento jurídico está fincado no indivíduo, sendo a pessoa a razão da própria existência da ciência do direito; (iii) a proteção ao patrimônio e, mais especificamente, à propriedade, galgada ao *status* de direito fundamental constitucionalmente garantido (art. 5º, XXII, CF/88), não comporta amparo como um fim em si mesmo, mas como um ferramental de promoção da dignidade da pessoa humana.

O primeiro eixo do tripé destacado acima acaba, na verdade, se desdobrando nos dois seguintes. De maneira esquemática, a repersonalização deságua na percepção do indivíduo como centro gravitacional do ordenamento jurídico, enquanto que a despatrimonialização fomenta a proteção do *ter* como ponte para a promoção emancipatória do *ser*. E é nesse contexto que se amolda a construção lapidar do estatuto jurídico do patrimônio mínimo.

Em rápidas linhas – correndo-se o risco de pecar pelo excesso de singeleza na construção conceitual –, a *repersonalização* pode ser enquadrada como a guinada de perspectiva na proteção do indivíduo pelo direito privado. Se até então o sujeito era reconhecido, de forma abstrata, como *mais um* ente de guarida jurídica, agora a pessoa se torna *o* elemento de abrigo pelo ordenamento jurídico vigente. E, mais do que isso, reconhece-se, agora, o sujeito como um indivíduo de necessidades concretas, que deve ser atendido com a maior proximidade nas suas precisões. Supera-se o viés instrumental do indivíduo (como mero elemento da relação interprivada) para se promover a perspectiva finalística do ser humano, juridicamente protegido pela suficiência da sua existência. Valoriza-se, então, o "sujeito *de carne e osso*",[1] "a pessoa gente".[2]

Essa primeira perspectiva, como antes mencionado, dialoga com a segunda premissa lançada para a compreensão do estatuto jurídico do patrimônio mínimo. Se o agasalho jurídico reveste, agora, o indivíduo concreto – para o atendimento das suas necessidades também reais –, o direito, ontologicamente, reconhece na vivência do ser humano a razão de ser da sua própria existência. E só há suficientemente *vida jurídica* se a *vida humana* for garantida como âmago da produção da ciência do direito.

---

[1] A emblemática expressão aqui adotada segue a linha do termo cunhado por Pietro Barcellona (*L'individualismo proprietário*. Torino: Boringhieri, 1987).

[2] Para diferenciar o "sujeito virtual" do "sujeito real", como pessoa verdadeiramente humana, Jussara Meirelles cunha esse pertinente termo. *Vide*: MEIRELLES, Jussara. O ser e o ter na codificação civil brasileira: do sujeito virtual à clausura patrimonial. In: FACHIN, Luiz Edson (Coord.). *Repensando fundamentos do direito civil brasileiro contemporâneo*. Rio de Janeiro: Renovar, 2000. p. 91.

Na mesma medida, a *despatrimonialização* percebe que a proteção do patrimônio é fundamental ao fluxo do direito privado, mas desde que não encerre uma autossuficiência. Pelo contrário, trata-se de um meio capital ao alcance do fim essencial de promoção da dignidade da pessoa humana. Percebe-se um desvio no curso da travessia da ciência jurídica: de mero universo de normas e sanções, alheios à lógica socioeconômica vigente, para um ordenamento capaz de "prestar contas com a realidade subjacente [...], possuindo, desse modo, o significado de iniciar a tentativa de recuperação da complexidade, da complexa riqueza do universo jurídico".[3] E uma riqueza arraigada na proteção plena da dignidade da pessoa humana.

Conjugando os elementos dessa *atmosfera*, o *sol* do estatuto do patrimônio mínimo encontra condições favoráveis para nascer: reconhece-se a constitucionalização da propriedade – na condição de direito fundamental – como garantia mínima necessária à promoção de algo maior, que é, exatamente, a dignidade da pessoa humana – alçada ao *status* de fundamento da República (art. 1º, III, CF/88). Nas palavras de Luiz Edson Fachin:

> Em certa medida, a elevação protetiva conferida pela Constituição à propriedade privada pode, também, comportar tutela do patrimônio mínimo, vale dizer, sendo regra de base desse sistema a garantia ao direito de propriedade não é incoerente, pois, que nele se garanta um mínimo patrimonial. Sob o estatuto da propriedade agasalha-se, também, a defesa dos bens indispensáveis à subsistência. Sendo a opção eleita assegurá-lo, a congruência sistemática não permite abolir os meios que, na titularidade, podem garantir a subsistência.[4]

Todo a concepção do patrimônio mínimo existencial, então, está a serviço da dignidade da pessoa humana. Isso, porque, reconhecidamente, tem-se nesse princípio uma

> qualidade intrínseca e distintiva de cada ser humano que o faz merecedor [...] de direitos e deveres fundamentais que assegurem [...] as condições existenciais mínimas para uma vida saudável, além de propiciar e promover sua participação ativa e co-responsável nos destinos da própria existência e da vida em comunhão com os demais seres humanos.[5]

E a proteção ao patrimônio se encaixa como mais uma peça dessa complexa engrenagem. É ela que dará o estofo capaz de atender ao patamar básico de manutenção da dignidade humana. O mínimo patrimonial, então, serviria como patamar básico da satisfação das precisões dos indivíduos. Por isso, o patrimônio deve, enfim, ser garantido para garantir.

Nesse contexto, Prof. Fachin alerta para o fato de que a definição conceitual do patrimônio mínimo – como garantia de acesso a bens capazes de promover a dignidade humana – não pode ser confundida como necessária proteção do direito de propriedade, "embora o acesso a esse direito se coloque, também, no âmbito de preocupações de um

---

[3] GROSSI, Paulo. *Mitologias jurídicas da modernidade*. Florianópolis: Fundação Boiteux, 2004. p. 73.
[4] FACHIN, Luiz Edson. *Estatuto jurídico do patrimônio mínimo*. Rio de Janeiro: Renovar, 2001. p. 232.
[5] SARLET, Ingo. *Dignidade da pessoa humana e direitos fundamentais na Constituição Federal de 1988*. Porto Alegre: Livraria do Advogado, 2001. p. 60.

direito civil 'repersonalizado'".⁶ Para o autor, uma horizontalização da posse também contribui decisivamente à promoção da dignidade humana. E isso porque, de modo inevitável, a proteção exclusiva da propriedade segrega aqueles que, historicamente, são privados do acesso aos bens, albergando-se apenas as classes privilegiadas dos "indivíduos proprietários".⁷

Apesar de lapidados os limites conceituais do estatuto do patrimônio mínimo, é fato que a sua aplicação não se mostra em uma realidade *prêt à porter*. Pelo contrário, desafia um esforço diário – dos aplicadores do direito, legisladores e demais operadores – na busca pela promoção do indivíduo, ainda mais se reconhecida a inserção do sujeito em um ambiente social eminentemente complexo, com elevada carga de exclusão e desigualdade.

Assim, cabe à ciência jurídica reconhecer – e agenciar – o patrimônio mínimo, protegendo-o na extensão das precisões humanas, promovendo-o nos limites da dignidade dos sujeitos. E para que isso seja realizado, muitas são as ferramentas desenvolvidas pelo ordenamento jurídico: desde a criação de novas espécies de usucapião, a vedação da prisão do devedor-depositário até a remodelagem da proteção à impenhorabilidade do bem de família, o patrimônio mínimo é promovido para a garantia da dignidade da pessoa humana.

3 O "meio-dia do estudo": a hora em que as ideias mais brilham

Se a premissa da proteção ao patrimônio mínimo está, exatamente, na dignidade da pessoa humana como epicentro da ciência jurídica, a sua realização deve ser tão concreta quanto são reais as necessidades dos indivíduos. E é nesse compasso que devem andar os institutos de promoção do patrimônio mínimo, os quais, para esse estudo, se resumirão em três: o bem de família e a sua impenhorabilidade, os novos direitos reais e, finalmente, as limitações ao trânsito jurídico.

O valor dado à "pessoa" contempla, necessariamente, a garantia patrimonial mínima capaz de resguardar a sua dignidade e mitigar as desigualdades sociais. Dessa forma, compatibilizando a preservação da individualidade e da coletividade, as titularidades são atribuídas aos sujeitos como forma de avaliar a sua existência como ser humano. Ou seja, o patrimônio mínimo atua em duas frentes: promove o indivíduo na sua particularidade e, na mesma medida, busca a realização de uma sociedade mais justa e igualitária:

> A existência possível de um patrimônio mínimo concretiza, de algum modo, a expiação da desigualdade, e ajusta, ao menos em parte, a lógica do Direito à razoabilidade da vida daqueles que, no mundo do ter, menos têm e mais necessitam. [...] O mínimo não é menos nem é ínfimo. É um conceito apto à construção do razoável e do justo ao caso concreto, aberto, plural e poroso ao mundo.⁸

---

⁶ FACHIN, Luiz Edson; PIANOVSKI, Carlos Eduardo. *A dignidade da pessoa humana no direito contemporâneo: uma contribuição à crítica da raiz dogmática do neopositivismo constitucionalista.* p. 19. Disponível em: <http://www.anima-opet.com.br/pdf/anima5-Conselheiros/Luiz-Edson-Fachin.pdf>. Acesso em: 12 maio 2018.

⁷ Para o mais, sobre o tema, *vide*, por todos, BARCELLONA, Pietro. *L'individualismo proprietário.* Torino: Boringhieri, 1987. *Passim*.

⁸ FACHIN, Luiz Edson. *Estatuto jurídico do patrimônio mínimo.* Rio de Janeiro: Renovar, 2001. p. 278-281.

E a intangibilidade do bem de família confirma essa perspectiva.

Pelo viés clássico, reconhecia-se o patrimônio como uma universalidade decorrente diretamente da personalidade. Dessa forma, cada indivíduo seria dotado de apenas um patrimônio, nos exatos limites da sua personalidade. Contudo, os movimentos de repersonalização e de despatrimonialização rompem com essa interdependência entre personalidade e patrimônio, superando-se a ideia de que este seria uma projeção ou um atributo daquela.[9] Ato contínuo, vislumbra-se que o *ser* e o *ter* não estão em uma mesma ordem jurídica; em sentido oposto, este está, agora, a serviço daquele, dentro do perímetro do atendimento das necessidades individuais e das possibilidades coletivas.[10]

A despatrimonialização, de matriz italiana e vista em mera perspectiva idealística pelo direito civil, na tese defendida por Fachin, ganha espaço e concretude, mesmo que pareça uma contradição em si mesma ou dois valores antagônicos.

O bem de família se amolda a essa perspectiva, quando é conceitualmente definido como a unidade imobiliária que atua como lar de determinado núcleo familiar. E exatamente por essa definição, "protege-se o bem que abriga a família com o escopo de garantir a sua sobrevivência digna, reconhecida a necessidade de um mínimo existencial de patrimônio, para a realização da justiça social".[11]

Em termos legais, a sua proteção foi originalmente tipificada pelo Código Civil de 1916 e, mais tarde, expandiu-se para o Decreto-Lei nº 3.200/41, a Lei nº 6.015/73, a Lei nº 5.869/73 (o antigo Código de Processo Civil). Finalmente, fincou raízes na Lei nº 8.009/90 e, por último, no Código Civil de 2002 (mais especificamente, em seus arts. 1.711 a 1.722). Por esses dispositivos, estipula-se que o imóvel que serve de lar para um conjunto familiar específico não pode ser penhorado para satisfação de débitos de qualquer natureza, ressalvadas algumas pontuais exceções. E, travando-se um diálogo próximo entre o patrimônio mínimo e a impenhorabilidade do bem de família, algumas dessas exceções merecem destaque:

(i) A primeira delas diz respeito à possibilidade de o fiador de contrato de locação ter o seu bem de família penhorado para quitação de débitos locatícios. Trata-se de entendimento consolidado pelo STF (a partir do julgamento do RE nº 407.688/SP), que reconheceu nessa abertura uma garantia à segurança do mercado e das locações. Em tese, segundo os ministros, não haveria violação ao direito social de moradia do fiador.

Verdadeiramente, esse julgamento datado de 2006 parece ter trazido um posicionamento deveras retrógrado. De fato, expôs o fiador ao desamparo de não ter garantido sequer o mínimo patrimonial necessário à guarida do núcleo familiar. Se um dos propósitos da impenhorabilidade do bem de família é, exatamente, a proteção de uma estrutura material basilar para a proteção da dignidade das famílias, é incontestável que essa abertura à penhorabilidade para a hipótese do art. 3º, VII, da Lei nº 8.009/90 vai na contramão dessa perspectiva.

Parece clara a posição adotada pelo Supremo Tribunal Federal de sucumbir frente à pressão do mercado. Soa flagrante a passividade da Suprema Corte nacional diante

---

[9] FACHIN, Luiz Edson. *Estatuto jurídico do patrimônio mínimo*. Rio de Janeiro: Renovar, 2001. p. 42.
[10] FACHIN, Luiz Edson. *Estatuto jurídico do patrimônio mínimo*. Rio de Janeiro: Renovar, 2001. p. 44.
[11] FARIAS, Cristiano Chaves de; ROSENVALD, Nelson. *Direito civil*: teoria geral. Rio de Janeiro: Lumen Juris, 2007. p. 376.

dos interesses do capital, reiterada mais tarde pelo STJ, com a edição da Súmula nº 549.[12] E isso frustra a lição do próprio professor (e também agora ministro) Fachin, no sentido de que "do juiz não se espera atuação *light* ou descafeinada, e sim um protagonismo próprio de suas funções com a serenidade e firmeza da função".[13]

    (ii) Se a penhorabilidade do bem de família do fiador do contrato de locação é ofensa fatal à dignidade humana como imperativo ético existencial, uma recente mudança no mesmo diploma legislativo que versa sobre o tema (Lei nº 8.009/90) vem, na contramão, reforçar a proteção ao patrimônio mínimo dos indivíduos. Está-se a falar da nova redação dada ao inc. III do art. 3º desta lei, que, até 2015, previa apenas a tangibilidade do bem de família do devedor de pensão alimentícia, mas que, agora, resguarda "os direitos, sobre o bem, do seu coproprietário que, com o devedor, integre união estável ou conjugal".

Novamente, o legislador vem socorrer o projeto parental, a partir dessa nova roupagem assumida pelo direito civil. Afina-se a previsão legal à realidade concreta das necessidades do núcleo familiar, compatibilizando interesses individuais e coletivos, na promoção do patrimônio mínimo capaz de dignificar as famílias. Com essa modificação, continua-se a preservar os interesses do alimentado, mas sem descurar da proteção fundamental à família do alimentante.

    (iii) Finalmente, uma terceira hipótese que enfrenta muito proximamente a questão do patrimônio mínimo é a revogação do inc. I, do art. 3º, da mesma Lei nº 8.009/90, realizada em 2015, que, até então, estipulava a possibilidade de ser penhorado o bem de família do devedor de "créditos de trabalhadores da própria residência e das respectivas contribuições previdenciárias".

Essa determinação foi retirada do corpo legislativo por meio da Lei Complementar nº 150 – que dispõe sobre o trabalho doméstico –, expondo esse crédito à ausência de garantia de recebimento. Por mais que se vise à proteção do núcleo familiar do devedor, é fato que aqui parece haver uma discrepância clara entre os interesses individuais e coletivos, preferindo-se o "indivíduo proprietário" em detrimento do trabalhador. E se o patrimônio mínimo é garantido para um, mas rejeitado para outro, é cabal que a medida adotada não é compatível à perspectiva constitucional desse novo direito civil sensível às precisões reais da pessoa humana e ao atendimento efetivo da sua dignidade existencial.

Se a impenhorabilidade do bem de família, de modo claro, eleva a perspectiva eminentemente individual do patrimônio mínimo – ainda que, complementarmente, dialogando com o interesse social em caráter coadjuvante –, é fato que o viés coletivo desse instituto é protagonizado na essência pelos novos direitos reais (mais especificamente, pela concessão de uso para fins de moradia, pela concessão de direito real de uso e pela laje).

Originalmente concebidos por medida provisória e, mais tarde, oficializados pelas leis nºs 11.481/07 e 13.465/17, tratam-se de revoluções no campo do direito das coisas, para o fim de elastecer a envergadura dos direitos reais. Por mais que sejam passíveis de críticas (especialmente o direito de laje, por conta da sua nomenclatura "atécnica" e pelo fato de, em tese, não ser um direito real autônomo, mas um mero desdobramento

---

[12] Aprovada em 2015, essa súmula do Superior Tribunal de Justiça estabelece, peremptoriamente, ser "válida a penhora de bem de família pertencente a fiador de contrato de locação".
[13] FACHIN, Luiz Edson. *Direito civil* – Sentidos, transformações e fim. Rio de Janeiro: Renovar, 2015. p. 154.

do direito real de superfície),[14] esses novos direitos têm um inegável desígnio comum: contemplar com um patrimônio mínimo aqueles indivíduos institucionalmente excluídos da proteção jurídica oficial; garantir uma estrutura patrimonial básica àquelas pessoas que, originalmente, não seriam alcançadas pela seletividade histórica do ordenamento jurídico.

E esse parece ser o grande trunfo desses direitos reais: expandir o horizonte do direito a ambientes onde, tradicionalmente, o *sol jurídico* não brilha, prestigiar os indivíduos que, historicamente, não são contemplados pela proteção jurídica mínima necessária.

Com essas medidas, o ordenamento jurídico potencializa a equidade e a solidariedade entre os particulares, garantindo o seu desígnio de zelar adequadamente pelos interesses de todos:

> O ordenamento jurídico tem como suprema missão a tutela da pessoa, possibilitando a convivência dos homens, uma pacífica vida comunitária regida por normas obrigatórias. [...] A valorização da solidariedade traz a socialização do Direito, sendo que esse processo carrega em si a ideia de função social inerente à estrutura das instituições jurídicas – em especial a propriedade, que é funcionalizada ao interesse social.[15]

Como se viu, o projeto parental – na figura da impenhorabilidade do bem de família – tem campo fértil ao florescimento da proteção ao patrimônio mínimo. Na mesma medida, as titularidades – capitaneadas pelos novos direitos reais – também contemplam espaço suficientemente amplo para agasalhar o estatuto jurídico do patrimônio mínimo. E para que se contemple a tríade basilar do direito civil constitucionalizado (por consequência, repersonalizado e despatrimonializado), é preciso que se reconheça a faceta do patrimônio mínimo também no trânsito jurídico.

Nesse contexto, buscar-se-á expor, sob duas perspectivas – uma particular e uma genérica –, a compatibilização entre o âmbito contratual e a proteção ao patrimônio mínimo, a saber: (i) a vedação à doação universal; (ii) a funcionalização social dos contratos.

(i) O Código Civil peremptoriamente reconhece como nula a "a doação de todos os bens sem reserva de parte, ou renda suficiente para a subsistência do doador" (art. 548). E a justificativa para isso está, exatamente, na necessidade de se resguardar um mínimo patrimonial capaz de atender às precisões existenciais basilares do indivíduo. Reconhecer a irrenunciabilidade de parte dos bens em um nível suficiente à subsistência do doador é, em outras palavras, reconhecer que a dignidade da pessoa humana está ameaçada quando o patrimônio mínimo não é preservado. É o indicativo manifesto de que o *ter* vem a serviço do *ser*, atuando como complementação da plenitude deste, nos limites das suas precisões.

---

[14] O Enunciado nº 568, da VI Jornada de Direito Civil, lapidou os limites do direito real de superfície e nele parece já ter abrangido as dimensões da "laje", o que restaria prejudica a sua concepção como um direito real autônomo. Veja-se: "Enunciado 568 – O direito de superfície abrange o direito de utilizar o solo, o subsolo ou o espaço aéreo relativo ao terreno, na forma estabelecida no contrato, admitindo-se o direito de sobrelevação, atendida a legislação urbanística".

[15] FACHIN, Luiz Edson. *Estatuto jurídico do patrimônio mínimo*. Rio de Janeiro: Renovar, 2001. p. 46-47.

(ii) Se a vedação à doação universal dialoga com a proteção ao patrimônio mínimo de forma topicalizada, a função social do contrato trava essa conversa sob uma perspectiva mais ampla. Isso porque, na essência, a funcionalização do ambiente contratual impõe a necessidade de persecução, "ao lado de seus interesses individuais, de interesses extracontratuais socialmente relevantes, dignos de tutela jurídica, que se relacionam com o contrato ou são por ele atingidos".[16] Assim, a função social do contrato serve para que os vínculos de ordem contratual deixem a sua esfera exclusivamente privatista para, agora, nortearem-se pelo texto constitucional, em especial no que tange à dignidade humana.

É esse o ponto de intersecção da função social dos contratos e do estatuto jurídico do patrimônio mínimo: ambos trazem como locomotiva de seu comboio a primazia do imperativo ético existencial da dignidade humana. O contrato, mais do que mero ferramental de circulação de riquezas, é meio de (re)produção dessa própria riqueza, que passa pela constituição de um mínimo patrimonial necessário ao "atendimento das necessidades existenciais".[17]

Em uma palavra, enfim, vê-se que todas essas medidas visam à proteção do patrimônio mínimo. E isso não se mostra fundamental apenas ao indivíduo individualmente, mas é também imprescindível à construção de uma nova realidade social justa e igualitária.

4 O ocaso da tese: o "se por" para renascer

Por tudo o que se expôs até aqui, seguindo as linhas do estatuto jurídico do patrimônio mínimo, pôde-se perceber que a existencialidade do indivíduo como centro gravitacional do ordenamento jurídico foi o grande trunfo desse *novo* direito civil constitucionalizado.

Não à toa, pontua Fachin que "o caminho que pretende a construção de um direito civil emancipatório, em oposição àquele centrado no individualismo proprietário, passa, necessariamente, pelo princípio da dignidade da pessoa humana".[18] Assim, é preciso que se reconheça a superação do modelo fundamentalmente patrimonialista do direito privado,[19] para a constituição de um direito civil que seja realmente crítico.

Que a concepção do estatuto jurídico do patrimônio mínimo foi um marco paradigmático para o direito civil é inegável; que essa mesma tese se apresenta como uma revolução para o presente do direito privado é, também, algo notório. Resta saber, agora, quais serão as luzes que esse estudo projetará ao porvir civilista. E isso porque, na sua

---

[16] TEPEDINO, Gustavo. *Temas de direito civil*. Rio de Janeiro: Renovar, 2009. t. III. p. 149.

[17] FACHIN, Luiz Edson; PIANOVSKI, Carlos Eduardo. *A dignidade da pessoa humana no direito contemporâneo: uma contribuição à crítica da raiz dogmática do neopositivismo constitucionalista*. p. 20. Disponível em: <http://www.anima-opet.com.br/pdf/anima5-Conselheiros/Luiz-Edson-Fachin.pdf>. Acesso em: 12 maio 2018.

[18] FACHIN, Luiz Edson; PIANOVSKI, Carlos Eduardo. *A dignidade da pessoa humana no direito contemporâneo: uma contribuição à crítica da raiz dogmática do neopositivismo constitucionalista*. p. 23. Disponível em: <http://www.anima-opet.com.br/pdf/anima5-Conselheiros/Luiz-Edson-Fachin.pdf>. Acesso em: 12 maio 2018.

[19] Essa superação deve trazer consigo a suplantação de outros modelos clássicos, tais como o questionamento da dicotomia direito público-direito privado, a já mencionada concepção do sujeito como mero elemento abstrato da relação jurídica, a também citada conceituação do contrato como mero instrumento de circulação de riquezas, o oportunamente referido protagonismo das titularidades (*ter*) em detrimento do indivíduo (*ser*), entre outros.

definição essencial, um tema só é científico e emancipatório quando se apresenta de forma suficientemente crítica para analisar o passado, questionar o presente e escrever o futuro.

Na ótica vanguardista de Fachin, as situações subjetivas de natureza patrimonial devem ser funcionalizadas em favor do atendimento da dignidade da pessoa humana. O indivíduo – concreto – passa a atuar como razão ontológica do próprio ordenamento jurídico. Em suma, o direito passa a responder ao chamado de proteção ao patrimônio mínimo como forma de garantir a própria existência do ser, como meio de realizar o homem, como instrumento basilar da promoção da dignidade.[20]

A dignidade da pessoa humana, enfim, atua como valor supremo a ser garantido pelo ordenamento jurídico. Nesses termos, é precisamente desse valor que decorre

> o verdadeiro imperativo axiológico de toda ordem jurídica, o reconhecimento de personalidade jurídica a todos os seres humanos, acompanhado da previsão de instrumentos jurídicos (nomeadamente direitos subjetivos) destinados à defesa das refracções essenciais da personalidade humana, bem como a necessidade de proteção desses direitos por parte do Estado.[21]

Assim, todos os institutos jurídicos devem ser moldados sob a forja da dignidade da pessoa humana. É esse princípio o vetor norteador da concepção do ordenamento e, por consequência, da garantia do patrimônio mínimo.

Repita-se à exaustão, fazendo-se coro às palavras do Prof. Fachin: faz sentido proteger o *ter*, desde que ele esteja a serviço do *ser*. O mínimo existencial é garantido pela proteção do mínimo patrimonial.

Referências

BARCELLONA, Pietro. *L'individualismo proprietário*. Torino: Boringhieri, 1987.

CORTIANO JUNIOR, Eroulths. Para além das coisas (Breve ensaio sobre o direito, a pessoa e o patrimônio mínimo). In: RAMOS, Carmem Lucia Silveira (Org.). *Diálogos sobre direito civil*. Rio de Janeiro: Renovar, 2002.

FACHIN, Luiz Edson (Coord.). *Repensando fundamentos do direito civil brasileiro contemporâneo*. Rio de Janeiro: Renovar, 2000.

FACHIN, Luiz Edson. *Direito civil* – Sentidos, transformações e fim. Rio de Janeiro: Renovar, 2015.

FACHIN, Luiz Edson. *Estatuto jurídico do patrimônio mínimo*. Rio de Janeiro: Renovar, 2001.

FACHIN, Luiz Edson. *Teoria crítica do direito civil*. Rio de Janeiro: Renovar, 2000.

FACHIN, Luiz Edson; PIANOVSKI, Carlos Eduardo. *A dignidade da pessoa humana no direito contemporâneo: uma contribuição à crítica da raiz dogmática do neopositivismo constitucionalista*. Disponível em: <http://www.anima-opet.com.br/pdf/anima5-Conselheiros/Luiz-Edson-Fachin.pdf>. Acesso em: 12 maio 2018.

FARIAS, Cristiano Chaves de; ROSENVALD, Nelson. *Direito civil*: teoria geral. Rio de Janeiro: Lumen Juris, 2007.

GROSSI, Paulo. *Mitologias jurídicas da modernidade*. Florianópolis: Fundação Boiteux, 2004.

---

[20] CORTIANO JUNIOR, Eroulths. Para além das coisas (Breve ensaio sobre o direito, a pessoa e o patrimônio mínimo). In: RAMOS, Carmem Lucia Silveira (Org.). *Diálogos sobre direito civil*. Rio de Janeiro: Renovar, 2002. p. 165.

[21] SARLET, Ingo. *Dignidade da pessoa humana e direitos fundamentais na Constituição Federal de 1988*. Porto Alegre: Livraria do Advogado, 2001. p. 88.

IRTI, Natalino. *Codice civile e società politica*. Bari: Biblioteca di Cultura Moderna Laterza, 1995.

MEIRELLES, Jussara. O ser e o ter na codificação civil brasileira: do sujeito virtual à clausura patrimonial. In: FACHIN, Luiz Edson (Coord.). *Repensando fundamentos do direito civil brasileiro contemporâneo*. Rio de Janeiro: Renovar, 2000.

SARLET, Ingo. *Dignidade da pessoa humana e direitos fundamentais na Constituição Federal de 1988*. Porto Alegre: Livraria do Advogado, 2001.

TEPEDINO, Gustavo. *Temas de direito civil*. Rio de Janeiro: Renovar, 2009. t. III.

VIANA, Rui Geraldo; NERY, Rosa Maria de Andrade. *Temas atuais de direito civil na Constituição Federal*. São Paulo: Revista dos Tribunais, 2000.

Informação bibliográfica deste texto, conforme a NBR 6023:2002 da Associação Brasileira de Normas Técnicas (ABNT):

NALIN, Paulo; SIRENA, Hugo. O patrimônio mínimo na obra de Luiz Edson Fachin e sua abordagem em três tempos: estatuto existencial da pessoa humana, trânsito jurídico e titularidades. In: EHRHARDT JÚNIOR, Marcos; CORTIANO JUNIOR, Eroulths (Coord.). *Transformações no Direito Privado nos 30 anos da Constituição*: estudos em homenagem a Luiz Edson Fachin. Belo Horizonte: Fórum, 2019. p. 221-230. ISBN 978-85-450-0562-9.

TRANSFORMAÇÕES NO CONCEITO JURÍDICO DE PATRIMÔNIO: A CONTRIBUIÇÃO DE LUIZ EDSON FACHIN

LUCIANA PEDROSO XAVIER

MARÍLIA PEDROSO XAVIER

1 Introdução

Muito nos honra participar de obra que presta justa homenagem ao Ministro do Supremo Tribunal Federal Edson Fachin. A importância do estimado Professor Fachin em nossas vidas é evidente antes mesmo de termos sido formalmente suas alunas. Desde o momento em que fizemos nossa escolha profissional pelo curso de Direito, seu nome foi uma das primeiras referências que tivemos. Naquele momento, ele era diretor da Faculdade de Direito da Universidade Federal do Paraná (UFPR). Durante sua gestão, o curso recebeu a melhor avaliação entre os demais no Brasil.

Foi nesse contexto que ingressamos com muito entusiasmo no curso de Direito da UFPR e já ao final do primeiro ano letivo integramo-nos às atividades do Grupo de Pesquisa em Direito Civil-Constitucional Virada de Copérnico. A partir desse momento, o ilustre professor constantemente nos estimulou a participar de congressos e demais eventos jurídicos, bem como a consultar obras estrangeiras.

Mais tarde tivemos a alegria de sermos suas alunas nas disciplinas de Direitos Reais e de Família, as quais forneceram subsídios para a escolha dos nossos temas de investigação na pós-graduação. Posteriormente, ainda, tivemos o prazer de cursar sua disciplina no mestrado e com o seu incentivo realizamos período de pesquisa no *Max-Planck-Institut für ausländisches und internationales Privatrecht*.

A convivência com o Professor Fachin desde cedo nos mostrou um profissional do direito extremamente comprometido em ensinar e sanar as dúvidas dos alunos, além de tratar com gentileza indistintamente as pessoas. Sua dedicação ao magistério e à defesa de um ensino público, gratuito e de qualidade fundado no tripé ensino, pesquisa e extensão, contribuiu sobremaneira para o despertar da nossa vocação para a docência.

Hoje, momento em que também nos tornamos docentes da Faculdade de Direito da UFPR, podemos afirmar, não sem certa emoção, que profissionais do direito como o Professor Fachin, empenhados tanto no estudo quanto na aplicação do direito voltados ao humano e ao Estado Democrático, instigaram vários docentes e pesquisadores.

O tema escolhido para esta singela contribuição foi objeto das aulas sobre titularidades que tivemos com o homenageado e se relaciona com a obra *Estatuto jurídico do patrimônio mínimo*.[1] Para além desse breve texto,[2] cremos que a verdadeira homenagem que devemos prestar ao sempre querido Professor Fachin será darmos continuidade ao estudo e à promoção de um direito civil a serviço da vida.

2 Entre o ser e o ter: os contornos do patrimônio

Na obra de Fachin, percebe-se uma constante preocupação com a primazia das questões existenciais em relação às patrimoniais. Isso fica evidente ao tratar dos fenômenos da constitucionalização do direito civil e de suas repersonalização e despatrimonialização. Ocorre que, em que pesem inúmeros outros autores tenham também se debruçado sobre esses temas, a obra *Estatuto jurídico do patrimônio mínimo* apresenta como um de seus grandes diferenciais o fato de efetivamente investigar o conceito de patrimônio antes de efetuar sua crítica.

Além da adequação científica dessa abordagem, a análise do conceito de patrimônio presente em sua tese ofereceu importantes subsídios para que outros pesquisadores pudessem ter um entendimento sobre o tema e ulteriormente realizar trabalhos com ele relacionados.

O presente estudo partirá de referências utilizadas na obra mencionada para apresentar como se deu a transformação ocorrida no instituto patrimônio, desde sua concepção clássica até sua configuração contemporânea, que lhe permite utilizações mais nobres e alinhadas com a promoção da dignidade da pessoa humana. Para tanto, será utilizada a classificação proposta por Castan Tobeñas, o qual concebe a teoria clássica ou subjetiva e a teoria realista ou objetiva.[3]

---

[1] Trata-se de tese apresentada por Luiz Edson Fachin no Concurso para Professor Titular de Direito Civil da Faculdade de Direito da UFPR. No presente texto foi utilizada a 2ª edição atualizada da obra: FACHIN, Luiz Edson. *Estatuto jurídico do patrimônio mínimo*. 2. ed. rev. e atual. Rio de Janeiro: Renovar, 2006.

[2] Optamos por mostrar no presente texto como os ensinamentos do insigne professor ecoaram em nossas pesquisas acadêmicas. Não se surpreenda o leitor ao encontrar raciocínios e conclusões exatamente como constam em nossos textos de mestrado e doutorado. A escolha foi propositada.

[3] CASTAN TOBEÑAS, Jose. *Derecho civil español común y foral*. Madrid: Instituto Editorial Reus, 1963. v. 2. t. 1. p. 585. Gonzalo Figueroa Yáñez esclarece que: "Casi podría decirse que existen tantas posiciones como autores han tratado el tema. Un estudio detallado de esas posiciones y doctrinas, con sus puntos de acuerdo y desacuerdo, falta aún en nuestro medio. Sin embargo y en un afán de simplificar, Castán ha distinguido dos escuelas o teorías, en las que pueden enmarcarse todas ellas: la teoría o doctrina clásica, subjetivista o subjetiva del patrimonio, que postula una fuerte vinculación entre el patrimonio y la persona de su titular, en tal forma que aquél se constituye en un atributo de la personalidad; y la teoría o doctrina objetiva, realista o finalista del patrimonio, más moderna que la anterior, que sostiene una mayor desvinculación entre persona y patrimonio, en forma que el fin o destino de este último se convierte en un elemento fundamental. Admitiendo que la simplificación exagerada puede prescindir a veces de los matices más interesantes de cada posición, hemos preferido seguir en esta obra la clasificación sustentada por Castán, por el innegable valor didáctico de la misma. Algunas doctrinas que se formularon con la pretensión de ubicarse en posiciones intermedias o en terceras posiciones serán expuestas junto con las explicaciones de la teoría objetiva o finalista, pues no logaron, a nuestro entender, apartarse significativamente del razonamiento básico de dicha teoría". Tradução livre: "Quase se poderia dizer que existem tantas posições como autores que trataram o tema. Um estudo detalhado dessas

Considerando o regime capitalista em que se vive, a importância do tema patrimônio é evidente. Além disso, mais especificamente no âmbito jurídico, há um sem número de instituições jurídicas que sofrem sua influência.[4]

---

posições e doutrinas, com seus pontos de acordo e desacordo, ainda falta em nosso meio. No entanto e em um afã de simplificar, Castán distinguiu duas escolas ou teorias, nas quais podem enquadrar-se todas elas: a teoria ou doutrina clássica, subjetivista ou subjetiva do patrimônio, que postula uma forte vinculação entre o patrimônio e a pessoa do seu titular, de tal forma que aquele se constitui num atributo da personalidade; e a teoria ou doutrina objetiva, realista ou finalista do patrimônio, mais moderna que a anterior, que sustenta uma maior desvinculação entre pessoa e patrimônio, de forma que o fim ou destino deste último se transforma em um elemento fundamental. Admitindo que a simplificação exagerada pode prescindir às vezes dos matizes mais interessantes de cada posição, preferimos seguir nesta obra a classificação sustentada por Castán, pelo inegável valor didático desta. Algumas doutrinas que se formularam com a pretensão de localizar-se em posições intermediárias ou em terceiras posições serão expostas junto com as explicações da teoria objetiva ou finalista, pois não conseguiram, a nosso entender, separar-se significativamente do raciocínio básico de dita teoria" (YÁÑEZ FIGUEROA, Gonzalo. *Curso de derecho civil*: materiales para classes activas. Santiago: Juridica de Chile, 1991. v. 1. p. 24). Também adotam essa mesma divisão: BUSTAMANTE SALAZAR, Luis. *El patrimonio*: dogmatica jurídica. Santiago: Editorial Jurídica de Chile, 1979. p. 28; TERRÉ, François; SIMLER, Philippe. *Droit civil*: les biens. 4. ed. Paris: Dalloz, 1992; FACHIN, Luiz Edson. *Estatuto jurídico do patrimônio mínimo*. 2. ed. rev. e atual. Rio de Janeiro: Renovar, 2006. p. 27-43; SILVEIRA, Marco Antonio Karam. *A sucessão causa mortis na sociedade limitada*: tutela da empresa, dos sócios e de terceiros. Porto Alegre: Livraria do Advogado, 2009. p. 25-32.

[4] Segundo Gonzalo Figueroa Yáñez: "La verdad es que la noción de patrimonio se encuentra en la base de cualquier ordenamiento jurídico moderno y resulta 'determinante en la concepción de instituciones fundamentales del sistema social y económico que nos rige'. Entre ellas cabe señalar las siguientes instituciones y figuras jurídicas: a) La responsabilidad civil, puesto que ella se persigue precisamente sobre el patrimonio del obligado; b) La noción de personalidad, tanto natural como jurídica, especialmente el problema de los atributos de dicha personalidad, entre los cuales algunos autores han incluido al patrimonio; c) La sucesión por causa de muerte, cuando el modo de adquirir es a título universal (herencia), en virtud de la cual los herederos reciben la totalidad o una parte alícuota del patrimonio del causante (art. 951 incs. 1.º y 2.º y art 1097); d) La teoría de la causa en los actos jurídicos patrimoniales (art. 1467); e) La teoría del enriquecimiento injusto, que tiene a impedir que un patrimonio se enriquezca a expensas de otro patrimonio, que resultara empobrecido; f) La representación (arts. 43 y 1448); g) La autocontratación o contrato consigo mismo; h) La noción de capacidad de goce, de capacidad de ejercicio (arts. 1446 y 1447) y de personería o facultad; i) La imposibilidad; j) La asunción de deudas y la cesión de contrato; k) Los bienes 'separados' y 'reservados' y los peculios del Derecho de Familia, así como el 'patrimonio' de la sociedad conyugal; l) Los bienes del ausente (arts. 80 a 94) y del que está por nacer (art. 77), así como los derechos de personas futuras (arts. 737, 962 y 963); m) La herencia yacente (arts. 481, 484 y 1240); n) La institución de la quiebra, los patrimonios del causante en el heredero (art. 1097) y aceptación de la herencia con efecto retroactivo (art. 1239); o) Los beneficios de inventario (arts. 1247 a 1263) y de separación (arts. 1378 a 1385); p) Los patrimonios pluripersonales que carecen de personalidad jurídica, como las comunidades (arts. 2304 a 2313), y los patrimonios que gozan de ella, como las sociedades, las corporaciones (arts. 545 a 561) y las fundaciones (arts. 562 a 564); q) La fortuna de mar; r) Los patrimonios de empresa, especialmente la empresa individual de responsabilidad limitada; r) El establecimiento de comercio; s) El derecho real de herencia y su ceción". Tradução livre: "A verdade é que a noção de patrimônio se encontra na base de qualquer ordenamento jurídico moderno e resulta 'determinante na concepção de instituições fundamentais do sistema social e econômico que nos rege'. Entre elas cabe assinalar as seguintes instituições e figuras jurídicas: a) *A responsabilidade civil*, já que ela se persegue precisamente sobre o patrimônio do obrigado; b) *A noção de personalidade*, tanto natural como jurídica, especialmente o problema dos *atributos desta dita personalidade*, entre os quais alguns autores incluíram o patrimônio; c) *A sucessão por causa da morte*, quando o modo de adquirir é a título universal (herança), em virtude da qual os herdeiros recebem a totalidade ou uma quota-parte do patrimônio do causador (art. 951, incs. 1º e 2º e art. 1097); d) *A teoria da causa* nos atos jurídicos patrimoniais (art. 1467); e) *A teoria do enriquecimento sem causa*, que tem a impedir que um patrimônio se enriqueça a expensas de outro patrimônio, que resultasse empobrecido; f) *A representação* (arts. 43 e 1448); g) *A autocontratação* ou contrato consigo mesmo; h) *A noção de capacidade de gozo, de capacidade de exercício* (arts. 1446 e 1447) *e de personalidade ou faculdade*; i) *A impossibilidade*; j) *A assunção de dívidas e a cessão de contrato*; k) *Os bens 'separados' e 'reservados' e os pecúlios do Direito de Família, assim como o 'patrimônio' da sociedade conjugal*; l) *Os bens do ausente* (arts. 80 a 94) *e daquele que está por nascer* (art. 77), *assim como os direitos de pessoas futuras* (arts. 737, 962 e 963); m) *A herança jacente* (arts 481, 484 e 1240); n) *A instituição da quebra, os patrimônios do causador no herdeiro* (art. 1097) *e aceitação da herança com efeito retroativo* (art. 1239); o) *Os benefícios de inventário* (arts. 1247 a 1463) *e de separação* (arts. 1378 a 1385); p) *Os patrimônios pluripessoais que carecem de personalidade jurídica, como as comunidades* (arts. 2304 a 2313), *e os patrimônios que gozam dela, como as sociedades, as corporações* (arts. 545 a 561) *e as fundações* (arts. 562 a 564); q) *A fortuna de mar*; r) *os patrimônios de empresa, especialmente a empresa individual de responsabilidade*

2.1 A gênese do conceito jurídico de patrimônio: a teoria clássica de Aubry e Rau

Ainda que a noção extrajurídica de patrimônio seja há muito tempo utilizada, no sentido do conjunto de bens dos quais uma pessoa é proprietária, sua acepção jurídica é recente, só tendo sido engendrada no final do século XIX.

A tarefa pioneira de sistematizar a disciplina coube a Charles Aubry e a Charles Rau, os quais em seu *Cours de droit civil français d'après la méthode de Zachariae* apresentaram o que se pode chamar de a teoria precursora do patrimônio, a qual se tornaria anos mais tarde a principal referência no estudo do tema.

Impende registrar que Aubry e Rau[5] desenvolveram seus estudos a partir da obra *Le droit civil français*, escrita pelo jurista germânico Karl Salomo Zachariae, cuja quarta edição alemã fora traduzida para o francês.

Foram eles os primeiros a desenvolver uma teoria do patrimônio, no sentido de um conjunto de características próprias regentes de tal instituto.[6] Essa teoria vai além da simples exegese do *Code Napoléon*, o qual não apresentava um tratamento coeso e aprofundado acerca do patrimônio.[7]

Para adentrar na obra de Aubry e Rau, parte-se da definição mesma de patrimônio. Para eles, o patrimônio é um objeto incorpóreo, que pode ser percebido apenas pelo entendimento; não é algo visível, material no mundo dos sentidos, mas, sim, algo imaterial.

Os autores conceituaram patrimônio como o conjunto de direitos civis de uma pessoa sobre os objetos que constituem bens.[8] O patrimônio, a rigor, não é composto por bens, uma vez que esse termo exprime apenas uma abstração, porém por direitos em relação a tais bens.[9] Mais precisamente, pela expressão *bens*, Aubry e Rau entendem

---

limitada; r) *O estabelecimento de comércio*; s) *O direito real de herança e sua cessão*" (YÁÑEZ FIGUEROA, Gonzalo. *El patrimonio*. Santiago: Editorial Juridica de Chile, 1991. p. 23).

[5] Optou-se por empregar, a partir deste ponto, apenas os sobrenomes dos professores de Estrasburgo, pelo fato de eles serem assim referenciados na doutrina.

[6] Convém registrar que no discurso preliminar ao Código Civil francês, proferido por Portalis, o termo *patrimônio* aparece quatro vezes, em todas elas empregado no sentido do "conjunto de bens pertencente a um sujeito" (PORTALIS, Jean-Étienne-Marie. *Discours préliminaire au premier projet de Code Civil*. Préface de Michel Massenet. Bordeaux: Confluences, 1999. p. 28; 40; 47; 50. Collection Voix de la cité.

[7] "Les rédacteurs du Code n'ont pas réuni, dans un même chapitre, les règles relatives au patrimoine en général. Celles qui vont être développés sous cette première division, se trouvent éparses çà et là". Tradução livre: "Os redatores do Código não reuniram, em um mesmo capítulo, as regras relativas ao patrimônio em geral. Aquelas que vão ser desenvolvidas nessa primeira divisão se encontram esparsas aqui e acolá" (AUBRY, Charles; RAU, Charles. *Cours de droit civil français*: d'après la méthode de Zachariæ. 4. ed. Paris: Imprimerie et Librarie Général de Jurisprudence, 1873. t. 6. p. 229).

[8] "La moderna doctrina civilística ve en el patrimonio – muy de acuerdo con el significado de la expresión Vermögen, con la que se le designa en la lengua alemana – la esfera o ámbito del poder jurídico de la persona, pero sólo en aquellas de sus manifestaciones que pueden tener una resonancia económica". Tradução livre: "A moderna doutrina civilística vê no patrimônio – muito de acordo com o significado da expressão Vermögen, com que é designado em língua alemã – a esfera ou âmbito do poder jurídico da pessoa, mas somente naquelas de suas manifestações que podem ter uma ressonância econômica" (CASTAN TOBEÑAS, Jose. *Derecho civil español, común y foral*. 9. ed. Madrid: Instituto Editorial Reus, 1955. v. 1. t. 1. p. 458.). A palavra *Vermögen* significa ao mesmo tempo fortuna, bens e poder. O adjetivo *vermögend* significa abastado, e o substantivo *Vermögenssteur* significa imposto sobre o patrimônio (HOEPNER, Luiz; KOLLERT, Ana Maria Cortes; WEBER, Antje. *Langenscheidt Taschenwörterbuch Portugiesisch*. Berlin: Langenscheidt, 2001. p. 1155-1156).

[9] "On peut considérer les objets des droits civils, soit en eux-mêmes et d'après leur nature ou leur forme constitutive, soit sous le rapport de l'utilité qu'ils offrent à la personne qui a des droits à exercer sur eux. Envisagés sous

serem objetos do direito civil considerados do ponto de vista da utilidade que oferecem ao titular dos direitos exercidos sobre eles, abstraída sua individualidade.[10]

Além disso, o patrimônio é considerado uma universalidade jurídica[11] ou, nas palavras dos professores de Estrasburgo, "[o] patrimônio é o conjunto de bens de uma pessoa, visto como formando uma universalidade de direito".[12] Aludem a uma universalidade de direito pelo fato de que todo o conjunto recebe o mesmo tratamento jurídico, havendo vínculo jurídico e necessário entre os bens que compõem o patrimônio de uma pessoa.

Os autores franceses apresentam quatro predicados da noção de patrimônio, por meio dos quais a sua teoria pode ser resumida. Primeiramente, "a ideia de patrimônio se deduz diretamente da de personalidade".[13] O patrimônio seria a emanação da personalidade, a expressão do poder jurídico do qual uma pessoa se encontra investida como tal.[14]

Em segundo lugar, o patrimônio de uma pessoa engloba todos os seus bens indistintamente, incluindo os bens inatos (direitos de personalidade)[15] e os bens futuros.

---

ce dernier point de vue, et par conséquent abstraction faite de leur individualité, ces objets s'appellent des biens. [...] La distinction des objets des droits civils, en corporels et incorporels, en meubles et immeubles, n'est point à la rigueur applicable aux biens, car ce terme n'exprime qu'une abstraction". Tradução livre: "Podemos considerar os objetos de direito civil, sejam eles mesmos e segundo sua natureza ou sua forma constitutiva, ou seja em relação a utilidade que oferecem à pessoa titular dos direitos exercidos sobre eles. Vistos sob esse último ponto de vista, e por consequente abstração feita à sua individualidade, esses objetos são chamados bens. [...] A distinção dos objetos de Direito Civil em corpóreos e incorpóreos, móveis e imóveis, não é, a rigor, aplicável aos bens, pois esse termo só exprime uma abstração" (AUBRY, Charles; RAU, Charles. Cours de droit civil français: d'après la méthode de Zachariae. 4. ed. Révue et Complétée. Paris: Cosse, Marchal & Cie, 1869. t. 2. p. 2-3).

[10] AUBRY, Charles; RAU, Charles. Cours de droit civil français: d'après la méthode de Zachariae. 4. ed. Révue et Complétée. Paris: Cosse, Marchal & Cie, 1869. t. 2. p. 2.

[11] "Le patrimoine est l'ensemble des biens d'une personne, envisagé comme formant une universalité de droit". Tradução livre: "O patrimônio é o conjunto de bens de uma pessoa, visto como formando uma universalidade de direito" (AUBRY, Charles; RAU, Charles. Cours de droit civil français: d'après la méthode de Zachariae. 4. ed. Révue et Complétée. Paris: Cosse, Marchal & Cie, 1869. t. 2. p. 3).

[12] AUBRY, Charles; RAU, Charles. Cours de droit civil français: d'après la méthode de Zachariæ. 4. ed. Paris: Imprimerie et Librarie Général de Jurisprudence, 1873. t. 6. p. 229.

[13] "L'ensemble des biens d'une personne constitue son *patrimoine*. Les éléments du patrimoine consistent donc dans les objets des droits civils, considérés en leur qualité de biens; et comme ces objets ne revêtent cette qualité qu'à raison des droits auxquels ils sont soumis envers une personne, on peut aussi, en substituant en quelque sorte la cause à l'effet, définir le patrimoine, l'ensemble des doits civils d'une personne sur des objets constituant des biens. Le patrimoine est une universalité de droit, en ce sens que les biens forment, en vertu de l'unité même de la personne à laquelle ils appartiennent, un ensemble juridique". Tradução livre: "O conjunto dos bens de uma pessoa constitui seu *patrimônio*. Os elementos do patrimônio consistem então nos objetos de direito civil, considerados em sua qualidade como bens; e como esses objetos só se revestem dessa qualidade em razão dos direitos aos quais eles são submetidos com relação a uma pessoa, nós podemos também, substituindo em alguma situação a causa pelo efeito, definir o patrimônio, o conjunto de direitos civis de uma pessoa sobre os objetos que constituem bens. O patrimônio é uma universalidade de direito, neste sentido de que os bens formam, em virtude da própria unidade da pessoa à qual eles pertencem, um conjunto jurídico" (AUBRY, Charles; RAU, Charles. Cours de droit civil français: d'après la méthode de Zachariae. 4. ed. Révue et Complétée. Paris: Cosse, Marchal & Cie, 1869. t. 2. p. 3). "L'idée du patrimoine se déduit directement de celle de la personnalité." Tradução livre: "A idéia do patrimônio se deduz diretamente daquela da personalidade" (AUBRY, Charles; RAU, Charles. Cours de droit civil français: d'après la méthode de Zachariæ. 4. ed. Paris: Imprimerie et Librarie Général de Jurisprudence, 1873. p. 229).

[14] Ao comentar a obra de Aubry e Rau, Georges Ripert utiliza a expressão *pouvoir juridique* ao explicar uma passagem em que os professores de Estrasburgo utilizaram o termo *puissance juridique* (RIPERT, Georges. Encyclopédie Juridique Dalloz. Répertoire de Droit Civil publié sous la direction de M.M Emanuel Vergé et MM. Georges Ripert. Paris: Jurisprudence Générale Dalloz, 1953. t. III. Jardins Familiaux – Pouvoir. p. 732).

[15] Na sexta edição do Tomo IX de *Droit civil français* de Aubry e Rau, com revisão e atualização de Paul Esmein, de 1953, o Professor da Faculdade de Direito de Paris esclarece que o que Aubry e Rau chamaram de bens inatos foi

A esse respeito, na opinião de Aubry e Rau, o *Code Napoléon* estava em consonância no que tange aos bens futuros, mas em relação aos bens inatos estes só passariam a fazer parte do patrimônio após lesionados, dando, assim, ensejo a uma ação de reparação por perdas e danos.

Em terceiro lugar, o patrimônio exprime um valor pecuniário, que será determinado a partir da operação de diminuição do passivo do ativo. Mesmo que o passivo ultrapasse o ativo, ainda sim o patrimônio subsiste. Desse modo, o patrimônio compreende simultaneamente créditos e débitos.

Por fim, tendo em vista que o patrimônio é uma emanação da personalidade, cada pessoa, seja ela física ou jurídica, é titular de um patrimônio, mas apenas de um patrimônio. Dessa forte ligação também resulta que toda pessoa tem necessariamente um patrimônio, mesmo que na realidade ela não possua nenhum bem.

Das características apresentadas, em especial as de sua natureza incorpórea e a de que cada pessoa só pode ter um patrimônio, decorre que o patrimônio é uno e indivisível, tal como a personalidade, não sendo, portanto, possível fracioná-lo em partes, de modo a formar universalidades jurídicas distintas. Em outras palavras, o patrimônio é uno porque a personalidade é una.

Importante ressaltar que para Aubry e Rau, apesar de patrimônio e personalidade terem uma forte ligação, não se confundem. O liame entre essas categorias é o de que o patrimônio tem seu fundamento na personalidade.

Ademais, o elo entre pessoa e qualquer objeto a ela pertencente é um direito de propriedade, nos seguintes termos: "O direito de propriedade do qual qualquer pessoa goza sobre o seu patrimônio, se designa também pelo nome de patrimônio".[16]

O patrimônio não é adquirido pela pessoa, pois é inato, essencial à sua personalidade. Como já esclarecido anteriormente, todos têm patrimônio, mesmo os que não possuem bens, a exemplo dos indigentes.

Outra característica é a inalienabilidade do patrimônio. Isso se dá pelo fato de que, conforme já enunciado, o patrimônio tem fundamento na personalidade e, portanto, não possui existência autônoma. Daí decorre que todos têm patrimônio, não podendo dele se desfazer por completo, quer voluntariamente, quer contra a sua vontade.

Tendo em vista que o patrimônio é a emanação da personalidade, as obrigações assumidas por uma pessoa atingem o seu patrimônio. É o que estabelece o art. 2.092 do Código francês, segundo o qual: "Qualquer pessoa que se obrigou pessoalmente, é obrigada a cumprir seu compromisso sobre todos os seus bens, móveis e imóveis, presentes e futuros".

Embora não esteja explícito na obra de Aubry e Rau, essa função é de responsabilidade patrimonial, cuja razão de ser é a de preservar a liberdade do devedor, pois, em vez de restringi-la, atinge seu patrimônio. Foi justamente esse novo modo de responsabilização por dívidas que suscitou a caracterização jurídica do patrimônio.[17]

---

mais tarde nomeado "direitos da personalidade" (AUBRY, Charles; RAU, Charles. *Droit civil français*. 6. ed. par Paul Esmein. Paris: Librairies Techniques, 1953. t. 9).

[16] AUBRY, Charles; RAU, Charles. *Cours de droit civil français*: d'après la méthode de Zachariæ. 4. ed. Paris: Imprimerie et Librairie Général de Jurisprudence, 1873. p. 241.

[17] Esta relação é esclarecida por Gonzalo Figueroa Yáñez: "Él tránsito, producto de la evolución del derecho antiguo, desde la responsabilidad estrictamente personal de los ordenamientos primitivos, en los que la propia persona del deudor es el objeto más adecuado para la ejecución promovida por el acreedor, al sistema

Esses são, portanto, os traços fundamentais da teoria do patrimônio concebida por Aubry e Rau no século XIX, que se tornou a teoria clássica do patrimônio (também chamada subjetiva, por sua estreita vinculação com a personalidade).

2.2 A ruptura da teoria objetiva do patrimônio

Entre as características expostas, a que apresenta maior repercussão para a presente investigação é a unitariedade do patrimônio, que decorre da ligação entre este e a noção de personalidade. Tal como já foi aludido, para a teoria subjetiva "a ideia de patrimônio é corolário da ideia de personalidade".[18]

Pelos méritos dessa construção doutrinária, especialmente em razão de sua "enorme coerência lógica",[19] por um extenso período esta permaneceu como dominante no cenário jurídico, a ponto de ter sido "repetida, ao longo do tempo, de modo monocórdico e acrítico".[20]

Essa concepção clássica atendeu por certo tempo às demandas da sociedade para a qual foi concebida. Todavia, as operações econômicas travadas no mundo hodierno fizeram necessária a insurgência de novas figuras capazes de delimitar riscos e fortalecer os mecanismos de garantia existentes no mercado. Para dar conta dessa necessidade, a noção clássica de patrimônio e a das demais figuras existentes se mostraram insuficientes:[21]

> A formulação desta nova teoria deve relacionar-se com a circunstância de se ter alcançado um certo grau de liberação do indivíduo frente ao Estado, e às limitações a que o haviam submetido o feudalismo e o sistema corporativo medieval, que caracterizaram o regime anterior à Revolução Francesa, e não parecer tão necessário, portanto, levantar ao seu redor o obstáculo do patrimônio. A nova época exige menos a afirmação do indivíduo

---

de responsabilidad patrimonial, que implica una neta diferenciación entre el sujeto, cuya libertad se respeta, y su esfera económica, a la que se circunscribe el procedimiento de dación, ha dado vida a un nuevo concepto jurídico que hasta entonces era innecesario, a saber: el patrimonio". Tradução livre: "O trânsito, produto da evolução do direito antigo, desde a responsabilidade estritamente pessoal dos ordenamentos primitivos, nos quais a própria pessoa do devedor é o objeto mais adequado para a execução promovida pelo credor, ao sistema de responsabilidade patrimonial que implica uma clara diferenciação entre o sujeito, cuja liberdade se respeita, e sua esfera econômica, à qual se circunscreve o procedimento de cessão, deu vida a um novo conceito jurídico que até então era desnecessário, a saber: o patrimônio" (YÁÑEZ FIGUEROA, Gonzalo. *Curso de derecho civil*: materiales para classes activas. Santiago: Juridica de Chile, 1991. v. 1. p. 22).

[18] AUBRY, Charles; RAU, Charles. *Droit civil français*. 6. ed. par Paul Esmein. Paris: Librairies Techniques, 1953. t. 9 p.306.

[19] RAYNAUD, Pierre. *Cours d'introduction à l'étude du droit et droit civil*. Paris: Le Cours de Droit, 1967. p. 571.

[20] TEPEDINO, Gustavo. Prefácio. In: OLIVA, Milena Donato. *Patrimônio separado*: herança, massa falida, securitização de créditos imobiliários, incorporação imobiliária, fundos de investimento imobiliário, trust. Rio de Janeiro: Renovar, 2009. p. ix.

[21] "Essa idéia de patrimônio, criada no século XIX e projetada para o futuro do pretérito, tinha a função de preservar o indivíduo frente ao Estado, afirmando-se que toda pessoa tem patrimônio e que este estaria submetido à sua vontade. Com o tempo, todavia, operou-se a sua desvinculação da pessoa, transformando-se em instrumento de atuação econômica, que está mais direcionado à proteção de terceiros (garantia de dívidas) que, propriamente, à pessoa de seu titular" (FACHIN, Luiz Edson. *Estatuto jurídico do patrimônio mínimo*. 2. ed. Rio de Janeiro: Renovar, 2006. p. 41). Ainda, Milena Donato Oliva esclarece que: "Tal concepção, contudo, forjada no bojo de contextos especial e temporal específicos, atendeu a determinadas necessidades históricas que, atualmente, não subsistem com a mesma configuração" (OLIVA, Milena Donato. *Patrimônio separado*: herança, massa falida, securitização de créditos imobiliários, incorporação imobiliária, fundos de investimento imobiliário, trust. Rio de Janeiro: Renovar, 2009. p. 1).

que alcançar metas de desenvolvimento econômico e social, revelando assim que a antiga concepção do patrimônio ficou de certa forma superada.[22]

Diante desse imperativo de fornecer novas possibilidades, uma teoria centrada na explicação objetiva do patrimônio foi adquirindo força no cenário jurídico. Ao contrário da teoria clássica, a unidade de seus bens não decorreria da vinculação à personalidade do sujeito, mas da função para a qual os elementos são afetados.

Os autores alemães constataram haver universalidades de direito desvinculadas de pessoas e nas quais havia uma "finalidade comum", as quais por sua vez foram então batizadas de "patrimônios de afetação" (*Zweckvermögen*) ou patrimônios objetivos, haja vista não estarem vinculados a uma pessoa.[23]

Pouco a pouco a "teoria do patrimônio de afetação", de gênese alemã, foi ganhando aceitação entre os autores franceses. Deve-se a Raymond Saleilles a introdução desta teoria na França,[24] sendo que uma das razões que impulsionaram o seu desenvolvimento foi a possibilidade de fornecer explicações jurídicas para figuras que eram tidas como exceções ou ficções pela teoria clássica.[25]

Impende registrar a eloquente crítica tecida por François Geny, para quem a teoria subjetiva, representada pela obra de Aubry e Rau, na medida em que faz deduções acerca dos atributos do patrimônio com base na personalidade, é inútil e perigosa:

---

[22] Tradução livre de: "La formulación de esta nueva teoría debe relacionarse con la circunstancia de haberse alcanzado un cierto grado de liberación del individuo frente al Estado, y a las limitaciones a que lo habían sometido el feudalismo y el sistema corporativo medieval, que caracterizaron al régimen anterior a la Revolución Francesa, y no aparecer tan necesario, por tanto, levantar a su alrededor la valla del patrimonio. La nueva época exige menos la afirmación del individuo que el alcanzar metas de desarrollo económico y social, resultando así que la antigua concepción del patrimonio quedó en cierta forma superada" (YÁÑEZ FIGUEROA, Gonzalo. *Curso de derecho civil*: materiales para classes activas. Santiago: Juridica de Chile, 1991. v. 1. p. 39).

[23] "Tal concepción objetiva se justificaba por las deficiencias que se habían señalado a la teoria clásica, que se había demostrado incapaz de explicar algunas instituciones jurídicas fundamentales por otra vía que no fuera la de la excepción o la de la ficción. Los autores alemanes referidos habían constatado de derechos y obligaciones, esto es, de universalidades, no vinculadas directamente a las personas. En el fondo de estas universalidades desvinculadas de las personas, los autores referidos habían descubierto la existencia de *una finalidad común*, de un objetivo determinado, y las habían bautizado como 'patrimonio de afectación' (*Zweckvermögen*), patrimônios objetivos, sin vinculación con persona alguna, consistentes en una agrupación de bienes y deudas apreciables en dinero, con valor pecuniario, en torno a un fin común, en que la existencia o no de una persona no tenía importancia alguna". Tradução livre: "Tal concepção objetiva se justificava pelas diferenças que se haviam assinalado na teoria clássica, que se havia demonstrado incapaz de explicar algumas instituições jurídicas fundamentais por outra via que não fosse a da exceção ou a da ficção. Os autores alemães referidos haviam constatado de direitos e obrigações, isto é, de universalidades, não vinculadas diretamente às pessoas. No fundo destas universalidades desvinculadas das pessoas, os autores referidos haviam descoberto a existência de *uma finalidade comum*, de um objetivo determinado, e as haviam batizado como 'patrimônio de afetação' (*Zweckvermögen*), patrimônios objetivos sem vinculação com pessoa alguma, consistentes em uma agrupação de bens e dívidas apreciáveis em dinheiro, com valor pecuniário, em torno a um fim comum, em que a existência ou não de uma pessoa não tinha importância alguma" (YÁÑEZ FIGUEROA, Gonzalo. *Curso de derecho civil*: materiales para classes activas. Santiago: Juridica de Chile, 1991. v. 1. p. 40).

[24] BECKER, Rainer. *Die Fiducie von Québec und der trust*: Ein Vergleich mit verschiedenen Modellen fiduziarischer Rechtsfiguren im civil Law. German: Mohr Siebeck, 2007. p. 171.

[25] "Tal concepción objetiva se justificaba por las deficiencias que se habían señalado a la teoria clásica, que se había demostrado incapaz de explicar algunas instituciones jurídicas fundamentales por otra vía que no fuera la de la excepción o la de la ficción". Tradução livre: "Tal concepção objetiva se justificava pelas diferenças que se haviam assinalado na teoria clássica, que se havia demonstrado incapaz de explicar algumas instituições jurídicas fundamentais por outra via que não fosse a da exceção ou a da ficção" (YÁÑEZ FIGUEROA, Gonzalo. *Curso de derecho civil*: materiales para classes activas. Santiago: Juridica de Chile, 1991. v. 1. p. 40).

Mas, quando a concepção subjetiva, tentando chegar ao ponto mais alto, busca, na essência da própria personalidade, os atributos do patrimônio, quando daí tira as deduções, que nos apresentavam há pouco Aubry e Rau, vemos que sua obra não se tornou nada senão inútil e perigosa. Inútil, já que, incapaz de justificar todas as soluções legais, ela é forçada a estigmatizar um grande número delas, como se fossem flagrantes atentados à lógica, esquecendo que a técnica jurídica, longe de dominar a lei, somente tem razão de ser se explicá-la completamente. Perigosa, ao mesmo tempo porque ela impede muitos desenvolvimentos que, sem estas ideias pré-concebidas, a jurisprudência progressiva poderia e deveria realizar por si só: o reconhecimento de patrimônios de afetação, constituídos através de fundações, e por intermédio das pessoas jurídicas públicas; a interpretação restritiva das disposições legais que impedem os pactos sobre sucessão futura; a separação absoluta dos efeitos da transmissão hereditária, principalmente do ponto de vista passivo, de acordo com a ideia, um pouco obsoleta, da continuação da pessoa do defunto por seus herdeiros. Quaisquer soluções, as quais a construção usual do patrimônio, a partir do momento que a consideramos como objetivamente necessária, impede indefinidamente o sucesso e que (coisa estranha!) não podem ser realizadas, do ponto de vista das ideias dominantes, a não ser através de um novo atentado aos princípios por parte do legislador.[26]

Em contrapartida ao juízo enunciado por François Geny, crê-se que a incapacidade de a teoria de Aubry e Rau abarcar as atuais demandas não deve ser encarada como um demérito de tal concepção. Qualquer teoria deve ser analisada tendo como premissa a relatividade histórica dos institutos e sob a perspectiva de que a realidade fática é muito mais complexa que a moldura rígida das categorias do direito civil clássico, tal como explicitado por Luiz Edson Fachin:

> Os fatos explodem os conceitos, e situações podem ser levantadas e que apontam precisamente a incapacidade da teoria clássica em aceitar a existência de categorias jurídicas que fogem à estruturação sistemática da lógica analítica dos conceitos. Não passa incólume, por conseguinte, a noção de patrimônio.[27]

Entende-se que o cerne da teoria objetiva é que esta prega a independência entre os conceitos de patrimônio e personalidade. A unidade do patrimônio não se refere à pessoa à qual ele é atribuído, mas à função a que os elementos são afetados.

---

[26] "Mais, quand la conception subjective, essayant de s'élever plus haut, recherché, dans l'essence de la personnalité même, les attributs du patrimoine, quand elle en tire les déductions, que nous présentaient tout à l'heure Aubry et Rau, ne voit-on pas que son oeuvre est devenue inutile et dangereuse. Inutile, puisque, incapable de justifier toutes les solutions légales, elle est contrainte d'en stigmatiser bon nombre, comme de flagrantes atteintes à la logique, oubliant que la technique juridique, loin de dominer la loi, n'a de raison d'être que si elle l'explique tout entière. Dangereuse, en même temps; car elle empêche maints développements que, sans ces idées préconçues, la jurisprudence progressive pourrait et devrait réaliser d'elle-même: la reconnaissance de patrimoines d'affectation, constitués au moyen de fondations, et par l'intermédiaire des personnes morales publiques; l'interprétation restrictive des dispositions légales que empêchent les pactes sur succession future; la séparation absolue des effets de la transmission héréditaire, particulièrement au point de vue passif, d'avec l'idée, quelque peu surannée, de la continuation de la personne du défunt par ses héritiers. Toutes solutions, dont la construction usuelle du patrimoine du moment qu'on la tient pour objectivement nécessaire, arrête indéfiniment le succès, et qui (chose étrange!) ne se peuvent réaliser, au point de vue des idées dominantes, que parune nouvelle atteinte aux principes de la part du législateur" (GENY, François. *Méthode d'interprétation et sources en droit prive positif*: essai critique. 2. ed. rev. et mise au courant, nouveau tirage. Paris: Libraire Genérale de Droit & de Jurisprudence, 1954. p. 143-144).

[27] FACHIN, Luiz Edson. *Estatuto jurídico do patrimônio mínimo*. 2. ed. Rio de Janeiro: Renovar, 2006. p. 29.

Uma das importantes consequências relacionadas à teoria objetiva do patrimônio é o novo olhar direcionado aos sujeitos de direito. A teoria objetiva, a seu turno, rompe com a forte ligação entre patrimônio e personalidade e propõe a independência entre essas categorias. Tal desvinculação resulta em importantes consequências: a primeira delas, como já se viu, é a possibilidade de serem criados patrimônios de afetação, isto é, massas patrimoniais unidas em virtude da finalidade socialmente relevante para a qual foram instituídas. A segunda decorrência é o novo olhar que se dirige aos sujeitos de direito: a "repersonalização do direito", segundo a qual a pessoa deve ser recolocada no centro do ordenamento jurídico:[28]

> A "repersonalização" do Direito assenta-se na premissa de que patrimônio e pessoa não estão absolutamente entrelaçados, nem ocupa um primeiro plano a relação entre eles; ademais nem sempre o conceito de universalidade jurídica é aplicável à mesma massa patrimonial. Considerando o patrimônio, por vezes dotado de um determinado fim, espera-se a compreensão de que o patrimônio individual não é apenas fruto das oportunidades individuais, mas algo que é antes definido pelo coletivo, dotado de um sentido social. Daí a superação proposta dessas concepções clássicas sobre a pessoa e patrimônio. [...] De um lado, é a confirmação de que se trata de realidades distintas: o patrimônio, definitivamente, não integra a personalidade. De outro, é proposta que visa à inversão do foco de interesse do direito: o patrimônio deve servir à pessoa, e, portanto, as situações subjetivas patrimoniais são funcionalizadas à dignidade da pessoa. É, também, nessa direção, que se caminha ao se tomar o Direito privado como garantia de acesso a bens, a partir da consciência do caráter instrumental das ferramentas jurídicas.[29]

Afirma-se que a teoria objetiva visa a uma nova mirada sobre os sujeitos de direito, pois se entende existir uma pluralidade destes. Receberia a qualificação de sujeito de direito "todo e qualquer ente titular dalguma situação jurídica ativa ou passiva, por mais elementar que seja, a despeito de não se verificar, em direito positivo, qualquer expressa qualificação desse ente como sujeito de direito".[30] Ao contrário, pessoa, segundo o direito brasileiro, seriam apenas as assim reconhecidas pela lei, ou seja, a pessoa física e a pessoa jurídica. Tendo em vista tais distinções, entende-se que o patrimônio de afetação estaria vinculado à definição de sujeito de direito. Em outros termos, o patrimônio de afetação seria um sujeito de direito e não uma pessoa. Ora, aqui abrem-se parênteses para a importância do trabalho e da concepção do Professor Fachin não apenas sobre "patrimônio", mas também sobre "sujeito" e "pessoa". O professor sabe que a palavra no direito não tem um mero uso vocabular: o sentido de uma palavra, expressão, jargão jurídico, muda com o tempo, consoante as vontades da língua e das práticas

---

[28] CARVALHO, Orlando de. *A teoria geral da relação jurídica*: seu sentido e limites. 2. ed. Coimbra: Centelha, 1981. v. 1. p. 96. Impende ressaltar que, quando Orlando de Carvalho defende a reposição do "indivíduo e os seus direitos no topo da regulamentação *jure civile*", não está a defender a concepção individualista tão arraigada no século XVIII. Ao contrário, o que objetiva o autor, inclusive, não é necessariamente abandonar o "operador Relação Jurídica", mas sim chamar a atenção para a falsa neutralidade deste mecanismo e para a necessidade de o direito estar a "serviço da vida": "Quem quer que tenha lido o meu opúsculo, sabe que não é um individualismo à Século XVIII que preconizo em qualquer ponto do mesmo" (CARVALHO, Orlando de. *A teoria geral da relação jurídica*: seu sentido e limites. 2. ed. Coimbra: Centelha, 1981. v. 1. p. 15).

[29] FACHIN, Luiz Edson. *Estatuto jurídico do patrimônio mínimo*. 2. ed. Rio de Janeiro: Renovar, 2006. p. 39, 43.

[30] LEONARDO, Rodrigo Xavier. Sujeito de direito e capacidade: contribuição para uma revisão da teoria geral do direito civil à luz do pensamento de Marcos Bernardes de Mello. In: DIDIER JR., Fredie; EHRHARDT JR., Marcos (Org.). *Revisitando a teoria do fato jurídico*. São Paulo: Saraiva, 2010. v. 1. p. 560.

sociais. Embora o direito possivelmente não possa acompanhar na mesma velocidade as mudanças socioculturais, vez ou outra é momento de um estudioso debruçar-se sobre determinadas questões para que se lancem luzes sobre elas e para que a teoria e a prática do direito estejam em consonância com as demandas e as necessidades sociais. Ao elaborar uma tese sobre "patrimônio mínimo", o professor abriu um campo para averiguação do sentido e do uso do termo, que não é apenas um mero jargão: é a base para extensos raciocínios.

3 Contornos contemporâneos do patrimônio

Desde sua construção no século XIX por Aubry e Rau até os presentes dias, o conceito de patrimônio foi submetido a diversas transformações. A maior delas foi a ruptura dos dogmas da unicidade e indivisibilidade do patrimônio apregoada pela teoria objetiva, a qual propõe um distanciamento entre pessoa e patrimônio. Nesse contexto, ganha força a ideia de que a pessoa deve se servir do patrimônio, e não o contrário.

Em que pese o Código Civil de 2002 tenha adotado a teoria clássica do patrimônio, em reprise ao Código Beviláqua, constata-se, a partir de 1993, a entrada em vigor de leis que autorizam a constituição de patrimônios de afetação. A primeira delas foi a Lei nº 8.668, de 25.6.1993, que trata da constituição e do regime tributário dos fundos de investimento imobiliário, seguida da Lei nº 9.514, de 20.11.1997, que criou o Sistema de Financiamento Imobiliário – SFI e que prevê em seu art. 8º a securitização de créditos imobiliários. Por fim, entrou em vigor a Lei nº 10.931/2004, que regula a criação de patrimônios de afetação na incorporação imobiliária.

Mais recentemente, o patrimônio de afetação foi prestigiado no Novo Código de Processo Civil (CPC/2015). Na esteira de legislações brasileiras que adotaram expressamente modalidades de afetações patrimoniais, o CPC/2015 apresenta duas hipóteses de constituição de patrimônio de afetação. A primeira é a constituição de capital afetado para o fim de garantir condenação ao pagamento de prestação alimentícia decorrente de ato ilícito (art. 533 do CPC/2015) e a segunda corresponde à afetação dos créditos advindos da venda de unidades autônomas sujeitas à execução de obra de incorporação imobiliária (art. 833, XII, do CPC/2015). Em ambos os casos, verifica-se o objetivo claro de proteger com maior afinco partes consideradas frágeis em determinadas relações jurídicas.

Desse modo, percebe-se que as transformações no conceito de patrimônio e seu estado da arte estão possibilitando usos mais comprometidos com a promoção da pessoa. E, nesse contexto, a obra de Luiz Edson Fachin prestou inestimável contribuição. Veja-se a diferença entre o professor que ministra aulas e o professor que permite a abertura do pensamento. A obra do Professor Fachin não é um manual que procura definir austeramente, de modo fechado, um conceito. Em sua pesquisa, encontra-se o trabalho erudito de um pesquisador que traz para o direito justamente a possibilidade de o direito avançar, e avançar no sentido de trazer respostas aos novos anseios do cidadão. Aí reside sua importância. A tese de Fachin não fica esperando inerte um leitor na biblioteca, pois ela se tornou um farol para gerações futuras. A obra tem quase vinte anos[31] e ainda traz

---

[31] FACHIN, Luiz Edson. *Estatuto jurídico do patrimônio mínimo*. Rio de Janeiro: Renovar, 2001.

não apenas o questionamento sobre o instituto "patrimônio", mas, sim, a possibilidade mais vasta de serem pensados outros institutos e discursos do direito para uma prática cada vez mais ética e atrelada aos anseios do mundo contemporâneo.

Por fim, um de seus mais importantes ensinamentos – uma vez que preocupado com noções para um universo muito além do sentido comum das palavras, seguindo certo ensinamento de Drummond: *penetrar no mundo das palavras* – foi a possibilidade de quebrar-se a rigidez do direito com a beleza da poesia, em especial, aqui, em nosso caso, com as palavras da poeta paranaense Helena Kolody: "Ilusório regressar// pelos caminhos do agora, // aos dias que se apagaram // em nós, porém tudo existe // e não se extingue jamais".[32]

As palavras da poeta nos trazem uma grata lembrança e ecoam com muita nostalgia: impossível não sentirmos saudades das reuniões e jantares do grupo de pesquisa, de poder perguntar face a face a opinião do ilustre mestre sobre os temas da atualidade – e assim sentimos por não o encontrar mais nos corredores da faculdade. De todo modo, é com muita alegria que temos consciência de que ele está se dedicando a uma função importantíssima, ainda mais no atual momento político que o país enfrenta, e isso nos traz ainda mais orgulho e conforto. A parte positiva do distanciamento físico, se assim se pode dizer, é que nesse momento um número maior de pessoas poderá desfrutar de seu trabalho ético e comprometido com os valores democráticos. Este singelo trabalho fica como mostra de nossa consideração pela relevância e pela presença de Luiz Edson Fachin em nossas vidas.

Informação bibliográfica deste texto, conforme a NBR 6023:2002 da Associação Brasileira de Normas Técnicas (ABNT):

XAVIER, Luciana Pedroso; XAVIER, Marília Pedroso. Transformações no conceito jurídico de patrimônio: a contribuição de Luiz Edson Fachin. In: EHRHARDT JÚNIOR, Marcos; CORTIANO JUNIOR, Eroulths (Coord.). *Transformações no Direito Privado nos 30 anos da Constituição*: estudos em homenagem a Luiz Edson Fachin. Belo Horizonte: Fórum, 2019. p. 231-242. ISBN 978-85-450-0562-9.

---

[32] KOLODY, Helena. *Viagem no espelho e vinte e um poemas inéditos*. 2. ed. Curitiba: Criar, 2004. p. 60-61.

REFLEXÃO SOBRE OS MÍNIMOS: O DIÁLOGO CIVIL CONSTITUCIONAL DA TEORIA DO PATRIMÔNIO MÍNIMO COM A NOÇÃO DE MÍNIMO EXISTENCIAL

MELINA GIRARDI FACHIN

MARCOS ALBERTO ROCHA GONÇALVES

1 Introdução

Não é tarefa simples homenagear o Professor Doutor, hoje, Ministro Luiz Edson Fachin. As dificuldades que surgem são de diferentes matizes e justificativas; decorrem da sua vastidão intelectual, da grandeza de sua presença e das relações pessoais e afetivas que nos unem.

Os laços de afeto são, de plano, a primeira dificuldade nesta empreitada. Isso nos fez ficar bastante em dúvida, inclusive, de primeiro, em aceitá-la e, neste caso, explicitar ou não este aspecto. Todavia, o fizemos porque aprendemos com você que o afeto tem lugar no direito e que a racionalidade jurídica precisa ser aberta, porosa e permeável às emoções daqueles dos seus sujeitos. É, também, portanto, com o idioma da emoção que este texto foi escrito – daí a justificativa para a conjugação mais pessoal nas partes introdutórias e conclusivas que escapam à reflexão jurídica propriamente dita.

Sua presença é grande e esta grandeza é a medida do desafio de falar da sua figura – segundo repto que nos encontra nesta árdua tarefa. Essa magnitude foi forjada nos desafios que a vida lhe trouxe. Sobrevivente dos fatos e circunstâncias que a vida lhe reservou, como a morte precoce de seu pai, que fizeram com que a idade adulta chegasse antes; testemunha de um período nebuloso da história política brasileira que enfrentara em sua juventude de militância no movimento estudantil; e, mais recente, muitas vezes alvo de ataques decorrentes da cadeira de Ministro do Supremo Tribunal

Federal que ocupa. As almas grandes, afirmou Michel Serres,[1] se expõem muito, e muito pouco as pusilânimes.

A extensão do seu legado intelectual é, em terceiro lugar, o último obstáculo que se coloca: escolher dentro de sua vasta produção no direito – em especial o direito civil, sempre com o recorte atento dos diálogos com os vários outros campos do saber – já seria em si tarefa inglória. Nesse sentido, elegemos, dentro da sua produção, aquela que de algum modo une as nossas próprias reflexões pessoais, individualmente consideradas.[2] A tese de titularidade na Universidade Federal do Paraná – *Estatuto jurídico do patrimônio mínimo* – é a ponte e o vaso comunicante do direito civil constitucional sobre o sentido amplificador da liberdade que a propriedade pode assumir.

Assim, feito este desnudar inicial necessário, já que *somos com as nossas circunstâncias*,[3] é que este ensaio parte – a partir da referida obra – a vincular a noção de propriedade mínima com aquela presente no direito constitucional e mínimo existencial. Para tanto, o texto foi dividido em três partes: a primeira explicita a premissa metodológica que guia este compasso de diálogo entre o direito civil e o direito constitucional – terreno fértil fecundado pela reflexão do Professor Luiz Edson Fachin. A segunda parte erige-se a fim de explicitar quais são as bases teóricas da noção de patrimônio dentro do recorte teórico do *mínimo* eleito para, no seu último momento, aproximá-la do discurso constitucional do mínimo existencial, demonstrando a sinergia de significados que há entre ambas.

Estamos certos que, pelos desafios acima postos, e pelas limitações dos próprios sujeitos autores, este ensaio está muito aquém do sujeito da homenagem. De toda sorte, como de sua trajetória depreendemos a lição do ousio, desafiamo-nos no sentido de aceitar o chamamento para badalar os sinos que aqui dobram pelo Professor Luiz Edson Fachin na justa homenagem.[4]

2 Premissa: diálogos entre o civil e o constitucional e seus reflexos no campo de ser e ter

A transmutação do papel da ordem constitucional em nosso tempo deu vazão ao que se convencionou denominar *constitucionalização* do direito privado. De fato, conforme aponta Konrad Hesse, em conhecida lição, "a constituição não é mais apenas a ordem jurídico-fundamental do Estado, tornando-se a ordem jurídico-fundamental da sociedade".[5]

Os desígnios constitucionais irradiam-se, como fundamento de validade, para todo o ordenamento jurídico e é neste paradigma imposto pela Constituição que se

---

[1] SERRES, Michel. *Filosofia mestiça*. Rio de Janeiro: Nova Fronteira, 1993.
[2] GONÇALVES, Marcos Alberto Rocha. *A posse como direito autônomo*. 1. ed. Rio de Janeiro: Renovar, 2015; FACHIN, Melina Girardi. *Direito humano ao desenvolvimento*. Rio de Janeiro: Renovar, 2015.
[3] ORTEGA Y GASSET, José. *Temas de viaje*. El espectador IV. Obras completas. 3. reimpr. Madrid: Alianza, 1998. v. II.
[4] Texto *Por quem os sinos dobram?*, lido por José Saramago, na cerimônia de encerramento do Fórum Social Mundial 2002.
[5] HESSE, Konrad. *Escritos de derecho constitucional*. Madrid: Centro de Estúdios Políticos y Constitucionales, 1992. p. 16. A Constituição passou a ser, nas palavras de Bilbao Ubillos, "la parte general del ordenamiento jurídico" (BILBAO UBILLOS, José Maria. ¿En qué medida vinculan a los particulares los derechos fundamentales? In: SARLET, Ingo Wolfgang (Org.). *Constituição, direitos fundamentais e direito privado*. Porto Alegre: Livraria do Advogado, 2003. p. 304).

enquadra o chamado "direito civil constitucional", expressão cujo pioneirismo no Brasil foi descortinada por olhares críticos, entre os quais, com destaque, o do Professor Luiz Edson Fachin, timoneiro desta travessia do direito civil ao constitucional:

> A "repersonalização" do Direito Civil recolhe, com destaque, a partir do texto constitucional, o princípio da dignidade humana. Para bem entender os limites propostos à execução à luz do princípio constitucional da dignidade humana, têm sentido verificações preliminares. A dignidade da pessoa é princípio fundamental da República Federativa do Brasil. É o que chama de princípio estruturante, constitutivo e indicativo das idéias diretivas básicas de toda a ordem constitucional. Tal princípio ganha concretização por meio de outros princípios e regras constitucionais formando um sistema internos harmônico, e afasta, de pronto, a idéia de predomínio do individualismo atomista no Direito. Aplica-se como leme a todo o ordenamento jurídico nacional compondo-lhe o sentido e fulminando de inconstitucionalidade todo preceito que com ele conflitar. É de um princípio emancipatório que se trata.[6]

Mudou o direito civil, no qual a autonomia da vontade não é mais dogma e condição de validade; mudou o direito constitucional e sua ótica exclusivamente defensiva em face das ingerências estatais. Ganharam, com isso, as duas searas, enriquecendo em problematização e complexidade.

Essa (re)leitura constitucional do direito privado mostrou-se fundamental para a compreensão da superação do sistema introjetado no tripé clássico do direito civil.[7] A ascensão do "ser" em relação ao "ter" flui para a construção teórica do direito civil, atingindo também a tutela jurídica da propriedade, nos termos que sustenta Jesús Antonio de La Torre Rangel:

> El tema del derecho de la propiedad está, como decíamos, en relación con los polos del "ser" y el "tener", muy especialmente en el de la propiedad de los medios de producción. La explicación que nos proporciona Antoncich (1088:8) es clara: El trabajo supone instrumentos, materia prima, productos; es una cadena del 'tener' cosas a fin de satisfacer las necesidades del ser. Pero lo importante no es el tener de las cosas, sino el ser de las personas. De ahí la esencial perversión humana de sobrevalorar la propiedad y el tener de las cosas, más que la vida e el ser de las personas. La más triste expresión de este desorden es la sociedad que antepone el capital al trabajo, lo que equivale a decir, el tener sobre el ser.[8]

---

[6] FACHIN, Luiz Edson. *Estatuto jurídico do patrimônio mínimo*. 2. ed. Rio de Janeiro: Renovar, 2006. p. 179-180.

[7] "[...] é possível explicitar essa tríplice base, a partir das lições de Jean Carbonnier, assentada no contrato, no patrimônio e na família; em sentido amplo, compreendem se aí, em primeiro lugar, os atos e negócios jurídicos em geral, bem assim as obrigações, os títulos de crédito etc; em segundo lugar, nesse triplo horizonte se enfeixam a propriedade, a posse, a empresa, e, enfim e em termos amplos, os bens, as coisas e os direitos a eles inerentes; em terceiro e último lugar (sem que essa enumeração classifique tais elementos por ordem de importância), está a família tomada em sua pluralidade, aberta e sociológica, como exposto pelo tríplice vértice fundante das relações sociais na teoria crítica do Direito Civil" (FACHIN, Luiz Edson. A "reconstitucionalização" do direito civil brasileiro: lei nova e velhos problemas a luz de dez desafios. Palestra proferida no VI Simpósio Nacional de Direito Constitucional, realizado em Curitiba, 4-7 out. 2004. *Unibrasil*. Disponível em: <http://www.unibrasil.com.br/revista_on_line/artigo%2022.pdf>).

[8] DE LA TORRE RANGEL, Jesús Antonio. El derecho a tener derechos: ensayos sobre los derechos humanos em México. México: Ciema, 1998. p. 106-107 *apud* FACHIN, Luiz Edson. Das províncias do direito privado à causa justificativa da propriedade. In: LARANJEIRA, Raymundo. (Org.). *Direito agrário brasileiro*: em homenagem à memória de Fernando Pereira Sodero. São Paulo: LTR, 2000. p. 129.

Na mesma senda, o Professor Luiz Edson Fachin aponta:

> o patrimonialista herdada do século XIX, em especial, do Código Napoleônico, migrando para uma concepção em que se privilegia o desenvolvimento humano e a dignidade da pessoa concretamente considerada, em suas relações pessoais, visando a sua emancipação.[9]

Prossegue o autor:

> O reconhecimento da possibilidade de os direitos fundamentais operarem sua eficácia nas relações interprivadas é, talvez, o cerne da denominada constitucionalização do Direito Civil. A Constituição deixa de ser reputada simplesmente uma carta política, para assumir uma feição de elemento integrador de todo o ordenamento jurídico – inclusive do Direito Privado. Os direitos fundamentais não são apenas liberdades negativas exercidas contra o Estado, mas são normas que devem ser observadas por todos aqueles submetidos ao ordenamento jurídico. A eficácia dos direitos fundamentais nas relações interprivadas se torna inegável, diante da diluição de fronteiras entre público e privado. [...]
> Os três pilares da base do Direito Privado – propriedade, família e contrato – recebem uma nova leitura, que altera suas configurações, redirecionando-as de uma perspectiva fulcrada no patrimônio e na abstração para outra racionalidade que se baseia no valor da dignidade da pessoa.[10]

Assim, urge que a regra infraconstitucional seja interpretada à luz dos princípios e ordenamentos constitucionais para, a partir desta exegese, poder se adequar ao caso concreto na efetivação da justiça social e igualitária. Trata-se da descrição crítica da busca de uma nova concepção que coloque no centro das relações jurídicas o sujeito constituído a partir de sua dignidade, frente a um modelo de direito civil até então nucleado tradicionalmente em torno do sujeito proprietário atomizado.

Contempla esta ordem de ideias o magistério de Luiz Edson Fachin, para quem passa a dignidade da pessoa humana a figurar como centro do ordenamento constitucional e infraconstitucional:

> A dignidade da pessoa é princípio fundamental da Republica federativa do Brasil. É o que chama de princípio estruturante, constitutivo e indicativo das idéias diretivas básicas de toda ordem constitucional. [...] Aplica-se como leme a todo o ordenamento jurídico nacional compondo-lhe o sentido e fulminando de inconstitucionalidade todo preceito que com ele conflitar. É de um princípio emancipatório que se trata.[11]

Essa inserção dos valores fixados pela Constituição na interpretação das normas de direito privado, especialmente quanto à propriedade, viabiliza a atuação do direito civil na tutela da dignidade humana mesmo no âmbito das relações particulares. Isso porque a igualdade substancial assume posição de guia do estatuto patrimonial.

---

[9] FACHIN, Luiz Edson; RUZYK, Carlos Eduardo Pianovski. Direitos fundamentais, dignidade da pessoa humana, e o novo Código Civil: uma análise crítica. In: SARLET, Ingo Wolfgang (Org.) *Constituição, direitos fundamentais e direito privado.* Porto Alegre: Livraria do Advogado, 2006. p. 100-101.

[10] FACHIN, Luiz Edson; RUZYK, Carlos Eduardo Pianovski. Direitos fundamentais, dignidade da pessoa humana, e o novo Código Civil: uma análise crítica. In: SARLET, Ingo Wolfgang (Org.) *Constituição, direitos fundamentais e direito privado.* Porto Alegre: Livraria do Advogado, 2006. p. 100-101.

[11] FACHIN, Luiz Edson. *Estatuto jurídico do patrimônio mínimo.* 2. ed. Rio de Janeiro: Renovar, 2006. p. 180.

O *jardim e a praça*, nos dizeres de Nelson Saldanha,[12] para qualificar público e privado, são nascidos dos mesmos princípios e voltados ao mesmo fim constitucionalmente estabelecido que é a tutela concreta dos sujeitos. Nessa perspectiva, é fundamental remarcar que as pessoas é que são as destinatárias do direito, surgindo assim, como destaca Eduardo Novoa Monreal,

> [...] a imagem do homem coletivo, pertencente a uma coletividade viva e integrada, conforme uma ordem socialmente orientada, na qual se tende a nivelar os indivíduos em um plano que permita, nas melhores condições possíveis, o maior desenvolvimento de todos eles.[13]

Neste influxo, faz-se mister olhar o direito e, consequentemente, a propriedade, sob a ótica do sujeito concreto, ser humano reconhecido em sua concepção ética e digna como valor supremo a ser protegido, vez que "este tratamento diferenciado tem como justificativa material a defesa da dignidade humana tendo em vista que o patrimônio deve servir à pessoa, e, portanto, as situações subjetivas patrimoniais são funcionalizadas à dignidade da pessoa".[14]

Entoa, sobre o tema, a doutrina da lavra do Professor Luiz Edson Fachin, para quem a "descrição crítica da edificação do direito civil nucleado, tradicionalmente, em torno do patrimônio" perpassa a "busca de uma nova concepção de patrimônio que coloque no centro das relações jurídicas e pessoal e seus respectivos valores personalíssimos, especialmente, dentre eles, aquele jungido de uma existência digna".[15] A partir daí sintetizou Ricardo Aronne, saudoso disciplino do mestre: "deve-se ter presente que toda a interpretação jurídica é interpretação sistemática, de modo que toda a exegese há de ser uma interpretação conforme a Constituição. A Constituição Federal é a matriz axiológica de todo o ordenamento jurídico".[16]

Este giro subjetivo do fenômeno jurídico, aqui tratado a partir da perspectiva do direito à propriedade, se traduz nas noções de despatrimonialização, funcionalização pluralismo e solidariedade. Para o Professor Fachin, trata-se, no âmbito do direito de propriedade, de uma visão que permite a abertura do sistema jurídico às necessidades humanas:

> A defesa dessa ordem de idéias remonta às próprias origens do Direito, e resgata a feição humanista da construção jurídica. Os limites estabelecidos não permitem visualizar a propriedade como um direito subjetivo pleno por excelência. Deve ela atender, em instância primeira, aos valores existenciais da pessoa, vista como ser humano e não como sujeito de direito na conformidade com o estatuto de privilégios fixado pelo sistema clássico.[17]

---

[12] SALDANHA, Nelson. *O jardim e a praça*. São Paulo: Edusp, 2003. *Passim*.
[13] MONREAL, Eduardo Novoa. *El derecho de propiedad privada*. Bogotá: Temis, 1979. p. 155.
[14] FACHIN, Luiz Edson. *Estatuto jurídico do patrimônio mínimo*. 2. ed. Rio de Janeiro: Renovar, 2006. p. 43.
[15] FACHIN, Luiz Edson. *Estatuto jurídico do patrimônio mínimo*. 2. ed. Rio de Janeiro: Renovar, 2006. p. 5.
[16] ARONNE, Ricardo. Titularidades e apropriação no novo Código Civil brasileiro – Breve ensaio sobre a posse e sua natureza. In: SARLET, Ingo Wolfgang (Org.). *O Novo Código Civil e a Constituição*. Porto Alegre: Livraria do Advogado, 2003. p. 240.
[17] FACHIN, Luiz Edson. *Estatuto jurídico do patrimônio mínimo*. 2. ed. Rio de Janeiro: Renovar, 2006. p. 250-251.

Dando luz e forma a uma das premissas fundamentais reputadas neste estudo como possibilidade emancipatória, Eroulths Cortiano Junior disserta:

> Não se trata, à evidência, de deslocamento para o direito público de certos tipos de propriedade, como se ao direito civil coubesse a disciplina de uma propriedade sem limites, no espaço que lhe restou, onde fosse possível expandir o mesmo individualismo pré-constitucional, podendo, então, finalmente, o titular, exercer a senhoria livremente, sem intervenção estatal. Ao contrário, todo o conteúdo do direito subjetivo da propriedade encontra-se redesenhado.[18]

O instrumental jurídico, tendo como alicerce a Constituição da República de 1988, rompe com a normalização jurídica da desigualdade, e caminha *pari passu* com a tentativa de efetivar a democracia material. A Constituição vigente traz em seu bojo a tentativa de produzir alterações estruturais, propondo uma reforma econômica e social de tendência nitidamente intervencionista e solidarista.

Assim, entrever e pensar o direito civil a partir da ótica social do constituinte de 1988 não se trata de mera alteração metodológica, ou ainda que fique relegada aos muros da academia. Trata-se, nos dizeres de Ingo Sarlet, de mudança estrutural nos próprios alicerces da seara jurídica civilista que se mostra deveras importante e com consequências práticas:

> [...] assume particular relevância em tempos de globalização econômica, privatizações, incremento assustador dos níveis de exclusão e, para, além disso, aumento do poder exercido pelas grandes corporações, internas e transnacionais (por vezes, com faturamento e patrimônio – e, portanto, poder econômico – maior que o de muitos Estados).[19]

Tal percepção, fundada nos elementos principiológicos trazidos pela Constituição de 1988, importa, sobretudo, na noção primaz da proteção material da dignidade da pessoa humana. É a força irradiante do texto constitucional que se projeta na axiologia eleita a fim de colorir todo o direito – e o direito civil – com os matizes emancipatórios do projeto jurídico calcado na força expansiva da dignidade, construindo pontes e vasos comunicantes entre o público e privado.

Destarte, depreende-se que o princípio da dignidade humana possui vinculação extensiva, para além dos atos do Poder Público, alcançando, ainda, as relações entre particulares. Neste seguimento, tal princípio alastra-se pelos demais institutos jurídicos, inclusive como forma de garantir ao indivíduo um mínimo de patrimônio para sua subsistência com dignidade.

3 Para ser, ter: patrimônio como garante de um mínimo de dignidade

À luz da abertura material da Constituição, no sentido de entrever nos instrumentos do direito privado garantias de realização da dignidade humana e da consecução da

---

[18] CORTIANO JUNIOR, Eroulths. *O discurso jurídico da propriedade e suas rupturas*: uma análise do ensino do direito de propriedade. Rio de Janeiro: Renovar, 2002. p. 20.
[19] SARLET, Ingo Wolfgang. *A dignidade da pessoa humana e os direitos fundamentais na Constituição Federal de 1988*. Porto Alegre: Livraria do Advogado, 2001. p. 110.

justiça social, destaca-se aqui, no que toca à apropriação de bens, a noção de patrimônio mínimo como garantidora da tutela existencial.

Partindo de tal premissa, evidencia-se que o ordenamento jurídico-constitucional brasileiro não tutela a propriedade apenas como mecanismo de inserção do sujeito no mercado, vez que trata a relação dos sujeitos com os bens como elemento funcionalizado à realização de outros fins sociais. Relevante, sobre o tema, o que disserta Fábio Konder Comparato:

> Desde a fundação do constitucionalismo moderno, com afirmação de que há direitos anteriores e superiores às leis positivas, a propriedade foi concebida como um instrumento de garantia da liberdade individual, contra a intrusão dos Poderes Públicos. As transformações do Estado contemporâneo deram à propriedade, porém, além desta função, também a de servir como instrumento de realização da igualdade social e da solidariedade coletiva, perante os fracos e desamparados.[20]

Propõe-se, assim, que a mirada da propriedade (que cumpre sua função social) se dê pelo prisma da tutela do patrimônio mínimo. É por meio da relação de acesso aos bens qualificada pela busca de um substrato mínimo existencial que se concretiza a propriedade constitucional (função social da propriedade):

> A existência humana digna é um imperativo ético que se projeta para o Direito na defesa de um patrimônio mínimo. A pessoa natural, ao lado de atributos inerentes à condição humana, inalienáveis e insuscetíveis de apropriação, pode ser também, à luz do Direito Civil brasileiro contemporâneo, dotada de uma garantia patrimonial que integra sua esfera jurídica. Trata-se de um patrimônio mínimo mensurado consoante parâmetros elementares de uma vida digna e do qual não pode ser expropriada ou desapossada. Por força desse princípio, independente de previsão legislativa específica instituidora dessa figura jurídica, e, para além de mera impenhorabilidade como abonação, ou inalienabilidade como gravame, sustenta-se existir essa imunidade juridicamente inata ao ser humano, superior aos interesses dos credores. Tal proposição parte de um fundamento que se pode extrair do Código Civil brasileiro, mediante legítimo recurso de hermenêutica.[21]

Por meio dessa renovada mirada, a propriedade ganha contornos ontologicamente aglutinadores – ao invés de excluir, como o fez o sentido proprietário clássico, agrega – dando à proteção da dignidade humana contornos de solidariedade.[22] Daí porque, como atesta Hernández Gil, a necessidade de abertura do tema:

> A posse, enquadrada na estrutura e na função do Estado Social com um programa de igualdade na distribuição dos recursos coletivos encontra-se chamada a desempenhar um importante papel. Para tal fim seria conveniente a colaboração de juristas e sociólogos ou, como neste estudo se intenta, afrontar a investigação jurídica com preocupações sociológicas. Até agora, centrados os juristas na utilização formal dos conceitos e sobre a

---

[20] COMPARATO, Fabio Konder. Direitos e deveres fundamentais em matéria de propriedade. In: STROZAKE, Juvelino José (Org.). *A questão agrária e a justiça*. São Paulo: RT, 2000. p. 147.

[21] FACHIN, Luiz Edson. *Estatuto jurídico do patrimônio mínimo*. 2. ed. Rio de Janeiro: Renovar, 2006. p. 1.

[22] Sobre o sentido intersubjetivo da dignidade humana ver: PÉREZ LUÑO, Antonio Enrique. *Derechos humanos, estado de derecho y Constitución*. Madrid: Tecnos, 1995. p. 318 *et seq*.

base do positivismo normativo, temos propendido a converter o instituto possessório num puro mecanismo técnico e desprovido de vitalidade [...], como acontece especialmente com a teoria que vê nele o exercício de facto de direitos.²³

À luz do constitucionalismo contemporâneo, a sintonia presente entre a função social da propriedade e o princípio da dignidade da pessoa humana deve ser mirada não apenas em função do indivíduo singular, mas das relações deste com os demais.²⁴ É neste sentido coletivo que o discurso jurídico da apropriação de bens deve ser lido, consoante o Professor Luiz Edson Fachin:

> A idéia de interesse social corresponde ao início da distribuição de cargas sociais, ou seja, da previsão de que ao direito subjetivo de apropriação também correspondem deveres. Nessa esteira, passa-se a entender que esse direito subjetivo tem destinatários no conjunto da sociedade, de modo que o direito de propriedade também começa a ser lido como o direito à propriedade. Gera, por conseguinte, um duplo estatuto: um de garantia, vinculado aos ditames sociais, e outro, de acesso.²⁵

O viés intersubjetivo da proteção ao acesso aos bens descola do modelo liberal clássico de titularidade, que ancora na construção do mínimo patrimonial como elemento concretizante da dignidade humana, e aponta para dimensão intersubjetiva de realização dos valores constitucionalmente eleitos, já que seu destinatário:

> pode ser a pessoa concreta da relação, integrante de uma rede se intersubjetividades, seja ela titular de uma dada posição jurídica seja, mesmo, um terceiro que pode sofrer as repercussões do exercício ou não do não exercício dessa posição jurídica pelo respectivo titular.²⁶

O fenômeno proprietário, quando mirado em sua dimensão do patrimônio mínimo, privilegia situações materiais indispensáveis à existência humana digna. É a tutela do acesso aos bens vinculada a um substrato físico mínimo com fito à sobrevivência humana e ligada às demandas subjetivas mais básicas. É justamente a conexão com as situações existenciais que direcionam a construção substancial do direito fundamental à propriedade em sua conexão com o mínimo, de acordo com os ensinamentos de Luiz Edson Fachin:

> Daí porque os estatutos fundamentais da posse e propriedade saem do santuário do clássico privado e são constitucionalizados. A "publicização" da posse revela a sua importância ao uso e gozo das coisas pelas pessoas, para a satisfação de suas necessidades vitais. Trata-se de concessão à necessidade, ao lado das exigências da política de implementação da reforma agrária.²⁷

---

²³ HERNÁNDEZ GIL, Antonio. *La función social de la posesión*. Madrid: Alianza, 1969. p. 204-211.
²⁴ PÉREZ LUÑO, Antonio Enrique. *Derechos humanos, estado de derecho y Constitución*. Madrid: Tecnos, 1995. p. 318.
²⁵ FACHIN, Luiz Edson. *Teoria crítica do direito civil*. 2. ed. Rio de Janeiro: Renovar, 2003. p. 289.
²⁶ RUZYK, Carlos Eduardo Pianovski. *Institutos fundamentais do direito civil e liberdades(s)*: repensando a dimensão funcional do contrato, da propriedade e da família. Rio de Janeiro: GZ, 2011. p. 148-149.
²⁷ FACHIN, Luiz Edson. *Estatuto jurídico do patrimônio mínimo*. 2. ed. Rio de Janeiro: Renovar, 2006. p. 270.

A conexão da propriedade com o mínimo vital representado pela dignidade humana exterioriza-se por meio do destaque às situações subjetivas essenciais, como a moradia, a alimentação, a valorização do trabalho que extrai da propriedade sua subsistência e de sua família, conforme teoriza o Professor Fachin:

> A proteção constitucional da apropriação de bens não se restringe apenas ao discurso proprietário, podendo, à luz de interpretação construtiva e comprometida com a realidade social, abarcar a existência do já enunciado direito materialmente fundamental à posse.
>
> Este tratamento diferenciado tem como justificativa material a defesa da dignidade humana tendo em vista que "o patrimônio deve servir à pessoa, e, portanto, as situações subjetivas patrimoniais são funcionalizadas à dignidade da pessoa" [...]. Ressalta-se, portanto, "o Direito privado como garantia de acesso a bens, a partir da consciência do caráter instrumental das ferramentas jurídicas".[28]

Assim, com fulcro na dignidade humana, infere-se que a defesa do direito à propriedade, tal como garantida pelo ordenamento jurídico, é também assegurada ao titular da posse, independentemente do domínio, e nesse sentido, Gustavo Tepedino afirma a justificativa para a manutenção da propriedade como elemento central do direito civil "encontra-se diretamente na função social que desempenha o possuidor, direcionando o exercício de direitos patrimoniais a valores existenciais atinentes ao trabalho, à moradia, ao desenvolvimento do núcleo familiar".[29]

Portanto, é possível, mesmo dentro do modelo econômico eleito pelo texto constitucional, a realização digna do *ser* sem a necessária conjugação excludente do *ter* individualista e formal. Afirma-se, assim, que por meio da garantia ao direito de patrimônio mínimo, a propriedade concretiza a faceta humana de sua função social, atendendo ao reclame de Paulo Luiz Netto Lôbo:

> A patrimonialização das relações civis, que persiste nos códigos, é incompatível com os valores fundados na dignidade da pessoa humana, adotados pelas Constituições modernas, inclusive pela brasileira (art. 1º, III). A repersonalização reencontra a trajetória da longa história da emancipação humana, no sentido de repor a pessoa humana como centro do direito civil, passando o patrimônio ao papel de coadjuvante, nem sempre necessário.[30]

O conceito de patrimônio mínimo conclui pela insuficiência do modelo unicamente economicista[31] para a compreensão da propriedade. O mínimo proprietário é aqui tomado como elemento potencializador das liberdades reais que os indivíduos e coletividades

---

[28] FACHIN, Luiz Edson. *Estatuto jurídico do patrimônio mínimo*. 2. ed. Rio de Janeiro: Renovar, 2006. p. 43.
[29] TEPEDINO, Gustavo. *Comentários ao Código Civil*: direito das coisas. art. 1.196 a 1.276. v. 14. São Paulo: Saraiva, 2011. p. 43.
[30] LÔBO, Paulo Luiz Netto. Constitucionalização do direito civil. In: FARIAS, Cristiano Chaves de. (Org.). *Leituras complementares de direito civil*: o direito civil-constitucional em concreto. Salvador: JusPodivm, 2007.
[31] Sobre a temática, aponta Francisco Cardozo Oliveira: "A função social, todavia, é mais ampla que a função econômica. A funcionalização inscreve na concretude das relações sociais e de produção uma dinâmica que busca realizar objetivos de justiça social. O conteúdo finalístico do direito de propriedade e da posse obriga o proprietário e o possuidor na relação social e jurídica concreta com os não-proprietários e os não possuidores" (OLIVEIRA, Francisco Cardozo. *Hermenêutica e tutela da posse e da propriedade*. Rio de Janeiro: Forense, 2006. p. 244).

podem usufruir –³² daí sua conexão com a noção de mínimo existencial a ser explorada no próximo tópico.

Avulta desse ponto o caráter libertário do patrimônio em sua mirada mínima, eis que é ao mesmo tempo um início – porque "a realização do desenvolvimento depende integralmente da livre condição de agente das pessoas" –³³ e iniciador, porquanto "também contribui para fortalecer outros tipos de condições de agentes livres".³⁴

O direito ao patrimônio mínimo passa a ser, portanto, mirado como direito humano que diz respeito aos processos sociais, econômicos, culturais e políticos com vistas à possibilidade de os indivíduos e também os povos participarem e fruírem de padrões mínimos dos processos econômicos, sociais, culturais e políticos a fim de garantir o incremento do bem-estar de toda a população e de seus indivíduos componentes.³⁵ Deriva daí sua conexão intrínseca com a noção de mínimo existencial, explorada no tópico subsequente.

4 Patrimônio mínimo e mínimo existencial: disposições declaratórias e assecuratórias

Ao expandir as liberdades substanciais dos sujeitos por meio da garantia de um núcleo mínimo de direitos, a noção de patrimônio mínimo humano propicia o empoderamento, político e material, dando aos sujeitos voz ativa no processo de discussão e significação de seus destinos. Esta postura demanda, ainda que com respeito às particularidades locais, a extensão de um conjunto patrimonial – ainda que reduzido nuclearmente – de direitos a todos os seres humanos. A postura integral e indissociável introduzida pelo arquétipo coevo insere no núcleo normativo protetivo mínimo tanto direitos civis e políticos como direitos econômicos, sociais e culturais, explorando as diferentes dimensões que o patrimônio pode assumir.

Isso é fruto tanto da voz passiva quanto da voz ativa do princípio da dignidade humana e da tutela dos direitos fundamentais, o que se irradia de modo bifronte: uma negativa, que se traduz pela abstenção do Estado e da sociedade em respeito à pessoa humana, e uma positiva, que se dá pela promoção de condições materiais e morais mínimas para que possa desenvolver os atributos da sua personalidade e seus potenciais de forma plena. É nessa convergência complexa e múltipla do feixe ativo e passivo, da ação e da abstenção protetiva, que está a teoria do patrimônio mínimo, agindo como a garantia de um mínimo existencial.

A fim de descortinar o mínimo desse substrato existencial, Ana Paula de Barcellos³⁶ entende que o mínimo existencial é formado pelas condições materiais básicas para a

---

[32] SEN, Amartya. *Desenvolvimento como liberdade*. São Paulo: Cia das Letras, 2000. p. 52.
[33] SEN, Amartya. *Desenvolvimento como liberdade*. São Paulo: Cia das Letras, 2000. p. 18.
[34] SEN, Amartya. *Desenvolvimento como liberdade*. São Paulo: Cia das Letras, 2000. p. 19.
[35] No original: "Recognizing that development is a comprehensive economic, social, cultural and political process, which aims at the constant improvement of the well-being of the entire population and of all individuals on the basis of their active, free and meaningful participation in development and in the fair distribution of benefits resulting therefrom [...]" (UNITED NATIONS. *Declaration on the Right to Development*. Disponível em: <http://www.un.org/documents/ga/res/41/a41r128.htm>. Acesso em: jul. 2012).
[36] BARCELLOS, Ana Paula de. *A eficácia jurídica dos princípios constitucionais*: o princípio da dignidade da pessoa humana. 3. ed., rev. e atual. Rio de Janeiro: Renovar, 2011. p. 278-280.

existência, correspondendo a uma fração nuclear da dignidade da pessoa humana na qual se deve reconhecer a eficácia jurídica positiva ou simétrica. Na realidade brasileira, esta eficácia jurídica positiva ou simétrica é indicada pela concepção constitucional de que a dignidade da pessoa humana se tornou o princípio fundante da ordem jurídica e a finalidade principal do Estado, com todas as consequências hermenêuticas que esse *status* jurídico confere ao princípio.

Além disso, afirma a autora que uma Constituição democrática deve tomar determinadas decisões políticas fundamentais para garantir um mínimo de direitos aos indivíduos, que são colocados pelo poder constituinte originário fora do alcance da deliberação política e das maiorias. Dessa forma, qualquer opção feita pelo povo deve respeitar o consenso mínimo assegurado pela Constituição.

Diante disso, são quatro elementos que compõe o mínimo existencial na acepção de Ana Paula de Barcellos: a) a educação fundamental, b) a saúde básica, c) a assistência ao desamparado e, ainda, d) o acesso à justiça. Entre estes, a assistência ao desamparado é aquele que se converge diretamente com a teoria do patrimônio mínimo, por abranger um conjunto de pretensões cujo objetivo é evitar a indignidade em termos absolutos, envolvendo particularmente a alimentação, o vestuário e o abrigo.

É o direito de não (sobre)viver abaixo de determinado patamar mínimo, independentemente de qualquer outra coisa, representando, assim, o último recurso da preservação da dignidade humana. Dessa forma, os desamparados devem obter socorro, seja através da prestação direta pelo Estado, de conveniados do Poder Público, ou mesmo por meio da voz passiva dos direitos fundamentais em determinadas situações que a justifiquem, ou ainda de qualquer outra forma que a inteligência política possa imaginar.[37]

Daniel Sarmento ao explorar a base desta noção conecta a teoria do patrimônio mínimo à noção de mínimo existencial ao abordar que esta última noção "lastreia institutos que visam proteger a renda e o patrimônio mínimo das pessoas, ligados à vida digna, inclusive diante dos seus credores particulares". Para o autor, tal instituto "protege as condições materiais básicas de vida de intervenções restritivas provenientes do Estado, e mesmo de particulares".[38]

Dessa forma, o patrimônio possui a "especial função de assegurar o mínimo existencial de uma pessoa, para que ela possa desenvolver-se com dignidade e segurança".[39] O patrimônio mínimo é, assim, substrato material de garantia do mínimo existencial ao dar suporte material necessário à efetivação dos direitos fundamentais.

Destarte, não se tratam de expressões sinônimas. Poder-se-ia analogicamente divisar que o mínimo existencial caracteriza o feixe de disposições declaratórias a uma vida que seja compreendida como infimamente digna, de outro, lado, o patrimônio mínimo é uma disposição asseguratória do mínimo existencial a fim de dar efetividade e eficácia às disposições que compõe o direito ao desenvolvimento dos seres titulares.[40]

---

[37] BARCELLOS, Ana Paula de. *A eficácia jurídica dos princípios constitucionais*: o princípio da dignidade da pessoa humana. 3. ed., rev. e atual. Rio de Janeiro: Renovar, 2011. p. 288-323.

[38] SARMENTO, Daniel. O mínimo existencial. *Revista de Direito da Cidade*, Rio de Janeiro, v. 8, n. 4, p. 1644-1689, 2016. Disponível em: <http://www.e-publicacoes.uerj.br/index.php/rdc/issue/view/1402>. Acesso em: 14 maio 2018.

[39] CARLI, Ana Alice. *Bem de família do fiador e o direito humano fundamental à moradia*. Rio de Janeiro: Lumen Juris, 2009. p. 46.

[40] CARLI, Ana Alice. *Bem de família do fiador e o direito humano fundamental à moradia*. Rio de Janeiro: Lumen Juris, 2009.

Nesse mesmo sentido, Fabrício Adriano Alves reforça a diferenciação entre as duas teorias:

> É de suma importância alertar que, malgrado serem usados como sinônimos, os conceitos de patrimônio mínimo e mínimo existencial não se confundem e não se coincidem, pois o patrimônio mínimo tem como função precípua o condão de garantir o mínimo existencial.[41]

O patrimônio mínimo aparece, assim, como garantia do direito a mínimo existencial.

Diante disso, Ana Alice de Carli[42] entende que o patrimônio mínimo, "tem como função essencial garantir, de certa forma, a igualdade material para aqueles que pouco ou nada têm", e ainda, que "vale a máxima de que o tratamento dispensado deve ser adequado à medida das desigualdades para se chegar, pelo menos, perto da igualdade substancial". Assim, o ordenamento jurídico deve garantir a cada ser humano um mínimo de patrimônio para que possa viver com dignidade e, portanto, a teoria do patrimônio mínimo tem uma ligação profunda com o mínimo existencial.[43]

Destarte, a teoria do patrimônio mínimo parte da repersonalização das relações privadas e da consolidação da expressão jurídica da solidariedade consubstanciada na ideia de função social do direito. A garantia do patrimônio mínimo consiste em migrar da noção tradicional de propriedade, para entrevê-la como instrumental de proteção integral da pessoa proprietária e dos não proprietários, ancorando-se no fundamento solidário que a concepção funcionalizada traz ínsito consigo.

Quanto à abrangência e às consequências práticas dessas teorias, no campo específico da interseção do direito civil constitucional, a teoria do patrimônio mínimo, e sua conexão com o mínimo existencial, relaciona-se aos princípios da utilidade da execução e da menor onerosidade que justifica a impenhorabilidade de determinados bens e o tratamento diferenciado ao bem de família. De forma geral, a doutrina entende que a convergência entre as teorias se dá por meio de institutos como a impenhorabilidade do bem de família, o direito à moradia, a impossibilidade de doação integral dos bens geradora de prodigalidade, do princípio da preservação da empresa, entre outros.

Nesse sentido, para Daniel Sarmento,[44] como dimensão essencial desta conexão entre os mínimos o Estado, por meio da tributação, não pode privar a pessoa dos bens e recursos indispensáveis para que tenha uma vida digna, sendo este um dos mais importantes limites ético-jurídicos para a atividade fiscal. Não se pode subtrair das pessoas os recursos sem os quais não conseguiriam subsistir com dignidade. Já quanto

---

[41] ALVES, Fabrício Adriano. Direito civil constitucional: a aplicação da teoria do estatuto jurídico do patrimônio mínimo e repercussões no código de processo civil. In: SEMINÁRIO CIENTÍFICO DA FACIG, III, 2017. Anais... 2017. Disponível em: <http://pensaracademico.facig.edu.br/index.php/semiariocientifico/article/view/479/405>. Acesso em: 15 maio 2018.

[42] CARLI, Ana Alice. *Bem de família do fiador e o direito humano fundamental à moradia.* Rio de Janeiro: Lumen Juris, 2009. p. 46.

[43] ALVES, Fabrício Adriano. Direito civil constitucional: a aplicação da teoria do estatuto jurídico do patrimônio mínimo e repercussões no código de processo civil. In: SEMINÁRIO CIENTÍFICO DA FACIG, III, 2017. Anais... 2017. p. 5. Disponível em: <http://pensaracademico.facig.edu.br/index.php/semiariocientifico/article/view/479/405>. Acesso em: 15 maio 2018.

[44] SARMENTO, Daniel. O mínimo existencial. *Revista de Direito da Cidade,* Rio de Janeiro, v. 8, n. 4, p. 1644-1689, 2016. Disponível em: <http://www.e-publicacoes.uerj.br/index.php/rdc/issue/view/1402>. Acesso em: 14 maio 2018.

aos credores particulares, este autor entende que o interesse patrimonial na satisfação do crédito não deve preponderar sobre a proteção da dignidade humana do devedor. Para corroborar com seu entendimento, o autor apresenta a decisão do Tribunal Constitucional português, que determinou a impenhorabilidade do valor das pensões, aposentadorias e benefícios sociais até o valor do salário mínimo, entendendo que no conflito entre os direitos patrimoniais do credor e o direito à subsistência do devedor, o segundo tem preponderância, que deve ser assegurada pelo Poder Judiciário.

No entanto, adverte o autor, é preciso ter cuidado para não inflacionar o mínimo existencial, empregando-o em situações que não se tratam de condições materiais básicas para a vida digna, cuidado este que o Poder Judiciário brasileiro, diferentemente do Tribunal Constitucional português, não vem observando, conforme o caso do limite do desconto do crédito consignado em folha de pagamento:

> O legislador estabeleceu um limite máximo de desconto, que correspondia, inicialmente, a 30% dos valores do salário, vencimentos ou pensão do devedor, e que foi posteriormente aumentado para 35% (art. 1º, §1º, Lei nº 10.820/2003). A solução legislativa, que ponderou a autonomia privada do devedor com a sua proteção como consumidor, não me parece desarrazoada. Porém, não se justifica a invocação do mínimo existencial para justificar a limitação. Se um empregado receber, por exemplo, um salário líquido de vinte mil reais, um desconto de 50%, que lhe assegure uma sobra de dez mil reais por mês, passará longe da garantia das condições básicas de vida. A limitação a 30 ou 35% de desconto decorre, portanto, de válida decisão legislativa, mas não da proteção ao mínimo existencial, subtraída do alcance das maiorias políticas.

Ainda neste ponto, o autor apresenta o que chamou de uma "forçada ligação, traçada pelo Superior Tribunal de Justiça, entre a garantia do mínimo existencial e a impenhorabilidade de valores de até 40 salários mínimos mantidas em cadernetas de poupança",[45] prevista no Código de Processo Civil, sendo que a maioria dos brasileiros, mesmo da classe média, não possui em suas economias esse valor. Nesse sentido foi o voto da Ministra Nancy Andrighi no Recurso Especial nº 1.231.123/SP quando entendeu que a impenhorabilidade tem como função principal a garantia do mínimo existencial:

> O objetivo do novo sistema de impenhorabilidade de depósito em caderneta de poupança é, claramente, o de garantir um mínimo existencial ao devedor, como corolário do princípio da dignidade da pessoa humana, alçado a fundamento da República Federativa do Brasil pelo art. 1º, III, da CF. A impenhorabilidade, portanto, é determinada para garantir que, não obstante o débito, possa o devedor contar com um numerário mínimo que lhe garanta uma subsistência digna.[46]

Além disso, aduz Sarmento que a impenhorabilidade de certos bens, mesmo quando invocada pelo mínimo existencial, frustra a possibilidade de satisfação de créditos que também podem, em muitos casos, ser essenciais para garantir as condições básicas da vida do credor, e ainda que não seja o caso, a garantia do efetivo pagamento das

---

[45] SARMENTO, Daniel. O mínimo existencial. *Revista de Direito da Cidade*, Rio de Janeiro, v. 8, n. 4, p. 1644-1689, 2016. Disponível em: <http://www.e-publicacoes.uerj.br/index.php/rdc/issue/view/1402>. Acesso em: 14 maio 2018.
[46] REsp nº 1.231.123/SP. Rel. Min. Nancy Andrighi, Terceira Turma, j. 2.8.2012. *DJe*, 30 ago. 2012.

dívidas é relevante para o bom funcionamento da economia, cujas crises normalmente afetam aos mais pobres.

Por outro lado, avulta como acertada a decisão do Supremo Tribunal Federal no Recurso Extraordinário nº 407.688-8/SP, que por maioria decidiu não invalidar a exceção à impenhorabilidade do imóvel bem de família no caso do fiador de contrato de locação, em demanda postulada perante a Corte com base no direito fundamental à moradia:

> FIADOR. Locação. Ação de despejo. Sentença de procedência. Execução. Responsabilidade solidária pelos débitos do afiançado. Penhora de seu imóvel residencial. Bem de família. Admissibilidade. Inexistência de afronta ao direito de moradia, previsto no art. 6º da CF. Constitucionalidade do art. 3º, inc. VII, da Lei nº 8.009/90, com a redação da Lei nº 8.245/91. Recurso extraordinário desprovido. Votos vencidos. A penhorabilidade do bem de família do fiador do contrato de locação, objeto do art. 3º, inc. VII, da Lei nº 8.009, de 23 de março de 1990, com a redação da Lei nº 8.245, de 15 de outubro de 1991, não ofende o art. 6º da Constituição da República. (RE nº 407.688. Rel. Min. Cezar Peluso, Tribunal Pleno, j. 8.2.2006. *DJ*, 6 out. 2006. *RJSP*, v. 55, n. 360, p. 129-147, 2007)

Caso entendesse pela impenhorabilidade do bem de família do fiador, com base na garantia do mínimo existencial, Daniel Sarmento deduz que muito provavelmente diminuiria a oferta de imóveis para aluguel ou, ainda, que aumentariam os custos da locação, prejudicando exatamente o direito à moradia daqueles que não possuem casa própria, em geral mais necessitados do que os fiadores, que seriam os beneficiados com esta decisão.

Contudo, é válida a ampliação de tais institutos quando se tratar de situações em que necessariamente está em discussão a subsistência do indivíduo. Nesse sentido, no julgamento do Recurso Especial nº 356.077/MG, entendeu o STJ que a impenhorabilidade do bem de família, alicerçada na teoria do patrimônio mínimo, estende-se também aos casos de bens de pequenas empresas com conotação familiar. Em seu voto, a Ministra Nancy Andrighi invoca a teoria do patrimônio mínimo para deduzir que "não se pode deixar de considerar que a empresa devedora é formada exclusivamente pelo mencionado casal e que o terreno penhorado abriga não só as instalações da sociedade, mas também a casa ou a construção, na qual reside a família".[47] De forma semelhante entendeu o Ministro Luiz Fux, quando ainda atuava no Superior Tribunal de Justiça, no Recurso Especial nº 621.399/RS:

> Por último, sendo a finalidade da Lei nº 8.009/90 a proteção da habitação familiar, na hipótese dos autos, demonstra-se o acerto da decisão de primeiro grau que reconheceu a impenhorabilidade do imóvel onde reside a família dos recorrentes, apesar de ser da propriedade da empresa executada, tendo em vista que a empresa é eminentemente familiar.[48]

A partir dessa reflexão é que Daniel Sarmento infere que "discursos muito ampliativos dessa dimensão negativa do mínimo existencial, ainda que aparentemente progressistas, podem, ao final, prejudicar exatamente os mais necessitados", e ainda sintetiza a relação entre as teorias da seguinte forma:

---

[47] REsp nº 356.077/MG. Rel. Min. Nancy Andrighi, Terceira Turma, j. 30.8.2002. *DJ*, 14 out. 2002. p. 226.
[48] REsp nº 621.399/RS. Rel. Min. Luiz Fux, Primeira Turma, j. 19.4.2005. *DJ*, 20 fev. 2006. p. 207.

Em síntese, sempre que uma intervenção do Estado ou de um particular comprometer as condições materiais básicas para a vida digna de uma pessoa, entra em jogo a dimensão negativa do direito ao mínimo existencial. Isso, porém, não significa que o mínimo existencial prevaleça sempre no confronto com os direitos ou interesses contrapostos. Sustento que a dignidade da pessoa humana não é absoluta e também pode ser ponderada com outros princípios constitucionais, assumindo, contudo, um peso muito elevado nesse sopesamento. Tal raciocínio, em minha opinião, também se aplica ao mínimo existencial.

A teoria do patrimônio mínimo, portanto, está intrinsecamente vinculada com o mínimo existencial constitucional e ambos decorrem do princípio da dignidade humana, fundamento da República Federativa do Brasil. Todavia, ainda que importante, sua conexão é apequenada na doutrina e jurisprudência pátrias. É por meio da proteção de certos bens, como o bem de família e a aposentaria, que se tem descortinado a visão mínima de patrimônio a garantir que o indivíduo possa subsistir com o mínimo de dignidade.

É nessa óptica que o patrimônio mínimo pode ser expandido e entrevisto como base material do processo de expansão das liberdades reais de que as pessoas desfrutam.[49] O patrimônio, nessa visão, passa a ser mirado como direito humano que diz respeito aos processos sociais, econômicos, culturais e políticos – com vistas à possibilidade de os indivíduos e também os povos participarem e fruírem de padrões mínimos em tais processos –, garantindo o incremento do bem-estar de toda a população e de seus indivíduos componentes.

5 Conclusão

Na obra do escritor Mia Couto, O último *voo do flamingo*, este entoa: "A cinza voa, mas o fogo é que tem asa".[50] As labaredas do pensamento vívido do Professor Doutor, agora, Ministro Luiz Edson Fachin ecoam – com suas asas – na vida daqueles que foram diretamente ou indiretamente tocados pelo seu calor.

Aos indiretamente vinculados fica a lição que todos haurimos: são todos herdeiros da construção de um saber crítico e constitucionalizado do direito civil – que não se restringiu apenas ao direito civil – mas transcendeu influenciando o currículo de formação do direito pátrio. A importância de suas lições sobre repersonalização, solidariedade e patrimônio mínimo, em tempos nefastos, em que o conservadorismo alimentado pela negação do diverso tem galgado cada vez mais espaço, fica ainda mais clara.

Brotam, assim, os vasos comunicantes em diálogo fecundo entre os mínimos – patrimônio mínimo e mínimo existencial – que foram, ainda que de modo breve, explorados neste artigo a fim de demonstrar, de um lado, sua pertinência e, de outro, as fronteiras do porvir que ainda podem se abrir. No relacionamento complexo do direito civil e do direito constitucional é sempre hora de (re)começar, assim que não existem pontos finais. O que subsiste ao lado dos diversos, e salutares, pontos de interrogação que brotam no caminhar acadêmico científico, são reticências de um relacionamento que se descortina diuturnamente consoante os ventos das relações sociais.

---

[49] SEN, Amartya. *Desenvolvimento como liberdade*. São Paulo: Cia das Letras, 2000. p. 17.
[50] COUTO, Mia. *O último voo do flamingo*. São Paulo: Cia das Letras, 2005. p. 205.

Àqueles que tiveram o privilégio de sorver não apenas das lições, mas também da convivência do Professor Luiz Edson Fachin, de todas as lições ensinadas, aquela que sobressai – não apenas pelas palavras, mas sobretudo pelo comportamento – é a da irresignação e do compromisso com um amanhã que não seja o pretérito requentado.

Recordamo-nos sempre do conselho que nos deu para nos mantermos firmes, mesmo com os firmamentos mais turvos, na crença de que nossos passos podiam tocar as estrelas. Sua trajetória – de Rondinha ao STF – mais uma vez reaviva nossa crença e dá sentido concreto aos ensinamentos de Helena Kolody: "pintou estrelas no muro e teve o céu ao alcance das mãos".[51]

Na constelação do direito civil brasileiro, o Professor Luiz Edson Fachin é estrela maior que, além de ter sua luz própria e brilhante, auxiliou e auxilia, com sua generosidade peculiar, todos os demais astros do firmamento a iluminar os dias de um amanhã mais próximo dos anseios constitucionais.

Informação bibliográfica deste texto, conforme a NBR 6023:2002 da Associação Brasileira de Normas Técnicas (ABNT):

FACHIN, Melina Girardi; GONÇALVES, Marcos Alberto Rocha. Reflexão sobre os mínimos: o diálogo civil constitucional da teoria do patrimônio mínimo com a noção de mínimo existencial. In: EHRHARDT JÚNIOR, Marcos; CORTIANO JUNIOR, Eroulths (Coord.). *Transformações no Direito Privado nos 30 anos da Constituição*: estudos em homenagem a Luiz Edson Fachin. Belo Horizonte: Fórum, 2019. p. 243-258. ISBN 978-85-450-0562-9.

---

[51] KOLODY, Helena. *Poesia mínima*. Curitiba: [s.n.], 1986.

O PATRIMÔNIO MÍNIMO EXISTENCIAL: A PROTEÇÃO AOS BENS DOS INDIVÍDUOS PARA ALÉM DOS BENS DE FAMÍLIA

JOSÉ BARROS CORREIA JUNIOR

PAULA FALCÃO ALBUQUERQUE

Introdução

A Constituição Federal de 1988 assumiu um papel concreto de direcionador do direito civil, apresentando-se como filtro axiológico quando da confecção, interpretação e aplicação das normas infraconstitucionais. O texto constitucional, também, passou a apresentar diretamente normas que fundamentam o direito das relações particulares.

Diante disso, alguns alicerces são colocados na CF/88 para orientar todo o atual direito civil, especialmente no sentido de deixar no passado o pensamento excessivamente liberal apresentado a partir do século XVIII, o qual individualizava os interesses privados.

Ao pensar que todo ordenamento jurídico brasileiro deve se curvar à Constituição Federal de 1988, inevitavelmente atrela-se o sistema jurídico do Brasil ao dever de observância do princípio da dignidade da pessoa humana. Sob essa perspectiva, o conjunto de direitos fundamentais apresentado pelo texto constitucional limita e conforma as normas infraconstitucionais para que estas consigam dar respaldo à proteção ao indivíduo para que este tenha uma vida digna.

Nesse contexto, a teoria do Estatuto Jurídico do Patrimônio Mínimo, idealizada por Luiz Edson Fachin, foi construída no sentido de descrever e garantir aos indivíduos, pelo menos, o mínimo patrimonial necessário para proteger a sua dignidade como pessoa humana. Esse ideário é reflexo da chamada repersonalização das relações jurídicas privadas – fruto da transformação do Estado Liberal em Estado Social –, que determina a necessária leitura do direito privado com base na Constituição Federal de 1988.

A proteção jurídica atual que se dá ao patrimônio mínimo do indivíduo pode ser, a princípio, visualizada quando da salvaguarda dos chamados bens de família, que, atualmente, recebem anteparo do direito no sentido de impor ao Poder Judiciário a abstenção de penhorá-los. Isso porque entende-se que esses bens estão relacionados direta e indiretamente com a guarida à entidade familiar.

A despeito de o bem de família estar realizando nas últimas décadas um bom trabalho no que diz respeito às entidades familiares, tem deixado a desejar com parcela razoável da sociedade, alheia a este conceito. A doutrina, a jurisprudência e, especialmente, o legislador, com a devida vênia, vinha mantendo uma definição equivocada do instituto, relacionando-o direta e obrigatoriamente com o instituto das famílias e inserindo-o erroneamente em nossa legislação civil no título das famílias.

Ocorre que, hodiernamente, não pode analisar a proteção patrimonial do indivíduo sob a perspectiva unicamente familiar, haja vista que o ser humano deve ser tutelado tanto socialmente como individualmente. Com isso, não se deve apenas salvaguardar os bens que guarnecem a família, mas, especialmente, os bens que garantem a cada indivíduo a sua existência digna.

Diante desse atual contexto e sob o manto da teoria do estatuto jurídico do patrimônio mínimo, o presente ensaio pretende fazer uma análise crítica acerca do tratamento ofertado ao patrimônio de cada pessoa em razão de sua existência e não apenas no contexto familiar.

Para tanto, inicialmente, far-se-á uma análise de como o ordenamento jurídico brasileiro tutela os chamados bens de família. Adiante, serão apresentados os fundamentos que garantem a existência digna para todos os indivíduos para, ao depois, discorrer acerca do patrimônio mínimo existencial.

1 Os bens de família no ordenamento jurídico brasileiro

O que se conhece hoje por bem de família foi delineado nos Estados Unidos, mais precisamente na República do Texas em 26.1.1839, através do *Homestead Exemption Act*. No início da independência americana, o país era eminentemente agrário e pobre, necessitando de investimentos na sua maioria de bancos europeus. Graças ao descontrole econômico pela emissão de dinheiro sem lastro e os gastos desmedidos, surgiu a crise econômica entre 1837 e 1839, forçando os bancos a exigirem o pagamento de seus créditos ou a constrição dos bens pertencentes aos devedores como forma de quitar ou diminuir seus prejuízos, sob pena de irem à falência verdadeiramente.

Criou-se um impasse: de um lado as instituições financeiras que garantiam o crescimento do país com seus investimentos, mas indo à falência e, de outro lado, cidadãos de todo o país que arriscavam perder tudo e engrossar uma massa de desempregados e famintos. Surge como medida protetiva destes o *Homestead Exemption Act* que disporia do assunto da seguinte forma:

> De e após a passagem desta lei, será reservado a todo cidadão ou chefe de uma família, nesta República, livre e independente do poder de um mandado de *fieri facias* ou outra execução, emitido por qualquer Corte de jurisdição competente, 50 acres de terra, ou um terreno na cidade, incluindo o bem de família dele ou dela, e melhorias que não excedam a 500 dólares, em valor, todo mobiliário e utensílios domésticos, provendo para que não excedam o valor de 200 dólares, todos os instrumentos (utensílios, ferramentas) de lavoura (providenciando para que não excedam a 50 dólares), todas ferramentas, aparatos e livros pertencentes ao comércio ou profissão de qualquer cidadão, cinco vacas de leite, uma junta de bois para o trabalho ou um cavalo, vinte porcos e provisões para um ano; e todas as leis

ou partes delas que contradigam ou se oponham aos preceitos deste ato, são ineficazes perante ele. Que seja providenciado que a edição deste ato não interfira com os contratos entre as partes, feitos até agora (Digest of the Laws of Texas, §3.798).[1]

Observe-se que o intuito foi justamente garantir um patrimônio mínimo às necessidades vitais básicas do povo texano. Com a unificação ao território americano em 1845, o *Homestead Act* espalhou-se pelos demais estados e, logo após, pelos demais países, na França como *bien de famille*, na Itália como *patrimonio familiare*, em Portugal como *casal de família*.

No Brasil o bem de família foi introduzido pelo Código Civil de 1916 em seu art. 70, na sua parte geral. Aquele bem de família era ligado à entidade familiar e definido de forma voluntária pelo seu chefe por registro de escritura pública. A impenhorabilidade caberia sempre que o débito fosse superveniente à sua instituição, sendo, com isso, inalienável sem o consentimento de interessados.

Esta ideia perdurou até que em 1990 foi aprovada a Lei nº 8.009, que regulou o bem de família legal ou involuntário, ampliando a ideia do instituto. Em janeiro de 2003, com a vigência do atual Código Civil de 2002, foi modificado o bem de família voluntário, respeitando-se as determinações do bem de família legal de 1990. Destarte, atualmente no Brasil existem duas espécies de bem de família: o voluntário e o legal ou involuntário.

Para o Código Civil em vigor, especificamente o art. 1.711, pode o casal ou a entidade familiar voluntariamente definir por escritura pública ou por testamento até um terço do seu patrimônio líquido como bem de família. Definido tal bem, ele passará a ser impenhorável e inalienável.[2]

Observe-se que tal espécie de bem de família é claramente reservada àqueles que tenham um patrimônio próprio e normalmente vasto, pois, aqueles que fazem parte da maioria do país não têm imóvel residencial próprio ou, quando têm, é o único. Ademais, merece outras críticas esta forma de bem de família. O Estatuto das Famílias do IBDFam assevera de forma clara e hialina que tal categoria de bem de família é usada normalmente para fraudar credores, devendo manter apenas a vitoriosa experiência do bem de família legal. Deve-se concordar com tal postura, por ambos os motivos, primeiro por ser o instituto sujeito a fraudes devendo ser revogado do Código Civil, depois porque a Lei nº 8.009/90 de forma efetiva já protege àqueles que possam ser privados do mínimo existencial.

A Lei nº 8.009/90, por sua vez, entende como bem de família o bem imóvel e os móveis que o guarneçam pertencentes ao casal ou à entidade familiar, sendo, portanto, impenhoráveis à exceção das próprias previsões legais.[3]

---

[1] AZEVEDO, Álvaro Vilaça. *Bem de família internacional (necessidade de unificação)*. Disponível em: <http://www.sisnet.aduaneiras.com.br/lex/doutrinas/arquivos/200407.pdf>. Acesso em: 25 nov. 2008.

[2] Código Civil: "Art. 1.711. Podem os cônjuges, ou a entidade familiar, mediante escritura pública ou testamento, destinar parte de seu patrimônio para instituir bem de família, desde que não ultrapasse um terço do patrimônio líquido existente ao tempo da instituição, mantidas as regras sobre a impenhorabilidade do imóvel residencial estabelecida em lei especial" (BRASIL. *Código Civil*. Disponível em: <http://www.planalto.gov.br/ccivil_03/Leis/2002/L10406.htm>. Acesso em: 29 maio 2018).

[3] Lei nº 8.009/90: "Art. 1º O imóvel residencial próprio do casal, ou da entidade familiar, é impenhorável e não responderá por qualquer tipo de dívida civil, comercial, fiscal, previdenciária ou de outra natureza, contraída pelos cônjuges ou pelos pais ou filhos que sejam seus proprietários e nele residam, salvo nas hipóteses previstas nesta Lei" (BRASIL. *Lei n.º 8.009/90*. Disponível em: <http://www.planalto.gov.br/ccivil_03/leis/L8009.htm>. Acesso em: 29 maio 2018).

Aqui não é necessária a existência de um registro, muito menos de limites mínimos para a sua proteção. O bem de família legal deve ser protegido independentemente da vontade ou do tamanho do patrimônio de quem nele habite ou dele se utilize.[4]

Entretanto, destaca-se, na definição do bem de família voluntário e do bem de família legal, que o imóvel residencial, urbano ou rural deve pertencer a um casal ou a uma entidade familiar. Diante disso é que surge o seguinte problema: como ficariam os solteiros celibatários? Como ficariam os solteiros, viúvos, separados e divorciados que vivam na mais profunda solidão? Certamente não haverá entidade familiar a ser protegida, mas a proteção do bem de família se dá quanto à família ou a outros direitos e garantias?

Para Cristiano Chaves "a família é *locus* privilegiado para garantir a dignidade humana e permitir a realização plena do ser humano".[5] Realmente a família é o *locus* precípuo para a garantia da dignidade humana, porém, não o único. Como mencionado, a dignidade como direito geral é afeita aos indivíduos que convivam em entidades familiares, mas também ao ser humano sozinho.

Para entender os motivos determinantes deste texto, se deve analisar o bem de família em seus fundamentos. Mais do que isso, vale lançar mão do entendimento doutrinário e jurisprudencial dos últimos anos que levaram à clarificação do tema. E quais seriam os fundamentos para a sua caracterização? A despeito do que se pode entender e ao erro induzido pelo próprio legislador, o bem de família não tem como fundamento precípuo a proteção da família. O fundamento do bem de família é a dignidade da pessoa humana e, sendo a dignidade um direito genérico, não só os que vivam em família devem ter a sua garantia, mas até mesmo quem viva na solidão.[6]

O grande problema sempre foi entender e definir o que é dignidade humana, como ela influencia a aplicação do direito civil e a proteção ao patrimônio, de acordo com a Constituição Federal de 1988. Até pouco tempo, a própria incidência nas relações entre particulares era mitigada e questionada.

2 A repersonalização do direito civil e a dignidade humana

O constitucionalismo nada mais é do que um movimento político-ideológico que passou a frenar e dar contornos aos poderes dos governantes, isto é, "é a teoria (ou ideologia) que ergue o princípio do governo limitado indispensável à garantia dos direitos em dimensão estruturante da organização político-social de uma comunidade",[7] como assevera J. J. Gomes Canotilho. As primeiras Constituições modernas, além de estabelecerem um plano político de organização do Estado, também limitavam o poder dos governantes e consagravam proteção aos direitos fundamentais do cidadão.

---

[4] Não ocorre da mesma forma com a qualidade do bem, visto que bens considerados adornos suntuosos não se enquadrariam na condição de bem de família e, portanto, seriam afastados de impenhorabilidade.

[5] FARIAS, Cristiano Chaves de. *A família da pós-modernidade*: em busca da dignidade perdida. Disponível em: <http://www.revistapersona.com.ar/Persona09/9farias.htm>. Acesso em: 10 nov. 2008.

[6] Sejam solteiros, viúvos, separados, divorciados, entre outros.

[7] CANOTILHO, J. J. Gomes. *Direito constitucional e teoria da Constituição*. 6. ed. Coimbra: Almedina, 1998. p. 51.

Os direitos fundamentais dos cidadãos gravitavam em torno dos direitos individuais chamados de primeira geração ou dimensão, que tinham inspiração jusnaturalista, entre os quais se destacavam a igualdade e a liberdade. Essa liberdade pode ser desdobrada em diversas liberdades, como a de locomoção, pensamento, voto, criação intelectual, informação, profissão e de desenvolvimento de atividades econômicas, inclusive de contratação.[8]

Ao cuidar dessa liberdade, era o campo econômico-patrimonial que ganhava maior atenção, no sentido de que as relações econômicas eram livres e com pouquíssimas intervenções ou regulações do Estado. Nessa época, "as normas estatais protetoras do indivíduo buscavam assegurar tão somente o espaço de liberdade econômica, protegendo o cidadão contra o próprio Estado",[9] sendo as eventuais limitações ínfimas e apenas as extremamente necessárias para manter o convício social. Não havia preocupação com a condição de indivíduo. Tratava-se de uma liberdade econômica formal que, sob o enfoque contratual, permitia a possibilidade de os indivíduos negociarem de acordo com as próprias vontades sem que o Estado pudesse interferir em suas vontades.

É certo que as constituições da época não cuidavam diretamente do direito civil. Todavia, ao fornecer essa liberdade, deixavam os indivíduos com poderes de negociação de modo a transacionarem sem preocupações com equilíbrio das negociações ou proteção existencial.

Ao analisar o contexto social da época, que tinha como propósito combater o regime absolutista e o autoritarismo governamental, essa liberdade significava segurança para realização de negócios, visto que o Estado deve se abster de intervir nas contratações, salvo em situações excepcionais para manter a pacificação social. Porém, pouco se preocupava com os reflexos existenciais dos contratantes ou se as consequências afrontariam ou não a vida digna destes.

Foi nesse contexto que a codificação civil foi construída, sob o suporte de uma ampla liberdade de negociação, concedendo uma segurança aos contratantes de que a palavra seria mantida e solidificando os valores liberais da época, independentemente da situação existencial do indivíduo. Natalino Irti afirma que o mundo da segurança era o mundo dos códigos, porquanto podia-se traduzir de forma sucessiva, em seus artigos, os ideais do liberalismo contra a interferência indevida do poder político.[10]

O Código Civil de 1916 foi redigido sob a égide do Estado Liberal, sob influências sociais, políticas e econômicas vigentes ao final do século XIX, contudo, desde o início do século XX, deu-se início na Europa e no mundo ao Estado Social, fazendo com que a legislação constitucional e infraconstitucional de todo o mundo fosse drasticamente reformulada.

Enquanto o Estado Liberal se caracterizava pela ascensão do poder econômico e político da burguesia, fazendo com que o absolutismo monárquico do Estado anterior fosse substituído por um primeiro estágio de conquista de liberdades e posteriormente pela sua exploração, o Estado Social surge com a busca da justiça social, que seria a ideia

---

[8] SARLET, Ingo Wolfgang. *A eficácia dos direitos fundamentais*: uma teoria geral dos direitos fundamentais na perspectiva constitucional. 10. ed., rev. atual. e ampl. Porto Alegre: Livraria do Advogado, 2009.
[9] FACCHINI NETO, Eugênio. Reflexões histórico-evolutivas sobre a constitucionalização do direito privado. In: SARLET, Ingo Wolfgang (Org.). *Constituição, direitos fundamentais e direito privado*. 3. ed. rev. e ampl. Porto Alegre: Livraria do Advogado, 2010. p. 44.
[10] IRTI, Natalino. *L'etá della decodificazione*. 4. ed. Milano: Giuffré, 1999. p. 23.

central. É a substituição do *laissez-faire* do Estado Liberal, que primava basicamente pela manutenção da ordem e da segurança, pelo *Welfare State* do Estado Social, que procurava "a progressiva eliminação das desigualdades sociais".[11]

No Brasil, o Estado passou a adotar uma postura mais intervencionista, mitigando o Código Civil liberal de 1916 quando da existência de excessos individualistas e egoístas, e tolhendo o regramento acerca da ampla concessão de liberdade para cuidar de interesses exclusivamente individuais e/ou patrimoniais. Outrossim, diante da dificuldade de modificar e adequar a codificação à nova realidade social, desenvolveram-se diversos microssistemas legislativos que trouxeram novos contornos para as relações privadas –[12] fenômeno chamado de descodificação.

Esse processo de mudança – fundado nos ideais do Estado Social – permitiu que o direito privado fosse, paulatinamente, sendo humanizado, alicerçado sempre pela dignidade da pessoa humana. Solidificando tal ideário, a Constituição Federal de 1988, ao elencar um rol de direitos e garantias fundamentais, passou a cuidar direta e indiretamente, em várias passagens, do direito civil, da pessoa e do seu patrimônio. Trata-se, pois, do fenômeno da constitucionalização do direito civil, que se funda na dignidade da pessoa humana e nos valores sociais dos institutos jurídicos.

Como muito bem destacam Paulo Luiz Netto Lôbo, Luiz Edson Fachin e Gustavo Tepedino, o direito privado moderno passou no final do século passado por uma verdadeira reformulação principiológica, repersonalizando-se, uma verdadeira virada de Copérnico. Nas palavras de Luiz Edson Fachin e Carlos Eduardo Pianovski, a repersonalização do direito "trata-se de revisitar, de algum modo, a ideia de que o ser humano é dotado de dignidade, e que constitui fim em si próprio".[13]

O português Orlando de Carvalho foi quem primeiro escreveu sobre a teoria da repersonalização do direito civil, trazendo há mais de duas décadas a ideia de que o direito civil, conhecido como o mais patrimonialista de todos os ramos do direito, retornasse à sua origem antropocêntrica, repersonalizando todas as suas relações e recolocando o ser humano como o fim de toda relação jurídica.

> A repersonalização do direito civil, ou a polarização da teoria em volta da pessoa, que lá se preconiza, não parte de nenhum parti-pris filosófico jusnaturalista ou personalista, mesmo no estilo de Mounier [...] do que se trata é pura e simplesmente de, sem nenhum compromisso com qualquer forma de liberalismo econômico e com qualquer espécie de retorno a um individualismo metafísico, repor o indivíduo e os seus direitos no topo da regulamentação *jure civile*, não apenas como o ator que aí privilegiadamente intervém, mas sobretudo, como o móbil que privilegiadamente explica a característica técnica dessa regulamentação.[14]

Posteriormente, Edgar de Godói da Mata-Machado, ao se referir a um processo de personalismo jurídico sofrido pelo direito civil, definindo que o bem comum

---

[11] COMPARATO, Fábio Konder. *A afirmação histórica dos direitos humanos*. São Paulo: Saraiva, 2007. p. 339.

[12] FACHIN, Luiz Edson. O direito que foi privado: A defesa do pacto civilizatório emancipador e dos ataques a bombordo e a boreste. *Revista de Informação Legislativa*, v. 45, n. 179, p. 207-217, jul./set. 2008.

[13] FACHIN, Luiz Edson; PIANOVSKI, Carlos Eduardo. A dignidade da pessoa humana no direito contemporâneo: uma contribuição à crítica da raiz dogmática do neopositivismo constitucionalista. *Revista Trimestral de Direito Civil*, v. 9, n. 35, p. 101-120, jul./set. 2008.

[14] CARVALHO, Orlando de. *A teoria geral da relação jurídica*. Coimbra: Centelha, 1981. p. 10.

"a ser assegurado pelo direito é um bem de todos e de cada uma das partes – um bem comum de pessoas humanas", voltado à realização de interesses "que tocam aspirações mais concretas e vitais, pois derivam do próprio modo de existência do homem como participante da comunidade".[15] Um efetivo processo de revalorização da pessoa humana concreta.

Ao ler a obra de Mata-Machado, Paulo Lôbo escreve sobre a repersonalização do direito civil no sentido de demonstrar que a evolução do Estado de ideais liberais para sociais levou também a uma transformação do direito, partindo de um perfil patrimonialista liberal para repersonalizar as suas relações, humanizando-as novamente, conforme feito no *Welfare State*.[16] O que se verifica é que a repersonalização não tira a importância do patrimônio para o direito, pelo contrário, continua sendo importante objeto de estudo e proteção do direito, bem como verdadeiro instrumento de realização da pessoa, mas de nada adianta a sua proteção sem que se tenha em mente que antes dele virão os seres humanos, as atuais e futuras gerações. Disso se aprofundam ideias como a função social da propriedade, dos contratos e da empresa, sem perder de vista outros princípios como a boa-fé objetiva e o solidarismo jurídico.

Com isso, o atual Código Civil modificou de forma precisa os paradigmas do direito privado brasileiro, em especial com a aplicação de princípios do Estado Social, tais como: socialidade, eticidade e operabilidade.[17] Tais princípios tiveram a função de humanizar o direito privado brasileiro e repersonificar as relações desta natureza.[18]

Antes as regras de hermenêutica constitucional eram baseadas em regras civis infraconstitucionais, conflitando com toda a ideia de hierarquia e controle constitucional existente desde John Marshall. Hodiernamente, interpreta-se a legislação infraconstitucional em consonância com a legislação constitucional, respeitando-se, assim, hierarquia das normas jurídicas.

A Constituição Federal de 1988 determina o respeito à dignidade humana. Todavia, apontar o real significado de dignidade consiste em uma tarefa difícil, especialmente diante do fato de comportar diversos valores atrelados. Para Humberto Ávila, a dignidade humana, de tão importante, deve ser tratada como um sobreprincípio, possuindo a função de atribuir unidade de razão aos demais princípios constitucionais.[19]

Salienta-se que não deve existir uma conceituação objetiva e universal para descrever a dignidade da pessoa. Esse conceito varia no tempo e no espaço de acordo com as necessidades dos indivíduos. Porém, uma coisa é certa: tratar da dignidade humana é cuidar do indivíduo de maneira concreta, isto é:

> O princípio da dignidade da pessoa humana, como bem se pode observar, deve fazer referência à proteção da pessoa concreta, não se reduzindo ao "sujeito virtual" abstratamente

---

[15] MATA-MACHADO, Edgar de Godoi da. *Contribuição ao personalismo jurídico*. Belo Horizonte: Del Rey, 2000. p. 234.

[16] LÔBO, Paulo Luiz Netto. *Constitucionalização do direito civil*. Disponível em: <http://jus2.uol.com.br/doutrina/texto.asp?id=507>. Acesso em: 28 ago. 2007.

[17] FERREIRA, Aparecido Hernani (Org.). *O Novo Código Civil discutido por juristas brasileiros*. Campinas: Bookseller, 2003. *Passim*.

[18] LÔBO, Paulo Luiz Netto. *Constitucionalização do direito civil*. Disponível em: <http://jus2.uol.com.br/doutrina/texto.asp?id=507>. Acesso em: 28 ago. 2007.

[19] ÁVILA, Humberto. *A teoria dos princípios* – Da definição à aplicação dos princípios jurídicos. 12. ed. São Paulo: Malheiros, 2011. p. 98.

considerado, reputado como mero elemento da relação jurídica ou centro de imputação. Não se trata, pois, como será demonstrado adiante, do sujeito de direito da codificação civil, que se coloca em uma dimensão abstrata, mas, sim, da pessoa concretamente considerada.[20]

Ao observar o indivíduo de forma não abstrata, tem-se que a dignidade humana se baseia, entre outros fundamentos, no princípio do mínimo existencial.

> O mínimo existencial seria, nesse contexto, o conjunto de condições e circunstâncias materiais mínimas a que tem direito todo ser humano, revelando-se como o núcleo irredutível da dignidade humana, cuja concretização, como dito, fora eleita no Estado de Direito, agora Estado Democrático de Direito, como principal objetivo dos poderes estatais.[21]

Tal garantia passa das relações públicas às relações de direito privado, servindo o Estado como verdadeiro árbitro e guardião daqueles que sejam privados desta garantia, mesmo que contra o próprio Estado, discordando daqueles que defendem que contra o Estado não se pode alegar o princípio do mínimo existencial.[22] Se assim fosse, a proteção da impenhorabilidade do patrimônio mínimo seria exercitada apenas contra particulares, mas em verdade se faz contra estes, e também contra o próprio Estado.

É importante ressaltar, entretanto, que o mínimo existencial não importa dizer que o Estado fique restrito às defesas e garantias mínimas do indivíduo, muito menos que seja restrito aos pobres, como defendem alguns autores.[23] É em atenção à dignidade – direito geral de todo e qualquer indivíduo, não interessando raça, credor ou condição social – que a proteção do mínimo existencial deve ser estendida para todos e entendida por todos. Não se está pregando o retorno do *laissez-faire*, muito pelo contrário.

Foi sob esse fundamento que a proteção ao bem de família foi construído, na intenção de dar guarida aos indivíduos no contexto familiar, especialmente garantindo o mínimo necessários para a proteção das relações familiares existenciais.

Immanuel Kant, de forma genial em sua obra *Fundamentação da metafísica dos costumes*, conceituou dignidade como tudo aquilo que não tenha um valor econômico. Para ele, as coisas ou são disponíveis e fungíveis, ou não. Ou têm um preço, ou têm dignidade. Tudo aquilo que não tenha preço será dignidade.

> No reino dos fins tudo tem ou um preço ou uma dignidade. Quando uma coisa tem um preço, pode-se pôr em vez dela qualquer outra como equivalente; mas quando uma coisa está cima de todo o preço, e, portanto, não permite equivalente, então tem ela dignidade. O direito à vida, à honra, à integridade física, à integridade psíquica, à privacidade, dentre outros, são especialmente tais, pois, sem eles, não se concretiza a dignidade humana.[24]

---

[20] FACHIN, Luiz Edson; PIANOVSKI, Carlos Eduardo. A dignidade da pessoa humana no direito contemporâneo: uma contribuição à crítica da raiz dogmática do neopositivismo constitucionalista. *Revista Trimestral de Direito Civil*, v. 9, n. 35, p. 101-120, jul./set. 2008.

[21] SANTOS, Joyce Araújo dos. Aspectos fundamentais do princípio da dignidade da humana e sua relação com a evolução do estado de direito: a dignidade como vetor na ponderação de interesses. *Revista Palavra Mundo Direito*, Maceió, ano 1, n. 1, jun./dez. 2008.

[22] BARCELLOS, Ana Paula de. O mínimo existencial e algumas fundamentações: John Rawls, Michael Walzer e Robert Alexy. In: TORRES, Ricardo Lobo (Org.). *Legitimação dos direitos humanos*. Rio de Janeiro/São Paulo: Renovar, 2002.

[23] RIBEIRO, Ricardo Silveira. Críticas à perspectiva do mínimo existencial a partir de uma Teoria das necessidades humanas fundamentais. *Revista Idéia Nova*, Recife, ano 2, n. 2, jun./jul. 2004.

[24] KANT, Immanuel. *Fundamentos da metafísica dos costumes e outros escritos*. Tradução de Paulo Quintela. Lisboa: Edições 70, 1986. p. 77.

Dessa forma, poder-se-ia definir dignidade humana como o conjunto das necessidades vitais básicas do ser humano sem mensuração econômica direta. O mínimo, não para uma mera sobrevivência, mas para uma vida digna e plena. Com isto não se quer dizer que este ser humano acabe tendo acesso a todos os bens da vida, mas ao menos aos bens da vida básicos.

Mesmo sendo uma das mais desrespeitadas, a dignidade humana é uma das garantias e um dos princípios de maior importância da Constituição Federal, em especial na de 1988, construindo-se sobre ela a própria República Federativa (art. 1º, inc. III).

Alguns poderiam dizer neste momento que exigir certos e determinados direitos ao brasileiro seria um exagero, pois vivemos em um país em desenvolvimento e, por que não dizer, na sua maior parte, pobre. Realmente, falar em proteção à constrição judicial de quem não tem sequer moradia própria poderia parecer um acinte, mas se deve lembrar que bem de família vai além do imóvel atingindo neste momento, perpassando por diversos bens de cada cidadão brasileiro. O bem de família é o imóvel residencial, mas também os móveis que o guarneçam.

Ademais, poderiam dizer que a proteção das necessidades vitais básicas em um país como o Brasil seria diferente de um país de primeiro mundo, devendo nivelá-las por baixo. Ousamos discordar. Como Kant definiu, dignidade é tudo aquilo que não tem preço, a saber, moradia, lazer, educação, alimentação, saúde, entre outros direitos. Como mencionado, é o mínimo a uma vida plena.

É justamente o que Ingo Sarlet entende por dignidade humana:

> [...] a qualidade intrínseca e distintiva de cada ser humano que o faz merecedor do mesmo respeito e consideração por parte do Estado e da comunidade, implicando, neste sentido, um complexo de direitos e deveres fundamentais que assegurem a pessoa tanto contra todo e qualquer ato de cunho degradante e desumano, como venham a lhe garantir as condições existenciais mínimas para uma vida saudável, além de propiciar e promover sua participação ativa e co-responsável nos destinos da própria existência e da vida em comunhão com os demais seres humanos.[25]

Disto, passa-se a entender que o dito bem de família como patrimônio mereceria a proteção da impenhorabilidade graças à dignidade dos que lá convivam e dele se utilizem, mas não porque pertençam a uma entidade familiar.

3 A proteção dos bens para além das famílias

A proteção ao bem de família, não sendo absoluta, como se verá adiante, tem exceções trazidas pelo próprio legislador, exceções estas que usam como parâmetro uma relação de valores baseados, por que não dizer, no próprio princípio da função social da propriedade (CF, art. 5º, inc. XXIII).

A função social da propriedade deve ser encarada de forma híbrida. Para muitos ela aparece tão somente como conjunto de deveres do proprietário, porém, ela vai além. A função social da propriedade rege os deveres de conduta do proprietário no seu

---

[25] SARLET, Ingo Wolfgang. *Dignidade da pessoa humana e direitos fundamentais*. Porto Alegre: Livraria do Advogado, 2002. p. 62.

uso, mas também deve orientar o Estado em suas políticas públicas para garantir ao proprietário que cumpra com seus deveres, a sua utilização regular, quando os valores a serem protegidos forem menores do que o direito de moradia, de lazer, de alimentação etc.

A própria Constituição Federal garante que tais direitos seriam mínimos à existência do cidadão e, em alguns casos, verdadeiros direitos fundamentais. É o que se vislumbra com o direito de moradia, trazido pela Emenda Constitucional nº 26 à Carta Federal de 1988 como direito social fundamental, devendo ser protegido até que valor maior seja ofendido.[26]

Os extremamente legalistas neste ponto questionariam quais seriam, porém, os parâmetros legais para a definição de um mínimo existencial no direito brasileiro. Seria garantir a sobrevivência do cidadão? Vimos que não. A dignidade vai além da mera sobrevivência. Um dos parâmetros legais possivelmente utilizados para a definição deste mínimo seria encontrado no art. 7º do texto constitucional que, apesar de destacar direitos do trabalhador, por analogia, poderia nos ajudar a definir parâmetros básicos ao princípio do mínimo existencial. Vale ressaltar que tal dispositivo serve como mero parâmetro e não fator determinante e exaustivo do mínimo existencial.[27]

A revelia de todos esses direitos e garantias baseados na Constituição Federal vigente, houve quem entendesse que o bem de família deveria ser interpretado e relacionado tão somente às entidades familiares, deixando à margem da proteção legal e, por que dizer, da dignidade humana, aqueles que vivessem na solidão. Cortes como o Tribunal de Justiça do Distrito Federal, Tribunal de Justiça do Rio Grande do Sul e o próprio Superior Tribunal de Justiça interpretavam a legislação de forma exclusivamente gramatical e divorciada do texto constitucional e de seus princípios mais comezinhos:

AGRAVO DE INSTRUMENTO – PENHORA – BEM DE FAMÍLIA – EXECUTADO SOLTEIRO – O bem que a Lei nº 8.009/90 protege é o da família e não o do devedor. Por isso, é penhorável o bem do executado solteiro.[28]

DIREITO CIVIL – DIREITO PROCESSUAL CIVIL – BEM DE FAMÍLIA – ANÁLISE DA PROVA – NÃO COMPROVAÇÃO DE QUE O IMÓVEL SE DESTINA À RESIDÊNCIA DA FAMÍLIA – Mesmo que tenha o executado se mudado para o imóvel após efetivada a citação, não pode o mesmo ser considerado bem de família, isto porque a citada lei protege o imóvel que abriga o casal ou entidade familiar e não o devedor solteiro que mora sozinho.[29]

---

[26] CF/88: "Art. 6º São direitos sociais a educação, a saúde, a alimentação, o trabalho, a moradia, o transporte, o lazer, a segurança, a previdência social, a proteção à maternidade e à infância, a assistência aos desamparados, na forma desta Constituição" (BRASIL. *Constituição Federal de 1988*. Disponível em: <http://www.planalto.gov.br/ccivil_03/Constituicao/Constituicao.htm>. Acesso em: 29 maio 2018).

[27] CF/88: "Art. 7º São direitos dos trabalhadores urbanos e rurais, além de outros que visem à melhoria de sua condição social: [...] IV - salário mínimo, fixado em lei, nacionalmente unificado, capaz de atender a suas necessidades vitais básicas e às de sua família com moradia, alimentação, educação, saúde, lazer, vestuário, higiene, transporte e previdência social [...]" (BRASIL. *Constituição Federal de 1988*. Disponível em: <http://www.planalto.gov.br/ccivil_03/Constituicao/Constituicao.htm>. Acesso em: 29 maio 2018).

[28] RIO GRANDE DO SUL. Tribunal de Justiça. *Agravo de Instrumento nº 598305761*. 9ª C. Cív., Rel. Des. Tupinambá P. de Azevedo, j. 23.2.1999.

[29] DISTRITO FEDERAL. Tribunal de Justiça. EI 4018797, 2ª C. Cív., Relª Desª Carmelita Brasil. *DJU*, 16 set. 1998.

IMPENHORABILIDADE. LEI Nº 8.009, DE 29.3.90. EXECUTADO SOLTEIRO QUE MORA SOZINHO. A Lei nº 8.009/90 destina-se a proteger, não o devedor, mas a sua família. Assim, a impenhorabilidade nela prevista abrange o imóvel residencial do casal ou da entidade familiar, não alcançando o devedor solteiro, que reside solitário. Recurso especial conhecido e provido parcialmente.[30]

Divorciado de qualquer hermenêutica constitucional, as Cortes brasileiras protegiam o bem de família pela existência de entidade familiar e não pelos seus reais fundamentos. O título levava a um conceito limitado e a uma proteção imprecisa e incorreta. Evoluindo esta visão ultrapassada, os Tribunais passaram a decidir sob fundamento da dignidade da pessoa humana, do mínimo existencial e das necessidades vitais básicas, considerando a proteção da impenhorabilidade para além das entidades familiares, protegendo também os indivíduos solitários.

PROCESSUAL - EXECUÇÃO - IMPENHORABILIDADE - IMÓVEL - RESIDÊNCIA - DEVEDOR SOLTEIRO E SOLITÁRIO - LEI 8.009/90. A interpretação teleológica do art. 1º, da Lei 8.009/90, revela que a norma não se limita ao resguardo da família. Seu escopo definitivo é a proteção de um direito fundamental da pessoa humana: o direito à moradia. Se assim ocorre, não faz sentido proteger quem vive em grupo e abandonar o indivíduo que sofre o mais doloroso dos sentimentos: a solidão. É impenhorável, por efeito do preceito contido no art. 1º da Lei 8.009/90, o imóvel em que reside, sozinho, o devedor celibatário.[31]

Mesmo assim, até outubro de 2008, as decisões eram extremamente divergentes quando o Superior Tribunal de Justiça editou a Súmula nº 364, trazendo luz à matéria e resolvendo uma das maiores injustiças do direito nos últimos séculos, fazendo com que a proteção do denominado bem de família vá além das entidades familiares, a saber, "o conceito de impenhorabilidade de bem de família abrange também o imóvel pertencente a pessoas solteiras, separadas e viúvas".[32]

Destaque-se a discordância deste texto com a posição de alguns autores que têm insistido na insubsistente "família unipessoal". Euclides de Oliveira, com a devida vênia, destaca que a súmula trata da "proteção à 'família unipessoal', em resguardo ao seu sagrado direito de moradia".[33] Ocorre que a família pressupõe uma relação jurídica socioafetiva e, consequentemente, pluripessoal, não existindo a família unipessoal, mas uma modificação hermenêutica do bem de família, interpretando a legislação infraconstitucional conforme a constituição em suas regras e princípios.

A "criação" de uma família unipessoal teve cunho único e exclusivo de proteger pessoas solteiras, viúvas, divorciadas e celibatárias em seu direito de moradia diante de credores em geral. O grande problema é que este tipo de desvirtuamento de categorias basilares do direito, de longa data, mais tem atrapalhado do que ajudado o desenvolvimento dos institutos jurídicos. É o que ocorreu com a criação da figura da "sociedade

---

[30] BRASIL. Superior Tribunal de Justiça. RESP 169239/SP, 4ª Turma, Rel. Min. Barros Monteiro. *DJU*, 19 mar. 2004.
[31] BRASIL. Superior Tribunal de Justiça. RESP 450989/RJ, 3ª Turma, Rel. Min. Humberto Gomes de Barros. *DJU*, 7 jun. 2004.
[32] BRASIL. Superior Tribunal de Justiça. Súmula n.º 364, Rel. Min. Eliana Calmon. *DJU*, out. 2008.
[33] OLIVEIRA, Euclides de. Agora é súmula: bem de família abrange imóvel de pessoa solteira. *IBDFam*. Disponível em: <http://www.ibdfam.org.br/?artigos&artigo=459>. Acesso em: 30 nov. 2008.

conjugal", dando caráter econômico e patrimonial a entidades familiares que têm caráter eminentemente afetivo.

Na realidade, o que se constata disso tudo é que o instituto do "bem de família" é tema erroneamente deslocado para o direito de família, devendo estar disposto nas regras gerais do Código Civil, ou mesmo em lei especial, devendo ser denominado "patrimônio mínimo existencial", tal qual denominado por Luiz Edson Fachin em sua obra *Estatuto jurídico do patrimônio mínimo*.[34]

Na Itália hoje é denominado de *fondo patrimoniale*, não mais relacionado à família, muito mais apropriado do que o antigo *patrimonio familiare*. O próprio *Homestead Exemption Act* previa não só a proteção à família, mas também a qualquer cidadão texano, mesmo que solteiro e celibatário. Tal qual no direito italiano e de outros países, bem como vem fazendo a própria jurisprudência nacional, o direito brasileiro deveria reformular a ideia de bem de família, evoluindo-a para a de patrimônio mínimo existencial.

A legislação que regulasse o patrimônio mínimo existencial poderia, de forma exemplificativa, enumerar os possíveis bens impenhoráveis que correspondessem às necessidades vitais básicas de cada indivíduo, não se restringindo ao imóvel residencial urbano ou à propriedade rural com os móveis que o guarnecem, mas também outros que o legislador considere impenhoráveis sem um estudo profundo dos seus motivos, como ocorre com os instrumentos de trabalho. É patrimônio mínimo existencial o automóvel do taxista. Também o é o único imóvel que a pessoa loque para o seu sustento.

Como dito, exceções, porém, existem à proteção do patrimônio mínimo existencial e seriam aquelas atual e legalmente previstas para o bem de família com pequenas restrições. Como mencionado também, deve se interpretar o assunto de acordo com uma escala de valores jurídicos. Sempre que os valores jurídicos relacionados ao patrimônio mínimo existencial forem inferiores a outros, se afastará a impenhorabilidade dos bens.

Robert Alexy,[35] utilizando-se de critérios de proporcionalidade, entende que, havendo conflito entre valores protegidos pelo direito, deveriam tais valores ser avaliados numa relação de custo-benefício, pendendo a proteção para o lado que existir a maximização do benefício com a minimização do custo, não em sentido econômico, mas jurídico-valorativo.

Pela aplicação deste princípio de ponderação de valores, as exceções à impenhorabilidade seriam, a grosso modo, aquelas já previstas pela legislação em vigor, a saber: I) pelo titular do crédito decorrente do financiamento destinado à construção ou à aquisição do imóvel, no limite dos créditos e acréscimos constituídos em função do respectivo contrato; II) pelo credor da pensão alimentícia, resguardados os direitos, sobre o bem, do seu coproprietário que, com o devedor, integre união estável ou conjugal, observadas as hipóteses em que ambos responderão pela dívida; III) para cobrança de impostos, predial ou territorial, taxas e contribuições devidas em função do imóvel familiar; IV) para execução de hipoteca sobre o imóvel oferecido como garantia real pelo casal ou pela entidade familiar; V) por ter sido adquirido com produto de crime ou para execução de sentença penal condenatória a ressarcimento, indenização ou perdimento de bens; VI) por obrigação decorrente de fiança concedida em contrato de locação.

---

[34] FACHIN, Luiz Edson. *Estatuto jurídico do patrimônio mínimo*. Rio de Janeiro: Renovar, 2006.
[35] ALEXY, Robert. *Teoria de los derechos fundamentales*. Madrid: Centro de Estudios Políticos y Constitucionales, 2002. *Passim*.

Observe-se que alguns valores superam em uma escala de custo-benefício aquele protegido pelo patrimônio mínimo existencial, como ocorre nos itens II, III e V. Em outros casos, o afastamento da proteção se dá por mera liberalidade da parte que abre mão dela em prol de interesses pessoais, como ocorre nos itens I e IV.

Há ainda na legislação vigente a possibilidade de penhora do bem de família por obrigação decorrente de fiança concedida em contrato de locação, o que, particularmente, entende-se ser inconstitucional, pois, na ponderação de valores, a proteção do crédito está aquém da do patrimônio mínimo, ofendendo o princípio da dignidade da pessoa humana e o direito de moradia, alimentação e lazer por valores menores, como seria um direito de crédito acessório como a fiança. Não foi este, todavia, o entendimento do STF que decidiu pela constitucionalidade da penhora do único bem do fiador em caso de contrato de locação, optando claramente pela aplicação da teoria da análise econômica do direito ao considerar, data vênia, uma proteção ao direito de moradia o permissivo da constrição judicial.[36] Isso levou o STJ a criar em 2015 a Súmula nº 549, que confirmou o entendimento do Supremo Tribunal Federal.[37] Destarte, a despeito de violar direitos de isonomia e moradia, além de ser um efeito verdadeiramente desproporcional entre locatário e fiador, há uma possibilidade de penhora do patrimônio mínimo existencial do fiador em contrato de locação.

Como visto, dentro da ideia de ponderação de valores, acaba se decidindo em regra pela impenhorabilidade, dado o valor de proteção à dignidade do ser humano que convive ou não em entidade familiar ser infinitamente superior à própria proteção do crédito e da segurança jurídico-contratual. O crédito deve ser protegido para que não desapareça. O contrato ainda deve ser cumprido como pactuado, porém, existem valores que superam o patamar econômico e, por isso, merecem proteção maior do Estado.

Destarte, a proposta seria de que fosse o termo *bem de família* substituído por *patrimônio mínimo existencial*, modificando-se não só a nomenclatura, mas a sua própria definição, passando a proteger não as famílias, mas toda e qualquer pessoa que pudesse ter constrito judicialmente o patrimônio usado para as suas necessidades vitais básicas. Não só a residência e os móveis que a guarnecem, mas também todo e qualquer bem que corresponda a uma necessidade vital básica.

Para tanto, sairia do título do direito de família, passando para a Parte Geral do Código Civil brasileiro, ou constaria de legislação especial com a reforma da Lei nº 8.009/90. Passaria a ser definido não mais como bem de família, mas sim patrimônio mínimo existencial, não tendo como fundamento uma unidade familiar, mas sim a dignidade da pessoa humana. Não ficaria mais restrito ao imóvel da unidade familiar, mas a qualquer bem necessário à dignidade de qualquer sujeito. Bens móveis que guarneçam a residência de qualquer sujeito, e não apenas do casal ou entidade familiar, também seriam protegidos, assim como bens usados para o sustento. Finalmente, seria possível reunir neste conceito todos os bens necessários à sobrevivência de um sujeito e que, portanto, seriam, em regra geral, impenhoráveis.

---

[36] Pelo RE nº 407.688/SP, o STF por maioria de votos decidiu pela constitucionalidade da penhora do bem de família do fiador em contrato de locação.

[37] É válida a penhora de bem de família pertencente a fiador de contrato de locação (REsp nº 1.363.368).

Considerações finais

A definição e os contornos protetivos oferecidos pela legislação brasileira aos bens de família vêm se apresentando relevantes para salvaguarda de alguns valores em situações específicas, porém insuficientes para fazer valer a proteção concreta de todos os indivíduos.

Isso porque a suplantação do caráter extremamente patrimonialista do direito civil construído na época do Estado Liberal acarretou a humanização dos institutos civis, alicerçados na dignidade da pessoa humana, colocando em prática os ideais kantianos.

Nesse sentido, novos enfoques passaram a ser dados aos institutos do direito civil, colocando o ser humano e as suas primeiras necessidades em patamar de superioridade ao mero patrimônio. Não significa afirmar que o patrimônio não merece proteção; ao contrário, esta deve acontecer sempre, porém em prol da tutela do indivíduo, ou seja, a proteção do patrimônio não deve ser feita de forma autônoma, mas atrelada à proteção da pessoa em sua total dignidade.

Com isso, a proteção ao bem de família deveria ser denominado "patrimônio mínimo existencial", isso porque a proteção que pretende oferecer é voltada à pessoa concretamente e na sua vida digna, independentemente de a verificação ser feita diante de um contexto familiar.

Como reflexo desse entendimento, a proteção seria não apenas para os bens que guarnecem as famílias, mas para todos os bens indispensáveis para a consecução da sobrevivência das pessoas. Assim, todas as pessoas que suportassem constrições patrimoniais capazes de impedir ou mitigar sobremaneira a vida digna poderiam se valer de conceito do "patrimônio mínimo existencial" para evitar prejuízos à sobrevivência.

Referências

ALEXY, Robert. *Teoria de los derechos fundamentales*. Madrid: Centro de Estudios Políticos y Constitucionales, 2002.

ÁVILA, Humberto. *A teoria dos princípios* – Da definição à aplicação dos princípios jurídicos. 12. ed. São Paulo: Malheiros, 2011.

AZEVEDO, Álvaro Vilaça. *Bem de família internacional (necessidade de unificação)*. Disponível em: <http://www.sisnet.aduaneiras.com.br/lex/doutrinas/arquivos/200407.pdf>. Acesso em: 25 nov. 2008.

BARCELLOS, Ana Paula de. O mínimo existencial e algumas fundamentações: John Rawls, Michael Walzer e Robert Alexy. In: TORRES, Ricardo Lobo (Org.). *Legitimação dos direitos humanos*. Rio de Janeiro/São Paulo: Renovar, 2002.

BRASIL. *Código Civil*. Disponível em: <http://www.planalto.gov.br/ccivil_03/Leis/2002/L10406.htm>. Acesso em: 29 maio 2018.

BRASIL. *Constituição Federal de 1988*. Disponível em: <http://www.planalto.gov.br/ccivil_03/Constituicao/Constituicao.htm>. Acesso em: 29 maio 2018.

BRASIL. *Lei nº 8.009/90*. Disponível em: <http://www.planalto.gov.br/ccivil_03/leis/L8009.htm>. Acesso em: 29 maio 2018.

BRASIL. Superior Tribunal de Justiça. RESP 169239/SP, 4ª Turma, Rel. Min. Barros Monteiro. *DJU*, 19 mar. 2004.

BRASIL. Superior Tribunal de Justiça. RESP 450989/RJ, 3ª Turma, Rel. Min. Humberto Gomes de Barros. *DJU*, 7 jun. 2004.

BRASIL. Superior Tribunal de Justiça. Súmula nº 364, Rel. Min. Eliana Calmon. *DJU*, out. 2008.

CANOTILHO, J. J. Gomes. *Direito constitucional e teoria da Constituição*. 6. ed. Coimbra: Almedina, 1998.

CARVALHO, Orlando de. *A teoria geral da relação jurídica*. Coimbra: Centelha, 1981.

COMPARATO, Fábio Konder. *A afirmação histórica dos direitos humanos*. São Paulo: Saraiva, 2007.

DISTRITO FEDERAL. Tribunal de Justiça. EI 4018797, 2ª C. Cív., Relª Desª Carmelita Brasil. *DJU*, 16 set. 1998.

FACCHINI NETO, Eugênio. Reflexões histórico-evolutivas sobre a constitucionalização do direito privado. In: SARLET, Ingo Wolfgang (Org.). *Constituição, direitos fundamentais e direito privado*. 3. ed. rev. e ampl. Porto Alegre: Livraria do Advogado, 2010.

FACHIN, Luiz Edson. *Estatuto jurídico do patrimônio mínimo*. Rio de Janeiro: Renovar, 2006.

FACHIN, Luiz Edson. O direito que foi privado: A defesa do pacto civilizatório emancipador e dos ataques a bombordo e a boreste. *Revista de Informação Legislativa*, v. 45, n. 179, p. 207-217, jul./set. 2008.

FACHIN, Luiz Edson; PIANOVSKI, Carlos Eduardo. A dignidade da pessoa humana no direito contemporâneo: uma contribuição à crítica da raiz dogmática do neopositivismo constitucionalista. *Revista Trimestral de Direito Civil*, v. 9, n. 35, p. 101-120, jul./set. 2008.

FARIAS, Cristiano Chaves de. *A família da pós-modernidade*: em busca da dignidade perdida. Disponível em: <http://www.revistapersona.com.ar/Persona09/9farias.htm>. Acesso em: 10 nov. 2008.

FERREIRA, Aparecido Hernani (Org.). *O Novo Código Civil discutido por juristas brasileiros*. Campinas: Bookseller, 2003.

IRTI, Natalino. *L'età della decodificazione*. 4. ed. Milano: Giuffré, 1999.

KANT, Immanuel. *Fundamentos da metafísica dos costumes e outros escritos*. Tradução de Paulo Quintela. Lisboa: Edições 70, 1986.

LÔBO, Paulo Luiz Netto. *Constitucionalização do direito civil*. Disponível em: <http://jus2.uol.com.br/doutrina/texto.asp?id=507>. Acesso em: 28 ago. 2007.

MATA-MACHADO, Edgar de Godoi da. *Contribuição ao personalismo jurídico*. Belo Horizonte: Del Rey, 2000.

OLIVEIRA, Euclides de. Agora é súmula: bem de família abrange imóvel de pessoa solteira. *IBDFam*. Disponível em: <http://www.ibdfam.org.br/?artigos&artigo=459>. Acesso em: 30 nov. 2008.

RIBEIRO, Ricardo Silveira. Críticas à perspectiva do mínimo existencial a partir de uma Teoria das necessidades humanas fundamentais. *Revista Idéia Nova*, Recife, ano 2, n. 2, jun./jul. 2004.

RIO GRANDE DO SUL. Tribunal de Justiça. *Agravo de Instrumento nº 598305761*. 9ª C. Cív., Rel. Des. Tupinambá P. de Azevedo, j. 23.2.1999.

SANTOS, Joyce Araújo dos. Aspectos fundamentais do princípio da dignidade da humana e sua relação com a evolução do estado de direito: a dignidade como vetor na ponderação de interesses. *Revista Palavra Mundo Direito*, Maceió, ano 1, n. 1, jun./dez. 2008.

SARLET, Ingo Wolfgang. *A eficácia dos direitos fundamentais*: uma teoria geral dos direitos fundamentais na perspectiva constitucional. 10. ed., rev. atual. e ampl. Porto Alegre: Livraria do Advogado, 2009.

SARLET, Ingo Wolfgang. *Dignidade da pessoa humana e direitos fundamentais*. Porto Alegre: Livraria do Advogado, 2002.

Informação bibliográfica deste texto, conforme a NBR 6023:2002 da Associação Brasileira de Normas Técnicas (ABNT):

CORREIA JUNIOR, José Barros; ALBUQUERQUE, Paula Falcão. O patrimônio mínimo existencial: a proteção aos bens dos indivíduos para além dos bens de família. In: EHRHARDT JÚNIOR, Marcos; CORTIANO JUNIOR, Eroulths (Coord.). *Transformações no Direito Privado nos 30 anos da Constituição*: estudos em homenagem a Luiz Edson Fachin. Belo Horizonte: Fórum, 2019. p. 259-273. ISBN 978-85-450-0562-9.

A CONSTRUÇÃO JURISPRUDENCIAL SOBRE O BEM DE FAMÍLIA À LUZ DO ESTATUTO DO PATRIMÔNIO MÍNIMO

DIMITRE BRAGA SOARES DE CARVALHO

1 Considerações iniciais sobre o bem de família

Ordinariamente, o bem de família é pensado como uma proteção de natureza econômica para a estrutura e manutenção da organização da entidade familiar, sendo, tradicionalmente, o imóvel destinado pele chefe da família para abrigo e moradia desta. Tal imóvel, em face da sua importância – haja vista que a família não pode ser alijada de um espaço para sua estada, proteção e morada –, não pode ser penhorado em execução por eventuais dívidas do proprietário, prejudicando diretamente os membros da família ali residentes.

Na perspectiva histórica, a preocupação com a impenhorabilidade do bem de família é decorrente da construção do direito norte-americano, com sua origem no *Homestead Exemption Act*, de 26.1.1839. As razões de surgimento da respectiva norma se basearam em fortíssima crise econômica que abalou os Estados Unidos da América entre os anos 1837 a 1839, gerando recessão, desemprego e miséria.

No Brasil, sua origem legislativa encontra-se no Código Civil de 1916, sob forte crítica da doutrina e da jurisprudência da época, que viam pouca aplicabilidade no instituto em face do excesso rigor protecionista de cunho imobiliário, que atendia à pequenina parte da população na época. Posteriormente, houve a busca por um redimensionamento da matéria através do Decreto-lei nº 3.200, de 19.4.1941.

A Lei do Bem de Família (Lei nº 8.009/1990) instituiu o bem de família impenhorável, pouco depois da entrada em vigor da Constituição Federal de 1988. Paralelamente, o Código Civil continuou regendo a matéria, que foi reforçada sensivelmente pelo Código Civil de 2002, com acolhimento das premissas principiológicas da Carta de 1988, e uma clara intenção de "constitucionalização do Direito Civil". A ampla proteção da família, dos direitos dos filhos menores, o direito à moradia, a solidariedade social e familiar, a noção de pluralidade, dignidade humana e proteção plena da igualdade inserem o bem de família no contexto da propriedade funcionalizada (função social), com nítida ampliação da abrangência do instituto.

O bem de família, portanto, consoante insculpido na Lei nº 8.009/1990, cinge-se à nítida vertente constitucional, vez que atende ao preceituado no art. 6º da CF/88, ao incluir a moradia no rol dos direitos sociais, dando ao regime protetivo contornos ainda mais nítidos.[1]

Álvaro Villaça, em obra emblemática sobre o tema, conceitua o bem de família referindo sua natureza econômica e a atribuição de garantir o "mínimo existencial" para a família.[2] Paulo Lôbo, na perspectiva teórica da constitucionalização do direito civil, refere-se ao bem de família como aquele responsável por garantir a proteção da entidade familiar.[3] Para Luiz Edson Fachin, a proteção do bem de família está insculpida na perspectiva acadêmica do patrimônio mínimo, referência teórica que serve de mote para a evolução jurisprudencial sobre o tema no Brasil, como se demonstrará a seguir.[4]

2 Das modalidades de bem de família previstas no ordenamento jurídico brasileiro: o bem de família voluntário e o bem de família involuntário

Existem duas modalidades de bem de família previstas no ordenamento jurídico brasileiro. A primeira é o chamado *bem de família voluntário ou convencional*, que está

---

[1] "Nada obstante anteriores referências ao longo do texto constitucional na sua redação original, o direito à moradia só veio ser positivado expressamente com a Emenda Constitucional n. 26 de 14 de fevereiro de 2000, transcorridos, pois, doze anos da promulgação da CF, o que em parte é atribuído às resistências do Brasil em relação a diversos aspectos regulados pelos instrumentos internacionais concernentes à moradia. Isso não impediu, contudo, que já se viesse defendendo o reconhecimento de um direito fundamental implícito à moradia, como consequência da proteção à vida e à dignidade humana, já que vinculado à garantia das condições materiais básicas para uma vida com dignidade e com certo padrão de qualidade, consoante, aliás, ocorreu por parte do Conselho Constitucional francês. Hoje, contudo, não há mais dúvidas de que o direito à moradia é um direito fundamental autônomo, de forte conteúdo existencial, considerado até mesmo um direito de personalidade, pelo menos naquilo em que vinculado à dignidade da pessoa humana e às condições para o pleno desenvolvimento da personalidade, não se confundindo com o direito à (e de) propriedade, já que se trata de direitos distintos. [...] Como os demais direitos fundamentais, o direito social à moradia abrange um complexo de posições jurídicas objetivas e subjetivas, de natureza negativa (direito de defesa) e positiva (direito a prestações). Na condição de direito de defesa (negativo), o direito à moradia impede que a pessoa seja privada arbitrariamente e sem alternativas de uma moradia digna, por ato do Estado ou de outros particulares. Nesse contexto, destaca-se a legislação que proíbe a penhora do chamado bem de família, como tal considerado o imóvel que serve de moradia ao devedor e sua família (Lei n. 8.009/90, art. 3º), sobre a qual já há inúmeras decisões judiciais, inclusive no âmbito do Superior Tribunal de Justiça, das quais boa parte favorável à proteção do direito à moradia" (SARLET, Ingo Wolfgang. Comentário ao artigo 6º, caput. In: CANOTILHO, J. J. Gomes *et al.* (Coord.). *Comentários à Constituição do Brasil*. São Paulo: Saraiva/Almedina, 2013. p. 1.307-1.334).

[2] "Um patrimônio especial, que se institui por um ato jurídico de natureza especial, pelo qual o proprietário de determinado imóvel, nos termos da lei, cria um benefício de natureza econômica com o escopo de garantir a sobrevivência da família em seu mínimo existencial, como célula indispensável à realização da justiça social" (AZEVEDO, Álvaro Villaça. *Bem de família*. São Paulo: Revista dos Tribunais, 2000. p. 15).

[3] "Bem de família é imóvel destinado à moradia da família do devedor, com os bens móveis que o guarnecem, que não pode ser objeto de penhora judicial pra pagamento de dívida. Tem por objeto proteger os membros da família que neve vivem da constrição decorrente da responsabilidade patrimonial, que todos os bens econômicos do devedor ficam submetidos, os quais, na execução, podem ser alienados a terceiros ou adjudicados ao credor. O bem ou os bens que integram o bem de família ficam afetados à finalidade de proteção da entidade familiar" (LÔBO, Paulo. *Famílias*. São Paulo: Saraiva, 2015. p. 370).

[4] "Quando a Lei faz referência ao imóvel próprio do casal ou da entidade familiar, há que se observar que a família não é apenas agrupamento de pessoas, mesmo inexistindo filhos ou se tratando de união livre estável, ou de pessoas com estado civil de solteiras; protege-se pessoa que mora sozinha em imóvel próprio e sem família" (FACHIN, Luiz Edson. *Estatuto jurídico do patrimônio mínimo*. Rio de Janeiro: Renovar, 2006. p. 146).

prevista no Código Civil, a partir do art. 1711, e que deverá ser instituída por ato de vontade dos cônjuges ou companheiros, pela entidade familiar ou por terceiros, através de escritura pública ou testamento. A instituição do bem de família convencional não pode ultrapassar um terço do patrimônio líquido das pessoas que fazem a inscrição no registro de imóveis.

Cabe, aqui, ratificar a posição de Marcos Catalan, no sentido de que a validade do ato jurídico que institui o bem de família convencional pressupõe: a) a utilização de escritura pública ou de testamento (em qualquer das suas formas ou modalidades); b) a constrição voluntária de, no máximo, um terço dos bens que compõem o acervo patrimonial da família, respeitando a seguinte proporção: metade (ou mais), necessariamente, materializada sob a forma de imóvel residencial e metade (ou menos) preenchida com valores mobiliários destinados à manutenção do imóvel – ato que produzirá efeitos após a competente inscrição no cartório de registro de imóveis, nos termos dos arts. 260 a 265 da Lei nº 6.015/1973.[5]

Já a segunda modalidade, chamada de *bem de família legal*, prevista na lei em comento, estabelece a impenhorabilidade de forma automática para o bem que serve de moradia da família, independentemente de registro em cartório dessa condição especial do patrimônio. Ou seja, o bem é protegido sem maiores encargos e custos. Por tal razão, em face da duplicidade de regramentos, existe sólido posicionamento doutrinário no sentido de que o bem de família legal abrange também o bem de família convencional, e esta última modalidade poderia ser extinta do ordenamento jurídico brasileiro. O Código Civil brasileiro assim trata da matéria:

> Art. 1.711. Podem os cônjuges, ou a entidade familiar, mediante escritura pública ou testamento, destinar parte de seu patrimônio para instituir bem de família, desde que não ultrapasse um terço do patrimônio líquido existente ao tempo da instituição, mantidas as regras sobre a impenhorabilidade do imóvel residencial estabelecida em lei especial.
> Parágrafo único. O terceiro poderá igualmente instituir bem de família por testamento ou doação, dependendo a eficácia do ato da aceitação expressa de ambos os cônjuges beneficiados ou da entidade familiar beneficiada.

O bem de família é considerado o ponto de partida para a aplicação da *teoria da repersonalização do direito civil*, na medida em que reúne direitos da personalidade e direitos patrimoniais nas mesmas regras protetivas.

Nas palavras de Flávio Tartuce:

> O bem de família pode ser conceituado como o imóvel utilizado como residência da entidade familiar, decorrente de casamento, união estável, entidade monoparental ou outra manifestação familiar, protegido por previsão legal específica. Cite-se, nesse contexto, a proteção das uniões homoafetivas.[6]

---

[5] "Importante apontar que, uma vez instituído, somente poderá vir a ser penhorado se houver necessidade de satisfação de obrigações *propter rem* conectadas ao imóvel, como ocorre nas hipóteses de não pagamento de dívidas tributárias – IPTU ou ITR – e (ou) taxas condominiais e, por fim, que ao contrário do havido nas situações sobre as quais se projeta a tutela legal, os efeitos projetados pela tutela convencional do bem de família vigem enquanto vivo for, ao menos, um dos cônjuges – ou companheiros – ou, cessada a sua existência, até que seus filhos alcancem a maturidade civil" (CATALAN, Marcos. Bem de família. In: SIMÃO, José Fernando; LAGASTRA NETO, Caetano; CATALAN, Marcos (Coord.). *Dicionário de direito de família*. São Paulo: Atlas, 2015. p. 145).

[6] TARTUCE, Flávio. *Direito civil*. Direito de família. São Paulo: Método, 2015. p. 544.

A Lei nº 8009/1990 aponta as regras de ordem pública que tratam da proteção do bem de família legal, ou seja, do bem que passa a ser protegido automaticamente, mesmo que não haja qualquer manifestação por parte do proprietário e ainda que não tenha sido feito o registro no cartório de imóveis da escritura do bem de família. Protege-se, assim, indistintamente o patrimônio que serve de guarida para a estrutura familiar.

É de se destacar que não está incluída na garantia do bem de família a simples "posse", bem como também não integram as regras protetivas os direitos reais sobre imóveis alheios como servidões, usufruto, uso e habitação.

3 Bem de família e a teoria do patrimônio mínimo: uma construção jurisprudencial

O desenvolvimento da ideia do bem de família, como já exposto, remonta a tempos pretéritos no direto civil brasileiro, mas seus contornos de proteção social, valorização da dignidade humana e consecução da eficácia horizontal dos direitos humanos somente se estabelece, no país, a partir de um sólido e constante movimento jurisprudencial amalgamado pela teoria do estatuto jurídico do patrimônio mínimo,[7] elaborada por Luiz Edson Fachin.[8]

A teoria do estatuto jurídico do patrimônio mínimo, em tese, é amparada na dignidade da pessoa humana, e, resumidamente, sustenta que, em perspectiva constitucional, as normas civis devem sempre resguardar um mínimo de patrimônio, para que cada indivíduo tenha vida digna. Fachin é quem começa a trazer o lado dos princípios constitucionais e seus valores para o ramo dos direitos patrimoniais, sendo essencial para a formação da doutrina do bem de família e para sua vinculação como direito fundamental à moradia.

Em sua tese, ressalta:

> A pessoa natural, ao lado de atributos inerentes à condição humana, inalienáveis e insuscetíveis de apropriação, pode ser também, à luz do Direito Civil brasileiro contemporâneo, dotada de uma garantia patrimonial que integra na sua esfera jurídica. Trata-se de um patrimônio mínimo mensurado consoante parâmetros elementares de uma vida digna e do

---

[7] "Teoria criada pelo jurista e professor paranaense Luiz Edson Fachin, justificando a repersonalização do Direito Civil, em que o sujeito precisa de um mínimo existencial para a garantia e preservação de sua dignidade (Art. 1º. III, CR). E, nesse sentido, o Estado deve intervir, como por exemplo, garantindo a impenhorabilidade do bem de família" (PEREIRA, Rodrigo da Cunha. *Dicionário de direito de família e sucessões ilustrado*. São Paulo: Saraiva, 2015. p. 280).

[8] "Integrado ao direito civil brasileiro desde os primeiros instantes de vigência do Código Beviláqua – apear de desprezado pela codificação civil projetada pelo ilustre cearense, quando da alvorada do século XX –, hodiernamente, o bem de família há de ser compreendido como um mecanismo deveras relevante no processo de atribuição de densidade normativa ao direito fundamental social à moradia (CF, art. 6º), e (ou) ainda, aos princípios constitucionais da dignidade da pessoa humana (CF. art. 1º, III) e da solidariedade social (CF. art. 3º, I), vias aptas a conduzir o interprete – mesmo que através de caminhos díspares – à tutela do patrimônio mínimo e, por consequência, à promoção de alguns valores existenciais – axiológica e democraticamente – elencados na Constituição de 1988. Daí que, muito mais do que telas estruturalmente inspiradas nos referenciais estáticos capturados no interior das molduras do *homestead* norte-americano e (ou) do *fondo patrimoniale* italiano, o bem de família exsurge – como um colorido intenso e vibrante – como uma das vias mais adequadas à escorreita apreensão de parte substancial das narrativas que legitimam a defesa da tese de que, no Estado Democrático de Direito tupiniquim, a promoção do ser tem primazia quando em conflito com preocupações de viés patrimonial, portanto, de que o Direito e os bens devem servir à(s) pessoa(s); não o contrário" (CATALAN, Marcos. Bem de família. In: SIMÃO, José Fernando; LAGASTRA NETO, Caetano; CATALAN, Marcos (Coord.). *Dicionário de direito de família*. São Paulo: Atlas, 2015. p. 145).

qual não pode ser expropriada ou desapossada. Por força desse princípio, independente de previsão legislativa específica instituidora dessa figura jurídica, e, para além de mera impenhorabilidade como abonação, ou inalienabilidade como gravame, sustenta-se existir essa imunidade juridicamente inata ao ser humano, superior aos interesses dos credores.[9]

O reconhecimento da força normativa dos princípios constitucionais aplicados ao direito civil, e nesse caso específico ao direito de família, possibilitou o desenvolvimento de um complexo entroncamento de ideias vinculadas, direta ou indiretamente, à abrangência do bem de família, como mecanismo de proteção dos arranjos familiares como grupo ligado por laços de afeto e de sangue, e de seus membros, individualmente considerados.

Seguindo esta linha teórica e aplicada ao instituto do bem de família, estabeleceu-se um vertiginoso desenvolvimento na jurisprudência nacional sobre a matéria, sempre ressaltando que critérios jurídicos como *a impenhorabilidade do bem de família, a nulidade das doações inoficiosas ou mesmo o princípio da intangibilidade da legítima* seriam consentâneos com o reconhecimento de que cada indivíduo necessita de um mínimo existencial para garantia e preservação da sua dignidade humana.

Os aspectos periféricos e dogmáticos do instituto do bem de família – e por isso mesmo mais vinculados a tão importante aplicação prática da norma – somente alcançaram desenvolvimento e aprofundamento em face do reconhecimento da teoria do estatuto do patrimônio mínimo, e sua difusão nos meios acadêmicos e jurisdicionais.

3.1 Aplicação extensiva do conceito de bem de família para pessoas solteiras, separadas e viúvas

A aplicação da impenhorabilidade do bem de família para imóveis onde não necessariamente residem família, mas pessoas solteiras, viúvas, separados judicialmente, divorciados, celibatários etc. é avanço protetivo da interpretação jurisprudencial sobre a matéria, e ressalta o critério de bem de cunho especial. Nesse caso, não é necessário que haja, obrigatoriamente, um agrupamento ou arranjo familiar com pelo menos duas ou mais pessoas ali reunidas.[10]

Com forte suporte na noção de proteção da moradia (direito social previsto no art. 6º da CF/88), no respeito à dignidade humana dos envolvidos e na construção da teoria do patrimônio mínimo, é plenamente possível estender a proteção da impenhorabilidade para imóveis habitados por uma única pessoa. Nesse sentido, o Enunciado de Súmula nº 364 do Superior Tribunal de Justiça (STJ):

> Súmula: 364. O conceito de impenhorabilidade de bem de família abrange também o imóvel pertencente a pessoas solteiras, separadas e viúvas.

---

[9] FACHIN, Luiz Edson. *Estatuto jurídico do patrimônio mínimo*. Rio de Janeiro: Renovar, 2001.
[10] "AGRAVO REGIMENTAL NO AGRAVO EM RECURSO ESPECIAL. EXECUÇÃO. DEVEDORES PROPRIETÁRIOS DE DOIS IMÓVEIS. HIPÓTESE DE UM DOS IMÓVEIS DESTINAR A MORADIA DO FILHO. PRETENSÃO AO RECONHECIMENTO DA QUALIDADE DE BEM DE FAMÍLIA. IMPOSSIBILIDADE. IMPROVIMENTO. 1.- O Superior Tribunal de Justiça já consolidou seu entendimento no sentido de que a proteção ao bem de família pode ser estendida ao imóvel no qual resida o devedor solteiro e solitário. [...] 3.- Agravo Regimental improvido" (AgRg no AREsp nº 301.580/RJ. Min. Sidnei Beneti, Terceira Turma. *DJe*, 18 jun. 2013).

3.2 Da aplicação da Lei do Bem de Família para penhoras anteriores à sua vigência

Por ser regra de cunho patrimonial com objetivo de garantir a manutenção da dignidade humana das pessoas residentes no ambiente familiar, o STJ firmou posicionamento sumulado no sentido de que as regras protetivas se aplicam a penhoras que ocorreram mesmo antes da entrada em vigor da Lei do Bem de Família, em nítido exemplo de "força retroativa da lei". O objetivo é o mesmo de manter a proteção patrimonial a todas as famílias que se enquadram na situação. Nesses termos, foi editado o Enunciado de Súmula nº 205:

> Súmula: 205. A Lei nº 8.009/90 aplica-se à penhora realizada antes de sua vigência.

3.3 Da aplicação da regra de bem de família nos casos de inventário/partilha

A construção da teoria do patrimônio mínimo representa significativo avanço para a compreensão do instituto das garantias mínimas destinadas ao agrupamento familiar. Nada obsta, por exemplo, que o espólio venha a pleitear o reconhecimento do bem de família, cuja legitimidade se dá através do inventariante ou de quem venha a exercer essa função.[11] Em sentido oposto, negar a possibilidade seria uma afronta ao pleno exercício da proteção legislativa, situação que estaria em "rota de colisão" com o que vem sendo progressivamente consolidado na jurisprudência do STJ.

3.4 Ampliação do rol de bens protegidos pela impenhorabilidade

A proteção contida na Lei nº 8.009/1990 alcança não apenas o imóvel da família, mas também os bens móveis indispensáveis à habitabilidade de uma residência e os usualmente mantidos em um lar comum.[12] Esse é o entendimento consolidado do STJ para expandir o conceito do bem de família para além do imóvel que serve de residência ao agrupamento familiar. Por interpretação lógica, os bens móveis que servem ao uso e funcionalização do bem imóvel devem, identicamente, ser incluídos no rol de bens protegidos pela impenhorabilidade.[13]

---

[11] "PROCESSUAL CIVIL. AGRAVO REGIMENTAL NO RECURSO ESPECIAL. INVENTÁRIO. PENHORA NO ROSTO DOS AUTOS. ALEGAÇÃO DA IMPENHORABILIDADE PREVISTA NA LEI 8.009/90 PELO ESPÓLIO. LEGITIMIDADE. 1. O espólio - cujo representante é a viúva do de cujus, com o qual residia (e permanece residindo após a sua morte) no imóvel constrito - tem legitimidade para pleitear a impenhorabilidade do bem, com base na cláusula do 'bem de família', nos moldes da Lei 8.009/90. 2. Agravo regimental não provido" (AgRg no REsp nº 1.341.070/MG. Min. Mauro Campbell Marques, Segunda Turma. DJe, 11 set. 2013).

[12] "AGRAVO REGIMENTAL NO RECURSO ESPECIAL. PENHORA DE BENS QUE GUARNECEM A RESIDÊNCIA DOS DEVEDORES. DUPLICIDADE. POSSIBILIDADE. AGRAVO REGIMENTAL NÃO PROVIDO. 1. 'Os bens que guarnecem a residência são impenhoráveis, a teor da disposição da Lei 8.009/90, excetuando-se aqueles encontrados em duplicidade, por não se tratarem de utensílios necessários à manutenção básica da unidade familiar.' (REsp 533.388/RS, Relator em. Ministro TEORI ALBINO ZAVASCKI, PRIMEIRA TURMA, DJ de 29/11/2004). 2. Agravo regimental não provido" (AgRg no REsp nº 606.301/RJ. Min. Raul Araújo, Quarta Turma. DJe, 19 set. 2013).

[13] "RECLAMAÇÃO. DIVERGÊNCIA ENTRE ACÓRDÃO PROLATADO POR TURMA RECURSAL ESTADUAL E A JURISPRUDÊNCIA DO STJ. EMBARGOS À EXECUÇÃO. TELEVISOR E MÁQUINA DE LAVAR.

3.5 Mitigação do requisito da "moradia no imóvel" pela jurisprudência

A rigor, o bem de família foi projetado para ser aplicado exclusivamente a bens imóveis que servissem de moradia para a família a ser protegida pela regra especial. Entretanto, a multiplicidade da vida cotidiana empresta exemplos muito interessantes, aí incluídos aqueles que fazem o bem servir como fonte de renda para a família, mesmo que esta não resida no imóvel, como nos casos em que o bem está locado e, com o valor dos alugueres, paga-se outra moradia para o arranjo familiar.[14]

Assim, é impenhorável o único imóvel residencial do devedor que esteja locado a terceiros, desde que a renda obtida com a locação seja revertida para a subsistência ou a moradia da sua família.[15] A questão está sumulada sob o nº 486, pelo STJ:

> Súmula: 486. É impenhorável o único imóvel residencial do devedor que esteja locado a terceiros, desde que a renda obtida com a locação seja revertida para a subsistência ou a moradia da sua família.

3.6 Da legitimidade que os integrantes da entidade familiar residentes no imóvel protegido pela Lei nº 8.009/1990 possuem para se insurgirem contra a penhora do bem de família

Mais uma vez, na coroação dos valores constitucionais e como pleno exemplo da eficácia horizontal dos direitos fundamentais, a jurisprudência firmada no âmbito do STJ ratificou o posicionamento que vinha sendo estampado pela doutrina, no afã de que as demais pessoas que integram o arranjo familiar a ser protegido pelo bem de família possam se insurgir judicialmente contra a penhora determinada. Normalmente, tal procedimento se dá através de embargos de terceiros.[16] A medida é previsível, pois

---

IMPENHORABILIDADE. I.- É assente na jurisprudência das Turmas que compõem a Segunda Seção desta Corte o entendimento segundo o qual a proteção contida na Lei nº 8.009/90 alcança não apenas o imóvel da família, mas também os bens móveis que o guarnecem, à exceção apenas os veículos de transporte, obras de arte e adornos suntuosos. II.- São impenhoráveis, portanto, o televisor e a máquina de lavar roupas, bens que usualmente são encontrados em uma residência e que não possuem natureza suntuosa. Reclamação provida" (Rcl nº 4.374/MS. Min. Sidnei Beneti. *DJe*, 20 maio 2011).

[14] "AGRAVO REGIMENTAL NO AGRAVO EM RECURSO ESPECIAL. PENHORA DE BEM IMÓVEL. ALEGAÇÃO DE BEM DE FAMÍLIA. SÚMULA N. 486/STJ. NOVA ANÁLISE DO CONJUNTO FÁTICO-PROBATÓRIO. INCIDÊNCIA DA SÚMULA N. 7/STJ. 1. 'É impenhorável o único imóvel residencial do devedor que esteja locado a terceiros, desde que a renda obtida com a locação seja revertida para a subsistência ou a moradia da sua família' (Súmula n. 486/STJ). 2. [...] 3. Agravo regimental desprovido" (AgRg no AREsp nº 422.729/SP. Min. João Otávio de Noronha, Terceira Turma. *DJe*, 4 set. 2014).

[15] "PROCESSUAL CIVIL. EXECUÇÃO POR TÍTULO EXTRAJUDICIAL. BEM DE FAMÍLIA. IMÓVEL LOCADO. PENHORA. JURISPRUDÊNCIA DO STJ. IMPOSSIBILIDADE. PROVIMENTO. I. A orientação predominante nesta Corte é no sentido de que a impenhorabilidade prevista na Lei n. 8.009/90 se estende ao único imóvel do devedor, ainda que este se ache locado a terceiros, por gerar frutos que possibilitam à família constituir moradia em outro bem alugado ou utilizar o valor obtido com a locação desse bem como complemento da renda familiar. II. Recurso especial conhecido e provido" (REsp nº 714.515/SP. Min. Aldir Passarinho Junior, Quarta Turma. *DJe*, 7 dez. 2009).

[16] "AGRAVO REGIMENTAL. ACÓRDÃO RECORRIDO QUE RECONHECEU A IMPENHORABILIDADE DO IMÓVEL COM BASE NO CONJUNTO PROBATÓRIO. SÚMULA STJ/07. EMBARGOS DE TERCEIRO INTERPOSTOS PELOS FILHOS OBJETIVANDO A PROTEÇÃO DO IMÓVEL. SÚMULA STJ/83. A IMPENHORABILIDADE DO BEM DE FAMÍLIA NÃO SE LIMITA APENAS AO IMÓVEL QUE SIRVA COMO RESIDÊNCIA DO NÚCLEO FAMILIAR. PRECEDENTES. AGRAVO REGIMENTAL IMPROVIDO. I – [...] II - É assegurado aos filhos a interposição de Embargos de Terceiro objetivando a proteção ao bem de família. Súmula

todos os que residem naquele imóvel serão diretamente atingidos pela penhora. O entendimento se baseia no reconhecimento da "função social" do bem imóvel, somado à proteção ao direito constitucional à moradia.[17]

3.7 Da impossibilidade de renúncia ao benefício do bem de família

A questão da renúncia a direitos, no âmbito do direito de família, é questão que vem acumulando polêmicas e posições diametralmente opostas, seja na doutrina, seja na jurisprudência. O caso da renúncia ao direito de alimentos é o mais emblemático desses aspectos, mas não o único. A possibilidade de renúncia ao benefício do bem de família é, portanto, relevante: de um lado, a contratualização das relações de família expande os critérios de bens transacionáveis, mas, em tese, indisponíveis. De outro lado, o reconhecimento dos princípios constitucionais aplicados ao direito civil, como dignidade humana e função social do imóvel desaconselham a renúncia a uma garantia conquistada e estabelecida legitimamente.

A despeito da controvérsia, houve consolidação de posição no âmbito do Colendo STJ, no sentido de que o reconhecimento do bem de família consiste em matéria de ordem pública, ou seja, não comporta renúncia por parte do titular.[18]

Ainda, como um importante desdobramento da matéria, é de se dizer que a indicação do bem à penhora não implica renúncia à proteção do bem de família. Ou seja, a indicação de bem a ser penhorado não pode induzir que o devedor renunciou ao direito da arguição da impenhorabilidade prevista na Lei nº 8.009/1990.[19] O procedimento de indicação de bem à penhora faz parte da fase satisfativa/executória do processo civil, e deve ser cumprida regularmente, sem maiores percalços, em qualquer caso.

STJ/83. III - A impenhorabilidade do bem de família não se limita apenas ao imóvel que sirva como residência do núcleo familiar. Os Princípios da Dignidade Humana e da Proteção à família servem, *in casu*, como supedâneo à interpretação da Lei n. 8.009/90. Precedentes. IV - Agravo regimental improvido" (AgRg no Ag nº 1.249.531/DF. Min. Sidnei Benet, Terceira Turma. *DJe*, 7 dez. 2010).

[17] "PROCESSUAL CIVIL. RECURSO ESPECIAL. EMBARGOS DE TERCEIRO. LEGITIMIDADE ATIVA. ESPOSA DEVEDORA. FILHA. 1 - Não reconhecimento de legitimidade para oposição de embargos de terceiro à parte que figura como executada por ser também devedora indicada no título executivo. Precedentes. 2 - O filho, integrante da entidade familiar, é parte legítima para opor embargos de terceiro, discutindo a condição de bem de família do imóvel onde reside com os pais. 3 - Garantia da função social do imóvel, preservando uma das mais prementes necessidade do ser humano, protegida constitucionalmente, que é o direito à moradia" (REsp nº 473.984/MG. Min. Paulo de Tarso Sanseverino, Terceira Turma. *DJe*, 8 nov. 2010).

[18] "PROCESSUAL CIVIL E CIVIL. AGRAVO REGIMENTAL. EMBARGOS DE DECLARAÇÃO. RECURSO ESPECIAL. DIREITO REAL DE GARANTIA. CÉDULA RURAL HIPOTECÁRIA. IMÓVEL DADO EM GARANTIA. BEM DE FAMÍLIA. IMPENHORABILIDADE. NÃO INCIDÊNCIA. DÍVIDA CONSTITUÍDA EM FAVOR DA ENTIDADE FAMILIAR. ART. 3º, V, DA LEI N. 8.009/90. AGRAVO DESPROVIDO. 1. O benefício conferido pela Lei n. 8.009/90 ao instituto do bem de família constitui princípio de ordem pública que não admite a renúncia pelo titular, podendo ser elidido somente se caracterizada qualquer das hipóteses previstas nos incisos do art. 3º e no caput do art. 4º da referida lei. 2. Segundo a regra prescrita no art. 3º, V, da Lei n. 8.009/90, sobre o imóvel dado em garantia hipotecária não incide o benefício da impenhorabilidade do bem de família no caso de dívida constituída em favor da entidade familiar. Iterativos precedentes do STJ" (REsp nº 1.419.452/PR. Rel. Min. Marco Buzzi. *DJe*, 14 set. 2016).

[19] "PROCESSUAL CIVIL. EMBARGOS À EXECUÇÃO. IMPENHORABILIDADE. LEI N. 8.009/90. RENÚNCIA INCABÍVEL. PROTEÇÃO LEGAL. NORMA DE ORDEM PÚBLICA. IMPENHORÁVEIS OS BENS MÓVEIS QUE GUARNECEM A RESIDÊNCIA DOS DEVEDORES. ASSISTÊNCIA JUDICIÁRIA GRATUITA. DECLARAÇÃO DE POBREZA. RECURSO ESPECIAL PROVIDO. 1. A indicação do bem à penhora, pelo devedor na execução, não implica renúncia ao benefício conferido pela Lei n. 8.009/90, pois a instituição do bem de família constitui princípio de ordem pública, prevalente sobre a vontade manifestada. [...]" (REsp nº 875.687/RS. Min. Luis Felipe Salomão, Quarta Turma. *DJe*, 22 ago. 2011).

3.8 Da vaga de garagem com matrícula própria

Consolidado entendimento do STJ sobre as vagas de garagem que possuem matrícula própria no registro de imóveis, estas não constituem bem de família para efeito de penhora.[20] Esse é o teor da Súmula nº 449/STJ, que autoriza, portanto, a execução sobre as vagas de garagem que são consideradas independentes em relação às respectivas unidades autônomas em condomínio edilício ou por lotes.

Este é o enunciado da Súmula nº 449:

> Súmula: 449. A vaga de garagem que possui matrícula própria no registro de imóveis não constitui bem de família para efeito de penhora.

3.9 Da "flexibilização" do momento para arguição da impenhorabilidade do bem de família

Por ser norma protetiva de caráter geral, a impenhorabilidade do bem de família pode ser arguido em qualquer fase processual, mesmo que seja no momento da arrematação. Esse entendimento está coadunado com a perspectiva inclusiva que o instituto desenvolveu, na doutrina e na jurisprudência, ao longo do tempo, sobretudo a partir do reconhecimento da noção de conteúdo incluído e abrangido pelo "patrimônio mínimo". Tal "flexibilização" se dá com o intuito de possibilitar a ressalva do direito ao bem de família mesmo em condições processuais adversas, hipossuficiência econômica ou defesa processual de pouco relevo.

Por óbvio, trata-se de regra processual, também inclusiva e abrangente.[21] O modo de arguição também é muito amplo, podendo ser feito através de simples petição nos autos, não carecendo de ação declaratória ou outro tipo de ação própria. Existe, porém, uma orientação jurisprudencial no sentido de que a arrematação é o limite para tal arguição, sendo inválida se feita após esse momento.[22]

---

[20] "PROCESSUAL CIVIL. AGRAVO REGIMENTAL NO RECURSO ESPECIAL. ARGUMENTOS INSUFICIENTES PARA DESCONSTITUIR A DECISÃO ATACADA. APLICAÇÃO DA SÚMULA N. 449/STJ. SÚMULA N. 83/STJ. INCIDÊNCIA. I - É pacífico o entendimento no Superior Tribunal de Justiça segundo o qual 'a vaga de garagem que possui matrícula própria no registro de imóveis não constitui bem de família para efeito de penhora', nos termos da Súmula n. 449/STJ. II - [...] III – [...] IV - Agravo Regimental improvido" (AgRg no REsp nº 1.487.718/PR. Min. Regina Helena Costa. DJe, 4 ago. 2015).

[21] "AGRAVO REGIMENTAL NO AGRAVO EM RECURSO ESPECIAL. COMPROVAÇÃO DA TEMPESTIVIDADE DO RECURSO ESPECIAL EM AGRAVO REGIMENTAL. SUSPENSÃO DO EXPEDIENTE FORENSE. POSSIBILIDADE. VIOLAÇÃO DO ART. 535 DO CPC. NÃO OCORRÊNCIA. ART. 538, PARÁGRAFO ÚNICO, DO CPC. AUSÊNCIA DE CARÁTER PROTELATÓRIO. SÚMULA N. 98/STJ. BEM DE FAMÍLIA. CARACTERIZAÇÃO. SÚMULA N. 7/STJ. APELAÇÃO. PEDIDO DE DISPENSA DE CUSTAS. INDEFERIMENTO. NECESSIDADE DE INTIMAÇÃO PARA RECOLHIMENTO. DESERÇÃO AFASTADA. ALEGAÇÃO DE IMPENHORABILIDADE DE BEM DE FAMÍLIA. EMBARGOS À EXECUÇÃO. POSSIBILIDADE. [...] 6. A impenhorabilidade do bem de família, por ser matéria de ordem pública, pode ser alegada em qualquer momento processual, inclusive em embargos à execução" (AgRg no AREsp nº 595.374/SP. Min. João Otávio de Noronha, Terceira Turma. DJe, 1º set. 2015).

[22] "PROCESSUAL CIVIL. AGRAVO REGIMENTAL NO AGRAVO EM RECURSO ESPECIAL. ALEGAÇÃO DE IMPENHORABILIDADE DE BEM DE FAMÍLIA. EXTEMPORANEIDADE. ARREMATAÇÃO CONCLUÍDA. NULIDADE DA CITAÇÃO. INEXISTÊNCIA DE TÍTULO EXECUTIVO. APRECIAÇÃO DE TODAS AS QUESTÕES RELEVANTES DA LIDE PELO TRIBUNAL DE ORIGEM. INEXISTÊNCIA DE AFRONTA AO ART. 535 DO CPC. AUSÊNCIA DE PREQUESTIONAMENTO. DECISÃO MANTIDA. [...] 4. Na espécie, o posicionamento

3.10 Das exceções à impenhorabilidade do bem de família

A preocupação geral da Lei do Bem de Família é com a previsão de impenhorabilidade dos imóveis que servem de moradia para o agrupamento familiar em proteção. Entretanto, a regra geral de impenhorabilidade não é absoluta, e comporta exceções previstas na própria norma, além de outros casos com interpretação extensiva conhecida pela jurisprudência. São hipóteses em que não há justificativa plausível para a manutenção da impenhorabilidade, ou – ainda mais sintomático – casos em que existe a ponderação entre direitos de grau e importância distintos, que precisam necessariamente ser preservados, uns em detrimento de outros. É o exemplo da preponderância concedida à satisfação do direito dos alimentos em prejuízo da regra da impenhorabilidade do bem de família.

3.11 Veículos, obras de arte e adornos suntuosos

Objetos de alto valor econômico, como veículos, telas, quadros em geral, peças de ornamentação de artes e adornos considerados de alto luxo, suntuosos e com significativo preço estão excluídos da proteção da impenhorabilidade, não sendo possível a sua arguição. A medida é salutar para evitar que o benefício protetivo se estenda para situações de nítidas condições econômicas favoráveis.

3.12 Da abrangência da impenhorabilidade

A impenhorabilidade é a regra no bem de família legal, sendo presumida e com efeitos retroativos, inclusive, à própria vigência da Lei de Bem de Família. A regra da impenhorabilidade somente se aplica se o imóvel tiver por função a moradia ou residência da entidade familiar, *não tendo sido admitida a arguição de "simples domicílio"*. Incluem-se, grosso modo, nessa regra, os imóveis alugados que geram rendas para a própria família e os bens móveis que guarnecem o lar, como fogão, geladeira, *freezer*, máquina de lavar roupas, armários, estofados, jogos de jantar, máquina de lavar louça, aparelho de som etc.

Mais modernamente é preciso ter uma interpretação extensiva para reconhecer, ainda, equipamentos de informática que guarnecem muitas das residências no país, bem como certos jogos e equipamentos eletrônicos, naturalmente incorporados ao ambiente doméstico, como babás eletrônicas, sistemas de segurança, aparelhos de ar condicionado, sensores de presença, antenas receptoras de canais de TV por assinatura, aparelhos de internet, *videogames*, entre outros. Finalmente, urge deixar registrado que quando se tratar de imóvel protegido pela regra do bem de família localizado na zona rural, outros utensílios e bens móveis – peculiares ao ambiente rural – devem ser assim considerados.

3.13 Da possibilidade de penhora parcial do imóvel de alto valor

A posição reiterada do STJ é no sentido de que não importa o valor do bem imóvel para que este seja protegido pela regra do bem de família. Isso inclui imóveis

---

adotado na decisão do Tribunal de origem coincide com a jurisprudência desta Corte Superior, segundo a qual a impenhorabilidade do bem de família não pode ser alegada após concluída a arrematação" (AgRg no AREsp nº 276.014/RS. Min. Antonio Carlos Ferreira, Quarta Turma. *DJe*, 19 dez. 2014).

de valor muito alto, e tem gerado forte repercussão social negativa, ao se arguir que a lei, nesse caso, por ser de cunho nitidamente patrimonializante, protegendo os "mais ricos". Tal crítica é recorrente, independentemente da linha jusfilosófica de análise que esteja sendo utilizada.[23]

Entretanto, nos casos em que é possível o desmembramento de parte ideal do imóvel, a jurisprudência vem reconhecendo a hipótese de "penhora parcial do imóvel" para bens de elevado valor.

3.14 Dos créditos para construção do imóvel sobre o qual recai o bem de família

A regra é bastante lógica: o imóvel somente existe, em muitos casos, em face de empréstimos ou de financiamentos que foram realizados para tal construção. Seria pouco coerente que a impenhorabilidade servisse como fundamento para a não satisfação das dívidas que deram ensejo à construção do próprio bem. Cumpre lembrar que esse crédito deve ser exercido pelo titular da dívida decorrente do financiamento para a construção, e nos limites dos créditos e acréscimos decorrentes do contrato.

3.15 Da penhorabilidade nos casos de crédito decorrente do financiamento destinado à construção ou à aquisição do imóvel

Comumente o bem imóvel sobre o qual recai o bem de família é adquirido ou construído a partir de financiamento realizado junto à instituição bancária. Em tais casos, a essência do negócio é a aquisição de empréstimo para a finalidade de aquisição patrimonial. Não faria sentido, portanto, tornar impenhorável, em relação a tais dívidas, o bem imóvel dessa forma adquirido, sob pena de se "blindar" os imóveis frutos de financiamento de eventuais execuções sobre o não pagamento desses valores às instituições bancárias. Imaginar o sentido contrário seria deturpar completamente a lógica das instituições financeiras que se prestam a oferecer tais financiamentos.

De igual modo, é plenamente possível que a exceção à impenhorabilidade prevista no art. 3º, II, da Lei nº 8.009/90 também inclua o imóvel objeto do contrato de promessa de compra e venda inadimplido.

---

[23] "RECURSO ESPECIAL - CUMPRIMENTO DE SENTENÇA EM AÇÃO DE COBRANÇA POR DESPESAS DE MANUTENÇÃO E MELHORIAS DE LOTEAMENTO - PRETENSÃO DE PENHORA DO ÚNICO BEM DE PROPRIEDADE DA EXECUTADA SOB A ALEGAÇÃO DE TRATAR-SE DE IMÓVEL DE LUXO (ALTO VALOR) - TRIBUNAL A QUO QUE MANTEVE O INDEFERIMENTO DO PEDIDO DE PENHORA DA UNIDADE HABITACIONAL INDIVIDUAL ANTE O NÃO ENQUADRAMENTO NAS HIPÓTESES DE EXCEÇÃO À ALUDIDA GARANTIA (IMPENHORABILIDADE). IRRESIGNAÇÃO DO EXEQUENTE. Hipótese: [...] 2. Em virtude do princípio da especificidade 'lex specialis derogat legi generali', prevalece a norma especial sobre a geral, motivo pelo qual, em virtude do instituto do bem de família ter sido especificamente tratado pelo referido ordenamento normativo, é imprescindível, tal como determinado no próprio diploma regedor, interpretar o trecho constante do caput do artigo 1º 'salvo nas hipóteses previstas nesta lei', de forma limitada. Por essa razão, o entendimento do STJ é pacífico no sentido de que às ressalvas à impenhorabilidade ao bem de família obrigatório, é sempre conferida interpretação literal e restritiva. Precedentes. 3. A lei não prevê qualquer restrição à garantia do bem de família relativamente ao seu valor, tampouco estabelece regime jurídico distinto no que tange à impenhorabilidade, ou seja, os imóveis residenciais de alto padrão ou de luxo não estão excluídos, em razão do seu valor econômico, da proteção conferida aos bens de família consoante os ditames da Lei 8009/90. 4" (REsp nº 1.351.571/SP. Min. Luis Felipe Salomão, Quarta Turma. *DJe*, 11 nov. 2016).

3.16 Penhora do bem de família pelo credor de pensão alimentícia

O crédito de pensão alimentícia é considerado, formalmente, de maior impacto e relevo que a proteção do direito à moradia. Por essa razão, o bem de imóvel que serve de residência para a família poderá ser penhorado para execução e satisfação de dívida de alimentos, não prevalecendo, nessa hipótese, a regra protetiva especial.

Trata-se de verdadeiro conflito entre regras protetivas. O problema não encontra uma resposta fácil. Importa lembrar que a Lei nº 13.144/2015 considerou impenhorável a meação do imóvel, habitado por casal, em relação ao cônjuge ou companheiro do devedor, salvo se a dívida foi comum ou contraída em benefício de ambos.

Cumpre registrar que há irrelevância na origem à pensão alimentícia para fins de impenhorabilidade do bem de família. Assim, a exceção trazida pelo art. 3º, III da Lei do Bem de Família independe da natureza dos alimentos devidos.[24] Ou seja, tanto faz se são alimentos decorrentes de relações de família ou alimentos decorrentes de atos ilícitos (alimentos indenizatórios). Em ambos os casos, a presente exceção será possível de ser arguida. Dito de outra forma: mesmo nos casos de pensão alimentícia decorrente de ato ilícito, é possível a penhora do imóvel que seria protegido como bem de família, a fim de satisfazer a dívida. A matéria tem precedentes firmados no STJ.[25]

A Lei nº 13.144/2015 aplicou alteração no texto do referido inc. III do art. 3º da Lei do Bem de Família, uma vez que incorporou a expressa ressalva da meação no cômputo do patrimônio a ser penhorado. A regra é um tanto quanto óbvia, pois a meação já precisaria estar sendo devidamente resguardada por disposição expressa do direito de família. A penhora, portanto, só pode ser oponível em relação aos bens exclusivos do devedor, resguardados os direitos, sobre o bem, do seu coproprietário que, com o devedor, integre união estável ou conjugal. Nas hipóteses em que ambos responderão pela dívida, haverá possibilidade de penhora do bem na integralidade. O Professor José Fernando Simão tratou da mudança, e de seus desdobramentos, em texto disponível virtualmente, que merece ser lembrado.[26]

---

[24] "AGRAVO REGIMENTAL NO AGRAVO EM RECURSO ESPECIAL. AÇÃO DE INDENIZAÇÃO POR ACIDENTE DE VEÍCULO. IMPUGNAÇÃO À PENHORA. PRESTAÇÃO ALIMENTÍCIA. EXCEÇÃO À PROTEÇÃO AO BEM DE FAMÍLIA. CABIMENTO. AGRAVO REGIMENTAL A QUE SE NEGA PROVIMENTO. 1. [...] 2. A jurisprudência deste Sodalício ao interpretar o artigo 3º, inciso III, da Lei 8.009/90, assevera a irrelevância da origem da obrigação alimentícia, não importando se decorre de relação familiar ou se é proveniente de indenização por ato ilícito. 3. Ao repisar os fundamentos do recurso especial, a parte agravante não trouxe, nas razões do agravo regimental, argumentos aptos a modificar a decisão agravada, que deve ser mantida por seus próprios e jurídicos fundamentos. 4. Agravo regimental a que se nega provimento" (AgRg no AREsp nº 516.272/SP. Min. Luis Felipe Salomão, Quarta Turma. *DJe*, 13 jun. 2014).

[25] "AGRAVO REGIMENTAL NO RECURSO ESPECIAL. CIVIL E PROCESSO CIVIL. EMBARGOS DE DEVEDOR. EXECUÇÃO DE SENTENÇA. IMPENHORABILIDADE. A EXCEÇÃO DO INCISO III DO ART. 3º DA LEI 8.009/90 APLICA-SE AOS ALIMENTOS DECORRENTES DE ATO ILÍCITO. SÚMULA 83/STJ. PRECEDENTES DESTA CORTE. AGRAVO DESPROVIDO" (AgRg no REsp nº 1.210.101/SP. Min. Paulo de Tarso Sanseverino, Terceira Turma. *DJe*, 26 set. 2012).

[26] "Frise-se: a mudança não tornou impenhorável o imóvel do devedor de alimentos em sendo este meeiro (casamento ou união), mas apenas disse o óbvio: a penhora só recai sobre a meação do devedor, preservando-se a meação do cônjuge ou companheiro. Contudo, o cônjuge ou companheiro não devedor dos alimentos sofrerá os efeitos da execução do bem imóvel indivisível e como garantia da meação receberá, em dinheiro, 50% do valor pago pelo arrematante. A redação dada ao dispositivo é: 'resguardados os direitos' do meeiro. A mudança não torna o bem impenhorável. A interpretação pela qual, sendo o imóvel bem comum, integrando a meação do cônjuge ou companheiro, seria este impenhorável, coloca em risco o sustento do credor e não se coaduna com uma ponderação entre o direito à moradia (do devedor e de seu cônjuge ou companheiro) e o direito à subsistência (do credor dos alimentos)" (SIMÃO, José Fernando. Duas importantes alterações a respeito do bem

3.17 Não aplicação da impenhorabilidade ao bem imóvel que tenha sido adquirido com produto de crime ou para execução de sentença penal condenatória a ressarcimento, indenização ou perdimento de bens

Segundo Carlos Roberto Gonçalves, a hipótese trata da indenização decorrente da prática de ilícito penal, exigindo expressamente "sentença penal condenatória".[27] Na primeira parte do inc. VI do art. 3º, caso o bem de família tenha sido adquirido com produto do crime, ele responde em sua totalidade, dada a origem criminosa dos valores despendidos em sua aquisição. Lado outro, se se tratar apenas de execução de sentença penal condenatória a ressarcimento ou indenização devida por um dos membros da entidade familiar, por ela somente responde a sua parte ideal, já que os demais não participaram da prática do ato delituoso.[28] O perdimento de bens, da mesma forma, somente atingirá a parte ideal do condenado criminalmente.

3.18 Não incidência da impenhorabilidade nas hipóteses de cobrança de impostos, predial ou territorial, taxas de condomínio e contribuições devidas em função do imóvel familiar

Verifica-se, aqui, mais uma nítida regra protetiva e inclusiva. Tais dívidas (cobrança de impostos, predial ou territorial, taxas de condomínio e contribuições devidas em função do imóvel familiar) são consideradas de natureza *propter rem* ou ambulatórias, isto é, vinculadas diretamente ao próprio bem imóvel. Tem a norma sustentação na noção de que o bem em essência não pode servir para deixar de se pagar dívidas dele próprio decorrentes. De grande utilização prática, tal regra inclui as taxas de condomínio. A matéria foi analisada e decidida pelo STF.[29]

---

de família legal. *Carta Forense*, 3 set. 2015. Disponível em: <http://www.cartaforense.com.br/conteudo/colunas/duas-importantes-alteracoes-a-respeito-do-bem-de-familia-legal---parte-2/15752>. Acesso em: 3 jun. 2018).

[27] GONÇALVES, Carlos Roberto. *Direito de família*. São Paulo: Saraiva, 2015. p. 600.

[28] "PROCESSO CIVIL. DIREITO CIVIL. RECURSO ESPECIAL. ACIDENTE DE TRÂNSITO. EXECUÇÃO DE TÍTULO EXECUTIVO JUDICIAL CIVIL DECORRENTE DA PRÁTICA DE ATO ILÍCITO. COEXISTÊNCIA COM SENTENÇA PENAL CONDENATÓRIA COM O MESMO FUNDAMENTO DE FATO. PENHORA DE BEM DE FAMÍLIA. APLICAÇÃO DA LEI n. 8.009/1990. EXCEÇÕES PREVISTAS NO ART. 3º. IMPOSSIBILIDADE DE ANÁLISE DE VIOLAÇÃO AO DISPOSITIVOS CONSTITUCIONAIS. COMPETÊNCIA DO STF. VIOLAÇÃO DO ART. 535 DO CPC NÃO CONFIGURADA. [...] 4. De fato, o caráter protetivo da Lei n. 8.009/1990 impõe sejam as exceções nela previstas interpretadas estritamente. Nesse sentido, a ressalva contida no inciso VI do seu artigo 3º encarta a execução de sentença penal condenatória – ação civil *ex delicto* –; não alcançando a sentença cível de indenização, salvo se, verificada a coexistência dos dois tipos, for-lhes comum o fundamento de fato, exatamente o que ocorre nestes autos. Precedente. 5. Recurso especial não provido" (REsp nº 1.021.440/SP. Rel. Min. Luis Felipe Salomão. *DJe*, 20 maio 2013).

[29] "STF. EMENTA: RECURSO EXTRAORDINÁRIO. BEM DE FAMÍLIA. PENHORA. DECORRÊNCIA DE DESPESAS CONDOMINIAIS. 1. A relação condominial é, tipicamente, relação de comunhão de escopo. O pagamento da contribuição condominial [obrigação propter rem] é essencial à conservação da propriedade, vale dizer, à garantia da subsistência individual e familiar - a dignidade da pessoa humana. 2. Não há razão para, no caso, cogitar-se de impenhorabilidade. 3. Recurso extraordinário a que se nega provimento" (RE nº 439.003/SP. Rel. Min. Eros Grau, j. 6 fev. 2007).

3.19 Possibilidade de execução de hipoteca sobre o imóvel oferecido como garantia real pelo casal ou pela entidade familiar

Trata-se, nesse caso, de aplicação do princípio da boa-fé. Se a entidade familiar dá o bem em garantia de dívida, decerto, a decisão foi devidamente refletida e pensada. Nesse caso, não há outro caminho interpretativo que não seja o da "renúncia ao direito da impenhorabilidade". Assim, se uma vez dado o bem em garantia, posteriormente, na fase de execução, se argui pela impenhorabilidade, há comportamento contraditório, não tolerado pela regra geral da proibição do *venire contra factum proprium*.[30]

3.20 A complexa questão da penhorabilidade do bem de família do fiador em contrato de locação

Provavelmente, nenhum tema gerou tanta discussão doutrinária e jurisprudencial acerca do bem de família quanto a possibilidade (ou não) de penhora do imóvel de residência da família do fiador em contrato de locação.

A questão é, de fato, complexa. Cumpre recordar que a Emenda Constitucional nº 26, de 14.2.2000 incluiu a moradia como um direito social. Entretanto, a Lei do Bem de Família, no art. 3º, VII excepciona a previsão constitucional ao autorizar a penhora do bem de família do fiador em caso de não pagamento do aluguel decorrente de contrato de locação ao qual o fiador era vinculado para garantir a satisfação da dívida. Dito de outra forma, passou a haver situação esdrúxula: o imóvel – bem de família – do locatário devedor não poderia ser penhorado, mas o imóvel – bem de família – do fiador da locação poderia ser penhorado.

Forte corrente doutrinária, baseada no direito civil constitucional, desautoriza tal interpretação legal, recomendando a inconstitucionalidade da norma, por tratar os iguais de modo desigual. Essa, entretanto, não é a posição dominante na jurisprudência. Em julgamento de 2006, o Supremo Tribunal Federal (STF) validou e reconheceu como sendo constitucional o inc. VII do art. 3º da Lei nº 8.009/1990,[31] mesma posição adotada pelo Superior Tribunal de Justiça,[32] que vai mais além, e amplia a eficácia da norma

---

[30] "STJ. CIVIL. DIREITO REAL DE GARANTIA. HIPOTECA. VALIDADE. AVERBAÇÃO NO CARTÓRIO DE REGISTRO DE IMÓVEIS. NÃO OCORRÊNCIA. BEM DE FAMÍLIA. EXCEÇÃO À REGRA DA IMPENHORABILIDADE. HIPÓTESE CONFIGURADA. [...] . 3. A ausência de registro da hipoteca não afasta a exceção à regra de impenhorabilidade prevista no art. 3º, V, da Lei n. 8.009/90; portanto, não gera a nulidade da penhora incidente sobre o bem de família ofertado pelos proprietários como garantia de contrato de compra e venda por eles descumprido. 4. Recurso especial provido" (REsp nº 1.455.554/RN. Min. João Otávio de Noronha, Terceira Turma. *DJe*, 16 jun. 2016).

[31] "STJ. AGRAVO REGIMENTAL NO RECURSO ESPECIAL. LOCAÇÃO. FIANÇA. PENHORABILIDADE DO BEM DE FAMÍLIA DO FIADOR. POSSIBILIDADE. PRECEDENTES. FALTA DE IMPUGNAÇÃO A FUNDAMENTO DA DECISÃO AGRAVADA. ORIENTAÇÃO DA SÚMULA 182/STJ. APLICAÇÃO. [...] 2. Esta Corte Superior de Justiça, acompanhando o entendimento do Excelso Pretório, firmado no julgamento do Recurso Extraordinário nº 407.688/SP, passou a adotar a compreensão segundo a qual, mesmo após a edição da Emenda Constitucional nº 26/2000, é legítima a penhora sobre bem de família de fiador de contrato de locação, a teor do inc. VII do art. 3º da Lei nº 8.009/90, acrescentado pelo art. 82 da Lei nº 8.245/91, inclusive para os pactos anteriores à vigência desse diploma legal. Precedentes. 3. Agravo regimental a que se nega provimento" (REsp nº 1.430.898/PA. Rel. Min. Luis Felipe Salomão. *DJe*, 6 set. 2016).

[32] "LOCAÇÃO. FIANÇA. PRORROGAÇÃO DO CONTRATO. CLÁUSULA QUE PREVÊ A OBRIGAÇÃO ATÉ A ENTREGA DAS CHAVES. EXONERAÇÃO DO FIADOR. IMPOSSIBILIDADE. ENTENDIMENTO CONSOLIDADO A PARTIR DO JULGAMENTO DO ERESP N.º 566.633/CE. FIADOR. BEM DE FAMÍLIA. PENHORA. POSSIBILIDADE. NOVAÇÃO NÃO CONFIGURADA. [...] 2. É válida a penhora do bem destinado à família do

para contratos de locação com fiador realizados antes da entrada em vigor da Lei de Locações – Lei nº 8.245/1991.[33]

A matéria foi, então, sumulada pelo STJ:

> Súmula: 549. É válida a penhora de bem de família pertencente a fiador de contrato de locação.

3.21 Da fraude na constituição do bem de família legal. Da anulação da venda ou da transferência da impenhorabilidade

A constituição do bem de família legal é automática e tem como responsável por sua designação o próprio Estado, na perspectiva de se proteger o local de moradia da família. Tal proteção, de caráter universalizante (porque alcança a todos os arranjos familiares que sejam proprietários de imóveis) e abstrato (porque não faz distinção entre imóveis de qualquer natureza), não pode servir para o estímulo a fraudes ou subterfúgios de ordem econômica e patrimonial.

Caso reste configurada a clara opção do(a) responsável pela família de aquisição de bem imóvel de valor mais alto a fim de deixar de satisfazer o pagamento das suas dívidas, não deve prevalecer o benefício da impenhorabilidade. Ou seja, a má-fé não pode ser utilizada em benefício do próprio devedor.

Ressalta a lei que, para configurar tal hipótese, deve o responsável pela família ter conhecimento (o que será eventualmente provado em demanda judicial) da sua insolvência e dessa forma caracterizar a utilização do bem de família para escapar da execução ou concurso e credores.

Configurada a fraude, nos termos acima expostos, e tendo o credor que se sentir prejudicado ingressado com ação judicial para ver resguardados seus direitos de pagamento, poderá requer ao magistrado da causa, alternativamente: a) transferir a impenhorabilidade para a moradia familiar anterior; ou b) anular a venda, liberando a mais valiosa para execução ou concurso.

No caso de transmissão da impenhorabilidade, significa que mesmo havendo aquisição de bem imóvel de valor mais alto que o anterior, com nítido propósito fraudulento, o magistrado poderá tornar a nova morada penhorável por decisão judicial, enquanto a morada mais antiga, de valor mais baixo, continuará impenhorável, como se não tivesse ocorrido negociação para mudança de residência.

A hipótese de anulação da venda é caso ainda mais grave, posto que interferirá no plano de validade de negócio jurídico, de maneira que o bem continue sendo objeto de penhora, e que as dívidas sejam devidamente quitadas.

---

fiador em razão da obrigação decorrente de pacto locatício, aplicando-se, também, aos contratos firmados antes da sua vigência. Precedentes desta Corte e do Supremo Tribunal Federal" (AgRg no REsp nº 876.938/SP. Min. Laurita vaz. *DJe*, 3 nov. 2008).

[33] "FIADOR. Locação. Ação de despejo. Sentença de procedência. Execução. Responsabilidade solidária pelos débitos do afiançado. Penhora de seu imóvel residencial. Bem de família. Admissibilidade. Inexistência de afronta ao direito de moradia, previsto no art. 6º da CF. Constitucionalidade do art. 3º, inc. VII, da Lei nº 8.009/90, com a redação da Lei nº 8.245/91. Recurso extraordinário desprovido. Votos vencidos. A penhorabilidade do bem de família do fiador do contrato de locação, objeto do art. 3º, inc. VII, da Lei nº 8.009, de 23 de março de 1990, com a redação da Lei nº 8.245, de 15 de outubro de 1991, não ofende ao art. 6º da Constituição da República" (RE nº 407.688/SP. Rel. Min. Cézar Peluso, j. 8 fev. 2006).

3.22 Da aplicação do bem de família para residências familiares em imóvel rural

Antes da edição da Lei do Bem de Família, havia divergência doutrinária sobre a possibilidade de aplicação da norma protetiva ao patrimônio especial nos casos de a moradia se localizar na zona rural. Havia, é fato, certa preferência interpretativa para a aplicação das regras exclusivamente para imóveis localizados em zonas urbanas. A redação da Lei nº 8.009/90 superou tal divergência e deixou claro ser possível o reconhecimento da impenhorabilidade também em imóveis rurais. Outra questão, então, passou a ser analisada: qual o limite da impenhorabilidade nos casos de imóveis rurais, haja vista que, muitas vezes, tais imóveis se configuram em bens de grandes proporções, como fazendas, lotes, sítios, chácaras, ranchos etc.

Restou determinado, então, que, nas situações em que a residência familiar constituir-se em imóvel rural, a impenhorabilidade restringir-se-á à sede de moradia, com os respectivos bens móveis que a guarnecem. Evita-se, assim, que enormes propriedades rurais se tornem "intocáveis". Procurou o legislador um equilíbrio entre o que ficou previsto para os imóveis urbanos e os imóveis rurais.

Identicamente, nos casos do art. 5º, inc. XXVI, da CF/88, a área limitada como pequena propriedade rural é protegida constitucionalmente como um dos direitos e garantias fundamentais, voltada para aqueles que residem na zona rural e dali retiram seu sustento.

Assim, tem-se:

> CF/88. [...] Art. 5º Todos são iguais perante a lei, sem distinção de qualquer natureza, garantindo-se aos brasileiros e aos estrangeiros residentes no País a inviolabilidade do direito à vida, à liberdade, à igualdade, à segurança e à propriedade, nos termos seguintes: [...]
> XXVI - a pequena propriedade rural, assim definida em lei, desde que trabalhada pela família, não será objeto de penhora para pagamento de débitos decorrentes de sua atividade produtiva, dispondo a lei sobre os meios de financiar o seu desenvolvimento; [...].[34]

A norma é de cunho claramente protetivo, pois insculpida no cotejo das garantias constitucionais mais especiais. Há, ainda, forte discordância doutrinária no âmbito do direito constitucional sobre a delimitação exata do que se chamou de "pequena propriedade rural".[35]

---

[34] BRASIL. *Constituição da República Federativa do Brasil de 1988*. Disponível em: <http://www.planalto.gov.br/ccivil_03/constituicao/constituicaocompilado.htm>. Acesso em: 2 jun. 2018.

[35] "Dispõe a norma em comento que 'a pequena propriedade rural, assim definida em lei, desde que trabalhada pela família, não será objeto de penhora para pagamento de débitos decorrentes de sua atividade produtiva, dispondo a lei sobre os meios de financiar o seu desenvolvimento'. Aparentemente, a norma teria relevância meramente processual, estabelecendo mais um caso de impenhorabilidade. Todavia, um exame mais atento revela algumas conexões importantes, permitindo algumas conclusões relevantes. A norma foi inserida no rol dos direitos e garantias fundamentais do art. 5º – um dos mais importantes artigos de nossa Carta Maior. [...] A ideia de módulo rural – referida no CPC – estava, pois, diretamente vinculada à ideia de propriedade familiar. Sua dimensão variava conforme a região e o tipo de exploração nela predominante (módulo regional), o que permitia que cada propriedade rural, conforme sua localização e a composição das explorações agropecuárias nela existentes, tivesse o seu módulo do imóvel. Decretos e Instruções Especiais do Incra estabelecem as várias dimensões do módulo, conforme as regiões típicas que foram identificadas (nove regiões) e os diversos tipos de exploração (pecuária de grande, médio e pequeno porte, lavoura permanente e temporária, florestal, exploração

3.23 Da aplicação da regra da impenhorabilidade na hipótese de haver mais de um imóvel em nome da família

A previsão de proteção do bem de família é restrita a um único bem imóvel utilizado para moradia familiar. Caso haja mais de um imóvel, haverá plena possibilidade de utilização dos demais bens para fins de satisfação da penhora. Proibição em sentido contrário seria nítida hipótese de descumprimento de ordem executiva, prevista na legislação. A questão torna-se ainda bastante polêmica na hipótese de uniões estáveis múltiplas e paralelas.

No caso de mais de um imóvel estar registrado em nome da família a ser protegida pelo benefício do patrimônio especial do bem de família, deve ser utilizado o de menor valor para proteção da impenhorabilidade, sendo os demais passíveis de execução, a fim de quitar as dívidas em aberto pelo devedor.

A título de exceção ao critério do menor valor, a própria legislação especial faz restrição à possibilidade de indicação de bem de família pelo registro do imóvel em título próprio no cartório de registro de imóveis. Trata-se, nesse caso, do bem de família voluntário, anteriormente previsto no art. 70 do Código Civil de 1916, e que passou a ser regido pelos arts. 1.711 a 1.722 no Código Civil de 2002.

A matéria gera forte polêmica doutrinária, na medida em que a inclusão de determinado bem de maior valor na condição de bem de família voluntário ocasionaria, em eventual execução, situação de desproporção caso os bens imóveis disponíveis tenham valores muito distintos. É o caso, por exemplo, de determinado cidadão que, possuindo duas casas, sendo uma delas muito mais valiosa que a outra, institui no cartório de registro de imóveis da sua localidade a residência de valor muito superior como impenhorável, dificultando a satisfação da dívida para seus credores, que terão que se "contentar" com a penhora do imóvel de valor reduzido.

Nosso posicionamento é no sentido de que, caso haja uma real desproporção entre os valores dos bens em questão, sobretudo quando o bem incluído através de registro público (bem de família voluntário) tiver valor sensivelmente maior que o(s) outro(s) disponíveis para penhora, deve ser autorizada a penhora do bem imóvel de valor significativamente mais elevado, a fim de preservar a segurança jurídica e o respeito aos direitos dos credores. O bem de família não pode se revestir em instrumento apto ao descrédito do Poder Judiciário ou flagrante não pagamento dos valores devidos.

4 Conclusões

Ao longo do artigo, foi demonstrada a construção atual do raciocínio jurídico dos Tribunais Superiores Brasileiros a respeito da Lei do Bem de Família. Pela análise,

---

hortifrutigranjeira, etc.). [...] Um outro fator de perturbação na definição da área impenhorável resultou da edição da Lei 8.009/90, que dispôs sobre a impenhorabilidade do bem de família. Seu art. 4º, §2º, dispunha que 'quando a residência familiar constituir-se em imóvel rural, a impenhorabilidade restringir-se-á à sede de moradia, com os respectivos bens móveis, e, nos casos do art. 5º, inciso XXVI, da Constituição, à área limitada como pequena propriedade rural'. Tal dispositivo, em confusa redação, igualmente não fornece parâmetros adequados e suficientes para sua aplicação" (FACCHINI NETO, Eugênio. Comentário ao artigo 5º, XXVI. In: CANOTILHO, J. J. Gomes et al. (Coord.). *Comentários à Constituição do Brasil*. São Paulo: Saraiva/Almedina, 2013. p. 753-762).

é clara a influência do pensamento de Luiz Edson Fachin e da sua teoria do estatuto jurídico do patrimônio mínimo na aplicação do instituto, inclusive a partir de uma ideia extensiva da sua lógica.

O bem de família tem sofrido uma interpretação voltada para a ampliação dos direitos que protege, estendendo o seu rol para outros bens que guarnecem a residência. Ou seja, o bem de família deixa de ser apenas reflexo do direito à moradia e passa a representar o próprio direito a ter um patrimônio que, pelo menos, forneça condições mínimas de conforto familiar, ainda que seja ela devedora. O núcleo principal e básico deve ser protegido.

O bem de família, a partir da invocação de sua lei em situações recorrentes e repetitivas, foi sendo, aos poucos, remodelado e aperfeiçoado, especialmente pelo STJ, fundamentado em posicionamentos trazidos pela melhor doutrina familiarista. Apesar de suas decisões e súmulas não possuírem um papel vinculante, em determinadas situações de homogeneidade em julgamentos, funcionam como um guia norteador de uniformização de matéria infraconstitucional. Sem dúvida alguma, sobre bem de família, seus posicionamentos, explicita ou implicitamente fundamentados na teoria do estatuto jurídico do patrimônio mínimo, influenciaram majoritariamente os tribunais de primeiro grau e, de maneira inversa, a própria doutrina. Os julgados referentes à consideração do bem de família para pessoas solteiras, viúvas, relações familiares entre irmãos, tios e sobrinhos, remodelou o rol constitucional sobre o que se considera entidade familiar nas outras ramificações do direito de família.

São situações exemplificativas usadas para demonstrar que as influências de Luiz Edson Fachin no direito privado, e mais especificamente no direito do bem de família, perpassa o âmbito legislativo. Sua tese, por meio da hermenêutica constitucional e de interpretações teleológicas, teve reflexos na doutrina e na jurisprudência, gerando precedentes importantes no direito familiarista.

Referências

AZEVEDO, Álvaro Villaça. *Bem de família*. São Paulo: Revista dos Tribunais, 2000.

BRASIL. *Constituição da República Federativa do Brasil de 1988*. Disponível em: <http://www.planalto.gov.br/ccivil_03/constituicao/constituicaocompilado.htm>. Acesso em: 2 jun. 2018.

CATALAN, Marcos. Bem de família. In: SIMÃO, José Fernando; LAGASTRA NETO, Caetano; CATALAN, Marcos (Coord.). *Dicionário de direito de família*. São Paulo: Atlas, 2015.

FACCHINI NETO, Eugênio. Comentário ao artigo 5º, XXVI. In: CANOTILHO, J. J. Gomes *et al.* (Coord.). *Comentários à Constituição do Brasil*. São Paulo: Saraiva/Almedina, 2013.

FACHIN, Luiz Edson. *Estatuto jurídico do patrimônio mínimo*. Rio de Janeiro: Renovar, 2001.

FACHIN, Luiz Edson. *Estatuto jurídico do patrimônio mínimo*. Rio de Janeiro: Renovar, 2006.

GONÇALVES, Carlos Roberto. *Direito de família*. São Paulo: Saraiva, 2015.

LÔBO, Paulo. *Famílias*. São Paulo: Saraiva, 2015.

PEREIRA, Rodrigo da Cunha. *Dicionário de direito de família e sucessões ilustrado*. São Paulo: Saraiva, 2015.

SARLET, Ingo Wolfgang. Comentário ao artigo 6º, caput. In: CANOTILHO, J. J. Gomes *et al.* (Coord.). *Comentários à Constituição do Brasil*. São Paulo: Saraiva/Almedina, 2013.

SIMÃO, José Fernando. Duas importantes alterações a respeito do bem de família legal. *Carta Forense*, 3 set. 2015. Disponível em: <http://www.cartaforense.com.br/conteudo/colunas/duas-importantes-alteracoes-a-respeito-do-bem-de-familia-legal---parte-2/15752>. Acesso em: 3 jun. 2018.

TARTUCE, Flávio. *Direito civil*. Direito de família. São Paulo: Método, 2015.

Informação bibliográfica deste texto, conforme a NBR 6023:2002 da Associação Brasileira de Normas Técnicas (ABNT):

CARVALHO, Dimitre Braga Soares de. A construção jurisprudencial sobre o bem de família à luz do estatuto do patrimônio mínimo. In: EHRHARDT JÚNIOR, Marcos; CORTIANO JUNIOR, Eroulths (Coord.). *Transformações no Direito Privado nos 30 anos da Constituição*: estudos em homenagem a Luiz Edson Fachin. Belo Horizonte: Fórum, 2019. p. 275-293. ISBN 978-85-450-0562-9.

FUNÇÃO SOCIAL DA PROPRIEDADE E O ESTATUTO JURÍDICO DO PATRIMÔNIO MÍNIMO: O CONTRIBUTO ESSENCIAL DE LUIZ EDSON FACHIN

JOÃO RICARDO BRANDÃO AGUIRRE

CESAR CALO PEGHINI

Sou um sobrevivente. Não me recuso aos desafios.

(Luiz Edson Fachin)

1 Expedição de premissas no ponto de partida[1]

A ordem de valores trazida à lume pela Constituição Federal de 1988 promoveu verdadeira ruptura de paradigmas no direito privado brasileiro, reedificando conceitos e impondo a necessária releitura dos fundamentos do direito civil, "a partir de um conteúdo que se alça como apto a apreender o Direito, as pessoas, os bens e as relações interprivadas", como magistralmente pontifica Luiz Edson Fachin.[2]

Neste contexto, releva-se o tríplice modo de atuação constitutiva do direito civil contemporâneo: a) *formal*: através da qual o significante veicula a expressão de regras positivadas na Constituição apreendida como direito constitucional positivo, mas também na legislação infraconstitucional, incluindo as regras em sentido estrito do Código Civil, submetida à correção hermenêutica da Constituição; b) *substancial*: materializada pela manifestação da força normativa da principiologia constitucional, distante do conceito de princípios gerais do direito em sentido tradicional e inserta no conceito de norma; c) *prospectiva*: consubstanciada na dimensão propositiva e transformadora do modo

---

[1] Título constante da introdução do livro *Estatuto jurídico do patrimônio mínimo* e aqui utilizado como uma homenagem ao seu autor, Luiz Edson Fachin (*Estatuto jurídico do patrimônio mínimo*. Rio de Janeiro: Renovar, 2001. p. 1).

[2] FACHIN, Luiz Edson. *Direito civil*: sentidos, transformações e fim. Rio de Janeiro: Renovar, 2015. p. 7.

de constitucionalizar, como um atuar de construção de significados, que pode ocorrer como realização hermenêutica, dentro do sistema jurídico, ou, em alguns cenários de lacunas, como integração diante da situação que se apresente sem texto (constitucional ou infraconstitucional) em sentido formal, posto tratar-se da força constitutiva dos fatos e da constituição haurida da realidade humana e social.[3]

Assim, o direito civil hodierno arrima-se na Constituição de 1988, não no generalizante sentir de que o público ter-se-ia apropriado do privado, mas no reconhecimento de que essa dissensão é, hoje, cada vez mais fluida, e na assunção de que a diretriz constitucional de tutela prioritária da pessoa incide nos mais variegados domínios das relações interprivadas, especialmente no que se refere aos contratos, à propriedade e à família.

Porém, é fato inconteste que as relações de direito privado sofrem direta influência da ordem econômica, tornando necessária a ação do Estado Social de Direito para a preservação dos valores, princípios e regras, que compõem a base axiológica de nossa Constituição. E essa dinâmica aplicação das normas constitucionais às relações privadas constitui fonte de tensões com o ordenamento civil codificado, compelindo à "virada de Copérnico" anunciada por Fachin, no sentido de existirem dois caminhos inegáveis a pavimentar o governo jurídico das relações interprivadas: a) o caminho do Código (texto) ao Código (norma) e b) o caminho dos Códigos para as Constituições. O primeiro leva "ao reconhecimento da ausência de um absoluto sentido *a priori* que emerge dos significantes que compõem as normas codificadas", a revelar que "o Código *se faz*, não nasce feito". O segundo, "equivale ao reenvio do Código para o núcleo normativo constitucional, tomado aqui pelo valor jurídico normativo dos princípios", consolidando-se a correção hermenêutica a submeter o Código Civil à Constituição Federal.[4]

Esse inexorável diálogo entre o direito privado e a norma constitucional, decorrente do percurso pelos caminhos acima expostos, abrange a travessia da estrutura à função, tão bem revelada por Bobbio, eis que o direito deve ser considerado como subsistema do sistema social e o seu estudo implica a necessária análise do fator social e de sua relevância no âmbito das relações jurídicas. Assim, releva-se a importância da função social do direito, cuja concretização converge para mudanças radicais nas estruturas da sociedade, a impor a reflexão sobre as formas de efetivação dos ditames de uma justiça social em tempos globalizados, em que o mercado aparece como centro defletor de medidas que visem a regulamentar o poder econômico privado, e a dinâmica e volátil dispersão do capital constitui vigoroso óbice para a diminuição das desigualdades e a construção de uma ordem jurídica justa e solidária.[5]

A definição da amplitude dessa função social e do papel do Estado na regulamentação da ordem econômica representa considerável desafio ao direito privado interpretado a luz dos princípios constitucionais, posto o ente estatal consistir no principal agente regulador e planejador da política econômica, responsável por tomadas de decisões que impactam direta e indiretamente as relações interprivadas, além de o

---

[3] FACHIN, Luiz Edson. *Direito civil*: sentidos, transformações e fim. Rio de Janeiro: Renovar, 2015. p. 7-9.
[4] FACHIN, Luiz Edson. *Direito civil*: sentidos, transformações e fim. Rio de Janeiro: Renovar, 2015. p. 56.
[5] "A função do ordenamento jurídico não é somente controlar os comportamentos dos indivíduos, o que pode ser obtido por meio da técnica das sanções negativas, mas também direcionar os comportamentos para certos objetivos preestabelecidos" (BOBBIO, Norberto. *Da estrutura à função*. Novos estudos de teoria do direito. Tradução de Daniela Beccaccia Versiani. Barueri: Manole, 2007. p. 79).

cenário pautado pela complexidade da relação "estrato social x mercado" demandar a construção do significado do conteúdo normativo dessa função social, de forma a se afirmar a eficiente tutela dos direitos fundamentais em nosso sistema.

Esse conceito de função social apresenta um destacado fundamento ético-jurídico, como princípio das relações privadas, eis que a ordem jurídica não pode deixar de conferir relevância às expectativas da sociedade, mesmo que se tratem de hipóteses em que inexista um preciso e objetivo regime jurídico, a fim de se promover condições essenciais para uma justa composição de direitos, deveres, pretensões, ações, exceções, entre outros, permitindo-se que a convivência social se desenvolva em um terreno pautado pela eticidade, pelo solidarismo e pela tutela prioritária da pessoa.

Nesse cenário o estudo do direito de propriedade e do significado do conteúdo normativo de sua função social constitui laborioso e desafiador mister, cujo labor gravita na fundamental contribuição de Luiz Edson Fachin e de sua monumental obra, o *Estatuto jurídico do patrimônio mínimo*.

2 A funcionalização da propriedade na contemporaneidade

A marcha do direito privado, partindo-se de um arquétipo estribado na proteção do patrimônio e das titularidades proprietárias, rumo a uma concepção solidarista, fundada no valor da dignidade da pessoa, encontra, no sistema jurídico brasileiro, marco fundamental na Constituição Federal de 1988, que rompeu com o antigo paradigma patrimonialista do século XIX para perfilhar cânone existencialista, em que se busca desenvolvimento humano e a construção de uma ordem jurídica justa e solidária.

Neste quadro, o anoso sistema clássico, entronizado pelo Código Civil francês de 1804, concebeu modelo em que a propriedade deveria ser distanciada do poder estatal, firmado no ideal da classe burguesa ascendente, o qual impunha-se contra os abusos perpetrados pelo absolutismo e clamava por uma liberdade fundeada na defesa dos interesses privados em oposição à intervenção indevida do Estado.

Ancorado no sistema clássico consagrado pelo Código Napoleônico, o Código Civil de 1916 apresenta como princípios fundamentais a autonomia privada e a afirmação do individualismo jurídico, característicos do pensamento liberal e individualista predominante no século XIX e primórdios do século XX. Trata-se da lógica liberal, que tem por escopo a não interferência do Estado nas relações de direito privado, concedendo-se aos indivíduos a liberdade de regular suas próprias relações, a partir de limites previamente estabelecidos por regras pouco sujeitas a alterações.

A codificação civil liberal, como nos mostra Paulo Lôbo, encontrava na propriedade o valor fundamental da realização da pessoa, e era em torno do patrimônio que gravitavam os demais interesses privados, juridicamente tutelados. "O patrimônio, o domínio incontrastável sobre os bens, inclusive em face do arbítrio dos mandatários do poder político, realizava a pessoa humana".[6] Essa concepção do individualismo possessivo influenciou, decisivamente, a teoria liberal dos direitos fundamentais que

---

[6] LÔBO, Paulo Luiz Netto. Constitucionalização do direito civil. *Revista de Informação Legislativa*, Brasília, ano 36, n. 141, jan./mar. 1999. p. 103.

"os considerará sempre como direitos de defesa do cidadão perante o Estado, devendo este abster-se da invasão da autonomia privada", consoante ensina Joaquim José Gomes Canotilho.[7]

Por conseguinte, o papel do Estado consistiria na proteção da propriedade individual, com a concepção dos direitos de liberdade firmada em modelo essencialmente econômico, através do qual a autodeterminação realiza-se pela livre disposição de bens, assente na liberdade de contratar e no direito de propriedade, entendendo-se o homem comum como "o cidadão dotado de patrimônio".[8] Nas palavras de Luiz Edson Fachin, "o Direito Privado, em tal moldura, acaba por se nuclear na "liberdade" dos sujeitos exercida sobre suas propriedades".[9]

Como bem salienta Gustavo Tepedino:

> O direito privado tratava de regular, do ponto de vista formal, a atuação dos sujeitos de direito, notadamente o contraente e o proprietário, os quais, por sua vez, a nada aspiravam senão ao aniquilamento de todos os privilégios feudais: poder contratar, fazer circular as riquezas, adquirir bens como expansão da própria inteligência e personalidade, sem restrições ou entraves legais. Eis aí a filosofia do século XIX, que marcou a elaboração do tecido normativo consubstanciado no Código Civil.[10]

Contudo, novas práticas das relações humanas oriundas dos séculos XIX e XX, em especial por conta da industrialização e da eclosão da primeira guerra, causaram profundas transformações nas relações sociais, tornando imperiosa a necessidade de se atender a determinados grupos sociais que foram marginalizados em decorrência da força de conglomerados econômicos.[11] Assim, no início do século XX, fez-se, novamente, necessário o recurso à intervenção estatal no sentido de se promover uma regulamentação mais justa e solidária das relações privadas, em direção oposta ao individualismo econômico apregoado anteriormente, o que resultou no advento da Constituição mexicana de 1917 e da Constituição da República de Weimar de 1919, emblemas desse novo ciclo que deu início às chamadas constituições sociais.

Sobre o tema, ressalva Canotilho que a consolidação da ideia da "necessidade de garantir o homem no plano econômico, social e cultural, de forma a alcançar um fundamento existencial-material, humanamente digno, passou a fazer parte do patrimônio da humanidade".[12]

Nesta senda, a intervenção estatal no âmbito das relações privadas, realizada com o objetivo de se garantir o bem-estar social, a dignidade humana e a efetivação dos direitos sociais, tornou-se capital, posto a transformação das relações interprivadas

---

[7] CANOTILHO, José Joaquim Gomes. *Direito constitucional e teoria da Constituição*. 3. ed. Coimbra: Almedina, 1999. p. 360.
[8] LÔBO, Paulo Luiz Netto. Constitucionalização do direito civil. *Revista de Informação Legislativa*, Brasília, ano 36, n. 141, jan./mar. 1999. p. 101.
[9] FACHIN, Luiz Edson. *Direito civil*: sentidos, transformações e fim. Rio de Janeiro: Renovar, 2015. p. 14.
[10] TEPEDINO, Gustavo. Premissas metodológicas para a constitucionalização do direito civil. In: TEPEDINO, Gustavo. *Temas de direito civil*. Rio de Janeiro: Renovar, 1999. p. 2.
[11] ARTHMAR, Rogério. Os Estados Unidos e a economia mundial no Pós-Primeira Guerra. *Revista de Estudos Históricos*, Rio de Janeiro, n. 29, p. 97-117, 2002.
[12] CANOTILHO, José Joaquim Gomes. *Direito constitucional e teoria da Constituição*. 3. ed. Coimbra: Almedina, 1999. p. 361.

exigir a harmonização entre o exercício da autonomia privada e a tutela dos direitos fundamentais e sociais.

É sob essas premissas fundamentais que se assenta a base axiológica da Constituição Federal de 1988, ancorada na cláusula geral de tutela e promoção da dignidade da pessoa humana, valor máximo de nosso sistema jurídico constitucional. Ao Estado não se resguarda apenas o papel de tutor do patrimônio individual e de promotor de meios de circulação de riqueza, impondo-se uma função promocional que visa à garantia de acesso a uma vida digna, e no fomento de condições capazes de permitir o desenvolvimento das relações pessoais, fortalecendo vínculos de solidariedade, igualdade e cooperação.

Nesse contexto, a dignidade humana aparece como fundamento da República Federativa do Brasil (art. 1º, inc. III, CF), em consonância com o seu comprometimento com o Estado Social, reconhecendo a tutela dos direitos sociais e garantindo a proteção dos direitos dos trabalhadores, numa travessia em que a funcionalização das titularidades reclama "a presença da pessoa concreta, em sua dimensão de existencialidade e de necessidade".[13] O ser humano é o eixo central do ordenamento jurídico,[14] o que se consagra na norma constitucional, ao assegurar a tutela dos direitos fundamentais à vida, saúde, segurança, integridade física, moradia, imagem, liberdade de opinião, de expressão e de crença, entre outros.

No entanto, a norma constitucional possui dimensão muito mais ampla do que a simples regulamentação da relação Estado-indivíduo, estendendo-se às relações interprivadas, na chamada eficácia horizontal dos direitos fundamentais, que consiste na irradiação das normas ou valores constitucionais aos diversos ramos do direito, a impor que a interpretação das normas de direito privado se efetive a partir da Constituição Federal, explorando-se ao máximo a compatibilidade do texto constitucional com as normas infraconstitucionais.[15] Nesse sentido, ressalvam Flávio Tartuce e Márcio Araújo Opromolla:[16]

> A Constituição brasileira, como norma máxima no âmbito de um Estado, e fruto de uma forte tendência à "socialização" do Direito que atinge os mais modernos ordenamentos ocidentais, criou regras e fixou novos paradigmas não só com relação à organização do Estado, mas também sobre outras áreas do Direito.

Desse modo, o exercício da autonomia privada passa pelo crivo da função social, justificadora do sacrifício de direitos em prol do interesse da coletividade e do solidarismo social, subordinando as relações privadas à norma jurídica constitucional, em que a tutela dos direitos individuais, individuais homogêneos, coletivos e difusos (transindividuais)

---

[13] FACHIN, Luiz Edson. *Direito civil*: sentidos, transformações e fim. Rio de Janeiro: Renovar, 2015. p. 15.
[14] FACHIN, Luiz Edson. Apreciação crítica do Código Civil de 2002 na perspectiva constitucional do direito civil contemporâneo. *Revista Jurídica*, n. 304, fev. 2003. p. 17.
[15] Segundo Pietro Perlingieri, faz-se necessário "reconstruir o Direito Civil não como uma redução ou um aumento de tutela das situações patrimoniais, mas como uma tutela quantitativamente diversa", posto que, assim, seria possível se evitar "comprimir o livre e digno desenvolvimento da pessoa mediante esquemas inadequados e superados; permitir-se-ia o funcionamento de um sistema econômico misto, privado e público, inclinado a produzir modernamente e a distribuir com mais justiça" (PERLINGIERI, Pietro. *Perfis do direito civil* – Introdução ao direito civil constitucional. Tradução de Maria Cristina De Cicco. Rio de Janeiro: Renovar, 1999. p. 34).
[16] TARTUCE, Flávio; OPROMOLLA, Márcio Araújo. *Direito civil e a Constituição*. Disponível em: <http://www.calvo.pro.br/media/file/colaboradores/flavio_tartuce/falvio_tartuce_direito_civil.pdf>. Acesso em: 28 maio 2018.

constitui limitação aos interesses individuais. Assim, a adoção desse novo paradigma, existencialista, impôs a necessária releitura do instituto da propriedade sob as diretrizes da ordem constitucional e de sua base valorativa.

Como consequência, releva-se a função socioambiental da propriedade para a construção do modelo de justiça social que constitui o fundamento de nossa ordem econômica, conforme prescreve o art. 225 da Constituição Federal de 1988, ao estabelecer diretrizes para uma unidade de cooperação que demanda um comportamento ativo da sociedade para a preservação do meio ambiente, com o exercício do direito de propriedade levado à efeito em consonância com as suas finalidades sociais e econômicas.

Essa nova acepção do direito de propriedade, bastante distante daquela decorrente do ideal liberal, aflui na ideia da função socioambiental da propriedade, a impor uma conduta ativa de seu titular, que deve ser efetivada de forma racional e sustentável, em respeito aos ditames da justiça social e formalizada como instrumento para a realização da finalidade precípua de se assegurar a todos uma existência digna.

Nesse sentir, faz-se necessária a distinção entre a propriedade que realiza uma função individual, representada pela exigência de que o proprietário não a utilize em prejuízo de outrem – sob pena de sofrer as penalidades decorrentes do poder de polícia –, daquela que realiza uma função socioambiental, a demandar a exploração do bem em benefício de terceiros, exercendo-se o direito de propriedade em consonância com as suas finalidades econômicas e sociais e de modo que sejam preservados a flora, a fauna, as belezas naturais, o equilíbrio ecológico e o patrimônio histórico e artístico, a preservação do bem-estar dos trabalhadores e do proprietário, bem como o seu aproveitamento racional e adequado.

Como se vê, o sentido da função socioambiental da propriedade passa pela utilização adequada dos recursos naturais disponíveis e preservação do meio ambiente, pela exploração que favoreça o bem-estar dos sujeitos e da coletividade, em conformidade com a base de valores de nosso ordenamento, permitindo-se melhor objetivar sua funcionalização mediante critérios contidos na primazia da dignidade humana, da solidariedade e da cooperação, em um constante processo de interpretação sensível ao que é socialmente útil, a fim de se promover a transcensão do individual para o social, sem apriorismos hierárquicos ou determinísticos, em um diálogo voltado à plural dinamicidade da vida condicionante e condicionada pela(s) liberdade(s) ética(s), como bem ensina Pablo Malheiros.[17]

Assim, o direito civil passa a ter como arcabouço não somente a própria codificação, mas incorpora como estrutura hermenêutica[18] os princípios constitucionais, para a perfeita harmonia da aplicação do sistema jurídico privado.[19] Referida construção já é uma realidade no sistema pátrio, sendo aplicada pela jurisprudência de forma expressiva:

---

[17] MALHEIROS, Pablo. *Imputação sem nexo causal e a responsabilidade por danos*. Tese (Doutorado) – Departamento de Direito Civil, Faculdade de Direito, Universidade Federal do Paraná, Curitiba, 2013. Disponível em: <http://biblioteca.versila.com/9519701>. Acesso em: 17 out. 2016.

[18] TARTUCE, Flávio; OPROMOLLA, Márcio Araújo. *Direito civil e a Constituição*. Disponível em: <http://www.calvo.pro.br/media/file/colaboradores/flavio_tartuce/falvio_tartuce_direito_civil.pdf>. Acesso em: 28 maio 2018.

[19] TEPEDINO, Gustavo. Normas constitucionais e relações de direito civil na experiência brasileira. *Boletim da Faculdade de Direito Studia Jurídica*, Coimbra, n. 48, 2000. p. 332-333.

DIREITO DAS SUCESSÕES. REVOGAÇÃO DE CLÁUSULAS DE INALIENABILIDADE, INCOMUNICABILIDADE E IMPENHORABILIDADE IMPOSTAS POR TESTAMENTO. FUNÇÃO SOCIAL DA PROPRIEDADE. DIGNIDADE DA PESSOA HUMANA. SITUAÇÃO EXCEPCIONAL DE NECESSIDADE FINANCEIRA. FLEXIBILIZAÇÃO DA VEDAÇÃO CONTIDA NO ART. 1.676 DO CC/16. POSSIBILIDADE. 1. Se a alienação do imóvel gravado permite uma melhor adequação do patrimônio à sua função social e possibilita ao herdeiro sua sobrevivência e bem-estar, a comercialização do bem vai ao encontro do propósito do testador, que era, em princípio, o de amparar adequadamente o beneficiário das cláusulas de inalienabilidade, impenhorabilidade e incomunicabilidade. 2. A vedação contida no art. 1.676 do CC/16 poderá ser amenizada sempre que for verificada a presença de situação excepcional de necessidade financeira, apta a recomendar a liberação das restrições instituídas pelo testador. 3. Recurso especial a que se nega provimento. (Processo REsp nº 1.158.679/MG 2009/0193060-5. Rel. Min. Nancy Andrighi, Terceira Turma, j. 7.4.2011. DJe, 15 abr. 2011)

Como se vê, a função social da propriedade constitui o reconhecimento de que existem interesses tutelados de forma especial, a impor obrigações e deveres jurídicos aos particulares, com vistas a atender à sociedade e não ao Estado ou ao absolutismo proprietário.[20] Sua fundamentação precípua está assentada no art. 5º da Constituição Federal, em seu inc. XXIII, reconhecida, pois como direito e garantia fundamental, em patente inovação trazida pela Carta de 1988. Além disso, como bem salienta Guilherme Calmon Nogueira da Gama, sua regulamentação encontra-se espalhada em outros dispositivos constitucionais, sem que a norma lhe forneça um conceito,[21] cuja construção constitui mister da doutrina e da jurisprudência.

Nessa lógica, ao disciplinar a ordem econômica, o art. 170 da CF, assim como em Constituições anteriores, dispõe sobre a função social da propriedade como um de seus elementos, ao passo que, em seu art. 23, inc. III, a norma constitucional, objetivando tutelar a função socioambiental da propriedade, define a competência comum da União, dos estados, do Distrito Federal e dos municípios para a proteção dos documentos, obras e outros bens de valor histórico, artístico e cultural, os monumentos, as paisagens naturais notáveis e os sítios arqueológicos. Também o art. 21, *caput*, bem como seu respectivo inc. XX estabelecem a competência da União sobre diretrizes para o desenvolvimento urbano, incluindo habitação, saneamento básico e transportes urbanos.

Ademais, há que se ressaltar a importância da norma expressa pelos arts. 182 e 186 da Constituição Federal, que estatuem diretrizes para o cumprimento da função social da propriedade urbana, assim como da propriedade rural. Em referido art. 182 o legislador constituinte define os requisitos para o desenvolvimento das funções sociais da cidade e a garantia do bem-estar de seus habitantes. Já em seu ao art. 186, a norma constitucional fixa as condições para o cumprimento da função social da propriedade rural ao determinar que o proprietário deve i) dar aproveitamento racional e adequado ao imóvel rural; ii) utilizar adequadamente os recursos naturais disponíveis e preservação do meio ambiente; iii) observar as disposições que regulam as relações de trabalho; e iv) explorar a propriedade de forma que favoreça o bem-estar dos próprios e dos trabalhadores.[22]

---

[20] GAMA, Guilherme Calmon Nogueira da et al. *Função social no direito civil*. São Paulo: Atlas, 2007. p. 49.
[21] GAMA, Guilherme Calmon Nogueira da et al. *Função social no direito civil*. São Paulo: Atlas, 2007. p. 55.
[22] Nesta esteira Gustavo Tepedino, com sua costumeira precisão, ressalva: "A produtividade, para impedir a desapropriação, deve ser associada à realização de sua função social. O conceito de produtividade vem definido

Na legislação infraconstitucional diversos são os dispositivos do Código Civil de 2002 que se apresentam em consonância com a diretriz de nossa Lei Maior, o que se verifica pela regra do inc. III de seu art. 1.275, ao dispor acerca da perda da propriedade pelo abandono de seu titular; ou pelos §§1º e 2º do art. 1.276 que tratam da arrecadação dos imóveis rurais, após três anos de desinteresse pelo proprietário e da arrecadação dos imóveis abandonados, respectivamente.

Mas é no §1º do art. 1.228 do CC que se encontram as diretrizes da norma codificada para o cumprimento da função socioambiental da propriedade em atendimento aos dispositivos constitucionais acima elencados. Em análise ao dispositivo em comento é possível depreender que o tratamento dado ao direito de propriedade diverge do ideal liberal característico do sistema clássico do Código Civil de 1916 na exata medida em que também reconhece que a propriedade deve atender à sua função socioambiental, levando em consideração a sua destinação. Nesse sentido acrescentam Cristiano Chaves de Farias e Nelson Rosenvald que existe um elevado interesse na especificação do conteúdo dessa norma, posto que, "ao contrário de seu antecessor hermenêutico, o Código Civil de 2002 pretende ter um sistema relativamente aberto, compromissado com as transformações econômicas e sociais do País".[23] Nesta mesma perspectiva, ressalva Flávio Tartuce que "mais do que mera função social, o dispositivo prevê a função socioambiental do domínio, não podendo o exercício do direito de propriedade gerar danos ao ambiente natural, cultural ou artístico".[24]

Essa preocupação do legislador infraconstitucional com a preservação ambiental vai ao encontro da norma expressa pelo *caput* do art. 225 da Constituição Federal,[25] o qual, como dito, estabelece as diretrizes fundamentais para a tutela do meio ambiente em nosso ordenamento, garantindo-se a todos "direito ao meio ambiente ecologicamente equilibrado, bem de uso comum do povo e essencial à sadia qualidade de vida, impondo-se ao Poder Público e à coletividade o dever de defendê-lo e preserva-lo para as presentes e futuras gerações".

Desse modo, infere-se que a função socioambiental da propriedade constitui garantia constitucional fundamental, que é pertinente à tutela de direitos difusos bastante identificáveis, consubstanciados por "uma noção de coletividade que faz sentido como concretude, sendo, ao menos qualitativamente, menos infensa à volubilidade das significações que se atribuem às noções pertinentes ao interesse coletivo", conforme ensina Carlos Eduardo Pianovski Ruzyk.[26]

---

pela Constituição de maneira essencial solidarista, vinculado aos pressupostos para a tutela da propriedade. Dito diversamente, a propriedade, para ser imune à desapropriação, não basta ser produtiva no sentido econômico do termo, mas deve também realizar sua função social. Utilizada para fins especulativos, mesmo se produtora de alguma riqueza, não poderá a sua função social se não respeitar as situações jurídicas existenciais e sociais nas quais se insere. Em consequência, não será merecedora de tutela jurídica, devendo ser desapropriada, pelo Estado, por se apresentar como um obstáculo ao alcance dos fundamentos e objetivos – constitucionalmente estabelecidos – da República" (TEPEDINO, Gustavo. *Temas de direito civil*. 4. ed. rev. e atual. São Paulo: Renovar, 2008. p. 331).

[23] FARIAS, Cristiano Chaves de; ROSENVALD, Nelson. *Curso de direito civil*: 5 – Reais. 11. ed. São Paulo: Atlas, 2015. p. 207.

[24] TARTUCE, Flávio. *Direito civil* – 4. Direito das coisas. 9. ed. Rio de Janeiro: Forense, 2017. p. 59.

[25] "Art. 225. Todos têm direito ao meio ambiente ecologicamente equilibrado, bem de uso comum do povo e essencial à sadia qualidade de vida, impondo-se ao Poder Público e à coletividade o dever de defendê-lo e preservá-lo para as presentes e futuras gerações".

[26] RUZYK, Carlos Eduardo Pianovski. *Institutos fundamentais do direito civil e liberdade(s)*. Repensando a dimensão funcional do contrato, da propriedade e da família. Rio de Janeiro: GZ, 2011. p. 263.

Dessarte, o direito de propriedade, assente no texto constitucional como fundamental, está intrinsecamente associado à sua respectiva função socioambiental e é nesse contexto que se dimensiona o estatuto jurídico do patrimônio mínimo.

3 A garantia pessoal do patrimônio mínimo

A contribuição de Luiz Edson Fachin para o estudo do direito de propriedade e de sua função social constitui verdadeiro marco na ciência jurídica brasileira. Inicialmente publicado no ano de 2001, antes mesmo da entrada em vigor do Código Civil de 2002, o estatuto jurídico do patrimônio mínimo[27] apresentou-se como obra monumental, transformadora de toda a ancestral teoria jurídica erigida para se tutelar prioritariamente a propriedade e apta a conduzir a uma nova perspectiva, adequada ao desenvolvimento da complexidade social e capaz de produzir sobre os indivíduos, e também nas relações interprivadas, efeitos práticos que reforçam os valores sociais de nosso ordenamento.

Atualizada em 2006,[28] já na vigência da codificação de 2002, a obra reapresenta marcos importantíssimos, fundeados na tutela da dignidade humana e na legitimidade da intervenção do Estado com vistas a atribuir à pessoa natural uma garantia patrimonial que integre sua esfera jurídica, o denominado patrimônio mínimo. Parte da premissa fundamental de que, à pessoa, deve ser assegurado o mínimo existencial, através da guarida de uma esfera patrimonial básica hábil a promover condições dignas de subsistência.[29]

Esse patrimônio mínimo, constituído sobre uma base de bens suscetíveis de valoração e que não se esgota nas coisas materiais, está afetado à indispensabilidade do viver digno, princípio estruturante, constitutivo e indicativo das ideias diretivas básicas de toda a ordem constitucional,[30] a impor a implementação de uma hermenêutica crítica e construtiva da codificação civil.

Dessarte, é possível verificar que a concessão de uma garantia patrimonial mínima à pessoa natural encontra estreita consonância com a diretriz constitucional de funcionalização da propriedade, assegurando-se a todos o acesso a uma vida digna, positivado por meio da legitimação da intervenção estatal com vistas a garantir à pessoa o mínimo existencial, atribuindo-se novo valor à propriedade, como ressalta Gustavo Tepedino:

> A propriedade, portanto, não seria mais aquela atribuição de poder tendencialmente plena, cujos confins são determinados externamente, ou, de qualquer modo, em caráter predominantemente negativo, de tal modo que, até uma certa demarcação, o proprietário teria espaço livre para suas atividades e para a emanação de sua senhoria sob o bem. [...] A função social modificar-se-á de estatuto para estatuto, sempre em conformidade com os preceitos constitucionais e com a concreta regulamentação dos interesses em jogo.[31]

---

[27] FACHIN, Luiz Edson. *Estatuto jurídico do patrimônio mínimo*. Rio de Janeiro: Renovar, 2001.
[28] FACHIN, Luiz Edson. *Estatuto jurídico do patrimônio mínimo*. 2. ed. Rio de Janeiro: Renovar, 2006.
[29] "Sob o estatuto da propriedade agasalha-se, também, a defesa dos bens indispensáveis à subsistência. Sendo a opção eleita assegurá-lo, a congruência sistemática não permite abolir os meios que, na titularidade, podem garantir a subsistência" (FACHIN, Luiz Edson. *Estatuto jurídico do patrimônio mínimo*. Rio de Janeiro: Renovar, 2001. p. 232).
[30] FACHIN, Luiz Edson. *Estatuto jurídico do patrimônio mínimo*. Rio de Janeiro: Renovar, 2001. p. 191.
[31] TEPEDINO, Gustavo. Contornos constitucionais da propriedade privada. In: TEPEDINO, Gustavo. *Temas de direito civil*. 4. ed. rev. e atual. São Paulo: Renovar, 2008. p. 337-338.

Da mesma forma, observa Adilson Abreu Dallari que a ideia de funcionalização da propriedade passa pelo cumprimento de um destino economicamente útil, produtivo, de maneira a satisfazer as necessidades de seu titular, mas cumprindo, em especial, a sua completa vocação natural, de molde a canalizar as potencialidades residentes no bem em proveito da coletividade.[32]

O direito à propriedade e da propriedade apresenta-se como titularidade integrante do mínimo existencial, a possuir como axioma a asserção de que a pessoa, e não o patrimônio, constitui o núcleo essencial do sistema jurídico, a fim de se promover a sua tutela mais ampla, "em uma perspectiva solidarista que se afasta do individualismo que condena o homem à abstração".[33]

Essa perspectiva solidarista, em que a funcionalização da propriedade aponta para novos rumos, concretiza-se na tutela dos valores existenciais da pessoa e na consideração de interesses sociais incidentes sobre as titularidades, o que se verifica em emblemática decisão proferida pelo Superior Tribunal de Justiça:

> RECURSO ESPECIAL. DIREITO CIVIL. VIOLAÇÃO AO ART. 535 DO CPC/1973. NÃO OCORRÊNCIA. AÇÃO DE REINTEGRAÇÃO DE POSSE. REQUISITOS DO ART. 927 DO CPC/1973 E 561 DO NOVO CPC. REALIDADE FÁTICA DO IMÓVEL MODIFICADA. IMÓVEL QUE SE TRANSFORMOU EM BAIRRO URBANO POPULOSO. IMPOSSIBILIDADE DE DESCONSIDERAÇÃO DA NOVA REALIDADE NA SOLUÇÃO DA CONTENDA. FUNÇÃO SOCIAL DA PROPRIEDADE E DA POSSE. DIREITO À MORADIA E MÍNIMO EXISTENCIAL. DIGNIDADE DA PESSOA HUMANA. PONDERAÇÃO DE VALORES. NEGATIVA DA REINTEGRAÇÃO. POSSIBILIDADE DE CONVERSÃO DA PRESTAÇÃO ORIGINÁRIA EM ALTERNATIVA. ART. 461-A DO CPC/1973. RECURSO NÃO PROVIDO. (REsp nº 1.302.736/MG. Rel. Min. Luis Felipe Salomão, Quarta Turma, j. 12.4.2016. *DJe*, 23 maio 2016)

Também no direito positivado encontram-se exemplos de garantia de um patrimônio mínimo, com o escopo de se promover a tutela prioritária da pessoa, como se infere, por exemplo, nas regras de proteção ao pródigo ou na imposição da legítima, entre outros. Outrossim, a garantia do mínimo existencial, a representar a prevalência da dignidade da pessoa sobre a garantia do crédito, pode ser verificada no regramento dado aos bens insuscetíveis de penhora previstos pela regra do art. 833 do Novo Código de Processo Civil.

Exemplo paradigmático da convergência entre a funcionalização da propriedade e a garantia de um mínimo existencial à pessoa natural reside na proteção do bem de família conferida pela Lei nº 8.009/90 e no contundente desenvolvimento jurisprudencial construído sobre o tema, eis que a proteção do bem de família legal compreende, além da tutela da dignidade humana, a proteção do direito social à moradia, bem como a realização da solidariedade.

Nesse labor, o Superior Tribunal de Justiça cumpre percuciente missão, com destacadas decisões, tais como o entendimento consolidado por sua Súmula nº 364, estendendo a proteção do bem de família a pessoas solteiras, separadas e viúvas, e, também,

---

[32] DALLARI, Adilson Abreu. Instrumentos da política urbana. In: DALLARI, Adilson Abreu; FERRAZ, Sérgio. (Coord.). *Estatuto da Cidade*. 2. ed. São Paulo: Malheiros, 2006. p. 73.
[33] FACHIN, Luiz Edson. *Estatuto jurídico do patrimônio mínimo*. Rio de Janeiro: Renovar, 2001. p. 51.

a pessoas divorciadas, ainda que a súmula sobre elas não se referida. Também em sua Súmula nº 486 revela-se o destacado solidarismo e a preocupação com a garantia do mínimo existencial, ao se dispor pela impenhorabilidade do único imóvel residencial do devedor, locado a terceiros, "desde que a renda obtida com a locação seja revertida para a subsistência ou a moradia da sua família".

Além disso, reconhecendo a Lei nº 8.009/90 como norma de ordem pública em que avulta o interesse social, o STJ editou sua Súmula nº 205, afirmando a eficácia retroativa da lei do bem de família, para o fim de se desconstituir penhoras constituídas antes de sua entrada em vigor.

Contudo, em movimento sinalado por sístoles e diástoles, editou a Súmula nº 579, confirmando a validade da penhora do bem de família pertencente a fiador de contrato de locação. Bem verdade que a edição desta súmula reflete o entendimento do Supremo Tribunal Federal, proferido no RE nº 407.688/SP e autorizador da penhora do bem de família do fiador em relações locatícias regidas pela Lei nº 8.245/91, mas, "o transbordar do conteúdo da regra, para além dos limites, recomenda respeito ao instituto do bem legal de família".[34]

Porém, a hierarquização axiológica levada a efeito por nossos tribunais superiores encontra outros bons exemplos de tutela do patrimônio mínimo consubstanciados na interpretação da Lei nº 8.009/90, consoante se verifica no reconhecimento da legitimidade dos integrantes da entidade familiar para se insurgirem contra a penhora do bem de família[35] ou na assunção de que a impossibilidade de penhora desse bem pode ser alegada em qualquer momento processual até a sua arrematação, ainda que por meio de simples petição nos autos.[36]

Ademais, deve-se registrar que e impenhorabilidade do bem de família não é absoluta, que referido direito não é absoluto e, também, respeita a base axiológica do ordenamento, como decidiu o Superior Tribunal de Justiça ao afastar a proteção do bem de família quando caracterizado abuso do direito de propriedade, violação da boa-fé objetiva e fraude à execução,[37] ou, ainda, quando se autoriza a penhora do bem de família para assegurar o pagamento de dívidas oriundas de despesas condominiais do próprio bem ou de alimentos.[38]

Do exposto resulta que a transformadora tese gerada pelo gênio de Luiz Edson Fachin recebeu, merecidamente, guarida em nosso sistema jurídico, seja pela vultosa doutrina difusora de seus ideais, seja pelo destacado entendimento dos tribunais pela sua aplicação, o que se verifica, *v.g.*, em decisão proferida pelo STJ nos autos do (REsp nº 621.399/RS), da qual se pede vênia para se destacar o seguinte:

> PROCESSUAL CIVIL. EMBARGOS DE TERCEIRO. EXECUÇÃO FISCAL MOVIDA EM FACE DE BEM SERVIL À RESIDÊNCIA DA FAMÍLIA. PRETENSÃO DA ENTIDADE FAMILIAR DE EXCLUSÃO DO BEM DA EXECUÇÃO FISCAL. POSSIBILIDADE JURÍDICA E LEGITIMIDADE PARA O OFERECIMENTO DE EMBARGOS DE TERCEIRO. É BEM DE FAMÍLIA O IMÓVEL PERTENCENTE À SOCIEDADE, DÊS QUE O ÚNICO

---

[34] FACHIN, Luiz Edson. *Direito civil*: sentidos, transformações e fim. Rio de Janeiro: Renovar, 2015. p. 93.
[35] EDcl no REsp nº 1.084.059/SP. Rel. Min. Maria Isabel Gallotti, Quarta Turma, j. 11.4.2013. *DJe*, 23 abr. 2013.
[36] AgRg no AREsp nº 595.374/SP. Rel. Min. João Otávio de Noronha, Terceira Turma, j. 25.8.2015. *DJe*, 1º set. 2015.
[37] AgRg no AREsp nº 689.609/PR. Rel. Min. João Otávio de Noronha, Terceira Turma, j. 9.6.2015. *DJe*, 12 jun. 2015.
[38] AgRg no AgRg no AREsp nº 198.372/SP. Rel. Min. Raul Araújo, Quarta Turma, j. 19.11.2013. *DJe*, 18 dez. 2013.

SERVIL À RESIDÊNCIA DA MESMA. RATIO ESSENDI DA LEI Nº 8.009/90. 1. A lei deve ser aplicada tendo em vista os fins sociais a que ela se destina. Sob esse enfoque a impenhorabilidade do bem de família visa a preservar o devedor do constrangimento do despejo que o relegue ao desabrigo.2. Empresas que revelam diminutos empreendimentos familiares, onde seus integrantes são os próprios partícipes da atividade negocial, mitigam o princípio societas distat singulis, peculiaridade a ser aferida cum granu salis pelas instâncias locais. 3. Aferida à saciedade que a família reside no imóvel sede de pequena empresa familiar, impõe-se exegese humanizada, à luz do fundamento da república voltado à proteção da dignidade da pessoa humana, por isso que, expropriar em execução por quantia certa esse imóvel, significa o mesmo que alienar bem de família, posto que, muitas vezes, lex dixit minus quam voluit. 4. In casu, a família foi residir no único imóvel pertencente à família e à empresa, a qual, aliás, com a mesma se confunde, quer pela sua estrutura quer pela conotação familiar que assumem determinadas pessoas jurídicas com patrimônio mínimo. 5. É assente em vertical sede doutrinária que "A impenhorabilidade da Lei nº 8.009/90, ainda que tenha como destinatários as pessoas físicas, merece ser aplicada a certas pessoas jurídicas, às firmas individuais, às pequenas empresas com conotação familiar, por exemplo, por haver identidade de patrimônios." (FACHIN, Luiz Edson. "Estatuto Jurídico do Patrimônio Mínimo", Rio de Janeiro, Renovar, 2001, p. 154). 6. Em consequência "(...) Pequenos empreendimentos nitidamente familiares, onde os sócios são integrantes da família e, muitas vezes, o local de funcionamento confunde-se com a própria moradia, *devem beneficiar-se da impenhorabilidade legal*". (Grifos nossos)

Como se vê, a decisão *supra* representa a adequada aplicação da tese esposada pelo estatuto jurídico do patrimônio mínimo, em demonstração da inequívoca contribuição de seu autor à ciência jurídica brasileira e à tutela fundamental da pessoa humana e de sua dignidade.

4 Conclusão

A dimensão prospectiva do modo de atuação constitutiva do direito civil contemporâneo, materializada pela atuação propositiva e transformadora do modo de constitucionalizar, encontra no estatuto jurídico do patrimônio mínimo fonte fecunda de fundamentos aptos a permitir a construção de significados de relevância substancial para a concretização do objetivo da República em se erigir uma ordem jurídica justa e solidária.

Com a repersonalização do direito civil e a socialização do ordenamento jurídico constitucional, pavimentou-se o caminho que leva ao hoje distante ideal de construção de uma sociedade mais justa, inclusiva e democrática, em que o sistema jurídico-institucional possa promover o acesso a uma vida digna e em condições de igualdade.

Dentro desse contexto, a funcionalização do direito e a travessia de uma ordem jurídica estática para um sistema em que avulta a função promocional do direito, em que a pessoa humana se destaca como seu núcleo essencial merecedor de tutela diferenciada, impõem-se como imperativos necessários à consolidação de uma perspectiva solidarista como a idealizada pela norma constitucional.

Essa perspectiva solidarista, em que a funcionalização da propriedade aponta para novos rumos, concretiza-se na tutela dos valores existenciais da pessoa e na consideração de interesses sociais incidentes sobre as titularidades

Nesse cenário, a obra monumental de Luiz Edson Fachin representa um emblema da proteção prioritária da pessoa e de sua dignidade e alcança o lócus privilegiado de criação transformadora da realidade jurídica e social, contribuindo de forma inquestionável para a melhora das relações interprivadas do sistema jurídico brasileiro.

Referências

ALVIM, Arruda. *O livro do direito das coisas*. Rio de Janeiro: Forense. No prelo.

ARTHMAR, Rogério. Os Estados Unidos e a economia mundial no Pós-Primeira Guerra. *Revista de Estudos Históricos*, Rio de Janeiro, n. 29, p. 97-117, 2002.

BOBBIO, Norberto. *Da estrutura à função*. Novos estudos de teoria do direito. Tradução de Daniela Beccaccia Versiani. Barueri: Manole, 2007.

CANOTILHO, José Joaquim Gomes. *Direito constitucional e teoria da Constituição*. 3. ed. Coimbra: Almedina, 1999.

DALLARI, Adilson Abreu. Instrumentos da política urbana. In: DALLARI, Adilson Abreu; FERRAZ, Sérgio. (Coord.). *Estatuto da Cidade*. 2. ed. São Paulo: Malheiros, 2006.

FACHIN, Luiz Edson. Apreciação crítica do Código Civil de 2002 na perspectiva constitucional do direito civil contemporâneo. *Revista Jurídica*, n. 304, fev. 2003.

FACHIN, Luiz Edson. *Direito civil*: sentidos, transformações e fim. Rio de Janeiro: Renovar, 2015.

FACHIN, Luiz Edson. *Estatuto jurídico do patrimônio mínimo*. 2. ed. Rio de Janeiro: Renovar, 2006.

FACHIN, Luiz Edson. *Estatuto jurídico do patrimônio mínimo*. Rio de Janeiro: Renovar, 2001.

FACHIN, Luiz Edson. *Teoria crítica do direito civil*. 3. ed. Rio de Janeiro: Renovar, 2012.

FARIAS, Cristiano Chaves de; ROSENVALD, Nelson. *Curso de direito civil*: 5 – Reais. 11. ed. São Paulo: Atlas, 2015.

GAMA, Guilherme Calmon Nogueira da et al. *Função social no direito civil*. São Paulo: Atlas, 2007.

GRAU, Eros Roberto. *A ordem econômica na Constituição de 1988 (interpretação e crítica)*. São Paulo: Revista dos Tribunais, 1990.

LÔBO, Paulo Luiz Netto. Constitucionalização do direito civil. *Jus.com*, jul. 1999. Disponível em: <https://jus.com.br/artigos/507/constitucionalizacao-do-direito-civil>. Acesso em: 29 maio 2018.

LÔBO, Paulo Luiz Netto. Constitucionalização do direito civil. *Revista de Informação Legislativa*, Brasília, ano 36, n. 141, jan./mar. 1999.

MALHEIROS, Pablo. *Imputação sem nexo causal e a responsabilidade por danos*. Tese (Doutorado) – Departamento de Direito Civil, Faculdade de Direito, Universidade Federal do Paraná, Curitiba, 2013. Disponível em: <http://biblioteca.versila.com/9519701>. Acesso em: 17 out. 2016.

MORAES, Maria Celina Bodin de. A caminho de um Direito Civil Constitucional. *Revista de Direito Civil*, São Paulo, v. 65, jul./set. 1993.

PERLINGIERI, Pietro. *Perfis do direito civil* – Introdução ao direito civil constitucional. Tradução de Maria Cristina De Cicco. Rio de Janeiro: Renovar, 1999.

QUEIROGA, Alessandra Elias de. *Os parcelamentos ilegais do solo e a desapropriação como sanção, o caso dos condomínios irregulares no Distrito Federal*. Porto Alegre: Safe, 2002.

RUZYK, Carlos Eduardo Pianovski. *Institutos fundamentais do direito civil e liberdade(s)*. Repensando a dimensão funcional do contrato, da propriedade e da família. Rio de Janeiro: GZ, 2011.

STRAZZERIA, Victor. A trajetória histórica do "social". *Serv. Soc. Soc.*, São Paulo, n. 119, p. 508-530, jul./set. 2014.

TARTUCE, Flávio. *Direito civil* – 4. Direito das coisas. 9. ed. Rio de Janeiro: Forense, 2017.

TARTUCE, Flávio; OPROMOLLA, Márcio Araújo. *Direito civil e a Constituição*. Disponível em: <http://www.calvo.pro.br/media/file/colaboradores/flavio_tartuce/falvio_tartuce_direito_civil.pdf>. Acesso em: 28 maio 2018.

TEPEDINO, Gustavo. Contornos constitucionais da propriedade privada. In: TEPEDINO, Gustavo. *Temas de direito civil*. 4. ed. rev. e atual. São Paulo: Renovar, 2008.

TEPEDINO, Gustavo. Normas constitucionais e relações de direito civil na experiência brasileira. *Boletim da Faculdade de Direito Studia Jurídica*, Coimbra, n. 48, 2000.

TEPEDINO, Gustavo. Premissas metodológicas para a constitucionalização do direito civil. In: TEPEDINO, Gustavo. *Temas de direito civil*. Rio de Janeiro: Renovar, 1999.

TEPEDINO, Gustavo. *Temas de direito civil*. 4. ed. rev. e atual. São Paulo: Renovar, 2008.

Informação bibliográfica deste texto, conforme a NBR 6023:2002 da Associação Brasileira de Normas Técnicas (ABNT):

AGUIRRE, João Ricardo Brandão; PEGHINI, Cesar Calo. Função social da propriedade e o estatuto jurídico do patrimônio mínimo: o contributo essencial de Luiz Edson Fachin. In: EHRHARDT JÚNIOR, Marcos; CORTIANO JUNIOR, Eroulths (Coord.). *Transformações no Direito Privado nos 30 anos da Constituição*: estudos em homenagem a Luiz Edson Fachin. Belo Horizonte: Fórum, 2019. p. 295-308. ISBN 978-85-450-0562-9.

MÍNIMO EXISTENCIAL E TÉCNICAS DE SEGREGAÇÃO DO PATRIMÔNIO

CARLOS EDISON DO RÊGO MONTEIRO FILHO

ROBERTA MAURO MEDINA MAIA

1 Introdução

Giovanni Tarello, analisando as funções tradicionais do direito, sintetizou-as da seguinte forma: I) repreender comportamentos; II) criar e distribuir poderes; III) alocar, classificar ou criar bens.[1] No que toca à última, os modos de alocação de recursos sucederam-se ao longo do tempo, sempre com base nas escolhas políticas de cada sociedade em dado momento.[2] Passou-se por diversos sistemas de distribuição de bens, sendo possível citar, *e.g.*, os critérios "a cada um segundo o seu poder" (ou sua riqueza) e "a cada um segundo a sua classe",[3] até que se chegasse, por fim, ao método baseado na existência de necessidades comprovadas, isto é, "a cada um segundo suas necessidades".

A necessidade como critério para a alocação de recursos ganhou especial impulso doutrinário, no Brasil, com a edição de uma obra específica, publicada pouco antes do advento do Código Civil de 2002: *Estatuto jurídico do patrimônio mínimo*, de Luiz Edson Fachin.[4] Trabalhando com o conceito de mínimo existencial, o autor, acertadamente, seguia na esteira de Stefano Rodotà, que, anos antes, vislumbrara o direito de propriedade funcionalizado não apenas como instrumento de exclusão de terceiros do uso, gozo e disposição da coisa, mas também como *garantia* de seu titular não ser excluído do pleno

---

[1] TARELLO, Giovanni. Il diritto e la funzione di distribuzioni dei beni. In: RODOTÀ, Stefano *et al.* (Org.). *Analisi economica del diritto privato*. Milano: Giuffrè, 1998. p. 55.

[2] Como observa Paolo Grossi, a distribuição de bens na sociedade sempre foi o centro de disputas políticas e ideológicas ao longo da história: "Talvez nenhum discurso jurídico seja tão permeado de bem e de mal, tão temperado por visões maniqueístas quanto o que versa sobre a relação homem-bens. Porque são tão grandes os interesses em jogo que inevitavelmente as escolhas econômico-jurídicas são defendidas pelas couraças não deterioráveis das conotações éticas e religiosas" (GROSSI, Paolo. *História da propriedade e outros ensaios*. Tradução de Luiz Ernani Fritoli e Ricardo Marcelo Fonseca. Rio de Janeiro: Renovar, 2006. p. 10).

[3] TARELLO, Giovanni. Il diritto e la funzione di distribuzioni dei beni. In: RODOTÀ, Stefano *et al.* (Org.). *Analisi economica del diritto privato*. Milano: Giuffrè, 1998. p. 63.

[4] FACHIN, Luiz Edson. *Estatuto jurídico do patrimônio mínimo*. Rio de Janeiro: Renovar, 2001.

exercício dos atributos dominiais.⁵ Em outras palavras, Fachin observa que a ordem constitucional fundada no princípio da dignidade da pessoa humana "retira bem (ou bens) da órbita da executoriedade"⁶ como forma de *garantir* ao devedor um patrimônio mínimo.

Mas não só. Indo além do direito de propriedade como *garantia*, Luiz Edson Fachin, em obra posterior, observa que a sua funcionalização também representa a ideia de *acesso*, a permitir a concepção de um *direito* à *propriedade*.⁷ Sendo certo que os valores e princípios constitucionais incidem sobre o caso concreto a fim de permitir o acesso dos vulneráveis ao uso e fruição de bens jurídicos, a noção de propriedade como acesso associa-se à construção de uma sociedade justa e solidária, à erradicação da pobreza e à redução das desigualdades sociais, que constituem objetivos fundamentais da República Federativa do Brasil.⁸

Veja-se, pois, que, não obstante a propriedade como acesso e a propriedade como garantia terem como razão de ser a funcionalização da propriedade decorrente da irradiação dos princípios constitucionais da dignidade da pessoa humana e da solidariedade social, elas não se confundem.⁹ Com efeito, no primeiro caso, a incidência de tais valores se dá no momento aquisitivo da propriedade, facilitando a consolidação do *dominium* nas mãos de vulneráveis, como ocorre, a título de exemplo, na usucapião familiar (CC, art. 1.240-A). Por outro lado, no segundo caso, a incidência dos valores constitucionais verifica-se após a propriedade já consolidada a fim de garantir que eventual perda de bens não prejudique a subsistência do devedor.

Em todo e qualquer caso, ao demonstrar a submissão do exercício dos direitos patrimoniais a objetivos axiologicamente superiores, a obra de Fachin deixa claro que o direito de propriedade, em seu viés funcionalizado, deve voltar-se à promoção de valores humanísticos subjacentes à ordem constitucional. Tais valores mostram-se sintetizados no princípio da dignidade da pessoa humana, que, sendo fundamento de nosso ordenamento jurídico, confere unidade teleológica a todos os princípios e regras que o compõem. Referido princípio, além de conferir legitimação ética à Constituição Federal brasileira, serviria de limite para a atuação do Estado – já que qualquer ato normativo ou administrativo que o violasse seria inválido – e de critério de avaliação da legitimidade do exercício de direitos na esfera jurídica privada, nos termos expostos por Maria Celina Bodin de Moraes:

> hoje, tudo se tornou relativo, ponderável, em relação, porém, ao único princípio capaz de dar harmonia, equilíbrio e proporção ao ordenamento jurídico de nosso tempo: a dignidade da pessoa humana, onde quer que ela, ponderados os interesses contrapostos, se encontre.¹⁰

---

5   RODOTÀ, Stefano. *El terrible derecho*. Estudios sobre la propriedad privada. Tradução de Luis Diez-Picazo. Madrid: Civitas, 1986. p. 35.
6   FACHIN, Luiz Edson. *Estatuto jurídico do patrimônio mínimo*. Rio de Janeiro: Renovar, 2001. p. 73.
7   FACHIN, Luiz Edson. *Teoria crítica do direito civil*. 3. ed. Rio de Janeiro: Renovar, 2012. p. 289.
8   A respeito do assunto, seja consentido remeter a MONTEIRO FILHO, Carlos Edison do Rêgo. Usucapião imobiliária urbana independente de metragem mínima: uma concretização da função social da propriedade. In: MONTEIRO FILHO, Carlos Edison do Rêgo. *Rumos contemporâneos do direito civil*. Belo Horizonte: Fórum, 2017. p. 256.
9   FACHIN, Luiz Edson. *Estatuto jurídico do patrimônio mínimo*. Rio de Janeiro: Renovar, 2001. p. 306.
10 MORAES, Maria Celina Bodin de. O conceito de dignidade humana: substrato axiológico e conteúdo normativo. In: SARLET, Ingo Wolfgang (Org.). *Constituição, direitos fundamentais e direito privado*. Porto Alegre: Livraria do Advogado, 2003. p. 147.

Todavia, para os fins propostos neste artigo, releva observar que o mínimo existencial, a despeito de ser o substrato material do princípio da dignidade da pessoa humana e premissa da doutrina de Luiz Edson Fachin, não poderia ser submetido à ponderação com outros princípios com os quais eventualmente conflitasse, em dado caso concreto. Tal impossibilidade decorre do fato de que o que se extrai da norma que consagra o princípio da dignidade da pessoa humana é um núcleo básico, transformado em regra diretamente sindicável pelo Judiciário: o mínimo existencial, à qual, como toda regra, não se poderia opor qualquer princípio. Por tais razões, apenas este "núcleo básico" da dignidade da pessoa humana não admitiria ponderação.[11]

Embora não pareça razoável fracionar ou reduzir o princípio da dignidade da pessoa humana a um núcleo,[12] a ideia de mínimo existencial assume função de extrema importância, sobretudo com relação ao que pode ser exigido por particulares em face do Estado com base em um princípio que abarca tantas acepções: ao Poder Público, cabe garantir a cada indivíduo as condições indispensáveis para que sua existência seja digna, já que a igual dignidade das pessoas impõe a promoção de uma sociedade mais justa e humana.[13] Como se vê, o que se extrai do princípio é uma espécie de "barreira de contenção", abaixo da qual não se pode falar em vida digna.[14]

No âmbito do direito civil, a necessidade de se garantir condições mínimas de existência tem sido utilizada para atribuir novas funções aos direitos patrimoniais, que se tornaram, após a Constituição de Federal de 1988, instrumento de promoção da pessoa e seu suporte institucional. Seria, portanto, corolário do princípio em questão, e não uma fração nuclear dele, a tutela especial destinada à atribuição de um patrimônio mínimo, indispensável à vida digna.[15] Além disso, abaixo desta "linha de separação entre a humanidade e a desumanidade",[16] turvam-se a autonomia privada, a liberdade contratual e as relações de propriedade. Para quem está abaixo do mínimo, os institutos que movem o direito civil e a atividade econômica parecem realidades distantes.

---

[11] BARCELLOS, Ana Paula de. O mínimo existencial e algumas fundamentações: John Rawls, Michel Walzer e Robert Alexy. In: TORRES, Ricardo Lobo (Org.). *Legitimação dos direitos fundamentais*. Rio de Janeiro: Renovar, 2002. p. 45.

[12] Nesse sentido, vale reproduzir a orientação de Maria Celina Bodin de Moraes: "A tutela da pessoa humana não pode ser fracionada em isoladas hipóteses, microssistemas, em autônomas *fattispecie* não-intercomunicáveis entre si, mas deve ser apresentada como um problema unitário, dado o seu fundamento, representado pela unidade do *valor* da pessoa. Esse fundamento não pode ser dividido em tantos interesses, em tantos bens, como é feito nas teorias atomísticas. A personalidade é, consequentemente, não um 'direito', mas um valor, o valor fundamental do ordenamento, que está na base de uma série (aberta) de situações existenciais, nas quais se traduz a sua incessantemente mutável exigência de tutela" (MORAES, Maria Celina Bodin de. O conceito de dignidade humana: substrato axiológico e conteúdo normativo. In: SARLET, Ingo Wolfgang (Org.). *Constituição, direitos fundamentais e direito privado*. Porto Alegre: Livraria do Advogado, 2003. p. 144). A nosso ver, o mínimo existencial seria um imperativo, uma imposição do princípio, e não uma "fração nuclear" dele.

[13] SILVA, José Afonso da. A dignidade da pessoa como valor supremo da democracia. *Revista de Direito Administrativo*, n. 212, p. 89-94, abr./jun. 1998. p. 93.

[14] Na doutrina estrangeira, o tema foi pioneiramente abordado por Margaret Jane Radin, a qual propôs a abordagem da justificativa geral do direito de propriedade e seu delineamento pelo prisma da personalidade. Nesse sentido, observando as mudanças impostas ao instituto a partir do *Welfare State*, a autora desenvolveu a *minimal entitlement theory*, sustentando a existência de bens que se ligam de maneira tão consistente à personalidade humana que a ausência deles impediria o seu pleno desenvolvimento (RADIN, Margaret Jane. Property and personhood. *Stanford Law Review*, v. 34, n. 1, p. 957-1015, 1982. p. 1008).

[15] Nesse sentido, v. FACHIN, Luiz Edson. *Estatuto jurídico do patrimônio mínimo*. Rio de Janeiro: Renovar, 2001. p. 178.

[16] NEGREIROS, Teresa. *Teoria do contrato*: novos paradigmas. Rio de Janeiro: Renovar, 2002. p. 393.

2 A função social exercida pelo bem como critério definidor de sua disciplina jurídica

Na definição de Perlingieri, "bens não são todas as coisas, mas apenas aquelas que podem constituir objeto de direitos".[17] Quando isso ocorre, as coisas se tornam bens jurídicos, categoria que engloba os bens de natureza patrimonial e aqueles que, embora sejam inestimáveis economicamente, são suscetíveis de proteção legal.[18] É o que ocorre, por exemplo, com o direito ao nome e o estado de filiação. O Código Civil de 2002 trata dos bens no Livro II de sua parte geral.

A relevância de tais classificações são os efeitos jurídicos que irão produzir.[19] Exemplificativamente, os direitos reais sobre um bem, se imóvel, só serão adquiridos com o registro no cartório de registro de imóveis (art. 1.227). O código prevê ainda efeitos relativos ao valor do bem imóvel: se este for superior a 30 (trinta) vezes o maior salário mínimo vigente no país, a escritura pública será essencial à validade dos negócios jurídicos que visem à constituição, transferência, modificação ou renúncia de direitos reais sobre o bem imóvel (art. 108).

No entanto, sob a vigência de ordem constitucional que atribui função social a cada relação de propriedade que envolve um bem e o seu titular, considerar um bem em si mesmo como objeto do direito e classificá-lo apenas com base em sua natureza ou em sua relação com outros bens não se afigura suficiente. Hoje, o objeto do direito não é o direito ou o bem em si, mas sim a situação subjetiva relativa ao bem. Dessa forma, a disciplina jurídica de um bem não deve restringir-se à classificação baseada nas características indispensáveis à sua individualização e identificação,[20] ignorando-se por completo a relação concreta que o vincula a seu proprietário e a eventuais terceiros que dele dependam.

Ao analisar a questão, Pietro Perlingieri observa que, tradicionalmente, se um bem é consumível, sua disciplina jurídica será qualificada de determinada maneira; se um bem é considerado "bem de produção", sua disciplina se dará de outra forma. No entanto, tal concepção, segundo o autor, apresentaria um defeito, tendo em vista que a disciplina jurídica de um bem não deve levar em conta apenas o bem em si mesmo considerado: *a disciplina jurídica do bem é correlata à função social por ele desempenhada*.[21] Partindo-se de tal prisma, ampliam-se "os esquemas classificatórios, compatibilizando-os com a ordem constitucional, a determinar que as necessidades humanas, também aí, no seio da teoria geral do direito civil, sejam contempladas como um dado juridicamente relevante".[22]

Enquanto a noção de *função* significa o poder de dar ao objeto da propriedade determinado destino, vinculando-o a certo objetivo, o adjetivo *social* "mostra que esse

---

[17] "il beni non sono tutte le cose ma soltanto quelle que possono costituire oggetto di diritti" (PERLINGIERI, Pietro *et al. Manuale di diritto civile*. 3. ed. Napoli: Edizioni Schientifiche Italianne, 2002. p. 164).

[18] Para uma análise detida das diferentes correntes doutrinárias a respeito da distinção entre bens e coisas, v. TEPEDINO, Gustavo. *Multipropriedade imobiliária*. São Paulo: Saraiva, 1993. p. 89-91.

[19] CALIXTO, Marcelo Junqueira. Dos bens. In: TEPEDINO, Gustavo (Coord.). *A parte geral do Novo Código Civil – Estudos na perspectiva civil constitucional*. Rio de Janeiro: Renovar, 2002. p. 164.

[20] PERLINGIERI, Pietro *et al. Manuale di diritto civile*. 3. ed. Napoli: Edizioni Schientifiche Italianne, 2002. p. 459-460.

[21] "la disciplina di quel bene non è una disciplina del bene in sé e per sé autonomamente considerato, ma è correlata alla particolare funzione sociale cui quel bene effettivamente risponde" (PERLINGIERI, Pietro. *Introduzione alla problematica della "proprietà"*. Napoli: Edizioni Schientifiche Italianne, 1970. p. 37-38).

[22] NEGREIROS, Teresa. *Teoria do contrato*: novos paradigmas. Rio de Janeiro: Renovar, 2002. p. 383.

objetivo corresponde ao interesse coletivo e não ao interesse próprio do *dominus*; o que não significa que não possa haver harmonização entre um e outro".[23] A função social corresponde, portanto, a um poder-dever do proprietário, que deverá adequar o exercício de seu direito aos interesses coletivos.

Assim, se analisarmos o bem a partir da função social que desempenha no caso concreto e do vínculo existencial que o une a uma pessoa, a sua classificação jurídica poderá ser diversa, já que a destinação do bem deve sempre refletir a função social a ele atribuída.[24] Não será, portanto, o valor patrimonial do bem em si a base do seu critério de classificação, mas sim a sua utilidade e destinação no vínculo jurídico que o une a uma pessoa. Como antes se viu, por refletir o mínimo existencial a necessidade de o ordenamento jurídico assegurar, a cada pessoa, condições mínimas de subsistência, o direito de propriedade, por meio de seu duplo estatuto – direito de acesso e direito de não ser excluído do uso, gozo e disposição da coisa –, serve de instrumento para que os objetivos do constituinte em relação ao tema possam ser prioritariamente atingidos.

Em relação ao viés de *acesso*, mencionado anteriormente e explorado em outras oportunidades,[25] é possível perceber que o legislador, no intuito de contemplá-lo, faz uso de normas de viés promocional, ou seja, priorizando ou beneficiando comportamentos que se mostram em conformidade com alguns dos objetivos dispostos na Constituição Federal, tais como a construção de uma sociedade livre, justa e solidária (art. 3º, I), a erradicação da pobreza e a redução das desigualdades sociais e regionais (art. 3º, III) e a promoção do direito à moradia, entre outros direitos sociais (art. 6º, *caput*). Desse modo, a usucapião especial urbana (art. 183) e a usucapião especial rural (art. 191) podem exemplificar a preocupação do legislador no que concerne à proteção de comportamentos que visam promover e proteger, facilitando, por isso, a aquisição do direito de propriedade nas hipóteses nas quais o possuidor se comporta de modo análogo ao constitucionalmente descrito.

Todavia, no intuito de melhor refletir a importância e a atualidade especificamente da obra *Estatuto jurídico do patrimônio mínimo*, de Luiz Edson Fachin, o presente artigo destina-se a expor dois exemplos da atuação legislativa, a partir da Constituição Federal, no sentido de tutelar o viés *garantista* do direito de propriedade – o direito de não ser excluído do uso, gozo e disposição – tão bem explorado pelo autor. Um deles diz respeito à Lei nº 8.009/90, anterior à primeira edição da referida obra, e o outro se refere à Lei nº 10.931/2004, posterior a seu lançamento.

---

[23] COMPARATO, Fábio Konder. Função social da propriedade dos bens de produção. *Revista de Direito Mercantil, Industrial, Econômico e Financeiro*, n. 63, p. 71-79, jul./set. 1986. p. 75.

[24] LOUREIRO, Francisco Eduardo. *A propriedade como relação jurídica complexa*. Rio de Janeiro: Renovar, 2003. p. 117. A partir das lições deste autor, cumpre evidenciar que a tutela prioritária de vínculos qualificados como existenciais é um reflexo da função social do bem. Tal função, permitindo que os valores que regem determinada sociedade possam permear o regime jurídico dos bens, impede que o direito de propriedade seja exercido em contrariedade à dignidade da pessoa humana e à solidariedade social, além de outros princípios basilares de nossa ordem constitucional.

[25] Exemplificativamente, v. FACHIN, Luiz Edson. *Estatuto jurídico do patrimônio mínimo*. Rio de Janeiro: Renovar, 2001. p. 43.

3 O bem de família e a garantia do mínimo existencial do devedor

O regime jurídico do bem de família, conforme instituído pela Lei nº 8.009/90, é exemplo prático da preocupação legislativa com a garantia de um mínimo existencial para quem já é proprietário de um bem, mantendo-o de modo prioritário como parte integrante do patrimônio daquele que o utiliza para fins de moradia. Tendo por modelo o *Homestead Act* da legislação norte-americana, o Código de 1916 já disciplinava o bem de família nos arts. 70 a 73, no Livro II (dos bens). O instituto delineado pelo código seria constituído pelos cônjuges ou conviventes, sobre prédio de propriedade do instituidor, deixando-o isento de execução por dívidas posteriores à sua constituição, excepcionando-se apenas os impostos que sobre ele recaíssem e exigindo-se, além da solvência do proprietário no momento da instituição, a publicidade do ato.[26]

O Código Civil de 2002 transferiu o instituto para o Livro IV da Parte Especial, que trata do direito de família, dispondo-o nos arts. 1.711 a 1.722. No entanto, as exigências formais que estavam previstas no Código anterior foram mantidas: o art. 1.714 da nova codificação determina que o bem de família será constituído pelo registro de seu título no registro de imóveis. Dessa forma, resta claro que o legislador criou, com a Lei nº 8.009/90, uma outra modalidade de bem de família, que se estabelece sem a observância das formalidades exigidas pelo novo código[27] e é identificada por Luiz Edson Fachin como "o Bem Legal de Família".[28] No entanto, as inúmeras transformações sociais que afastam o instituto criado pela Lei nº 8.009/90 daquele que foi reproduzido pelos arts. 1.711 a 1.722 do Código Civil deverão, com o tempo, reduzir a eficácia social deste último.[29]

O art. 1º da Lei nº 8.009, de 29.3.1990, dispõe:

> o imóvel residencial próprio do casal, ou da entidade familiar, é impenhorável e não responderá por qualquer tipo de dívida civil, comercial, fiscal, previdenciária ou de outra natureza, contraída pelos cônjuges ou pelos pais ou filhos que sejam seus proprietários e nele residam, salvo nas hipóteses previstas nesta Lei.[30]

Cumpre ressaltar que a impenhorabilidade se estende às benfeitorias e a todos os equipamentos, inclusive os de uso profissional, ou móveis que guarnecem a casa, desde que quitados.

Assim, diversamente do que foi estipulado pelo Código, a Lei nº 8.009/90 exige a inscrição no registro de imóveis somente quando da existência de mais de um bem

---

[26] FACHIN, Luiz Edson. *Estatuto jurídico do patrimônio mínimo*. Rio de Janeiro: Renovar, 2001. p. 144.
[27] PEREIRA, Caio Mario da Silva. *Instituições de direito civil*. 26. ed. Rio de Janeiro: Forense, 2013. v. 1. p. 378-379.
[28] FACHIN, Luiz Edson. *Estatuto jurídico do patrimônio mínimo*. Rio de Janeiro: Renovar, 2001. p. 140.
[29] Nesse sentido, v. NEGREIROS, Teresa. *Teoria do contrato*: novos paradigmas. Rio de Janeiro: Renovar, 2002. p. 446.
[30] São exceções à impenhorabilidade do bem de família, previstas no art. 3º da Lei nº 8.009/90: os créditos de trabalhadores da própria residência e das respectivas contribuições previdenciárias (I); o crédito decorrente do financiamento destinado à construção ou aquisição do imóvel, no limite dos créditos e acréscimos constituídos em função do respectivo contrato (II); pelo credor de pensão alimentícia (III); pela cobrança de impostos, predial ou territorial, taxas e contribuições devidas em função do imóvel familiar (IV); para a execução de hipoteca sobre o imóvel oferecido como garantia real pelo casal ou pela entidade familiar (V); por ter sido adquirido como produto de crime ou para a execução de sentença penal condenatória a ressarcimento, indenização ou perdimento de bens; por obrigação decorrente de fiança concedida em contrato de locação (VII).

utilizado pelo devedor e sua família para moradia permanente, para evitar, com isso, que a impenhorabilidade recaia sobre o imóvel de menor valor[31] (art. 5º, parágrafo único).[32]

Como se vê, a principal inovação da Lei nº 8.009/90 foi a desnecessidade de manifestação de vontade no sentido de tornar impenhorável o imóvel onde reside a entidade familiar.[33] Na prática, esta opção do legislador representa o reconhecimento do direito constitucional à moradia no âmbito das relações entre particulares, restando tutelado não apenas o direito a um lar, como também à manutenção dos bens necessários para uma vida condigna.

Se o sentido social da norma visa a garantir um teto para cada pessoa, não há como negar que o benefício da impenhorabilidade se estende ao devedor solteiro.[34] Assim, resta claro que o atual escopo da lei é garantir a cada pessoa o direito à moradia. Portanto, o que justifica a impenhorabilidade é a "função" que se atribui ao bem de, naquela relação creditícia, impedir que o devedor – seja solteiro, casado, divorciado ou viúvo – fique ao relento. É a relevância social do vínculo que une o bem e o seu proprietário que justifica o regime jurídico diverso. Trata-se do reconhecimento do valor de uso da residência pelo direito, independentemente de qual seja o seu valor de troca.[35]

Com relação aos bens que guarnecem a residência da família, que podem ser igualmente impenhoráveis, a jurisprudência tem levado a efeito relevantíssima distinção entre bens essenciais à habitabilidade do imóvel e aqueles que seriam caracterizados como supérfluos – ou "adornos suntuosos", expressão contida no art. 2º da Lei nº 8.009/90 e que os exclui, portanto, da esfera de abrangência do mínimo existencial. No intuito de preservar "os bens que se integram ao uso cotidiano da sociedade moderna",[36] a jurisprudência do STJ já reconheceu serem impenhoráveis "a televisão, o microondas, o freezer, o videocassete, a lavadora e a secadora de roupas, considerados essenciais à habitabilidade condigna".[37] Nesse contexto, mesmo bens muito semelhantes – como um teclado musical e um piano – poderão ter destinos variáveis, dependendo do vínculo que os une ao titular e da função que desempenham no caso concreto. É esta a diretriz

---

[31] COSTA, Pedro Oliveira da. O "bem de família" na Jurisprudência do STJ. *Revista Trimestral de Direito Civil*, v. 3, p. 163-194, jul./set. 2000. p. 164.

[32] "Art. 5º Para os efeitos de impenhorabilidade, de que trata esta Lei, considera-se residência um único imóvel utilizado pelo casal ou pela entidade familiar para moradia permanente. Parágrafo Único. Na hipótese de o casal, ou entidade familiar, ser possuidor de vários imóveis utilizados como residência, a impenhorabilidade recairá sobre o de menor valor, salvo se outro tiver sido registrado, para esse fim, no Registro de Imóveis e na forma do artigo 70 do Código Civil".

[33] FACHIN, Luiz Edson. *Estatuto jurídico do patrimônio mínimo*. Rio de Janeiro: Renovar, 2001. p. 150.

[34] Como se extrai de lição de Teresa Negreiros, "O primado da autonomia da vontade foi preterido em favor de uma proteção mais eficiente da moradia familiar; a preocupação com a segurança jurídica deu lugar à busca da agilidade e mobilidade das relações jurídicas; a caracterização do bem tornou-se extensiva a objetos que, sem serem essenciais à sobrevivência, são, contudo, na sociedade atual, necessários à existência de uma vida digna; subjetivamente, o conceito de bem de família também foi ampliado por força do princípio da isonomia e, agora, da consagração do direito à moradia (art. 6º da CF), beneficiando, além da entidade familiar, aquela pessoa que, mesmo vivendo só, não é proprietária de outro imóvel; e, finalmente, deixou de ser indispensável a efetiva residência no próprio imóvel para que este possa ainda assim constituir o bem de família" (NEGREIROS, Teresa. *Teoria do contrato*: novos paradigmas. Rio de Janeiro: Renovar, 2002. p. 447).

[35] CORTIANO JUNIOR, Eroulths. Para além das coisas (Breve ensaio sobre o direito, a pessoa e o patrimônio). In: TEPEDINO, Gustavo et al. (Org.). *Diálogos sobre direito civil* – Construindo a racionalidade contemporânea. Rio de Janeiro: Renovar, 2002. p. 161.

[36] Para uma análise detalhada da jurisprudência do STJ sobre o tema, v. COSTA, Pedro Oliveira da. O "bem de família" na Jurisprudência do STJ. *Revista Trimestral de Direito Civil*, v. 3, p. 163-194, jul./set. 2000. *Passim*.

[37] STJ. REsp 260.502/RS. Rel. Min. Francisco Peçanha Martins, 2ª Turma, j. 19.9.2002. *DJ*, 18 nov. 2002, p. 172.

interpretativa que decorre da ideia de mínimo existencial e da funcionalização do direito de propriedade à promoção dos objetivos fundamentais e dos fundamentos da República Federativa do Brasil, o que pode ser extraído dos seguintes julgados:

> Processual civil. Lei 8.009/90. Bem de Família. Hermenêutica. Freezer, máquina de lavar e secar roupas e microondas. Impenhorabilidade. Teclado Musical. Escopos político e social do processo. Hermenêutica. Precedentes. Recurso provido.
> I – Não obstante noticiem os autos não ser ele utilizado como atividade profissional, mas apenas como instrumento de aprendizagem de uma das filhas do executado, parece-me mais razoável que, em uma sociedade violenta como a atual, seja valorizada a conduta dos que se dedicam aos instrumentos musicais, sobretudo quando sem o objetivo de lucro, por tudo que a música representa, notadamente em um lar e na formação dos filhos, a dispensar maiores considerações. Ademais, não seria um mero teclado musical a equilibrar as finanças de um banco.[38]

> I - A Lei 8.009/90 fez impenhoráveis, além do imóvel residencial próprio da entidade familiar, os equipamentos e móveis que o guarneçam, excluindo veículos, objetos de arte e adornos suntuosos. O favor compreende o que usualmente se mantém em uma residência e não apenas o indispensável para fazê-la habitável. Devem, pois, em regra, ser reputados insuscetíveis de penhora aparelhos de televisão e de som, microondas e vídeo-cassete, bem como o computador e a impressora, que, hoje em dia, são largamente adquiridos como veículos de informação, trabalho, pesquisa e lazer.
> II – Quanto ao piano, não há nos autos qualquer elemento a indicar que o instrumento musical seja utilizado pelo Recorrente como meio de aprendizagem, como atividade profissional ou que seja ele bem de valor sentimental, devendo ser considerado, portanto, adorno suntuoso.[39]

Provavelmente, se não se levasse em consideração o vínculo entre o bem e seu titular no caso concreto, ambos os instrumentos musicais seriam passíveis de penhora, o que violaria a função social a eles inerente. Da mesma forma, se tanto o piano quanto o teclado fossem impenhoráveis – abstraindo-se a natureza do vínculo com o titular – o princípio da função social da propriedade também estaria ameaçado, já que um dos bens que restou livre da constrição judicial não estaria, no caso concreto, desempenhando plenamente a sua função – o que o caracterizaria como supérfluo na relação com o seu titular.

Ainda a respeito do bem de família, é importante ressaltar que o Superior Tribunal de Justiça exige a inequívoca comprovação de que o imóvel, se não é utilizado para a moradia familiar, deverá ter a renda decorrente de sua locação revertida para a subsistência da família em questão, sob pena de não ser considerado como tal.[40] Observa-se, aí, uma vez mais, a atuação do intérprete no sentido de priorizar, na esteira do que determina o legislador, a manutenção do bem como parte integrante do patrimônio de quem dele depende para sua subsistência, individualizando, diante do caso concreto, o papel efetivamente desempenhado pelo imóvel, naquela relação jurídica, por meio da destinação a ele atribuída por seu titular. Se, de modo diverso, tal dependência não

---

[38] STJ. REsp nº 218.882/SP. Rel. Min. Sálvio de Figueiredo Teixeira, 4ª Turma, j. 9.9.1999. *DJ*, 25 out. 1999, p. 374.
[39] STJ. REsp nº 198.370/MG. Rel. Min. Waldemar Zveiter, 3ª Turma, j. 16.11.2000. *DJ*, 5 fev. 2001, p. 548.
[40] STJ. AI em EDs no AREsp nº 938.328/MG. Rel. Min. Marco Buzzi, 4ª Turma. *DJe*, 7 mar. 2018.

resta comprovada, o benefício instituído pelo legislador não se justificará, conforme se extrai da última decisão citada.

A necessidade ou subsistência como critério de alocação ou manutenção de bens em determinado patrimônio justificou ainda, a respeito desse tema, a edição do verbete nº 486 na súmula do Superior Tribunal de Justiça, segundo o qual "é impenhorável o único imóvel residencial do devedor que esteja locado a terceiros, desde que a renda obtida com a locação seja revertida para a subsistência ou moradia de sua família".[41]

No caso do bem de família, é a *finalidade específica* a ele atribuída que justificará sua segregação do restante patrimonial, por meio da impenhorabilidade, que só será afastada nas hipóteses dispostas no art. 3º da Lei nº 8.009/90. É a moradia, portanto, e a subsistência familiar que justificam o benefício, representando exemplo da preocupação legislativa com a proteção e a garantia do mínimo existencial para todas as famílias.

4 O patrimônio de afetação e a garantia do mínimo existencial do adquirente

A preocupação do legislador a este respeito também se reflete no instituto denominado patrimônio de afetação, que, desde o advento da Lei nº 10.931/2004, destina-se à proteção das incorporações imobiliárias que lhe são objeto, apartando-as do restante patrimonial do incorporador e deixando-as a salvo de "seus eventuais insucessos em outros negócios", de modo que não interfiram na estabilidade financeira da incorporação afetada.[42]

Como se sabe, tal atividade empresarial dá-se mediante a venda antecipada de apartamentos de um edifício que será futuramente construído, envolvendo a captação de recursos de consumidores em geral, expediente, portanto, de grande relevo para a economia popular.[43] A desvantagem técnica dos adquirentes das unidades autônomas que serão constituídas em relação ao incorporador é inequívoca, confiando a ele, "não raro, valor que traduz poupança de anos de trabalho, a denotar o forte cunho social da atividade de incorporação".[44]

A teoria da afetação decorre, portanto, da necessidade de se "privilegiar determinadas situações merecedoras de tutela especial",[45] admitindo a segregação, dentro de um mesmo patrimônio, de determinados bens, em virtude de sua destinação específica:[46] a construção e ulterior entrega das unidades autônomas resultantes da incorporação imobiliária afetada. Tal necessidade tornou-se flagrante, *v.g.*, com a derrocada da Construtora Encol, cuja quebra, no fim da década de 1990, deixou os adquirentes de unidades dos empreendimentos imobiliários – então desenvolvidos pela empresa – desamparados, em virtude da arrecadação, pela massa falida, das unidades que ainda não haviam sido formalmente transferidas a terceiros. Com isso, diante do concurso de credores, no intuito de proteger prioritariamente os adquirentes, o Poder Judiciário decidiu,

---

[41] DJe, 1º ago. 2012.
[42] CHALHUB, Melhim Namem. *Da incorporação imobiliária*. 3. ed. Rio de Janeiro: Renovar, 2010. p. 66.
[43] OLIVA, Milena Donato. *Do negócio fiduciário à fidúcia*. São Paulo: Atlas, 2014. p. 79.
[44] OLIVA, Milena Donato. *Do negócio fiduciário à fidúcia*. São Paulo: Atlas, 2014. p. 79.
[45] PEREIRA, Caio Mário da Silva. *Condomínio e incorporações*. 11. ed. Rio de Janeiro: GEN/Forense, 2014. p. 259.
[46] PEREIRA, Caio Mário da Silva. *Condomínio e incorporações*. 11. ed. Rio de Janeiro: GEN/Forense, 2014. p. 259-260.

naquela ocasião, que pertenceria ao condomínio, e não à incorporadora, a propriedade das unidades em estoque.[47]

Apesar disso, restava cristalina, naquela ocasião, a insuficiência dos mecanismos protetivos dispostos na Lei nº 4.591/64 diante do risco de falência do incorporador,[48] pois

> a falta de afetação patrimonial referente aos ativos de cada empreendimento traz como inelutável consequência a possibilidade de quaisquer credores do incorporador executarem os direitos oriundos da atividade de incorporação, de sorte que os promitentes compradores podem ter seus interesses irremediavelmente prejudicados.[49]

Diante de tal realidade, o art. 31-A, incluído na Lei de Condomínio e Incorporações (Lei nº 4.591/64) pela Lei nº 10.931/2004, passou a estipular:

> a critério do incorporador, a incorporação poderá ser submetida ao regime da afetação, pelo qual o terreno e as acessões, bem como os demais bens e direitos a ela vinculados, manter-se-ão apartados do patrimônio do incorporador e constituirão patrimônio de afetação, destinado à consecução da incorporação correspondente e à entrega das unidades imobiliárias aos respectivos adquirentes.

A instituição opcional do patrimônio de afetação, adotada pelo legislador por meio do emprego da expressão *a critério do incorporador*, foi, no entanto, alvo de críticas,[50] pois o ideal seria que sua adoção fosse obrigatória.

O objetivo do instituto em questão é, portanto, assegurar que as receitas obtidas com a venda antecipada das unidades autônomas serão efetivamente destinadas à construção do empreendimento, impedindo sua destinação a incorporação diversa, conduzida pela mesma empresa em outro local, ou mesmo à execução de créditos que não guardem relação direta com a obra afetada.[51]

A legislação hoje em vigor impõe, ainda, que o terreno e as acessões manter-se-ão apartados do patrimônio do incorporador, assegurando com isso que, no caso de falência, os condôminos possam deliberar sobre os termos da continuação da obra ou da liquidação do patrimônio de afetação (Lei nº 4.591/64, art. 43, VII). No primeiro caso, extrai-se do art. 31-F, §§1º e 3º, do mesmo dispositivo da Lei nº 4.591/64 que a comissão de representantes dos adquirentes ficará investida de mandato irrevogável para firmar com os adquirentes das unidades autônomas o contrato definitivo a que estivessem obrigados o incorporador, o titular do domínio e o titular dos direitos aquisitivos do imóvel objeto da incorporação, em virtude de contratos preliminares. Caberá a esta, portanto, diligenciar

---

[47] OLIVA, Milena Donato. *Do negócio fiduciário à fidúcia*. São Paulo: Atlas, 2014. p. 81.

[48] Os graves prejuízos que a insolvência de incorporadores causava aos consumidores também provocaram o Judiciário a tentar amenizá-los. Assim, em 30.3.2005, o Superior Tribunal de Justiça aprovou o Enunciado nº 308 de sua súmula com a seguinte redação: "A hipoteca firmada entre a construtora e o agente financeiro, anterior ou posterior à celebração da promessa de compra e venda, não tem eficácia perante os adquirentes do imóvel". Estabeleceu-se, pois, a desconsideração da hipoteca quando ponderada com a função social da propriedade e o direito do adquirente de ter para si o imóvel que, muitas vezes com enorme dificuldade, havia adquirido.

[49] OLIVA, Milena Donato. *Do negócio fiduciário à fidúcia*. São Paulo: Atlas, 2014.

[50] CHALHUB, Melhim Namem. *Da incorporação imobiliária*. 3. ed. Rio de Janeiro: Renovar, 2010. p. 68.

[51] MATOS, Sandro Rafael Barioni de. Noções gerais do patrimônio de afetação instituído pela Lei 10.931 de 03.08.2004. In: MARQUES FILHO, Vicente de Paula; DINIZ, Marcelo de Lima Castro. *Incorporação imobiliária e patrimônio de afetação – Lei 10.931/04 numa abordagem interdisciplinar*. Curitiba: Juruá, 2009. p. 117.

para que a obra seja concluída com os recursos objeto de patrimônio de afetação, bem como para que as unidades sejam efetivamente transferidas aos adquirentes.

A função de garantia para os adquirentes exercida pelo instituto do patrimônio de afetação ficou evidente no julgamento, pela Segunda Câmara Reservada de Direito Empresarial do Tribunal de Justiça do Estado de São Paulo, de três agravos de instrumento. Na ocasião decidiu-se que, embora a Lei nº 4.591/64 refira-se apenas à decretação de falência e à insolvência civil do incorporador como incapazes de alcançar o patrimônio afetado (Lei nº 4.591/64, art. 31-F), tal imunidade deveria ser estendida de modo a englobar também a hipótese de recuperação judicial do incorporador. Nas palavras do desembargador revisor, em voto convergente, nas incorporações imobiliárias, há "uma estratégia de segregação de riscos empreendida pela incorporadora. Todavia, que deve traduzir também uma segregação de patrimônio em garantia dos adquirentes das unidades". Assim, conclui que "a funcionalidade da segregação do patrimônio se alcança justamente pela inviabilidade de livre destinação pelo empreendedor".[52]

5 Conclusão

O direito de propriedade, tal como qualquer outro instituto jurídico, caracteriza-se pela relatividade e historicidade. No entanto, a chamada *propriedade moderna*, fruto do gênio da classe burguesa e marcada pelo individualismo e pela potestatividade, acabou por se "deformar em conceito e valor".[53] [54] Essa realidade ocasionou a supervalorização do ter em detrimento do ser e, por conseguinte, os códigos civis dos séculos XIX e XX passaram a dar excessiva atenção ao patrimônio, relegando à pessoa humana a mera função de ser o ente abstrato ocupante do polo da relação jurídica.[55]

Atualmente, contudo, não é mais assim. Com o advento das constituições pós-liberais, o ordenamento jurídico deixou de exercer apenas o papel de *garantir* as liberdades individuais e passou a *promover* valores fundamentais.[56] Essa nova realidade afetou diretamente o direito de propriedade que, perdendo seu caráter absoluto, submete-se

---

[52] TJ/SP. Agravos de Instrumento nºs 2218060-47.2016.8.26.0000, 2007654-14.2017.8.26.0000 e 2236772-85.2016.8.26.0000. Rel. Des. Fabio Tabosa, 2ª Câmara Reservada de Direito Empresarial, j. 12.6.2017. DJ, 22 jun. 2017.

[53] "Destes alicerces especulativos nasce aquela visão individualista e potestativa de propriedade que comumente chamamos de 'propriedade moderna', um produto histórico que, por ter se tornado bandeira e conquista de uma classe inteligentíssima, foi inteligentemente camuflado como uma verdade redescoberta e que quando os juristas, tardiamente, com as análises revolucionárias e pós-revolucionárias na França, com as pandectísticas na Alemanha, traduzem com o auxílio do instrumental técnico romano as intuições filosófico-políticas em regras de direito e organizam-nas, de respeitável consolidação histórica se deformou em conceito e valor: não o produto de uma realidade mutável tal como foi se cristalizando, mas o cânone com o qual medir a mutabilidade da realidade" (GROSSI, Paolo. *História da propriedade e outros ensaios*. Tradução de Luiz Ernani Fritoli e Ricardo Marcelo Fonseca. Rio de Janeiro: Renovar, 2006. p. 12).

[54] "São conhecidas as tintas tipicamente subjetivistas assumidas pelos instrumentos dogmáticos construídos pelos juristas, e principalmente pela pandectística alemã: o direito subjetivo como senhoria da vontade, a propriedade como senhoria sobre a coisa, o negócio jurídico como declaração de vontade" (GIORGIANNI, Michele. O direito privado e as suas atuais fronteiras. Tradução de Maria Cristina de Cicco. *Revista dos Tribunais*, v. 747, jan. 1998. p. 42).

[55] MEIRELLES, Jussara. O ser e o ter na codificação civil brasileira: do sujeito virtual à clausura patrimonial. In: FACHIN, Luiz Edson. *Repensando fundamentos do direito civil brasileiro contemporâneo*. Rio de Janeiro: Renovar, 1998. p. 111.

[56] BOBBIO, Norberto. A função promocional do direito. In: BOBBIO, Norberto. *Da estrutura à função*: novos estudos de teoria do direito. Tradução de Daniela Beccaccia Versiani. Barueri: Manole, 2007. p. 13.

hoje à incidência de situações jurídicas não proprietárias que, sendo merecedoras de tutela jurídica, moldam o conteúdo do instituto em prol da função social a ser por ele desempenhada.[57]

Nesta toada, o que Luiz Edson Fachin demonstra em *Estatuto jurídico do patrimônio mínimo* – e, de resto, em toda a sua obra – é justamente que a propriedade não se constitui em um valor em si, devendo tal direito ser funcionalizado em prol dos verdadeiros valores constitucionais, tais como a dignidade da pessoa humana e a solidariedade social. Em outros termos, "a titularidade das coisas não pode ser um fim em si mesmo".[58]

Com efeito, a funcionalização dos institutos jurídicos em geral e do direito de propriedade em particular decorre da distinção entre fins e meios. Aquilo que se diz meio é instrumento e, por conseguinte, está funcionalizado àquilo que é seu fim, podendo-se afirmar que, em uma concepção hierárquica, os meios, por se curvarem aos fins, estão abaixo deles.[59]

Na ordem jurídica contemporânea, o sistema apresenta como finalidade a plena realização existencial da pessoa humana e, por conta disso, torna-se necessária a releitura do direito de propriedade à luz dessa nova perspectiva.[60] Delineia-se, assim, linha de ruptura com o patrimonialismo e com o individualismo oitocentista e surge, como resultado, um novo direito de propriedade em consonância com os princípios e valores não patrimoniais.[61]

O objeto do presente estudo foi, justamente, a análise de dois institutos que representam a aplicação prática dessas premissas teóricas apresentadas por Luiz Edson Fachin em sua obra. Com efeito, o traço comum entre o bem de família e o patrimônio de afetação é a preocupação do legislador em assegurar o direito de propriedade ao devedor – no primeiro caso – ou ao adquirente – no segundo – em virtude de os imóveis, nas relações jurídicas de tal natureza, desempenharem papel prioritariamente tutelado pelo ordenamento jurídico brasileiro. Enquanto a impenhorabilidade do bem de família visa a proteger o direito à moradia e ao mínimo existencial no seio das relações privadas, o patrimônio de afetação visa, na busca dos mesmos fins, a assegurar a entrega do imóvel e a efetivação do direito de propriedade àquele que, possivelmente utilizando a economia de toda uma vida, investiu no direito à aquisição confiando suas finanças ao incorporador. Em ambos os casos, vislumbrando eventual concurso de credores, o legislador fez uso dos institutos em questão no intuito de indicar que tais vínculos proprietários – ou quase proprietários, como o direito real de aquisição – devem ser prioritariamente tutelados, de modo que o titular do bem não seja privado, diante das circunstâncias em questão, do uso, gozo e disposição do imóvel.

Vê-se, portanto, que a preocupação com o mínimo existencial projeta-se das páginas do *Estatuto jurídico do patrimônio mínimo* para permear a atuação legislativa que, por

---

[57] FACHIN, Luiz Edson. *A função social da posse e a propriedade contemporânea (uma perspectiva da usucapião imobiliária rural)*. Porto Alegre: Safe, 1988. p. 17.

[58] FACHIN, Luiz Edson. *Estatuto jurídico do patrimônio mínimo*. Rio de Janeiro: Renovar, 2001. p. 306.

[59] Como registrado anteriormente em MONTEIRO FILHO, Carlos Edison do Rêgo. Usucapião imobiliária urbana independente de metragem mínima: uma concretização da função social da propriedade. In: MONTEIRO FILHO, Carlos Edison do Rêgo. *Rumos contemporâneos do direito civil*. Belo Horizonte: Fórum, 2017. p. 248.

[60] FACHIN, Luiz Edson. *Direito civil*: sentidos, transformações e fim. Rio de Janeiro: Renovar, 2015. p. 51.

[61] TEPEDINO, Gustavo. Premissas metodológicas para a constitucionalização do direito civil. In: TEPEDINO, Gustavo. *Temas de direito civil*. Rio de Janeiro: Renovar, 2004. p. 22.

meio da alocação de recursos baseada em necessidades prementes – como a moradia –, promove a função social atribuída constitucionalmente ao direito de propriedade, submetendo esta última à tutela, no bojo das relações privadas, do substrato material daquele que é o valor fundante do ordenamento jurídico brasileiro: a dignidade da pessoa humana.

Referências

BARCELLOS, Ana Paula de. O mínimo existencial e algumas fundamentações: John Rawls, Michel Walzer e Robert Alexy. In: TORRES, Ricardo Lobo (Org.). *Legitimação dos direitos fundamentais*. Rio de Janeiro: Renovar, 2002.

BOBBIO, Norberto. A função promocional do direito. In: BOBBIO, Norberto. *Da estrutura à função*: novos estudos de teoria do direito. Tradução de Daniela Beccaccia Versiani. Barueri: Manole, 2007.

CALIXTO, Marcelo Junqueira. Dos bens. In: TEPEDINO, Gustavo (Coord.). *A parte geral do Novo Código Civil* – Estudos na perspectiva civil constitucional. Rio de Janeiro: Renovar, 2002.

CHALHUB, Melhim Namem. *Da incorporação imobiliária*. 3. ed. Rio de Janeiro: Renovar, 2010.

COMPARATO, Fábio Konder. Função social da propriedade dos bens de produção. *Revista de Direito Mercantil, Industrial, Econômico e Financeiro*, n. 63, p. 71-79, jul./set. 1986.

CORTIANO JUNIOR, Eroulths. Para além das coisas (Breve ensaio sobre o direito, a pessoa e o patrimônio). In: TEPEDINO, Gustavo *et al.* (Org.). *Diálogos sobre direito civil* – Construindo a racionalidade contemporânea. Rio de Janeiro: Renovar, 2002.

COSTA, Pedro Oliveira da. O "bem de família" na Jurisprudência do STJ. *Revista Trimestral de Direito Civil*, v. 3, p. 163-194, jul./set. 2000.

FACHIN, Luiz Edson. *A função social da posse e a propriedade contemporânea (uma perspectiva da usucapião imobiliária rural)*. Porto Alegre: Safe, 1988.

FACHIN, Luiz Edson. *Direito civil*: sentidos, transformações e fim. Rio de Janeiro: Renovar, 2015.

FACHIN, Luiz Edson. *Estatuto jurídico do patrimônio mínimo*. Rio de Janeiro: Renovar, 2001.

FACHIN, Luiz Edson. *Teoria crítica do direito civil*. 3. ed. Rio de Janeiro: Renovar, 2012.

GIORGIANNI, Michele. O direito privado e as suas atuais fronteiras. Tradução de Maria Cristina de Cicco. *Revista dos Tribunais*, v. 747, jan. 1998.

GROSSI, Paolo. *História da propriedade e outros ensaios*. Tradução de Luiz Ernani Fritoli e Ricardo Marcelo Fonseca. Rio de Janeiro: Renovar, 2006.

LOUREIRO, Francisco Eduardo. *A propriedade como relação jurídica complexa*. Rio de Janeiro: Renovar, 2003.

MATOS, Sandro Rafael Barioni de. Noções gerais do patrimônio de afetação instituído pela Lei 10.931 de 03.08.2004. In: MARQUES FILHO, Vicente de Paula; DINIZ, Marcelo de Lima Castro. *Incorporação imobiliária e patrimônio de afetação* – Lei 10.931/04 numa abordagem interdisciplinar. Curitiba: Juruá, 2009.

MEIRELLES, Jussara. O ser e o ter na codificação civil brasileira: do sujeito virtual à clausura patrimonial. In: FACHIN, Luiz Edson. *Repensando fundamentos do direito civil brasileiro contemporâneo*. Rio de Janeiro: Renovar, 1998.

MONTEIRO FILHO, Carlos Edison do Rêgo. Usucapião imobiliária urbana independente de metragem mínima: uma concretização da função social da propriedade. In: MONTEIRO FILHO, Carlos Edison do Rêgo. *Rumos contemporâneos do direito civil*. Belo Horizonte: Fórum, 2017.

MORAES, Maria Celina Bodin de. O conceito de dignidade humana: substrato axiológico e conteúdo normativo. In: SARLET, Ingo Wolfgang (Org.). *Constituição, direitos fundamentais e direito privado*. Porto Alegre: Livraria do Advogado, 2003.

NEGREIROS, Teresa. *Teoria do contrato*: novos paradigmas. Rio de Janeiro: Renovar, 2002.

OLIVA, Milena Donato. *Do negócio fiduciário à fidúcia*. São Paulo: Atlas, 2014.

PEREIRA, Caio Mário da Silva. *Condomínio e incorporações*. 11. ed. Rio de Janeiro: GEN/Forense, 2014.

PEREIRA, Caio Mario da Silva. *Instituições de direito civil*. 26. ed. Rio de Janeiro: Forense, 2013. v. 1.

PERLINGIERI, Pietro et al. *Manuale di diritto civile*. 3. ed. Napoli: Edizioni Schientifiche Italianne, 2002.

PERLINGIERI, Pietro. *Introduzione alla problematica della "proprietà"*. Napoli: Edizioni Schientifiche Italianne, 1970.

RADIN, Margaret Jane. Property and personhood. *Stanford Law Review*, v. 34, n. 1, p. 957-1015, 1982.

RODOTÀ, Stefano. *El terrible derecho*. Estudios sobre la propriedad privada. Tradução de Luis Diez-Picazo. Madrid: Civitas, 1986.

SILVA, José Afonso da. A dignidade da pessoa como valor supremo da democracia. *Revista de Direito Administrativo*, n. 212, p. 89-94, abr./jun. 1998.

TARELLO, Giovanni. Il diritto e la funzione di distribuzioni dei beni. In: RODOTÀ, Stefano et al. (Org.). *Analisi economica del diritto privato*. Milano: Giuffrè, 1998.

TEPEDINO, Gustavo. *Multipropriedade imobiliária*. São Paulo: Saraiva, 1993.

TEPEDINO, Gustavo. Premissas metodológicas para a constitucionalização do direito civil. In: TEPEDINO, Gustavo. *Temas de direito civil*. Rio de Janeiro: Renovar, 2004.

Informação bibliográfica deste texto, conforme a NBR 6023:2002 da Associação Brasileira de Normas Técnicas (ABNT):

MONTEIRO FILHO, Carlos Edison do Rêgo; MAIA, Roberta Mauro Medina. Mínimo existencial e técnicas de segregação do patrimônio. In: EHRHARDT JÚNIOR, Marcos; CORTIANO JUNIOR, Eroulths (Coord.). *Transformações no Direito Privado nos 30 anos da Constituição*: estudos em homenagem a Luiz Edson Fachin. Belo Horizonte: Fórum, 2019. p. 309-322. ISBN 978-85-450-0562-9.

PATRIMÔNIO DE AFETAÇÃO E PATRIMÔNIO MÍNIMO

MILENA DONATO OLIVA

PABLO RENTERIA

1 Introdução. Dignidade humana e estatuto jurídico do patrimônio mínimo

A obra intitulada *Estatuto jurídico do patrimônio mínimo*, do Professor e Ministro Luiz Edson Fachin, de relevância ímpar para a compreensão do giro repersonalizante do direito civil,[1] ressalta a funcionalização das situações patrimoniais ao atendimento de valores existenciais, ligados à dignidade da pessoa humana.

Sustenta o autor que se deve reconhecer um patrimônio mínimo à pessoa natural, "mensurado consoante parâmetros elementares de uma vida digna e do qual não pode ser expropriada ou desapossada".[2] Cuida-se de garantir o que se tem denominado de mínimo existencial, isto é, condições materiais básicas para que a dignidade humana não seja princípio meramente formal, possibilitando-se a todos oportunidades reais de exercício de seus direitos fundamentais.[3]

---

[1] Sobre a repersonalização do direito civil, cf. CARVALHO, Orlando de. *A teoria da relação jurídica*: seu sentido e limites. Coimbra: Centelha, 1981. p. 90-93; PERLINGIERI, Pietro. *Perfis do direito civil*: introdução ao direito civil constitucional. Rio de Janeiro: Renovar, 2002. p. 33-34.

[2] E prossegue: "Por força desse princípio, independente de previsão legislativa específica instituidora dessa figura jurídica, e, para além da mera impenhorabilidade como abonação, ou inalienabilidade como gravame, sustenta-se existir essa imunidade juridicamente inata ao ser humano, superior aos interesses dos credores" (FACHIN, Luiz Edson. *Estatuto jurídico do patrimônio mínimo*. Rio de Janeiro: Renovar, 2006. p. 1).

[3] De acordo com Ingo Wolfgang Sarlet, "[...] a garantia (e direito fundamental) do mínimo existencial independe de expressa previsão constitucional para poder ser reconhecida, visto que decorrente já da proteção da vida e da dignidade da pessoa humana". Aduz que o mínimo existencial deve ser compreendido como "todo o conjunto de prestações materiais indispensáveis para assegurar a cada pessoa uma vida condigna (portanto, saudável)" (SARLET, Ingo Wolfgang. Direitos fundamentais sociais, mínimo existencial e direito privado. In: CLÈVE, Clèmerson Merlin; BARROSO, Luís Roberto (Org.). *Doutrinas essenciais de direito constitucional*. São Paulo: Revista dos Tribunais, 2015. v. 7). De acordo com Luís Roberto Barroso, "ínsito à ideia de dignidade humana está o conceito de mínimo existencial, também chamado de mínimo social, ou o direito básico às provisões necessárias para que se viva dignamente. A igualdade, em sentido material ou substantivo, e especialmente a autonomia (pública e privada) são ideias dependentes do fato de os indivíduos serem 'livres da necessidade' (*free from want*), no sentido de que suas necessidades vitais essenciais sejam satisfeitas. Para serem livres, iguais e capazes de exercer uma cidadania responsável, os indivíduos precisam estar além de limiares mínimos de bem-

Confluem no sentido de assegurar um patrimônio mínimo alguns institutos previstos em lei, entre os quais merecem destaque o bem de família legal,[4] os bens impenhoráveis constantes no Código de Processo Civil,[5] as previsões do parágrafo único do art. 928 do Código Civil[6] e do parágrafo único do art. 944 do Código Civil.[7] Tais institutos consubstanciam exemplos da preocupação do legislador em não retirar do devedor bens reputados necessários ao seu sustento, e, por esse motivo, se relacionam à ideia de patrimônio mínimo.

A propósito da responsabilidade civil, vale notar que esta sofreu importantes modificações no intuito de facilitar cada vez mais a reparação da vítima.[8] Tem-se, atualmente, um sistema dualista da responsabilidade civil,[9] em que convivem a cláusula geral de responsabilidade subjetiva, contemplada no art. 186 do Código Civil,[10] e a cláusula geral de responsabilidade objetiva, insculpida no parágrafo único do art. 927 do Código Civil.[11] Essa inovação do legislador de 2002 representa a consolidação de um diverso entendimento acerca da função da responsabilidade civil – não mais vista como repressora da culpa, mas como propulsora da proteção da vítima.[12] Aduz-se, assim, ao giro conceitual do ato ilícito ao dano injusto, em que a ótica passa do ofensor à vítima.[13]

---

estar, sob pena de a autonomia se tornar uma mera ficção. Isso exige o acesso a algumas prestações essenciais – como educação básica e serviços de saúde –, assim como a satisfação de algumas necessidades elementares, como alimentação, água, vestuário e abrigo" BARROSO, Luís Roberto. "Aqui, lá e em todo lugar": a dignidade humana no direito contemporâneo e no discurso transnacional. *Revista dos Tribunais*, v. 919, 2012). Cf., ainda, BARCELLOS, Ana Paula de. *Eficácia jurídica dos princípios constitucionais*: o princípio da dignidade da pessoa humana. Rio de Janeiro: Renovar, 2002. p. 304-305.

[4] Sobre o bem de família legal, dispõe o art. 1º da Lei nº 8.009/1990: "O imóvel residencial próprio do casal, ou da entidade familiar, é impenhorável e não responderá por qualquer tipo de dívida civil, comercial, fiscal, previdenciária ou de outra natureza, contraída pelos cônjuges ou pelos pais ou filhos que sejam seus proprietários e nele residam, salvo nas hipóteses previstas nesta lei". Acerca do bem de família legal, cf. LUSTOSA, Paulo Franco. *Bem de família*: renúncia e disposição. Rio de Janeiro: Lumen Juris, 2016. *Passim*.

[5] Cf. arts. 833 e 834 do CPC/2015. Sobre a distinção entre bens absoluta e relativamente impenhoráveis, v. Fernando da Fonseca Gajardoni, Luiz Dellore, Andre Vasconcelos Roque e Zulmar Duarte de Oliveira Jr.: "Há então o seguinte: (i) regra: os bens respondem pelo débito (penhorabilidade absoluta); (ii) exceção: os bens impenhoráveis e inalienáveis não respondem pelo débito; (iii) exceção da exceção: se não existirem outros bens penhoráveis, os *frutos* de bem inalienável podem ser penhorados (penhorabilidade relativa)" (GAJARDONI, Fernando da Fonseca et al. *Execução e recursos*: comentários ao CPC 2015. Rio de Janeiro: Forense, 2017. p. 254).

[6] Art. 928, Código Civil: "O incapaz responde pelos prejuízos que causar, se as pessoas por ele responsáveis não tiverem obrigação de fazê-lo ou não dispuserem de meios suficientes. Parágrafo único. A indenização prevista neste artigo, que deverá ser equitativa, não terá lugar se privar do necessário o incapaz ou as pessoas que dele dependem".

[7] Art. 944, Código Civil: "A indenização mede-se pela extensão do dano. Parágrafo único. Se houver excessiva desproporção entre a gravidade da culpa e o dano, poderá o juiz reduzir, equitativamente, a indenização".

[8] Acerca da evolução da responsabilidade civil, v. SCHREIBER, Anderson. *Novos paradigmas da responsabilidade civil*. São Paulo: Atlas, 2007. *Passim*.

[9] Por todos, cf. TEPEDINO, Gustavo; BARBOZA, Heloisa Helena; MORAES, Maria Celina Bodin de et al. *Código Civil interpretado conforme a Constituição da República*. Rio de Janeiro: Renovar, 2006. v. II. p. 807.

[10] Art. 186 do Código Civil: "Aquele que, por ação ou omissão voluntária, negligência ou imprudência, violar direito e causar dano a outrem, ainda que exclusivamente moral, comete ato ilícito". V. também o *caput* do art. 927 do Código Civil, *in verbis*: "Aquele que, por ato ilícito (arts. 186 e 187), causar dano a outrem, fica obrigado a repará-lo".

[11] Art. 927, parágrafo único, do Código Civil: "Haverá obrigação de reparar o dano, independentemente de culpa, nos casos especificados em lei, ou quando a atividade normalmente desenvolvida pelo autor do dano implicar, por sua natureza, risco para os direitos de outrem".

[12] Sobre o tema, v. MORAES, Maria Celina Bodin de. *Danos à pessoa humana*. Rio de Janeiro: Renovar, 2003. p. 321-326.

[13] Cf. GOMES, Orlando. *Responsabilidade civil*. Rio de Janeiro: Forense, 2011. p. 60; GOMES, Orlando. Tendências modernas na teoria da responsabilidade civil. In: FRANCESCO, José Roberto Pacheco di (Org.). *Estudos em homenagem ao Professor Silvio Rodrigues*. São Paulo: Saraiva, 1989. p. 293.

Nada obstante, a reparação do dano não pode levar o ofensor à ruína, deixando-o sem o mínimo necessário à sua subsistência digna. Eis a *ratio* contida nos parágrafos únicos dos arts. 928 e 944 do Código Civil,[14] em que se deve ponderar a preservação do mínimo existencial do causador do dano com o direito à reparação integral da vítima, que muitas vezes se associa ao mínimo existencial desta, de maneira a se promover a dignidade de ambos na justa medida.

Dessa forma, no direito brasileiro, o devedor – seja da obrigação de reparar o dano extracontratual, seja da prestação que tenha como fonte o contrato – não tem responsabilidade patrimonial ilimitada. Ao revés, o legislador, de diversas maneiras, busca garantir a preservação do patrimônio mínimo do devedor, sem prejuízo da mais ampla possível reparação da vítima e da satisfação do crédito do credor. Para tanto, exclui ou permite a exclusão de certos ativos do ataque dos credores, ao que se soma a necessária valoração judicial, a ser concretamente efetuada, com o intuito de se preservar o mínimo existencial do devedor.

Ao lado de tais expedientes que objetivam assegurar a subsistência digna do devedor, desponta, com grande potencialidade funcional para promover o mínimo existencial, o patrimônio de afetação. Com efeito, o patrimônio de afetação pode ser composto de ativos inteiramente voltados para o atendimento de condições indispensáveis para a vida digna, como saúde, educação, alimentação, moradia, vestuário. E justamente por se tratar de universalidade de direito, esses ativos podem ser os mais diversos, e inclusive podem se alterar com o tempo, garantindo-se constante adaptabilidade para a máxima realização da finalidade do patrimônio: assegurar o mínimo existencial dos beneficiários da gestão patrimonial, na justa medida, de forma a não se prejudicar indevidamente os credores destes, que também precisam ser satisfeitos, muitas vezes, para o atendimento da sua própria dignidade.

Vale notar que o bem de família, os bens impenhoráveis e os limites ao dever de reparar constantes nos parágrafos únicos dos arts. 928 e 944 do Código Civil objetivam preservar o devedor da expropriação de ativos reputados indispensáveis à sua vida digna. Buscam a manutenção de estado mínimo de subsistência, não sendo vocacionados, por outro lado, a proporcionar o acesso aos bens por aqueles desprovidos de condições mínimas de sustento. O patrimônio de afetação, a seu turno, além da preservação de direitos patrimoniais básicos para a subsistência do devedor, pode propiciar o acesso aos bens por aqueles que se encontram desprovidos das condições materiais necessárias para a vida com dignidade, haja vista dissociar a titularidade do aproveitamento dos bens. Trata-se, em uma palavra, não apenas de evitar a expropriação, como também de garantir o acesso aos bens. Por isso que o patrimônio de afetação pode ser de grande valia para a concretização do patrimônio mínimo e, conseguintemente, para a realização da dignidade humana.

---

[14] Sobre a norma contida no parágrafo único do art. 944 do Código Civil e sua conexão com o patrimônio mínimo, cf. MONTEIRO FILHO, Carlos Edison do Rêgo. Artigo 944 do Código Civil: o problema da mitigação do princípio da reparação integral. *R. Dir. Proc. Geral*, Rio de Janeiro, 2008. p. 69-94.

2 O patrimônio de afetação a serviço do patrimônio mínimo

2.1 Conceito de patrimônio de afetação

O patrimônio de afetação, também conhecido por patrimônio separado, segregado, destacado, destinado ou especial,[15] por aliar limitação de riscos com flexibilidade na gestão dos bens que o integram, tem sido expediente utilizado pelo legislador em relevantes atividades.[16]

Por meio da técnica da afetação patrimonial, determinados ativos passam a formar um todo autônomo, isto é, nova universalidade patrimonial,[17] inteiramente voltada para a realização de finalidade específica. Um mesmo sujeito, dessa forma, pode ser titular de mais de um patrimônio, cada qual a desempenhar, por meio de seus ativos, função própria.

A criação de patrimônio separado acarreta o que se denomina blindagem patrimonial: somente os credores relacionados ao escopo desse específico patrimônio podem excutir os ativos que o integram. Daí se depreende que a afetação patrimonial tem como grande vantagem a limitação dos riscos, uma vez que credores do titular do patrimônio que não se vinculem ao escopo a que este se encontra afetado não podem ter seu crédito satisfeito nos ativos que o integram.[18] Vale dizer, apenas os credores relacionados ao patrimônio separado podem excutir seus elementos, sujeitando-se, assim, somente aos riscos próprios da gestão desse patrimônio, que se encontra protegido do ataque de credores diversos.

Por outras palavras, os diversos credores do devedor não podem excutir seus bens indistintamente, apenas por serem de propriedade do devedor. Caso os bens integrem patrimônio separado, há de se examinar a pertinência do crédito a ser satisfeito com a função daquele patrimônio. Sendo um crédito vinculado ao patrimônio de afetação, poderá o credor executar os ativos que o integram. Ao revés, se o crédito não se relacionar à finalidade desempenhada pela universalidade patrimonial separada, o credor não

---

[15] Acerca da concepção clássica de patrimônio e da mudança de paradigma para a ampla admissão de patrimônios de afetação, cf. OLIVA, Milena Donato. *Patrimônio separado*: herança, massa falida, securitização de créditos imobiliários, incorporação imobiliária, fundos de investimento imobiliário, trust. Rio de Janeiro: Renovar, 2009. p. 11-278.

[16] Exemplificativamente, o legislador brasileiro disciplina o patrimônio de afetação no fundo de investimento imobiliário, regulado pela Lei nº 8.668, de 25.6.1993, na incorporação imobiliária, após as alterações introduzidas pela Lei nº 10.931, de 2.8.2004, na securitização de créditos imobiliários, prevista na Lei nº 9.514, de 20.11.1997, no sistema de consórcio de que trata a Lei nº 11.795, de 8.10.2008, no sistema brasileiro de pagamento, constante da Lei nº 10.214/2001, e no depósito centralizado de ativos financeiros e valores mobiliários, com previsão na Lei nº 12.810/2013.

[17] Sobre a natureza jurídica do patrimônio e sua configuração como universalidade de direito, v. TELES, Inocêncio Galvão. *Das universalidades*. Lisboa: Minerva, 1940. Passim e OLIVA, Milena Donato. O patrimônio no direito brasileiro. In: TEPEDINO, Gustavo (Coord.). *O Código Civil na perspectiva civil-constitucional*. Rio de Janeiro: Renovar, 2013. p. 199-203.

[18] "Sublinhe-se que o núcleo patrimonial autônomo, para que possa alcançar o escopo que o unifica sem interferências externas, é vocacionado a garantir exclusivamente as dívidas pertinentes ao fim que persegue. Não quer isto dizer, contudo, que se distinguem os patrimônios afetados pela diversa responsabilidade a que se encontram submetidos. O elemento diferenciador constitui o fim a que se destinam, o qual justifica a unificação e a consequente criação de universalidade de direito. Mas o eficiente alcance de tal finalidade só poderá ocorrer se houver a separação jurídica da massa patrimonial, traduzida na responsabilidade somente por dívidas pertinentes ao fim ensejador da separação. Daí a diversa responsabilidade ser efeito e não causa da segregação patrimonial" (OLIVA, Milena Donato. O patrimônio no direito brasileiro. In: TEPEDINO, Gustavo (Coord.). *O Código Civil na perspectiva civil-constitucional*. Rio de Janeiro: Renovar, 2013. p. 206).

poderá se satisfazer nos bens que a compõem, devendo excutir os ativos que integram o patrimônio geral do devedor.

Outra importante característica do patrimônio segregado consiste na possibilidade de alteração dos bens que o compõem. Significa dizer que (i) se um componente sair do patrimônio, não mais se submete às relações jurídicas a este pertinentes; e (ii) se um novo elemento nele ingressar, submete-se *tout court* às relações jurídicas que o vinculam.[19] Assim, se um ativo ingressa no patrimônio, os credores deste patrimônio poderão excuti-lo para se pagarem, ao passo que a saída de um ativo do patrimônio, salvo hipótese de fraude, impede que os credores deste patrimônio persigam o bem para satisfazerem seu crédito.[20]

Essa elasticidade própria das universalidades tem como grande vantagem permitir a variação dos elementos que as integram com vistas a preservar a finalidade a que se dirigem. Assegura-se dinamismo na gestão dos ativos do patrimônio separado, os quais podem ser alterados pelo sujeito sempre que conveniente à realização do escopo pretendido.

A análise da gestão empreendida pelo titular do patrimônio, nessa esteira, encontra-se menos preocupada com o ativo individualmente considerado e mais centrada no conglomerado de bens e na sua aptidão a desempenhar, satisfatoriamente, a função que justificou a separação patrimonial. Por isso que, sempre que os elementos integrantes do patrimônio separado se mostrarem incapazes ou insuficientes para cumprir a finalidade a que se destinam, sua modificação deve ocorrer. O escopo do patrimônio, assim, pautará o tipo de administração a ser empreendida pelo seu titular, de tal sorte que não se afigura possível a fixação de padrão único de conduta válido para toda gestão de patrimônio afetado.

Cabe notar, nessa esteira, que o sujeito do patrimônio de afetação não tem liberdade para praticar os atos que bem entender, mas, ao revés, deve atentar para a finalidade da afetação e buscar promovê-la da melhor maneira possível. Aduz-se, por isso mesmo, à titularidade fiduciária do sujeito do patrimônio de afetação, justamente porque deve

---

[19] TELES, Inocêncio Galvão. *Das universalidades*. Lisboa: Minerva, 1940. p. 132. Essa característica não é exclusiva do patrimônio separado, também se encontrando presente no patrimônio geral. Nessa direção, o art. 789 do CPC/2015 determina que o "devedor responde, para o cumprimento de suas obrigações, com todos os seus bens presentes e futuros, salvo as restrições estabelecidas em lei". A norma em questão retrata a natureza de universalidade do patrimônio – seja ele geral ou afetado –, ao assegurar que o credor, a um só tempo, (i) poderá executar o patrimônio do devedor tal como se encontrar na ocasião, não importando a época de aquisição dos bens ou de constituição dos débitos, e (ii) não poderá se beneficiar de direito que tenha saído do patrimônio do devedor, salvo hipótese de fraude. Por outras palavras, o credor poderá excutir, na forma da lei, os direitos que se encontrarem no patrimônio do devedor no momento da execução, em nada influindo a data de incorporação de tais direitos ou do nascimento da dívida.

[20] A nota distintiva das universalidades constitui precisamente a elasticidade de seu conteúdo, que pode se expandir ou se comprimir sem que a unidade do conjunto seja afetada. O titular da universalidade pode estabelecer relações jurídicas pertinentes aos elementos que a compõem, individualmente considerados, sendo possível até mesmo subtraí-los da universalidade. De outra parte, o titular pode adquirir novos componentes para integrar a universalidade, alargando-a quantitativamente. Daí a característica mais marcante da universalidade ser a maleabilidade de seu conteúdo, a atrair o olhar atento do legislador no sentido da criação de expedientes protetivos que evitem a frustração dos direitos que sobre ela recaem. Exemplo típico constitui a ação pauliana, que visa a assegurar a efetividade do direito de garantia dos credores sobre o patrimônio do devedor, concebido como universalidade. Dessa forma, a universalidade de direito forma unidade autônoma e independente de seus elementos, de sorte que pode figurar como objeto de direito, ao mesmo tempo em que seus componentes guardam autonomia jurídica e, por conseguinte, têm aptidão para figurar em negócio que os excluam da universalidade.

exercer os poderes que decorrem da sua condição de titular para realizar a finalidade que justifica a criação do patrimônio separado.²¹ O titular do patrimônio de afetação, portanto, tem um poder-dever de agir: o poder decorre da titularidade e o dever do caráter fiduciário com a qual é atribuída.²²

A blindagem patrimonial e a possibilidade de alteração dos ativos afetados traduzem os principais atrativos que tornam o patrimônio de afetação expediente cada vez mais utilizado pelo legislador pátrio, pois congrega, a um só tempo, segurança e flexibilidade, essenciais para o fomento de numerosas atividades.

Cabe advertir, por oportuno, que não devem ser confundidas as limitações de responsabilidade internas a cada patrimônio com os casos de separação patrimonial.²³ As hipóteses de limitação de responsabilidade são previstas em lei para afastar certos bens integrantes do patrimônio do devedor da ação executiva dos credores, como no caso do bem da família ou dos bens impenhoráveis previstos no Código de Processo Civil. O patrimônio segregado, a seu turno, surge com vistas à realização de determinado escopo, servindo de garantia somente aos credores pertinentes com a finalidade de sua unificação. Verifica-se, assim, diferenciação do objeto de garantia dos credores, não já limitação de responsabilidade atinente ao conteúdo deste objeto. A rigor, ou há regime patrimonial próprio, vinculado a determinado escopo, ou simplesmente limitação de responsabilidade intrapatrimonial sem a criação de patrimônio afetado.

Na esteira desse entendimento, é de se notar, no que tange aos arts. 391 e 789 do Código Civil e do Código de Processo Civil, respectivamente, que a melhor interpretação constitui a que atribui a tais dispositivos sentido e alcance intrapatrimonial. Vale dizer, aludidos preceitos têm por escopo impedir que o sujeito crie, à míngua de previsão legal, limitações de responsabilidade dentro de cada universalidade patrimonial que titulariza, de sorte que sua aplicação se circunscreve ao interior de cada patrimônio, sem que de tais normas se possa extrair qualquer caráter excepcional dos patrimônios de afetação. A segregação patrimonial, dessa sorte, não consubstancia expediente que excepciona os arts. 391 e 789 do Código Civil e do Código de Processo Civil, os quais, ao revés, se aplicam plenamente em todas as hipóteses de patrimônio separado, não podendo seu titular criar indevida limitação de responsabilidade dentro de cada massa patrimonial que titulariza.

Cabe ressaltar, ainda, que a separação patrimonial pode ser perfeita (ou absoluta) e imperfeita (ou relativa). Na hipótese de ser imperfeita ou relativa, caso os bens do patrimônio especial não sejam suficientes à satisfação dos credores que lhes são pertinentes, estes podem excutir os direitos constantes do patrimônio geral – só do patrimônio

---

[21] A admissão de patrimônios de afetação, destinados à promoção de múltiplos interesses e, conseguintemente, ao atendimento de várias funções na ordem jurídica, acarreta relativização da importância do sujeito de direito, na medida em que o fim constitui o parâmetro de seu merecimento de tutela, determina o regime jurídico que lhe é aplicável e condiciona o comportamento do titular do patrimônio especial. O esvaziamento da importância do sujeito em favor do escopo a ser alcançado verifica-se com a proteção do patrimônio afetado – em razão do fim a que se destina – a favor, independentemente ou mesmo contra os interesses de seu titular. Na lição de Adolfo Di Majo: "Dessa forma, o mesmo conceito de 'titularidade' se tornaria evanescente, não importando de quem é o patrimônio, mas a qual escopo se destina". No original: "In tal forma lo stesso concetto di 'titolarità' verrebbe reso evanescente, non avendo importanza di chi sia quel patrimonio ma a quale scopo esso sia destinato" (DI MAJO, Adolfo. *Responsabilità e patrimonio*. Torino: G. Giappichelli, 2005.p. 15).

[22] OLIVA, Milena Donato. *Do negócio fiduciário à fidúcia*. São Paulo: Atlas, 2014. p. 61-64.

[23] Nesta direção, cf. GHESTIN, Jacques; GOUBEAUX, Gilles. *Traité de droit civil*. Paris: LGDJ, 1977. v. I. p. 145.

geral, não de outros patrimônios separados. Os credores do patrimônio geral, por outro lado, não poderão se valer dos bens integrantes do patrimônio especial.

Na separação patrimonial perfeita ou absoluta, por sua vez, o patrimônio geral não possui responsabilidade subsidiária. Por isso, caso os direitos integrantes do núcleo patrimonial autônomo não sejam suficientes à solução das dívidas existentes, os credores não poderão excutir os direitos pertencentes ao patrimônio geral.[24] Deve-se identificar no caso concreto, à luz das normas legais aplicáveis, se a separação patrimonial é perfeita ou imperfeita.

2.2 Potencialidades do patrimônio de afetação para assegurar o mínimo existencial. Limitações do direito brasileiro

O patrimônio de afetação depende de criação legal, vigorando verdadeiro princípio da taxatividade dos patrimônios separados.[25] Somente a lei, de fato, pode estipular as principais consequências jurídicas oriundas da separação patrimonial, haja vista que, em especial, a universalidade patrimonial autônoma (i) constitui, em si mesma, centro autônomo de imputação objetiva composto por situações jurídicas subjetivas ativas unificadas idealmente; (ii) condiciona a conduta de seu titular, o qual deve agir com diligência para a persecução do escopo que a unifica, de modo que a titularidade se encontra funcionalmente vinculada ao fim do patrimônio segregado; e (iii) serve de garantia somente aos credores relacionados ao fim que a unifica.[26]

Não há, no direito brasileiro, autorização legal para que a autonomia privada crie, dentro de determinados parâmetros, hipóteses de patrimônio separado. Por isso que o ordenamento pátrio não tem instituto análogo ao *trust*,[27] o qual possibilita a constituição de patrimônios de afetação pela liberdade negocial, para o alcance das mais diversas finalidades merecedoras de tutela.

A utilidade de se possibilitar a instituição, no Brasil, de patrimônios de afetação pela autonomia privada, dentro de certos limites legalmente estabelecidos, explica-se

---

[24] V. SALAZAR, Luis Bustamante. *El patrimonio*: dogmatica jurídica. Santiago: Editorial Juridica de Chile, 1979. p. 89; SILVA, João Gomes da. *Herança e sucessão por morte*. Lisboa: Universidade Católica Editora, 2002. p. 146; CHALHUB, Melhim Namem. *Trust*. Rio de Janeiro: Renovar, 2001. p. 123 e ANDRADE, Manuel A. Domingues de. *Teoria geral da relação jurídica*. Coimbra: Almedina, 2003. v. I. p. 218-220.

[25] V., nessa direção, FERRARA, Francesco. *Trattato di diritto civile italiano*. Roma: Athenaeum, 1921. v. I. p. 876; PINO, Augusto. *Il patrimonio separato*. Padova: Cedam, 1950. p. 28-29; DE PAGE, Henri. *Traité élémentaire de droit civil belge*. Bruxelles: Émile Bruylant, 1941. t. I. p. 560; MESSINEO, Francesco. *Manuale di diritto civile e commerciale*. Milano: Giuffrè, 1957. p. 385; SALAZAR, Luis Bustamante. *El patrimonio*: dogmatica jurídica. Santiago: Editorial Juridica de Chile, 1979. p. 88; CHALHUB, Melhim Namem. *Negócio fiduciário*. Rio de Janeiro: Renovar, 2006. p. 72-74.

[26] Cf. OLIVA, Milena Donato. *Patrimônio separado*: herança, massa falida, securitização de créditos imobiliários, incorporação imobiliária, fundos de investimento imobiliário, trust. Rio de Janeiro: Renovar, 2009. p. 275-278.

[27] Acerca da noção de *trust* e da utilidade de sua incorporação no direito brasileiro, cf. OLIVA, Milena Donato. *Patrimônio separado*: herança, massa falida, securitização de créditos imobiliários, incorporação imobiliária, fundos de investimento imobiliário, trust. Rio de Janeiro: Renovar, 2009. p. 217-275. Não são recentes os esforços de aclimatação do *trust* no Brasil. Nessa direção, vale destacar o Projeto de Lei nº 3.362, de 1957, que buscava instituir o fideicomisso *inter vivos*; o Projeto de Código das Obrigações, de 1965, que tratava do contrato de fidúcia; o Anteprojeto de Código Civil, que previu a possibilidade de separação patrimonial, o que foi mantido pelo Anteprojeto revisto de 1964; o Projeto de Lei nº 4.809/1998, que também buscou introduzir o contrato de fidúcia; e, mais recentemente, o Projeto de Lei do Senado nº 487/2013, que cuida do contrato fiduciário. Até o presente momento, contudo, restaram frustradas todas as iniciativas de incorporação do *trust* como instituto geral.

pela conveniência de se criar mecanismo que, por sua versatilidade, seja apto à realização de inúmeras funções, de modo a otimizar a tutela de importantes interesses. Se é verdade que o legislador se utiliza da técnica de separação patrimonial toda vez que julga necessário, por outro lado também é verdade que nem sempre o legislador identifica as demandas sociais no devido tempo.

Além disso, o patrimônio de afetação seria importante aliado não só na preservação como também no acesso ao patrimônio mínimo. Com efeito, uma vez que consubstancia conglomerado de ativos que pode desempenhar quaisquer funções merecedoras de tutela, pode-se constituir patrimônio separado justamente para proporcionar o mínimo existencial dos beneficiários deste patrimônio. Seria possível dotar um conglomerado de bens de regime jurídico próprio, direcionado exclusivamente para o atendimento de necessidades básicas dos beneficiários, voltadas para a viabilização de sua vida digna, dentro de padrões a serem concretamente valorados pelo juiz, para evitar abusos por parte dos beneficiários ou dos instituidores de tais patrimônios.

A dissociação entre a titularidade do patrimônio e o aproveitamento de sua gestão (rememore-se que o titular do patrimônio separado o gere no interesse de terceiros, daí o caráter fiduciário da sua titularidade) permite que se busque tanto a manutenção de condições de subsistência dignas para aqueles que já usufruem dessa qualidade, como também o acesso a tais condições por aqueles desprovidos do mínimo para exercer seus direitos fundamentais. Justamente por separar a titularidade do aproveitamento dos bens, o patrimônio de afetação mostra-se de grande utilidade para propiciar o acesso ao mínimo existencial mesmo sem titularidade. Democratiza-se e potencializa-se o aproveitamento dos bens, favorecendo-se especialmente os não proprietários.

Exemplos de vantagens do patrimônio separado, que podem ser de grande valia para a realização do patrimônio mínimo, podem ser enumerados: (i) permitir que haja gestão profissional dos ativos que o integram, já que o fiduciário pode ser agente especializado, (ii) adaptabilidade dos ativos ao cenário econômico e ao contexto particular de cada beneficiário, o que traduz flexibilidade ímpar e, com isso, maiores chances de o patrimônio separado lograr alcançar, com sucesso, o fim para o qual foi constituído, (iii) possibilidade de um mesmo patrimônio favorecer vários beneficiários, sem que seja necessário recorrer ao instituto do condomínio, democratizando o acesso aos bens sem os inconvenientes da estrutura da copropriedade, (iv) segurança proveniente da blindagem de riscos própria do patrimônio de afetação, de tal sorte que apenas os credores relacionados ao escopo do patrimônio separado podem excutir, dentro dos limites legais, os bens dele integrantes.

Advirta-se que a criação de patrimônio separado, como qualquer ato de disposição, sujeita-se a rigorosos controles destinados a aferir sua validade. Nessa direção, há de se verificar se contou com a anuência do cônjuge, nos casos em que a lei o exija; se respeitou a legítima dos herdeiros necessários, em se tratando de alienação gratuita; se o beneficiário do patrimônio separado pode receber os proventos diretamente do constituinte deste; se houve fraude aos credores, e assim por diante.

A instituição de patrimônio de afetação, insista-se, não é diversa de qualquer outro ato de alienação e, portanto, os mesmos controles de ilicitude e abusividade atinentes aos atos de disposição incidem na criação do patrimônio separado. A blindagem patrimonial, nesse sentido, não surge como meio propiciador de fraude, mas como forma de tornar efetiva a finalidade perseguida com a universalidade patrimonial.

Desse modo, o patrimônio de afetação não carrega consigo qualquer perigo adicional de fraude que pudesse recomendar sua não criação pela autonomia privada mediante autorização legal. Ao revés, ao possibilitar um diverso aproveitamento dos bens, constitui mecanismo de grande potencialidade funcional, notadamente para a promoção do mínimo existencial.

2.3 O exemplo das cláusulas de impenhorabilidade, incomunicabilidade, inalienabilidade e as vantagens do patrimônio de afetação

As cláusulas de impenhorabilidade, incomunicabilidade e inalienabilidade são vistas com desconfiança pela doutrina, porque acarretam engessamento na circulação dos bens.[28] Nada obstante, aludidas cláusulas podem ser apostas, dentro dos limites legais, pelo testador ou doador a certos bens.[29] Essa possibilidade vai ao encontro de se garantir um mínimo existencial ao beneficiário da liberalidade, preservando-se o bem gravado o máximo possível dentro do patrimônio deste, que servirá para o atendimento de suas necessidades.

Dessa forma, caso haja o receio de o beneficiado alienar o bem e despender o montante recebido com frivolidades, pode-se estipular a inalienabilidade. De outra parte, se houver a apreensão de o beneficiado se endividar a ponto de comprometer o bem, é possível gravá-lo com a cláusula de impenhorabilidade. Além disso, na hipótese de temor em relação à ingerência que o cônjuge possa ter sobre o bem, pode-se prever a incomunicabilidade.

Tais cláusulas asseguram, tanto quanto possível, a finalidade protetiva almejada pelo doador ou testador com a transmissão do bem.[30] Nada obstante, acarretam inevitáveis engessamento e rigidez, os quais podem ser prejudiciais àquele que se objetivou tutelar. Por isso que as cláusulas de inalienabilidade, impenhorabilidade e incomunicabilidade, embora admitidas pelo direito brasileiro, traduzem expediente visto com desconfiança, vez terem o efeito colateral de dificultar a circulação de riquezas, além de aprisionar o beneficiário em relação a determinado bem, o qual apenas pode ser substituído por meio do processo judicial de sub-rogação.[31]

---

[28] "A inalienabilidade imobiliza os bens, impede a circulação normal das riquezas; é, portanto, anti-econômica, do ponto de vista social. Por considerações especiais, para defender a inexperiência dos indivíduos, para assegurar o bem estar da família, para impedir a dilapidação dos pródigos, o direito consente em que seja, temporariamente, entravada a circulação de determinados bens" (BEVILÁQUA, Clovis. *Código Civil dos Estados Unidos do Brasil*. Rio de Janeiro: Francisco Alves, 1958. v. VI. p. 105). Cf. também RODRIGUES, Silvio. *Direito civil*: direito das sucessões. São Paulo: Saraiva, 2003. v. 7. p. 129; MONTEIRO, Washington de Barros. *Curso de direito civil*. São Paulo: Saraiva, 2003. v. 6. p. 177; GOMES, Orlando. *Sucessões*. Rio de Janeiro: Forense, 2015. p. 170.

[29] Cf. arts. 1.848 e 1.911 do Código Civil.

[30] "O usufruto, mormente quando gravado com cláusula de incomunicabilidade, impenhorabilidade e inalienabilidade, é absolutamente impenhorável [...] até porque, em casos tais, constitui o usufruto fonte de renda ao seu beneficiário, tipo salário, igualmente impenhorável" (TJRS. Ap. Cív. e Reexame Necessário nº 70025643131. Rel. Des. Roque Joaquim Volkweiss, 2ª CC, j. 18.3.2009). "Negócio jurídico. Nulidade. Cessão de direitos sobre imóvel gravado com cláusula de inalienabilidade e impenhorabilidade. Testador que procurou garantir patrimônio não só a seus filhos, mas também aos seus netos. Negócio que somente privilegiou os primeiros, devendo prevalecer a inalienabilidade. Cessionário que não se qualifica terceiro de boa-fé. [...] Nulidade do contrato declarada" (TJ/SP. Ap. Cív. nº 0288758-90.1999.8.26.0006. Rel. Des. Luiz Antonio de Godoy, 1ª CDP, j. 23.8.2011).

[31] Cf. art. 1.848, §2º do Código Civil: "Mediante autorização judicial e havendo justa causa, podem ser alienados os bens gravados, convertendo-se o produto em outros bens, que ficarão sub-rogados nos ônus dos primeiros".

As cláusulas de inalienabilidade, impenhorabilidade e incomunicabilidade, com efeito, geram aproveitamento estático dos bens, que restam gravados com importantes limitações que dificultam sua adaptação às vicissitudes por que passa o beneficiado ao longo da vida, bem como às alterações de mercado (neste particular, especialmente dramática é a cláusula de inalienabilidade nas ações). O Judiciário, contudo, atento à função protetiva de tais cláusulas, tem buscado valorar, à luz das concretas circunstâncias, a maneira de melhor resguardar os interesses do beneficiado.[32] A despeito de tal importante esforço empreendido pelo Judiciário, mantém-se o inconveniente relativo à falta de celeridade na solução dos problemas que essas restrições podem suscitar.

Nesse contexto, o patrimônio de afetação desponta como expediente de inquestionável vantagem, por alcançar a mesma finalidade pretendida com a posição dessas cláusulas sem os inconvenientes que as acompanham. De fato, por intermédio do patrimônio de afetação seria possível, respeitando-se as mesmas exigências legais aplicáveis às cláusulas de inalienabilidade, impenhorabilidade e incomunicabilidade, garantir um aproveitamento dinâmico dos bens. Alienar-se-ia não um bem gravado, mas a atividade de gestão do patrimônio, inteiramente voltada para a promoção dos interesses do beneficiário.

O aproveitamento dos bens, assim, poderia (i) adaptar-se a concretas circunstâncias, que se alteram com o tempo, o que garantiria com mais efetividade o propósito original do testador/doador de resguardar os interesses dos beneficiários, possibilitando-se, a um só tempo, a circulação dos bens e a preservação do patrimônio, voltado a tutelar os beneficiários, e (ii) contemplar mais pessoas com os mesmos bens por intermédio de gestão unitária, independente e imparcial, sem as dificuldades próprias do condomínio, de maneira a otimizar o aproveitamento dos bens. Em uma palavra, o patrimônio separado conferiria mais liberdade e, por isso, maior adaptabilidade.

Dessa forma, haveria novo objeto de transmissão: os benefícios da gestão de uma universalidade patrimonial afetada aos interesses dos donatários, herdeiros ou legatários. Ajusta-se o benefício pretendido à concreta situação,[33] possibilitando-se, ainda, melhor aproveitamento dos bens integrantes do patrimônio separado, que podem servir a mais de um beneficiário, sem os inconvenientes do condomínio.[34]

---

[32] "Se a alienação do imóvel gravado permite uma melhor adequação do patrimônio à sua função social e possibilita ao herdeiro sua sobrevivência e bem-estar, a comercialização do bem vai ao encontro do propósito do testador, que era, em princípio, o de amparar adequadamente o beneficiário das cláusulas de inalienabilidade, impenhorabilidade e incomunicabilidade. A vedação contida no art. 1.676 do CC/16 poderá ser amenizada sempre que for verificada a presença de situação excepcional de necessidade financeira, apta a recomendar a liberação das restrições instituídas pelo testador" (STJ. REsp nº 1.158.679/MG. Rel. Min. Nancy Andrighi, 3ª T., j. 7.4.2011). "O Novo Código Civil adotou sistema menos rígido para o cancelamento dos gravames, sendo possível quando houver justa causa, sejam eles instituídos por testamento ou doação, conforme reza a doutrina. No presente caso as autoras demonstraram estar enfrentando dificuldades financeiras, necessitando desbloquear o valor depositado para sub-rogação. Conclui-se dos autos que nenhum prejuízo advirá da desconstituição dos gravames. A proteção que se busca através das cláusulas de inalienabilidade e impenhorabilidade do imóvel, no intuito de que as autoras tenham residência, se mostra desnecessária uma vez que as mesmas comprovaram possuir imóvel próprio. Por outro lado, a cláusula de incomunicabilidade não tem maior importância no caso concreto uma vez que as apelantes não mantêm sociedade conjugal. A conveniência em se desconstituir os gravames é evidente, ao passo que a manutenção dos mesmos mostra-se prejudicial às autoras" (TJ/RJ. Ap. Cív. nº 0007003-90.2000.8.19.0037. Rel. Des. Carlos Santos de Oliveira, 9ª CC, j. 21.10.2008).

[33] KIPER, Claudio M.; LISOPRAWSKI, Silvio V. *Tratado de fideicomiso*. Buenos Aires: Depalma, 2004. p. 202.

[34] HAYZUS, Jorge Roberto. *Fideicomiso*. Buenos Aires: Astrea, 2004. p. 88.

Uma vez que, neste caso, a destinação vincula universalidade patrimonial, não já bens específicos, não há necessidade de se efetuar processo judicial para sub-rogação.[35] Cuida-se de sistema que atinge, repita-se, as mesmas finalidades das cláusulas de impenhorabilidade, inalienabilidade e incomunicabilidade, sendo, contudo, mais maleável. As dificuldades na sub-rogação e na superação de tais cláusulas limitativas, de fato, podem prejudicar o aproveitamento dos bens e a tutela dos interesses que o autor da liberalidade quis proteger.

A título exemplificativo, ressalte-se o caso dos irmãos e condôminos Sérgio, Ricardo e Roberto que, em 1997, iniciaram procedimento de jurisdição voluntária de sub-rogação de gravames de inalienabilidade, impenhorabilidade e incomunicabilidade existentes sobre imóvel de sua propriedade. Os condôminos ofereceram outros bens para que as cláusulas restritivas fossem transmitidas (sub-rogadas), ficando liberado o imóvel para alienação. Em 1998 foi proferida sentença julgando procedente o pedido nos seguintes termos:

> Isto posto, julgo procedente o pedido e determino a sub-rogação, sobre os imóveis oferecidos pelos requerentes Roberto e Ricardo Freytag de Azevedo Bastian, dos vínculos que recaem sobre o imóvel a ser alienado. Com relação à quota-parte do requerente Sérgio Freytag Bastian, deverá a mesma ser depositada em conta judicial, com rendimentos, até que o mesmo adquira imóvel, no mesmo valor, sobre o qual incidirão os gravames.

Como Sérgio Bastian não tinha outro imóvel a oferecer em sub-rogação, a sentença determinou que a sua parte no preço obtido com a alienação do imóvel fosse mantida em depósito judicial. Somente depois de passados dez anos do trânsito em julgado da sentença, Sérgio conseguiu obter o levantamento da quantia depositada. Vejam-se que foram dez anos sem aproveitamento econômico do bem (alienado) ou do dinheiro (depositado).[36]

As cláusulas de inalienabilidade, impenhorabilidade e incomunicabilidade trabalham com a pressuposição de que o titular fará, pessoalmente, o aproveitamento do bem e desenvolverá atividades sobre ele. Mas no mundo atual o dono nem sempre é o empreendedor ou o gestor, seja por falta de tempo, de expertise ou de desejo. E mais: a depender do tipo de ativo, a cláusula de inalienabilidade ainda é mais tormentosa, como no caso das ações, cuja oscilação no mercado demanda ágil atuação, nem sempre possível com o processo da sub-rogação.

Daí a técnica da segregação patrimonial ser mais afeta aos novos tempos e à atuação dinâmica que é exigida. O patrimônio separado permite que se assegure aos

---

[35] A universalidade de direito constitui centro autônomo de imputação objetiva, para além de seus componentes, os quais, por conservarem autonomia jurídica, podem participar de relações que os subtraiam da *universitas iuris* e, por conseguinte, do campo de ação daqueles que têm direitos sobre a universalidade em si considerada. Desse modo, a universalidade tem conteúdo variável, podendo se expandir ou se comprimir sem alteração qualitativa, isto é, a livre mutabilidade de seus componentes não modifica a configuração unitária do todo. Afigura-se inerente à categoria da universalidade, assim, a livre mutação de seus elementos, como decorrência necessária da função desempenhada pelo novo objeto de direito criado pelo legislador, o qual se preserva inalterado a despeito das mudanças em seu conteúdo. A sub-rogação real não se confunde com a mera substituição de componentes inerente a toda universalidade de direito, daí a maior flexibilidade oriunda da técnica da separação patrimonial em comparação com a afetação individual de bens. Cf. SANTORO-PASSARELLI, Francesco. *La surrogazione reale*. Roma: Attilio Ampaolesi, 1926. p. 34.

[36] TJ/RS. AI nº 70051694610. Rel. Des. Rui Portanova, 8ª CC, j. 21.3.2013.

beneficiários determinada posição ativa sem o mesmo congelamento dos bens e com a possibilidade de a gestão ser efetivamente transferida a um profissional especializado, diferenciando-se, assim, as figuras do beneficiário e do fiduciário.

Por tudo isso, o patrimônio de afetação pode ser de extrema valia na proteção dos interesses dos donatários, herdeiros e legatários, porquanto permite (i) a proteção almejada com as cláusulas de impenhorabilidade, inalienabilidade e incomunicabilidade, pois, respectivamente, (a) os bens integrantes da universalidade patrimonial não podem ser atingidos pelos credores dos beneficiários, (b) os beneficiários não têm poder de disposição sobre os bens integrantes do patrimônio separado, vez que de titularidade do fiduciário, e (c) o cônjuge dos beneficiários não têm pretensão sobre os bens de propriedade do fiduciário; bem como (ii) a flexibilidade na gestão dos bens, o que afastaria os inconvenientes suscitados com a aposição de tais cláusulas restritivas, haja vista que possibilitaria (a) a adequação dos bens às concretas necessidades dos beneficiários, que podem se alterar ao longo da vida, (b) o benefício a mais de um donatário, herdeiro ou legatário sem os inconvenientes do condomínio, e (c) a preservação do patrimônio de maneira mais efetiva, pois essas cláusulas, dependendo do bem no qual incidem, podem ser deveras prejudiciais, como a cláusula de inalienabilidade em se tratando de ações.

3 Conclusão

O patrimônio de afetação apresenta notável potencialidade funcional e pode ser importante aliado para a realização do patrimônio mínimo. Com efeito, pode ter como função justamente assegurar aos seus beneficiários condições materiais básicas para o exercício da vida digna. E por desassociar titularidade e aproveitamento dos bens, o patrimônio separado pode ensejar não apenas a manutenção da subsistência com dignidade, como também o acesso ao mínimo existencial pelos desprovidos de condições elementares de existência digna. Trata-se não apenas de evitar a expropriação, como também de garantir o acesso aos bens.

Dessa sorte, para além das previsões legais que limitam a excussão dos credores sobre certos bens, seria possível atribuir a determinados ativos regime jurídico próprio, que os tornassem blindados e inteiramente destinados a proporcionar o mínimo existencial, conforme parâmetros a serem concretamente valorados. O potencial emancipatório do patrimônio de afetação é expressivo e por isso sua utilização pela autonomia privada, mediante autorização legal, pode trazer benfazejos impactos sociais.

A título ilustrativo, no que tange às cláusulas restritivas – impenhorabilidade, incomunicabilidade, inalienabilidade – o patrimônio de afetação poderia alcançar o mesmo escopo protetivo sem os inconvenientes próprios de tais cláusulas, vez que asseguraria aproveitamento dinâmico dos bens. Com efeito, permite flexibilidade na gestão dos bens, viabilizando (a) sua adequação às concretas necessidades dos beneficiários, que podem se alterar ao longo da vida, (b) o benefício a mais de um donatário, herdeiro ou legatário sem os inconvenientes do condomínio, e (c) a preservação dos ativos afetados de maneira mais efetiva, pois essas cláusulas, dependendo do bem sobre o qual incidem, podem ser deveras prejudiciais, como a cláusula de inalienabilidade em ações.

O patrimônio mínimo, assim, poderia ser mais eficazmente garantido se o legislador brasileiro atribuísse à autonomia privada a possibilidade de criação de patrimônios separados para o alcance de interesses merecedores de tutela, entre os quais a constituição de massa patrimonial voltada para o atendimento de necessidades materiais básicas dos beneficiários, de modo a garantir a subsistência digna destes independentemente dos percalços financeiros que pudessem abatê-los. Em definitivo, o patrimônio de afetação, como preservação e como acesso, mostra-se vocacionado a servir ao patrimônio mínimo e, conseguintemente, a promover a dignidade humana, epicentro do ordenamento jurídico e motor do giro repersonalizante tão caro ao Professor e Ministro Luiz Edson Fachin.

Referências

ANDRADE, Manuel A. Domingues de. *Teoria geral da relação jurídica*. Coimbra: Almedina, 2003. v. I.

BARCELLOS, Ana Paula de. *Eficácia jurídica dos princípios constitucionais*: o princípio da dignidade da pessoa humana. Rio de Janeiro: Renovar, 2002.

BARROSO, Luís Roberto. "Aqui, lá e em todo lugar": a dignidade humana no direito contemporâneo e no discurso transnacional. *Revista dos Tribunais*, v. 919, 2012.

BEVILÁQUA, Clovis. *Código Civil dos Estados Unidos do Brasil*. Rio de Janeiro: Francisco Alves, 1958. v. VI.

CARVALHO, Orlando de. *A teoria da relação jurídica*: seu sentido e limites. Coimbra: Centelha, 1981.

CHALHUB, Melhim Namem. *Negócio fiduciário*. Rio de Janeiro: Renovar, 2006.

CHALHUB, Melhim Namem. *Trust*. Rio de Janeiro: Renovar, 2001.

CHARLIN, Jacques. La fiducie-libéralité: essai de synthèse en vue d'un contrat. In: FEDUCI (Org.). *Les opérations fiduciaires*. Colloque de Luxembourg des 20 et 21 septembre 1984. Paris: Feduci ; LGDJ, 1985.

DE PAGE, Henri. *Traité élémentaire de droit civil belge*. Bruxelles: Émile Bruylant, 1941. t. I.

DI MAJO, Adolfo. *Responsabilità e patrimonio*. Torino: G. Giappichelli, 2005.

FACHIN, Luiz Edson. *Estatuto jurídico do patrimônio mínimo*. Rio de Janeiro: Renovar, 2006.

FERRARA, Francesco. *Trattato di diritto civile italiano*. Roma: Athenaeum, 1921. v. I.

GAJARDONI, Fernando da Fonseca *et al*. *Execução e recursos*: comentários ao CPC 2015. Rio de Janeiro: Forense, 2017.

GHESTIN, Jacques; GOUBEAUX, Gilles. *Traité de droit civil*. Paris: LGDJ, 1977. v. I.

GOMES, Orlando. Contrato de fidúcia ('trust'). *Revista Forense*, v. 211, n. 62, 1965.

GOMES, Orlando. *Responsabilidade civil*. Rio de Janeiro: Forense, 2011.

GOMES, Orlando. *Sucessões*. Rio de Janeiro: Forense, 2015.

GOMES, Orlando. Tendências modernas na teoria da responsabilidade civil. In: FRANCESCO, José Roberto Pacheco di (Org.). *Estudos em homenagem ao Professor Silvio Rodrigues*. São Paulo: Saraiva, 1989.

GRIMALDI, Michel ; BARRIÈRE, François. *La fiducie en droit français*. Buenos Aires: Astrea, 2004.

HAYZUS, Jorge Roberto. *Fideicomiso*. Buenos Aires: Astrea, 2004.

KIPER, Claudio M.; LISOPRAWSKI, Silvio V. *Tratado de fideicomisso*. Buenos Aires: Depalma, 2004.

LUSTOSA, Paulo Franco. *Bem de família*: renúncia e disposição. Rio de Janeiro: Lumen Juris, 2016.

MESSINEO, Francesco. *Manuale di diritto civile e commerciale*. Milano: Giuffrè, 1957.

MONTEIRO FILHO, Carlos Edison do Rêgo. Artigo 944 do Código Civil: o problema da mitigação do princípio da reparação integral. *R. Dir. Proc. Geral*, Rio de Janeiro, 2008.

MONTEIRO, Washington de Barros. *Curso de direito civil*. São Paulo: Saraiva, 2003. v. 6.

MORAES, Maria Celina Bodin de. *Danos à pessoa humana*. Rio de Janeiro: Renovar, 2003.

OLIVA, Milena Donato. *Do negócio fiduciário à fidúcia*. São Paulo: Atlas, 2014.

OLIVA, Milena Donato. O patrimônio no direito brasileiro. In: TEPEDINO, Gustavo (Coord.). *O Código Civil na perspectiva civil-constitucional*. Rio de Janeiro: Renovar, 2013.

OLIVA, Milena Donato. *Patrimônio separado*: herança, massa falida, securitização de créditos imobiliários, incorporação imobiliária, fundos de investimento imobiliário, trust. Rio de Janeiro: Renovar, 2009.

PERLINGIERI, Pietro. *Perfis do direito civil*: introdução ao direito civil constitucional. Rio de Janeiro: Renovar, 2002.

PINO, Augusto. *Il patrimonio separato*. Padova: Cedam, 1950.

RODRIGUES, Silvio. *Direito civil*: direito das sucessões. São Paulo: Saraiva, 2003. v. 7.

SALAZAR, Luis Bustamante. *El patrimonio*: dogmatica jurídica. Santiago: Editorial Juridica de Chile, 1979.

SANTORO-PASSARELLI, Francesco. *La surrogazione reale*. Roma: Attilio Ampaolesi, 1926.

SARLET, Ingo Wolfgang. Direitos fundamentais sociais, mínimo existencial e direito privado. In: CLÈVE, Clèmerson Merlin; BARROSO, Luís Roberto (Org.). *Doutrinas essenciais de direito constitucional*. São Paulo: Revista dos Tribunais, 2015. v. 7.

SCHREIBER, Anderson. *Novos paradigmas da responsabilidade civil*. São Paulo: Atlas, 2007.

SILVA, João Gomes da. *Herança e sucessão por morte*. Lisboa: Universidade Católica Editora, 2002.

TELES, Inocêncio Galvão. *Das universalidades*. Lisboa: Minerva, 1940.

TEPEDINO, Gustavo; BARBOZA, Heloisa Helena; MORAES, Maria Celina Bodin de et al. *Código Civil interpretado conforme a Constituição da República*. Rio de Janeiro: Renovar, 2006. v. II.

Informação bibliográfica deste texto, conforme a NBR 6023:2002 da Associação Brasileira de Normas Técnicas (ABNT):

OLIVA, Milena Donato; RENTERIA, Pablo. Patrimônio de afetação e patrimônio mínimo. In: EHRHARDT JÚNIOR, Marcos; CORTIANO JUNIOR, Eroulths (Coord.). *Transformações no Direito Privado nos 30 anos da Constituição*: estudos em homenagem a Luiz Edson Fachin. Belo Horizonte: Fórum, 2019. p. 323-336. ISBN 978-85-450-0562-9.

DIREITO DAS SUCESSÕES E PATRIMÔNIO MÍNIMO

DANIEL BUCAR

DANIELE TEIXEIRA

1 Nota introdutória[1]

A renovação dos institutos do direito civil a partir de sua constitucionalização pressupõe, necessariamente, a verificação de sua aplicação conforme a tábua axiológica imposta pela Constituição Federal de 1988. Ainda sob este contexto, o direito sucessório não tem merecido a atenção devida por parte da doutrina. Esse distanciamento associa-se à dificuldade técnica, intensificada por duas peculiaridades. Em primeiro lugar, o direito das sucessões não comporta digressões retóricas, nem concessões a noções imprecisas; em segundo, desaguam, no estudo das sucessões, todos os problemas dos demais ramos do direito civil.[2]

Não obstante, impõe-se repensar o que se considerou um dado fundante em uma codificação hermética, não para a abolição do direito sucessório, mas (re)construção na unidade do atual ordenamento jurídico pátrio a partir da realidade compreendida pelo direito vivido. Sob este olhar, serão revisitados os institutos da *saisine* e legítima no direito brasileiro, para que se possa questionar sua absoluta prevalência no sistema sucessório; em seguida, serão enunciadas algumas de suas potencialidades funcionais, especialmente no que tange à questão do patrimônio mínimo, concepção difundida pelo Professor Luiz Edson Fachin, ora homenageado, e divulgada em sua magistral obra, *Estatuto jurídico do patrimônio mínimo*, fruto da tese de Cátedra de Direito Civil em concurso promovido pela Faculdade de Direito da Universidade Federal do Paraná.

Estabelecido o ponto de partida, ressalta-se que, muito mais do que consolidar primeiras respostas, pretende-se semear contundentes inconclusões a respeito de dois institutos pouco questionados pela dogmática civilística.

---

[1] Os autores agradecem a inestimável pesquisa de apoio empreendida, para elaboração do presente artigo, por Caio Ribeiro Pires.
[2] TEPEDINO, Gustavo. Prefácio. In: NEVARES, Ana Luiza Maia. *A tutela sucessória do cônjuge e do companheiro na legalidade constitucional*. 1. ed. Rio de Janeiro: Renovar, 2004.

2 O direito da *saisine* no ordenamento jurídico brasileiro: travessia entre a abstração inoperante e a efetiva tutela civil-constitucional

Há na doutrina brasileira dedicada ao direito das sucessões uma espécie de lugar comum: a adoção pelo direito brasileiro do chamado *droit de saisine*, de suposta origem francesa,[3] por conta do art. 1.784, Código Civil de 2002, cujo texto sofreu pequena alteração em relação à redação anterior (art. 1.572, CC/16),[4] com a supressão da expressão *domínio e posse*. Em linhas gerais, a doutrina afirma que, por meio da *saisine*, o patrimônio do falecido transmite-se, quando de sua morte direta e automaticamente aos seus herdeiros, legítimos ou testamentários.[5] Contudo, uma análise da realidade e experiência brasileira na sucessão *causa mortis* suscita certa perplexidade na leitura prática do dogma: é viável, pelo ordenamento nacional, desfrutar da *saisine*, mediante o exercício das potencialidades advindas da nova titularidade do patrimônio sucedido? Em outras palavras, podem os herdeiros, no dia seguinte ao falecimento do sucedido, praticar os atos próprios do possuidor e proprietário sobre os bens deixados?

2.1 A *saisine* no direito brasileiro; da ficta magnitude estrutural à instrumentalização funcional

A concepção estrutural reconhece o direito das sucessões como ramo do direito civil, que objetiva uma solução de continuidade das relações jurídicas de pessoa falecida, a partir da transição daquelas aos herdeiros do *de cujus*.[6] Nesse sentido, é de se observar que o já referido art. 1784 abre o Livro V do Código Civil nos seguintes termos: "aberta a sucessão, a herança transmite-se, desde logo, aos herdeiros legítimos e testamentários".

O dispositivo é responsável por afirmar o direito à *saisine* em nosso ordenamento jurídico atual.[7] Para uma conceituação, em síntese, este consistiria em ficção jurídica que determina a transmissão da posse e da propriedade de todo o patrimônio, desde o momento da morte, aos herdeiros legítimos e testamentários. As consequências práticas da adoção de tal conceito podem ser assim resumidas:

---

[3] Não obstante dizer-se reiteradamente que a *saisine* seria uma herança do direito francês, é importante ressaltar que a própria doutrina francesa adverte a possibilidade de o instituto ser proveniente da experiência germânica, denunciando certo conflito sobre sua origem. Neste sentido, SIMONNET, Jean. *Histoire et théorie de la saisine héréditaire dans les transmissions de biens par décès*. Paris: Auguste Durand Libraire, 1852. p. VII-VIII.

[4] "Art. 1.572. Aberta a sucessão, o domínio e a posse da herança transmitem-se, desde logo, aos herdeiros legítimos e testamentários".

[5] Neste sentido GONÇALVES, Carlos Roberto. *Direito civil brasileiro*: direito das sucessões. 6. ed. São Paulo: Saraiva, 2012. v. 7; VENOSA, Silvio. *Direito civil*: direito das sucessões. 13. ed. São Paulo: Atlas, 2013. p. 13-15; WALD, Arnoldo. *Direito das sucessões*. 15. ed. São Paulo: Saraiva, 2012. v. 6. p. 22; TARTUCE, Flávio. *Manual de direito civil*: volume único. Rio de Janeiro: Forense, 2011. p. 1888/1889; HIRONAKA, Giselda Maria Fernandes Novaes; CAHALI, Francisco José. *Direito das sucessões*. 5. ed. rev. São Paulo: Revista dos Tribunais, 2014. p. 38-40. Para além dos manuais, em livro resultado de tese de livre docência, a mesma posição é encontrada em HIRONAKA, Giselda Maria Fernandes Novaes. *Morrer e suceder*: passado e presente da transmissão sucessória concorrente. 2. ed. São Paulo: Revista dos Tribunais, 2014. p. 317-320; MIRANDA, Francisco Cavalcanti Pontes de. *Direito das sucessões*: sucessão em geral, sucessão legítima. Atualizado por Giselda Maria Fernandes Novaes Hironaka e Paulo Luiz Netto Lôbo. São Paulo: Revista dos Tribunais, 2012. t. LV. p. 65-70.

[6] WALD, Arnoldo. *Direito das sucessões*. 15. ed. São Paulo: Saraiva, 2012. v. 6. p. 15. Para concepção crítica do argumento, por sua estrita limitação, NEVARES, Ana Luiza. *A sucessão do cônjuge e do companheiro na perspectiva civil-constitucional*. 2. ed. Rio de Janeiro: Renovar, 2015. p. 55.

[7] Conforme doutrina citada na nota 5, *supra*.

De qualquer modo, a transmissão (transferência) da propriedade, posse, direitos, pretensões e deveres decorrentes da morte do de cuius aos seus herdeiros, posto já referido, independe de qualquer ato praticado por estes ou mesmo de decisão judicial neste sentido.

Como regra, instantaneamente, o domínio daquele torna-se domínio deste, a posse de um, posse de outro, o mesmo ocorrendo com os direitos, créditos e débitos transmissíveis do falecido, uma vez obedecidos os prefalados pressupostos da coexistência e legitimação.[8]

No que toca à transmissão da posse, parece que este efeito é verificado, em alguma medida, no direito brasileiro. A doutrina aponta o alvará de 9.11.1754, segundo assento de 16.2.1786,[9] como gênese normativa da *saisine* no Brasil. A sua adoção pelo ordenamento nacional encontrava seu fundamento justamente na possibilidade de os herdeiros manejarem ações possessórias contra terceiros esbulhadores do patrimônio sucedido,[10][11] o que, ainda na atualidade, é verificado na prática das sucessões.[12]

No entanto, embora se verifique a transmissão automática da posse aos herdeiros, causa certa perplexidade a edição, do art. 647, parágrafo único, do Código de Processo Civil de 2015, o qual permite ao juiz:

> em decisão fundamentada, deferir antecipadamente a qualquer dos herdeiros o exercício dos direitos de usar e de fruir de determinado bem, com a condição de que, ao término do inventário, tal bem integre a cota desse herdeiro, cabendo a este, desde o deferimento, todos os ônus e bônus decorrentes do exercício daqueles direitos.

O referido dispositivo se apresenta como certa contrariedade à *saisine*, na medida em que o instituto já permitiria a qualquer dos herdeiros usar ou fruir dos bens automaticamente, já que transmitida a posse e a propriedade desde o falecimento do *de cujus*. Ainda que se justifique a inovação trazida pelo referido dispositivo na possibilidade do uso e da fruição exclusivos por determinado herdeiro, tal efeito já poderia ser efetivamente alcançado pela funcionalização dos bens às necessidades dos próprios sucessores, sem a edição do dispositivo. Contudo, parece que a inovação, corretamente celebrada em doutrina,[13] é mais um indicativo da necessidade de reafirmação da *saisine*,

---

[8] CARVALHO, Luiz Paulo Vieira de. *Direito das sucessões*. 3. ed. São Paulo: Atlas, 2017. p. 73.

[9] Esta é a primeira informação que Pontes de Miranda traz sobre o assunto, de modo a assentar a adoção do instituto em base positiva (MIRANDA, Francisco Cavalcanti Pontes de. *Direito das sucessões*: sucessão em geral, sucessão legítima. Atualizado por Giselda Maria Fernandes Novaes Hironaka e Paulo Luiz Netto Lôbo. São Paulo: Revista dos Tribunais, 2012. t. LV. p. 65).

[10] COLLECÇÃO Chronologica dos Assentos das Casas da Supplicação e do Civel. *O Governo dos Outros*. p. 458. Disponível em: <http://www.governodosoutros.ics.ul.pt/?menu=consulta&id_partes=118&accao=ver&pagina=15>.

[11] MIRANDA, Francisco Cavalcanti Pontes de. *Direito das sucessões*: sucessão em geral, sucessão legítima. Atualizado por Giselda Maria Fernandes Novaes Hironaka e Paulo Luiz Netto Lôbo. São Paulo: Revista dos Tribunais, 2012. t. LV. p. 65; VENOSA, Silvio. *Direito civil*: direito das sucessões. 13. ed. São Paulo: Atlas, 2013. p. 14, o qual afirma ser consequência do direito ora em estudo a "apreensão possessória autorizada"; GOMES, Orlando. *Sucessões*. 15. ed. atual. por Mario Roberto Carvalho de Faria. Rio de Janeiro: Forense, 2012. p. 16.

[12] Neste sentido, *vide* a ementa do seguinte julgado do Superior Tribunal de Justiça: "[...] 1. Não sendo parte na execução fiscal, o herdeiro necessário tem legitimidade ativa ad causam para opor embargos de terceiro com o fim de evitar o ato de penhora em execução fiscal, porquanto, à luz dos artigos 1.314, 1.784, 1.791, 1.827 e 1.846 do Código Civil, tem interesse em proteger dos efeitos de ato judicial parte do patrimônio cuja posse indireta detém desde o falecimento do genitor. [...]" (Agravo Regimental no Recurso Especial nº 1.404.889/PE. Rel. Min. Benedito Gonçalves, Primeira Turma, j. 23.6.2015. DJe, 5 ago. 2015).

[13] NEVARES, Ana Luiza Maia. As inovações do código de processo civil de 2015 no direito das sucessões. *Revista do Instituto Brasileiro de Famílias e Sucessões*, v. 13, p. 57-95, 2016. p. 57.

que encontra obstáculos, sobretudo, na obrigatoriedade de chancela estatal, por meio da imposição de submissão dos herdeiros ao procedimento do inventário (judicial ou cartorário).

Este embaraço processual que corrói a *saisine* é mais evidente no dogma de transmissão instantânea da propriedade quando do falecimento do sucedido. À luz do dogma de haver um patrimônio acéfalo,[14] a *saisine* teve seus efeitos estendidos para além da posse. O Código Civil de 1916, nesse sentido, previa no inc. IV do art. 530 que a propriedade imóvel se adquiria pelo direito hereditário. Ainda que a codificação atual não tenha reproduzido o texto do referido dispositivo, mantém-se a defesa em doutrina quanto à aquisição instantânea da propriedade dos bens do falecido, como corolário do próprio instituto. Esse movimento, em verdade, indica o depósito, no instituto, de uma verdadeira magnitude estrutural, a transformá-lo em peça central do "quebra-cabeça" do direito sucessório.[15] Porém, a partir de um olhar funcional, remontado às origens do instituto e ao complexo de normas que disciplina o direito sucessório, é de se questionar sua efetiva existência no ordenamento brasileiro, pelo menos da forma absoluta como se encontra, há tempos, proposto.[16]

Caso se considere como certa a origem da *saisine* na experiência francesa,[17] uma simples reflexão – a partir do nascimento do regime lá adotado – demonstra uma equiparação construída de forma artificial, apenas para aproveitar a estrutura de transmissão direta da herança aos herdeiros.[18] Com efeito, em sua gênese medieval, a *saisine* decorreu da necessidade de se transferir o trabalho nas terras pelos sucessores do vassalo, sem que houvesse pagamento anterior de valores devidos ao senhor feudal, condição, antes, para a efetivação da transmissão da posse.

Assim, é possível auferir que a ficção jurídica de *saisine* apresentava nítida função: a efetiva passagem de gozo, fruição do *de cujus* sem que fosse necessário dispender qualquer valor pecuniário para tanto. Porém, a obrigatoriedade do inventário na experiência brasileira acaba por desfigurar esta ideia da transferência patrimonial automática *causa mortis*. Sobre a imposição do inventário, uma reflexão merece ser feita.

Com efeito, vigora em nossa disciplina sucessória o princípio da responsabilidade *intra vire hereditatis*, compreendido pela impossibilidade de os herdeiros responderem, com patrimônio próprio, às dívidas do *de cujus* (art. 1.997, Código Civil). Este princípio, por sua vez, está intimamente relacionado ao inventário compulsório, pois a ele devem

---

[14] A expressão é utilizada por PEREIRA, Caio Mário da Silva. *Instituições de direito civil* – Direito das sucessões. 21. ed. atual. por Carlos Roberto Barbosa Moreira. Rio de Janeiro: Forense, 2014. v. VI. p. 36. Torquato Castro, revisor do Livro de Direito das Sucessões do Código Civil de 2002 em defesa do dispositivo, posicionou-se no mesmo sentido: "A lei não quer que fiquem a déspotas ou sem dono os direitos e as obrigações da pessoa depois de morta" (MENCK, José Theodoro Mascarenhas. *Código Civil brasileiro no debate parlamentar*. Elementos históricos da elaboração da lei 10.406, de 2002 – Audiências públicas e relatórios (1975-1983). Brasília: Edições Câmara dos Deputados, 2012. v. 1. t. 1-4. p. 371).

[15] HIRONAKA, Giselda Maria Fernandes Novaes. *Morrer e suceder*: passado e presente da transmissão sucessória concorrente. 2. ed. São Paulo: Revista dos Tribunais, 2014. p. 317.

[16] Embora a admita como necessária "ficção jurídica de continuidade", subsiste na doutrina brasileira posicionamento ciente de suas limitações nos dizeres de Francisco José Cahali, expostos em HIRONAKA, Giselda Maria Fernandes Novaes; CAHALI, Francisco José. *Direito das sucessões*. 5. ed. rev. São Paulo: Revista dos Tribunais, 2014. p. 38.

[17] Vide nota 3, *supra*.

[18] Clóvis Beviláqua, a este propósito, afirma tratar-se da substituição de uma ficção jurídica por outra (BEVILÁQUA, Clóvis. *Direito das sucessões*. Campinas: Red Livros, 2000. p. 66).

se dirigir todos os credores do falecido. Sistema diverso é o francês. Fiel à *saisine*, a regra francesa é oposta, pois prevalece a responsabilidade *ultravires* dos herdeiros pelas dívidas do falecido,[19] a qual, todavia, pode ser afastada pela aceitação do ativo líquido pelo benefício do inventário.[20] Por meio desse expediente facultativo, os herdeiros publicizam o monte sucessível através de procedimento judicial próprio, de forma que os credores, tal como ocorre no Brasil, possam ali habilitar seus créditos.[21] Caso, entretanto, os herdeiros lá simplesmente aceitem a herança por força da (efetiva) *saisine*, responderão pelas dívidas do falecido.

A diferença entre a obrigatoriedade/faculdade do inventário e irresponsabilidade/responsabilidade pelas dívidas do falecido é a pedra de toque do afastamento da experiência brasileira da *saisine* praticada em países onde efetivamente ocorre a transmissão da propriedade de forma automática e sem chancela estatal. Verifica-se, na realidade, que a imposição do inventário, no Brasil, descaracteriza o pilar da transmissão instantânea de bens por meio da efetiva *saisine*,[22] a qual – é importante a repetição para o destaque – restou neutralizada pela legislação processual.[23]

A imposição brasileira do inventário, por sua vez, disciplinado no Código de Processo Civil, afasta qualquer possibilidade de se acessar a propriedade dos bens individualizados antes do término do procedimento. A opção do sistema brasileiro, de que se afastou o art. 1.784 do Código Civil, não foi pela sucessão pessoa a pessoa, tal como escolhida pelo ordenamento francês. Por aqui, elegeu-se, pela obrigatoriedade do inventário, a sucessão de bens a pessoas, na medida em que a preocupação do legislador pendeu em favor dos credores envolvidos no inventário, em detrimento dos herdeiros.

Não é por outra razão que no procedimento do inventário (obrigatório) é prevista a participação da Fazenda Pública no procedimento (arts. 626, 629, 630 e seguintes), com o pagamento do ITCMD – *Imposto de Transmissão Causa Mortis e de Doação* – de que é credora –, bem como a precedência do pagamento das dívidas do falecido (arts. 642 a 646, CPC) a evidenciar que os herdeiros apenas recebem o patrimônio líquido se e quando pagas as dívidas. Especialmente quanto à liquidação das dívidas, parece aqui despontar um momento anterior à transferência patrimonial aos herdeiros, o qual é gerido de forma destacada, a configurar um verdadeiro patrimônio separado, afetado ao escopo de adimplir créditos do *de cujus* e transmitir apenas o acervo líquido.[24]

---

[19] Art. 785, Código Civil francês: "O herdeiro universal ou a título universal que aceita pura e simplesmente a sucessão responde indefinidamente pelas dívidas e pelos encargos que dependem dela" (tradução livre).

[20] Conforme arts. 787 a 790 do Código Civil francês.

[21] Vale notar que na Alemanha, também dito berço da *saisine*, a insolvência do patrimônio é presumida quando os herdeiros submetem o monte a inventário (§§1975, BGB).

[22] A este respeito, remete-se o leitor à obra de Anne Marie Villela, a qual, por meio de detalhado método comparativo, alertou a descaracterização da *saisine* no Brasil, reputando tal evento à deliberada opção, feita por Clóvis Beviláqua, pelo modo de transmissão *causa mortis* anglo-americano, em que não há sucessão de pessoa a pessoa, rompendo-se a responsabilidade do herdeiro (VILLELA, Anne Marie *La transmission d'hérédité en droit français et en droit brésilien*. Paris: Libraires Techniques, 1971. p. 74-81).

[23] Esta também é a conclusão que se chegou em SILVA, Angela; SANTOS, Maura Pereira dos. Nota de Livro: La Transmission d'hérédité en droit français et en droit brésilien. *Revista da Faculdade de Direito da Universidade Federal de Minas Gerais*, v. 15, 1975. p. 295.

[24] RENTERIA, Pablo; OLIVA, Milena Donato. Fidúcia: a importância da incorporação dos efeitos do trust no direito brasileiro. *Revista Trimestral de Direito Civil*, v. 48, Rio de Janeiro, out./dez. 2011. p. 27-61. Até mesmo os defensores da *saisine*, por força de tradição, trazem a liquidação patrimonial e o pagamento a credores como forma de demonstrar que aquela não encerra o direito sucessório (COSTA FILHO, Venceslau Tavares. O direito da saisine e a sucessão causa de morte: considerações a partir do direito civil brasileiro. In: COSTA FILHO,

Portanto, embora o art. 1.784 do Código Civil seja apontado como dispositivo acolhedor da *saisine*, parece que, dentro do sistema sucessório brasileiro, o instituto não se faz inteiramente presente. Não é por outra razão, a propósito, que o planejamento sucessório vem sendo difundido com o objetivo de facilitar o acesso e a administração de bens[25] por potenciais herdeiros, cujo fenômeno é justamente contrário à ideia clássica da *saisine*, que encontra barreiras descaracterizadoras do instituto no ordenamento brasileiro.

Entretanto, embora não se pretenda resposta definitiva sobre se andou bem, ou não, o desenho normativo brasileiro quanto ao tema, é preciso, de toda forma, buscar a existência de alguns espaços de atuação de uma *saisine* funcionalizada, a efetivar transmissão direta de bens a herdeiros do *de cujus*, de forma qualitativamente diversa, consoante a axiologia unitária pretendida pela metodologia civil-constitucional. Exemplo disso é a aplicação do direito de *saisine* destinada ao resguardo do mínimo existencial.

2.2 A funcionalização do direito a *saisine* e o patrimônio mínimo: perspectivas legais, jurisprudenciais e o devir

A noção aberta de patrimônio mínimo presente na obra de Luiz Edson Fachin se baseia na titularidade proprietária de determinados bens funcionalizada ao mínimo que concretize a subsistência, existência digna em cada caso concreto,[26] noção sobre a qual se funda um novo "pacto de convivência em diversas relações sociais".[27] Distinta tal conceituação daquela que encontra a justificativa do patrimônio mínimo apenas na legislação infraconstitucional (por exemplo, impenhorabilidade do bem de família, regulada pela Lei nº 8.009/90 e art. 833, Código de Processo Civil).[28]

Utilizar-se da primeira noção significa buscar a concretização do patrimônio mínimo na esfera jurídica das pessoas e, consequentemente, respeitá-lo para além das hipóteses de excussão de bens do devedor. Nesse sentido a própria legislação brasileira caminha para se distanciar da neutralidade sucessória caracterizada pela suposta aversão a privilégios, proveniente do ideário liberal oitocentista, e ordenar algumas espécies de sucessão anômala.

Estas baseiam-se, primordialmente, na essencialidade dos bens, que devem ser transmitidos com maior celeridade aos herdeiros a dispensar inventário[29] e permitir menor intervenção estatal através do alvará judicial (a exemplo do que dispõe a Lei nº 6.858/80 no tocante ao FGTS, restituição de imposto de renda e contas bancárias de reduzida monta). A transmissão imediata visa a garantir, nesses casos, que os

---

Venceslau Tavares; CASTRO JÚNIOR, Torquato da Silva (Org.). *A modernização do direito civil*. Recife: Nossa Livraria, 2012. v. II. p. 255).

[25] AZEVEDO, Lilibeth; CRUZ, Elisa. Planejamento sucessório. In: TEPEDINO, Gustavo e FACHIN, Luiz Edson (Coord.). *Diálogos sobre direito civil*. Rio de Janeiro: Renovar, 2012. v. III. p. 554-556.

[26] FACHIN, Luiz Edson. *Estatuto jurídico do patrimônio mínimo* – À luz do novo Código Civil brasileiro e da Constituição Federal. 2. ed. Rio de Janeiro: Renovar, 2006. 284-285.

[27] FACHIN, Luiz Edson. *Estatuto jurídico do patrimônio mínimo* – À luz do novo Código Civil brasileiro e da Constituição Federal. 2. ed. Rio de Janeiro: Renovar, 2006. p. 252.

[28] Para um estudo das diferentes teorias, remete-se a BUCAR, Daniel. *Superendividamento – Reabilitação patrimonial da pessoa humana*. São Paulo: Saraiva, 2017. p. 48-61.

[29] NEVARES, Ana Luiza. *A sucessão do cônjuge e do companheiro na perspectiva civil-constitucional*. 2. ed. Rio de Janeiro: Renovar, 2015. p. 60-61.

dependentes do falecido possam assegurar renda que lhes garanta a sobrevivência diante do fato da morte, a concretizar verdadeira função de *saisine* em desfavor do procedimento do inventário, de maior chancela estatal por presumir o acúmulo de riquezas e dívidas.

A disciplina do arrolamento, aplicável aos casos em que o valor dos bens do espólio é menor do que 1.000 (mil) salários mínimos (art. 664, Código de Processo Civil), também poderá beneficiar herdeiros que precisem movimentar patrimônios módicos, dos quais sejam dependentes, a dispensar a inexistência de credores para partilha (art. 663). Porém, o pagamento do ITCMD permanece como condição de julgamento daquela (art. 664, §5º), de modo que a chancela estatal aqui apenas se arrefece.[30]

Propostas, neste âmbito, para uma travessia que encontre novos horizontes nesta *saisine* a realizar uma transferência imediata, inserida no contexto legislativo, seria o alargamento das faixas de isenção tributária para além das hipóteses já previstas em legislações estaduais, mas que se considere a essencialidade do bem a se suceder, de forma a minimizar os efeitos obstaculizadores ao acesso decorrentes do inventário. Tal medida objetivaria a garantia de um inexorável patrimônio mínimo, sem que haja barreiras à liquidez necessária para a regularização do bem inventariado.[31]

Ainda, a disposição do art. 1.881, do Código Civil, ao tratar da possibilidade de codicilos, merece um redimensionamento. Tendo em vista sua pequena aplicabilidade prática, a anacrônica expressão aberta *esmolas de pouca monta* poderia funcionalizar-se exatamente para transmissão por escrito particular de bens essenciais de pequeno valor, sem a necessidade de se submeter à chancela estatal voltada a proteger a garantia de credores, visto que são bens essencialmente impenhoráveis.

É nesse espírito, a propósito, que a jurisprudência do Superior Tribunal de Justiça vem reconhecendo a impossibilidade de liquidação do único bem imóvel inventariado para satisfação do crédito tributário de natureza diversa do ITCMD.[32] Assim, compreendendo-se que o bem de família não perde esta qualidade, em certos casos concretos, com o advento do falecimento do titular, não há razão para se privilegiar o inventário moroso e não permitir um acesso mais célere à sua titularidade pelos herdeiros que dele necessitam para exercer o direito à moradia, de assento constitucional (art. 6º, Constituição da República).

Dessa forma, impõe-se ao intérprete a necessidade de se readequar o instituto da *saisine*, visto que dela não trata por inteiro o ordenamento brasileiro, para dele se extrair novas potencialidades voltadas para a proteção de um patrimônio mínimo no direito sucessório.

3 O instituto da legítima no atual direito sucessório brasileiro: função, liberdade e solidariedade

Os pilares do direito das sucessões, que são a família e a propriedade, sofreram profundas transformações em razão de fatores socioeconômicos. Com efeito, impõem a

---

[30] NEVARES, Ana Luiza Maia. As inovações do código de processo civil de 2015 no direito das sucessões. *Revista do Instituto Brasileiro de Famílias e Sucessões*, v. 13, p. 57-95, 2016. p. 63.
[31] TEIXEIRA, Daniele Chaves. *Planejamento sucessório*: pressupostos e limites. Belo Horizonte: Fórum, 2017. p. 197.
[32] O mais recente paradigma neste sentido é o REsp nº 1.271.277/MG. Rel. Min. Ricardo Villas Bôas Cueva, Terceira Turma, j. 15.3.2016, public. 28.3.2016.

necessidade de questionamentos sobre a função de alguns institutos e possíveis novas regulações pelo direito sucessório brasileiro, para reduzir este descompasso entre o direito e a sociedade.

O fenômeno sucessório se inicia com a abertura da sucessão – momento em que nascem os direitos hereditários –, que é a transmissão de direitos, que pode ocorrer em vida – *inter vivos* –, ou após a morte – *causa mortis*,[33] que se verifica a título universal ou singular.[34] A sucessão adotada no direito brasileiro é pelo sistema dual, ou seja, pode ocorrer por lei – sucessão legítima prevista nos arts. 1.829 a 1.856 do CC –, ou por disposição de última vontade – sucessão testamentária nos arts. 1.857 a 1.990 do CC.

O sucessor, quando é indicado pela lei, é denominado herdeiro legítimo, que pode ser necessário ou facultativo. A lei reserva ao herdeiro necessário uma quota do patrimônio do *de cujus*, que se chama legítima, e o herdeiro facultativo é aquele que pode ser afastado da sucessão mediante disposição testamentária. O sucessor a título universal denomina-se "herdeiro"; e aquele que sucede a título singular, "legatário".[35]

Cabe enfatizar que, havendo testamento e herdeiros necessários, ambas as sucessões, legítima e testamentária, coexistirão por ser a liberdade de testar limitada à reserva da legítima, como dispõe o art. 1.846 do CC. Caso não existam herdeiros necessários, a liberdade será plena. Com efeito, a sucessão será legítima "quando houver herdeiros necessários, se o *de cujus* não deixou testamento, ou não dispôs sobre a totalidade da herança, ou ainda se o testamento for inválido ou ineficaz".[36]

A Constituição Federal pouco trata, em termos expressos, do direito das sucessões. O assunto encontra-se regulado apenas em um dos incisos do extenso art. 5º[37] do texto constitucional, que garante o direito de herança, em seu inc. XXX, e determina a aplicação, em benefício do cônjuge ou dos filhos brasileiros, da lei sucessória mais favorável, em relação aos bens de estrangeiro situados no país, conforme o inc. XXXI. Segundo Carlos Roberto Barbosa Moreira, o direito sucessório que habita a Constituição se reduz a normas essencialmente patrimoniais.[38]

Vale destacar que as disposições testamentárias não podem ultrapassar a quota disponível, sendo reduzidas caso atinjam a legítima dos herdeiros necessários.[39] Segundo

---

[33] TEPEDINO, Gustavo; BARBOZA; Heloisa Helena; MORAES, Maria Celina Bodin de. *Código Civil interpretado conforme a Constituição da República IV*. Rio de Janeiro: Renovar, 2014. p. 529.

[34] "A sucessão é 'a título universal' quando gera a transmissão da totalidade ou de fração Ideal do patrimônio ao sucessor; e 'a título singular', quando adstrita a uma coisa ou a um direito determinado" (PEREIRA, Caio Mário da Silva. *Instituições de direito civil* – Direito das sucessões. 17. ed. rev. e atual. por Carlos Roberto Barbosa Moreira. Rio de Janeiro: Forense, 2010. v. VI. p. 1).

[35] GOMES, Orlando. *Sucessões*. 12. ed. rev., atual. e aum. de acordo com o Código Civil de 2002 e a Lei n. 11.441, de 04 de janeiro de 2007 por Mario Roberto Carvalho de Faria. Rio de Janeiro: Forense, 2004. p. 7.

[36] TEPEDINO, Gustavo; BARBOZA; Heloisa Helena; MORAES, Maria Celina Bodin de. *Código Civil interpretado conforme a Constituição da República IV*. Rio de Janeiro: Renovar, 2014. p. 534.

[37] O direito de herança está no rol dos direitos e garantias fundamentais, conforme opção levada a cabo pelo legislador constituinte brasileiro. Sua abolição não pode ser objeto de emenda constitucional, consoante o disposto no art. 60, §4º, inc. IV da Carta Magna, cumprindo à legislação ordinária disciplinar o fenômeno sucessório de acordo com os valores constitucionais.

[38] MOREIRA, Carlos Roberto Barbosa. Princípios constitucionais e o direito das sucessões. *Revista Trimestral de Direito Civil*, Rio de Janeiro, ano 8, v. 29, p. 35-51, jan./mar. 2007. p. 37.

[39] "A faculdade de testar é restrita a metade dos bens do testador. [...] Para garantia da metade que a lei reserva aos herdeiros necessários" (ALVES, João Luiz. *Código Civil da República dos Estados Unidos do Brasil*. Promulgado pela Lei nº 3.071, de 1 janeiro de 1916. 3. tir. Rio de Janeiro: F. Briguiet & Cia, 1926. p. 1.253).

Carlos Maximiliano, verifica-se a intangibilidade do instituto da legítima, porque esta não pode ser diminuída na essência por nenhuma cláusula testamentária.[40]

No entendimento de Pontes de Miranda, o fundamento da legítima está na existência do vínculo familiar e de cláusula testamentária, de vínculo estatal.[41] Assim, entende-se, para a doutrina majoritária, que o princípio da intangibilidade da legítima[42] constitui uma premissa do direito sucessório. Entretanto, na atualidade, a solidariedade familiar é mais ampla do que a necessidade de proteção à família como instituto. A legítima[43] deve ser intangível em razão da função que deve exercer, que é a da solidariedade familiar.

Cabe ressaltar que a legítima tem, em sua função, a solidariedade familiar, por esta ser hoje mais ampla do que preservar a proteção da família por si só. É de se lembrar que a família institucional, portadora de um interesse superior e superindividual, não mais se sustenta, e, sim, a família como formação social, protegida constitucionalmente em função da realização do desenvolvimento das pessoas que a integram.

Apesar de a legítima não estar tutelada expressamente na Constituição, pois somente o direito de herança está consagrado em seu art. 5º, inc. XXX, entende-se que os princípios que são os pilares para a legítima estão inseridos na Lei Maior. São eles: os princípios constitucionais de proteção à família (art. 226); da solidariedade (3º, I); de garantia da propriedade privada (5º, XXII); e de livre iniciativa (1º, IV). Nesse sentido, Ana Luiza Maia Nevares afirma que "a reserva hereditária realiza um princípio ainda mais amplo, que é a dignidade da pessoa humana, fundamento da República, enunciado no art. 1º, III, da Carta Magna".[44]

O instituto da legítima foi regulado no Código Civil de 1916 e manteve-se no atual Código. É interessante verificar que houve muito mais discussão sobre a opção da liberdade de testar no primeiro Código Civil brasileiro do que no Código Civil de 2002, quando já se estava no século XXI, depois de uma Constituição que transformou o direito de família.

3.1 Função da legítima

O instituto da legítima nasce para garantir a propriedade e para manter o patrimônio na família; pode-se dizer, ainda, que nasce para perpetuar o patrimônio na família, especificamente na linha reta masculina, pois a mulher, até bem pouco tempo, não podia sequer administrar bens particulares. A análise histórica revela que as riquezas

---

[40] MAXIMILIANO, Carlos. *Direito das sucessões*. Rio de Janeiro: Freitas Bastos, 1937. v. 1. p. 361.
[41] MIRANDA, Francisco Cavalcanti Pontes de. *Tratado de direito privado*. Rio de Janeiro: Borsoi, 1968. t. LV. p. 202.
[42] NEVARES, Ana Luiza Maia. O princípio da intangibilidade da legítima. In: MORAES, Maria Celina Bodin de (Coord.). *Princípios do direito civil contemporâneo*. Rio de Janeiro: Renovar, 2006. p. 496.
[43] A legítima estará preservada das disposições que visam reduzir a quota necessária conforme os arts. 549, 1.967 e 1.968 do CC. Enfatize-se, ainda, a força da legítima, no art. 549 do CC, em que se estabelece como nula a doação quanto à parte que exceder aquela de que o doador, no momento da liberalidade, poderia dispor em testamento. Como se pode verificar, a limitação não é só para efeito *mortis causa*, interferindo, inclusive, em vida. Vale lembrar que a limitação ocorre em doações realizadas a terceiros, e não aos herdeiros necessários, pois o excedente seria considerado uma doação inoficiosa. No caso dos herdeiros necessários, seria antecipação de legítima e, no momento da abertura da sucessão, os bens terão de ser colacionados.
[44] NEVARES, Ana Luiza Maia. O princípio da intangibilidade da legítima. In: MORAES, Maria Celina Bodin de (Coord.). *Princípios do direito civil contemporâneo*. Rio de Janeiro: Renovar, 2006. p. 537.

eram oriundas da zona rural.⁴⁵ Em consequência, o patrimônio era constituído por bens imóveis, primordialmente terras. Foi somente com a Revolução Industrial que se começou a mudar a origem das riquezas.

A legítima foi inserida no ordenamento brasileiro pelo Código Civil de 1916, que fora elaborado em 1899, e retratava um país essencialmente rural. O Código Civil refletiu, assim, um espírito voltado para o século XIX,⁴⁶ que retratava uma família matrimonializada, hierarquizada, patriarcal e transpessoal: representativa da tríade formada pelo liberalismo, pelo individualismo e pelo patrimonialismo.⁴⁷

É importante ressaltar que a legítima é opção legislativa, ou seja, do Estado. Pode-se, assim, dizer que a legítima é um modelo de gerenciamento estatal do patrimônio. Cabe a indagação: seria, dessa forma, um certo paternalismo do Estado para com a sociedade? A sucessão legítima, que passou a ser regulada, leva em consideração as pessoas próximas à família do autor da herança, que, provavelmente, já seriam contempladas se ele testasse. Ademais, o instituto da legítima possui, no Brasil, ampla aceitação social. Ocorre que essa aceitação representa necessariamente uma limitação à vontade do indivíduo. Embora haja uma facilidade na transmissão por intermédio da vontade presumida, esta poderá não ter sido, a rigor, a vontade absoluta do *de cujus*.

Com a Constituição da República de 1988, reconheceu-se a pluralidade das entidades familiares, não limitando a família apenas àquela oriunda do casamento. Contemporaneamente, cabe indagar se, com a alteração da família, dos indivíduos que a compõem e com a inclusão do cônjuge e do companheiro⁴⁸ como herdeiro necessário, a função de proteção da família pela legítima ainda seria a mesma e se a intangibilidade desta ainda seria coerente na sociedade atual.

Já existe uma demanda por maior flexibilidade na liberdade do proprietário de bens em virtude de transformações na formação da sociedade atual. Evidentemente, qualquer possível alteração na legítima deve ocorrer sob a tutela e os fundamentos da legalidade constitucional. Alterar a legítima,⁴⁹ realmente, abala os alicerces da sociedade.

---

⁴⁵ Na história do direito, verificam-se estudos sobre a lei dos morgados, minorato ou majorato, como o próprio direito da primogenitura, muito aplicado no direito inglês.

⁴⁶ FACHIN, Luiz Edson. O direito de família gauche. *Revista Trimestral de Direito Civil – RTDC*, Rio de Janeiro, v. 9, p. 51-73, jan./mar. 2002. p. 61.

⁴⁷ FACHIN, Luiz Edson. O direito de família gauche. *Revista Trimestral de Direito Civil – RTDC*, Rio de Janeiro, v. 9, p. 51-73, jan./mar. 2002. p. 61.

⁴⁸ Em 10.5.2017, o Supremo Tribunal Federal finalizou o julgamento sobre a inconstitucionalidade do art. 1.790 do Código Civil. Dois processos foram julgados em definitivo: REs nºs 646.721 e 678.694. Cabe destacar que a tese final foi a de que "no sistema constitucional vigente, é inconstitucional a diferenciação de regimes sucessórios entre cônjuges e companheiros, devendo ser aplicado, em ambos os casos, o regime estabelecido no artigo 1.829 do Código Civil". O acórdão teve por base a finalidade de preservar a segurança jurídica, e deve ser aplicado apenas nos inventários judiciais em que a sentença de partilha não tenha transitado em julgado e nas partilhas extrajudiciais em que ainda não haja escritura pública. Com o fim do julgamento do STF a principal vantagem é a de resolver a grande instabilidade jurídica sucessória verificada no Brasil desde a vigência do Código Civil de 2002, colocando fim a debates sobre a inconstitucionalidade ou não do art. 1.790 do Código Civil. Entretanto, ainda há vários questionamentos, tais como: como ficam os processos de inventário em curso? E os novos processos? Como devem ser elaboradas as escrituras públicas de inventários pendentes em tabelionatos de notas de todo o país? O companheiro passa a ser herdeiro necessário? A equiparação entre a união estável e o casamento é para todos os fins sucessórios? (TARTUCE, Flavio. STF encerra o julgamento sobre a inconstitucionalidade do art. 1.790 do Código Civil. E agora? *Migalhas*, 31 maio 2017. Disponível em: <http://www.migalhas.com.br/FamiliaeSucessoes/104,MI259678,31047-STF+encerra+o+julgamento+sobre+a+inconstitucionalidade+do+art+1790+do>. Acesso em: 15 mar. 2018).

⁴⁹ Entretanto, a questão central é: "a reserva de cinquenta por cento do patrimônio ainda se justifica? O instituto da reserva no Brasil precisa de alterações? Deve-se ter maior liberdade na hora de testar? As atuais entidades familiares ainda precisam dessa proteção? Após o estudo, permanecem e acresceram as dúvidas sobre a

Ana Luiza Maia Nevares questiona se a legítima dos herdeiros necessários, tal como regulada no ordenamento jurídico brasileiro, desempenha uma função positiva diante dos princípios e valores constitucionais. Diante da análise, a autora propõe uma revisão da tutela da reserva hereditária, a partir de uma flexibilização de suas regras, com o foco nos herdeiros vulneráveis e nas relações concretas do autor da herança no seio familiar, procurando mecanismos que ampliem a liberdade de testar diante da crescente demanda pelos planejamentos sucessórios.[50]

A necessidade de se reavaliar o instituto é nítida, tanto que muito em foco está a questão da inserção do cônjuge como herdeiro necessário. Entretanto, o problema não se resume a isso; ele é muito mais profundo. Apesar da significativa transformação pela qual a família passou, o centro da problematização não está na tutela constitucional, que só trouxe ganhos para a família.

Na realidade, o problema está na possibilidade de término das relações,[51] na temporalidade reduzida que as relações têm hoje, principalmente com as famílias recompostas. Pensar que o patrimônio construído não vai permanecer em família provoca receio por parte da sociedade. Entretanto, vale refletir: é justificado permanecer, no século XXI, com um instituto que foi pensado para uma sociedade do século XIX? Que proteção se quer possibilitar e a quais membros se quer estender essa tutela?

3.2 Solidariedade familiar e o patrimônio mínimo

Para examinar a solidariedade, deve-se retornar à trilogia revolucionária francesa de liberdade, igualdade e fraternidade. Do ponto de vista da sociologia moderna, o indivíduo não existe, mas coexiste, juntamente com os outros indivíduos. Isso porque sua relação com os semelhantes passou a ser avaliada como "*constitutiva* de sua existência, uma condição *fundadora*, não pôde ele mais ser estimado, como havia feito o pensamento liberal-individualista, como uma pequena 'totalidade', uma micro-célula autônoma, auto-suficiente e auto-subsistente".[52]

No entendimento de Stefano Rodotà, a justiça, a igualdade, a participação e a democracia se empobrecem sem o fio condutor da solidariedade que une todos os

---

permanência da reserva no ordenamento brasileiro. Será que a sociedade brasileira aceitou e utiliza bem o instituto? Será que, com os princípios constitucionais da proteção da família e da solidariedade, agora, não é exatamente a proteção constitucional necessária para embasar a defesa e permanência da legítima? Ou os tempos mudaram e, consequentemente, a sociedade também, e não seria a legítima um instituto conservador e patrimonialista que mantém o patrimônio em uma rede familiar? e a necessidade de uma maior liberdade de testar, inspirada, não na autonomia da vontade, mas na autonomia de autodeterminar questões de sua vida privada? Seria possível um Projeto de Lei com uma possível redução da quota da legítima? Ou outras formas possíveis de variações? Será que o Estado brasileiro não está intervindo excessivamente na autonomia das pessoas?" (TEIXEIRA, Daniele. A necessidade de revisitar o instituto da legítima. In: MONTEIRO FILHO, Carlos Edison (Org.). *Direito civil*. Rio de Janeiro: Freitas Bastos, 2015. p. 400-401).

[50] NEVARES, Ana Luiza Maia. A proteção da legítima deve ser mantida, excluída ou diminuída do ordenamento jurídico brasileiro? *Revista do IBDFAM*: Famílias e Sucessões, Belo Horizonte, p. 77-94, v. 25, jan./fev. 2018. p. 77-94.

[51] Sobre a indissolubilidade do casamento: "É fato que há um direito fundamental de se casar (Declaração Universal dos Direitos Humanos, art. XVI), porem corresponde outro não menos relevante de não se manter casado contra a própria vontade" (VILLELA, João Baptista. *Liberdade e família*. Belo Horizonte: Faculdade de Direito da UFMG, 1980. p. 36).

[52] MORAES, Maria Celina Bodin de. O princípio da solidariedade. In: PEIXINHO, Manoel Messias; GUERRA, Isabela Franco; NASCIMENTO FILHO, Firly (Org.). *Os princípios da Constituição de 1988*. Rio de Janeiro: Lumen Juris, 2001. p. 170.

cidadãos entre si. A solidariedade é uma atitude civil que não pode ser eliminada, uma via para o desenvolvimento integral da pessoa. O autor destaca, ainda, que a solidariedade faz emergir para a questão social de amplitude e importância que as instituições devem assumir e refletir.[53] Tal característica pode ser verificada na grande transformação do modelo do século XIX, período marcado pelo triunfo do individualismo, para o século XX, que tem como marca a solidariedade social, em consequência das trágicas experiências sucedidas na Segunda Grande Guerra. Após as barbáries que ocorreram nesse período, surgiram as Constituições contemporâneas, como as da Alemanha, Itália, ainda nos fins da década de 1940, e, posteriormente, a de Portugal e da Espanha na década de 1980.

A Constituição da República, de 1988, veio no mesmo espírito solidarista. Dessa forma, estabelece no art. 3º, I, entre outros fins, a construção de uma sociedade livre, justa e solidária. O art. 3º e incisos conclamam os poderes a uma atuação promocional, por meio da concepção distributiva, voltada para a igualdade substancial, e proibindo os preconceitos. De acordo com a Constituição brasileira, a configuração do Estado Democrático de Direito, que tem por fundamento a dignidade da pessoa humana, a igualdade substancial e a solidariedade social, determina a correção das desigualdades sociais e regionais, com o propósito de reduzir os desequilíbrios na busca da melhor qualidade de vida de seus cidadãos.

O legislador constituinte faz expressa referência à solidariedade, como um princípio jurídico inovador no ordenamento brasileiro, que deve ser valorado não só à elaboração da legislação ordinária e à aplicação de políticas públicas, como também à interpretação-aplicação do direito por todos os membros da sociedade.[54] O princípio da solidariedade reforça e reafirma o caráter da sociabilidade humana, imprescindível à coexistência, além de apresentar um aspecto deontológico como dever para com os demais.[55] Com efeito, o princípio constitucional da solidariedade identifica-se com o conjunto de instrumentos voltados para garantir uma existência digna. Segundo Maria Celina Bodin de Moraes, o princípio da solidariedade é a expressão mais profunda da sociabilidade que caracteriza a pessoa humana. No contexto atual, "a Lei Maior determina – ou melhor, exige – que nos ajudemos, mutuamente, a conservar nossa humanidade porque a construção de uma sociedade livre, justa e solidária cabe a todos e a cada um de nós".[56]

O princípio da solidariedade incide permanentemente sobre a família,[57] impondo deveres coletivos e individuais. Paulo Luiz Netto Lôbo destaca que o princípio da

---

[53] RODOTÀ, Stefano. *Perché laico*. Bari: Laterza & Figli, 2009. p. 170.

[54] MORAES, Maria Celina Bodin de. O princípio da solidariedade. In: PEIXINHO, Manoel Messias; GUERRA, Isabela Franco; NASCIMENTO FILHO, Firly (Org.). *Os princípios da Constituição de 1988*. Rio de Janeiro: Lumen Juris, 2001. p. 169.

[55] SILVA, Marcos Alves da. *Da monogamia*: a sua superação como princípio estruturante do direito de família. Curitiba: Juruá, 2013. p. 269.

[56] MORAES, Maria Celina Bodin de. O princípio da solidariedade. In: PEIXINHO, Manoel Messias; GUERRA, Isabela Franco; NASCIMENTO FILHO, Firly (Org.). *Os princípios da Constituição de 1988*. Rio de Janeiro: Lumen Juris, 2001. p. 179.

[57] Constata-se, nos últimos anos, na sociedade contemporânea, inclusive no Brasil, em função de diversos fatores, especialmente, "o ingresso massivo da mulher no mercado de trabalho resultou na redefinição dos papeis feminino e masculino na gestão da vida familiar, priorizando-se a busca do diálogo a divisão de tarefas, fato que estimulou transformações importantes" (BRAUNER, Maria Claudia Crespo. Reinventando o direito de família: novos espaços de conjugalidade e parentalidade. *Revista Trimestral de Direito Civil – RTDC*, Rio de Janeiro, v. 18, p. 79-107, abr./jun. 2004. p. 81).

solidariedade, no plano das famílias, apresenta duas dimensões: "a primeira, no âmbito interno das relações familiares, em razão do respeito recíproco e dos deveres de cooperação entre seus membros; a segunda, nas relações do grupo familiar com a comunidade, com as demais pessoas e com o meio ambiente em que vive".[58]

Para Maria Celina Bodin de Moraes, o princípio cardeal do ordenamento é o da "dignidade humana, que se busca atingir através de uma medida de ponderação que oscila entre os dois valores, ora propendendo para a liberdade, ora para a solidariedade".[59] Ainda para a autora, o resultado vai depender dos interesses envolvidos, de suas consequências perante terceiros, de sua valoração em conformidade com a tábua axiológica constitucional, e determinará a disponibilidade ou não da situação jurídica protegida.

Nesse sentido, defende-se a não limitação do patrimônio mínimo ao regime de impenhorabilidade, especialmente do bem de família, justamente, porque a articulação do patrimônio mínimo supera esses limites. Propõe-se, neste sentido, "o patrimônio calcado na proteção contra a garantia universal de créditos, a denominação de dignidade".[60] Como exemplo da efetividade do princípio da dignidade humana, que tem por base tanto a liberdade como a solidariedade, o Código Civil em seu art. 548 diz que "é nula a doação de todos os bens sem reserva de parte, ou renda suficiente para subsistência do doador". O art. 548 do CC tem por essência a manutenção de um patrimônio mínimo, defendida por Luiz Edson Fachin, que é óbice à doação universal.[61]

É importante verificar que, nas relações familiares, o exercício da liberdade exige responsabilidade:

> [...] no casamento, nas uniões estáveis, nas uniões livres, na filiação, devendo se respeitar os contratos, compromissos, convenções, ajustes expressos tácitos, estabelecidos. Nas comunidades familiares, mas que do que em qualquer outra relação privada, a solidariedade é limite interno e qualificador da liberdade.[62]

A liberdade não exclui a responsabilidade: na verdade, a responsabilidade não tem como exercitar-se quando falta a liberdade.[63]

O Código Civil, com o fundamento no princípio constitucional da solidariedade,[64] ampara a família no rol dos herdeiros necessários, entre eles o cônjuge e o companheiro.

---

[58] LÔBO, Paulo Luiz Netto. Princípio da solidariedade familiar. In: CONGRESSO BRASILEIRO DE DIREITO DE FAMÍLIA DO IBDFAM, VI, 2007. Anais... Belo Horizonte, 2007. Disponível em: <http://www.ibdfam.org.br/publicacoes/anais/detalhes/715/VI%20Congresso%20Brasileiro%20de%20Direito%20de%20Fam%C3%ADlia>. Acesso em: 4 mar. 2016.

[59] MORAES, Maria Celina Bodin de. O princípio da solidariedade. In: PEIXINHO, Manoel Messias; GUERRA, Isabela Franco; NASCIMENTO FILHO, Firly (Org.). Os princípios da Constituição de 1988. Rio de Janeiro: Lumen Juris, 2001. p. 190.

[60] BUCAR, Daniel. Superendividamento – Reabilitação patrimonial da pessoa humana. São Paulo: Saraiva, 2017. p. 51.

[61] FACHIN, Luiz Edson. Estatuto jurídico do patrimônio mínimo – À luz do novo Código Civil brasileiro e da Constituição Federal. 2. ed. Rio de Janeiro: Renovar, 2006. p. 101.

[62] TEPEDINO, Gustavo. Dilemas do afeto. Jota, 31 dez. 2015. p. 7-8. Disponível em: <http://jota.uol.com.br/dilemas-do-afeto>. Acesso em: 6 jan. 2016.

[63] VILLELA, João Baptista. Liberdade e família. Belo Horizonte: Faculdade de Direito da UFMG, 1980. p. 19.

[64] Como exemplo da solidariedade familiar codificada está a garantia do direito real de habitação, conforme art. 1.831, CC.

Sobre o companheiro, segundo Gustavo Tepedino, a decisão do Supremo Tribunal Federal sobre a inconstitucionalidade do art. 1.790 do Código Civil apresenta, preliminarmente, duas reflexões: a primeira de ordem técnica, pela ausência de discussão sobre a legitimidade do art. 1.845 do CC se aplicaria também ao companheiro e, a segunda, de ordem mais complexa, trataria da solidariedade familiar e de como lidar com as diversas formas de entidades familiares que compõem a sociedade contemporânea.[65] Afirma, ainda, o autor:

> Diante de tamanha diversidade, para que o sistema se compatibilize com a legalidade constitucional, sem banalizar a elevada proteção conferida às famílias, o princípio da solidariedade, com a responsabilidade que lhe é ínsita, deve ser acompanhado da autonomia que alicerça a dignidade humana. Vale dizer, há que se fomentar a responsabilidade pelas escolhas de vida e a autonomia dos conviventes, inclusive no que tange à liberdade testamentária.[66]

Pode-se entender que é profunda a discursão do tema solidariedade e autonomia na sucessão entre cônjuges e companheiros. Na verdade, a temática "solidariedade e autonomia" permeia todo o direito sucessório brasileiro.

4 Considerações finais

Se estruturalmente a *saisine* se apresenta como um instituto deslocado da realidade e sistemática sucessória brasileira, pode ela exercer relevante papel funcional, na busca de efetivar uma verdadeira transmissão instantânea de posse e propriedade de bens essenciais, minimizando as barreiras que se levantaram com a obrigatoriedade do inventário no ordenamento brasileiro. Nesse sentido, na conjugação dos interesses de credores (primordialmente tutelados pelo inventário) e do devedor falecido, certos bens que escapam da garantia de créditos merecem uma tutela transmissora ligeira, sem o peso da chancela estatal. Traduz-se, nessa ideia, a tentativa de transportar o direito sucessório ao estatuto do patrimônio mínimo elaborado pelo professor homenageado.

De igual forma, o entendimento sobre a legítima é no sentido fundamental de que o instituto não se justifica como está regulado atualmente no Brasil. A principal função do instituto é a solidariedade familiar, como forma, também, de garantir um patrimônio mínimo. Entretanto, essa proteção deve alcançar aquele que realmente dessa tutela necessita, pois a família é deveras diversa daquela compreendida quando o instituto foi inserido no Código Civil de 1916. Entende-se, portanto, que a reserva da legítima deve permanecer no direito sucessório do ordenamento brasileiro, necessitando, contudo, uma revisão, para que se possa verificar cumprida sua efetiva função, com base nos valores constitucionais dos princípios da autonomia e da solidariedade.

---

[65] TEPEDINO, Gustavo. Solidariedade e autonomia na sucessão entre cônjuges e companheiros. *Revista Brasileira de Direito Civil – RBDCivil*, Belo Horizonte, v. 14, p. 11-13, out./dez. 2017. Disponível em: <https://rbdcivil.ibdcivil.org.br/rbdc/article/view/163/158>. Acesso em: 15 mar. 2018.

[66] TEPEDINO, Gustavo. Solidariedade e autonomia na sucessão entre cônjuges e companheiros. *Revista Brasileira de Direito Civil – RBDCivil*, Belo Horizonte, v. 14, p. 11-13, out./dez. 2017. Disponível em: <https://rbdcivil.ibdcivil.org.br/rbdc/article/view/163/158>. Acesso em: 15 mar. 2018.

Referências

ALVES, João Luiz. *Código Civil da República dos Estados Unidos do Brasil*. Promulgado pela Lei n° 3.071, de 1 janeiro de 1916. 3. tir. Rio de Janeiro: F. Briguiet & Cia, 1926.

AZEVEDO, Lilibeth; CRUZ, Elisa. Planejamento sucessório. In: TEPEDINO, Gustavo e FACHIN, Luiz Edson (Coord.). *Diálogos sobre direito civil*. Rio de Janeiro: Renovar, 2012. v. III.

BEVILÁQUA, Clóvis. *Direito das sucessões*. Campinas: Red Livros, 2000.

BRAUNER, Maria Claudia Crespo. Reinventando o direito de família: novos espaços de conjugalidade e parentalidade. *Revista Trimestral de Direito Civil – RTDC*, Rio de Janeiro, v. 18, p. 79-107, abr./jun. 2004.

BUCAR, Daniel. *Superendividamento – Reabilitação patrimonial da pessoa humana*. São Paulo: Saraiva, 2017.

CARVALHO, Luiz Paulo Vieira de. *Direito das sucessões*. 3. ed. São Paulo: Atlas, 2017.

COSTA FILHO, Venceslau Tavares. O direito da saisine e a sucessão causa de morte: considerações a partir do direito civil brasileiro. In: COSTA FILHO, Venceslau Tavares; CASTRO JÚNIOR, Torquato da Silva (Org.). *A modernização do direito civil*. Recife: Nossa Livraria, 2012. v. II.

FACHIN, Luiz Edson. *Estatuto jurídico do patrimônio mínimo – À luz do novo Código Civil brasileiro e da Constituição Federal*. 2. ed. Rio de Janeiro: Renovar, 2006.

FACHIN, Luiz Edson. O direito de família gauche. *Revista Trimestral de Direito Civil – RTDC*, Rio de Janeiro, v. 9, p. 51-73, jan./mar. 2002.

GOMES, Orlando. *Sucessões*. 12. ed. rev., atual. e aum. de acordo com o Código Civil de 2002 e a Lei n. 11.441, de 04 de janeiro de 2007 por Mario Roberto Carvalho de Faria. Rio de Janeiro: Forense, 2004.

GOMES, Orlando. *Sucessões*. 15. ed. atual. por Mario Roberto Carvalho de Faria. Rio de Janeiro: Forense, 2012.

GONÇALVES, Carlos Roberto. *Direito civil brasileiro*: direito das sucessões. 6. ed. São Paulo: Saraiva, 2012. v. 7.

HIRONAKA, Giselda Maria Fernandes Novaes. *Morrer e suceder*: passado e presente da transmissão sucessória concorrente. 2. ed. São Paulo: Revista dos Tribunais, 2014.

HIRONAKA, Giselda Maria Fernandes Novaes; CAHALI, Francisco José. *Direito das sucessões*. 5. ed. rev. São Paulo: Revista dos Tribunais, 2014.

LÔBO, Paulo Luiz Netto. Princípio da solidariedade familiar. In: CONGRESSO BRASILEIRO DE DIREITO DE FAMÍLIA DO IBDFAM, VI, 2007. Anais... Belo Horizonte, 2007. Disponível em: <http://www.ibdfam.org.br/publicacoes/anais/detalhes/715/VI%20Congresso%20Brasileiro%20de%20Direito%20de%20Fam%C3%ADlia>. Acesso em: 4 mar. 2016.

MAXIMILIANO, Carlos. *Direito das sucessões*. Rio de Janeiro: Freitas Bastos, 1937. v. 1.

MENCK, José Theodoro Mascarenhas. *Código Civil brasileiro no debate parlamentar*. Elementos históricos da elaboração da lei 10.406, de 2002 – Audiências públicas e relatórios (1975-1983). Brasília: Edições Câmara dos Deputados, 2012. v. 1. t. 1-4.

MIRANDA, Francisco Cavalcanti Pontes de. *Direito das sucessões*: sucessão em geral, sucessão legítima. Atualizado por Giselda Maria Fernandes Novaes Hironaka e Paulo Luiz Netto Lôbo. São Paulo: Revista dos Tribunais, 2012. t. LV.

MIRANDA, Francisco Cavalcanti Pontes de. *Tratado de direito privado*. Rio de Janeiro: Borsoi, 1968. t. LV.

MORAES, Maria Celina Bodin de. O princípio da solidariedade. In: PEIXINHO, Manoel Messias; GUERRA, Isabela Franco; NASCIMENTO FILHO, Firly (Org.). *Os princípios da Constituição de 1988*. Rio de Janeiro: Lumen Juris, 2001.

MOREIRA, Carlos Roberto Barbosa. Princípios constitucionais e o direito das sucessões. *Revista Trimestral de Direito Civil*, Rio de Janeiro, ano 8, v. 29, p. 35-51, jan./mar. 2007.

NEVARES, Ana Luiza Maia. A proteção da legítima deve ser mantida, excluída ou diminuída do ordenamento jurídico brasileiro? *Revista do IBDFAM*: Famílias e Sucessões, Belo Horizonte, p. 77-94, v. 25, jan./fev. 2018.

NEVARES, Ana Luiza Maia. *A tutela sucessória do cônjuge e do companheiro na legalidade constitucional.* 1. ed. Rio de Janeiro: Renovar, 2004.

NEVARES, Ana Luiza Maia. As inovações do código de processo civil de 2015 no direito das sucessões. *Revista do Instituto Brasileiro de Famílias e Sucessões*, v. 13, p. 57-95, 2016.

NEVARES, Ana Luiza Maia. O princípio da intangibilidade da legítima. In: MORAES, Maria Celina Bodin de (Coord.). *Princípios do direito civil contemporâneo.* Rio de Janeiro: Renovar, 2006.

NEVARES, Ana Luiza. *A sucessão do cônjuge e do companheiro na perspectiva civil-constitucional.* 2. ed. Rio de Janeiro: Renovar, 2015.

PEREIRA, Caio Mário da Silva. *Instituições de direito civil* – Direito das sucessões. 21. ed. atual. por Carlos Roberto Barbosa Moreira. Rio de Janeiro: Forense, 2014. v. VI.

PEREIRA, Caio Mário da Silva. *Instituições de direito civil* – Direito das sucessões. 17. ed. rev. e atual. por Carlos Roberto Barbosa Moreira. Rio de Janeiro: Forense, 2010. v. VI.

RENTERIA, Pablo; OLIVA, Milena Donato. Fidúcia: a importância da incorporação dos efeitos do trust no direito brasileiro. *Revista Trimestral de Direito Civil*, v. 48, Rio de Janeiro, out./dez. 2011.

RODOTÀ, Stefano. *Perché laico.* Bari: Laterza & Figli, 2009.

SILVA, Angela; SANTOS, Maura Pereira dos. Nota de Livro: La Transmission d'hérédité en droit français et en droit brésilien. *Revista da Faculdade de Direito da Universidade Federal de Minas Gerais*, v. 15, 1975.

SILVA, Marcos Alves da. *Da monogamia*: a sua superação como princípio estruturante do direito de família. Curitiba: Juruá, 2013.

SIMONNET, Jean. *Histoire et théorie de la saisine héréditaire dans les transmissions de biens par décès.* Paris: Auguste Durand Libraire, 1852.

TARTUCE, Flávio. *Manual de direito civil*: volume único. Rio de Janeiro: Forense, 2011.

TARTUCE, Flavio. STF encerra o julgamento sobre a inconstitucionalidade do art. 1.790 do Código Civil. E agora? *Migalhas*, 31 maio 2017. Disponível em: <http://www.migalhas.com.br/FamiliaeSucessoes/104,MI259678,31047-STF+encerra+o+julgamento+sobre+a+inconstitucionalidade+do+art+1790+do>. Acesso em: 15 mar. 2018.

TEIXEIRA, Daniele Chaves. *Planejamento sucessório*: pressupostos e limites. Belo Horizonte: Fórum, 2017.

TEIXEIRA, Daniele. A necessidade de revisitar o instituto da legítima. In: MONTEIRO FILHO, Carlos Edison (Org.). *Direito civil.* Rio de Janeiro: Freitas Bastos, 2015.

TEPEDINO, Gustavo. Dilemas do afeto. *Jota*, 31 dez. 2015. Disponível em: <http:// jota.uol.com.br/dilemas-do-afeto>. Acesso em: 6 jan. 2016.

TEPEDINO, Gustavo. Prefácio. In: NEVARES, Ana Luiza Maia. *A tutela sucessória do cônjuge e do companheiro na legalidade constitucional.* 1. ed. Rio de Janeiro: Renovar, 2004.

TEPEDINO, Gustavo. Solidariedade e autonomia na sucessão entre cônjuges e companheiros. *Revista Brasileira de Direito Civil – RBDCivil*, Belo Horizonte, v. 14, p. 11-13, out./dez. 2017. Disponível em: <https://rbdcivil.ibdcivil.org.br/rbdc/article/view/163/158>. Acesso em: 15 mar. 2018.

TEPEDINO, Gustavo; BARBOZA; Heloisa Helena; MORAES, Maria Celina Bodin de. *Código Civil interpretado conforme a Constituição da República IV.* Rio de Janeiro: Renovar, 2014.

VENOSA, Silvio. *Direito civil*: direito das sucessões. 13. ed. São Paulo: Atlas, 2013.

VILLELA, Anne Marie *La transmission d'hérédité en droit français et en droit brésilien.* Paris: Libraires Techniques, 1971.

VILLELA, João Baptista. *Liberdade e família.* Belo Horizonte: Faculdade de Direito da UFMG, 1980.

WALD, Arnoldo. *Direito das sucessões.* 15. ed. São Paulo: Saraiva, 2012. v. 6.

Informação bibliográfica deste texto, conforme a NBR 6023:2002 da Associação Brasileira de Normas Técnicas (ABNT):

BUCAR, Daniel; TEIXEIRA, Daniele. Direito das sucessões e patrimônio mínimo. In: EHRHARDT JÚNIOR, Marcos; CORTIANO JUNIOR, Eroulths (Coord.). *Transformações no Direito Privado nos 30 anos da Constituição*: estudos em homenagem a Luiz Edson Fachin. Belo Horizonte: Fórum, 2019. p. 337-353. ISBN 978-85-450-0562-9.

PARTE IV

RELAÇÕES NEGOCIAIS PRIVADAS

FUNÇÃO SOCIAL DO CONTRATO: ESTADO DA ARTE NOS QUINZE ANOS DE VIGÊNCIA DO CÓDIGO CIVIL BRASILEIRO. AS CONTRIBUIÇÕES TEÓRICAS DE LUIZ EDSON FACHIN

FLÁVIO TARTUCE

ALEXANDRE GOMIDE

> [...] *aos contratos em geral se impõem os limites da função social, que passa a ser o sentido orientador da liberdade de contratar, pilar e espelho da sociedade brasileira contemporânea.* [...] *Quem contrata não mais contrata apenas com quem contrata, eis aí o móvel que sinaliza, sob uma ética contratual contemporânea, para a solidariedade social.*[1]

Primeiras palavras. Importância do tema

O princípio da função social dos contratos, instituído pelo Código Civil de 2002, foi bastante festejado pela doutrina quando da aprovação da Lei nº 10.406/2002.[2] A considerar o seu caráter de ordem pública, a função social, como bem ressaltado por Sidnei Beneti, "é um princípio sobrepairante a todos os contratos, por isso, é como se estivesse escrito

---

[1] FACHIN, Luiz Edson. *Direito civil*: sentidos, transformações e fim. Rio de Janeiro: Renovar, 2015. p. 127.

[2] Nesses termos, exemplifique-se com alguns trabalhos editados após a aprovação do Código Civil que ressaltam a relevância da função social no direito contratual: TARTUCE, Flávio. *Função social dos contratos*: do Código de Defesa do Consumidor ao Código Civil de 2002. 2. ed. São Paulo: Método, 2007; GODOY, Claudio Luiz Bueno de. *Função social do contrato*: de acordo com o novo Código Civil. São Paulo: Saraiva, 2004. Coleção Prof. Agostinho Alvim; MARTINS-COSTA, Judith. Reflexões sobre o princípio da função social dos contratos. *Revista Direito GV*, São Paulo, v. 1, n. 1, p. 41-67, maio 2005; THEODORO JÚNIOR, Humberto. *O contrato e a sua função social*. Rio de Janeiro, 2004; MIRAGEM, Bruno. Diretrizes interpretativas da função social do contrato. *Revista de Direito do Consumidor*, v. 56, out./dez. 2005. p. 24.

como cláusula literal em cada contrato".³ Não se pode negar que o referido princípio trouxe uma nova e moderna visão da forma como os contratos devem ser interpretados, "abrindo os olhos" dos contratantes a respeito da necessidade de sua observância, sob pena de o contrato sofrer mitigação dos efeitos a que as partes se vincularam.

Não há qualquer dúvida de que o princípio da função social trouxe relevantes avanços à justiça contratual, corrigindo distorções e abusos.⁴ Passados mais de quinze anos após a entrada em vigor do Código Civil, ao analisarmos a jurisprudência recente do Superior Tribunal de Justiça, verificamos que a função social dos contratos foi utilizada como principal fundamento na análise de diversas questões de relevo. A título de exemplo, a função social dos contratos foi utilizada como embasamento para garantir ao

> trabalhador demitido sem justa causa ou ao aposentado que contribuiu para o plano de saúde em decorrência do vínculo empregatício o direito de manutenção como beneficiário nas mesmas condições de cobertura assistencial de que gozava quando da vigência do contrato de trabalho, desde que assuma o seu pagamento integral.⁵

A função social dos contratos também tem sido utilizada em diversos julgados para declarar abusiva a cláusula que permite à seguradora, em contratos de seguros de vida, proceder à não renovação imotivada do seguro, reiteradamente renovado, omitindo-se, ainda, em estabelecer alternativas legítimas em casos especiais. Como consta de um dos julgados de destaque:

> absolutamente prevalentes a função social do contrato, a observância dos princípios de probidade e boa-fé e, finalmente, a inadmissibilidade, em sede de contratos de adesão, de estipulação de cláusulas que remetam à renúncia antecipada do aderente a direito resultante da natureza do negócio. Nessa perspectiva, desatende a função social do contrato de seguro, que, por anos e anos é renovado, a boa-fé objetiva e o dever de cooperação, a estipulação, especialmente em contrato de adesão, de cláusula que permita à seguradora, em qualquer hipótese, proceder à não renovação imotivada do seguro, reiteradamente renovado, omitindo-se, ainda, em estabelecer alternativas legítimas em casos especiais como o presente.⁶

Até mesmo no campo empresarial a função social foi o principal embasamento para a resolução de grandes conflitos. A ilustrar, já se decidiu, com base no princípio em questão:

---

3 BENETI, Sidnei. Função social do contrato. In: TARTUCE, Flávio; SALOMÃO, Luis Felipe (Coord.). *Direito civil*: diálogos entre a doutrina e a jurisprudência. São Paulo: Atlas, 2018. p. 269.

4 A esse respeito, indica-se o estudo realizado por Claudia Lima Marques, que analisou diversos julgados e decisões proferidos pelo STJ nos últimos anos (2013 a 2017) que aplicaram o princípio da função social dos contratos: MARQUES, Claudia Lima. Função social do contrato: visão empírica da nova teoria contratual. In: TARTUCE, Flávio; SALOMÃO, Luis Felipe (Coord.). *Direito civil*: diálogos entre a doutrina e a jurisprudência. São Paulo: Atlas, 2018. p. 209-268. Indica-se, também: TOMASEVICIUS FILHO, Eduardo. Uma década de aplicação da função social do contrato: análise da doutrina e da jurisprudência brasileiras. *Revista dos Tribunais*, v. 920, fev. 2014. p. 49 e ss.

5 STJ. REsp nº 1.479.420/SP. Rel. Min. Ricardo Villas Bôas Cueva, 3ª Turma, j. 1º.9.2015. DJe, 11 set. 2015.

6 STJ. Ag. Rg. no REsp nº 1.422.191/SP. Rel. Min. Paulo de Tarso Sanseverino, 3ª Turma, j. 6.8.2015. DJe, 24 ago. 2015.

deve haver equilíbrio e igualdade entre as partes contratantes, assegurando-se trocas justas e proporcionais. Desse modo, à obrigação contratual do posto revendedor de adquirir quantidade mínima mensal de combustível deve corresponder simétrica obrigação da distribuidora de fornecer, a cada mês, no mínimo a mesma quantidade de produto.[7]

Em outro litígio, também de caráter empresarial, o Superior Tribunal de Justiça, suscitando a função social dos contratos, reconheceu o "o abuso no lapso temporal de vigência 'por prazo indeterminado' da cláusula de não restabelecimento, a qual deverá prevalecer pelo prazo de 5 (cinco) anos, contados da data do contrato mencionado na inicial".[8]

O princípio ora em estudo também é comumente aplicado, ao lado da teoria do adimplemento substancial, como argumento para desautorizar a resolução de contratos em que haja o inadimplemento de poucas parcelas em comparação com o conjunto de obrigações já assumidas e adimplidas pelo devedor.[9] Segue-se, assim, o modelo previsto expressamente no art. 1.455 do Código Civil italiano, que afasta a resolução do contrato se presente uma mora de escassa importância, o que no Brasil é justificado com base na função social do contrato, e também na boa-fé objetiva.

Como se constata, não raras vezes o princípio da função social é um dos mais relevantes argumentos e fundamentos para a resolução de questões importantes envolvendo a matéria de direito contratual.

Mesmo diante dos inequívocos avanços que a função social tenha trazido ao direito dos contratos, quinze anos de vigência do Código Civil, há necessidade de se observar e retomar alguns dos seus aspectos, especialmente a reafirmação da importância do referido princípio, bem como a análise crítica de sua aplicação pela jurisprudência nacional.

A importância da reafirmação do princípio dá-se porque a função social tornou-se um dos pilares do direito contratual, a gerar até a preocupação de juristas de outros países.[10] Tal como será visto ao longo do presente artigo, sua correta aplicação traz a ideia de justiça social, de equilíbrio na relação jurídica e também de proteção necessária da parte mais vulnerável da relação negocial. A análise crítica da jurisprudência

---

[7] STJ. REsp nº 1.455.296/PI. Rel. Min. Moura Ribeiro. Rel. p/ Acórdão Ministra Nancy Andrighi, 3ª Turma, j. 1º.12.2016. *DJe*, 15 dez. 2016.

[8] STJ. REsp nº 680.815/PR. Rel. Min. Raul Araújo, 4ª Turma, j. 20.3.2014. *DJe*, 3 fev. 2015.

[9] STJ. REsp nº 1.255.179/RJ. Rel. Min. Ricardo Villas Bôas Cueva, 3ª Turma, j. 25.8.2015. *DJe*, 18 nov. 2015. Nos Tribunais Estaduais há inúmeras decisões análogas. No âmbito do Tribunal de Justiça de São Paulo, por exemplo, cite-se: TJ/SP, Apelação nº 0006834-45.2015.8.26.0664. Rel. Des. Salles Rossi, 31ª Câmara Extraordinária de Direito Privado – Foro de Votuporanga, 1ª Vara Cível, j. 27.4.2018, de registro: 27.4.2018.

[10] O tema foi abordado pelo jurista português José de Oliveira Ascensão, quando da abertura da V Jornada de Direito Civil, promovida pelo Conselho da Justiça Federal em 2011. Da sua palestra surgiu o artigo *Panorama e perspectivas do direito civil na União Europeia*, em que faz anotações finais sobre a função social do contrato (ASCENSÃO, José de Oliveira. Panorama e perspectivas do direito civil na União Europeia. In: AGUIAR JR., Ruy Rosado de (Org.). *V Jornada de Direito Civil*. Brasília: CJF, 2012. Disponível em: <http://www.cjf.jus.br/cjf/corregedoria-da-justica-federal/centro-de-estudos-judiciarios-1/publicacoes-1/jornadas-cej/vjornadadireitocivil2012.pdf>. Acesso em: 20 maio 2018). Em abril de 2018, o Professor da Universidade de Freiburg Detlef Liebs ministrou palestra de abertura na VIII Jornada de Direito Civil. Ao tratar das influências do direito romano no direito civil contemporâneo, também tratou do art. 421 do Código Civil brasileiro. Como bem expôs o jurista alemão em sua conferência, muitos doutrinadores brasileiros têm entendido a função social do contrato como uma orientação no sentido de que o contrato deve ser interpretado de acordo com o meio que o cerca, e não tendo como parâmetro apenas os interesses individuais das parte contratantes. Essa é justamente a visão compartilhada pelos autores deste texto.

também é relevante porque, nos últimos anos, constatamos a existência de julgados que, erroneamente, aplicaram o princípio em desacordo com seus fundamentos.

Antes, contudo, é necessário relembrar o tratamento do princípio no Código Civil de 2002 e a sua dupla eficácia, interna e externa. Serão também estudadas hipóteses de aplicação isolada e em conjunto do regramento em questão, com apoio em outro instituto. Em seguida, serão demonstrados casos práticos em que houve o desvirtuamento da aplicação da função social, na visão destes autores. Ao final, serão expostas as contribuições do homenageado, Luiz Edson Fachin, na construção do princípio da função social no direito civil brasileiro.

1 Explicando o tratamento da função social do contrato no Código Civil de 2002

O tratamento da função social do contrato abre as regras relativas à teoria geral dos contratos no Código Civil de 2002. Conforme o tão citado art. 421 da codificação privada, "a liberdade de contratar será exercida em razão e nos limites da função social do contrato". Na Exposição de Motivos do então anteprojeto do Código Civil, de autoria de Miguel Reale e datado de 16.1.1975, consta como um dos objetivos da nova codificação:

> tornar explícito, como princípio condicionador de todo o processo hermenêutico, que a liberdade de contratar só pode ser exercida em consonância com os fins sociais do contrato, implicando os valores primordiais da boa-fé e da probidade. Trata-se de preceito fundamental, dispensável talvez sob o enfoque de uma estreita compreensão do Direito, mas essencial à adequação das normas particulares à concreção ética da experiência jurídica.[11]

O Código Civil brasileiro continua sendo a única codificação privada do mundo a tratar do tema. A título de ilustração, o último Código Civil a entrar em vigor entre os outros países foi o argentino, em 2015.

Assim, os contratos devem ser interpretados de acordo com a concepção do meio social onde estão inseridos, não trazendo onerosidade excessiva às partes contratantes, garantindo que a igualdade entre elas seja respeitada, mantendo-se a justiça contratual e equilibrando-se a relação jurídica onde houver a preponderância da situação de um dos contratantes sobre a do outro. Valoriza-se a equidade, a razoabilidade, o bom senso, afastando-se o enriquecimento sem causa, ato unilateral vedado expressamente pela própria codificação, nos seus arts. 884 a 886. Por esse caminho, a função social dos contratos visa à proteção da parte vulnerável da relação contratual, tema que ainda será aqui desenvolvido. Como há tempos tem afirmado o primeiro autor deste texto, à luz da *personalização e constitucionalização do direito civil*, a real função do contrato não é a segurança jurídica, mas sim o atendimento dos interesses da pessoa humana, seja interna ou externamente.

No que diz respeito à redação do dispositivo em questão, é preciso retomar as críticas e propostas de sua alteração, pelo fato de o dispositivo trazer dois equívocos técnicos. Como consta do antigo Projeto Ricardo Fiuza – ainda em trâmite no Congresso

---

[11] REALE, Miguel. *O projeto do novo Código Civil brasileiro*. 2. ed. São Paulo: Saraiva, 1999. p. 71.

Nacional –, acatando as sugestões formuladas por Antônio Junqueira de Azevedo e Álvaro Villaça Azevedo, o dispositivo passaria a ter a seguinte dicção: "A liberdade contratual será exercida nos limites da função social do contrato".

Como se pode perceber, *primeiro*, haveria a substituição da expressão *liberdade de contratar* por *liberdade contratual*. Como é notório, o primeiro conceito, relacionado à celebração do contrato em si, especialmente com a escolha da parte com quem se contrata e com o momento em que se negocia, é, em regra, ilimitado. Por outra via, a *liberdade contratual*, relativa ao conteúdo negocial em si, é que é limitada pela função social, pela finalidade coletiva do instituto.

Segundo, o antigo Projeto Fiuza visa a retirar a expressão *em razão*, pois a função social não é a razão para o contrato, mas sim a autonomia privada. Na verdade, a função social representa, entre outras coisas, um limite ao conteúdo do contrato, pois fim social quer dizer finalidade coletiva.[12]

De todo modo, entendemos que, mesmo sem a alteração legislativa, a fórmula constante do art. 421 do Código Civil deve ser entendida como no sentido do que consta da projeção legislativa, ou seja, a função social do contrato representa uma limitação legítima à autonomia privada, especialmente da liberdade contratual. Essa tem sido a interpretação prevalecente na doutrina e jurisprudência nacionais.

Mas a previsão da função social dos contratos, no Código Civil de 2002, não se restringe ao art. 421, constando ainda do art. 2.035, parágrafo único, da codificação brasileira em vigor, dispositivo que é de grande importância para a compreensão de seu sentido. Muitas vezes, esse comando legal é esquecido ao se apontar o princípio em questão, tendo um conteúdo até mais abrangente e juridicamente impactante do que o primeiro. Conforme a sua dicção, "nenhuma convenção prevalecerá se contrariar preceitos de ordem pública, tais como os estabelecidos por este Código para assegurar a função social da propriedade e dos contratos".

Trata-se de uma regra indeclinável em um primeiro plano, por ser comando expresso de direito intertemporal que revela a manifestação inequívoca do legislador em privilegiar os preceitos de ordem pública relacionados com a proteção da função social

---

[12] Conforme escreve o próprio Ricardo Fiuza sobre a proposta de alteração do art. 421 do Código Civil, "a alteração, atendendo a sugestão dos Professores Álvaro Villaça Azevedo e Antônio Junqueira de Azevedo, objetiva inicialmente substituir a expressão 'liberdade de contratar' por 'liberdade contratual'. Liberdade de contratar a pessoa tem, desde que capaz de realizar o contrato, já a liberdade contratual é a de poder livremente discutir as cláusulas do contrato. Também procedeu-se à supressão da expressão 'em razão'. A liberdade contratual está limitada pela função social do contrato, mas não é a sua razão de ser" (FIUZA, Ricardo. *O novo Código Civil e as propostas de aperfeiçoamento*. São Paulo: Saraiva, 2003. p. 76). Na mesma linha de entendimento, as lições de Giselda Maria Fernandes Novaes Hironaka: "bem adverte Junqueira de Azevedo que a função social do contrato é um limite para a liberdade contratual, e efetivamente é. Não um limite à liberdade de contratar, como consideramos antes. E no que estaria fundada a liberdade de contratar, é a pergunta intrigante de Junqueira Azevedo, que respondeu a S. Exa., o Professor Miguel Reale e a S. Exa., o Deputado Ricardo Fiuza, naquele encontro na Ouvidoria Parlamentar, ao qual já me referi, antes, que no seu modo de ver – e lhe parece ser esse o pensamento implícito na Constituição Brasileira – baseia-se na dignidade da pessoa humana. No entanto – ele prossegue – esse artigo tem um viés trágico, porque determina textualmente que a liberdade de contratar será exercida em razão da função social. Ora. Nem se trata de liberdade de contratar, nem deverá ser exercida em razão da função social do contrato. Na verdade, trata-se de liberdade contratual, aquela pertinente à limitação do Conteúdo do contrato, por força de norma de ordem pública, e não de liberdade de contratar, esta sim fundada na dignidade da pessoa humana e resultante da alta expressão da autonomia privada e, bem por isso, ilimitada" (HIRONAKA, Giselda Maria Fernandes Novaes. *Contrato*: estrutura milenar de fundação do direito privado. Disponível em: <www.flaviotartuce.adv.br>. Acesso em: 20 maio 2018).

da propriedade em sentido amplo ou *lato sensu*, incluindo a função social da propriedade *stricto sensu* (art. 1.228, §1º, do CC) e a função social do contrato (art. 421 do CC).

A expressão *convenção* nele constante abrange qualquer ato jurídico celebrado, particularmente os negócios jurídicos constituídos antes da entrada em vigor da nova lei geral privada, ou seja, antes de 11.1.2003, e cujos efeitos ainda estão sendo sentidos na vigência da atual codificação. Esclareça-se, contudo, que não há como aplicar o preceito a contratos já celebrados, aperfeiçoados, satisfeitos e extintos, por uma questão natural de lógica e pelo que consta do art. 2.035, *caput*, da legislação privada emergente, segundo o qual a validade dos negócios e demais atos jurídicos constituídos antes da entrada do Código Civil de 2002 obedecem ao previsto no Código Civil de 1916. Pontue-se que o último preceito consagrou a divisão do negócio jurídico em três planos: existência, validade e eficácia do negócio. Explicando o seu teor, quanto aos elementos relacionados à existência e validade do negócio, devem ser aplicados os dispositivos que constavam na codificação anterior, se o negócio foi constituído na vigência dessa norma. Eventualmente, quanto à eficácia do negócio, poderão se subsumir os comandos legais previstos no Código Civil de 2002.

Como afirma Maria Helena Diniz, é plenamente justificável a previsão do art. 2.035, parágrafo único, do Código Civil em vigor, eis que:

> como bem assevera Celso Antônio Bandeira de Mello: "violar um princípio é muito mais grave do que transgredir uma norma qualquer. A desatenção ao princípio implica em ofensa não apenas a um específico mandamento obrigatório, mas a todo o sistema de comandos. É a mais grave forma de ilegalidade ou inconstitucionalidade, conforme o escalão do princípio atingido, porque representa insurgência contra todo o sistema, subversão de seus valores fundamentais, contumélia irremissível a seu arcabouço lógico e corrosão de sua estrutura mestra. Isto porque, ao ofendê-lo, abatem-se as vigas que o sustêm e alui-se toda a estrutura nelas reforçada." Se assim é, incabível seria a existência de direito adquirido ou ato jurídico perfeito contra norma de ordem pública, aplicável retroativamente a atos anteriores a ela. O direito precedente cede a ela o lugar, submetendo-se aos princípios da função social do contrato e da propriedade, com os quais não pode conflitar, visto que têm supremacia por força da Constituição Federal.[13]

Pelas lições expostas, não cabe a alegação de inconstitucionalidade da regra ora comentada, pela suposta infração à proteção ao direito adquirido, à coisa julgada e, sobretudo, ao ato jurídico perfeito, conforme previsto no art. 5º, XXXVI, da CF/1988 e no art. 6º da Lei de Introdução às Normas do Direito Brasileiro. Na prática, a grande importância desse comando foi reconhecida em recente julgado do Superior Tribunal de Justiça, segundo o qual:

> consoante se extrai do art. 2.035 do CC, a intangibilidade do contrato compreende integralmente os planos de sua existência e validade, mas, apenas parcialmente, o plano de sua eficácia, podendo sua força obrigatória vir a ser mitigada. E essa mitigação terá lugar quando a obrigação assumida, diante das circunstâncias postas, mostrar-se inaceitável do ponto de vista da razoabilidade e da equidade, comprometendo a função social do contrato e a boa-fé objetiva, valores expressamente tutelados pela lei civil e pela própria CF.[14]

---

[13] DINIZ, Maria Helena. In: AZEVEDO, Antônio Junqueira de (Coord.). *Comentários ao Código Civil*. São Paulo: Saraiva, 2003. p. 1184.
[14] STJ. REsp nº 1.286.209/SP. Rel. Min. João Otávio de Noronha, j. 8.3.2016. *DJe*, 14 mar. 2016.

Como há tempos defende o primeiro autor deste texto, há, no art. 2.035, parágrafo único, do Código Civil uma *retroatividade justificada ou motivada* em prol da proteção dos preceitos de ordem pública. Diante disso, é possível aplicar a função social do contrato a um negócio celebrado na vigência da legislação anterior. A justificativa para a retroatividade da norma de ordem pública, no caso em questão, também encontra respaldo constitucional na proteção da função social da propriedade *lato sensu*, que consta do art. 5º da CF/1988, especificamente dos incs. XXII e XXIII. O próprio Miguel Reale alertava quanto ao amparo constitucional do princípio da função social dos contratos, ao discorrer:

> as alterações supervenientes de caráter factual ou axiológico podem influir na exegese do contrato – sobretudo quando sobrevêm paradigmas fundamentais, como, por exemplo, o de sua função social, corolário lógico da função social da propriedade, do que ele emerge – mas nunca até o ponto de se olvidar que o objetivo inicialmente visado representa o conteúdo mesmo do contrato, dando-nos o sentido real das operações e meios empregados pelas partes para o seu adimplemento, ou para descumpri-lo.[15]

Como palavras finais sobre o comando, podem ser apontados três aspectos principais a respeito do art. 2.035, parágrafo único, do Código Civil, que o tornam fundamental para a compreensão da amplitude do princípio da função social do contrato.

De início, a norma compara a função social dos contratos à função social da propriedade *stricto sensu*, dotando a primeira de fundamento constitucional. Segundo, está expressamente previsto que a função social dos contratos é preceito de ordem pública, o que faz com que caiba sempre declarar a sua proteção, *ex officio*, pelo magistrado e eventual intervenção do Ministério Público. Além disso, as regras relativas à função social do contrato não podem ser afastadas por convenção entre as partes. Por fim, consagra-se a *retroatividade motivada ou justificada*, com a possibilidade de a função social do contrato retroagir a negócios celebrados na vigência do Código Civil de 1916, tema que ainda será aqui desenvolvido, diante das contribuições de Luiz Edson Fachin.

2 A dupla eficácia do princípio da função social do contrato

A função social dos contratos pode ser conceituada como um princípio contratual, de ordem pública, pelo qual o contrato deve ser, necessariamente, visualizado e interpretado de acordo com o contexto da sociedade.[16] Tem prevalecido tanto na doutrina como na jurisprudência brasileiras a dupla eficácia, interna e externa, do princípio em questão. Pela primeira, o princípio tem incidência entre as partes contratantes; pela segunda, o contrato tem externalidades, para além dos negociantes.

Na doutrina contemporânea, Paulo Nalin foi o primeiro doutrinador a desenvolver estudos sobre essa dupla eficácia, falando em *função intrínseca* e *extrínseca*. Para ele, a *função intrínseca* está relacionada com a observância dos novos princípios contratuais pelos titulares contratantes. Por outra via, a *função extrínseca* "rompe com o

---

[15] REALE, Miguel. *Questões de direito privado*. São Paulo: Saraiva, 1997. p. 4.
[16] TARTUCE, Flávio. *Função social dos contratos*: do Código de Defesa do Consumidor ao Código Civil de 2002. 2. ed. São Paulo: Método, 2007. p. 415.

aludido princípio da relatividade dos efeitos do contrato", "preocupando-se com suas repercussões no largo campo das relações sociais, pois o contrato em tal desenho passa a interessar a titulares outros que não só aqueles imediatamente envolvidos na relação jurídica de crédito".[17] Luiz Edson Fachin, orientador do trabalho de Nalin, também utiliza as expressões *intrínseca* e *extrínseca*, reconhecendo a citada dupla eficácia do princípio. Segundo o jurista ora homenageado:

> a função social do contrato apresenta duas dimensões: uma intrínseca à relação entre os contratantes, que respeita ao seu equilíbrio, segundo os princípios da justiça contratual e da boa-fé, e outra extrínseca, que é pertinente à repercussão que diz respeito aos efeitos do contrato no largo tempo das relações sociais.[18]

Nota-se maior resistência quanto à eficácia interna ou intrínseca do princípio, notadamente pela sua finalidade de tutelar as partes vulneráveis das relações contratuais, assegurando-se trocas úteis e justas, como consta do Enunciado nº 22 da *I Jornada de Direito Civil* (2002). Entretanto, rompendo com a visão contrária, na *IV Jornada de Direito Civil*, evento também promovido pelo Conselho da Justiça Federal em 2006, aprovou-se o Enunciado nº 360, segundo o qual "o princípio da função social dos contratos também tem eficácia interna entre as partes contratantes".[19] Além dos doutrinadores citados, e da posição compartilhada dos autores deste texto, parcela considerável dos estudiosos do tema tem admitido essa aplicação do princípio para as partes negociantes.[20]

Sucessivamente, demonstrando clara evolução a respeito da matéria, e trazendo impactante questão prática a respeito da função social do contrato, na *V Jornada de*

---

[17] NALIN, Paulo. *Do contrato*: conceito pós-moderno. 1. ed. 5. tir. Curitiba: Juruá, 2005. p. 226.
[18] FACHIN, Luiz Edson. *Direito civil*: sentidos, transformações e fim. Rio de Janeiro: Renovar, 2015. p. 125.
[19] Conforme as suas justificativas, apresentadas pelo primeiro autor deste texto, "O princípio da função social dos contratos tem se revelado uma das mais comentadas inovações do Código Civil de 2002, pelas previsões constantes dos seus arts. 421 e 2.035, parágrafo único, sem prejuízo de outros dispositivos que trazem o princípio implicitamente. Quando da I Jornada de Direito Civil foi aprovado enunciado no sentido de que a função social dos contratos não exclui o princípio da autonomia contratual, mas apenas atenua o alcance desse princípio, quando presentes interesses metaindividuais ou interesses individuais relativos à dignidade humana (Enunciado 23). Em outras palavras, a função social dos contratos não afasta a autonomia privada, mas com ela se compatibiliza. Além da eficácia externa da função social, compreendida pela tutela externa do crédito (Enunciado 21 do CJF), o princípio em questão traz consequências para as partes contratantes, o que se pode denominar eficácia interna. [...]. Para tanto, vale dizer que foram-nos preciosos os ensinamentos transmitidos pelo professor Nelson Nery Jr., no sentido de que a experiência vivida nos contratos de consumo, particularmente no tocante às cláusulas abusivas, serve-nos agora para os contratos civis, visando entender o real sentido do princípio da função social dos contratos. O enunciado aqui proposto está em sintonia com outros, aprovados na III Jornada de Direito Civil. Primeiro, com o de número 172, pelo qual as cláusulas abusivas não ocorrem exclusivamente nos contratos de consumo, havendo também cláusulas abusivas nos contratos civis comuns, como aquela estampada no art. 424 do Código Civil de 2002. Segundo, com o Enunciado 167 que confirma a aproximação principiológica entre o novo Código Civil e o Código de Defesa do Consumidor. Assim, a presente proposta visa complementar outros enunciados já aprovados".
[20] Por todos: NORONHA, Fernando. *O direito dos contratos e seus princípios fundamentais*: autonomia privada, boa-fé, justiça contratual. São Paulo: Saraiva, 1994; MARTINS-COSTA, Judith. Reflexões sobre o princípio da função social dos contratos. *Revista Direito GV*, São Paulo, v. 1, n. 1, p. 41-67, maio 2005; PENTEADO, Luciano de Camargo. *Efeitos contratuais perante terceiros*. São Paulo: Quartier Latin, 2007; SIMÃO, José Fernando. *Direito civil*: leituras jurídicas; contratos. São Paulo: Atlas, 2005; ROSENVALD, Nelson. A função social do contrato. In: HIRONAKA, Giselda Maria Fernandes Novaes; TARTUCE, Flávio (Coord.). *Direito contratual*: temas atuais. São Paulo: Método, 2008. Vejam-se, mais recentemente, os textos de Claudia Lima Marques e Sidnei Beneti em TARTUCE, Flávio; SALOMÃO, Luis Felipe (Coord.). *Direito civil*: diálogos entre a doutrina e a jurisprudência. São Paulo: Atlas, 2018.

Direito Civil, realizada em novembro de 2011, foi aprovado enunciado que coloca a função social do contrato no plano da validade do negócio. Conforme o Enunciado nº 431 do Conselho da Justiça Federal, "a violação do art. 421 conduz à invalidade ou à ineficácia do contrato ou de cláusulas contratuais". Um dos grandes desafios a respeito do regramento em questão, e que será aqui melhor desenvolvido, diz respeito ao plano negocial em que se encontra a função social do contrato.

Como sustenta o primeiro autor deste texto, a eficácia interna da função social dos contratos pode ser percebida, entre outros efeitos: a) pela mitigação da força obrigatória do contrato; b) pela proteção da parte vulnerável da relação contratual, caso dos consumidores e aderentes contratuais; c) pela vedação da onerosidade excessiva ou desequilíbrio contratual; d) pela tendência de conservação contratual, mantendo-se a autonomia privada, sempre que possível; e) pela tutela de direitos individuais relativos à dignidade humana, nos termos do que reconhece o Enunciado nº 23 da *I Jornada de Direito Civil*; f) pela nulidade ou ineficácia de cláusulas contratuais abusivas, por violadoras da função social.[21] Quanto ao último efeito, a função social dos contratos, pelo que consta dos arts. 104, 166, inc. II, 187 e 421 do Código Civil, pode se enquadrar nos planos da validade ou da eficácia do contrato, o que depende de análise caso a caso. Isso porque, em havendo no exercício da autonomia privada um abuso do direito, estará configurado o ilícito, que pode eivar de nulidade a cláusula contratual ou mesmo todo o contrato.

Por outro lado, a eficácia externa da função social dos contratos pode ser extraída das hipóteses em que um contrato gera efeitos perante terceiros, o que se tem denominado tutela externa do crédito, nos termos do Enunciado nº 21, aprovado na *I Jornada de Direito Civil*. Tem-se também a eficácia externa do princípio quando uma conduta de terceiro repercute no contrato.

Um caso sempre citado em que se aplicou essa eficácia externa da função social do contrato diz respeito ao cantor Zeca Pagodinho e duas cervejarias. Relembrando o caso, o cantor tinha contrato publicitário com a Primo Schincariol S/A, mediante o uso do bordão "Experimenta". Ainda vigente o contrato publicitário com a Nova Schin, o cantor participou de uma campanha publicitária da Brahma, cedendo a sua imagem e o seu talento artístico. No comercial da Brahma, Zeca Pagodinho entoava: "Fui provar outro sabor, eu sei. Mas não largo meu amor, voltei". Além do descumprimento contratual do contrato publicitário, houve violação da boa-fé objetiva por parte do cantor, pelo teor da música engendrada na campanha da Brahma.

Nos autos do Processo nº 04.109.435-2, que tramitou perante a 36ª Vara Cível do Foro Central da Capital de São Paulo, o cantor foi condenado a indenizar a Nova Schin em R$930.000,00 por danos materiais e R$930.000,00 a título de danos morais, tanto pela violação contratual quanto pelos danos causados à autora pela campanha publicitária da Brahma. Em segunda instância, o Tribunal de Justiça de São Paulo reformou a decisão, determinando que o valor de danos materiais deveria ser apurado em sede de liquidação de sentença. No tocante aos danos morais da pessoa jurídica, foram reduzidos em R$420.000,00, pois se entendeu que o valor anterior era exagerado.[22]

---

[21] Como consta em: TARTUCE, Flávio. *Direito civil*: teoria geral dos contratos e contratos em espécie. 13. ed. Rio de Janeiro: Forense, 2018. v. 3 (capítulo 2).

[22] TJ/SP. Apelação Cível nº 7.155.293-9. Rel. Des. Pedro Alexandrino Ablas, 14ª Câmara de Direito Privado, j. 9.4.2008.

Além disso, em outra demanda, debateu-se a *tutela externa do crédito* em ação proposta pela Nova Schin contra a Brahma, pelo fato de a última ter aliciado o cantor na vigência do contrato que mantinha com a primeira. Reformando decisão de primeira instância, que concluiu de forma contrária, decidiu a 5ª Câmara de Direito Privado por condenar a última pelo ato de aliciamento contratual. O julgado está fundamentado na função social do contrato e no art. 209 da Lei nº 9.279/1996, que trata da concorrência desleal.[23] Poderia tê-lo feito, também, com base no art. 608 do Código Civil, segundo o qual aquele que aliciar pessoas obrigadas, em contrato escrito, a prestar serviços a outrem pagará a este o que, pelo ajuste desfeito, houvesse de caber durante dois anos. Ao final todos os processos foram extintos por acordo firmado pelas partes, o que não afasta a conclusão de que o último julgado constitui importante precedente sobre a eficácia externa em nosso país.

Exposta uma visão geral a respeito da dupla eficácia da função social do contrato, há uma crítica recorrente feita em relação ao princípio, no sentido de ele não ter aplicação de forma isolada e suficiente sem que seja necessário socorrer-se de outras regras da legislação. A crítica não procede e apenas traz a clara intenção de esvaziar o princípio, algumas vezes por interesses escusos. Para rebatê-la, vejamos a seguir um caso em que o princípio tem subsunção de forma solitária, juntando-se aos cinco aspectos da eficácia interna da função social do contrato antes mencionados.

3 A eficácia interna da função social do contrato e a frustração do fim da causa

Sobre o conceito de causa do negócio jurídico, foi muito bem desenvolvido, entre nós, por Antônio Junqueira de Azevedo. Segundo ele, tem prevalecido o conceito de *causa* em um *sentido objetivo*, associada à função prático-social ou econômico-social do negócio jurídico.[24] A causa do negócio jurídico, assim, tem relação com a razão de ser do seu objeto, sendo geralmente determinada pelo *nomen* da categoria. A causa de um negócio jurídico é sempre a mesma, imutável ou estanque, visando atender à finalidade econômico-social da autonomia privada geradora do negócio subjacente.

A causa não se confunde com o motivo do negócio jurídico, que é mutável, estando relacionado a fatores subjetivos, pessoais. Pode-se dizer que o motivo é um aspecto pessoal da causa. A título de exemplo, a causa da compra e venda é a transmissão da propriedade mediante o pagamento de um preço. Os motivos são variáveis, como a necessidade de se mudar, a vontade de ter um imóvel maior, a alteração do endereço de um emprego ou atribuição, entre outros fatores incidentes de acordo com o caso concreto. Nas lições de Zeno Veloso, "os motivos do ato são do domínio da psicologia e da moral. O direito não os investiga, nem lhes sofre influência; exceto quando fazem parte integrante do ato, quer apareçam como razão dele, quer como condição de que ele dependa".[25]

---

[23] TJ/SP. Apelação nº 9112793-79.2007.8.26.000. Rel. Des. Mônaco da Silva, 5ª Câmara de Direito Privado, j. 12.6.2012.
[24] AZEVEDO, Antônio Junqueira de. *Negócio jurídico*: existência, validade e eficácia. 4. ed. São Paulo: Saraiva, 2002. p. 153.
[25] VELOSO, Zeno. *Invalidade do negócio jurídico*. Belo Horizonte: Del Rey, 2005. p. 76.

Existe polêmica quanto à adoção da *teoria da causa* pelo direito civil brasileiro, debate que também atinge a Alemanha, pelo fato de o §138 do BGB reconhecer a nulidade do negócio jurídico que contraria os bons costumes, sem qualquer menção à causa ou aos motivos.[26]

No caso italiano, o *Codice Civile* elenca no seu art. 1.325, item 2, a causa como um dos requisitos do contrato, tratando desse elemento pontualmente entre os arts. 1.343 e 1.345.[27] Em tradução livre, o primeiro preceito estabelece que a causa é ilícita quando é contrária à norma imperativa, à ordem ou aos bons costumes. Também se reputa ilícita a causa quando o contrato constitui o meio para excluir a aplicação de uma norma imperativa (art. 1.344). Por fim, o art. 1.345 do *Codice* trata do motivo ilícito, prevendo que o contrato é ilícito quando as partes estão decididas a concluí-lo exclusivamente por um motivo ilícito, comum a ambas.

Por tais previsões legais, os italianos desenvolveram muito bem a ideia de causa dos contratos, e não propriamente dos negócios jurídicos, pois lá não foi concebida uma teoria geral dos fatos jurídicos. Entre os *doutrinadores clássicos* da Bota, Francesco Messineo aponta que o legislador italiano adotou, decisivamente, a doutrina objetiva da causa, associando esta à *função* – no sentido de escopo – econômico-social que o contrato cumpre na sociedade.[28] Ainda segundo o autor, a causa é reconhecida pelo direito italiano como relevante aos próprios fins do contrato e, como tal, é constante e imutável – como antes destacado –, qualquer que seja a intenção pessoal de qualquer uma das partes.[29] Como se pode notar, há clara influência desse autor na definição de causa de Junqueira de Azevedo, a mais adotada entre nós.

A afirmação é repetida pela doutrina italiana contemporânea. Como se extrai de obra liderada por Giuseppe Chinè, Marco Fratini e Andrea Zoppini, "secondo la teoria oggettiva la causa si identifica con la funzione economico sociale del contratto".[30] Os autores apontam que a causa constitui o fundamento da autonomia negocial das partes, absorvendo também a função de critérios de interpretação e de qualificação do contrato, bem como instrumentos de avaliação do impacto que circunstâncias supervenientes (inadimplemento, excessiva onerosidade superveniente e impossibilidade superveniente) podem gerar sobre o mesmo contrato.[31]

---

[26] BGB, §138. "Sittenwidriges Rechtsgeschäft; Wucher. (1) Ein Rechtsgeschäft, das gegen die guten Sitten verstößt, ist nichtig". Em tradução livre: "Negócio jurídico contra os bons costumes; usura. Um negócio jurídico contrário aos bons costumes é nulo". Sobre o tema, utilizamos como parâmetro: PALANDT, Otto. *Bürgerliches Gesetzbuch*. München: Beck, 1976. Neubearbeitete Auflage, 2017. p. 137-141. De toda sorte, é comum afirmar no Brasil que os debates ocorridos naquele país sobre o tema da causa são bem mais profundos do que na realidade brasileira.

[27] TRABUCCHI, Alberto; CIAN, Giorgio. *Commentario breve al Codice Civile*. 4. ed. Milano: Cedam, 1992. p. 1044; 1066-1068.

[28] MESSINEO, Francesco. *Dottrina generale del contratto*. Milano: Giuffrè, 1946. p. 63.

[29] MESSINEO, Francesco. *Dottrina generale del contratto*. Milano: Giuffrè, 1946. p. 63.

[30] CHINÈ, Giuseppe; FRATINI, Marco; ZOPPINI, Andrea. *Manuale di diritto civile*. 4. ed. Roma: Neldiritto, 2013. p. 1196.

[31] Destacamos o trecho da obra, traduzida livremente acima: "La causa, dunque, constituisce il fondamento dell'autonomia negoziale delle parti, ma al contempo assolve anche la funzione di criterio di interpretazione e di qualificazione del contratto, oltre che di strumento di valutazione dell'impatto che circonstanze sopravvenute (inadimpiemento, eccessiva onerosità sopravvenuta e impossibilità soppravvenuta) possono avere sullo stesso contratto" (CHINÈ, Giuseppe; FRATINI, Marco; ZOPPINI, Andrea. *Manuale di diritto civile*. 4. ed. Roma: Neldiritto, 2013. p. 1196).

Na realidade brasileira, nota-se que no tratamento da teoria geral do negócio jurídico não há menção específica a respeito da sua causa. Todavia, o Código Civil de 2002 faz menção ao *motivo* em duas passagens. A primeira delas é no seu art. 140, ao reconhecer que o falso motivo, em regra, não gera a anulação do negócio jurídico, a não ser quando expresso como sua razão determinante. A segunda passagem é o art. 166, inc. III, do Código Civil em vigor, segundo o qual é nulo o negócio jurídico quando o motivo determinante, comum a ambas as partes, for ilícito.

Nesta última previsão, ao tratar do motivo como gerador da nulidade absoluta dos atos e negócios em geral, é plausível defender que implícita e indiretamente se tratou da causa, diante da notória e conhecida diferenciação entre as duas categorias. Ao comentar tal comando, Zeno Veloso leciona e ilustra a respeito do motivo:

> o negócio, em si, não tem objeto ilícito, mas a nulidade é determinada porque, no caso concreto, houve conluio das partes para alcançar um fim ilegítimo e, eventualmente, criminoso. Por exemplo: vende-se um automóvel para que seja utilizado num sequestro; empresta-se uma arma para matar alguém; aluga-se uma casa para a exploração de lenocínio. A venda, o comodato e o aluguel não são negócios que contrariem o Direito, muito ao contrário, mas são fulminados de nulidade, nos exemplos dados, porque o motivo determinante deles, comum a ambas as partes, era ilícito.[32]

Como bem demonstra Eduardo Nunes de Souza em sua tese de doutorado recentemente defendida na Faculdade de Direito da UERJ, a discussão a respeito da causa entre nós

> costuma restringir-se, na prática, a aspectos menores, notadamente a ilicitude dos motivos – a qual, no sistema brasileiro, constitui causa autônoma de invalidade legalmente prevista (art. 166, III, do Código Civil), não se confundindo com a causa negocial – ou a ilicitude do objeto – hipótese autônoma de invalidade em ambos os sistemas.[33]

Fazendo comparação com o sistema italiano – no qual a causa foi expressamente positivada –, o doutrinador pondera:

> no Brasil, o perfil causal ou funcional do negócio tem sido aplicado, pela doutrina que o reconhece, não propriamente para o controle valorativo do ato jurídico no momento de sua formação, mas sobretudo para o contrato em concreto das situações jurídicas oriundas do ato, particularmente no que tange ao exercício abusivo de posições contratuais – o que justifica, ainda, que se venha associando, na doutrina brasileira, o papel da causa negocial à função negativa da função social do contrato.[34]

Essa associação com a função social do contrato é feita, igualmente, por Maria Celina Bodin de Moraes, para quem:

---

[32] VELOSO, Zeno. *Invalidade do negócio jurídico*. Belo Horizonte: Del Rey, 2005. p. 77.
[33] SOUZA, Eduardo Nunes de. *Teoria geral das invalidades do negócio jurídico*: nulidade e anulabilidade no direito civil contemporâneo. São Paulo: Almedina, 2017. p. 62.
[34] SOUZA, Eduardo Nunes de. *Teoria geral das invalidades do negócio jurídico*: nulidade e anulabilidade no direito civil contemporâneo. São Paulo: Almedina, 2017. p. 62.

o Código Civil de 2002, neste ponto, traz novos subsídios para o estudo da causa, na medida em que, como já assinalado, vincula a liberdade contratual à função social do contrato (art. 421) – noção que é reafirmada, na Parte Geral, pelo art. 187, que veda o abuso do direito, qualificando como tal o exercício que excede manifestamente os limites impostos pelo fim econômico ou social do direito, pela boa-fé ou pelos bons costumes.[35]

Em complemento, merece relevo especial a associação feita pela jurista entre a causa e a *correspectividade das prestações*, o que parece ter aplicação ao caso em espécie, conforme ainda será aqui desenvolvido. Suas palavras, nesse contexto, merecem destaque para as conclusões que seguirão:

> O conceito de correspectividade, insista-se, refere-se ao nexo que liga indissoluvelmente as prestações contratuais de modo que cada uma é causa da outra. A correspectividade foi definida como "scambio in senso giuridico" e revela a recíproca transferência de bens ou serviços em um único engenho negocial. Utilizando a noção de causa como a síntese dos efeitos essenciais do negócio, deve-se ressaltar que tal síntese abrange a maneira – correspectiva ou não – como se interligam aqueles efeitos. Na compra e venda, por exemplo, considera-se como efeito essencial a obrigação de transferir um direito por um determinado preço. Não obstante, será possível imaginar, por hipótese, um negócio que, em concreto, produza o pagamento de uma soma e a obrigação de transferência de um direito sem que, contudo, deva ser definido como compra e venda, porque tais efeitos não estão incindivelmente ligados entre si, em forma correspectiva, e são o resultado, portanto, de uma diversa função prático-jurídica. A interdependência funcional entre os efeitos essenciais serve, de modo especial, a determinar a função negocial.
> De fato, observou-se que o nexo de sinalagmaticidade, isto é, a particular coligação jurídica entre os efeitos do contrato, é índice do nexo funcional existente entre os recíprocos interesses contratantes. [...].
> A resolução do contrato por inadimplemento, nesta perspectiva, conduz a resultados significativos quanto à qualificação do ato negocial, porque é índice de correspectividade no contrato. Com efeito, o negócio poderá ser qualificado como de prestações correspectivas se for possível a resolução por inadimplemento contratual.[36]

A correlação entre a teoria da causa e a função social do contrato também foi bem desenvolvida por Pablo Renteria, para quem:

> se a consagração da função social como razão da autonomia contratual vem reforçar, entre nós, a necessidade de uma leitura funcional da relação contratual, capaz de determinar a adequada tutela contratual, não há como se negar uma certa homologia entre causa e função social.[37]

---

[35] MORAES, Maria Celina Bodin de. A causa do contrato. *Civilistica.com*, Rio de Janeiro, ano 2, n. 4, out./dez. 2013. p. 9. Disponível em: <http://civilistica.com/a-causa-do-contrato/>. Acesso em: 15 jan. 2018.

[36] MORAES, Maria Celina Bodin de. A causa do contrato. *Civilistica.com*, Rio de Janeiro, ano 2, n. 4, out./dez. 2013. p. 17-19. Disponível em: <http://civilistica.com/a-causa-do-contrato/>. Acesso em: 15 jan. 2018.

[37] RENTERIA, Pablo. Considerações acerca do atual debate sobre o princípio da função social do contrato. In: MORAES, Maria Celina Bodin de (Coord.). *Princípios do direito civil contemporâneo*. Rio de Janeiro: Renovar, 2006. p. 304.

Para o autor, decorrentes da interação com a teoria da causa, a função social dos contratos teria duas utilidades: a) controlar a validade dos contratos, podendo gerar a sua nulidade, tendo como fundamento o art. 187 do Código Civil em vigor; b) disciplinar a eficácia dos contratos, levando-se em conta as regras de inadimplemento, caso dos arts. 475 e 476 do CC.[38]

A par dessas ideias, se houver o desaparecimento da causa do negócio jurídico, tem-se falado em *frustração do seu fim*, o que encontra fundamento na função social do contrato, prevista nos outrora citados arts. 421 e 2.035, parágrafo único, do Código Civil. Nesse sentido, como fundamento doutrinário principal para a tese que se propõe, pode ser citado o teor do Enunciado nº 166, aprovado na *III Jornada de Direito Civil*, evento promovido pelo Conselho da Justiça Federal em 2004: "a frustração do fim do contrato, como hipótese que não se confunde com a impossibilidade da prestação ou com a excessiva onerosidade, tem guarida no direito brasileiro pela aplicação do art. 421 do Código Civil". A proposta foi formulada por Rodrigo Barreto Cogo, que defendeu dissertação de mestrado sobre o tema na Faculdade de Direito da Universidade de São Paulo.[39]

No mesmo sentido, em atualização à obra de Orlando Gomes, Antônio Junqueira de Azevedo e Francisco Paulo de Crescenzo Marino pontuam:

> há pelo menos três casos nos quais a violação ao princípio da função social deve levar à ineficácia superveniente do contrato. Juntamente com a ofensa a interesses coletivos (meio ambiente, concorrência etc.) deve-se arrolar a lesão à dignidade da pessoa humana e a impossibilidade de obtenção do fim último visado pelo contrato.[40]

Ao tratarem especificamente da frustração do fim do contrato, citam o teor do Enunciado nº 166 da *III Jornada de Direito Civil* e concluem:

> Com relação à impossibilidade de obtenção do fim último visado pelo contrato, o fim que não mais pode ser atingido faz com que o contrato perca sua função social, devendo torná-lo juridicamente ineficaz. Entre os casos de frustração do fim do contrato, que agora encontram legalmente um "lugar cômodo", sob a exigência da função social, estão os "coronation

---

[38] RENTERIA, Pablo. Considerações acerca do atual debate sobre o princípio da função social do contrato. In: MORAES, Maria Celina Bodin de (Coord.). *Princípios do direito civil contemporâneo*. Rio de Janeiro: Renovar, 2006. p. 304.

[39] O seu trabalho é intitulado *Frustração do fim do contrato*, tendo sido defendido no ano de 2005, sob a orientação da Professora Titular Teresa Ancona Lopez. Cabe transcrever as justificativas do enunciado doutrinário em questão, formuladas pelo próprio Rodrigo Barreto Cogo: "Trata-se de um dos aspectos – ao lado da destruição da relação de equivalência – em que se configura a perda da base em sentido objetivo, exposta por Karl Larenz (Base del negocio jurídico y cumplimiento de los contratos. Trad. Carlos Fernandéz Rodríguez. Granada: Comares, 2002). Imagine-se o famoso exemplo do locador que aluga um imóvel com a finalidade exclusiva de poder assistir ao desfile de coroação do rei, cujo cortejo passará na rua para a qual o imóvel tem vista privilegiada. O rei adoece e o desfile não se realizará. Tem-se um caso em que: a) as prestações são perfeitamente exequíveis (o locador pode alugar e o locatário pode pagar); b) o preço ajustado não se alterou. Mesmo assim, o contrato não tem mais utilidade, razão de ser. Não se trata de um caso de impossibilidade, nem mesmo de excessiva onerosidade, ou ainda de perda de objeto. Tem-se, em verdade, a frustração do fim do contrato" (COGO, Rodrigo Barreto. *Frustração do fim do contrato*. Dissertação (Mestrado) – Faculdade de Direito da Universidade de São Paulo, São Paulo, 2005).

[40] GOMES, Orlando. In: BRITO, Edvaldo (Coord.). *Contratos*. 26. ed. atual. por Francisco Paulo de Crescenzo Marino e Antônio Junqueira de Azevedo. Rio de Janeiro: Forense, 2007. p. 50. Todos os trechos ora transcritos foram elaborados pelos atualizadores.

cases" de Windscheid, quando, na Inglaterra, cidadãos que alugaram terraços, para assistir à passagem do cortejo de Eduardo VII, se viram frustrados pelo cancelamento do percurso das carruagens (mas as janelas e sacadas permaneceram à disposição); ou também o caso de Larenz, do artesão que, na Alemanha, insistia em fazer à porta da igreja, já demolida por bombardeio aliado, porque o contrato havia sido assinado; e, assim, inúmeras outras situações em que, sem haver impossibilidade da prestação, o verdadeiro fim do contrato, conhecido das duas partes, já não pode ser atingido. Em todas essas hipóteses, o contrato, tornado inútil, deve ser resolvido pela falta de sua função social.[41]

Como se pode perceber dos exemplos apontados, a tese da frustração do fim pode ser aplicada a contratos de execução imediata, como no caso da locação dos imóveis apenas para assistir à coroação do rei, desparecendo a causa do negócio por fato posterior à sua celebração, o que atinge o seu *sinalagma funcional*. Acrescente-se que há outro enunciado doutrinário, aprovado na *IV Jornada de Direito Civil*, realizada pelo mesmo Conselho da Justiça Federal em 2006, que igualmente menciona a frustração do fim do contrato, diferenciando-a da redução equitativa da cláusula penal (art. 413 do CC/2002) e da excessiva onerosidade decorrente da alteração das circunstâncias (arts. 317 e 478 do CC/2002, entre outros). Trata-se do Enunciado nº 358, a saber: "o caráter manifestamente excessivo do valor da cláusula penal não se confunde com a alteração de circunstâncias, a excessiva onerosidade e a frustração do fim do negócio jurídico, que podem incidir autonomamente e possibilitar sua revisão para mais ou para menos".

Da doutrina para a jurisprudência, existem julgados que fazem exatamente a citada correlação entre o desparecimento da causa e a função social do contrato, aplicada sem qualquer outra regra de auxílio. Entre os mais remotos, aresto do Tribunal de Justiça do Rio Grande do Sul, segundo o qual a "frustração da finalidade do contrato em tese cabe ser reconhecida como interpretação mais consoante com sua função social".[42] Entre os mais recentes, acórdão do Tribunal de Justiça de São Paulo analisou contrato de prestação de serviços de *telemarketing* e *call center* integrado a rede de lojas de *fast-food* de comida chinesa. Conforme consta da ementa do *decisum*, os elementos dos autos evidenciaram

> a resolução por frustração do fim do contrato. Frustrado o escopo do contrato, programado, previsto e desejado por ambas as partes no momento da celebração, por fato imputável a terceiros, não integrantes da relação negocial, sem que se possa afirmar que qualquer dos contratantes seja culpado pela inexecução da avença, resolve-se o negócio, por força do esvaziamento de sua função social (art. 421 do Código Civil), retornando as partes ao estado anterior, sem aplicação da cláusula penal ou indenização por perdas e danos.[43]

Diante de todas as lições e conclusões colacionadas, em situações em que a causa do negócio jurídico desapareceu, não havendo qualquer finalidade social, que restou esvaziada, tem-se ele como resolvido e extinto, por inexecução involuntária das partes, sem atribuir culpa a qualquer um dos negociantes. Tal entendimento, não obstante a

---

[41] GOMES, Orlando. In: BRITO, Edvaldo (Coord.). *Contratos*. 26. ed. atual. por Francisco Paulo de Crescenzo Marino e Antônio Junqueira de Azevedo. Rio de Janeiro: Forense, 2007. p. 50-51.
[42] TJ/RS. Agravo de Instrumento nº 70007944739, Porto Alegre. Rel. Des. Leoberto Narciso Brancher, 19ª Câmara Cível, j. 9.3.2004.
[43] TJ/SP Apelação nº 0061241-41.2011.8.26.0114, Acórdão nº 10976647, Campinas. Rel. Des. Edgard Rosa, 27ª Câmara Extraordinária de Direito Privado, j. 7.8.2017. *DJESP*, 23 nov. 2017, p. 2363.

falta de dispositivos legais expressos que o fundamentem, tem amparo no princípio da função social do contrato, aplicável de per si, nos termos dos arts. 421 e 2.035, parágrafo único, do Código Civil.

4 Vedação da onerosidade excessiva e função social do contrato. A redução da cláusula penal

Exposta uma hipótese fática em que a função social do contrato é aplicada isoladamente, interessante demonstrar o campo prático em que, talvez, tenha-se a principal aplicação do regramento em questão, porém com o apoio de outro dispositivo legal.

No que tange ao direito obrigacional, a relação com a função social do contrato pode ser sentida pela leitura do art. 413 do Código Civil, que visa a adequar a fixação de multa ao contexto social, afastando o enriquecimento sem causa e prevendo o *dever* do juiz de reduzi-la proporcionalmente, utilizando-se da equidade para tanto, quando presente a onerosidade excessiva. Conforme o texto legal em vigor, "a penalidade deve ser reduzida equitativamente pelo juiz se a obrigação principal tiver sido cumprida em parte, ou se o montante da penalidade for manifestamente excessivo, tendo-se em vista a natureza e a finalidade do negócio". A norma equivale ao art. 924 do Código Civil, com modificações. Primeiro, porque o comando anterior previa que a penalidade *poderia* ser reduzida, enquanto a norma vigente traz um dever. Segundo, porque não havia menção à redução equitativa pelo simples fato de ser a penalidade considerada exagerada pelo julgador.

Quando da *IV Jornada de Direito Civil*, ficou clara a relação entre a eficácia interna da função social dos contratos e a redução equitativa da cláusula penal, com a aprovação do Enunciado nº 355, segundo o qual "não podem as partes renunciar à possibilidade de redução da cláusula penal se ocorrer qualquer das hipóteses previstas no art. 413 do Código Civil, por se tratar de preceito de ordem pública". O enunciado reconhece a nulidade, por abusividade, da cláusula de renúncia das partes ao que consta do dispositivo em estudo, preceito de ordem pública justamente pela relação que mantém com o princípio da função social do contrato. E não importa o poder econômico das partes que compõem o negócio. Mesmo em contratação paritária, a cláusula deve ser reputada como nula, pois a questão diz respeito ao conteúdo da avença, meramente objetiva, e não com as posições dos sujeitos da relação jurídica.

No âmbito da jurisprudência superior, a relação entre o dispositivo em estudo e a função social do contrato tem sido reconhecida amplamente. Como primeiro acórdão a ser mencionado, reconheceu-se que "a redução da cláusula penal preserva a função social do contrato na medida em que afasta o desequilíbrio contratual e seu uso como instrumento de enriquecimento sem causa".[44] Em complemento, tem-se entendido que a redução da cláusula penal não é estritamente proporcional ao percentual adimplido, o que novamente tem fundamento na função social do contrato. Conforme o Enunciado nº 359, também da *IV Jornada de Direito Civil*, "a redação do art. 413 do Código Civil não impõe que a redução da penalidade seja proporcionalmente idêntica ao percentual adimplido". Em outras palavras, a norma é guiada pela razoabilidade e pela equidade, e não pelo estrito cálculo matemático objetivo.

---

[44] STJ. REsp nº 1.212.159/SP. Rel. Min. Paulo de Tarso Sanseverino, 3ª Turma, j. 19.6.2012. *DJe*, 25 jun. 2012.

A ilustrar essas conclusões, cite-se decisão do Superior Tribunal de Justiça relativa à redução da multa em contrato entre o apresentador Celso de Freitas e a Rede Globo de Televisão. Como constou do aresto:

> a redução equitativa da cláusula penal a ser feita pelo juiz quando a obrigação principal tiver sido cumprida em parte não é sinônimo de redução proporcional. A equidade é cláusula geral que visa a um modelo ideal de justiça, com aplicação excepcional nos casos legalmente previstos. Tal instituto tem diversas funções, dentre elas a equidade corretiva, que visa ao equilíbrio das prestações, exatamente o caso dos autos. Correta a redução da cláusula penal em 50%, visto que o critério adotado pelo Código Civil de 2002 é o da equidade, não havendo falar em percentual de dias cumpridos do contrato. [...]. Entender de modo contrário, reduzindo a cláusula penal de forma proporcional ao número de dias cumpridos da relação obrigacional, acarretaria justamente extirpar uma das funções da cláusula penal, qual seja, a coercitiva, estimulando rupturas contratuais abruptas em busca da melhor oferta do concorrente e induzindo a prática da concorrência desleal.

E mais, confirmando a relação entre o art. 413 do Código Civil de 2002 e a função social do contrato:

> a evolução legislativa veio harmonizar a autonomia privada com o princípio da boa-fé objetiva e função social do contrato, instrumentário que proporcionará ao julgador a adequada redução do valor estipulado a título de cláusula penal, observada a moldura fática do caso concreto.[45]

Mais recentemente, têm-se procurado critérios para a aplicação do art. 413 do Código Civil, quais sejam: a) análise da utilidade ou vantagem que o pagamento, ainda que imperfeito, tenha oferecido ao credor; b) grau de culpa do devedor; c) situação econômica do devedor; d) montante adimplido, "além de outros parâmetros, que não implicam, todavia, necessariamente, uma correspondência exata e matemática entre o grau de inexecução e o de abrandamento da multa".[46] A busca de critérios para a redução equitativa da cláusula penal é louvável, trazendo mais certeza e previsibilidade para os contratantes que eventualmente pretenderem elaborar seus instrumentos de acordo com o pensamento jurídico consolidado.

Como última ilustração, cite-se o caso *Latino x Rede TV*, constando da ementa do aresto:

> a multa contratual deve ser proporcional ao dano sofrido pela parte cuja expectativa fora frustrada, não podendo traduzir valores ou penas exorbitantes ao descumprimento do contrato. Caso contrário, poder-se-ia consagrar situação incoerente, em que o inadimplemento parcial da obrigação se revelasse mais vantajoso que sua satisfação integral. Outrossim, a redução judicial da cláusula penal, imposta pelo artigo 413 do Código Civil nos casos de cumprimento parcial da obrigação principal ou de evidente excesso do valor fixado, deve observar o critério da equidade, não significando redução proporcional. Isso

---

[45] STJ. REsp nº 1.186.789/RJ. Rel. Min. Luis Felipe Salomão, 4ª Turma, j. 20.3.2014. *DJe*, 13 maio 2014.
[46] STJ. REsp nº 1.641.131/SP. Rel. Min. Nancy Andrighi, 3ª Turma, j. 16.2.2017. *DJe*, 23 fev. 2017.

porque a equidade é cláusula geral que visa a um modelo ideal de justiça, com aplicação excepcional nas hipóteses legalmente previstas. Tal instituto tem diversas funções, dentre elas a equidade corretiva, que visa ao equilíbrio das prestações.[47]

Ao final, a multa contratual, fixada em R$1 milhão, foi reduzida à metade pelos julgadores.

Sem prejuízo de numerosos outros julgados que poderiam ser citados, constata-se que, sem dúvida, as principais aplicações do princípio da função social do contrato, como apoio a outro instituto jurídico, dizem respeito à redução equitativa da cláusula penal, mitigando-se a força obrigatória da convenção em casos em que a imposição da penalidade revela-se injusta e desproporcional.

5 Desvirtuamentos da função social do contrato

O princípio da função social, quando bem aplicado, não traz insegurança jurídica, ao contrário do que muitos entendem. Os quinze anos de vigência do Código Civil de 2002 revelam certa estabilidade da jurisprudência a respeito do assunto, como no caso da redução da cláusula penal.

Naturalmente, a autonomia privada e o *pacta sunt servanda* continuam sendo princípios contratuais, com ampla incidência para os contratos, sejam paritários ou não. Embora o princípio da função social dos contratos possa mitigar, em certa medida, os efeitos das prestações a que se obrigaram as partes, isso não significa que as obrigações a que as partes se vincularam não devem ser cumpridas. Nesse sentido, merece ser citada a advertência de Claudio Luiz Bueno de Godoy, no sentido de que a função social do contrato reafirma a autonomia privada. Mais do que isso, segundo o autor, a vontade não fica excluída do processo formador dos negócios em geral, mas condicionada à verificação da consonância do ato de iniciativa das partes às escolhas e valores do sistema.[48]

Inadvertidamente, alguns poderiam imaginar que o princípio da função social tem por escopo eliminar o risco contratual a que uma das partes está submetida. Não é disso que se trata. Todos os contratos envolvem riscos, mesmo se tratando de negócios comutativos, em que as partes conhecem previamente o conteúdo das prestações. Ademais, mesmo em contratos firmados por consumidores, há risco para quem contrata. A função social do contrato, na verdade, serve para corrigir distorções, injustiças e abusividades, trazendo o equilíbrio, mitigando os efeitos do contrato nas circunstâncias em que uma das partes é vulnerável e quando o caso requerer sua aplicação. Atente-se, contudo, que o fato de a função social corrigir distorções não significa que se elimina a autonomia privada ou o risco contratual.

Não nos parece razoável que juízes possam intervir de forma contundente em contratos civis e paritários, em que partes não vulneráveis, após longos meses de tratativas, tenham se obrigado a prestações que possam trazer riscos a uma ou ambas. Desse modo, no âmbito dos contratos empresariais, a intervenção judicial deve ser evitada. Ressalte-se que, no campo desses contratos, muitas vezes de forma consentida e ainda que

---

[47] STJ. REsp nº 1.466.177/SP. Rel. Min. Luis Felipe Salomão, 4ª Turma, j. 20.6.2017. *DJe*, 1º ago. 2017.
[48] GODOY, Claudio Luiz Bueno de. *Função social do contrato*: de acordo com o novo Código Civil. 2. ed. São Paulo: Saraiva, 2007. p. 195. Col. Prof. Agostinho Alvim.

não haja qualquer vulnerabilidade, uma das partes pode efetivamente firmar negócios que sabidamente envolvam maiores riscos, confrontando-se uma prestação com a outra.

Em suma, nos contratos classificados como empresariais, antes de o juiz intervir no contrato, necessário que se atenha aos elementos pré-contratuais relevantes que fizeram com que um dos contratantes, por exemplo, tenha se obrigado a uma prestação que, de forma refletida, poderia lhe trazer altos riscos.[49] Como se retira de importante julgado do Superior Tribunal de Justiça:

> o controle judicial sobre eventuais cláusulas abusivas em contratos empresariais é mais restrito do que em outros setores do Direito Privado, pois as negociações são entabuladas entre profissionais da área empresarial, observando regras costumeiramente seguidas pelos integrantes desse setor da economia. Ressalte-se que a autonomia privada, como bem delineado no Código Civil de 2002 (arts. 421 e 422) e já reconhecido na vigência do Código Civil de 1916, não constitui um princípio absoluto em nosso ordenamento jurídico, sendo relativizada, entre outros, pelos princípios da função social, da boa-fé objetiva e da prevalência do interesse público. Essa relativização resulta, conforme entendimento doutrinário, o reconhecimento de que os contratos, além do interesse das partes contratantes, devem atender também aos "fins últimos da ordem econômica". Nesse contexto, visando à promoção desses fins, admite o Direito brasileiro, expressamente, a revisão contratual, diante da alteração superveniente das circunstâncias que deram origem ao negócio jurídico (teoria da imprevisão, teoria da base objetiva etc.).[50]

Ao final, os julgadores reconhecem que a citada intervenção deve ser reduzida nos contratos entre empresas pela igualdade da posição dos envolvidos na avença.

A função social do contrato, portanto, não pode ser reputada como um princípio que traz incertezas e instabilidades absolutas. O princípio, na verdade e como demonstrado, serve como fundamento de proteção contratual à parte comprovadamente vulnerável, em especial consumidores e aderentes. Sem prejuízo dessa afirmação, ainda que o contrato seja empresarial, havendo desequilíbrio entre as partes ou presente a dependência econômica de uma empresa em face da outra, a função social poderá corrigir abusividades e desequilíbrios. Cite-se a hipótese do contrato de franquia, em que, além dessa dependência, tem-se claramente um contrato de adesão, o que atrai a aplicação das regras protetivas previstas nos arts. 423 e 424 do Código Civil.

Desse modo, nota-se que o princípio da função social do contrato tem por base corrigir ou atenuar os efeitos dos negócios em circunstâncias especiais, quando a interpretação da avença demonstrar que há necessidade de mitigar os efeitos das prestações a

---

[49] Segundo Antônio Junqueira de Azevedo, por contrato empresarial há de se entender o contrato entre empresários, pessoas físicas ou jurídicas, ou, ainda, o contrato entre um empresário e um não empresário que, porém, naquele contrato, visa a obter lucro. Ainda segundo o doutrinador, o contrato existencial, por sua vez, é aquele entre pessoas não empresárias ou, como é frequente, em que somente uma parte é não empresária, desde que essa naturalmente não pretenda transferir, com intuito de lucro, os efeitos do contrato para terceiros. O critério de distinção é exclusivamente subjetivo, se tal diferenciação for possível. Se não for, adota-se o critério subjetivo-objetivo. São existenciais, por exemplo, todos os contratos de consumo, uma vez que o consumidor é destinatário final das vantagens contratuais ou não visa obter lucro. Também o são o contrato de trabalho, o de aquisição da casa própria, o de locação da casa própria e o de conta corrente bancária (AZEVEDO, Antônio Junqueira de. Relatório brasileiro sobre revisão contratual apresentado para as Jornadas Brasileiras da Associação Henri Capitant. In: AZEVEDO, Antônio Junqueira de. *Novos estudos e pareceres de direito privado*. São Paulo: Saraiva, 2009. p. 186).

[50] STJ. REsp nº 1.409.849/PR. Rel. Min. Paulo de Tarso Sanseverino, j. 26.4.2016. DJe, 5 maio 2016.

que as partes estão vinculadas. Como bem ressaltado por Sidnei Beneti, pelo regramento em estudo, o contrato se desprende do individualismo do capitalismo mercantilista e incorpora, definitivamente, a eticidade, *ungindo-se*, como ocorreu com o direito de propriedade, da função social.[51]

Naturalmente que o princípio da função social não pode ser utilizado de forma incorreta, para subverter valores. Reafirme-se que são funções do princípio, entre outras, a proteção de vulneráveis e a correção de injustiças; e não o contrário. Em outras palavras, não se pode utilizar o regramento para proteger o mercado ou como sinônimo da função econômica. Em regra, a função social e a função econômica são antagônicas. Essas finalidades podem ser complementares, mas, como premissa geral, não o são. Sob pena de haver séria distorção do regramento, a função social do contrato não pode ser utilizada como fundamento para o contratante que está em posição econômica preponderante, de forma a reafirmar a manutenção do contrato em desfavor de um vulnerável.

A merecer ressalvas doutrinárias da nossa parte, e servindo como exemplo, cite-se o parecer de Araken de Assis apresentado em demanda que analisou, em julgamento de recursos repetitivos, questões relevantes para o ambiente dos contratos imobiliários de aquisição de imóveis na planta.[52] Em seu trabalho, o jurista fala em *função social da corretagem imobiliária*. Na análise superior em questão entendeu-se pela validade da cláusula contratual que transfere ao promitente-comprador a obrigação de pagar a comissão de corretagem nos contratos de promessa de compra e venda de unidade autônoma em regime de incorporação imobiliária. Tal transferência é possível desde que previamente informado o preço total da aquisição da unidade autônoma, com o destaque do valor da comissão de corretagem aos consumidores.

A discussão que se travou, basicamente, foi no sentido de saber se nos estandes de vendas de imóveis seria lícito ou não atribuir aos adquirentes o pagamento da comissão de corretagem. Conforme uma primeira visão, o corretor de imóveis funcionaria como um vendedor da incorporadora ou construtora, razão pela qual os valores da comissão deveriam ser pagos pelas empresas e não pelos compradores, nos termos do que consta do art. 722 do Código Civil, que deixa clara a imposição do pagamento da referida taxa por aquele que obtém a vantagem útil do negócio. Além disso, sustenta-se existir venda casada entre o contrato de corretagem e o contrato de compra e venda, uma vez que não haveria opção de o consumidor adquirir o imóvel sem o pagamento da referida comissão.

Como forma de fundamentar a licitude na cobrança da comissão de corretagem, Araken de Assis sustenta que, na compra e venda de imóvel adquirido na planta, quando o fornecedor transmite a obrigação para que o consumidor pague pela comissão de corretagem, estaria sendo atendida a função social do negócio em questão. Ainda segundo ele, quando a incorporadora contrata serviços de corretagem a cargo de terceiros, tal regramento é atendido, uma vez que se atinge "eficiência econômica, angariando negócios que, de outra forma, realizar-se-iam em condições mais árduas e em menor escala".[53]

---

[51] BENETI, Sidnei. Função social do contrato. In: TARTUCE, Flávio; SALOMÃO, Luis Felipe (Coord.). *Direito civil*: diálogos entre a doutrina e a jurisprudência. São Paulo: Atlas, 2018. p. 270.

[52] *Função social da corretagem imobiliária e inexistência de "venda casada" na compra e venda de imóveis* – opinião legal de Araken de Assis, juntada aos autos do Recurso Especial nº 1.599.511/SP, de relatoria do Min. Paulo de Tarso Sanseverino, que tratou dos temas da corretagem e da taxa Sati, em julgamento de recursos repetitivos encerrado em agosto de 2016.

[53] *Função social da corretagem imobiliária e inexistência de "venda casada" na compra e venda de imóveis* – opinião legal de Araken de Assis, juntada aos autos do Recurso Especial nº 1.599.511/SP, de relatoria do Min. Paulo de Tarso

Com o devido respeito, não nos parece correto entender que o princípio da função social do contrato possa ser fundamento de defesa cega em favor do mercado no caso em tela, em que se sustenta que a função social dos contratos é atingida quando há maior eficiência econômica. Não é essa, certamente, a função do princípio ora em estudo, que, como afirmamos, funciona com antagonismo em relação à função econômica.

Também com o devido respeito, não se pode associar a função social do contrato com a análise econômica do direito. Não se filia, portanto, à afirmação segundo a qual

> a análise econômica da função social do contrato, realizada a partir da doutrina da análise econômica do direito, permite reconhecer o papel institucional e social que o direito contratual pode oferecer ao mercado, qual seja a segurança e previsibilidade nas operações econômicas e sociais capazes de proteger as expectativas dos agentes econômicos, por meio de instituições mais sólidas, que reforcem, ao contrário de minar, a estrutura do mercado.[54]

Reitere-se, mais uma vez, a importância da manutenção da vontade das partes, da autonomia privada e do *pacta sunt servanda*, sempre que isso for possível. O princípio da função social não significa dizer que cabe ao juiz, ao seu bel-prazer, mitigar os efeitos do contrato nas circunstâncias em que não há necessidade de intervenção. Não se pode admitir, contudo, que o princípio da função social dos contratos seja suscitado pelos grandes grupos econômicos como forma de se tentar demonstrar que a possível interferência judicial nos contratos causa insegurança jurídico-econômica, e, portanto, o cumprimento da função social do contrato implicaria a manutenção integral das cláusulas contratuais, ainda que em circunstâncias claramente abusivas para a parte vulnerável do contrato.

A função social do contrato, portanto, visa à proteção da parte contra abusos praticados pela outra. Mas a proteção deve ser dirigida a quem realmente dela necessite, sem que possa ser desvirtuado o instituto. O princípio da função social não pode ser utilizado como instrumento apto a fragilizar as relações contratuais. Na ausência de requisitos que possibilitem a intervenção do juiz na vontade das partes, o regramento em estudo não pode ser instrumento do juiz que pretende enfraquecer as prestações às quais as partes se vincularam. O contrato é e continua sendo instrumento de vinculação do futuro ao que as partes antes desejaram.

Como bem pontua Paulo Nalin, o juiz não pode, sem a necessária fundamentação, intervir no contrato a partir da aplicação de cláusulas gerais. Referindo-se ao princípio da boa-fé objetiva, por exemplo, o doutrinador afirma:

> não haverá fundamentação válida do *decisum* se o juiz simplesmente se referir ao mencionado artigo de lei, concluindo pela inobservância da boa-fé por um dos contratantes, para então declarar alguma consequência judicial. Será imprescindível que a fundamentação localize no sistema jurídico como um todo, dentro ou fora do Código Civil, as matizes sociais que levam à conclusão de se estar diante de um comportamento desconforme à boa-fé.[55]

Sanseverino, que tratou dos temas da corretagem e da taxa Sati, em julgamento de recursos repetitivos encerrado em agosto de 2016.

[54] STJ. REsp nº 1.163.283/RS. Rel. Min. Luis Felipe Salomão, 4ª Turma, j. 7.4.2015.

[55] NALIN, Paulo Roberto Ribeiro. Cláusula geral e segurança jurídica no Código Civil. *Revista Trimestral de Direito Civil*, Rio de Janeiro, v. 6, n. 23, p. 59-75, jul./set. 2005. p. 93.

Vale lembrar, por oportuno, que o dever de motivação das decisões judiciais, previsto no Código de Processo Civil, passa pela necessidade de dar o correto preenchimento às cláusulas gerais e conceitos indeterminados, pela previsão constante do seu art. 489, §3º, inc. II.

Na mesma linha, Sidnei Beneti faz um alerta importante, qual seja, o de que o princípio da função social não deve ser aplicado em demasia, ou seja, nas circunstâncias em que o seu uso não se faz necessário.[56] Afirma ele existir

> *mare magnum* casuístico que desfila perante os Tribunais de Justiça, Tribunais Regionais Federais, Juízo de 1º Grau e – não se olvide – ainda, perante os Juizados Especiais, cuja sistematização jurisprudencial, permita-se, mais uma vez "literariezar" o Direito, com Pirandello, ainda constitui uma "personagem à procura de um autor".[57]

O princípio da função social, tal como tentamos demonstrar ao longo do presente tópico, é um dos pilares do direito contratual contemporâneo. A sua aplicação, contudo, deve atender aos verdadeiros anseios do Código Civil, de concretizar a eticidade e a socialidade. Reafirmamos que a função social do contrato tem por escopo a proteção de vulneráveis, em circunstâncias específicas, como forma de trazer equilíbrio e justiça social. A função social do contrato, naturalmente, não pode ser aplicada como forma de proteção aos grandes grupos econômicos, bem como hipótese de intervenção nos contratos quando não haja fundamento ou necessidade.

O uso irregular da função social pode resultar em seu indesejado desvirtuamento, como foi demonstrado. Além disso, o uso exacerbado e pouco fundamentado do princípio também pode esvaziá-lo ou torná-lo inócuo. Não é demais ressaltar que, havendo descumprimento da lei, a aplicação do princípio se torna desnecessária. As sentenças não precisam, necessariamente, ser fundamentadas em razão de descumprimento dos princípios da boa-fé objetiva e da função social quando, na realidade, há evidente descumprimento das cláusulas contratuais ou da própria norma jurídica. Ademais, nota-se um aumento de julgados que, não raras vezes, são fundamentados pela violação, conjunta, da função social dos contratos e da boa-fé objetiva. Referidos princípios têm funções e distinções claras, embora possam caminhar conjuntamente. Desse modo, se há descumprimento do princípio da boa-fé objetiva, tal medida não significa que, necessariamente, também haja o desatendimento da função social.

---

[56] BENETI, Sidnei. Função social do contrato. In: TARTUCE, Flávio; SALOMÃO, Luis Felipe (Coord.). *Direito civil*: diálogos entre a doutrina e a jurisprudência. São Paulo: Atlas, 2018. p. 282.

[57] BENETI, Sidnei. Função social do contrato. In: TARTUCE, Flávio; SALOMÃO, Luis Felipe (Coord.). *Direito civil*: diálogos entre a doutrina e a jurisprudência. São Paulo: Atlas, 2018. p. 282. Em seu texto, o jurista também destaca julgados nos quais o STJ recusou a incidência do princípio da função social. Ressalta ele caso em que foi negada a pretendida redução do valor da multa aplicada a estudante que aderiu a contrato de crédito educativo, porque a cláusula, não regida pelo CDC, valorizava o equilíbrio entre as partes da relação contratual (STJ. EREsp nº 1.272.995. Rel. Min. Mauro Campbell Marques, v.u., j. 26.9.2012).

6 Descumprimento da função social do contrato. As contribuições de Luiz Edson Fachin

A função social é preocupação antiga de Luiz Edson Fachin, desde o final da década de oitenta. Quando da promulgação da Constituição Federal, o homenageado já fazia a defesa e ressaltava a importância do princípio da função social da propriedade.[58]

Com a edição do Código Civil de 2002, que positivou o princípio da função social dos contratos, Luiz Edson Fachin passou a ser entusiasta da sua aplicação. Em suas obras, há contribuições relevantes para o desenvolvimento desse regramento no direito civil brasileiro, destacando-se um de seus últimos livros, intitulado *Direito civil: sentidos, transformações e fim*.[59] Nesse trabalho, o ministro do STF ressalta a importância do princípio da função social do contrato no direito civil brasileiro, destacando que "quem contrata não mais contrata tão só o que contrata, via que adota e oferta um novo modo de ver a relação entre contrato e ordem pública". Ao ressaltar que não se aniquila a autonomia privada, Fachin destaca que há necessidade de "superar o ciclo histórico do individualismo exacerbado, substituindo-o pela coexistencialidade".[60]

Nesse sentido, após alçar a função social do contrato à norma de ordem pública, configurando o seu desrespeito violação de dever jurídico e inadimplemento contratual, defende que "o contrato que não atende sua função social é proscrito pelo ordenamento jurídico, incidindo sobre ele a nulidade absoluta".[61] Assim, com fundamento no art. 2.035, parágrafo único, do Código Civil, sustenta que é inválido qualquer negócio ou ato jurídico que contrariar essa disposição.[62]

Seguindo essa linha de pensamento, quando da *III Jornada de Direito Civil*, promovida pelo Conselho da Justiça Federal e pelo Superior Tribunal de Justiça, Fachin propôs o seguinte enunciado:

> A função social dos contratos, prevista no art. 421 do novo Código Civil e definida como preceito de ordem pública pelo parágrafo único do art. 2.035 do novo Código Civil brasileiro, é condição de validade dos atos e negócios jurídicos em geral cujo cumprimento pode se averiguar *ex officio* pelo juiz.

Foram justificativas para a sua proposta:

> Debate-se no Brasil o sentido e o alcance dos contratos à luz do direito contemporâneo. Presentemente, a função social dos contratos é um preceito de ordem pública. Inválido, por

---

[58] FACHIN, Luiz Edson. *A função social da posse e a propriedade contemporânea*: uma perspectiva da usucapião imobiliária. Porto Alegre: Sérgio Antonio Fabris Editor, 1988.

[59] FACHIN, Luiz Edson. *Direito civil*: sentidos, transformações e fim. Rio de Janeiro: Renovar, 2015. O jurista também desenvolveu o tema em outros trabalhos. Veja-se, ainda: FACHIN, Luiz Edson. *Teoria crítica do direito civil à luz do novo Código Civil brasileiro*. 2. ed. Rio de Janeiro: Renovar, 2003; FACHIN, Luiz Edson. *Questões do direito civil brasileiro contemporâneo*. Rio de Janeiro: Renovar, 2008; FACHIN, Luiz Edson. Responsabilidade por dano de cumprimento diante do desaproveitamento da função social do contrato. In: NERY, Rosa Maria de Andrade; DONNINI, Rogério (Coord.). *Responsabilidade civil*: estudos em homenagem ao Professor Rui Geraldo Camargo Viana. São Paulo: RT, 2009.

[60] FACHIN, Luiz Edson. *Direito civil*: sentidos, transformações e fim. Rio de Janeiro: Renovar, 2015. p. 125.

[61] FACHIN, Luiz Edson. *Direito civil*: sentidos, transformações e fim. Rio de Janeiro: Renovar, 2015. p. 126. A obra citada no texto do Prof. Fachin, de um dos seus principais discípulos, é: RUZYK, Carlos Eduardo Pianovski. Os princípios contratuais: da formação liberal à novação contemporânea. In: RAMOS, Carmen Lucia Silveira. *Direito civil constitucional*: situações patrimoniais. Curitiba: Juruá, 2002.

[62] FACHIN, Luiz Edson. *Direito civil*: sentidos, transformações e fim. Rio de Janeiro: Renovar, 2015. p. 127.

isso, pode ser considerado qualquer negócio ou ato jurídico que contrariar essa disposição, hoje inserida no direito brasileiro pelo parágrafo único do art. 2.035 do novo Código Civil (Lei 10.406, em vigor a partir de 11 de janeiro de 2003). Esse princípio legal é aplicável a todas as espécies de contratos, tanto de Direito Privado quanto de Direito Público. É que no campo jurídico contemporâneo não há mais espaço para a separação absoluta entre o público e o privado. Além disso, tal incidência abrange não apenas atos e negócios realizados após 11 de janeiro do ano de 2003, mas compreende também aqueles concluídos antes da vigência do nosso Código Civil; a consequência, contudo, será diferente: no primeiro caso (contratos posteriores à nova lei), haverá invalidade; na segunda hipótese (contratos pretéritos), ocorrerá ineficácia, total ou parcial. Por conseguinte, aos contratos em geral se impõem os limites da função social, que passa a ser o sentido orientador da liberdade de contratar, pilar e espelho da sociedade brasileira contemporânea.[63]

A proposta de enunciado, contudo, acabou não sendo aprovada naquele evento, realizado no ano de 2004. Porém, sucessivamente, na *V Jornada de Direito Civil*, as ideias do jurista foram adotadas quando da aprovação do Enunciado nº 431, segundo o qual a violação do art. 421 conduz à invalidade ou à ineficácia do contrato ou de cláusulas contratuais. A propósito, no que concerne aos efeitos do desatendimento da função social dos contratos, Fachin sustenta que, se o contrato foi firmado *antes* da vigência do Código Civil, haverá ineficácia total ou parcial do negócio, sendo certo que somente haverá nulidade caso o desatendimento ocorra em contratos firmados *depois* da vigência do Código Civil.

Em complemento e ilustrando, em *diálogo* com a doutrina de Fachin, é possível entender que, pela conjugação das regras contidas nos arts. 157, 421 e 2.035, parágrafo único, do Código Civil de 2002, combinados com os arts. 5º, XXII e XXIII, e 170, inc. III, da Constituição Federal de 1988, há plena possibilidade de se anular, judicialmente, negócio celebrado *antes* da vigência da atual codificação pela presença da lesão, desde que o contrato esteja gerando efeitos na vigência da atual codificação.

Igualmente, pelo mesmo caminho, é possível declarar nulo, por simulação, um contrato celebrado na vigência do Código Civil de 1916 que esteja gerando efeitos na vigência da atual lei civil privada. A regra do art. 167 do CC/2002, que trata do vício social em questão, pode retroagir, pela clara relação que mantém com a função social do contrato.[64]

---

[63] Prosseguem as justificativas: "Novos tempos traduzem outro modo de apreender tradicionais institutos jurídicos. Não se trata de aniquilar a autonomia privada, mas sim de superar o ciclo histórico do individualismo exacerbado, substituindo-o pela coexistencialidade. Quem contrata não mais contrata apenas com quem contrata, eis aí o móvel que sinaliza, sob uma ética contratual contemporânea, para a solidariedade social. Probidade e boa-fé são princípios obrigatórios nas propostas e negociações preliminares, na conclusão do contrato, assim em sua execução, e mesmo depois do término exclusivamente formal dos pactos. Desse modo, quem contrata não mais contrata tão só o que contrata, via que adota e oferta um novo modo de ver a relação entre contrato e ordem pública. O equilíbrio entre justiça e segurança jurídica provoca a compreensão desse cenário jurídico. O desafio é decodificá-lo para construir o futuro que não deve se resumir a um requentar do passado. Assim, no debate quanto à validade e à eficácia dos contratos no direito brasileiro, está presente um sistema de valores que contrapesa, no direito, a justiça e seu avesso à da função social como preceito de ordem pública".

[64] Admitindo tal caminho, vejamos ementa do Tribunal de Justiça de São Paulo: "Ação de anulação de negócio jurídico. Simulação. Escritura pública de venda e compra de imóvel que contém declaração falsa. Réus que admitem que o negócio jurídico consiste em dação em pagamento realizada há 26 anos em razão de dívida trabalhista. Ausência de prova da dívida. Testemunhas que afirmam que o proprietário do imóvel era o falecido pai do réu credor. IPTU e cadastro na Prefeitura em nome do de cujus, na condição de compromissário. Escritura e registro nulos. Correta a r. Sentença, cujos fundamentos são ora ratificados nos termos do art. 252 do RITJSP.

Por tudo o que está exposto, não há dúvidas de que as lições acadêmicas de Luiz Edson Fachin seguem influenciando a doutrina e a jurisprudência para a construção de um direito civil mais justo e equilibrado. Como bem ressalta o homenageado, "no debate quanto à validade e à eficácia dos contratos no direito brasileiro, está presente um sistema de valores que contrapesa, no direito, a justiça e seu avesso".[65] Sua grande contribuição para o tema ora analisado diz respeito à possibilidade de se admitir o inadimplemento contratual pelo não atendimento da função social do contrato, o que pode conduzir à ineficácia ou invalidade do pacto celebrado.

Referências

ASCENSÃO, José de Oliveira. Panorama e perspectivas do direito civil na União Europeia. In: AGUIAR JR., Ruy Rosado de (Org.). *V Jornada de Direito Civil*. Brasília: CJF, 2012. Disponível em: <http://www.cjf.jus.br/cjf/corregedoria-da-justica-federal/centro-de-estudos-judiciarios-1/publicacoes-1/jornadas-cej/vjornadadireitocivil2012.pdf>. Acesso em: 20 maio 2018.

AZEVEDO, Antônio Junqueira de. *Negócio jurídico*: existência, validade e eficácia. 4. ed. São Paulo: Saraiva, 2002.

AZEVEDO, Antônio Junqueira de. Relatório brasileiro sobre revisão contratual apresentado para as Jornadas Brasileiras da Associação Henri Capitant. In: AZEVEDO, Antônio Junqueira de. *Novos estudos e pareceres de direito privado*. São Paulo: Saraiva, 2009.

BENETI, Sidnei. Função social do contrato. In: TARTUCE, Flávio; SALOMÃO, Luis Felipe (Coord.). *Direito civil*: diálogos entre a doutrina e a jurisprudência. São Paulo: Atlas, 2018.

CHINÈ, Giuseppe; FRATINI, Marco; ZOPPINI, Andrea. *Manuale di diritto civile*. 4. ed. Roma: Neldiritto, 2013.

COGO, Rodrigo Barreto. *Frustração do fim do contrato*. Dissertação (Mestrado) – Faculdade de Direito da Universidade de São Paulo, São Paulo, 2005.

DINIZ, Maria Helena; AZEVEDO, Antônio Junqueira de (Coord.). *Comentários ao Código Civil*. São Paulo: Saraiva, 2003.

DONNINI, Rogério (Coord.). *Responsabilidade civil*: estudos em homenagem ao Professor Rui Geraldo Camargo Viana. São Paulo: RT, 2009.

FACHIN, Luiz Edson. *A função social da posse e a propriedade contemporânea*: uma perspectiva da usucapião imobiliária. Porto Alegre: Sérgio Antonio Fabris Editor, 1988.

FACHIN, Luiz Edson. *Direito civil*: sentidos, transformações e fim. Rio de Janeiro: Renovar, 2015.

FACHIN, Luiz Edson. *Questões do direito civil brasileiro contemporâneo*. Rio de Janeiro: Renovar, 2008.

FACHIN, Luiz Edson. Responsabilidade por dano de cumprimento diante do desaproveitamento da função social do contrato. In: NERY, Rosa Maria de Andrade; DONNINI, Rogério (Coord.). *Responsabilidade civil*: estudos em homenagem ao Professor Rui Geraldo Camargo Viana. São Paulo: RT, 2009.

FACHIN, Luiz Edson. *Teoria crítica do direito civil à luz do novo Código Civil brasileiro*. 2. ed. Rio de Janeiro: Renovar, 2003.

FIUZA, Ricardo. *O novo Código Civil e as propostas de aperfeiçoamento*. São Paulo: Saraiva, 2003.

GODOY, Claudio Luiz Bueno de. *Função social do contrato*: de acordo com o novo Código Civil. São Paulo: Saraiva, 2004. Coleção Prof. Agostinho Alvim.

GODOY, Claudio Luiz Bueno de. *Função social do contrato*: de acordo com o novo Código Civil. 2. ed. São Paulo: Saraiva, 2007. Coleção Prof. Agostinho Alvim.

Recurso improvido" (TJ/SP. Embargos de Declaração nº 0000088-79.2010.8.26.0069, Acórdão nº 6676920, Tupã. Rel. Des. Maia da Cunha, 4ª Câmara de Direito Privado, j. 8.11.2012. *DJESP*, 28 maio 2013).

[65] FACHIN, Luiz Edson. *Questões do direito civil brasileiro contemporâneo*. Rio de Janeiro: Renovar, 2008. p. 22.

GOMES, Orlando; BRITO, Edvaldo (Coord.). *Contratos.* 26. ed. atual. por Francisco Paulo de Crescenzo Marino e Antônio Junqueira de Azevedo. Rio de Janeiro: Forense, 2007.

HIRONAKA, Giselda Maria Fernandes Novaes. *Contrato:* estrutura milenar de fundação do direito privado. Disponível em: <www.flaviotartuce.adv.br>. Acesso em: 20 maio 2018.

MARQUES, Claudia Lima. Função social do contrato: visão empírica da nova teoria contratual. In: TARTUCE, Flávio; SALOMÃO, Luis Felipe (Coord.). *Direito civil:* diálogos entre a doutrina e a jurisprudência. São Paulo: Atlas, 2018.

MARTINS-COSTA, Judith. Reflexões sobre o princípio da função social dos contratos. *Revista Direito GV*, São Paulo, v. 1, n. 1, p. 41-67, maio 2005.

MESSINEO, Francesco. *Dottrina generale del contratto.* Milano: Giuffrè, 1946.

MIRAGEM, Bruno. Diretrizes interpretativas da função social do contrato. *Revista de Direito do Consumidor*, v. 56, out./dez. 2005.

MORAES, Maria Celina Bodin de. A causa do contrato. *Civilistica.com*, Rio de Janeiro, ano 2, n. 4, out./dez. 2013. Disponível em: <http://civilistica.com/a-causa-do-contrato/>. Acesso em: 15 jan. 2018.

NALIN, Paulo Roberto Ribeiro. Cláusula geral e segurança jurídica no Código Civil. *Revista Trimestral de Direito Civil*, Rio de Janeiro, v. 6, n. 23, p. 59-75, jul./set. 2005.

NALIN, Paulo. *Do contrato:* conceito pós-moderno. 1. ed. 5. tir. Curitiba: Juruá, 2005.

NORONHA, Fernando. *O direito dos contratos e seus princípios fundamentais:* autonomia privada, boa-fé, justiça contratual. São Paulo: Saraiva, 1994.

PALANDT, Otto. *Bürgerliches Gesetzbuch.* München: Beck, 1976. Neubearbeitete Auflage, 2017.

PENTEADO, Luciano de Camargo. *Efeitos contratuais perante terceiros.* São Paulo: Quartier Latin, 2007.

REALE, Miguel. *O projeto do novo Código Civil brasileiro.* 2. ed. São Paulo: Saraiva, 1999.

REALE, Miguel. *Questões de direito privado.* São Paulo: Saraiva, 1997.

RENTERIA, Pablo. Considerações acerca do atual debate sobre o princípio da função social do contrato. In: MORAES, Maria Celina Bodin de (Coord.). *Princípios do direito civil contemporâneo.* Rio de Janeiro: Renovar, 2006.

ROSENVALD, Nelson. A função social do contrato. In: HIRONAKA, Giselda Maria Fernandes Novaes; TARTUCE, Flávio (Coord.). *Direito contratual:* temas atuais. São Paulo: Método, 2008.

RUZYK, Carlos Eduardo Pianovski. Os princípios contratuais: da formação liberal à novação contemporânea. In: RAMOS, Carmen Lucia Silveira. *Direito civil constitucional:* situações patrimoniais. Curitiba: Juruá, 2002.

SIMÃO, José Fernando. *Direito civil:* leituras jurídicas; contratos. São Paulo: Atlas, 2005.

SOUZA, Eduardo Nunes de. *Teoria geral das invalidades do negócio jurídico:* nulidade e anulabilidade no direito civil contemporâneo. São Paulo: Almedina, 2017.

TARTUCE, Flávio. *Direito civil:* teoria geral dos contratos e contratos em espécie. 13. ed. Rio de Janeiro: Forense, 2018. v. 3.

TARTUCE, Flávio. *Função social dos contratos:* do Código de Defesa do Consumidor ao Código Civil de 2002. 2. ed. São Paulo: Método, 2007.

TARTUCE, Flávio; SALOMÃO, Luis Felipe (Coord.). *Direito civil:* diálogos entre a doutrina e a jurisprudência. São Paulo: Atlas, 2018.

THEODORO JÚNIOR, Humberto. *O contrato e a sua função social.* Rio de Janeiro, 2004.

TOMASEVICIUS FILHO, Eduardo. Uma década de aplicação da função social do contrato: análise da doutrina e da jurisprudência brasileiras. *Revista dos Tribunais*, v. 920, fev. 2014.

TRABUCCHI, Alberto; CIAN, Giorgio. *Commentario breve al Codice Civile.* 4. ed. Milano: Cedam, 1992.

VELOSO, Zeno. *Invalidade do negócio jurídico.* Belo Horizonte: Del Rey, 2005.

Informação bibliográfica deste texto, conforme a NBR 6023:2002 da Associação Brasileira de Normas Técnicas (ABNT):

TARTUCE, Flávio; GOMIDE, Alexandre. Função social do contrato: estado da arte nos quinze anos de vigência do Código Civil brasileiro. As contribuições teóricas de Luiz Edson Fachin. In: EHRHARDT JÚNIOR, Marcos; CORTIANO JUNIOR, Eroulths (Coord.). *Transformações no Direito Privado nos 30 anos da Constituição*: estudos em homenagem a Luiz Edson Fachin. Belo Horizonte: Fórum, 2019. p. 357-383. ISBN 978-85-450-0562-9.

NOTAS SOBRE A ADEQUAÇÃO DA CATEGORIA NEGÓCIO JURÍDICO AO MUNDO ATUAL

MARCOS BERNARDES DE MELLO

Preâmbulo

Foi com muita satisfação que recebi o convite para participar desta obra em honra, muito merecida, ao Ministro Luiz Edson Fachin. Primeiro, porque, desde quando o conheci, e isso já faz muitos anos, passei a admirá-lo pelo notável jurista, sábio criador de uma respeitável obra jurídica plena de senso de humanidade, que atingiu horizonte científico muito além daquele alcançado pelo comum dos homens; agora, pelo magistrado lúcido, sereno, equilibrado, coerente e justo que dignifica a toga ministerial que hoje veste.

Para mim, constitui uma honra poder homenagear o mestre.

A escolha desta matéria foi motivada por sua relação com a obra do homenageado denominada *O novo conceito de negócio jurídico: consequências práticas*, dissertação com a qual obteve o título de Mestre em Direito das Relações Sociais pela Pontifícia Universidade Católica de São Paulo e através da qual trouxe uma contribuição significativa a tal árduo tema.[1]

1 Introdução

Desde que Gustav Hugo *isolou*, na categoria ato jurídico lícito (até então a única conhecida da doutrina e assim reconhecida, ainda atualmente, em alguns países, como em França), a espécie *negócio jurídico*, como toda novidade que quebra paradigma, não obteve de logo aceitação doutrinária. A dificuldade em conceituá-la e distingui-la da outra espécie, o *ato jurídico "stricto sensu"* (também denominado *ato jurídico não negocial*), então, fez com que somente ao longo dos anos fosse ganhando posição de destaque entre os doutrinadores, mas com a fama de ser o mais intrincado problema da teoria geral do direito civil.

---

[1] FACHIN, Luiz Edson. *O novo conceito de negócio jurídico*: consequências práticas. Curitiba: Scientia Et Labor, 1988.

A quase unanimidade das codificações civis não a mencionaram (e ainda não a mencionam), mesmo naqueles países que, aderindo à sistemática do BGB, adotaram uma parte geral. No Brasil, o Código Civil de 1916, apesar da forte influência que recebeu do direito alemão, referiu-se na sua Parte Geral, L. III, Tít. I, exclusivamente, a *atos jurídicos*, provavelmente em razão do notável prestígio que a cultura francesa (que nunca reconheceu a espécie) gozava em todo o mundo ocidental. Talvez por esse motivo, a categoria negócio jurídico somente começou a ser referida pela doutrina nacional a partir da segunda metade do século XX, mesmo assim muito timidamente. Pontes de Miranda, ao que parece, foi o primeiro jurista nacional a versar, com profundidade, o tema em seu notável *Tratado de direito privado*,[2] cujo primeiro tomo veio à lume em 1954. Até ali, a literatura jurídica nacional portava-se como se a ignorasse. Muitos dos nossos mais ilustres juristas e brilhantes professores nem ao menos a ela se referiam, ao argumento de que a nossa legislação civil não a reconhecera; outros simplesmente não a admitiam por entenderem que não haveria uma diferença específica que permitisse distinguir, nítida e inquestionavelmente, as duas espécies de atos jurídicos lícitos entre si; ainda outros negavam que houvesse utilidade prática na distinção, uma vez que ambas as espécies estariam sujeitas ao mesmo regime jurídico.

A maioria da doutrina nacional, porém, ao longo do tempo passou a tratar o negócio jurídico como a principal categoria de fato jurídico, atitude que culminou por se refletir no Código Civil de 2002. Apesar disso, não lhe cessaram as críticas, agora sob novo argumento: o voluntarismo que tipificaria o negócio jurídico o tornava incompatível com a concepção de Estado Social proclamada na Constituição brasileira de 1988, notadamente pela necessidade de intervenção nas relações econômicas em face da massificação das denominadas relações de consumo ocorrida a partir da segunda metade do século XX. As objeções doutrinárias aumentaram com a decretação do Código de Defesa do Consumidor (Lei nº 8.078, de 11.9.1990), que adotou um regramento diferenciado dos atos jurídicos relacionados ao consumo, principalmente quanto à validade e aos instrumentos de proteção do consumidor no tocante aos defeitos dos produtos e serviços, afastando a incidência das tradicionais regras do Código Civil sobre a matéria. Por isso, passou a doutrina, em especial a dedicada ao direito do consumidor, a afirmar que a categoria negócio jurídico seria inadequada quando se tratasse, pelo menos e em particular, de transações situadas na área do direito do consumidor. Esse, *grosso modo*, o panorama atual do problema.

Mas, será que essa proclamada inadequação do *negócio jurídico* realmente existe, tem fundamento científico, ou será que decorre de uma visão distorcida dessa categoria que a vê conforme foi originalmente definida pelos pandectistas?

Responder a essa questão é o objetivo deste artigo. Para tanto temos como necessária a exposição de certos conceitos que consideramos indispensáveis à compreensão do problema, o que faremos a seguir com a possível brevidade.[3]

---

[2] MIRANDA, Francisco Cavalcante Pontes de. *Tratado de direito privado*. Edição atualizada por vários autores. São Paulo: Revista dos Tribunais, 2012/2013.

[3] Esses temas, sumariamente tratados, encontram-se expostos com maiores detalhes em MELLO, Marcos Bernardes de. *Teoria do fato jurídico*: plano da existência. 21. ed. São Paulo: Saraiva, 2017. §3º.

2 Noções fundamentais relacionadas à teoria do fato jurídico

2.1 A geração da eficácia jurídica

Desde Savigny, que primeiro teorizou sobre o *fato jurídico*, definindo-o,[4] assentou-se que no mundo jurídico nada se cria, nada se transforma, nada se extingue, senão como consequência (= eficácia) de um fato jurídico. Por isso, o fato jurídico constitui o dado fundamental da juridicidade; somente a partir dele se pode falar em direito ou em qualquer categoria jurídica, da mais elementar à mais complexa.[5] Mas, que é fato jurídico?

2.2 A escolha do fato jurídico e de sua eficácia

Dissemos em nosso *Teoria do fato jurídico: plano da existência*:[6]

> A vida é uma sucessão permanente de fatos. Desde o nascimento até a morte, com todos os atos que integram a vida, desde a estrela cadente que risca o céu ao vai-e-vem da onda do mar, tudo o que nos cerca, física ou psiquicamente, são fatos. "O mundo mesmo, em que vemos acontecerem os fatos, é a soma de todos os fatos que ocorreram e o campo em que os fatos futuros se vão dar".[7]

O direito, como processo de adaptação social que é, tem a função de buscar obter uma convivência, a mais harmônica possível (paz), entre os integrantes da comunidade jurídica (= grupo social com poder para *dizer* suas próprias normas jurídicas) por ele regida. Por isso, quando algum fato, evento natural ou conduta, interfere nas relações inter-humanas criando a possibilidade de conflitos de interesses, a comunidade jurídica, valorando-o como relevante, passa a regulá-lo por meio de normas jurídicas, alçando-o à condição de fato jurídico ao qual atribui, com exclusividade, a geração de consequências jurídicas (= eficácia jurídica consistente em situações jurídicas de que decorrem, conforme a espécie, relações jurídicas, com seus direitos ⇆ deveres, pretensões ⇆ obrigações, ações ⇆ situações de acionado, exceções ⇆ situações de excetuado, sanções, ônus, prêmios *e.g.*).

A norma jurídica, de modo muito simplista, sempre é formulada por meio de uma proposição lógica que, em seu mínimo existencial, se compõe de: (a) um *antecedente*, em que é descrito, como hipótese, um fato ou um conjunto de fatos considerado relevante (a que denominamos *suporte fáctico*) que constituirá o fato jurídico, e (b) um *consequente*, (a que denominamos *preceito*), em que são prescritas as consequências jurídicas que lhe são imputadas (= eficácia jurídica).

Na definição dos elementos que irão compor o suporte fáctico do fato jurídico a liberdade de escolha que tem a comunidade jurídica é tão ampla que beira ao arbítrio. Com efeito, os limites que se impõem à liberdade de legislar restringem-se ao respeito

---

[4] SAVIGNY, M. F. C. von. *Sistema del derecho romano actual*. Tradução de Jacinto Messia y Manoel Poley Centro. 2. ed. Madrid: Góngora, [s.d.]. v. II. p. 142.
[5] Por esse motivo, Pontes de Miranda afirma: "4. A noção fundamental do direito é a de fato jurídico [...]" (MIRANDA, Francisco Cavalcante Pontes de. Prefácio. In: MIRANDA, Francisco Cavalcante Pontes de. *Tratado de direito privado*. Edição atualizada por vários autores. São Paulo: Revista dos Tribunais, 2012/2013. t. I. p. XI).
[6] MELLO, Marcos Bernardes de. *Teoria do fato jurídico*: plano da existência. 21. ed. São Paulo: Saraiva, 2017.
[7] MIRANDA, Francisco Cavalcante Pontes de. *Tratado de direito privado*. Edição atualizada por vários autores. São Paulo: Revista dos Tribunais, 2012/2013. t. I. §1º, 1.

aos valores da comunidade, à dignidade dos seres humanos, à necessidade de sua referibilidade às pessoas e, por fim, à natureza das coisas. O mesmo ocorre no que diz respeito à determinação das consequências jurídicas atribuídas àquele fato jurídico. Portanto, o definir qual deve ser o fato jurídico e qual deve ser a composição do suporte fáctico que o gerará, bem assim o estabelecer quais consequências (= efeitos jurídicos) irá produzir, são questões que se põem na dimensão axiológica do direito, por isso relacionadas ao poder de *dizer* o direito. Nessa atividade, não há um padrão a ser seguido, necessariamente. Mesmo aqueles limites a que acima nos referimos (exceto a natureza das coisas, que é refratária, de modo absoluto, ao querer do homem, e a referibilidade às pessoas, que se não houver torna inútil a norma) podem, eventualmente, ser desconsiderados, uma vez que têm cunho valorativo. Mas, feita a escolha (= editada) da norma jurídica, torna-se dogma. Mas, um dogma que pode ser revisto conforme as conveniências da comunidade jurídica.

2.3 A conceituação do fato jurídico

A norma jurídica atua no mundo pela *incidência* (que constitui sua única eficácia na dimensão dogmática do direito) que, por sua força, *jurisdiciza a parte relevante de seu suporte fáctico*, transformando-a em fato jurídico. Ser fato jurídico, portanto, é qualificação que a norma atribui a fatos da vida nela valorados, por força de sua *incidência*. Embora a *função essencial* do fato jurídico seja a de produzir os efeitos à eficácia jurídica prescrita no *consequente* da norma (= preceito), não importa se o fato jurídico efetivamente a produzirá, ou não. A produção da eficácia jurídica imputada não lhe é essencial, visto que pode depender de fatores outros que não apenas a sua existência (basta lembrar as condições suspensivas, por exemplo). A eventual ineficácia de um fato jurídico não o desfigura como tal.

A partir dessas noções, sumariamente expostas, e considerando a exigência científica de que a definição de um objeto deve mencionar o dado que, por lhe ser exclusivo e essencial, o diferencia dos demais de seu gênero, temos que o vetusto conceito de fato jurídico proposto, originalmente, por Savigny (e repetido pela doutrina, com adições que tentam, inutilmente, aprimorá-lo) de *fato que cria, modifica e extingue relações jurídicas*, à evidência, mostra-se insuficiente por duas razões: a) tomar como diferença específica seus efeitos que, como vimos, podem não ocorrer ou podem variar e b) porque não ser cientificamente correto definir a causa (aqui o fato jurídico) por seus efeitos.

Por isso, Pontes de Miranda o define, atendendo às exigências da ciência: "fato jurídico é a parte relevante do suporte fáctico de uma norma jurídica que, jurisdicizada por sua incidência, tem entrada no mundo jurídico, onde podrá ou não, produzir os efeitos que lhe são atribuídos".[8]

---

[8] MIRANDA, Francisco Cavalcante Pontes de. *Tratado de direito privado*. Edição atualizada por vários autores. São Paulo: Revista dos Tribunais, 2012/2013.

2.4 Classificação dos fatos jurídicos
2.4.1 A doutrina tradicional

Vários têm sido os critérios adotados pela a doutrina para classificar os fatos jurídicos.

(i) Muitos distinguem as várias espécies de fato jurídico tomando por fundamento os efeitos que podem produzir. De acordo com essa orientação, considerando que os fatos jurídicos podem constituir, modificar ou extinguir relações jurídicas, os fatos são classificados em *constitutivos, modificativos* ou *extintivos*.

(ii) Outros o fazem mencionando a natureza dos fatos que integram a sua hipótese de incidência (= suporte fáctico). Assim, como exemplo, Orlando Gomes[9] adota classificá-los em:

    (a) *acontecimentos naturais*, que podem ser ordinários (morte, nascimento, *e.g.*) e *extraordinários* (caso fortuito, força maior, *e.g.*); e

    (b) ações humanas, que se subdividem em: a) ações humanas de efeitos jurídicos voluntários – atos jurídicos *lato sensu*, e b) ações humanas de efeitos jurídicos involuntários – atos ilícitos.

Consoante mostramos em nosso *Teoria do fato jurídico: plano da existência*,[10] esses critérios carecem de cientificidade, o que os faz inconsistentes.

(a) O primeiro porque:

    (a.i) é cientificamente condenável a identificação do *ser* pelas suas consequências, pois que estas lhe são posteriores e dele dependem;

    (a.ii) a gama de efeitos jurídicos identificáveis no mundo jurídico não se limita aos que constituem, modificam ou extinguem as relações jurídicas, mas inclui outras espécies que não se enquadram naquelas;

    (a.iii) ainda mais, há situações em que o fato jurídico não produz seus efeitos, como há situações em que o fato jurídico produz mais de um efeito, diferentes, o que, naturalmente, impossibilita sua inclusão em uma das classes.

Parece indiscutível, por isso, que esse critério não tem cunho científico, afigurando-se mais obra de alquimista, motivo pelo qual se vê, hoje, pouco seguido.

(b) O segundo também peca pela acientificidade em razão da imprecisão e da insuficiência, pois não abrange as espécies possíveis. No exemplo de Orlando Gomes que tomamos acima, não foram considerados os fatos jurídicos constituídos por "ações humanas de efeitos involuntários", que, de modo algum, são ilícitas. A especificação assim como a descoberta de um tesouro, *e.g.*, não são ilícitas, mas resultam de ação humana cujos efeitos jurídicos são involuntários. Além disso, as espécies ilícitas que não decorrem de ações humanas, mas resultam de acontecimentos naturais cuja eficácia é o dever de indenizar (avulsão, por exemplo), não têm como ser catalogadas aqui.

---

[9] GOMES, Orlando. *Introdução ao direito civil*. 3. ed. Rio de Janeiro: Forense, 1971. n. 154.
[10] MELLO, Marcos Bernardes de. *Teoria do fato jurídico*: plano da existência. 21. ed. São Paulo: Saraiva, 2017. §27.

2.4.2 A classificação segundo o cerne do suporte fáctico

Como mencionado antes, é pacífico em ciência que uma classificação deve, como uma definição, individuar as espécies considerando dados essenciais que lhes são próprios e exclusivos, portanto, que as caracterizam e as distingam das demais. Elementos acidentais ou comuns a mais de uma espécie, portanto, não lhe podem servir de fundamento. Quando se trata de fatos jurídicos, a sua substância consiste nos dados que compõem seus suportes fácticos, tal como descritos nas normas jurídicas, em razão de serem invariáveis. Entre esses dados, há *um* prevalecente por constituir o elemento nuclear básico que o define e caracteriza como espécie. Por isso é denominado *cerne* do suporte fáctico.

Em realidade, foi a doutrina germânica do começo do século XIX, que, ao construir o notável edifício da teoria geral do direito, identificou as categorias possíveis de fatos jurídicos, com fundamento nas características essenciais de cada uma. Mas, apesar do avanço daí resultante, não se atingiu a necessária precisão científica,[11] a qual somente foi alcançada, mais uma vez, pela obra de Pontes de Miranda que a aprimorou.[12] Seguindo sua orientação metodológica, há dois elementos nucleares (cerne) dos suportes fácticos, que diferenciam, de modo inconfundível, os fatos jurídicos entre si:

(a) a conformidade ou não conformidade do fato jurídico com o direito, sendo os fatos jurídicos classificados em *lícitos* (conformes ao direito) e *ilícitos* (não conformes ao direito). Nessas duas categorias, se enquadram todas as espécies cujo elemento classificatório consiste na

(b) presença, ou não, de *ato humano volitivo* no suporte fáctico. Com base nesse critério, os fatos jurídicos são classificados em (i) fatos jurídicos *stricto senso* (suportes fácticos integrados somente por eventos da natureza, mesmo que envolvam seres humanos – *e.g.*, nascimento, morte, frutificação etc.); (ii) atos-fatos jurídicos (suportes fácticos que preveem condutas de que resultam situações fácticas irremovíveis, motivo pelo qual o direito considera irrelevante a vontade em realizá-las – *e.g.*, caça, pesca, especificação, descoberta de tesouro, comistão, tomada de posse etc.); (iii) ato jurídico *lato sensu*, que se subdivide em ato jurídico *stricto sensu* e negócio jurídico (fatos jurídicos em que uma exteriorização consciente da vontade constitui o cerne do suporte fáctico).

Postas essas premissas, passamos a analisar o tema proposto.

---

[11] Ainda hoje a doutrina alemã, bem assim a italiana e outras que dela *receberam* a influência, classificam o ato-fato jurídico – a que denominam *Realakt* (ato real) ou *Tathandlung* (ato material) – como espécie de ato jurídico. Essa classificação nos parece equivocada uma vez que no ato-fato jurídico a vontade é irrelevante, prevalecendo a situação fáctica criada pela conduta, em atenção à natureza das coisas.

[12] MIRANDA, Francisco Cavalcante Pontes de. *Tratado de direito privado*. Edição atualizada por vários autores. São Paulo: Revista dos Tribunais, 2012/2013. Esse critério tem indiscutível caráter científico. Por fundar-se em dado invariável constitutivo do fato jurídico (o elemento *cerne* do suporte fáctico hipotético), a classificação do fato jurídico também é invariável. Por isso, a presença, quando da concreção do suporte fáctico de certo fato jurídico, de um dado fáctico estranho (= não previsto) à espécie desse fato jurídico, não altera sua classificação. O erro que porventura possa existir ficará sempre por conta da má interpretação da norma. Assim, para classificar um fato jurídico, basta conhecer a descrição normativa do seu suporte fáctico.

3 O conceito clássico de negócio jurídico

Durante boa parte do século XVIII, os jusnaturalistas alemães vinham empregando a expressão *ein rechtliches Geschaft* para designar os atos jurídicos em que a pessoa tinha liberdade de escolha da categoria jurídica, inclusive quanto à eficácia pretendida, e diferenciá-los daqueles outros em que não havia essa possibilidade. No crepúsculo daquele século e albores do século XIX, os pandectistas passaram a escrevê-la com uma só palavra — *Rechtsgeschäft* (negócio jurídico), ao que parece por obra de Gustav Hugo que a empregou em suas *Institutionen des heutingen Romischen Rechts*, publicadas em Berlim, em 1789.

O conceito de negócio jurídico nasceu, assim, no clima ideológico do Estado Liberal,[13] que tinha por fundamento principal a supremacia da liberdade individual, a mais ampla possível, diante do Estado. Deve-se a esse ambiente político o haver sido concebido o negócio jurídico como instrumento de realização da vontade individual, respaldando uma liberdade contratual que se idealizava, praticamente, sem limites. Esse exacerbado individualismo conduziu a que a doutrina visse na nova espécie um *ato autônomo de vontade* através do qual as pessoas criariam os efeitos jurídicos desejados (daí falar-se em *autonomia da vontade*, também dita *autonomia privada*). Esse voluntarismo de tão exagerado passou a ser reverenciado como *dogma*, o *dogma da vontade*,[14] que, por isso

---

[13] LÔBO, Paulo Luiz Netto. *Do contrato no Estado social*. Maceió: Edufal, 1983 ; e STOLFI, Giuseppe. *Teoría del negocio jurídico*. Tradução de Jaime Santos Briz. Madrid: Revista de Derecho Privado, 1959. p. XVIII; RIEG, Alfred. Le contrat dans les doctrines allemandes du XIXe siècle. *Archives de Philosophie du Droit*, Paris, n. 13, 1968. p. 32. Conforme anotamos em nosso *Teoria do fato jurídico: plano da existência* (nota 202), por mais que se queira sustentar a neutralidade ideológica do direito, como fez Hans Kelsen, por exemplo, não é possível negar que as instituições jurídicas, representando, em seu conteúdo, o resultado da valoração dos fatos da vida feita pelo poder estatal em nome da comunidade, principalmente, não podem ser neutrais do ponto de vista ideológico. O poder estatal, ninguém discute, procura, sempre, agir no sentido de que as suas concepções políticas sejam realizadas, de modo que elas constituem a diretriz básica que inspira toda a sua atividade. Por isso, é impossível dissociar a adoção das normas jurídicas, que é tarefa atribuída ao Estado, através de seus órgãos, da inspiração política, em que o caráter ideológico é predominante. Mesmo se abstrairmos da revelação das normas jurídicas a influência preeminente do poder estatal, para vermos nela a realização dos anseios da comunidade social, não teremos como negar o seu cunho ideológico. Sim, porque a comunidade age e pensa segundo os seus padrões de cultura, que consubstanciam o próprio espírito do povo, o conjunto de suas tradições, sentimentos, concepções de vida, enfim, todas as forças espirituais e morais que a animam. Por isso, parece-nos impossível dissociar da cultura a ideologia que, naturalmente, se reflete nas normas jurídicas. Querer, assim, um direito desideologizado é querer negar que o direito constitua uma criação da sociedade humana, portanto, prenhe do espírito que a domina (MELLO, Marcos Bernardes de. *Teoria do fato jurídico*: plano da existência. 21. ed. São Paulo: Saraiva, 2017).

[14] Usa-se a expressão *dogma da vontade* para designar a concepção voluntarista do negócio jurídico (NEGRI, Héctor. *El negocio jurídico (en la Doctrina Germano Italiana)*. Buenos Aires: Omeba, 1965. Separata de la Enciclopedia Jurídica Omeba. p. 33, §55). Há outros autores, porém, como Vicente Ráo, que distinguem *dogma da vontade* e *dogma da declaração*, relacionando cada uma dessas expressões à teoria subjetiva (ou teoria da vontade) e à teoria objetiva (ou teoria da declaração), respectivamente (RÁO, Vicente. *Ato jurídico*. São Paulo: Max Limonad, 1961. p. 45). Também se dividem os autores quanto às expressões *autonomia privada* e *autonomia da vontade*, relacionando-as às referidas teorias, que estão expostas resumidamente adiante, na nota 15. No nosso entender, não há razão para as distinções, uma vez que em ambas predomina um voluntarismo semelhante. Conforme ressalta o próprio Vicente Ráo na obra citada, o problema do predomínio da vontade real ou subjetiva sobre a vontade objetivamente declarada é problema distinto, que ao caráter autônomo da vontade só por via reflexa diz respeito. Nem se destruiria o suposto "dogma da vontade" substituindo-o pelo "dogma da declaração" ou pela força atuante da lei: esse problema é por demais complexo e excede os limites de quaisquer afirmações categóricas e simplistas, num sentido ou noutro. A verdade é que, embora se procure distinguir autonomia da vontade e autonomia privada, a doutrina emprega, correntemente, ora uma ora outra expressão, sempre para definir o poder de manifestar a vontade no sentido de "autorregulamentação" ou autodisciplina dos interesses próprios (ou, em certo sentido, dos interesses representados), na expressão de Vicente Ráo (*Ato jurídico*. São Paulo: Max Limonad, 1961. 46), ou como os franceses, no sentido do "poder da vontade de ser um órgão produtor de direito", conforme a definição de Véronique Ranouil (*L'autonomie de la volonté*: naissance et évolution

mesmo, não poderia deixar de ser considerado essência da categoria. Assim, tornou-se dogmática a definição de Bernard Windscheid: *negócio jurídico é uma declaração privada de vontade, que visa a produzir um efeito jurídico*.[15]

Essa constitui a conceituação clássica de negócio jurídico, a qual, ainda hoje, reina viva, sendo reproduzida intocada, ou, ao menos, praticamente sem maiores retoques, em obras doutrinárias.[16]

Dela podemos tirar que:

(a) a *vontade declarada das pessoas* constituiria o próprio negócio jurídico;

(b) os efeitos jurídicos do negócio jurídico seriam uma decorrência direta (criação) da vontade negocial.

Posteriormente, sob a influência de Hans Kelsen, a doutrina normativista potencializou a vontade negocial em grau tão elevado que se chegou ao ponto de atribuir caráter normativo ao negócio jurídico, donde dizer que o negócio jurídico criaria normas jurídicas denominadas, aqui, individuais.

4 Uma revisão (necessária) do conceito clássico de negócio jurídico

4.1 A necessidade de atualização dos conceitos jurídicos

Em primeiro lugar, é preciso ressaltar a circunstância de que data dos séculos XVIII e XIX a concepção clássica de negócio jurídico. Após destacar a grandiosidade da

---

d'un concept. Paris: PUF, 1980. p. 17 e ss.). Pontes de Miranda, entretanto, que prefere e usa correntemente a expressão *autorregramento da vontade*, porque, segundo ele, é impróprio o uso da palavra *autonomia* (em razão da sua etimologia *auto* = própria e *nomia* = norma), emprega, algumas vezes, a expressão *autonomia da vontade* (quase sempre entre parênteses e após a expressão *autonomia privada*, que é preferida por Betti), dizendo: "Evite-se, outrossim, chamá-la autonomia privada, no sentido de autorregramento de direito privado, porque, com isso, se elidiria, desde a base, qualquer autorregramento da vontade, em direito público –, o que seria falsíssimo" (MIRANDA, Francisco Cavalcante Pontes de. *Tratado de direito privado*. Edição atualizada por vários autores. São Paulo: Revista dos Tribunais, 2012/2013. t. III, §255, 1).

[15] WINDSCHEID, Bernard. *Diritto delle pandette*. Tradução de Fadda e Bensa. Torino: Utet, 1902. v. I. p. 264. 1ª Parte. Duas teorias principais procuram explicar em que consistiria essa vontade: a) A teoria da vontade (teoria subjetiva), que sustentou ser a vontade interna, psicológica, o elemento essencial do negócio jurídico. Segundo essa teoria, a intenção de negócio e o querer os seus efeitos seriam condições *sine qua non* do negócio jurídico, que somente existiria se o figurante, ao declarar a vontade, o fizesse com a *intenção de realizá-lo*. Desse modo, a vontade declarada pelo figurante teria, sempre, de refletir a sua vontade interna; na discordância entre a vontade psicológica e a sua declaração, prevaleceria aquela. b) A teoria da declaração (teoria objetiva) defendeu a prevalência da declaração sobre a vontade interna, argumentando que a declaração é o único dado objetivo capaz de ser conhecido pelas outras pessoas; a *vontade interna*, por constituir circunstância de difícil, senão impossível, apreensão em sua realidade e veracidade, não pode ser considerada. Para os defensores dessa teoria, se o comportamento da pessoa configura, tipicamente, a conduta prevista pelas normas jurídicas, esse seria o elemento suficiente para se considerar concretizado o negócio jurídico (sobre o assunto, *vide* DANZ, Erich. *La interpretación de los negocios jurídicos*. Tradução de Francisco Bonet Ramon. 3. ed. Madrid: Revista de Derecho Privado, 1955, especialmente os §§1-7; e FERRI, Luigi. *L'autonomia privata*. Milano: Giuffrè, 1959. p. 3 e ss.). Como se vê, ambas as teorias são, substancialmente, coincidentes, uma vez que nelas predomina o voluntarismo como fundamento do negócio jurídico. A divergência se cinge à prevalência quanto à vontade interna e a declarada, quando conflitantes. Em ambas, no entanto, não se dispensa, nem se poderia dispensar, a exteriorização da vontade como elemento material, objetivo, do negócio jurídico.

[16] Somente como exemplos na literatura jurídica nacional: RODRIGUES, Silvio. *Direito civil* – Parte geral. 5. ed. São Paulo: Saraiva, 1974. v. 1. p. 169 e ss.; GOMES, Orlando. *Introdução ao direito civil*. 3. ed. Rio de Janeiro: Forense, 1971. n. 173; AMARAL, Francisco. *Direito civil brasileiro*: introdução. 4. ed. Rio de Janeiro: Renovar, 2002. p. 381; PEREIRA, Caio Mario da Silva. *Instituições de direito civil*. 20. ed. atual. por Maria Celina Bodin Moraes. Rio de Janeiro: Forense, 2004. v. 1. n. 82; DINIZ, Maria Helena. *Curso de direito civil*. 22. ed. São Paulo: Saraiva, 2005. v. 1. p. 277; NADER, Paulo. *Curso de direito civil*: parte geral. Rio de Janeiro: Forense, 2003. p. 373; OLIVEIRA, J. M. Leoni de. *Direito civil*: teoria geral do direito civil. Rio de Janeiro: Lumen Juris, 1998. v. 2. p. 565.

contribuição à ciência jurídica da doutrina germânica ao *construir* a teoria geral do direito, mostramos a necessidade de atualização dos conceitos jurídicos em face da evolução por que passam as sociedades humanas,[17] escrevendo:

> As instituições jurídicas, no entanto, constituem instrumentos práticos da vida social e, por isso, precisam de estar arraigadas à experiência de cada povo. Esse caráter empírico do direito impõe a impossibilidade de que as suas instituições sejam tratadas como meras entidades abstratas, de puro conteúdo lógico-formal, donde ser necessário que os conceitos jurídicos e as categorias que os configuram não estejam desvinculados da realidade social atual em que se inserem. É verdade que a função específica da Ciência Jurídica consiste em elaborar, a partir da análise do sistema jurídico, como dado empírico, conceitos e categorias de tão amplos graus de abstração e generalidade que consigam explicar e abranger as situações possíveis.
>
> Por outro lado, é claro que o direito positivo não está sujeito às formulações abstratas da Ciência. No atendimento das carências sociais, as normas são livres para formular as categorias e as estruturas que melhor se ajustem às situações, porque, como observa Miguel Reale, "O Direito é feito para a vida e não a vida para o Direito" (*Filosofia do direito*, p. 535). A Ciência presta auxílio inestimável à elaboração do direito positivo, mas, de modo algum limita a capacidade de autocriação do próprio sistema jurídico. Daí, parece evidente que, se o direito varia no tempo e no espaço, ajustando-se às exigências das mutações sociais, com forte dose de elemento ideológico (*vide* nota n. 200), os conceitos e as categorias elaborados pela Ciência Jurídica não podem permanecer imutáveis, mas precisam ajustar-se às transformações substanciais quando alteram a própria fisionomia do sistema jurídico. Pretender que as categorias e os conceitos permaneçam tal qual foram formulados, insensíveis às modificações do direito positivado em atos legislativos, é querer fazer deles algo inútil, porque abstração fora da realidade. Ao contrário, ajustá-los à experiência, sempre que mudem as condições existenciais, é fazê-los vivos instrumentos não só da Ciência, mas, principalmente, do próprio direito.

4.2 A inconsistência científica da concepção clássica de negócio jurídico. A desatualização da concepção clássica de negócio jurídico

A partir dessas considerações e da noção que expusemos de fato jurídico, parece-nos evidente que a concepção clássica do negócio jurídico já não tinha consistência científica desde o nascedouro, notadamente por confundir o suporte fáctico (a declaração de vontade) com o próprio negócio jurídico, conforme mostraremos no tópico seguinte. Além disso, mesmo que se pudesse admiti-la como correta, a circunstância de ter sido elaborada no final do século XVIII e consolidada durante o século XIX impunha sua atualização, considerando-se as tantas e tamanhas modificações pelos padrões jurídicos à força da influência das enormes mutações experimentadas pelos arquétipos sociais. A ampliação da interferência estatal na regulação de questões tradicionalmente inseridas na área dos interesses privados, com a redução proporcional do poder individual, e a massificação das relações sociais, são dados suficientes para demonstrar que a concepção clássica do conceito de negócio jurídico é insuficiente para explicá-lo tal qual hoje se apresenta. Pela constatação dessa realidade, tão lucidamente exposta na obra já citada

---

[17] MELLO, Marcos Bernardes de. *Teoria do fato jurídico*: plano da existência. 21. ed. São Paulo: Saraiva, 2017. §47.

de Paulo Luiz Netto Lôbo (*O contrato no estado social*[18] e mais recentemente em sua obra *Direito civil: parte geral*),[19] é que procuraremos formular um conceito de negócio jurídico que o faça atual e útil ao direito hodierno.

4.3 O equívoco contido na concepção clássica de negócio jurídico

A partir da noção de fato jurídico como acima exposta, parece ficar evidente que a concepção clássica não tem respaldo científico algum. Afirmar que a *declaração de vontade é o próprio negócio jurídico* e estabelecer uma relação direta entre ela, declaração de vontade, e a geração dos efeitos jurídicos do negócio implica um equívoco inadmissível. Com efeito, é indiscutível que *negócio jurídico* é tão somente uma das espécies de fato jurídico, certamente a de maior importância, de cujo suporte fáctico a *vontade exteriorizada* constitui um dos elementos, em verdade o cerne de seu núcleo. Essa condição de cerne do núcleo do suporte fáctico, embora seja elemento fáctico indispensável para caracterizar a espécie negócio jurídico e determinar, no tempo, sua concreção não permite que seja considerada o próprio fato jurídico. Não é possível confundir o suporte fáctico com o próprio fato jurídico. São objetos absolutamente distintos, apesar da relação existencial que há entre eles.[20]

Por isso, cientificamente, é inadmissível ter-se como correta a concepção clássica de negócio jurídico.

4.4 A correção de Pontes de Miranda do conceito de negócio jurídico

Pontes de Miranda, como o fez em relação à boa parte das concepções construídas pela doutrina alemã, procedeu a uma revisão do conceito clássico de negócio jurídico, escoimando-o do defeito acima apontado e adequando-o aos padrões da boa ciência.

Em sua crítica, mostrou, como anotamos antes:
(i) quanto à sua natureza, que
  (a) o negócio jurídico é uma espécie de fato jurídico cujo suporte fáctico tem como *cerne* uma *declaração de vontade*. A declaração de vontade é, portanto, apenas um dos elementos do suporte fáctico, havendo sempre a exigência da presença de outros fatos (= elementos completantes) para que se forme em sua integralidade;
  (b) assim, para que o negócio jurídico exista, é imprescindível que se concretize suficientemente o suporte fáctico da norma jurídica que o prevê e se dê a incidência jurisdicizante. Portanto, a *declaração de vontade* que não seja admitida como elemento de suporte fáctico de norma jurídica ou que, mesmo quando admitida, juntamente com ela não se concretizem os demais pressupostos fácticos previstos pela norma, não tem qualquer significado jurídico;
  (c) por isso, a *declaração de vontade* não pode ser confundida com o próprio negócio jurídico;

---

[18] LÔBO, Paulo Luiz Netto. *Do contrato no Estado social*. Maceió: Edufal, 1983.
[19] LÔBO, Paulo Luiz Netto. *Direito civil*: parte geral. 3. ed. São Paulo: Saraiva, 2012.
[20] Sobre a distinção ontológica entre fato (real), suporte fáctico e fato jurídico, veja-se MELLO, Marcos Bernardes de. *Teoria do fato jurídico*: plano da existência. 21. ed. São Paulo: Saraiva, 2017. §13.

(ii) quanto à geração de efeitos jurídicos, como somente de fato jurídico pode decorrer eficácia jurídica, por mínimo que seja, não se pode atribuir à *declaração de vontade*, que é apenas parte de suporte fáctico, a condição de causa da eficácia jurídica negocial. Na verdade, o ordenamento jurídico atribui à vontade certo *poder de escolha* da categoria jurídica, inclusive eficaciais, mas, nunca o de criar efeitos jurídicos.

Diante de tais incorreções, fica evidente a necessidade de rever o conceito clássico de negócio jurídico, formulando-se outro que o individualize pela menção dos elementos essenciais que o caracterizam como espécie e que, atendendo às exigências científicas, permitam distingui-lo dos demais atos jurídicos. Assim é que enunciamos: negócio jurídico é o fato jurídico cujo elemento nuclear do suporte fáctico consiste em manifestação ou declaração consciente de vontade, em relação à qual o sistema jurídico faculta às pessoas, dentro de limites predeterminados e de amplitude vária, o poder de escolha de categoria jurídica e de estruturação do conteúdo eficacial das relações jurídicas respectivas, quanto ao seu surgimento, permanência e intensidade no mundo jurídico.

5   Há inadequação da espécie negócio jurídico ao mundo atual?

5.1 Considerações gerais

Por influência do notável desenvolvimento tecnológico, da extraordinária da explosão demográfica e da globalização, o mundo vem presenciando, desde meados do século passado, profundas transformações nos padrões do comportamento social. Vive-se um ambiente massificado em que, por necessidade, as relações negociais a cada novo dia deixam de ter o caráter individual de antes. Negócios se realizam por intermédio de máquinas. A internet passou a ser o instrumento ideal de comunicação. Os mercados financeiros se veem avassalados por moedas virtuais que não têm lastro em valores reais, nem são garantidas por estados. A impessoalidade e a virtualidade nas relações econômicas cada vez mais assumem a posição de regra.

Esse clima de mudanças impõe, naturalmente, a necessidade de ajustamento dos padrões jurídicos a fim de atender às novidades e, assim, evitar-lhes a obsolescência. Os juristas, porém, costumam cultivar um incomum apego às doutrinas construídas e consolidadas no passado. Mesmo que já as reconheçam caducas e ultrapassadas, portanto, imprestáveis aos novos paradigmas da vida, preferem mantê-las intocadas, mas, proclamar-lhes a inadequação e procurar novos caminhos. Isso é o que ocorre com a doutrina do negócio jurídico: repete-se a doutrina construída pelos pandectistas nos séculos XVIII e XIX e se afirma que, pelos seus fundamentos voluntaristas, tornou-se inadequada e inservível para atender aos novos padrões sociais e econômicos.

5.2 As objeções à adequação do negócio jurídico aos padrões atuais

As principais objeções opostas à adequação da categoria negócio jurídico são feitas considerando problemas que surgem no campo do direito do consumo, em que:
(a) a massificação da produção e do consumo criou uma supremacia do fornecedor na oferta dos negócios que, praticamente, elimina a liberdade de escolha do consumidor;

(b) as soluções dos problemas de validade e invalidade do negócio jurídico previstas na legislação civil são incompatíveis com as espécies adotadas pelo direito do consumo.

Essas objeções,[21] conforme demonstraremos a seguir, são inconsistentes, uma vez que somente podem encontrar fundamento se considerado o negócio jurídico segundo a sua concepção clássica. Vejamos.

(a) Verdade: a categoria negócio jurídico surgiu como uma notável inovação dos meios jurídicos postos à disposição da comunidade para a realização de suas necessidades negociais, quando o Estado Liberal alcançara seu auge. Por isso, o voluntarismo que estimulava o liberalismo econômico encontrou na nova espécie o instrumento ideal para realizar-se e permitiu que se dissesse ser o negócio jurídico uma *declaração de vontade para alcançar os efeitos queridos pelas pessoas*.

Não há negar que essa concepção não tem como servir num ambiente, como o de hoje, em que predominam as relações massificadas que impuseram como regra novos padrões jurídicos, como os contratos de adesão, os contratos-tipo e outros semelhantes, e novas práticas comerciais marcadas pela impessoalidade.

(i) Sem dúvida, nas espécies contratuais acima mencionadas, com a circunstância de que as cláusulas contratuais são predispostas pelo policitante sem possibilidade de alteração, resta aos ofertados apenas aceitá-las, firmando o contrato, ou recusar-se a contratar, não se pode, realmente, considerar a *submissão* (aceitação) do ofertado à proposta de contrato como uma declaração de vontade dirigida à um efeito por ele querido. Assim, não haveria negócio jurídico.

(ii) Também não é possível considerar negócio jurídico, segundo a ideia clássica, as transações negociais feitas através de máquinas, como também em supermercados e assemelhados, por exemplo. A ausência de *declarações de vontade* impede configurá-las como negócios jurídicos.

(iii) No entanto, analisado o problema sob a óptica da concepção de Pontes de Miranda, não há como recusar a essas espécies a natureza de negócio jurídico.

Como vimos antes: primeiro, a declaração de vontade não é o negócio jurídico; depois, o negócio jurídico é apenas uma categoria jurídica para qual a vontade constitui apenas elemento de seu suporte fáctico. Assim, para existir o negócio jurídico, basta que a vontade que o pode compor seja exteriorizada conforme a norma jurídica determinar (= declarada ou manifestada), de modo consciente sobre objeto não proibido (= resultado). Portanto, a vontade somente precisa ser declarada (= exteriorização qualificada) quando há específica exigência normativa (como no casamento, no testamento etc., por exemplo). Caso contrário, é bastante ser manifestada (= exteriorização simples).

Existindo, o negócio jurídico produz seus efeitos (queridos ou não), que consistem, em geral, em relações jurídicas cujos conteúdos são previstos nas normas jurídicas que os regulam. No mais das vezes, há cogência (= os efeitos são obrigatórios), mas, pode haver dispositividade (= não cogência). Se há dispositividade, o ordenamento deixa às pessoas a estruturação do conteúdo eficacial da relação jurídica.

---

[21] Em *Teoria do fato jurídico: plano da existência*, analisamos detalhadamente algumas das principais objeções postas pela doutrina, mostrando sua improcedência (MELLO, Marcos Bernardes de. *Teoria do fato jurídico*: plano da existência. 21. ed. São Paulo: Saraiva, 2017. §54).

Fora isso, não há outras exigências para que se tenha um negócio jurídico.

Portanto, não vemos como negar aos contratos de adesão e outros semelhantes a natureza de negócio jurídico. A imposição das cláusulas contratuais não desfigura a natureza de negócio jurídico. *Fechar*, voluntariamente, o contrato, mesmo sem concordar com suas cláusulas, é manifestar vontade suficiente para constituir o negócio jurídico.

Por isso não nos parece procedente a afirmativa, sem dúvida respeitável, de que nos contratos de adesão e assemelhados não haveria negócio jurídico, por falta de autonomia da vontade (= poder de autorregramento), nem mesmo vontade de negócio, em razão de faltar, ao figurante que aceita a proposta, liberdade de escolha, "pois onde entra a necessidade (seja ela vital ou provocada pelo consumo dirigido) sai a liberdade".[22] Por quê?

Porque implica incluir a *liberdade de contratar* como elemento caracterizador do poder de autorregramento da vontade, portanto, como dado essencial do suporte fáctico do negócio jurídico. Com efeito, *liberdade de contratar* e *poder de autorregramento da vontade* são conceitos distintos, apesar de relacionados, de modo que podem coexistir numa mesma situação fáctica, mas nunca se confundir, menos ainda se excluir, pois um não é pressuposto do outro. O poder de autorregramento supõe tão somente poder de escolha, mas não necessariamente liberdade de escolha. Quando, por exigência de trabalho, alguém precisa comprar um telefone da operadora X, e não da Y ou Z, por exemplo, porque somente aquela oferece o serviço de que necessita, se compra, não exerceu seu poder de autorregramento? A circunstância de ser a atividade monopolizada elimina a vontade de quem efetua a compra? Ou só atende a uma imposição do ofertante? A afirmação de que não existe liberdade quando se trata de satisfazer uma necessidade implica negar a própria liberdade do ser humano de decidir sobre sua vida, máxime se essa necessidade decorre de consumo dirigido. Querer ou não querer, fazer ou não fazer, são escolhas, mesmo sob pressão de necessidades normais, até mesmo sob coação. A manifestação de vontade, ainda quando tenha sua higidez maculada por algum dos vícios de vontade (entre os quais não está a precisão de contratar para satisfazer as naturais necessidades da vida, pior ainda as de consumo dirigido), é suficiente a constituir negócio jurídico; apenas pode fazê-lo anulável. Só a *vis absoluta* elimina a vontade, hipótese que não ocorre na aceitação de um contrato de adesão.

Há importantes doutrinadores que vão mais longe e negam sejam negócios jurídicos as transações negociais que se realizam por meio de máquinas ou quando os bens são ofertados à venda em gôndolas, como nos supermercados, quase prescindindo da intermediação de pessoas na negociação. Há até quem veja nessas práticas comerciais apenas atos-fatos jurídicos. Sem razão, porém. Quando alguém expõe ao público, em máquina apropriada, certo produto anunciando que poderá ser adquirido se nela for colocada uma moeda de valor determinado, está, sem dúvida *manifestando* sua vontade de vender aquele produto: há aqui uma *oferta* (negócio jurídico unilateral). Do mesmo modo, quando alguém introduz na máquina a moeda do valor exigido e retira o produto que ela disponibiliza, *manifesta* seu querer de adquiri-lo: há aqui uma *aceitação* (negócio jurídico unilateral). O mesmo ocorre quando, em supermercado, alguém apanha na prateleira o produto que quer, leva-o ao caixa, e efetua o pagamento: o supermercado *ofertou* e o consumidor *aceitou*. Em ambas as situações ninguém *declarou* vontade alguma, mas

---

[22] LÔBO, Paulo Luiz Netto. *Direito civil*: parte geral. 3. ed. São Paulo: Saraiva, 2012. p. 242.

o negócio jurídico bilateral de compra e venda efetivamente se realizou: um vendeu – perdendo a propriedade sobre o bem – e o outro comprou – adquirindo a propriedade. Aquisição e perda de propriedade são efeitos jurídicos de negócios jurídicos e outros fatos jurídicos.

(b) Finalmente, há, ainda, ilustres juristas que, à alegação de que o sistema de nulidades do Código Civil não se coaduna com o instituído pelo Código de Defesa do Consumidor, sustentam a inadequação da categoria negócio jurídico a esse último. A inconsistência de tal argumento é evidente. Senão, vejamos.

É verdade que o vetusto tratamento dado pelo Código Civil às invalidades não tem qualquer semelhança com o do CDC. Esse é muito mais coerente e melhor atende às peculiaridades das relações de consumo. Isso, no entanto, não pode ter qualquer repercussão no que tange à adequação do negócio jurídico a qualquer área do direito. Antes de mais nada é preciso deixar claro que a validade ou invalidade não integra o ser do fato jurídico, no caso do negócio jurídico. São apenas qualificações que lhe são atribuídas por deficiência em elementos do núcleo do suporte fáctico (= cerne e completantes). Por isso, estão relacionadas ao atendimento de elementos complementares do suporte fáctico de modo que não o integram. Basta lembrar que, salvo as espécies em que o ordenamento jurídico, expressa e especificamente, dispõe que certo ato é nulo ou anulável, os pressupostos gerais de validade e as hipóteses de invalidade estão enunciados em normas jurídicas distintas daquelas que definem os suportes fácticos dos atos jurídicos *lato sensu*.

Há outro aspecto a considerar. Validade e invalidade são matérias estritamente de direito positivo. Cada sistema jurídico adota os critérios que melhor lhe convém. Não há um paradigma que deva ser seguido. Dentro do mesmo sistema jurídico é possível que variem os pressupostos de validade de uma área para outra. Por isso, o atribuir hipóteses de invalidade aos atos jurídicos na área do direito civil diferentes daquelas prescritas para os atos no campo do direito do consumo em nada pode afetar a essência de negócio jurídico.

6 Conclusões

Em face dos fundamentos jurídicos aqui expostos, podemos concluir que a propalada inadequação da categoria negócio jurídico para qualificar os fatos jurídicos que envolvem prestações de serviços e o consumo de bens no mundo atual somente encontra justificativa se vista a espécie como uma *declaração de vontade que visa a produzir efeitos jurídicos* segundo a conceituação formulada, originalmente, pela doutrina germânica.

No entanto, se considerarmos a lição de Pontes de Miranda que, corrigindo os insuperáveis equívocos contidos na clássica definição de (a) confundir o negócio jurídico – que é uma espécie de fato jurídico – com um dos elementos de seu suporte fáctico – a *declaração de vontade* e de (b) atribuir à vontade o poder de gerar eficácia jurídica, conceituou o negócio jurídico como o *ato jurídico que tem por suporte fáctico uma exteriorização consciente de vontade à qual o ordenamento jurídico outorga o poder de escolha da categoria jurídica e, dentro de certa amplitude, a possibilidade de estruturação do conteúdo eficacial da relação jurídica (= poder de autorregramento da vontade, usualmente denominado autonomia da vontade ou autonomia privada)*, podemos afirmar que não há inadequação alguma. A categoria negócio jurídico continua atual.

Referências

AMARAL, Francisco. *Direito civil brasileiro*: introdução. 4. ed. Rio de Janeiro: Renovar, 2002.

DANZ, Erich. *La interpretación de los negocios jurídicos*. Tradução de Francisco Bonet Ramon. 3. ed. Madrid: Revista de Derecho Privado, 1955.

DINIZ, Maria Helena. *Curso de direito civil*. 22. ed. São Paulo: Saraiva, 2005. v. 1.

EHRHARDT JR., Marcos. *Direito civil*. LINDB e parte geral. 2. ed. rev., ampl. e atual. Salvador: JusPodivm, 2011. v. I.

FACHIN, Luiz Edson. *O novo conceito de negócio jurídico*: consequências práticas. Curitiba: Scientia Et Labor, 1988.

FACHIN, Luiz Edson. *Teoria crítica do direito civil*. Rio de Janeiro: Renovar, 2000.

FERRI, Luigi. *L'autonomia privata*. Milano: Giuffrè, 1959.

GOMES, Orlando. *Introdução ao direito civil*. 3. ed. Rio de Janeiro: Forense, 1971.

KELSEN, Hans. *Teoria pura do direito*. 2. ed. Tradução de João Batista Machado. Coimbra: Arménio Amado Ed., 1962.

LÔBO, Paulo Luiz Netto. *Direito civil*: parte geral. 3. ed. São Paulo: Saraiva, 2012.

LÔBO, Paulo Luiz Netto. *Do contrato no Estado social*. Maceió: Edufal, 1983.

MELLO, Marcos Bernardes de. *Teoria do fato jurídico*: plano da existência. 21. ed. São Paulo: Saraiva, 2017.

MIRANDA, Francisco Cavalcante Pontes de. *Tratado de direito privado*. Edição atualizada por vários autores. São Paulo: Revista dos Tribunais, 2012/2013.

NADER, Paulo. *Curso de direito civil*: parte geral. Rio de Janeiro: Forense, 2003.

NEGRI, Héctor. *El negocio jurídico (en la Doctrina Germano Italiana)*. Buenos Aires: Omeba, 1965. Separata de la Enciclopedia Jurídica Omeba.

OLIVEIRA, J. M. Leoni de. *Direito civil*: teoria geral do direito civil. Rio de Janeiro: Lumen Juris, 1998. v. 2.

PEREIRA, Caio Mario da Silva. *Instituições de direito civil*. 20. ed. atual. por Maria Celina Bodin Moraes. Rio de Janeiro: Forense, 2004. v. 1.

RANOUIL, Véronique. *L'autonomie de la volonté*: naissance et évolution d'un concept. Paris: PUF, 1980.

RÁO, Vicente. *Ato jurídico*. São Paulo: Max Limonad, 1961.

RÁO, Vicente. *O direito e a vida dos direitos*. 2. ed. São Paulo: Resenha Universitária, 1976.

REALE, Miguel. *Filosofia do direito*. 6. ed. São Paulo: Saraiva, 1972.

RIEG, Alfred. Le contrat dans les doctrines allemandes du XIXe siècle. *Archives de Philosophie du Droit*, Paris, n. 13, 1968.

RODRIGUES, Silvio. *Direito civil* – Parte geral. 5. ed. São Paulo: Saraiva, 1974. v. 1.

SAVIGNY, M. F. C. von. *Sistema del derecho romano actual*. Tradução de Jacinto Messia y Manoel Poley Centro. 2. ed. Madrid: Góngora, [s.d.]. v. II.

STOLFI, Giuseppe. *Teoría del negocio jurídico*. Tradução de Jaime Santos Briz. Madrid: Revista de Derecho Privado, 1959.

WINDSCHEID, Bernard. *Diritto delle pandette*. Tradução de Fadda e Bensa. Torino: Utet, 1902.

Informação bibliográfica deste texto, conforme a NBR 6023:2002 da Associação Brasileira de Normas Técnicas (ABNT):

MELLO, Marcos Bernardes de. Notas sobre a adequação da categoria negócio jurídico ao mundo atual. In: EHRHARDT JÚNIOR, Marcos; CORTIANO JUNIOR, Eroulths (Coord.). *Transformações no Direito Privado nos 30 anos da Constituição*: estudos em homenagem a Luiz Edson Fachin. Belo Horizonte: Fórum, 2019. p. 385-399. ISBN 978-85-450-0562-9.

NEGÓCIO JURÍDICO E INTERESSE PÚBLICO: UMA APROXIMAÇÃO A PARTIR DA OBRA DE LUIZ EDSON FACHIN

ROSALICE FIDALGO PINHEIRO

MARCELO CONRADO

Introdução

Atendendo ao honroso convite de participar de uma coletânea em homenagem ao Professor e, hoje, Ministro Luiz Edson Fachin, a obra *Novo conceito de ato e negócio jurídico: consequências práticas* chamou-nos desde logo a atenção. Por um lado, por se tratar de uma obra com a qual tivemos contato, ainda, no primeiro ano do Curso de Graduação em Direito, quando o homenageado nos ensinava as primeiras linhas do direito civil; por outro, por se tratar da dissertação de mestrado, defendida por seu autor na Pontifícia Universidade Católica de São Paulo, sob a orientação do Professor Arruda Alvim, ainda, em meados dos anos oitenta. E, finalmente, por se tratar de uma obra que tem por tema o negócio jurídico, categoria construída pela pandectística alemã, sob a perspectiva de um rigoroso processo de abstração do direito privado moderno.

Atualmente, o negócio jurídico é um dos temas mais discutíveis do direito civil. Enquanto alguns proclamam que se trata de uma categoria "destinada à decadência",[1] e outros consideram-no uma "categoría innecesaria y perturbadora para la explicación de la autonomia privada",[2] há aqueles que prezam pela permanência do "verdadeiro conceito de negócio jurídico, escoimado dos excessos voluntaristas".[3] Mas, se a figura, ora em discussão, é tão criticada, por que este conceito abstrato ainda povoa a prática

---

[1] Tradução livre de: "destinata al tramonto" (GALGANO, Francesco. *Il diritto privato fra codice e costituzione*. Bologna: Zanichelli, [s.d.]. p. 81).
[2] LÓPEZ Y LÓPEZ, Ángel M. *Fundamentos de derecho civil*. Doctrinas generales y bases constitucionales. Valencia: Tirante lo Blanch, 2012. p. 366.
[3] MELLO, Marcos Bernardes de. *Teoria do fato jurídico*. Plano da existência. São Paulo: Saraiva, 2007. p. 195.

dos juristas e os cursos jurídicos? Isso ocorre mais por hábito linguístico do que por uma convicção conceitual, pois a doutrina do negócio jurídico como vocabulário jurídico, ainda, gravita fortemente entre os civilistas.[4]

Partindo da contribuição revelada pela obra do homenageado, quanto à distinção entre ato jurídico em sentido estrito e negócio jurídico, e a supremacia dos interesses sociais na autonomia privada, este trabalho tem por objetivo aproximar o negócio jurídico do interesse público. Para tanto, promove-se uma investigação afeta aos atos que envolvem o direito autoral, indagando acerca da supremacia do interesse público em tais situações. Eis que a resposta que se tenha a esta indagação servirá ao exame do declínio ou da permanência da categoria do negócio jurídico no cenário jurídico nacional.

Utilizando-se do método dedutivo e de um procedimento de pesquisa empírico, o presente artigo divide-se em três partes: a primeira recolhe as principais contribuições da obra *Novo conceito de ato e negócio jurídico: consequências práticas*; a segunda delineia o negócio jurídico como categoria histórica e lógica, transitando da prevalência dos interesses econômicos individuais para a incidência do interesse público em tais atos; a terceira dedica-se ao exame da prevalência do interesse público nos negócios jurídicos acerca dos direitos autorais, examinando se há um declínio ou permanência da categoria do negócio jurídico, elaborado pelo direito privado moderno.

1 "Novo conceito de ato e negócio jurídico" na obra de Luiz Edson Fachin

A obra *Novo conceito de ato e negócio jurídico: consequências práticas* tem por objetivo "apontar sistematicamente distinções entre ato jurídico em sentido estrito e o negócio jurídico" no direito civil brasileiro.[5] Para tanto, o autor dividiu a obra em três capítulos: o primeiro trata de noções preliminares sobre referida distinção, como o fato jurídico, o histórico da distinção, sua relevância e o tratamento da matéria no direito privado brasileiro e comparado; o segundo capítulo dedica-se à análise das distinções entre ato jurídico em sentido estrito e negócio jurídico, fundamentando-se na doutrina nacional e estrangeira, realizando uma tipificação exemplificativa de ambas as figuras no direito brasileiro e a aplicabilidade das regras gerais do negócio jurídico ao ato jurídico *stricto sensu*; e o terceiro capítulo trata da autonomia privada, delineando seu conceito, fundamentos e limites traçados pelos interesses sociais.

A distinção entre ato jurídico em sentido estrito e negócio jurídico não foi acolhida pelo Código Civil de 1916 que, por considerá-la irrelevante, se orientava pela concepção unitarista, unificando ambos os conceitos.[6] Ao fazê-lo, a codificação oitocentista aproximou-se dos principais códigos estrangeiros de sua época, como o francês, o espanhol e o italiano, diversamente do BGB, que já previa uma parte geral como seção afeta ao negócio jurídico. Atenta Luiz Edson Fachin para o fato de que a "expressão

---

[4] LÓPEZ Y LÓPEZ, Ángel M. *Fundamentos de derecho civil*. Doctrinas generales y bases constitucionales. Valencia: Tirante lo Blanch, 2012. p. 369.

[5] FACHIN, Luiz Edson. *Novo conceito de ato e negócio jurídico*: consequências práticas. Curitiba: Educa, Scientia et Labor, 1988. p. vii.

[6] FACHIN, Luiz Edson. *Novo conceito de ato e negócio jurídico*: consequências práticas. Curitiba: Educa, Scientia et Labor, 1988. p. 12.

negócio jurídico não passou totalmente desapercebida pelos doutrinadores nacionais", sendo "tomada como sinônimo de ato jurídico".[7]

Como consequência deste tratamento legislativo:

> A figura do ato jurídico ficou de certo modo na penumbra, seja porque a figura que ela subentende como contraposta, o negócio jurídico, atraiu majoritariamente a atenção e o interesse da doutrina, seja porque geralmente acreditou-se que a sua composição heterogênea impedisse de começar convenientemente um tratamento unitário. A doutrina, enfim, se deu conta ao tratar do negócio jurídico, que alguns atos não podiam ser colocados naquele esquema, daí porque foram em regra designados de *atos não negociais*, que são tidos como sendo atos jurídicos em sentido estrito.[8]

Diante da "dificuldade em explicar inúmeras situações",[9] a doutrina lançou-se na tarefa de distinguir as duas figuras. Seu marco inicial encontra-se em Pontes de Miranda, avançando para uma doutrina que destacou o ato jurídico como gênero e o negócio jurídico como espécie. Na esteira deste movimento doutrinário, a recodificação brasileira acolheu a concepção dualista de ato jurídico, mas sem afastar a relação de gênero e espécie entre as duas figuras, o que recebeu a crítica de Luiz Edson Fachin, ao afirmar: "não há razão absoluta para que um esteja filiado ao outro".[10]

Ao realizar um exame da doutrina nacional, o autor de "novo conceito de ato e negócio jurídico" identifica o engano de distinguir ambas as figuras pelos seus efeitos, sendo mais acertado depositar em seu conteúdo volitivo a referência de sua discussão.[11] Após realizar uma "tipificação exemplificativa de atos jurídicos *stricto sensu* e negócios jurídicos no direito brasileiro", o autor aponta "diferenças relativas" e "diferenças mais que relativas": em relação às primeiras, a lei condiciona o conteúdo do ato jurídico em sentido estrito, ainda que admita certa variação legal de autorregulamentação de interesses;[12] já a eficácia do negócio jurídico decorre preponderantemente do disposto em seu conteúdo, que deve ser lícito, avultando a vontade de resultado. Em relação às segundas, o negócio jurídico tem uma função dispositiva sobre os interesses, que o situam no campo da autonomia privada, enquanto o ato jurídico em sentido estrito apresenta um fim predeterminado em lei, a ser acionado pela vontade, não sendo caracterizado por aquela autonomia.[13]

Considerando a autonomia privada um dos critérios de distinção, a obra, ora em análise, dedica um capítulo inteiro à "pedra angular do sistema civilístico", cuja expressão

---

[7] FACHIN, Luiz Edson. *Novo conceito de ato e negócio jurídico*: consequências práticas. Curitiba: Educa, Scientia et Labor, 1988. p. 14.
[8] FACHIN, Luiz Edson. *Novo conceito de ato e negócio jurídico*: consequências práticas. Curitiba: Educa, Scientia et Labor, 1988. p. 6.
[9] FACHIN, Luiz Edson. *Novo conceito de ato e negócio jurídico*: consequências práticas. Curitiba: Educa, Scientia et Labor, 1988. p. 12.
[10] FACHIN, Luiz Edson. *Novo conceito de ato e negócio jurídico*: consequências práticas. Curitiba: Educa, Scientia et Labor, 1988. p. 17.
[11] FACHIN, Luiz Edson. *Novo conceito de ato e negócio jurídico*: consequências práticas. Curitiba: Educa, Scientia et Labor, 1988. p. 26-27.
[12] FACHIN, Luiz Edson. *Novo conceito de ato e negócio jurídico*: consequências práticas. Curitiba: Educa, Scientia et Labor, 1988. p. 51.
[13] FACHIN, Luiz Edson. *Novo conceito de ato e negócio jurídico*: consequências práticas. Curitiba: Educa, Scientia et Labor, 1988. p. 51-52.

é autonomia da vontade.[14] Após identificá-la como "a esfera de liberdade reservada para a pessoa exercer direitos e formar relações jurídicas"[15] e apontar sua necessária licitude, pois "ilógico seria pensar que o sistema jurídico fechado permitira um universo fora de seus quadrantes fundamentais",[16] Luiz Edson Fachin enfrenta a discussão sobre seus "limites e a supremacia dos interesses sociais". Trata-se de um tema que, à época, a civilística nacional não ousaria cogitar. Delineia-se, então, a maior contribuição de sua obra para o direito civil brasileiro dos anos oitenta: por trás da distinção técnica entre ato jurídico *stricto sensu* e negócio jurídico, a autonomia privada é apontada como "um princípio político",[17] que comanda aquela distinção.

Nessa perspectiva, o princípio da função social sinaliza uma intervenção do Estado, por meio de normas cogentes, na liberdade individual, limitando a autonomia privada. Com o objetivo de estabelecer um equilíbrio dos interesses individuais, a "hipertrofia da vontade individual vem cedendo vez à subordinação dos interesses particulares ao interesse coletivo".[18] Semelhante intervenção revela-se ao não se permitir a formação de conteúdo para certos negócios jurídicos, na obrigação de utilização de formas típicas, na restrição de capacidade dos contratantes, na uniformização de contratos e sua revisão judicial,[19] enunciando uma mitigação da vontade individual.

Deixa-se de definir o negócio jurídico como mera declaração de vontade, destinada a produzir efeitos jurídicos, para conceituá-lo como um ato de autonomia privada, que impõe aos sujeitos uma conduta conforme o regulamento de seus interesses. Eis a teoria que considera o negócio jurídico instrumento da autonomia privada, que, na acepção de Orlando Gomes, "impregna-se de sentido social, ao abandonar o dogma da vontade".[20]

Indaga-se, no sistema jurídico atual, acerca da utilidade da distinção entre ato jurídico *stricto sensu* e negócio jurídico. Pietro Perlingieri refere-se à tradicional classificação entre atos jurídicos em sentido estrito e negócios jurídicos, aduzindo que uma profunda revisão do dogma da autonomia privada mostra a fragilidade dos argumentos que regem essa classificação.[21] Para Paulo Luiz Netto Lôbo, tal classificação, amparada na exteriorização de uma vontade consciente, mostra-se insatisfatória, eis que passou a abranger condutas ou comportamentos típicos das pessoas, no fenômeno de massificação negocial:[22]

---

[14] FACHIN, Luiz Edson. *Novo conceito de ato e negócio jurídico*: consequências práticas. Curitiba: Educa, Scientia et Labor, 1988. p. 54.
[15] FACHIN, Luiz Edson. *Novo conceito de ato e negócio jurídico*: consequências práticas. Curitiba: Educa, Scientia et Labor, 1988. p. 56.
[16] FACHIN, Luiz Edson. *Novo conceito de ato e negócio jurídico*: consequências práticas. Curitiba: Educa, Scientia et Labor, 1988. p. 54.
[17] FACHIN, Luiz Edson. *Novo conceito de ato e negócio jurídico*: consequências práticas. Curitiba: Educa, Scientia et Labor, 1988. p. 58.
[18] FACHIN, Luiz Edson. *Novo conceito de ato e negócio jurídico*: consequências práticas. Curitiba: Educa, Scientia et Labor, 1988. p. 61.
[19] FACHIN, Luiz Edson. *Novo conceito de ato e negócio jurídico*: consequências práticas. Curitiba: Educa, Scientia et Labor, 1988. p. 61.
[20] GOMES, Orlando. *Transformações gerais do direito das obrigações*. 2. ed. São Paulo: Revista dos Tribunais, 1980. p. 70-71.
[21] PERLINGIERI, Pietro. *Perfis do direito civil*. Introdução ao direito civil constitucional. Rio de Janeiro: Renovar, 1997. p. 93.
[22] LÔBO, Paulo. *Direito civil*. Parte geral. São Paulo: Saraiva, 2009. p. 235-236.

[...] na massificação negocial a vontade é desconsiderada. A massificação social nos centros urbanos e a revolução da informática não são compatíveis com exigências atribuíveis às situações negociais dependentes de exteriorização de vontade consciente. Lembrem-se dos transportes urbanos, cujo usuário, independentemente de ser civilmente capaz ou de querer o contrato de transporte, é obrigado a pagar o preço correspondente; ou dos adquirentes de produtos postos em prateleiras ou gôndolas de supermercados, cujo pagamento é exigível pelo simples comportamento de retirada do produto, independentemente da vontade negocial.[23]

Referindo-se aos novos fenômenos contratuais que surgem nesse contexto, Marcos Bernardes de Mello aponta que no contrato de adesão e no contrato necessário a vontade não está totalmente excluída. Não obstante as cláusulas predispostas limitem a liberdade da parte aderente à aceitação em bloco de um conteúdo contratual, os contratos de adesão mantêm uma liberdade de escolha com a finalidade de satisfazer necessidades, desejos ou vontades pessoais. Segundo aquele autor, trata-se de uma situação presente em qualquer contrato, de tal modo que "[...] dizer que a vontade não foi manifestada é absurdo. Houve manifestação de vontade [...] e não negócio sem manifestação ou contra a vontade".[24] Em relação ao contrato necessário, a pessoa exerce sua vontade livre, ao optar por exercer uma atividade que requer, segundo a lei, a prática necessária de um ato jurídico. Mas quando este se torna obrigatório, "[...] não há mais como poder falar de negócio jurídico, pois estaremos diante da discricionariedade do poder público ou até da arbitrariedade, quando se extrapolam os limites da legitimidade".[25] Igualmente, alguns juristas insistem em afirmar que as relações contratuais de fato não passariam de atos-fatos, por não estar presente a vontade para caracterização do negócio jurídico. Porém, em tais casos, existe uma manifestação concludente de vontade, não sendo possível negá-la como seu elemento essencial.[26] Por conseguinte, arremata o autor:

> Como se vê, as objeções somente têm alguma razão de ser quando o negócio jurídico é visto segundo as concepções clássicas que o reduzem, erroneamente, a declarações de vontade dirigidas a um fim jurídico, conforme afirmava o voluntarismo d'antanho. Quando, no entanto, se considera o negócio jurídico não apenas como um instrumento de satisfação da vontade das pessoas, mas como um instrumento do tráfico jurídico, pondo-o no seu devido lugar, atendendo a suas peculiaridades, tais como reveladas pela experiência jurídica, e o conceituamos de acordo com sua real configuração, constatamos que o negócio jurídico continua a ser uma categoria abrangente de todas as situações em que as pessoas possam, no uso de seu livre-arbítrio, exprimir sua vontade.[27]

Diante da discussão proposta, mister se faz localizar historicamente a concepção de negócio jurídico que se aparta do ato jurídico em sentido estrito, para analisar sua configuração ideológica afeta à concepção moderna de sujeito de direito, a consequente prevalência dos interesses privados.

---

[23] LÔBO, Paulo. *Direito civil*. Parte geral. São Paulo: Saraiva, 2009. p. 236.
[24] MELLO, Marcos Bernardes de. *Teoria do fato jurídico*. Plano da existência. São Paulo: Saraiva, 2007. p. 195-196.
[25] MELLO, Marcos Bernardes de. *Teoria do fato jurídico*. Plano da existência. São Paulo: Saraiva, 2007. p. 196.
[26] MELLO, Marcos Bernardes de. *Teoria do fato jurídico*. Plano da existência. São Paulo: Saraiva, 2007. p. 197.
[27] MELLO, Marcos Bernardes de. *Teoria do fato jurídico*. Plano da existência. São Paulo: Saraiva, 2007. p. 197-198.

2 O negócio jurídico e sujeito de direito: a supremacia dos interesses privados

A localização histórica do negócio jurídico deve-se ao século XIX, sendo construído pela pandectística alemã como categoria lógico-jurídica, ordenadora de todo o direito privado, mas separada de sua tipologia histórico-social.[28] A escolha política dessa construção teórica repousa em uma "típica construção generalizante sem conteúdo histórico: uma abstração-valorizante do real".[29]

Qual é o propósito dessa abstração? Responde Luiz Edson Fachin, que em um período de conciliação entre a liberdade individual e o desenvolvimento da sociedade industrial, "a noção de negócio jurídico como expressão da vontade humana geradora de efeitos jurídicos ofereceu uma solução, de notável força e coerência, à ciência jurídica: estudar unitariamente todos os fenômenos que venham em consideração ao mudo do direito".[30]

Portanto, a sistematização do negócio jurídico eleva-se à sistematização do direito, respondendo às exigências de um direito dotado de certeza e exatidão, no século XIX.

O processo de abstração do qual nasce a categoria de negócio jurídico enquadra-se em um processo mais amplo de abstração do direito: o princípio da igualdade formal. Trata-se de um processo iniciado pela codificação francesa, com a finalidade de realizar um direito igual para todos os cidadãos, e de um direito pensado em função da unidade do sujeito de direito. Na sociedade alemã, da segunda metade do século XIX, esta abstração, conduzida pela pandectística, tinha por propósito substituir a codificação, traduzindo em conceitos gerais o sentido revolucionário do Código Civil francês.[31]

Se esse processo de abstração foi alcançado, na França, pela categoria do contrato, ele atingiu seu auge, na Alemanha, por meio da categoria de negócio jurídico. No Código Civil francês, demonstra Enzo Roppo, que o contrato ocupa uma colocação sistemática, entre "os diversos modos de aquisição da propriedade", assumindo uma "posição não autônoma, mas subordina, servil, relativamente à propriedade".[32] Essa instrumentalização do contrato respondia a um critério de abstração do sujeito de direito, que permitia associar propriedade e liberdade, como um "binômio inidssolúvel",[33] segundo o qual

> [...] a propriedade (privada) é o fundamento real da liberdade, o seu símbolo e a sua garantia relativamente ao poder público, enquanto, por sua vez, a liberdade constitui a própria substância da propriedade, as condições para poder usá-la conformemente com a sua natureza e com as suas funções; sem propriedade, em suma, não há liberdade, mas inversamente, não pode haver propriedade dissociada da liberdade de gozá-la, de dela dispor, de transferi-la e fazê-la circular sem nenhum limite (e portanto dissociada da liberdade de contratar).[34]

---

[28] GALGANO, Francesco. *Il diritto privato fra codice e costituzione*. Bologna: Zanichelli, [s.d.]. p. 65.

[29] Tradução livre de: "tipica costruzione generalizzante, senza contenuti storici: una astrazione-valatilizzazione del reale" (Cerroni *apud* GALGANO, Francesco. *Il diritto privato fra codice e costituzione*. Bologna: Zanichelli, [s.d.]. p. 65).

[30] FACHIN, Luiz Edson. *Novo conceito de ato e negócio jurídico*: consequências práticas. Curitiba: Educa, Scientia et Labor, 1988. p. 9.

[31] GALGANO, Francesco. *Il diritto privato fra codice e costituzione*. Bologna: Zanichelli, [s.d.]. p. 65-66.

[32] ROPPO, Enzo. *O contrato*. Coimbra: Almedina, 1988. p. 42.

[33] ROPPO, Enzo. *O contrato*. Coimbra: Almedina, 1988. p. 42.

[34] ROPPO, Enzo. *O contrato*. Coimbra: Almedina, 1988. p. 42-43.

Esse caráter instrumental, atribuído ao contrato, também permitia a "'libertação' e mobilização da propriedade fundiária",[35] que atendia às exigências econômicas, sociais e políticas, nos anos que se seguiram à Revolução Francesa: à "transferência da riqueza das classes vencidas para a nova classe nascente"[36] fazia-se necessário o dogma da vontade. Pelas palavras de Francesco Galgano:

> o princípio do consenso como produtor, por si mesmo, do vínculo jurídico favorecia a classe mercantil na sua relação com os proprietários dos recursos e, ao mesmo tempo, protegia os proprietários, impedindo que eles pudessem ser privados de seus bens contra sua vontade.[37]

O direito alemão delineou um processo de abstração diverso,[38] ao conceber o contrato "à sombra de uma categoria mais geral, compreensiva do contrato e de outras figuras, e da qual o contrato constitui, por isso, uma subespécie; esta categorial geral é o *negócio jurídico*".[39] O contrato é deslocado de seu papel instrumental em relação à propriedade, para se tornar um valor jurídico autônomo, em face de sua definição pelas lentes do negócio jurídico, que ocupa a parte geral do BGB, como expressão da "capacidade natural da pessoa".[40]

Caracterizado pela pandectística como "uma declaração de vontade destinada a produzir efeitos jurídicos",[41] eleva-se o dogma da vontade ao elemento-chave da definição de negócio jurídico, tornando-o um "formidável instrumento ideológico, todo ele funcionalizado aos interesses da burguesia[42] e às exigências colocadas pelo seu grau

---

[35] ROPPO, Enzo. *O contrato*. Coimbra: Almedina, 1988. p. 45.

[36] ROPPO, Enzo. *O contrato*. Coimbra: Almedina, 1988. p. 45.

[37] Tradução livre de: "Il principio del consenso come produttivo, di per sé solo, del vincolo giuridico favoriva la classe mercantile nel suo rapporto con i proprietari delle risorse e, al tempo stesso, proteggeva i proprietari, impedendo che costoro potessero essere privati dei loro beni contro la loro volontà" (GALGANO, Francesco. *Il diritto privato fra codice e costituzione*. Bologna: Zanichelli, [s.d.]. p. 67).

[38] Esse sentido diverso de abstração tem a ver com o fato de o Código Civil francês não ter adotado uma parte geral, cuja figura central é o negócio jurídico. Sobre este assunto é esclarecedor o comentário de Marcos Bernardes de Mello, acerca da inexistência da figura do negócio jurídico no direito francês: "Na França, a doutrina trata, ainda hoje, indistintamente o ato jurídico *stricto sensu* e o negócio jurídico, sob a denominação genérica de *acte juridique*. Não há, ao menos, no vocabulário jurídico francês uma expressão própria, específica, para designar o negócio jurídico. Sempre que autores se referem a essa espécie empregam a locução *acte juridique*, simplesmente, que conceituam como atos queridos pelos interessados que têm em vista a produção de efeitos jurídicos, notadamente para criar ou transmitir um direito ou fazer nascer uma obrigação [...]. Por aí se vê que o conceito de *acte juridique* inclui, indistintamente, todos os atos jurídicos lícitos (corresponde, portanto, aos negócios e aos atos jurídicos *stricto sensu*). O *Code de Napoleón*, ainda hoje vigente, não se refere, ao menos, a *acte juridique* e não contém uma parte que discipline os fatos jurídicos em geral. [...] poucas são as legislações que, como a alemã, empregam a expressão *negócio jurídico* e mesmo essas mais recentes, como a portuguesa e o novo Código Civil brasileiro. Geralmente, os Códigos se referem a *ato jurídico*, ou apenas a *contrato*, inclusive quando, como o nosso Código Civil de 1916, seguindo o sistema do BGB, adotaram uma parte geral. Em decorrência dessa orientação dos legisladores e como consequência do positivismo jurídico, que faz da lei o próprio direito, exacerbado pelas concepções da Escola Francesa da Exegese, que limita a expressão doutrinária à explicitação dos textos legais, praticamente, até a segunda metade do século XX, a locução 'negócio jurídico' não foi muito empregada fora da literatura jurídica germânica, mesmo na Itália, onde o conceito teve grande aceitação, [...] Atualmente, porém, a expressiva maioria da doutrina jurídica ocidental – com exceção ainda dos franceses – passou a utilizar largamente a expressão, tornando-se, mesmo, o negócio jurídico um dos temas mais discutidos e estudados da teoria jurídica; construiu-se até uma Teoria Geral do Negócio Jurídico" (MELLO, Marcos Bernardes de. *Teoria do fato jurídico*. Plano da existência. São Paulo: Saraiva, 2007. p. 155-156, nota de rodapé).

[39] ROPPO, Enzo. *O contrato*. Coimbra: Almedina, 1988. p. 47.

[40] GALGANO, Francesco. *Il diritto privato fra codice e costituzione*. Bologna: Zanichelli, [s.d.]. p. 67.

[41] ROPPO, Enzo. *O contrato*. Coimbra: Almedina, 1988. p. 49.

[42] Neste aspecto, Francesco Galgano salienta que "A vontade criadora, que a filosofia do negócio jurídico exalta, não é a vontade da classe social, que dirige o processo histórico, a saber, a burguesia mercantil; é, ao invés, a

de desenvolvimento".⁴³ Com semelhante afirmação, Enzo Roppo considera que o negócio jurídico abstrai ao máximo os sujeitos de direito e as operações econômicas, tornando-se irrelevantes as desigualdades econômico-sociais das partes e da troca econômica, por trás de um dado biológico: a vontade. Desse modo, ele resulta em o "máximo de unificação e de igualização formal dos sujeitos jurídicos".⁴⁴

Por conseguinte, o negócio jurídico, mais do que o contrato, apresenta-se como uma categoria jurídica que opera a igualdade formal no sistema jurídico, pois é capaz de realizar a unidade do sujeito no direito privado.⁴⁵ Com efeito, teoria do negócio jurídico encontra-se ideologicamente ligada à teoria do sujeito de direito, para o que atenta Francesco Galgano:

> Se o contrato evoca, pelo menos, a imagem de uma duplicidade de sujeitos e, como seu referente econômico, o ato de troca, o negócio jurídico, que é pensável como ato de um só indivíduo, realiza de modo mais completo a unidade do sujeito de direito, e elimina, com o seu máximo grau de abstração, cada referência possível à relação econômica.⁴⁶

Nessa perspectiva, o negócio jurídico é, como categoria lógica, um instrumento de atuação dos "interesses econômicos individuais", que compõe um sistema de produção e distribuição de bens. Eis que, sob a égide da igualdade, torna-se possível contrapor e realizar interesses privados de classes sociais diversas.⁴⁷

Um contexto econômico e social diverso desenha-se na segunda metade do século XIX, suscitando um tratamento favorável aos interesses da burguesia industrial, não em face de suas relações com os proprietários, mas das novas relações estabelecidas com a massa de consumidores. Neste contexto, o mito da lei igual é desfeito, com o advento de uma lei diversa, que rompe a unidade do sujeito de direito: o Código Comercial inaugura a concepção segundo a qual a aplicação da lei não depende mais da qualificação do sujeito, mas da qualificação dos diversos sujeitos com os quais se estabelecem relações

---

vontade da classe proprietária, que sofre o processo histórico: a exaltação da vontade, como única causa eficiente da mudança jurídica, favorece a burguesia mercantil no seu desejo de apropriação dos recursos. É uma filosofia persuasiva, com a qual a classe dominante visa envolver em seus projetos a classe antagonista". Tradução livre de: "La volontà creatrice, che la filosofia del negozio giuridico esalta, non è la volontà della classe sociale, che dirige il processo storico, ossia della borghesia mercantile; è, invece, la volontà della classe proprietaria, che subisce il processo storico: l'esaltazione della volontà, come sola causa efficiente del mutamento giuridico, asseconda la borghesia mercantile nel suo disegno di appropriazione delle risorse. È una filosofia perusaiva, con la quale la classe dominante mira a coinvolgere nei propri disegni la classe antagonista" (GALGANO, Francesco. *Il diritto privato fra codice e costituzione*. Bologna: Zanichelli, [s.d.]. p. 68).

⁴³ ROPPO, Enzo. *O contrato*. Coimbra: Almedina, 1988. p. 50.
⁴⁴ ROPPO, Enzo. *O contrato*. Coimbra: Almedina, 1988. p. 51.
⁴⁵ Essa perspectiva ideológica do negócio jurídico foi capturada pela doutrina nacional por Francisco Amaral: "A categoria do negócio jurídico surge, assim, como produtor de uma filosofia político-jurídica que, a partir de uma teoria do sujeito, com base na sua liberdade e igualdade formal, constrói uma figura unitária capaz de englobar, reunir, todos os fenômenos jurídicos decorrentes das manifestações de vontade dos sujeitos no campo da sua atividade jurídico-patrimonial" (AMARAL, Francisco. *Direito civil*. Introdução. 7. ed. Rio de Janeiro: Renovar, 2008. p. 389).
⁴⁶ Tradução livre de: "Se il contratto evoca, quanto meno, l'immagine di una duplicità di soggetti e, come suo referente economico, l'atto di scambio, il negozio giuridico, che è pensabile come l'atto di un solo inidividuo, realizza nel modo più completo l'unità del soggetto di diritto, ed elimina, con il suo massimo grado di astrattezza, ogni posibile rifeirmento al rapporto economico" (GALGANO, Francesco. *Il diritto privato fra codice e costituzione*. Bologna: Zanichelli, [s.d.]. p. 66).
⁴⁷ AMARAL, Francisco. *Direito civil*. Introdução. 7. ed. Rio de Janeiro: Renovar, 2008. p. 391.

jurídicas. Desse modo, as codificações tornam-se fontes de um "direito desigual", delineando um particularismo jurídico de fonte estatal.[48]

A categoria do negócio jurídico é revisitada, adquirindo uma nova função: reconduzir a desigualdade formal, introduzida por um particularismo jurídico codificado, a um princípio de igualdade formal. Para tanto, o Código Comercial dele se utiliza para caracterizar os atos e contratos de comércio, congregando os interesses de empreendedores com os dos consumidores. O negócio jurídico deixa de ser compreendido à luz da teoria da vontade, para ser qualificado à luz da teoria da declaração, delineando-se um processo de objetivação das trocas, que leva à mitigação da vontade.[49]

Emilio Betti foi um dos principais responsáveis pela teoria objetiva do negócio jurídico, colocando em segundo plano a vontade e destacando seu conteúdo como um dado objetivo, reconhecível na vida de relação. Ao caracterizar a autonomia privada como autorregulamento dos próprios interesses, define o negócio jurídico como um ato deste autorregulamento dos interesses privados. Nele, há uma natureza preceptiva, que se explica por meio da declaração ou de um comportamento, que não são manifestações de um querer interno.[50] Nessa concepção objetiva, que relega a vontade do sujeito, Betti ainda revela que o negócio jurídico deve ensejar uma função socialmente útil, delineando-lhe uma função social. Por outras palavras, "Em Betti, o negócio jurídico tem uma *idéia social*, ao contrário de outros autores (como Stolfi) que, recolhendo a noção inicial da Pandectista, afirmam ser o negócio jurídico instrumento da vontade e da liberdade individual".[51]

O Código Civil italiano de 1942 rompe com o dogma da vontade e acolhe o processo de objetivação das trocas econômicas, apartando o contrato da categoria geral do negócio jurídico. Isso significa que o contrato tende a se libertar da abstração, pensada em termos de vontade, para ser capturado pela abstração, em termos de objetivação. Com efeito, acentua-se a concepção objetiva de causa, a cláusula geral de boa-fé e o controle judicial sobre a função econômica das trocas.[52]

Francesco Galgano anuncia, então, a decadência do negócio jurídico, uma vez que ele se traduz hoje, como uma categoria que cria obstáculos à compreensão do significado do mecanismo contratual,[53] obscurecendo as conotações sociais, as condições internas da disciplina do contrato e a real natureza dos interesses em jogo.[54] Em uma sociedade em que a produção e o consumo em massa são decisivos para acelerar, simplificar e

---

[48] GALGANO, Francesco. *Il diritto privato fra codice e costituzione*. Bologna: Zanichelli, [s.d.]. p. 69.
[49] GALGANO, Francesco. *Il diritto privato fra codice e costituzione*. Bologna: Zanichelli, [s.d.]. p. 70.
[50] GALGANO, Francesco. *Il diritto privato fra codice e costituzione*. Bologna: Zanichelli, [s.d.]. p. 78.
[51] FACHIN, Luiz Edson. *Novo conceito de ato e negócio jurídico*: consequências práticas. Curitiba: Educa, Scientia et Labor, 1988. p. 7 e 18.
[52] GALGANO, Francesco. *Il diritto privato fra codice e costituzione*. Bologna: Zanichelli, [s.d.]. p. 75.
[53] Neste sentido, manifesta-se Ángel M. López y López, no direito espanhol: "La elaboración de categorias abstractas (y negocio jurídico lo es) tiene sentido [...] cuando sirven para explicar de manera omnicomprensiva el régimen jurídico de las figuras de la concreta experiencia jurídica [...] que han servido para construir la abstracción; y desde este punto de vista, partiendo de las alturas de un común concepto abstracto llamado negocio jurídico, no se puede explicar la regulación concreta de un acto, por ejemplo, esencialmente revocable, el testamento, a uno esencialmente irrevocable, el contrato, [...] un concepto abstracto que hay que estar remodelando continuamente ante las manifestaciones concretas que, según se pretende, comprende, es un concepto de escasa, por no decir nula utilidad" (LÓPEZ Y LÓPEZ, Ángel M. *Fundamentos de derecho civil*. Doctrinas generales y bases constitucionales. Valencia: Tirante lo Blanch, 2012. p. 367).
[54] GALGANO, Francesco. *Il diritto privato fra codice e costituzione*. Bologna: Zanichelli, [s.d.]. p. 81.

uniformizar a contratação, atribuir relevo à vontade é personalizar e individualizar as trocas e atrapalhar o tráfego de bens e serviços. Impõe-se, portanto, o processo de objetivação das trocas, contribuindo para o "declínio da categoria do negócio jurídico a favor da categoria do contrato".[55][56]

Considerando que os indivíduos não são mais considerados átomos isolados que concorrem entre si, seus interesses tornam-se secundários, diante de grupos privados.[57] Eis que o interesse a ser protegido não é mais de quem ocupa a posição de contratante ou de terceiro de boa-fé, mas do empreendedor, que coloca o bem no mercado. Considerando-se que as trocas econômicas não são mais passíveis de ser conduzidas à unidade do sujeito, passa a se tutelar os interesses de pessoas que desempenham funções na sociedade, como os trabalhadores, empreendedores e consumidores. Por isso, a categoria do negócio jurídico "[...] declina junto ao mito, que constituiu sua razão inspiradora, a unidade do sujeito jurídico, junto à ilusão de uma igualdade formal do direito".[58]

Valendo-se dos "limites e a supremacia dos interesses sociais" impressos à autonomia privada, como uma das principais contribuições da obra de Luiz Edson Fachin, indaga-se acerca do significado da expressão *a decadência do negócio jurídico*,[59] delineada por Francesco Galgano. De modo mais preciso, o que se pretende indagar é se realmente a categoria do negócio jurídico está em declínio. Considerando-se que o negócio jurídico, como categoria lógica, não é mais mero instrumental de "interesses econômicos individuais", busca-se aproximá-lo do interesse público na seara dos direitos autorais.

3 Negócios jurídicos de direitos autorais: supremacia dos interesses públicos?

Segundo Pietro Perlingieri, é necessário atentar para a incidência do interesse público sobre a autonomia privada e sobre o negócio jurídico.[60] Para tanto, o interesse público e o interesse privado não podem ser considerados opostos entre si, em tradução a uma separação rígida entre o público e o privado. Eis que "cada norma jurídica 'serve sempre ao interesse coletivo e ao individual ao mesmo tempo; porque o interesse coletivo não é um interesse diferente do individual'".[61]

---

[55] ROPPO, Enzo. *O contrato*. Coimbra: Almedina, 1988. p. 69.
[56] Esse declínio foi reconhecido na doutrina nacional por Francisco Amaral, ao afirmar que "[...] sendo o negócio jurídico uma categoria histórica e lógica, foi válida e útil enquanto vigentes as condições que a determinaram. Mudadas as condições e destituído o conceito de sua função ideológica, não se justificaria a sua manutenção. O que permanece com pleno vigor, como causa da dinâmica jurídica, é o *ato jurídico* como gênero, e, como categoria específica de crescente importância, o *contrato*" (AMARAL, Francisco. *Direito civil*. Introdução. 7. ed. Rio de Janeiro: Renovar, 2008. p. 392).
[57] AMARAL, Francisco. *Direito civil*. Introdução. 7. ed. Rio de Janeiro: Renovar, 2008. p. 392.
[58] Tradução livre de: "[...] declina assieme al mito, che ne aveva costituito la ragione ispiratrice, dell'unità del soggetto giuridico, assieme all'illusione di una uguaglianza formale del diritto" (GALGANO, Francesco. *Il diritto privato fra codice e costituzione*. Bologna: Zanichelli, [s.d.]. p. 81).
[59] Tradução livre de: "Il tramonto del negozio giuridico" (GALGANO, Francesco. *Il diritto privato fra codice e costituzione*. Bologna: Zanichelli, [s.d.]. p. 79).
[60] PERLINGIERI, Pietro. *Perfis do direito civil*. Introdução ao direito civil constitucional. Rio de Janeiro: Renovar, 1997. p. 284.
[61] PERLINGIERI, Pietro. *O direito civil na legalidade constitucional*. Ed. brasileira organizada por Maria Cristina de Cicco. Rio de Janeiro: Renovar, 2008. p. 431.

Com efeito:

> O interesse público deve se apresentar não como noção subjetiva e arbitrária, nem como uma noção dogmática e a-histórica, mas como resultado de valorações normativas individuadas no âmbito do inteiro ordenamento, segundo o canôn hermenêutico da sistematicidade, não descritiva e formal, mas sim conteudística e funcional, dos institutos e princípios fundamentais.[62]

Se cada ramo do direito extrai seu fundamento da Constituição, do mesmo modo, os atos e atividades são influenciados pelos interesses constitucionais em seus requisitos de validade e eficácia. Por conseguinte, o interesse público pode incidir no perfil funcional de atos não patrimoniais, na estrutura, na causa e no objeto do negócio jurídico.

No que se refere ao perfil funcional de atos não patrimoniais, há uma identificação do interesse público com a realização dos direitos invioláveis do homem, não se caracterizando como superindividual, mas como uma síntese equilibrada de valores do *status personae*. Outrossim, por meio dele, acolhe-se a realização de relações sociais igualitárias, com amparo no solidarismo e no personalismo. Isso permite uma avaliação do conteúdo não patrimonial do testamento, por exemplo, o que opera uma "despatrimonialização a teoria do negócio jurídico e a sua definitiva emancipação da função de troca e meramente retributiva".[63]

O interesse público incide sobre a estrutura do negócio jurídico, delineando-o como unilateral, bilateral ou plurilateral, ao reconhecer a certos sujeitos a faculdade de aquisição, modificação ou extinção de relações jurídicas e, ao mesmo tempo, enfraquecendo certas esferas jurídicas patrimoniais. É o que ocorre, por exemplo, na cessão de crédito, que é um negócio jurídico bilateral, mas que pode passar a ser plurilateral, se o devedor cedido for a Administração Pública, exigindo-se para transferência do crédito o seu consentimento. Em tal caso, o interesse público incide sobre o negócio jurídico para responder a um juízo de valor que tem por parâmetro interesses e valores constitucionais.[64]

O interesse público pode incidir de modo direto ou indireto sobre a causa do negócio jurídico. Na primeira hipótese, o negócio jurídico é adaptado a interesse diverso daquele previsto em lei, e na segunda hipótese, o interesse incide diretamente apenas sobre um requisito do negócio jurídico, como seu objeto, e indiretamente sobre sua função. Há uma incidência direta do interesse público sobre a causa do mútuo, caso este seja destinado à função específica, como a habitação, e uma incidência apenas indireta, ao se estender a obrigação legal de contratar para casos em que a sua recusa mostre-se lesiva à dignidade humana e à efetiva liberdade e igualdade.[65]

O interesse público é considerado de maneira diversa, conforme a função negocial, que tem estreita relação com o objeto do negócio jurídico. Trata-se da chave de leitura

---

[62] PERLINGIERI, Pietro. *O direito civil na legalidade constitucional*. Ed. brasileira organizada por Maria Cristina de Cicco. Rio de Janeiro: Renovar, 2008. p. 430.
[63] PERLINGIERI, Pietro. *O direito civil na legalidade constitucional*. Ed. brasileira organizada por Maria Cristina de Cicco. Rio de Janeiro: Renovar, 2008. p. 432.
[64] PERLINGIERI, Pietro. *O direito civil na legalidade constitucional*. Ed. brasileira organizada por Maria Cristina de Cicco. Rio de Janeiro: Renovar, 2008. p. 435.
[65] PERLINGIERI, Pietro. *O direito civil na legalidade constitucional*. Ed. brasileira organizada por Maria Cristina de Cicco. Rio de Janeiro: Renovar, 2008. p. 437.

da impossibilidade jurídica e da ilicitude do objeto, passando de uma reprovação absoluta para uma reprovação relativa do ato. Além disso, o interesse público deve ser interpretado em face de valores constitucionais como a tutela do território, da cultura, do meio ambiente e da vida do homem, especialmente, no que se refere ao controle da legitimidade dos atos edilícios.[66]

Em tais casos, há uma ruptura com a incidência do interesse público sobre o negócio jurídico como mero limite à sua licitude, delineada pela ordem pública e os bons costumes. Tais limites são deduzidos dos princípios constitucionais, transmutando-se de mero elemento negativo de tutela a um instrumento positivo de promoção de situações merecedoras de tutela, expressando o compromisso do Estado com a realização de princípios constitucionais. Por conseguinte, o ato negocial lesivo às diretrizes constitucionais contrasta com a ordem pública e não é merecedor de tutela.

Com base em Pietro Perlingieri, é possível afirmar:

> Na concretização da "despatrimonialização" dos institutos jurídicos se entrevê "o novo interesse público que caracteriza o ordenamento moderno não mais identificado por um produtivismo voltado para a autarcia, nem por uma mera tendência igualitária e coletiva que acentue a justa distribuição em relação à produção de bens, mas, sim, pela produção em respeito ao valor do homem, da sua dignidade, em um sábio equilíbrio entre exigências de eficiências e razões de justiça social".[67]

Com efeito, a "decadência" ou "declínio" do negócio jurídico, como categoria jurídica construída sob alto grau de abstração, com a finalidade de afirmar a unidade do sujeito no direito privado moderno, pode significar à luz do interesse público, uma nova figura, evidenciada pelos contornos de sua "despatrimonialização". Para verificar a veracidade de semelhante asserção, passa-se à análise dos negócios jurídicos que envolvem o direito de autor, indagando-se pela supremacia do interesse público em tais atos.

Os negócios jurídicos de direito de autor são regulados pela Lei de Direitos Autorais, Lei nº 9.610/1998, que é posterior à Constituição. Praticamente um decênio afasta o texto constitucional da Lei nº 9.610/1998, todavia o impacto que a leitura constitucional promoveu, de modo geral, no direito civil, é ainda pouco sentida na área dos direitos de autor. Se a incidência da Constituição da República já promoveu significativas mudanças, nos institutos de direito privado, de tal modo a cogitar-se de sua "despatrimonialização", os direitos autorais permaneceriam incólumes a semelhante movimento.

A doutrina e a jurisprudência, nos últimos decênios, dedicaram-se, com êxito, a construir uma leitura mais aberta e atenta aos anseios da sociedade sobre os negócios jurídicos a partir da Constituição da República de 1988, que ora completa 30 anos. Mas, indaga-se: como se interpretam os negócios jurídicos que envolvem direitos autorais?

O art. 4º da Lei nº 9.610/1998 estabelece uma norma de interpretação dos negócios jurídicos que envolvam os direitos autorais, ao estabelecer que "interpretam-se restritivamente os negócios jurídicos sobre os direitos autorais". Esse artigo requer uma análise verticalizada para indagar a finalidade da Lei de Direitos Autorais. Ela visa

---

[66] PERLINGIERI, Pietro. *O direito civil na legalidade constitucional*. Ed. brasileira organizada por Maria Cristina de Cicco. Rio de Janeiro: Renovar, 2008. p. 440-441.

[67] PERLINGIERI, Pietro. *O direito civil na legalidade constitucional*. Ed. brasileira organizada por Maria Cristina de Cicco. Rio de Janeiro: Renovar, 2008. p. 433, nota de rodapé.

proteger apenas o autor, ou seja, um interesse privado; ou, por outro lado, a lei também deve promover o acesso à cultura, que é um interesse público?

Para responder à semelhante questão, faz-se oportuno ater-se a uma interrogação: o art. 4º da Lei nº 9.610/98 ainda é interpretado literalmente pela jurisprudência, ou mais amplamente, acolhendo o interesse público, delineado pela realização de direitos fundamentais, entre os quais o acesso à cultura e à educação? Por outras palavras, cumpre indagar se negócios jurídicos de direitos autorais devem ser os veículos que promovem a inclusão social por meio da educação e da cultura.

Alguns poucos julgados do Superior Tribunal de Justiça são suficientes para responder à indagação e analisar a interpretação do art. 4º da Lei nº 9.610/98. Observa-se que muitas decisões desse Tribunal, mesmo recentes, repetem expressamente aquele artigo e reproduzem uma interpretação literal. Em 2017, a Terceira Turma, ao julgar um caso sobre a execução de músicas em hotéis e sobre a exigibilidade de direitos autorais serem devidos ao ECAD,[68] decidiu de modo contundente:

> os negócios jurídicos sobre os direitos autorais devem ser interpretados restritivamente (art. 4º, da LDA), razão pela qual não se confundem a utilização da obra intelectual mediante radiodifusão sonora ou televisiva com a captação de transmissão de radiodifusão em locais de frequência coletiva (art. 29, VIII, "d" e "e", da LDA).[69]

Em outra decisão, datada de 2015, o mesmo tribunal insistiu na expressão do art. 4º da Lei de Direitos Autorais, senão veja-se:

> Os direitos patrimoniais do autor transferem-se por contratos escritos, comutativos e onerosos. Como os negócios jurídicos autorais devem ser interpretados restritivamente, considera-se não convencionado o que não constar expressamente do contrato celebrado entre as partes.[70]

E a terminologia restritiva dos direitos autorais não aparece apenas no art. 4º da Lei nº 9.610/98. No inc. IV do art. 49, ao dispor sobre a transferência dos direitos do autor, lê-se que "não havendo especificações quanto à modalidade de utilização, o contrato será interpretado restritivamente, entendendo-se como limitada apenas a uma que seja aquela indispensável ao cumprimento da finalidade do contrato".

Em outro momento a Lei nº 9.610/98 também acompanha, no mesmo sentido, o caráter restritivo, quando estabelece os limites dos direitos de autor, dispostos nos arts. 46 a 48 da já mencionada lei. Todavia pergunta-se: se os direitos de autor deveriam ter um limite, este não deveria ser a supremacia do interesse público? Ou essencialmente esse?

A interpretação dos negócios jurídicos na área dos direitos de autor é cada vez mais restritiva e de cunho individual. Uma das possíveis razões pelas quais os direitos de autor ainda não receberam uma leitura, à luz dos princípios constitucionais, é que

---

[68] Ecad – Escritório Central de Arrecadação e Distribuição.
[69] BRASIL. Superior Tribunal de Justiça. *Recurso Especial 2016/0257986-2-RS*. Rel. Ministra Nancy Andrighi. Terceira Turma. Julgado em 17/08/2017.
[70] BRASIL. Superior Tribunal de Justiça. *Recurso Especial 2013/0397426-6-SP*. Rel. Ministro Humberto Martins. Segunda Turma. Julgado em 01/09/2015.

tais direitos são pensados como uma propriedade exclusiva, tal qual a propriedade oitocentista. Atente-se que o art. 28 da Lei nº 9.610/98 é taxativo ao determinar que "cabe ao autor o direito exclusivo de utilizar, fruir e dispor da obra literária, artística ou científica". Portanto, a combinação do individual com o exclusivo define os contornos de um direito que ainda repousa no século XIX, entendendo-se que os interesses econômicos individuais prevalecem nos negócios jurídicos que envolvem direitos autorais.

A natureza jurídica dos direitos autorais, por sua vez, é de bem móvel, conforme determina o art. 3º da Lei nº 9.610/90, que assim dispõe: "os direitos autorais reputam-se, para os efeitos legais, bens móvel". E como observado por Pontes de Miranda, argumento este que se mantém atualizado, pois "a relação entre autor e obra é semelhante a relação entre o dono da coisa e a coisa. A analogia levou a doutrina, antes do Código Civil, a pensar em propriedade espiritual ou intelectual. O Código Civil proclamou-o".[71] Com efeito, a "despatrimonialização" ainda não alcançou os direitos autorais.

Entretanto, ao se cogitar da incidência direta do interesse público nos negócios jurídicos que envolvem o direito autoral, seria possível adaptar a causa de tais atos a interesse diverso daquele previsto em lei. Investigam-se novos limites à sua licitude, para além daqueles traçados pela ordem pública e os bons costumes. Desse modo, em negócios jurídicos que versam sobre a execução de músicas em local público, sem finalidade lucrativa, para fins de promover a cultura, ou então, a reprodução de imagens de obras de artistas que não estão em domínio público, havendo a recusa imotivada do titular dos direitos, para fins de publicação de livro didático e sem fins lucrativos, tais limites seriam deduzidos dos princípios constitucionais. Para tanto, os direitos fundamentais de acesso à cultura e à educação levariam a uma limitação do direito individual do autor, quando conflitar com o interesse público.[72]

Tal concepção foi parcialmente esboçada em um julgado do Superior Tribunal de Justiça, que versa sobre um caso que aconteceu no ano de 2002, julgado em 2011, e lança luzes sobre as novas possibilidades de interpretação e um repensar sobre os limites dos direitos de autor. Tratou-se a controvérsia de um evento religioso no qual o Ecad requereu a cobrança de direitos autorais em razão de que as músicas executadas no evento ensejariam tal débito. O evento em questão foi a abertura do Ano Vocacional da Arquidiocese do Espírito Santo. Judicializado o caso, o Tribunal de Justiça daquele estado decidiu que tais valores eram devidos como pagamento de direitos autorais, mesmo tratando-se de um evento de cunho religioso, sem visar lucro e de visitação gratuita. Dessa decisão a Arquidiocese do Espírito Santo recorreu ao Superior Tribunal de Justiça. Este, por sua vez, decidiu que a cobrança de direitos autorais é indevida. Da ementa do acórdão, relatado pelo Ministro Paulo de Tarso Sanseverino, destaca-se o seguinte trecho:

---

[71] MIRANDA, Francisco Cavalcanti Pontes. *Tratado de direito privado*: parte especial. Rio de Janeiro: Borsoi, 1955. v. 11. p. 62.

[72] Segundo Odete Medauar, o interesse público deve ser analisado no caso concreto, pois "a doutrina contemporânea refere-se à impossibilidade de rigidez na prefixação do interesse público, sobretudo pela relatividade de todo padrão de comparação. Menciona-se a indeterminação e dificuldade de definição de interesse público, a sua difícil e incerta avaliação e hierarquização, o que gera crise na sua própria objetividade" (MEDAUAR, Odete. *O direito administrativo em evolução*. São Paulo: Revista dos Tribunais, 1992. p. 181-182).

O âmbito efetivo de proteção do direito à propriedade autoral (art. 5º, XXVII da CF) surge somente após a consideração das restrições e limitações a ele opostas, devendo ser consideradas, como tais, as resultantes do rol exemplificativo extraído dos enunciados dos artigos 46, 47 e 48 da Lei 9.610/98, interpretados de acordo com os direitos fundamentais.[73]

Da decisão é possível ainda transcrever outro trecho: da "leitura isolada do enunciado normativo do art. 68 da Lei nº 9.610/98, o evento acima descrito [abertura do Ano Vocacional em escola, evento religioso, sem fins lucrativos e com entrada gratuita] importaria, sim, no pagamento de direitos autorais". Todavia, é necessário indagar se o rol de limites aos direitos de autor é taxativo ou exemplificativo.

No acórdão, e com fundamento em uma interpretação sistemática e constitucionalizada, o Ministro Paulo de Tarso Sanseverino entendeu que tal rol é meramente exemplificativo. Prosseguiu o magistrado ao afirmar que os "valores como a cultura, a ciência, a intimidade, a privacidade, a família, o desenvolvimento nacional, a liberdade de imprensa, de religião e de culto devem ser considerados quando da conformação do direito à propriedade autoral".[74]

Por conseguinte, lê-se no acórdão:

> o evento de que trata os autos – sem fins lucrativos, com entrada gratuita e finalidade religiosa – não conflita com a exploração comercial da obra (música ou sonorização ambiental), assim como, tendo em vista não constituir evento de grandes proporções, não prejudica injustificadamente os legítimos interesses dos autores.[75]

Todavia, o julgado ora analisado é apenas uma exceção que comprova a regra em outras decisões. Não é essa a orientação dos tribunais ao decidir sobre a (in)exigibilidade de direitos autorais considerando o interesse público como causa para balizar a decisão.

O sucinto exame da jurisprudência, acima, evidencia que os direitos autorais ainda compõem um espaço a ser descortinado pela "despatrimonialização" do direito civil. Lembre-se que a Lei nº 9.0610/98 não faz distinção entre uso comercial, de um lado, e uso didático, sem fins lucrativos e com a intenção de promover a cultura, de outro. Transcrevendo a indagação que inaugura esse tópico, é possível afirmar que nos negócios jurídicos de direitos autorais ainda não se conquistou a supremacia do interesse público.

Considerações finais

A distinção entre ato jurídico em sentido estrito e negócio jurídico não foi acolhida pelo codificador de 1916, mas foi objeto de preocupação da doutrina, que julgava necessário explicar quais situações se encaixavam em uma e outra figura. A recodificação de 2002, por sua vez, adotou a concepção dualista de ato jurídico, mas mantendo uma relação de gênero e espécie entre as duas figuras. Adotando este tema como objeto da

---

[73] BRASIL. Superior Tribunal de Justiça. *Recurso Especial 964404-ES*. Rel. Ministro Paulo de Tarso Sanseverino. 3ª Turma. Julgado em 15/03/2011.
[74] BRASIL. Superior Tribunal de Justiça. *Recurso Especial 964404-ES*. Rel. Ministro Paulo de Tarso Sanseverino. 3ª Turma. Julgado em 15/03/2011.
[75] BRASIL. Superior Tribunal de Justiça. *Recurso Especial 964404-ES*. Rel. Ministro Paulo de Tarso Sanseverino. 3ª Turma. Julgado em 15/03/2011.

obra *Novo conceito de ato e negócio jurídico: consequências práticas*, o Prof. Dr. Luiz Edson Fachin arrolou as diferenças relativas e mais que relativas, depositando na autonomia privada um dos critérios distintivos. Como maior contribuição de sua obra, esta é visualizada como um princípio político, cuja limitação resulta na subordinação dos interesses privados ao interesse coletivo.

Entretanto, a distinção entre ato jurídico em sentido estrito e negócio jurídico é objeto de discussão no direito brasileiro, em face da massificação das relações contratuais. Tal discussão opõe aqueles que consideram o negócio jurídico como uma figura decadente e outros que enxergam o elemento volitivo, presente nestas relações, em face de uma decadência do voluntarismo jurídico.

Para esclarecer com precisão essa discussão, o trabalho delineou o negócio jurídico como uma categoria histórica e lógica. Em relação à primeira concepção, reconheceu-se na pandectística alemã do século XIX a construção de uma categoria abstrata e geral, capaz de afirmar o princípio da igualdade formal – o exame de um processo de abstração, que ocorreu na codificação francesa, por meio da função instrumental do contrato em face da propriedade, e no BGB, por meio da categoria de negócio jurídico como valor jurídico autônomo, da qual o contrato é sua espécie, demonstrando que a figura se encontrava ideologicamente ligada à teoria do sujeito de direito.

Com o advento de grandes mercados consumidores, no final do século XIX e início do século XX, o negócio jurídico deixou de servir aos interesses econômicos individuais, para servir aos interesses de grupos privados, delineando um processo de objetivação das trocas. No direito italiano, a doutrina de Emílio Betti acolheu este processo de objetivação, delineando o negócio jurídico como ato de autorregulamentação dos interesses privados. Por conseguinte, a recodificação italiana de 1942 descarta o negócio jurídico em favor do contrato, restando sua decadência e o declínio da unidade do sujeito de direito e do princípio da igualdade formal.

Uma aproximação entre negócio jurídico e interesse público foi enunciada, pelo presente trabalho, a partir da contribuição da obra de Luiz Edson Fachin: ele passa a incidir no perfil funcional de atos não patrimoniais, na estrutura, na causa e objeto do negócio jurídico. Como resultado dessa aproximação, há uma ruptura da ordem pública e dos bons costumes como meros limites à licitude do negócio jurídico, sendo aqueles deduzidos dos princípios constitucionais. Trata-se da "despatrimonialização" do negócio jurídico.

O exame dos negócios jurídicos que envolvem o direito autoral, tendo como parâmetro a jurisprudência do Superior Tribunal de Justiça, demonstrou que ainda prevalecem os interesses econômicos individuais em tais atos. Trata-se de uma interpretação restritiva, enunciada pelo art. 4º da Lei nº 9.0610/98, que, por meio da configuração de tais direitos como bens móveis dotados de exclusividade, ainda situam esses negócios jurídicos no século XIX. Entretanto, uma incidência direta do interesse público sobre a causa de tais atos revela que à luz de direitos fundamentais, como o acesso à cultura e a educação, torna-se possível limitar o direito autoral em favor do interesse público, rompendo com os restritos limites traçados pela ordem pública e os bons costumes.

Referências

AMARAL, Francisco. *Direito civil*. Introdução. 7. ed. Rio de Janeiro: Renovar, 2008.

BRASIL. Superior Tribunal de Justiça. *Recurso Especial 2013/0397426-6-SP*. Rel. Ministro Humberto Martins. Segunda Turma. Julgado em 01/09/2015.

BRASIL. Superior Tribunal de Justiça. *Recurso Especial 2016/0257986-2-RS*. Rel. Ministra Nancy Andrighi. Terceira Turma. Julgado em 17/08/2017.

BRASIL. Superior Tribunal de Justiça. *Recurso Especial 964404-ES*. Rel. Ministro Paulo de Tarso Sanseverino. 3ª Turma. Julgado em 15/03/2011.

FACHIN, Luiz Edson. *Novo conceito de ato e negócio jurídico*: consequências práticas. Curitiba: Educa, Scientia et Labor, 1988.

GALGANO, Francesco. *Il diritto privato fra codice e costituzione*. Bologna: Zanichelli, [s.d.].

GOMES, Orlando. *Transformações gerais do direito das obrigações*. 2. ed. São Paulo: Revista dos Tribunais, 1980.

LÔBO, Paulo. *Direito civil*. Parte geral. São Paulo: Saraiva, 2009.

LÓPEZ Y LÓPEZ, Ángel M. *Fundamentos de derecho civil*. Doctrinas generales y bases constitucionales. Valencia: Tirante lo Blanch, 2012.

MEDAUAR, Odete. *O direito administrativo em evolução*. São Paulo: Revista dos Tribunais, 1992.

MELLO, Marcos Bernardes de. *Teoria do fato jurídico*. Plano da existência. São Paulo: Saraiva, 2007.

MIRANDA, Francisco Cavalcanti Pontes. *Tratado de direito privado*: parte especial. Rio de Janeiro: Borsoi, 1955. v. 11.

PERLINGIERI, Pietro. *O direito civil na legalidade constitucional*. Ed. brasileira organizada por Maria Cristina de Cicco. Rio de Janeiro: Renovar, 2008.

PERLINGIERI, Pietro. *Perfis do direito civil*. Introdução ao direito civil constitucional. Rio de Janeiro: Renovar, 1997.

ROPPO, Enzo. *O contrato*. Coimbra: Almedina, 1988.

Informação bibliográfica deste texto, conforme a NBR 6023:2002 da Associação Brasileira de Normas Técnicas (ABNT):

PINHEIRO, Rosalice Fidalgo; CONRADO, Marcelo. Negócio jurídico e interesse público: uma aproximação a partir da obra de Luiz Edson Fachin. In: EHRHARDT JÚNIOR, Marcos; CORTIANO JUNIOR, Eroulths (Coord.). *Transformações no Direito Privado nos 30 anos da Constituição*: estudos em homenagem a Luiz Edson Fachin. Belo Horizonte: Fórum, 2019. p. 401-417. ISBN 978-85-450-0562-9.

O DIREITO CONTRATUAL E A MARCHA DA CONSTITUCIONALIZAÇÃO ENTRE OURIÇOS E RAPOSAS

GERALDO FRAZÃO DE AQUINO JR.

1 Considerações iniciais

A partir da entrada em vigor do Código Civil de 2002, procurou a doutrina conferir-lhe a máxima eficácia social de modo que não se percam de vista os valores alicerçados no ordenamento constitucional. Ainda sob a égide do Código Civil de 1916, diversas leis especiais passaram a regular setores relevantes do ordenamento jurídico nacional, tentando disciplinar áreas em que o Código precisava de atualização. Esse processo, conhecido como movimento de descodificação, na experiência brasileira, reservou à Constituição de 1988 o papel de reunificador do sistema.[1] O Código Civil de 2002 adota a técnica de cláusulas gerais, que definem valores e parâmetros hermenêuticos que servem de referência interpretativo-axiológica para a aplicação das demais disposições normativas. Por isso, torna-se necessário que o intérprete promova a conexão axiológica entre o corpo codificado e a Constituição Federal, que estabelece os valores e os princípios fundamentais da República. O legislador procurou, assim, oferecer técnicas que possam assegurar mais efetividade aos critérios hermenêuticos. Ao intérprete, cabe a tarefa de realizar a integração do sistema jurídico, que há de ser efetivada à luz da principiologia constitucional. No atual estágio de evolução social, em virtude da necessidade de tratamento adequado do fenômeno da massificação contratual e da parte contratante vulnerável, a utilização dos princípios, das cláusulas gerais e dos conceitos jurídicos indeterminados consubstancia-se em ferramenta hermenêutica poderosa para a consecução da justiça social.

---

[1] TEPEDINO, Gustavo. O Código Civil, os chamados microssistemas e a Constituição: Premissas para uma reforma legislativa. In: TEPEDINO, Gustavo (Coord.). *Problemas de direito civil-constitucional*. Rio de Janeiro: Renovar, 2000. p. 5.

Historicamente, o ideal burguês da autodeterminação individual embasou a concepção do Estado Liberal segundo a qual bastava o controle político estatal sem interferência no domínio econômico para que a liberdade contratual fosse garantida plenamente, uma vez que o próprio mercado se encarregaria de equilibrar os interesses privados. A tônica era o Estado mínimo e a máxima liberdade individual e contratual. Essa experiência demonstrou que a liberdade desmedida levava a iníquas condições de contratação, que muitas vezes acarretavam situações injustamente abusivas em função do desnível econômico entre as partes contratantes.

Seguindo esse ideário, as constituições brasileiras de 1824 e de 1891 não disciplinaram a ordem econômica e social, pois esse campo estava afeto aos poderes privados e à regulação do mercado. A autonomia privada e a vontade livre formavam o centro do direito. Esse foi o pano de fundo histórico no qual foi gestado o Código Civil de 1916, caracterizado pela tônica jusprivativa do Estado Liberal, cujo foco era o indivíduo, núcleo do qual irradiavam as relações jurídicas. O eixo patrimonialismo, voluntarismo e individualismo delimitava as fronteiras do campo dos valores então vigentes, marcadamente voltados à proteção dos interesses da classe burguesa. Abstendo-se de intervir na ordem econômica, o Estado deixava à livre iniciativa o estabelecimento do modo de produção e de desenvolvimento que guiariam o mercado. O Código Civil, com sua pretensão de completude monolítica, era, então, a Constituição de direito privado, atribuição que vinha ao encontro da segurança jurídica no que se refere à disciplina regente das relações negociais. Esse paradigma, entretanto, começa a se esvair com a intervenção estatal.

Inaugurado com a Constituição de 1934, o Estado Social tinha por fulcro, além da promoção da justiça social, a inserção, no corpo constitucional, dos sistemas de controle da ordem econômica e social. Essas garantias constitucionais funcionavam como proteção da autonomia contratual real, pois limitavam os poderes econômicos privados em prol do equilíbrio entre as partes materialmente desiguais. A codificação civil-liberal vê-se, assim, enfraquecida em seus fundamentos, haja vista a exigência de justiça e de garantia de existência digna para todos. No campo normativo, leis extravagantes passaram a regular áreas antes restritas aos limites do código, subtraindo matérias de sua esfera de atuação. Perdida a centralidade e o papel de unificador do sistema,[2] a atuação estatal desloca-se para a garantia dos objetivos sociais e econômicos definidos pelo Estado, mecanismo que chega ao ápice com a Constituição Federal de 1988.

A Constituição de 1988 não só passou a regular a organização do Estado e as garantias fundamentais dos cidadãos, mas foi além, normatizando as diretrizes essenciais das relações interprivadas. Nesse ambiente, a Constituição passa a ser não apenas um sistema em si, um todo complexo com sua ordem, unidade e harmonia, mas também um modo de olhar e de interpretar todos os demais ramos do direito.[3] Esse fenômeno consiste em que toda a ordem jurídica deve ser lida e interpretada sob a ótica da Constituição, de forma a realizar os valores nela consagrados, ou seja, é a reinterpretação dos institutos jurídicos sob uma nova lente. A Constituição posiciona-se no núcleo do sistema jurídico,

---

[2] PERLINGIERI, Pietro. *Perfis do direito civil*: introdução ao direito civil constitucional. Rio de Janeiro: Renovar, 2007. p. 6.

[3] BARROSO, Luís Roberto. A constitucionalização do direito e o direito civil. In: TEPEDINO, Gustavo (Org.). *Direito civil contemporâneo*: novos problemas à luz da legalidade constitucional. São Paulo: Atlas, 2008. p. 253.

irradiando sua força normativa e servindo como vetor interpretativo de todas as normas do sistema. Não obstante, diante da dinamicidade da realidade social e econômica, a segurança jurídica e a estabilidade devem conformar-se a esse caminhar perene de molde a encontrar o tênue equilíbrio das forças que governam o sistema jurídico. Tal como na metáfora dos ouriços e raposas, a unitariedade e a pluralidade do universo é posta em xeque, como nos assevera Fachin na seguinte passagem:

> Os enunciados normativos, ao servirem como instrumento, devem propiciar segurança como importante valor, coerente com a sociedade plasmada na Constituição brasileira. A centralidade daquele valor assentada na legalidade constitucional recolhe da metáfora grega de Archilochus o sentido do ouriço, tal como descrito em Dworkin (em Justice for Hedgehogs): o ouriço sabe uma coisa muito importante. Seu universo, portanto, é unitário. Nada obstante, na tarefa de aplicação, os enunciados se revestem de polissemia: de um mesmo enunciado podem emergir diversas normas como também distintas interpretações. Essa possibilidade de respostas diferentes e às vezes incompatíveis entre si repõe em cena, a partir da mesma metáfora antes mencionada, o significado da raposa, tal como exposta pioneiramente por Isaiah Berlin (no ensaio que escreveu sobre Tolstoi): a raposa sabe muitas coisas. Seu mundo é, pois, plural.[4]

Esse dualismo, e a consequente necessidade de obter-se uma resposta que garanta a estabilidade social, sem abrir mão da evolução dos precedentes jurisprudenciais, passa pelo rigor da fundamentação das decisões que devem refletir as diretrizes constitucionais.

A norma constitucional torna-se, assim, o embasamento primário e justificador da relevância jurídica das relações sociais, não só como regra de hermenêutica, mas como norma de comportamento apta a conformar as situações subjetivas aos valores inscritos no Constituição. Rompe-se com a mentalidade individualista em que se calcou o Código de 1916 para alcançar um novo corpo de valores, sedimentado na solidariedade e na justiça social. Em havendo afronta ao princípio da justiça social, caberá ao Estado-Juiz, hermeneuticamente, preencher os conceitos indeterminados subjacentes a esse princípio de modo a captar os valores predominantes na sociedade.[5]

Vale ressaltar que os princípios sociais (função social do contrato, boa-fé objetiva e equivalência material do contrato) não excluem os princípios clássicos liberais (autonomia privada, *pacta sunt servanda* e eficácia relativa às partes contratantes), mas limitam seu alcance e conteúdo. Não há antagonismo entre os princípios sociais e os liberais: cada um reflete o espírito predominante em sua época. Não obstante, aqueles devem, no Estado Social, sobrepor-se a estes quando não for possível a harmonização.[6]

Esses novos paradigmas contratuais amparam os contratantes na medida em que proporcionam o equilíbrio entre as partes mediante a disciplina das cláusulas contratuais gerais, pela teoria da imprevisão, pela resolução por onerosidade excessiva e pela garantia deferida ao contratante vulnerável, fundamentados na boa-fé objetiva

---

[4] FACHIN, Luiz Edson. Segurança jurídica entre ouriços e raposas. In: EHRHARDT JR., Marcos *et al*. (Org.). Direito civil constitucional: a ressignificação da função dos institutos fundamentais do direito civil contemporâneo e suas consequências. Florianópolis: Conceito, 2014. p. 15.

[5] MARQUES, Claudia Lima. *Contratos no Código de Defesa do Consumidor*: o novo regime das relações contratuais. 6. ed. São Paulo: Revista dos Tribunais, 2011. p. 246-248.

[6] LÔBO, Paulo Luiz Netto. Princípios sociais dos contratos no CDC e no Novo Código Civil. *Jus Navigandi*, Teresina, ano 7, n. 55, mar. 2002. Disponível em: <http://jus.com.br/artigos/2796>. Acesso em: 19 abr. 2018.

que fornece critérios interpretativos e é fonte de deveres e de limitações para as partes. Privilegia-se, fundamentalmente, a tutela da personalidade humana em seu mais amplo espectro, exsurgindo o princípio da dignidade humana como balizador estruturante e conformador das relações sociais.

É nesse novo panorama em que se insere a teoria contratual que deve ser estudada a proteção do contratante, em especial do consumidor, com todos os problemas e peculiaridades que lhe são próprios: por um lado, tratando desigualmente as partes manifestamente desiguais e, por outro, compatibilizando essa tutela com a necessidade de desenvolvimento econômico e tecnológico, viabilizando-se os princípios da ordem econômica de que trata o art. 170 da Constituição Federal. Nessa perspectiva, o direito deve ser encarado como instrumento direcionado à tutela da pessoa humana, calcado na promoção da dignidade do ser humano.

2 Constitucionalização do direito contratual

Nessa linha:

> A Constituição abandonou a condição de instrumento meramente político e passou a ser instrumento sociojurídico privilegiado das relações privadas. Havia uma preocupação em dimensionar o valor da pessoa humana em sede constitucional. Importava uma inversão valorativa em relação à codificação civil, ou seja, a tutela da pessoa humana passava a irradiar as relações jurídicas em detrimento do aspecto patrimonial tão caro ao período liberal. Valores, até então desprezados, a exemplo da justiça social ou distributiva, passavam a colorir o cenário social. Propugnava-se por uma ordem consolidada na ideologia social. A realidade socioeconômica foi inteiramente modificada pelos princípios sociais – em particular pelo princípio da solidariedade social –, que passaram a dirigir a atividade econômica e a atividade contratual de modo a corresponder às exigências fundamentais da justiça e da garantia de uma existência digna a todos.[7]

Segundo Perlingieri,[8] os principais pressupostos teóricos da doutrina do direito civil na legalidade constitucional referem-se: a) à natureza normativa das constituições; b) à complexidade e ao caráter unitário do ordenamento jurídico e ao pluralismo das fontes de direito; e c) a uma renovada teoria da interpretação jurídica com fins aplicativos. É necessário reconhecer a supremacia dos valores insculpidos nas normas constitucionais, pois, além de indicar os fundamentos e as justificações de normatividade de valor interdisciplinar, apontam parâmetros de avaliação principiológica de relevância normativa nas relações intersubjetivas. Também indispensável conceber o ordenamento como uno e complexo, em que os princípios constitucionais exercem a função de vetores que iluminam o ordenamento e possuem papel central na articulação da pluralidade de fontes de direito. Ademais, é necessária a elaboração de uma teoria da interpretação jurídica que não seja formalista, mas sistemática e axiológica no que se refere à hierarquia das fontes e dos valores.

---

[7] ALBUQUERQUE, Fabíola Santos. O direito do consumidor e os novos direitos. In: MATOS, Ana Carla Harmatiuk (Org.). *A construção dos novos direitos*. Porto Alegre: Safe, 2008. p. 81.

[8] PERLINGIERI, Pietro. A doutrina do direito civil na legalidade constitucional. In: TEPEDINO, Gustavo (Org.). *Direito civil contemporâneo*: novos problemas à luz da legalidade constitucional. São Paulo: Atlas, 2008. p. 1-11.

Para tais pressupostos teóricos, verifica-se um conjunto de consequências relevantes, entre as quais ressaltam: a) o reconhecimento de que a pessoa humana e seus direitos fundamentais são um valor conquistado e que o primado dos valores existenciais afasta a concepção patrimonialista centrada na propriedade; b) a supremacia do direito e da política sobre o mercado e a economia; c) o enfraquecimento da contraposição privado-público, determinando uma nova composição dos institutos jurídicos, reavivados pela igualdade e pela solidariedade; e d) a nova posição do juiz ao decidir conflitos entre normas constitucionais e infraconstitucionais, julgando pela ab-rogação de texto que infrinja os valores constitucionalmente estabelecidos em sua tábua axiológica.

Assim, harmonizam-se as normas civilísticas com as constitucionais, de modo a dar relevo ao complexo normativo do ordenamento em consonância com os anseios sociais. Nesse sentido, resume Larissa Leal:[9]

> A inserção das verdades fundantes do direito civil no texto constitucional, desse modo, contribuiu à adequação do mesmo à volição estatal contemporânea, qual seja, bem-estar social, trazendo-o de volta à condição de complexo normativo aplicável às relações jurídicas interpessoais, sem que a sua aplicação possa de alguma forma ferir os anseios da sociedade.

No sentido de consolidar o Estado Democrático e Social de Direito, foi imprescindível a escolha axiológica no sentido de elevar os fundamentos do direito civil ao *status* constitucional, uma vez que a promoção da justiça social e a concretização do princípio da solidariedade social almejadas pela nova configuração estatal, distanciada do modelo liberal anterior, só poderiam ser alcançadas com a valorização da tutela da pessoa humana. É, portanto, a Constituição e não mais o Código Civil que se reveste da função unificadora do sistema. Sublinha-se, assim, a centralidade e a primazia da pessoa e dos valores a ela imanentes, de forma que, no campo contratual, a concepção do contrato não se exaure na autorregulamentação dos próprios interesses, mas a ele é atribuído valor ético.[10]

Nesse passo, a igualdade meramente formal é substituída pela equivalência ou equilíbrio contratual, em especial com a realidade da atual sociedade massificada com contratantes juridicamente vulneráveis. De fato, uma das mais relevantes características do contrato, hoje, é a necessidade de equivalência material das prestações, preservando a equação e o justo equilíbrio contratual, seja para manter a proporcionalidade inicial dos direitos e obrigações, seja para corrigir os desequilíbrios supervenientes.[11] Não obstante a Constituição Federal não faça referência explícita à função social do contrato, condiciona o exercício da atividade econômica à observância do princípio da função social da propriedade. Como o contrato é o instrumento que a faz circular, a função social da propriedade afetará, por conseguinte, o próprio contrato. Nesse caso, a Constituição prefigurou o regime das relações jurídico-civis, condicionando a propriedade – e, consequentemente, o contrato – à promoção de modificações substanciais em seu conteúdo de modo a adequá-lo à normativa constitucional.

---

[9] LEAL, Larissa Maria de Moraes. *A boa-fé nos contratos de adesão*. Dissertação (Mestrado em Direito) – Universidade Federal de Pernambuco, Recife, 2000. p. 42.

[10] PERLINGIERI, Pietro. Equilibrio normativo e principio di proporzionalità nei Contratti. *Revista Trimestral de Direito Civil*, Rio de Janeiro, v. 12, ano 3, p. 131-151, 2002. p. 133.

[11] LÔBO, Paulo Luiz Netto. *Direito civil*: contratos. São Paulo: Saraiva, 2011. p. 44.

O processo de constitucionalização do direito civil tem, portanto, como fundamento, a unidade hermenêutica da Constituição, considerada o ápice conformador da elaboração e da aplicação da legislação civil, devendo o jurista, portanto, interpretar o Código Civil à luz da Constituição e não o contrário. É o processo de elevação ao plano constitucional dos princípios fundamentais do direito civil, estabelecendo-se novos parâmetros para sua interpretação, em especial levando-se em conta os valores não patrimoniais. O reconhecimento constitucional dos princípios ordenadores das situações pessoais e patrimoniais que formam o campo das relações civis reflete uma valoração que, tendo em conta a posição que as normas constitucionais ocupam, não pode deixar de influenciar os poderes constituídos.[12]

Segundo Paulo Lôbo:[13]

> Os principais pressupostos teóricos da doutrina do direito civil na legalidade constitucional, ou do direito civil constitucional, concernem: a) à natureza normativa da Constituição e de suas normas, libertando-se do preconceito de seus fins meramente programáticos; b) à complexidade e unitariedade do ordenamento jurídico, ante a pluralidade das fontes de direito, segundo os princípios constitucionais e os valores fundamentais; c) uma renovada teoria da interpretação jurídica não formalista, tendo em vista os valores e os fins a serem aplicados. A norma, clara ou não, deve ser interpretada em conformidade com os princípios e valores do ordenamento, resultando de um procedimento argumentativo não apenas lógico, mas axiológico, inspirado no princípio da dignidade da pessoa humana como prioritário no confronto com os interesses superiores do Estado e do mercado.

Nesse contexto, de embate entre interesses do Estado e do mercado, é na esfera contratual que se levantam questões mais prementes acerca da eficácia limitativa da autonomia privada e de sua liberdade de ação frente à perspectiva do direito civil constitucional. A conclusão dos contratos é uma forma de exercício de liberdade constitucionalmente reconhecida, razão pela qual o consentimento do contratante deve ser valorado de tal sorte que produza validamente efeitos jurídico-negociais que não afetem outros valores constitucionalmente protegidos. Daí porque a atuação estatal deve ser eficaz para tutelar eventuais terceiros à realização do negócio jurídico. O limite da intervenção estatal deve, contudo, ter em conta que os particulares são livres para assumir obrigações e que a autodeterminação é um princípio constitucionalmente consagrado e, por isso, é necessário encontrar o ajuste fino que harmonize as duas posições.

A contratação privada movimenta interesses contrapostos igualmente protegidos. Mas, cabe aos titulares dos interesses protegidos realizar, por meio da análise do conteúdo das estipulações, a harmonização e os ajustes recíprocos nas situações concretas. Se essa tarefa for levada a cabo pela via da autodeterminação, e não por uma intervenção de caráter imperativo, já estará atendido um dos mais relevantes princípios ordenadores com valor constitucional. E isso porque a tutela dos direitos não é absoluta, mas está sujeita aos limites inseparáveis que estão ligados à liberdade dos contratantes. Daí porque deva ser encarada com cautela a invocação de preceitos constitucionais garantidores da liberdade individual com o objetivo de denegar efeitos vinculativos a negócios

---

[12] RIBEIRO, Joaquim de Sousa. Constitucionalização do direito civil. In: RIBEIRO, Joaquim de Sousa. *Direito dos contratos*: estudos. Coimbra: Coimbra Editora, 2007. p. 7-8.
[13] LÔBO, Paulo Luiz Netto. *Direito civil*: parte geral. São Paulo: Saraiva, 2009. p. 37.

jurídicos que possam representar o seu concreto exercício. A liberdade contratual não é contraposta a outro específico direito de liberdade com ela colidente, mas ao princípio da autodeterminação, que a fundamenta.[14] Se o conteúdo do contrato é gravoso para uma das partes, mesmo resultando de uma decisão verdadeiramente livre, o contrato torna-se instrumento que contraria seu reconhecimento normativo, o que pode obstar sua eficácia vinculativa, pois os valores existenciais terão sido denegridos em relação aos patrimoniais. O problema está em identificar como e de que modo os institutos jurídicos estruturados sob uma lógica puramente patrimonial devem ser adequados à nova tábua de valores constitucionais, cabendo ao civilista perseguir o modo mais efetivo de realizar esse escopo constitucional.[15]

Nesse prisma, indo além dos direitos sociais e econômicos insculpidos na Constituição, reclama-se uma atuação estatal visando ao estabelecimento de um regime limitativo da liberdade contratual do mais forte para conter abusos ou excessos. Deixa-se ao legislador um campo razoavelmente amplo de intervenção de modo a conceder o mínimo de tutela constitucionalmente garantida e o máximo de ingerência constitucionalmente permitida. Garante-se, de um lado, o direito de propriedade (art. 5º, XXII e XXIII, CF), mas condiciona-o ao atendimento de sua função social. Ambos, a propriedade privada e a função social da propriedade, são princípios expressos da ordem econômica (art. 170, II e III, CF), porém a própria ordem constitucional delimita o alcance da função social: no caso da propriedade urbana, sua função social é cumprida quando atende às exigências fundamentais de ordenação da cidade expressas no plano diretor (art. 182, §2º, CF) e a rural, quando atende, simultaneamente, segundo critérios e graus de exigência estabelecidos em lei, aos requisitos elencados no art. 186. Ao mesmo tempo, o constituinte incluiu, entre os objetivos fundamentais da República, a erradicação da pobreza e da marginalização e a redução das desigualdades sociais e regionais, inserindo como fundamento da República a dignidade da pessoa humana (art. 3º, III c/c art. 1º, III, CF). Desses últimos elementos, defluem os princípios da igualdade substancial e da justiça distributiva, que fazem com que a função social da propriedade tenha conteúdo determinado, haurido da própria Constituição, e que deve nortear a atividade interpretativa. Assim, torna-se insuscetível de desapropriação a propriedade que promova – com a sua utilização – os princípios fundamentais da República, isto é, há uma funcionalização da propriedade privada aos referidos princípios, estando os preceitos da norma de direito privado vinculados aos princípios constitucionais.

O contrato, nessa ambiência, sofre os influxos da função social da propriedade e tem seu conteúdo aferido de modo a adequá-lo aos ditames constitucionalmente estabelecidos. Depreende-se que os princípios gerais da atividade econômica, delineados nos arts. 170 e seguintes da Constituição, demonstram que o paradigma seguido não é o mesmo da concepção liberal, que contemplava a igualdade formal entre indivíduos autônomos, realizando uma função meramente individual na qual o Estado se abstinha de interferir, o que caracterizava o ideal de segurança e de estabilidade. Os contornos estabelecidos constitucionalmente apenas admitem o contrato que realiza a função social,

---

[14] RIBEIRO, Joaquim de Sousa. Constitucionalização do direito civil. In: RIBEIRO, Joaquim de Sousa. *Direito dos contratos*: estudos. Coimbra: Coimbra Editora, 2007. p. 24-25.

[15] SCHREIBER, Anderson. Direito civil e Constituição. In: SCHREIBER, Anderson. *Direito civil e Constituição*. São Paulo: Atlas, 2013. p. 21-22.

a ela condicionando os interesses individuais (art. 170, §§1º e 3º, CF). Nessa linha, o Código Civil estabelece que a liberdade de contratar seja exercida em razão e nos limites da função social do contrato, prevendo a nulidade de qualquer convenção que contrarie a função social da propriedade e dos contratos (art. 421 c/c art. 2.035, parágrafo único).

O contrato assume função social e é visualizado como um dos fenômenos integrantes da ordem econômica, mas submetido aos princípios constitucionais que fornecem os fundamentos para uma intervenção no âmbito da autonomia contratual.[16] Seu centro nuclear gravita em torno da noção de equidade, de boa-fé, de segurança e de justiça. Essa evolução da teoria contratual, acompanhando as mudanças sociais, tem como exemplo emblemático os direitos do consumidor, em que predominam os contratos de massa. Nessa nova concepção, o contrato foi alvo de transformação para adequar-se ao tipo de organização econômica predominante, sem, contudo, deixar de representar o instrumento da liberdade de iniciativa. O Código de Defesa do Consumidor, por exemplo, no que concerne aos aspectos contratuais da proteção do consumidor, dissocia-se da visão assentada no liberalismo para adotar uma concepção social, comunitária, relativizando-se princípios de cunho patrimonial para dar relevo aos de matiz existencial.

A função social referida no art. 421, do Código Civil, diz respeito ao dever imposto aos contratantes de observar os interesses extracontratuais socialmente relevantes e dignos de tutela jurídica. Ressalte-se que as partes devem comportar-se com lealdade e confiança, pautadas na informação e na transparência, em todas as fases da relação contratual. Assim, rompe-se com o individualismo para sedimentar-se um novo corpo de valores, matizados pela solidariedade e pela justiça social.

> Não há aqui espaço para ilusões: o direito civil brasileiro continua a exigir e continuará a exigir permanente releitura à luz dos valores constitucionais, como o único caminho seguro para a realização do projeto de sociedade traçado pela Constituição de 1988. É claro que o problema se impõe, em alguma medida, em todos os ramos do direito (fala-se, nesse sentido, em constitucionalização do direito administrativo, do direito penal, do direito do trabalho etc.). A situação do direito civil é, contudo, extremamente peculiar, pois não se limita a alterações pontuais de postura, mas impõe a reconstrução do próprio papel do direito civil e da codificação na realidade contemporânea, colocando em xeque noções fundamentais da ciência jurídica, como o direito subjetivo, a autonomia privada e a própria distinção entre direito público e direito privado.[17]

No âmbito de aplicação dos direitos fundamentais, o significado da constitucionalização não se restringe apenas à sua aplicação às relações privadas. Consagra um novo sistema de interpretação hermenêutica, demandando o cotejamento constante da norma infraconstitucional com a Constituição. Quando não houver norma infraconstitucional, o juiz colherá da norma constitucional o conteúdo para resolver eventual conflito e, quando a matéria já for objeto de norma infraconstitucional, esta deverá ser interpretada em consonância com as normas constitucionais. Dessa forma, as normas constitucionais serão sempre aplicáveis, haja vista a força normativa da Constituição.

---

[16] AGUIAR JÚNIOR, Ruy Rosado de. A boa-fé na relação de consumo. *Revista de Direito do Consumidor*, São Paulo, n. 14, p. 20-32, abr./jun. 1995. p. 22-23.
[17] SCHREIBER, Anderson. Direito civil e Constituição. In: SCHREIBER, Anderson. *Direito civil e Constituição*. São Paulo: Atlas, 2013. p. 11.

Afirma Lorenzetti:[18]

> A Constituição tem disposições de conteúdo civilista aplicáveis ao âmbito privado. Igualmente, tem em seu seio as normas fundamentais da comunidade, a sua forma de organizar-se, às quais se remete permanentemente o Direito Privado.
> De outro ponto de vista, o Direito Privado é Direito Constitucional aplicado, pois nele se detecta o projeto de vida em comum que a Constituição tenta impor; o Direito Privado representa os valores sociais de vigência efetiva.
> Por isso é que o Direito Privado se vê modificado por normas constitucionais. Por sua vez, o Direito Civil ascende progressivamente, pretendendo dar caráter fundamental a muitas de suas regras, produzindo-se então uma "constitucionalização do Direito Civil".

A Constituição é, destarte, fonte de regras de direito privado que possuem importância fundamental, pois condiciona o intérprete, o magistrado e o legislador. Seus valores estão presentes em todo o tecido normativo e os princípios nela expressos têm aplicação direta e imediata.[19] Cabe, pois, ao intérprete compatibilizar as decisões fundadas no Código Civil com os princípios constitucionais, mesmo que não referidos explicitamente, o que assegurará a revitalização de sentido de suas normas e lhe proporcionará durabilidade pela pertinência com as mutações sociais.[20]

Fachin assinala três sentidos ou dimensões da constitucionalização: formal, substancial e prospectiva.[21] Pelo formal, entende-se a passagem, para o nível constitucional, dos institutos fundamentais do direito privado. É o primeiro degrau da constitucionalização, mas ainda não suficiente para completar o processo. O sentido substancial encerra a existência de princípios expressos e implícitos dos quais emana uma axiologia que oferece mais do que simplesmente mandados de otimização, atuando na aproximação entre o direito público e o privado. Na dimensão prospectiva, deve-se compreender o processo de constitucionalização como uma ação permanente, que capta as transformações sociais e reescreve "as possibilidades emancipatórias do próprio Direito", tendo reflexo na doutrina, na legislação e na jurisprudência. Conclui Fachin:[22]

> Além da estrutura de seus institutos fundantes, como a propriedade, a posse, a família, o contrato e a responsabilidade civil, passando pelo filtro do caso concreto, o ordenamento jurídico de caráter civil-constitucional, no Brasil contemporâneo, não se cinge a seguir diretivas constitucionais como se ainda fossem *meros conselhos*, nem edifica uma nova *fattispecie* hermenêutica.
> Faz, isso sim, a construção de uma permanente interrogação que almeja, sempre, saber *para que serve* e a *quem serve o Direito*.

No que tange especificamente à seara contratual, a inclusão dos institutos de direito civil na ordem constitucional integra-se à esfera de irradiação dos princípios

---

[18] LORENZETTI, Ricardo Luis. *Fundamentos do direito privado*. São Paulo: Revista dos Tribunais, 1998. p. 252-253.
[19] BONAVIDES, Paulo. *Curso de direito constitucional*. 7. ed. São Paulo: Malheiros, 1997. p. 246.
[20] LÔBO, Paulo Luiz Netto. *Direito civil*: parte geral. São Paulo: Saraiva, 2009. p. 43.
[21] FACHIN, Luiz Edson. Contemporaneidade, novos direitos e o direito civil-constitucional no Brasil. In: MATOS, Ana Carla Harmatiuk (Org.). *A construção dos novos direitos*. Porto Alegre: Safe, 2008. p. 228.
[22] FACHIN, Luiz Edson. Contemporaneidade, novos direitos e o direito civil-constitucional no Brasil. In: MATOS, Ana Carla Harmatiuk (Org.). *A construção dos novos direitos*. Porto Alegre: Safe, 2008. p. 231. Grifos no original.

constitucionais no espaço de liberdade individual, exigindo a construção de uma nova ordem pública coerente com os fundamentos (art. 1º, CF) e com os objetivos fundamentais (art. 3º, CF) da República. Há, por conseguinte, uma nova forma de enxergar o contrato, que, nessa visão renovada, não mais gera uma conjuntura definitiva, mas cria uma situação jurídica apta a sofrer alterações e adequações para reconhecer a eficácia limitativa da autonomia privada e da liberdade em atenção às garantias constitucionais. Não se pretende, entretanto, subtrair o espaço de incidência do direito privado, mas alterá-lo qualitativamente, potencializando-o e redimensionando-o, mediante a funcionalização de seus institutos e categorias à realização dos valores constitucionais.[23]

Amolda-se, assim, o contrato às exigências atuais, em que prevalecem fatores sociais que convergem para o reequilíbrio entre as forças contratantes. Nenhum princípio pode gozar de pretensão de certeza ou assumir uma posição de preeminência em relação a outros em função da doutrina socioeconômica que esteja vigorando em determinada quadra. Nem se pode admitir que cânones interpretativos baseados na ideologia do poder dominante sejam os vetores que irão balizar a valoração e a ponderação de valores que deverão permear o tecido normativo da sociedade. Há múltiplas situações negociais que reclamam análises individualizadas, o que descarta as pretensões de completude e de generalização. Exsurge, então, a força normativa dos princípios constitucionais que dão unitariedade e coerência ao ordenamento, tanto em seus aspectos mais tradicionalmente civilísticos como nos de acentuado relevo publicista. Essa força assegura, simultaneamente, a unidade e a abertura do sistema, tornando-se, daí, indispensável a unidade interpretativa para a solução de controvérsias. As normas constitucionais fazem parte indissociável da dogmática do direito civil, remodelando e revitalizando seus institutos, em torno da força normativa reunificadora do sistema e, se assim não fosse, o ordenamento restaria fragmentado, decompondo-se o sistema por força da pluralidade de núcleos legislativos existentes.[24]

Ainda na seara contratual, a harmonia dos pactos com os valores constitucionais representa um balizador do redimensionamento axiológico pelo qual vem passando o contrato, agora caracterizado pela flexibilidade e não mais pela rigidez de estrutura. Tornou-se um instrumento dinâmico e adaptado aos interesses em torno dos quais gravita sua consecução. Dessa forma, a par da realidade constitucional, na qual o constituinte definiu os princípios e valores que deverão nortear as relações do direito civil, urge interpretar as normas regentes das relações privadas à luz da Constituição. O ponto de referência axiológico-interpretativo há de deslocar-se do Código Civil para a Constituição, apresentando-se ao direito civil o desafio de enfrentar os novos horizontes que se delineiam na ciência e na tecnologia sem perder de vista, contudo, a promoção da pessoa humana.

A dignidade da pessoa humana – princípio que informa as relações jurídicas existenciais, em especial os direitos da personalidade – pressupõe uma mudança na dogmática do direito civil. Consagrada como valor basilar do ordenamento jurídico no inc. III, do art. 1º, da Constituição Federal, a dignidade da pessoa humana é o substrato

---

[23] TEPEDINO, Gustavo. Normas constitucionais e direito civil na construção unitária do ordenamento. In: TEPEDINO, Gustavo. *Temas de direito civil*. Rio de Janeiro: Renovar, 2009. t. III. p. 4.

[24] TEPEDINO, Gustavo. Normas constitucionais e direito civil na construção unitária do ordenamento. In: TEPEDINO, Gustavo. *Temas de direito civil*. Rio de Janeiro: Renovar, 2009. t. III. p. 8.

que molda a estrutura e a dogmática do direito civil, de modo a operar a funcionalização das situações jurídicas patrimoniais às existenciais, propiciando o pleno desenvolvimento da pessoa humana. Nesse diapasão:

> Disso tudo decorre a necessidade de construção de uma nova dogmática do direito privado com coerência axiológica. Para tanto, na construção desta dogmática, há de se diferenciar, em primeiro lugar, as relações jurídicas patrimoniais das relações jurídicas existenciais, já que fundadas em lógicas díspares. Tal diversidade valorativa deve preceder, como premissa metodológica, à atividade interpretativa. A pessoa humana é o centro do ordenamento, impondo-se assim tratamento diferenciado entre os interesses patrimoniais e os existenciais. Em outras palavras, as situações patrimoniais devem ser funcionalizadas às existenciais.[25]

De todo o exposto, conclui-se que o trabalho hermenêutico deverá caminhar na direção da perspectiva civil-constitucional. Da Constituição, emanam os princípios e regras que deverão guiar a atividade interpretativa, uma vez que institutos de direito privado estão tutelados e dimensionados pelo próprio texto constitucional. Permite-se, com essa nova ótica, um revigoramento dos institutos de direito civil, de modo a compatibilizá-los à realidade social e econômica atual. Importância especial deve ser dirigida às cláusulas gerais: o legislador vem modificando sua forma de legislar, não mais dando ênfase à descrição pormenorizada de situações-tipo bem delineadas, mas mediante cláusulas gerais, comandos aplicáveis direta e imediatamente aos casos concretos, pois, diante da velocidade das transformações, torna-se praticamente impossível regular as inúmeras situações diante das quais o sujeito de direito pode encontrar-se.

3 Crise na teoria contratual

Como explicitado no tópico precedente, os marcos do direito civil nas codificações foram, paulatinamente, sendo superados ao longo do século XX, cuja história refletiu as flutuações havidas na concepção do indivíduo e de suas relações relativamente à sociedade e ao Estado. Essa evolução contempla desde a função social da propriedade e do contrato até as mudanças operadas no âmbito do direito de família, passando pelos novos paradigmas da responsabilidade civil, caracterizada pela erosão dos filtros tradicionais da reparação até a diluição dos danos,[26] pela emergência dos direitos da personalidade que elevaram a pessoa à posição de primazia nas relações jurídicas e pelas novas formas de contratação em massa, em especial no campo dos contratos eletrônicos de consumo. O fenômeno da predisposição de cláusulas ou condições gerais de contratação tornou-se a pedra de toque da sociedade industrializada e informatizada moderna. Essa forma de contratação domina, hoje, quase todos os setores da vida privada e é a maneira natural de levar à consecução as avenças, seja entre grupos econômicos e indivíduos, seja entre os detentores dos meios de produção e a força de trabalho.

Novas técnicas contratuais consistentes na elaboração prévia e unilateral das cláusulas contratuais são também utilizadas por entidades do setor público, em especial

---

[25] TEPEDINO, Gustavo. O direito civil-constitucional e suas perspectivas atuais. In: TEPEDINO, Gustavo. *Temas de direito civil*. Rio de Janeiro: Renovar, 2009. t. III. p. 32.
[26] SCHREIBER, Anderson. *Novos paradigmas da responsabilidade civil*: da erosão dos filtros da reparação à diluição dos danos. 5. ed. São Paulo: Atlas, 2013.

pelas concessionárias de serviços públicos, que oferecem serviços de água, luz, gás, telefonia, transporte. Cabe lembrar, também, que, ao lado dos contratos de adesão, realizados na forma escrita, existem os contratos orais cuja aceitação se processa mediante as chamadas condutas sociais típicas. Nesses casos (contratos massificados, contratos de consumo ou contratos de adesão a condições gerais), substitui-se a manifestação volitiva pela conduta das pessoas orientadas à aquisição ou à utilização de bens ou serviços. Nesses casos, não é a manifestação de vontade, mas a conduta negocial típica que faz brotar a relação contratual, o que exige do direito a necessidade de releitura do conceito de contrato de acordo com as exigências do trânsito jurídico. Nesse sentido:

> É ainda mais admirável que, ainda hoje, se procure explicar tais situações com o recurso a ficções, como a autorização presumida dos pais, ou com artifícios repressivos, como a vedação ao enriquecimento sem causa. Com efeito, a imensa maioria dos autores se refere às relações de fato como uma construção marginal, que escapa e se opõe à regra límpida da teoria geral do contrato. Tudo como se uma teoria digna dessa denominação não pudesse absorver e conviver com uma compreensão mais ampla do fenômeno contratual, que, sem negar a utilidade do negócio jurídico, transcendesse a exclusividade da matriz negocial, de modo a reconhecer proteção àquelas atividades contratuais estabelecidas na realidade social, a despeito de um negócio jurídico fundante.[27]

Nos casos de negócios realizados por incapazes, em particular nas relações massificadas, não há submissão ao plano da validade e produzem efeitos plenos no plano da eficácia. Consistem em exceção às regras de validade dos negócios jurídicos. Na mesma linha, a venda realizada em máquinas automáticas representa uma conduta negocial típica na qual o consentimento é desconsiderado. A máquina vincula seu detentor, que assume a função de fornecedor na relação de consumo estabelecida, com todos os ônus que tal situação lhe impõe: proteção contratual do consumidor e responsabilidade por fato ou vício do produto. Segundo Claudia Lima Marques,[28] a doutrina europeia, analisando a utilização de máquinas, da televisão ou de meios telemáticos, afirma que muitos contratos de massa são realizados "em silêncio" ou "sem diálogo": a imagem toma o lugar da palavra, o diálogo se extingue e reina o silêncio. Os símbolos são visualizados por meios virtuais e os atos existenciais são concretizados sem a presença do outro (ou pela representação do outro por meio de máquinas). Assim, o homem atual se denomina não mais o *homo loquens* (aquele que, conhecendo as coisas e considerando-as presentes no diálogo, recorre ao saber coletivo da língua), em virtude da perda da importância da palavra, e sim o *homo videns* (aquele que percebe, com o imediatismo do olho, a própria figura da coisa). É a relevância das sensações e dos sentidos para a realização de um contrato desumanizado e despersonalizado, aposto de forma unilateral num endereço eletrônico ou numa máquina automática.

Hoje, essas novas técnicas contratuais estão tão imbricadas nas relações jurídicas que se perfazem no dia a dia que se tornaram indispensáveis à consecução do sistema de produção e de distribuição em massa, não sendo concebível um retrocesso, suprimindo-as

---

[27] SCHREIBER, Anderson. O contrato-fato. In: SCHREIBER, Anderson. *Direito civil e Constituição*. São Paulo: Atlas, 2013. p. 139.
[28] MARQUES, Claudia Lima. *Contratos no Código de Defesa do Consumidor*: o novo regime das relações contratuais. 6. ed. São Paulo: Revista dos Tribunais, 2011. p. 72-73.

da realidade social. Não há que se questionar acerca dos benefícios inerentes à velocidade na concretização de transações, à facilidade de travar relações negociais e ao conforto proporcionado pela possibilidade de adquirir bens e serviços diretamente no domicílio do consumidor. Contudo, o consumidor continua vulnerável nessas relações. Tomem-se, por exemplo, os contratos bancários, aos quais o cliente adere sem conhecer suas cláusulas, em especial as que dizem respeito ao pagamento de tarifas bancárias e às taxas de juros cobradas na utilização de empréstimos e financiamentos. Não há a necessária informação para que o cliente concretize uma operação bancária conhecendo todos os riscos que poderá correr. Falta-lhe confiança no instrumento contratual elaborado unilateralmente pelas instituições financeiras, que tendem a redigi-lo da maneira mais vantajosa para si, muitas vezes incluindo cláusulas que acentuam o fosso econômico-financeiro e informacional que já impera entre as partes contratantes.

Nesse passo, é importante ressaltar que se tornou significativo para o direito privado atual o fato de a solidariedade social não ter ficado restrita à esfera do direito público, mas se infiltrado nas sendas da jurisprudência, dos direitos patrimoniais e, sobretudo, das relações interprivadas da comunidade, que se constrói juridicamente a partir das mútuas relações de cooperação e que levam em consideração as necessidades reais e concretas da pessoa humana. Com efeito, a concepção da proteção da pessoa humana se realiza não só pela via dos institutos das liberdades públicas, mas também demanda a promoção da igualdade social, que exige permanente satisfação. Os direitos fundamentais do indivíduo competem ao próprio ser humano como partícipe de relações comunitárias e, no interesse público, estão condicionados, para seu efetivo exercício, aos valores fundamentais da comunidade, especialmente quando cotejados com os princípios que irradiam do ordenamento constitucional.

Esse influxo dos princípios e valores constitucionais significa para o direito dos contratos a noção de que as relações jurídicas também se assentam sobre o princípio da solidariedade, exigindo-se que os contratantes sejam solidários entre si e respeitando-se a individualidade e a dignidade de cada qual, o que certamente provocará repercussões na interpretação dos contratos. Supera-se, assim, a concepção antropológica liberal para substituí-la pela concepção social da pessoa humana, o que justificaria a prática de uma nova hermenêutica para que se possa realizar plenamente a dignidade da pessoa humana, com um ponto de vista mais aberto e mais brando socialmente com vistas a vivificar o ordenamento jurídico e torná-lo plenamente concreto.[29]

Nessa linha de argumentação, a partir da constatação de que a teoria contratual vem se renovando a par do contexto histórico vivido, o que provoca uma crescente fragmentação do contrato (necessidade de especificação de tipos diferentes de contratos), além do fato de que o modelo de contrato contemporâneo deve fazer transparecer os princípios constitucionais em prol da consecução de metas sociais, torna-se imprescindível considerar o bem contratado como diretriz para a composição entre os novos e os clássicos princípios contratuais. Dessa forma, exemplificativamente, o paradigma da essencialidade[30] poderia ser um dos vetores para a distinção dos contratos sob a ótica das diferentes funções que desempenham relativamente às necessidades existenciais do

---

[29] GRAU, Eros. Técnica legislativa e hermenêutica contemporânea. In: TEPEDINO, Gustavo (Org.). *Direito civil contemporâneo*: novos problemas à luz da legalidade constitucional. São Paulo: Atlas, 2008. p. 288.
[30] NEGREIROS, Teresa. *Teoria dos contratos*: novos paradigmas. Rio de Janeiro: Renovar, 2002. p. 30 e ss.

contratante. Se se visa a satisfazer uma necessidade existencial, o contrato deve sujeitar-se a um regime de caráter tutelar, ampliando-se, correlativamente, o campo de aplicação dos novos princípios. Se tiver por objeto bens supérfluos, a disciplina contratual aplicada seria a da ótica clássica liberal.

O critério de utilidade do bem, cotejado em relação à pessoa e não ao bem tomado em si mesmo, constitui uma seara importante na busca por soluções concretas que permitam a oxigenação da tensão dialética entre autonomia e dignidade, tensão presente em diversos instrumentos normativos, inclusive na Constituição Federal, que consagra, de um lado, a liberdade individual e, de outro, os valores coletivos da justiça social e da solidariedade. Em torno dessa dualidade (como a do ouriço e da raposa), erige-se o princípio da dignidade da pessoa humana, em torno do qual devem ser traçados os parâmetros para a harmonização entre o individual e o coletivo. Nesse ponto, é essencial que a utilização da tutela da dignidade da pessoa humana não lance sombras sobre a liberdade individual, tolhendo o ser humano de sua autonomia. O alcance do equilíbrio entre o individual e o social demonstrará a maturidade de uma ordem jurídica verdadeiramente pluralista e justa.

Dessa forma, sob o influxo dos princípios constitucionais, o intérprete possui elementos para a construção do paradigma da essencialidade, de forma que a intervenção do domínio contratual seja realizada à luz da ponderação, na esfera negocial, entre liberdade e solidariedade. A classificação dos bens segundo o critério da utilidade existencial pode ser abraçada pelo direito contratual e é capaz de fornecer parâmetros para a hierarquização dos valores antagônicos que simultaneamente coexistem na Carta Constitucional. O contrato não pode ser visto como um todo monolítico, mas deve ser permeável a diferenciações e refletir a diversidade conflitante de valores, sem ser reduzido a uma única diretriz. Abandona-se a ideia de ordenar toda a matéria contratual em volta de um único paradigma para iluminá-la segundo critérios de valoração em função do caso concreto. O contrato não é um mundo fechado hermeticamente: é apenas um dos componentes do comércio jurídico no qual se desenvolvem as interações comerciais. Como afirma Tepedino:[31]

> Deste modo, as novidades legislativas e a dogmática tradicional foram lidas à luz da perspectiva civil-constitucional, rejeitando-se o tratamento estático e mecanicista por vezes conferido ao direito obrigacional, considerado por muitos autores como instrumental teórico e abstrato e atemporal, infenso às alterações históricas. Ao contrário, buscou-se pensar na relação obrigacional como processo funcional e dinâmico, condicionada pela realidade econômica de seu tempo, e informada pelo conjunto de valores que permeiam o ordenamento, como sistema aberto de fontes normativas, unificadas pela ordem pública constitucional.

A liberdade dos privados é circunscrita pelos valores constitucionais, de modo que o negócio jurídico se torne um espaço promocional pleno de metas reputadas valiosas pelo corpo social. A realidade caracteriza-se pela alternância entre as perspectivas individualistas e socializantes, ora prevalecendo a eficiência econômica do livre mercado

---

[31] TEPEDINO, Gustavo. Apresentação. In: TEPEDINO, Gustavo (Org.). *Obrigações*: estudos na perspectiva civil-constitucional. Rio de Janeiro: Renovar, 2005. p. xi.

calcada na liberdade clássica, ora promovendo-se um controle sobre o conteúdo do contrato de molde a adequá-lo ao ideal de uma sociedade mais justa e solidária. O direito, nesse passo, há de desligar-se de sua função meramente sancionatória e postular uma função instrumental de incentivo ao diálogo entre a ordem econômica e as finalidades programáticas do ordenamento. Nessa linha,

> À erosão da perspectiva estrutural de um contrato edificado pelo poder normativo da vontade, contrapõe-se a ascensão de um paradigma em que os modelos jurídicos assumem a feição de instrumentos concretizadores de determinadas finalidades eleitas pela coletividade. A compreensão da conduta dos contratantes deixa de ser visualizada pelo monopólio de suas vontades, posto que submetida a padrões objetivos de controle social de legitimidade.[32]

Nesse quadro, emerge que a força do modelo clássico é inegável e prova disso é o ânimo em apresentar um modelo explicativo que o supere, o que faz com que a teoria que o critica padeça das mesmas limitações que pretende superar: a crença na eficácia de uma teoria geral capaz de, a partir de um único valor – seja a liberdade, a solidariedade, o interesse privado, o interesse público, o indivíduo ou a sociedade – abarcar indistintamente toda e qualquer espécie de contrato.[33] Podem-se apontar as dicotomias entre os dois modelos da forma a seguir delineada. O direito contratual tradicional abarca as seguintes peculiaridades: neutralidade de conteúdo, abordagem estática, antagonismo, atomismo e abordagem abstrata. Em contraposição, as tendências modernas apontam as seguintes características: enfoque conteudístico, abordagem dinâmica, cooperação, coletivismo e abordagem voltada para a pessoa.[34]

Em razão da fragmentação conceitual, não se deve procurar uma teoria geral que dê conta de toda a complexidade contratual. Deve-se, ao contrário, voltar-se ao estabelecimento de critérios de diferenciação compatíveis com a harmonização constitucional. Esses fatores devem refletir os valores expressos na matriz constitucional para determinar os princípios aplicáveis às diferentes espécies de contrato. Em seu confronto com o mercado, o direito contratual deve vê-lo como um espaço de oportunidades para o desenvolvimento do significado e da vida de cada indivíduo, pois os valores modernos se infiltram na lei em todos os pontos, encorajando a doutrina a volver-se para novas direções e a prover a base para a elaboração de um conjunto regulatório por parte dos legisladores.[35] Nesse prisma, algumas espécies de contrato são vistas como instrumentos de realização existencial (como exemplo, a compra da casa própria), de modo que cada transação deve ser governada por seus próprios padrões diferenciadores para preservar e otimizar as oportunidades para ambos os contratantes.

Assim, não há um conceito unitário que abarque toda a teoria contratual e parece existir, na atualidade, uma crise paradigmática no sentido de que, apesar de assentado

---

[32] ROSENVALD, Nelson. A função social do contrato. In: EHRHARDT JR., Marcos; BARROS, Daniel Conde (Coord.). *Temas de direito civil contemporâneo*. Salvador: JusPodivm, 2009. p. 190.
[33] NEGREIROS, Teresa. *Teoria dos contratos*: novos paradigmas. Rio de Janeiro: Renovar, 2002. p. 290-291.
[34] NEGREIROS, Teresa. *Teoria dos contratos*: novos paradigmas. Rio de Janeiro: Renovar, 2002. p. 291.
[35] COLLINS, Hugh. *The law of contract*. 4. ed. London: Butterworths, 2003. Disponível em: <http://books.google.com.br/books?id=pebZDWr_ZKIC&printsec=frontcover&hl=pt-BR&source=gbs_ge_summary_r&cad=0#v=onepage&q&f=false>. Acesso em: 27 abr. 2018.

em fundamento axiológico constitucional, o paralelogramo de forças envolvidas no direito civil e no direito constitucional tornou mais complexo o vetor resultante dessa estrutura reticulada, o que, por seu turno, deu lugar a um novo quadro valorativo do contrato correspondente à individualização de novas categorias de contratos, tarefa que exige do operador jurídico desembaraço suficiente para lidar com os múltiplos elementos externos à estrutura contratual.

Essa multiplicidade de elementos que forma o arcabouço contratual tem causado insegurança na teoria dos contratos, gerando dúvidas dogmáticas sobre temas básicos e sobre o próprio futuro desse instrumento, o que caracterizaria uma nova crise do contrato.[36] Essa crise teria fundamento externo à dogmática contratual e estaria atrelada à crise de confiança da contemporaneidade, que traria em seu bojo a necessidade de desenvolver uma dogmática revisitada, com preocupações mais sociais e voltada para o equilíbrio contratual. A fase atual da sociedade demanda respostas com vistas à valorização do paradigma da confiança, pois uma característica do tempo atual é o aumento dos litígios e a desconfiança existente entre os agentes econômicos, com importantes reflexos no direito privado.

Nesse início de século XXI, convivem as relações virtuais, a desmaterialização e a despersonalização contratual, o consumismo imediatista desenfreado, o automatismo na contratação, a euforia individualista do mercado, a globalização e as crescentes desigualdades sociais. É um momento em que se desconfia da força e da suficiência do direito para atender às demandas sociais contingentes e para servir de paradigma à organização da sociedade, que parece aprofundar a exclusão social. É uma época de individualismo nas soluções jurídicas, que compartilha o mesmo espaço com o pluralismo de fontes legislativas e com uma forte internacionalização das relações. É a crise do Estado do Bem-Estar Social.[37] Segundo Erik Jayme, citado por Claudia Lima Marques, as características e os elementos que matizam a cultura atual e que possuem efeito no direito privado seriam: o pluralismo, a comunicação, a narração e o retorno dos sentimentos.

O pluralismo manifesta-se pela multiplicidade de fontes a regular o mesmo fato, pela diversidade de sujeitos a proteger e pelo grande número de agentes ativos de uma mesma relação, que criam uma visão complexa do feixe de direitos e de deveres contratuais, pluralismo que também se evidencia na dupla funcionalidade dos valores e princípios, muitas vezes antagônicos. A comunicação destaca a importância dos deveres de informação e de transparência, visualizando o contrato como perenização dos deveres e direitos acertados de modo a acentuar a proteção dos mais fracos nas relações contratuais, assim como dos grupos que a lei quer privilegiar. A narração origina-se na comunicação e é consequência do elemento informativo que começa a se espraiar pelas raias do direito, procurando uma nova legitimação na própria forma de legislar, valorizando a interpretação teleológica. São normas que narram seus objetivos, seus princípios e suas finalidades, positivando os objetivos do legislador e abrindo espaço para sua concretização pelo intérprete de forma útil e justa. Por fim, o retorno dos sentimentos

---

[36] MARQUES, Claudia Lima. A chamada nova crise do contrato e o modelo de direito privado brasileiro: crise de confiança ou de crescimento do contrato? In: MARQUES, Claudia Lima (Coord.). *A nova crise do contrato*: estudos sobre a nova teoria contratual. São Paulo: Revista dos Tribunais, 2007. p. 19.

[37] MARQUES, Claudia Lima. *Contratos no Código de Defesa do Consumidor*: o novo regime das relações contratuais. 6. ed. São Paulo: Revista dos Tribunais, 2011. p. 169.

representaria a volta de certa emocionalidade no discurso jurídico e a procura de novos elementos sociais e ideológicos que passariam a influenciar a argumentação e as decisões jurídicas, o que cria insegurança e imprevisibilidade, elementos dissociados das características clássicas atribuídas ao direito. A ideia que subjaz a tudo isso é a revitalização dos direitos humanos como únicos valores seguros a se utilizar em um mundo em que convivem múltiplas codificações e microssistemas e que procura uma equidade cada vez mais discursiva do que real. Em sua visão, os direitos fundamentais seriam as novas normas essenciais que influenciariam o novo direito privado, de forma que o direito civil atuaria com o papel social de proteção do indivíduo e como escudo contra abusos. Assim, a crise representaria a mudança advinda do emergir da insegurança diante de algo incompreensível e que é observado passivamente.

Essa crise representa um desafio para o direito na medida em que há um aparente ceticismo quanto à capacidade de o direito fornecer respostas adequadas e justas aos problemas inerentes à sociedade atual e que se modificam com uma velocidade jamais vista nos tempos de transmissão instantânea da informação e de câmbio de valores. Tudo isso provoca uma crise que consiste na ideia de que o modelo contratual é insuficiente para abraçar essa rápida evolução de conceitos e que se torna premente a proposição de uma nova jurisprudência de valores que abarque o fenômeno, com uma visão revitalizada dos princípios do direito civil calcada na tutela dos direitos fundamentais dos cidadãos. É uma crise de característica interna ao próprio direito e que atinge o paradigma da dogmática jurídica contratual.

Aponta-se, nessa linha, para uma nova teoria social dos contratos, baseada no solidarismo contratual, tendo como fundamento a confiança. Na esfera social, esse elemento ganha relevo, valorizando-se mais a vontade declarada do que a vontade interna, com a finalidade de dar mais segurança e certeza às relações jurídicas contratuais. "A confiança é um elemento central da vida em sociedade e, em sentido amplo, é a base da atuação/ ação organizada (*geordneten Handelns*) do indivíduo".[38] É um princípio imanente a todo o direito e condutor das relações contratuais. Proteger a confiança significa acreditar na atuação dos outros parceiros contratuais, o que possui reflexos no desempenho de todos, contribuindo para que as condutas na sociedade e no mercado convirjam para o nascimento de expectativas legítimas naqueles em que a confiança é despertada.

> Segundo Niklas Luhmann, em uma sociedade hipercomplexa como a nossa, quando os mecanismos de interação pessoal ou institucional, para assegurar a confiança básica na atuação não são mais suficientes, pode aparecer uma generalizada "crise de confiança" também na efetividade do próprio direito. Mosset Iturraspe alerta que, em nossa sociedade *a-valorativa* e pragmática, passamos a aceitar que pode ser economicamente mais benéfico para os fornecedores causar danos. Mesmo com a imposição do paradigma da boa-fé, pragmaticamente (e economicamente) causar danos (contratuais e extracontratuais) aos mais fracos ainda pode valer a pena e o direito procura caminhos de resposta a esta crise de desconstrução. [...]
> Guido Alpa, em 2001, ao estudar o projeto de Código europeu de contratos, o projeto Unidroit e o Projeto Lando, alertava para um forte efeito do fim de proteção dos consumidores ou dos mais fracos no modelo contratual do século XXI. Previa mesmo a dissolução do modelo

---

[38] MARQUES, Claudia Lima. *Confiança no comércio eletrônico e a proteção do consumidor (um estudo dos negócios jurídicos de consumo no comércio eletrônico)*. São Paulo: Revista dos Tribunais, 2004. p. 31.

tradicional de contrato e citava como características do novo contrato do século XXI: (a) a importância do *status* das partes; (b) a importância das técnicas de controle interior da operação econômica, por meio do estudo da causa, objeto e forma do contrato; (c) aplicação de critérios de justiça contratual, referindo-se a valores da pessoa e a eqüidade da troca; (d) aplicação de cláusulas gerais (*standards*) para o controle do comportamento das partes durante as fases de negociação, conclusão e execução do contrato; (e) adaptação do contrato às circunstâncias supervenientes; (f) a codificação social de certas fórmulas contratuais internacionais; e (g) relegar a solução de conflitos para instâncias extrajudiciais. Em sua profunda análise, concluía que, ao lado da liberdade contratual, o direito privado de hoje impõe boa-fé, probidade (*rectitude*), bom-senso (*bon-sens*) e visa à proteção dos vulneráveis (*protection de la partie faible*).[39]

A sociedade individualizada fragmenta ainda mais as normas de proteção dos mais fracos, situação agravada com a hipercomplexidade da revolução proporcionada pelos meios de comunicação de massa, o que ocasiona, com já referido, a crise de confiança da sociedade de que os instrumentos e instituições do direito estariam aptos a lidar com esse manancial de mutações que demandam o uso construtivo e social dos meios postos à disposição da ciência jurídica para atingir o equilíbrio e a equidade do contrato. Tal desiderato far-se-ia por meio do desenvolvimento de novos critérios e pela reformulação da dogmática de forma a tornar efetiva a intervenção judicial no conteúdo do contrato com o fito de fazer prevalecer os valores coletivos sobre os individuais, sem tolher, contudo, o valor fundamental da pessoa humana.

A fase atual da sociedade seria, então, caracterizada pela desconfiança entre os agentes econômicos e, para reparar essa falta de lealdade, o contrato atuaria como instrumento social de alocação de riscos, proporcionando mais segurança e viabilizando a realização dos objetivos anelados pelas partes. Valoriza-se a informação, pois desperta a confiança e minimiza o déficit de conhecimentos da parte mais fraca, influenciando decisivamente a conduta negocial e servindo como eixo central das condutas e como fonte jurídica da qual se extraem responsabilidades específicas. O reforço do paradigma da confiança ensejaria uma equidade informacional e uma consequente repartição de riscos, fazendo com que as partes atuem com cooperação, lealdade e transparência, protegendo as expectativas legítimas despertadas e enfatizando o elemento equidade da justiça contratual.

> O outro elemento novo, neste olhar mais pós-moderno dos contratos e do campo de aplicação do Código Civil de 2002, é a função. Em outras palavras, como a relação pode ser civil, comercial e de consumo, não há como retirar da análise do aplicador da lei a visão funcional desta relação e do contrato daí resultante. Há uma mudança de paradigma no fato do direito privado atual concentrar-se não mais no ato (de comércio ou de consumo/destruição) e sim na atividade, não mais naquele que declara (liberdade contratual), mas no que recebe a declaração (confiança despertada), não mais nas relações bilaterais, mas nas redes, sistemas e grupos de contratos. Há uma nova visão finalística e total (holística) da relação contratual complexa atual.[40]

---

[39] MARQUES, Claudia Lima. A chamada nova crise do contrato e o modelo de direito privado brasileiro: crise de confiança ou de crescimento do contrato? In: MARQUES, Claudia Lima (Coord.). *A nova crise do contrato*: estudos sobre a nova teoria contratual. São Paulo: Revista dos Tribunais, 2007. p. 33-34. Grifos no original.

[40] MARQUES, Claudia Lima. A chamada nova crise do contrato e o modelo de direito privado brasileiro: crise de confiança ou de crescimento do contrato? In: MARQUES, Claudia Lima (Coord.). *A nova crise do contrato*: estudos sobre a nova teoria contratual. São Paulo: Revista dos Tribunais, 2007. p. 58.

Assim, o novo olhar que se deve volver para o direito privado com função social vai depender necessariamente do grau de domínio que os operadores do direito conseguirem no âmbito da coexistência das normas de direito civil, de direito empresarial e de direito do consumidor. Há que se reconstruir (ou reforçar) o diálogo de fontes para constatar a presença de novos paradigmas menos universais e mais tópicos que povoam e dão sentido ao ordenamento jurídico atual, o que põe em relevo a necessidade de evolução dos instrumentos colocados à disposição dos juristas para superar a crise. O transporte da teoria do diálogo de fontes para o âmbito constitucional conduz à obtenção de um equilíbrio no ordenamento jurídico, revelando a possibilidade de decisões coerentes frente à pluralidade de fontes, ao tempo em que propõe o fortalecimento da proteção dos titulares de direitos, em especial nas relações de consumo, para a realização plena do desenvolvimento de sua personalidade.[41] E tudo isso passa, fundamentalmente, pelo filtro do intérprete, que necessita ter função mais efetiva em prol da consecução dos objetivos colimados pela diretiva constitucional.

Efetivamente, não obstante o grau de complexidade existente nas relações jurídicas atuais, há que prevalecer uma ética reconstrutiva, uma dogmática renovada e uma interpretação protetiva e justa para os mais fracos de modo a tornar eficaz o direito.[42]

4 Considerações finais

O caminhar da constitucionalização do direito contratual segue uma trilha permeada de visões que se debatem entre mundos unitários e plurais, a exemplo da metáfora dos ouriços e das raposas. A mudança de paradigmas pela qual está passando o direito privado importa uma visão que abandona a ótica individualista, fundada no liberalismo, para adotar uma diretriz social, na qual predominam os princípios da dignidade humana e da solidariedade social. Dessa forma, os princípios clássicos do direito contratual – autonomia privada, *pacta sunt servanda*, relatividade dos efeitos contratuais – cedem passo à função social do contrato, ao equilíbrio contratual e à boa-fé objetiva. Essa nova concepção afetou, por conseguinte, a própria regulamentação da atividade econômica.

A disciplina da atividade econômica, no âmbito do direito privado, pauta-se no reconhecimento, pela ordem jurídica, da possibilidade de os particulares decidirem obrigar-se, mediante a assunção de obrigações recíprocas, por meio de negócios jurídicos celebrados livremente. A par da evolução histórica, em que a autonomia privada flutuou entre períodos de liberalização econômica e períodos de intervenção estatal, constatam-se sucessivas redefinições que afetaram a concepção desse princípio, dando-lhe um caráter mais amplo ou mais restrito, a depender dos valores vigentes na sociedade.

Na sociedade contemporânea, o contrato adaptou-se às exigências de uma era informatizada, marcada pelo intenso fluxo de informações, pela rapidez e pela massificação das relações econômicas, o que produziu uma série de reações do direito, marcadamente no âmbito da ampliação da atuação estatal, pela maior ingerência e limitações à vontade enquanto conformadora do conteúdo patrimonial, protegendo a parte mais

---

[41] DUQUE, Marcelo Schenk. A proteção do consumidor como dever de proteção estatal de hierarquia constitucional. *Revista de Direito do Consumidor*, São Paulo, ano 18, n. 71, p. 142-167, jul./set. 2009. p. 162-163.

[42] MARQUES, Claudia Lima. *Contratos no Código de Defesa do Consumidor*: o novo regime das relações contratuais. 6. ed. São Paulo: Revista dos Tribunais, 2011. p. 173.

fraca nas relações contratuais. Nessa nova concepção, o principal papel na conformação do conteúdo contratual provém da lei, legitimando o justo e o útil no vínculo contratual a fim de protegê-lo. A vontade segue seu caminho como essencial à formação do contrato, mas perdeu sua força de exclusividade diante do controle exercido quanto ao conteúdo do pacto. Redimensiona-se o papel da lei e do juiz para dar ao contrato uma função social em que permeia a lógica do equilíbrio que embasa a operação econômico-financeira até sua conclusão, integrando-o à concretização da ordem pública constitucional.

A dogmática tradicional, que enxerga as normas de direito público como tendo por objetivo único a proteção do indivíduo em relação ao Estado, deve ser superada em prol da integralidade da proteção da pessoa, afastando-se as dicotomias direitos humanos–direito público e direitos da personalidade–direito privado. A proteção do ser humano não é tarefa exclusiva do Estado, mas de toda a sociedade. Com isso, dá-se a adequação das normas infraconstitucionais aos valores constitucionais e sua funcionalização ao desenvolvimento da pessoa humana. Reelaborada a dogmática, subordinando-se a lógica patrimonial à existencial, lança-se a pessoa humana ao ápice do ordenamento. A personalidade, assim, firma-se como valor e interesse central do sistema jurídico, rompendo-se com o conceito formal de pessoa da pandectística. Assenta-se, então, no movimento de valorização e de centralidade do ser humano na ordem jurídica.

A sociedade passa a dar-se conta da importância das relações intersubjetivas e da necessidade de serem considerados os interesses de toda a coletividade, de modo a evitar ou minimizar os litígios. O individualismo cede passo ao solidarismo, superando-se a concepção de pessoa como um elemento isolado e dotada de direitos absolutos e ilimitados. O indivíduo faz parte de um ambiente social e, por isso, tem o dever de cooperar para a consecução do bem comum, contexto do qual, é evidente, também faz parte.

Referências

AGUIAR JÚNIOR, Ruy Rosado de. A boa-fé na relação de consumo. *Revista de Direito do Consumidor*, São Paulo, n. 14, p. 20-32, abr./jun. 1995.

ALBUQUERQUE, Fabíola Santos. O direito do consumidor e os novos direitos. In: MATOS, Ana Carla Harmatiuk (Org.). *A construção dos novos direitos*. Porto Alegre: Safe, 2008.

BARROSO, Luís Roberto. A constitucionalização do direito e o direito civil. In: TEPEDINO, Gustavo (Org.). *Direito civil contemporâneo*: novos problemas à luz da legalidade constitucional. São Paulo: Atlas, 2008.

BONAVIDES, Paulo. *Curso de direito constitucional*. 7. ed. São Paulo: Malheiros, 1997.

COLLINS, Hugh. *The law of contract*. 4. ed. London: Butterworths, 2003. Disponível em: <http://books.google.com.br/books?id=pebZDWr_ZKIC&printsec=frontcover&hl=pt-BR&source=gbs_ge_summary_r&cad=0#v=onepage&q&f=false>. Acesso em: 27 abr. 2018.

DUQUE, Marcelo Schenk. A proteção do consumidor como dever de proteção estatal de hierarquia constitucional. *Revista de Direito do Consumidor*, São Paulo, ano 18, n. 71, p. 142-167, jul./set. 2009.

FACHIN, Luiz Edson. Contemporaneidade, novos direitos e o direito civil-constitucional no Brasil. In: MATOS, Ana Carla Harmatiuk (Org.). *A construção dos novos direitos*. Porto Alegre: Safe, 2008.

FACHIN, Luiz Edson. Segurança jurídica entre ouriços e raposas. In: EHRHARDT JR., Marcos *et al.* (Org.). *Direito civil constitucional*: a ressignificação da função dos institutos fundamentais do direito civil contemporâneo e suas consequências. Florianópolis: Conceito, 2014.

GRAU, Eros. Técnica legislativa e hermenêutica contemporânea. In: TEPEDINO, Gustavo (Org.). *Direito civil contemporâneo*: novos problemas à luz da legalidade constitucional. São Paulo: Atlas, 2008.

LEAL, Larissa Maria de Moraes. *A boa-fé nos contratos de adesão*. Dissertação (Mestrado em Direito) – Universidade Federal de Pernambuco, Recife, 2000.

LÔBO, Paulo Luiz Netto. *Direito civil*: contratos. São Paulo: Saraiva, 2011.

LÔBO, Paulo Luiz Netto. *Direito civil*: parte geral. São Paulo: Saraiva, 2009.

LÔBO, Paulo Luiz Netto. Princípios sociais dos contratos no CDC e no Novo Código Civil. *Jus Navigandi*, Teresina, ano 7, n. 55, mar. 2002. Disponível em: <http://jus.com.br/artigos/2796>. Acesso em: 19 abr. 2018.

LORENZETTI, Ricardo Luis. *Fundamentos do direito privado*. São Paulo: Revista dos Tribunais, 1998.

MARQUES, Claudia Lima. A chamada nova crise do contrato e o modelo de direito privado brasileiro: crise de confiança ou de crescimento do contrato? In: MARQUES, Claudia Lima (Coord.). *A nova crise do contrato*: estudos sobre a nova teoria contratual. São Paulo: Revista dos Tribunais, 2007.

MARQUES, Claudia Lima. *Confiança no comércio eletrônico e a proteção do consumidor (um estudo dos negócios jurídicos de consumo no comércio eletrônico)*. São Paulo: Revista dos Tribunais, 2004.

MARQUES, Claudia Lima. *Contratos no Código de Defesa do Consumidor*: o novo regime das relações contratuais. 6. ed. São Paulo: Revista dos Tribunais, 2011.

NEGREIROS, Teresa. *Teoria dos contratos*: novos paradigmas. Rio de Janeiro: Renovar, 2002.

PERLINGIERI, Pietro. A doutrina do direito civil na legalidade constitucional. In: TEPEDINO, Gustavo (Org.). *Direito civil contemporâneo*: novos problemas à luz da legalidade constitucional. São Paulo: Atlas, 2008.

PERLINGIERI, Pietro. Equilibrio normativo e principio di proporzionalità nei Contratti. *Revista Trimestral de Direito Civil*, Rio de Janeiro, v. 12, ano 3, p. 131-151, 2002.

PERLINGIERI, Pietro. *Perfis do direito civil*: introdução ao direito civil constitucional. Rio de Janeiro: Renovar, 2007.

RIBEIRO, Joaquim de Sousa. Constitucionalização do direito civil. In: RIBEIRO, Joaquim de Sousa. *Direito dos contratos*: estudos. Coimbra: Coimbra Editora, 2007.

ROSENVALD, Nelson. A função social do contrato. In: EHRHARDT JR., Marcos; BARROS, Daniel Conde (Coord.). *Temas de direito civil contemporâneo*. Salvador: JusPodivm, 2009.

SCHREIBER, Anderson. Direito civil e Constituição. In: SCHREIBER, Anderson. *Direito civil e Constituição*. São Paulo: Atlas, 2013.

SCHREIBER, Anderson. *Novos paradigmas da responsabilidade civil*: da erosão dos filtros da reparação à diluição dos danos. 5. ed. São Paulo: Atlas, 2013.

SCHREIBER, Anderson. O contrato-fato. In: SCHREIBER, Anderson. *Direito civil e Constituição*. São Paulo: Atlas, 2013.

TEPEDINO, Gustavo. Apresentação. In: TEPEDINO, Gustavo (Org.). *Obrigações*: estudos na perspectiva civil-constitucional. Rio de Janeiro: Renovar, 2005.

TEPEDINO, Gustavo. Normas constitucionais e direito civil na construção unitária do ordenamento. In: TEPEDINO, Gustavo. *Temas de direito civil*. Rio de Janeiro: Renovar, 2009. t. III.

TEPEDINO, Gustavo. O Código Civil, os chamados microssistemas e a Constituição: Premissas para uma reforma legislativa. In: TEPEDINO, Gustavo (Coord.). *Problemas de direito civil-constitucional*. Rio de Janeiro: Renovar, 2000.

TEPEDINO, Gustavo. O direito civil-constitucional e suas perspectivas atuais. In: TEPEDINO, Gustavo. *Temas de direito civil*. Rio de Janeiro: Renovar, 2009. t. III.

Informação bibliográfica deste texto, conforme a NBR 6023:2002 da Associação Brasileira de Normas Técnicas (ABNT):

AQUINO JR., Geraldo Frazão de. O direito contratual e a marcha da constitucionalização entre ouriços e raposas. In: EHRHARDT JÚNIOR, Marcos; CORTIANO JUNIOR, Eroulths (Coord.). *Transformações no Direito Privado nos 30 anos da Constituição*: estudos em homenagem a Luiz Edson Fachin. Belo Horizonte: Fórum, 2019. p. 419-439. ISBN 978-85-450-0562-9.

O PARADIGMA PÓS-POSITIVISTA E SUA INFLUÊNCIA NA CONSTRUÇÃO DE UMA TEORIA GERAL DOS CONTRATOS

DANILO RAFAEL DA SILVA MERGULHÃO

1 Prolegômenos

Os contratos sempre tiveram dentro do ordenamento jurídico uma profunda importância, tendo em vista que é através destes que espécies infindáveis de atos negociais são celebradas. Neste instrumento, fundamental para a sociedade moderna, os celebrantes acordam entre outras situações o objeto, bem como a limitação a extensão do avençado.

É no contrato que as partes põem suas expectativas (lícitas e até ilícitas) de tutela do que foi compactuado, de profundo sentido econômico. Nas palavras de Enzo Roppo, "constitui (o contrato) a formulação exterior da operação econômica".[1]

Na medida em que a sociedade vivencia profundas mudanças, ao longo do tempo e do espaço, capazes de romper com sistemas políticos, filosóficos, sociais, econômicos, religiosos, entre outros, nesta mesma medida o direito, dito como uma das ciências sociais aplicadas, sofre o impacto dessas mutações.

Não poderia ser diferente com o contrato!

Do ponto de vista histórico, o direito privado sofre aquilo que a Professora Paula Forgioni[2] nomeia por "cismas", como mecanismos de mudanças dos institutos. A palavra *cisma* do ponto de vista etimológico significa, a partir do grego σχίσμα *skhísma*, "separar, dividir", através do latim eclesiástico *schisma*, e atende pelo significado de separação, dissidência.

Como percebe-se, o termo *cisma* serve para indicar uma profunda mudança de paradigma. Na esfera do direito privado percebemos tais mudanças na própria evolução

---

[1] ROPPO, Enzo. *O contrato*. Coimbra: Almedina, 1988. p. 8-9.
[2] Para melhor entender o tema, os autores indicam a obra: FORGIONI, Paula A. *Contratos empresariais*: teoria geral e aplicação. 2. ed. São Paulo: Revista dos Tribunais, 2016.

deste ramo do direito e não poderia ser diferente, tendo em vista que as ciências jurídicas visam tutelar a sociedade, e, portanto, estão passíveis de sofrer as influências ditas sociais, conforme já avençado.

Historicamente falando, podemos, hodiernamente, encontrar na doutrina que os cismas no direito privado estão correlacionados à forma que os membros da sociedade se relacionam na construção do seu sistema negocial, ou seja, pelo instituto do contrato. Podemos distinguir, no âmbito contratual, três cismas impulsionados pelos contratos:

    a) contratos civis, historicamente atrelados ao direito romano (inicialmente unificador das relações existentes);

    b) contratos mercantis, surgidos em meados do século XII, decorrentes da autonomia do direito comercial;

    c) contratos trabalhistas, decursivos do advento da proteção aos "direitos sociais"; e

    d) contratos consumeristas, desinentes do fenômeno do mercado de massas.

Tais cismas são fruto de processos de profunda crise, das mais variadas ordens, mas, sobretudo, de ordem econômica, que culminaram com a mudança do *status quo*, com mudanças de paradigmas e, por conseguinte, com mudanças de prisma de análise do sistema jurídico.

Inicialmente o direito civil, como centro irradiador do ordenamento jurídico, manteve-se intacto na perspectiva de reserva de poder até meados do século XII, quando os impactos do desenvolvimento econômico demonstraram a manutenção dos fundamentos civilistas como infrutífera na construção e manutenção da tutela dos negócios que ali brotavam. Nessa perspectiva surge o direito mercantil (comercial/empresarial) como mecanismo eficaz para a consolidação e aprimoramento do pensamento dos fatores econômicos.

> O direito romano primitivo só conheceu os contratos formais. Nestes, a *causa civilis*, que conferia força obrigatória e consequências jurídicas ao ato, era a prática das formalidades escritas. Dois eram os contratos formais: o *nexum* e a *stipulatio*. O primeiro era um empréstimo, realizado por um ato formal *per aes et libram*, isto, é, ato em que, na presença das partes, do objeto e de cinco testemunhas, de uma balança e seu portador, se pronunciavam certas fórmulas verbais e se praticam outros símbolos. O ato é semelhante à *mancipatio*. Dela difere porque o *nexum*, além da transferência da propriedade do objeto, normalmente emprestado, cria para o devedor a obrigação de devolver outro tanto do mesmo gênero, qualidade e quantidade. Ele responde pessoalmente, inclusive com seu corpo, por esse pagamento.
> A *stipulatio* era a promessa solene de uma prestação, pronunciada em resposta à pergunta do credor, ambos com o uso do verbo *spondere*, que tinha, claramente caráter sacramental. Daí a força obrigatória.[3]

Como percebe-se, o rigor do direito civil romano gerava óbice ao desenvolvimento daquela relação que despontava. Acerca do tema, Danilo Mergulhão assevera:

> Com o desenvolvimento das relações interpessoais advindo, principalmente, da expansão romana, esses contratos tornaram-se insuficientes para as realidades que surgiam, dentre

---

[3] MARKY, Thomas. *Curso elementar de direito romano*. 8. ed. 13. tir. São Paulo: Saraiva, 1995. p. 119-120.

estas o desenvolvimento do comércio, ocasionando, consequentemente, o desenvolvimento de espécies contratuais até então não aventados pelo ordenamento.[4]

É nessa perspectiva que surge o direito comercial como ramo autônomo do direito privado, com seus institutos próprios capazes de buscar soluções ás *lides* deste mercado que despontava a época. Acerca do tema é luminoso o magistério de Paula Forgioni:

> [...] por volta do século XII o direito mercantil solidificou-se como ramo autônomo. Se antes todos os contratos estavam sujeitos à disciplina civilista – baseada no direito romano –, aqueles comerciais começavam a depreender-se, assumindo regras (e jurisdição) próprias. O surgimento do direito comercial faz com que os negócios mercantis sejam apartados dos demais. Tem-se um primeiro cisma que faz nascer a clássica dicotomia do direito privado e direito comercial.[5]

Nessa mesma esteira, no século XIX, o direito civil não suportou as tensões europeias que advieram dos conflitos da sociedade industrializada e deu espaço ao segundo cisma do direito privado, que culminou com a ascensão do direito do trabalho,[6] como mecanismo eficaz para tutelar as relações de emprego e trabalho.[7]

Nesse mesmo período a Constituição mexicana de 1917 e de Weimar de 1919 (Alemanha) trouxeram modificações significativas a diversos institutos, entre as quais destacamos o direito de propriedade. Sobre o tema Fachin assevera:

> Embora a Constituição Mexicana de 1917 tenha sido a pioneira em inserir a função social da propriedade em seu texto normativo, ainda que não de forma expressa, como fez a nossa Constituição de 1946, a Constituição de Weimar é tida como pioneira, pois vinha de um país europeu, dito mais "civilizado", e era mais copiada à época pelos juristas dos países em desenvolvimento. A Constituição de Weimar de 1919, em seu célebre §153, dispõe que a propriedade obriga. Ou seja, muito mais que um direito de propriedade, há um poder-dever de propriedade. A Lei Fundamental de Bonn, de 1949, feita Constituição Alemã em 1990, repete o dispositivo de Weimar.[8]

---

[4] MERGULHÃO, Danilo Rafael da Silva. *Contratos interempresariais de seguro*. A boa-fé objetiva como limitador da autonomia da vontade das partes. Curitiba: Juruá, 2018. p. 82.

[5] FORGIONI, Paula A. *Contratos empresariais*: teoria geral e aplicação. 2. ed. São Paulo: Revista dos Tribunais, 2016. p. 40.

[6] Neste sentido, Cesarino Júnior indica: "Aos não proprietários, que só possuem força de trabalho, denominamos hipossuficientes. Aos proprietários, de capitais, imóveis, mercadorias, maquinaria, terras, chamamos de autossuficientes. Os hipossuficientes estão, em relação aos autossuficientes, numa situação de hipossuficiências absolutas, pois dependem, para viver e fazer sua família, do produto do seu trabalho. O lugar em que geralmente se opera esta troca é a empresa [...]. A hipossuficiência absoluta se caracteriza pelo fato de o indivíduo depender do produto do seu trabalho para manter-se e à sua família" (CESARINO JÚNIOR, Antônio Ferreira. *Direito social brasileiro*. São Paulo: Saraiva, 1980. v. I. p. 25).

[7] Até então as relações de trabalho e emprego estavam sob a égide do Código Civil. No caso brasileiro, tal situação está esculpida no Código Civil de 1916, em seu art. 1.216, que vigeu até o advento da Consolidação da Legislação Trabalhista na década de 40 do século XX: "Art. 1.216. Toda a espécie de serviço ou trabalho lícito, material ou imaterial, pode ser contratado mediante retribuição" (BRASIL. *Lei nº 3.071, de 1 de janeiro de 1914*. Código Civil dos Estados Unidos do Brasil. Disponível em: <https://www. planalto.gov.br/ccivil_03/leis/L3071impressao.htm>. Acesso em: 10 maio 2018).

[8] FACHIN, Luiz Edson. O direito que foi privado: a defesa do pacto civilizatório emancipador e dos ataques a bombordo e a boreste. *Revista de Informação Legislativa*, Brasília, ano 45, n. 179, p. 207-217, jul./set. 2008. p. 215.

Por fim, a Constituição da República Federativa do Brasil de 1988, chamada de Carta Cidadã, trouxe a mudança do paradigma epistemológico do ordenamento jurídico brasileiro, com a supremacia da Constituição sobre os demais ramos do direito, seja ele público ou privado, e, sobretudo, a supremacia da Constituição frente ao direito civil. Nesse sentido, o Magistério de Fachin:

> Tal texto normativo vinculante forma-se por regras e princípios, como será exposto na primeira parte deste artigo. Pauta-se, sobretudo, pelo princípio maior da dignidade da pessoa humana, seu fim e razão de ser, como bem frisou o constituinte nos diversos dispositivos que protegem o cidadão no decorrer da Carta Constitucional.[9]

Em decorrência do mercado de massa e com o advento da Carta Magna já mencionada, dá-se por eclipsante do direito civil seu terceiro cisma: a necessidade de regular as relações ditas de consumo. Daí o surgimento da Lei nº 8.078, de 11.9.1990, denominada Código de Defesa do Consumidor, como verdadeiro contraponto ao sistema liberal. Nesse sentido, Benjamin:

> A adaptação de soluções do "liberalismo clássico", produzidas em uma realidade econômica inteiramente diversa da atual, deixou de levar em conta que 'fenômenos de massa' não comportam remédios individualistas, alicerçadas em ideia sem qualquer conexão com a sociedade de consumo. Princípios como os da liberdade contratual, da liberdade de comércio, da não intervenção do Estado no gerenciamento do mercado, da responsabilidade do fornecedor apenas por culpa, assim como as normas rígidas de legitimidade *ad causam* e de prova, foram formuladas para regrar relações sociais de feições diversas da relação de consumo [...]. Mas por que esse despertar legislativo? Primeiro porque o surgimento da sociedade de consumo propiciou o aparecimento de relações jurídicas antes desconhecidas. Ou, se preferirem, permitiu o aparecimento de 'formas de manifestação' singulares para as relações jurídicas clássicas (compra e venda, locação, mútuo). Em segundo lugar, a mesma sociedade de consumo, pela massificação de suas relações e pelo fornecimento da empresa, criou uma situação de "vulnerabilidade" para o consumidor.[10]

Importante firmar que este processo de mudança é contínuo. Com crescentes avanços, e, por vezes, com movimentos refratários, todavia, percebem-se evoluções com objetivo de construção de um ordenamento jurídico que alcance todos na tutela dos direitos.

2 Da necessária mudança de paradigma do sistema contratual

O sistema contratual tem ganhado novos contornos mediante o advento da Constituição brasileira de 1988. A bem da verdade deve-se deixar claro que a construção civilista ainda é pautada na visão do positivismo oitocentistas adotado por aquele modelo liberal.

---

[9] FACHIN, Luiz Edson. O direito que foi privado: a defesa do pacto civilizatório emancipador e dos ataques a bombordo e a boreste. *Revista de Informação Legislativa*, Brasília, ano 45, n. 179, p. 207-217, jul./set. 2008. p. 207.

[10] BENJAMIN, Antônio Herman de Vasconcellos e. O direito do consumidor. *Revista dos Tribunais*, n. 670, 1991. p. 49-50.

Nesse sentido temos o magistério de Cortiano Júnior, professor titular da Faculdade de Direito da Universidade Federal do Paraná:

> A burguesia desenvolve uma longa caminhada em busca da transformação da sociedade em acordo com seus interesses. Dominação econômica (possibilitada por sua especial racionalidade econômica e pela crença na mensuração da realidade), dominação intelectual (o burguês é um homem sentado), dominação política (cuja marca visível são as revoluções burguesas, notadamente a de França). Este o percurso – bem delineado por Régine PERNOUD em sua obra sobre a burguesia – pelo qual o burguês de então – o homem comum de hoje – constrói a sociedade marcada pelo mercado.[11]

Importante também o magistério do Prof. Lôbo sobre o longo processo de advento do Estado Liberal:

> O advento do Estado Liberal está intrinsecamente ligado à ascensão ao poder econômico e político da burguesia, fortalecida com o declínio da aristocracia, após o absolutismo monárquico que ajudou a construir, e que nessa segunda fase visou limitar. É precisamente na limitação do poder estatal ao mínimo necessário que o liberalismo veio a se desenvolver no plano jurídico.[12]

O sistema liberal, à luz da história, trouxe desenvolvimento econômico à sociedade, todavia, a um custo que há aproximadamente um século está sendo contestado. Sob este prisma o desenvolvimento almejado foi alcançado para uma parcela mínima da população, deixando sua maioria à mercê da vontade dos agentes econômicos.

Nessa mesma medida, a partir dos conflitos existentes, frutos de um sistema econômico-jurídico-político-social que prime pela desigualdade e a reserva do mercado, com a insurgência da população oprimida, o sistema jurídico utiliza destes ideais liberais para a instauração dos governos de exceção que no Brasil fora prática recorrente. Mais uma vez é cristalino o magistério do Prof. Paulo Lôbo:

> A tendência conservadora dos fundadores do positivismo científico, que atuaram de acordo com as exigências políticas e econômicas em sua época, a liberal. Na realidade, criaram um direito privado abstrato, favorecedor da tendência à Revolução Industrial, de sua expansão e da racionalização da economia. Rechaçado pela maior parte dos contemporâneos de hoje o liberalismo econômico e social do século XIX, fez-se bastante natural a reação à ciência pandectística com o seu favorecimento do capitalismo industrial (o do contrato *livre* do trabalho), do liberalismo (*livre* propriedade e *livre* estabelecimento de gravames sobre a mesma), da economia capitalista (*livre* direitos das obrigações, *livres* formas de crédito), convertendo-se em instrumento de uma sociedade injusta.[13]

A teoria contratual pautada, sobretudo, na autonomia da vontade, liberdade de contratar e liberdade da propriedade, nunca foi suficiente para a construção de um sistema jurídico que congregasse todos os sujeitos de uma sociedade, tornando-se verdadeiro mecanismo eficaz de segregação.

---

[11] CORTIANO JUNIOR, Eroulths. *As quatros fundações do direito civil*: ensaio preliminar. Disponível em: <http://revistas.ufpr.br/direito/article/viewFile/8750/6576>. Acesso em: 26 maio 2018.
[12] LÔBO, Paulo Luiz Netto. *O contrato* – Exigências e concepções atuais. São Paulo: Saraiva, 1986. p. 10-11.
[13] LÔBO, Paulo Luiz Netto. *O contrato* – Exigências e concepções atuais. São Paulo: Saraiva, 1986. p. 14-15.

O contrato é tido como legitimador desse processo, mesmo que haja um profundo desequilíbrio entre os contratantes, o que ocorre com frequência, ao nos depararmos por exemplo com os contratos de adesão, em que os agentes econômicos constroem as atividades econômicas que realizam e delas lançam mão, e estes trazem como fundamento a proteção do contratado em detrimento dos direitos mínimos assegurados no ordenamento jurídico aos contratantes. É uma verdadeira relação de poder como preleciona Michel Foucault.

Nisto o nosso ordenamento jurídico sempre foi criativo! Para Fachin, "a racionalidade codificadora que permeia o Código Civil em tela é ainda formada pela lógica binária do reducionismo entre inclusão e exclusão".[14]

A Constituição Federal de 1988, marco inicial do período político chamado de Nova República brasileira, o qual perdurou até o afastamento da Presidente Dilma Rousseff, reclamava uma social democracia. Sobre a social democracia o Prof. Fachin assevera:

> A agenda do Brasil almejado reclama mais democracia para o desenvolvimento social, bem como para o desenvolvimento econômico, sinônimo de geração de riquezas para todos. País realmente desenvolvido é aquele integrado pela expansão das liberdades substantivas das pessoas, escreveu Amartya Sen.[15]

Nessa mesma esteira "a projeção da protetividade constitucional apta a alcançar os direitos de família e dos contratos, constitucionalizando-os, pautando-se o primeiro pelas profundas alterações nas relações parentais e o segundo pela boa-fé em nível constitucional".[16]

A sociedade de massa como fator de transformações dos matizes do sistema contratual implica a construção estrutural das bases que estão pautadas no direito contratual. Não se trata de adaptação, mas de mudança de paradigmas. Nesse sentido, Lôbo afirma:

> Não se trata, a nosso ver, de se adaptar a teoria tradicional do contrato aos novos fatos, porque os pressupostos políticos e econômicos que a originaram não são mais os mesmos [...]. Igualmente não se trata do surgimento da instituição à Hauriou, dos escombros do contrato, como, inclusive, pareceu a Salvatier.
> Mais que uma adaptação, já de ser reelaborada ou repensada toda a construção jurídica do contrato.[17]

É nesta esteira que Fachin salienta o corte epistemológico que sofre o ordenamento jurídico brasileiro, fruto de um longo processo internacional, que culmina com a sofrida Carta Cidadã de 1988. Para ele, "o jurista do constitucionalismo pós guerra deve ter, sobretudo, o princípio fundante da Carta Política como diretriz axiológica na análise hermenêutica, qual seja, o Princípio da Dignidade da Pessoa Humana".[18]

---

[14] FACHIN, Luiz Edson. *Direito civil*: sentidos, transformações e fim. 1. ed. Rio de Janeiro: Renovar, 2014. p. 14; 52.

[15] FACHIN, Luiz Edson. Reformas de que o Brasil precisa: as três fronteiras da democracia. *Revista Bonijuris*, v. 611, 2014. p. 35.

[16] FACHIN, Luiz Edson. O direito que foi privado: a defesa do pacto civilizatório emancipador e dos ataques a bombordo e a boreste. *Revista de Informação Legislativa*, Brasília, ano 45, n. 179, p. 207-217, jul./set. 2008. p. 208.

[17] LÔBO, Paulo Luiz Netto. *O contrato* – Exigências e concepções atuais. São Paulo: Saraiva, 1986.

[18] FACHIN, Luiz Edson. O direito que foi privado: a defesa do pacto civilizatório emancipador e dos ataques a bombordo e a boreste. *Revista de Informação Legislativa*, Brasília, ano 45, n. 179, p. 207-217, jul./set. 2008. p. 209.

Consubstancia tais fundamentos o magistério de Facchini Neto, que conduz na

> aceitação da idéia de que o direito civil não pode ser analisado apenas a partir dele próprio, devendo sofrer o influxo do direito constitucional, começou-se a questionar o tipo de eficácia que os direitos fundamentais (justamente a parte mais nobre do direito constitucional) poderiam ter no âmbito das relações estritamente subjetivas.[19]

Consubstanciando a ideia de Fachin, o magistério de Lôbo afirma "a partir do momento em que os pressupostos formadores, os fundamentos da teoria liberal do contrato e do negócio jurídico desapareceram ou se enfraquecem, o contrato como modelo teórico abrangente entrou em crise [...] necessitando ser revisto".[20]

Neste contexto o Prof. Antônio Junqueira ensina-nos:

> Hoje, diante do toque de recolher do Estado intervencionista, o jurista com sensibilidade intelectual percebe que está havendo uma acomodação das camadas fundamentais do direito contratual – algo semelhante ao ajustamento subterrâneo das placas tectônicas. Estamos em época de hipercomplexidade, os dados se acrescentam, sem se eliminarem, de tal forma que, aos três princípios que gravitam em volta da autonomia da vontade e, se admitido como princípio, ao da ordem econômica, somam-se outros três – os anteriores não devem ser considerados abolidos pelos novos tempos, mas certamente, deve-se dizer que vieram seu número aumentado pelos três novos princípios. Quais são esses *novos princípios? A boa-fé objetiva, o equilíbrio econômico do contrato e a função social do contrato*.[21]

Como se percebe, unem-se ao princípio tradicional da autonomia privada, próprio do sistema liberal, os princípios da boa-fé objetiva, do equilíbrio econômico do contrato e da função social do contrato.

Toda essa transformação necessária tem como um dos fundamentos o aumento populacional acentuado que transformou a sociedade na já dita "sociedade de massas" que tem como uma das características a elevação dos contratos de adesão como "regra" no direito contratual.

Segundo Fachin, "a racionalidade constituinte e reguladora do Estado cede passo para as razões da sociedade. Os três pilares de base do Direito Privado – propriedade, família e contrato – recebem uma nova leitura sob a centralidade da constituição da sociedade e alteram suas configurações".[22] E, continua, "redirecionando-os na perspectiva fulcrada no patrimônio e na abstração para outra racionalidade que se baseia no valor da dignidade da pessoa".[23]

Tudo isso para considerar a pessoa humana como centro do ordenamento jurídico. Este deve servir com subserviência àquela, sob a ótica da atitude de servir a outem

---

[19] FACCHINI NETO, Eugênio. Reflexões histórico evolutivas sobre a constitucionalização do direito privado. In: SARLET, Ingo Wolfgang (Org.). *Constituição, direitos fundamentais e direito privado*. 2. ed. Porto Alegre: Livraria do Advogado, 2006. p. 43.
[20] LÔBO, Paulo Luiz Netto. *O contrato* – Exigências e concepções atuais. São Paulo: Saraiva, 1986. p. 16.
[21] AZEVEDO, Antonio Junqueira de. Princípios do novo direito contratual e desregulamentação do mercado – Direito de exclusividade nas relações contratuais de fornecimento – Função social do contrato e responsabilidade aquiliana do terceiro que contribui para o inadimplemento contratual. *RT*, ano 87, v. 750, abr. 1998. p. 115-116. Grifos nossos.
[22] FACHIN, Luiz Edson. *Direito civil*: sentidos, transformações e fim. 1. ed. Rio de Janeiro: Renovar, 2014. p. 14.
[23] FACHIN, Luiz Edson. *Direito civil*: sentidos, transformações e fim. 1. ed. Rio de Janeiro: Renovar, 2014. p. 14.

de maneira voluntária e também involuntária. Afinal, a pessoa humana foi, com justa causa, elevada ao patamar de epicentro dos epicentros.[24]

Não apenas parcela do direito civil, mas todo o direito civil deve estar em consonância à Constituição da República Federativa do Brasil, dentro da perspectiva pós-positivista. Neste sentido é luminoso o magistério de Paulo Bonavides:

> A teoria dos princípios chega à presente fase do pós-positivismo com os seguintes resultados já consolidados: a passagem dos princípios da especulação metafísica e abstrata para o campo concreto e positivo do Direito, com baixíssimo teor de densidade normativa; a transição crucial da ordem jusprivatista (sua antiga inserção nos Códigos) para a órbita juspublicística (seu ingresso nas Constituições); a suspensão da distinção clássica entre princípios e normas; o deslocamento dos princípios da esfera da jusfilosofia para o domínio da Ciência Jurídica; a proclamação de sua normatividade; a perda de seu caráter de normas programáticas; o reconhecimento definitivo de sua positividade e concretude por obra sobretudo das Constituições; a distinção entre regras e princípios como espécies diversificadas do gênero norma; e, finalmente, por expressão máxima de todo esse desdobramento doutrinário, o mais significativo de seus efeitos: a total hegemonia e preeminência dos princípios.[25]

Neste *in itinere* temos a incidência da eficácia horizontal dos direitos fundamentais nas relações privadas.[26]

---

[24] FACCHINI NETO, Eugênio. Da responsabilidade civil no novo Código. In: SARLET, Ingo Wolfgang (Org.). *O Novo Código Civil e a Constituição*. Porto Alegre: Livraria do Advogado, 2003. p. 155.

[25] BONAVIDES, Paulo. *Direito constitucional*. 13. ed. São Paulo: Malheiros, 2001. p. 294.

[26] "EMENTA: SOCIEDADE CIVIL SEM FINS LUCRATIVOS. UNIÃO BRASILEIRA DE COMPOSITORES. EXCLUSÃO DE SÓCIO SEM GARANTIA DA AMPLA DEFESA E DO CONTRADITÓRIO. EFICÁCIA DOS DIREITOS FUNDAMENTAIS NAS RELAÇÕES PRIVADAS. RECURSO DESPROVIDO. I. EFICÁCIA DOS DIREITOS FUNDAMENTAIS NAS RELAÇÕES PRIVADAS. As violações a direitos fundamentais não ocorrem somente no âmbito das relações entre o cidadão e o Estado, mas igualmente nas relações travadas entre pessoas físicas e jurídicas de direito privado. Assim, os direitos fundamentais assegurados pela Constituição vinculam diretamente não apenas os poderes públicos, estando direcionados também à proteção dos particulares em face dos poderes privados. II. *OS PRINCÍPIOS CONSTITUCIONAIS COMO LIMITES À AUTONOMIA PRIVADA DAS ASSOCIAÇÕES. A ordem jurídico-constitucional brasileira não conferiu a qualquer associação civil a possibilidade de agir à revelia dos princípios inscritos nas leis e, em especial, dos postulados que têm por fundamento direto o próprio texto da Constituição da República, notadamente em tema de proteção às liberdades e garantias fundamentais. O espaço de autonomia privada garantido pela Constituição às associações não está imune à incidência dos princípios constitucionais que asseguram o respeito aos direitos fundamentais de seus associados. A autonomia privada, que encontra claras limitações de ordem jurídica, não pode ser exercida em detrimento ou com desrespeito aos direitos e garantias de terceiros, especialmente aqueles positivados em sede constitucional, pois a autonomia da vontade não confere aos particulares, no domínio de sua incidência e atuação, o poder de transgredir ou de ignorar as restrições postas e definidas pela própria Constituição, cuja eficácia e força normativa também se impõem, aos particulares, no âmbito de suas relações privadas, em tema de liberdades fundamentais.* III. SOCIEDADE CIVIL SEM FINS LUCRATIVOS. ENTIDADE QUE INTEGRA ESPAÇO PÚBLICO, AINDA QUE NÃO-ESTATAL. ATIVIDADE DE CARÁTER PÚBLICO. EXCLUSÃO DE SÓCIO SEM GARANTIA DO DEVIDO PROCESSO LEGAL. APLICAÇÃO DIRETA DOS DIREITOS FUNDAMENTAIS À AMPLA DEFESA E AO CONTRADITÓRIO. As associações privadas que exercem função predominante em determinado âmbito econômico e/ou social, mantendo seus associados em relações de dependência econômica e/ou social, integram o que se pode denominar de espaço público, ainda que não-estatal. A União Brasileira de Compositores - UBC, sociedade civil sem fins lucrativos, integra a estrutura do ECAD e, portanto, assume posição privilegiada para determinar a extensão do gozo e fruição dos direitos autorais de seus associados. A exclusão de sócio do quadro social da UBC, sem qualquer garantia de ampla defesa, do contraditório, ou do devido processo constitucional, onera consideravelmente o recorrido, o qual fica impossibilitado de perceber os direitos autorais relativos à execução de suas obras. A vedação das garantias constitucionais do devido processo legal acaba por restringir a própria liberdade de exercício profissional do sócio. O caráter público da atividade exercida pela sociedade e a dependência do vínculo associativo para o exercício profissional de seus sócios legitimam, no caso concreto, a aplicação direta dos direitos fundamentais concernentes ao devido processo legal, ao contraditório e à ampla defesa (art. 5º, LIV e LV, CF/88). IV. RECURSO EXTRAORDINÁRIO DESPROVIDO"

Nesse sentido, o Código Civil de 2002, portanto, inovou, na medida em que elevou à análise dos negócios jurídicos os princípios da boa-fé objetiva, o equilíbrio econômico do contrato e a função social do contrato. Tudo isso em conformidade com os princípios norteadores do Código Civil de 2002 na visão do organizador do anteprojeto, o Prof. Miguel Reale, quais sejam: eticidade, operabilidade e a sociabilidade.[27]

É preciso ir além da subsunção do fato à norma! Nesta esteira Fachin afirma:

> ao invés de uma problematização tópica que busque, na ordem principiológica constitucional, a melhor solução à luz dos direitos fundamentais, não rato aí se labora pela via mecanicista de subsunção do fato à solução preestabelecida. Tal modo de pensar remonta à "Constituição do homem privado".[28]

3 Conclusão

A compreensão do pensamento pós-positivista e o dinamismo que propõe a dignidade da pessoa humana como fundamento de todos e quaisquer ordenamentos jurídicos, concomitantemente à elevação da Constituição tendo por centralidade do sistema a chamada constitucionalização do direito que não se daria só pela "supremacia – critério de validade –, unidade e presença de normas específicas dos mais diversos ramos da Constituição, mas pela invasão axiológica de seu conteúdo material sobre todos os ramos, a orientar sua interpretação".[29]

Tais mudanças são essenciais para manter a autoridade dinâmica de que este dito ordenamento jurídico necessita, como forma de acompanhar os anseios das ditas sociedades de massas, que vivem em constante mutação.

O contrato como meio hábil de tutela dos interesses assume nova função. Anteriormente apenas com o objetivo de tutelar os contratantes (*interna corporis*), agora com a função de ir além e tutelar todo um sistema. Tudo isso para alcançar o chamado direito civil inclusivo, como a quarta fundação do direito civil,[30] em que as normas constitucionais se justapõem às normas do direito privado.

Este processo não se esgotou, ao contrário, evidencia-se diuturnamente e passa por processos de avanços e retrocessos. Não está esgotado, do contrário, é motivo de calorosas discussões acadêmicas e judiciais.

Por fim, que se faça ecoar o desejo do Eminente Professor Fachin:

> Na execução deste mandato, dirijo-me àqueles que chamam para si a responsabilidade de expressar e de fazer as reformas de que o Brasil precisa; dirijo-me àqueles que não desmereceram a vocação para sonhar e a têmpera para laborar; saúdo, assim, mentes e almas que carregam em si esperança para o benefício da vida. Ao fazê-lo, impõe-se resistir

---

(RE nº 201.819. Rel. Min. Ellen Gracie, Rel. p/ Acórdão: Min. Gilmar Mendes, Segunda Turma, j. 11.10.2005. DJ, 27 out. 2006).

[27] REALE, Miguel. *Visão geral do Projeto do Código Civil*. Disponível em: <https://edisciplinas.usp.br/pluginfile.php/3464464/mod_resource/content/1/O%20novo%20C%C3%B3digo%20Civil%20-%20Miguel%20Reale.pdf>. Acesso em: 14 abr. 2018.

[28] FACHIN, Luiz Edson. *Direito civil*: sentidos, transformações e fim. 1. ed. Rio de Janeiro: Renovar, 2014. p. 53.

[29] MERGULHÃO, Danilo Rafael da Silva. *Contratos interempresariais de seguro*. A boa-fé objetiva como limitador da autonomia da vontade das partes. Curitiba: Juruá, 2018. p. 50.

[30] CORTIANO JUNIOR, Eroulths. *As quatros fundações do direito civil*: ensaio preliminar. Disponível em: <http://revistas.ufpr.br/direito/article/viewFile/8750/6576>. Acesso em: 26 maio 2018.

à retórica de efeito ocasional, bem como mitigar miradas pessoais que não se coadunam com o sentido plural e o alcance maior das reformas de que o Brasil precisa.[31]

Referências

AZEVEDO, Antonio Junqueira de. Princípios do novo direito contratual e desregulamentação do mercado – Direito de exclusividade nas relações contratuais de fornecimento – Função social do contrato e responsabilidade aquiliana do terceiro que contribui para o inadimplemento contratual. *RT*, ano 87, v. 750, abr. 1998.

BENJAMIN, Antônio Herman de Vasconcellos e. O direito do consumidor. *Revista dos Tribunais*, n. 670, 1991.

BONAVIDES, Paulo. *Direito constitucional*. 13. ed. São Paulo: Malheiros, 2001.

BRASIL. *Lei nº 3.071, de 1 de janeiro de 1914*. Código Civil dos Estados Unidos do Brasil. Disponível em: <https://www.planalto.gov.br/ccivil_03/leis/L3071impressao.htm>. Acesso em: 10 maio 2018.

BRASIL. Supremo Tribunal Federal. Recurso Extraordinário nº 201.819. Rel. Min. Ellen Gracie, Rel. p/ Acórdão: Min. Gilmar Mendes, Segunda Turma, j. 11.10.2005. *DJ*, 27 out. 2006.

CESARINO JÚNIOR, Antônio Ferreira. *Direito social brasileiro*. São Paulo: Saraiva, 1980. v. I.

CORTIANO JUNIOR, Eroulths. *As quatros fundações do direito civil*: ensaio preliminar. Disponível em: <http://revistas.ufpr.br/direito/article/viewFile/8750/6576>. Acesso em: 26 maio 2018.

FACCHINI NETO, Eugênio. Da responsabilidade civil no novo Código. In: SARLET, Ingo Wolfgang (Org.). *O Novo Código Civil e a Constituição*. Porto Alegre: Livraria do Advogado, 2003.

FACCHINI NETO, Eugênio. Reflexões histórico evolutivas sobre a constitucionalização do direito privado. In: SARLET, Ingo Wolfgang (Org.). *Constituição, direitos fundamentais e direito privado*. 2. ed. Porto Alegre: Livraria do Advogado, 2006.

FACHIN, Luiz Edson. *Direito civil*: sentidos, transformações e fim. 1. ed. Rio de Janeiro: Renovar, 2014.

FACHIN, Luiz Edson. O direito que foi privado: a defesa do pacto civilizatório emancipador e dos ataques a bombordo e a boreste. *Revista de Informação Legislativa*, Brasília, ano 45, n. 179, p. 207-217, jul./set. 2008.

FACHIN, Luiz Edson. Reformas de que o Brasil precisa: as três fronteiras da democracia. *Revista Bonijuris*, v. 611, 2014.

FORGIONI, Paula A. *Contratos empresariais*: teoria geral e aplicação. 2. ed. São Paulo: Revista dos Tribunais, 2016.

LÔBO, Paulo Luiz Netto. *O contrato* – Exigências e concepções atuais. São Paulo: Saraiva, 1986.

MARKY, Thomas. *Curso elementar de direito romano*. 8. ed. 13. tir. São Paulo: Saraiva, 1995.

MERGULHÃO, Danilo Rafael da Silva. *Contratos interempresariais de seguro*. A boa-fé objetiva como limitador da autonomia da vontade das partes. Curitiba: Juruá, 2018.

REALE, Miguel. *Visão geral do Projeto do Código Civil*. Disponível em: <https://edisciplinas.usp.br/pluginfile.php/3464464/mod_resource/content/1/O%20novo%20C%C3%B3digo%20Civil%20-%20Miguel%20Reale.pdf>. Acesso em: 14 abr. 2018.

ROPPO, Enzo. *O contrato*. Coimbra: Almedina, 1988.

Informação bibliográfica deste texto, conforme a NBR 6023:2002 da Associação Brasileira de Normas Técnicas (ABNT):

MERGULHÃO, Danilo Rafael da Silva. O paradigma pós-positivista e sua influência na construção de uma teoria geral dos contratos. In: EHRHARDT JÚNIOR, Marcos; CORTIANO JUNIOR, Eroulths (Coord.). *Transformações no Direito Privado nos 30 anos da Constituição*: estudos em homenagem a Luiz Edson Fachin. Belo Horizonte: Fórum, 2019. p. 441-450. ISBN 978-85-450-0562-9.

---

[31] FACHIN, Luiz Edson. Reformas de que o Brasil precisa: as três fronteiras da democracia. *Revista Bonijuris*, v. 611, 2014. p. 29.

CUMULAÇÃO DAS ARRAS COM A CLÁUSULA PENAL COMPENSATÓRIA E OS PRINCÍPIOS SOCIAIS DOS CONTRATOS

RODRIGO TOSCANO DE BRITO

1 Notas introdutórias

Para o civilista da nossa geração foi impossível iniciar os estudos mais especializados em direito civil sem conhecer os textos do Prof. Luiz Edson Fachin. A primeira impressão da leitura sempre foi a de leveza e profundo conhecimento do autor, sobretudo quando o assunto é a análise dos institutos civis tradicionais à luz do direito civil constitucional. Participar hoje de uma obra em homenagem ao Prof. Luiz Edson Fachin é, além de tudo, motivo de incalculável honra e também é poder retribuir um pouco do que aprendemos com as lições que nos foram passadas através dos seus escritos e dos encontros nos grupos de estudo, sobretudo na percepção de um direito civil que não fosse apenas centrado nos seus aspectos patrimonialistas, mas também sociais e que tivesse como ponto de encontro a dignidade da pessoa humana. É motivo de grande orgulho e prazer poder colaborar com a nossa percepção sobre a influência da doutrina de Luiz Edson Fachin, especialmente analisando institutos cotidianos de direito civil, como acontece com a já tradicional, mas ainda não bem resolvida, questão que envolve as arras e de modo especial sua cumulação ou não com a cláusula penal compensatória.

O tema do presente artigo procura perpassar as angústias sobre temas de direito contratual já antigos, mas que se encontram ainda pendentes de um melhor direcionamento, como é o caso da possibilidade, ou não, de cumulação das arras com a cláusula penal compensatória nos contratos de promessa de compra e venda de imóveis. Dita análise será feita ao final do presente artigo que se dedicará, na sua primeira parte, aos princípios sociais dos contratos, com realce especial para a função social e equivalência material.

A análise aqui realizada tem como fonte a doutrina de Luiz Edson Fachin, de outros autores que sedimentam suas análises à luz da Constituição e de julgados do Superior Tribunal de Justiça que têm buscado dar estabilidade e segurança jurídica a um tema que toca, especialmente, o cotidiano dos vendedores e compradores de imóveis. Trata-se de um assunto que diz respeito ao aspecto econômico do contrato, mas sem olvidar a necessária tutela da parte mais frágil na contratação, quando for o caso.

O delicado tema aqui enfrentado e que tem grande repercussão social necessita ser analisado à luz da segurança jurídica, de modo que as partes possam contratar tendo em consideração a interpretação mais estável sobre a matéria. Sobre o assunto, Luiz Edson Fachin afirma:

> segurança jurídica não significa imutabilidade, mas sim um mínimo indispensável de previsibilidade, em patamares compatíveis com o dinamismo e o cosmopolitismo. Eis, então, o desafio: como encontrar a solução correta no texto constitucional e nas normas infraconstitucionais? Como não sucumbir ao reducionismo simplista da metáfora sobre ouriços e raposas?[1]

É na trilha do tema principal que se procurará demonstrar o estado da arte levando-se em conta a matéria relacionada às arras e seus influxos quanto ao desenvolvimento dos princípios sociais dos contratos para, ao fim, demonstrar como esses princípios, mormente o da equivalência material, podem auxiliar no afastamento dos eventuais desequilíbrios materiais que ainda persistem quanto à matéria de fundo do presente artigo auxiliando no mínimo de previsibilidade desejado.

2 Princípios sociais dos contratos

A doutrina brasileira, embora já venha discutindo a presença e influência da função social e da boa-fé objetiva nos contratos desde a Constituição de 1988[2] e, com mais vigor, após a entrada em vigência do Código de Defesa do Consumidor, em 1990, não sistematiza de forma didática os enunciados dos princípios e, notadamente, a coexistência em relação aos princípios clássicos. Nessa ordem de ideias, Paulo Luiz Netto Lôbo, após ter influenciado a doutrina brasileira na discussão dos princípios sociais dos contratos, acabou por sistematizá-los, demonstrando com a evidência necessária, como aparecem e se comportam entre nós, em relação também aos princípios tradicionais.[3]

---

[1] FACHIN, Luiz Edson. Segurança jurídica entre ouriços e raposas. In: TEPEDINO, Gustavo; FACHIN, Luiz Edson; LÔBO, Paulo Luiz Netto (Coord.). *Direito civil constitucional*: a ressignificação da função dos institutos fundamentais do direito civil contemporâneo e suas consequências. Florianópolis: Conceito, 2014. p. 15-17.

[2] Sempre esteve presente no raciocínio central da doutrina de Luiz Edson Fachin que "a Constituição passou a ter função promocional nos contratos, e a partir dela 'teremos, então, a presença do Poder Público interferindo nas relações contratuais, definindo limites [...]' (TEPEDINO, 2004, p. 223), constitucionalizando o Direito dos Contratos que não era, até então, seara de ingerência do Direto Público" (FACHIN, Luiz Edson. O direito que foi privado: a defesa do pacto civilizatório emancipador e dos ataques a bombordo e a boreste. *Revista de Informação Legislativa*, v. 45, n. 179, p. 207-217, jul./set. 2008. p. 211).

[3] O trabalho desenvolvido por Paulo Luiz Netto Lôbo acompanha a linha de influência do chamado direito civil-constitucional, como o fazem também, no Brasil, Luiz Edson Fachin e Gustavo Tepedino. Importa consignar, portanto, que não se atribui a um ou a outro trabalho doutrinário brasileiro a discussão de aspectos sociais dos contratos, o que já vem sendo desenvolvido há muito, inclusive por Orlando Gomes (GOMES, Orlando. *Transformações gerais do direito das obrigações*. São Paulo: Revista dos Tribunais, 1980). O que realmente precisa ser destacado é que, numa visão geral da doutrina, veem-se explicações aprofundadas e coerentes sobre os princípios sociais, como se vê nos trabalhos de Paulo Luiz Netto Lôbo (cf., respectivamente, Princípios sociais dos contratos no Código de Defesa do Consumidor e no Novo Código Civil. *Revista de Direito do Consumidor*, São Paulo, n. 42, abr./jun. 2002; e Princípios contratuais. In: LÔBO, Paulo Luiz Netto; LYRA JÚNIOR, Eduardo Messias de (Coord.). *A teoria do contrato e o novo Código Civil*. Recife: Nossa Livraria, 2003).

Assim, por um lado, ressaltam-se os princípios tradicionais dos contratos, tais como autonomia da vontade, obrigatoriedade, boa-fé subjetiva, consensualismo e relatividade das convenções e, por outro lado, destacam-se os princípios sociais dos contratos, quais sejam: função social do contrato, boa-fé objetiva e equivalência material. Considerando a temática central aqui posta, o assunto será tratado de modo especial à luz dos princípios da função social e da equivalência material.

2.1 Um breve panorama sobre o princípio da função social dos contratos

A nova teoria contratual se sobrepôs ao modelo anterior, imprimindo um caráter social ao instituto, antes de caráter individualista e que trazia consigo essa característica, servindo apenas aos objetivos dos detentores do capital, diante da evidente desigualdade existente entre os contratantes. Foi essa tendência que, fundada na Revolução Francesa, estendeu-se durante anos, ainda no século XX, para então ser mitigada com a forte interferência do Estado Social, que se contrapôs a essa feição.[4] Para Paulo Luiz Netto Lôbo, "a função exclusivamente individual do contrato é incompatível com o Estado social, caracterizado, sob o ponto de vista do Direito, como já vimos, pela tutela explícita da ordem econômica e social da Constituição".[5]

Não há na Constituição brasileira, entretanto, um dispositivo em que, assim como se vê em relação à propriedade, vislumbre-se a função social do contrato. Na verdade, o princípio ora estudado é fruto da base ética do direito das obrigações na própria Constituição, uma vez que, como pano de fundo, exige a observância da justiça social, ao se referir a realizações que compõem a atividade privada. Isso se verifica com certa facilidade, como é sabido, mas existem alguns dispositivos constitucionais que corroboram diretamente a assertiva, como exemplo, o art. 1º, IV e art. 170, incs. III, IV e V, da CF/88.

Como é sabido, notadamente a partir da lição de Enzo Roppo,[6] quando diz que "o contrato é a veste jurídica das operações econômicas", a livre iniciativa tem como principal fundamento a circulação de capital que se dá através dos contratos. Se a Constituição, em suas diretrizes maiores, exige que a livre iniciativa tenha como balizamento valores sociais, então o contrato, como veste das operações econômicas, para se utilizar das palavras de Enzo Roppo, deve se preocupar em coadunar com uma função social.

Em igual sentido, deve-se ter presente que a função social do contrato tem forte ligação com a necessidade de observância da função social da propriedade, aliás, como se refere a doutrina para explicar o significado social dos pactos. A rigor, é através do contrato que se promove a transferência da propriedade, fazendo com que haja circulação de capital.

---

[4] Miguel Reale ressalta a influência da dogmática jurídica de cunho social, dizendo: "É importante salientar o que representava o 'novo espírito' da Dogmática Jurídica de cunho social, tão característica da segunda fase do Direito Moderno, em cujo âmbito surgiu, por exemplo, uma nova compreensão da propriedade e do contrato, cuja função social passou a ser sempre mais reconhecida, com abandono tanto dos poderes do proprietário em conflito com legítimos interesses da coletividade como de uma exagerada compreensão da autonomia da vontade, fonte de avenças desprovidas de equilíbrio sócio-econômico" (REALE, Miguel. *Nova fase do direito moderno*. 2. ed. São Paulo: Saraiva, 1998. p. 108-109).

[5] LÔBO, Paulo Luiz Netto. Princípios sociais dos contratos no Código de Defesa do Consumidor e no Novo Código Civil. *Revista de Direito do Consumidor*, São Paulo, n. 42, abr./jun. 2002. p. 191.

[6] ROPPO, Enzo. *O contrato*. Tradução de Ana Coimbra e M. Januário C. Gomes. Coimbra: Almedina, 1988. p. 10.

A inserção da função social do contrato no Código Civil gerou maior insegurança quanto ao alcance do princípio, notadamente em relação às contratações privadas puras (civis e empresariais).

Numa área em que o contratante hipossuficiente é sem dúvida o ator principal, a doutrina mais tradicional reclamou menos da posição mais avançada que se chegou em relação à função social do contrato, tudo porque, como visto, ela é mais evidente nessas circunstâncias. Porém, quando o mesmo raciocínio é deslocado para as relações privadas, a doutrina tradicional – arraigada aos fundamentos da relatividade, da obrigatoriedade e da autonomia da vontade, sustentados fortemente por De Page –[7] passa a impor certa resistência.

Analisando aspectos conceituais da função social do contrato, Humberto Theodoro Júnior deparou-se com a afirmação de que esse princípio incide na promoção da igualdade das partes envolvidas na contratação. Para ele, "fazer incidir a função social do contrato no terreno da promoção da igualdade das partes leva o problema para um dilema ou até mesmo para uma contradição insuperável".[8] Diz ainda ele:

> afirmar que o contrato tem a função de promover a igualdade dos contratantes equivale a dizer que esse tipo de negócio tem como objetivo fazer com que as partes "sejam iguais". Ora, o contrato jamais terá semelhante objetivo porque não se trata de instrumento de assistência ou de amparo a hipossuficientes desvalidos.[9]

Na mesma ordem de ideias, assinala que "o único e essencial objetivo do contrato é o de promover a circulação da riqueza, de modo que pressupõe sempre partes diferentes, com interesses diversos e opostos".[10] Arremata, então, dizendo ser imprestável a tese de que o contrato teria a função social de igualar os contratantes.

A rigor, pelo pensamento de Humberto Theodoro Júnior, quando a legislação prevê a observância da função social do contrato, quer significar apenas seu reflexo externo, vale dizer, dos contratantes com terceiros, com o meio social. Os limites, na relação interna, segundo ele, são impostos pelo princípio da boa-fé objetiva.

Não parece haver muita dúvida em relação ao porquê da opinião supracolocada, quanto ao choque sofrido pela teoria contratual pela introdução dos princípios contratuais sociais na sua visão global. É claro que a doutrina mais tradicional assim como a jurisprudência mais clássica exteriorizaram com mais vigor o sentimento aqui visto, até que se passou a ter uma formatação precisa do alcance dos princípios sociais

---

[7] DE PAGE, Henri. *Traité élémentaire de droit civil belge*. 2. ed. Bruxelles: E. Bruylant, 1948. De fato, deve-se consignar que hoje "os contratos que não são protegidos pelo Direito do consumidor devem ser interpretados no sentido que melhor contemple o interesse social [...]" (LÔBO, Paulo Luiz Netto. Princípios sociais dos contratos no Código de Defesa do Consumidor e no Novo Código Civil. *Revista de Direito do Consumidor*, São Paulo, n. 42, abr./jun. 2002. p. 192).

[8] O jurista mineiro assume posição forte em relação à opinião doutrinária mais contemporânea e diz: "Sem preocupar-se com a identificação de um e outro (função social e boa-fé objetiva), acaba-se por endeusar a função social erigindo-a à condição de uma panaceia indefinida e indefinível, prestante a solução dos mais díspares problemas, com graves riscos para a segurança jurídica e com inequívocos comprometimentos para o desenvolvimento econômico, sem o qual se pode estruturar o desenvolvimento social no moderno Estado Democrático de Direito" (THEODORO JÚNIOR, Humberto. *O contrato e sua função social*. Rio de Janeiro: Forense, 2003. p. 43-47).

[9] THEODORO JÚNIOR, Humberto. *O contrato e sua função social*. Rio de Janeiro: Forense, 2003. p. 44.

[10] THEODORO JÚNIOR, Humberto. *O contrato e sua função social*. Rio de Janeiro: Forense, 2003. p. 44.

e, nessa esteira, do que pretende o legislador com a inserção das chamadas "cláusulas gerais" no sistema contratual brasileiro e do seu real significado.[11]

É interessante notar que, para sustentar seu pensamento, Humberto Theodoro Júnior recorre a um trabalho dos italianos Giovanni Iudica e Paolo Zatti. Arrimado nas lições desses autores italianos, comenta:

> a função social do contrato corresponde à necessidade sentida pelo Estado moderno de limitar a autonomia contratual em face da exigência social de "garantire interessi generali colettivi" que não satisfaziam dentro da sistemática do Estado liberal. A liberdade de contratar, nessa ordem de ideias, não pode contrastar com a utilidade social em temas de segurança, liberdade, dignidade humana, devendo sobrepor à autonomia contratual interesses coletivos como os ligados à educação, à saúde, os transportes, a utilização adequada das fontes de energia, à tutela do meio ambiente, a proteção de certos setores produtivos, etc.[12]

Como se vê, a conceituação do autor a respeito do princípio considera, de fato, como o contrato interfere no relacionamento social como um todo, de forma que não está preocupado com a igualdade dos contratantes nem, por via de consequência, com o equilíbrio interno do contrato.

Visão relevante sobre a noção do princípio ora estudado é trazida à baila por Paulo Nalin[13]. Para ele:

> a função social manifestar-se-ia em dois níveis: no intrínseco e no extrínseco. Ou seja: seu perfil extrínseco (o contrato em face da coletividade) rompe com o princípio clássico da relatividade dos efeitos do contrato [...]. Já no seu aspecto intrínseco (o contrato visto como relação jurídica entre as partes negociais), a função social estaria ligada à observância dos princípios da igualdade material, equidade e boa-fé objetiva, por parte dos contratantes.[14]

Há ainda uma parte da doutrina que já se pronunciava bem antes da positivação do princípio no Código Civil, que fundamenta a noção de função social do contrato na necessidade de manutenção do equilíbrio entre as partes contratantes. Nesse sentido, para Carlos Alberto Goulart Ferreira, a função social do contrato é a "finalidade pela qual visa o ordenamento jurídico a conferir aos contratantes medidas ou mecanismos jurídicos capazes de coibir qualquer desigualdade dentro da relação contratual".[15]

---

[11] Judith Martins-Costa explica que as cláusulas gerais presentes na legislação atual, "em vez de traçar punctualmente a hipótese e as suas consequências, é desenhado como uma vaga moldura, permitindo, pela vagueza semântica que caracteriza seus termos, a incorporação de princípios, diretrizes e máximas de conduta originalmente estrangeiros ao *corpus* codificado, do que resulta, mediante a atividade de concreção desses princípios, diretrizes e máximas de conduta, a constante formulação de novas normas" (MARTINS-COSTA, Judith. O direito privado como um "sistema em construção": cláusulas gerais no projeto do Código Civil Brasileiro. *Revista dos Tribunais*, São Paulo, ano 87, v. 753, jul. 1998).

[12] THEODORO JÚNIOR, Humberto. *O contrato e sua função social*. Rio de Janeiro: Forense, 2003. p. 51.

[13] NALIN, Paulo. *Do contrato*: conceito pós-moderno. Em busca de sua formulação na perspectiva civil-constitucional. Curitiba: Juruá, 2001. p. 220.

[14] THEODORO JÚNIOR, Humberto. *O contrato e sua função social*. Rio de Janeiro: Forense, 2003. p. 43.

[15] FERREIRA, Carlos Alberto Goulart. Equilíbrio contratual. In: LOTUFO, Renan (Coord.). *Direito civil constitucional*. São Paulo: Max Limonad, 1999. Cláudia Lima Marques também caminha nessa linha de raciocínio e explica que "o direito dos contratos, em face das novas realidades econômicas, políticas e sociais, teve que se adaptar e ganhar uma nova função, qual seja, a de procurar a realização da justiça e do equilíbrio contratual". Seguindo

Diante da multifacetada opinião doutrinária, mister se faz procurar organizá-la, a fim de facilitar, inclusive, sua posição em face do princípio da equivalência material, que guarda vínculo inseparável com a ideia de equilíbrio contratual, aspecto que nos parece importante para a análise do tema das arras e sua cumulação com a cláusula penal compensatória.

Cabe aqui, na verdade, partir para uma interpretação que busque o fim em si dos princípios sociais, ou seja, seus fundamentos ou alicerces fundamentais. Giselda Maria Fernandes Novaes Hironaka, com apoio na doutrina de Orlando Gomes, sustenta que o direito das obrigações deve realizar o melhor equilíbrio social.[16]

Para alcançar o equilíbrio social, o contrato, que tem profundo relacionamento com o tema, precisa cumprir com rigor suas funções. Por um lado, tem o contrato uma função individual, em contraposição à ideia de função social, qual seja, regular os interesses particulares entre as partes que por ele optaram, seja qual for o tipo contratual. Vale frisar que essa função, claro, é relativizada, não só em razão dos princípios sociais, como também dos próprios princípios tradicionais do contrato. Por outro lado, o contrato tem uma função social, e aqui cabe o apoio da tese sustentada por Paulo Nalin, quando afirma que a função social se manifesta em dois níveis: no intrínseco e no extrínseco.[17]

Quando se considera o nível intrínseco, não se pode deixar de dar razão aos que advogam a tese de que a função social confere mecanismos judiciais exigindo o alcance do equilíbrio contratual, amenizando, enquanto possível, as diferenças entre os contratantes. Aliás, é importante ficar claro que não resta dúvida que na contratação não haverá, de fato, igualdade de interesses e não será o princípio da função social que terá o condão de mudar essa realidade. Entretanto, interessa à coletividade que haja equilíbrio entre os contratantes. Vale dizer, não se deseja que o contrato sirva como meio de se arruinar as pessoas que estejam, ou não, em situação de paridade contratual.

Neste ponto, repisa-se, apenas para reforçar, que o princípio da função social no nível intrínseco confere e disponibiliza mecanismos judiciais suficientes para se alcançar, também, o equilíbrio contratual. Com efeito, o desequilíbrio econômico em cada contrato se reflete no âmbito geral, contribuindo para o desequilíbrio social.

Bruno Miragem leciona que "equilibra-se o sistema jurídico entre a segurança e a estabilidade do direito, e necessário dinamismo, que atenda sua utilidade social, e a proteção das relações de equivalência, em especial para repelir a obtenção de vantagens desproporcionais e a onerosidade excessiva".[18]

Além desse viés intrínseco, deve-se levar em consideração a repercussão que tem o contrato no ambiente social como um todo ou, como dito, não se pode permitir que sejam prejudicados injustamente interesses da comunidade, interesses gerais, nem

---

o mesmo raciocínio, completa: "No novo conceito de contrato, a equidade, a justiça veio ocupar o centro de gravidade, em substituição ao mero jogo de forças volitivas e individualistas, que, na sociedade de consumo, comprovadamente só levava ao predomínio da vontade do mais forte sobre a do vulnerável" (MARQUES, Cláudia Lima. *Contratos no Código de Defesa do Consumidor*. 4. ed. rev., ampl. e atual. São Paulo: Revista dos Tribunais, 2002. p. 88).

[16] HIRONAKA, Giselda Maria Fernandes Novaes. A função social do contrato. *Revista de Direito Civil, Imobiliário, Agrário e Empresarial*, São Paulo, v. 12, n. 45, p. 140-152, jul./set. 1998.

[17] NALIN, Paulo. A função social do contrato no futuro Código Civil brasileiro. *Revista de Direito Privado*, São Paulo, v. 12, out./dez. 2002. p. 54. Também sobre esse viés da função social dos contratos, vale a leitura de Flávio Tartuce (*Função social dos contratos*: do Código de Defesa do Consumidor ao Novo Código Civil. São Paulo: Método, 2007).

[18] MIRAGEM, Bruno. *Direito civil*: direito das obrigações. São Paulo: Saraiva, 2017. p. 25-26.

direitos fundamentais. Conforme a lição de Paulo Luiz Netto Lôbo, "o princípio da função social determina que os interesses individuais das partes do contrato sejam exercidos em conformidade com os interesses sociais, sempre que estes se apresentem. Não pode haver conflito entre eles, pois os interesses sociais são prevalecentes".[19]

Ainda nessa linha de entendimento, Francesco Messineo acentua: "Aproximando-se de nós no tempo, evidencia-se ainda melhor o aspecto pelo qual o contrato além de ser instrumento da autonomia privada é algo que deve trazer utilidade geral [...]. Aqui se manifesta o perfil da proeminência do interesse geral sobre o particular".[20]

Na verdade, devemos considerar os dois níveis de manifestação do princípio da função social.

O art. 421 do Código Civil introduziu entre nós a necessidade de observância do princípio da função social do contrato. De acordo com o dispositivo, "a liberdade de contratar será exercida em razão e nos limites da função social do contrato". Ou seja, apesar de se apresentar, aparentemente, como um mero limitador da autonomia da vontade, a função social é recebida como razão determinante dessa liberdade. Há um significado positivo, vale dizer, as partes em todos os momentos do contrato (fase pré-contratual, contratual de execução das prestações e pós-contratual) devem se preocupar em compreender como o contrato será introduzido, em relação à coletividade.

Uma vez consagrado o princípio também nas relações privadas, há que se ter presente que, em qualquer situação contratual, as partes estão livres para contratar, mas diante de um duplo alerta. Primeiro, na relação interna, não se pode fomentar a ruína de um ou de ambos os contratantes, aceitando-se o desequilíbrio da contratação, que poderá repercutir no ambiente social. Segundo, na relação externa, a que mais diretamente reflete uma função social, não se permite que os contratantes avancem, nas suas convenções, além do limite do interesse geral, afrontando temas de repercussão coletiva, como a dignidade da pessoa humana e suas derivações, como saúde, meio ambiente, liberdade, entre outros.

Tem-se, de fato, uma liberdade contratual condicionada à função social, que se apresenta nesses dois níveis.

Há uma repercussão, por derradeiro, que não se pode deixar de ressaltar. Ou seja, apesar de não se negar que o contrato tem o importante escopo de promover a circulação da riqueza, para se alcançar esse objetivo, deve-se levar em consideração os balizamentos maiores, quais sejam, a dignidade da pessoa humana, a consequente tutela da personalidade, a obediência à socialidade e à eticidade, de maneira que não se pode afirmar de maneira inconteste e absoluta que a circulação de riqueza é o único e essencial fim do contrato. Como dito, é um fim necessário e real, mas, para alcançá-lo, as partes interessadas hão de estar conforme os grandes balizamentos, como se vem afirmando desde as primeiras linhas deste trabalho. Essa é, portanto, uma conclusão parcial importante para a análise da possibilidade de cumulação ou não das arras com a cláusula penal compensatória.

---

[19] LÔBO, Paulo Luiz Netto. Princípios sociais dos contratos no Código de Defesa do Consumidor e no Novo Código Civil. *Revista de Direito do Consumidor*, São Paulo, n. 42, abr./jun. 2002. p. 190.

[20] Traduzido do italiano: "Vedute più vicine a noi, nel tempo, accentuano ancora meglio l'aspetto, per cui il contratto, oltre ad essere lo strumento dell'autonomia dei singoli, è qualcosa che deve apportare utilità generale [...]. Qui, si manifesta il profilo della preminenza degli interessi generali sugli interessi particolari" (MESSINEO, Francesco. *Il contratto in genere*. Milano: Giuffrè, 1973. v. 1. p. 29).

2.2 Princípio da equivalência material: a necessidade de manutenção do equilíbrio objetivo do contrato em todas as suas fases

Mais recentemente, a doutrina, a jurisprudência e a legislação brasileira prestigiaram sobremodo a noção de igualdade substancial ou real, abandonando a igualdade formal, geradora de injustiças contratuais. Nesse passo, vale grifar a importância da teoria contratual consumerista e o próprio Código de Defesa do Consumidor que, ao proteger o interesse da parte mais fraca na relação de consumo, admite abertamente a necessidade de um equilíbrio pautado na igualdade real que deve nortear a contratação. Como se vê, apesar de ser foco de injustiças contratuais após o início do fenômeno da complexidade social, principalmente com a formação e consolidação de uma sociedade de massa, havia a noção – com fundamento equivocado, é bem verdade – da busca e manutenção do equilíbrio contratual, que atualmente está fulcrado na noção de igualdade substancial.

Há uma tendência no sentido de busca, contemporaneamente, da igualdade substancial na contratação, exigência do princípio da equivalência material, que nos serve de modo primordial na análise da possibilidade de cumulação ou não das arras com a cláusula pena compensatória.

Quanto à questão do equilíbrio contratual, faz-se mister ressaltar uma das classificações tradicionais dos contratos: a dos contratos comutativos. A ideia de comutatividade nos contratos serve-nos como um dos pontos de partida para um raciocínio mais avançado. Maria Helena Diniz explica:

> o contrato comutativo vem a ser aquele em que cada contratante, além de receber do outro prestação relativamente equivalente à sua, pode verificar, de imediato, essa equivalência. Portanto, nesse contrato, cada contratante se obriga a dar ou fazer algo que é considerado como equivalente àquilo que lhe dão ou que lhe fazem.[21]

É certo que essa noção de sensação de equivalência referida por Maria Helena Diniz, e pela doutrina de forma geral, quando trata do contrato comutativo, é fundamental para o espírito do princípio do equilíbrio contratual, apesar, é claro, de não se confundirem. Mas, a sensação de igualdade, de equivalência da prestação e da contraprestação (nesse caso no sentido subjetivo) é necessariamente o que se pretende desde a fase pré-contratual, passando pela fase de execução do contrato, e atingindo sua fase pós-contratual.

A diferença é a de que, transposta essa ideia de equivalência de prestações para a própria noção do princípio aqui estudado, o critério passa a ser mais objetivo e menos subjetivo (a subjetividade é própria do conceito de contrato comutativo). Ou seja, a necessidade de manutenção de um equilíbrio, durante todas as fases contratuais, deve ser considerada objetivamente, de forma que, havendo um deslocamento considerável ou distanciamento entre a prestação e a contraprestação, estas devem ser reaproximadas por critérios objetivos.[22]

---

[21] DINIZ, Maria Helena. *Curso de direito civil brasileiro*: teoria das obrigações contratuais e extracontratuais. 25. ed. São Paulo: Saraiva, 2009. p. 87.

[22] Vale aqui ressaltar a ótica de Karl Larenz sobre o assunto, quando assinala: "Sin embargo, en la justicia contractual compensatoria no se trata solamente del principio de equivalencia en sentido estricto – la exigencia de una equivalencia, al menos aproximada, de prestación y contraprestación –, sino también, y con mayor alcance,

Vê-se que há uma distância relativa em face da própria noção de equivalência consubstanciada no conceito de contrato comutativo, quando ali se preza pela "sensação", pelo "sentimento de certa igualdade" na contratação, o que é com certeza influenciado pelo desejo, pela necessidade, muitas vezes transitória e supérflua, da pessoa que está realizando a contratação, ou seja, o critério, naquele conceito, é subjetivo. Mas, o que há de importante aqui é a procura naquele núcleo do conceito de contrato comutativo, uma das evidentes bases da equivalência dos contratos, uma vez que, na noção de comutatividade, insere-se a de equilíbrio das prestações, ainda que subjetivamente.

Ainda antes de partir para um conceito determinado do princípio ora debatido, não se pode afastar da função da equidade quanto à efetividade do princípio da equivalência material dos contratos. Sem embargo, a noção de equidade é fundamental no alcance da gênese da equivalência para as contratações. Miguel Reale ressalta não "acreditar na geral plenitude da norma jurídica positiva, sendo preferível, em certos casos, prever o recurso a critérios ético-jurídicos que permita chegar-se à 'concreção jurídica', conferindo-se maior poder ao juiz para encontrar-se a solução mais justa ou equitativa".[23] Das palavras de Miguel Reale extrai-se exatamente o clamor pela equidade que, como diretriz geral do Código Civil de 2002, deve ser também observada na resolução de conflitos contratuais, auxiliando, assim, no conceito e na efetividade do princípio da equivalência material.

Paulo Luiz Netto Lôbo ao se referir expressamente à equivalência material do contratual diz: "o princípio da equivalência material busca realizar e preservar o equilíbrio real de direitos e deveres no contrato, antes, durante e após a sua execução, para harmonização de interesses".[24]

Nessa mesma ordem de ideias, vale citar a lição do italiano Pietro Perlingieri. Diante de sua vasta e rica contribuição, um artigo seu chama atenção especial, qual seja, o que discute o "equilíbrio normativo e o princípio da proporcionalidade no contrato". Pietro Perlingieri, no texto referido, diz o seguinte:

> A tal propósito, vale recordar a opinião de um antigo autor, reproduzida em posição recente (por se dizer: cerca de 1970), pela qual, ao fim de constituir o contrato a título oneroso, não é suficiente que dele derive vantagens para ambas as partes, deve ocorrer que entre elas, haja uma relação de equivalência intangível [...] O equilíbrio contratual, porém, sempre pela referida orientação, forma-se em um ponto sensivelmente diverso daquele normal que corresponda a uma igualdade objetiva de valor entre a vantagem e o sacrifício respectivo da parte.[25]

---

de una 'justa' distribuición de las cargas y riesgos relacionados con un contrato" (LARENZ, Karl. *Derecho civil*: parte general. Traducción y notas de Miguel Izquierdo y Mácias-Picavea. Madrid: Revista de Derecho Privado; Editoriales de Derecho Reunidas, 1978. p. 61).

[23] Miguel Reale completa seu raciocínio, dizendo que "o novo Código, por conseguinte, confere ao juiz não poder para suprir lacunas, mas também para resolver, onde e quando previsto, de conformidade com valores éticos, ou se a regra jurídica for deficiente ou inajustável à especificidade do caso concreto" (REALE, Miguel. Visão geral do Projeto de Código Civil. *Revista dos Tribunais*, São Paulo, v. 752, p. 22-30, jun. 1998).

[24] LÔBO, Paulo Luiz Netto. Princípios sociais dos contratos no Código de Defesa do Consumidor e no Novo Código Civil. *Revista de Direito do Consumidor*, São Paulo, n. 42, abr./jun. 2002. Marco Aurélio Bezerra de Melo assevera que "com novos ares que oxigenam o estudo dos contratos nascidos sobre a égide do estado social em substituição ao estado liberal de direito, admitidos realmente a existência de um princípio que tenha por objetivo preservar a equivalência entre as prestações como desdobramento consequencial, a um só tempo, da função social dos contratos e da boa-fé objetiva" (MELO, Marco Aurélio Bezerra. *Direito civil*: contratos. 2. ed. Rio de Janeiro: Forense, 2018. p. 94).

[25] PERLINGIERI, Pietro. Equilibrio normative e principio di proporzionalità nei contratti. *Revista Trimestral de Direito Civil*, Rio de Janeiro, v. 3, n. 12, out./dez. 2002.

Diante dessas observações, é de se dizer que o princípio da equivalência material ou do equilíbrio contratual é aquele através do qual deve se buscar e manter a justiça contratual, objetivamente considerada, em todas as fases da contratação, independentemente da natureza do contrato, e sempre com base na eticidade, lealdade, socialidade, confiança, proporcionalidade e razoabilidade nas prestações.

É a luz da função social intrínseca e da equivalência material que nos parece haver subsídio suficiente para se sustentar a necessidade de análise em cada caso concreto, da possibilidade ou não da cumulação das arras com a cláusula penal compensatória.

3 Equilíbrio contratual como fio condutor da análise sobre a impossibilidade de cumulação das arras com a cláusula penal compensatória como regra geral

As arras, sinal ou princípio de pagamento, são institutos dos mais incidentes nas contratações cotidianamente, e há uma justificativa, até certo ponto de fácil compreensão para esse fenômeno: é que, no Brasil, parte muito considerável das transações é feita a prazo, muitas dessas transações tendo início com uma entrada, como parte do pagamento, ficando o saldo para se pagar ao longo do tempo. Um dos contratos em que mais se verifica a presença da cláusula de arras é o de promessa de compra e venda, o que motiva inclusive a presente análise, considerando-o especialmente, para facilitar o raciocínio desejado.

É importante levar em conta que o Código Civil de 2002 trouxe uma nova sistemática para as arras, realizando um regramento específico, em face de sua presença nos contratos com e sem direito de arrependimento.

Antes, ainda, de se passar para essa análise, mister acentuar que as arras, apesar da nova ordem verificada, mantêm sua dupla função. De fato, elas são principalmente confirmatórias, "presente na hipótese em que não constar a possibilidade de arrependimento quanto à celebração do contrato definitivo, trata-se de regra geral [...], por outro lado, há as arras penitenciais se constar no contrato a possibilidade de arrependimento, por meio de uma cláusula nesse sentido", como assevera Flávio Tartuce.[26]

No Código Civil de 2002, três dispositivos sobre arras merecem análise mais acurada, em face do ângulo de visão a partir do princípio da função social do contrato e da equivalência material: arts. 418, 419 e 420.

Primeiro, merece atenção o art. 418, que assim diz:

> Se a parte que deu as arras não executar o contrato, poderá a outra tê-lo por desfeito, retendo-as; se a inexecução for de quem recebeu as arras, poderá quem as deu haver o contrato por desfeito, e exigir sua devolução mais o equivalente, com atualização monetária segundo índices oficiais regularmente estabelecidos, juros e honorários de advogado.

Como se nota, a lei não se refere expressamente ao direito de arrependimento, mas sim à não execução do contrato. Se a parte que deu arras não executar o contrato, perde as arras dadas, ficando o contrato desfeito. Se quem as recebeu não executar o

---

[26] TARTUCE, Flávio. *Direito civil* – Direito das obrigações e responsabilidade civil. São Paulo: Gen/Forense, 2018. p. 261-262.

contrato, a parte que deu arras poderá pedir a sua devolução, mais o equivalente. Vê-se aqui que o legislador não fez, como no Código de 1916, referência à devolução em dobro, mas sim ao equivalente, numa demonstração inequívoca da necessidade de transmitir o espírito do equilíbrio contratual, que deve reger também essa cláusula. Na verdade, ao fazer menção à devolução do equivalente, este deve representar não só o valor igual ao das arras recebidas, mas também a todos os acessórios que indiquem proveito por parte de quem as recebeu, evitando-se, assim, o enriquecimento sem causa.

Como a norma busca visivelmente o equilíbrio, é preciso notar apenas que, ao fazer referência à correção monetária, aos juros e aos honorários de advogado, estes não devem ser necessariamente computados. Vale dizer, apesar de a regra parecer caminhar nessa direção, se não houver participação de advogado, por exemplo, no desfazimento amigável, é evidente que seus honorários não são devidos. Tudo se dá em prestígio ao equilíbrio.

Antes ainda de se debruçar sobre o art. 419, é interessante se fazer uma incursão ao art. 420. Ali se encontra a seguinte regra:

> Art. 420. Se no contrato for estipulado o direito de arrependimento para qualquer das partes, as arras ou sinal terão função unicamente indenizatória. Neste caso, quem as deu perdê-las-á em benefício da outra parte; e quem as recebeu devolve-las-á, mais o equivalente. Em ambos os casos não haverá direito a indenização suplementar.

A partir desse dispositivo, pode-se dizer que o legislador se preocupou, na primeira hipótese, qual seja, a do art. 418, com os contratos firmados em caráter irretratável. No caso do art. 420, a direção é outra, vale dizer, admite a possibilidade de pacto de arrependimento.

Como disposto ali, caso tenha sido pactuado direito de arrependimento, quem deu arras, perdê-las-á em benefício da outra parte; quem as recebeu, devolvê-las-á, mais o equivalente. Na verdade, a regra é a mesma da verificada no art. 418, quanto à devolução das arras, entretanto o dispositivo é claro, ao dizer que, na hipótese de pacto de arrependimento, não haverá direito à indenização suplementar.

Essa indenização suplementar, por outro lado, é referida expressamente pelo art. 419, admitindo-a, quando o contrato se der em caráter irretratável. O dispositivo assim se encontra redigido:

> Art. 419. A parte inocente pode pedir indenização suplementar, se provar maior prejuízo, valendo as arras como taxa mínima. Pode, também, a parte inocente exigir a execução do contrato, com as perdas e danos, valendo as arras como o mínimo da indenização.

O art. 419 demonstra grande evolução no que concerne às arras. De fato, ficando provado que, além das arras, houve maior prejuízo, este deve ser computado como indenização suplementar, valendo as arras, conforme visto no dispositivo, como indenização mínima. O alcance da norma é tão diferenciado, em relação ao que se tinha antes, que o legislador ainda prevê a possibilidade de execução específica da obrigação, cumulada com perdas e danos, valendo as arras, também, como indenização mínima.

Em rápidas palavras, na nova sistemática relativa às arras, tem-se o seguinte: a) caso não tenha sido pactuado direito de arrependimento, ou seja, se o contrato é irretratável, a parte inocente (que não deu causa à resolução do contrato) tem direito às arras mais uma indenização suplementar (arts. 418 e 419); b) caso tenha sido pactuado direito de arrependimento, ou seja, se o contrato é retratável, a parte inocente (que não deu causa à resolução do contrato) tem direito às arras, mas não à indenização suplementar.

Esses dispositivos procuram, por si só, manter o equilíbrio da contratação, mas não são suficientes para abraçar todas as situações, de forma a alcançar equivalência entre os contratantes. Assim, é inegável que as arras precisam ser observadas, ainda, sob a luz dos princípios sociais dos contratos.

Apesar de o sistema do Código Civil, como um todo, estar voltado para a necessidade de equilíbrio nas relações contratuais, o que não foi diferente com o novo regramento sobre as arras, pode ocorrer a hipótese de os dispositivos específicos sobre a matéria não serem suficientes para manutenção do equilíbrio nas prestações, gerando, portanto, a necessidade de interpretação conforme os princípios sociais do contrato, notadamente a função social e a equivalência material.

Aqui cabe analisarmos duas situações pontuais, que transcendem ao que já está expressamente regrado no Código Civil a respeito do assunto. A primeira diz respeito ao pagamento de arras em valor excessivamente considerável, levando-se em conta o valor total do contrato. A segunda trata-se da questão específica deste artigo, qual seja, da possibilidade ou não de cumulação das arras com a cláusula penal compensatória, cuja análise deve ser feita sob o mesmo influxo da regra geral, já vista, e da questão relacionada às arras excessivas, isso porque há um fio condutor em todos esses pontos que dizem respeito à aplicação dos princípios da função social e da equivalência material para solucionar as questões que perpassam as arras.

Primeiro, cabe a análise da hipótese do valor excessivo das arras. Por ser mais usual, vamos levar em consideração o raciocínio a partir da promessa de compra e venda, como já havia se advertido. É comum se observar que o promissário comprador, muitas vezes com disponibilidade financeira, sem querer arriscar manter o dinheiro consigo, em face da, embora não aparente, mas sempre presente instabilidade econômica, repasse grande soma ao promitente vendedor, a título de sinal. Ora, isso pode gerar obrigação excessivamente onerosa. Vamos imaginar a seguinte hipótese: num contrato que envolva um valor total de R$500.000,00, o sujeito "X", promissário comprador, entrega ao sujeito "Y", promitente vendedor, a quantia de R$400.000,00 como sinal, além de ter ficado obrigado pelo restante das prestações, para pagamento do saldo de R$100.000,00, considerando o exemplo aqui referido. O contrato foi firmado regularmente, sem direito de arrependimento. O sujeito "X", entretanto, torna-se inadimplente, dando causa à resolução do contrato. Pela regra do art. 418, quem deu arras e se torna inadimplente, perde-as em favor da outra parte, neste caso, em favor do promitente vendedor. Ora, é certo que numa contratação dessa natureza, o promitente vendedor não deve ter despendido quantia tão elevada para realização do contrato, capaz de gerar tamanho dano material, mas, ainda assim, pelo disposto no art. 418, ele terá direito de reter o valor correspondente a R$400.000,00.

À luz do princípio da equivalência material, dificilmente os efeitos jurídicos das arras poderiam ser mantidos, em face da sua visível onerosidade. Vale dizer, é certo que o promissário comprador "X", que deu causa ao desfazimento do contrato, não deveria ser reembolsado do valor total. Entretanto, é excessivamente oneroso perder toda a quantia, em vista do valor total do contrato. Assim, em vista da principiologia social dos contratos e, especialmente frente ao princípio da equivalência material, sendo o contrato de consumo ou não, como já discutido, poderia se revisar a cláusula de arras, de modo a se manter o equilíbrio econômico e financeiro do contrato, pontualmente para esta cláusula.

O Superior Tribunal de Justiça, aplicando a regra do art. 413, do Código Civil, vem reduzindo o valor das arras quando estas se mostram excessivamente onerosas, a exemplo do REsp nº 1.669.002.

Não é demais lembrar que a hipótese contrária também deve ser relevada. Vamos imaginar agora que o promissário comprador, sujeito "C", tenha dado como princípio de pagamento, ao promitente vendedor, sujeito "D", o valor de R$2.000,00. O primeiro se torna inadimplente e, com isso, dá ensejo ao promitente vendedor reter o valor das arras. Ora, se este valor, agora, ao invés de excessivamente oneroso para o promissário comprador, tornar-se excessivamente oneroso para o promitente vendedor (que pode ter despendido mais do que esta quantia para realizar a contratação ou perdido oportunidade de outros negócios), pode a parte inocente pedir a indenização suplementar aqui já referida. Como se vê, e mais uma vez se repete, a sistemática própria sobre as arras muitas vezes será suficiente para que haja equilíbrio da contratação. Quando não o for, porém, nada impede o apoio nas normas de equilíbrio do Código Civil de 2002 e do próprio Código de Defesa do Consumidor – sendo o contrato de consumo – capaz de manter também a razoabilidade dessas cláusulas.

Insta ressaltar que, no momento da formação do contrato, a redação da cláusula de arras deve respeitar os princípios sociais dos contratos, e isso depende, como visto, muito do valor das arras pactuadas. Os modelos contratuais, comuns no caso das promessas de compra e venda, e os contratos redigidos com o manifesto interesse de tirar proveito do outro contratante, ou mesmo que não o tenham, podem ser objeto de revisão de cláusula, tudo em nome do equilíbrio contratual e independentemente de se estar diante de um contrato de consumo, civil ou empresarial.

Assim, dependendo da hipótese, podem-se pactuar cláusulas em percentuais relativos às arras dadas ou se criarem outros mecanismos capazes de demonstrar, desde o início do contrato, a equivalência material objetivada.

Vista a questão do estabelecimento das arras excessivas, cabe agora caminharmos para a análise da cumulação, ou não, das arras com a cláusula penal compensatória.

Antes de analisarmos especificamente, guardando a mesma linha de raciocínio que se vem apresentando ao longo do texto, vale levar em consideração as observações de Sidnei Beneti, em artigo publicado a respeito da função social do contrato. Segundo o autor:

> a interpretação da cláusula da função social do contrato, por ser aberta, dá-se de acordo com as condições sociais, econômicas, psicológicas e éticas regentes da sociedade, informadoras, também, da boa-fé objetiva negocial, nutrida da constatação objetiva do justo segundo o razoável no meio e momento social, de forma que pode vir a ser invocada tanto pelo devedor como pelo credor, segundo a vulnerabilidade social lobrigada em um ou em outro.[27]

---

[27] BENETI, Sidnei. Função social do contrato. In: TARTUCE, Flávio; SALOMÃO, Luis Felipe (Coord.). *Direito civil*: diálogos entre a doutrina e a jurisprudência. São Paulo: GEN/Atlas, 2018. p. 285.

Nessa ordem de ideias, deve ser solucionada a questão da cumulação das arras com a cláusula penal compensatória.

Para Pablo Stolze e Rodolfo Pamplona, identificam-se duas espécies de cláusula penal à luz da regra contida no art. 408, do Código Civil. Conforme pontuam os autores:

> da análise dessas normas, podemos identificar as seguintes espécies de cláusula penal: a) cláusula penal compensatória (estipulada para o caso de descumprimento da obrigação principal); e, b) cláusula penal moratória (estipulada para o caso de haver infringência de qualquer das cláusulas do contrato; ou inadimplemento relativo – mora).[28]

É comum encontramos nos contratos de promessa de compra e venda de imóvel a cláusula de arras, disposta na clássica regra do art. 418, do Código Civil, aqui visto, cumulada com a cláusula penal compensatória, que na maioria das vezes trata sobre a reposição dos custos do contrato em favor da parte inocente. Ali estão incluídas, em regra, as despesas com corretagem, tributos e, quando é o caso, publicidade, como acontece com os contratos de promessa de compra e venda de imóvel em construção ou a ser construído.

O ponto central da discussão está justamente na cumulação das arras com a cláusulas penal compensatória, tendo em vista que, se considerarmos os dois institutos (arras e cláusula penal), ter-se-ia uma duplicidade de função compensatória e, por via de consequência, uma situação de desequilíbrio, *a priori*.

Diante do que já foi demonstrado nas hipóteses antes estudadas, na atual sistemática das arras, quando o contrato não tiver direito de arrependimento, portanto, nas hipóteses em que é celebrado em caráter irrevogável e irretratável, pode-se pleitear indenização suplementar, valendo as arras como um mínimo de indenização, portanto, na perspectiva de se guardar a função social intrínseca do contrato e sua equivalência material. Portanto, não sendo as arras suficientes, ter-se-ia indenização suplementar.

A contrário senso desse raciocínio, se as arras forem consideradas excessivamente onerosas, à luz do art. 413, como se vem observando nos precedentes do STJ, seria possível revisar a cláusula de arras, quando elas se mostrem ser mais do que o necessário para o cumprimento da sua função compensatória.

Diante desse quadro, que já havia sido observado anteriormente, a cumulação das arras com a cláusula penal deve ser analisada topicamente, com a prevalência das arras, em detrimento da cláusula penal compensatória.

Ou seja, embora não se tenha a hipótese como regra, existiriam situações nas quais seria possível a cumulação das arras com a cláusula penal compensatória, guardando a linha de interpretação já disposta nos arts. 418 e 419, do Código Civil. Assim, as arras teriam o valor da compensação mínima em favor da parte inocente, que, em sendo o vendedor, poderia cumular com a cláusula penal, nos limites da dicção do art. 419, quando diz: "A parte inocente pode pedir indenização suplementar, se provar maior prejuízo, valendo as arras como taxa mínima". Vale dizer, haveria cumulação de arras mais a cláusula penal compensatória, nos limites da sua função de indenização suplementar,

---

[28] STOLZE, Pablo; PAMPLONA, Rodolfo. *Manual de direito civil*. São Paulo: Saraiva, 2017. p. 382.

tendo as arras função de taxa mínima que deve ser cumulada com o suplemento suficiente para manter a equivalência material do contrato. O ideal, atendendo ao princípio da boa-fé objetiva, é que essa hipótese seja claramente expressa no contrato.

A contrário senso, sendo as arras estabelecidas suficientes para cumprir sua natureza de pena convencional compensatória, aplicar-se-ia a interpretação no sentido de que é possível a redução do valor das arras, também na linha de raciocínio de se manter o equilíbrio do contrato. Vale dizer, em hipóteses como a aqui idealizada, não seria possível a cumulação das arras com a cláusula penal compensatória.

A questão não é de fácil execução prática, especialmente quanto à formação do contrato. Caso se esteja diante de um contrato civil ou empresarial em que as partes saibam ao certo o que estavam pactuando e calculando, mais precisamente, quanto ao valor das arras, a questão ganha contornos mais simples. Isso porque o vendedor e o comprador, em promessa de compra e venda, saberão ou pelo menos deveriam saber, quais as funções das arras, e levar em conta a sua função compensatória para fins de cálculo da cláusula penal, que poderá ser cumulada. Portanto, estabelece-se o valor das arras para criar a linha de cálculo da cláusula penal compensatória que, neste sentido, pode se cumular.

Há que se admitir, por outro lado, que essa circunstância é mais complexa quando se trata de relação de consumo, em vista da falta de conhecimento, em regra, do consumidor. Caberá ao fornecedor estabelecer cláusula de arras cumulada com a cláusula penal compensatória, levando-se em conta a equivalência material desejada. O fornecedor (vendedor) tem conhecimento técnico e assessoria jurídica, em regra, capaz de fazer cálculos sobre a cláusula de arras e, até mesmo, destacá-la ou estabelecê-la em cláusula específica, mas sempre com a intenção de não deixar haver desequilíbrio contratual, caracterizado pela vantagem exagerada por parte de um dos contratantes.

Assim, mesmo que o adquirente do imóvel queira pagar quantia significativa como sinal (arras), caberá ao fornecedor dizer qual o valor, dentro do montante do valor inicial do pagamento, será considerado como arras, para fins legais. Assim o fazendo, a cumulação da cláusula de arras com a cláusula penal compensatória torna-se plausível, mas não como regra, como aqui já ponderado. Por outro lado, pode o fornecedor optar por estabelecer o valor das arras (que nos parece prioritário em detrimento da cláusula penal, até mesmo em face da sua mais fácil percepção pelas partes contratantes) e não estabelecer cláusula penal, de vez que as arras podem compor com sua função compensatória.

Se assim não o fizer, o fornecedor estará sujeito, em concreto, à impossibilidade de cumulação das arras com a cláusula penal compensatória.

No julgamento do Recurso Especial nº 1.617.652, o Superior Tribunal de Justiça já deixa assentada essa linha de pensamento, que deverá estabilizar a jurisprudência a respeito do assunto.

De fato, restou claro o voto da Min. Nancy Andrighi:

> evidenciado que, na hipótese de inadimplemento do contrato, as arras apresentam natureza indenizatória, desempenhando papel semelhante ao da cláusula penal compensatória, é imperiosa a conclusão no sentido da impossibilidade de cumulação de ambos os institutos, em face do princípio geral da proibição do "non bis in idem" (proibição da dupla condenação a mesmo título).

No voto aqui referido, também ficou claro que, "se previstas cumulativamente para o inadimplemento contratual (arras e cláusula penal), entende-se que deve incidir exclusivamente a pena de perda das arras, ou a sua devolução mais o equivalente, a depender da parte a quem se imputa a inexecução contratual".

Ou seja, o STJ caminhou na direção de prestigiar as arras em detrimento da cláusula penal compensatória, deixando consignado que, embora a conclusão daquele caso concreto se desse no sentido de ser inadmissível a cumulação da cláusula penal compensatória com a perda das arras, prevalecendo as arras na hipótese de inexecução do contrato:

> em uma consideração abstrata, adotar como regra a prevalência da cláusula penal poderia esvaziar o conteúdo normativo do mencionado dispositivo legal, especialmente em duas situações: a) quando a multa contratual resultasse em montante inferior ao sinal dado no início da contratação; b) quando a parte inocente pela inexecução comprovasse prejuízos superiores ao valor da cláusula penal, pois neste instituto é vedada, a princípio, a exigência de indenização suplementar, a menos que haja expressa autorização contratual, de acordo com o disposto no art. 416, parágrafo único, do CC.

Vale dizer, em regra, que não é possível a cumulação, mas sem olvidar da análise em concreto da hipótese, quando se pode ter, por exemplo, a necessidade de se pedir indenização suplementar, sempre com a ressalva de que, em contratos de consumo, por deter conhecimento a respeito dos efeitos das arras, os fornecedores têm maior ônus no sentido de prever melhor as consequências de cláusula de arras, dentro de uma estabilização da jurisprudência, já anunciada pelo STJ no precedente aqui citado.

Voltando-se ao ponto de partida deste escrito e se valendo da lição de Luiz Edson Fachin:

> hoje, ainda com maior ênfase, a ética da confiança no direito positivado a equilibrar-se com a estabilidade de entendimentos jurisdicionais, os quais, por si só, se imutáveis indefinidamente ou mutáveis imotivada ou constantemente também geram insegurança. Tal temperamento passa pelo rigor da fundamentação racional das decisões, e alcança o sentido da segurança não apenas como garantia de legítimas expectativas, mas também como incidência material da legalidade constitucional.[29]

O tema aqui analisado retrata a importância da assertiva de Luiz Edson Fachin em vista da função social do contrato de aquisição de imóveis e da própria cláusula de arras que, especialmente em razão do seu protagonismo social, tem também forte influência econômica para as duas partes no contrato, o que exige estabilidade de entendimento a respeito do tema.

---

[29] FACHIN, Luiz Edson. Segurança jurídica entre ouriços e raposas. In: TEPEDINO, Gustavo; FACHIN, Luiz Edson; LÔBO, Paulo Luiz Netto (Coord.). *Direito civil constitucional*: a ressignificação da função dos institutos fundamentais do direito civil contemporâneo e suas consequências. Florianópolis: Conceito, 2014. p. 17.

4 Conclusões

Diante do desenvolvimento do presente artigo, pode-se chegar às seguintes conclusões:

a) Apesar de não se negar que o contrato tem o importante escopo de promover a circulação da riqueza, para se alcançar esse objetivo deve se levar em consideração os balizamentos maiores, quais sejam, a dignidade da pessoa humana, a obediência à socialidade e à eticidade, de maneira que não se pode afirmar de maneira inconteste e absoluta que a circulação de riqueza é o único e essencial fim do contrato. Como dito, é um fim necessário e real, mas, para alcançá-lo, as partes interessadas hão de estar conforme os grandes balizamentos aqui referidos, sem deixar de observar a necessidade de equilíbrio contratual.

b) O princípio do equilíbrio contratual é aquele através do qual deve se buscar e manter a justiça contratual, objetivamente considerada, em todas as fases da contratação, independentemente da natureza do contrato, e sempre com base na eticidade, lealdade, socialidade, confiança, proporcionalidade e razoabilidade nas prestações, inclusive quanto à interpretação das arras.

c) Na atual sistemática relativa às arras, tem-se o seguinte: 1º) caso não tenha sido pactuado direito de arrependimento, ou seja, se o contrato é irretratável, a parte inocente (que não deu causa à resolução do contrato) tem direito às arras mais uma indenização suplementar (arts. 418 e 419); 2º) caso tenha sido pactuado direito de arrependimento, ou seja, se o contrato é retratável, a parte inocente (que não deu causa à resolução do contrato) tem direito às arras, mas não à indenização suplementar.

d) Embora não expresso de modo claro na lei, em vista da principiologia social dos contratos e, especialmente frente ao princípio da equivalência material, sendo o contrato de consumo ou não, como já discutido, poderia se revisar a cláusula de arras, reduzindo-a, de modo a se manter o equilíbrio econômico e financeiro do contrato, pontualmente para esta cláusula.

e) Em regra, não é possível a cumulação das aras com a cláusula penal compensatória. Há, porém, necessidade de análise tópica. O STJ caminhou na direção de prestigiar as arras em detrimento da cláusula penal compensatória, deixando consignado que, embora a conclusão daquele caso julgado se desse no sentido de ser inadmissível a cumulação da cláusula penal compensatória com a perda das arras, prevalecendo as arras na hipótese de inexecução do contrato, o julgado também destacou que, em uma consideração abstrata, adotar como regra a prevalência da cláusula penal poderia esvaziar o conteúdo normativo dos arts. 418 a 420, do CC.

Referências

BENETI, Sidnei. Função social do contrato. In: TARTUCE, Flávio; SALOMÃO, Luis Felipe (Coord.). *Direito civil*: diálogos entre a doutrina e a jurisprudência. São Paulo: GEN/Atlas, 2018.

BRITO, Rodrigo Toscano de. *Equivalência material dos contratos civis, empresariais e de consumo*. São Paulo: Saraiva, 2007.

DE PAGE, Henri. *Traité elémentaire de droit civil belge*. 2. ed. Bruxelles: E. Bruylant, 1948.

DINIZ, Maria Helena. *Curso de direito civil brasileiro*: teoria das obrigações contratuais e extracontratuais. 25. ed. São Paulo: Saraiva, 2009.

FACHIN, Luiz Edson. O direito que foi privado: a defesa do pacto civilizatório emancipador e dos ataques a bombordo e a boreste. *Revista de Informação Legislativa*, v. 45, n. 179, p. 207-217, jul./set. 2008.

FACHIN, Luiz Edson. Segurança jurídica entre ouriços e raposas. In: TEPEDINO, Gustavo; FACHIN, Luiz Edson; LÔBO, Paulo Luiz Netto (Coord.). *Direito civil constitucional*: a ressignificação da função dos institutos fundamentais do direito civil contemporâneo e suas consequências. Florianópolis: Conceito, 2014.

FERREIRA, Carlos Alberto Goulart. Equilíbrio contratual. In: LOTUFO, Renan (Coord.). *Direito civil constitucional*. São Paulo: Max Limonad, 1999.

GOMES, Orlando. *Transformações gerais do direito das obrigações*. São Paulo: Revista dos Tribunais, 1980.

HIRONAKA, Giselda Maria Fernandes Novaes. A função social do contrato. *Revista de Direito Civil, Imobiliário, Agrário e Empresarial*, São Paulo, v. 12, n. 45, p. 140-152, jul./set. 1998.

LARENZ, Karl. *Derecho civil*: parte general. Traducción y notas de Miguel Izquierdo y Mácias-Picavea. Madrid: Revista de Derecho Privado; Editoriales de Derecho Reunidas, 1978.

LÔBO, Paulo Luiz Netto. Princípios contratuais. In: LÔBO, Paulo Luiz Netto; LYRA JÚNIOR, Eduardo Messias de (Coord.). *A teoria do contrato e o novo Código Civil*. Recife: Nossa Livraria, 2003.

LÔBO, Paulo Luiz Netto. Princípios sociais dos contratos no Código de Defesa do Consumidor e no Novo Código Civil. *Revista de Direito do Consumidor*, São Paulo, n. 42, abr./jun. 2002.

MARQUES, Cláudia Lima. *Contratos no Código de Defesa do Consumidor*. 4. ed. rev., ampl. e atual. São Paulo: Revista dos Tribunais, 2002.

MARTINS-COSTA, Judith. O direito privado como um "sistema em construção": cláusulas gerais no projeto do Código Civil Brasileiro. *Revista dos Tribunais*, São Paulo, ano 87, v. 753, jul. 1998.

MELO, Marco Aurélio Bezerra. *Direito civil*: contratos. 2. ed. Rio de Janeiro: Forense, 2018.

MESSINEO, Francesco. *Il contratto in genere*. Milano: Giuffrè, 1973. v. 1.

MIRAGEM, Bruno. *Direito civil*: direito das obrigações. São Paulo: Saraiva, 2017.

NALIN, Paulo. A função social do contrato no futuro Código Civil brasileiro. *Revista de Direito Privado*, São Paulo, v. 12, out./dez. 2002.

NALIN, Paulo. *Do contrato*: conceito pós-moderno. Em busca de sua formulação na perspectiva civil-constitucional. Curitiba: Juruá, 2001.

PERLINGIERI, Pietro. Equilibrio normative e principio di proporzionalità nei contratti. *Revista Trimestral de Direito Civil*, Rio de Janeiro, v. 3, n. 12, out./dez. 2002.

REALE, Miguel. *Nova fase do direito moderno*. 2. ed. São Paulo: Saraiva, 1998.

REALE, Miguel. Visão geral do Projeto de Código Civil. *Revista dos Tribunais*, São Paulo, v. 752, p. 22-30, jun. 1998.

ROPPO, Enzo. *O contrato*. Tradução de Ana Coimbra e M. Januário C. Gomes. Coimbra: Almedina, 1988.

STOLZE, Pablo; PAMPLONA, Rodolfo. *Manual de direito civil*. São Paulo: Saraiva, 2017.

TARTUCE, Flávio. *Direito civil* – Direito das obrigações e responsabilidade civil. São Paulo: Gen/Forense, 2018.

TARTUCE, Flávio. *Função social dos contratos*: do Código de Defesa do Consumidor ao Novo Código Civil. São Paulo: Método, 2007.

THEODORO JÚNIOR, Humberto. *O contrato e sua função social*. Rio de Janeiro: Forense, 2003.

Informação bibliográfica deste texto, conforme a NBR 6023:2002 da Associação Brasileira de Normas Técnicas (ABNT):

BRITO, Rodrigo Toscano de. Cumulação das arras com a cláusula penal compensatória e os princípios sociais dos contratos. In: EHRHARDT JÚNIOR, Marcos; CORTIANO JUNIOR, Eroulths (Coord.). *Transformações no Direito Privado nos 30 anos da Constituição*: estudos em homenagem a Luiz Edson Fachin. Belo Horizonte: Fórum, 2019. p. 451-469. ISBN 978-85-450-0562-9.

PARTE V

DIREITO DE DANOS E TITULARIDADES

A REPERSONALIZAÇÃO DO DIREITO CIVIL E SUAS REPERCUSSÕES NA RESPONSABILIDADE CIVIL

ALINE DE MIRANDA VALVERDE TERRA

GISELA SAMPAIO DA CRUZ GUEDES

1 Introdução

"A 'repersonalização' do Direito Civil recolhe, com destaque, a partir do texto constitucional, o princípio da dignidade humana".[1] A sintética afirmação de Luiz Edson Fachin é capaz de revelar a complexa mudança de paradigma pela qual passou o direito civil brasileiro no último século.

Edificado sobre bases liberais e individualistas, e sob direta inspiração do Código Napoleão de 1804, o Código Civil de 1916 refletia com perfeição os quadros econômicos e sociais da época. Contrato e propriedade se erigiam como sustentáculos do direito civil, "ambos entendidos como esferas sobre as quais se exerce a plena autonomia do indivíduo".[2] Considerava-se a propriedade a única fonte de produção de riquezas, atribuindo-se ao contrato o papel de meio para sua circulação. Com efeito, o contrato, concebido como "instrumento ideológico e operativo do capitalismo nascente", ou "mecanismo objetivamente essencial para o seu funcionamento",[3] assumia relevância como principal modo de aquisição da propriedade:[4] não criava riqueza, apenas a transferia.[5]

---

[1] FACHIN, Luiz Edson. *Estatuto jurídico do patrimônio mínimo*. Rio de Janeiro: Renovar, 2001. p. 190.
[2] GIORGIANNI, Michele. O direito privado e suas atuais fronteiras. *Revista dos Tribunais*, São Paulo, n. 747, p. 35-55, jan. 1988. p. 39.
[3] GOMES, Orlando. Balanço resumido do direito civil. In: GOMES, Orlando. *Novos temas de direito civil*. Rio de Janeiro: Forense, 1983. p. 34.
[4] Pietro Barcellona expõe o paradoxo desse sistema: "En otras épocas históricas, pude darse que sean los propietarios libres, nacidos de la revolución francesa o de la revolución industrial inglesa, los que den vida a la economía de mercado. Sin embargo, si pone aquí de manifiesto una paradoja que caracteriza y marca el momento constitutivo de la sociedad moderna. Decir autonomía de lo económico y circulación privada de riqueza significa que ningún otro título que no sea el consenso libremente expresado por los agentes del intercambio puede fundamentar la atribución privada de la riqueza; significa, por tanto, que la circulación de la mercancía es el fundamento, el título constitutivo de la atribución propietaria. Y sin embargo es impensable que empiece un

Tutelava-se o indivíduo, egoisticamente considerado, não como fim em si mesmo, mas como meio de proteger a atividade por ele desenvolvida. O sistema se construía em torno do "ter", e não do "ser". Instrumentalizava-se a tutela da pessoa à tutela do patrimônio, protegendo-se o indivíduo, tão somente, como sujeito de direito, sobretudo quando assumia o papel de contratante ou proprietário.[6] O direito civil se mostrava excludente, e deixava à sua margem um sem-número de indivíduos não proprietários e não contratantes, cuja existência se ignorava.

Após décadas de hegemonia jurídico-cultural, esse estado de coisas começou a ser alterado na Europa sobretudo após a eclosão da 1ª Guerra Mundial, quando se potencializaram os efeitos nefastos da igualdade formal. O direito já não cabia no positivismo jurídico. A aproximação quase absoluta entre direito e norma e sua rígida separação da ética não mais atendiam às necessidades sociais. Nesse contexto, o pós-positivismo surge como superação do conhecimento tradicional, iniciando sua trajetória com certa deferência ao direito positivo, mas reintroduzindo os ideais de justiça e igualdade.

Nessa esteira, promulga-se no Brasil a Constituição da República de 1988, que elege os valores fundamentais sobre os quais se constrói o pacto de convivência coletiva,[7] entre os quais se erige como valor supremo e absoluto da ordem jurídica democrática brasileira a dignidade da pessoa humana. A opção do Poder Constituinte faz emergir nova *summa divisio* do direito, que deixa de ser identificada entre direito público e direito privado,[8] e passa a se estabelecer entre situações jurídicas existenciais e patrimoniais. Essa paradigmática alteração conduziu ao que se convencionou designar "despatrimonialização" ou "repersonalização" do direito civil, a impor a atribuição de tutela prioritária às situações jurídicas existenciais, a cuja realização as situações patrimoniais são instrumentalizadas. O foco jurídico, finalmente, se desloca do patrimônio para a pessoa.[9]

---

proceso de circulación de las mercancías si antes no ha tenido lugar una atribución privada de la propiedad, es decir, si antes algunos sujetos históricamente determinados no se han convertido en propietarios libres de los medios para producir y no han organizado, a partir de esta propiedad libre, una producción para el intercambio. La paradoja está precisamente en el hecho de que el mercado al mismo tiempo funda la propiedad libre moderna, ya que el contrato de intercambio es el único título sobre cuya base cada cual puede apropiarse de una parte de la riqueza producida, y sin embargo presupone que exista ya una propiedad privada, precedente tanto histórica como lógicamente a la constitución del mercado" (BARCELLONA, Pietro. *El individualismo propietario*. Tradução de Jesús Ernesto García Rodríguez. Madrid: Trotta, 1996. p. 113).

[5] ROPPO, Enzo. *O contrato*. Tradução de Ana Coimbra e M. Januário C. Gomes. Coimbra: Almedina, 1988. p. 63-64.

[6] Sobre a noção ainda excludente de sujeito de direito, veja-se FACHIN, Luiz Edson. Constituição e relações provadas: questões de efetividade no tríplice vértice entre o texto e o contexto. *Revista do Instituto dos Advogados Brasileiros*, Rio de Janeiro, ano 35, n. 95, p. 5-24, 2007. p. 13 *et seq*. Confira-se, ainda, MIAILLE, Michel. *Introdução crítica ao direito*. Lisboa: Estampa, 1988. p. 119.

[7] Relevante a advertência de Luiz Edson Fachin: "Vê-se, portanto, nessa principiologia axiológica, uma ordenação material ou substancial, e a compreensão dos elementos de base que cimentam, a partir da realidade da vida, o sistema jurídico. Muito longe de um *direito natural*, que se propôs à vigência eterna e universal, tais componentes são produto histórico, modulados para não serem arquétipos, à luz da organização econômica e social. Concepção de vida e de mundo, captadas na sociologia, emerge da cultura em todos os instantes e em díspares lugares" (FACHIN, Luiz Edson. *Teoria crítica do direito civil à luz do Novo Código Civil brasileiro*. 2. ed. rev. e atual. Rio de Janeiro: Renovar, 2003. p. 38).

[8] GIORGIANNI, Michele. O direito privado e suas atuais fronteiras. *Revista dos Tribunais*, São Paulo, n. 747, p. 35-55, jan. 1988.

[9] FACHIN, Luiz Edson. Aspectos de alguns pressupostos histórico-filosóficos hermenêuticos para o contemporâneo direito civil brasileiro: elementos constitucionais para uma reflexão crítica. *Revista do Tribunal Superior do Trabalho*, Brasília, v. 77, n. 4, p. 186-203, out./dez. 2011. p. 197.

"A repersonalização impactou profundamente todas as áreas do direito civil", cravou Luiz Edson Fachin.[10] De fato. Na parte geral, por exemplo, recente alteração no regime das incapacidades, implementada com a edição do Estatuto da Pessoa com Deficiência (Lei nº 13.146/215), reconheceu que a regra é sua plena capacidade civil, e a incapacidade *relativa*, a exceção, reconhecida apenas quando, "por causa transitória ou permanente, não puderem exprimir sua vontade" (art. 4º, III, CC). Não há mais que se falar, portanto, em incapacidade absoluta das pessoas com deficiência – restrita, agora, aos menores de 16 anos –, diante da qual se adota sistema de substituição de vontade, que confere ao representante o poder de decidir no lugar do incapaz. Cuida-se, em definitivo, "de mudança fundamental voltada a garantir a considerável parcela da população brasileira a necessária autonomia para o controle sobre suas próprias decisões, interrompendo um perverso ciclo de desempoderamento",[11] em homenagem à tutela prioritária da dignidade da pessoa humana.

No direito dos contratos e no direito das coisas, a despatrimonialização promoveu profundas alterações no exercício das situações jurídicas subjetivas, revelando que "o Estado e a sociedade contemporânea apresentam um sensível horizonte diverso de exigência aos titulares de direitos subjetivos individuais".[12] No âmbito contratual, impôs-se às partes o atendimento da função social do contrato, exigindo-lhes perseguir, além da satisfação de seus interesses particulares, a promoção de interesses socialmente relevantes que se relacionem com o contrato.[13] Não obstante a consecução da função econômica, conferindo aos contratantes a utilidade que o ordenamento lhes atribui, o contrato deve promover interesses sociais merecedores de tutela que, de alguma forma, sejam afetados pela relação contratual, não os deixando sucumbir aos contrários interesses das partes. Em verdade, "não se trata, de modo algum, de expungir a autonomia privada, mas sim de superar o ciclo histórico do individualismo exacerbado, substituindo-o pela coexistencialidade".[14]

Na seara do direito das coisas, eloquente reflexo da mudança de paradigma do direito civil é a função social da propriedade, que "corresponde a limitações fixadas no interesse público e tem por finalidade instituir um conceito dinâmico de propriedade em substituição ao conceito estático, representando uma projeção da reação anti-individualista".[15] A função social se insere, com efeito, no perfil interno do domínio,

---

[10] FACHIN, Luiz Edson. Aspectos de alguns pressupostos histórico-filosóficos hermenêuticos para o contemporâneo direito civil brasileiro: elementos constitucionais para uma reflexão crítica. *Revista do Tribunal Superior do Trabalho*, Brasília, v. 77, n. 4, p. 186-203, out./dez. 2011. p. 200.

[11] TERRA, Aline de Miranda Valverde; TEIXEIRA, Ana Carolina Brochado. A capacidade civil da pessoa com deficiência no direito brasileiro: reflexões a partir do I Encuentro Internacional sobre los derechos de la persona con discapacidad en el Derecho Privado de España, Brasil, Italia y Portugal. *Revista Brasileira de Direito Civil – RBDCivil*, Belo Horizonte, v. 15, p. 223-233, jan./mar. 2018. Disponível em: <https://rbdcivil.ibdcivil.org.br/rbdc/article/view/212>. Acesso em: 15 maio 2018.

[12] FACHIN, Luiz Edson. O estatuto civil da clausura real. *Revista de Informação Legislativa*, ano 32, n. 128, p. 161-163, out./dez. 1995. p. 163.

[13] TEPEDINO, Gustavo. Notas sobre a função social do contrato. In: TEPEDINO, Gustavo. *Temas de direito civil*. Rio de Janeiro: Renovar, 2009. t. 3. p. 150.

[14] FACHIN, Luiz Edson. Relações jurídicas, contratos e responsabilidade civil: uma liberdade, duas funcionalizações, três problematizações. *Revista da Escola da Magistratura do TRF da 4ª Região*, n. 2, p. 103-115. p. 104. Disponível em: <https://www2.trf4.jus.br/trf4/controlador.php?acao=pagina_visualizar&id_pagina=1163>. Acesso em: 16 maio 2018.

[15] FACHIN, Luiz Edson. *A função social da posse e a propriedade contemporânea (uma perspectiva da usucapião imobiliária rural)*. Porto Alegre: Sérgio Antônio Fabris Editor, 1988. p. 19.

alterando qualitativamente o seu conteúdo, que passa a contemplar a tutela de centros de interesses extraproprietários. A propriedade se transforma, em definitivo, em instrumento para a realização do projeto constitucional.

No direito de família, o impacto foi profundo. Emblemático, ao propósito, foi o reconhecimento da socioafetividade como mais um critério para o estabelecimento do vínculo paterno-filial. Como esclarece Luiz Edson Fachin:

> esse aspecto social, com o reconhecimento do afeto como fundante das relações parentais, aliada a um elemento volitivo daí decorrente, torna inafastável a consagração da posse de estado de filho como instituto apto a permitir o acolhimento da filiação como fato socioafetivo. A segurança jurídica trazida pela posse de estado como forma de reconhecimento da situação de filiação se mostra pelos elementos constitutivos desse instituto: *"nominatio, tractatus e fama (ou reputatio)"*.[16]

Mesmo no direito das sucessões, área do direito civil considerada conservadora, pouco propensa a mudanças, a tutela prioritária da pessoa humana conduziu a importantes evoluções, a exemplo da declaração de inconstitucionalidade do art. 1.790 do Código Civil pelo Supremo Tribunal Federal, que disciplinava o regime sucessório do companheiro de forma bastante distinta daquele previsto para o cônjuge no art. 1.829 do Código Civil. Ao proferir seu voto no RE nº 878.694, o Ministro Luiz Edson Fachin asseverou: "os efeitos sucessórios de casamento e união estável devem ser iguais, porque iguais são as relações de conjugalidade na coexistência afetiva que persiste até o fim da vida de um dos cônjuges e companheiros".[17] E concluiu:

> Tal qual acutissimamente posto no voto do Ministro Roberto Barroso, a hermenêutica constitucional conduz a uma equiparação, em prestígio ao princípio da isonomia (art. 5º, I, e art. 226, §3º, da Constituição da República), dos regimes sucessórios dos cônjuges e companheiros, de modo a reconhecer-se, incidentalmente, no presente recurso extraordinário, a inconstitucionalidade do art. 1.790 do Código Civil de 2002.[18]

A responsabilidade civil, objeto específico deste estudo, não passou incólume pela repersonalização do direito civil e, a despeito de "tradicionalmente assentada na proteção do relevante direito de propriedade e de outros direitos subjetivos patrimoniais", voltou-se "para a tutela da dignidade da pessoa humana e para o sistema jurídico formado em torno do dever de ressarcir centrado na vítima".[19]

---

[16] FACHIN, Luiz Edson. *Comentários ao Novo Código Civil*: do direito de família, do direito pessoal, das relações de parentesco (arts. 1591 a 1638). Rio de Janeiro: Forense, 2005. v. 18. p. 108.

[17] STF. RE mº 878.694. Rel. Min. Roberto Barroso, Tribunal Pleno, j. 10.5.2017. p. 49.

[18] STF. RE mº 878.694. Rel. Min. Roberto Barroso, Tribunal Pleno, j. 10.5.2017. p. 51.

[19] FACHIN, Luiz Edson. Relações jurídicas, contratos e responsabilidade civil: uma liberdade, duas funcionalizações, três problematizações. *Revista da Escola da Magistratura do TRF da 4ª Região*, n. 2, p. 103-115. p. 105. Disponível em: <https://www2.trf4.jus.br/trf4/controlador.php?acao=pagina_visualizar&id_pagina=1163>. Acesso em: 16 maio 2018. Em outro trecho, afirma o autor acerca da repercussão da repersonalização na responsabilidade civil: "A pessoa humana foi, com justa causa, elevada ao patamar de epicentro dos epicentros. Como consequência, na responsabilidade civil, o dano à pessoa humana se objetiva em relação ao resultado, emergindo o direito de danos como governo jurídico de proteção à vítima" (FACHIN, Luiz Edson. Relações jurídicas, contratos e responsabilidade civil: uma liberdade, duas funcionalizações, três problematizações. *Revista da Escola da Magistratura do TRF da 4ª Região*, n. 2, p. 103-115. p. 108. Disponível em: <https://www2.trf4.jus.br/trf4/controlador.php?acao=pagina_visualizar&id_pagina=1163>. Acesso em: 16 maio 2018).

Assistiu-se, assim, ao que Orlando Gomes designou como giro conceitual do ato ilícito para o dano injusto,[20] a produzir específicas repercussões no estatuto da responsabilidade civil, "tomado pela sua nervura, e não apenas para fachada do verniz que expõe a vitrine da literatura jurídica de consumo imediato",[21] a saber: i) soterrou-se a tentativa de se lhe atribuir função punitiva; ii) ampliaram-se as situações lesivas em razão da identificação de novos interesses juridicamente tuteláveis; iii) jogaram-se luzes sobre a possibilidade de reparação *in natura* do dano extrapatrimonial; e iv) excepcionou-se o princípio da reparação integral em homenagem à tutela do patrimônio mínimo do ofensor no parágrafo único do art. 928. É o que se passa a demonstrar a seguir.

2 Crítica ao caráter punitivo do dano extrapatrimonial

Nas últimas décadas, tem-se identificado, sobretudo nos tribunais estaduais, tentativa de se atribuir à responsabilidade civil função punitiva, ao lado da reparatória/compensatória, o que tem sido feito, de regra, por meio da majoração do valor devido a título de danos morais,[22] seja afirmando-se expressamente a existência dessa pretensa função punitiva,[23] seja utilizando-se de parâmetros tipicamente punitivos para a quantificação da indenização, a exemplo da situação patrimonial do ofensor e da reprovabilidade de sua conduta.[24] Não obstante a prática judicial reiterada, o ordenamento jurídico pátrio, *de lege lata*, não admite a condenação do ofensor à verba punitiva, que, a rigor, vai de encontro à repersonalização do direito civil.

---

[20] GOMES, Orlando. Tendências modernas da reparação de danos. In: FRANCESCO, Jose Roberto Pacheco di (Org.). *Estudos em homenagem ao Professor Silvio Rodrigues*. Rio de Janeiro: Forense, 1980. p. 293.

[21] FACHIN, Luiz Edson. Relações jurídicas, contratos e responsabilidade civil: uma liberdade, duas funcionalizações, três problematizações. *Revista da Escola da Magistratura do TRF da 4ª Região*, n. 2, p. 103-115. p. 109. Disponível em: <https://www2.trf4.jus.br/trf4/controlador.php?acao=pagina_visualizar&id_pagina=1163>. Acesso em: 16 maio 2018.

[22] De inspiração inegável nos *punitive damages* da *common law*, transformou-se, no Brasil, o que, em sua origem, constitui verba autônoma (POLINSKY, A. Mitchell; SHAVELL, Steven. Punitive damages. *Encyclopedia of Law and Economics*, Cheltenham, v. II, p. 764-781, 2000. Disponível em: <https://reference.findlaw.com//lawandeconomics/3700-punitive-damages.pdf>. Acesso em: 11 maio 2017) e de aplicação restrita, em critério corriqueiro de majoração do dano moral. Acerca da incidência dos danos punitivos nos estados Unidos, confira-se: "Virtually, all the empirical and experimental research that addresses these issues has focused on the outcome of trail, especially jury verdict. Trails, however, are only the tip of the civil litigation iceberg. Fewer then 5 percent of civil cases filed result in trails [...], plaintiffs prevail in approximately half of the tort cases that go to trail [...], and punitive damages are awarded in only 2-5 percent of tort cases in which the plaintiff prevails [...]. Thus, for every 1.000 torts claims field, typically only 50 are resolved by trail, only 25 produce trail outcomes favorable to the plaintiff, and only 1,25 have a punitive damage award" (EATON, Thomas A.; MUSTARD David B.; TALARICO, Susette M. *The effects of seeking punitive damages on processing of tort claim*. Ago. 2004. p. 1. Disponível em: <http://citeseerx.ist.psu.edu/viewdoc/download?doi=10.1.1.203.2216&rep=rep1&type=pdf>. Acesso em: 11 maio 2018).

[23] "A especificidade do dano moral reclama que sua quantificação realize-se pela análise de aspectos extrínsecos conjugados, dos quais se destacam, por um lado, a necessidade do reconforto da vítima, já que impossível o retorno ao estado de coisas anterior, e, por outro, a conveniência de se punir o responsável pela infringência da norma e causação do dano, a fim de evitar-lhe a reiteração" (STF. ARE nº 825.150/MG. Rel. Min. Luiz Fux, 1ª T., j. 9.9.2014).

[24] "Quanto ao valor arbitrado a título de danos morais, a Corte de origem levou em consideração tanto a condição pessoal dos ofendidos - a vítima do estupro e seu companheiro - quanto a condição econômica do ofensor - à época, médico cirurgião plástico. No caso, a fixação do valor indenizatório operou-se com moderação, na medida em que não concorreu para a geração de enriquecimento indevido dos recorridos/ofendidos e, da mesma forma, manteve a proporcionalidade da gravidade da ofensa ao grau de culpa e ao porte sócio-econômico do causador do dano" (STJ. AgRg no REsp nº 1.457.651/RJ. Rel. Min. Luis Felipe Salomão, 4ª T., j. 4.12.2014).

Em sentido amplo, dano moral é a lesão à dignidade da pessoa humana, o dano provocado pela injusta violação à situação jurídica subjetiva extrapatrimonial,[25] expressão que, no Brasil, é empregada com frequência como sinônimo de dano extrapatrimonial, como ora se faz.[26] Diversamente da indenização por danos materiais, que visa à recomposição do patrimônio do lesado ao *status quo ante*, a indenização por danos morais encerra a função precípua de compensar a vítima, servindo de lenitivo para mitigar, de alguma forma, o dano sofrido. Os incs. V e X, do art. 5º, da Constituição da República, impõem a plena compensação do dano moral, em homenagem à tutela integral da pessoa humana. O art. 944, a seu turno, em patente comprovação da mudança de escopo da responsabilidade civil, determina que a indenização se meça pela extensão do dano, consagrando o princípio da equivalência entre dano e reparação.

Da interpretação conjunta dos dispositivos conclui-se que a compensação integral do dano moral requer a utilização de critérios de quantificação que convirjam para a dimensão da lesão e suas repercussões na pessoa da vítima, a afastar a adoção de parâmetros diversos. A única circunstância na qual se autoriza a consideração de critério distinto consta do parágrafo único do mesmo art. 944: "se houver excessiva desproporção entre a gravidade da culpa e o dano", o juiz poderá reduzir, equitativamente, a indenização. O dispositivo indica o grau de culpa como critério de quantificação válido exclusivamente para a *redução* da indenização, não já para a majoração do *quantum* compensatório.

Deve-se, ainda, recusar a utilização de eventual benefício econômico obtido pelo ofensor como critério de quantificação do dano moral.[27] Na hipótese de o lucro auferido pelo agente ser superior ao dano causado, não cabe à responsabilidade civil o papel de impedi-lo de conservar o montante em seu patrimônio, cuidando-se de função atribuída a outro instituto: o lucro da intervenção.[28]

Além, portanto, de o próprio conceito de dano moral e de seus critérios de quantificação serem inconciliáveis com o caráter punitivo que se lhe pretende conferir, não há, no ordenamento jurídico brasileiro, norma que autorize lhe atribuir semelhante função

---

[25] MORAES, Maria Celina Bodin de. *Danos à pessoa humana*: uma leitura civil-constitucional dos danos morais. Rio de Janeiro: Renovar, 2003. p. 132.

[26] Note-se que, a rigor, a expressão *dano moral* – e essa é uma observação muito importante – não deveria ser utilizada de forma genérica, como sinônimo de dano extrapatrimonial, como anota Judith Martins-Costa: "Em nossa opinião, o mais conveniente seria acabar de vez com o uso da expressão 'dano moral' em caráter genérico, como o faz a doutrina mais recente, para assentar o emprego da expressão 'danos extrapatrimoniais' como indicativa do gênero do qual seriam espécies os 'danos à personalidade' e os demais danos extrapatrimoniais antes assinalados, inclusive os danos morais em sentido próprio, isto é, os que atingem a honra e a reputação. Seria alcançada, assim, a reunião numa mesma etiqueta - dano extrapatrimonial - das duas definições mais correntes na doutrina: a que identifica a área não-patrimonial com os prejuízos de caráter moral; e a que constrói tal definição em termos residuais, reconduzindo à categoria a heterogeneidade dos danos, quais quer que sejam, não configuráveis em termos patrimoniais" (MARTINS-COSTA, Judith. Do inadimplemento das obrigações (arts. 389 a 420). In: TEIXEIRA, Sálvio de Figueiredo (Coord.). *Comentários ao Novo Código Civil*. Rio de Janeiro: Forense, 2004. v. 5. t. II. p. 349).

[27] O art. 210 da Lei de Propriedade Industrial (Lei nº 9.279/1996) permite a utilização do lucro auferido pelo agente ofensor como critério para o cálculo dos lucros cessantes, a excepcionar o art. 402 do Código Civil. Para crítica ao dispositivo, confira-se GUEDES, Gisela Sampaio da Cruz. *Lucros cessantes*: do bom senso ao postulado normativo da razoabilidade. São Paulo: Revista dos Tribunais, 2011. p. 223.

[28] Sobre o tema, seja consentido remeter a TERRA, Aline de Miranda Valverde; GUEDES, Gisela Sampaio da Cruz. Considerações acerca da exclusão do lucro ilícito do patrimônio do agente ofensor. *Revista da Faculdade de Direito da UERJ*, v. 28, p. 1-24, 2015. Disponível em: <http://www.e-publicacoes.uerj.br/index.php/rfduerj/article/view/20290>. Acesso em: 11 maio 2018.

e, tampouco, que permita a condenação do ofensor ao pagamento de verba autônoma a título de danos punitivos. A rigor, o legislador já teve duas oportunidades de adotar ambas as soluções, mas as rechaçou categoricamente.

Na redação original do Código de Defesa do Consumidor – seara na qual se verifica com maior frequência o emprego da indenização punitiva –, havia dispositivo que criava multa civil autônoma, cuja única função residia em penalizar o ofensor, na hipótese de restar comprovada a alta periculosidade do produto ou serviço causador do dano, ou a grave negligência, imprudência ou imperícia do fornecedor.[29] A norma, contudo, foi excluída por veto presidencial, sob o seguinte fundamento:

> O art. 12 e outras normas já dispõem de modo cabal sobre a indenização do dano sofrido pelo consumidor. Os dispositivos ora vetados criam a figura da multa civil, sempre de valor expressivo, sem que sejam definidas a sua destinação e validade.[30]

Posteriormente, por ocasião da elaboração do Código Civil de 2002, tentou-se atribuir ao dano moral, expressamente, função punitiva. Tratava-se do Projeto de Lei nº 6.960 de 12.6.2002, apresentado pelo Deputado Ricardo Fiúza, que previa a inclusão de um §2º no art. 944 do Código Civil, com o seguinte conteúdo: "A reparação do dano moral deve constituir-se em compensação ao lesado e adequado desestímulo ao lesante". O relatório que deu origem ao substitutivo ao referido projeto rejeitou a proposta, sob o argumento assim aduzido:

> Art. 944. A doutrina define o dano moral de várias formas. Todas as definições, entretanto, são coincidentes no que diz respeito a ser referente ao dano de bens não-patrimoniais ou não-econômicos do lesado. Em nenhum lugar a indenização por dano moral é relacionada à pena. É justamente esse caráter de pena que ora se pretende dar quando o PL diz: "adequado desestímulo ao lesante". Além do mais confere-se ao juiz um arbítrio perigoso porque não delimita a fronteira entre o dano efetivo e o adequado desestímulo ao cometimento de futuros atos ilícitos. Cria também um duplo critério de avaliação da indenização. O critério para cálculo do valor da indenização do dano, tanto para o material quanto para o moral, deve ser o da sua extensão. Pela rejeição.[31]

Do excerto se extrai inquestionável conclusão: a função punitiva do dano moral se equipara à pena privada. Após longo período de obscuridade das penas privadas, sobretudo na Modernidade, em que se empreendeu considerável esforço para expurgar do direito civil todas as restrições à livre iniciativa e à autonomia privada, assiste-se à sua redescoberta pelos aplicadores do direito, impulsionada pela insuficiência dos institutos tradicionais de tutela. E é, justamente, nesse cenário que a função punitiva

---

[29] Eis a redação do dispositivo proposto: "Art. 16. Se comprovada a alta periculosidade do produto ou serviço que provocou o dano, ou grave negligência, imprudência ou imperícia do fornecedor, será devida multa civil de até um milhão de vezes o Bônus do Tesouro Nacional – BNT, ou índice equivalente que venha substituí-lo, na ação proposta por qualquer dos legitimados à defesa do consumidor em juízo, a critério do juiz, de acordo com a gravidade e proporção do dano, bem como a situação econômica do responsável".

[30] BRASIL. *Mensagem nº 664, de 11 de setembro de 1990*. Disponível em: <http://www.planalto.gov.br/ccivil_03/leis/Mensagem_Veto/anterior_98/vep664-L8078-90.htm>. Acesso em: 11 maio 2018.

[31] COMISSÃO DE CONSTITUIÇÃO E JUSTIÇA E DE REDAÇÃO. *Projeto de Lei nº 6960, de 2002*. Disponível em: <http://www.camara.gov.br/sileg/integras/196514.pdf>. Acesso em: 11 maio 2018.

do dano moral é concebida: reaviva-se a ideia de pena privada, sem previsão legal, em flagrante violação ao princípio da legalidade, a fim de superar a aparente ineficácia do instrumento compensatório.

De fato, é inegável a dificuldade de quantificar o dano moral. A ausência de sistematização de parâmetros objetivos pela doutrina torna a tarefa ainda mais tormentosa, e dá azo à fixação de indenizações arbitrárias, baseadas exclusivamente no sentimento de justiça do magistrado, não já do ordenamento jurídico. O autor da ação, vítima do dano moral, parece, assim, participar de uma espécie de "roleta judicial", em que o reconhecimento do seu direito à indenização bem como o montante compensatório dependerão, sobretudo, das pré-compreensões do juiz.[32]

Note-se, contudo, que mais grave do que criar pena privada sem autorização em lei, é inserir uma pena privada dentro do dano moral. Encobrem-se, sob o manto do dano moral, funções diametralmente opostas: pune-se e compensa-se sob a mesma rubrica. E mais: a majoração da indenização a título punitivo sequer é acompanhada da identificação dos critérios e dos parâmetros para tanto utilizados pelo magistrado.[33] Mantêm-se, assim, réu e autor na mais profunda ignorância, não lhes sendo revelado o valor da pena e o valor da compensação, a impedir qualquer discussão acerca da legalidade e, muito menos, da extensão da punição, a obstar, em definitivo, o exercício do direito de ampla defesa do ofensor e do contraditório em sede recursal.

Por fim, além de ilegal e arbitrária, a quantificação do dano moral com base em sua pretensa função punitiva vai de encontro à vedação ao enriquecimento sem causa. Contraditoriamente, as próprias decisões judiciais mencionam, de maneira reiterada, a proibição do enriquecimento sem causa como importante limite à fixação do *quantum* compensatório, sem atentar para o fato de que a atribuição de função punitiva ao dano moral promove, *tout court*, o locupletamento do lesado.[34] Ora, conferir à compensação um *plus*, que não guarda qualquer relação com o dano e tampouco com as suas consequências, e que não se fundamenta em qualquer título jurídico que o justifique, promove, inquestionavelmente, o ilegítimo incremento patrimonial da vítima.[35]

---

[32] Sobre pré-compreensão judicial, remete-se o leitor a TERRA, Aline de Miranda Valverde. A discricionariedade judicial na metodologia civil-constitucional. *Revista da Faculdade de Direito – UFPR*, Curitiba, v. 60, n. 3, p. 367-382, set./dez. 2015. Disponível em: <https://revistas.ufpr.br/direito/article/view/41141/26954>. Acesso em: 22 maio 2018.

[33] Contemporaneamente, o próprio conceito de segurança jurídica há de ser reconstruído, por meio da definição paulatina, pela doutrina, "de padrões de conduta socialmente admissíveis, e não regras estanques de comportamento para fatos previamente estabelecidos pelo legislador" (TEPEDINO, Gustavo. Velhos e novos mitos na teoria da interpretação. *Revista Trimestral de Direito Civil*, Rio de Janeiro, v. 28, out./dez. 2006. Editorial. p. iv-v). Indispensável, de todo modo, a fundamentação racional das decisões, com a revelação do caminho perseguido pelo julgador, sempre pautado pela legalidade constitucional: "Hoje, ainda com maior ênfase, a ética da confiança no direito positivado a equilibrar-se com a estabilidade de entendimentos jurisdicionais, os quais, por si só, se imutáveis indefinidamente ou mutáveis imotivada ou constantemente também geram insegurança. Tal temperamento passa pelo rigor da fundamentação racional das decisões, e alcança o sentido da segurança não apenas como garantia de legítimas expectativas, mas também como incidência material da legalidade constitucional" (FACHIN, Luiz Edson. Segurança jurídica entre ouriços e raposas. In: RUZYK, Carlos Eduardo Pianovski *et al.* (Org.). *Direito civil constitucional*: a ressignificação da função dos institutos fundamentais do direito civil contemporâneo e suas consequências. Florianópolis: Conceito, 2014. p. 17).

[34] "Em que pese o grau de subjetivismo que envolve o tema da fixação da reparação, vez que não existem critérios determinados a fixos para a quantificação do dano moral, reiteradamente tem-se pronunciado esta Corte no sentido de que a reparação do dano não pode vir a constituir-se em enriquecimento indevido. Mas, de outro lado, também, há de ser fixada em montante que desestimule o ofensor a repetir o cometimento do ilícito" (STJ. REsp nº 445.858/SP. Rel. Min. Castro Filho, 3ª T., j. 29.11.2005).

[35] "Tentando cumprir funções de natureza antagônica, o resultado não poderia deixar de ser paradoxal: deve-se punir o ofensor, mas não a ponto de enriquecer a vítima. No entanto, é dedução lógica obrigatória que, sob

3 As novas fronteiras do dano indenizável

Mais liberdade e menos responsabilidade para si, mais responsabilidade e menos liberdade para o Outro: eis o desenho contemporâneo de um sujeito atomizado que quer, *tout court*, o sonho impossível: todo dano merece integral responsabilização, até mesmo a perda ou o abandono, inclusive os sonhos não realizados, uma vez que podem configurar responsabilidade pela perda de uma chance. Como viemos a esse ponto?[36]

Com essa reflexão crítica, Luiz Edson Fachin retrata com precisão o estágio atual da responsabilidade civil: com o giro conceitual experimentado e sua crescente publicização, inúmeras categorias de dano surgiram – e, com estas, outras tantas pseudocategorias – na tentativa de socorrer a vítima da melhor maneira possível (e, muitas vezes, também a qualquer custo).

Atualmente, a comunidade científica vem discutindo um sem-número de danos: dano corporal, dano estético, dano à vida de relação, dano sexual, dano à capacidade laborativa, dano psíquico, dano existencial, dano de afirmação pessoal, dano à privacidade, dano por rompimento de noivado, dano de férias arruinadas, dano à imagem, dano por perda de uma chance, dano por perda de tempo, dano biológico, dano de privação de uso, dano institucional, dano por nascimento indesejado, dano à identidade pessoal, dano hedonístico, dano de *mobbing*, dano de *mass media*, dano de brincadeiras cruéis, dano moral afetivo etc. Trata-se da chamada "guerra de etiquetas", lembrada por Ruy Rosado de Aguiar Júnior.[37] São tantos os chamados "novos danos" e tão rápida é a sua proliferação que qualquer tentativa de os elencar se tornaria rapidamente obsoleta.

Como há tempos já se observou, "[a] jurisprudência tem sido criativa em diversos setores do Direito, mas em matéria de responsabilidade civil ela é mais notável".[38] Toda essa pulverização dos danos indenizáveis, que, sob diferentes designações e desígnios, surgem a cada instante, aqui e alhures, e vão se empertigando quase sempre em (frustradas) tentativas de "autonomização" de novas categorias, traz consigo, como anota João António Álvaro Dias, "[a] necessidade evidente de rever categorias jurídicas tradicionais, fundadas e sedimentadas sobre a existência de processos naturais imodificáveis".[39]

É, de fato, evidente a necessidade de serem revistas as categorias tradicionais de dano em que se funda a responsabilidade civil. E essa necessidade não decorre apenas da expansão quantitativa dos danos ressarcíveis – favorecida pela erosão dos filtros da responsabilidade civil que fez com que o Judiciário se afogasse em meio a tantas

---

o ponto de vista econômico, a vítima sairá, nesses casos, 'enriquecida', na medida em que estará recebendo necessariamente mais do que a compensação do dano demandaria" (MORAES, Maria Celina Bodin de. *Danos à pessoa humana*: uma leitura civil-constitucional dos danos morais. Rio de Janeiro: Renovar, 2003. p. 33).

[36] FACHIN, Luiz Edson. Relações jurídicas, contratos e responsabilidade civil: uma liberdade, duas funcionalizações, três problematizações. *Revista da Escola da Magistratura do TRF da 4ª Região*, n. 2, p. 103-115. p. 108. Disponível em: <https://www2.trf4.jus.br/trf4/controlador.php?acao=pagina_visualizar&id_pagina=1163>. Acesso em: 16 maio 2018.

[37] STJ. REsp nº 226.190/RJ. Rel. Min. Ruy Rosado de Aguiar Jr., 4ª T. *DJ*, 1º fev. 2000.

[38] SILVA, Clóvis V. do Couto e. O conceito de dano no direito brasileiro e comparado. *Revista dos Tribunais*, São Paulo, v. 667, p. 7-16, maio 1991. p. 8.

[39] DIAS, João António Álvaro. *Dano corporal*: quadro epistemológico e aspectos ressarcitórios. Coimbra: Almedina, 2001. p. 97.

pretensões indenizatórias –, mas também e, sobretudo, de uma expansão qualitativa, observada não apenas no Brasil, mas em diversos outros ordenamentos jurídicos.

Na França, por exemplo, causou grande alarde na comunidade jurídica o chamado *affaire Perrouche*, no qual a *Cour de Cassation* reconheceu o direito do filho da Sra. Perrouche, portador de grave deficiência em razão de rubéola contraída (e não detectada) durante a gravidez, de ser indenizado pelos danos decorrentes de seu próprio nascimento.[40] Nesse caso, a gestante havia expressamente declarado seu desejo de interromper a gestação se o diagnóstico de rubéola fosse realmente confirmado. O mero receio de que, no entendimento da referida corte, o nascimento de criança excepcional pudesse ser considerado dano ressarcível gerou infindáveis polêmicas, que culminaram com a adoção de medida legislativa específica no ordenamento francês.[41] De lá para cá, os casos de perda da chance se multiplicaram na França bem como no Brasil.[42]

Na Itália, ginecologista de Veneza foi obrigado a pagar pensão para sustentar o filho de certa paciente que teve gravidez indesejada após passar por operação malsucedida de esterilização. O total da indenização, em forma de pensão, ultrapassou o valor de cem mil euros. A paciente, identificada apenas como A.S., de quarenta e cinco anos, era dona de casa e já tinha dois filhos quando ficou grávida pela terceira vez, não obstante ter passado por procedimento em suas trompas de Falópio para evitar a gravidez. Nessa operação, o ginecologista optou por utilizar técnica diferente – com a injeção de um tipo de "cola" cirúrgica – que seria, em tese, menos invasiva que o método tradicional, mas que não alcançou os objetivos almejados.[43]

---

[40] No entendimento da *Cour de Cassation*: "Dès lors que les fautes commises par un médecin et un laboratoire dans l'exécution des contrats formés avec une femme enceinte avaient empêche celle-ci d'exercer son choix d'interrompre sa grossesse afin d'éviter la naissance d'un enfant atteint d'un handicap, ce dernier peut demander la réparation du préjudice résultant de ce handicap et causé par les fautes retenues" (Cass. Ass. Plén., 17 nov. 200, Bull. Civ. Ass. Plén., n.º 9). Em tradução livre: "Considerando que os erros cometidos por um médico e por um laboratório no momento da execução de um contrato celebrado com uma mulher grávida impediram-na de decidir pela interrupção de sua gravidez no intuito de evitar o nascimento de uma criança deficiente, poderá esta última pleitear a reparação do prejuízo causado pela deficiência em função daqueles erros cometidos".

[41] Trata-se da Lei nº 2002-303, de 4.3.2002, que determinou, no art. 1º: "Nul ne peut se prévaloir d'un préjudice du seul fait de sa naissance. La personne née avec un handicap dû à une faute médicale peut obtenir la réparation de son préjudice lorsque l'acte fautif a provoqué directement le handicap ou l'a aggravé, ou n'a pas permis de prendre les mesures susceptibles de l'atténuer. Lorsque la responsabilité d'un professionnel ou d'un établissement de santé est engagée vis-à-vis des parents d'un enfant né avec un handicap non décelé pendant la grossesse à la suite d'une faute caractérisée, les parents peuvent demander une indemnité au titre de leur seul préjudice. Ce préjudice ne saurait inclure les charges particulières découlant, tout au long de la vie de l'enfant, de ce handicap. La compensation de ce dernier relève de la solidarité nationale". Em tradução livre: "A ninguém é lícito aproveitar-se de um prejuízo causado apenas pelo seu nascimento. Aquele que nasce com uma deficiência gerada por erro médico poderá obter a reparação do prejuízo apenas quando o ato danoso provocou diretamente a deficiência, agravou-a ou ainda quando não permitiu que as medidas cabíveis para a atenuar fossem tomadas. Quando se configura a responsabilidade de um profissional da saúde ou de um estabelecimento médico diante dos pais de uma criança nascida com uma deficiência não verificada durante a gravidez em função de uma culpa caracterizada, os pais poderão demandar uma indenização apenas a título de seu prejuízo pessoal. Tal prejuízo não deverá incluir as despesas específicas decorrentes da deficiência da criança ao longo de toda a vida desta. A compensação deste último prejuízo diz respeito à solidariedade nacional".

[42] STJ. AgInt no AREsp nº 1.213.438/SP. Rel. Min. Ricardo Villas Bôas Cueva, 3ª T., j. 24.4.2018.

[43] GRAVIDEZ indesejada faz médico pagar pensão a paciente. *BBC Brasil*, 26 set. 2002. Disponível em: <http://www.bbc.co.uk/portuguese/ciencia/020926_gravidezdtl1.shtml>. Acesso em: 25 maio 2018. No Brasil, o jornal *O Globo* noticiou, em reportagem datada de 21.11.2006, o caso de ação indenizatória intentada por casal contra a Johnson & Johnson, atribuindo gravidez não planejada a um furo no preservativo fabricado pela empresa. Os pais do menino, que na época da reportagem já tinha sete anos, pleiteiam o valor de trinta e cinco mil reais a título de pensão para garantir o sustento do filho até que este complete vinte e um anos. Para provar o suposto defeito de fabricação do produto, o casal guardou o preservativo usado em um frasco por três anos, quando,

Em Portugal, a demonstrar que referida explosão de danos não atingiu apenas a esfera extrapatrimonial, o Supremo Tribunal de Justiça, no julgamento do Proc. nº 13.804, realizado em 9.7.2015, ao analisar caso de colisão de veículos, entendeu que "do património faz também parte 'o direito de utilização das coisas próprias', constituindo a privação do uso do veículo um dano patrimonial, como tal indemnizável".[44] No caso, concluiu-se que tal privação apenas não seria objeto de indenização se houvesse "lugar à reconstituição natural, mediante, por exemplo, a colocação à disposição do lesado de um veículo de substituição durante o período de tempo necessário, ou provando-se que a perda da possibilidade de utilizar a viatura sinistrada é imputável ao próprio lesado". O dano de privação de uso também está na pauta da doutrina e jurisprudência brasileiras, e tem provocado intensos debates.[45]

No Brasil, na esfera dos danos patrimoniais, têm causado certo alvoroço as decisões que partem de verdadeiras presunções de danos, sem que nada no caso concreto indique, efetivamente, que o "lesado" sofreu algum tipo de prejuízo. No julgamento do Recurso Especial nº 535.979/ES, a 3ª Turma do Superior Tribunal de Justiça entendeu, por unanimidade:

> [a] empresa rodoviária tem direito aos lucros cessantes, quando um de seus veículos for sinistrado por culpa de outrem, ainda que possua frota de reserva. Segundo o artigo 1.059 do anterior Código Civil, não se exige que os lucros cessantes sejam certos, bastando que, nas circunstâncias de cada caso concreto, sejam razoáveis ou potenciais.[46]

Também causou polêmica no Brasil o caso do pai que foi condenado pelo Tribunal de Justiça de Minas Gerais a indenizar seu filho em duzentos salários mínimos por "ausência de amor e carinho".[47] O rapaz alegou que até os seis anos de idade levara uma vida normal, quando seu pai, já no segundo casamento, teve outro filho. Foi, então, que o menino passou a ser rejeitado pelo genitor, que passou a ignorá-lo mesmo em datas importantes como aniversários e formatura no colégio. O pai, que já pagava ao filho pensão alimentícia equivalente a vinte por cento dos seus rendimentos, recorreu da decisão. O caso, que correu em segredo de justiça, trouxe à tona questões que causam certo embaraço: existe um "dever de amar" os filhos que, uma vez descumprido, gera dever de indenização? Por outro lado, se o abandono gerou efetivamente danos psíquicos ao menor, qual razão eximiria o pai de repará-lo?[48]

---

em 2001, resolveu ajuizar a ação, cujo pedido, acolhido em 1ª instância, foi negado pelo TJMG que reformou a decisão. Casos como esse já não são raros no Brasil (BRÍGIDO, Carolina. STF julgará pedido de indenização por furo em preservativo. *O Globo*, 21 nov. 2006. Disponível em: <http://oglobo.com/pais/mat/2006/11/21/286746500.asp>. Acesso em: 25 maio 2018).

[44] PORTUGAL. STJ. Processo nº 13.804. Rel. Fernanda Isabel Pereira, j. 9.7.2015.

[45] Sobre o tema, v. das autoras: TERRA, Aline de Miranda Valverde. Privação do uso: dano ou enriquecimento por intervenção? *Revista Eletrônica Direito e Política – Programa de Pós-Graduação Stricto Sensu em Ciência Jurídica da Univali*, Itajaí, v. 9, n. 3, p. 1620-1644, set./dez. 2014. Disponível em: <https://siaiap32.univali.br/seer/index.php/rdp/article/view/6753>. Acesso em: 11 maio 2018; GUEDES, Gisela Sampaio da Cruz. *Lucros cessantes*: do bom senso ao postulado normativo da razoabilidade. São Paulo: Revista dos Tribunais, 2011. p. 149-160, em particular.

[46] STJ. REsp nº 535.979/ES. Rel. Min. Castro Filho, 3ª T., j. 18.12.2003.

[47] TJMG. AC nº 408.550-5. Rel. Des. Unias Silva, 7ª CC, j. 29.4.2004.

[48] Evidentemente, o abandono moral não se refere à violação de um suposto dever de amar, mas antes ao descumprimento do dever de assistência moral. Sobre o tema, cf. STJ. REsp nº 1.159.242/SP. Rel. Min. Nancy Andrighi, 3ª T., j. 24.4.2012.

Outro assunto em voga no Brasil diz respeito à possibilidade, ou não, de a perda de tempo ser considerada categoria autônoma de dano. Há quem defenda que o tempo deve ser tutelado *tout court* pelo ordenamento, de modo que quem desperdiça tempo alheio deve compensar a vítima por meio de categoria indenizatória autônoma, que não se confunde com os danos patrimoniais e morais (em sentido estrito).[49] Nesse cenário, a perda do tempo, por si só, geraria o dever de indenizar, mesmo que não fossem atingidos outros bens ou interesses jurídicos, devendo ser, portanto, qualificada, segundo seus defensores, como nova categoria ou subcategoria de danos extrapatrimoniais, que não se confundiria com os danos morais em sentido estrito.[50]

Embora seja inegável – especialmente quando se trata de relações de consumo – que muitas vezes os abusos cometidos pelos fornecedores fazem com que o consumidor perca tempo em vão para solucionar problemas atinentes ao vício do produto ou do serviço, não é sempre que essa nova situação lesiva gera efetivamente um dano ressarcível. Afinal, perder tempo, infelizmente, faz parte da vida cotidiana e essa constatação não é nova. E mais: considerando o conceito amplo de dano moral, qual seria a utilidade de se admitir a perda de tempo como uma categoria autônoma de dano? A liberdade é um valor a ser considerado e, sem dúvida, compõe um dos aspectos da dignidade da pessoa humana, mas o tempo, por si só, não o é.[51]

Enfim, sem entrar no mérito de cada uma dessas discussões, que demandam análise mais detida, o fato é que não se pode deixar de expressar certa perplexidade diante dessa verdadeira explosão de danos indenizáveis. Como já afirmou Luiz Edson Fachin, "o dano expõe uma falta, e o estatuto da responsabilidade intenta colmatá-la. Tal objetivo legítimo tem como desafio discutir os limites e as possibilidades do suprimento dessa lacuna derivada da tragédia humana".[52] Essa lacuna, porém, não é fácil de ser preenchida. Muito ao contrário: como explica o próprio Fachin:

> as vítimas, a rigor, em uma sociedade excludente e desigual, são todos os asselvajados por acidentes, pelos riscos e pelas carências expostas, aqueles mesmos desumanizados como sobrantes, os assim denominados expendables, muito vistos na Europa que deporta e na América que não abriga.[53]

---

[49] GUGLINSKI, Vitor Vilela. O dano temporal e sua reparabilidade: aspectos doutrinários e visão dos Tribunais. *Revista de Direito do Consumidor*, São Paulo, ano 24, v. 99, p. 125-156, maio/jun. 2015; GUGLINSKI, Vitor Vilela. Da responsabilidade civil do Estado pela perda do tempo útil/livre do administrado. *Boletim de Administração Pública e Gestão Municipal*, Curitiba, v. 6, n. 54, p. 405-408, mar. 2016.

[50] Sobre o tema, cf. BASTOS, Daniel Deggau. *A perda do tempo como categoria indenizatória autônoma*: terminologia jurídica e coerência sistemática. Dissertação (Mestrado) – Programa de Pós-Graduação em Direito, Universidade Federal de Santa Catarina, Florianópolis, 2017.

[51] Ao propósito, já se afirmou: "Trata-se, portanto, de novo suporte fático de dano, vale dizer, de nova situação lesiva de interesse merecedor de tutela: ao violar seu dever contratual e impor ao consumidor dedicação de tempo extra à solução do problema, o fornecedor causa lesão à sua liberdade" (TERRA, Aline de Miranda Valverde. Danos autônomos ou novos suportes fáticos de danos? Considerações acerca da privação do uso e da perda do tempo nas relações de consumo. In: KNOERR, Viviane Coêlho de Séllos; FERREIRA, Keila Pacheco; STELZER, Joana (Org.). *Direito, globalização e responsabilidade nas relações de consumo*. Florianópolis: Conpedi, 2015. p. 216. Disponível em: <https://www.conpedi.org.br/publicacoes/c178h0tg/i9jl1a02/35mAX814coubd1nt.pdf>. Acesso em: 27 maio 2018).

[52] FACHIN, Luiz Edson. Relações jurídicas, contratos e responsabilidade civil: uma liberdade, duas funcionalizações, três problematizações. *Revista da Escola da Magistratura do TRF da 4ª Região*, n. 2, p. 103-115. p. 110. Disponível em: <https://www2.trf4.jus.br/trf4/controlador.php?acao=pagina_visualizar&id_pagina=1163>. Acesso em: 16 maio 2018.

[53] FACHIN, Luiz Edson. Relações jurídicas, contratos e responsabilidade civil: uma liberdade, duas funcionalizações, três problematizações. *Revista da Escola da Magistratura do TRF da 4ª Região*, n. 2, p. 103-115. p. 110. Disponível em: <https://www2.trf4.jus.br/trf4/controlador.php?acao=pagina_visualizar&id_pagina=1163>. Acesso em: 16 maio 2018.

Diante dessa constatação, torna-se imperioso dar um passo atrás para que se volte a discutir o próprio papel da responsabilidade civil, a função a que está vocacionada e os interesses realmente dignos de tutela no ordenamento jurídico brasileiro. A passagem do ato ilícito para o dano injusto ampliou consideravelmente as situações lesivas em razão da identificação de novos interesses juridicamente tuteláveis, mas a responsabilidade civil não se presta a reparar interesses fúteis, tampouco pode servir, como observado no item anterior, a duas funções diametralmente opostas – compensar e punir –, ou mesmo como instrumento de distribuição de riquezas. Não é essa, em definitivo, a *função* da responsabilidade civil.

Assim, todas essas novas etiquetas de dano precisam ser analisadas e revistas, para que não se acabe distorcendo a própria função da responsabilidade civil, com o intuito de alargar a reparação da vítima. No direito brasileiro, o dano tem, a princípio, apenas duas facetas – patrimonial ou extrapatrimonial (dano moral e institucional) –, devendo enquadrar-se aí todas essas novas situações lesivas, que não chegam a formar, repita-se à exaustão, categorias autônomas de dano. Subdividir o dano extrapatrimonial em um sem número de categorias só parece fazer algum sentido nos ordenamentos em que o conceito de dano moral é absolutamente restritivo, como em Portugal e na Itália. No Brasil, essas novas situações lesivas servem apenas para demonstrar a multiplicidade de aspectos que a realidade humana apresenta; podem até vir a ser úteis para a quantificação do dano extrapatrimonial, mas não para a sua configuração, que continua a depender da lesão a um dos aspectos da dignidade humana.

4 A despatrimonialização da reparação do dano moral

Como já se apontou – e esta é, aliás, afirmação corrente –, o dano moral não se sujeita a "ressarcimentos", mas antes se "compensa", como o dano extrapatrimonial de maneira geral. A dificuldade reside no fato de essa compensação ser feita, na maioria dos casos, por meio da deflagração do dever de indenizar – de cunho estritamente patrimonial –, como se esta fosse a única resposta possível do ordenamento jurídico para as inúmeras lesões à dignidade humana, vale dizer, aos interesses existenciais.

Para além da questão da quantificação do dano extrapatrimonial que, por si só, já encerra grande desafio, o remédio tradicional das "perdas e danos" pode gerar outro problema, porque tende a estimular sentimentos mercenários por parte da vítima, sobretudo quando protegida pelo Código de Defesa do Consumidor, no âmbito do qual a obtenção de indenização é consideravelmente facilitada. Por outro lado, referido mecanismo compensatório, não raro, induz o fornecedor à conclusão (equivocada) de que a lesão a interesses existenciais é, por assim dizer, autorizada, mediante o pagamento de um preço (*a priori*, indeterminado), que acaba por ser "embutido" nos custos da produção. Em patente inversão de princípio, traduz para o fornecedor a ideia (enganosa) de que é possível lesionar, desde que se indenize *a posteriori*.

Some-se a isso o fato de que os sistemas indenizatórios, exatamente porque não foram pensados para a tutela de interesses extrapatrimoniais, não se adéquam à reparação de lesões contra eles perpetradas: a chamada "fórmula da equivalência", própria do dano patrimonial, por exemplo, dá ensejo a uma série de conhecidas controvérsias quando se trata de reparar o dano extrapatrimonial, a revelar a insuficiência deste meio de reparação.⁵⁴ Torna-se, com efeito, necessário o desenvolvimento de meios não pecuniários de reparação que, embora não substituam por completo a compensação em dinheiro em todos os casos, somam-se a ela para efetivamente compensar o dano extrapatrimonial, recompondo, na medida do possível, os interesses existenciais lesionados.⁵⁵ Assiste-se, assim, ainda que de forma acanhada, e na esteira do que se passa em outros ordenamentos jurídicos, à despatrimonialização – já não mais do dano, mas, da compensação.⁵⁶

No Brasil, a reparação *in natura* se mostra particularmente eficaz tendo em vista os valores relativamente baixos das indenizações arbitradas para os danos extrapatrimoniais, sobretudo nos casos mais graves, o que faz com que a vítima não se sinta devidamente reparada. Com a reparação *in natura*, o pagamento da indenização pode eventualmente ser substituído ou cumulado com medidas de retratação ou da publicação da sentença de procedência do pedido de indenização por dano moral,⁵⁷ tornando mais efetiva a compensação⁵⁸ e desestimulando a difusão das ações meramente mercenárias.

---

⁵⁴ A teoria da diferença, de fato, vem sendo alvo de severas críticas: "A teoria da diferença tem, porém, uma aplicação limitada, na medida em que o cálculo patrimonial que estabelece não é possível a não ser estando em causa danos patrimoniais presentes. Não são assim abrangidos nessa forma de cálculo nem os danos não patrimoniais nem os danos futuros. Mas, para além disso, a teoria da diferença não se aplica sempre que o tribunal possa fixar a indemnização em montante inferior aos danos causados (cfr. art. 494.º e 570.º), caso em que a fixação final da indemnização dependerá de outros factores que não a simples avaliação patrimonial do lesado. Um outro caso em que a teoria da diferença falha diz respeito à situação dos danos de natureza continuada. Assim, por exemplo, se alguém, em conseqüência de uma lesão, vê reduzida a sua capacidade para prestar trabalho ou para auferir outro tipo de rendimentos, é manifesto que o dano não fica eliminado com a atribuição de um valor para cobrir a diferença entre a sua actual situação patrimonial real e a sua situação patrimonial hipotética nesse momento. Efectivamente, passado algum tempo voltará a haver diferença entre essas duas situações patrimoniais. A solução apenas pode passar, assim, pela atribuição de uma indemnização em renda vitalícia ou temporária, cabendo ao tribunal determinar as providências necessárias para garantir o seu pagamento, conforme prevê o art. 567.º. Só dessa forma a fixação da indemnização permitirá colmatar a perda continuada de rendimentos pelo lesado. Nesse caso, admite-se ainda que a fixação da indemnização seja modificada, caso sofram alteração sensível as condições em que se baseou (art. 567.º, n.º 2). Efectivamente, é sabido que a percepção dos rendimentos pode ser afectada pela conjuntura econômica, pelo que também a indemnização, quando fixada sob a forma de renda deve poder evoluir em função dessa conjuntura" (LEITÃO, Luís Manuel Teles de Menezes. *Direito das obrigações*. 4. ed. Coimbra: Almedina, 2005. v. 1. p. 379-380).

⁵⁵ A reparação *in natura* nada mais é do que a tentativa de se recolocar o lesado no mesmo estado em que estaria se o evento danoso não tivesse ocorrido, restituindo-lhe, por exemplo, um bem semelhante ao subtraído, destruído ou danificado para recomposição do seu patrimônio. Costuma-se afirmar, de maneira geral, que o dano extrapatrimonial, por sua própria natureza, não se coaduna com indenização por não ter conteúdo econômico ou patrimonial, então aos poucos a doutrina vem reconhecendo o valor da reparação *in natura*, em algumas situações em que esta não só é viável, mas também absolutamente imprescindível para recompor os interesses existenciais lesionados.

⁵⁶ Em Portugal, cf. COSTA, Mário Júlio de Almeida. *Direito das obrigações*. 12. ed. Coimbra: Almedina, 2009. p. 599 e seguintes.

⁵⁷ O que não necessariamente precisa ocorrer no *Diário de Justiça*; a depender do caso, a reparação será mais efetiva se a sentença for publicada em informativo local, que circule mais pelo público diante do qual o lesado ficou exposto.

⁵⁸ Na legislação brasileira, a Lei de Imprensa (Lei nº 5.250/67) prevê algumas formas de reparação que têm sido consideradas modalidades de reparação *in natura*, como a retratação do ofensor, o desmentido, a retificação da notícia injuriosa, a divulgação da resposta e, até mesmo, a publicação da sentença condenatória. Vale observar que, em 30.4.2009, o Supremo Tribunal Federal brasileiro, por maioria, julgou procedente a Arguição de Descumprimento de Preceito Fundamental – ADPF nº 130/DF, ajuizada pelo Partido Democrático Trabalhista – PDT em face da Lei de Imprensa, declarando que a referida lei não havia sido recepcionada pela ordem constitucional de 1988, por ferir os princípios da Constituição Federal. Apesar disso, tais formas de reparação *in natura*, ali previstas, continuam sendo aplicadas na prática. A doutrina indica também como exemplo a retirada do mercado do livro supostamente ofensivo à honra de uma pessoa pública (para outros exemplos, cf. ASSIS, Araken de. Liquidação do dano. *Revista dos Tribunais*, São Paulo, v. 759, p. 11-23, jan. 1999. p. 14-23). Na opinião do Min. Paulo de Tarso Vieira Sanseverino, tais "[...] medidas previstas na nossa legislação ou indicadas pela doutrina não constituem propriamente casos de reparação natural, pois não se consegue apagar

Tão sedutora é a reparação *in natura*, que se chega a afirmar o caráter subsidiário da "reparação" (compensação) pecuniária, que só seria chamada a atuar quando a reparação *in natura* se revelasse insuficiente para tutelar a vítima. O que se tem observado, contudo, é justamente o contrário: a reparação pecuniária tem sido a regra, e a *in natura*, a exceção, tendo em vista, sobretudo, os acanhados mecanismos dessa modalidade de reparação, que não oferecem tutela satisfatória à compensação de diversos danos extrapatrimoniais.[59]

Nos poucos casos em que a reparação *in natura* é posta em prática, as decisões, de regra, se limitam a condenar o agente ofensor a alguma medida de retratação, quando viável, ou a providenciar a publicação da sentença, o que pode mesmo criar um efeito reverso (ou perverso) para a vítima. Pense-se, por exemplo, na situação da pessoa cuja vida privada tenha sido exposta em matéria jornalística falsa. A depender das circunstâncias do caso concreto, a publicação da sentença de procedência do pedido de indenização por dano moral pode submeter a vítima à nova exposição na mídia, trazendo, uma vez mais, à tona assunto já adormecido aos olhos do grande público. Em casos como esse, a reparação pecuniária, à míngua de outro mecanismo de reparação *in natura* mais eficiente, parece o melhor instrumento de compensação dos danos sofridos.

A difusão da reparação *in natura* depende, enfim, de a doutrina se dedicar, com criatividade, ao desenvolvimento de novos mecanismos para sua aplicação, capazes de torná-la cada vez mais eficaz na compensação do dano extrapatrimonial. Recentemente, essa questão entrou na pauta do Supremo Tribunal Federal, no âmbito da Repercussão Geral no Recurso Extraordinário nº 580.252. Discutiu-se, neste caso, se o Estado deveria responder pelos danos morais comprovadamente causados aos presos em decorrência de violações à sua dignidade, provocados pela superlotação das prisões e pelo encarceramento em circunstâncias desumanas e degradantes. No seu voto-vista, depois de discorrer sobre as condições precárias do sistema penitenciário brasileiro e sobre a importância da reparação não pecuniária do dano moral, o Ministro Luís Roberto Barroso propôs, efetivamente, nova forma de implementá-la, valendo-se do instituto da remição da pena.

Segundo o Ministro Barroso, o Estado deveria ser civilmente responsável pelos danos extrapatrimoniais comprovadamente sofridos pelos presos em decorrência de violações à sua dignidade. No entanto, considerou que a condenação pecuniária seria inviável na realidade brasileira, porque conduziria à própria "falência do Estado", razão pela qual a reparação não pecuniária afigurar-se-ia mais apropriada. A proposta do Ministro Barroso consistiu, então, na remição de 1 dia de pena por cada 3 a 7 dias de pena cumprida em condições atentatórias à dignidade humana, a ser postulada perante o Juízo de Execução Penal. Caso o detento já tivesse cumprido integralmente a pena ou não fosse possível, por qualquer motivo, aplicar-lhe a remição, apenas nesta

---

completamente os prejuízos extrapatrimoniais, sendo apenas tentativas de minimização dos seus efeitos por não ser possível a recomposição dos bens jurídicos sem conteúdo econômico atingido, como ocorre com os direitos da personalidade" (SANSEVERINO, Paulo de Tarso Vieira. *Princípio da reparação integral*. São Paulo: Saraiva, 2010. p. 34-40; 275-277).

[59] Assim, "[n]ão obstante seu caráter subsidiário, a indenização em dinheiro é mais frequente, dadas as dificuldades opostas, na prática, à reparação natural pelas circunstâncias e, notadamente, em face do dano, pela impossibilidade de restabelecer a rigor a situação anterior ao evento danoso" (DIAS, José de Aguiar. *Da responsabilidade civil*. 11. ed. Rio de Janeiro: Renovar, 2006. p. 985-988).

hipótese o Ministro Barroso admitiria a fixação em pecúnia da reparação pelo juízo cível competente.[60]

Embora a tese não tenha sido acolhida ao final, o voto do Ministro Barroso bem demonstra não só a importância do tema, mas a miríade de possibilidades de reparação *in natura* para além das medidas de retratação e/ou de publicação de sentença condenatória. Ao propósito, como já se observou, a reparação *in natura* tem vocação expansiva,[61] o que, todavia, não dispensa o aplicador do direito de analisar detidamente o caso concreto, as circunstâncias peculiares da vítima, a fim de não eleger medida que se revele, ao fim e ao cabo, inadequada à tutela de seus interesses.

A reparação *in natura* é, pois, modelo que ainda requer aperfeiçoamento e, salvo melhor juízo, deve conviver ao lado da reparação pecuniária, cuja admissão representou, historicamente, no âmbito dos danos existenciais, inegável conquista da sociedade. Nessa esteira, se hoje a tutela prioritária da vítima deve ser, a todo tempo, perseguida, ninguém melhor do que a própria vítima para avaliar que mecanismo de compensação – pecuniário ou *in natura* – recompõe melhor a lesão a seus interesses.[62] Seja como for, interesses meramente fúteis não devem, evidentemente, ser protegidos, quer pela reparação *in natura*, quer pela compensação pecuniária, porque sequer são aptos a configurar dano moral.

5 A tutela do patrimônio mínimo e o parágrafo único do art. 928

"A pessoa natural, ao lado de atributos inerentes à condição humana, inalienáveis e insuscetíveis de apropriação, pode ser também, à luz do Direito Civil brasileiro contemporâneo, dotada de uma garantia patrimonial que integra sua esfera jurídica".[63] Com essa eloquente afirmação, Luiz Edson Fachin introduz uma de suas mais

---

[60] Sugeriu o Ministro Barroso a afirmação, em repercussão geral, da seguinte tese: "O Estado é civilmente responsável pelos danos, inclusive morais, comprovadamente causados aos presos em decorrência de violações à sua dignidade, provocadas pela superlotação prisional e pelo encarceramento em condições desumanas ou degradantes. Em razão da natureza estrutural e sistêmica das disfunções verificadas no sistema prisional, a reparação dos danos morais deve ser efetivada preferencialmente por meio não pecuniário, consistente na remição de 1 dia de pena por cada 3 a 7 dias de pena cumprida em condições atentatórias à dignidade humana, a ser postulada perante o Juízo de Execução Penal. Subsidiariamente, caso o detento já tenha cumprido integralmente a pena ou não seja possível aplicar-lhe a remição, a ação para ressarcimento dos danos morais será fixada em pecúnia pelo juízo cível competente" (STF. Responsabilidade civil do Estado: superpopulação carcerária e dever de indenizar – 3. *Informativo STF*, n. 784. Disponível em: <http://www.stf.jus.br/portal/jurisprudencia/listarJurisprudencia.asp?s1=%28barroso+voto+580252+%29&base=baseInformativo>).

[61] MAGALHÃES, Fabiano Pinto de. Responsabilidade civil do Estado por danos morais causados a presos em decorrência de violações à sua dignidade, provocadas por superlotação prisional e condições desumanas ou degradantes de encarceramento e a imposição de medida reparatória não pecuniária, por meio da remição de parte do tempo de pena, em analogia ao art. 126 da lei de execução penal. *Revista Brasileira de Direito Civil – RBDCivil*, Belo Horizonte, v. 4, p. 138-150, abr./jun. 2015. Disponível em: <https://www.ibdcivil.org.br/image/data/revista/volume4/ibdcivil_volume_4_fabiano-pinto-de-magalhuees_pg138-150.pdf>. Acesso em: 15 maio 2018.

[62] Em 2009, o Tribunal de Justiça do Estado de Santa Catarina reformou sentença de caso em que se discutia a reparação pecuniária do dano moral pela danificação de túmulo de parente, conforme pedido pelas partes. A sentença havia determinado a reparação *in natura* por meio de uma obrigação de fazer (localização e identificação dos restos mortais junto ao cemitério e reconstrução do túmulo com a identificação da pessoa sepultada, de preferência no mesmo local em que foram localizados os restos mortais). O Tribunal de Justiça do Estado de Santa Catarina entendeu que o juiz havia extrapolado a causa de pedir (TJSC. AC nº 2008.080311-8. Rel. Des. Sérgio Roberto Baasch Luz, 1ª CDPub., j. 4.3.2009).

[63] FACHIN, Luiz Edson. *Estatuto jurídico do patrimônio mínimo*. Rio de Janeiro: Renovar, 2001. p. 1.

emblemáticas obras: *Estatuto jurídico do patrimônio mínimo*. De acordo com o autor, "trata-se de um patrimônio mínimo mensurado consoante parâmetros elementares de uma vida digna e do qual não pode ser expropriada ou desapossada".[64]

Inspirado justamente na tutela do patrimônio mínimo, o legislador introduziu, no Código Civil de 2002, o art. 928 e seu parágrafo único, sem correspondentes do Código Civil de 1916, segundo os quais:

> O incapaz responde pelos prejuízos que causar, se as pessoas por ele responsáveis não tiverem obrigação de fazê-lo ou não dispuserem de meios suficientes.
> Parágrafo único. A indenização prevista neste artigo, que deverá ser equitativa, não terá lugar se privar do necessário o incapaz ou as pessoas que dele dependem.

Como se sabe, de regra, os pais são responsáveis objetivamente pela reparação civil decorrente de danos injustos praticados pelos filhos menores que estiverem sob sua autoridade e em sua companhia, consoante dispõe o art. 932, I, do Código Civil. Da mesma forma, de acordo com o inc. II do dispositivo, o tutor e o curador também respondem, de forma objetiva, pelos danos causados pelos pupilos e curatelados que se encontrem sob sua autoridade e em sua companhia. Cuida-se de expediente utilizado pelo legislador com o intuito de oferecer à vítima tutela prioritária, garantindo que o dano sofrido seja reparado em toda a sua extensão por meio da responsabilização dos pais, independentemente de culpa.

Nos termos do dispositivo transcrito, excepcionalmente, quando o patrimônio dos pais, tutores ou curadores se revelar insuficiente, o patrimônio dos incapazes poderá ser chamado a responder pela indenização. Dito de outro modo, a responsabilidade pelo ressarcimento dos danos causados pelo filho menor ou pelo tutelado ou curatelado é dos pais, do tutor ou do curador, e somente quando não dispuserem de meios suficientes para fazê-lo, admite-se sejam executados os bens do próprio incapaz. Trata-se, a toda evidência, de responsabilidade subsidiária.[65] A solução, mais uma vez, volta-se à tutela da vítima, que poderia permanecer irressarcida em caso de insolvência dos responsáveis, ainda que o incapaz possuísse patrimônio significativo.

O art. 928 prevê uma segunda hipótese em que o patrimônio do incapaz responde pela indenização do dano injusto por ele causado, não já subsidiariamente, mas direta e solidariamente com as pessoas por ele responsáveis: quando referidas pessoas *não tiverem obrigação de fazê-lo*. Trata-se da situação contemplada no art. 116 da Lei nº 8.069 de 13.7.1990, segundo o qual "em se tratando de ato infracional com reflexos patrimoniais, a autoridade poderá determinar, se for o caso, que o adolescente restitua a coisa, promova o ressarcimento do dano, ou, por outra forma, compense o prejuízo da vítima".

De todo modo, preocupou-se também o legislador não só com a tutela da vítima, mas com a subsistência do próprio incapaz. Por essa razão, estabelece, no parágrafo único do art. 928, que a indenização, além de equitativa, não pode privá-lo dos meios necessários à sua sobrevivência. A indenização há de ser estabelecida, portanto, de sorte a observar a proporcionalidade entre a reparação mais próxima possível da extensão do

---

[64] FACHIN, Luiz Edson. *Estatuto jurídico do patrimônio mínimo*. Rio de Janeiro: Renovar, 2001. p. 1.
[65] STJ. REsp nº 1.436.401/MG. Rel. Min. Luis Felipe Salomão, 4ª T., j. 2.2.2017.

dano, e as possibilidades patrimoniais do incapaz, de modo a não comprometer o seu mínimo existencial.⁶⁶ Mitiga-se, assim, o princípio da reparação integral em homenagem à tutela do patrimônio mínimo do agente incapaz.

A despeito de a expressa dicção do dispositivo parecer conduzir ao entendimento segundo o qual apenas ao patrimônio dos incapazes referidos no *caput* do art. 928 seria conferida referida tutela, o fundamento constitucional do dispositivo conduz à compreensão diversa.

De fato, o fundamento de validade da tutela do patrimônio mínimo reside no art. 3º, inc. I da Constituição de 1988, que erige a fundamento da República a dignidade da pessoa humana, no art. 5º, *caput*, que garante a inviolabilidade do direito à vida, e no art. 170, que estabelece como fim para a ordem econômica "assegurar a todos vida digna".⁶⁷ Significa que a preservação de patrimônio mínimo, protegido contra os interesses patrimoniais dos credores, que garanta ao devedor a manutenção de sua dignidade, é exigência da Constituição, e independe de previsão infraconstitucional específica.⁶⁸ Cuida-se, por conseguinte, de "imunidade jurídica inata ao ser humano, superior aos interesses dos credores".⁶⁹

Em termos práticos, o limite humanitário há de ser tutelado também nos casos em que a indenização recaia sobre o patrimônio do pai, do tutor ou curador, de sorte que a utilização do patrimônio do incapaz se dê não apenas quando esgotados todos os recursos do responsável, mas quando reduzidos ao montante necessário à preservação de uma vida digna,⁷⁰ noção que não deve ser interpretada restritivamente, sob pena de se limitar o alcance do princípio constitucional da dignidade da pessoa humana. É o que impõe a repersonalização do direito civil. É o que dita a Constituição da República.

6 Conclusão

A repersonalização impactou diretamente em todos os ramos do direito civil, inclusive a responsabilidade civil, cujo foco se desloca do ato ilícito para o dano injusto – em vez de se preocupar em punir a conduta culposa ou dolosa do agente, a responsabilidade civil passou a enfatizar a proteção à vítima de dano injusto –, a ratificar a precípua função do instituto, consistente no ressarcimento/compensação da vítima na exata medida do dano sofrido. Passou-se a exigir, com fundamento na nova ordem constitucional, maior proteção da vítima do dano injusto.

---

⁶⁶ BARBOZA, Heloisa Helena. *A responsabilidade civil do incapaz*. Tese (Doutorado) – Universidade do Estado do Rio de Janeiro, Rio de Janeiro, 2009. p. 10-11.

⁶⁷ FACHIN, Luiz Edson. *Estatuto jurídico do patrimônio mínimo*. Rio de Janeiro: Renovar, 2001. p. 2.

⁶⁸ TEPEDINO, Gustavo; BARBOZA, Heloisa Helena; MORAES, Maria Celina Bodin de. *Código Civil interpretado conforme a Constituição da República*. Rio de Janeiro: Renovar, 2006. v. 2. p. 821.

⁶⁹ FACHIN, Luiz Edson. *Estatuto jurídico do patrimônio mínimo*. Rio de Janeiro: Renovar, 2001. p. 1.

⁷⁰ Nessa direção, aprovou-se o Enunciado nº 39 na Jornada de Direito Civil promovida pelo Centro de Estudos Judiciários do Conselho da Justiça Federal nos seguintes termos: "A impossibilidade de privação do necessário à pessoa, prevista no art. 928, traduz um dever de indenização equitativa, informado pelo princípio constitucional da proteção à dignidade da pessoa humana. Como consequência, também os pais, tutores e curadores serão beneficiados pelo limite humanitário do dever de indenizar, de modo que a passagem ao patrimônio do incapaz se dará não quando esgotados todos os recursos do responsável, mas se reduzidos estes ao montante necessário à manutenção de sua dignidade".

Afasta-se, assim, peremptoriamente, a possibilidade de "embutir", na verba compensatória, qualquer valor a título de penalidade, e atribuir, por consequência, função punitiva ao dano moral. Referida prática, reiteradamente utilizada pelos tribunais brasileiros, produz uma espécie de dano moral "turbinado", cujo montante não corresponde à extensão da lesão ao interesse juridicamente tutelado, em flagrante violação ao princípio da equivalência entre dano e indenização. Institucionaliza-se, assim, o enriquecimento sem causa da vítima, que recebe verba à qual não faz jus.

A passagem do ato ilícito para o dano injusto também ampliou consideravelmente as situações lesivas em razão da identificação de novos interesses juridicamente tuteláveis, assistindo-se, nas últimas décadas, à verdadeira "explosão" de danos indenizáveis, com a criação de um sem número de novas categorias de danos. Essa "guerra de etiquetas" – na expressão de Mosset Iturraspe – apenas evidencia a multiplicidade de aspectos que a realidade humana apresenta. A jurisprudência tem sido generosa (e mesmo criativa) no intuito de proteger a vítima, mas não deve perder de vista que a responsabilidade civil não se presta a reparar interesses fúteis.

Em linha com a tendência de outros ordenamentos jurídicos, a responsabilidade civil vem, no Brasil, paulatinamente experimentando também um movimento de despatrimonialização da reparação. As dificuldades que surgiram em torno da quantificação da indenização do dano extrapatrimonial revelaram a insuficiência deste meio para a sua reparação. A reparação *in natura* surge, então, como forma de complementar ou, em algumas hipóteses, até mesmo substituir a compensação pecuniária.

Apesar de suas vantagens, a reparação *in natura* nem sempre se mostra adequada na prática, sendo antes um modelo que ainda precisa ser aperfeiçoado.

À luz da repersonalização do direito civil e inspirado na tutela do patrimônio mínimo, o legislador também introduziu, no Código Civil, o art. 928 e seu parágrafo único. Com fundamento nesse dispositivo, quando o patrimônio dos pais, tutores ou curadores se revelar insuficiente, o patrimônio dos incapazes poderá ser chamado a responder pela indenização, de forma subsidiária. O patrimônio do incapaz também pode vir a responder, de forma direta, pela indenização do dano injusto por ele causado quando referidas pessoas não tiverem a obrigação de fazê-lo, o que remete à situação contemplada no art. 116 da Lei nº 8.069/90. Ambas as soluções visam atender aos interesses da vítima, que poderia permanecer irressarcida em caso de insolvência dos responsáveis, ainda que o incapaz possuísse patrimônio significativo. O paliativo introduzido no parágrafo único do art. 928 revela a preocupação do legislador não só com a tutela da vítima, mas com a subsistência do próprio incapaz, que também é digna de proteção.

A despeito de todas as referidas manifestações, no âmbito da responsabilidade civil, da repersonalização do direito civil, e da travessia que ainda se há de fazer em direção à mais efetiva tutela da pessoa humana, não raro, vozes contrárias se levantam contra os novos ventos, insistindo em conceber a responsabilidade civil como instrumento de tutela prioritária de situações jurídicas patrimoniais e em lhe atribuir função punitiva. Ao propósito, trazem-se à lembrança as sempre perspicazes palavras de Luiz Edson Fachin que, com refinada ironia, já advertiu:

> Nada obstante, tal como Teseu ao enfrentar Procusto, parece-nos que é preciso reconhecer como vem suave, feito um *soft law* simbólico, esse vento de uma dogmática refinada e sensível.

Aos que já sucumbiram e saúdam o fim da história, enfim, aos novos oitocentistas do século XXI, permito-me lembrá-los dos versos de Manuel Alegre:
"Mesmo na noite mais triste
Em tempo de servidão
Há sempre alguém que resiste
Há sempre alguém que diz não".[71]

Referências

ASSIS, Araken de. Liquidação do dano. *Revista dos Tribunais*, São Paulo, v. 759, p. 11-23, jan. 1999.

BARBOZA, Heloisa Helena. *A responsabilidade civil do incapaz*. Tese (Doutorado) – Universidade do Estado do Rio de Janeiro, Rio de Janeiro, 2009.

BARCELLONA, Pietro. *El individualismo propietario*. Tradução de Jesús Ernesto García Rodríguez. Madrid: Trotta, 1996.

BASTOS, Daniel Deggau. *A perda do tempo como categoria indenizatória autônoma*: terminologia jurídica e coerência sistemática. Dissertação (Mestrado) – Programa de Pós-Graduação em Direito, Universidade Federal de Santa Catarina, Florianópolis, 2017.

BRASIL. *Mensagem nº 664, de 11 de setembro de 1990*. Disponível em: <http://www.planalto.gov.br/ccivil_03/leis/Mensagem_Veto/anterior_98/vep664-L8078-90.htm>. Acesso em: 11 maio 2018.

BRÍGIDO, Carolina. STF julgará pedido de indenização por furo em preservativo. *O Globo*, 21 nov. 2006. Disponível em: <http://oglobo.com/pais/mat/2006/11/21/286746500.asp>. Acesso em: 25 maio 2018.

COMISSÃO DE CONSTITUIÇÃO E JUSTIÇA E DE REDAÇÃO. *Projeto de Lei nº 6960, de 2002*. Disponível em: <http://www.camara.gov.br/sileg/integras/196514.pdf>. Acesso em: 11 maio 2018.

COSTA, Mário Júlio de Almeida. *Direito das obrigações*. 12. ed. Coimbra: Almedina, 2009.

DIAS, João António Álvaro. *Dano corporal*: quadro epistemológico e aspectos ressarcitórios. Coimbra: Almedina, 2001.

DIAS, José de Aguiar. *Da responsabilidade civil*. 11. ed. Rio de Janeiro: Renovar, 2006.

EATON, Thomas A.; MUSTARD David B.; TALARICO, Susette M. *The effects of seeking punitive damages on processing of tort claim*. Ago. 2004. Disponível em: <http://citeseerx.ist.psu.edu/viewdoc/download?doi=10.1.1.203.2216&rep=rep1&type=pdf>. Acesso em: 11 maio 2018.

FACHIN, Luiz Edson. *A função social da posse e a propriedade contemporânea (uma perspectiva da usucapião imobiliária rural)*. Porto Alegre: Sérgio Antônio Fabris Editor, 1988.

FACHIN, Luiz Edson. Aspectos de alguns pressupostos histórico-filosóficos hermenêuticos para o contemporâneo direito civil brasileiro: elementos constitucionais para uma reflexão crítica. *Revista do Tribunal Superior do Trabalho*, Brasília, v. 77, n. 4, p. 186-203, out./dez. 2011.

FACHIN, Luiz Edson. *Comentários ao Novo Código Civil*: do direito de família, do direito pessoal, das relações de parentesco (arts. 1591 a 1638). Rio de Janeiro: Forense, 2005. v. 18.

FACHIN, Luiz Edson. Constituição e relações provadas: questões de efetividade no tríplice vértice entre o texto e o contexto. *Revista do Instituto dos Advogados Brasileiros*, Rio de Janeiro, ano 35, n. 95, p. 5-24, 2007.

FACHIN, Luiz Edson. Entre duas modernidades: a constituição da persona e o mercado. *Revista de Direito Brasileira*, 2011.

FACHIN, Luiz Edson. *Estatuto jurídico do patrimônio mínimo*. Rio de Janeiro: Renovar, 2001.

---

[71] FACHIN, Luiz Edson. Entre duas modernidades: a constituição da persona e o mercado. *Revista de Direito Brasileira*, 2011. p. 108.

FACHIN, Luiz Edson. O estatuto civil da clausura real. *Revista de Informação Legislativa*, ano 32, n. 128, p. 161-163, out./dez. 1995.

FACHIN, Luiz Edson. Relações jurídicas, contratos e responsabilidade civil: uma liberdade, duas funcionalizações, três problematizações. *Revista da Escola da Magistratura do TRF da 4ª Região*, n. 2, p. 103-115. Disponível em: <https://www2.trf4.jus.br/trf4/controlador.php?acao=pagina_visualizar&id_pagina=1163>. Acesso em: 16 maio 2018.

FACHIN, Luiz Edson. Segurança jurídica entre ouriços e raposas. In: RUZYK, Carlos Eduardo Pianovski *et al.* (Org.). *Direito civil constitucional*: a ressignificação da função dos institutos fundamentais do direito civil contemporâneo e suas consequências. Florianópolis: Conceito, 2014.

FACHIN, Luiz Edson. *Teoria crítica do direito civil à luz do Novo Código Civil brasileiro*. 2. ed. rev. e atual. Rio de Janeiro: Renovar, 2003.

GIORGIANNI, Michele. O direito privado e suas atuais fronteiras. *Revista dos Tribunais*, São Paulo, n. 747, p. 35-55, jan. 1988.

GOMES, Orlando. Balanço resumido do direito civil. In: GOMES, Orlando. *Novos temas de direito civil*. Rio de Janeiro: Forense, 1983.

GOMES, Orlando. Tendências modernas da reparação de danos. In: FRANCESCO, Jose Roberto Pacheco di (Org.). *Estudos em homenagem ao Professor Silvio Rodrigues*. Rio de Janeiro: Forense, 1980.

GRAVIDEZ indesejada faz médico pagar pensão a paciente. *BBC Brasil*, 26 set. 2002. Disponível em: <http://www.bbc.co.uk/portuguese/ciencia/020926_gravidezdtl1.shtml>. Acesso em: 25 maio 2018.

GUEDES, Gisela Sampaio da Cruz. *Lucros cessantes*: do bom senso ao postulado normativo da razoabilidade. São Paulo: Revista dos Tribunais, 2011.

GUGLINSKI, Vitor Vilela. Da responsabilidade civil do Estado pela perda do tempo útil/livre do administrado. *Boletim de Administração Pública e Gestão Municipal*, Curitiba, v. 6, n. 54, p. 405-408, mar. 2016.

GUGLINSKI, Vitor Vilela. O dano temporal e sua reparabilidade: aspectos doutrinários e visão dos Tribunais. *Revista de Direito do Consumidor*, São Paulo, ano 24, v. 99, p. 125-156, maio/jun. 2015.

LEITÃO, Luís Manuel Teles de Menezes. *Direito das obrigações*. 4. ed. Coimbra: Almedina, 2005. v. 1.

MAGALHÃES, Fabiano Pinto de. Responsabilidade civil do Estado por danos morais causados a presos em decorrência de violações à sua dignidade, provocadas por superlotação prisional e condições desumanas ou degradantes de encarceramento e a imposição de medida reparatória não pecuniária, por meio da remição de parte do tempo de pena, em analogia ao art. 126 da lei de execução penal. *Revista Brasileira de Direito Civil – RBDCivil*, Belo Horizonte, v. 4, p. 138-150, abr./jun. 2015. Disponível em: <https://www.ibdcivil.org.br/image/data/revista/volume4/ibdcivil_volume_4_fabiano-pinto-de-magalhuees_pg138-150.pdf>. Acesso em: 15 maio 2018.

MARTINS-COSTA, Judith. Do inadimplemento das obrigações (arts. 389 a 420). In: TEIXEIRA, Sálvio de Figueiredo (Coord.). *Comentários ao Novo Código Civil*. Rio de Janeiro: Forense, 2004. v. 5. t. II.

MIAILLE, Michel. *Introdução crítica ao direito*. Lisboa: Estampa, 1988.

MORAES, Maria Celina Bodin de. *Danos à pessoa humana*: uma leitura civil-constitucional dos danos morais. Rio de Janeiro: Renovar, 2003.

POLINSKY, A. Mitchell; SHAVELL, Steven. Punitive damages. *Encyclopedia of Law and Economics*, Cheltenham, v. II, p. 764-781, 2000. Disponível em: <https://reference.findlaw.com//lawandeconomics/3700-punitive-damages.pdf>. Acesso em: 11 maio 2017.

ROPPO, Enzo. *O contrato*. Tradução de Ana Coimbra e M. Januário C. Gomes. Coimbra: Almedina, 1988.

SANSEVERINO, Paulo de Tarso Vieira. *Princípio da reparação integral*. São Paulo: Saraiva, 2010.

SILVA, Clóvis V. do Couto e. O conceito de dano no direito brasileiro e comparado. *Revista dos Tribunais*, São Paulo, v. 667, p. 7-16, maio 1991.

STF. Responsabilidade civil do Estado: superpopulação carcerária e dever de indenizar – 4. *Informativo STF*, n. 784. Disponível em: <http://www.stf.jus.br/portal/jurisprudencia/listarJurisprudencia.asp?s1=%28barroso+voto+580252+%29&base=baseInformativo>.

TEPEDINO, Gustavo. Notas sobre a função social do contrato. In: TEPEDINO, Gustavo. *Temas de direito civil*. Rio de Janeiro: Renovar, 2009. t. 3.

TEPEDINO, Gustavo. Velhos e novos mitos na teoria da interpretação. *Revista Trimestral de Direito Civil*, Rio de Janeiro, v. 28, out./dez. 2006. Editorial.

TEPEDINO, Gustavo; BARBOZA, Heloisa Helena; MORAES, Maria Celina Bodin de. *Código Civil interpretado conforme a Constituição da República*. Rio de Janeiro: Renovar, 2006.

TERRA, Aline de Miranda Valverde. A discricionariedade judicial na metodologia civil-constitucional. *Revista da Faculdade de Direito – UFPR*, Curitiba, v. 60, n. 3, p. 367-382, set./dez. 2015. Disponível em: <https://revistas.ufpr.br/direito/article/view/41141/26954>. Acesso em: 22 maio 2018.

TERRA, Aline de Miranda Valverde. Danos autônomos ou novos suportes fáticos de danos? Considerações acerca da privação do uso e da perda do tempo nas relações de consumo. In: KNOERR, Viviane Coêlho de Séllos; FERREIRA, Keila Pacheco; STELZER, Joana (Org.). *Direito, globalização e responsabilidade nas relações de consumo*. Florianópolis: Conpedi, 2015. Disponível em: <https://www.conpedi.org.br/publicacoes/c178h0tg/i9jl1a02/35mAX814coubd1nt.pdf>. Acesso em: 27 maio 2018.

TERRA, Aline de Miranda Valverde. Privação do uso: dano ou enriquecimento por intervenção? *Revista Eletrônica Direito e Política – Programa de Pós-Graduação Stricto Sensu em Ciência Jurídica da Univali*, Itajaí, v. 9, n. 3, p. 1620-1644, set./dez. 2014. Disponível em: <https://siaiap32.univali.br/seer/index.php/rdp/article/view/6753>. Acesso em: 11 maio 2018.

TERRA, Aline de Miranda Valverde; GUEDES, Gisela Sampaio da Cruz. Considerações acerca da exclusão do lucro ilícito do patrimônio do agente ofensor. *Revista da Faculdade de Direito da UERJ*, v. 28, p. 1-24, 2015. Disponível em: <http://www.e-publicacoes.uerj.br/index.php/rfduerj/article/view/20290>. Acesso em: 11 maio 2018.

TERRA, Aline de Miranda Valverde; TEIXEIRA, Ana Carolina Brochado. A capacidade civil da pessoa com deficiência no direito brasileiro: reflexões a partir do I Encuentro Internacional sobre los derechos de la persona con discapacidad en el Derecho Privado de España, Brasil, Italia y Portugal. *Revista Brasileira de Direito Civil – RBDCivil*, Belo Horizonte, v. 15, p. 223-233, jan./mar. 2018. Disponível em: <https://rbdcivil.ibdcivil.org.br/rbdc/article/view/212>. Acesso em: 15 maio 2018.

Informação bibliográfica deste texto, conforme a NBR 6023:2002 da Associação Brasileira de Normas Técnicas (ABNT):

TERRA, Aline de Miranda Valverde; GUEDES, Gisela Sampaio da Cruz. A repersonalização do direito civil e suas repercussões na responsabilidade civil. In: EHRHARDT JÚNIOR, Marcos; CORTIANO JUNIOR, Eroulths (Coord.). *Transformações no Direito Privado nos 30 anos da Constituição*: estudos em homenagem a Luiz Edson Fachin. Belo Horizonte: Fórum, 2019. p. 473-494. ISBN 978-85-450-0562-9.

O ESTATUTO JURÍDICO DO PATRIMÔNIO MÍNIMO E A MITIGAÇÃO DA REPARAÇÃO CIVIL

MARCELO JUNQUEIRA CALIXTO

CÍNTIA MUNIZ DE SOUZA KONDER

1 Introdução

O tratamento do importantíssimo instituto da responsabilidade civil ganhou novos contornos no vigente Código Civil. Como sabido, tal tema passou a merecer um título próprio dentro do livro dedicado ao direito das obrigações, estando este dividido em dois capítulos. O primeiro destes (arts. 927 a 943) trata da "obrigação de indenizar" merecendo destaque o amplo espectro ora reconhecido à chamada responsabilidade civil *objetiva*, isto é, aquela que dispensa o elemento subjetivo da culpa ou do dolo para a eclosão da obrigação de reparar.

Já o segundo capítulo (arts. 944 a 954) é dedicado à "indenização", fornecendo o Código alguns critérios capazes de guiar o intérprete na difícil tarefa de estabelecer o montante que deverá ser atribuído àquela que se reconhece como *vítima* do dano. É justamente neste segundo capítulo que se define como regra a reparação *integral* do dano, mas desde logo se lhe permite uma exceção. Os elementos que deverão ser considerados para a correta aplicação da exceção é que constituem o objeto do presente artigo.

2 A consagração do princípio da reparação integral do dano e sua posterior exceção. A interpretação jurisprudencial do art. 944, parágrafo único, do Código Civil

A evolução da responsabilidade civil caminhou, realmente, no sentido da reparação da vítima e não no da punição do ofensor. Esta punição, em verdade, parece ter sido reservada, preferencialmente, ao direito penal, o qual se fundamenta em pressupostos diversos, entre os quais se destaca a exigência da *tipicidade* da conduta.

Assim se entende o disposto nos arts. 186 e 927, *caput*, os quais funcionam como uma *cláusula geral* de responsabilidade civil *subjetiva*, ideia absolutamente contrária à tipicidade.[1] O mesmo se diga da outra *cláusula geral*, definidora da responsabilidade civil *objetiva*, a qual encontra previsão no parágrafo único do art. 927 do Código Civil.[2]

Fundamentada, dessa forma, a "obrigação de reparar" (*an debeatur*), é possível avançar para o *segundo momento* da responsabilidade civil, a saber, os critérios que deverão ser utilizados para a fixação do "montante da reparação" (*quantum debeatur*). E é justamente nessa fase que adquire especial importância a afirmação de que "todo o dano deve ser reparado, mas nada além do dano". Com efeito, o diploma civil brasileiro, ao mesmo tempo em que estabelece, como regra, a "reparação integral", parece ser refratário a qualquer tentativa de adoção do chamado caráter "punitivo" ou "pedagógico" da reparação. Esse é o princípio que se tem como decorrência evidente do disposto no art. 944, *caput*, do Código Civil,[3] tendo sido infrutífera até o presente momento, ao menos do ponto de vista normativo, a transformação da reparação civil em "desestímulo para o ofensor".[4]

O contrário, porém, isto é, a possibilidade de *redução* da reparação restou consagrada no parágrafo único do art. 944, sendo, assim, uma expressa exceção à regra da reparação integral da vítima.[5] A razão histórica para a consagração desta exceção parece ser a necessidade de evitar que a reparação civil se transforme em *ruína econômica* para o *ofensor*. Em outras palavras, por mais ampla que devesse ser a *reparação* do dano, esta deveria ter como limite a manutenção do montante mínimo necessário para a sobrevida do causador do dano.[6]

---

[1] Recorde-se o disposto nos arts. 186 e 927, *caput*, do Código Civil: "Art. 186. Aquele que, por ação ou omissão voluntária, negligência ou imprudência, violar direito e causar dano a outrem, ainda que exclusivamente moral, comete ato ilícito"; "Art. 927. Aquele que, por ato ilícito (arts. 186 e 187), causar dano a outrem, fica obrigado a repará-lo".

[2] Afirma o parágrafo único do art. 927 do diploma civil: "Art. 927. [...]. Parágrafo único. Haverá obrigação de reparar o dano, independentemente de culpa, nos casos especificados em lei, ou quando a atividade normalmente desenvolvida pelo autor do dano implicar, por sua natureza, risco para os direitos de outrem".

[3] O entendimento de que a reparação integral constitui verdadeiro "princípio" do direito brasileiro é corretamente apresentado por Carlos Edison do Rêgo Monteiro Filho (Limites ao princípio da reparação integral no direito brasileiro. *Civilistica.com*, ano 7, n. 1, 2018. p. 4. Disponível em: <http://civilistica.com/limites-ao-principio-da-reparacao-integral/>. Acesso em: 25 maio 2018).

[4] Veja-se o disposto no art. 944, *caput*, do Código Civil: "Art. 944. A indenização mede-se pela extensão do dano". Recorde-se, porém, que o conhecido Projeto de Lei nº 6.960/2002 ("Projeto Fiúza") tentou consagrar a "teoria do desestímulo" na reparação civil, ao menos no que diz respeito ao dano moral, convertendo o parágrafo único em parágrafo primeiro e introduzindo um parágrafo segundo no art. 944, com a seguinte redação: "Art. 944. [...]. §2º A reparação do dano moral deve constituir-se em compensação ao lesado e adequado desestímulo ao lesante".

[5] Afirma o dispositivo: "Art. 944. [...]. Parágrafo único. Se houver excessiva desproporção entre a gravidade da culpa e o dano, poderá o juiz reduzir, equitativamente, a indenização".

[6] Recorde-se que esta intenção era clara na doutrina do autor do livro dedicado ao direito das obrigações no anteprojeto de Código Civil de 1972, que se transformou no projeto de 1975, finalmente convertido, com algumas adaptações, no vigente Código Civil. Trata-se do Professor Agostinho Alvim, o qual, na Exposição de Motivos, redigida em agosto de 1970, esclareceu o seguinte: "Do mesmo modo, em face do Código Civil [refere-se ao diploma revogado], o fato de ser leve a culpa, ou levíssima, não exclui a responsabilidade, salvo casos expressos em lei; e sobretudo não vale nunca como atenuante. Todavia, não parece justo que, no caso de culpa leve e dano vultoso, a responsabilidade recaia inteira sobre o causador do dano. Um homem que economizou a vida toda para garantir a velhice, pode, por uma leve distração, uma ponta de cigarro atirada ao acaso, vir a perder tudo o que tem, se tiver dado origem a um incêndio. E não só ele perde mas toda a família. Notam os autores que acontecimentos como estes trazem em si uma dose de fatalidade. Dir-se-á que a vítima perde; mas perderia igualmente, sem ter a quem recorrer, se a fatalidade fosse outra: um raio ou obra de um malfeitor desconhecido. E a fatalidade está em que a distração é uma lei inexorável, à qual ninguém nunca se furtou. É justamente por

Assim posta a questão, certo é que esta preocupação com a manutenção das condições econômicas mínimas do ofensor não representa um pioneirismo da doutrina nacional, tampouco do diploma civil brasileiro. Em verdade, o Código Civil de 2002 parece ter se inspirado em seu congênere português de 1966 ou, um pouco mais recuado no tempo, no Código Federal Suíço de Obrigações de 1911.[7]

Contudo, resulta claro da leitura da norma insculpida no diploma brasileiro que a "inspiração" não se traduziu em cópia *perfeita*, mas sim em uma cópia *malfeita* das possíveis fontes. Recorde-se o dispositivo:

---

reconhecer isso que o legislador manda indenizar no caso de acidente do trabalho, embora ele ocorra, quase sempre, por motivo de descuido, negligência, imprudência, enfim culpa do empregado" (ALVIM, Agostinho Neves de Arruda. Direito das obrigações – Exposição de motivos. *Revista do Instituto dos Advogados Brasileiros*, Rio de Janeiro, ano IV, n. 24. p. 101-102). Esta perspectiva também já havia sido apontada por Silvio Rodrigues, o qual, criticando a solução da primeira versão do anteprojeto de Código Civil de 1972 – que não considerava o grau de culpa como critério para a reparação do dano – afirmava: "Tal solução por vezes se apresenta injusta, pois não raro de culpa levíssima resulta dano desmedido para a vítima. Nesse caso, se se impuser ao réu o pagamento da indenização total, a sentença poderá conduzi-lo à ruína. Então estar-se-á apenas transferindo a desgraça de uma para outra pessoa, ou seja, da vítima para aquele que, por mínima culpa, causou o prejuízo. Se uma pessoa, no vigésimo andar de um prédio, distraidamente se encosta na vidraça e esta se desprende para cair na rua e matar um chefe de família, aquela pessoa, que cometeu apenas uma inadvertência, poderá ser condenada ao pagamento de uma enorme indenização, capaz de consumir toda a economia de sua família. Pequena culpa, gerando enorme e dolorosa consequência. Entretanto, essa é a lei, pois *in Lex Aquilia et levissima culpa venit*" (RODRIGUES, Silvio. *Direito civil*: responsabilidade civil. 20. ed. São Paulo, Saraiva, 2003. v. 4. p. 188).

[7] Do Código Civil português, em vigor a partir de 1967, deve ser recordado o disposto no art. 494º, que afirma: "Art. 494º. Quando a responsabilidade se fundar na mera culpa, poderá a indemnização ser fixada, equitativamente, em montante inferior ao que corresponderia aos danos causados, desde que o grau de culpabilidade do agente, a situação econômica deste e do lesado e as demais circunstâncias do caso o justifiquem". Do Código Federal Suíço de Obrigações devem ser recordados os arts. 43 e 44, os quais, em tradução livre, afirmam: "Art. 43. (III. Fixação da indenização). O juiz determina o modo e a extensão da reparação, de acordo com as circunstâncias e a gravidade da culpa. Quando um animal que vive em um ambiente doméstico, e não é conservado com um fim patrimonial ou de lucro, é ofendido ou morto, o juiz pode considerar, em uma medida apropriada, o valor afetivo do animal para o seu detentor ou pessoas próximas a este. Os danos e interesses não podem ser concedidos sob a forma de renda, salvo se o devedor, ao mesmo tempo, fornecer garantias"; "Art. 44. (IV. Redução da indenização). O juiz pode reduzir os danos e interesses, ou mesmo não os conceder, quando a parte lesada consentiu com a lesão ou quando os fatos de que ela é responsável contribuíram para a ocorrência do dano, para o seu nascimento, ou quando eles agravaram a situação do devedor. Quando o prejuízo não foi causado nem intencionalmente nem por efeito de uma grave negligência ou imprudência, e a sua reparação expuser o devedor à ruína, o juiz pode equitativamente reduzir os danos e interesses". O aprofundamento da pesquisa permite ainda encontrar norma semelhante no Código Civil argentino (art. 1.069), que, originalmente, afirmava: "Art. 1.069. O dano compreende não somente o prejuízo efetivamente sofrido, como também o ganho de que foi privado o lesado pelo ato ilícito, e que neste Código se designa pelas palavras 'perdas e interesses'". Posteriormente, a Lei nº 17.711, de 1968, acrescentou um novo parágrafo ao dispositivo, o qual dispõe: "Os juízes, ao fixar as indenizações por danos, poderão considerar a situação patrimonial do devedor, atenuando-a se for equitativo; mas não será aplicável esta faculdade se o dano for imputável a dolo do responsável". Também no interessante trabalho intitulado *Princípios de direito europeu da responsabilidade civil* podem ser encontradas referências a esta problemática em seu art. 10, *verbis*: "Art. 10:301. Danos não patrimoniais. (1) Tomando em consideração o seu âmbito de proteção (Art. 2:102), a violação de um interesse poderá justificar a atribuição de uma compensação por danos não patrimoniais, em especial nos casos de danos pessoais ou de ofensa à dignidade humana, à liberdade ou a outros direitos de personalidade. Nos casos de morte e de lesão corporal muito grave, pode igualmente ser atribuída uma compensação pelo dano não patrimonial às pessoas que tenham uma relação de grande proximidade com o lesado. (2) De uma forma geral, devem ser tomadas em consideração no cálculo destes danos todas as circunstâncias do caso, incluindo a gravidade, duração e consequências da ofensa. A gravidade da culpa do autor apenas deve ser tida em conta quando tiver contribuído significativamente para a ofensa". A seção 4 deste mesmo art. 10 trata, por sua vez, da "limitação da indenização", e afirma o seguinte: "Art. 10:401. Limitação da indenização. Excepcionalmente, se face à situação econômica das partes a reparação integral constituir um encargo opressivo para o réu, a indenização pode ser reduzida. Para tomar esta decisão, deve ter-se em consideração, especialmente, o fundamento da responsabilidade (art. 1:101), a extensão da proteção do interesse (art. 2:102) e a dimensão do dano" (EUROPEAN GROUP ON TORT LAW. *Princípios de direito europeu da responsabilidade civil*. Disponível em: <http://civil.udg.edu/php/biblioteca/items/295/PETLPortuguese.doc>).

Art. 944. A indenização mede-se pela extensão do dano.
Parágrafo único. Se houver excessiva desproporção entre a gravidade da culpa e o dano, poderá o juiz reduzir, equitativamente, a indenização.

Percebe-se, assim, que o único requisito expressamente adotado pela lei brasileira para a redução equitativa da reparação é a "gravidade da culpa". Não há, em suma, qualquer referência às condições econômicas do lesante ou do lesado ou às genéricas "circunstâncias do caso", na expressão da lei portuguesa, tampouco à possibilidade da "ruína" do devedor, tal como se observa na lei suíça.

A previsão normativa brasileira, dessa forma, termina por remeter o intérprete ao estudo dos graus de culpa, tema que se desenvolveu sobretudo na Idade Média, tendo sofrido grande influência do direito canônico. A passagem dos anos, porém, não foi capaz de definir perfeitamente a quantidade de graus nem a sua precisa conceituação. Dessa forma, somente é possível afirmar que a tese que parece contar com o maior número de seguidores é aquela que divide a culpa em *três* graus, a saber: culpa *grave*, também chamada culpa *lata*, culpa *leve* e culpa *levíssima*.[8]

A primeira espécie se traduz em um erro grosseiro de conduta, podendo ser entendida como uma hipótese em que o agente é capaz de antever a possibilidade da ocorrência do dano. Por esta razão, tal espécie é tratada como sinônima da "culpa consciente", a qual, por sua vez, se avizinha do dolo, embora com este não se confunda, uma vez que não há a intenção de produzir o resultado danoso, tampouco a assunção do risco de sua ocorrência.[9]

A culpa leve, por sua vez, pode ser entendida como aquele erro de conduta que poderia ser evitado por um ser humano diligente, nas circunstâncias do caso concreto. Esta forma de conceituar termina por confundir a culpa leve com a própria culpa, sem adjetivos, o que torna possível a afirmação de que esta modalidade foi elaborada com o único intuito de estabelecer um grau que não se confundisse com os dois extremos da culpa *grave* ou da culpa *levíssima*.

---

[8] Sobre o conceito de culpa e seus respectivos graus seja consentido remeter o leitor ao estudado em CALIXTO, Marcelo Junqueira. *A culpa na responsabilidade civil* – Estrutura e função. Rio de Janeiro: Renovar, 2008. *Passim*.

[9] Não é por outra razão que a culpa grave, ou lata, também pode ser considerada uma "culpa com previsão", na correta expressão italiana. A aproximação da culpa grave ao dolo consta, por exemplo, do Enunciado nº 145 da Súmula da Jurisprudência dominante do STJ, que afirma: "Súmula 145 - No transporte desinteressado, de simples cortesia, o transportador só será civilmente responsável por danos causados ao transportado quando incorrer em dolo ou culpa grave". Foi este mesmo Tribunal Superior que, em mais de uma ocasião, também afirmou que a culpa grave seria sinônima da "culpa consciente". Nesse sentido pode ser visto o decidido no Recurso Especial nº 685.791/MG (Rel. Min. Vasco Della Giustina, Terceira Turma, j. 18.2.2010), assim ementado: "RESPONSABILIDADE CIVIL. ACIDENTE DE TRÂNSITO. TRANSPORTE DE SIMPLES CORTESIA OU BENÉVOLO EM CARROCERIA ABERTA, SEM PROTEÇÃO. CULPA GRAVE (MODALIDADE CULPA CONSCIENTE) CONFIGURADA. VALOR DA CONDENAÇÃO. REDUÇÃO. IMPOSSIBILIDADE. INCIDÊNCIA DA SÚMULA 284/STF. 1. Em se tratando de transporte desinteressado, de simples cortesia, só haverá possibilidade de condenação do transportador se comprovada a existência de dolo ou culpa grave (Súmula 145/STJ). 2. Resta configurada a culpa grave do condutor de veículo que transporta gratuitamente passageiro, de forma irregular, ou seja, em carroceria aberta, uma vez que previsível a ocorrência de graves danos, ainda que haja a crença de que eles não irão acontecer. 3. Não é possível o conhecimento da pretensão de redução da condenação, pois o recorrente não apontou qualquer lei que teria sido vulnerada pelo acórdão recorrido. Aplica-se, por analogia, na espécie, o disposto na Súmula 284 do STF: É inadmissível o recurso extraordinário, quando a deficiência na sua fundamentação não permitir a exata compreensão da controvérsia. 4. Recurso especial desprovido".

De todo modo, esta última espécie é usualmente conceituada como aquele erro de conduta que não seria cometido por um *diligentíssimo* ser humano, ou seja, por alguém capaz de atuar com extrema cautela, indo além dos cuidados usualmente adotados pelo ser humano. Embora controversa, certo é que a culpa levíssima é vista como um possível fundamento para a diferenciação entre a responsabilidade contratual e a extracontratual.[10] Contudo, a exigência de uma conduta que supere aquela ordinariamente observada pelo ser humano em seus negócios parece ser fundamento suficiente para o seu abandono, até mesmo como forma de evitar a chamada "vitimização social".[11]

Sendo, portanto, o tema da gradação da culpa marcado por inúmeras controvérsias e inquestionável dose de subjetivismo, só pode ser *lamentada* a escolha do legislador brasileiro ao prevê-lo como requisito para a redução da reparação do dano. Esta parece ser a principal razão pela qual ele vem sendo ignorado pelos tribunais nacionais nos poucos julgados em que foram encontradas referências expressas ao parágrafo único do art. 944.

Entre estes julgados pode ser recordado, em primeiro lugar, o decidido pela Quarta Turma do STJ por ocasião do julgamento do Recurso Especial nº 1.127.913/RS.[12] Tratava-se de um acidente aéreo, tendo ocorrido a queda de um helicóptero após a sua colisão com linhas de transmissão da concessionária estadual de energia elétrica. O helicóptero era de propriedade de uma empresa de táxi aéreo, a qual havia sido contratada por um fazendeiro para que fossem avaliados os possíveis danos decorrentes da construção de uma pequena central hidrelétrica. Fato é que cinco autores, familiares dos mortos, ingressaram em juízo contra a empresa aérea pleiteando a reparação dos danos extrapatrimoniais decorrentes da perda de seus entes queridos. O tribunal estadual, ao julgar procedente o pedido, fixou a reparação do dano extrapatrimonial no montante de 313 (trezentos e treze) salários mínimos (equivalentes a R$130 mil) para cada um dos autores, seguindo, dessa forma, o entendimento consolidado do STJ quanto ao

---

[10] De fato, a doutrina nacional ainda é majoritária na afirmação de que *In lege Aquilia et levissima culpa venit*, ou seja, no sentido de que *na responsabilidade aquiliana, é suficiente a culpa levíssima do agente*. Esta visão majoritária já encontrou eco em alguns julgados do STJ, entre os quais pode ser recordado o Recurso Especial nº 238.159/BA (Rel. Min. Barros Monteiro, Quarta Turma, j. 29.2.2000), em cuja ementa se lê: "RESPONSABILIDADE CIVIL. ATROPELAMENTO. CULPA. MATÉRIA DE PROVA. REPERCUSSÃO NO CÍVEL DO JULGADO CRIMINAL. - Na responsabilidade aquiliana ou extracontratual, basta a culpa levíssima do agente. - Pretendida inexistência de culpa do motorista e imputação de responsabilidade exclusiva da vítima pelo evento. Alegações que dependem da reapreciação do quadro probatório. Incidência da súmula nº 07-STJ. - Dissídio pretoriano não configurado. Inexistência, porém, de vinculação do juízo cível ao decidido no criminal, inocorrentes que são as exceções previstas nos arts. 65 e 66 do Código de Processo Penal. Recurso especial não conhecido". Correta, porém, mostra-se a crítica de Maria Celina Bodin de Moraes, que afirma: "O brocardo latino in lege Aquilia et levissima culpa venit ainda hoje é chamado a justificar a atribuição de responsabilidade em caso de culpa levíssima. Não obstante, a diligência normal, ao se reconduzir ao standard médio, configura o modelo de conduta profissional esperado, não parecendo nem possível nem razoável manter-se uma exigência acima do standard no âmbito da concepção normativa da culpa" (MORAES, Maria Celina Bodin de. *Danos à pessoa humana* – Uma leitura civil-constitucional dos danos morais. Rio de Janeiro: Renovar, 2003. p. 216-217).

[11] Também aqui merece ser recordado o pensamento de Maria Celina Bodin de Moraes: "A lesão à situação jurídica subjetiva protegida poderá decorrer de ação ou omissão, por culpa ou por risco. A tutela da dignidade humana da vítima tem que significar a mais ampla proteção da pessoa. No entanto, com relação à culpa levíssima, será permitido ao juiz ponderar: a exigência de cuidados excepcionais e diligência incomum ofereceriam um forte incentivo à chamada 'indústria do dano moral', além de, do ponto de vista da consciência coletiva, contribuírem significativamente para o incremento do processo de vitimização social" (MORAES, Maria Celina Bodin de. *Danos à pessoa humana* – Uma leitura civil-constitucional dos danos morais. Rio de Janeiro: Renovar, 2003. p. 327).

[12] STJ. Recurso Especial nº 1.127.913/RS. Rel. Min. Marco Buzzi, Rel. para o acórdão Min. Luís Felipe Salomão, Quarta Turma, j. 20.9.2012.

tema, o qual costuma admitir como "teto" reparatório o montante de 500 (quinhentos) salários mínimos para cada autor. A empresa ré, porém, recorreu ao Tribunal Superior argumentando, basicamente, que a condenação no montante fixado pela corte estadual seria capaz de provocar a sua ruína econômica, uma vez que se tratava de uma empresa de pequeno porte. Tal argumento não foi acolhido pelo relator originário, o qual negou provimento ao recurso, mas acabou prevalecendo a partir do primeiro voto divergente, tendo o Ministro Luís Felipe Salomão afirmado:

> Nesse passo, afigura-se-me que o princípio da indenizabilidade plena não pode significar que o causador do dano esteja obrigado a compensação ilimitada e irrestrita, mostrando-se justo e equânime a adoção de padrões limitativos do valor das condenações por danos morais. Se, de um lado, pode ser imensurável a dor sofrida com a perda de um ente querido – diria mesmo ilimitada, no íntimo de quem a experimenta –, por outro, a obrigação de indenizá-la deve se sujeitar a limites ancorados na equidade. Dessarte, embora amparado em normas constitucionais, assim como outros direitos fundamentas, o direito a indenização plena dos danos morais não é absoluto, podendo ser ponderado com outros de igual grandeza, como a proporcionalidade e a razoabilidade. Há muito no direito comparado – no que foi acompanhado pelo Código Civil de 2002 –, há regra que minimiza a indenização a ser paga pelo causador do dano, mitigando, em alguma medida, o princípio da integral reparação, que decerto, como dito, não é absoluto. Refiro-me à norma prevista no art. 944, parágrafo único, do Código Civil de 2002, que consubstancia a baliza para um juízo de ponderação pautado na proporcionalidade e na equidade. [...]. A meu juízo, encontra-se subjacente a essa regra uma outra principiologia que, a par de reconhecer o direito à integral reparação, ameniza-o em havendo um dano irracional que escapa dos efeitos que se esperam do ato causador. [...]. De fato, o sistema de responsabilidade civil atual rechaça indenizações ilimitadas que alcançam valores que, a pretexto de reparar integralmente vítimas de ato ilícito, revelam nítida desproporção entre a conduta do agente e os resultados ordinariamente dela esperados. E, observada a máxima vênia, penso que esse exagero e desproporção da indenização estariam presentes caso não houvesse uma limitação quantitativa da condenação, globalmente considerada.[13]

Outro julgado que merece destaque foi o proferido também pela Quarta Turma do STJ por ocasião do julgamento do Recurso Especial nº 1.270.983/SP.[14] O caso versava sobre acidente de trânsito envolvendo um ônibus de propriedade da empresa ré e um veículo de passeio no qual estavam um casal e seu filho menor, todos falecidos em razão do acidente. A ação de reparação de danos materiais e morais foi ajuizada por quatro autores, todos parentes dos falecidos, tendo o tribunal estadual fixado a reparação do dano moral no montante total de R$257 mil, valor este mantido, à unanimidade, pelo Tribunal Superior. No que aqui interessa é possível colher do voto condutor do ministro relator o seguinte trecho:

---

[13] Observe-se, porém, que, embora a argumentação a favor da limitação da reparação tenha prevalecido no julgamento deste recurso especial, certo é que ela foi rechaçada, por maioria, no julgamento dos Embargos de Divergência no Recurso Especial nº 1.127.913/RS (Rel. Min. Napoleão Nunes Maia Filho, Corte Especial, j. 4.6.2014), ocasião em que se restabeleceu o montante de R$130 mil (cento e trinta mil reais), a título de danos morais, para cada um dos autores.

[14] STJ. Recurso Especial nº 1.270.983/SP. Rel. Min. Luís Felipe Salomão, Quarta Turma, j. 8.3.2016.

De fato, se a indenização pode ser limitada para evitar a desproporção a que faz referência o parágrafo único do art. 944 do Código Civil, conferir a via da ação indenizatória a sujeitos não inseridos no núcleo familiar da vítima acarretaria também uma diluição de valores, em evidente prejuízo daqueles que efetivamente fazem jus à compensação dos danos morais, como cônjuge/companheiro, descendentes e ascendentes. Cumpre ressaltar que, muito embora o dispositivo faça referência à desproporcionalidade entre a "culpa" e o dano, nada impede seja ele utilizado em casos de responsabilidade objetiva. Basta que, mantendo sua principiologia, pautada na equidade e na proporcionalidade, a análise se desloque para o nexo causal, em hipóteses em que a relevância da causa do dano não seja condizente com os resultados danosos. Ou seja, havendo também uma desproporção causal entre o ato e o dano, justifica-se a incidência da regra prevista no art. 944, parágrafo único, do Código Civil (SANSEVERINO, Paulo de Tarso Vieira. Princípio da reparação integral. São Paulo: Saraiva, 2010, p. 123). Assim, o dano por ricochete a pessoas não pertencentes ao núcleo familiar da vítima direta da morte, de regra, deve ser considerado como não inserido nos desdobramentos lógicos e causais do ato, seja na responsabilidade por culpa, seja na objetiva, porque extrapolam os efeitos razoavelmente imputáveis à conduta do agente.

Também pode ser recordado o decidido pela Quarta Turma no Recurso Especial nº 1.079.145/SP.[15] O caso versava sobre um pedido de reparação de danos materiais e morais formulado por ex-aluna que, após concluir o curso de mestrado em Administração de Serviços de Saúde, não logrou obter o respectivo título, uma vez que a instituição de ensino superior não teve o curso reconhecido pelo Ministério de Educação e Cultura (MEC). A autora, que também já exercia a função de professora na própria instituição ré, teve o seu pedido julgado parcialmente procedente pelo magistrado de piso, ocasião em que lhe foi reconhecido o direito à devolução das mensalidades pagas e também aos lucros cessantes consistentes na diferença de remuneração que receberia caso tivesse obtido o título de mestre. Além deste dano material, obteve a reparação do dano moral no valor referente à soma das mensalidades pagas. Esta sentença, porém, foi integralmente reformada pelo TJSP no julgamento da apelação interposta pela ré, entendendo o tribunal estadual que as partes teriam celebrado um "contrato de risco", uma vez que a aluna tinha plena ciência de que o curso ainda não estava reconhecido ou credenciado pelo MEC, mas sim "em processo de reconhecimento". Quando do julgamento do recurso especial interposto pela aluna é possível reconhecer a divisão que se estabeleceu entre os ministros da Quarta Turma, tendo dois ministros negado provimento ao recurso, o qual foi provido por outros dois. Dessa forma, o deslinde da questão se deu pelo "voto médio" proferido pelo Ministro Antônio Carlos Ferreira, segundo o qual o dano material deveria corresponder à metade do valor das mensalidades pagas, afastada a reparação dos lucros cessantes, e o dano moral deveria ser arbitrado no montante de R$10 mil. E foi justamente para a definição do valor devido a este título que o relator para o acórdão invocou o disposto no parágrafo único do art. 944 do Código Civil, tendo afirmado:

> No que diz respeito à reparação dos danos imateriais, por seu caráter essencialmente subjetivo, parece-me que o fato de a autora-recorrente ter pleno (e prévio) conhecimento dos motivos que levaram ao não reconhecimento do curso de mestrado tem relevância para sua valoração. De igual modo, a condição de docente da mesma instituição de ensino

---

[15] STJ. Recurso Especial nº 1.079.145/SP. Rel. Min. Luís Felipe Salomão, Relator para o acórdão Min. Antônio Carlos Ferreira, Quarta Turma, j. 28.4.2015.

traduz conhecimento da possibilidade de aproveitar os respectivos créditos educacionais para obter a almejada graduação em outra instituição, o que abranda, em meu juízo, a alegada angústia e sofrimento. Por sua vez, muito embora inaplicável para se decidir acerca do dever de reparar em hipótese de responsabilidade objetiva, o grau de culpa da instituição de ensino deve ser considerado para aquilatação do quantum indenizatório. Aqui, diversamente, tem importância o reconhecimento, pelo Tribunal local, do esforço da entidade para a obtenção do credenciamento. Nessa linha, determina a lei civil que "se houver excessiva desproporção entre a gravidade da culpa e o dano, poderá o juiz reduzir, equitativamente, a indenização" (CC/2002, art. 944, parágrafo único). Postas essas considerações, fixo o valor da indenização em R$10.000,00 (dez mil reais), mantidos os critérios de correção e incidência de juros definidos pelo em. Ministro Relator.

Os três julgados do Superior Tribunal de Justiça demonstram que a aplicação do dispositivo legal tem sido feita de forma completamente divorciada de sua literalidade. Em todos é possível constatar que, em nenhum momento, a graduação da culpa foi o critério determinante para a redução da reparação, ou, ao menos, se fez uma análise de qual seria o grau que, no caso concreto, permitiria a incidência da regra legal. Chegou-se mesmo ao ponto de afirmar que, nos casos de responsabilidade civil objetiva, o dispositivo codificado deve ser interpretado como se referindo ao nexo causal e não à culpa (!).

A pesquisa jurisprudencial nos tribunais estaduais tampouco pode ser considerada um alento para o intérprete. De fato, é possível encontrar julgados que chegam a defender a aplicação a *contrario sensu* do disposto no parágrafo único do art. 944 do Código Civil a fim de permitir o reconhecimento da "teoria do desestímulo" pela legislação brasileira.[16] Embora referido julgado tenha, ao menos, feito referência à "gravidade da culpa do fornecedor", certo é que termina por afirmar o oposto do que consta do dispositivo invocado, atuando o julgador à semelhança de um *legislador* para o caso concreto. Tem-se, em suma, verdadeira interpretação *contra legem*.

Tais julgados, de todo modo, parecem apontar para a insuficiência, ou mesmo imprecisão, dos requisitos eleitos pelo legislador brasileiro para a redução equitativa da reparação. Nesse sentido, é necessário deixar claro, em primeiro lugar, que houve uma opção legislativa pela possibilidade, ainda que excepcional, de *redução* da reparação. Em consequência, deve realmente ser *afastada* qualquer tentativa de se encontrar no dispositivo legal a consagração legislativa da "teoria do desestímulo" ou de qualquer forma de "reparação punitiva".[17]

---

[16] Pode ser recordada, nesse sentido, a decisão proferida pela Vigésima Sétima Câmara Cível do Tribunal de Justiça do Rio de Janeiro na Apelação Cível nº 0009319-35.2015.8.19.0204. O caso versava sobre pedido de reparação de danos morais decorrentes de negativação indevida solicitada por empresa concessionária de energia elétrica uma vez que as supostas dívidas foram contraídas após o encerramento do contrato celebrado pelo consumidor. Em seu voto vencedor o des. relator afirma que "o valor arbitrado pelo juízo *a quo*, todavia, embora não seja propriamente irrisório, não é tampouco condizente com a extensão do dano, nem com a gravidade da culpa do ofensor, que, apesar de fazer perdurar a anotação desabonadora há mais de três anos, e apesar de poder extrair destes autos a límpida conclusão da ilicitude desse ato, não se dignou a desfazê-lo. Considero razoável e proporcional a majoração da verba compensatória de dano moral para R$10.000,00, visto que a indenização, a par de considerar a gravidade da culpa do fornecedor em denegrir a credibilidade do consumidor no mercado em razão de débito que sabe ou devia saber indevido (art. 944, §único, a *contrario sensu*, do Código Civil), deve ainda servir de desestímulo à prática sistemática de ilícitos – desiderato cujo olvido é tão nocivo ao Direito quanto o enriquecimento sem causa do ofendido, que tão amiúde se usa alegar".

[17] Mais bem elaborada, portanto, é a tentativa doutrinária de encontrar, na própria Constituição da República, o fundamento normativo para a "indenização punitiva". Veja-se, nesse sentido, a doutrina de André Gustavo

A seguir, deve ser observado que a graduação da culpa foi, realmente, o critério expressamente eleito para a *redução* da reparação e consequente afastamento do princípio da "reparação integral" do dano. Contudo, considerando-se a natureza marcadamente *subjetiva*, e sempre controversa, deste tema, é necessário admitir que o intérprete possa lançar mão de outros elementos, mais *objetivos*, para que se possa atingir a *finalidade* da norma.

Entre esses elementos podem ser citadas as "condições econômicas do lesante e do lesado", tal como expresso na lei portuguesa, em especial a situação patrimonial do lesante. De fato, partindo-se do pressuposto de que a reparação civil "não deve provocar a ruína econômica do ofensor", deve ser reconhecida a possibilidade de o julgador invocar a "tutela jurídica do patrimônio mínimo" a fim de se alcançar uma reparação que possa ser considerada *razoável*, embora não integral, ao mesmo tempo em que se preserva a dignidade da pessoa do ofensor. Tal visão estaria, assim, fundamentada na tutela da dignidade da pessoa humana (Constituição da República, art. 1º, inc. III) e na tutela do solidarismo constitucional (art. 3º, inc. I).

3 A tutela jurídica do patrimônio mínimo como legítimo critério para a redução equitativa da reparação

A verificação da possibilidade da invocação da tese do patrimônio mínimo como resultado da interpretação guiada pelos princípios e valores constitucionais pressupõe a análise de algumas premissas fixadas por Luiz Edson Fachin na pioneira obra *Estatuto jurídico do patrimônio mínimo*.

O autor parte do conceito usual de patrimônio como o "conjunto de direitos, relações ou bens que sejam aferíveis em pecúnia",[18] sem enveredar-se por novas configurações patrimoniais como o patrimônio genético, o patrimônio como informação ou o patrimônio digital. O que é desenvolvido como patrimônio mínimo também não se confunde com propriedade, tampouco com a propriedade titularizada nos modos tradicionais de apropriação formal ou registral previstas nos códigos civis.

Toda pessoa, necessariamente, é titular de um patrimônio;[19] [20] este é o pensamento da teoria clássica, que entende o patrimônio como atributo da personalidade, por isso também denominada teoria subjetiva. O patrimônio é considerado a expressão econômica da pessoa, sendo dela inseparável, e por isso possui a função de garantia dos credores, a

---

Corrêa de Andrade, quando afirma: "Independentemente de qualquer previsão legal, a indenização punitiva do dano moral é aplicável em nosso ordenamento jurídico, porque retira seu fundamento diretamente de princípio constitucional. É no princípio da dignidade humana, estabelecido no art. 1º, inciso III, da Constituição Federal, que a indenização punitiva encontra sua base lógico-jurídica. A aplicação dessa forma especial de sanção constitui, também, consectário lógico do reconhecimento constitucional dos direitos da personalidade e do direito à indenização do dano moral, encartados no art. 5º, incisos V e X, da Constituição brasileira. Tais princípios constitucionais, como *mandados de otimização* que são, ou seja, 'normas que ordenam que algo seja realizado na maior medida possível, ao mesmo tempo que consagram direitos de natureza fundamental, determinam ao operador jurídico que empregue todos os meios possíveis para a proteção desses direitos" (ANDRADE, André Gustavo Corrêa de. Indenização punitiva. *Revista da EMERJ*, Rio de Janeiro, v. 9, n. 36, 2006. p. 147-148. Grifos no original).

[18] FACHIN, Luiz Edson. *Estatuto do patrimônio mínimo*. 2. ed. Rio de Janeiro: Renovar, 2006. p. 43.
[19] GOMES, Orlando. *Introdução ao direito civil*. 19. ed. Rio de Janeiro: Forense, 2008. p. 182.
[20] AMARAL, Francisco. *Direito civil*: introdução. 8. ed. Rio de Janeiro: Renovar, 2014. p. 402.

assegurar-lhes o pagamento das dívidas. Para a teoria realista, o patrimônio é criticado como universalidade, sendo possível a titularização de várias massas patrimoniais pela mesma pessoa com destinação específica, o que doutrinariamente se convencionou chamar de patrimônio de afetação.[21] Essa teoria, contudo, não superou a vinculação do patrimônio à pessoa, tampouco a ideia de que cada pessoa tem necessariamente um patrimônio.

Acompanha a crítica a essa dicotomia Milena Donato Oliva, quando aponta a complexidade das diversas teorias, dificultando-se a sua redução a duas categorias homogêneas.[22] Indica, ainda, a "inadequação, relativamente ao direito brasileiro, do postulado fundamental da teoria clássica, segundo o qual o patrimônio emana da personalidade", destacando a autora que a superação dessa ligação é que permite superar igualmente as ideias de unidade, indivisibilidade e inseparabilidade do patrimônio da pessoa.[23]

Acima da quebra desses postulados, a releitura do conceito de patrimônio como atributo da pessoa, proposta por Fachin, conduz, primordialmente, à superação da função única de garantia das dívidas, e assim surge a primeira base teórica para a ideia de patrimônio mínimo. E é na proposta de funcionalização das situações jurídicas patrimoniais às existenciais[24] que o patrimônio inicia o seu "giro repersonalizante".[25] Inverte-se a lógica de que a pessoa deve servir ao patrimônio, para que o patrimônio – mínimo – possa servir à pessoa, operando-se, então, a cisão entre patrimônio e pessoa. Nessa linha, como destaca Daniel Bucar, o patrimônio passa da função original de garantia universal de crédito à função justamente de limitação da garantia, para, enfim, assumir a função de promoção e proteção da pessoa humana:

> Na contemporaneidade, o acervo patrimonial deve ser instrumento de promoção e proteção da pessoa humana, sendo que suas anteriores funções (garantia universal de credores e delimitação de responsabilidade) assumem um caráter secundário e serão observadas se e quando for atendido o preceito maior personalista.[26]

A garantia de um patrimônio mínimo pode afetar qualquer pretensão creditícia, incluindo-se nesse conceito a pretensão indenizatória, para resguardar a dignidade da pessoa humana. Ressalva Fachin, todavia, que ela não afeta o direito de crédito

---

[21] AMARAL, Francisco. *Direito civil*: introdução. 8. ed. Rio de Janeiro: Renovar, 2014. p. 403.
[22] Afirma Milena Donato Oliva que "a insuficiência da classificação das teorias sobre o patrimônio em somente duas vertentes", tendo em vista as diversidades existentes entre os doutrinadores que as defendem (OLIVA, Milena Donato. *Patrimônio separado*. Rio de Janeiro: Renovar, 2009. p. 106).
[23] OLIVA, Milena Donato. *Patrimônio separado*. Rio de Janeiro: Renovar, 2009. p. 213.
[24] "A alteração da noção de autonomia repercute profundamente na teoria da interpretação. Tradicionalmente, a dogmática se restringia ao aspecto estrutural das categorias jurídicas, ou seja, seus elementos constitutivos e os poderes atribuídos aos titulares. Na medida em que o espectro e os limites (das categorias e institutos jurídicos, e especialmente) da autonomia atribuída aos particulares não são mais uniformes e abstratos (vontade individual submetida unicamente ao limite negativo da ilicitude), mas dependem dos valores que lhes servem de fundamento (para promoção de interesses socialmente relevantes), alude-se à funcionalização dos institutos de direito civil. Assim, as relações jurídicas estruturadas para a proteção de interesses patrimoniais e individuais tornam-se vetores de interesses existenciais. Em última análise, o espaço de autonomia privada (a estrutura dos poderes conferidos para exercício de direitos dela decorrentes) é determinado pela função que desempenha na relação jurídica" (TEPEDINO, Gustavo. Esboço de uma classificação funcional dos atos jurídicos. *Revista Brasileira de Direito Civil*, v. 1, jul./set. 2014. p. 12).
[25] FACHIN, Luiz Edson. *Estatuto do patrimônio mínimo*. 2. ed. Rio de Janeiro: Renovar, 2006. p. 231.
[26] BUCAR, Daniel. *Superendividamento*: reabilitação patrimonial da pessoa humana. São Paulo: Saraiva, 2017. p. 37.

propriamente dito.[27] O que se retira é o bem ou os bens da executoriedade. Essa conclusão, portanto, não põe em xeque o princípio da responsabilidade patrimonial, mas permite uma releitura, para apreendê-lo, para fins da teoria apresentada, como aquele segundo o qual o patrimônio – disponível – do devedor é responsável por suas dívidas.[28]

O ordenamento jurídico brasileiro tem vários exemplos de restrições de atos de disposição patrimonial, sejam eles voluntários, legais ou judiciais. Com efeito, o patrimônio nem sempre está disponível – mesmo para o seu titular, quiçá para a garantia dos credores. A análise dessas hipóteses que emergem do Código Civil e da legislação especial demonstra não só essa indisponibilidade, mas o surgimento de um tratamento diferenciado do acervo patrimonial da pessoa à luz da dignidade da pessoa humana.

A vedação à doação universal[29] e a possibilidade da cláusula de inalienabilidade testamentária[30] configuram dois exemplos de restrição da liberdade negocial, excepcionando o princípio da autonomia privada. No primeiro caso, há um duplo fundamento: a proibição da autorredução à condição de miserabilidade e um impedimento geral à potencialidade de levar a si próprio à pobreza ou à ruína patrimonial,[31] o que se convencionou chamar de prodigalidade. No segundo caso, a limitação da autonomia privada se dá por ato de terceiro, no caso, o estipulante da deixa testamentária. O óbice de reduzir-se à miséria ocorre por via indireta, devido à proibição de alienação do bem em virtude do intuito protetivo do testador em relação ao beneficiário.[32]

As hipóteses de impenhorabilidade de determinados bens previstos no então vigente Código de Processo Civil não fugiram ao exame de Luiz Edson Fachin, contudo, a sua análise centrou-se na impenhorabilidade do bem de família legal, instituído pela Lei

---

[27] FACHIN, Luiz Edson. *Estatuto do patrimônio mínimo*. 2. ed. Rio de Janeiro: Renovar, 2006. p. 67.
[28] FACHIN, Luiz Edson. *Estatuto do patrimônio mínimo*. 2. ed. Rio de Janeiro: Renovar, 2006. p. 67.
[29] "Art. 548. É nula a doação de todos os bens sem reserva de parte, ou renda suficiente para a subsistência do doador".
[30] "Art. 1.911. A cláusula de inalienabilidade, imposta aos bens por ato de liberalidade, implica impenhorabilidade e incomunicabilidade"; "Art. 1.848. Salvo se houver justa causa, declarada no testamento, não pode o testador estabelecer cláusula de inalienabilidade, impenhorabilidade, e de incomunicabilidade, sobre os bens da legítima".
[31] Neste sentido: "RECURSO ESPECIAL. DOAÇÃO UNIVERSAL. ART. 1.175 DO CÓDIGO CIVIL DE 1916 (ART. 548 DO CÓDIGO CIVIL EM VIGOR). APLICAÇÃO EM ACORDO REALIZADO POR OCASIÃO DE SEPARAÇÃO JUDICIAL. PRECEITO ÉTICO. POSSIBILIDADE. RECURSO PARCIALMENTE PROVIDO. 1. A proibição inserta no art. 1.175 do Código Civil de 1916 (art. 548 do Código Civil em vigor) destina-se a impedir que o autor da liberalidade reduza-se a situação de pobreza, em razão da doação. Caráter social do preceito em testilha. 2. A vedação à doação universal realiza a mediação concretizadora do princípio constitucional da dignidade da pessoa humana (art. 1º, III, da Constituição Federal). Recursos financeiros suficientes para que as necessidades elementares da pessoa humana sejam atendidas. 3. Acordos realizados nas separações judiciais são transações de alta complexidade, tendo em vista a gama de interesses sensíveis a serem ajustados. Disponibilidade patrimonial para compor ajustes sobre questões intrincadas. Condescendência econômica de uma das partes. Limitação. Não se podem solucionar problemas de ordem familiar a qualquer custo, máxime, quando o preço a ser pago reflete-se na dignidade da pessoa humana. 4. Incide o preceito ético do art. 1.175 do Código de 1916 (art. 548 do Código Civil em vigor) em acordo realizado, em virtude de separação judicial. 5. Recurso especial parcialmente provido" (STJ. REsp nº 285.421. Rel. Min. Vasco Della Giustina (Des. Convocado do TJ/RS), 3ª T. *DJe*, 12 maio 2010).
[32] Nesse sentido: "No que concerne à cláusula de inalienabilidade, o CC/02 não repetiu no art. 1.911 a mesma redação do art. 1.676 do CC/16. Entretanto, permanece o mesmo tratamento ao instituto, que, por impor ao beneficiário restrição à livre disposição do bem doado, exterioriza o intuito protetivo pretendido pelo testador/doador ao patrimônio do herdeiro/donatário. Dessa forma, o afastamento da cláusula de inalienabilidade só é permitido nas excepcionais hipóteses de desapropriação dos bens clausulados ou de alienação por conveniência econômica do beneficiário, mediante autorização judicial, incidindo, contudo, a mesma restrição aos bens em que convertido o produto da venda" (STJ. REsp nº 1.101.702. Rel. Min. Nancy Andrighi, 3ª T., 9.10.2009).

nº 8.009/90.³³ A ideia da investigação dessa figura jurídica foi demostrar a aproximação dos temas e estabelecer as suas diferenças. A essência da Lei nº 8.009/90 é a proteção do núcleo familiar. Essa proteção, contudo, se dá por meio da moradia, garantindo-se a impenhorabilidade do bem imóvel residencial de propriedade do integrante³⁴ ou de um dos integrantes da família. No entanto, a propriedade de um bem imóvel no Brasil não é realidade de muitos, de sorte que a ideia de patrimônio mínimo sob o mesmo fundamento de emancipação e proteção da pessoa se afasta da impenhorabilidade do bem de família por não estar ligado à ideia de propriedade de um bem, tampouco de um bem imóvel.

Segundo o autor, a proibição da doação universal, a inalienabilidade testamentária e as hipóteses de impenhorabilidade, notadamente aquela prevista na lei que instituiu o bem de família legal, se não confundidos os conceitos com a proposta da sua tese, são exemplos que, embora fracionados no ordenamento jurídico, embasam o fio condutor do que vai ser proposto como teoria do patrimônio mínimo, a partir de uma hermenêutica criativa.³⁵

Embora não previsto expressamente no ordenamento jurídico brasileiro, o princípio do patrimônio mínimo está alicerçado, no âmbito constitucional, no direito à vida,³⁶ no princípio da dignidade da pessoa humana,³⁷ no princípio da solidariedade constitucional³⁸ ³⁹ e no exercício da atividade econômica condicionado à garantia da existência digna.⁴⁰

A ideia do patrimônio mínimo insere a pessoa e os seus respectivos valores personalíssimos, entre eles, a existência digna, no centro das relações jurídicas.⁴¹ Sem descurar do legítimo interesse dos credores, a tese do patrimônio mínimo trabalha com a proteção das necessidades básicas, sem vinculação e sem se ater ao fechado limite da propriedade dos bens e da titularidade tradicional destes. Como destaca Eroulths Cortiano Jr., "o garantir o patrimônio por intermédio de outras formas de ver as titularidades por

---

33   FACHIN, Luiz Edson. *Estatuto do patrimônio mínimo*. 2. ed. Rio de Janeiro: Renovar, 2006. p. 131 e ss.
34   "O conceito de impenhorabilidade de bem de família abrange também o imóvel pertencente a pessoas solteiras, separadas e viúvas" (STJ, Corte Especial. Súmula nº 364, 3.11.2008).
35   FACHIN, Luiz Edson. *Estatuto do patrimônio mínimo*. 2. ed. Rio de Janeiro: Renovar, 2006. p. 5.
36   "Art. 5º Todos são iguais perante a lei, sem distinção de qualquer natureza, garantindo-se aos brasileiros e aos estrangeiros residentes no País a inviolabilidade do direito à vida, à liberdade, à igualdade, à segurança e à propriedade, nos termos seguintes: [...]".
37   "Art. 1º A República Federativa do Brasil, formada pela união indissolúvel dos Estados e Municípios e do Distrito Federal, constitui-se em Estado Democrático de Direito e tem como fundamentos: [...] III - a dignidade da pessoa humana".
38   "Art. 3º Constituem objetivos fundamentais da República Federativa do Brasil: I - construir uma sociedade livre, justa e solidária".
39   Neste sentido, assevera o autor: "A solidariedade adquire valor jurídico. A preocupação do jurista não se dirige apenas ao indivíduo, mas à pessoa tomada em relação, inserida no contexto social. A pessoa humana, como bem suprema do Direito, não é um elemento, isolado, dotado de plenos poderes, com direitos absolutos e ilimitados. A coexistencialidade implica que se assegure não só o pleno desenvolvimento da pessoa individual, mas, simultaneamente, que as demais pessoas com as quais o indivíduo está em relação também possam ter esse desenvolvimento, de forma solidária. A pessoa tem o dever social de colaborar com o bem do qual também participa, ou seja, deve colaborar com a realização dos demais integrantes da comunidade" (FACHIN, Luiz Edson. *Estatuto do patrimônio mínimo*. 2. ed. Rio de Janeiro: Renovar, 2006. p. 47).
40   "Art. 170. A ordem econômica, fundada na valorização do trabalho humano e na livre iniciativa, tem por fim assegurar a todos existência digna, conforme os ditames da justiça social, observados os seguintes princípios: [...]".
41   FACHIN, Luiz Edson. *Estatuto do patrimônio mínimo*. 2. ed. Rio de Janeiro: Renovar, 2006. p. 5.

ganhar impulso a partir da concepção que os bens, longe de serem um fim em si mesmo, servem para a subsistência física e moral do ser humano".[42] Também não se prende aos extremos limites quantitativos para a fixação do mínimo e do máximo, voltando a sua lente para a peculiaridade do caso concreto.

A interpretação do parágrafo único do art. 944 do Código Civil também se insere como exemplo desse fio condutor e passa, então, a ser estudada como legítimo critério para a redução equitativa em caso de reparação pecuniária. Tendo em vista a compreensão do sentido histórico do dispositivo, inspirado em modelos que não se pautavam exclusivamente pelo grau de culpa, sua intepretação pode se beneficiar da tutela do patrimônio mínimo do ofensor, que, embora responsável pelo dano causado, não deve ser privado daquilo que lhe é essencial para a proteção de sua dignidade.

Assim, já foi destacado em doutrina que, tendo em vista que o princípio da reparação integral do dano tem caráter constitucional, a sua mitigação pelo dispositivo em questão também deve se fundar em princípio constitucional que prevaleça no caso concreto, como, justamente, a proteção do patrimônio mínimo.[43] Na mesma esteira, afirma Carlos Edison do Rêgo Monteiro Filho que a aplicação do dispositivo pressupõe a hipossuficiência financeira do ofensor para arcar com a indenização, de modo que "o balanceamento da equidade deve levar em conta outros diversos fatores de ponderação, para além do grau de culpa, dentre eles o limite do patrimônio mínimo do ofensor e da vítima".[44] Em síntese, como afirmado em outra sede, deve-se reconhecer que "constatando o julgador que a reparação integral pode acarretar a ruína do ofensor, deverá determinar sua redução equitativa, apresentando as razões do seu convencimento".[45]

4 Conclusão

Por todo o exposto é possível afirmar que a norma insculpida no parágrafo único do art. 944 do Código Civil veio preencher uma lacuna existente no diploma revogado. A admissão de uma restrição ao princípio da reparação integral já era consagrada em outros ordenamentos e não deve, assim, ser vista como um equívoco normativo ou mesmo ser declarada inconstitucional. Serve, antes, como um instrumento colocado à disposição do julgador como forma de evitar os possíveis rigores decorrentes de uma reparação de grande monta.

Percebe-se, porém, a infelicidade do legislador brasileiro ao redigir o dispositivo que contém tão importante norma. Por essa razão, sua aplicação nunca poderá considerar a literalidade da regra codificada, devendo o julgador considerar outros elementos que por ela não foram contemplados. Entre estes elementos destaca-se a imprescindível

---

[42] CORTIANO JUNIOR, Eroulths. Para além das coisas (breve ensaio sobre o direito, a pessoa e o patrimônio mínimo). In: RAMOS, Carmen Lúcia Silveira *et al.* (Coord.). *Diálogos sobre direito civil*. Rio de Janeiro: Renovar, 2002. p. 162.

[43] KONDER, Carlos Nelson. A redução equitativa da indenização em virtude do grau de culpa: apontamentos acerca do parágrafo único do art. 944 do Código Civil. *Revista Trimestral de Direito Civil*, Rio de Janeiro, v. 29, jan./mar. 2007. p. 33.

[44] MONTEIRO FILHO, Carlos Edison do Rêgo. Art. 944 do Código Civil: o problema da mitigação do princípio da reparação integral. *Revista da Procuradoria geral do Estado do Rio de Janeiro*, Rio de Janeiro, v. 63, 2008. p. 84.

[45] CALIXTO, Marcelo Junqueira. Breves considerações em torno do art. 944, parágrafo único, do Código Civil. *Revista Trimestral de Direito Civil*, Rio de Janeiro, v. 39, p. 51-76, jul./set. 2009. p. 74.

tutela do patrimônio mínimo do ofensor, sob pena de, a título de reparação, subtrair do causador do dano o mínimo indispensável para a manutenção de sua dignidade.

Referências

ALVIM, Agostinho Neves de Arruda. Da equidade. *Revista dos Tribunais*, São Paulo v. 797, p. 767-770, mar. 2002.

ALVIM, Agostinho Neves de Arruda. *Da inexecução das obrigações e suas consequências*. 4. ed. São Paulo: Saraiva, 1972.

ALVIM, Agostinho Neves de Arruda. Direito das obrigações – Exposição de motivos. *Revista do Instituto dos Advogados Brasileiros*, Rio de Janeiro, ano IV, n. 24.

AMARAL, Francisco. *Direito civil*: introdução. 8. ed. Rio de Janeiro: Renovar, 2014.

ANDRADE, André Gustavo Corrêa de. Indenização punitiva. *Revista da EMERJ*, Rio de Janeiro, v. 9, n. 36, 2006.

BARBOZA, Heloísa Helena et al. *Código Civil interpretado conforme a Constituição da República*. Rio de Janeiro: Renovar, 2006. v. II.

BARBOZA, Heloísa Helena et al. *Código Civil interpretado conforme a Constituição da República*. 2. ed. Rio de Janeiro: Renovar, 2007. v. I.

BUCAR, Daniel. *Superendividamento*: reabilitação patrimonial da pessoa humana. São Paulo: Saraiva, 2017.

BUSSANI, Mauro. *As peculiaridades da noção de culpa* – Um estudo de direito comparado. Tradução de Helena Saldanha. Porto Alegre: Livraria do Advogado, 2000.

CALIXTO, Marcelo Junqueira. *A culpa na responsabilidade civil* – Estrutura e função. Rio de Janeiro: Renovar, 2008.

CALIXTO, Marcelo Junqueira. Breves considerações em torno do art. 944, parágrafo único, do Código Civil. *Revista Trimestral de Direito Civil*, Rio de Janeiro, v. 39, p. 51-76, jul./set. 2009.

CARRÁ, Bruno Leonardo Câmara. A doutrina da tripartição da culpa: uma visão contemporânea. *Revista de Direito Civil Contemporâneo*, São Paulo, v. 13, p. 199-229, out./dez. 2017.

CAVALIERI FILHO, Sérgio. *Programa de responsabilidade civil*. 6. ed. São Paulo: Malheiros, 2006.

CAVALIERI FILHO, Sérgio; DIREITO, Carlos Alberto Menezes; TEIXEIRA, Sálvio de Figueiredo (Coord.). *Comentários ao Novo Código Civil*. Rio de Janeiro: Forense, 2004. v. XIII.

CORTIANO JUNIOR, Eroulths. Para além das coisas (breve ensaio sobre o direito, a pessoa e o patrimônio mínimo). In: RAMOS, Carmen Lúcia Silveira et al. (Coord.). *Diálogos sobre direito civil*. Rio de Janeiro: Renovar, 2002.

CRUZ, Gisela Sampaio da. *O problema do nexo causal na responsabilidade civil*. Rio de Janeiro: Renovar, 2005.

DIAS, José de Aguiar. *Da responsabilidade civil*. 11. ed. atual. por Rui Berford Dias. Rio de Janeiro: Renovar, 2006.

EUROPEAN GROUP ON TORT LAW. *Princípios de direito europeu da responsabilidade civil*. Disponível em: <http://civil.udg.edu/php/biblioteca/items/295/PETLPortuguese.doc>.

FACHIN, Luiz Edson. *Estatuto do patrimônio mínimo*. 2. ed. Rio de Janeiro: Renovar, 2006.

GILLIÉRON, Pierre-Robert; SCYBOZ, Georges. *Code Civil Suisse et Code des Obligations Annotés*. 5. ed. Lausanne: Payot, 1993.

GOMES, Orlando. *Introdução ao direito civil*. 19. ed. Rio de Janeiro: Forense, 2008.

GONÇALVES, Luiz da Cunha. *Tratado de direito civil*. 2. ed. São Paulo: Max Limonad, 1957. v. XII. t. II.

JOURDAIN, Patrice; VINEY, Geneviève. *Traité de droit civil* – Les conditions de la responsabilité. 2. ed. Paris: LGDJ, 1998.

KFOURI NETO, Miguel. Graus de culpa e redução equitativa da indenização. *Revista dos Tribunais*, São Paulo, v. 839, p. 47-68, set. 2005.

KFOURI NETO, Miguel. *Responsabilidade civil do médico*. 6. ed. São Paulo: Atlas, 2007.

KONDER, Carlos Nelson. A redução equitativa da indenização em virtude do grau de culpa: apontamentos acerca do parágrafo único do art. 944 do Código Civil. *Revista Trimestral de Direito Civil*, Rio de Janeiro, v. 29, jan./mar. 2007.

LIMA, Fernando Andrade Pires de; VARELA, João de Matos Antunes. *Código Civil anotado*. Coimbra: Coimbra Editora, 1967.

MENDONÇA, Manoel Ignácio Carvalho de. *Doutrina e prática das obrigações ou tratado geral dos direitos de crédito*. 3. ed. atual. por J. M. de Carvalho Santos. Rio de Janeiro: Freitas Bastos, 1938. t. II.

MIRANDA, Francisco Cavalcanti Pontes de. *Tratado de direito privado*. 2. ed. Rio de Janeiro: Borsói, 1966. v. LIII.

MIRANDA, Francisco Cavalcanti Pontes de. *Tratado de direito privado*. Rio de Janeiro: Borsói, 1958. v. XXIII.

MONTEIRO FILHO, Carlos Edison do Rêgo. Art. 944 do Código Civil: o problema da mitigação do princípio da reparação integral. *Revista da Procuradoria geral do Estado do Rio de Janeiro*, Rio de Janeiro, v. 63, 2008.

MONTEIRO FILHO, Carlos Edison do Rêgo. Limites ao princípio da reparação integral no direito brasileiro. *Civilistica.com*, ano 7, n. 1, 2018. Disponível em: <http://civilistica.com/limites-ao-principio-da-reparacao-integral/>. Acesso em: 25 maio 2018.

MORAES, Maria Celina Bodin de. A constitucionalização do direito civil e seus efeitos sobre a responsabilidade civil. In: SOUZA NETO, Cláudio Pereira de; SARMENTO, Daniel (Coord.). *A constitucionalização do direito* – Fundamentos teóricos e aplicações específicas. Rio de Janeiro: Lumen Juris, 2007.

MORAES, Maria Celina Bodin de. *Danos à pessoa humana* – Uma leitura civil-constitucional dos danos morais. Rio de Janeiro: Renovar, 2003.

MORAES, Maria Celina Bodin de. O conceito de dignidade humana: substrato axiológico e conteúdo normativo. In: SARLET, Ingo Wolfgang (Org.). *Constituição, direitos fundamentais e direito privado*. Porto Alegre: Livraria do Advogado, 2003.

MORAES, Maria Celina Bodin de. O princípio da solidariedade. In: PEIXINHO, Manoel Messias; GUERRA, Isabela Franco; NASCIMENTO FILHO, Firly (Org.). *Os princípios da Constituição de 1988*. Rio de Janeiro: Lumen Juris, 2001.

MORAES, Maria Celina Bodin de. Punitive damages em sistemas civilistas: problemas e perspectivas. *Revista Trimestral de Direito Civil*, Rio de Janeiro, v. 18, p. 45-78, abr./jun. 2004.

MORAES, Maria Celina Bodin de. Risco, solidariedade e responsabilidade objetiva. *Revista dos Tribunais*, São Paulo, v. 854, p. 11-37, dez. 2006.

MULHOLLAND, Caitlin Sampaio. *A responsabilidade civil por presunção de causalidade*. Rio de Janeiro: GZ, 2010.

OLIVA, Milena Donato. *Patrimônio separado*. Rio de Janeiro: Renovar, 2009.

RODRIGUES, Silvio. *Direito civil*: responsabilidade civil. 20. ed. São Paulo, Saraiva, 2003. v. 4.

SANSEVERINO, Paulo de Tarso Vieira. *Princípio da reparação integral*. São Paulo: Saraiva, 2011.

SCHREIBER, Anderson. Arbitramento do dano moral no Novo Código Civil. *Direito, Estado e Sociedade*, Rio de Janeiro, v. 20, p. 16-38, jan./jul. 2002.

SCHREIBER, Anderson. *Novos paradigmas da responsabilidade civil* – Da erosão dos filtros da reparação à diluição dos danos. São Paulo: Atlas, 2007.

SCHREIBER, Anderson; TEPEDINO, Gustavo. As penas privadas no direito brasileiro. In: SARMENTO, Daniel; GALDINO, Flavio (Coord.). *Direitos fundamentais*: estudos em homenagem ao Professor Ricardo Lobo Torres. Rio de Janeiro: Renovar, 2006.

SILVA, Denis Franco; BUSTAMANTE, Thomas. Neminem Laedere: o novo Código Civil brasileiro e a integral reparabilidade dos danos materiais decorrentes de ato ilícito. *Revista Trimestral de Direito Civil*, Rio de Janeiro, v. 20, p. 247-258, out./dez. 2004.

TEPEDINO, Gustavo. A evolução da responsabilidade civil no direito brasileiro e suas controvérsias na atividade estatal. In: TEPEDINO, Gustavo. *Temas de direito civil*. 3. ed. Rio de Janeiro: Renovar, 2004.

TEPEDINO, Gustavo. Esboço de uma classificação funcional dos atos jurídicos. *Revista Brasileira de Direito Civil*, v. 1, jul./set. 2014.

TEPEDINO, Gustavo. Notas sobre o nexo de causalidade. In: TEPEDINO, Gustavo. *Temas de direito civil*. Rio de Janeiro: Renovar, 2006. t. II.

TEPEDINO, Gustavo. O futuro da responsabilidade civil. *Revista Trimestral de Direito Civil*, Rio de Janeiro, v. 24, p. iii-v, out./dez. 2005. Editorial.

VARELA, João de Matos Antunes; LIMA, Fernando Andrade Pires de. *Código Civil anotado*. Coimbra: Coimbra Editora, 1967. v. I.

VINEY, Geneviève; JOURDAIN, Patrice. *Traité de droit civil* – Les conditions de la responsabilité. 2. ed. Paris: LGDJ, 1998.

VISINTINI, Giovanna. Tratado de la responsabilidad civil – La culpa como criterio de imputación de la responsabilidad. Tradução de Aída Kemelmajer de Carlucci. Buenos Aires: Depalma, 1999. v. 1.

Informação bibliográfica deste texto, conforme a NBR 6023:2002 da Associação Brasileira de Normas Técnicas (ABNT):

CALIXTO, Marcelo Junqueira; KONDER, Cíntia Muniz de Souza. O estatuto jurídico do patrimônio mínimo e a mitigação da reparação civil. In: EHRHARDT JÚNIOR, Marcos; CORTIANO JUNIOR, Eroulths (Coord.). *Transformações no Direito Privado nos 30 anos da Constituição*: estudos em homenagem a Luiz Edson Fachin. Belo Horizonte: Fórum, 2019. p. 495-510. ISBN 978-85-450-0562-9.

A TEORIA CRÍTICA DO DIREITO CIVIL E A RESPONSABILIDADE CIVIL POR DANOS EXISTENCIAIS

MÁRIO LUIZ DELGADO REGIS

ROMUALDO BAPTISTA DOS SANTOS

Notas introdutórias

As profundas transformações políticas e sociais que marcaram a segunda metade do século XX modificaram sensivelmente a forma de pensar e de aplicar o direito. Como decorrência, a Constituição de 1988 inscreveu a dignidade humana como fundamento da ordem jurídica, o que promoveu uma completa virada axiológica e epistemológica também sentida na seara do direito privado.

A obra do Professor Luiz Edson Fachin traz preciosa contribuição para o debate acerca da necessidade de reestruturar o direito privado à luz desse valor fundamental prestigiado pela Constituição. No presente estudo, pretendemos destacar a influência dessa obra sobre o instituto da responsabilidade civil, cuja função e finalidade passam a ser proteger a pessoa em todos os seus aspectos contra danos, não apenas o patrimônio material, mas todas as esferas de interesse da pessoa.

A virada de Copérnico da responsabilidade civil, marcada agora pelo escanteio dos direitos subjetivos patrimoniais em prol da dignidade da pessoa humana, prioriza os interesses existenciais, assegurando às vítimas a possibilidade de pleitear a reparação em qualquer hipótese lesiva. Derrogando o patrimonialismo oitocentista, a responsabilidade civil contemporânea pretende reposicionar o ser humano e os valores imateriais no vértice do ordenamento jurídico.[1]

Partindo desse patamar evolutivo, o direito enfrenta o desafio de assegurar a reparação de novas modalidades de danos sem conteúdo econômico e que antes estavam

---

[1] É o que chamamos de "novo antropocentrismo", pois o centro do ordenamento não é mais o "homem individual", e sim o homem inserido no complexo das relações sociais, cuja atuação é funcionalizada em favor da coletividade universalizada.

abrangidos na denominação genérica de dano moral. Como diz Paulo de Tarso Vieira Sanseverino, o atual estágio do direito brasileiro

> já permite um debate mais amplo acerca da existência de diferentes modalidades de prejuízos extrapatrimoniais de molde a se alcançar um ressarcimento mais completo e mais preciso em favor das vítimas, valorando-se concretamente os danos efetivamente sofridos em toda a sua extensão, o que constitui função do princípio da reparação integral.[2]

Em destaque, a proteção contra uma categoria especial de danos que se refere mais de perto ao aspecto existencial da pessoa: o dano existencial, a justificar a incidência do arcabouço da responsabilidade civil e o seu tratamento como dano autônomo, diverso do dano moral, especialmente nas manifestações do dano ao projeto de vida e do dano à vida de relação.

1 Breve relato sobre a teoria crítica do direito civil

No plano filosófico, o pensamento do Professor Luiz Edson Fachin guarda correspondência com a *teoria crítica do direito e da sociedade*, do Instituto de Pesquisas Sociais de Frankfurt, que tem como representantes Max Horkheimer, Theodor W. Adorno, Herbert Mancuse, Walter Benjamin e Eric From. Em apertada síntese, esses pensadores criticam o projeto de modernidade, marcado pela tentativa de ordenação racional de todos os aspectos da vida e pelo fortalecimento do indivíduo frente ao poder estatal, fatores esses que conduziriam a severas distorções, como individualismo, desigualdades, opressão, violência, guerras etc.[3]

No plano jurídico, a obra de Fachin se alinha à doutrina do direito civil constitucional, que tem entre seus expoentes Gustavo Tepedino, Maria Celina Bodin de Moraes e Paulo Luiz Netto Lôbo e que tem influenciado toda a nova geração de juristas como Anderson Schreiber, Carlos Konder, Flávio Tartuce, José Fernando Simão, Pablo Stolze e Rodolfo Pamplona Filho, entre outros. Em resumo, essa corrente doutrinária sustenta a força normativa direta e imediata dos comandos emanados da Constituição, bem como a necessidade de releitura dos institutos do direito civil à luz da Constituição.[4]

1.1 Pessoa e relação jurídica: crítica ao conceitualismo e ao excesso de abstração

Na *Teoria crítica do direito civil*, Fachin realiza uma crítica contundente ao direito moderno, estruturado a partir das categorias lógico-transcendentais de sujeito de direito

---

[2] SANSEVERINO, Paulo de Tarso Vieira. *Princípio da reparação integral*. São Paulo: Saraiva, 2011. p. 302.
[3] BITTAR, Eduardo Carlos Bianca. *O direito na pós-modernidade*. 2. ed. Rio de Janeiro: Forense Universitária, 2009. p. 121-122.
[4] MORAES, Maria Celina Bodin de. A caminho de um direito civil constitucional. *Revista Estado, Direito e Sociedade*, Rio de Janeiro, v. I, 1991; LÔBO, Paulo Luiz Netto. Constitucionalização do direito civil. *Revista de Informação Legislativa*, Brasília, ano 36, n. 141, jan./mar. 1999. Disponível em: <http://www.direitofmc.xpg.com.br/TGDC/texto01.pdf>; TARTUCE, Flávio. *Direito civil*: direito das obrigações e responsabilidade civil. 13. ed. Rio de Janeiro: Forense, 2018. v. 2. p. 319-328.

e de relação jurídica, às quais se sucedem os conceitos de sujeito, objeto, capacidade, legitimidade e vícios, todos concebidos em elevado grau de abstração, por força dos quais "a realidade é submetida aos conceitos e não o contrário". O direito assim organizado "coopta os fatos da realidade que lhe interessam", com exclusão daquelas relações não reconhecidas pelo corpo normativo.[5]

Para Fachin, o sujeito é o ponto de partida para a formulação de uma teoria do direito, razão pela qual é necessário atentar para as transformações da noção de sujeito, no tempo e no espaço. A seu ver, a crise do direito civil se deve à fragilidade dos pilares da modernidade, mas também à excessiva abstração, à racionalidade única e à ausência de contradição no discurso da ciência. Por isso, sem desprezo aos saberes acumulados pela teoria tradicional, a *teoria crítica* identifica problemas na apreensão jurídica do sujeito insular, abstrato, atemporal e a-histórico, sem conexão com a realidade, bem como na compreensão de pessoa e relação jurídica como categorias jurídicas distantes da vivência efetiva das pessoas e seus vínculos.[6]

Em virtude da excessiva abstração, racionalidade e cientificidade do direito, a pessoa não é considerada em suas condições concretas de vida, mas em abstrato como mero elemento da relação jurídica. Com isso, pessoa vem a ser o que o direito diz que é pessoa, assim como relação jurídica vem a ser aquilo que o direito define como tal, "mediante atribuição de direito subjetivo a uma pessoa e a correspondente imposição de um dever ou sujeição a outra".[7]

Segundo Fachin, a tendência do direito contemporâneo é o abandono dessas concepções abstratas e genéricas, de sorte que a relação jurídica leve sempre em conta a situação concreta do sujeito e do objeto. Nesse sentido, Fachin postula o abandono do sujeito abstrato, a fim de que surja em seu lugar um novo sujeito, que tenha existência concreta, com certos direitos constitucionalmente garantidos: vida, patrimônio, sobrevivência e cidadania. Também o objeto da relação jurídica deixa de ser uma "coisa" e cede lugar ao comportamento a ser prestado pela pessoa, concretamente e informado por fatores como a boa-fé e a confiança que passam a ser recuperados.[8]

Como visto, é marcante a crítica de Fachin ao conceitualismo e à abstração excessiva presentes na teoria tradicional do direito, que conduzem ao distanciamento entre o direito e os fatos que se passam na realidade. Por via de consequência, o autor enaltece a tendência contemporânea à concretude do direito, mediante substituição do sujeito de direito abstrato pela pessoa em concreto, assim como do objeto abstrato da relação jurídica pela prestação de um comportamento imantado de fatores como a boa-fé e a confiança.

---

[5] FACHIN, Luiz Edson. *Teoria crítica do direito civil*. 2. ed. Rio de Janeiro: Renovar, 2003. p. 37; 58-59.
[6] FACHIN, Luiz Edson. *Teoria crítica do direito civil*. 2. ed. Rio de Janeiro: Renovar, 2003. p. 15; 82-83; 85.
[7] FACHIN, Luiz Edson. *Teoria crítica do direito civil*. 2. ed. Rio de Janeiro: Renovar, 2003. p. 88-92.
[8] FACHIN, Luiz Edson. *Teoria crítica do direito civil*. 2. ed. Rio de Janeiro: Renovar, 2003. p. 93-94; 100; 189. De acordo com Miguel Reale, o Código Civil de 2002 é informado pelo princípio da concretude, que se desdobra em outros princípios da eticidade, da socialidade e da operabilidade (REALE, Miguel. *Visão geral do projeto de Código Civil*. Disponível em: <http://www.miguelreale.com.br>. Acesso em: 26 maio 2018).

1.2 Centralidade da pessoa humana e força normativa da Constituição

"O direito é o *foyer* da pessoa",[9] onde ela encontra os instrumentos para realização de suas necessidades, mas é essa centralização do regime em torno das necessidades da pessoa que dá sentido e significado ao direito. Em razão disso, o ponto de partida para a reformulação da teoria do direito deve ser a repersonalização do direito, consistente em restaurar a primazia da pessoa na definição do que seja relação jurídica.[10]

Essa noção de pessoa como centro de gravidade do sistema jurídico comparece mais fortemente em outra obra do Professor Fachin, o *Estatuto jurídico do patrimônio mínimo*. Porém, enquanto na *teoria crítica* a pessoa é descrita como elemento nuclear, sem a qual não é possível supor qualquer relação jurídica, aqui ela surge como sujeito de proteção pelo direito: "A pessoa e não o patrimônio é o centro do sistema jurídico, de modo que se possibilite a mais ampla tutela da pessoa, em uma perspectiva solidarista que se afasta do individualismo que condena o homem à abstração".[11]

Como visto, o autor defende o deslocamento do eixo sobre o qual se orienta a ordem jurídica. Antes, a ordem jurídica almejava antes de tudo a proteção do patrimônio, havendo até mesmo quem defendesse a autonomia da massa patrimonial apta a se ligar a qualquer pessoa. Agora a proteção se dirige primeiramente à pessoa como sujeito apto a adquirir e alienar bens: "Observa-se, pois, o distanciamento do direito de uma perspectiva ligada ao individualismo e ao liberalismo sem limites, para reconhecer a qualidade existencial da pessoa humana, valor supremo do direito".[12]

É também na obra *O estatuto jurídico do patrimônio mínimo* que surge com mais força a influência da doutrina do direito civil constitucional no pensamento de Luiz Edson Fachin. O autor afirma que a repersonalização do direito civil se deu a partir da Constituição de 1988, a qual elevou a dignidade da pessoa humana à categoria de fundamento da ordem jurídica, condicionando toda a legislação infraconstitucional. Não só isso, a força normativa da Constituição impõe a proteção da pessoa e sua dignidade em todos os seus aspectos patrimoniais e existenciais.[13]

Dentro dos limites da obra analisada, tendo em conta a centralidade da pessoa humana e a força normativa da Constituição, Fachin defende a garantia de um *patrimônio mínimo* capaz de resguardar a dignidade da pessoa humana, a fim de que a pessoa não seja despida do mínimo necessário à própria subsistência. A seu ver, essa proteção não preserva apenas a individualidade, mas se projeta sobre a coletividade.[14]

---

[9] A frase original "O Direito Civil é o *foyer* da pessoa, do cidadão mediano, do cidadão puro e simples" é atribuída por Fachin a Orlando de Carvalho (*Teoria geral da relação jurídica*: sentido e limites – Para uma teoria geral da relação jurídica. 2. ed. Coimbra: Centelha, 1981. v. 1. p. 92).

[10] FACHIN, Luiz Edson. *Teoria crítica do direito civil*. 2. ed. Rio de Janeiro: Renovar, 2003. p. 18; 218.

[11] FACHIN, Luiz Edson. *Estatuto jurídico do patrimônio mínimo*. 2. ed. Rio de Janeiro: Renovar, 2006. p. 48.

[12] FACHIN, Luiz Edson. *Estatuto jurídico do patrimônio mínimo*. 2. ed. Rio de Janeiro: Renovar, 2006. p. 48.

[13] FACHIN, Luiz Edson. *Estatuto jurídico do patrimônio mínimo*. 2. ed. Rio de Janeiro: Renovar, 2006. p. 92; 179-184. Em artigo publicado em 2013 no *site* da Academia Brasileira de Letras, Fachin escreve que "A dignidade da pessoa humana abrange todos os setores da ordem jurídica, inclusive os que disciplinam mais especificamente esses direitos, como o Código Civil, ao tratar dos direitos da personalidade" (FACHIN, Luiz Edson. *Análise crítica, construtiva e de índole constitucional da disciplina dos direitos da personalidade no Código Civil brasileiro*: fundamentos, limites e transmissibilidade. Disponível em: <http://www.abdireitocivil.com.br/artigos/>. Acesso em: 25 maio 2018).

[14] FACHIN, Luiz Edson. *Estatuto jurídico do patrimônio mínimo*. 2. ed. Rio de Janeiro: Renovar, 2006. p. 114.

Da análise dessas duas obras exsurge a ideia de centralidade da pessoa humana em relação ao ordenamento jurídico, mediante repersonalização do direito a partir da Constituição de 1988. Percebe-se, no entanto, que a centralidade da pessoa humana se realiza em duas mãos de sentido: em primeiro lugar, é a pessoa que torna possível o surgimento das relações jurídicas e, por via de consequência, é condição de possibilidade para a ordenação do direito; segundo, a pessoa e sua dignidade são destinatárias da tutela e proteção ordenada pelo direito. Portanto, a pessoa humana é a razão de ser do direito, seja porque toda a ordem jurídica se constrói a partir de pessoa e de suas relações, seja porque toda a tutela jurídica organizada pelo direito se direciona à proteção da pessoa, de seus bens e interesses.[15]

Neste ponto, surge o problema da efetivação dos direitos, com o sentido de estabelecer a quem incumbe a responsabilidade pelo eventual descumprimento dos deveres inerentes à preservação da dignidade humana. O instituto da responsabilidade civil se apresenta como instrumento de efetivação da tutela da pessoa humana, por meio da precaução e da reparação de danos, particularmente daqueles que dizem respeito ao núcleo essencial da pessoa: os denominados danos morais.

2 A responsabilidade civil como instrumento de efetivação da tutela da pessoa humana

A centralidade da pessoa humana em relação ao ordenamento jurídico, presente na obra de Fachin, constitui uma virada axiológica e epistemológica que impõe a necessidade de organização de todo o direito a partir desse valor fundamental da pessoa humana e a orientação de todo o direito no sentido da proteção da dignidade humana. Neste ponto, surge o problema da efetivação dos direitos, mediante imposição de responsabilidade pelo eventual descumprimento dos deveres inerentes à preservação da dignidade humana, tarefa que, na seara do direito privado, incumbe ao instituto da responsabilidade civil.

2.1 Reparação de danos morais para tutela da pessoa humana

A responsabilidade civil emerge na primeira modernidade, a bordo das codificações oitocentistas, como resultado do processo de cientificação do direito e de especificação dos vários institutos jurídicos, definida como o dever de reparar os danos causados.[16] Em atenção ao individualismo e ao patrimonialismo que são postulados da modernidade, a cláusula geral de responsabilidade civil se baseia na culpa civil e volta-se exclusivamente ao ressarcimento dos danos patrimoniais.[17]

---

[15] Em artigo publicado em 2012, Fachin afirma que a repersonalização do direito produz uma reviravolta hermenêutica sobre o direito civil comparável à Virada de Copérnico (FACHIN, Luiz Edson. Pressupostos hermenêuticos para o contemporâneo direito civil brasileiro: elementos para uma reflexão crítica. *Revista de Doutrina da 4ª Região*, Porto Alegre, n. 48, jun. 2012. Disponível em: <http://www.revistadoutrina.trf4.jus.br/artigos/edicao048/Luiz_Fachin.html>. Acesso em: 4 jun. 2018).

[16] PEREIRA, Caio Mário da Silva. *Responsabilidade civil*. Rio de Janeiro: Forense, 1989. p. 10-11; DIAS, José de Aguiar. *Da responsabilidade civil*. 2. ed. Rio de Janeiro: Forense, 1950. v. I. p. 45-46.

[17] Essa é a disposição do art. 1.382 e 1.383 do *Code Napoleon*, do qual se espraiou para as demais codificações modernas, a exemplo do art. 159 do Código Civil brasileiro de 1916.

Com o avanço do progresso científico e tecnológico característico da modernidade surgiram novas modalidades de danos decorrentes das atividades, em que se mostra impossível identificar o agente causador e determinar sua culpabilidade. Eis a razão do surgimento e paulatino desenvolvimento da denominada teoria do risco, em que a vítima de dano fica dispensada de comprovar a culpa do agente, cabendo-lhe, porém, demonstrar o dano e o nexo de causalidade com alguma atividade.[18]

Em paralelo, as transformações políticas e sociais que marcaram a segunda fase da modernidade, sobretudo em decorrência das Grandes Guerras que ocorreram ao longo do século passado, evidenciaram a necessidade de proteção da pessoa, considerada em si mesma, e não apenas de seus bens materiais.[19] Foi longo o caminho trilhado pela teoria e pela prática da responsabilidade civil até o estágio em que passou a admitir a reparação de danos morais, que não se relacionam ao patrimônio material, mas aos aspectos existenciais da pessoa.[20]

No Brasil, a Constituição de 1988 e o Código Civil de 2002 constituem marcos legislativos que indicam a passagem do direito moderno voltado à proteção do patrimônio para o direito contemporâneo que visa à tutela da pessoa humana. Com efeito, ao inscrever a dignidade humana como princípio fundamental, a Constituição determina que todo o ordenamento jurídico deve orientar-se em torno da pessoa e de sua dignidade (CF, art. 1º, III). Além disso, a Constituição reconhece expressamente a possibilidade de reparação por danos morais entre os direitos e garantias individuais (CF, art. 5º, V e X).

De seu turno, o Código Civil de 2002 se alinha à normativa constitucional, no que diz respeito à centralidade da pessoa humana, por meio da tutela dos direitos da personalidade (CC, arts. 11 a 21). Além disso, ao dispor sobre a responsabilidade civil extracontratual, o Código Civil ressalta a possibilidade de reparação de danos morais que, por definição, dizem respeito à proteção da própria pessoa (CC, arts. 186 c/c 927, *caput*).

2.2 Alinhamento da responsabilidade civil à tutela constitucional da pessoa humana pela via dos direitos da personalidade

Essas disposições legislativas estabelecem o alinhamento entre o instituto da responsabilidade civil e a diretriz constitucional de tutela da dignidade da pessoa humana que, no âmbito do direito privado, se efetiva por meio da proteção aos direitos da personalidade.

Em linha com a centralidade da pessoa humana, presente na obra de Fachin, deve-se atentar que a proteção da pessoa e de sua dignidade se apresenta nos planos dos direitos humanos, dos direitos fundamentais e dos direitos da personalidade.

---

[18] HIRONAKA, Giselda Maria Fernandes Novaes. *Responsabilidade pressuposta*. Belo Horizonte: Del Rey, 2005. p. 71-102; LÓPEZ MESA, Marcelo J. *Presupuestos de la responsabilidad civil*. Buenos Aires: Astrea, 2012. p. 25; 37.

[19] FACHIN, Luiz Edson. *Teoria crítica do direito civil*. 2. ed. Rio de Janeiro: Renovar, 2003. p. 78; 218; PERLINGIERI, Pietro. *Perfis do direito civil*: introdução ao direito civil constitucional. Tradução de Maria Cristina de Cicco. 2. ed. Rio de Janeiro: Renovar, 2002. p. 33-34; BARROSO, Luís Roberto. O neoconstitucionalismo e constitucionalização do direito: o triunfo tardio do direito constitucional no Brasil. *Revista de Direito Administrativo*, Rio de Janeiro, p. 1-42, abr./jun. 2005. Disponível em: <http://bibliotecadigital.fgv.br/ojs/index.php/rda/article/view/43618/44695>. Acesso em: 29 maio 2018.

[20] SILVA, Wilson Melo da. *O dano moral e sua reparação*. 2. ed. Rio de Janeiro: Forense, 1969. p. 291-423. Este autor cita diversos julgados, inclusive do Supremo Tribunal Federal, que expressamente rejeitam a tese da indenização por dano moral (p. 410-414).

O primeiro se refere aos direitos universais do homem, a serem observados por todas as nações; o segundo diz respeito às relações internas entre as pessoas e o Estado; o terceiro tem em mira as relações entre particulares, na esfera civil.[21] Em todos esses planos, a proteção da pessoa requer considerações sobre a personalidade, isto é, sobre os aspectos peculiares que caracterizam o ser humano como pessoa.[22]

Nesse sentido, avultam em importância as disposições do Código Civil relativas aos direitos da personalidade, pois é por meio da tutela dos direitos da personalidade que se opera, no plano do direito privado, a proteção integral aos aspectos existenciais da pessoa humana, a qual se efetiva, em grande medida, por meio do instituto da responsabilidade civil, mediante reparação de danos morais.

É indispensável realçar que a pessoa é sujeito de tutela integral pela ordem jurídica. Portanto, a pessoa deve ser considerada em sua complexidade, como unidade psicofísica e social indissociável; e em sua circunstancialidade, como ser inserido em seus relacionamentos com as demais pessoas e com o mundo. Sem grande esforço pode-se perceber que em regra os danos morais decorrem de atentados contra algum dos aspectos da personalidade (complexidade da pessoa) ou contra a higidez de seus relacionamentos (circunstancialidade). Trata-se, na dicção de Luiz Edson Fachin, do "sujeito contextualizado".[23]

Nesse contexto, o instituto da responsabilidade civil desponta como instrumento de efetivação dos direitos da pessoa, tanto no que diz respeito ao patrimônio material quanto no que tange à proteção da própria pessoa, em sua complexidade e em sua circunstancialidade, por meio da reparação de danos.

2.3 Natureza jurídica dos danos morais em sentido amplo

Como visto, a inscrição da dignidade humana como fundamento da ordem jurídica constitui um vetor constitucional de duplo sentido. De um lado, todo o ordenamento jurídico deve ser organizado, interpretado e aplicado a partir do valor fundamental da pessoa humana. De outro, a ordem jurídica deve se orientar no sentido da proteção da pessoa em todos os seus aspectos e não somente de seu patrimônio material.

A preservação da dignidade humana determinada pela Constituição se realiza em três dimensões: a dos direitos humanos, a dos direitos fundamentais e a dos direitos da personalidade. É por meio da tutela dos direitos da personalidade que se opera a proteção da pessoa humana no plano do direito privado, momento em que a responsabilidade civil

---

[21] A expressão *direitos humanos*, na sua origem histórica, refere-se a certos direitos, normalmente reconhecidos nos documentos internacionais, atribuídos a todo ser humano, exclusivamente em razão de sua pertença ao gênero humano, independentemente de sua vinculação a determinada ordem estatal. Seriam direitos válidos para todos os povos em todos os tempos, assumindo uma dimensão jusnaturalista-individualista, enquanto os direitos da personalidade guardariam relação com a projeção desses direitos no plano interno, e mais especificamente no âmbito das relações interprivadas. Quanto ao termo *direitos fundamentais*, trata-se de expressão normalmente utilizada para fazer referência a determinados direitos expressamente positivados no texto constitucional. São os direitos humanos jurídico e institucionalmente garantidos e limitados "espácio-temporalmente" (DELGADO, Mário Luiz. Direitos da personalidade nas relações de família. In: MADALENO, Rolf (Coord.). *Atualidades do direito de família e sucessões*. Sapucaia do Sul: Notadez, 2008).

[22] SCHREIBER, Anderson. *Direitos da personalidade*. 2. ed. São Paulo: Atlas, 2013. p. 13-14; MORATO, Antônio Carlos. Quadro geral dos direitos da personalidade. *Revista da Faculdade de Direito da Universidade de São Paulo*, v. 106/107, p. 121-158, jan./dez. 2011/2012.

[23] FACHIN, Luiz Edson. *Teoria crítica do direito civil*. 2. ed. Rio de Janeiro: Renovar, 2003. p. 194.

desponta como instrumento indispensável para a efetivação desses direitos, mediante mecanismos de reparação de danos, em especial a reparação de danos morais.

Em vista disso, surgem diversas formulações acerca da natureza jurídica dos danos morais. Em um primeiro momento, os danos morais passaram a ser definidos como todos aqueles que não possuem expressão econômica imediata.[24] De outro lado, também em um momento inicial, os danos morais foram entendidos como o sentimento de dor ou de perda sofrido pela vítima em virtude da agressão perpetrada por outra pessoa.[25]

No primeiro caso, trata-se de uma definição por exclusão, no sentido de que seria dano moral tudo o que não fosse dano material, o que leva verdadeiramente a uma indefinição acerca de seu verdadeiro conteúdo e significado. No segundo, o dano moral é definido por assimilação ao dano material, circunstância que conduz à necessidade de perquirição sobre os sentimentos da vítima para avaliar a extensão do dano, o que se mostra impraticável.

Hodiernamente, porém, a noção de dano moral é compreendida em seu alinhamento com a diretriz constitucional de tutela dos direitos da personalidade e da dignidade da pessoa humana.[26] Diante da proclamada centralidade da pessoa humana em relação ao ordenamento jurídico, impõe-se considerar que todo dano é sempre referido à pessoa da vítima. Por isso, o dano se define como o desfalque produzido na esfera de interesses da vítima em razão da ação antijurídica de outrem. Trata-se de evento translativo que se passa entre a lesão praticada pelo causador e o desfalque produzido na esfera de interesses da vítima. Isso quer dizer que o dano se perfaz com a efetivação do prejuízo decorrente da lesão, pois a agressão a um bem juridicamente tutelado sem repercussão sobre a esfera de interesses de outra pessoa não constitui dano.[27]

Ocorre que a agressão pode alcançar diversos aspectos da pessoa da vítima: alguns suscetíveis de apreciação econômica imediata e que constituem patrimônio, isto é, o acervo de bens que se prende à pessoa; outros aspectos não possuem expressão econômica, pois são constitutivos da própria personalidade. No primeiro caso, os danos são ditos patrimoniais porque atingem o patrimônio da pessoa; no segundo, são ditos danos morais em sentido amplo porque atingem valores diretamente ligados à pessoa da vítima, também denominados danos extrapatrimoniais porque esses valores não contêm expressão econômica imediata.[28]

Os danos morais em sentido amplo ou danos extrapatrimoniais podem alcançar qualquer uma das dimensões da pessoa humana, tantas quantas forem as manifestações

---

[24] CASILLO, João. *Dano à pessoa e sua indenização*. São Paulo: RT, 1987. p. 41.

[25] PEREIRA, Caio Mário da Silva. *Responsabilidade civil*. Rio de Janeiro: Forense, 1989. p. 61-69.

[26] BITTAR, Carlos Alberto. *Reparação civil por danos morais*. 3. ed. atual. por Eduardo Carlos Bianca Bittar. São Paulo: Revista dos Tribunais, 1999. p. 57-65; CAVALIERI FILHO, Sergio. *Programa de responsabilidade civil*. 11. ed. São Paulo: Atlas, 2014. p. 110-111; SCHREIBER, Anderson. *Direitos da personalidade*. 2. ed. São Paulo: Atlas, 2013. p. 16-19; TARTUCE, Flávio. *Direito civil*: direito das obrigações e responsabilidade civil. 13. ed. Rio de Janeiro: Forense, 2018. v. 2. p. 417; 421; GONÇALVES, Carlos Roberto. *Responsabilidade civil*. 9. ed. São Paulo: Saraiva, 2005. p. 565-566.

[27] ALPA, Guido. *Trattato di diritto civile*: la responsabilità civile. Milano: Giuffrè, 1999. v. IV. p. 100; 608: "Non è necesario distinguere, per l'illecito civile, tra evento e consequenza: il danno civile comprende la lesione dell'interesse e la consequenze [...]. Il danno comprende l'evento lesivo e le sue conseguenze: dal punto di vista civilistico, non è necessario distinguere l'evento dalle conseguenze di per sé l'evento potrebbe apparire irrelevante, ma le conseguenze patrimonialmente gravose; oppure l'evento potrebbe apparire rilevante ma non avere conseguenze".

[28] NORONHA, Fernando. *Direito das obrigações*. São Paulo: Saraiva, 2003. v. 1. p. 555-556.

dos direitos da personalidade. Na tradicional classificação de Limongi França, os direitos da personalidade podem se referir: a) à integridade física: direito à vida, direito ao corpo vivo, direito ao corpo morto; b) à integridade intelectual; c) à integridade moral.[29] Fernando Noronha explica que os danos à pessoa podem se dividir em: a) danos corporais (integridade física e intelectual); b) danos anímicos ou danos morais em sentido estrito, que se referem às afecções da alma, como os sentimentos, a vida afetiva, as relações sociais, a vida espiritual.[30]

Neste ponto, surge a questão da não limitação dos direitos da personalidade, posto que são inesgotáveis as possibilidades de expressão da própria pessoa. Disso resulta a possibilidade de surgirem tantas modalidades não catalogadas de expressões da personalidade, as quais por sua vez são suscetíveis de danos. Assim, será sempre possível identificar ofensa aos direitos da personalidade toda vez que a pessoa for submetida a alguma forma de degradação ou sofrer restrição em sua condição humana, a despeito da eventual falta de tipificação legal.[31]

Portanto, diante da centralidade da pessoa humana, pode-se afirmar que o dano em geral sempre se refere à pessoa da vítima, podendo atingir seu patrimônio ou aspectos de sua personalidade. No primeiro caso, há dano patrimonial; no segundo, há dano moral em sentido amplo ou dano extrapatrimonial.

O dano moral em sentido amplo ou dano extrapatrimonial constitui dano à pessoa porque incide diretamente sobre a pessoa da vítima, consoante as várias dimensões da personalidade que, na classificação de Limongi França, dizem respeito à integridade física, à integridade psíquica ou à integridade moral. Considerando essas dimensões dos direitos da personalidade, Fernando Noronha afirma que o dano à pessoa (dano extrapatrimonial ou dano moral em sentido amplo) é de duas espécies: danos corporais e danos anímicos ou danos morais em sentido estrito.

Dessa forma, podemos afirmar que o dano moral tem natureza extrapatrimonial, uma vez que incide sobre interesses que não possuem conteúdo econômico, e tem natureza de dano à pessoa, porque incide diretamente sobre as expressões da personalidade. O reconhecimento da ocorrência de dano moral se dá mediante análise da repercussão que o evento lesivo produz sobre a pessoa da vítima, com base na experiência comum e na experiência jurídica quanto a casos semelhantes e tendo sempre em perspectiva a diretriz constitucional de proteção da dignidade humana. Tal análise se dá em concreto, levando em conta as condições existenciais da pessoa, suas características pessoais e relacionais (complexidade e circunstancialidade). Todavia, como regra, não há necessidade de se realizar estudo psicológico sobre a vítima para estabelecer a existência e a intensidade do dano.[32]

---

[29] FRANÇA, Rubens Limongi. *Manual de direito civil*. 4. ed. São Paulo: Revista dos Tribunais, 1980. v. 1. p. 411-413.
[30] NORONHA, Fernando. *Direito das obrigações*. São Paulo: Saraiva, 2003. v. 1. p. 557.
[31] O Código Civil português prevê apenas um direito geral de personalidade que contempla todas as formas de expressão da pessoa: "Artigo 70.º (Tutela geral da personalidade). 1. A lei protege os indivíduos contra qualquer ofensa ilícita ou ameaça de ofensa à sua personalidade física ou moral. 2. Independentemente da responsabilidade civil a que haja lugar, a pessoa ameaçada ou ofendida pode requerer as providências adequadas às circunstâncias do caso, com o fim de evitar a consumação da ameaça ou atenuar os efeitos da ofensa já cometida". Em vista disso, Rabindranath Capelo de Sousa defende a tutela jurídica de um direito geral de personalidade (SOUSA, Rabindranath V. A. Capelo de. *O direito geral de personalidade*. Lisboa; Coimbra: Coimbra Editora, 2011. p. 116-117).
[32] Neste sentido é o Enunciado nº 445 aprovado na V Jornada de Direito Civil do CEJ-CJF: "O dano moral indenizável não pressupõe necessariamente a verificação de sentimentos humanos desagradáveis como dor ou

Em vista disso, pode-se definir como dano moral em sentido amplo aquele que, isoladamente ou coligado ao dano material, produz alguma forma de rebaixamento da vítima em sua condição de pessoa humana, mediante ofensa a qualquer das esferas de sua personalidade. A depender da esfera da personalidade atingida, é possível se identificar diversificadas espécies de danos autônomos, entre os quais o dano existencial.

3 Dano existencial

Para uma adequada compreensão sobre a natureza do dano existencial, é necessário ter em conta a diretriz constitucional, presente no pensamento de Luiz Edson Fachin, de centralidade da pessoa humana em relação a todo o direito. A pessoa é a razão de ser do direito, visto que é a partir dela que se constrói toda a ordem jurídica e porque todo o direito se orienta para a proteção de sua dignidade.

Todavia, a pessoa não existe de maneira estática, mas se projeta e se relaciona com o mundo exterior por meio da personalidade. Nesse sentido, a pessoa deve ser entendida como o ser humano constituído de uma personalidade que se organiza em cada indivíduo e se projeta ao exterior nas relações que estabelece com o mundo.[33] No pensamento de Heidegger, o homem é um ser inacabado, pois tem diante de si o mundo e suas infinitas possibilidades, sobre as quais se projeta, estabelecendo uma tensão entre aquilo que é e o que virá a ser.[34] Segundo Bauman, a vida humana é como uma obra de arte em que cada indivíduo é um artífice da própria vida, a quem cabe escolhas e responsabilidades. A arte da vida significa manter-se em permanente estado de transformação.[35]

Dessa característica dinâmica da existencialidade humana sobressai a diferença entre existir e viver. Existir como animal humano é simplesmente ocupar um lugar no tempo e no espaço, enquanto viver é atribuir sentido e significado à própria existência; é constituir-se como pessoa em permanente processo de atualização da personalidade. Em vista disso, a dignidade humana só se concretiza à medida que se assegura à pessoa o exercício de suas potencialidades.

O dano, como já afirmamos, consiste em um prejuízo resultante de uma lesão a um interesse juridicamente protegido, quer seja a destruição ou deterioração de uma coisa quer seja a ofensa à integridade física ou moral de uma pessoa.[36] A ampliação do espectro dos danos reparáveis configura importante conquista da pós-modernidade e que, segundo Tartuce, decorre da evolução humana, "à medida que se reconhecem direitos, que são criadas novas tecnologias e que o ser humano amplia os seus meios de conquistas, também surgem novos prejuízos e, sem dúvidas, novas vítimas".[37]

Resta investigar se o dano existencial caracteriza uma nova modalidade de dano ou apenas uma nova hipótese lesiva ou, ainda, uma simples variante do dano moral.

---

sofrimento". A mesma ideia está contida na Súmula nº 227 do Superior Tribunal de Justiça, que admite o dano moral à pessoa jurídica.

[33] KAUFMANN, Arthur. *La filosofía del derecho en la posmodernidad*. 2. ed. Santa Fé de Bogotá: Temis, 1998. p. 67-68.
[34] CHAUÍ, Marilena. *Heidegger*: vida e obra. São Paulo: Nova Cultural, 1999. Coleção Os Pensadores. p. 9.
[35] BAUMAN, Zygmunt. *A arte da vida*. Tradução de Carlos Alberto Medeiros. Rio de Janeiro: Jorge Zahar, 2008. p. 72-74; 99.
[36] NORONHA, Fernando. *Direito das obrigações*. São Paulo: Saraiva, 2003. v. 1. p. 555-559.
[37] TARTUCE, Flávio. *Direito civil*: direito das obrigações e responsabilidade civil. 13. ed. Rio de Janeiro: Forense, 2018. v. 2. p. 457.

Será que todas as dimensões danosas excedentes da integridade psicofísica, mas afetas à esfera existencial, como é o caso da perturbação da agenda cotidiana, da renúncia forçada de situações rotineiras, do impedimento ao lazer, da deterioração da qualidade de vida, estão adequadamente reparadas quando subsumidas à categoria genérica do dano moral?

Anderson Schreiber lembra que muitos dos chamados novos danos

> correspondem, a rigor, não aos novos danos, mas simplesmente a novas situações de risco ou a novos meios lesivos, cujo incremento é de fato, inevitável no avançar do tempo. Quem tem sua imagem divulgada de forma vexatória na internet ou transmitida para aparelhos celulares sofre, tecnicamente, dano à honra, o mesmo dano à honra que há muito se repara. Embora a divulgação se dê por meio muito mais sofisticado e quase sempre mais lesivo que os outrora conhecidos, não se pode identificar aqui uma nova modalidade de dano, sob o ponto de vista científico.[38]

No entanto, pondera o autor:

> em outros casos, ao contrário, o que se tem efetivamente é um novo dano, isto é, um novo interesse, que passa a ser reconhecido como merecedor de tutela pelo Poder Judiciário na análise de lesões concretas. Assim, as decisões que invocam dano à serenidade pessoal, à tranquilidade doméstica, à vida sexual, aludem todas, a interesses de que, até muito recentemente, não se cogitava como bens jurídicos tuteláveis pela via ressarcitória.[39]

O fato é que não cabe mais restringir a categoria dos danos ao dano material e ao dano moral, não se podendo negar que existem outras espécies de danos, fora do modelo binário tradicional. Incluir no conceito de danos morais toda a gama de danos extrapatrimoniais, além de assistemático, possibilita essa precária discricionariedade que testemunhamos hoje nos tribunais brasileiros, no que tange à quantificação desses danos. Cada vez mais as indenizações por danos morais são reduzidas e deixam de cumprir a sua função compensatória.

Por outro lado, o tratamento que permitiria uma resposta mais adequada às situações lesivas da atualidade é o de classificar os danos, não mais em materiais e morais, mas em patrimoniais e extrapatrimoniais, dois grandes gêneros que dariam origem a infinitas subclassificações, a depender das realidades da vida. A classificação dos danos extrapatrimoniais deve ser reconfigurada, não se aceitando que permaneça vinculada à terminologia do dano moral, justamente para viabilizar a tutela de novos danos, como é o caso do dano existencial, capaz de causar o vazio existencial e de retirar da vítima o sentido e a razão de ser da própria vida.

O dano existencial ainda encontra pouco desenvolvimento na doutrina e na jurisprudência brasileiras. A maioria dos manuais permanece classificando os danos em morais e materiais, como sinônimos de danos extrapatrimoniais e patrimoniais. Por essa razão e na defesa de uma sistematização não binária e menos simplista dos

---

[38] SCHREIBER, Anderson. *Novos paradigmas da responsabilidade civil*: da erosão dos filtros da reparação à diluição dos danos. 5. ed. São Paulo: Atlas, 2013. p. 101.

[39] SCHREIBER, Anderson. *Novos paradigmas da responsabilidade civil*: da erosão dos filtros da reparação à diluição dos danos. 5. ed. São Paulo: Atlas, 2013. p. 102.

danos, costuma-se invocar dois modelos jurídicos alienígenas: o italiano e o peruano. No arquétipo peninsular, os danos extrapatrimoniais se repartem em três categorias: o dano biológico, correspondente à lesão temporária ou permanente à integridade psicofísica da pessoa; o dano moral subjetivo, identificado com o sofrimento interior causador de transitória perturbação do estado de ânimo da vítima, e o dano existencial, derivado da lesão a outros interesses de natureza constitucional inerentes à pessoa.[40] No modelo peruano, o dano à pessoa se subdivide em duas categorias: o dano psicossomático e o dano ao projeto de vida.

O dano existencial, como categoria diversa do dano moral, começa a ganhar maior destaque na Itália, em fins do século XX, a partir da Escola de Trieste, com Paolo Cendon[41] e Patrizia Ziviz,[42] e no Peru, com Carlos Fernández Sessarego. O *leading case* italiano, relatado por Patrizia Ziviz, refere-se ao caso em que uma mulher casada se submeteu a um exame médico de cistoscopia e, em razão de negligência do hospital, sofreu diversos problemas de saúde, que resultaram na extirpação de seu útero. A lesada obteve a reparação pelo dano à integridade física, mas também o seu esposo foi indenizado, por direito próprio, alegando que o evento danoso lhe havia ocasionado um dano autônomo que se manifestava na impossibilidade de manter relações sexuais normais com sua esposa.

A Corte de Cassação italiana reconheceu o direito do esposo à reparação, pois:

> comportamento doloso ou culposo do terceiro que causa a uma pessoa casada uma impossibilidade para ter relações sexuais é imediata e diretamente lesiva ao suprimir o direito do cônjuge a estas relações, direito-dever recíproco, inerente à pessoa, que compõe relação conjugal. A supressão do referido direito, ao prejudicar a vida familiar do cônjuge, é passível de tutela como modo de reparação da lesão.[43]

Em outro julgado paradigmático, referente a uma criança que, em decorrência de erro médico, nasceu tetraplégica, a Corte de Cassação fixou, de forma cumulativa, a indenização por danos materiais, decorrentes de despesas médicas; por danos biológicos, pela ofensa à saúde; por dano moral subjetivo, em razão da dor interior e da frustração dos pais; e, finalmente, por dano existencial, pela modificação forçada da rotina dos pais face à obrigação de cuidar permanentemente de um filho em estado vegetativo.[44]

---

[40] FACCHINI NETO, Eugenio. A tutela aquiliana da pessoa humana: os interesses protegidos. Análise de direito comparado. *Revista da Ajuris*, v. 39, n. 127, set. 2012. p 159 e ss.

[41] CENDON, Paolo. L'itinerario del danno esistenziale. *Giurisprudenza Italiana*, n. 4, abr. 2009, p. 1047 e ss. *apud* GONZÁLES, Carlos Antonio Agurto; MAMANI, Sonia Lidia Quequejana. O dano existencial como contribuição da cultura jurídica italiana. *Redes: R. Eletr. Dir. Soc.*, Canoas, v. 6, n. 1, 47-58, maio 2018.

[42] ZIVIZ, Patrizia. Alla scoperta del danno esistenziale. *Contratto e Impresa*, ano X, n. 2, 1994, p. 845 e ss. *apud* GONZÁLES, Carlos Antonio Agurto; MAMANI, Sonia Lidia Quequejana. O dano existencial como contribuição da cultura jurídica italiana. *Redes: R. Eletr. Dir. Soc.*, Canoas, v. 6, n. 1, 47-58, maio 2018.

[43] Sentença da Corte de Cassação italiana, de 11.11.1986. Il Foro Italiano, v. CX, I, Roma, 1987, p. 833 e ss. *apud* GONZÁLES, Carlos Antonio Agurto; MAMANI, Sonia Lidia Quequejana. O dano existencial como contribuição da cultura jurídica italiana. *Redes: R. Eletr. Dir. Soc.*, Canoas, v. 6, n. 1, 47-58, maio 2018.

[44] FACCHINI NETO, Eugenio. A tutela aquiliana da pessoa humana: os interesses protegidos. Análise de direito comparado. *Revista da Ajuris*, v. 39, n. 127, set. 2012. p. 159 e ss.
CENDON, Paolo. L'itinerario del danno esistenziale. *Giurisprudenza Italiana*, n. 4, abr. 2009, p. 1047 e ss. *apud* GONZÁLES, Carlos Antonio Agurto; MAMANI, Sonia Lidia Quequejana. O dano existencial como contribuição da cultura jurídica italiana. *Redes: R. Eletr. Dir. Soc.*, Canoas, v. 6, n. 1, 47-58, maio 2018.

Ziviz elenca, ainda, diversas outras situações ligadas ao desenvolvimento existencial das vítimas, como foi o caso dos danos ocasionados à trabalhadora que teve de abandonar seu posto laboral como consequência de demandar seu empregador por assédio sexual. A principal distinção posta pela autora triestina, em relação ao dano moral, segundo Gonzáles e Maman, é que no

> dano existencial não concorrem nem a melancolia, nem as lamentações noturnas, nem as "almofadas banhadas em lágrimas", mas a alteração de uma sequência de dinamismos ante a gênese de novo fazer ou dever fazer ou um deixar de fazer; forma distinta de relacionar-se com o mundo externo na cidade, no bairro, no edifício, nos meios de transporte, nos serviços, nos espaços para passar o tempo livre.[45]

Em outras palavras, o dano moral puro, ou dano moral subjetivo, se manifestaria essencialmente no campo sentimental, no âmago interior e na esfera da emotividade, enquanto o dano existencial se localizaria no âmbito exterior da pessoa, relacionado aos seus projetos pessoais ou às suas relações com outras pessoas.

No modelo peruano de Carlos Fernández Sessarego, o dano é classificado em duas modalidades principais, de acordo com a natureza de quem sofre a lesão: a) o dano à pessoa ou dano extrapatrimonial; b) o dano ao patrimônio ou dano patrimonial. O dano extrapatrimonial, a seu turno, se subdivide em duas espécies: b1) o dano moral, que se relaciona à violação de direitos da personalidade ligados à unidade psicossomática do ser humano e que compreende todos os danos que atinjam a *soma* ou a psique, vale dizer, que incide sobre o corpo ou o psiquismo da pessoa; b2) o dano existencial, relacionado à liberdade fenomênica do ser humano e que se manifesta, especialmente, pelo "dano ao projeto de vida" e pelo "dano à vida em relação". Os danos existenciais não se limitam à dor ou ao sofrimento, mas atingem a liberdade do indivíduo de decidir, de escolher, de dar sequência às experiências de vida, de optar por um projeto específico, de dar um sentido à própria existência.

Adaptando os dois modelos estrangeiros à realidade brasileira, verifica-se entre alguns a autores a proposta de distinção do dano existencial em dano ao projeto de vida e dano à vida em relação. O primeiro atinente ao comprometimento da autorrealização pessoal de cada um, abrangendo metas, objetivos e ideias que fazem parte do projeto de felicidade pessoal e dão sentido à existência. Abarca tudo aquilo que a pessoa pretende fazer da sua própria vida em todos os aspectos (profissional, familiar, de lazer etc.) e as expectativas que decorrem naturalmente dessas escolhas. O segundo se identifica com o prejuízo das relações interpessoais, comprometendo a forma como as pessoas se relacionam entre si, ou mesmo obstando esse relacionamento, nos mais diversos ambientes e contextos (profissional, sexual, afetivo etc.).

A doutrina aponta as três principais modalidades de danos à vida em relação: o prejuízo ao lazer, quando a vítima se vê impedida, em razão da lesão, de desfrutar atividades de lazer, como praticar esportes, dançar, nadar, acompanhar os filhos etc.; o prejuízo sexual, quando o lesado não consegue manter relações sexuais (impotência) ou tem comprometida a capacidade reprodutiva (esterilidade); e o prejuízo juvenil, quando

---

[45] GONZÁLES, Carlos Antonio Agurto; MAMANI, Sonia Lidia Quequejana. O dano existencial como contribuição da cultura jurídica italiana. *Redes: R. Eletr. Dir. Soc.*, Canoas, v. 6, n. 1, 47-58, maio 2018.

a criança ou o adolescente se vê impedido de participar de atividades recreativas próprias da idade, em decorrência do dano injusto que sofreu.[46]

Assim, qualquer dano injusto que comprometa ou dificulte o exercício dessas faculdades decorrentes do direito fundamental de liberdade deve ser indenizado de forma autônoma, independentemente do dano moral, se e quando houver, pois trata-se de um dano existencial.

Entendemos tratar-se inegavelmente de um novo dano que não se confunde com o dano moral. Para Carlos Fernández Sessarego, "proyectar la vida es decidir lo que se pretende ser y hacer en el transcurso existencial de la persona. Es libre, apunta Jaspers, 'sólo quien puede decidirse'. El proyecto es la expresión de la suprema decisión del ser libre".[47] Segundo o autor, cabe distinguir

> entre el "proyecto de vida", en singular, y los 'proyectos de vida', en plural. Si bien el hombre en tanto ser libertad vive proyectándose es dable distinguir entre los múltiples proyectos que el ser humano diseña en su vida, al menos uno de entre ellos que tiene la característica de su fudamentalidad para la existencia, que es radical, que compromete todo su ser, que es aquel en el que se juega su destino y el que otorga sentido a su vida. Nos referimos, en este caso, al "proyecto de vida" que es, por lo demás, el que nos interesa y al cual venimos refiriéndonos en el presente trabajo. Obviamente, es posible que al lado de este único proyecto de vida pueda existir otro que también adquiere para el ser humano una especial trascendencia. Pero, el "proyecto de vida" es siempre único, singular, aunque pueda tener alternativas.

O dano existencial pode ser considerado uma nova categoria de dano extrapatrimonial ou de dano moral em sentido amplo, visto que se refere a uma das dimensões da personalidade: a existencialidade, que consiste no direito de se projetar na vida, de atribuir sentido à própria existência, realizando escolhas e assumindo responsabilidades, aspectos esses que são indissociáveis da condição de pessoa humana.

A existencialidade constitui dimensão da personalidade que não se confunde com a integridade física, a integridade intelectual e a integridade moral a que se refere Limongi França. O dano existencial incide sobre essa dimensão dos direitos da personalidade, a existencialidade, na medida em que impede a vítima de desenvolver suas potencialidades e, portanto, de se constituir como pessoa humana.

O dano existencial se manifesta pela inibição das potencialidades da vítima, consideradas em seu conjunto. Vale dizer que o dano existencial incide sobre o projeto de vida da pessoa, reduzindo-o a uma existência sem sentido. Trata-se de lesão que impõe à vítima um tolhimento às possibilidades de manutenção ou de melhoria de suas condições de vida.

Conforme ressaltamos acima, o viver consiste em atribuir significado à própria existência, de modo que a ideia de dignidade humana guarda sentido com o direito a uma vida plena de possibilidades e na medida das potencialidades da pessoa. Esta, por

---

[46] SANSEVERINO, Paulo de Tarso Vieira. *Princípio da reparação integral*. São Paulo: Saraiva, 2011. p. 303.
[47] FERNÁNDEZ SESSAREGO, Carlos. Deslinde conceptual entre "daño a la persona", "daño al proyecto de vida" y "daño moral". *Portal de Información y Opinión Legal – Revista Foro Jurídico – Faculdade de Derecho da Pontifícia Universidad Católica del Perú*, Lima, año 1, n. 2, jul. 2003. Disponível em: <http://dike.pucp.edu.pe/bibliotecadeautor_carlos_fernandez_cesareo/articulos/ba_fs_6.PDF >. Acesso em: 25 maio 2018.

sinal, é uma ideia que se prende à de busca pela realização pessoal e, por que não dizer, de busca pela felicidade. O dano existencial incide sobre esse processo existencial da pessoa que, como dito, não é estático, mas se projeta nas relações com as outras pessoas e com o mundo. Ao tolher o exercício das potencialidades da vítima, a lesão perpetrada produz dano existencial suscetível de reparação.

Alguns acontecimentos podem subtrair do indivíduo a qualidade de pessoa, suprimindo sua personalidade e reduzindo sua vida a uma existência destituída de sentido. Causa dano existencial, por exemplo, quem submete uma criança a trabalho degradante e exaustivo, impedindo-a de frequentar a escola e de desenvolver suas potencialidades, condenando-a a uma vida miserável e a um destino de pobreza e degradação. Pode-se entrever dano existencial também nos casos de crimes graves, como os de tortura, os de trabalho escravo, os de estupro e até mesmo os de homicídio de um filho que, a depender das circunstâncias concretas, podem reduzir a vítima a uma existência destituída de sentido. O mesmo ocorre com a pessoa condenada por crime que não cometeu e que permanece por décadas no cárcere.

A proposta de reconhecimento da autonomia do dano existencial no ordenamento jurídico brasileiro se fortaleceu a partir da edição da Lei nº 13.467, de 2017, que acrescentou à Consolidação das Leis do Trabalho o art. 223-B, passando a aludir aos danos extrapatrimoniais e diferenciando expressamente as esferas moral e existencial da pessoa.[48]

Negar a autonomia dos danos existenciais em relação às demais modalidades de danos morais em sentido amplo significa negar a existência de uma das dimensões da pessoa humana: a existencialidade. Implica a estagnação do desenvolvimento conceitual dos danos à pessoa, o que compromete sua apropriada tutela. Justifica-se, nesses casos, a cumulatividade das indenizações, de forma a assegurar o direito das vítimas à justa reparação de acordo com as múltiplas modalidades de danos identificadas em cada situação.

Finalmente, não se pode deixar de reconhecer as vozes críticas que alertam para o risco de um sistema de responsabilidade civil não binário gerar uma *overcompensation*, ou seja, uma hipertrofia do dano à pessoa, com custos insuportáveis para a coletividade. Mas esse é o preço da pós-modernidade, a ser pago por todos os que optam por viver na sociedade do risco.

Conclusões

Conforme vimos nas linhas acima, a obra do Professor Luiz Edson Fachin traz preciosa contribuição ao debate sobre a necessidade de reestruturar o direito privado à luz dos comandos emanados pela Constituição de 1988.

Na *Teoria crítica do direito civil*, o autor realiza uma crítica contundente ao conceitualismo e ao excesso de abstração que caracterizam o direito moderno e que, em sua perspectiva, conduzem ao distanciamento entre o direito e os fatos que se passam na realidade. Em consequência, o autor postula o abandono do sujeito abstrato, a fim de que

---

[48] "Art. 223-B. Causa dano de natureza extrapatrimonial a ação ou omissão que ofenda a esfera moral ou existencial da pessoa física ou jurídica, as quais são as titulares exclusivas do direito à reparação".

surja em seu lugar um novo sujeito que tenha existência concreta e com certos direitos constitucionalmente garantidos.

É marcante na obra de Fachin a ideia de centralidade da pessoa humana em relação ao ordenamento jurídico, do que resulta a necessidade de sua proteção em todos os aspectos patrimoniais e existenciais. Neste sentido, o autor defende a garantia de um patrimônio mínimo capaz de resguardar a dignidade da pessoa humana.

Em face desses ensinamentos, extraímos que a responsabilidade civil se apresenta como instrumento jurídico vocacionado à tutela da pessoa humana pela via da precaução e da reparação de danos, particularmente daqueles decorrentes de ofensas aos direitos da personalidade. Nessa categoria de danos à pessoa, distinguem-se os danos existenciais que constituem atentados contra a autodeterminação da pessoa.

O dano existencial constitui uma nova modalidade de dano que não se confunde com os danos morais em geral, na medida em que incide sobre o projeto de vida da pessoa, reduzindo-o a uma existência sem sentido. Trata-se de lesão que impõe à vítima um tolhimento às possibilidades de manutenção ou de melhoria de suas condições de vida. Ao tolher o exercício das potencialidades da vítima, a lesão perpetrada produz dano existencial suscetível de reparação.

Referências

ALPA, Guido. *Trattato di diritto civile*: la responsabilità civile. Milano: Giuffrè, 1999. v. IV.

BARROSO, Luís Roberto. O neoconstitucionalismo e constitucionalização do direito: o triunfo tardio do direito constitucional no Brasil. *Revista de Direito Administrativo*, Rio de Janeiro, p. 1-42, abr./jun. 2005. Disponível em: <http://bibliotecadigital.fgv.br/ojs/index.php/rda/article/view/43618/44695>. Acesso em: 29 maio 2018.

BAUMAN, Zygmunt. *A arte da vida*. Tradução de Carlos Alberto Medeiros. Rio de Janeiro: Jorge Zahar, 2008.

BITTAR, Carlos Alberto. *Reparação civil por danos morais*. 3. ed. atual. por Eduardo Carlos Bianca Bittar. São Paulo: Revista dos Tribunais, 1999.

BITTAR, Eduardo Carlos Bianca. *O direito na pós-modernidade*. 2. ed. Rio de Janeiro: Forense Universitária, 2009.

CARVALHO, Orlando de. *Teoria geral da relação jurídica*: sentido e limites – Para uma teoria geral da relação jurídica. 2. ed. Coimbra: Centelha, 1981. v. 1.

CASILLO, João. *Dano à pessoa e sua indenização*. São Paulo: RT, 1987.

CAVALIERI FILHO, Sergio. *Programa de responsabilidade civil*. 11. ed. São Paulo: Atlas, 2014.

CENDON, Paolo. L'itinerario del danno esistenziale. *Giurisprudenza Italiana*, n. 4, abr. 2009, p. 1047 e ss. *apud* GONZÁLES, Carlos Antonio Agurto; MAMANI, Sonia Lidia Quequejana. O dano existencial como contribuição da cultura jurídica italiana. *Redes: R. Eletr. Dir. Soc.*, Canoas, v. 6, n. 1, 47-58, maio 2018.

CHAUÍ, Marilena. *Heidegger*: vida e obra. São Paulo: Nova Cultural, 1999. Coleção Os Pensadores.

DELGADO, Mário Luiz. Direitos da personalidade nas relações de família. In: MADALENO, Rolf (Coord.). *Atualidades do direito de família e sucessões*. Sapucaia do Sul: Notadez, 2008.

DIAS, José de Aguiar. *Da responsabilidade civil*. 2. ed. Rio de Janeiro: Forense, 1950. v. I.

FACCHINI NETO, Eugenio. A tutela aquiliana da pessoa humana: os interesses protegidos. Análise de direito comparado. *Revista da Ajuris*, v. 39, n. 127, set. 2012.

FACHIN, Luiz Edson. *Análise crítica, construtiva e de índole constitucional da disciplina dos direitos da personalidade no Código Civil brasileiro*: fundamentos, limites e transmissibilidade. Disponível em: <http://www.abdireitocivil.com.br/artigos/>. Acesso em: 25 maio 2018.

FACHIN, Luiz Edson. *Estatuto jurídico do patrimônio mínimo*. 2. ed. Rio de Janeiro: Renovar, 2006.

FACHIN, Luiz Edson. Pressupostos hermenêuticos para o contemporâneo direito civil brasileiro: elementos para uma reflexão crítica. *Revista de Doutrina da 4ª Região*, Porto Alegre, n. 48, jun. 2012. Disponível em: <http://www.revistadoutrina.trf4.jus.br/artigos/edicao048/Luiz_Fachin.html>. Acesso em: 4 jun. 2018.

FACHIN, Luiz Edson. *Teoria crítica do direito civil*. 2. ed. Rio de Janeiro: Renovar, 2003.

FERNÁNDEZ SESSAREGO, Carlos. Deslinde conceptual entre "daño a la persona", "daño al proyecto de vida" y "dano moral". *Portal de Información y Opinión Legal – Revista Foro Jurídico – Faculdade de Derecho da Pontifícia Universidad Católica del Perú*, Lima, año 1, n. 2, jul. 2003. Disponível em: <http://dike.pucp.edu.pe/bibliotecadeautor_carlos_fernandez_cesareo/articulos/ba_fs_6.PDF >. Acesso em: 25 maio 2018.

FRANÇA, Rubens Limongi. *Manual de direito civil*. 4. ed. São Paulo: Revista dos Tribunais, 1980. v. 1.

GONÇALVES, Carlos Roberto. *Responsabilidade civil*. 9. ed. São Paulo: Saraiva, 2005.

GONZÁLES, Carlos Antonio Agurto; MAMANI, Sonia Lidia Quequejana. O dano existencial como contribuição da cultura jurídica italiana. *Redes: R. Eletr. Dir. Soc.*, Canoas, v. 6, n. 1, 47-58, maio 2018.

HIRONAKA, Giselda Maria Fernandes Novaes. *Responsabilidade pressuposta*. Belo Horizonte: Del Rey, 2005.

KAUFMANN, Arthur. *La filosofía del derecho en la posmodernidad*. 2. ed. Santa Fé de Bogotá: Temis, 1998.

LÔBO, Paulo Luiz Netto. Constitucionalização do direito civil. *Revista de Informação Legislativa*, Brasília, ano 36, n. 141, jan./mar. 1999. Disponível em: <http://www.direitofmc.xpg.com.br/TGDC/texto01.pdf>.

LÓPEZ MESA, Marcelo J. *Presupuestos de la responsabilidad civil*. Buenos Aires: Astrea, 2012.

MORAES, Maria Celina Bodin de. A caminho de um direito civil constitucional. *Revista Estado, Direito e Sociedade*, Rio de Janeiro, v. I, 1991.

MORATO, Antônio Carlos. Quadro geral dos direitos da personalidade. *Revista da Faculdade de Direito da Universidade de São Paulo*, v. 106/107, p. 121-158, jan./dez. 2011/2012.

NORONHA, Fernando. *Direito das obrigações*. São Paulo: Saraiva, 2003. v. 1.

PEREIRA, Caio Mário da Silva. *Responsabilidade civil*. Rio de Janeiro: Forense, 1989.

PERLINGIERI, Pietro. *Perfis do direito civil*: introdução ao direito civil constitucional. Tradução de Maria Cristina de Cicco. 2. ed. Rio de Janeiro: Renovar, 2002.

REALE, Miguel. *Visão geral do projeto de Código Civil*. Disponível em: <http://www.miguelreale.com.br>. Acesso em: 26 maio 2018.

SANSEVERINO, Paulo de Tarso Vieira. *Princípio da reparação integral*. São Paulo: Saraiva, 2011.

SCHREIBER, Anderson. *Direitos da personalidade*. 2. ed. São Paulo: Atlas, 2013.

SCHREIBER, Anderson. *Novos paradigmas da responsabilidade civil*: da erosão dos filtros da reparação à diluição dos danos. 5. ed. São Paulo: Atlas, 2013.

SILVA, Wilson Melo da. *O dano moral e sua reparação*. 2. ed. Rio de Janeiro: Forense, 1969.

SOUSA, Rabindranath V. A. Capelo de. *O direito geral de personalidade*. Lisboa; Coimbra: Coimbra Editora, 2011.

TARTUCE, Flávio. *Direito civil*: direito das obrigações e responsabilidade civil. 13. ed. Rio de Janeiro: Forense, 2018. v. 2.

ZIVIZ, Patrizia. Alla scoperta del danno esistenziale. *Contratto e Impresa*, ano X, n. 2, 1994, p. 845 e ss. *apud* GONZÁLES, Carlos Antonio Agurto; MAMANI, Sonia Lidia Quequejana. O dano existencial como contribuição da cultura jurídica italiana. *Redes: R. Eletr. Dir. Soc.*, Canoas, v. 6, n. 1, 47-58, maio 2018.

Informação bibliográfica deste texto, conforme a NBR 6023:2002 da Associação Brasileira de Normas Técnicas (ABNT):

REGIS, Mário Luiz Delgado; SANTOS, Romualdo Baptista dos. A teoria crítica do direito civil e a responsabilidade civil por danos existenciais. In: EHRHARDT JÚNIOR, Marcos; CORTIANO JUNIOR, Eroulths (Coord.). *Transformações no Direito Privado nos 30 anos da Constituição*: estudos em homenagem a Luiz Edson Fachin. Belo Horizonte: Fórum, 2019. p. 511-527. ISBN 978-85-450-0562-9.

RESPONSABILIDADE CIVIL POR VIOLAÇÃO DO DIREITO AO ESQUECIMENTO

ANDERSON SCHREIBER

1 Introdução

Historicamente, a responsabilidade civil estruturou-se, conforme adverte Luiz Edson Fachin, como mecanismo de "proteção do direito de propriedade e outros direitos patrimoniais".[1] Destaca, ainda, Fachin: "como expressão da propriedade, o prejuízo se ressarcia ao repor-se o patrimônio do lesado".[2] Com efeito, toda a noção de ressarcimento desenvolveu-se em torno da equivalência econômica,[3] calcada basicamente pela teoria da diferença, desenvolvida por Friedrich Mommsen, segundo a qual o dano é a diferença entre a situação do lesado antes do evento danoso e aquela que se verifica após sua ocorrência.[4]

Essa histórica vinculação da responsabilidade civil à proteção do patrimônio (e à lógica patrimonial, de modo mais geral) impediu, por muito tempo, o reconhecimento dos danos morais, compreendidos como prejuízo que não repercute na esfera do patrimônio do indivíduo lesado.[5] Assim posicionava-se nossa jurisprudência, liderada

---

[1] FACHIN, Luiz Edson. Responsabilidade civil contemporânea no Brasil: notas para uma aproximação. *Revista Jurídica*, v. 58, n. 397, nov. 2010. p. 11.
[2] FACHIN, Luiz Edson. Responsabilidade civil contemporânea no Brasil: notas para uma aproximação. *Revista Jurídica*, v. 58, n. 397, nov. 2010. p. 13.
[3] "L'equivalenza econômica, come si è visto, è il núcleo essenziale della nozione del risarcimento" (DE CUPIS, Adriano. *Il danno*. 3. ed. Milano: Giuffrè, 1979. v. 2. p. 229).
[4] GUEDES, Gisela Sampaio da Cruz. *Lucros cessantes*: do bom-senso ao postulado normativo da razoabilidade. São Paulo: Revista dos Tribunais, 2011. p. 50. No mesmo sentido: "A doutrina alemã criou a *teoria da diferença* como suporte para o cálculo da indenização. Deve-se fazer uma *avaliação concreta do dano, e não abstrata*. Para tanto, a indenização pecuniária deve ser medida pela *diferença* entre a *situação real* em que o ato ilícito deixou o patrimônio do lesado e a *situação em que ele se encontrava* sem o dano sofrido, o que pode ser apurado mediante prova documental (recibos, orçamentos), perícia, etc". (CAVALIERI FILHO, Sergio. *Programa de responsabilidade civil*. São Paulo: Atlas, 2015. p. 175).
[5] DIAS, José de Aguiar. *Da responsabilidade civil*. Rio de Janeiro: Renovar, 1987. p. 852.

pelo Supremo Tribunal Federal, que, reiteradamente, afirmava não ser possível "que os sofrimentos morais deem lugar à reparação pecuniária, se deles não decorresse nenhum dano material".[6]

Entretanto, tal concepção alterou-se, como se sabe, ao longo dos anos, afigurando-se paradigmático nesse sentido acórdão proferido em abril de 1966 pelo Supremo Tribunal Federal, no julgamento do Recurso Extraordinário nº 59.940, relatado pelo Ministro Aliomar Baleeiro – ali, reconheceu-se a indenização por danos morais puros, independentemente de dano patrimonial.[7] Também na doutrina, aqueles que sustentavam ser impossível o ressarcimento do dano moral passaram a enfrentar contrapontos e críticas.[8] O dado normativo acompanhou, igualmente, essa evolução: com a promulgação da Constituição de 1988 consagra-se, em seu art. 5º, inc. V, a cláusula de indenização pelos danos morais,[9] de modo a enfraquecer ainda mais aqueles que defendiam a tese de que os danos morais não seriam indenizáveis. Mais que isso, a Constituição da República plasmou em seu ápice valorativo a dignidade da pessoa humana, que se converte em elemento reunificador do sistema jurídico.[10] Essa mudança de paradigma repercute sobre a responsabilidade civil, notadamente sobre a definição de dano moral, que, concebida tradicionalmente como dor, sofrimento e humilhação,[11] passa a ser tratada como lesão à dignidade da pessoa humana.[12]

---

[6] STF. RE nº 11.786. Rel. Min. Orozimbo Nonato, Rel. p/ acórdão Min. Hahnemann Guimarães, 2ª T., j. 7.11.1950.

[7] Para o panorama do caso, ver MONTEIRO FILHO, Carlos Edison do Rêgo. *Elementos de responsabilidade civil por dano moral*. Rio de Janeiro: Renovar, 2000. p. 10-13.

[8] "A resistência que encontrou, entre nós, a teoria da reparação do dano moral estava em que não havia uma disposição genérica no Código Civil de 1916. Admitindo-a, Clóvis Beviláqua, propugnador da indenização do dano moral, enxerga o suporte legal na regra do art. 76 e seu parágrafo do Código Civil de 1916, segundo o qual, para propor ou contestar uma ação, é suficiente um interesse moral. O argumento, entretanto, não convenceu os opositores recalcitrantes. [...] Vindo este preceito a se integrar em nosso direito positivo no Código Civil de 2002 (art. 186), elimina-se o argumento dos opositores da reparação por dano moral, assentado na falta de disposição genérica explícita, ao mesmo passo que se filia o direito brasileiro à corrente dos que sustentam que o dano moral, independentemente do dano material, é suscetível de reparação" (PEREIRA, Caio Mário da Silva. *Responsabilidade civil*. Rio de Janeiro: Forense, 2016. p. 17; 78-79).

[9] "Art. 5º Todos são iguais perante a lei, sem distinção de qualquer natureza, garantindo-se aos brasileiros e aos estrangeiros residentes no País a inviolabilidade do direito à vida, à liberdade, à igualdade, à segurança e à propriedade, nos termos seguintes: [...] V - é assegurado o direito de resposta, proporcional ao agravo, além da indenização por dano material, moral ou à imagem; [...]".

[10] "A prioridade conferida à cidadania e à dignidade da pessoa humana (art. 1º, I e III, CF), fundamentos da República, e a adoção do princípio da igualdade substancial (art. 3º, III), ao lado da isonomia formal do art. 5º, bem como a garantia residual estipulada pelo art. 5º, §2º, CF, condicionam o intérprete e o legislador ordinário, modelando todo o tecido normativo infraconstitucional com a tábua axiológica eleita pelo constituinte" (TEPEDINO, Gustavo. A tutela da personalidade no ordenamento civil-constitucional brasileiro. In: TEPEDINO, Gustavo. *Temas de direito civil*. Rio de Janeiro: Renovar, 2004. p. 49). No mesmo sentido: "O primado do valor da pessoa humana e de seus direitos fundamentais impede que a área do direito civil se possa exaurir em uma concepção patrimonialista, fundada na centralidade da propriedade ou sob a noção de empresa. O direito civil reconhece que a ideia forte do sistema não é o mercado, mas a dignidade da pessoa" (LÔBO, Paulo. *Parte geral*. São Paulo: Saraiva, 2009. p. 80). Ver, ainda: "Acolher a construção da unidade (hierarquicamente sistematizada) do ordenamento jurídico significa sustentar que os seus princípios superiores, isto é, os valores propugnados pela Constituição, estão presentes em todos os recantos do tecido normativo, resultando, em consequência, inaceitável a rígida contraposição direito público x direito privado. Os princípios e valores constitucionais devem estender-se a todas as normas do ordenamento, sob pena de se admitir a concepção de um *mondo in frammenti*, logicamente incompatível com a ideia de sistema unitário" (MORAES, Maria Celina Bodin de. A caminho de um direito civil-constitucional. In: MORAES, Maria Celina Bodin de. *Na medida da pessoa humana*: estudos de direito civil-constitucional. Rio de Janeiro: Renovar, 2010. p. 9).

[11] TJRJ. Apelação Cível nº 2005.001.34788. Rel. Des. Jorge Luiz Habib, Décima Oitava Câmara Cível, j. 20.12.2005.

[12] MORAES, Maria Celina Bodin de. *Danos à pessoa humana*: uma leitura civil-constitucional dos danos morais. Rio de Janeiro: Renovar, 2003. p. 182-192.

Essa alteração de perspectiva produz efeitos profundos – e, ainda hoje, não inteiramente explorados – sobre todo o direito da responsabilidade civil (quiçá, hoje, mais um direito de tratamento e prevenção dos danos que de responsabilização). Antes vista como instrumento individualista de vingança e punição contra o ofensor –[13] amparada na noção de culpa como "pecado jurídico" –,[14] a responsabilidade civil passa a abeberar-se funcionalmente de noções solidaristas: o foco de atenção passa a ser a vítima e a reparação integral dos danos que sofreu. Todo esse cenário tem por efeito a erosão dos filtros tradicionais da responsabilidade civil,[15] levando à expansão qualitativa e quantitativa dos danos ressarcíveis. Notadamente em razão da precípua proteção garantida à pessoa humana verifica-se, a cada dia, em nossos tribunais, um aumento das demandas que visam à reparação dos chamados novos danos. É nessa conjuntura que se coloca o que se convencionou chamar de *direito ao esquecimento*, como interesse merecedor de tutela que, uma vez lesado, dá ensejo à responsabilidade civil.

2 O que é direito ao esquecimento? Crítica à posição do STJ

As mudanças tecnológicas alteraram significativamente a forma como o ser humano vem lidando com suas memórias. Se, antes, o indivíduo tendia naturalmente a esquecer, distanciando-se progressivamente do passado, hoje, computadores e aparelhos eletrônicos permitem a "lembrança de tudo".[16] Como afirma Mayer-Schönberger, na era digital, "o balanço entre lembrar e esquecer começou a se inverter": lembrar tornou-se a regra e "esquecer, a exceção".[17] Tais mudanças colocaram em voga o chamado direito ao esquecimento. Nascido no direito europeu continental (*diritto all'oblio*, na Itália; *droit à*

---

[13] RODRIGUES JUNIOR, Otavio Luiz. Responsabilidade civil no direito romano. In: RODRIGUES JUNIOR, Otavio Luiz; MAMEDE, Gladston; ROCHA, Maria Vital (Coord.). *Responsabilidade civil contemporânea em homenagem a Sílvio de Salvo Venosa*. São Paulo: Atlas, 2011. p. 3-4.

[14] Como explica Paul Esmein na obra *La faute et as place dans la responsabilité civile* (*Revue Trimestrielle de Droit Civil*, 1949, p. 482): "Dans sa acception chargée du sens le plus lourd, la faute éveille les sentiments qui pour un Français sont depuis des siècles liés au mot péché. [...] Le péché peut être constitué par des actes ou pensées très divers, et, envisagè dans ses conditions d'existence, il ne peut être défini que comme la faute l'a été plus haut: violation d'un devoir". No mesmo sentido, na doutrina brasileira: "Numa noção prática, já o dissemos, a culpa representa, em relação ao domínio, em que é considerada, situação contrária ao *estado de graça*, que, na linguagem teológica, se atribui à alma isenta de pecado" (DIAS, José de Aguiar. *Da responsabilidade civil*. Rio de Janeiro: Renovar, 1987. p. 134).

[15] Sobre o tema, seja consentido remeter a SCHREIBER, Anderson. *Novos paradigmas da responsabilidade civil*: da erosão dos filtros da reparação à diluição dos danos. São Paulo: Atlas, 2015. p. 11.

[16] COSTA, André Brandão Nery. Direito ao esquecimento: a Scarlet Letter Digital. In: SCHREIBER, Anderson (Org.). *Direito e mídia*. São Paulo: Atlas, 2013. p. 185.

[17] MAYER-SCHÖNBERGER, Viktor. *Delete*: the virtue of forgetting in the digital age. New Jersey: Princeton, 2009. p. 196: "With our capacity to remember, we are able to compare, to learn, and to experience time as change. Equally important is our ability to forget, to unburden ourselves from the shackles of our past, and to live in the present. For millennia, the relationship between remembering and forgetting remained clear. Remembering was hard and costly, and humans had to choose deliberately what to remember. The default was to forget. In the digital age, in what is perhaps the most fundamental change for humans since our humble beginnings, that balance of remembering and forgetting has become inverted. Committing information to digital memory has become the default, and forgetting the exception". Em tradução livre: "Com nossa capacidade de relembrar, nós somos capazes de comparar, de aprender de ter a experiência temporal como mudança. Igualmente importante é nossa capacidade de esquecer, de nos aliviarmos dos grilhões do passado e viver no presente. Por milênios, a relação entre lembrar e esquecer permaneceu clara. Lembrar era difícil e custoso e os humanos tinha que escolher deliberadamente o que lembrar. O padrão era esquecer. Na era digital, talvez a mais fundamental modificação para os humanos desde o início, o balanço entre lembrar e esquecer começou a se inverter. O envio de informações para a memória digital se tornou o padrão e esquecer a exceção".

l'oubli, na França; e assim por diante), notadamente com vista ao registro de informações pessoais pelo Poder Público, em especial no caso de ex-detentos,[18] o chamado *direito ao esquecimento* passou a ser debatido também na esfera cível, no âmbito de relações entre particulares.

No Brasil, o direito ao esquecimento ganhou um sentido peculiar. O Superior Tribunal de Justiça, no rumoroso julgamento do Recurso Especial nº 1.334.097 (Chacina da Candelária), atestou a existência do "direito ao esquecimento", mas o definiu como "um direito de não ser lembrado contra sua vontade, especificamente no tocante a fatos desabonadores, de natureza criminal, nos quais se envolveu, mas de que, posteriormente, fora inocentado".[19]

Essa acepção do direito ao esquecimento como um "direito de não ser lembrado contra sua vontade" incorre no erro de abordar o tema sob ótica voluntarista, na qual fatos relativos ao indivíduo passam a se subordinar à sua esfera de vontade individual, à semelhança de bens que passam a integrar seu patrimônio, de modo a excluir o acesso de todos os demais indivíduos àquele acontecimento. O direito ao esquecimento ganha, assim, contornos *proprietários*,[20] incompatíveis com a ordem constitucional brasileira, que tutela a liberdade de informação[21] e o acesso à informação por toda a sociedade,[22] não apenas como direitos fundamentais, mas como pressupostos do Estado Democrático de Direito.[23]

---

[18] SCHREIBER, Anderson. *Direitos da personalidade*. São Paulo: Atlas, 2011. p. 164-165.

[19] STJ. REsp nº 1.334.097. Rel. Min. Relator Luis Felipe Salomão, Quarta Turma, j. 28.5.2013. A Corte concluiu, naquela ocasião, que: "A despeito de a Chacina da Candelária ter se tornado – com muita razão – um fato histórico, que expôs as chagas do País ao mundo, tornando-se símbolo da precária proteção estatal conferida aos direitos humanos da criança e do adolescente em situação de risco, o certo é que a fatídica história seria bem contada e de forma fidedigna sem que para isso a imagem e o nome do autor precisassem ser expostos em rede nacional. Nem a liberdade de imprensa seria tolhida nem a honra do autor seria maculada, caso se ocultassem o nome e a fisionomia do recorrido, ponderação de valores que, no caso, seria a melhor solução ao conflito".

[20] Gustavo Tepedino critica a tutela da privacidade com contornos proprietários e aponta como saída adequada a ponderação concreta de interesses conflitantes: "No panorama brasileiro, torna-se relevante analisar criticamente a visão da privacidade, ainda difusa em doutrina e jurisprudência, como espaço de poder ('proprietário') do indivíduo, que se encastela em seu território intransponível contra ingerências externas. [...] Em perspectiva diversa, deve-se definir em que circunstâncias e em face de quais interesses se torna legítimo o controle pessoal de informações da vida privada, impedindo-se assim o seu acesso pelo Estado, cada dia mais invasivo, ou por terceiros, motivados por pressões mercadológicas. Trata-se de ponderação necessária entre interesses colidentes, não sendo possível sacrificar, em abstrato, direitos fundamentais, máxime se o critério balizador for a pertinência proprietária, que acaba por prevalecer, com constrangedora proeminência, quando se pensa na privacy como poder de disposição personalíssimo em relação a 'bens' da personalidade" (TEPEDINO, Gustavo. Lógica proprietária e tutela da personalidade. *Revista Trimestral de Direito Civil*, Rio de Janeiro, v. 49, 2012. p. vi).

[21] "Art. 220. A manifestação do pensamento, a criação, a expressão e a informação, sob qualquer forma, processo ou veículo não sofrerão qualquer restrição, observado o disposto nesta Constituição. §1º Nenhuma lei conterá dispositivo que possa constituir embaraço à plena liberdade de informação jornalística em qualquer veículo de comunicação social, observado o disposto no art. 5º, IV, V, X, XIII e XIV. §2º É vedada toda e qualquer censura de natureza política, ideológica e artística".

[22] O acesso à informação é tutelado pela Constituição brasileira, em seu art. 5º, incs. XIV e XXXIII: "Art. 5º Todos são iguais perante a lei, sem distinção de qualquer natureza, garantindo-se aos brasileiros e aos estrangeiros residentes no País a inviolabilidade do direito à vida, à liberdade, à igualdade, à segurança e à propriedade, nos termos seguintes: [...] XIV - é assegurado a todos o acesso à informação e resguardado o sigilo da fonte, quando necessário ao exercício profissional; [...] XXXIII - todos têm direito a receber dos órgãos públicos informações de seu interesse particular, ou de interesse coletivo ou geral, que serão prestadas no prazo da lei, sob pena de responsabilidade, ressalvadas aquelas cujo sigilo seja imprescindível à segurança da sociedade e do Estado".

[23] "[...] essas mesmas liberdades [de informação e de expressão] atendem ao inegável interesse público da livre circulação de ideias, corolário e base de funcionamento do regime democrático, tendo portanto uma dimensão eminentemente coletiva, sobretudo quando se esteja diante de um meio de comunicação social ou de massa"

No extremo oposto a essa concepção, situa-se uma vasta gama de autores que nega qualquer valor ao chamado direito ao esquecimento. O direito de todos ao conhecimento da história excluiria qualquer proteção do indivíduo contra a circulação de informações a seu respeito ou a recordação de fatos que o envolvessem, em qualquer circunstância, o que consistiria intolerável restrição à liberdade de expressão. Nesta perspectiva, o direito ao esquecimento seria um *não direito*, na medida em que não encontraria assento na normativa constitucional ou infraconstitucional, nem mesmo por via interpretativa.

Nenhuma das duas abordagens afigura-se cientificamente adequada, à luz dos estudos especializados sobre o tema, no Brasil e no exterior. De um lado, não se pode acolher uma acepção de direito ao esquecimento que, sob ótica voluntarista, coloque a recordação de fatos pretéritos ao mero sabor do *querer* de cada indivíduo, o que acabaria por criar *proprietários de passados*. De outro lado, contudo, não se pode ignorar que a ordem constitucional brasileira, ao atribuir primazia à proteção da pessoa humana, assegura-lhe tutela em face de uma vinculação a fatos pretéritos tão intensa que impeça o indivíduo de exercer plenamente a liberdade de construir para si uma nova identidade pessoal, dissociando-se de rótulos e emblemas do passado.

Nesse sentido, o direito ao esquecimento não se associa tanto à proteção da intimidade ou privacidade da pessoa humana, quanto ao seu direito à identidade pessoal, que consiste, por sua vez, no

> [...] direito de toda pessoa expressar sua verdade pessoal, "quem de fato é", em suas realidades física, moral e intelectual. A tutela da identidade impede que se falseie a "verdade" da pessoa, de forma a permanecerem intactos os elementos que revelam sua singularidade como unidade existencial no todo social.[24]

Nas palavras do saudoso jurista italiano Stefano Rodotà, o direito ao esquecimento "significa que nem todas as pegadas que deixei na minha vida devem me seguir implacavelmente, em cada momento da minha existência".[25] Nessa mesma direção, a Corte Suprema de Cassação italiana concluiu, em 2012:

(BARROSO, Luís Roberto. Liberdade de expressão versus direitos da personalidade. Colisão de direitos fundamentais e critérios de ponderação. In: BARROSO, Luís Roberto. *Temas de direito constitucional*. Rio de Janeiro: Renovar, 2005. t. III. p. 105). Também nesse sentido, destaca Daniel Sarmento: "O acesso à informação é essencial para que as pessoas possam participar de modo consciente da vida pública e fiscalizar os governantes e detentores de poder social. Não é exagero afirmar que o controle do poder tem no direito à informação seu instrumento mais poderoso. A transparência proporcionada pelo acesso à informação é o melhor antídoto para a corrupção, para as violações de direitos humanos, para a ineficiência governamental. [...] Não é por outra razão que os regimes autoritários têm ojeriza à divulgação de informações, buscando censurar a imprensa e criar uma redoma de sigilo sobre as suas atividades. Já nas democracias deve ocorrer o oposto" (SARMENTO, Daniel. Liberdades comunicativas e "direito ao esquecimento" na ordem constitucional brasileira. *Revista Brasileira de Direito Civil*, v. 7, 2016. p. 194).

[24] CHOERI, Raul Cleber da Silva. *O direito à identidade na perspectiva civil-constitucional*. Rio de Janeiro: Renovar, 2010. p. 244.

[25] No original: "diritto all'oblio. Il che significa che non tutte le tracce che io ho lasciato nella mia vita mi devono inseguire implacabilmente in ogni momento della mia esistenza" (RODOTÀ, Stefano. Privacy: valore e diritto. *Enciclopledia Multimedilae dele Scienze Filosofiche*, 6 out. 1998. Disponível em: <http://www.emsf.rai.it/dati/trasmissioni/Tr_120.htm>). Acrescenta, ainda, Rodotà que "il passato non può essere trasformato in una condanna che esclude ogni riscatto". Em tradução livre: "o passado não pode ser transformado em uma condenação que exclui o resgate" (RODOTÀ, Stefano. Dai ricordi ai dati l'oblio è un diritto? *La Repubblica*, 30 jan. 2012. Disponível em: <http://ricerca.repubblica.it/repubblica/archivio/repubblica/2012/01/30>).

[...] o direito ao esquecimento salvaguarda, na realidade, a projeção de ser tutelado contra a divulgação de informações (potencialmente) lesivas em razão da perda (dado o lapso temporal decorrido desde a ocorrência do fato que constitui seu objeto) da sua própria atualidade, de modo que o seu tratamento resulte não mais justificado e, de fato, suscetível de obstaculizar o sujeito na explicação e na fruição da própria personalidade.[26]

Como se vê, a expressão *direito ao esquecimento* talvez não seja a mais exata. Embora consagrada pelo uso doutrinário e jurisprudencial, tal expressão acaba por induzir em erro o jurista, sugerindo que haveria um direito de fazer esquecer, um direito de apagar os dados do passado ou suprimir referências a acontecimentos pretéritos. Não é disso, todavia, que se trata. O direito ao esquecimento consiste simplesmente de um direito da pessoa humana de se defender contra uma *recordação opressiva de fatos pretéritos* que podem minar a construção e reconstrução da sua identidade pessoal, apresentando-a à sociedade sob falsas luzes (*sotto falsa luce*),[27] de modo a fornecer ao público uma projeção do ser humano que não corresponde à sua realidade atual.[28]

Na perspectiva ora defendida, o embate usualmente invocado entre, de um lado, a "memória de povo" ou sua "história" e, de outro lado, o direito ao esquecimento torna-se um *falso embate*. Isso porque o direito ao esquecimento não deve ser compreendido como o direito individual de reescrever a história. Não se trata de um direito a efetuar uma projeção qualquer sobre a esfera pública, mas de um direito de defesa contra uma projeção desatualizada e opressora da pessoa humana.[29]

Uma definição tecnicamente correta sobre o que vem sendo chamado direito ao esquecimento afigura-se indispensável para evitar discussões superficiais entre a tutela desse direito e um suposto interesse contrário ao conhecimento do passado e da história, o que apenas contribui para que o tema permaneça em um plano abstrato e esfumaçado. A definição que ora se sustenta é aquela que, com base nas lições já citadas da doutrina especializada no Brasil e no exterior, compreende o direito ao esquecimento como direito de cada pessoa humana de se opor à recordação opressiva de determinados fatos perante a sociedade (recordações públicas nesse sentido), que lhe impeça de desenvolver

---

[26] Corte Suprema di Cassazione, julgado n. 5525/2012, j. 11.1.2012. Tradução livre do original em italiano: "il dirirtto all'oblio salvaguarda in realtá la proiezione di essere tutelato dalla divulgazione di informazione (potenzialmente) lesive in ragione della perdita (stante il lasso di tempo intercorso dall'accadimento del fatto che costituisce l'oggeto) di attualità delle stesse, sicché il relativo trattamento viene a resultare non più giustificato ed anzi suscettibile di ostacolare il soggetto nell'esplicazione e nel godimento della propria personalità".

[27] A expressão é de CASSANO, Giuseppe. I diritti della personalità e le aporie logico dogmatiche di dottrina e giurisprudenza – Brevissimi cenni. *Diritto & Diritti*, dez. 2000. Disponível em: <https://www.diritto.it/articoli/civile/cassano1.html>.

[28] Tal recordação opressiva de fatos pretéritos pode advir do Poder Público – por meio, por exemplo, de registros civis que guardam informações sensíveis que não podem ser expostas de modo a descontextualizar a pessoa humana, apresentando-a de modo desatual e, nesse sentido, *falso*, tal como, por exemplo, na situação de transexualidade –, mas também pode advir da atuação de agentes privados, como empresas jornalísticas. Daí todo o recente debate em torno do direito ao esquecimento na esfera cível.

[29] SCHREIBER, Anderson. *Direitos da personalidade*. São Paulo: Atlas, 2011. p. 165. Também nesse sentido: "Há o perigo de apagar algo da história de um país? Isso não acontece porque as informações seguem publicadas, estão sempre acessíveis aos pesquisadores. O que não vai ser possível é que qualquer pessoa encontre certas informações em mecanismos de busca. Até porque são sempre informações selecionadas, incompletas, um retrato distorcido das pessoas que nunca vão se livrar desse estigma. Isso é o que se quer evitar, mas em absoluto tem-se o objetivo de impedir pesquisas sobre as fontes que continuam disponibilizadas. O que se busca é um esquecimento social, mas não que individualmente não se possa acessar as informações" (ALBERS, Marion. A imprensa também tem limites. *Revista PUC-RS*, Rio Grande do Sul, v. 173, 2015. p. 31).

plenamente sua identidade pessoal, por enfatizar perante terceiros aspectos de sua personalidade que não mais refletem a realidade.

Tecnicamente, o direito ao esquecimento é, portanto, um direito (a) exercido necessariamente por uma pessoa humana; (b) em face de agentes públicos ou privados que tenham a aptidão fática de promover representações daquela pessoa sobre a esfera pública (opinião social), incluindo veículos de imprensa, emissoras de TV, fornecedores de serviços de busca na internet etc.; (c) em oposição a uma recordação opressiva dos fatos, assim entendida a recordação que se caracteriza, a um só tempo, por ser desatual e recair sobre aspecto sensível da personalidade, comprometendo a plena realização da identidade daquela pessoa humana, ao apresentá-la sob falsas luzes à sociedade.

É emblemático o exemplo do transexual: tendo mudado de sexo, aquela pessoa não deve ser mais apresentada, quer pelo Estado, em repartições públicas, quer pela mídia privada, em reportagens ou entrevistas, como alguém que nasceu homem e se tornou mulher, ou vice-versa, porque, se esse rótulo for constantemente atrelado àquela pessoa, se esse fato passado, embora verdadeiro e público, for constantemente recordado, a sua apresentação à sociedade será sempre uma apresentação deturpada, por dar excessivo peso a um fato pretérito que obscurece sua identidade atual.

Como se vê, há íntima vinculação entre o direito ao esquecimento e a dignidade da pessoa humana, noção fundante da ordem constitucional brasileira (art. 1º, III, CF). Isso não torna o direito ao esquecimento um direito absoluto. Muito ao contrário, exige delicado sopesamento em caso de colisão com a liberdade de informação, outro direito fundamental de mesmo grau hierárquico. Assim, o confronto entre o direito ao esquecimento e a liberdade de informação não pode ser realizado em abstrato ou solucionado à luz de uma prévia hierarquização entre normas constitucionais, mas exige, como é sabido, recurso ao método da ponderação, com base em parâmetros construídos para a solução de hipóteses mais frequentes de colisão.[30]

3 Análise dos pressupostos da responsabilidade civil

A responsabilidade civil exige tradicionalmente a presença de três pressupostos, quais sejam, a conduta culposa, o dano e a relação de causalidade entre aquela conduta e o dano.[31] Por muito tempo, considerou-se que somente a prática do ato ilícito poderia ensejar a responsabilização do agente pelo dano causado à vítima. O ato ilícito representava, nesse sentido, o fundamento exclusivo da responsabilidade civil. A configuração do ato ilícito (CC, art. 186) depende de dolo ou culpa por parte do agente. Exige-se que a conduta voluntária do sujeito (ação ou omissão) tenha se caracterizado pela intenção de causar o prejuízo (dolo) ou pela falta de observância de um dever jurídico (culpa). Como se vê, a identificação da culpa ou dolo – noções reunidas sob a

---

[30] "La qualità e l'efficacia dell'informazione, nonché le sue stesse modalità di esercizio, non possono non dipendere anche dai contrapposti interessi di natura esistenziale dei suoi destinatari: sí che appare meritevole di consenso il recente indirizzo legislativo e giurisprudenziale vòlto a ravvisare un contegno illecito anche là dove la cronaca e la valutazione dei fatti, pur corrispondendo a verità, lesano inutilmente la dignità altrui" (PERLINGIERI, Pietro. *Manuale di diritto civile*. Napoli: ESI, 2003. p. 156).

[31] Segundo lição de Agostinho Alvim: "Os requisitos ou pressupostos da obrigação de indenizar são três: o prejuízo, a culpa e o nexo causal" (ALVIM, Agostinho. *Da inexecução das obrigações e suas consequências*. São Paulo: Saraiva, 1955. p. 194).

denominação de culpa *lato sensu* – depende de uma valoração da conduta do sujeito. Daí chamar-se de *responsabilidade subjetiva* aquela responsabilidade fundada na culpa ou, mais precisamente, no ato ilícito. Nada obstante, em determinadas situações, a configuração da responsabilidade civil prescinde da análise da culpa, casos em que se fala de *responsabilidade civil objetiva*.

A responsabilidade civil por violação ao direito ao esquecimento poderá se verificar ora por meio da responsabilidade subjetiva, ora por meio da objetiva: impõe-se verificar, no caso concreto, se se está diante de hipóteses de relação de consumo – atraindo a disciplina do Código de Defesa do Consumidor que prevê a regra de responsabilidade objetiva –, atividades de risco nos moldes previstos pelo art. 927, parágrafo único, do Código Civil, ou, ainda, alguma outra hipótese legalmente prevista de responsabilidade objetiva, que independe da culpa. Fora dessas situações, a responsabilidade por violação ao direito ao esquecimento demandará a demonstração de que o agente causador do dano agiu com culpa ou dolo.

Controversa é a qualificação do regime de responsabilidade aplicável aos meios de comunicação. Embora, a rigor, a situação pareça se enquadrar como fato do serviço (CDC, art. 14),[32] ou, para alguns autores, como atividade de risco (CC, art. 927, parágrafo único),[33] nossa jurisprudência tem consolidado o entendimento de que a esses entes aplica-se o regime da responsabilidade civil subjetiva:

> Para enfrentar esse problema, deve-se ter em mente aquele que talvez seja o requisito mais importante para aferir a responsabilidade do veículo de imprensa, qual seja, a culpa. De fato, os veículos de imprensa e comunicação sujeitam-se a um regime de responsabilidade subjetiva, não havendo que se falar aqui de responsabilidade por risco. Consequentemente, não basta a divulgação de informação falsa, exige-se prova de que o agente divulgador conhecia ou poderia conhecer a inveracidade da informação propalada. [...] a responsabilidade da imprensa é subjetiva, não pode ser considerada uma responsabilidade objetiva, uma responsabilidade de risco, sob pena de inviabilizar esse importante segmento da sociedade, que é a imprensa.[34]

---

[32] "Nas hipóteses em que os órgãos de comunicação social constituem-se mero veículo pelo qual estejam sendo exercidas outras atividades quaisquer, como o comércio, profissões de fé religiosa ou prestação de serviços, tais atividades não possuem qualquer característica distintiva que as afaste da aplicação ordinária do Código Civil, ou mesmo, quando for o caso, a legislação especial como na hipótese de atividade comercial, a legislação de proteção do consumidor" (MIRAGEM, Bruno. *Responsabilidade civil da imprensa por dano à honra*. Porto Alegre: Livraria do Advogado, 2005. p. 204).

[33] BDINE JÚNIOR, Hamid Charaf. Responsabilidade civil do veículo de comunicação por atos próprios. In: SILVA, Regina Beatriz Tavares da; SANTOS, Manoel J. Pereira dos (Coord.). *Responsabilidade civil na internet e nos demais meios de comunicação*. 2. ed. São Paulo: Saraiva, 2012. p. 498 "A atividade dos meios de comunicação envolve riscos próprios que, se gerarem dano, ensejarão a incidência ao caso do disposto no art. 927, parágrafo único, do Código Civil, ou seja, os meios de comunicação responderão independentemente de culpa, se a atividade que desenvolvem normalmente criar riscos para os direitos alheios e esse risco gerar dano".

[34] REsp nº 984.803. Rel. Min. Nancy Andrighi, j. 26.5.2009. Em igual sentido: "Isso quer dizer que nas hipóteses em que os veículos de comunicação divulguem imagens de pessoas sem intenção de obter lucro, mas com fins meramente informativos, a determinação de qualquer reparação dependerá da prova de todos os elementos constitutivos da responsabilidade civil subjetiva, a saber, a prática de ato ilícito, eivado de culpa, a existência de lesão efetiva e o nexo de causalidade entre a conduta e o dano" (TJSP. Rel. Des. Milton Carvalho, 4ª Câmara de Direito Privado, j. 26.6.2014); "Matéria jornalística vinculando a imagem do autor em ocorrência policial [...] A hipótese tratada nos autos desafia a responsabilidade civil subjetiva extracontratual, que exige para a sua configuração a presença da culpa lato sensu (dolo ou culpa), do dano e do nexo causal, os quais, in casu, restaram comprovadas" (TJRJ, Rel. Des. Elton Leme, 17ª Câmara Cível, j. 28.2.2018).

Adquire fundamental importância nos casos de responsabilidade civil por violação do direito ao esquecimento a noção de nexo causal. Tanto no âmbito da responsabilidade subjetiva quanto no âmbito da responsabilidade objetiva, trata-se de noção indispensável à configuração do dever de indenizar,[35] consubstanciada no liame que liga a conduta culposa do agente ao dano sofrido pela vítima.[36] O nexo causal (relação de causa e consequência) é originariamente conceito lógico, e não jurídico. Todavia, a fim de se evitar uma "super-responsabilização", a ciência jurídica tem historicamente procurado qualificar o nexo causal, restringindo a relação de causalidade que é aceita pelo direito como apto a produzir a obrigação de indenizar. Nosso Código Civil afirma no art. 403 que, "ainda que a inexecução resulte de dolo do devedor, as perdas e danos só incluem os prejuízos efetivos e os lucros cessantes por efeito dela direto e imediato, sem prejuízo do disposto na lei processual". A norma tem sido vista como acolhimento legislativo da *teoria da causalidade direta e imediata* que limita o dever de indenizar às consequências direta e imediatamente derivadas da conduta culposa. Em sua acepção original, esta teoria acabava se revelando injusta, por afastar os danos que, embora não sendo diretamente resultantes da conduta culposa do agente, derivavam necessariamente do seu resultado imediato, sem intervenção de qualquer outra causa. Daí a melhor doutrina defender a leitura dos "danos diretos e imediatos" como "danos necessários", não se excluindo a ressarcibilidade excepcional de danos indiretos quando derivados necessariamente da causa em questão.[37]

Por ser o direito ao esquecimento dirigido contra uma exposição pública do seu titular em dissonância com sua real identidade, assume grande importância o exame de eventual autoexposição promovida pela própria vítima ou seus familiares, a inserir ou reforçar a inclusão do tema no debate público: tecnicamente, a autoexposição rompe a relação de causalidade entre o exercício da liberdade de informação e a eventual lesão ao direito ao esquecimento, de tal modo que, mesmo diante da existência de culpa e dano, o ato ilícito não se configura. Vale dizer: se o próprio envolvido projeta o acontecimento sobre a esfera pública, apresentando sua versão dos fatos, não pode invocar o direito ao esquecimento.

Nossa ordem jurídica tutela, como já visto, o direito à identidade pessoal, como expressão da dignidade humana, além do direito à privacidade, à intimidade e à reserva, mas não protege um suposto direito a uma versão única dos fatos. O direito ao

---

[35] Nesse sentido, adverte Gustavo Tepedino: "[...] por mais louvável que seja a ampliação do dever de reparar, protegendo-se as vítimas de uma sociedade cada vez mais sujeita a riscos – decorrentes das novas tecnologias, dos bancos de dados pessoais, dos aparatos industriais, da engenharia genética, e assim por diante –, não se pode desnaturar a finalidade e os elementos da responsabilidade civil. O dever de reparar não há de ser admitido sem a presença do dano e do nexo de causalidade entre a atividade e evento danoso, tendo por escopo o ressarcimento da vítima. [...] Tão grave quanto a ausência de reparação por um dano injusto mostra-se a imputação do dever de reparar sem a configuração de seus elementos essenciais, fazendo-se do agente uma nova vítima" (TEPEDINO, Gustavo. O futuro da responsabilidade civil. In: TEPEDINO, Gustavo. *Temas de direito civil*. Rio de Janeiro: Renovar, 2009. t. III. p. 405).

[36] GUEDES, Gisela Sampaio da Cruz. *O problema do nexo causal na responsabilidade civil*. Rio de Janeiro: Renovar, 2005. *Passim*.

[37] Na conhecida passagem de Agostinho Alvim: "os danos indiretos ou remotos não se excluem, por isso; em regra, não são indenizáveis, porque deixam de ser efeito necessário, pelo aparecimento de concausas. Suposto não existam estas, aqueles danos são indenizáveis" (ALVIM, Agostinho. *Da inexecução das obrigações e suas consequências*. São Paulo: Saraiva, 1955. p. 370). Ver também: TEPEDINO, Gustavo. Notas sobre o nexo de causalidade. *Revista Trimestral de Direito Civil*, v. 6, 2001. p. 5).

esquecimento não pode ser invocado por quem, por ato próprio, projeta o acontecimento sobre a esfera pública, pois isso implicaria um *domínio proprietário dos fatos* e um controle e manipulação do fluxo de informações na sociedade contra os quais o próprio direito ao esquecimento se insurge. Trata-se, convém repetir, de um direito contra uma recordação pública e opressiva dos fatos, de tal maneira que não pode o próprio direito ao esquecimento ser convertido em um veículo de proteção jurídica a dada versão dos acontecimentos, seja de quem for.

Requisito central da análise da responsabilidade por violação ao direito ao esquecimento é o dano, compreendido como lesão a um interesse concretamente protegido pela ordem jurídica.[38] Não basta, contudo, a existência de uma lesão: é preciso que o dano causado seja *injusto*, razão pela qual se faz necessário juízo ponderativo como critério de seleção de danos ressarcíveis.[39] Nos casos envolvendo direito ao esquecimento, é frequente sua colisão com o direito à liberdade de informação, razão pela qual se faz necessário o recurso à técnica da ponderação.

4 A colisão entre direito ao esquecimento e liberdade de informação

A liberdade de informação consiste em um direito fundamental na ordem jurídica brasileira. Isso não significa dizer que o direito à liberdade de informação seja ilimitado,[40] nem mesmo que haja uma prevalência em abstrato do direito à liberdade de informação frente a outros direitos fundamentais.[41] De acordo com aqueles que sustentam uma preferência da liberdade de informação isso seria necessário visto que, sem isso, haveria uma imprevisibilidade quanto à possibilidade de realização de programas, edição de

---

[38] "il dano riguarda sempre la situazione della persona rispetto al bene, non il bene in se. Apponto il concetto di lesione si attaglia all'interesse, non invece al bene (considerato al di fuori dal suo rapporto con um uomo. Questo è il motivo, per cui la formula può e deve essere semplificata in queste parole brevi: lesione di interesse. Non credo che il danno possa essere definito più precisamente di cosí" (CARNELUTTI, Francesco. *Il danno e il reato*. Milano: Cedam, 1930. p. 14).

[39] "O dano será injusto quando, ainda que decorrente de conduta lícita, afetando aspecto fundamental da dignidade humana, não for razoável, ponderado os interesses contrapostos, que a vítima dele permaneça irressarcida" (MORAES, Maria Celina Bodin de. *Danos à pessoa humana*: uma leitura civil-constitucional dos danos morais. Rio de Janeiro: Renovar, 2003. p. 179).

[40] Nesse sentido: "Pode-se afirmar, pois, que ao constituinte não passou despercebido que a liberdade de informação haveria de se exercer de modo compatível com o direito à imagem, à honra e à vida privada (CF, art. 5º, X), deixando entrever mesmo a legitimidade de intervenção legislativa com o propósito de compatibilizar os valores constitucionais eventualmente em conflito" (MENDES, Gilmar Ferreira; BRANCO, Paulo Gustavo Gonet. *Curso de direito constitucional*. 7. ed. São Paulo: Saraiva, 2012. p. 309).

[41] Nesse sentido, veja-se a posição do eminente Ministro Luís Roberto Barroso no julgamento da ADI nº 4.815, que tratou sobre o tema das biografias não autorizadas, que, mesmo defendendo uma "primazia prima facie da liberdade de expressão", reconhece a falta de hierarquia entre normas constitucionais: "Este caso que estamos analisando hoje, aqui, envolve uma tensão, uma colisão potencial entre a liberdade de expressão e o direito à informação de um lado; e, de outro lado, os chamados direitos da personalidade, notadamente no tocante ao direito de privacidade, ao direito de imagem e ao direito à honra. Nessas situações em que convivem normas constitucionais que guardam entre si uma tensão, e a característica das Constituições contemporâneas é precisamente esse caráter compromissório e dialético de abrigarem valores diversos, a técnica que o Direito predominantemente adota para a solução dessa tensão ou desse conflito é precisamente a denominada ponderação. E aqui eu gostaria de registrar que um dos princípios que norteiam a interpretação constitucional, e consequentemente a própria ponderação, é o princípio da unidade, que estabelece a inexistência de hierarquia entre as normas constitucionais. Uma norma constitucional não colhe o seu fundamento de validade em outra norma, portanto, elas têm de conviver harmoniosamente e uma não pode ser reconhecida como sendo superior à outra" (STF. ADI nº 4.815. Rel. Min. Carmen Lúcia, j. 10.6.2015).

livros e assim por diante. Isso causaria uma insegurança generalizada que acabaria por prejudicar o exercício da liberdade de informação em detrimento de toda a sociedade.

Tal posicionamento, contudo, não parece ser tecnicamente o melhor, com a devida vênia dos ilustres defensores. Primeiro, porque o problema da falta de uma previsibilidade absoluta acontece em qualquer hipótese de colisão de direitos fundamentais, não havendo nenhuma razão para que, nessa situação específica, isso seja obstáculo à aplicação da técnica da ponderação, já empregada em tantas matérias por nossas cortes, notadamente pelo Supremo Tribunal Federal.[42]

Segundo, não há dúvida de que os casos de colisão entre liberdade de informação e outros direitos fundamentais têm chegado com frequência cada vez maior aos tribunais, inclusive ao Supremo Tribunal Federal, que tem tido, por isso mesmo, a oportunidade (já algumas vezes perdida) de fixar critérios ou parâmetros, de modo a fornecer para o futuro a cartilha sobre os cuidados que devem ser adotados nas situações limítrofes (por exemplo, não descrever em minúcias a prática de violências sexuais ou não expor imagens da família em enterros, e assim por diante).

Terceiro, a "solução" consubstanciada na oferta de indenização posterior, deixando-se de impedir a conduta lesiva no momento em que ocorre, contraria toda a evolução da responsabilidade civil contemporânea, que pretende prevenir os danos em vez de simplesmente indenizá-los pecuniariamente. A deturpação da projeção do ser humano sobre a esfera pública é, frequentemente, irremediável e a "marca" que lhe é atribuída publicamente não se apaga com o recebimento de qualquer soma em dinheiro. Indenizações pecuniárias são, evidentemente, ineficazes na reparação de um dano que se liga à própria identificação social do indivíduo e que pode acompanhá-lo de modo permanente, por toda a vida.

Em quarto lugar, se algum dos interesses em conflito devesse contar com uma preferência apriorística, seria seguramente o interesse do ser humano à sua adequada identificação na esfera pública. O argumento de que o interesse da sociedade pela livre informação prevalece sobre interesses individuais reedita perigosamente uma equação típica das posturas autoritárias, que defendem o coletivo como superior ao individual. Tratando-se de atributos essenciais da personalidade humana, ocorre justamente o oposto: o individual é que há de prevalecer em sintonia com a esfera de autonomia existencial do ser humano que não pode sofrer intervenções fundadas no interesse alheio. O corpo do ser humano é inviolável, ainda que a sociedade possa ser beneficiada por tratamentos médicos compulsórios; a privacidade e a imagem do ser humano não podem ser usurpadas, ainda que um banco de dados universal pudesse dar mais segurança à coletividade contra a prática de crimes; e assim sucessivamente. O utilitarismo social não justifica violações a interesses existenciais do ser humano, que são importante conquista da humanidade.

---

[42] A título exemplificativo, cite-se o trecho do voto do Min. Luís Roberto Barroso na ADI nº 4.815, no qual se reconhece a utilização da técnica da ponderação para a solução de colisão entre direitos da personalidade e liberdade de expressão: "Nessas situações em que convivem normas constitucionais que guardam entre si uma tensão, e a característica das Constituições contemporâneas é precisamente esse caráter compromissório e dialético de abrigarem valores diversos, a técnica que o Direito predominantemente adota para a solução dessa tensão ou desse conflito é precisamente a denominada ponderação" (STF. ADI nº 4.815. Rel. Min. Carmen Lúcia, j. 10.6.2015). Confira-se também: STF. ADPF nº 187. Rel. Min. Celso de Melo, j. 15.6.2011; STF. ADI nº 5.136. Rel. Min. Gilmar Mendes, j. 30.10.2014.

Quinto, e ainda que nada disso fosse verdadeiro, o caminho da hierarquização prévia simplesmente não se afigura compatível com a Constituição da República que, como a nossa, tutela tanto a liberdade de informação quanto a privacidade e outros desdobramentos da dignidade humana como direitos fundamentais. Não por outro motivo, foi aprovado, na VIII Jornada de Direito Civil promovida pelo Centro de Estudos da Justiça Federal, o Enunciado nº 613, segundo o qual "a liberdade de expressão não goza de posição preferencial em relação aos direitos da personalidade no ordenamento jurídico brasileiro".

Ausente uma preferência apriorística e abstrata, diante de colisão entre a liberdade de informação e outros direitos fundamentais, incluindo o direito ao esquecimento, como desdobramento da tutela da dignidade humana, cumpre ao intérprete aplicar o método da ponderação. Toda ponderação, como se sabe, deve ser efetuada à luz da hipótese fática subjacente. Assim, deve-se resistir à tentação de traçar parâmetros supostamente aplicáveis a todos os casos que contraponham o direito ao esquecimento e liberdade de informação. Cada hipótese fática apresenta circunstâncias relevantes distintas, conforme os diversos interesses que se conjugam concretamente. A título de auxílio ao julgador, contudo, é possível formular parâmetros específicos para certos gêneros mais comuns de situações fáticas que ensejam colisão entre direito ao esquecimento e liberdade de informação. Nesse sentido, por exemplo, seria possível traçar parâmetros com vistas aos frequentes conflitos derivados da forma de indexação de resultados acerca de nomes particulares em *sites* de busca na internet, ou, ainda, visando à prolongada conservação de dados de devedores que já quitaram suas dívidas em serviços de proteção ao crédito.[43]

5 Reparação do dano

O direito fundamental ao esquecimento, como visto, significa a possibilidade de o indivíduo se opor à recordação pública e opressiva de fatos que já não mais refletem sua identidade atual. Dessa forma, sua tutela não pode se resumir ao momento patológico, ou seja, ao momento em que o dano já se verificou. O que a ordem jurídica garante a todas as pessoas são os direitos à privacidade e à identidade em si, não já o recebimento de dinheiro como forma de reparação pela lesão já sofrida. Com efeito, deve-se garantir, de forma privilegiada, mecanismos de tutela inibitória[44] para garantir a não violação ao direito ao esquecimento.

O dever de indenizar apenas se configura quando já ocorrido o dano e presentes os demais pressupostos acima examinados. Essa indenização opera-se na maior parte das vezes pela entrega à vítima de uma quantia em dinheiro. Abre-se, então, o drama de se realizar a quantificação da indenização devida. Não sendo possível atingir

---

[43] Para uma análise específica do conflito consubstanciado na veiculação de programas televisivos de relato e/ou encenação de crimes reais, seja consentido remeter a SCHREIBER, Anderson. Direito ao esquecimento. In: SALOMÃO, Luis Felipe; TARTUCE, Flávio (Coord.). *Direito civil*: diálogos entre a doutrina e a jurisprudência. São Paulo: Atlas, 2018. p. 73-76).

[44] "A mais importante das tutelas específicas é aquela que se destina a impedir ou a remover o ato contrário ao direito. Trata-se de tutela anterior ao dano, e que assim é capaz de dar efetiva proteção ao direito, seja quando o ato contrário ainda não foi praticado (tutela inibitória), seja quando o ato contrário já ocorreu, mas, diante de sua eficácia continuada, é preciso removê-lo para evitar a produção de danos (tutela de remoção do ilícito)" (MARINONI, Luiz Guilherme. *Técnica processual e tutela de direitos*. 3. ed. São Paulo: Revista dos Tribunais, 2010. p. 118).

matematicamente um resultado econômico preciso, o *quantum* da indenização por dano moral é deixado ao arbitramento dos juízes. A falta de critérios contribui para a disparidade, às vezes gritante, entre os valores indenizatórios. Para corrigir o problema, a doutrina e a jurisprudência têm procurado fixar critérios para a quantificação do dano moral, entre os quais se destacam (a) a gravidade do dano, (b) a gravidade da culpa, (c) a capacidade econômica do ofensor e (d) a capacidade econômica do ofendido. A rigor, o único desses critérios que encontra respaldo normativo é o critério da gravidade, ou melhor, extensão do dano. O Código Civil afirma, de fato, no *caput* do art. 944 que "a indenização mede-se pela extensão do dano".[45]

No direito brasileiro, despatrimonializou-se o dano, mas não a reparação. A abertura ao ressarcimento do dano moral deu-se, aqui como em outros países, mediante forte resistência e sem nenhuma modificação significativa na estrutura tradicional da responsabilidade civil, cujas bases dogmáticas permaneceram rigorosamente inalteradas. Por conta disso, a lesão a um interesse extrapatrimonial continua recebendo uma única resposta: a indenização em dinheiro, remédio típico de uma abordagem econômica do dano. Essa dualidade entre dano moral e indenização em dinheiro não gera apenas dificuldades de quantificação, vistas anteriormente, mas sobretudo propaga nas vítimas o sentimento de impunidade, vinculado à percepção de que quem pode pagar pode causar danos. Daí o surgimento, nos últimos anos, de um movimento de despatrimonialização não do dano, mas da sua reparação.[46]

No campo específico do direito ao esquecimento, há uma maior dificuldade de aplicação de meios não pecuniários de reparação. Isso se dá em razão de os meios usualmente aplicáveis (pedido de desculpas, publicação da sentença, entre outros), acabarem justamente por contrariar o interesse da vítima de *não dar publicidade* a acontecimentos passados que já não refletem sua identidade pessoal. Não obstante, em situações nas quais o juízo de ponderação indicar um caráter excessivo na medida que impeça ou dificulte o acesso à informação desatualizada, pode-se pensar em agregar ao conteúdo original novas informações que atualizem o real contexto da pessoa. A título exemplificativo, em casos de programas que encenem crimes passados, nos quais um indivíduo ali retratado tenha sido absolvido pelo juízo criminal, a relevância social do delito praticado pode, eventualmente, fazer com que se conclua pela manutenção do acesso ao vídeo ou de reprise do episódio. Entretanto, se no programa veiculado não constou referência à absolvição, caberia publicação de um novo vídeo ou sua edição para constar a informação completa, como meio não pecuniário de reparação.

6 Conclusão

O direito ao esquecimento assusta. Emissoras de televisão, empresas jornalísticas e proprietárias de motores de busca na internet têm se organizado para combater o instituto, por meio do incentivo a uma noção quase absoluta de liberdade de expressão, tomada como fim em si mesmo. A Constituição brasileira, contudo, não abarca

---

[45] Sobre a quantificação do dano moral, seja consentido remeter a SCHREIBER, Anderson. Arbitramento do dano moral no Código Civil. In: SCHREIBER, Anderson. *Direito civil e Constituição*. São Paulo: Atlas, 2013. p. 184-188.
[46] SCHREIBER, Anderson. Novas tendências da responsabilidade civil brasileira. In: SCHREIBER, Anderson. *Direito civil e Constituição*. São Paulo: Atlas, 2013. p. 151-172.

uma liberdade sem limites em qualquer campo, revelando, ao contrário, a busca de um equilíbrio permanente entre liberalismo e solidarismo. Por mais fácil que pareça o caminho da hierarquização prévia, da criação de "superdireitos" ou "direitos preferenciais", não se pode, nem se deve, renunciar ao exercício da ponderação entre os interesses em conflito – mesmo que tal exercício seja mais delicado e mais difícil sob o ponto de vista técnico. Argumenta-se que deixar tal poder nas mãos dos juízes é trazer excessiva insegurança ao mercado jornalístico e aos serviços de internet, mas tal margem de insegurança existe em qualquer campo no qual colidam direitos fundamentais e nunca foi considerada argumento suficiente para que as cortes judiciais renunciassem à ponderação. A insegurança se combate de outro modo: com a construção de parâmetros sólidos, a partir da análise de casos concretos. O fato de que o direito ao esquecimento seja, hoje, objeto de um recurso pendente de julgamento no Supremo Tribunal Federal reforça esse ponto, na medida em que nossa Suprema Corte terá a oportunidade não apenas de definir o que entende por direito ao esquecimento, mas também de fixar parâmetros para sua aplicação.

Referências

ALBERS, Marion. A imprensa também tem limites. *Revista PUC-RS*, Rio Grande do Sul, v. 173, 2015.

ALVIM, Agostinho. *Da inexecução das obrigações e suas consequências*. São Paulo: Saraiva, 1955.

BARROSO, Luís Roberto. Liberdade de expressão versus direitos da personalidade. Colisão de direitos fundamentais e critérios de ponderação. In: BARROSO, Luís Roberto. *Temas de direito constitucional*. Rio de Janeiro: Renovar, 2005. t. III.

BDINE JÚNIOR, Hamid Charaf. Responsabilidade civil do veículo de comunicação por atos próprios. In: SILVA, Regina Beatriz Tavares da; SANTOS, Manoel J. Pereira dos (Coord.). *Responsabilidade civil na internet e nos demais meios de comunicação*. 2. ed. São Paulo: Saraiva, 2012.

CARNELUTTI, Francesco. *Il danno e il reato*. Milano: Cedam, 1930.

CASSANO, Giuseppe. I diritti della personalità e le aporie logico dogmatiche di dottrina e giurisprudenza – Brevissimi cenni. *Diritto & Diritti*, dez. 2000. Disponível em: <https://www.diritto.it/articoli/civile/cassano1.html>.

CAVALIERI FILHO, Sergio. *Programa de responsabilidade civil*. São Paulo: Atlas, 2015.

CHOERI, Raul Cleber da Silva. *O direito à identidade na perspectiva civil-constitucional*. Rio de Janeiro: Renovar, 2010.

COSTA, André Brandão Nery. Direito ao esquecimento: a Scarlet Letter Digital. In: SCHREIBER, Anderson (Org.). *Direito e mídia*. São Paulo: Atlas, 2013.

DE CUPIS, Adriano. *Il danno*. 3. ed. Milano: Giuffrè, 1979. v. 2.

DIAS, José de Aguiar. *Da responsabilidade civil*. Rio de Janeiro: Renovar, 1987.

FACHIN, Luiz Edson. Responsabilidade civil contemporânea no Brasil: notas para uma aproximação. *Revista Jurídica*, v. 58, n. 397, nov. 2010.

GUEDES, Gisela Sampaio da Cruz. *Lucros cessantes*: do bom-senso ao postulado normativo da razoabilidade. São Paulo: Revista dos Tribunais, 2011.

GUEDES, Gisela Sampaio da Cruz. *O problema do nexo causal na responsabilidade civil*. Rio de Janeiro: Renovar, 2005.

LÔBO, Paulo. *Parte geral*. São Paulo: Saraiva, 2009.

MARINONI, Luiz Guilherme. *Técnica processual e tutela de direitos*. 3. ed. São Paulo: Revista dos Tribunais, 2010.

MAYER-SCHÖNBERGER, Viktor. *Delete*: the virtue of forgetting in the digital age. New Jersey: Princeton, 2009.

MENDES, Gilmar Ferreira; BRANCO, Paulo Gustavo Gonet. *Curso de direito constitucional*. 7. ed. São Paulo: Saraiva, 2012.

MIRAGEM, Bruno. *Responsabilidade civil da imprensa por dano à honra*. Porto Alegre: Livraria do Advogado, 2005.

MONTEIRO FILHO, Carlos Edison do Rêgo. *Elementos de responsabilidade civil por dano moral*. Rio de Janeiro: Renovar, 2000.

MORAES, Maria Celina Bodin de. A caminho de um direito civil-constitucional. In: MORAES, Maria Celina Bodin de. *Na medida da pessoa humana*: estudos de direito civil-constitucional. Rio de Janeiro: Renovar, 2010.

MORAES, Maria Celina Bodin de. *Danos à pessoa humana*: uma leitura civil-constitucional dos danos morais. Rio de Janeiro: Renovar, 2003.

PEREIRA, Caio Mário da Silva. *Responsabilidade civil*. Rio de Janeiro: Forense, 2016.

PERLINGIERI, Pietro. *Manuale di diritto civile*. Napoli: ESI, 2003.

RODOTÀ, Stefano. Dai ricordi ai dati l'oblio è un diritto? *La Repubblica*, 30 jan. 2012. Disponível em: <http://ricerca.repubblica.it/repubblica/archivio/repubblica/2012/01/30>.

RODOTÀ, Stefano. Privacy: valore e diritto. *Enciclopledia Multimediale dele Scienze Filosofiche*, 6 out. 1998. Disponível em: <http://www.emsf.rai.it/dati/trasmissioni/Tr_120.htm>.

RODRIGUES JUNIOR, Otavio Luiz. Responsabilidade civil no direito romano. In: RODRIGUES JUNIOR, Otavio Luiz; MAMEDE, Gladston; ROCHA, Maria Vital (Coord.). *Responsabilidade civil contemporânea em homenagem a Sílvio de Salvo Venosa*. São Paulo: Atlas, 2011.

SARMENTO, Daniel. Liberdades comunicativas e "direito ao esquecimento" na ordem constitucional brasileira. *Revista Brasileira de Direito Civil*, v. 7, 2016.

SCHREIBER, Anderson. Arbitramento do dano moral no Código Civil. In: SCHREIBER, Anderson. *Direito civil e Constituição*. São Paulo: Atlas, 2013.

SCHREIBER, Anderson. Direito ao esquecimento. In: SALOMÃO, Luis Felipe; TARTUCE, Flávio (Coord.). *Direito civil*: diálogos entre a doutrina e a jurisprudência. São Paulo: Atlas, 2018.

SCHREIBER, Anderson. *Direitos da personalidade*. São Paulo: Atlas, 2011.

SCHREIBER, Anderson. Novas tendências da responsabilidade civil brasileira. In: SCHREIBER, Anderson. *Direito civil e Constituição*. São Paulo: Atlas, 2013.

SCHREIBER, Anderson. *Novos paradigmas da responsabilidade civil*: da erosão dos filtros da reparação à diluição dos danos. São Paulo: Atlas, 2015.

TEPEDINO, Gustavo. A tutela da personalidade no ordenamento civil-constitucional brasileiro. In: TEPEDINO, Gustavo. *Temas de direito civil*. Rio de Janeiro: Renovar, 2004.

TEPEDINO, Gustavo. Lógica proprietária e tutela da personalidade. *Revista Trimestral de Direito Civil*, Rio de Janeiro, v. 49, 2012.

TEPEDINO, Gustavo. Notas sobre o nexo de causalidade. *Revista Trimestral de Direito Civil*, v. 6, 2001.

TEPEDINO, Gustavo. O futuro da responsabilidade civil. In: TEPEDINO, Gustavo. *Temas de direito civil*. Rio de Janeiro: Renovar, 2009. t. III.

Informação bibliográfica deste texto, conforme a NBR 6023:2002 da Associação Brasileira de Normas Técnicas (ABNT):

SCHREIBER, Anderson. Responsabilidade civil por violação do direito ao esquecimento. In: EHRHARDT JÚNIOR, Marcos; CORTIANO JUNIOR, Eroulths (Coord.). *Transformações no Direito Privado nos 30 anos da Constituição*: estudos em homenagem a Luiz Edson Fachin. Belo Horizonte: Fórum, 2019. p. 529-543. ISBN 978-85-450-0562-9.

A RESTITUIÇÃO DO ENRIQUECIMENTO SEM CAUSA COMO INSTRUMENTO DE RECOMPOSIÇÃO DO ERÁRIO

MARIA CANDIDA DO AMARAL KROETZ

1 Introdução

Compartilhamos da crença em um Brasil democrático, autêntico e pujante. Todavia esta convicção tem sido ofuscada por uma adensada névoa gestada na torrente incessante de escândalos de corrupção política. O poder público no Brasil tem sido usado para proveito e prestígio particulares, violando os desejáveis padrões éticos de conduta dos agentes públicos. Por isso o país clama por transformações, como proclamou Luiz Edson Fachin na abertura da V Conferência Estadual da Ordem dos Advogados do Brasil, no Paraná:

> É tempo de o Brasil extirpar o colonialismo cultural, o patrimonialismo estatal e as sinecuras providas pelo ócio e pela corrupção. É tempo de fazer o Brasil existir sem carregar o peso de uma sombra que lhe parece maior; a sombra do Brasil não pode ofuscar o Brasil autêntico, que não pode se fazer miúdo, insensível à semeadura da boa semente como fermento para germinar rebentos transformadores. (FACHIN, 2014)

Nosso sempre mestre preconiza reformas de que o Brasil precisa, calcadas no tripé democracia, ética e responsabilidade, e estas mudanças têm sempre de estar fundadas em uma axiologia constitucional. Com efeito "É certo que hoje, o país respira, ao menos politicamente, democracia, e por isso mesmo se deve conservar e relembrar as lições segundo as quais não há verdadeiro direito se não existir, no plano concreto, a respectiva tutela" (FACHIN, 2009).

À luz dessas premissas e sob o estímulo propiciado pelo honroso convite para participar de obra coletiva que presta justa homenagem à personalidade de escol do Professor Doutor Ministro Luiz Edson Fachin, revisitou-se o tema do enriquecimento sem causa como mecanismo de recomposição patrimonial.[1] Com efeito, conforme preconiza Luiz Edson Fachin em sua *Teoria crítica do direito civil*, o instrumental que o direito clássico nos colocou à disposição é de ser utilizado para dar respostas satisfatórias aos sintomas de patologias que estão a requerer respostas práticas e investigação teórica (FACHIN, 2000).

A corrupção é, por sua própria natureza, um fenômeno obscuro de detecção e comprovação bastante árduas. O que é evidenciado com maior clareza são seus efeitos, ou seja, o aumento patrimonial dos agentes públicos, sem a correspectiva proporcionalidade a seus rendimentos.

Observa-se que o combate à corrupção passiva tem sido feito precipuamente através da apuração e punição dos chamados crimes praticados por funcionário público contra a Administração em geral, previstos nos arts. 312 a 327 do Código Penal e da aplicação das penas civis, políticas e administrativas previstas no art. 37, §4º da Constituição Federal, e na Lei nº 8.429/92, a Lei de Improbidade Administrativa.

Ocorre que as operações deflagradas e as ações impetradas pelos órgãos de controle como a Polícia Civil e Federal, o Ministério Público, os Tribunais de Contas e a Controladoria-Geral da União, embora cada vez mais frequentes, não traduzem, ainda, o desejado grau de destímulo às práticas delituosas, tampouco a necessária reintegração aos cofres públicos da totalidade dos recursos desviados pela corrupção política.

Aqueles que trabalham na construção de um país que não compactua com a corrupção têm uma outra ferramenta. O art. 884 do Código Civil consagra uma cláusula geral aberta que obriga aquele que, sem justa causa, enriqueceu à custa de outrem, a restituir o indevidamente auferido. Este dispositivo legal tem potencial para contribuir no enfrentamento desse desafio de reconduzir ao erário ativos obtidos através de transferências patrimoniais injustificadas, pois privada de legítima causa de atribuição patrimonial.

2 O enriquecimento sem causa

Inicialmente é preciso reconhecer que impedir o enriquecimento injusto à custa de outrem é um dos princípios mais gerais do ordenamento jurídico e constitui uma de suas finalidades precípuas. Todas as normas que regem direitos patrimoniais tendem, mais ou menos diretamente, a obter uma distribuição equilibrada dos direitos e interesses nas relações de interdependência entre os sujeitos de direito. Nessa medida, não há como se negar que a vedação do enriquecimento injusto seja um princípio geral de direito entendido como uma daquelas grandes orientações da ordem positiva, que a percorrem e vivificam, e têm a potencialidade de conduzir novas soluções. A ordem jurídica não é um amontoado casual de elementos, é iluminada por grandes princípios que lhe dão o travejamento básico.

Nesse contexto insere-se o instituto do enriquecimento sem causa, definido pela cláusula geral constante do art. 884 do Código Civil brasileiro, que estatui que *aquele*

---

[1] Em 2015, esta autora defendeu tese de doutoramento junto ao Setor de Ciências Jurídicas da Universidade Federal do Paraná intitulada *Enriquecimento sem causa no direito civil brasileiro contemporâneo e recomposição patrimonial*, sob a orientação do Professor Doutor Luiz Edson Fachin (KROETZ, 2015). Este texto baseia-se na tese e reproduz alguns de seus trechos integralmente.

que, sem justa causa, se enriquecer à custa de outrem, será obrigado a restituir o indevidamente auferido, feita a atualização dos valores monetários. Vale dizer, uma fonte de obrigações, ao lado da responsabilidade civil e do negócio jurídico na qualificação tripartite de Fernando de Noronha.[2] Quando se considera a proibição do enriquecimento sem causa precisamente como uma das fontes de obrigações, não se está aludindo ao significado global e amplo do enriquecimento injusto, que se evita por meio das mais variadas instituições jurídicas. Dota-se, neste caso, o enriquecimento sem causa de um significado autônomo, técnico e preciso como direito gerador da obrigação de restituir o indevidamente auferido.[3]

Grosso modo pode-se dizer que o enriquecimento sem causa é um instituto que cria para o enriquecido a obrigação de devolver a parcela do patrimônio de outrem, que foi retirada sem uma causa justificativa. Concebido como fonte autônoma de obrigações, ele fica colocado entre o negócio jurídico e a responsabilidade civil, outras fontes de obrigações das quais se diferencia, mas com as quais se relaciona intensamente, sendo que muitas vezes todas se complementam e interpenetram para satisfatoriamente equacionar as situações concretas relacionadas às transferências patrimoniais indevidas.

Para a configuração de um enriquecimento sem causa apto a gerar uma obrigação de restituição é necessária a coexistência de três, e somente três, elementos: a) um enriquecimento – deslocamento patrimonial consubstanciado em uma vantagem decorrente da aquisição ou incremento de valor de bens ou direitos de crédito, sem a desvantagem equivalente; b) a ausência de causa – falta de causa da atribuição patrimonial entendida como o motivo jurídico, justificação do aporte de um bem a determinado patrimônio, e c) a obtenção à custa de outrem – a necessidade de que o enriquecimento tenha sido obtido por terceiro às expensas daquele a quem estava afetada a destinação econômica do bem. A aferição da coexistência simultânea desses três fatores é que delimita o campo de aplicação do enriquecimento sem causa.

Assim, apesar de o legislador brasileiro ter estatuído no art. 886 do Código Civil que *não caberá a restituição por enriquecimento, se a lei conferir ao lesado outros meios para se ressarcir do prejuízo sofrido* consagrando a indesejável e inócua regra da subsidiariedade da ação de enriquecimento,[4] pode-se dizer que, a partir da reunião de todos pressupostos

---

[2] "Na verdade, a cada uma dessas categorias de obrigações corresponde um princípio ético-jurídico diferente, que assinala claramente a diversa finalidade de cada uma. As obrigações negociais têm na sua base o princípio de que quem assume livremente uma obrigação, deve cumpri-la: *pacta sunt servanda*, os pactos têm de ser acatados. É princípio que tem por pressupostos essenciais os princípios da autonomia privada, da boa-fé e da justiça contratual, não deixando, aliás, de estar contido na expressão de Ulpiano *honeste vivere*, viver honestamente. As obrigações de responsabilidade civil baseiam-se essencialmente no princípio *neminem laedere*, não lesar ninguém: quem causa dano a outrem, deve repará-lo. As obrigações de enriquecimento sem causa assentam no princípio *sum cuique tribuere*, dar a cada um o que é seu: quem beneficiou com algo alheio, deve restituir o valor do benefício" (NORONHA, 1991).

[3] "A figura do enriquecimento sem causa pode ser isolada como fonte autônoma de obrigações. Não é a lei que, direta e imediatamente, faz surgir a obrigação de restituir. Não é a vontade do enriquecido que a produz. O fato condicionante é o locupletamento injusto" (GOMES, 2004).

[4] "Não parece assim que a regra do art. 886 consagre uma subsidiariedade geral da ação de enriquecimento, mas antes uma incompatibilidade de pressupostos entre as situações referidas e essa ação. Efetivamente, se a lei determina a subsistência do enriquecimento é porque lhe reconhece justa causa e, se atribui algum direito ao empobrecido em consequência da situação ocorrida, fica excluída a obtenção de enriquecimento à custa de outrem. Não parece existir, por isso, uma verdadeira subsidiariedade do enriquecimento sem causa, funcionando muitas vezes a invocação de tal regra como um 'cripto argumento', destinado a evitar uma utilização desproporcionada da cláusula geral do art. 884" (LEITÃO, 2004).

acima elencados, seria possível interpor uma ação a exigir a restituição do enriquecimento obtido sem uma justa causa de atribuição patrimonial. E assim também nos casos em que o agente público enriquece de forma incompatível com seus ganhos e rendimentos.

Mas há uma marcada tendência, inclusive no contexto internacional, de reagir às condutas dos agentes públicos que exercem o poder de modo indevido em benefício de interesses privados e em troca de retribuições materiais, nos quadros do combate à improbidade administrativa e, mais especificamente, do enriquecimento ilícito.

3 O enriquecimento ilícito

Em atenção ao comando do art. 37, §4º da Constituição Federal, que prevê a penalização dos atos de improbidade administrativa, foi promulgada a Lei Federal nº 8.429/92, visando à garantia e eficácia dos princípios constitucionais da Administração Pública, em especial, a moralidade administrativa. A lei estabelece três espécies de atos de improbidade administrativa: os que importam enriquecimento ilícito do agente (art. 9º), os que causam prejuízo ao erário (art. 10) e os que atentam contra os princípios da Administração Pública (art. 11), descrevendo exemplificativamente cada uma dessas condutas, que são sancionadas neste âmbito jurisdicional-civil, sem prejuízo das instâncias penal, administrativa e civil. As sanções aplicam-se aos agentes públicos, na ampla conceituação de seu art. 2º, partícipes e beneficiários (art. 3º), e consistem na perda dos bens ou valores acrescidos ilicitamente ao patrimônio, no ressarcimento integral do dano, na perda da função pública, na suspensão dos direitos políticos, no pagamento de multa civil e na proibição de contratar com o Poder Público ou receber benefícios ou incentivos fiscais ou creditícios (art. 12).

Apesar de construída através da descrição de hipóteses típicas de conduta e da correspectiva fixação de penas, a chamada Lei de Improbidade Administrativa tipifica ilícitos de natureza político-administrativa a serem apurados e apenados na instância administrativa ou na esfera jurisdicional cível, já que a parte final do art. 37, §4º da Constituição Federal ressalva o cabimento cumulativo da ação penal correspondente. Em assim procedendo o legislador, preocupado com a preservação dos valores morais e materiais da Administração Pública, tratou de censurar de forma bastante áspera aquele que, valendo-se de sua posição de aproximação ao Poder Público, apresenta comportamentos imorais, ilegais ou lesivos.

O enriquecimento ilícito é a mais grave das espécies de improbidade administrativa e está descrito no art. 9º, *caput*, da Lei nº 8.492/92, que o apresenta na primeira das três espécies ou modalidades de atos de improbidade administrativa sancionados pela Lei nº 8.429/92. A punição dirige-se aos atos que importam enriquecimento ilícito, conceituado, ampla e genericamente, como o "auferir qualquer tipo de vantagem patrimonial indevida em razão do exercício de cargo, mandato, função, emprego ou atividade nas entidades mencionadas no art. 1º desta lei".

O rol dos incisos do art. 9º da Lei nº 8.429/92, exemplificativo de atos de enriquecimento ilícito, denota que qualquer ação ou omissão no exercício de função pública para angariar vantagem econômica, ou a potencialidade de satisfação de interesse privado, ou até o simples fato de o agente público ostentar patrimônio incompatível com a evolução de seu patrimônio ou renda, consiste em comportamento merecedor de repressão, já que consiste em desvio ético incompatível com o princípio da moralidade.

Ao agente ímprobo que enriquece ilicitamente podem ser impostas diversas penalidades. Para que se garanta eficácia social às disposições do diploma legislativo, a punição deste agente não prescinde de um *iter* jurisdicional peculiar que não olvida princípios gerais como o direito à ampla defesa e ao devido processo legal e outros mais específicos, como a responsabilidade subjetiva, a proporcionalidade das sanções e a presunção de inocência.

A Lei de Improbidade Administrativa colacionou exemplos de formas típicas de enriquecimento ilícito nos incisos do art. 9º, cujo núcleo comum é a obtenção de vantagens econômicas em razão do exercício de cargo, mandato, emprego ou função pública. Deste rol é pertinente destacar o inc. VII, que define como delito de enriquecimento ilícito *adquirir, para si ou para outrem, no exercício de mandato, cargo, emprego ou função pública, bens de qualquer natureza cujo valor seja desproporcional* à *evolução do patrimônio ou à renda do agente público*. Como a lei considera ilícita a aquisição de bens incompatíveis com a renda do agente público, observa-se o que parte da doutrina convencionou chamar de *presunção de improbidade administrativa* fundada na constatação da incompatibilidade da evolução patrimonial do agente público com sua renda.[5] [6]

Segundo Suzana Oliveira e Wallace Martins Júnior, já citados, o delito definido no art. 9º, VII é um caso residual de enriquecimento ilícito, a ser utilizado sempre que um agente público ostente sinais exteriores de riqueza e não seja possível identificar o ato específico de improbidade praticado. A alta corrupção, oculta e perpetrada por complexos e sofisticados esquemas extremamente difíceis de desvendar e comprovar, seria atingida pela sua faceta mais visível que são os sinais exteriores do proveito. Quando demonstrada a incompatibilidade da evolução patrimonial com sua renda conhecida, o agente público seria condenado a penas cominadas para o enriquecimento ilícito, salvo se conseguisse explicar a origem desse incremento patrimonial.

A regra causou muita polêmica por gerar, ao menos à primeira vista, uma situação excepcional, porque refoge à regra geral da responsabilização subjetiva na disciplina dos atos de improbidade administrativa que exige a presença do elemento subjetivo – dolo ou culpa – para que ao agente público se apliquem as penalidades cabíveis. Esta forma de caracterizar o delito abrigaria uma inversão do ônus da prova em processo de natureza punitiva, flexibilizando o princípio da presunção de inocência (BENTO, 2009).

Doutrinadores se insurgiram contra esta orientação, entendendo que cabe ao autor da ação provar a prática de ato ímprobo no exercício da função pública e o nexo causal entre este e o acréscimo patrimonial.[7] Também se sustenta que cabe ao Estado

---

[5] "Trata-se de hipótese excepcional de *responsabilidade objetiva*, pois prescinde da presença de qualquer elemento subjetivo (dolo ou culpa) na conduta do agente público, bastando a comprovação da aquisição de bens de qualquer natureza cujo valor seja desproporcional à evolução de seu patrimônio ou renda, e o nexo causal de que essa aquisição patrimonial ocorreu durante o exercício da função pública" (OLIVEIRA, 2011).

[6] "A lei presume a inidoneidade do agente público que adquire bens ou valores incompatíveis com a normalidade de seu padrão de vencimento, bastando provar que exercia função pública e que os bens e valores (mobiliários ou imobiliários) adquiridos são incompatíveis ou desproporcionais à evolução de seu patrimônio ou renda" (MARTINS JÚNIOR, 1998).

[7] "O Ministério Público ou quem, eventualmente, promover a competente ação civil de improbidade, tem o ônus de especificar e provar o ato de improbidade causador do enriquecimento indevido do agente público. Portanto, o que ainda existe é o enriquecimento sem causa conhecida, e não o mero enriquecimento sem causa; vale dizer, há que ficar demonstrada a ilicitude da causa do enriquecimento ou não se poderá presumir sua origem antijurídica. [...] Tal prova, na ação civil de improbidade, cabe fazê-la o Ministério Público ou a pessoa jurídica autora, dado que, na lei nº 8429/92 ou na sua subsidiária instrumental, nenhuma previsão há de transferência do ônus probatório" (FAZZIO JUNIOR, 2008).

autor da ação de improbidade a comprovação da ilicitude.[8] Dá-se por indispensável a comprovação do fato antecedente ocasionador do enriquecimento. Para esta corrente, o princípio da presunção de inocência, basilar na seara penal, nortearia o entendimento de que ônus probatório pertence exclusivamente ao autor da ação.[9] O posicionamento destes autores deriva de princípios consagrados como a presunção de inocência e o *in dubio pro reo*.

Mas há que se ter em mente que a natureza da ação de improbidade administrativa é cível, o que enseja maior flexibilidade na aplicação de suas regras. Um rigoroso atrelamento aos princípios basilares do direito criminal pode levar à indesejável perda de sentido prático ou aplicabilidade da norma do art. 9º, VII. Afinal, como elucida Leonardo Bento:

> se para provar que a evolução desproporcional do patrimônio do agente público caracteriza improbidade é necessário demonstrar a ocorrência de um ilícito anterior que lhe dera causa, então se poderia embasar a condenação por improbidade simplesmente neste delito antecedente, sem necessidade de demonstrar a incompatibilidade da evolução patrimonial. (BENTO, 2009)

A jurisprudência do Superior Tribunal de Justiça tem se mostrado afinada com a tese da presunção legal, pois entende que cabe à Administração comprovar o incremento patrimonial significativo e incompatível com as fontes de renda do servidor. Por outro lado, é do servidor acusado o ônus da prova no sentido de demonstrar a licitude da evolução patrimonial constatada pela Administração, sob pena de configuração de improbidade administrativa por enriquecimento ilícito.[10]

A orientação majoritária de que existe uma presunção legal relativa (*juris tantum*) da ilicitude do enriquecimento do agente público que aumenta seu patrimônio em descompasso com sua remuneração, é a que melhor se coaduna com o dever da Administração de obedecer aos princípios da razoabilidade e da proporcionalidade. É da experiência comum saber que quem exerce uma função pública e enriquece desproporcionalmente seus ganhos, muito provavelmente, o fez por atos ilícitos antecedentes de difícil detecção. O propósito do preceito do art. 9º, VII da Lei nº 8.429/92 é precipuamente alcançar o servidor ímprobo contra o qual não se consiga imputar um ato ilegal antecedente.

O aparato legislativo posto tem auxiliado na repressão da prática de arbitrariedades no serviço público. Com efeito a Lei de Improbidade Administrativa, bem interpretada, consagra instrumentos satisfatórios ao combate à corrupção e ocupa lugar central nesta tarefa. Ela contribuiu para a densificação do art. 37, §4º da Constituição Federal com o propósito de estabelecer sanções outras, além daquelas decorrentes da

---

[8] "em síntese, o dispositivo não afasta a necessidade de demonstração, pelo Estado, da ilicitude ou desproporção das aquisições dos bens ou rendas tidas por 'atos de improbidade'" (FIGUEIREDO, 1999).

[9] "A responsabilidade objetiva, além de ser admissível somente quando prevista expressamente, destoa do sistema jurídico brasileiro, no que diz respeito à responsabilidade do agente público, a começar pela própria norma contida no art. 37, parágrafo 6º. Da Constituição, que consagra responsabilidade objetiva do Estado por danos a terceiros, mas preserva a responsabilidade subjetiva do agente causador de dano" (DI PIETRO, 2008).

[10] Mandado de Segurança nº 2013/0042239. Rel. Min. Mauro Campbell Marques. *DJe*, 6 abr. 2016, no qual são citados os precedentes MS nº 13.142-DF, MS nº 12.660-DF, MS nº 18.460-DF.

responsabilização administrativa e criminal. E o fez com o intuito primeiro de punir os agentes que agem com desapreço para com os deveres de dignidade, honestidade e boa-fé no trato com a coisa pública. Prova disso é técnica legislativa, própria da seara criminal, da descrição de tipos e a respectiva cominação de penas e o fato de que qualificou como penas o ressarcimento de danos e a restituição do enriquecimento que são, na verdade, medidas reparatórias próprias do direito privado. Também atribuiu importância ao elemento anímico do agente, apesar de no enriquecimento ilícito o elemento ilícito emergir do próprio conceito de enriquecimento.

Mas esta aproximação exegética da Lei nº 8.429/92, com a técnica interpretativa das leis penais, nem sempre é salutar porque tende a inserir sua aplicação em um quadro hermenêutico que não lhe é próprio (MARTINS JÚNIOR, 1998), como se demonstra com a colação de autores que sustentam, equivocadamente, a exigência de dolo para configuração do enriquecimento ilícito.[11] Muitas vezes isso redunda em situações que mitigam sua aplicabilidade, legando a inidoneidade do agente público à impunidade.

Por isso ainda há muito a evoluir, sobretudo incluindo soluções alternativas para colmatar as lacunas e insuficiências da realidade posta em termos da seara de combate à corrupção.

4 A restituição do enriquecimento sem causa como instrumento de recomposição do erário

Combate-se o enriquecimento ilícito com as sanções previstas no art. 12, I da Lei nº 8.429/92 editada para reprimir a mais grave e frequente das agressões à moralidade administrativa. As penalidades previstas na lei têm precipuamente cunho patrimonial. Trata-se do ressarcimento integral do dano, imposto pelo art. 5º, e da perda dos bens ou valores acrescidos ilicitamente ao patrimônio, cominada no art. 6º. Ambas sanções buscam a recomposição do erário através da realocação de riquezas do agente ímprobo para o patrimônio público. Mas elas têm funções e aplicabilidades distintas. O ressarcimento integral visa remover um dano ocorrido, já a perda de bens ou valores acrescidos objetiva remover um enriquecimento. A lesão verificada no erário é transmitida ao agente público porque este cometeu um ato ilícito. Consequentemente, ficou adstrito ao dever de indenizar os prejuízos que causou, retornando o patrimônio do ente lesado à mesma situação em que estaria se não fosse sua ação. Assim a condenação ao ressarcimento de danos não prescinde da prova da culpa do agente público na prática ilícita.

Com outro foco, a perda de bens e valores visa reconduzir ao erário uma vantagem ou aumento injustificado no patrimônio do agente público, sem se preocupar com eventual perda ou lesão ao erário. Na aplicação da pena de perda de acrescidos, a conduta do agente público pode não ter muita relevância. Isso porque a aplicação

---

[11] "Por outro lado, o enriquecimento ilícito do agente público, no exercício de seu cargo ou função pública, exige a demonstração inequívoca através de prova direta, além de outros elementos, da vontade livre e consciente do mesmo em praticar o disposto no referido tipo legal; em sendo assim, para a configuração do ilícito *sub oculis* (ou outro ilícito), necessita estar presente na sua conduta o elemento subjetivo do Tipo, qual seja, o dolo, e por tratar-se de um ato omissivo ou comissivo, não é admissível a mera "presunção" de variação patrimonial incompatível com a renda declarada (responsabilidade objetiva), como fundamento para a subsunção da conduta do servidor público no disposto pelo artigo 9º, inciso VII, da Lei nº 8.429/92. Observando-se que em nosso ordenamento jurídico pertinente, a responsabilidade deverá ser sempre subjetiva" (MATTOS, 2011).

dessa penalidade pode resultar da mera constatação de enriquecimento, sem que ele esteja relacionado a qualquer conduta delituosa, esmaecendo o papel da culpabilidade.[12] Isso é bastante evidente na hipótese de evolução patrimonial do agente público em desproporcionalidade a seus rendimentos.

O enriquecimento ilícito não necessariamente causa dano ao patrimônio público, caracterizando-se, como leciona Ernane Fidelis dos Santos (2002), "por simples proveito próprio, em razão de desvio de função ou atividade pública, ou de intromissão indevida ou abusiva em atos da Administração Pública". Todavia, tanto o ressarcimento integral do dano quanto a perda de bens visam ao retorno ao erário de vantagens que lhe foram indevidamente subtraídas, pois o art. 18 da Lei nº 8.429/92 estatui que "A sentença que julgar procedente ação civil de reparação de dano ou decretar a perda dos bens havidos ilicitamente determinará o pagamento ou a reversão dos bens, conforme o caso, em favor da pessoa jurídica prejudica pelo ilícito".

As outras sanções cumulativamente previstas no art. 12, I da Lei nº 8.429/92, como perda da função pública, suspensão dos direitos políticos de oito a dez anos, multa de até três vezes o acréscimo patrimonial e proibição de contratar com o Poder Público ou receber benefícios ou incentivos fiscais ou creditícios pelo prazo de dez anos não alcançam o objetivo de recomposição do erário. Ernane Fidelis dos Santos (2002) inclusive defende que essas sanções não podem ser aplicadas autonomamente, reforçando que o objetivo precípuo da Lei de Improbidade Administrativa é repressão às lesões aos cofres públicos por seus agentes e o retorno a esses dos recursos e vantagens subtraídos.

Apesar dos louváveis e crescentes resultados já alcançados, promulgada há mais de vinte e cinco anos, a Lei de Improbidade Administrativa não é um meio suficiente para combater eficazmente todas aquisições ilícitas dos ativos do erário pelos agentes públicos. A interpretação da lei ainda suscita problemas, e muitas vezes exige-se, desnecessariamente, a satisfação de garantias que são próprias a um processo penal. Por isso, partindo da constatação de que o que motiva a prática de atos de corrupção política pelos agentes públicos é a perspectiva de vultuosos ganhos financeiros, de forma rápida e facilitada, à custa do erário, os esforços devem concentrar-se em repatriar o patrimônio amealhado através da corrupção. Até porque o que move os agentes públicos desonestos é o proveito a ser obtido com a sua improbidade. Só a retirada do *plus* amealhado de seu patrimônio é capaz de minar o ânimo de delinquir do ímprobo.

Nesse desiderato, desde logo é de se perceber que o enriquecimento ilícito não se aparta do enriquecimento sem causa. O enriquecimento ilícito apresenta características peculiares porque consiste na censura legal dirigida ao agente público que, nesta qualidade, angaria vantagem econômica e em assim procedendo comete ilícito, pois age violando a ordem normativa. Mas este comportamento também consiste em enriquecimento sem uma causa jurídica, pois o fato jurídico que origina o enriquecimento, além de injustificado, é ilícito. Nesse sentido é a lição de Flávio Tartuce (2014) de que "todo o enriquecimento ilícito é sem causa, mas nem todo o enriquecimento sem causa é ilícito. Um contrato desproporcional pode não ser um ilícito e gerar enriquecimento sem causa".

---

[12] "Para os fins da Lei 8.429/92 é indiferente que a vantagem econômica indevida, que constitui o fruto do enriquecimento ilícito, seja obtida por prestação positiva ou negativa, ou de forma direta ou indireta pelo agente, pois basta que ele venha a incorporar ao seu patrimônio bens, direitos ou valores de maneira indevida, ou seja, a que o agente público não faz jus, aquela que é contrária à legalidade ou à moralidade administrativa" (MARTINS JÚNIOR, 1998).

A Lei de Improbidade Administrativa não é ferramenta apta a propiciar a reintegração da totalidade dos recursos ilicitamente subtraídos aos cofres públicos por seus agentes ímprobos. Neste afã existem tradicionais mecanismos do direito privado que se colocam à disposição da pessoa jurídica prejudicada. São eles a ação de reparação de danos causados pela prática de ato ilícito, fundada no art. 927 do Código Civil e calcada na responsabilidade civil subjetiva do agente, e a ação de restituição do enriquecimento sem causa, prevista no art. 884 do mesmo diploma legal. Perceba-se, desde logo, que a ofensa a um mesmo patrimônio, decorrente de um só comportamento, pode simultaneamente implicar reparação de danos e restituição de enriquecimento. E isso pode também ser simultaneamente perseguido na esfera cível comum pelos diretamente prejudicados, como no âmbito da ação de improbidade ou da ação civil pública por seus legitimados, em especial, o Ministério Público.

A genérica ação civil de reparação de danos por ato ilícito presta-se a garantir a reparação da integralidade dos prejuízos resultantes da violação do dever de respeito ao patrimônio público pelos infratores de alguma forma ligados ao Poder Público. É a ferramenta de concreção da responsabilidade civil subjetiva e tem por finalidade precípua tutelar o interesse de cada pessoa jurídica de direito público de recuperar o valor dos desfalques perpetrados por seus agentes em sua esfera jurídica patrimonial. Este mesmo objetivo pode ser alcançado pela aplicação da penalidade prevista no art. 5º da Lei de Improbidade Administrativa.[13] Ambos instrumentos se regem por idênticos pressupostos, porque exigem a comprovação do ato ilícito, do dano, da culpa do agente e do nexo de causalidade.

Essa coincidência de pressupostos não se verifica entre a chamada ação de restituição do enriquecimento, muitas vezes referida como *actio in rem verso* e a pena de perda de bens consagrada pelo art. 5º da Lei de Improbidade Administrativa. Segundo Waldo Fazzio Junior:

> em uma ação de improbidade administrativa se deve provar três elementos: (1) que a evolução patrimonial do agente público é incompatível com sua renda conhecida; (2) que o agente público adotou conduta ilícita no exercício de suas funções, ou em razão dela; (3) que a referida conduta foi a causa da evolução patrimonial incompatível ou desproporcional. (FAZZIO JUNIOR, 2009)

Grande parte da doutrina e a jurisprudência dominante no Superior Tribunal de Justiça, como já aludido, dispensam o segundo dos pressupostos elencados, substituindo-o por uma presunção *iuris tantum* de inidoneidade do agente público que adquire bens ou valores incompatíveis ou desproporcionais à normalidade do seu padrão de vencimentos.[14] Já a ação de restituição do enriquecimento sem causa do

---

[13] "O ressarcimento não constitui sanção propriamente dita, mas sim consequência necessária do prejuízo causado. Caracterizada a improbidade administrativa por dano ao Erário, a devolução dos valores é imperiosa e deve vir acompanhada de pelo menos uma das sanções legais previstas no art. 12 da Lei n. 8.429/1992" (REsp nº 1.302.405/RR. Rel. Min. Herman Benjamin, Segunda Turma. *DJe*, 2 maio 2017).

[14] "Com efeito, o patrimônio desproporcional não pode ser considerado sinal de locupletamento ilícito insuscetível de prova em contrário, embora permita uma presunção legal. Infere-se que os bens desproporcionais à renda ou à normal evolução patrimonial do agente público, adquiridos no exercício do cargo, representam auferimento de vantagem indevida em razão desse exercício (*caput* do art. 9º) e, portanto, configuram ato de improbidade. Claro que ao servidor sempre será possível comprovar a legitimidade do acréscimo patrimonial, como uma herança, ou um prêmio, ou uma atividade lícita fora dos horários de expediente" (DUBEUX, 2006).

art. 884 do Código Civil é muito menos exigente, pois prescinde totalmente da análise do elemento subjetivo. Contenta-se apenas com presença concomitante de três elementos: (1) enriquecimento; (2) ausência de causa e (3) obtenção à custa de outrem, os quais passaremos a analisar.

(1) Considera-se enriquecimento a obtenção de uma vantagem de caráter patrimonial decorrente de aporte pecuniário, aquisição ou incremento de valor de um direito real ou de crédito, sem uma desvantagem equivalente. O enriquecimento também pode traduzir-se na diminuição do passivo a que um patrimônio estava adstrito, pela extinção de dívidas ou pela obtenção de incentivos fiscais e privilégios creditórios. Ainda é cabível falar em enriquecimento quando se evita um dano ou prejuízo e também nos casos de utilização temporária de um bem ou serviço de outrem.

O *caput* do art. 884 do Código Civil de 2002112 consagra um conceito indeterminado para o enriquecimento, não estando presente qualquer limitação quanto à maneira pela qual ele se configure, bastando que fique caracterizada a obtenção de uma vantagem concreta e objetiva, passível de clara identificação.

Existem dois aspectos a serem considerados na avaliação da vantagem patrimonial, os quais podem conduzir a resultados diferentes: o *enriquecimento real*, que corresponde ao valor objetivo e autônomo da vantagem adquirida, e o *enriquecimento patrimonial*, que reflete a diferença para mais produzida na esfera econômica do enriquecido e que resulta da comparação entre a situação efetiva (situação real) e aquela em que ele se encontraria se a deslocação não se houvesse verificado (situação hipotética) (COELHO, 1999).

Júlio Manoel Gomes adotou uma posição complexa ao introduzir um novo elemento de análise: a boa ou má-fé do enriquecido. Com efeito, é assaz pertinente a distinção de tratamento, levando em conta a diferenciação de comportamento daquele que agiu de boa-fé que estaria obrigado à restituição do *enriquecimento patrimonial*, e o enriquecido de má-fé que não poderia pretender eximir-se de sua obrigação nos limites do enriquecimento patrimonial, se este for inferior ao valor de mercado da coisa. Presente a má-fé do enriquecido, ele estaria obrigado a restituir o montante equivalente ao *enriquecimento real*. Em outras palavras o objeto da restituição é o *enriquecimento real*, funcionando o *enriquecimento patrimonial* como um mero limite à obrigação de restituir, caso o enriquecido esteja agindo de boa-fé (GOMES, 1998).

(2) Analisando o quesito de *ausência de causa justificativa*, a causa é entendida como "causa da atribuição patrimonial",[15] vale dizer, o motivo jurídico, a justificação do aporte de um bem a determinado patrimônio. Essa justificação pode ser um negócio jurídico (*e.g.*, o contrato válido, a sucessão, a doação), um dispositivo legal (*e.g.* a prescrição, o usucapião), um costume ou uma decisão judicial. Assim, a causa é, em última análise, um fato que, à luz dos princípios aceitos no sistema, legitima o enriquecimento. Nas palavras do jurista alemão

---

[15] "Indispensável, afinal, que o *enriquecimento* se dê sem uma *causa* que o justifique, quer porque falte, quer porque seja reprovada pelo Direito. Este último requisito não é de caracterização fácil, em virtude da confusa sinonímia da palavra *causa*. Não possui, no particular, o significado que tem como um dos requisitos dos contratos, mas sentido próprio, restrito, que melhor se define acrescentando-lhe a qualificação própria, como fazem os alemães. Trata-se, com efeito, de *causa da atribuição patrimonial*. Para se saber se houve enriquecimento sem causa, indagará o intérprete se a vantagem patrimonial obtida é atribuída por uma razão justa, por um título legítimo, por um motivo lícito" (GOMES, 2004).

Larenz (1958), "o enriquecimento é destituído de causa quando, segundo a ordenação jurídica dos bens, ele cabe a outrem".

A justificativa das atribuições patrimoniais é a existência de um título válido e legitimador destas, ou seja, a existência de um fato jurídico, de um comportamento, de uma vontade translativa válida ou de uma norma jurídica que imponha essa transmissão. Um enriquecimento não tem causa quando a vantagem em que consiste foi desfrutada por pessoa diversa daquela à qual o direito atribuía essa vantagem.

Para que surja a obrigação de restituir é necessário que o enriquecimento verificado careça de causa justificativa, ou porque nunca tenha tido ou porque, tendo-a inicialmente, num segundo momento a tenha perdido.

(3) Por fim a caracterização do enriquecimento sem causa também exige a presença de um terceiro elemento: é preciso que tenha sido obtido à custa ou às expensas do interessado em receber a restituição.

É exigida uma correlação entre dois sujeitos, pois a vantagem patrimonial alcançada por um deles deve resultar do sacrifício econômico suportado pelo outro.

Nem sempre o enriquecimento obtido é equivalente ao empobrecimento correlativo do patrimônio lesado. Não é necessário que haja a saída de um valor do patrimônio do dono da coisa para entrar naquele do enriquecido. O uso ou a fruição de coisa alheia são exemplos de situações em que não há prejuízo correspondente à vantagem obtida por um dos sujeitos, existe apenas a privação de um aumento deste.

Mas ainda se pode ir mais longe: quando a vantagem foi obtida por uma atitude que o titular do bem não estava disposto a tomar para usar ou fruir da coisa nos termos em que fez o enriquecido. Tome-se, por exemplo, aquele indivíduo que ocupa um imóvel vazio, que o proprietário não estava disposto a locar, ou aquele outro indivíduo que utiliza o veículo de um amigo para participar de uma corrida e acaba ganhando um vultuoso prêmio. A vantagem patrimonial nesses casos foi obtida à custa de outrem por ter sido obtida com meios ou instrumentos pertencentes a outrem.

Como se pode observar os requisitos preconizados para a ação de restituição do enriquecimento sem causa são muito menos restritivos que aqueles necessários à aplicação de perda de bens prevista no art. 6º da Lei nº 8.429/92. Isto porque a ideia fundamental do enriquecimento sem causa é a obrigatoriedade de restituição do que se obteve à custa de outrem quando não há uma causa reconhecida pelo ordenamento jurídico como apta a sustentar a retenção do obtido.[16]

Note-se que a restituição do enriquecimento sem causa opera em parâmetros distintos do intuito punitivo. Para seus fins, são mitigados conceitos como comportamento culposo ou ilícito e vontade das partes. A rigor, a obrigação de restituir o enriquecimento independe de qualquer imputação de conduta ao obrigado ou de sua declaração de vontade.

Na base do enriquecimento sem causa há sempre uma ideia de deslocação patrimonial, de fluxo e refluxo de valores. A intromissão ilícita na esfera jurídica alheia está frequentemente presente no enriquecimento sem causa, mas não lhe é essencial, porque muitas vezes a obrigação de restituir é gerada independentemente de qualquer conduta ilícita, ainda que ela seja assaz frequente. Note-se ademais que as preocupações

---

[16] "O pensamento fundamental do enriquecimento sem causa consiste, a nosso ver, na necessidade de restituir o que se obtém à custa de outrem, quando falta uma causa justificativa para reter o obtido" (GOMES, 1998).

preventivas e sancionatórias que, por via reflexa, sejam satisfeitas pela obrigação de restituição do enriquecimento sem causa, não lhe são inerentes e centrais como na apuração dos atos de improbidade administrativa em que os juízos de culpabilidade, ilicitude e censurabilidade são essenciais.

Sublinhe-se que a obrigação de restituir o enriquecimento sem causa não depende necessariamente de qualquer comportamento do enriquecido, culposo ou não. A culpa e a vontade que ocupam papéis centrais em outros institutos podem ser irrelevantes para efeitos de enriquecimento sem causa pois ele independe de qualquer imputação de conduta ao obrigado.

As premissas ora externadas dão conta de colocar em evidência as vantagens da ação de restituição do enriquecimento sem causa baseada no art. 884 do Código Civil a ser manejada pela pessoa jurídica de direito público lesada, em relação aos procedimentos fundados na Lei de Improbidade Administrativa, quando o objetivo é recompor o erário público desfalcado por atos de corrupção política.

5 Conclusão

A Lei de Improbidade Administrativa instituiu no direito brasileiro um autêntico código da moralidade administrativa para garantia da eficácia dos princípios constitucionais da administração pública. A preocupação da lei, como se infere das sanções cominadas e das espécies de improbidade administrativa, é a preservação dos valores materiais e morais da Administração Pública e, mais especificamente, o combate ao enriquecimento ilícito dos agentes públicos, partícipes e beneficiários.

Convém salientar, todavia, que, apesar de o principal objetivo da lei consistir em privar o agente ímprobo das vantagens ilicitamente auferidas, ela é altamente tributária do padrão de evidenciação que se exige em um processo criminal que visa à aplicação de penas privativas de liberdade. Isso acarreta fortes exigências, especialmente, no que toca à necessidade de constatação da culpabilidade do agente, ainda que substituída por uma presunção *iuris tantum*, na hipótese do art. 9º, VII.

A privação dos ganhos econômicos hauridos através de desvios éticos de agentes públicos pode ser obtida por caminhos e meios menos exigentes, investindo em remédios já existentes. Para alcançar este objetivo os entes públicos lesados podem investir no recurso oferecido pelo art. 884 do Código Civil. Acredita-se que este dispositivo é um relevante instrumento para atuar na recomposição do erário público quando o agente público dele se serve para obter vantagens desprovidas de causa justificativa. Assumindo que a restituição do enriquecimento sem causa, na lição de Diogo Leite de Campos (1974), é um meio técnico de eficácia superior porque ataca o resultado ou as consequências, a saber, as transferências patrimoniais injustificadas, sem se preocupar com as circunstâncias que conduziram à sua realização, encontramos o argumento central desta reflexão: se o que move os agentes públicos ímprobos é enriquecimento pessoal, a estratégia de combate ao enriquecimento ilícito deve concentrar-se nos meios mais simples e rápidos para recuperar os valores ilicitamente obtidos.

Referências

ALMEIDA, L. P. Moitinho. *Enriquecimento sem causa*. 2. ed. Lisboa: Almedina, 1998.

BENTO, Leonardo Valles. Improbidade administrativa por enriquecimento ilícito: o problema da inversão do ônus da prova. *Revista da CGU*, Brasília, ano IV, n. 7, dez. 2009.

CAMPOS, Diogo Paredes Leite de. *A subsidiariedade da obrigação de restituir o enriquecimento*. Coimbra: Almedina, 1974.

COELHO, Francisco Manuel Pereira. *O enriquecimento e o dano*. Coimbra: Almedina, 1999.

DI PIETRO, Maria Sylvia Zanella. *Direito administrativo*. 21. ed. São Paulo: Atlas, 2008.

DUBEUX, Rafael Ramalho. Enriquecimento ilícito de servidor e a lei de improbidade administrativa. *Revista Virtual da AGU*, ano VI, n. 56, set. 2006.

FACHIN, Luiz Edson. Entre duas modernidades: um ensaio sobre a Constituição da persona e o mercado. In: COUTINHO, Aldacy et al. (Org.). *Liber Amicorum* –Homenagem ao Pro. Doutor António José Avelãs Nunne. 1. ed. Coimbra; São Paulo: Coimbra Editora, 2009.

FACHIN, Luiz Edson. *Estatuto jurídico do patrimônio mínimo*. Rio de Janeiro: Renovar, 2001.

FACHIN, Luiz Edson. O 'aggiornamento' do direito civil brasileiro e a confiança negocial. In: FACHIN, Luiz Edson (Coord.) *Repensando fundamentos do direito civil contemporâneo*. Rio de Janeiro: Renovar, 1998.

FACHIN, Luiz Edson. Reformas de que o Brasil precisa: as três fronteiras da democracia. *Revista Bonijuris*, v. 611, p. 9-15, 2014.

FACHIN, Luiz Edson. *Teoria crítica do direito civil*. Rio de Janeiro/São Paulo: Renovar, 2000.

FAZZIO JUNIOR, Waldo. *Atos de improbidade administrativa*: doutrina, legislação e jurisprudência. 2. ed. São Paulo: Atlas, 2009.

FERREIRA, Wolgran Junqueira. *Enriquecimento ilícito dos servidores públicos no exercício da função*. Bauru: Edipro, 1994.

FIGUEIREDO, Marcelo. *O controle da moralidade na Constituição*. São Paulo: Malheiros, 1999.

GARCIA, Emerson; ALVES, Rogério Pacheco. *Improbidade administrativa*. 6. ed. Rio de Janeiro: Lumen Juris, 2011.

GOMES, Júlio Manuel Vieira. *O conceito de enriquecimento, o enriquecimento forçado e os vários paradigmas do enriquecimento sem causa*. Coimbra: Coimbra Editora, 1998.

GOMES, Orlando. *Obrigações*. 16. ed. atual. por Edevaldo Brito. Rio de Janeiro: Forense, 2004.

KROETZ, Maria Candida do Amaral. *Enriquecimento sem causa no direito civil brasileiro contemporâneo e recomposição patrimonial*. Tese (Doutorado) – Programa de Pós-Graduação em Direito, Setor de Ciências Jurídicas, Universidade Federal do Paraná, Curitiba, 2015.

LARENZ, Karl. *Derecho de obligaciones*. Tradução de Jaime Santos Briz. Madrid: Revista de Derecho Privado, 1958-1959. v. 1-2.

LEITÃO, Luís Manuel Teles de Menezes. O enriquecimento sem causa no novo Código Civil brasileiro. *Revista CEJ*, Brasília, n. 25, p. 24-33, abr./jun. 2004.

MARTINS JÚNIOR, Wallace Paiva. Enriquecimento ilícito de agentes públicos – evolução patrimonial desproporcional a renda ou patrimônio – Lei Federal 8.429/92. *Revista dos Tribunais*, v. 755, p. 94-112, set. 1998.

MATTOS, Mauro Roberto de Gomes. Ilegalidade de presumir-se o enriquecimento ilícito no exercício da função pública. *Revista CEJ*, Brasília, ano XV, n. 54, p. 14-27, jul./set. 2011.

NORONHA, Fernando. *Direito das obrigações*. São Paulo: Saraiva, 2003.

NORONHA, Fernando. Enriquecimento sem causa. *Revista de Direito Civil, Imobiliário, Agrário e Empresarial*, São Paulo, v. 56, p. 51-78, abr./jun. 1991.

OLIVEIRA, Suzana Faibanks, A evolução patrimonial do agente público em desproporcionalidade aos seus rendimentos: uma presunção de enriquecimento ilícito – Exegese do inciso VII do art. 9º da Lei n. 8.429/1992. In: DOBROWLSKI, Samantha Chantal (Org.). *Questões práticas sobre improbidade administrativa*. Brasília: ESMPU, 2011.

PAZZGLINI FILHO, Marino. *Lei de Improbidade Administrativa comentada*. São Paulo: Atlas, 2002.

ROTHENBURG, Walter Claudius. Ação por improbidade administrativa: aspectos de relevo. In: SAMPAIO, José Adércio Leite *et al.* (Org.). *Improbidade administrativa*: comemoração pelos 10 anos da Lei 8.429/92. Belo Horizonte: Del Rey, 2002.

SANTOS, Ernane Fidelis dos. Aspectos processuais da Lei de Improbidade Administrativa. In: SAMPAIO, José Adércio Leite *et al.* (Org.). *Improbidade administrativa*: comemoração pelos 10 anos da Lei 8.429/92. Belo Horizonte: Del Rey, 2002.

TARTUCE, Flávio. *Direito civil*: direito das obrigações e responsabilidade civil. São Paulo: Método, 2014. v. 2.

Informação bibliográfica deste texto, conforme a NBR 6023:2002 da Associação Brasileira de Normas Técnicas (ABNT):

KROETZ, Maria Candida do Amaral. A restituição do enriquecimento sem causa como instrumento de recomposição do erário. In: EHRHARDT JÚNIOR, Marcos; CORTIANO JUNIOR, Eroulths (Coord.). *Transformações no Direito Privado nos 30 anos da Constituição*: estudos em homenagem a Luiz Edson Fachin. Belo Horizonte: Fórum, 2019. p. 545-558. ISBN 978-85-450-0562-9.

A FUNÇÃO SOCIAL DA POSSE: TRINTA ANOS DEPOIS

OTAVIO LUIZ RODRIGUES JR.
RODRIGO XAVIER LEONARDO

1 Introdução: dois vértices e um mesmo autor

O tema da posse e sua função social une duas pontas históricas do percurso teórico empreendido por Luiz Edson Fachin, hoje Ministro do Supremo Tribunal Federal e, por muitos anos, professor titular da Universidade Federal do Paraná.

Em um dos vértices dessa trajetória encontra-se o livro intitulado *A função social da posse e a propriedade contemporânea*, publicado pela Editora Sérgio Antonio Fabris no ano de 1988, ou seja, há exatos trinta anos.[1]

No outro extremo, saltados vinte quatro anos, o mesmo autor foi o responsável pela atualização ao tomo X do *Tratado de direito privado*, de Pontes de Miranda, que versa justamente sobre a posse. Essa segunda obra, escrita já sob o sereno da maturidade, foi elaborada durante pesquisas desenvolvidas no *Max-Planck-Institut für ausländiches und internationales Privatrecht*.[2]

No presente escrito, elaborado especialmente em homenagem ao Ministro Luiz Edson Fachin, pretende-se apresentar ao leitor algumas problematizações teóricas que marcaram o pensamento desse autor a respeito da posse, nos diferentes momentos acadêmicos antes indicados, para, na sequência, sublinhar a relevância que a tese da função social da posse alçou no direito civil.

2 A função social da posse e o jovem escritor

Em 1988, Luiz Edson Fachin publicou o livro *A função social da posse e a propriedade contemporânea* orientado a dois alvos prefacialmente indicados: "o primeiro é o de

---

[1] FACHIN, Luiz Edson. *A função social da posse e a propriedade contemporânea*. Porto Alegre: Sérgio Antônio Fabris, 1988.
[2] MIRANDA, Francisco Cavalcanti Pontes de. *Tratado de direito privado*. Atualização de Luiz Edson Fachin. São Paulo: Thomson Reuters, 2012. t. X.

evidenciar a nova moldura contemporânea em que se encartam a posse e a propriedade, decorrente do princípio da função social imprimido aos institutos jurídicos. O segundo é o de analisar essa perspectiva na usucapião imobiliária rural".[3]

Em síntese, o citado livro, aborda: (i) a orientação metodológica do autor; (ii) a projeção da história da posse e da propriedade no tratamento dogmático contemporâneo; (iii) o impacto da crise do individualismo e a função social da propriedade; (iv) a tese da função social da posse e a diferença da função social da propriedade; (v) a polêmica entre Savigny e Jhering perante o Código Civil brasileiro; (vi) a projeção das teorias da posse na usucapião; (vi) a posse na usucapião; (vii) questões dogmáticas da usucapião imobiliária.

Seria inadequado, nos limites deste capítulo, refletir sobre todos esses temas. Assim, foram selecionados três assuntos, versados pelo autor na obra *A função social da posse e a propriedade contemporânea*, posteriormente retomados na atualização do *Tratado de direito privado*: (a) a noção de posse no direito brasileiro (entre a polêmica teórica de Savigny e Jhering), (b) a dependência ou a autonomia entre a posse e a propriedade e, por fim, (c) a função social da posse.

No livro *A função social da posse e a propriedade contemporânea*, o autor homenageado parte da premissa de que seria equivocado enjaular o fenômeno possessório numa mera exterioridade da propriedade, vez que "[e]sse confinamento hoje inaceitável é contraditado pela prioridade histórica da posse sobre a propriedade. Cronologicamente, a propriedade começou pela posse, geralmente posse geradora da propriedade, isto é, a *posse para usucapião*".[4]

O subjugar da posse à propriedade, por sua vez, seria compreendido "nas dimensões histórica e jurídica, depreendendo-se por aí as razões sociais que determinaram a supremacia do direito de propriedade".[5]

Esse modelo teria sofrido o influxo das ideias da função social que, no panorama das prerrogativas que são inerentes à propriedade, elevaria em perspectiva o *uso*: "A função social relaciona-se com o *uso* da propriedade, alterando, por conseguinte, alguns aspectos pertinentes a essa relação externa que é o seu exercício".[6]

Nessa ordem de ideias, para Luiz Edson Fachin, a função social da propriedade não alteraria a essência do direito subjetivo de propriedade, ao impactar especificamente o *uso*, na qualidade de um dos feixes das prerrogativas proprietárias. Pode-se ler no livro analisado: "A doutrina da função social da propriedade corresponde a uma alteração conceitual do regime tradicional; não é uma questão de essência, mas sim pertinente a uma parcela da propriedade que é a sua utilização".[7] Adiante, o nosso autor esclarece:

---

[3] FACHIN, Luiz Edson. *A função social da posse e a propriedade contemporânea*. Porto Alegre: Sérgio Antônio Fabris, 1988. p. 7.

[4] FACHIN, Luiz Edson. *A função social da posse e a propriedade contemporânea*. Porto Alegre: Sérgio Antônio Fabris, 1988. p. 13.

[5] FACHIN, Luiz Edson. *A função social da posse e a propriedade contemporânea*. Porto Alegre: Sérgio Antônio Fabris, 1988. p. 14.

[6] FACHIN, Luiz Edson. *A função social da posse e a propriedade contemporânea*. Porto Alegre: Sérgio Antônio Fabris, 1988. p. 17.

[7] FACHIN, Luiz Edson. *A função social da posse e a propriedade contemporânea*. Porto Alegre: Sérgio Antônio Fabris, 1988. p. 18.

Daí a considerar que *a propriedade é uma função social* toma-se um passo, ao que parece, insustentável [...]. A propriedade *tem* uma função social, princípio jurídico aplicado ao exercício das faculdades e poderes que lhe são inerentes [...]. Aquele princípio, portanto, não transmitida realmente a propriedade para o direito público através da noção de função. A expressão função social corresponde a limitações, em sentido largo, impostas ao conteúdo do direito de propriedade.[8]

A função social da posse, por sua vez, seria de todo diversa. Ao passo em que na função social da propriedade haveria de se "eliminar da propriedade privada o que há de eliminável", na função social da posse seria revelado "o imprescindível, uma expressão natural da necessidade". Assim, "a posse assume então uma perspectiva que não se reduz a mero efeito, nem a ser encarnação da riqueza e muito menos a manifestação de poder: é uma concessão à necessidade".[9]

Sobre a noção de posse, o autor procura se afastar da *suposta* querela teórica entre Savigny e Jhering, usualmente nominada, respectivamente, pelas expressões *teoria subjetiva* e *teoria objetiva da posse*. Observando o direito brasileiro e com investigação comparatística, o Ministro Luiz Edson Fachin concluiu não haver "apego demasiado ao objetivismo ou ao subjetivismo. No fulcro do direito legislado e na jurisprudência emerge uma solução intermediária, que, embora distinguindo a posse com *animus domni* confere proteção possessória a ambas".[10]

Para além das teorizações de Savigny e Jhering, a elaboração legada por esses clássicos autores obnubilou a questão central para a posse no Brasil: a dimensão da necessidade. Daí ser imprescindível, alertava Luiz Edson Fachin, no início do ano de 1988, ser importante "constatar que essa questão sempre levou a posse à discussão em confronto com o direito real de propriedade. Mas esse problema toma outra direção se se conceber a posse de modo autônomo, em si mesma, como situação jurídica, geradora de outras situações jurídicas".

Dessa compreensão, por sua vez, encaminha-se para a principal conclusão do livro, a saber: a função social da posse, distinta da função social da propriedade, "está

---

[8] FACHIN, Luiz Edson. *A função social da posse e a propriedade contemporânea*. Porto Alegre: Sérgio Antônio Fabris, 1988. p. 19. Acerca da função social da propriedade, cf. GEDIEL, José Antônio Peres; CORRÊA, Adriana Espíndola. Reforma agrária e judiciário brasileiro: tensões entre propriedade liberal e o princípio da função social. *Revista de Direito Civil Contemporâneo*, v. 3, n. 2, p. 81-98, abr./jun. 2015.

[9] FACHIN, Luiz Edson. *A função social da posse e a propriedade contemporânea*. Porto Alegre: Sérgio Antônio Fabris, 1988. p. 21.

[10] FACHIN, Luiz Edson. *A função social da posse e a propriedade contemporânea*. Porto Alegre: Sérgio Antônio Fabris, 1988. p. 31. Menciona-se aqui uma "suposta" querela teórica por diversas razões. Em primeiro lugar, as obras de Savigny e de Jhering que tratam do assunto são datadas em momentos, acadêmicos e de vida, severamente diferentes. A principal elaboração de Savigny foi um escrito de juventude, vez que o autor contava com 24 anos, publicada em 1803. A obra de Jhering acerca da posse começou a ser publicada em 1868, tratando-se de uma elaboração de maturidade, pois o autor contava com 71 anos (SAVIGNY, Frédéric Charles. *Traité de la possession en droit romain*. Tradução de Henri Staedler. Paris: A. Durand et Pedone-Lauriel, 1893 ; e JHERING, Rudolf Von. *O fundamento dos interdictos possessórios*. Tradução de Adherbal de Carvalho. 2. ed. Rio de Janeiro: Francisco Alves, 1908). Não se trata de uma autêntica polêmica teórica, portanto, vez que os autores nunca verdadeiramente debateram o assunto. Em segundo lugar, ambas as abordagens têm por objeto principal as fontes de direito romano. Em terceiro lugar, os termos *corpus* e *animus* são significados por Savigny e por Jhering de modo nitidamente diverso. Sobre o tema, para concluir pela inexistência de uma autêntica polêmica teórica, partimos de CORDEIRO, António Menezes. *A posse*: perspectivas dogmáticas atuais. Coimbra: Almedina, 2005. p. 22 e seguintes e SOARES, Fernando Luso. *Ensaio sobre a posse como fenômeno social e instituição jurídica*. Coimbra: Almedina, 1996.

a exigir novo tratamento legislativo, compatível com a posse material e com a redução dos prazos de usucapião a lapsos de tempo mais exíguos" e, para tanto, o instituto da usucapião seria "ímpar para revelar a importância da posse como autônoma geradora de direitos a partir de um fato".[11]

3 A posse em Pontes de Miranda e o escritor em sua maturidade

Ao atualizar o *Tratado de direito privado*, Luiz Edson Fachin encontra em Pontes de Miranda uma teorização sobre a posse que se afasta do debate entre as teorias subjetiva e objetiva, ordinariamente atribuídas a Savigny e a Jhering como expressões de uma polêmica.

Para Pontes de Miranda, o Código Civil brasileiro de 1916 permitia haurir uma compreensão de posse muito particular, que se afastava do debate entre as teorias subjetiva e objetiva. Segundo Pontes de Miranda:

> [p]ara se medir a importância da atitude do Código Civil brasileiro, basta pensar-se em que êle abstraiu – isto é, não reputou elemento necessário – tanto do *animus* quanto do *corpus*, restituída, assim, ao conceito de posse a sua originária pureza, anterior à milenar infiltração metafísica. Com isso, não houve retrocesso; porque se deu tal restituição como se volta, em qualquer ciência, a resultados intuitivos, ou experienciais, após o desbastamento de raciocínios e logomaquias deformantes, mercê de pesquisas e conclusões rigorosamente indutivas. A comparação entre a lucidez do Código Civil, nos arts. 485-523, e a fonte de dúvidas que são os arts. 1.140-1.172 do Código Civil italiano, com o seu apêgo à teoria subjetivista, serve como preparação à justa apreciação do que no Brasil se conseguiu em 1916, sem alardes e simplesmente.[12]

Nos termos acima sublinhados, Pontes de Miranda entende que o Código Civil brasileiro de 1916 (neste aspecto seguido pelo Código Civil de 2002) representa um marco dogmático que dissipa muitas das confusões verificáveis em códigos europeus que acabaram por circunscrever a matéria às opções subjetiva e objetiva.

Segundo Pontes de Miranda:

> a posse é o estado de fato de quem se acha na possibilidade de exercer poder *como* o que exerceria quem fôsse proprietário ou tivesse, sem ser proprietário, poder que sói ser incluso no direito de propriedade (*usus, fructus, abusus*). A relação inter-humana é com exclusão de qualquer outra pessoa; portanto é relação entre possuidor e o *alter*, a comunidade. Se bem que no mundo fáctico, é situação *erga omnes*; ou, melhor, real.[13]

A proposta ponteana, sublinhe-se, é muito rente ao texto do atual art. 1.196 do Código Civil de 2002: "Considera-se possuidor todo aquele que tem de fato o exercício, pleno ou não, de algum dos poderes inerentes à propriedade".

---

[11] FACHIN, Luiz Edson. *A função social da posse e a propriedade contemporânea*. Porto Alegre: Sérgio Antônio Fabris, 1988. p. 95.

[12] MIRANDA, Francisco Cavalcanti Pontes de. *Tratado de direito privado*. Atualização de Luiz Edson Fachin. São Paulo: Thomson Reuters, 2012. t. X. p. 57.

[13] MIRANDA, Francisco Cavalcanti Pontes de. *Tratado de direito privado*. Atualização de Luiz Edson Fachin. São Paulo: Thomson Reuters, 2012. t. X. p. 56.

A despeito da particularidade do texto do Código Civil, considerável parcela da doutrina se manteve adstrita ao embate entre as teorias objetiva e subjetiva da posse, com a tomada de posição entre uma das correntes, sem perceber que a opção dogmática brasileira aparentemente teria sido outra.[14]

Luiz Edson Fachin, na obra trintenária sob análise, já havia entrevisto a inadequação de se buscar nas teorias subjetiva e objetiva a orientação para se compreender a posse no direito brasileiro. Ao atualizar o *Tratado de direito privado*, o ora homenageado sublinha que o Código Civil de 2002 trata da posse como o exercício de fato dos poderes da propriedade, e não mais do domínio, e reconhece que "posse é poder", enraizada no mundo dos fatos.

De seu panorama de atualização, sublinha-se:

> O Código Civil de 2002 trouxe uma nova redação, jungindo a conceituação de posse (e, por igual, de possuidor) aos poderes que defluem da propriedade, alijando dessa compreensão o conceito de domínio, como se depreende do art. 1.196. Fixa-se, assim, a perspectiva da posse ontologicamente enraizada ao mundo fático.[15]

Em outra passagem da atualização ao *Tratado de direito privado*, o autor homenageado retira dessa premissa conceitual um fundamento importante para a compreensão da autonomia da posse em relação à propriedade, já bem delineada em sua obra de 1988. Cite-se:

> O debate sobre o conceito de poder fático continua beneplacitado por magno realce contemporâneo. De um lado, porque permanece, na teoria da posse e de seus efeitos práticos, o arrostar do pensar escorreito e exato, como propôs o autor. De outro, porque o conceito do verbo possuir (*besitzen* ou *innehaben*), se for mesmo dependente do todo social, não mais se amolda à segurança do registro de propriedade [...] Encaixa-se aqui a ideia central da teoria formulada pelo autor e que se ajusta por inteiro ao momento presente: o conceito de posse não é dado *a priori*, e sim *a posteriori*.[16]

---

[14] Exceção deve ser apontada aos cursos de Paulo Lôbo e Luiz de Camargo Penteado, nitidamente influenciados pelo pensamento de Pontes de Miranda. Esses autores, ainda que por razões didáticas apresentem as teorias subjetivas e objetivas, delas se distanciam a partir de Pontes de Miranda. Segundo Paulo Lôbo: "A norma legal brasileira não declara que a posse seja o poder de fato sobre a coisa, não exige o elemento intencional, nem impõe a exteriorização do comportamento próprio de dono da coisa. É acontecimento do mundo fático, porém *erga omnes*. Assim, não seguiu a teoria subjetivista, que o legislador originário procurou evitar, nem a teoria objetivista, em sua pureza, nem optou pela fusão de ambas. Nem Savigny, nem Jhering [...] Na doutrina jurídica brasileira, foi Pontes de Miranda quem melhor identificou essa peculiaridade de nosso modelo legal de posse, principalmente no volume 10 de seu Tratado de direito privado" (LÔBO, Paulo. *Direito civil*: coisas. 2. ed. São Paulo: Saraiva, 2017. p. 51-52). Luciano Penteado, por sua vez, explicava: "O CC brasileiro, com o respeito e a vênia da opinião contrária, afasta-se dos dois modelos anteriormente tratados. Apesar de combinar alguns elementos quer da noção de *animus*, quer da noção de *corpus*, a teoria é própria e específica, até por proteger situações possessórias independentemente de aspectos subjetivos e objetivos nas formulações de Savigny e Jhering [...] Essa peculiaridade foi reconhecida principalmente por Pontes de Miranda, que dedica todo um volume do Tratado de Direito Privado, o t. X, apenas para a posse e reiteradas vezes destaca a peculiaridade do sistema brasileiro nessa matéria" (PENTEADO, Luciano de Camargo. *Direito das coisas*. 3. ed. São Paulo: RT, 2014. p. 592-593).

[15] MIRANDA, Francisco Cavalcanti Pontes de. *Tratado de direito privado*. Atualização de Luiz Edson Fachin. São Paulo: Thomson Reuters, 2012. t. X. p. 67.

[16] MIRANDA, Francisco Cavalcanti Pontes de. *Tratado de direito privado*. Atualização de Luiz Edson Fachin. São Paulo: Thomson Reuters, 2012. t. X. p. 122.

Para Pontes de Miranda, a posse é um fato. Seguindo-se o texto do Código Civil, trata-se do exercício *de fato*, pleno ou não, de algum dos poderes inerentes à propriedade. Isso, na teoria do fato jurídico, significa que a posse se localiza no *suporte fático* de diferentes *fatos jurídicos*.

Segundo Pontes de Miranda, o conceito de posse, no sistema jurídico brasileiro, prescinde tanto do *animus* (Savigny) quanto do *corpus* (Jhering): "a posse é relação fática entre a pessoa que possui e o *alter*, a comunidade [...] é poder, *pot-sedere*, possibilidade concreta de exercitar algum poder inerente ao domínio ou à propriedade". Desse modo, a posse não "é o poder inerente ao domínio ou à propriedade", muito menos "o exercício dêsse poder". Ela pode se definir como o "estado de fato de quem se acha na possibilidade de exercer poder como o que exerceria quem fosse proprietário ou tivesse, sem ser proprietário, poder que sói ser incluso no direito de propriedade (*usus, fructus*, abusos)". Embora, como admite o autor, a posse, "no mundo fático, é situação *erga omnes*; ou, melhor, real".[17]

A posse, nesse sentido, está no suporte fático da usucapião (ao lado de outros componentes de fato subjetivos e objetivos). Encontra-se também no suporte fático para a reintegração de posse, do interdito proibitório, da manutenção da posse (igualmente ao lado de outros componentes de fatos que integram os respectivos suportes fáticos desses fatos jurídicos).

Quem titulariza a propriedade e outros direitos reais (*v.g.*, o usufruto), por sua vez, tem direito de possuir (*ius possidendi*) como uma das prerrogativas próprias da propriedade.

A posse, perceba-se, resta indistinta da propriedade. A propriedade é um direito subjetivo. É a eficácia de um fato jurídico. A posse é fato. A posse é suporte fático de diversos fatos jurídicos. Posteriormente à incidência das regras jurídicas, e uma vez formado o fato jurídico, podem surgir direitos decorrentes dessa posse jurisdicizada, o *ius possessionis*.[18]

---

[17] MIRANDA, Francisco Cavalcanti Pontes de. *Tratado de direito privado*. Atualização de Luiz Edson Fachin. São Paulo: Thomson Reuters, 2012. t. X. p. 55-57. No mesmo sentido, isto é, entendendo que o sistema adotado pelo Código Civil se afasta tanto da teoria subjetiva quanto da objetiva: PENTEADO, Luciano de Camargo. *Direito das coisas*. 3. ed. São Paulo: RT, 2014. p. 592.

[18] A posse, suporte fático, após a incidência de regras jurídicas, pode ensejar fatos jurídicos. Pontes de Miranda explica: "A posse, quando se considera como fato jurídico, é a *fonte* dos direitos, pretensões, deveres, obrigações, ações e exceções de ordem possessória. Então, tem-se de falar do suporte fático da posse, que é o poder fáctico sobre a coisa, e de sua entrada no mundo jurídico. Se A construiu o casebre no terreno, - em que ninguém se opôs ao início de seu poder fáctico, ou a despeito de alguém se ter oposto, - A é possuidor, ali pacífico e aqui violento. Somente quando já se considera a posse como fato jurídico, de que se irradiam direitos e deveres, é que se pode falar em 'transmissão da posse', que é abreviação de 'transmissão de direitos, deveres, pretensões, obrigações, ações e exceções oriundos do fato jurídico da posse'. No momento em que o possuidor transmite, o ato de transmissão entra no mundo jurídico e, implicitamente, dá entrada à posse, porque, sem tal entrada, a transmissão mesma não entraria" (p. 124). Mais à frente, o mesmo autor retoma o raciocínio acerca da distinção entre o *ius possidendi* e o *ius posessionis*: "Quanto à posse, existem categorias jurídicas inconfundíveis, mas de cujo baralhamento muito prejuízo tem provindo às leis, à doutrina e à justiça: I. O *ius possidendi*, direito à posse, ou a ter posse. Não há senão um direito à posse. Tem direito à posse o proprietário, o usufrutuário, o usuário [...]. O *ius possessionis*, que é direito oriundo da posse, ao entrar essa no mundo jurídico [...] A ofensa ao *ius posessionis* é distinta da ofensa ao fato jurídico *stricto sensu da posse*: o fato jurídico *strico sensu* ofendido enseja o *ius possessionis*, as pretensões e as ações possessórias; se é o *ius possessionis*, que se discute, já se discute no plano da eficácia, posterior do fato jurídico da posse, isto é, no plano das pretensões e ações nascidas do *ius possessionis*. A ação quanto ao direito de posse (art. 521) não é possessória, - é petitória" (p. 137) (MIRANDA, Francisco Cavalcanti Pontes de. *Tratado de direito privado*. Atualização de Luiz Edson Fachin. São Paulo: Thomson Reuters, 2012. t. X).

Essa concepção teórica serve com precisão para a proposta de autonomia entre a posse e a propriedade sustentada por Luiz Edson Fachin na obra de 1988, ainda que sob fundamentos diversos, que passaram a ser adotados em sua obra da maturidade.

Pontes de Miranda não tratou da função social da posse. Ainda que não descuidasse da *função* dos institutos jurídicos, não se pode perder de vista que se para este autor a posse é um *fato*, a eventual *função social do fático* não poderia ser equivalente à *função social* dos institutos jurídicos.

Cabe sublinhar, ainda, a distinção entre o suporte fático para Pontes de Miranda e a teorização sobre o poder normativo dos fatos, de acordo com o sustentado por Luiz Edson Fachin.[19]

4 Os trinta anos da função da posse e a projeção social: doutrina, jurisprudência e política legislativa. Um furo no futuro?

Os três temas abordados na obra *A função social da posse e a propriedade contemporânea* e aqui seccionados (a noção de posse no direito brasileiro e a repercussão das teorias subjetiva e objetiva, a dependência ou a autonomia entre a posse e a propriedade e a função social da posse) tiveram relevante repercussão na doutrina e na jurisprudência.

Inúmeros estudos supervenientes à obra de Fachin desenvolveram a ideia, defendida no livro *A função social da posse e a propriedade contemporânea*, a respeito da insuficiência da explicação da posse a partir das teorias objetiva e subjetiva. Cite-se, nesse sentido, a tese de Francisco Cardozo Oliveira:

> o esforço teórico da modernidade, baseado no estudo dos textos romanos e preocupado em identificar os elementos constituintes da posse para o direito romano, não recuperou para o direito moderno o carácter fático da posse, que permitiu aos romanos construir a proteção possessória, através da tutela da posse do possuidor do *ager publicius*. De forma a compatibilizar a posse com a proeminência da propriedade, desnaturou-se o caráter fático da posse para o que contribuiu a técnica da abstração conceitual.[20]

Mais recentemente, Sérgio Said Staut Jr. publicou tese de doutoramento na qual investigou o percurso pelo qual o debate entre as teorias subjetivas e objetivas se tornou proeminente no direito brasileiro, concluindo que essa trajetória serviu para tornar a posse dependente da propriedade.[21]

---

[19] "[...] este posicionamento não vislumbra a profícua possibilidade de o mundo jurídico ser não apenas informado, mas também transformado pelo mundo dos fatos" (MIRANDA, Francisco Cavalcanti Pontes de. *Tratado de direito privado*. Atualização de Luiz Edson Fachin. São Paulo: Thomson Reuters, 2012. t. X. p. 122). Entendemos que a divergência de Luiz Edson Fachin em relação a Pontes de Miranda encontra-se mais centralizada na teoria da norma jurídica do que, propriamente, na teoria do fato jurídico. Ainda que o tratado de direito privado apresente uma teoria ampla e original acerca da teoria do fato jurídico, a concepção de norma jurídica não encontra o mesmo desenvolvimento nesta obra. A teoria do fato jurídico de Pontes de Miranda não se opõe a uma concepção de pluralismo de fontes normativas (inclusive não estatais) ou mesmo a uma aplicação em um sistema de direito consuetudinário. Acerca do assunto, cf. MELLO, Marcos Bernardes de. *Teoria do fato jurídico*: plano da existência. 21. ed. São Paulo: Saraiva, 2017. p. 63, nota de rodapé 33.

[20] OLIVEIRA, Francisco Cardozo. *Hermenêutica e tutela da posse e da propriedade*. Rio de Janeiro: Forense, 2006. p. 88. Em sentido oposto às amarras das teorias subjetivas e objetivas, além do pensamento de Pontes de Miranda já abordado, cite-se a relevante tese de Bessone da posse como direito pessoal (BESSONE, Darcy. *Da posse*. São Paulo: Saraiva, 1996).

[21] STAUT JR., Sérgio Said. *Posse e dimensão jurídica no Brasil*. Curitiba: Juruá, 2015. p. 176 e seguintes. Cite-se a respeito desse assunto VARELA, Laura Beck. A tutela da posse entre abstração e autonomia: uma abordagem

A tese da função social da posse, igualmente, teve acolhida em inúmeras investigações publicadas posteriormente à obra de 1988, que expressamente elegeram como marco teórico o pensamento de Luiz Edson Fachin.[22]

Nos tribunais brasileiros, a tese da autonomia da posse foi consolidada com a Súmula STJ nº 84, datada de 2.7.1993, que enuncia: "É admissível a oposição de embargos de terceiro fundados em alegação de posse advinda de compromisso de compra e venda de imóvel, ainda que desprovido do registro". Igualmente a tese da função social da posse aparece na *ratio decidendi* de diversos julgados do Superior Tribunal de Justiça e dos tribunais estaduais.[23]

A respeito do prestígio da obra *A função social da posse e a propriedade contemporânea*, é de se conferir destaque à enorme repercussão na transformação social do direito positivo brasileiro por intermédio do ordenamento infraconstitucional.[24] Em 1988, conforme antes destacado, Luiz Edson Fachin sustentou que a função social da posse, distinta da função social da propriedade, "está a exigir novo tratamento legislativo, compatível com a posse material e com a redução dos prazos de usucapião a lapsos de tempo mais exíguos" e, para tanto, o instituto da usucapião seria "ímpar para revelar a importância da posse como autônoma geradora de direitos a partir de um fato".[25]

---

histórica. In: MARTINS-COSTA, Judith. *A reconstrução do direito privado*. São Paulo: Revista dos Tribunais, 2002. p. 789. Sublinhe-se também a dissertação, que enfrenta a autonomia da posse (ainda que como direito), de Marcos Alberto Rocha Gonçalves (*A posse como direito autônomo*. Rio de Janeiro: Renovar, 2015).

[22] Cite-se, nesse sentido, apenas exemplificativamente ALBUQUERQUE, Ana Rita Vieira. *Da função social da posse e sua conseqüência frente à situação proprietária*. Rio de Janeiro: Lumen Juris, 2002; TORRES, Marcos Alcino de Azevedo. *A propriedade e a posse*: um confronto em torno da função social. Rio de Janeiro: Lumen Juris, 2007. Sobre o tema, referencie-se também BECKER, L. A. *Posse e moradia à luz da Constituição*. Porto Alegre: Manás, 2009. Ainda que tratando da terra, como objeto mais restrito, cf. MARÉS, Carlos Frederico. *A função social da terra*. Porto Alegre: Sérgio Antônio Fabris, 2003. p. 15.

[23] Exemplificativamente, STJ. REsp nº 1.545.457-SC. Rel. Min. Regina Helena Costa. *DJe*, 9 maio 2018; TJSP. Apelação nº 0024957-32.2012.8.26.0071. Rel. Des. Enio Zuliani, j. 10.3.2016. Sublinhe-se, ainda, o seguinte precedente do TJPR: "[...] as teorias de SAVIGNY e JHERING não teriam capacidade de explicar o instituto jurídico da posse em conjunto com uma teoria material dos direitos fundamentais estando envelhecidas e em desacordo com a realidade social presente. É neste contexto que uma corrente, até hoje minoritária, mas não menos importante, propõe uma teoria da posse vista sob o prisma de sua função socioambiental, dissociando-se tanto da teoria de Savigny como da de Jhering, como bem observa o Prof. Fachin, ao apontar: 'tem trânsito livre na ciência jurídica moderna a noção de que a posse é mera exteriorização da propriedade, admitindo-se excepcionalmente a figura do possuidor não proprietário. Enjuaular o fenômeno possessório dessa forma corresponde a uma visão superada pela realidade, mas ainda não reconhecida" (TJPR. Apelação Civil nº 0.832.206-5. Rel. Des. Francisco Jorge, j. 18.7.2012).

[24] Sobre o assunto, sugerem-se: RODRIGUES JR., Otavio Luiz. *Distinção sistemática e autonomia epistemológica do direito civil contemporâneo em face da Constituição e dos direitos fundamentais*. Tese (Livre Docência) – Universidade de São Paulo, São Paulo, 2018. p. 402 (entre outras passagens). Do mesmo autor, cf. RODRIGUES JR., Otavio Luiz. Propriedade e função social: exame crítico de um caso de "constitucionalização" do direito civil. In: PINTO, Eduardo Vera-Crus et al. (Org.). *Estudos em homenagem ao Prof. Dr. Jorge Miranda*. Coimbra: Coimbra Editora, 2012. v. 3. p. 61-90.

[25] FACHIN, Luiz Edson. *A função social da posse e a propriedade contemporânea*. Porto Alegre: Sérgio Antônio Fabris, 1988. p. 46. Em alguma medida, a questão da autonomia da posse, elaborada em 1988 por Luiz Edson Fachin, desenvolve assunto anteriormente desenvolvido por seu professor de Direito Civil na UFPR, Francisco José Ferreira Muniz, em escrito acerca dos embargos de terceiro possuidor muito anterior à Súmula nº 84 do STJ: "Trata-se de revelar a importância da posse em nosso meio social como estrutura necessária ao uso e gozo das coisas pelas pessoas, para satisfação de suas necessidades vitais [...] Trata-se de assegurar a posse no seu significado mínimo – a tutela possessória – não se permitindo a alegação de domínio em forma de exceção. Essa autonomia da posse exerce influência na sua disciplina – o que é natural, pois se trata de dar expressão, na regulamentação jurídica, à função social da figura disciplinada. A autonomia da posse é socialmente relevante, pois, assim, é reconhecida pelo ordenamento jurídico" (MUNIZ, Francisco José Ferreira. Embargos de terceiro à penhora: a questão da posse do promitente comprador. In: MUNIZ, Francisco José Ferreira. *Textos de direito civil*. Curitiba: Juruá, 1998. p. 95).

A proposição ecoou.

O Código Civil de 2002 diminuiu sensivelmente os prazos das diversas espécies de usucapião e a legislação especial, além de seguir a mesma tendência, ampliou as hipóteses de usucapião. Desconhece-se, em direito comparado, um ordenamento jurídico no qual a legislação compreenda tantas e tão diferentes hipóteses de acesso à propriedade por intermédio da posse.

Trata-se de evidente resposta ao valor da posse como uma figura autônoma em relação à propriedade, que demandou e recebeu o tratamento distinto. A relevância política e social dessa *situação de fato* transformou o direito positivo brasileiro contemporâneo.

Em relação à propriedade imobiliária, cite-se, nesse sentido, a usucapião extraordinária (art. 1.238 do Código Civil), a usucapião especial rural (art. 1.239 do Código Civil, art. 191 da Constituição Federal e art. 1º da Lei nº 6.969/81), a usucapião especial urbana (art. 1.240 do Código Civil, art. 9º da Lei nº 10.257/2001 e art. 183 da Constituição Federal), a usucapião ordinária (art. 1.242 do Código Civil), a usucapião coletiva (art. 10 da Lei nº 10.257/2001), a usucapião por abandono do lar conjugal (art. 1.240-A do Código Civil)[26] e a usucapião especial indígena (art. 33 da Lei nº 6.001/73).

Apenas em relação à usucapião imobiliária apresentam-se sete hipóteses de usucapião, verificáveis em quatro diferentes leis federais e na Constituição de 1988. Em cada uma dessas hipóteses a posse, como suporte fático, é tratada ao lado de outros componentes para a formação de fatos jurídicos direcionados ao acesso à propriedade.

Nesse movimento legislativo pode-se perceber uma diminuição progressiva do tempo necessário de posse para a aquisição da propriedade. No recente art. 1.240-A do Código Civil (última adição legislativa de hipóteses de usucapião), por exemplo, determina-se o exíguo prazo de dois anos para a aquisição da propriedade imobiliária.

Outros institutos sobrevieram valorizando o uso, como expressão principal da posse, tal como a concessão de uso como direito real resolúvel tratado no art. 183 da Constituição Federal e na Lei nº 13.465/2017.[27]

A valorização da posse, ainda, teve projeção no movimento legislativo de desjudicialização da usucapião, diminuindo-se custos e entraves processuais para o acesso à propriedade. Sobre o assunto, registre-se o art. 60 da Lei nº 11.977/2009 e, posteriormente, o Código de Processo Civil de 2015 e a Lei nº 13.465/2017.[28]

Não há como se negar que a proposição encontrada na obra da juventude de Luiz Edson Fachin teve repercussão política transformadora sobre o direito positivo nacional ao longo dos últimos trinta anos.

E, nesse ponto, pelo menos em alguma medida, o jovem e o maduro escritor se encontram, por intermédio de Pontes de Miranda, e se reencontram com Francisco Muniz,[29] professor regente de seus bancos universitários. A tese de que o Código Civil

---

[26] Sobre o assunto, cf. DINIZ, Maria Helena. Uma visão hermenêutica do art. 1240-A do Código Civil. *Revista de Direito Civil Contemporâneo*, v. 11, n. 4, p. 103-124, abr./jun. 2017.

[27] MELO, Marco Aurélio Bezerra de. *Direito civil*: coisas. 2. ed. Rio de Janeiro: Forense, 2018. p. 136; FACHIN, Luiz Edson. Uso e concessão do solo urbano – exame do caso concreto (parecer). In: FACHIN, Luiz Edson. *Questões do direito civil brasileiro contemporâneo*. Rio de Janeiro: Renovar, 2008. p. 67.

[28] Sobre as restrições técnicas e procedimentais à usucapião administrativa, veja-se: SÁ, Priscilla Zeni de. A (in)viabilidade da usucapião extrajudicial. *Revista de Direito Civil Contemporâneo*, v. 13, n. 4, p. 335-348, out./dez. 2017.

[29] Francisco Muniz adota a tese ponteana da posse como fato, como senhoria de fato, com uma arguta explicação:

brasileiro encaminha uma particular noção de posse como *fato*, ou seja, como o *exercício de fato dos poderes inerentes* à *propriedade*, elimina da posse a infiltração metafísica para apanhá-la em seu aspecto intersubjetivo.

Em sua maturidade, Luiz Edson Fachin revisita o tema ao atualizar Pontes de Miranda e conclui:

> A faticidade do poder, superada a metafísica kantiana e o subjetivismo de Savigny, imprimi à posse o sentido de fato jurídico em Pontes de Miranda, podendo, por isso, coincidir ou não com a propriedade. Esse sentido revelador da posse foi exposto com todas as letras, pois, realmente, a posse nada tem com o existir, ou não, o direito real, ou pessoal.[30]

Em outras palavras: a posse como fato, tal como reconhecido pelo autor em 2012, privilegia a ideia de uma expressão de necessidade, tal como proposto pelo mesmo autor em 1988, como um momento não eliminável no processo de apropriação de riquezas que, longe de ser confinado no instituto da propriedade, apresenta um espaço próprio nas relações inter-humanas, no direito posto, na experiência jurisprudencial e nas transformações legislativas.[31]

Referências

ALBUQUERQUE, Ana Rita Vieira. *Da função social da posse e sua conseqüência frente à situação proprietária*. Rio de Janeiro: Lumen Juris, 2002.

BECKER, L. A. *Posse e moradia à luz da Constituição*. Porto Alegre: Manás, 2009.

BESSONE, Darcy. *Da posse*. São Paulo: Saraiva, 1996.

CORDEIRO, António Menezes. *A posse*: perspectivas dogmáticas atuais. Coimbra: Almedina, 2005.

DINIZ, Maria Helena. Uma visão hermenêutica do art. 1240-A do Código Civil. *Revista de Direito Civil Contemporâneo*, v. 11, n. 4, p. 103-124, abr./jun. 2017.

"A noção de posse, portanto, de originário, aparece associada à de propriedade. Com efeito, o Código Civil, em seu art. 485, dispõe que o possuidor é aquele que tem, de fato, o exercício pleno, ou não, de algum dos poderes inerentes ao domínio, ou a propriedade. O que o legislador quer dizer é que o poder de fato, em que a posse consiste, deve ter conteúdo correspondente, isto é, análogo, ao do direito de propriedade: senhoria econômica da coisa. Não pode deixar de ser assim pela razão de ser a propriedade o mais extenso direito existente em relação à coisa, não havendo poder de fato cuja consistência se subtraia a esse poder de direito [...] Daí o já se ter dito que a propriedade indica senhoria jurídica economicamente entendida; a posse, senhoria de fato economicamente entendida" (MUNIZ, Francisco José Ferreira. O instituto da usucapião e o Código de Processo Civil de 1973. In: MUNIZ, Francisco José Ferreira. *Textos de direito civil*. Curitiba: Juruá, 1998. p. 67).

[30] MIRANDA, Francisco Cavalcanti Pontes de. *Tratado de direito privado*. Atualização de Luiz Edson Fachin. São Paulo: Thomson Reuters, 2012. t. X. p. 112.

[31] Sobre o assunto, sublinhamos a conclusão da tese de Francisco Cardozo Oliveira: "A permanência da posse como momento ineliminável no processo de apropriação de bens constitui fator de limitação à consideração teórica da propriedade como modelo único de regulação da distribuição de bens na sociedade. Denota em certo sentido a impossibilidade da universalização da forma de mercadoria. A noção de propriedade é obrigada a conviver com o fato da posse que, do ponto de vista do mercado, representa a apropriação primária de bens. A posse escapa à regulação do processo de trocas, embora continue a influenciá-la porque manifestação do poder a que se refere Max Weber, que diferencia possuidores de não-possuidores. O problema conceitual derivado da natureza fática da posse, contraposta ao caráter essencialmente normativo da propriedade, resolve-se no direito moderno pela adoção de um conceito de posse sujeito a assimilar elementos do direito de propriedade, sem contudo ser por ele absorvido" (OLIVEIRA, Francisco Cardozo. *Hermenêutica e tutela da posse e da propriedade*. Rio de Janeiro: Forense, 2006. p. 93).

FACHIN, Luiz Edson. *A função social da posse e a propriedade contemporânea*. Porto Alegre: Sérgio Antônio Fabris, 1988.

FACHIN, Luiz Edson. Uso e concessão do solo urbano – exame do caso concreto (parecer). In: FACHIN, Luiz Edson. *Questões do direito civil brasileiro contemporâneo*. Rio de Janeiro: Renovar, 2008.

GEDIEL, José Antônio Peres; CORRÊA, Adriana Espíndola. Reforma agrária e judiciário brasileiro: tensões entre propriedade liberal e o princípio da função social. *Revista de Direito Civil Contemporâneo*, v. 3, n. 2, p. 81-98, abr./jun. 2015.

GONÇALVES, Marcos Alberto Rocha. *A posse como direito autônomo*. Rio de Janeiro: Renovar, 2015.

JHERING, Rudolf Von. *O fundamento dos interdictos possessórios*. Tradução de Adherbal de Carvalho. 2. ed. Rio de Janeiro: Francisco Alves, 1908.

LÔBO, Paulo. *Direito civil*: coisas. 2. ed. São Paulo: Saraiva, 2017.

MARÉS, Carlos Frederico. *A função social da terra*. Porto Alegre: Sérgio Antônio Fabris, 2003.

MELLO, Marcos Bernardes de. *Teoria do fato jurídico*: plano da existência. 21. ed. São Paulo: Saraiva, 2017.

MELO, Marco Aurélio Bezerra de. *Direito civil*: coisas. 2. ed. Rio de Janeiro: Forense, 2018.

MIRANDA, Francisco Cavalcanti Pontes de. *Tratado de direito privado*. Atualização de Luiz Edson Fachin. São Paulo: Thomson Reuters, 2012. t. X.

MUNIZ, Francisco José Ferreira. Embargos de terceiro à penhora: a questão da posse do promitente comprador. In: MUNIZ, Francisco José Ferreira. *Textos de direito civil*. Curitiba: Juruá, 1998.

MUNIZ, Francisco José Ferreira. O instituto da usucapião e o Código de Processo Civil de 1973. In: MUNIZ, Francisco José Ferreira. *Textos de direito civil*. Curitiba: Juruá, 1998.

OLIVEIRA, Francisco Cardozo. *Hermenêutica e tutela da posse e da propriedade*. Rio de Janeiro: Forense, 2006.

PENTEADO, Luciano de Camargo. *Direito das coisas*. 3. ed. São Paulo: RT, 2014.

RODRIGUES JR., Otavio Luiz. *Distinção sistemática e autonomia epistemológica do direito civil contemporâneo em face da Constituição e dos direitos fundamentais*. Tese (Livre Docência) – Universidade de São Paulo, São Paulo, 2018.

RODRIGUES JR., Otavio Luiz. Propriedade e função social: exame crítico de um caso de "constitucionalização" do direito civil. In: PINTO, Eduardo Vera-Crus *et al*. (Org.). *Estudos em homenagem ao Prof. Dr. Jorge Miranda*. Coimbra: Coimbra Editora, 2012. v. 3.

SÁ, Priscilla Zeni de. A (in)viabilidade da usucapião extrajudicial. *Revista de Direito Civil Contemporâneo*, v. 13, n. 4, p. 335-348, out./dez. 2017.

SAVIGNY, Fréderic Charles. *Traité de la possession en droit romain*. Tradução de Henri Staedler. Paris: A. Durand et Pedone-Lauriel, 1893.

SOARES, Fernando Luso. *Ensaio sobre a posse como fenómeno social e instituição jurídica*. Coimbra: Almedina, 1996.

STAUT JR., Sérgio Said. *Posse e dimensão jurídica no Brasil*. Curitiba: Juruá, 2015.

TORRES, Marcos Alcino de Azevedo. *A propriedade e a posse*: um confronto em torno da função social. Rio de Janeiro: Lumen Juris, 2007.

VARELA, Laura Beck. A tutela da posse entre abstração e autonomia: uma abordagem histórica. In: MARTINS-COSTA, Judith. *A reconstrução do direito privado*. São Paulo: Revista dos Tribunais, 2002.

Informação bibliográfica deste texto, conforme a NBR 6023:2002 da Associação Brasileira de Normas Técnicas (ABNT):

RODRIGUES JR., Otavio Luiz; LEONARDO, Rodrigo Xavier. A função social da posse: trinta anos depois. In: EHRHARDT JÚNIOR, Marcos; CORTIANO JUNIOR, Eroulths (Coord.). *Transformações no Direito Privado nos 30 anos da Constituição*: estudos em homenagem a Luiz Edson Fachin. Belo Horizonte: Fórum, 2019. p. 559-569. ISBN 978-85-450-0562-9.

O DIREITO DE LAJE E A TRIDIMENSIONALIDADE DA PROPRIEDADE

NELSON ROSENVALD

> *A propriedade é também um problema técnico, mas nunca é somente um problema técnico: por debaixo, os grandes arranjos das estruturas; por cima, as grandes certezas antropológicas põem sempre a propriedade no centro de uma sociedade e de uma civilidade. A propriedade não consistirá jamais em uma regrinha técnica mas em uma resposta ao eterno problema da relação entre homem e coisas, da fricção entre mundo dos sujeitos e o mundo dos fenômenos, e aquele que se propõe a reconstruir sua história, longe de ceder a tentações isolacionistas, deverá, ao contrário, colocá-la sempre no interior de uma mentalidade e de um sistema fundiário com função eminentemente interpretativa.*
>
> (GROSSI, Paolo. *História da propriedade e outros ensaios*. Tradução de Luis Ernane Fritoli. Rio de Janeiro: Renovar, 2006)

Este escrito é uma homenagem à poderosa influência da obra do Professor Luiz Edson Fachin sobre a construção do meu raciocínio jurídico, particularmente no universo dos direitos reais. Mais do que um tributo pessoal, trata-se de uma singela contribuição a uma coletânea formada por uma plêiade de civilistas que prestam agradecimento ao docente, doutrinador, advogado e membro da Suprema Corte, que merecidamente se converteu em um dos protagonistas do direito privado brasileiro.

1 A desconexão entre as propriedades e o novo mercado

A desintegração da propriedade é um fato inequívoco. Não como um dado exclusivo da pós-modernidade, porém como mais um capítulo em uma odisseia iniciada na revolução industrial, na qual a titularidade incorpórea auspiciosamente se torna mais relevante que o domínio físico dos bens de raiz. Em ambientes de instituições democráticas, afloram os incentivos para que patentes, *softwares* e direitos autorais façam a roda da fortuna girar. A Apple é a empresa mais valiosa da história, apoiada no binômio intangível inovação tecnológica/*design*.[1] As riquezas das pessoas e nações passaram a ser definidas pela dinâmica capacidade de criação, em detrimento ao que a natureza estaticamente lhes reserva, como terras e *commodities*.

O cerne do domínio se deslocou da posse de coisas e do capital físico para a criatividade humana, o capital intelectual. A propriedade clássica, caracterizada pelo poder de ingerência socioeconômica sobre a coisa e a visibilidade de sua exteriorização pelo exercício dos atributos do uso e fruição, é ultrapassada pela propriedade incorpórea, na qual o artífice da criação intelectual é remunerado pela cessão da técnica, reservando para si a titularidade do bem. Diversos modelos de propriedade convivem com as suas peculiaridades. Daí que hoje se fala em direito das propriedades, ao contrário do que se extrai da arcaica estrutura monopolística sugerida pelo art. 1.227 do Código Civil.

O que há de atualíssimo nessa discussão é a própria redefinição do conceito de propriedade e o mais importante, o seu próprio embasamento filosófico e sociológico. A propriedade enucleada no "ter" conferiu suporte ao indivíduo moderno. Em um primeiro momento a sociedade estamental é abolida e o indivíduo se liberta da condição perene de nobre ou campesino. A única possibilidade de a pessoa perseguir a sua autonomia se dava pela aquisição da titularidade, que lhe propiciasse independência material e social, passando a existir por si próprio, com possibilidade de conduzir a própria vida, preocupando-se com o seu perímetro subjetivo e cultivando a sua interioridade. A propriedade individual como acesso à cidadania já teve os seus tempos de glória.[2]

Todavia, a noção de propriedade é progressivamente substituída pelo acesso a experiências culturais. A troca de bens materiais entre vendedores e compradores no mercado é suplantada pela lógica da preservação da titularidade com os fornecedores, com base em *leasing*, aluguel ou cobrança de uma taxa pela admissão ou pela assinatura, na qual o que importa é a prestação de serviços e o acesso em curto prazo entre servidores e clientes que operam em rede. Na nova economia o capital intelectual não é trocado. O valor de mercado de empresas como Uber, Airbnb, Spotify e Netflix atesta a noção de Bauman sobre a "modernidade líquida", em tempos em que, ao invés da condição de proprietários de bens móveis e imóveis, a única certeza é a busca pela utilidade privada de bens, convertendo ideias e experiências – e não coisas – em verdadeiros

---

[1] "Mais um ano se passou e, mais uma vez, a Apple está no topo das empresas mais valiosas do mundo. A marca foi avaliada em US$170 bilhões, de acordo a Forbes. [...] Esse é o sétimo ano consecutivo que a companhia de Cupertino aparece nessa mesma posição no ranking. O top 10 do ranking deste ano divulgado pela Forbes é quase todo feito de empresas de tecnologia: 1. Apple; 2. Google; 3. Microsoft; 4. Facebook; 5. Coca-Cola; 6. Amazon; 7. Disney; 8. Toyota; 9. McDonald's; 10. Samsung" (PIRES, Fabiana. De novo: Apple é a empresa mais valiosa do mundo. *Tecmundo*, 21 jul. 2017. Disponível em: <www.tecmundo.com.br/mercado/119621-novo-apple-empresa-valiosa-mundo.htm>. Acesso em: 21 jul. 2017).

[2] CASTEL, Robert. *La inseguridad social*. Buenos Aires: Manantial, 2015. p. 28.

itens de valor na nova economia. A propriedade é uma instituição lenta demais para se ajustar à velocidade de uma cultura fluida e veloz, na qual os verbos "ter", "guardar" e "acumular" cada vez fazem menos sentido. A propriedade pessoal já foi considerada a extensão do próprio ser e a medida do homem, doravante, as próximas gerações se relacionarão com o mercado de uma forma bem diferente.

2 O direito fundamental de propriedade como garantia

Desde 1215, com a imposição da Magna Carta pelos barões ingleses a João Sem Terra, as sociedades civilizadas compreendem a imprescindível relação entre o Estado de direito e a irrecusável proteção aos direitos de propriedade. Os súditos oferecem respaldo aos governantes em troca da erradicação do caos social e da preservação das liberdades pessoais.[3]

Passados oitocentos anos, há sólidos argumentos que mantêm o caráter fundamental do direito de propriedade. Para além de seu reconhecimento constitucional expresso, são inegáveis a sua imutabilidade formal e material e a judicialidade plena. É o direito real por excelência, em torno do qual gravita o direito das coisas. Com efeito, a propriedade é um direito fundamental que, ao lado dos valores da vida, liberdade, igualdade e segurança, compõe a norma do art. 5º, *caput*, da Constituição Federal.

O reconhecimento da propriedade como direito humano se prende à sua função de proteção pessoal de seu titular. Há uma função individual da propriedade que consiste na garantia da autonomia privada do ser humano e no desenvolvimento de sua esfera existencial e familiar, pois os direitos reais são outorgados a uma pessoa para a realização pessoal da posição de vantagem que exerce sobre a coisa.[4] O filósofo alemão Georg Friedrich Hegel foi um dos primeiros a reconhecer o poder da propriedade para agir como um apêndice de nosso ser. Hegel acreditava que cada indivíduo expressa sua noção de personalidade imprimindo-a em suas posses. É fixando a vontade de alguém nos objetos do mundo externo que cada pessoa projeta seu ser e cria uma presença entre seres humanos. Como a personalidade de um indivíduo está sempre presente no objeto possuído, a propriedade se torna uma extensão da personalidade de alguém. Em um

---

[3] Pode-se dizer que a Magna Carta foi a primeira tentativa de codificação do direito inglês. Ao delegar a 25 barões a atribuição de fiscalizar a atuação real e o seu próprio cumprimento, a Magna Carta lança o gérmen das modernas democracias representativas ocidentais. É claro que os direitos que aparecem na Magna Carta não são universais, dado que na altura do longínquo século XIII não existia esse conceito. Eles são direitos concedidos a diferentes grupos em um delicado jogo de poder. No entanto lá reside a semente de uma Constituição – a submissão do poder político ao império do direito e não da moral, dos preceitos religiosos ou dos costumes. E, nesse sentido, ela constitui os alicerces do constitucionalismo moderno. Por muito tempo a Magna Carta oscilou entre o descrédito e o esquecimento. Porém, a partir da Revolução Gloriosa de 1688, ela sedimentou o arcabouço político que converteu uma grande ilha no maior império mundial até os estertores da I Guerra. O iluminismo inglês abraçou a ciência e criou uma longa era de prosperidade. Enquanto a Magna Carta garantiu direitos e deveres das várias classes e limitou drasticamente o poder dos reis; na Europa continental, os reis assumiram um poder absoluto em detrimento dos direitos e liberdades de todos os súditos. Assim, duas narrativas são tributárias da liberdade moderna: uma com sede insular, a do gradualismo britânico, simbolizando o pensamento liberal que, na linha de Hayek, privilegia elementos de continuidade; outra com sede continental, a da ruptura com a ordem estabelecida e de afirmação do espírito revolucionário encarnado na guilhotina francesa.

[4] SAMPAIO, José Adércio Leite; NARDY, Afrânio José Fonseca. Direito fundamental de propriedade, direito fundamental ao meio ambiente ecologicamente equilibrado e o princípio constitucional da precaução. In: FILOMENO, José Geraldo Brito; WAGNER JR., Luiz Guilherme da Costa; GONÇALVES, Renato Afonso (Coord.). *O Código Civil e sua interdisciplinaridade*. Belo Horizonte: Del Rey, 2004. p. 230.

nível mais profundo, a propriedade é uma expressão de liberdade pessoal. Ao cercar-se de propriedades, uma pessoa infla sua personalidade no tempo e espaço, criando uma esfera de influência pessoal. Em suma, ela cria uma presença expandida no mundo.

Em reforço à tutela genérica da inviolabilidade do direito de propriedade (art. 5º, *caput*), o art. 5º, inc. XXII, explicita que "é garantido o direito de propriedade". Uma leitura completa do princípio seria a seguinte: "é garantido o direito subjetivo de propriedade em caráter *erga omnes*". De fato, a propriedade é um direito subjetivo no qual o titular exercita poder de dominação sobre um objeto, sendo que a satisfação de seu interesse particular demanda um comportamento colaboracionista da coletividade.

Além de direito subjetivo e fundamental, a propriedade é garantia institucional, prestando-se a assegurar bens jurídicos indispensáveis à preservação de certos valores tidos como essenciais em certa ordem jurídica. Teixeira de Freitas, no *Esboço*, reconheceu que, conforme a doutrina predominante no século XIX, propriedade e personalidade eram consideradas direitos absolutos, e foi além: só a personalidade pode ser considerada direito absoluto.[5] A propriedade só é tutelada porque sem ela não se desenvolve a personalidade. Para ser, é preciso ter.[6]

A propriedade traz consigo uma noção profunda de obrigação e compromisso que não está presente em uma cultura de posse. Um fato geralmente aceito é que é muito mais provável que quem tem sua casa se preocupe em conservá-la e mantê-la do que quem mora de aluguel.[7] Cuidar do que é seu – e do ambiente à volta –, em uma sociedade que valoriza a propriedade, torna-se tão importante quanto cuidar da vida de alguém. É por isso que consideramos nossas titularidades como extensão de nós mesmos.[8]

De qualquer forma, a propriedade será direito fundamental em todas as circunstâncias que instrumentalizem liberdade. O art. 170, II, da Constituição Federal insere a propriedade privada como princípio da ordem econômica. A propriedade que representa a economia de mercado e a livre iniciativa será resguardada pelo sistema, como demonstração de apreço do Estado de Direito pela proteção dos contratos e segurança jurídica. A preservação da propriedade se imbrica com a própria subsistência da sociedade, como instrumento por excelência da liberdade de ação de cada qual de seus membros. Qualquer intromissão não razoável no direito de propriedade representará uma violação à esfera de liberdade e privacidade de seu titular e/ou entidade familiar.

---

[5] FREITAS, Augusto Teixeira. *Código Civil* – Esboço. Brasília: Editora UnB, 1983. v. 1. p. 37.

[6] A filósofa Hannah Arendt sintetiza apropriadamente a questão: "Importante feição não privativa da privatividade é que as quatro paredes da propriedade particular de uma pessoa oferecem o único refúgio seguro contra o mundo público comum – não só contra tudo que nele ocorre, mas também contra a sua própria publicidade, contra o fato de ser visto e ouvido. Uma existência vivida inteiramente em público, na presença de outros, torna-se, como diríamos, superficial. Retém a sua visibilidade, mas perde a qualidade resultante de vir à tona a partir de um terreno mais sombrio, terreno este que deve permanecer oculto a fim de não perder sua profundidade num sentido muito real e não subjetivo. O único modo eficaz de garantir a sombra do que deve ser escondido contra a luz da publicidade é a propriedade privada – um lugar só nosso, no qual podemos nos esconder" (ARENDT, Hannah. *A condição humana*. 10. ed. Rio de Janeiro: Forense Universitária, 2008. p. 81).

[7] "The institution of private property is fundamental to our society, and a powerful way of expressing the distinction between 'what is mine and what is yours'" (CANE, Peter. *Tort law*. Oxford and Portland: Hart Publishing, 2017. p. 45).

[8] RIFKIN, Jeremy. *A era do acesso*. São Paulo: Pearson, 2011. p. 105. "Heidegger lembra-nos que a palavra *humano* vem de *humus*, que em latim quer dizer solo fértil e nutritivo. Na mitologia hebraica, Deus criou Adão do barro. Nosso longo vínculo com o solo, que tem se fixado nas relações de propriedade ajudou a modelar e definir a essência de quem somos" (p. 106).

O direito de propriedade, por si só, não garante as liberdades e direitos civis. Mas é um dispositivo eficiente para assegurá-los, pois cria uma esfera autônoma na qual, por mútuo consentimento, nem o Estado nem a sociedade podem cometer transgressões.[9] Ademais, como garantia institucional, culmina por assumir função tão elevada no ordenamento jurídico a ponto de ter o seu núcleo essencial preservado de restrições desproporcionais pelo legislador infraconstitucional. É o que se convém chamar de "limite do limite", uma linha que demarca as faculdades dominiais de fruição e disposição particular como núcleo duro e inconformável do direito de propriedade.

De fato, as nações que prezam a propriedade apresentam crescimento econômico e índices positivos de inclusão social. Em qualquer sociedade que incentive o valor individual e o empreendedorismo haverá expansão do mercado e criação de riquezas. Em substituição ao *slogan* da abolição da propriedade, há de se difundir a propriedade, pois isso implica difundir a liberdade.

A propriedade privada perde a sua condição de garantia fundamental quando se converte em privilégio. Se no início da modernidade o privilégio se enraizava entre os membros da nobreza, atualmente, no patrimonialismo arraigado em nossas instituições, vê-se que o conceito de república é sistematicamente espoliado pela apropriação privada do Estado por grupos ligados ao poder político. Para sustentar a paquidérmica máquina governamental, ocorre uma brutal transferência de riquezas pela via da tributação. O resultado é induvidoso: corrupção e desperdício. O verdadeiro empreendedor é desestimulado a investir o seu capital, pois a segurança jurídica é esmaecida. O mérito individual é desencorajado pelo deturpado sentimento de que o Estado provedor e assistencialista concederá qualquer espécie de compensação que eliminará o estado geral de penúria. Como nenhuma pessoa se sente responsável moralmente por sua trajetória de vida, o resultado dos referidos programas é um estímulo ao ócio e ao paternalismo, que fatalmente se reproduzirá em consequência do apelo eleitoral de tais práticas paroquiais.

Nessa inversão de valores, a verdadeira propriedade privada é desvirtuada e mesmo desencorajada. Em estados autoritários e cartoriais, a livre concorrência e a possibilidade de cada indivíduo dispor de si são mitigadas por instituições deficientes. Os privilégios fundam uma sociedade do tipo mercantilista, jamais um real capitalismo. A retórica rasteira propaga a assimilação da propriedade privada a um mal que deva ser extirpado. Incitar o imaginário coletivo a uma onda antiglobalização é forma primária de alienação daqueles que não possuem acesso ao mínimo existencial. A humanidade conhece os ideários totalitários de esquerda ou de direita. Eliminar a diversidade e a tolerância, anular o individual pelo coletivo e fragilizar a propriedade em nome de um viés igualitário são as primeiras formas de eliminar as demais liberdades: política, civil e de pensamento.[10]

---

[9] PIPES, Richard. *Propriedade e liberdade*. Rio de Janeiro: Record, 2001. p. 329.

[10] Há uma questão ideológica que permeia a tolerância generalizada à privatização de espaços públicos. Para aqueles que se consideram progressistas, a "ocupação política" seria uma sofisticada forma de afirmação de direitos fundamentais. Legitimar-se-ia a desobediência civil contra o conservadorismo da ditadura da maioria silenciosa (alunos que desejam estudar, funcionários que pretendam trabalhar, pais que pretendam prover educação aos filhos e a sociedade que aposta na segurança jurídica), com premissa teórica forjada no pedantismo intelectual daqueles que admiram tudo aquilo que seja popular, cujo mérito intrinsecamente reside no fato de a iniciativa partir das vítimas do sistema. De fato, é vergonhoso o corte da merenda escolar e a recusa do repasse dos recursos básicos do ensino. Todavia, em sociedades que cultivam a responsabilidade individual, o exercício da liberdade de manifestação se conforma ao ordenamento jurídico, jamais pela banalização da invasão e depredação do patrimônio público, bem como do impedimento ao direito de ir e vir de quem queira

Por isso, em um Estado que se pretenda democrático, a função da doutrina civil-constitucional consiste em resistir ao apelo fácil da demonização do capital e da propriedade e da canonização da pobreza como virtude social. Incumbe-nos racionalmente esclarecer à opinião pública que o contrato e a propriedade particular se referem à essência do direito civil: a intangibilidade da liberdade individual e do exercício do âmbito de autonomia legado a todos pelo princípio da dignidade da pessoa humana. Ao contrário do privilégio, a propriedade privada não é uma afronta ao princípio da solidariedade. A exclusão social vivenciada no Brasil não resulta da existência da propriedade, mas de sua insuficiência e da ausência de uma ação política firme no sentido de estender a condição de proprietários em prol daqueles que hoje estão juridicamente alheios ao sistema de titularidades. A ideia central é que os direitos de propriedade seguros e bem definidos – incluindo o direito de transferir a propriedade – farão com que os recursos sejam alocados ao uso que gere maior bem-estar.[11]

3 O direito fundamental à propriedade como acesso

Em seu art. 17, a Declaração dos Direitos do Homem prevê que toda pessoa tem *direito* à *propriedade*. O acesso universal à propriedade é o fundamento de todos os sistemas nacionais reguladores das diversas propriedades.

Em seu perfil oitocentista e liberal, o direito civil edificou alicerces sólidos na proteção patrimonial. A propriedade e os contratos formavam os pilares de um regime dedicado à apropriação e conservação de bens. Os direitos fundamentais se concretizavam com o livre estabelecimento de relações particulares, refletindo a clivagem entre o público e o privado, diante de um Estado mínimo, espectador inerte do jogo do mercado, que só se manifestava em última instância para preservar as regras do jogo.

Paulatinas transformações ocorreram em tal cenário nos últimos 100 anos, sendo que um dos últimos capítulos coincide com a implantação de uma tábua de valores constitucionais apta a exigir uma releitura do estatuto patrimonial das relações privadas, funcionalizado agora à promoção da dignidade, solidarismo e igualdade substancial. A urgência se revela na determinação da preponderância da pessoa em relação ao patrimônio. Sendo a Constituição o centro unificador do ordenamento, a normatividade de seus princípios permite a aplicação dos direitos fundamentais às relações privadas, mitigando-se a dicotomia público/privado, pois não mais existem espaços imunes ao alcance de parâmetros normativos substancialmente mais justos.

---

exercer a sua profissão. Na ótica do relativismo, não me surpreende que o ilícito da invasão de bens públicos seja glorificado como conduta merecedora de tutela. Enfim, associo-me àqueles que desejam preservar a cultura e a própria civilização, quando tudo em volta parece ruir. Se não houver uma predisposição à contenção de instintos básicos, nessa marcha da insensatez, em breve os pseudo-heróis da resistência democrática não apenas serão louvados, como ainda farão jus à indenização por benfeitorias e acessões ou mesmo serão premiados com uma usucapião sumária.

[11] Bernardo Mueller assevera que "direitos de propriedade que não são perfeitamente seguros desestimulam os investimentos, o que traz, portanto, importantes consequências sobre a *performance* econômica [...] na Amazônia, proprietários de terras com títulos mais seguros adotavam mais investimentos específicos à terra do que aqueles com títulos menos seguros e mostram como direitos de propriedade contribuem para afetar o comportamento econômico dos agentes e o desenvolvimento de mercados" (MUELLER, Bernardo P. Machado. Direitos de propriedade na nova economia das instituições e em direito e economia. *Revista de Direito Mercantil Industrial, Econômica e Financeiro*, São Paulo, v. 126, p. 112-116, abr./jun. 2002).

Assim, a dignidade da pessoa humana assume um papel de defesa da integridade humana em dois planos: (a) tutelando as situações jurídicas da personalidade de modo a preservar esses bens jurídicos intrínsecos e essenciais; (b) situando a missão de parte do patrimônio justamente na preservação das condições materiais mínimas de humanidade, o chamado patrimônio mínimo.

Em obra pioneira, Luiz Edson Fachin esclarece que "a proteção de um patrimônio mínimo vai ao encontro dessas tendências (de despatrimonialização das relações civis), posto que põe em primeiro plano a pessoa e suas necessidades fundamentais".[12] Em acréscimo à terminologia tão bem empregada pelo Ministro Fachin, cremos que a moldura do patrimônio mínimo deve ser acrescida pelo predicado *existencial*. Não se trata de uma tautologia, muito pelo contrário. O objetivo é afirmar que a ordem civil de um Estado Democrático de Direito é agente de transformação social, pois a segurança jurídica não compactua com a liberdade travestida em inércia e preservação de *status quo*. A segurança no contexto brasileiro clama pela redução das desigualdades sociais e afirmação de cidadania.

Assim, o mínimo existencial é algo quantitativa e qualitativamente superior ao mínimo vital.[13] Este se identifica com a postura estatal ativa de manutenção do mínimo fisiológico e orgânico do ser humano. É o necessário para a preservação da vida. Porém, o ser humano possui demandas que não são compartilhadas pelas outras formas de vida na natureza. Na lúcida advertência de Ingo Sarlet:

> a garantia efetiva de uma existência digna abrange mais do que a garantia da mera sobrevivência física, portanto, além do limite da pobreza absoluta. Sustenta-se, nesta perspectiva, que se uma vida sem alternativas não corresponde às exigências da dignidade humana, a vida humana não pode ser reduzida à mera existência.[14]

Destarte, o mínimo existencial atende ao mínimo sociocultural de uma vida saudável com possibilidade de realização de escolhas que atendam ao pleno desenvolvimento da personalidade. Ingresso à saúde básica, ensino fundamental, assistência

---

[12] FACHIN, Luiz Edson. *Estatuto jurídico do patrimônio mínimo*. Rio de Janeiro: Renovar, 2001. p. 41.

[13] Constato a elasticidade do conceito do "mínimo existencial" e a distância entre a noção de existência digna e aquilo que se entenda como o mínimo para uma existência digna. A dignidade é qualidade intrínseca ao ser humano, um imperativo categórico. Ela será generalizadamente respeitada e promovida, sem parâmetros quantitativos. Porém, ao tratarmos das condições mínimas para que o indivíduo subsista com dignidade, podemos fazer um giro de cento e oitenta graus entre os extremos da sobrevivência física e o desejo incessante pelo supérfluo, passando pelo plano médio da reunião de condições materiais e imateriais que permitam a fruição de direitos fundamentais e o desenvolvimento dos direitos da personalidade. Talvez os economistas estejam certos quando frisam que a noção de mínimo existencial não se prende ao estado objetivo de pobreza, mas à falta daquilo que em certo contexto enseja a reação negativa dos outros, pelo parâmetro das regras de decência. É o julgamento da comunidade sobre a nossa indecência – e não a falta de renda adequada à sobrevivência – o dado que mais afeta as pessoas em seu sentimento de respeitabilidade. Desde o princípio, observa Ortega y Gasset em *Meditação sobre a técnica*: "o conceito de necessidade humana engloba indiferentemente tanto o objetivamente necessário quanto o supérfluo. Donde se deduz que o empenho do homem em viver é inseparável de seu empenho em estar bem. Mais ainda: a vida significa para ele não só um simples estar, mas um bem-estar. As necessidades biologicamente objetivas não são por si mesmas, necessidades para o ser humano. Quando se encontra atado a elas, nega-se a satisfazê-las e prefere sucumbir. Só se convertem em necessidades quando aparecem como condições de 'estar no mundo', que, por sua vez, só é necessário de forma subjetiva" (ORTEGA Y GASSET, José. *Meditação sobre a técnica*. São Paulo: Fim do Século Edições, 2009).

[14] SARLET, Ingo Wolfgang. Mínimo existencial e direito privado. *Revista de Direito do Consumidor: RDC*, v. 16, n. 61, p. 90-125, jan./mar. 2007. p. 53.

social, moradia, cultura e lazer são meios tendentes à promoção da igualdade material. Esses bens jurídicos formam o elemento nevrálgico dos direitos fundamentais sociais, sendo interditada qualquer forma de intervenção restritiva por parte do Estado ou de particulares. Ao se deferir à pessoa o acesso à titularidade, particulariza-se a expressão *propriedade pessoal*, que não se identifica nem deve ser confundida com a *propriedade individual*, da qual é titular um único sujeito. O atributo *pessoal* deve ser entendido no sentido de atinência à pessoa humana, no sentimento de instrumento apto a realizar a dignidade do sujeito. Ela tem a função de realizar a liberdade pessoal, a liberdade da necessidade.[15]

A propriedade no Brasil é tutelada de forma débil. Grande parte da população está à margem do sistema de reconhecimento legal de titularidades. Em favelas e regiões carentes vislumbramos construções que não dotam os seus possuidores de escrituras e registros, apenas de posse não documentada, portanto, estéril no mercado. Certamente essa moradia já cumpre alguma função social, pois retira a pessoa do relento, evitando a sua coisificação. Ana Paula de Barcellos é veemente: "Ninguém terá dúvida de que uma pessoa que mora sob uma marquise ou uma ponte é um desamparado que necessita de abrigo. Ninguém questionará que esta é uma situação indigna e, *a fortiori*, que a dignidade desse indivíduo está sendo violada".[16]

Contudo, a proteção jurídica em prol de tal bem fundamental alicerçada exclusivamente na posse ainda é precária, afinal, a propriedade formal é mais significativa do que a simples posse. Com efeito, quando o sistema jurídico defere às pessoas a via institucionalizada da conversão de sua força de trabalho em propriedade e capital, apenas um grupo minoritário ainda optará pela posse. Hernando de Soto explica que a posse é um capital morto, pois não é reconhecida pelo sistema legal:

> afinal um bom sistema legal de propriedade, como um canivete suíço, possui mais mecanismo do que apenas a lâmina da posse [...] a maioria das pessoas não pode participar de um mercado ampliado porque não tem acesso a um sistema legal de direitos de propriedade que represente os seus ativos de modo a torná-los amplamente transferíveis e fungíveis, que permita que sejam usados como garantia em hipotecas e que torne os seus donos responsáveis.[17]

Nas palavras de Paulo Luiz Neto Lôbo, "a propriedade é o grande foco de tensão entre as correntes ideológicas do liberalismo e do igualitarismo".[18] Com efeito, o direito à *propriedade* é uma leitura transformadora do art. 5º, XXII, da CF, bem ao sabor de um Estado Democrático de Direito: "É garantido o direito de propriedade". A ideia central é proteger o direito individual de propriedade e propiciar o direito social fundamental

---

[15] PERLINGIERI, Pietro. *O direito civil na legalidade constitucional*. Tradução de Maria Cristina de Cicco. Rio de Janeiro: Renovar, 2010. p. 924.

[16] BARCELLOS, Ana Paula de. *A eficácia jurídica dos princípios constitucionais*. 3. ed. Rio de Janeiro: Renovar, 2011. p. 193.

[17] Hernando de Soto explica que "a propriedade formal é essa coisa extraordinária, muito maior do que a posse. Diferentemente dos tigres e lobos, que arreganham os dentes para proteger os seus territórios, o homem, fisicamente um animal mais fraco, usou sua mente para criar um ambiente legal – a propriedade – para proteger o seu território" (SOTO, Hernando de. *O mistério do capital*. Rio de Janeiro: Record, 2001. p. 245).

[18] LÔBO, Paulo Luiz Netto. Constitucionalização do direito civil. In: FARIAS, Cristiano Chaves de (Coord.). *Leituras complementares de direito civil*. Salvador: JusPodivm, 2007. p. 31.

à propriedade, conciliando a defesa da liberdade daquele que é proprietário com a promoção do princípio da igualdade substancial pela via de sua democratização em prol dos não proprietários. O desempenho econômico de uma nação é intrinsecamente afetado pelo binômio: garantia das regras do jogo e qualidade dos jogadores. As regras do jogo representam as instituições, ou seja, os valores aceitos consensualmente pela sociedade. Já a qualidade dos jogadores corresponde à capacidade de cada pessoa de desempenhar a competição no mercado. Em sociedades heterogêneas e premidas por graves dificuldades sociais, a segurança jurídica se revela quando o Estado adota a opção de elaborar regras estáveis de proteção à propriedade já existente e eliminação do *apartheid* de titularidades, demolindo privilégios e providenciando oportunidades igualitárias de ingresso no mundo globalizado.

Aderimos plenamente à mensagem de Roberta Mauro, ao sustentar:

> o direito real de propriedade apresenta hoje um duplo estatuto: um de garantia e outro de acesso [...] deverá sempre refletir os anseios do legislador constituinte que, ao alçar a erradicação da pobreza e a marginalização, bem como a redução das desigualdades sociais e regionais à categoria de objetivos fundamentais da República Federativa do Brasil, visava não apenas garantir o direito de propriedade, mas também o direito à propriedade.[19]

A propriedade privada só será plenamente realizada quando forem retiradas as travas que impedem que cidadãos de segunda categoria possam ingressar no sistema jurídico de reconhecimento de titularidades. A integração social pela via da universalização da titulação pode simbolizar uma saída digna de programas assistenciais, calcados na viabilização do mínimo orgânico, para o ingresso no plano do mínimo existencial. Afinal, como obtempera Richard Pipes, o sentido de autossuficiência é possível apenas em sociedades que reconheçam a propriedade privada: "É o sentido de independência econômica e do valor que ela gera que dá origem à ideia de liberdade".[20]

O paradigma do *direito de excluir* é meramente um paradigma histórico que não está mais em sintonia com o contexto atual. Na sociedade democrática, o postulado é a união entre o direito de excluir e o direito de *não ser excluído*. O que se torna necessário e urgente é definir com clareza a quem servirá o direito de propriedade em uma sociedade plural. Se o conjunto das funções da propriedade mantém apenas o direito de excluir, ela serve apenas para os indivíduos proprietários. Se, por meio de transformações na sua natureza e nos conteúdos, as propriedades puderem desempenhar outras tarefas, como a de permitir acesso livre a bens essenciais, quem se servirá delas é a própria sociedade democrática. Hoje, os não proprietários percebem que a propriedade privada pode ser uma das causas principais das desigualdades e da exclusão.[21]

---

[19] MAURO, Roberta. A propriedade na Constituição de 1988 e o problema do acesso aos bens. In: TEPEDINO, Gustavo; FACHIN, Luiz Edson (Org.). *Diálogos sobre direito civil*. Rio de Janeiro: Renovar, 2008. v. II. p. 36-37.

[20] PIPES, Richard. *Propriedade e liberdade*. Rio de Janeiro: Record, 2001. p. 149.

[21] OLIVEIRA, Julio Aguiar de; FLORES FILHO, E. G. J. Propriedade e função social – Ensaio sobre a filosofia da propriedade privada. *Revista da Faculdade de Direito Milton Campos*, v. 17, p. 231-244, 2008. p. 235. Explica o autor que "é preciso diferenciar o direito de acesso às propriedades da função social em sentido restrito. Não corresponde à busca de interesses sociais em sentido amplo, mas de interesses de um sujeito que tenta se reorientar no momento em que percebe o limite de sua própria autonomia. Trata-se, agora, não de uma tutela de interesses da sociedade, mas do próprio indivíduo, que precisa estar conectado, que precisa ter direito de acesso".

Na ausência de segurança jurídica – ausência do próprio Estado, diga-se de passagem –, os espaços de cidadania são perdidos para o crime organizado, "milícias"[22] ou movimentos sociais que privilegiam o uso da força para a aquisição da propriedade. O acesso a bens jurídicos – mesmo que essenciais – demanda juros altos à custa do superendividamento, haja vista que as instituições financeiras não criam atraentes canais de crédito em prol de *outsiders*.

Contudo, com a presença do Estado ao legalizar o "gueto" e urbanizar essas áreas, o novo proprietário se despede da condição de necessitado e "vitimizado", tornando-se cidadão cooperativo e responsável pela preservação e crescimento do "capital vivo" que adquiriu. Instala-se uma cadeia de prosperidade em face de uma política habitacional com juros reduzidos como contrapartida da propriedade funcionalizada como garantia de empréstimos. Com o ingresso dos "informais", na formalidade, reduz-se consideravelmente o peso da tributação que asfixia o setor formal da economia.

No plano das ideias e valores, haverá uma reconstrução do imaginário coletivo, eis que, inseridos no sistema jurídico de reconhecimento, livre disposição e financiamento, os novos proprietários não mais serão seduzidos por promessas vazias, pois contarão com as garantias legais e acesso às vias institucionais de proteção patrimonial.

Em um Estado Democrático de Direito, a Constituição Federal garante não apenas a propriedade em termos de tutela das posições jurídicas de direito privado já existentes, mas também a possibilidade de aceder a elas.[23]

4 A função social da(s) propriedade(s)

A construção do modelo proprietário liga-se à total abstração do sujeito de direito, o que se reflete, como alerta Eroulths Cortiano Junior, na consequente abstração de formas de exercício dos poderes proprietários e na infinita possibilidade de bens apropriáveis. Ao pretender permanecer intocado, o modelo está sujeito a rupturas, e uma delas pode ser

---

[22] "As extorsões em um conjunto habitacional no extremo oeste do Rio de Janeiro costumam ocorrer pela manhã, por volta das 9h, às sextas-feiras ou sábados. Os valores variam de acordo com o tamanho do comércio. Até aí, o convencional. Até que um homem invadiu um terreno baldio, loteou-o e começou a vender os espaços – inclusive uma praça foi loteada e vendida. A 200 km dali, em Arraial do Cabo, construíram uma rua em um parque estadual e passaram a lotear os terrenos. Esses são alguns de uma série de relatos que o Disque-Denúncias do Rio recebeu só nos primeiros dias de abril. Além desses casos, Polícia Civil e Ministérios Públicos estadual e federal investigam uma série de denúncias que mostram como as milícias no Rio descobriram uma maneira de expandir seu mercado: além de extorquir moradores e comerciantes em suas áreas de influência, esses grupos passaram a construir e vender casas de modo a aumentar a lista de "contribuintes". Segundo moradores, milicianos retiraram placas que sinalizavam a ocupação e marcas do governo federal e tentaram lotear a área. 'Eles passam aqui por dentro armados, mandam recados... A gente evita até procurar a polícia para não ficar exposto, preferimos tentar regularizar a terra com os órgãos federais de uma vez', afirma um senhor que prefere não ser identificado. Alguns dos casos ocorrem sobre áreas de proteção ambiental e até terras públicas. A região está em área de transbordamento dos rios Sarapuí e Iguaçu, sujeita a alagamentos e a germinação da água – inclusive por vasos sanitários. Para lotear, as milícias precisam aterrar a área, na maior parte das vezes de forma amadora, o que causa impactos no meio ambiente e até em comunidades vizinhas. Além de lotear novas áreas, cobram uma taxa entre 10% e 15% quando algum morador vende um imóvel" (AMÂNCIO, Thiago; FRANCO, Luiza. Milícias do Rio invadem e loteiam terrenos para expandir extorsão. *Folha de S. Paulo*, 1º maio 2018. Disponível em: <https://www1.folha.uol.com.br/cotidiano/2018/05/milicias-do-rio-invadem-e-loteiam-terrenos-para-expandir-extorsao.shtml>).

[23] "Nos moldes em que foi consagrado como direito fundamental, o direito de propriedade tem uma finalidade específica, no sentido de que não representa um fim em si mesmo, mas sim um meio destinado a proteger o indivíduo e sua família contra as necessidades materiais" (STJ. AgRg no REsp nº 1.138.517/MG. Rel. Min. Humberto Martins, 2ª T. *DJ*, 1º set. 2011).

visualizada no reconhecimento de que a propriedade deve ser exercida funcionalmente em razão dos interesses da coletividade.²⁴ ²⁵

A expressão *função social* procede do latim *functio*, cujo significado é de cumprir algo ou desempenhar um dever ou uma atividade. Utilizamos o termo *função* para exprimir a finalidade de um modelo jurídico, certo modo de operar um instituto, ou seja, o papel a ser cumprido por determinado ordenamento jurídico. Estrutura e função são os dois elementos que compõem o direito subjetivo. A estrutura do modelo jurídico é captada quando perguntamos "como é?"; já a função se segue à pergunta "para que serve?". Isto é, a gênese reside na estrutura, mas a orientação e a teleologia do instituto são captadas pela sua função.²⁶

A função social é um princípio inerente a todo direito subjetivo. É até mesmo redundante indagar acerca de uma função social do direito, pois pela própria natureza das coisas qualquer direito subjetivo deveria ser direcionado ao princípio da justiça e bem-estar social. Porém, o individualismo exacerbado dos dois últimos séculos deturpou de forma tão intensa o sentido do que é direito subjetivo que foi necessária a inserção do princípio da função social nos ordenamentos contemporâneos para o resgate de um valor deliberadamente camuflado pela ideologia então dominante.

Ao cogitarmos da função social, introduzimos no conceito de direito subjetivo a noção de que o ordenamento jurídico apenas concederá merecimento à persecução de um interesse individual se este for compatível com os anseios sociais que com ele se relacionam. A autonomia privada do titular descobre o plano da intersubjetividade, ao se exigir que o proprietário compreenda que a sua autodeterminação se condiciona ao complementar reconhecimento da dignidade alheia e do anseio da sociedade por bem-estar. Todo poder na ordem privada é concedido pelo sistema com a condição de que sejam satisfeitos determinados deveres perante o corpo social.²⁷

Neste passo, Norberto Bobbio enfrenta a função social pelo viés da passagem do direito repressivo para o direito promocional. Enquanto o direito repressivo procurava sancionar negativamente todo aquele que praticasse uma conduta contrária aos interesses coletivos, o Estado promocional pretende incentivar todas as condutas que sejam coletivamente úteis, mediante a imposição de sanções positivas, capazes de estimular uma atividade, uma obrigação de fazer.²⁸

A função social da propriedade instala-se no Código Civil como uma cláusula geral²⁹ que descreve valores e remete a princípios, permitindo que o direito privado seja

---

²⁴ CORTIANO JUNIOR, Eroulths. *O discurso jurídico da propriedade e suas rupturas*. Rio de Janeiro: Renovar, 2002. p. 137.

²⁵ Eros Roberto Grau sintetiza, com mestria, o escorço evolutivo da propriedade absoluta para a propriedade-função: "A revanche da Grécia sobre Roma, da filosofia sobre o direito: a concepção romana que justifica a propriedade por sua origem (família, dote, estabilidade de patrimônios), sucumbe diante da concepção aristotélica, que a justifica por seu fim, seus serviços, sua função" (GRAU, Eros Roberto. *A ordem econômica na Constituição de 1988*. 6. ed. São Paulo: Malheiros, 2001. p. 105).

²⁶ Nesse sentido, PERLINGIERI, Pietro. *Perfis do direito civil*. Rio de Janeiro: Renovar, 1999. p. 94.

²⁷ Nesse processo, funda-se a concepção vigente da função social da propriedade na Constituição alemã de Weimar, de 1919. Ela introduz uma visão avançada em relação ao modelo então vigente, ao afirmar no art. 14, §2º, que "a propriedade obriga". Tem o mérito de fundar a concepção de propriedade como relação jurídica complexa, na qual o proprietário é apresentado ao princípio da solidariedade.

²⁸ BOBBIO, Norberto. *Dalla strutura alla funzione*. Milão: Di Comunità, 1977. p. 80.

²⁹ Gustavo Tepedino trata as cláusulas gerais como "normas que não prescrevem uma certa conduta, mas simplesmente definem valores e parâmetros hermenêuticos. Servem assim como ponto de referência interpretativo e

iluminado e filtrado pela ordem constitucional, operando um corte vertical em todo o sistema de direito privado. Ela se insere na própria estrutura de qualquer direito subjetivo para justificar a razão pela qual ele serve e qual papel desempenha. Atualmente, cogita-se de uma função social das obrigações, da família e de outros modelos do direito privado. Destarte, as referidas cláusulas gerais pretendem superar o reducionismo codificador, demonstrando que o estatuto civil é uma operação ideológica e cultural, levando a sério a crítica de Luiz Edson Fachin quando adverte "que a pior inutilidade de uma codificação é o seu descompromisso com a transformação social".[30]

Inexiste incompatibilidade entre a propriedade e a função social, mas uma obrigatória relação de complementaridade, como princípios da mesma hierarquia. Ambos se hierarquizam axiologicamente perante os casos concretos, informando sempre materialmente o direito de acesso à propriedade de modo a instrumentalizar o domínio.[31] Consequentemente, não se pode mais conceder proteção à propriedade pelo mero aspecto formal da titularidade em razão do registro. A Lei Maior tutela a propriedade formalmente individual a partir do instante em que se exiba materialmente social, demonstrando merecimento e garantindo a sua perpetuidade e exclusividade. A propriedade que não for legitimada pela função social será sancionada pelo sistema por diversas formas e intensidades.[32]

A locução *função social* traduz o comportamento regular do proprietário, exigindo que ele atue numa dimensão na qual realize interesses sociais, sem a eliminação do direito privado do bem que lhe assegure as faculdades de uso, gozo e disposição. Em termos concretos, haverá função social da propriedade quando o Estado delimitar marcos regulatórios institucionais que tutelem a livre iniciativa, legitimando-a ao mesmo tempo. Quando uma atividade econômica concede, simultaneamente, retorno individual em termos de rendimentos e retorno social, pelos ganhos coletivos da atividade particular, a função social será alcançada. O ordenamento jurídico viabilizará o empreendedorismo, que por sua vez justificará benefícios coletivos. Em outras palavras, o sistema jurídico não medirá esforços para estabelecer diretrizes que defendam e orientem a atividade privada à produção de ganhos sociais.[33]

O perigo reside em entender a função social como socialização ou publicização da propriedade. Essa é uma forma de aniquilar o Estado Democrático através da edificação de um Estado Autoritário que elimina a propriedade e a autonomia. A consequência é a sensível redução do retorno social que seria viabilizado se houvesse apoio à atividade econômica privada.

Lado outro, nenhum dos expoentes contemporâneos do liberalismo defende o *laissez-faire* puro e ingênuo de outrora. É evidente que as demandas metaindividuais

---

oferecem ao intérprete os critérios axiológicos e os limites para aplicação das demais disposições normativas" (TEPEDINO, Gustavo. Crise de fontes normativas e técnica legislativa na parte geral do Código Civil de 2002. In: TEPEDINO, Gustavo (Coord.). *A parte geral do Novo Código Civil*. Estudos na perspectiva civil constitucional. Rio de Janeiro: Renovar, 2003. p. XIX).

[30] FACHIN, Luiz Edson. *Questões do direito civil brasileiro contemporâneo*. Rio de Janeiro: Renovar, 2008. p. 13.
[31] ARONNE, Ricardo. *Propriedade e domínio*. Rio de Janeiro: Renovar, 1999. p. 156.
[32] A propositaI ênfase à dimensão axiológica da propriedade é novamente evidenciada no art. 170, incs. II e III, da Constituição Federal. A ordem econômica é fundada na valorização do trabalho e na livre iniciativa, com a imprescindível conciliação da propriedade com a sua função social.
[33] No particular, recomenda-se como imprescindível a leitura do economista Douglas North (*Custos de transação, instituições e desempenho econômico*. Rio de Janeiro: Instituto Liberal, 1994).

impedem que o proprietário do século XXI ofenda o patrimônio ecológico ou irresponsavelmente se omita no exercício do poder econômico sobre o bem de produção. Todavia, isso não nos permite supor que a propriedade em si foi relativizada, mas extirpado o abuso. Busca-se paralisar o egoísmo do proprietário, jamais o individualismo. A prevalência de valores ligados à solidariedade social permite que o exercício dos poderes dominiais seja guiado por uma conduta ética, pautada no respeito aos interesses coletivos e difusos que sejam dignos de tutela, e o acesso de todos a bens mínimos capazes de conferir-lhes uma vida digna.

Em sentido complementar, a função social não se relaciona ao exercício da propriedade. Afinal, ela não limita, mas conforma. Nas palavras apropriadas de Perlingieri, ela

> deve ser entendida não como uma intervenção em ódio à propriedade privada, mas torna-se a própria razão pela qual o direito de propriedade foi atribuído a um determinado sujeito, um critério de ação para o legislador, e um critério de individuação da normativa a ser aplicada para o intérprete chamado a avaliar as atividades do titular.[34]

A função social penetra na própria estrutura e substância do direito subjetivo, traduzindo-se em uma necessidade de atuação promocional por parte do proprietário, pautada no estímulo a obrigações de fazer, consistentes em implementação de medidas hábeis a impulsionar a exploração racional do bem, com a finalidade de satisfazer os seus anseios econômicos sem aviltar as demandas coletivas, promovendo o desenvolvimento econômico e social, de modo a alcançar o valor supremo no ordenamento jurídico: a justiça.

Em adendo, a função social impõe limites negativos e positivos, limitadores e impulsionadores em atenção ao direito de propriedade – não ao interesse externo da administração, da sociedade ou de vizinhos –, haja vista que todas as normas que se identificam com aquele princípio estão no interior do direito subjetivo, modelando e conformando a propriedade, incentivando a sua adequada fruição, de modo a evitar que o exercício do domínio se revele ocioso ou especulativo. A função social, portanto, é princípio básico que incide no próprio conteúdo do direito de propriedade, somando-se às quatro faculdades conhecidas (usar, gozar, dispor e reivindicar). Em outras palavras, converte-se em um quinto elemento da propriedade. Enquanto os quatro elementos estruturais são estáticos, o elemento funcional da propriedade é dinâmico e assume um decisivo papel de controle sobre os demais. Stefano Rodotà explica que não há confronto dialético entre a estrutura do direito de propriedade e a sua função, pois ela é um aspecto interno daquele direito subjetivo, um componente da própria estrutura.[35]

Outrossim, a função social consiste em uma série de encargos, ônus e estímulos que formam um complexo de recursos que remetem o proprietário a direcionar o bem às finalidades comuns. Daí a razão de ser a propriedade comumente chamada de poder-dever ou direito-função. O direito de propriedade, até então tido como um direito subjetivo na órbita patrimonial, passa a ser encarado como uma complexa situação jurídica subjetiva, na qual se inserem obrigações positivas do proprietário perante a

---

[34] PERLINGIERI, Pietro. *Perfis do direito civil*. Rio de Janeiro: Renovar, 1999. p. 226.
[35] RODOTÀ, Stefano. *El terrible derecho*: estudios sobre la propiedad privada. Madri: Civitas, 1986. p. 220.

comunidade.³⁶ O proprietário titulariza o direito subjetivo de exigir dos não proprietários um dever genérico de abstenção, como corolário da garantia individual da propriedade (art. 5º, XXII, CF). Todavia, a coletividade é titular do direito subjetivo difuso de exigir que o proprietário conceda função social ao direito de propriedade, à luz do art. 5º, XXIII, da Constituição Federal. Surge uma rede de contradireitos em prol dos não proprietários. Cuida-se de uma gama variável de recursos que acabam por "empurrar" o proprietário em direção à função social. Judith Martins-Costa sabiamente pontua:

> a função social exige a compreensão da propriedade privada já não como verdadeiro monólito passível de dedução nos códigos oitocentistas, mas como uma pluralidade complexa de situações jurídicas reais, que englobam, concomitantemente, um complexo de situações jurídicas subjetivas.³⁷

A locução *relação jurídica complexa* sintetiza exatamente essa dimensão plural de direitos e deveres recíprocos, derivados de um mesmo fato jurídico, exprimindo situações jurídicas contrapostas e o balanceamento de interesses de cada um dos polos da relação. O proprietário se encontrará em situações ativa e passiva e só poderá demandar abstenção da coletividade se, a seu turno, conceder função social. Mais uma vez com arrimo em Stefano Rodotà, a propriedade se apresenta como um centro de imputação de interesses diversos, a partir de uma articulação entre o interesse do titular e a utilidade social.³⁸

Caso o proprietário descure do exercício de seu dever jurídico, sofrerá sanções diferenciadas do sistema jurídico, conforme o grau de desídia e a forma pela qual o ordenamento prioriza determinado modelo de propriedade. Ou seja, não existe uma função social da propriedade, mas funções sociais de diversas propriedades, pois em uma sociedade plural variados são os sujeitos que exercem o direito subjetivo, como múltiplos são os bens jurídicos e as formas de satisfação patrimonial.

Em tamanha profusão de propriedades, o que relevará para valorar cada centro de interesses não será o rótulo e sim a finalidade.³⁹ Certamente, a função social será mais intensa nos bens de produção do que nos de mera fruição ou consumo. Da mesma maneira, a balança deverá pender de modo mais acentuado para a tutela dos não proprietários nas questões que envolvam meio ambiente e saúde. Em qualquer caso, a função social é um conceito maleável que será interpretado pelo magistrado com base na concretude do caso, com arrimo em precedentes, sempre se preservando o chamado

---

[36] "O cumprimento da função social exige do proprietário uma postura ativa. A função social torna a propriedade um poder-dever. Para estar em conformidade com o direito, em estado de licitude, o proprietário tem a obrigação de explorar a sua propriedade. Todavia, a função social da propriedade não se resume à exploração econômica do bem. A conduta ativa do proprietário deve operar-se de maneira racional, sustentável, em respeito aos ditames da justice social, e como instrumento para a realização do fim de assegurar a todos uma existência digna" (STJ. AgRg no REsp nº 1.138.517/MG. Rel. Min. Humberto Martins, 2ª T. *DJ*, 1º set. 2011).

[37] MARTINS-COSTA, Judith; BRANCO, Gerson Luiz Carlos. *Diretrizes teóricas do novo Código Civil*. São Paulo: Saraiva, 2002. p. 148.

[38] RODOTÀ, Stefano. *El terrible derecho*: estudios sobre la propiedad privada. Madri: Civitas, 1986. p. 420.

[39] Nas palavras de Carlos Eduardo Pianovsky Ruzyk, "Trata-se de uma superação de uma compreensão primordialmente totalizante sobre a função social, que, sem descurar de sua vocação historicamente vinculada ao algum sentido de coletivo, volta-se, também, aos interesses de destinatários concretos – tudo isso sem uma preocupação, em termos de fundamentação, centrada em uma solidariedade como coesão, mas, sim, como alteridade" (RUZYK, Carlos Eduardo Pianovsky. *Institutos fundamentais do direito civil e liberdade(s)*. Rio de Janeiro: GZ, 2011. p. 287).

conteúdo essencial mínimo da propriedade. Isto é, exceto nas hipóteses radicais de desapropriação, jamais se confundirá a função social da propriedade com socialização da propriedade, pois será respeitado um círculo mínimo de exclusividade dos poderes dominiais ao proprietário, imune à ação de terceiros.[40]

Ao defender a intervenção da ordem jurídica sobre a propriedade inadimplente na função social, repugnamos qualquer forma de incitação ao uso da violência ou exercício arbitrário das próprias razões como forma transversa de efetivação da função social, ainda que os esbulhadores estejam carregados de boas intenções quanto à concretização futura de função social.[41] A tutela dos interesses difusos e coletivos dos não proprietários será incumbida aos legitimados extraordinários, especialmente ao Ministério Público pela via da ação civil pública, com imposição de obrigações de fazer (*v.g.*, exigir o fim da subprodutividade), não fazer (cessar o abuso do direito) e dar (indenizar pelos danos) com os diversos meios facultados pela Lei nº 7.347/85 para a efetivação do princípio da função social. As sanções variam em intensidade, podendo culminar na revogação da titularidade do direito subjetivo por quebra de legitimidade, nas modalidades de desapropriação-sanção.

Isto é, só mediante norma expressa será lícito determinar qualquer forma de condicionamento ao direito de propriedade, nem mesmo sendo admitida interferência de ato administrativo nessa seara. Forte em Perlingieri, os limites à propriedade que não se inserem na norma são "lesivos da reserva de lei que caracteriza a propriedade, ora porque não merecedores da tutela na medida em que são limitativos ou impeditivos da função social ou da acessibilidade a todos da propriedade".[42] [43]

---

[40] "Cinge-se a questão em verificar se é devido o ITR pelo proprietário que teve sua propriedade esbulhada pelo movimento dos "sem terra". Para o Min. Relator, no caso, houve a efetiva violação do dever constitucional do Estado em garantir a propriedade da impetrante, configurando-se uma grave omissão do seu dever de garantir a observância dos direitos fundamentais da Constituição. Em que pese ser a propriedade um dos fatos geradores do ITR, ela não é plena quando o imóvel encontra-se invadido (art. 1.228 do CC/2002). Com a invasão, seu direito ficou tolhido de praticamente todos seus elementos: não há mais posse, possibilidade de uso ou fruição do bem; consequentemente, não havendo a exploração do imóvel, não há, a partir dele, qualquer tipo de geração de renda ou de benefícios para a proprietária. Entendeu o Min. Relator que se espera, no mínimo, que o Estado reconheça que, diante da sua própria omissão e da dramaticidade dos conflitos agrários no País, aquele que não tem mais direito algum não possa ser tributado por algo que, somente em razão de uma ficção jurídica, detém sobre o bem o título de propriedade. Ofende o princípio da razoabilidade, o da boa-fé objetiva e o próprio bom-senso o Estado utilizar-se da aparência desse direito ou do resquício que ele deixou, para cobrar tributos que pressupõem a incolumidade e a existência nos planos jurídicos (formal) e fáticos (material) dos direitos inerentes à propriedade" (STJ. REsp nº 1.144.982-PR Rel. Min. Mauro Campbell Marques, j. 13.10.2009).

[41] "O esbulho possessório, além de qualificar-se como ilícito civil, também pode configurar situação revestida de tipicidade penal, caracterizando-se, desse modo, como ato criminoso (CP, art. 161, §1º, II; Lei nº 4.947/66, art. 20). Essa asserção impõe que se repudie qualquer medida que importe em arbitrária negação ou em injusto sacrifício do direito de propriedade, notadamente quando o Poder Público se deparar com atos de espoliação ou de violação possessória, ainda que tais atos sejam praticados por movimentos sociais organizados, como o MST. – A necessidade de observância do império da lei ('rule of law') e a possibilidade de acesso à tutela jurisdicional do Estado – que configuram valores essenciais em uma sociedade democrática – devem representar o sopro inspirador da harmonia social, significando, por isso mesmo, um veto permanente a qualquer tipo de comportamento cuja motivação resulte do intuito deliberado de praticar atos inaceitáveis de violência e de ilicitude, como os atos de invasão da propriedade alheia e de desrespeito à autoridade das leis e à supremacia da Constituição da República perpetrados por movimentos sociais organizados, como o Movimento dos Trabalhadores Rurais Sem-Terra (MST)" (STF. MS nº 32.752 AgR/DF. Rel. Min. Celso de Mello, Tribunal Pleno, 17.6.2015).

[42] PERLINGIERI, Pietro. *Perfis do direito civil*. Rio de Janeiro: Renovar, 1999. p. 229.

[43] Maria Elisabeth Moreira Fernandez examina a propriedade como direito fundamental de dupla face por assumir "uma vertente ou dimensão objetivo-institucional (derivada da função social que cada categoria de bens se encontra obrigada a cumprir) e, simultaneamente, uma vertente subjetiva-individual que integra o conteúdo

5 O direito real de laje como nova manifestação de propriedade

O direito de laje é uma nova manifestação do direito de propriedade. Quem discorda dessa asserção provavelmente se refugia no perfil oitocentista de uma propriedade monista, ancorada nos estreitos limites do Código de Civil, apenas viabilizada quando o bem imóvel estiver fisicamente ligado ao solo ou a ele se conectar por uma fração ideal. Como evidentemente disso não se trata o modelo jurídico da "laje", para alguns doutrinadores é mais cômodo perseverar na fórmula artificial das dicotomias e direcionar o direito de laje ao território dos direitos reais em coisa alheia. Nessas horas, indaga-se como um civilista afeto às classificações tradicionais justificaria a titularidade de dados pessoais que se encontrem nas *clouds* fornecidas pelos provedores (lembre-se de que o direito real de laje contempla o espaço aéreo!).

Com efeito, vivenciamos a realidade plural das "propriedades". O fracionamento das titularidades corpóreas e intangíveis como fato jurídico dinâmico encontra abrigo na Constituição Federal, mais precisamente entre os direitos fundamentais e/ou no setor da ordem econômica, a partir daí se disseminando para os microssistemas (propriedade autoral, *software*, patentes etc.). Em contrapartida, o estático "direito das coisas" do Código Civil reflete a tradicional propriedade (i) mobiliária centrada nas faculdades de usar, fruir, dispor e reivindicar, como ressai do art. 1228 do Código Civil. No *big bang* das propriedades contemporâneas, a propriedade radicada no domínio e posse de objetos materiais é apenas a ponta do *iceberg* de um vasto acervo de propriedades cujo núcleo migrou da posse de coisas para a titularidade de créditos. Como elemento comum das mais diferentes situações jurídicas proprietárias, pode-se dizer que o núcleo duro da titularidade no primeiro quartel do século XXI consiste na faculdade de o proprietário extrair uma utilidade privada do bem.

Com a vigência da Lei nº 13.456/17 e, especialmente, a tipificação do direito de laje – com início no art. 1.510-A do Código Civil –, abre-se um novo capítulo na constante ressignificação do direito de propriedade brasileiro, resultado da necessária tensão entre o "direito de propriedade" e o "direito à propriedade": o direito de propriedade (art. 5º, XXII, CF) como garantia institucional e direito fundamental individual, fundado na liberdade do indivíduo de se apropriar de bens e de excluir terceiros (o clássico sujeito passivo universal); lado outro, o direito à propriedade (art. 5º, *caput*, CF) como expressão do Estado Democrático de Direito pela via da universalização do acesso à propriedade. Trata-se de direito fundamental social, albergado no princípio da igualdade material, que defere a todo o ser humano o "vir a ter" e o direito de "não ser excluído" da condição de cidadão dotado de um piso patrimonial que materialize a sua dignidade e preserve a privacidade do núcleo familiar.

Nessa imanente adequação entre o direito de proteção da propriedade já consolidada (regras do jogo) e o direito promocional à propriedade como mínimo existencial (qualidade dos *players*), coloca-se o direito real de laje como instrumento de regularização fundiária urbana, sob medida para a realidade brasileira, na qual incontáveis famílias vivem em pavimentos distintos daquele originariamente construído sobre o solo, seja na

---

essencial deste direito. Estas duas vertentes não se opõem uma à outra, antes pelo contrário, a determinação do aspecto objetivo não visa senão a reforçar o aspecto subjetivo do mesmo" (FERNANDEZ, Maria Elizabeth Moreira. *Direito ao ambiente e propriedade privada*. Coimbra: Coimbra Editora, 2001. p. 178).

condição de familiares do proprietário originário – em regra, um núcleo formado a partir de descendentes do titular –, ou mesmo desconhecidos, que informalmente contratam uma espécie de locação do "puxadinho" e assumem a condição de possuidores da laje (situação corrente em comunidades carentes).

Vive-se o momento da propriedade em três dimensões, não mais anexada à planta imobiliária do solo, mas expansiva, tanto a partir da construção-base em direção ascendente como a partir do solo em direção à laje subterrânea. A laje é propriedade tridimensional não apenas no sentido do espaço geométrico – como há muito reconhecido para os condomínios edilícios – apresentando-se como um novo direito real em uma rica realidade plural das "propriedades".[44] Em um interessante paralelo ao direito de laje, em 2016 o Superior Tribunal de Justiça reconheceu a natureza de propriedade ao fenômeno jurídico da multipropriedade (*time sharing*), mesmo que o Código Civil a ele não faça menção no rol *numerus clausus* de direitos reais, pois há por parte dos diversos proprietários o aproveitamento econômico do imóvel, com exercício das faculdades de uso, gozo e disposição sobre fração ideal do bem, ainda que objeto de compartilhamento de espaço por períodos fixos de tempo.[45]

O mérito da nova legislação é de sinalizar que o acesso à propriedade da laje é significativamente superior à factualidade da posse. Enquanto a existência da posse demanda efetividade e aparência – o constante exercício e fruição –, o direito de propriedade é um signo cadastral, vínculo formal de exclusividade entre o bem e a pessoa, deferindo-lhe a titularidade mesmo que eventualmente não exercite a posse. Mais do que uma simbologia, o registro do então fato social da laje como unidade autônoma legaliza o gueto e converte o *outsider* em membro da cidade formal. A universalização de titularidades transforma um capital morto (posse) em ativo circulável, seja pela regularização formal da laje para fins comerciais do próprio titular (o que a lei não exclui), seja pela via de hipotecas ou propriedades fiduciárias sobre a laje, permitindo que milhares de famílias finalmente tenham acesso a financiamentos bancários para a abertura de pequenos negócios.

---

[44] De que formas a laje pode ser constituída? A nova legislação foi pródiga quanto a isto, permitindo a laje tanto na forma ascendente quanto descendente em relação à construção original, não importando se se trata de construção sobre o solo ou construção que já se fez em laje. É viável ainda a existência da sobrelaje, dando ao lajeário, figura que titulariza o direito de laje, a possibilidade de também ceder sucessivamente o direito de laje. A *laje em sobrelevação* (construção superior) é a mais típica das formações de laje, confundindo-se com a própria essência do instituto. A existência da laje em sobrelevação está ligada à da construção-base, tanto física, quanto juridicamente. Não apenas na instituição da laje, mas durante toda a existência desta, estará ligada à construção inicial, sem que isto implique acessoriedade quando da transmissão da construção originária, em face da autonomia jurídica do direito de laje.

[45] "Na espécie, reconhece-se que a natureza jurídica da multipropriedade imobiliária bem mais se compatibiliza com a de um direito real. Isso porque, extremamente acobertada por princípios que encerram os direitos reais, a multipropriedade imobiliária, nada obstante ter feição obrigacional aferida por muitos, detém forte liame com o instituto da propriedade, se não for a sua própria expressão, como já vem proclamando a doutrina contemporânea, inclusive num contexto de não se reprimir a autonomia da vontade nem a liberdade contratual diante da preponderância da tipicidade dos direitos reais e do sistema de *numerus clausus*. Não se vê como admitir, no contexto do CC/2002, óbice a se dotar o instituto da multipropriedade imobiliária de caráter real, especialmente sob a ótica da taxatividade e imutabilidade dos direitos reais inscritos no art. 1.225. Primeiro, porque o vigente diploma, seguindo os ditames do estatuto civil anterior, não traz nenhuma vedação nem faz referência à inviabilidade de consagrar novos direitos reais. Segundo, porque com os atributos dos direitos reais se harmoniza o novel instituto, que, circunscrito a um vínculo jurídico de aproveitamento econômico e de imediata aderência ao imóvel, detém as faculdades de uso, gozo e disposição sobre fração ideal do bem, ainda que objeto de compartilhamento pelos multiproprietários de espaço e turnos fixos de tempo" (STJ. REsp nº 1.546.165-SP Rel. para acórdão Min. João Otávio de Noronha, por maioria. *DJe*, 6 set. 2016).

Com efeito, a ausência de mecanismos jurídicos de acesso à propriedade dessas construções não apenas gera insegurança jurídica na vida dos moradores, como colateralmente fazia surgir ordenamentos paralelos, nos quais as associações de moradores das comunidades mais pobres criam os seus próprios cartórios e documentos, sem qualquer amparo legal, e informalmente registravam os "puxadinhos" (neologismo brasileiro que indica uma sobrelevação), para que, ao menos naquele aglomerado urbano houvesse para aquelas pessoas a simbologia de possuir um direito, reconhecível pelos demais moradores. Lamentavelmente, encontramos situações drásticas, principalmente no estado do Rio de Janeiro, em que a criminalidade organizada comanda a vida dos moradores dessas comunidades menos favorecidas e impede que o Poder Público tenha qualquer chance de regularizar a situação jurídica dos possuidores, completamente alijados da legislação civil.

A outro giro, além da propriedade e posse, as relações de pertencimento também se viabilizam pelos direitos reais em coisa alheia. Definitivamente, esse não é o caso do direito de laje. A laje não é mera projeção laminar de uma propriedade alheia! O legislador enfaticamente disciplinou o novel direito real como uma unidade imobiliária autônoma, construída com matrícula própria, novo fólio distinto daquele que publicizou a construção sobre o solo, com isolamento funcional e acesso independente, individualização de despesas e encargos econômicos e instituição de titularidade sucessiva (art. 1510-A, §§1º a 6º, CC).[46] É de se supor que a transmissão *inter vivos* da titularidade da laje encontrará forte concorrente nas aquisições da laje por prescrição aquisitiva (no Brasil, mais conhecido pelo termo *usucapião*), vez que, em grande parte das edificações mais humildes, não apenas a laje é informal, como também a própria construção-base não está registrada em nome do proprietário. Ou seja, a sorte do lajeário segue a sorte do proprietário e a prescrição aquisitiva se revela uma interessante forma de regularização de uma gama de situações pretéritas e já consolidadas face às mais diferentes formas de transmissão, falecimentos e indisponibilidade dos proprietários para a promoção de medidas de consolidação da laje.

Se nem toda propriedade é perpétua (*v.g.* a propriedade resolúvel), o certo é que não existem direitos reais em coisa alheia com o atributo da perpetuidade, pois em algum momento o titular terá que restituir os poderes dominiais ao proprietário. Entre outras, a enfiteuse foi relegada ao limbo no CC/02, pois na atualidade um direito real de fruição apenas exercita a sua função social quando há uma demarcação temporal pela qual o titular extrairá uma utilidade de um bem alheio, evitando-se o parasitismo *ad eternum*. Além de não ser propriedade demarcada temporalmente, não se trata o direito real de laje de direito real limitado em seu conteúdo, o que pressupõe um esvaziamento dos poderes dominiais. O titular da laje poderá usar, fruir, dispor e reivindicar.

Mesmo diante de tais argumentos, alguns ainda poderiam dizer se tratar a laje de uma propriedade limitada pela necessidade de consentimento do proprietário da

---

[46] Como explicam Cristiano Chaves de Farias, Martha el Debs e Wagner Inácio Dias, "identicamente à propriedade, a laje nasce pujante e latejante no seio social. É direito próprio de pessoas que concretizam o seu patrimônio mínimo, funcionalizando a sua laje ao seu mínimo existencial como um direito próprio, do qual muito se orgulham. Rompe a laje os grilhões desnecessários e deixando exposta a necessária ferida da mudança de visão sobre o fenômeno da propriedade" (FARIAS, Cristiano Chaves de; EL DEBS, Martha; DIAS, Wagner Inácio. *Direito de laje*. Salvador: JusPodivm, 2018. p. 59).

construção original para a realização de obras/reformas/instalações na laje, ou o seu direito de preferência em caso de eventual alienação do direito de laje. Todavia, nada demais há nisso. O objetivo é evitar o exercício abusivo do direito de propriedade por parte do lajeário, permitindo-se a pacífica coexistência de unidades imobiliárias autônomas, como decorrência de regras que disciplinam o exercício civilizado dos direitos de vizinhança ou de exigências administrativas, que em nada interferem no conteúdo da propriedade. Enfim, esse balanceamento é próprio da coexistência de unidades imobiliárias autônomas, como sói ocorrer no condomínio tradicional (modelo jurídico distinto da laje pela comunhão de frações ideais sobre áreas comuns), decorrendo das regras que disciplinam o exercício civilizado dos direitos de vizinhança ou o adimplemento de exigências administrativas, que em nada interferem no conteúdo da propriedade. A título de comparação com outras propriedades, a propriedade fiduciária é praticamente esvaziada em seu conteúdo dominial – o fiduciário não pode usar, fruir ou mesmo dispor do bem na pendência da dívida –, porém ninguém duvida que o credor é o real proprietário do bem dado em garantia. No extremo, podemos nos socorrer da hipótese da fragmentação entre a propriedade dos *shareholders* e o controle de administradores, sem que essa cisão elimine a titularidade de cada acionista.

Verticalizando o tema, a nosso viso sequer se insere o direito real de laje na qualificação de uma superfície em "2º grau", por sobrelevação ou infrapartição. Há um "pecado original" no raciocínio dos que creem como supérflua a instituição da laje como direito real pelo legislador brasileiro, ao argumento de que idêntico resultado poderia se alcançar pelo recurso à tipicidade elástica da superfície. Em verdade, tratam-se de modelos jurídicos estruturalmente e funcionalmente diversos. No plano estrutural, o direito real de superfície é propriedade resolúvel (art. 1.375, CC) – que não demandará matrícula autônoma da acessão – caracterizada por uma suspensão temporária dos efeitos da acessão pela qual o implante realizado no solo será de titularidade do construtor pelo prazo negocialmente ajustado. Ao final do prazo previsto na averbação do registro, haverá o cancelamento do direito real. A seu turno, o direito de laje é propriedade perpétua, cujo registro no RGI ensejará uma nova matrícula, independente daquele aplicável à propriedade do solo ou de sua fração ideal, seja em termos de disposição ou do trânsito jurídico em geral.

No aspecto funcional, há nexo finalístico entre a vocação do imóvel e da acessão a ser realizada na superfície. A superfície encontrará utilidade em investimentos econômicos que demandem exploração de propriedades ociosas (seja de extensas áreas abandonadas ou prédios que demandam reformas – superfície por cisão) ou, mesmo, para o melhor desempenho da função social das cidades (art. 1.377, CC, c/c art. 21, Lei nº 10.257/01), com a possibilidade de que particulares possam exercitar atividades lucrativas (*v.g.* garagens subterrâneas, infovias), permitindo aos municípios a canalização de recursos para atividades essenciais e melhorando a qualidade de vida do cidadão. Já o direito de laje guarda ambições diversas no plano finalístico, consistindo em elogiável forma de democratização do direito de propriedade (não dispensando eficazes políticas públicas), que cada vez mais se distancia do perfil liberal de uma instituição excludente de muitos (os *erga omnes*), e, paulatinamente, agrega mais uma camada: a de instrumento de acesso à vida digna para muitos brasileiros, os futuros lajeários!

6 A inserção da laje na tridimensionalidade da propriedade

Em vinculação direta com as dimensões de direitos fundamentais, percebemos que o fenômeno da propriedade se prende em maior ou menor grau à liberdade, igualdade e solidariedade. Há de se garantir a liberdade de quem é titular (propriedade como garantia); promover a igualdade material em prol dos que aspiram a titularidade (propriedade como acesso) e mediar a solidariedade na tensão entre proprietários e não proprietários, a fim de que seja possível extrair dos bens o melhor em proveito individual e coletivo (função social). Na tensão entre os três princípios, será possível conciliar a garantia do direito de propriedade com a garantia e acesso ao direito de propriedade, sem em nenhum momento limitar ou restringir um pelo outro.[47]

O direito fundamental de propriedade será uma garantia fundamental em todas as circunstâncias que instrumentalize liberdade. O art. 170, II, da Constituição Federal insere a propriedade privada como princípio da ordem econômica. A propriedade que represente a economia de mercado e a livre iniciativa será resguardada pelo sistema, como demonstração de apreço do Estado de Direito pela proteção dos contratos e segurança jurídica. A preservação da propriedade se imbrica com a própria subsistência da sociedade, como instrumento por excelência da liberdade de ação de cada qual de seus membros. Qualquer intromissão não razoável no direito de propriedade representará uma violação à esfera de liberdade e privacidade de seu titular e/ou entidade familiar.

Já o direito à propriedade é uma leitura igualitária do art. 5º, XXII, da CF: "É garantido o acesso ao direito de propriedade". A ideia central é proteger os direitos individuais das propriedades e propiciar o direito social fundamental às propriedades. O desempenho econômico de uma nação é intrinsecamente afetado pelo binômio: garantia das regras do jogo e qualidade dos jogadores. As regras do jogo representam as instituições, ou seja, os valores aceitos consensualmente pela sociedade. Já a qualidade dos jogadores corresponde à capacidade de cada pessoa de desempenhar a competição no mercado. Em sociedades heterogêneas e premidas por graves dificuldades sociais, a segurança jurídica se revela quando o Estado adota a opção de elaborar regras estáveis de proteção à propriedade já existente e eliminação do *apartheid* de titularidades, demolindo privilégios e providenciando oportunidades igualitárias de ingresso no mundo globalizado.

A síntese entre a tutela dos direitos de propriedade e o resguardo ao acesso ao mínimo existencial propiciará a possibilidade de uma equilibrada construção da locução *função social das propriedades* por um viés que se aproxime do Estado Democrático de Direito e não do Estado Social, como costumeiramente percebido na doutrina brasileira. Se a democracia pressupõe um regime que considere as pessoas livres e iguais com respeito à dignidade de cada ser humano – proprietário ou não proprietário –, ela exigirá que o Estado contenha sua postura arbitrária em favor da preservação das liberdades

---

[47] Essa conciliação principiológica é bem-posta por Leonardo Brandelli: "Não é possível o desenvolvimento da vida humana de forma adequada sem a proteção estatal adequada ao direito de propriedade. É claro que há, ainda em obediência à dignidade humana, a necessidade de haver uma distribuição correta do direito de propriedade, de haver a garantia do acesso à propriedade de um mínimo de bens por todas as pessoas, bem como haver o exercício adequado de tal direito pelo seu titular, o que não justifica eventual não proteção ao direito de propriedade, já que tais abusos encontram solução dentro do próprio sistema jurídico, mediante a atuação estatal, em prol do bem-estar social" (BRANDELLI, Leonardo. A função econômica e social do registro de imóveis diante do fenômeno da despatrimonialização do direito civil. *Boletim do IRIB em Revista*, v. 323, p. 48-61, 2005. p. 199).

econômicas e civis sem se descurar de conceder garantias de inclusão social para a massa da população, para que as liberdades se exercitem com autonomia real.

A saída consiste em tornar a globalização mais inclusiva, difundindo-se o sistema formal de propriedade em favor da população pobre, a ponto de injetar vida em seus ativos e fazê-los gerar capital em um sólido e integrado contrato social. O capital é a fonte de riqueza das nações e deve ser globalizado dentro do país, pois as pessoas são os agentes fundamentais de mudanças. O acesso às propriedades significa mais do que acesso à moradia, pois impõe acesso à saúde, educação e cultura. O direito civil é, por excelência, o direito das pessoas. Os bens, a propriedade e o patrimônio são instrumentos de uma vida digna.

Percebemos que a propriedade da laje harmoniza liberdade, igualdade e solidariedade. Garante-se a liberdade de quem é proprietário; promove-se a igualdade material em prol dos não proprietários que aspiram à titularidade, mediando-se a solidariedade na relação de cooperação entre proprietários e a coletividade, extraindo-se dos bens o melhor em proveito individual e coletivo.

7 Conclusão

A apropriação de bens é um dado essencial da autodeterminação humana e requer um complexo de garantias jurídicas que tutelem esse direito fundamental. Em uma ordem democrática de livre mercado, a organização de titularidades confere segurança jurídica às transações econômicas. A combinação de um eficiente sistema registral com um aparato normativo que iniba e seja apto a punir agressões à propriedade, propicia benefícios sociais em termos de emprego, renda e uma cultura de respeito à lei.

Por outro lado, milhões de brasileiros formam o núcleo dos não proprietários. Almejam o bem-estar, algo que extrapola a sobrevivência física. Assim, lateralmente ao direito de propriedade, posta-se o direito à propriedade. Trata-se do direito fundamental de acesso ao mínimo existencial, pois a pretensão ao "ser" requer um conjunto básico de bens jurídicos que formam o núcleo irredutível da dignidade da pessoa humana. A moradia se encontra entre eles. Já dizia Pompeu que não era necessário viver, mas era necessário navegar.

O direito à propriedade é viabilizado por um conjunto de normas e programas governamentais de multiplicação de titularidades, associando-se o ganho documental a outros mecanismos de plena inserção dos neófitos proprietários à sociedade civil. Essa é a via institucionalizada para converter *outsiders* em cidadãos que não mais dependam de bolsas estatais. Surgem novos empreendedores com incentivos adequados de obtenção de crédito através das garantias da hipoteca e alienação fiduciária.

O direito de laje se associa a uma noção mais ampla de difusão do sistema formal de propriedade em favor da população pobre, a ponto de injetar vida em seus ativos e fazê-los gerar capital em um sólido e integrado contrato social. Se "os males da propriedade se curam com mais propriedade" e o direito civil é o direito das pessoas, a propriedade é inexoravelmente um instrumento para uma vida digna.

Referências

AMÂNCIO, Thiago; FRANCO, Luiza. Milícias do Rio invadem e loteiam terrenos para expandir extorsão. *Folha de S. Paulo*, 1º maio 2018. Disponível em: <https://www1.folha.uol.com.br/cotidiano/2018/05/milicias-do-rio-invadem-e-loteiam-terrenos-para-expandir-extorsao.shtml>.

ARENDT, Hannah. *A condição humana*. 10. ed. Rio de Janeiro: Forense Universitária, 2008.

ARONNE, Ricardo. *Propriedade e domínio*. Rio de Janeiro: Renovar, 1999.

BARCELLOS, Ana Paula de. *A eficácia jurídica dos princípios constitucionais*. 3. ed. Rio de Janeiro: Renovar, 2011.

BOBBIO, Norberto. *Dalla struttura alla funzione*. Milão: Di Comunità, 1977.

BRANDELLI, Leonardo. A função econômica e social do registro de imóveis diante do fenômeno da despatrimonialização do direito civil. *Boletim do IRIB em Revista*, v. 323, p. 48-61, 2005.

CANE, Peter. *Tort law*. Oxford and Portland: Hart Publishing, 2017.

CASTEL, Robert. *La inseguridad social*. Buenos Aires: Manantial, 2015.

CORTIANO JUNIOR, Eroulths. *O discurso jurídico da propriedade e suas rupturas*. Rio de Janeiro: Renovar, 2002.

FACHIN, Luiz Edson. *A função social da posse e a propriedade contemporânea*. Porto Alegre: Sérgio Antonio Fabris Editor, 1988.

FACHIN, Luiz Edson. *Estatuto jurídico do patrimônio mínimo*. Rio de Janeiro: Renovar, 2001.

FACHIN, Luiz Edson. *Questões do direito civil brasileiro contemporâneo*. Rio de Janeiro: Renovar, 2008.

FARIAS, Cristiano Chaves de; EL DEBS, Martha; DIAS, Wagner Inácio. *Direito de laje*. Salvador: JusPodivm, 2018.

FARIAS, Cristiano Chaves de; ROSENVALD, Nelson. *Direito civil*: teoria geral. 17. ed. Rio de Janeiro: Lumen Juris, 2018.

FERNANDEZ, Maria Elizabeth Moreira. *Direito ao ambiente e propriedade privada*. Coimbra: Coimbra Editora, 2001.

FLORES FILHO, E. G. J. Propriedade e função social – Ensaio sobre a filosofia da propriedade privada. *Revista da Faculdade de Direito Milton Campos*, v. 17, p. 231-244, 2008.

FREITAS, Augusto Teixeira. *Código Civil* – Esboço. Brasília: Editora UnB, 1983. v. 1.

GRAU, Eros Roberto. *A ordem econômica na Constituição de 1988*. 6. ed. São Paulo: Malheiros, 2001.

GROSSI, Paolo. *História da propriedade e outros ensaios*. Tradução de Luis Ernane Fritoli. Rio de Janeiro: Renovar, 2006.

LÔBO, Paulo Luiz Netto. Constitucionalização do direito civil. In: FARIAS, Cristiano Chaves de (Coord.). *Leituras complementares de direito civil*. Salvador: JusPodivm, 2007.

MARTINS-COSTA, Judith; BRANCO, Gerson Luiz Carlos. *Diretrizes teóricas do novo Código Civil*. São Paulo: Saraiva, 2002.

MAURO, Roberta. A propriedade na Constituição de 1988 e o problema do acesso aos bens. In: TEPEDINO, Gustavo; FACHIN, Luiz Edson (Org.). *Diálogos sobre direito civil*. Rio de Janeiro: Renovar, 2008. v. II.

MENDES, Gilmar Ferreira; COELHO, Inocêncio Mártires; BRANCO, Paulo Gustavo Gonet. *Curso de direito constitucional*. São Paulo: Saraiva, 2007.

MUELLER, Bernardo P. Machado. Direitos de propriedade na nova economia das instituições e em direito e economia. *Revista de Direito Mercantil Industrial, Econômica e Financeiro*, São Paulo, v. 126, p. 112-116, abr./jun. 2002.

NORTH, Douglas. *Custos de transação, instituições e desempenho econômico*. Rio de Janeiro: Instituto Liberal, 1994.

ORTEGA Y GASSET, José. *Meditação sobre a técnica*. São Paulo: Fim do Século Edições, 2009.

PERLINGIERI, Pietro. *O direito civil na legalidade constitucional*. Tradução de Maria Cristina de Cicco. Rio de Janeiro: Renovar, 2010.

PERLINGIERI, Pietro. *Perfis do direito civil.* Rio de Janeiro: Renovar, 1999.

PIPES, Richard. *Propriedade e liberdade.* Rio de Janeiro: Record, 2001.

PIRES, Fabiana. De novo: Apple é a empresa mais valiosa do mundo. *Tecmundo*, 21 jul. 2017. Disponível em: <www.tecmundo.com.br/mercado/119621-novo-apple-empresa-valiosa-mundo.htm>. Acesso em: 21 jul. 2017.

RIFKIN, Jeremy. *A era do acesso.* São Paulo: Pearson, 2011.

RIZZARDO, Arnaldo. *Direito das coisas.* Rio de Janeiro: Forense, 2004.

RODOTÀ, Stefano. *El terrible derecho*: estudios sobre la propiedad privada. Madri: Civitas, 1986.

RUZYK, Carlos Eduardo Pianovsky. *Institutos fundamentais do direito civil e liberdade(s).* Rio de Janeiro: GZ, 2011.

SAMPAIO, José Adércio Leite; NARDY, Afrânio José Fonseca. Direito fundamental de propriedade, direito fundamental ao meio ambiente ecologicamente equilibrado e o princípio constitucional da precaução. In: FILOMENO, José Geraldo Brito; WAGNER JR., Luiz Guilherme da Costa; GONÇALVES, Renato Afonso (Coord.). *O Código Civil e sua interdisciplinaridade.* Belo Horizonte: Del Rey, 2004.

SARLET, Ingo Wolfgang. Mínimo existencial e direito privado. *Revista de Direito do Consumidor: RDC*, v. 16, n. 61, p. 90-125, jan./mar. 2007.

SOTO, Hernando de. *O mistério do capital.* Rio de Janeiro: Record, 2001.

TEPEDINO, Gustavo. Crise de fontes normativas e técnica legislativa na parte geral do Código Civil de 2002. In: TEPEDINO, Gustavo (Coord.). *A parte geral do Novo Código Civil.* Estudos na perspectiva civil constitucional. Rio de Janeiro: Renovar, 2003.

Informação bibliográfica deste texto, conforme a NBR 6023:2002 da Associação Brasileira de Normas Técnicas (ABNT):

ROSENVALD, Nelson. O direito de laje e a tridimensionalidade da propriedade. In: EHRHARDT JÚNIOR, Marcos; CORTIANO JUNIOR, Eroulths (Coord.). *Transformações no Direito Privado nos 30 anos da Constituição*: estudos em homenagem a Luiz Edson Fachin. Belo Horizonte: Fórum, 2019. p. 571-593. ISBN 978-85-450-0562-9.

TITULARIDADE DE TERRAS RURAIS POR EMPRESAS DE CAPITAL ESTRANGEIRO E FUNÇÃO SOCIAL DA PROPRIEDADE

KLEBER LUIZ ZANCHIM

LUCIANO DE SOUZA GODOY

> *É imprescindível ter presente que o direito não se esgota em si mesmo, como um fenômeno dogmático. Sua vinculação com os valores que o informam deve ser desvendada em proceder compatível com o caráter dialético que pode e deve ser imprimido à ciência jurídica.*
>
> (FACHIN, Luiz Edson. *A função social da posse e da propriedade contemporânea*: uma perspectiva da usucapião imobiliária rural. Porto Alegre: Sérgio Antonio Fabris Editor, 1988. p. 10).

1 Introdução

A epígrafe deste trabalho traduz a riqueza do pensamento do Excelentíssimo Sr. Ministro do Supremo Tribunal Federal Dr. Luiz Edson Fachin. A visão para além da dogmática tem o papel fundamental de atualizar do direito, tornando-o mais operativo e adequado às demandas socioeconômicas que mudam a cada dia. Assim, estamos muito gratos pelo convite da Professora Giselda Hironaka para contribuir com esta obra que, de forma autêntica, homenageia um dos grandes expoentes do universo jurídico brasileiro da atualidade.

Nosso tema não é novo, mas perpassa exatamente o jogo entre dogmática e axiologia: titularidade de terras rurais por empresas controladas por estrangeiros. Diante da gama de textos sobre o assunto, nossa abordagem será específica, procurando responder à seguinte pergunta: a restrição à aquisição de terras rurais por empresas de capital estrangeiro se justifica ante a função social da propriedade?

Como se sabe, a aquisição e o arrendamento de terras por empresas com capital estrangeiro contribuiu para dinamizar a produtividade do campo no Brasil. A presença de agentes internacionais modificou nosso ambiente agrário, criando uma nova forma de organização que se passou a chamar de agronegócio.

Embora o agronegócio venha sustentando a economia brasileira por anos, os investimentos estrangeiros no setor ainda ensejam debate. Para os defensores da facilitação da aquisição ou arrendamento de terras por este grupo, tais investimentos resultariam em maior número de empregos e implantação de novas tecnologias. Já os grupos contrários citam impactos sociais, como a suposta continuidade de concentração fundiária e prejuízos ambientais causados pelo uso de recursos naturais limitados. Nossa leitura, que é jurídica, está associada à conjugação dos arts. 5º, XXII e XXIII, e art. 186, da Constituição Federal,[1] com o art. 1.228, §1º, do Código Civil.[2]

2 O problema

2.1 A Lei nº 5.709/71 e o Parecer AGU nº LA-01/2010

O marco legal e as interpretações sobre a aquisição de terras rurais por estrangeiros sofreram inúmeras modificações nas últimas décadas. A principal norma a este respeito é a Lei nº 5.709/71,[3] editada durante o regime militar. Em um contexto de Guerra Fria e importância territorial estratégica, a lei foi criada sob o vetor de segurança nacional, buscando a preservação da soberania nacional. Foram então impostas restrições à aquisição e ao arrendamento de terras rurais por estrangeiros no Brasil, pessoas jurídicas estrangeiras autorizadas a funcionar no país e pessoas jurídicas brasileiras com capital social predominantemente estrangeiro.

A Constituição Federal de 1988 trazia, em seu texto original, o art. 171,[4] que definia como empresa brasileira aquela constituída sob as leis brasileiras com sede e

---

[1] "Art. 5º Todos são iguais perante a lei, sem distinção de qualquer natureza, garantindo-se aos brasileiros e aos estrangeiros residentes no País a inviolabilidade do direito à vida, à liberdade, à igualdade, à segurança e à propriedade, nos termos seguintes: XXII - é garantido o direito de propriedade; XXIII - a propriedade atenderá a sua função social. Art. 186. A função social é cumprida quando a propriedade rural atende, simultaneamente, segundo critérios e graus de exigência estabelecidos em lei, aos seguintes requisitos: I - aproveitamento racional e adequado; II - utilização adequada dos recursos naturais disponíveis e preservação do meio ambiente; III - observância das disposições que regulam as relações de trabalho; IV - exploração que favoreça o bem-estar dos proprietários e dos trabalhadores".

[2] "Art. 1.228. [...] §1º O direito de propriedade deve ser exercido em consonância com as suas finalidades econômicas e sociais e de modo que sejam preservados, de conformidade com o estabelecido em lei especial, a flora, a fauna, as belezas naturais, o equilíbrio ecológico e o patrimônio histórico e artístico, bem como evitada a poluição do ar e das águas".

[3] BRASIL. *Lei nº 5.709/71*. Disponível em: <http://www.planalto.gov.br/ccivil_03/Leis/L5709.htm>.

[4] "Art. 171. São consideradas: I - empresa brasileira a constituída sob as leis brasileiras e que tenha sua sede e administração no País; II - empresa brasileira de capital nacional aquela cujo controle efetivo esteja em caráter permanente sob a titularidade direta ou indireta de pessoas físicas domiciliadas e residentes no País ou de

administração no Brasil. Nessa definição, as empresas, ainda que contassem com capital exclusivamente estrangeiro, seriam brasileiras caso cumprissem com os requisitos do referido dispositivo constitucional. Portanto, em tal linha de raciocínio, uma empresa constituída no Brasil, independentemente de sua composição acionária, é brasileira, não se lhe aplicando o art. 190 da Constituição Federal.[5] Foi revogado, portanto, art. 1º, §1º da Lei nº 5.709/71:

> Art. 1º O estrangeiro residente no País e a pessoa jurídica estrangeira autorizada a funcionar no Brasil só poderão adquirir imóvel rural na forma prevista nesta Lei.
> §1º Fica, todavia, sujeita ao regime estabelecido por esta Lei a pessoa jurídica brasileira da qual participem, a qualquer título, pessoas estrangeiras físicas ou jurídicas que tenham a maioria do seu capital social e residam ou tenham sede no Exterior.

Com a revogação do art. 171 do texto constitucional pela Emenda Constitucional nº 6,[6] de 15.8.1995, muito se falou em repristinação de tal dispositivo legal. Prevaleceu, no primeiro momento, entendimento pela não repristinação. Assim, não haveria qualquer limitação à aquisição de terras por pessoas jurídicas constituídas regularmente no Brasil com capital majoritariamente estrangeiro, posicionamento do Parecer da Advocacia-Geral da União de 1994, que foi ratificado em 1998.[7]

Entretanto, em 2008, houve mudança de interpretação da Advocacia-Geral da União no Parecer AGU nº LA-01[8] sustentando que as restrições apontadas pela Lei nº 5.709/71 seriam aplicáveis também às pessoas jurídicas brasileiras cujo capital social fosse majoritariamente estrangeiro. Segundo o órgão, a expansão de tais limitações a este tipo de empresa traria benefícios para o país, como diminuição da especulação de propriedades rurais, maior preservação ambiental e diminuição do risco de segurança nacional.

Em sua exposição de motivos, a Advocacia-Geral da União esclareceu ser o vetor econômico determinante para a emissão de um novo parecer sobre o tema e não mais o interesse original de preservação de segurança nacional[9] das normas que introduziram

---

entidades de direito público interno, entendendo-se por controle efetivo da empresa a titularidade da maioria de seu capital votante e o exercício, de fato e de direito, do poder decisório para gerir suas atividades. §1º - A lei poderá, em relação à empresa brasileira de capital nacional: I - conceder proteção e benefícios especiais temporários para desenvolver atividades consideradas estratégicas para a defesa nacional ou imprescindíveis ao desenvolvimento do País; II - estabelecer, sempre que considerar um setor imprescindível ao desenvolvimento tecnológico nacional, entre outras condições e requisitos: a) a exigência de que o controle referido no inciso II do "caput" se estenda às atividades tecnológicas da empresa, assim entendido o exercício, de fato e de direito, do poder decisório para desenvolver ou absorver tecnologia; b) percentuais de participação, no capital, de pessoas físicas domiciliadas e residentes no País ou entidades de direito público interno. §2º - Na aquisição de bens e serviços, o Poder Público dará tratamento preferencial, nos termos da lei, à empresa brasileira de capital nacional".

[5] "Art. 190. A lei regulará e limitará a aquisição ou o arrendamento de propriedade rural por pessoa física ou jurídica estrangeira e estabelecerá os casos que dependerão de autorização do Congresso Nacional".

[6] A revogação explícita desse dispositivo da Constituição realizada pela Emenda Constitucional nº 6 de 1995 nos leva a crer que não são mais compatíveis com o texto constitucional as discriminações entre empresas brasileiras em razão da origem de seu capital social. Excetuam-se, evidentemente, outras restrições baseadas na origem do capital social de empresas nacionais realizadas pela Constituição Federal de 1988 que não foram revogadas, como aquelas decorrentes do art. 222, que tratam da titularidade da propriedade de empresas do setor jornalístico, de radiodifusão sonora e de sons e imagens.

[7] AGU. *Parecer GQ 181/98*. Disponível em: <http://www.agu.gov.br/page/atos/detalhe/idato/8360>.

[8] AGU. *Parecer LA- 01*. Disponível em: <http://www.agu.gov.br/atos/detalhe/258351>.

[9] ROCHA, Olavo Acyr de Lima. O imóvel rural e o estrangeiro. *Revista de Direito Agrário*, Brasília, 2000. p. 14.

essas restrições aos estrangeiros. As limitações aos investimentos estrangeiros, portanto, visavam a evitar a especulação do preço dos imóveis rurais nacionais, bem como facilitar o acesso à propriedade de pequenos e médios produtos rurais.

Lê-se no Parecer AGU nº LA-01, entre outras citações, trecho da doutrina de José Afonso da Silva sobre a exploração da propriedade:

> A propriedade rural, que se centra na propriedade da terra, com sua natureza de bem de produção, tem como utilidade natural a produção de bens necessários à sobrevivência humana, daí porque a Constituição consigna normas que servem de base à sua peculiar disciplina jurídica (arts. 184 a 191). É que a propriedade da terra, bem que se presta a múltiplas formas de produção de riquezas, não poderia ficar unicamente em subserviência aos caprichos da natureza humana, no sentido de aproveitá-la ou não, e, ainda, como conviesse ao proprietário.

3 O tema no STF: ADPF nº 32 e ACO nº 2.463

Em meio a tal imbróglio, a Sociedade Rural Brasileira (SRB) moveu em 2015 a Arguição de Descumprimento de Preceito Fundamental nº 342, em que defende a não recepção do art. 1º da Lei nº 5.709/71 pela Constituição Federal de 1988, em razão de lesão aos princípios da livre iniciativa, ao desenvolvimento nacional, à igualdade, à propriedade e à livre associação.

No tocante à livre iniciativa, a petição inicial da ADPF nº 342/2015 assenta que "o regime diferenciado tratado no art. 1º, §1º, da Lei n.º 5.709/1971, ora impugnado, viola frontalmente a livre iniciativa dado que restringe a aquisição de terras por empresas brasileiras, impossibilitando o livre exercício de suas atividades". Em relação ao desenvolvimento nacional, destaca o papel do agronegócio no Produto Interno Bruto e a histórica associação entre capital nacional e estrangeiro nesse segmento no Brasil. Sobre a igualdade, pontua, à luz do antigo art. 171 da Constituição Federal, que a "lei infraconstitucional deveria criar regime benéfico às empresas brasileiras de capital nacional por meio de concessões, incentivos e tratamento favorável, mas nunca regime restritivo àquelas com capital estrangeiro".

Ainda sobre a inconstitucionalidade desse dispositivo no que atine ao direito de propriedade, a ADPF trata do já mencionado art. 190[10] da Constituição Federal, que versa sobre a possibilidade de limitação legal da aquisição ou arrendamento de propriedade rural por pessoa estrangeira. Por decorrência dessa norma, o legislador infraconstitucional não poderia impor qualquer restrição à aquisição ou ao arrendamento das propriedades rurais por empresa brasileira, ainda que com capital majoritariamente estrangeiro, porque, após a revogação do art. 171 da Constituição Federal, a composição do capital de empresa constituída no Brasil deixou de ter relevância constitucional.

Por fim, a ADPF aponta violação à liberdade de associação, prevista pelo art. 5º, inc. XVII[11] da Constituição Federal. Isso se deve ao fato de haver um desincentivo

---

[10] "Art. 190. A lei regulará e limitará a aquisição ou o arrendamento de propriedade rural por pessoa física ou jurídica estrangeira e estabelecerá os casos que dependerão de autorização do Congresso Nacional".

[11] "Art. 5º Todos são iguais perante a lei, sem distinção de qualquer natureza, garantindo-se aos brasileiros e aos estrangeiros residentes no País a inviolabilidade do direito à vida, à liberdade, à igualdade, à segurança e à propriedade, nos termos seguintes: [...] XVII - é plena a liberdade de associação para fins lícitos, vedada a de caráter paramilitar; [...]".

à associação com pessoas estrangeiras considerando a restrição sobre a exploração de terras rurais.

Efeito prático dessa discussão constitucional é o registro imobiliário. Ante o Parecer AGU nº LA-01, os oficiais de registro de imóveis começaram a não admitir operações com terras rurais sem o cumprimento da Lei nº 5.709/71. Porém, no âmbito de um mandado de segurança,[12] a Corregedoria-Geral da Justiça de São Paulo emitiu o Parecer nº 461-12-E, confirmando a incompatibilidade das restrições legais com o texto constitucional e liberando os cartórios para registrarem transações com empresas brasileiras de capital estrangeiro.

Por conta disso, o Incra moveu a Ação Cível Originária (ACO) nº 2.463, buscando a suspensão dos efeitos do citado Parecer nº 461-12-E.

Em sua argumentação na ACO, União e Incra apontam a ocorrência de conflito federativo, uma vez que teria sido usurpada a competência federal em razão da atuação da Corregedoria-Geral da Justiça de São Paulo. Consequentemente, sustentam a presença de risco à soberania nacional. Alegam, portanto, ser competência da União regular a aquisição de imóveis rurais por pessoa natural ou jurídica estrangeira, além da jurídica brasileira da qual participem, a qualquer título, pessoas naturais ou jurídicas que possuam a maioria do capital social e residam ou tenham sede no exterior.

Fato é que parece haver uma confusão entre titularidade de propriedade rural e seu uso. Talvez se imagine que o brasileiro fará um uso da terra melhor que o estrangeiro. Todavia, não há qualquer evidência disso. A terra é cultivada dessa ou daquela forma não em função da nacionalidade de seu proprietário, mas sim de suas possibilidades e visão de negócio.

Aliás, no ambiente agropecuário brasileiro a titularidade da terra diz pouco sobre sua produção, havendo casos de grandes produtores que não têm o domínio, mas apenas a posse, de vastas áreas rurais. Trata-se de ambiente em que a distinção entre titularidade e poder se evidencia com clareza, e há bastante tempo.

4 Titularidade e poder no agronegócio: relevância e relativização

Passar por essa distinção é importante para tentar desmistificar a ideia de que, sendo o proprietário brasileiro, o uso da terra será melhor que no caso de um titular com capital estrangeiro. Já é clássica a literatura que separa propriedade de poder, sendo este, e não aquela, o mais relevante. Na obra *The modern corporation & Private property*, Berle e Means[13] pontuam ter havido nas sociedades por ações uma dissociação da propriedade dos meios de produção e seu controle. Rompeu-se a ótica tradicional da sociedade na qual todo acionista deveria gerir a companhia. Denominada de *Corporate Revolution*, a mudança de paradigmas nas sociedades anônimas foi comparada, inclusive, com a ruptura implantada pela Revolução Industrial e responsável pela separação entre a propriedade da força de trabalho e da propriedade dos meios de produção.

---

[12] *Vide* Mandado de Segurança nº 0058947- 33.2012.8.26.000, TJ/SP.
[13] Os autores observaram o fenômeno na sociedade estadunidense da década de 1930, momento com três tendências determinantes: concentração de poder econômico, dispersão da propriedade de ações e separação entre propriedade e controle.

Em boa medida essa distinção entre capital social e poder de controle tem reflexos no agronegócio brasileiro. É de longa data a cultura dos contratos de arrendamento, em que a titularidade de uma propriedade rural não está acompanhada pelo desempenho de atividade produtiva. Pode-se dizer que hoje é clara a diferença entre o *fazendeiro*, que produz, e o *proprietário rural*, que titula a propriedade.

A restrição à aquisição da propriedade não tem, portanto, efeito prático de orientar qualquer política pública no agronegócio. Toda a questão está no que a terra produz e isso, observe-se, também não é orientado pela nacionalidade do fazendeiro. Em região produtora de soja não se deve esperar que alguém, somente por ser brasileiro, decida produzir arroz. Em região propícia para cana não se criará gado somente por amor à bandeira. A produção segue a lógica da oferta e demanda que, por sua vez, influencia os preços. Pensar que um brasileiro, por nacionalismo, explorará uma área rural de forma desconectada das leis de mercado é não ter a menor ideia de como a atividade agropecuária se desenvolve.

Grande parte dos produtos agrícolas é *commodity*, ou seja, itens padronizados com precificação internacional. Assim, a produção não segue o que convém ao proprietário rural ou ao fazendeiro, isoladamente. Segue o que o mundo sinaliza. Para inverter essa sinalização somente com intervenção artificial do Estado, como ocorre no Brasil via Companhia Nacional de Abastecimento – Conab, que faz leilões de determinados produtos com objetivo de incentivar sua produção e balizar seu preço. Se tal mecanismo se mostra eficiente, o cultivo responde de forma positiva. Senão, direciona-se para outros vetores.

Então alguém poderá dizer que é acertado controlar ao menos o arrendamento, já que a posse é mais importante que a propriedade. Outro desvio de raciocínio. Também a posse fica relativizada quando se considera que não é a vontade do fazendeiro produtor, mas sim as oportunidades de mercado (mesmo que artificiais por ação do Estado), que orientam a produção rural. Tanto faz ser proprietário ou arrendatário; tanto faz ser brasileiro ou estrangeiro; o relevante é qual produto tem melhor relação custo-benefício em determinado momento. Quando o direito procura interferir nesse sistema causa distorções e afronta a dinâmica produtiva, com grande potencial de lesão à livre iniciativa.

Restando claro que o relevante é o uso da terra, fica mais fácil conferir maior objetividade ao debate sobre a participação estrangeira no agronegócio. Se a preocupação estatal é estabelecer balizas a essa atividade, há uma referência mais simples e dogmaticamente menos controversa (ao menos em relação à sua constitucionalidade) que a Lei nº 5.709/71: o supranacional princípio da função social.

5 Empresa de capital estrangeiro e a função social do imóvel rural

A função social é princípio que justifica a tutela jurídica de determinada figura normativa.[14] O contrato, a propriedade e a posse, por exemplo, têm uma função. Serão tutelados, todavia, apenas se tal função for social, a qual, nos contratos, equivale ao fim útil pretendido pela avença e, na propriedade e na posse, à sua exploração produtiva.

---

[14] ZANCHIM, Kleber Luiz. O contrato e seus valores. In: PEREIRA JR., Antônio Jorge; JABUR, Gilberto Haddad (Org.). *Direito dos contratos II*. São Paulo: Quartier Latin, 2008. p. 265 e ss.

Como destaca o Ministro Fachin, "A função social relaciona-se com o *uso* da propriedade, alterando, por conseguinte, alguns aspectos pertinentes a essa relação externa que é o seu exercício".¹⁵ Sustenta-se que a funcionalização da propriedade foi influenciada pela Constituição da República de Weimar, de 1919. Nas palavras de Gustavo Tepedino:

> No panorama constitucional, em outras palavras, a propriedade deixou de atender apenas aos interesses do proprietário, tornando-se instrumento para a proteção da pessoa humana, devendo, portanto, a utilização dos bens privados, e o consequente exercício do domínio, respeitar e promover as situações jurídicas subjetivas existenciais e sociais por ela atendidas.¹⁶

Com advento da Constituição Federal de 1988, a função social passa a integrar o conceito jurídico de propriedade. Assim, a destinação da propriedade deve ser adequada a um conjunto de valores que confere conformidade à função social. Desse modo, o texto constitucional oferece instrumentos para a efetivação da política agrária nacional, como desapropriação por interesse social para fins de reforma agrária, a regulação de terras indígenas e de comunidades quilombolas etc.¹⁷

No art. 5º, XXIII, da Constituição Federal, lê-se que "a propriedade atenderá a sua função social". Note-se que o dispositivo não trata do direito de propriedade, que vem no inciso anterior (XXII): "é garantido o direito de propriedade". Ou seja, não é o direito de propriedade que foi funcionalizado, mas sim a propriedade em si. No caso de imóveis rurais isso é ainda mais evidente porque a Constituição Federal define qual é a função social deles como objeto, não como direito:

> Art. 186. A função social é cumprida quando a propriedade rural atende, simultaneamente, segundo critérios e graus de exigência estabelecidos em lei, aos seguintes requisitos:
> I - aproveitamento racional e adequado;
> II - utilização adequada dos recursos naturais disponíveis e preservação do meio ambiente;
> III - observância das disposições que regulam as relações de trabalho;
> IV - exploração que favoreça o bem-estar dos proprietários e dos trabalhadores.

Essa simples observação reforça o que já foi dito: no ambiente rural, a titularidade é menos relevante que o poder sobre a terra, ou a sua posse, e mesmo esta estará orientada por fatores exógenos como aproveitamento racional, proteção ao meio ambiente e às relações de trabalho etc. Aliás, a própria posse está albergada no conceito de função social associado ao uso produtivo da terra, como lembra Everaldo Cambler:

> A função social da *posse* rural, como extensão da função social da propriedade, é atendida, nos planos constitucional e infraconstitucional, quando o imóvel apresenta aproveitamento racional e adequado, mantendo níveis satisfatórios de produtividade; conservação e utilização adequada dos recursos naturais disponíveis e preservação do meio ambiente; observância das disposições que regulam as justas relações de trabalho entre os que a

---

[15] FACHIN, Luiz Edson. *A função social da posse e da propriedade contemporânea*: uma perspectiva da usucapião imobiliária rural. Porto Alegre: Sérgio Antonio Fabris Editor, 1988. p. 17.
[16] TEPEDINO, Gustavo. *Temas de direito civil*. Rio de Janeiro: Renovar, 2009. t. II. p. 184
[17] GODOY, Luciano de Souza. *Direito agrário constitucional*: o regime da propriedade. São Paulo: Atlas, 1998.

possuem e a cultivem; exploração que favoreça o bem-estar dos proprietários (possuidores) e dos trabalhadores que nela labutam, assim como de suas famílias.[18]

Assim, faria mais sentido pensar na função social do imóvel rural sob a ótica do fazendeiro (produtor) do que do proprietário rural. Este tem o direito real; aquele exerce o uso efetivo. Pela Constituição Federal, a terra merece tutela jurídica, evidenciando função social, quando explorada adequadamente. Portanto, não se justifica restringir o acesso à propriedade nem à posse, pois em ambos os casos o controle da atividade rural poderá ser efetuado à luz do princípio da função social.

Nesse sentido, vale perguntar qual a motivação do Parecer AGU nº LA-01 para a restrição à aquisição de propriedade e ao arrendamento de terras rurais por empresas com capital estrangeiro. O documento pondera que "o Estado brasileiro perdera as condições objetivas de proceder a controle efetivo sobre a aquisição e o arrendamento de terras realizadas por empresas brasileiras cujo controle acionário e controle de gestão estivessem nas mãos de estrangeiros não-residentes no território nacional". E continua:

> Tal situação revestia-se, então, em junho de 2007, e reveste-se, ainda, de caráter estratégico, pois, a ausência de controle dessas aquisições gera, entre outros, os seguintes efeitos:
> a) expansão da fronteira agrícola com o avanço do cultivo em áreas de proteção ambiental e em unidades de conservação;
> b) valorização desarrazoada do preço da terra e incidência da especulação imobiliária gerando aumento do custo do processo desapropriação voltada para a reforma agrária, bem como a redução do estoque de terras disponíveis para esse fim;
> c) crescimento da venda ilegal de terras públicas;
> d) utilização de recursos oriundos da lavagem de dinheiro, do tráfico de drogas e da prostituição na aquisição dessas terras;
> e) aumento da grilagem de terras;
> f) proliferação de "laranjas" na aquisição dessas terras;
> g) incremento dos números referentes à biopirataria na Região Amazônica;
> h) ampliação, sem a devida regulação, da produção de etanol e biodiesel;
> i) aquisição de terras em faixa de fronteira pondo em risco a segurança nacional.

Em primeiro lugar, não fica clara a relação entre a nacionalidade do titular da propriedade e esses desvios narrados no Parecer AGU nº LA-01. A impressão a ser passada é de que brasileiros não adotam essas práticas, algo de que não se tem evidência. Em segundo lugar, também não é óbvia a relação entre a possibilidade de uma empresa com capital estrangeiro comprar ou arrendar uma terra e, por exemplo, a utilização de recursos ilícitos, a biopirataria e a própria expansão da fronteira agrícola há muito realizada por brasileiros.

Por fim, considerando que (i) a Constituição Federal já regula a forma de exploração da terra, sob o manto da função social, (ii) a efetiva titularidade da propriedade é menos relevante do que a posse e (iii) a própria produção é orientada por fatores exógenos como livre mercado ou intervenção do Estado na indução de demanda e

---

[18] CAMBLER, Everaldo Augusto. Função social da posse de imóvel rural. In: PERES, Tatiana Bonatti; FAVACHO, Frederico (Coord.). *Agronegócio*. São Paulo: Chiado, 2017. v. 1. p. 108. Grifos nossos.

preço, o que efetivamente o Parecer AGU nº LA-01 pretende? De que serve o Estado brasileiro ter "controle efetivo sobre a aquisição e o arrendamento de terras" se a orientação constitucional, alinhada com a prática da agropecuária, ocupa-se muito mais da forma como as terras são exploradas do que dos negócios jurídicos que embasam sua exploração?

6 Função social do imóvel rural e desvio de finalidade do Parecer AGU nº LA-01

Na epígrafe deste trabalho, o Ministro Fachin destaca que o direito deve ter vinculação com os valores que o informam. Pode-se dizer que valor se forma "de um juízo de preferência sobre dado objeto diante de certas necessidades". Tal juízo é "abstrato e geral, porque proveniente não de um indivíduo, mas do grupo social".[19] Nesse sentido, quais seriam os valores a informar o Parecer AGU nº LA-01 frente a todo o contexto normativo constitucional que, ao tratar da terra rural, não se ocupa do direito de propriedade, mas sim desta em si, iluminando seu modo de exploração para que tenha função social e, então, mereça tutela jurídica? Difícil identificar em tal documento um juízo de preferência relativo a uma necessidade justificável e que não seja de um (ou de alguns) indivíduos, mas sim da sociedade em geral.

A partir das diretrizes constitucionais sobre a função social do imóvel rural e do *modus operandi* da atividade agropecuária, o Parecer AGU nº LA-01 parece disfuncional, padecendo então de um desvio de finalidade. Ao restringir propriedade e arrendamento por empresas de capital estrangeiro, não enfrenta os temas por ele mesmo elencados e transcritos *supra*, porque são problemas que não têm nacionalidade. Ademais, já existe uma escolha constitucional no art. 186 sobre o modo de aproveitamento da terra rural, quer por brasileiros, quer por estrangeiros.

Classificando o Parecer AGU nº LA-01 como ato administrativo, o caso seria de nulidade por desvio de finalidade ou poder, como explica Dinorá Adelaide Musetti Grotti:[20]

> Há desvio de poder não apenas quando o agente atua com intenção viciada, mas também quando busca uma finalidade, admitida no sistema normativo, porém através de uma via que não é aquela própria para alcançar aquela específica finalidade do sistema normativo.

Por mais que se deseje associar o capital estrangeiro a problemas fundiários no país (ou à lavagem de dinheiro, às drogas etc.), não é a restrição à propriedade ou ao arrendamento que remediará tal situação, havendo um desvio finalístico no documento da AGU por existir outros instrumentos de combate a tais questões, inclusive a função social prevista na Constituição Federal. O Parecer AGU nº LA-01 não traz sustentação para seus motivos, deixando de cumprir o que Diego Valdivia chama de "administração

---

[19] ZANCHIM, Kleber Luiz. O contrato e seus valores. In: PEREIRA JR., Antônio Jorge; JABUR, Gilberto Haddad (Org.). *Direito dos contratos II*. São Paulo: Quartier Latin, 2008. p. 254.

[20] GROTTI, Dinorá Adelaide Musetti. O desvio de poder em atos administrativos. In: MARQUES NETO, Floriano de Azevedo *et al.* (Org.). *Direito e Administração Pública*: estudos em homenagem a Maria Sylvia Zanella Di Pietro. São Paulo: Atlas, 2013. p. 809.

pedagógica" que transforma a simples imposição autoritária de seus critérios em uma ação de persuasão, considerando o administrado não tanto como súdito, mas como cidadão.[21] Faltou demonstrar porque o estrangeiro faria mais mal ao país que o brasileiro.

7 Considerações finais

Inspirado no pensamento do Ministro Fachin, este breve trabalho procurou colocar, ao lado do debate dogmático sobre a repristinação ou não do art. 1º da Lei nº 5.709/71 pós-revogação do art. 171 da Constituição Federal, reflexões de fundo sobre (i) os arts. 5º, XXIII, e 186, da mesma Carta, que esquadrinham a função social do imóvel rural, (ii) a dinâmica prática da atividade agropecuária em que, no tocante à exploração da propriedade, titularidade é menos importante que posse, (iii) a interferência de fatores exógenos na exploração de propriedade, que relativizam até mesmo a relevância da posse, e (iv) os porquês do Parecer AGU nº LA-01, que não é claro em relação a seus motivos e sua finalidade.

Parece-nos haver um desvio de finalidade no Parecer AGU nº LA-01 por falta de evidências de que a atuação estrangeira no agronegócio brasileiro seja mais danosa do que a atuação de brasileiros e que a restrição à titularidade e ao arrendamento sejam medidas protetivas do melhor interesse nacional.

O tema é, de certa forma, cansativo e soa menos jurídico e mais ideológico. Não que a ideologia deva ser excluída do debate, mas, particularmente em relação à propriedade rural, parece estar bem absorvida no art. 186 da Constituição Federal, que indica quando o imóvel atende à sua função social. Esse dispositivo é complementado pelo art. 1.228, §1º, do Código Civil,[22] que chega a colocar as finalidades econômicas topograficamente antes das sociais, dando ainda mais peso à exploração adequada da propriedade. Como dito, referido princípio é supranacional, não tem bandeira e não justifica a distinção entre brasileiro e estrangeiro, que somente pode ocorrer quando a Carta Magna expressamente o fizer, caso do art. 190, específico para pessoa estrangeira, e não para pessoa brasileira de capital estrangeiro.

Isso para dizer que, na realidade, não se deve debater tanto em torno de uma lei da década de 1970 se a finalidade for, de fato, ordenar a exploração agropecuária no país. A Constituição Federal já cuidou disso, cabendo ao Estado simplesmente aplicá-la, aprimorando seus instrumentos de fiscalização. Vale retomar, como fechamento, a lição de Giselda Hironaka:

> A tônica é única: não se afasta a idéia segundo a qual a propriedade privada deva ser protegida e, por isso mesmo, garante-se-a constitucionalmente; não se afasta a idéia de amparar e sustentar a iniciativa privada que movimentará, que dinamizará a atividade de

---

[21] ZEGARRA VALDIVIA, Diego. La motivación como elemento essencial del acto administrativo. In: MEDAUAR, Odete; SCHIRATO, Vitor Rhein (Coord.). *Os caminhos do ato administrativo*. São Paulo: Revista dos Tribunais, 2011. p. 149.

[22] "Art. 1.228. [...] §1º O direito de propriedade deve ser exercido em consonância com as suas finalidades econômicas e sociais e de modo que sejam preservados, de conformidade com o estabelecido em lei especial, a flora, a fauna, as belezas naturais, o equilíbrio ecológico e o patrimônio histórico e artístico, bem como evitada a poluição do ar e das águas".

exploração a ser levada a efeito sobre o bem imóvel rural; *mas não se afasta, principalmente – e por tudo isto –, a idéia de que este bem de produção deve atender à sua finalidade produtiva, pois que está afeta a ele, conforme comando normativo da própria Carta Constitucional*.[23]

Referências

CAMBLER, Everaldo Augusto. Função social da posse de imóvel rural. In: PERES, Tatiana Bonatti; FAVACHO, Frederico (Coord.). *Agronegócio*. São Paulo: Chiado, 2017. v. 1.

FACHIN, Luiz Edson. *A função social da posse e da propriedade contemporânea*: uma perspectiva da usucapião imobiliária rural. Porto Alegre: Sérgio Antonio Fabris Editor, 1988.

GODOY, Luciano de Souza. *Direito agrário constitucional*: o regime da propriedade. São Paulo: Atlas, 1998.

GROTTI, Dinorá Adelaide Musetti. O desvio de poder em atos administrativos. In: MARQUES NETO, Floriano de Azevedo *et al*. (Org.). *Direito e Administração Pública*: estudos em homenagem a Maria Sylvia Zanella Di Pietro. São Paulo: Atlas, 2013.

HIRONAKA, Giselda Maria Fernandes Novaes. *Atividade agrária e a proteção ambiental*: simbiose possível. São Paulo: Cultural Paulista, 1997.

MARQUES NETO, Floriano de Azevedo *et al*. (Org.). *Direito e Administração Pública*: estudos em homenagem a Maria Sylvia Zanella Di Pietro. São Paulo: Atlas, 2013.

ROCHA, Olavo Acyr de Lima. O imóvel rural e o estrangeiro. *Revista de Direito Agrário*, Brasília, 2000.

TEPEDINO, Gustavo. *Temas de direito civil*. Rio de Janeiro: Renovar, 2009. t. II.

ZANCHIM, Kleber Luiz. O contrato e seus valores. In: PEREIRA JR., Antônio Jorge; JABUR, Gilberto Haddad (Org.). *Direito dos contratos II*. São Paulo: Quartier Latin, 2008.

ZEGARRA VALDIVIA, Diego. La motivación como elemento essencial del acto administrativo. In: MEDAUAR, Odete; SCHIRATO, Vitor Rhein (Coord.). *Os caminhos do ato administrativo*. São Paulo: Revista dos Tribunais, 2011.

Informação bibliográfica deste texto, conforme a NBR 6023:2002 da Associação Brasileira de Normas Técnicas (ABNT):

ZANCHIM, Kleber Luiz; GODOY, Luciano de Souza. Titularidade de terras rurais por empresas de capital estrangeiro e função social da propriedade. In: EHRHARDT JÚNIOR, Marcos; CORTIANO JUNIOR, Eroulths (Coord.). *Transformações no Direito Privado nos 30 anos da Constituição*: estudos em homenagem a Luiz Edson Fachin. Belo Horizonte: Fórum, 2019. p. 595-605. ISBN 978-85-450-0562-9.

---

[23] HIRONAKA, Giselda Maria Fernandes Novaes. *Atividade agrária e a proteção ambiental*: simbiose possível. São Paulo: Cultural Paulista, 1997. p. 121. Grifos nossos.

PARTE VI

FAMÍLIAS E SUCESSÕES

FAMÍLIA APÓS A CONSTITUIÇÃO DE 1988: TRANSFORMAÇÕES, SENTIDOS E FINS[1]

HELOISA HELENA BARBOZA

VITOR ALMEIDA

[...] *as portas devem se abrir para a ressignificação da liberdade e da responsabilidade: da responsabilidade como dever, limite, garantia da alteridade.*

(FACHIN, Luiz Edson. *Direito civil*: sentidos, transformações e fim. Rio de Janeiro: Renovar, 2015. p. 153)

Introdução

O percurso do direito de família no Brasil, a partir do Código Civil de 1916, permite identificar, sob o ponto de vista jurídico, alguns marcos históricos, entre os quais: a Lei nº 883/1949, que dispôs sobre o reconhecimento de filhos ilegítimos, o denominado Estatuto da Mulher Casada (Lei nº 4.121/1962), que alterou o Código Civil no tocante à situação jurídica da mulher casada, a Lei do Divórcio (Lei nº 6.515/1977) e a Constituição da República de 1988.

Cada um desses marcos contribuiu de modo efetivo para a construção da família, ou melhor, das famílias brasileiras que existem no início do século XXI. Fruto de um longo processo de transformação que se iniciou com a desvinculação, lenta e gradual, de um regramento de origem francamente religiosa, os diferentes arranjos familiares, alguns presentes desde o Brasil colônia, apenas em data recente foram reconhecidos

---

[1] O presente artigo toma como base de reflexão a obra de FACHIN, Luiz Edson. *Direito civil*: sentidos, transformações e fim. Rio de Janeiro: Renovar, 2015. O trabalho se insere no Projeto de Pesquisa cadastrado no CNPQ intitulado "Proteção da pessoa humana na era da biopolítica". Disponível em: http://dgp.cnpq.br/dgp/faces/consulta/consulta_parametrizada.jsf. Acesso em 30 mar. 2018.

formalmente. Novas situações familiares surgem numa sociedade em franca transição e desafiam o direito codificado, formatado, em parte significativa, em outro tempo e espaço. A essas múltiplas formas de família devem ser acrescidas as inéditas alternativas de *parentalidade* possibilitadas pelo avanço científico e médico, que ensejou a utilização popularizada das técnicas de reprodução assistida.

A família constituída pelo casamento mantém-se, com importantes modificações, integrando um todo complexo de desconstruções e construções sociojurídicas das relações familiares, que integram um processo maior que afeta o direito civil, como sistema de *governo das relações interprivadas*.

Luiz Edson Fachin captou com perspicácia o referido processo para não apenas reconhecer seus limites, mas também para traçar-lhe os sentidos do recomeço já em andamento. O autor indica como tripé epistemológico do direito civil as *titularidades, o trânsito jurídico e o projeto parental*, que extraiu da tríplice base fundante proposta por Jean Carbonier, a saber: família, propriedade e contrato. Dedicou ao direito de família especial atenção, situando o eixo dos debates sobre os desafios e questões que estão postas quanto às justificativas e limites da intervenção estatal no âmbito do *projeto parental*, que abrange para o autor as *relações jurídicas de família*.

O debate proposto, que se trava à luz e a partir dos fatos, no campo de interseção e diálogo entre o direito e a ética, tem por fim precípuo buscar solução para todos os que se encontram marginalizados pela normatização formal. Como bem destaca Luiz Edson Fachin, o formalismo não se encontra na codificação, mas na *mentalidade que é codificada*; se por um lado não se deve *sucumbir a um dogmatismo formal*, atrelado à lógica da subsunção, por outro não se deve afastar a *necessária dogmática jurídica para (que haja) um mínimo de segurança e previsibilidade jurídica*. Nessa linha, indica uma *hermenêutica diferenciada*, que transcende o puro e simples interpretar, para constituir um modo de *compreensão do ser*, que pode ser a *consciência crítica e dialética* que sirva de instrumento para interpretação e transformação do mundo pelo próprio sujeito que nele se encontra inserido.

De acordo, ainda, com Luiz Edson Fachin, é da *tensão dialética entre norma e fato* que resulta a *constante reinvenção e renovação do direito* e que emerge a *pauta de constatações, novas problematizações e desafios*. Nessa pauta pode-se identificar um dos sentidos indicados pelo autor, apreendido pelas relações familiares, *no ponto de convergência entre Estado, família, consumo e ética*, e que se traduz na indagação formulada por Luiz Edson Fachin: *justifica-se a intervenção estatal no âmbito familiar? Até que ponto?*

Propõe Luiz Edson Fachin, que se tome como ponto de reflexão na busca da resposta à tal pergunta a difícil ponderação a ser feita entre os deveres de proteção do Estado, principalmente os de resguardo da dignidade das pessoas vulneráveis, quando há frustração do *desenvolvimento salutar da personalidade humana*. Em que medida é legítima a presença do Estado?

Efetivamente a questão se desenvolve nos limites do direito civil, sob uma perspectiva de mudança, ou seja, do *fim do direito civil*, naquilo que conjuga a dogmática jurídica tradicional e as inovações próprias de um sistema *open norm*. Abre-se, desse modo, uma dimensão prospectiva, que considera as pessoas concretamente *à luz da força construtiva dos fatos que geram outras percepções teóricas*, e acolhe a multiculturalidade e o pluralismo, como afirmação do direito, que por definição é plural e diverso.

O presente trabalho pretende, ainda que nos limites de sua modéstia, se inserir nessa pauta.

1 Transformações: a família antes de 1988

Certo é que não se pode preterir a contextualização histórica quando se cuida das transformações do direito de família, notadamente quando há preocupação do papel da *ética na sociedade e sua expressão jurídica*, como propõe Luiz Edson Fachin.[2]

Nessa linha, constata-se que as transformações legislativas no Brasil revelam, de modo expressivo, a compreensão ética, inclusive de natureza religiosa, que impregnou durante largo tempo a normatização das relações familiares brasileiras.[3] Uma verdadeira subjugação – prevista em lei – da mulher e dos incapazes, neles compreendidos os vulneráveis, como crianças e adolescentes, doentes de toda natureza e pessoas com deficiência, marca todo esse período, durante o qual se destaca a total invisibilidade e desproteção dos idosos.

O corte cronológico demonstra claramente que todas as conquistas, no sentido de abolir as desigualdades e discriminações que gozavam de amparo legal, foram obtidas paulatinamente e demandaram muitos anos para sua consagração. Serve de exemplo o reconhecimento da plena igualdade entre os filhos, obtida praticamente no fim do século XX, com sua consolidação pela Constituição de 1988. Além disso, é indispensável observar que o Código Civil de 2002 reproduziu muitos dispositivos da codificação anterior, de modo que a menção, ao menos cronológica, a alguns marcos legais torna-se cada vez mais necessária como material de reflexão para *descodificar a mentalidade.*

Ao entrar em vigor o Código Civil de 1916, afirmava-se que o matrimônio,[4] na sociedade moderna e cristã, era o assento básico da família, devendo o direito de família ocupar-se das relações familiares que compreendiam o casamento, o pátrio-poder e até certo ponto a tutela e a curatela.[5] Sobre o casamento repousava a própria sociedade civil. A recém-instaurada República só reconhecia o casamento civil,[6] consagrado em 1934,[7]

---

[2] FACHIN, Luiz Edson. *Direito civil*: sentidos, transformações e fim. Rio de Janeiro: Renovar, 2015. p. 153.

[3] Sobre a trajetória legislativa do direito de família no Brasil ver BARBOZA, Heloisa Helena. O direito de família brasileiro no final do século vinte: rumos indefinidos. In: BARRETTO, Vicente (Org.). *A nova família*: problemas e perspectivas. Rio de Janeiro: Renovar, 1997. p. 87-112.

[4] Embora no senso comum e mesmo nos dicionários (v. HOUAISS, Antonio; VILLAR, Mauro de Salles. *Dicionário Houaiss da Língua Portuguesa*. Rio de Janeiro: Objetiva, 2001. p. 1870) os termos *casamento* e *matrimônio* sejam sinônimos, o matrimônio é um dos sacramentos da Igreja católica, e consiste no pacto "pelo qual o homem e a mulher constituem entre si a comunhão íntima de toda a vida, ordenado por sua índole natural ao bem dos cônjuges e à procriação e educação da prole, entre os baptizados foi elevado por Cristo Senhor à dignidade de sacramento" (SEGUNDA parte – A celebração do mistério cristão. *Vatican*. Disponível em: <http://www.vatican.va/archive/cathechism_po/index_new/p2s2cap3_1533-1666_po.html>. Acesso em: 1º mar. 2018). A palavra *casamento* designa a união voluntária de um homem e uma mulher, de acordo com as regras do direito com o fim de constituição de uma família (HOUAISS, Antonio; VILLAR, Mauro de Salles. *Dicionário Houaiss da Língua Portuguesa*. Rio de Janeiro: Objetiva, 2001. p. 641).

[5] "Aliás, já Mackeldey (5) escrevia com admirável synthese: 'Os direitos de família se occupam das relações de família e de sua influencia sobre a pessoa e os bens daquelles que se lhe acham sujeitos. As relações de família comprehendem o casamento, o patrio-poder e até certo ponto a tutela e a curatela'. É sob este aspecto que o Código Brasileiro dá ao seu livro I parte especial a epigraphe: - Do Direito de Família. Como nas sociedades modernas e christãs o assento basico da família é o matrimonio, com toda razão o titulo I desse livro se inscreve - Do casamento. Procedendo ao commento deste titulo, cumpre-nos antes de tudo dar a definição de instituto tão importante sobre que, por assim dizer, repousa a propria sociedade civil" (sic) (OLIVEIRA, Candido de. *Manual do Código Civil brasileiro*. Rio de Janeiro: Jacintho Ribeiro dos Santos, 1917. vol. V. p. 8).

[6] "A República só reconhece o casamento civil, cuja celebração será gratuita" (Constituição da República de 1891, art. 72, §4º).

[7] "A família, constituída pelo casamento indissolúvel, está sob a proteção especial do Estado" (Constituição da República de 1934, art. 144).

como norma constitucional que se mantém na Carta de 1937[8] e nas Constituições que se seguiram (1946,[9] 1967,[10] 1969)[11] até a vigente Constituição de 1988.[12]

A partir de 1934 a família passou a ter expressa proteção do Estado e foi admitida a celebração religiosa do casamento, o qual poderia produzir efeitos civis,[13] desde que atendidos os requisitos legais para tanto e feita sua inscrição no Registro Civil. A mulher tornava-se relativamente incapaz ao casar, devendo ser assistida pelo marido nos atos da vida civil. A chefia da sociedade conjugal cabia ao homem, a quem competia: estabelecer o domicílio conjugal, administrar o patrimônio familiar, ou seja, os bens do casal, e reger a pessoa e bens dos filhos menores, visto deter, com exclusividade, o pátrio poder. Entre as competências do marido estava o direito de autorizar a profissão da mulher, a qual não a poderia exercer[14] sem tal autorização, dada em caráter geral ou especial, mas revogável a todo tempo, mediante instrumento público ou particular previamente autenticado.[15]

A mulher casada ocupava na família republicana até meados do século XX posição subalterna. Os direitos que lhe eram concedidos tinham, em verdade, cunho protecionista, reforçando, assim, sua posição de incapacidade, de inferioridade na sociedade conjugal. A virgindade da mulher era exigida e sua ausência ensejava a anulação do casamento,[16] motivo plenamente compreensível, na medida em que o fato de ser virgem constituía o fundamento da honra e honestidade da mulher, e sua desonra contaminava toda família. A mulher violada em sua honra poderia exigir do ofensor, se este não pudesse ou quisesse reparar o mal pelo casamento, um dote correspondente à sua própria condição e estado.[17] Se vítima de aleijão ou deformidade, sua indenização, caso fosse solteira ou viúva ainda capaz de casar, consistiria em dotá-la, segundo as posses do ofensor, as circunstâncias do ofendido e a gravidade do defeito.[18] O fato de não casar, para a mulher, assumia a natureza de dano, a merecer tratamento entre a liquidação das obrigações resultantes dos atos ilícitos. O casamento tinha não só natureza indenizatória, como constituía causa de extinção da punibilidade nos crimes contra os costumes, praticados contra a mulher, expressamente prevista na Lei Penal, ainda que a ofendida se casasse com outro que não o ofensor.[19] Essa causa de extinção da punibilidade só foi extinta pela Lei nº 11.106, de 28.3.2005, portanto quando já iniciado o século XXI. O casamento reparava o dano cível e penal causado à mulher.[20]

---

[8] Constituição dos Estados Unidos do Brasil de 1937, art. 124.
[9] Constituição dos Estados Unidos do Brasil de 1946, art. 163.
[10] Constituição do Brasil de 1967, art. 167.
[11] Emenda Constitucional nº 1/69, art. 175.
[12] Constituição da República Federativa do Brasil de 1988, art. 226, §1º.
[13] Constituição da República de 1934, art. 146.
[14] Código Civil, redação original, art. 233, IV.
[15] Código Civil, redação original, arts. 242, VII, 243 e 244. Observe-se que o parágrafo único, do art. 243, previa que o suprimento judicial da autorização validava os atos da mulher, mas não obrigava os bens próprios do marido.
[16] Código Civil, art. 178, §1º c/c arts. 218, IV, 219 e 220.
[17] Código Civil, art. 1.548.
[18] Código Civil, art. 1.538, §2º.
[19] Código Penal, arts. 108, VIII e IX (redação original), 107, VII e VIII (redação da Lei nº 6.416/1977).
[20] O adultério da esposa era punido mais severamente, em razão da possibilidade de introduzir no casamento prole espúria. O do marido somente era apenado se tivesse concubina teúda e manteúda, conforme dispunha expressamente o Código Penal de 1890, vigente até 1º.1.1942: "Art. 279. A mulher casada que commetter adulterio, será punida com a pena de prisão cellular por um a tres annos. §1º. Em igual pena incorrerá: 1º o marido que tiver concubina teúda e manteúda; 2º a concubina; 3º o co-réu adulterro" (sic). Contudo, não bastava a confissão da mulher para inibir a presunção de paternidade estabelecida pelo casamento (Código Civil, art. 346).

As relações sem casamento eram moral, social e civilmente reprovadas, atingindo diretamente os filhos que eram classificados e consequentemente discriminados em função da situação jurídica dos pais, do que resultava ficar a reprovação registrada nos filhos em franco prejuízo dos seus mais basilares direitos. Assim, "legítimos" eram os filhos concebidos na constância do casamento, ainda que inválido, desde que contraído de boa-fé, e os legalmente presumidos como tal.[21] "Ilegítimos" os que não procediam de justas núpcias, aqueles que não tinham sua filiação assegurada pela lei[22] e não podiam ser reconhecidos.[23] Sem o reconhecimento do estado de filiação, ficava o filho privado do direito a alimentos, à sucessão e ao uso do nome.[24]

Somente a partir de 1942 se iniciou o longo processo para o pleno reconhecimento de direitos entre os filhos, em igualdade de condições, que se deu por força da Constituição da República de 1988.[25]

Não obstante a força da codificação de 1916, na qual o direito de família se estruturava pelo e para o casamento,[26] as relações sociais e em especial as de família entraram francamente em mutação, para além do esperado de sua natural evolução, graças: (i) à pressão e impulso de duas Grandes Guerras Mundiais, aliados à profunda liberação de costumes nas décadas de 1960-1970; (ii) ao questionamento e consequente declínio do poder religioso; (iii) a duas décadas de ditadura; (iv) ao inimaginável progresso da ciência, da medicina e da tecnologia, que deu início à era espacial, à possibilidade do controle genético e à utilização das técnicas de reprodução assistida; (v) ao acelerado desenvolvimento das telecomunicações. Tudo isso tendo como pano de fundo no Brasil uma situação econômico-financeira, caracterizada por instabilidade próxima do caos, que só agravou e aprofundou as diferenças sociais.

---

[21] Código Civil, arts. 337 e 338.

[22] BEVILÁQUA, Clóvis. *Código Civil dos Estados Unidos do Brasil comentado*. São Paulo: Francisco Alves, 1953-1955. v. II. p. 252.

[23] Distinguiam-se os filhos ilegítimos em "naturais", ou seja, os que nasciam de homem e mulher entre os quais não havia impedimento para se casarem, e "espúrios", denominação que designava os nascidos de pessoas impedidas de casar por parentesco, afinidade ou casamento subsistente, qualificados como filhos adulterinos e os incestuosos. O reconhecimento desses últimos foi vedado até 1988. "Os filhos incestuosos e os adulterinos não podem ser reconhecidos" (Código Civil, art. 358 (revogado pela Lei nº 7.841/89). O reconhecimento dos filhos naturais era admitido, mas apenas os *legitimados* pelo casamento dos pais, após sua concepção ou nascimento, eram equiparados aos legítimos. "Os filhos legitimados são, em tudo, equiparados aos legítimos" (Código Civil, art. 352).

[24] O direito legislado não refletia o pensamento de importantes juristas da época. O projeto primitivo de Clovis Beviláqua admitia o reconhecimento dos filhos espúrios, como se vê de seu art. 421: "No ato do reconhecimento do filho adulterino ou incestuoso, é vedado, sob pena de nulidade, fazer qualquer menção da qual se induza que ele proceda de um concúbito reprovado". Alguns doutrinadores mais progressistas vislumbraram nas Cartas de 1934 e 1937 tendência para equiparação de todos os filhos, razão pela qual entendiam que o Código Civil estaria revogado. Atuação pioneira coube em verdade à legislação acidentária e previdenciária, que, no seu campo de incidência, iniciou um processo de evolução à margem da lei civil (GOMES, Orlando; CARNEIRO, Nelson. *Do reconhecimento dos filhos adulterinos*. Rio de Janeiro: Revista Forense, 1952. p. 82-86).

[25] Dispunha o Decreto-Lei nº 4.737, de 24.9.1942, art. 1º: "O filho havido pelo cônjuge fora do matrimônio pode, depois do desquite, ser reconhecido ou demandar que se declare sua filiação". Importante no tema foi a Lei nº 883, de 21.10.1949, alterada pelas leis nºs 6.015/73, 6.515/77 e 7.250/84, que ampliaram pouco a pouco a possibilidade de reconhecimento.

[26] "A regulamentação do casamento, seus efeitos pessoais e econômicos, sua duração e dissolução, a determinação do parentesco, do dever alimentar, do pátrio poder, da tutela e da curatela, são os enfeixamentos de relações principais, que se originam da família e cuja exposição pertence a esta parte do Direito Civil, a que se dá o título de – Direito de Família" (BEVILÁQUA, Clóvis. *Direito de família*. Rio de Janeiro: Freitas Bastos, 1956. p. 20).

O conjunto dos fatos referenciados interferiu direta e indiretamente nas relações familiares, desencadeando uma sequência de desafios ao direito existente que exigiu toda atenção e esforço da doutrina e, em particular, dos Tribunais, no sentido de atender às demandas não comportadas por uma codificação que desmoronava diante dos fatos.

O legislador aos poucos atendeu aos reclamos sociais e uma série de normas foi editada modificando o direito de família codificado, que acabou esfacelado com a promulgação da Constituição da República de 1988. Nessa sequência de leis extravagantes, três merecem expressa menção, por marcarem o rumo que indicava o caminho para o novo direito de família que se instaurou a partir de 1988, a saber: a admissão do reconhecimento dos filhos adulterinos, a emancipação da mulher casada e a dissolubilidade do vínculo matrimonial.

A Lei nº 883/1949 permitiu o reconhecimento do filho havido fora do matrimônio, por qualquer dos cônjuges, e ao filho ação para que se lhe declarasse a filiação, mas exigia que a sociedade conjugal estivesse dissolvida. Embora contivesse restrições discriminatórias ao direito sucessório do filho assim reconhecido,[27] a referida lei teve o mérito de quebrar a rigidez do Código Civil na matéria. A mencionada exigência se manteve até 1977, época em que entrou em vigor a Lei nº 6.515/1977, a qual além de regulamentar o divórcio no Brasil autorizou o reconhecimento do filho, ainda na vigência da sociedade conjugal, mediante testamento cerrado, nesta parte irrevogável, bem como a ação do filho para obter alimentos, em segredo de justiça.

A Lei nº 4.121/1962 constituiu o segundo grande marco nas relações familiares, ao reconhecer a plena capacidade da mulher casada, que só então deixou de ser relativamente incapaz, passando a ocupar a posição de *colaboradora* do marido, o qual foi mantido como chefe da sociedade conjugal. O Estatuto da Mulher Casada alterou o Código Civil, de modo a dispensar a assistência do marido e a atribuir à mulher casada tratamento igualitário para a prática dos atos da vida civil.[28] Esse, sem dúvida, foi o nascedouro da isonomia entre marido e mulher, que se sedimentou com a Constituição de 1988 (art. 226, §5º).[29]

O terceiro marco aqui considerado foi a Lei do Divórcio, antes mencionada, que admitiu a dissolução do vínculo conjugal. Após grande mobilização nacional e superação de forte resistência dos setores conservadores e religiosos da sociedade, foi aprovada emenda à Constituição,[30] que permitia a dissolução do vínculo conjugal, desde que houvesse prévia separação judicial por mais de três anos ou separação de fato pelo prazo de cinco anos, se iniciada antes de 1977. O pedido de divórcio, em qualquer de

---

[27] A teor do art. 2º, o filho reconhecido na forma da Lei nº 883/1949, para efeitos econômicos, teria o direito à metade da herança que viesse a receber o filho legítimo ou legitimado, a título de amparo social, portanto, não por seu estado de filho.

[28] Não obstante a indiscutível importância da lei de 1962 para a mulher casada, a manutenção do dispositivo que atribuía a chefia da sociedade conjugal ao marido demonstrou não ter havido um rompimento integral do modelo do Código Civil em sua concepção nitidamente patriarcal, calcada na ideia de preservação da unidade familiar. Ver BARBOZA, Heloisa Helena. O direito de família brasileiro no final do século vinte: rumos indefinidos. In: BARRETTO, Vicente (Org.). *A nova família*: problemas e perspectivas. Rio de Janeiro: Renovar, 1997. p. 87-112.

[29] Cf. BARBOZA, Heloisa Helena; ALMEIDA, Vitor. (Des)igualdade de gênero: a mulher como sujeito de direito. In: TEPEDINO, Gustavo; TEIXEIRA, Ana Carolina Brochado; ALMEIDA, Vitor (Coord.). *O direito civil entre o sujeito e a pessoa*: estudos em homenagem ao Professor Stefano Rodotà. Belo Horizonte: Fórum, 2016. p. 163-189.

[30] Emenda Constitucional nº 9 à Constituição Federal de 1969, alterando a redação do art. 175.

seus casos, somente poderia ser formulado uma vez,[31] requisito que se manteve até ser revogado em 1989.[32] Ao longo de trinta e três anos e, mesmo após a Constituição da República de 1988, mantiveram-se limitações à possibilidade de divórcio que só veio a ser admitido livremente em 2010, através da Emenda Constitucional nº 66.[33]

Importantes alterações foram feitas pela Lei do Divórcio em matéria de filiação, além do reconhecimento dos filhos ilegítimos. Merece destaque a garantia do direito à herança, em igualdade de condições, *qualquer que fosse a natureza da filiação*, que abriu caminho para a plena igualdade de direitos entre os filhos, independentemente de sua origem.[34]

As tendências inovadoras em relação aos filhos não se verificaram quanto às uniões sem casamento, que permaneciam à margem de qualquer regulação, a despeito de já existirem na antiguidade e serem encontradas em número significativo na sociedade brasileira. O crescente número de demandas, especialmente para fins de proteção da mulher, acabou por sensibilizar os tribunais, os quais construíram soluções oportunamente acolhidas pelo legislador.[35] Coube ao legislador constituinte acolher essas uniões como famílias, dando-lhes a necessária proteção.

Foram necessárias muitas décadas para que, no âmbito do processo de redemocratização do país, se consagrasse um entendimento mais humanizador do direito de família, pondo fim a discriminações que afrontavam os princípios fundantes da Constituição da República de 1988, como a dignidade da pessoa humana e a liberdade.

2 Sentidos: famílias, multiculturalismo e diversidade

O novo perfil do direito de família no Brasil foi lentamente se desenhando ao longo da segunda metade do século XX, a despeito da permanência do Código Civil de 1916. As inovações, como visto, foram resultado de ações legislativas pontuais, que se consolidaram com a Constituição Federal de 1988, que constitui o ponto de partida do recomeço, ainda em curso, de *uma retomada da ética na sociedade e na sua expressão jurídica*.[36]

Nessa perspectiva de abertura e reconhecimento de situações familiares até então postas à margem do direito codificado, a indagação quanto aos limites da intervenção do Estado emerge como ponto de todo importante, se não central, como proposto por Luiz Edson Fachin. No processo de recomeço, que se encontra em desenvolvimento, princípios estruturais que se erigem nos lindes entre direito e moral, como o da monogamia, bem como os deveres conjugais de fidelidade e coabitação são postos à prova. É o que se constata com relação ao caso que aguarda julgamento pela Corte Suprema, que tem

---

[31] Lei nº 6.515/77, art. 38.
[32] Lei nº 7.841, de 17.10.1989, revogou o art. 38, da Lei do Divórcio.
[33] Emenda Constitucional nº 66 de 2010, deu nova redação ao §6º, do art. 226, segundo a qual o casamento civil pode ser dissolvido pelo divórcio.
[34] Confirmando a tendência ao reconhecimento da plena igualdade entre os filhos, a Lei nº 6.515/1977 dispensava a ação de investigação de paternidade por parte do filho adulterino que obtivesse alimentos, desde que dissolvida a sociedade conjugal do alimentante. Não obstante, os filhos incestuosos continuavam totalmente marginalizados e sem qualquer amparo, visto que não tinham acesso a nenhum direito decorrente do parentesco, em virtude de ser vedado seu reconhecimento.
[35] Merece menção o fato de ter sido a legislação previdenciária e acidentária a primeira a reconhecer os efeitos legais do concubinato, com fundamento na proteção da mulher.
[36] FACHIN, Luiz Edson. *Direito civil*: sentidos, transformações e fim. Rio de Janeiro: Renovar, 2015. p. 153.

como questão de fundo a admissão das chamadas famílias simultâneas, que na hipótese consiste na coexistência de casamento e de uma união de pessoas do mesmo sexo, como entidades aptas à produção de efeitos jurídicos.[37] No mesmo campo fronteiriço de discussão, encontra-se em apreciação pelo Conselho Nacional de Justiça a possibilidade ou não da lavratura em cartórios de escrituras de "união poliafetiva", constituída por três ou mais pessoas.[38]

Em tais casos, a intervenção do Estado é indispensável, para que cumpra seu dever maior, que é:

> assegurar o exercício dos direitos sociais e individuais, a liberdade, a segurança, o bem-estar, o desenvolvimento, a igualdade e a justiça como valores supremos de uma sociedade fraterna, pluralista e sem preconceitos, fundada na harmonia social e comprometida, na ordem interna e internacional, com a solução pacífica das controvérsias.[39]

Constata-se, porém, que, enquanto se desenrolam os debates, as questões se agravam, visto que as relações familiares a cada momento crescem em complexidade. Ao lado da família matrimonial nos moldes tradicionais, Rolf Madaleno[40] menciona, pelo menos, onze outros arranjos familiares, modelos que desafiam a conceituação do que se deva considerar como entidade familiar e seus efeitos existenciais e patrimoniais.

Mas quais delas devem ser acolhidas? Qual a legitimação ética para tanto? Como contemplar os diferentes e justificáveis entendimentos numa sociedade marcada pelo multiculturalismo e pela diversidade?

Os desafios multiculturais que se apresentam atualmente ao direito das famílias no Brasil podem ser entendidos de melhor forma a partir de um breve panorama da trajetória histórica da instituição familiar na sociedade brasileira, conforme já traçado. A presença de múltiplos modos de vida em diferentes grupos submetidos a uma mesma jurisdição é um fato que se constata no Brasil desde os tempos coloniais (século XVI). A forte influência dos costumes e da religião dos colonizadores portugueses marcou de tal modo a formação da cultura brasileira, que ainda se mantém mesmo passados cerca de cinco séculos. Além disso, traços sensíveis da cultura indígena nativa e da cultura de importantes partes da África, aliados à ampla miscigenação, igualmente contribuíram para o que hoje se pode identificar como cultura brasileira. A família é certamente o *locus* de preservação e transformação desse múltiplo legado, que se molda na dinâmica da própria evolução da sociedade.[41]

A submissão a uma única jurisdição, que existe até os dias de hoje, exclui de plano as pessoas que não mantêm um modo de vida reconhecido pelo direito. Como assinalado, no Brasil, até 1988, o direito só considerava como entidade familiar para fins de proteção do Estado e do Direito aquela que se constituía pelo casamento.[42] Tal

---

[37] Aguarda-se o julgamento do RE nº 883.168-SC, ao qual foi atribuído efeito de repercussão geral, pelo STF.
[38] FARIELLO, Luiza. União poliafetiva: pedido de vista adia a decisão. *CNJ*, 22 maio 2018. Disponível em: <http://www.cnj.jus.br/noticias/cnj/86892-uniao-poliafetiva-pedido-de-vista-adia-a-decisao>. Acesso em: 22 maio 2018.
[39] Constituição da República de 1988, Preâmbulo.
[40] MADALENO, Rolf. *Manual de direito de família*. Rio de Janeiro: Forense, 2017. p. 2-15.
[41] V. GLANZ, Semy. *A família mutante*: sociologia e direito comparado. Rio de Janeiro: Renovar, 2005. *Passim*.
[42] Cf. NAMUR, Samir. *A desconstrução da preponderância do discurso jurídico do casamento no direito de família*. Rio de Janeiro: Renovar, 2009.

fato não impediu, porém, que diferentes arranjos familiares se formassem e viessem a demandar tutela para seus direitos, ainda que não estivessem amparados por qualquer regulamentação. A proteção era reivindicada não apenas para os integrantes do casal, mas principalmente para os filhos não nascidos do casamento, tidos como ilegítimos, e, por tal razão, sem direitos assegurados, como visto. Tais famílias sempre existiram, mas para o direito eram "invisíveis", uma vez que eram ignoradas pelo legislador, como se lá não estivessem, como se não fizessem parte da sociedade.

Além desse grupo, se encontravam à margem da jurisdição pessoas regidas por outras antigas tradições culturais, como os indígenas, os povos da floresta, os ribeirinhos e os quilombolas, denominação dada aos escravos fugidos que se refugiavam em locais conhecidos como quilombos. Através dos séculos esses grupos permaneceram invisíveis para o direito, que acolhia apenas os que se casavam civilmente, ou seja, se submetiam à ordem jurídica vigente.

Na mesma medida, outros grupos permaneceram igualmente invisíveis para o direito, por razões de orientação sexual e identidade de gênero, mesmo não havendo diferenças culturais importantes. Estão nesse caso os numerosos integrantes da população LGBT, que apenas em fins do século XX começaram a ter seus direitos reconhecidos.

A partir da Lei nº 13.146/2015 (Estatuto da Pessoa com Deficiência), a população de pessoas com deficiência, inclusive de natureza mental ou intelectual, passou a ter expressamente assegurados seus direitos familiares, tais como casar, ter filhos e preservar sua fertilidade. Embora tais direitos não lhes fossem a rigor negados, fato é que até então integravam o grupo das pessoas invisíveis e na prática não podiam exercer os citados direitos. Aqui também as diferenças culturais não eram as mais importantes, salvo quanto ao arraigado preconceito social contra essas pessoas, consideradas incapazes e, como tal, discriminadas inclusive pela Lei Civil.[43]

Todos esses fatores, aliados às notórias discrepâncias de ordem econômica, contribuíram para o surgimento de demandas recentes para reconhecimento de situações familiares que na verdade não são antigas, como as relações de filiação estabelecidas com base na socioafetividade e a existência de famílias simultâneas. Há, como se vê, uma sequência de desafios ao direito de família, que vêm sendo enfrentados principalmente pelos Tribunais, em razão da notória lentidão do legislador em atender aos reclamos sociais. As pessoas precisam de proteção jurídica e não podem esperar por soluções políticas, que na verdade se submetem ao poder religioso, como no passado, em razão do predomínio político-religioso no Congresso brasileiro. O Brasil é um país laico, mas a maioria dos integrantes do Congresso, que constituem o grupo conhecido como "bancada religiosa", é composta declaradamente por representantes de diferentes religiões, em particular evangélicos e católicos. Assim, questões como a regulamentação do casamento entre pessoas do mesmo sexo, bem como a utilização e efeitos das técnicas de reprodução assistida[44] e transexualidade,[45] há anos se arrastam no Congresso Nacional.

---

[43] Cf. BARBOZA, Heloisa Helena; ALMEIDA, Vitor. O direito de constituir família da pessoa com deficiência intelectual: requisitos e limites. In: PEREIRA, Tânia da Silva; OLIVEIRA, Guilherme de; COLTRO, Antônio Carlos Mathias (Org.). *Cuidado e o direito de ser*: respeito e compromisso. Rio de Janeiro: GZ, 2017. p. 229-242.

[44] Atualmente, encontra-se em vigor a Resolução CFM nº 2.168/2017 para tratar das normas éticas para utilização das técnicas de reprodução assistida.

[45] A Resolução CFM nº 1.955/2010 dispõe sobre a cirurgia de "transgenitalismo".

A Constituição da República de 1988, fruto do processo de redemocratização do Brasil, constitui, sem dúvida, a grande fonte da qual emanam as respostas para os desafios multiculturais do direito de família. O Supremo Tribunal Federal (STF), como guardião da Constituição, vem manejando com equilíbrio as complexas questões que lhe têm sido submetidas em matéria de direito de família, de que é bom exemplo o casamento de pessoas do mesmo sexo e a admissão da denominada multiparentalidade.[46]

Se durante muito tempo pouco se avançou no direito de família brasileiro, certo é que nos últimos vinte anos as conquistas neste campo foram surpreendentes, graças principalmente à nova ordem constitucional vigente desde 1988. Contudo, várias questões continuam ainda em debate e outras ainda aguardam resposta. A existência de regulamentação jurídica nem sempre é bastante para que determinada situação jurídica seja acolhida pela sociedade. Este o caso do casamento entre pessoas do mesmo sexo, que não obstante amparado pelo direito encontrou resistência em vários setores sociais.

Nessa linha, cabe mencionar a reafirmação dos direitos e da autonomia das pessoas idosas, objeto do denominado Estatuto do Idoso,[47] que regula os direitos assegurados às pessoas com idade igual ou superior a 60 (sessenta) anos, garantindo a elas, por lei ou por outros meios, todas as oportunidades e facilidades, para preservação de sua saúde física e mental e seu aperfeiçoamento moral, intelectual, espiritual e social, em condições de liberdade e dignidade. A despeito dessas garantias legais, o idoso ainda é discriminado pela sociedade e não reconhecido em suas potencialidades, não raro recebendo tratamento que o infantiliza e, consequentemente, o relega à dependência da família.

Em situação mais grave se encontram as pessoas com deficiência. Em 3.1.2016 entrou em vigor a Lei Brasileira de Inclusão – Estatuto da Pessoa com Deficiência, que assegura a plena capacidade da pessoa com deficiência física, sensorial, mental ou intelectual. Embora tenha recebido boa acolhida no meio jurídico e na sociedade em geral, grande resistência tem havido em relação ao seu art. 6º, segundo o qual a deficiência não afeta a plena capacidade civil da pessoa, inclusive para: casar-se e constituir união estável; exercer direitos sexuais e reprodutivos; exercer o direito de decidir sobre o número de filhos e de ter acesso a informações adequadas sobre reprodução e planejamento familiar; conservar sua fertilidade, sendo vedada a esterilização compulsória; exercer o direito à família e à convivência familiar e comunitária; e exercer o direito à guarda, à tutela, à curatela e à adoção, como adotante ou adotando, em igualdade de oportunidades com as demais pessoas.[48]

Embora tenha sido admitida a curatela da pessoa com deficiência, esta deve ficar restrita aos atos de natureza patrimonial, não atingindo, portanto, os atos existenciais enumerados no art. 6º. A resistência se dirige principalmente à possibilidade da prática desses atos por pessoas com deficiência mental ou intelectual, questão que tem provocado

---

[46] O STF fixou tese na Repercussão Geral nº 622, a partir da apreciação do RE nº 898.060/SC, nos seguintes termos: "A paternidade socioafetiva, declarada ou não em registro público, não impede o reconhecimento do vínculo de filiação concomitante baseado na origem biológica, com os efeitos jurídicos próprios".

[47] Lei nº 10.741, de 1º.10.2003.

[48] Cf. BARBOZA, Heloisa Helena; ALMEIDA, Vitor (Org.). *Comentários ao Estatuto da Pessoa com Deficiência à luz da Constituição da República*. Belo Horizonte: Fórum, 2018. p. 61-69; BARBOZA, Heloisa Helena; ALMEIDA, Vitor. A capacidade à luz do Estatuto da Pessoa com Deficiência. In: MENEZES, Joyceane Bezerra de (Org.). *Direitos das pessoas com deficiência psíquica e intelectual nas relações privadas*. Convenção sobre os direitos da pessoa com deficiência e Lei Brasileira de Inclusão. Rio de Janeiro: Processo, 2016. p. 249-274.

vivo debate entre os juristas. O que se constata é a permanência da discriminação existente contra a pessoa com deficiência, especialmente no caso de deficiência mental ou intelectual, não reconhecida socialmente em suas competências, considerada que é, pelo senso comum, como incapaz de uma vida útil para si e para a sociedade.

A norma jurídica, em casos como esse, torna-se o melhor instrumento para promover a inclusão dessas pessoas, até então invisíveis, na sociedade, a qual deve acolher os diferentes modos de vida, em igualdade de condições, em franca perspectiva promocional e inclusiva do direito. A família continua a ser a base da sociedade e a gozar da especial proteção do Estado. Contudo, não mais se origina apenas do casamento; a seu lado duas novas entidades familiares passaram a ser reconhecidas na Constituição de 1988: a constituída pela união estável e a formada por qualquer dos pais e seus descendentes (art. 226, §§3º e 4º).

A admissão de novas "famílias" foi especialmente revolucionária, eis que relações consideradas até meados do século passado imorais e até então ilegítimas galgaram natureza constitucional. Carentes de regulamentação, contudo, passaram a exigir do intérprete, especialmente, a união estável, correspondente constitucional do concubinato não eventual, grande esforço, posto que, na verdade, nenhuma das normas do direito de família se lhe amoldava à perfeição, mostrando-se o recurso a analogia canhestro, já que, se de um lado sua estrutura fática é similar à do casamento, diferem radicalmente na constituição: o casamento é um ato jurídico solene, contido pelo direito de família; a união estável, um fato, examinado, até então, à margem da ordem familiar. Observe-se que, como assinalado, toda construção jurisprudencial relativa às uniões livres fundou-se em institutos do direito das obrigações.

As relações entre os companheiros ou conviventes se encontram regulamentadas pelo Código Civil, que reconhece como entidade familiar a união estável entre o homem e a mulher, configurada na convivência pública, contínua e duradoura e estabelecida com o objetivo de constituição de família (art. 1.723).[49] A união estável não se constituirá se ocorrerem os impedimentos para casamento, previstos no art. 1.521, do Código Civil. É ressalvado o impedimento que proíbe novo casamento de pessoas já casadas (art. 1.521, VI), na hipótese de a pessoa casada se encontrar separada de fato ou judicialmente. Desse modo, a nova família constituída por pessoa casada tem direitos regulamentados, desde que ela não mais conviva com o cônjuge anterior.

A união estável pode ser convertida em casamento, se assim desejarem os conviventes. Em tal caso, as formalidades preliminares do casamento[50] são simplificadas.

---

[49] O reconhecimento da união estável não exige o cumprimento de qualquer requisito de forma ou de tempo. Trata-se de uma situação de fato, que se constitui pela convivência dos companheiros e se revela na comunhão de vida, não se exigindo a coabitação. Este é o antigo entendimento do Supremo Tribunal Federal, consolidado na Súmula nº 382: "A vida em comum sob o mesmo teto, *more uxorio*, não é indispensável à caracterização do *concubinato*". Esse entendimento tem sido aplicado igualmente para a união estável. Nesse sentido os seguintes acórdãos do Superior Tribunal de Justiça, que tem atualmente competência para apreciar essa matéria: REsp nº 275.839/SP, REsp nº 474.962/SP, REsp nº 1.096.324/RS e REsp nº 1.107.192/PR. Embora seja prática comum, a celebração do denominado "contrato de convivência" ou "pacto de convivência" não é requisito para caracterizá-la. Esse contrato é bastante útil como meio de prova da existência da união estável, sendo utilizado também para regulamentar o regime de bens entre os companheiros (art. 1.725).

[50] O casamento é no Brasil um ato jurídico solene. O atendimento às referidas formalidades se verifica no processo de habilitação para casamento, regulamentado pelos arts. 1.526 a 1.532 do Código Civil e pelos arts. 67 a 69 da Lei nº 6.015, de 31.12.1973 (Lei de Registros Públicos).

Essa previsão constitucional gerou duas controvérsias, de grande repercussão nacional. Ambas constituem desafios multiculturais ao direito de família, na medida em que dizem respeito diretamente a diferentes modos de vida das pessoas.

O primeiro debate surge em razão da conversão da união estável em casamento acima referida. De acordo com o texto do §3º, do art. 226, da Constituição da República, deve a lei facilitar a conversão da união estável em casamento. Alguns doutrinadores, diante do texto constitucional, entendem que o casamento não deve ser equiparado à união estável. Em consequência, podem ter regimes jurídicos distintos. Em consequência, os direitos pessoais e patrimoniais não serão iguais, a depender da existência ou não do casamento formalmente realizado. Nessa linha chega-se a uma verdadeira hierarquização das entidades familiares, uma com mais ou melhores direitos e outra com menos direitos. O que legitimaria essa distinção entre famílias, se não razões de natureza religiosa que rejeitam as uniões sem a formalização do matrimonio perante a Lei de Deus e dos Homens? Numa sociedade multicultural em essência como a brasileira, os modos de vida diversos se traduzem em famílias diferentes, que atendem a razões de ordem cultural e econômica dos diferentes grupos.

Não obstante tais questionamentos, o Código Civil vigente estabeleceu regras para união estável distintas das que disciplinam o casamento, que geraram situações de franca e injustificada desigualdade, as quais foram submetidas aos Tribunais Superiores. Destaca-se entre essas situações o tratamento sucessório desigual entre companheiros e cônjuges, recentemente apreciado pelo Supremo Tribunal Federal. Entendeu a Corte Suprema que: "No sistema constitucional vigente, é inconstitucional a distinção de regimes sucessórios entre cônjuges e companheiros, devendo ser aplicado, em ambos os casos, o regime estabelecido no art. 1.829 do CC/2002".[51] Este último artigo disciplina a sucessão legítima dos cônjuges, que tinham situação privilegiada em comparação com a dos companheiros.

A segunda controvérsia diz respeito às relações familiares mantidas entre pessoas do mesmo sexo. Depois de longo tempo e de sucessivas demandas judiciais, o Supremo Tribunal Federal, em histórica decisão de 5.5.2011, tomada pelo plenário daquela Corte por votação unânime, com eficácia *erga omnes* e efeito vinculante, deu ao art. 1.723 do Código Civil interpretação em conformidade com a Constituição Federal e reconheceu as uniões homoafetivas ou homossexuais como família, às quais devem ser aplicadas as mesmas regras e consequências da união estável heteroafetiva.[52]

Na mesma decisão ficou expresso o entendimento do Supremo Tribunal Federal no sentido: da proibição de discriminação das pessoas em razão do sexo, seja no plano da dicotomia homem/mulher (gênero), seja no plano da orientação sexual de cada qual deles; da proibição do preconceito; do reconhecimento do pluralismo como valor sociopolítico-cultural; da liberdade para dispor da própria sexualidade, inserida na categoria dos direitos fundamentais do indivíduo, expressão que é da autonomia de vontade; do direito ao uso empírico da sexualidade nos planos da intimidade e da privacidade constitucionalmente tuteladas; da inexistência de hierarquia ou diferença de

---

[51] A tese foi aprovada por ocasião do julgamento dos recursos extraordinários (RE) nºs 646.721 e 878.694, ambos com repercussão geral reconhecida.
[52] Por força do julgamento da Ação Direta de Inconstitucionalidade (ADI) nº 4.277 e da Arguição de Descumprimento de Preceito Fundamental (ADPF) nº 132.

qualidade jurídica entre as duas formas de constituição de um novo e autonomizado núcleo doméstico; de ser a expressão *entidade familiar* sinônimo perfeito do termo *família*.

Como visto, a união estável pode ser convertida em casamento. Assim, embora não haja previsão legal expressa que autorize o casamento entre pessoas do mesmo sexo, desde o julgamento da ADI nº 4.277, pessoas do mesmo sexo têm se casado, por conversão da união estável ou diretamente. Diante da resistência que surgiu à realização desses casamentos, inclusive no meio jurídico, o Conselho Nacional de Justiça (CNJ) editou a Resolução nº 175, de 14.5.2013, proibindo as autoridades competentes de recusarem a habilitação, celebração de casamento civil ou de conversão de união estável em casamento entre pessoas de mesmo sexo.

Não obstante todas essas conquistas, grupos de resistência à igualdade das famílias, em especial as homoafetivas, se encontram no Brasil, país que luta agora contra a homofobia, que se expressa sob diversas formas na sociedade. As necessárias providências legislativas sobre a questão, que devem incluir a criminalização da homofobia, caminham muito lentamente no Congresso Nacional, que parece não ter interesse em tão grave problema. Esse fato se explica pela composição atual do Congresso de início esclarecida.

Paralelamente a todas essas transformações, observa-se movimento de ampliação do papel do Estado, a quem incumbe, além da função de proteção da família, o dever de assegurar-lhe assistência, na pessoa de cada um dos que a integram, deslocando o objeto de sua atenção para o indivíduo, em lugar da comunidade familiar,[53] nos casos em que se revelam desigualdades intrafamiliares. A doutrina já acentuou a passagem da família como instituição à família instrumental, que se caracteriza como "aquela que propicia um ambiente adequado ao desenvolvimento da personalidade de todos e de cada um de seus membros",[54] o que possibilitou a discussão de uma maior autonomia da pessoa na esfera familiar, sem descurar da necessária intervenção estatal nos casos de vulnerabilidade nas relações familiares.[55]

A pluralidade e diversidade que marcam as sociedades contemporâneas impõem considerar a família como categoria sociocultural, o que impede qualquer interpretação reducionista de seu conceito. A pluralidade de entidades familiares, conforme agasalhada na própria Constituição, mostra seu dinamismo como comunidades intermediárias culturalmente determinadas e em constante mudança. Fundamental, portanto, compreender os atuais sentidos de família que, necessariamente, devem homenagear o pluralismo e a diversidade como marcos de um direito laico, inclusivo e promocional, a fim de que as desigualdades, preconceitos e discriminações sejam eliminados.

---

[53] CF/88, art. 226, §8º.
[54] MORAES, Maria Celina Bodin de. A nova família, de novo – Estruturas e função das famílias contemporâneas. *Pensar*, Fortaleza, v. 18, n. 2, p. 587-628, maio/ago. 2013. p. 613.
[55] Maria Celina Bodin de Moraes leciona que os "movimentos intrafamiliares que podem ser identificados são, de um lado, a forte expansão da autonomia individual nas relações conjugais; de outro, a responsabilização crescente, solidarista, nas relações parentais" (MORAES, Maria Celina Bodin de. A nova família, de novo – Estruturas e função das famílias contemporâneas. *Pensar*, Fortaleza, v. 18, n. 2, p. 587-628, maio/ago. 2013. p. 590).

3 Fins: limites e recomeço

Mesmo depois da promulgação da Constituição de 1988, os rumos a serem tomados pelo direito de família estavam indefinidos. Situações que há menos de vinte anos causavam sério constrangimento, passaram a ser discutidas abertamente na imprensa, entraram na casa das famílias tradicionais através dos enredos das novelas de televisão, de que são exemplo os problemas dos filhos nascidos de reprodução assistida, as relações homoafetivas e o drama do reconhecimento dos transexuais. Pouco a pouco, passou-se a falar de "famílias alternativas", constituídas por mães ou pais solteiros por opção, que têm seus filhos por "produção independente", valendo-se das técnicas de reprodução assistida. No processo de desenvolvimento dessa possibilidade, constatam-se na atualidade os projetos de coparentalidade, pessoas (duas ou mais) que não querem manter um vínculo afetivo entre si, mas desejam ter e educar um filho em conjunto, dividindo cuidados e responsabilidades.

No momento em que a afetividade se consagra como elemento caracterizador da família, constitui-se uma família na qual não há (e não houve) vínculo de afeto entre os pais. Tal possibilidade merece reflexão, pelo menos, quanto a seus efeitos em relação aos pais e ao filho. Sob o aspecto jurídico, cabe indagar se há uma família, duas famílias monoparentais, ou uma relação obrigacional entre os pais. Embora o filho tenha integral proteção, independentemente da existência ou não de vínculo familiar entre os pais, deve ser verificado se essa situação produz efeitos psicológicos danosos para o filho.

Não se cuidam de casos isolados, sem maior repercussão social, mas da busca do reconhecimento da liberdade individual no âmbito privado, do respeito à *dignidade humana como imperativo ético existencial*, em especial das pessoas que têm outra maneira de viver, isto é, que não seguem as normas de conduta social convencionadas em outro tempo e espaço, sendo bom exemplo as que mantêm relações homoafetivas ou adotam comportamentos de gênero discordante da heteronormatividade. Mais do que isso, trata-se de assegurar *a dignidade humana como princípio de força normativa, à luz da pessoa concreta e atento à incidência dos direitos fundamentais nas relações interprivadas.*[56]

Como esclarece Luiz Edson Fachin, é no cotejo entre autonomia privada e intervenção estatal que se abrem os caminhos que possibilitam a proteção da pessoa humana em sua concretude.[57] Considerando as diferentes situações de vulnerabilidade, destaca o autor que as francas desigualdades fazem emergir a violência nas relações familiares.[58] Em tais casos, *é o Estado que deve seguir o azimute de sua necessária intervenção*, para que se concretize o preceito constitucional de tutela integral da dignidade da pessoa humana.[59]

Parecer razoável entender que não apenas nesse tipo de situação extrema deve o Estado estar presente. Como acima assinalado, tem o Estado outros deveres, entre os quais se destaca o de assegurar a dignidade e a liberdade para todos, no delicado equilíbrio exigido pela diversidade própria de uma sociedade marcada pelo multiculturalismo.

Entre esses outros deveres está o de assegurar os direitos daqueles que, *jurídica ou faticamente, estão em uma posição de fragilidade.*[60] A intervenção legítima do Estado no

---

[56] FACHIN, Luiz Edson. *Direito civil*: sentidos, transformações e fim. Rio de Janeiro: Renovar, 2015. p. 154.
[57] FACHIN, Luiz Edson. *Direito civil*: sentidos, transformações e fim. Rio de Janeiro: Renovar, 2015. p. 159.
[58] FACHIN, Luiz Edson. *Direito civil*: sentidos, transformações e fim. Rio de Janeiro: Renovar, 2015. p. 154.
[59] FACHIN, Luiz Edson. *Direito civil*: sentidos, transformações e fim. Rio de Janeiro: Renovar, 2015. p. 155.
[60] FACHIN, Luiz Edson. *Direito civil*: sentidos, transformações e fim. Rio de Janeiro: Renovar, 2015. p. 156.

seio familiar para proteção das pessoas que ainda se encontram em desenvolvimento, como as crianças, deve ser estendida a todos os vulneráveis, ou seja, a todos os que devido a suas condições pessoais não são competentes para suprir, por si mesmos, suas necessidades básicas.[61] Esse *Estado presente* é fundamental para a proteção das pessoas com deficiência mental em sua plena capacidade jurídica, mas de modo sempre atento para que a intervenção não se transforme em *achatamento das identidades*.[62]

Constatam-se dos sucessivos e crescentes desafios que o direito de família se constrói na interlocução entre o público e o privado, *caminhos distintos que possibilitam a proteção da pessoa humana compreendida em sua concretude*,[63] a qual encontra na família plural e aberta o espaço de *autoconstituição coexistencial*, cabendo ao *Estado uma proteção inclusiva*.[64]

A indefinição dos rumos do direito de família cessa quando se constata que não há, nem deve haver, fins predeterminados, mas limites que se encontram na interlocução constante entre Estado e sociedade, em dado tempo e lugar, ambos comprometidos com a ética da responsabilidade, para que haja um recomeço voltado para o fim do direito que deve governar as relações familiares, *sob uma perspectiva de mudança*.[65]

Informação bibliográfica deste texto, conforme a NBR 6023:2002 da Associação Brasileira de Normas Técnicas (ABNT):

BARBOZA, Heloisa Helena; ALMEIDA, Vitor. Família após a Constituição de 1988: transformações, sentidos e fins. In: EHRHARDT JÚNIOR, Marcos; CORTIANO JUNIOR, Eroulths (Coord.). *Transformações no Direito Privado nos 30 anos da Constituição*: estudos em homenagem a Luiz Edson Fachin. Belo Horizonte: Fórum, 2019. p. 609-623. ISBN 978-85-450-0562-9.

---

[61] FACHIN, Luiz Edson. *Direito civil*: sentidos, transformações e fim. Rio de Janeiro: Renovar, 2015. p. 167-168.
[62] FACHIN, Luiz Edson. *Direito civil*: sentidos, transformações e fim. Rio de Janeiro: Renovar, 2015. p. 156.
[63] FACHIN, Luiz Edson. *Direito civil*: sentidos, transformações e fim. Rio de Janeiro: Renovar, 2015. p. 158-159.
[64] FACHIN, Luiz Edson. *Direito civil*: sentidos, transformações e fim. Rio de Janeiro: Renovar, 2015. p. 163.
[65] FACHIN, Luiz Edson. *Direito civil*: sentidos, transformações e fim. Rio de Janeiro: Renovar, 2015. p. 1-2.

AUTONOMIA PRIVADA NAS RELAÇÕES FAMILIARES: DIREITOS DO ESTADO E ESTADO DOS DIREITOS NAS FAMÍLIAS

RENATA VILELA MULTEDO

ROSE MELO VENCELAU MEIRELES

> *Repensar o Direito e as famílias sob um prisma crítico reside no confronto inafastável entre aquilo que é legalmente regulamentado e aquilo que é vivencialmente constituído [...].*
>
> (FACHIN, Luiz Edson. *Direito civil*: sentidos transformações e fim. Rio de Janeiro: Renovar, 2015. p. 159)

1 Introdução

Em clássica lição, afirmou-se que "a maioria das normas jurídicas constitutivas do Direito de Família acusa a presença de preceitos inderrogáveis impostos como *jus cogens* à obediência de todos, chegando mesmo a caracterizarem-se antes como deveres que como direitos".[1] Nesse estado dos direitos nas famílias, "o direito de família tende ao direito público, em razão da relevância cada vez maior em que o organismo familiar é tido no ordenamento jurídico".[2]

Como consequência prática da qualificação da norma como cogente, considerava-se, por exemplo, inexistente o casamento entre pessoas do mesmo sexo, dada a previsão legal do art. 1.514 do Código Civil, que se refere a "homem e mulher". Em que pese o paradigma na diversidade de sexo ter sido superado a partir do julgamento da ADI nº 4.277 pelo Supremo Tribunal Federal (STF), ainda não se percorreu toda a travessia para a compreensão de um direito de família democrático.

---

[1] PEREIRA, Caio Mário da Silva. *Instituições de direito civil*. 24. ed. Rio de Janeiro: Forense, 2016. v. IV. p. 37.
[2] PEREIRA, Caio Mário da Silva. *Instituições de direito civil*. 28. ed. Rio de Janeiro: Forense, 2016. v. I. p. 15.

Para tanto, faz-se necessário superar o dogma da indisponibilidade das situações jurídicas que se originam da família e, diversamente, orientar-se para a disponibilidade dos interesses em alguns negócios familiares, decorrente da importância intrinsicamente individual dos interesses envolvidos a permitir sua autorregulamentação.

Destaca-se que a maior liberdade em relação ao casamento é um fenômeno do século XXI e que essa liberdade diz respeito não somente à facilitação de sua dissolução, antes mencionada, mas também à sua constituição.[3] Exemplo evidente é o da tese aceita pelo STF para garantir o direito à união homoafetiva no país, quando, em maio de 2011, ao julgar a ADI nº 4.277 e a ADPF nº 132, a Corte reconheceu, por unanimidade, a constitucionalidade da união entre pessoas do mesmo sexo.[4] Três anos depois, em 14.5.2013, o CNJ aprovou, por substancial maioria (14 a 1), resolução para obrigar os cartórios do país a habilitar e celebrar o casamento civil entre pessoas do mesmo sexo e a converter a união estável homoafetiva em casamento.[5]

Recentemente, o Conselho Nacional de Justiça (CNJ) recebeu o Pedido de Providência nº 1459-08.2016.2.00.0000, que requer a proibição das lavraturas de escrituras públicas de "uniões poliafetivas" pelas serventias extrajudiciais do Brasil. A decisão do CNJ irá orientar os tabelionatos de todo o país a respeito da lavratura de escrituras com esse conteúdo, a permitir ou proibir que as pessoas declarem em documento público suas escolhas pessoais como família.

A questão, portanto, segue a mesma: quais os limites da intervenção do Estado na regulação das famílias? A constitucionalização do direito privado confere fundamento para que se entenda pela ausência de modelos de família a serem tutelados. Em sendo a família o *locus* de promoção da dignidade humana, forçoso concluir que inexiste um número fechado ou mesmo modelos de família merecedores de tutela,[6] porque "tutelado é o valor da pessoa sem limites, salvo aqueles colocados no seu interesse e naqueles de outras pessoas".[7] Assim, negar a existência jurídica de um fato fundado no afeto e em valores constitucionais, mais que negar a tutela da família, é negar o próprio sujeito na sua construção vivencial.[8]

Na seara da autonomia privada nas relações familiares, o aspecto positivo da liberdade ressoa fundamental para a construção concreta da personalidade por

---

[3] MULTEDO, Renata Vilela; MORAES, Maria Celina Bodin de. A privatização do casamento. *Civilistica.com*, Rio de Janeiro, ano 5, n. 2, 2016. Disponível em: <http://civilistica.com/a-privatizacaodo-casamento/>. Acesso em: 25 abr. 2018.

[4] O relator das ações, Min. Ayres Britto, votou no sentido de dar interpretação conforme a Constituição para excluir qualquer significado do art. 1.723 do CC, que fosse impeditivo desse reconhecimento à união entre pessoas do mesmo sexo, em particular a sua interpretação literal. O relator defendeu que o art. 3º, IV, da Constituição veda qualquer discriminação em virtude de sexo, raça, cor e que, nesse sentido, ninguém pode ser diminuído ou discriminado em função de sua preferência sexual: "O sexo das pessoas, salvo disposição contrária, não se presta para desigualação jurídica", afirmou, para concluir que qualquer depreciação da união estável homoafetiva colide frontalmente com o art. 3º, IV, da Constituição.

[5] A resolução, proposta pelo então presidente do STF, dispôs que caso os cartórios recusem o pedido de casamento entre pessoas do mesmo sexo, deverá ser feita a imediata comunicação ao respectivo juiz corregedor para que sejam tomadas as providências cabíveis.

[6] MEIRELES, Rose Melo Vencelau. Em busca de uma nova família. *Civilistica.com*, ano 1, v. 1, 2012. *Passim*. Disponível em: <www.civilistica.com/wp-content/uploads/2012/09/Em-busca-da-nova-família-civilistica.com-1.-2012.pdf>.

[7] PERLINGIERI, Pietro. *Perfis do direito civil*. Rio de Janeiro: Renovar, 1997. p. 156.

[8] FACHIN, Luiz Edson. Famílias: entre o público e o privado. Problematizando espacialidades à luz da fenomenologia paralática. *Revista Brasileira de Direito das Famílias e Sucessões*, v. 23, 2011. p. 13.

meio das escolhas coexistenciais dos membros da família. Diante da singularidade na complexidade das relações interprivadas, este trabalho dedica-se a ressignificar o papel da autonomia privada na família, uma vez que o direito de família positivado fotografa instantes de uma realidade mutante.[9]

Em síntese, ao mesmo tempo em que é necessária a não intervenção (liberdade negativa) diante da liberdade já vivida, também é necessário permitir aos sujeitos a real possibilidade de desenvolvimento da sua personalidade (liberdade positiva).[10] Com esse objetivo, optou-se por dois aspectos das relações familiares: a regulação não patrimonial das relações conjugais e convivenciais e a autonomia como fonte do reconhecimento da parentalidade.

2 Autonomia privada e regulação das relações familiares não patrimoniais

O emprego da consolidada noção de autonomia privada, entendida como o poder reconhecido ou atribuído ao particular para disciplinar os próprios interesses, é impróprio nas relações familiares. Isso porque na seara do direito de família, esse poder foi atribuído ao particular para autorregular não apenas interesses *próprios*, isto é, de exclusiva pertinência a cada um, mas, também, interesses *comuns*, aos quais os primeiros devem se reportar e com os quais devem realizar um clima de harmônico temperamento.[11]

É verdade que a família, se for considerada entidade intermédia, poderá ser produtora de uma autonomia comunitária. Trata-se da autonomia familiar, a qual tem um prisma externo para garantir frente ao Estado a liberdade de uma peculiar comunidade intermédia; e um prisma interno no qual a liberdade é assegurada dentro da família, como um lugar em que os componentes podem levar os seus problemas e buscar a melhor solução. A esse respeito, Pietro Perlingieri afirmou que, "Com a prevalência da cultura pluralista, a atenção concentra-se quase que exclusivamente nos problemas internos do grupo, na determinação dos conteúdos das situações subjetivas de cada um".[12]

A família recupera assim sua verdadeira única função, por meio seja do sentimento, seja do sentido solidário que naturalmente emerge entre os familiares. É grupo unido por desejos e laços afetivos, em comunhão de vida, e passa a demandar "tutela jurídica mínima, que respeite a liberdade de constituição, convivência e dissolução [...]",[13]

---

[9] FACHIN, Luiz Edson. *Direito de família*: elementos críticos à luz do novo Código Civil brasileiro. Rio de Janeiro: Renovar, 2003. p. 55.

[10] "A lei como limite externo à autonomia privada tem, inclusive, previsão constitucional no art. 5º, III, que positivou o princípio da legalidade ou, a contrario sensu, da liberdade nas relações privadas. Entretanto, já não basta essa concepção negativa de liberdade para dotar a autonomia privada de merecimento de tutela. A autonomia privada passou a ser conceito promocional de valores. Isto porque não basta que com o seu exercício não sejam atingidos a lei, a ordem pública, a moral e os bons costumes. Além disso, é preciso que a autonomia privada promova certos valores, especialmente aqueles que fazem parte do projeto constitucional, qual sejam, os princípios da igualdade, da solidariedade, dignidade e justiça social" (MEIRELES, Rose Melo Vencelau. *Autonomia privada e dignidade humana*. Rio de Janeiro: Renovar, 2009. p. 90).

[11] DONISI, Carmine. Limiti all'autoregolamentazione degli interessi nel diritto di famiglia. *Rasegna di Diritto Civile*, n. 7, 1997. p. 498-499.

[12] PERLINGIERI, Pietro. *Perfis do direito civil*. Rio de Janeiro: Renovar, 1997. p. 283.

[13] LÔBO, Paulo Luiz Netto. Constitucionalização do direito civil. *Revista de Informação Legislativa*, Brasília, v. 36, n. 141, jan./mar. 1999. p. 99-100.

bem como a igualdade entre cônjuges e conviventes; a igualdade entre os filhos e entre irmãos biológicos, socioafetivos e adotivos.

Ao congregar a solidariedade que une seus integrantes no propósito da vida em comum e o respeito à individualidade que permite o desenvolvimento pessoal de cada um como um ser singular, também cada família se torna única. Tantas são as variáveis culturais, éticas, políticas, econômicas e religiosas que pressionam e modelam a família, e são tantas as imponderáveis aspirações e inspirações da pessoa na situação de família, que nenhum modelo preconcebido e fechado atenderia a umas e outras.[14]

No âmbito do Estado Democrático de Direito – em que se renova o conceito de ordem pública, de modo a atrelá-lo à realização da dignidade humana –, vem sendo afirmada a viabilidade de o próprio casal construir sua ordem familiar. Isso se dá pela possibilidade de os cônjuges ou companheiros pactuarem – e eventualmente recombinarem – as regras que regerão sua relação, independentemente de essas disposições coincidirem com as disposições legais.[15]

Em doutrina, já se alude à existência de um "direito de família mínimo", que propugna a menor intervenção possível do Estado nas relações familiares, ressalvadas as hipóteses excepcionais.[16] Com efeito, e nesse caso, um dos aspectos que reforçam a base da principiologia minimalista do direito de família é a excessiva judicialização dos conflitos existentes nessa seara.

O Estado deve cumprir seu papel promocional por meio de uma tutela que não implique, necessariamente, intervenção. O Código Civil, aliás, prevê no seu art. 1.513 o que se poderia denominar de cláusula geral de reserva de intimidade,[17] que tem como norte as diretivas gerais constitucionais, com o objetivo de implementar condições para o desenvolvimento das personalidades e da dignidade de cada um dos cônjuges e conviventes no espaço relacional.[18] Como já se disse, a genialidade estaria em "diminuir o coeficiente de direito – leia-se: de autoridade, invasão e arbítrio – e elevar o de família – leia-se: de liberdade e de criação".[19]

A fim de defender a "ausente presença"[20] do Estado, mostra-se necessário o questionamento acerca do cabimento e dos limites da atuação estatal no âmbito da vida íntima das famílias. Reconhecida a família como um instrumento para realização da personalidade de seus membros, mostra-se inquestionável que os cônjuges e conviventes, ressalvados os direitos de terceiros, são livres para planejar, deliberar, constituir e

---

[14] VILLELA, João Baptista. *Liberdade e família*. O direito de família no Senado: emendas ao projeto de Código Civil. Belo Horizonte: UFMG, 1985. p. 40.

[15] MULTEDO, Renata Vilela. *Liberdade e família*: limites para a intervenção do Estado nas relações conjugais e parentais. Rio de Janeiro: Processo, 2017. p. 208.

[16] ALVES, Leonardo Barreto Moreira. *Direito de família mínimo*: a possibilidade de aplicação e o campo de incidência da autonomia privada no direito de família. Rio de Janeiro: Lumen Juris, 2010. p. 144.

[17] CC, art. 1.513: "É defeso a qualquer pessoa, de direito público ou privado, interferir na comunhão de vida instituída pela família".

[18] CARBONERA, Silvana Maria. *Reserva de intimidade*: uma possível tutela da dignidade no espaço relacional da conjugalidade. Rio de Janeiro: Renovar, 2008. p. 268-269.

[19] "Se assim for", conclui o autor, "penso que continuará sendo uma santa receita que ao homem (assim como à mulher) não é bom viver só" (VILLELA, João Baptista. *Liberdade e família*. O direito de família no Senado: emendas ao projeto de Código Civil. Belo Horizonte: UFMG, 1985. p. 12).

[20] Assim, a proposta de Luiz Edson Fachin (Famílias: entre o público e o privado. Problematizando espacialidades à luz da fenomenologia paralática. *Revista Brasileira de Direito das Famílias e Sucessões*, v. 23, 2011. p. 162).

desconstituir a forma de se relacionarem e de estruturarem suas relações familiares e suas aspirações para a vida conjugal.[21]

Cumpre destacar que não se busca defender a completa ausência do Estado; buscam-se, sim, as intervenções que sejam garantidoras dos espaços de autodeterminação, de modo a que a autonomia existencial se realize plenamente. Para tanto, parece fundamental aceitar que as relações conjugais e convivenciais não estejam sob o jugo de normas cogentes, salvaguardando-se sempre as especiais situações de vulnerabilidade e desigualdade material[22] que, diante dos princípios da solidariedade e da dignidade da pessoa humana, requeiram a ação positiva do Estado.[23]

Pode-se exemplificar o campo de incidência da autonomia privada na área dos interesses familiares com um rol de possibilidades em progressiva construção: i) acordos entre os cônjuges ou companheiros de viverem em residências separadas; ii) acordos a respeito dos deveres conjugais e convivenciais; iii) acordos preventivos de divórcio e dissolução da união estável, incluindo a escolha por métodos autocompositivos como mediação ou práticas colaborativas, ainda que de modo escalonado, antes do judicial; iv) acordos que incluem aspectos dos direitos da personalidade, como o uso do nome do outro ou composição do nome dos filhos; v) acordos inerentes à manutenção e educação dos filhos; vi) definição do modelo de guarda e convivência no caso de um dos genitores constituir nova família; vii) pactos de liberdade sexual, de modo a considerar irrelevante a fidelidade; viii) acordos sobre a suspensão da atividade profissional e futuro pagamento de alimentos compensatórios e/ou transitórios, até a reinserção no mercado de trabalho; iv) acordos acerca do uso de material genético em reprodução humana assistida após o rompimento ou morte, entre outros.

Tais acordos tanto podem ser realizados em pactos pré-nupciais ou pré-convivenciais[24] quanto em acordos realizados durante a vigência da vida em comum. Muito embora muitos dos exemplos citados se refiram a questões atinentes ao fim da relação, mostram-se importantes porque refletem com neutralidade – livres dos ressentimentos comuns ao rompimento – o que realmente se almeja em momento de reconstrução familiar.

---

[21] MULTEDO, Renata Vilela. *Liberdade e família*: limites para a intervenção do Estado nas relações conjugais e parentais. Rio de Janeiro: Processo, 2017. p. 227 e 228. No mesmo sentido, ressalta Guilherme Oliveira: "Esta ideia de igualdade dos dois parceiros da relação, aliada com a privatização do amor e com o enfraquecimento das referências externas dadas ao casal por outros ordenamentos tradicionais – a religião, os costumes, a vizinhança – têm produzido a diminuição do conteúdo imperativo do casamento, do conjunto dos chamados efeitos pessoais do casamento, tal como estávamos habituados a entendê-los" (OLIVEIRA, Guilherme de. *Temas de direito de família*. 2. ed. Coimbra: Coimbra Editora, 2001. p. 338).

[22] TEIXEIRA, Ana Carolina Brochado; RODRIGUES, Renata de Lima. *O direito das famílias entre a norma e a realidade*. São Paulo: Atlas, 2010. p. 91.

[23] "Mas, ao mesmo tempo em que é necessária a configuração de um 'Estado ausente', permitindo que as pessoas constituam suas relações segundo uma liberdade vivida, é igualmente necessário que determinados direitos sejam tutelados pela presente intervenção do ente estatal, mormente em face daqueles que se encontram mais vulneráveis e desamparados" (FACHIN, Luiz Edson. Famílias: entre o público e o privado. In: PEREIRA, Rodrigo da Cunha (Org.). *Família*: entre o público e o privado. Porto Alegre: Magister/IBDFAM, 2012. p. 164).

[24] Nessa esteira, foi aprovado o seguinte enunciado no âmbito da VIII Jornada de Direito Civil, realizada em abril de 2018 no Conselho da Justiça Federal, em Brasília: "O pacto antenupcial e o contrato de convivência podem conter cláusulas existenciais, desde que estas não violem os princípios da dignidade da pessoa humana, da igualdade entre os cônjuges e da solidariedade familiar".

A eficácia preceptiva desses acordos poderá variar conforme a situação concreta. Um acordo que estabeleça que cada companheiro continuará a residir no seu próprio imóvel, por exemplo, terá o efeito impeditivo sobre a eventual alegação de ausência de união estável por inexistir coabitação. Já o acordo que autoriza o uso do material genético do casal depois do divórcio não tem a mesma força impositiva do *pacta sunt servanda* típico dos negócios contratuais, por se tratar de disposição de situação existencial, portanto, revogável a qualquer tempo.[25] Justifica-se a mudança do paradigma da indisponibilidade para a disponibilidade de interesses familiares[26] a fim de se garantir o valor da igualdade na diversidade nas relações familiares.

A família constitucionalizada deve ser instrumento para promover a dignidade, a autonomia existencial, a intimidade e a solidariedade, não podendo, portanto, criarem-se restrições a quaisquer desses aspectos. Como se sabe, as relações conjugais e convivenciais são marcadas pela igualdade representada por indivíduos plenamente capazes de reger seus destinos e de eleger suas escolhas autonomamente. Isso significa a necessidade de uma atuação reduzida por parte do Estado em comparação às demais relações familiares, o que se realiza por meio de princípios e cláusulas gerais, de forma a garantir a promoção e a tutela da dignidade e da personalidade da pessoa humana.

A privatização das relações conjugais e convivenciais permite que as pessoas estabeleçam as próprias regras de convivência, evitando-se, assim, intervencionismo injustificado e desnecessário, salvaguardando-se a intervenção somente para as situações patológicas.[27] Nesse aspecto, a atuação estatal deve ser balizada pelos limites de uma "reserva de intimidade",[28] de forma a promover os princípios constitucionais, somente intervindo efetivamente mediante solicitação judicial por parte dos próprios cônjuges ou companheiros se impossível a solução de conflitos internos da relação familiar.

A ideia de que o conteúdo da relação íntima é assunto exclusivo daqueles nela envolvidos – sendo cada casal visto como seu próprio legislador – supõe que os sistemas jurídicos eliminem progressivamente os conteúdos que outrora infligiam a todos, e que hoje devem estar sujeitos à negociação. Isso porque cônjuges e conviventes, ao espontaneamente escolherem realizar uma comunhão de vida, assumem compromissos entre si. Não são apenas os compromissos de natureza existencial de que se está falando. É fundamental que possam dispor de seu patrimônio da forma que lhes pareça mais aceitável, considerando o impacto que essas questões têm na vida familiar.[29]

---

[25] Sobre a revogabilidade das disposições existenciais, consulte-se MEIRELES, Rose Melo Vencelau. *Autonomia privada e dignidade humana*. Rio de Janeiro: Renovar, 2009. p. 246 e ss.

[26] *Vide* MEIRELES, Rose Melo Vencelau, O poder de disposição nas relações familiares. In: TEPEDINO Gustavo; FACHIN Luiz Edson (Org.). *Diálogos sobre direito civil*. Rio de Janeiro: Renovar, 2008. v. II. p. 519-545.

[27] MULTEDO, Renata Vilela. *Liberdade e família*: limites para a intervenção do Estado nas relações conjugais e parentais. Rio de Janeiro: Processo, 2017. p. 235.

[28] "Trata-se, pode se dizer, de um Direito de Família com graus de intervenção diferenciada, que na esfera das relações conjugais pessoais apresenta um caráter reduzido, onde a não intervenção legal ordinária se traduza em efetiva tutela dos cônjuges e de suas personalidades. Neste caso, diminuir a intervenção é a forma de promover a tutela da personalidade e da dignidade, dando condições de desenvolvimento pleno à personalidade da pessoa humana" (CARBONERA, Silvana Maria. *Reserva de intimidade*: uma possível tutela da dignidade no espaço relacional da conjugalidade. Rio de Janeiro: Renovar, 2008. p. 272).

[29] V. MULTEDO, Renata Vilela; MORAES, Maria Celina Bodin de. A privatização do casamento. *Civilistica.com*, Rio de Janeiro, ano 5, n. 2, 2016. Disponível em: <http://civilistica.com/a-privatizacaodo-casamento/>. Acesso em: 25 abr. 2018.

3 Autonomia privada e relações parentais

Segundo o art. 1593 do Código Civil o parentesco é natural ou civil, conforme resulte da consanguinidade ou de outra origem. A expressão *outra origem* é demasiado ampla, o que permite o reconhecimento do parentesco decorrente de diversas fontes. Além da tradicional adoção, tem-se a reprodução humana assistida heteróloga e a socioafetividade como fontes do parentesco civil. Qualquer que seja a sua origem, o parentesco civil tem em comum o fato de advir de um ato de autonomia privada. Nesse sentido, observa Gustavo Tepedino:

> o parentesco civil, instituído pela adoção, caracteriza-se por ter origem na autonomia privada, tendo em sua base subjetiva as relações de afeto que fazem com que o filho adotivo venha a integrar a família do adotante, a despeito de não guardarem vínculo consanguíneo. O mesmo se pode afirmar em relação aos filhos havidos por meio de reprodução humana assistida heteróloga, em que a vontade de ser pai ou mãe subjuga a natureza.[30]

Quanto à socioafetividade, para Luiz Edson Fachin ela se capta juridicamente na expressão da posse de estado de filho,[31] mas esclarece que "embora não seja imprescindível o chamamento de filho, os cuidados na alimentação e na instrução, o carinho no tratamento, quer em público, quer na intimidade do lar, revelam no comportamento a paternidade".[32] A "paternidade vivida" está no fundamento da socioafetividade como fonte do parentesco.

Com frequência, o parentesco resultante da socioafetividade se estabelece a partir do registro civil, na situação que ficou conhecida como adoção à brasileira. A declaração perante o registro civil de paternidade falsa ainda continua vedada, tipificando crime capitulado no art. 242 do Código Penal. Entretanto, o reconhecimento de filho com relação ao qual existe a socioafetividade não se equipara a "registrar como seu filho de outrem", eis que igualmente filho do perfilhante.

Na relação parental contemporânea, não há dúvida de que as regras estão a serviço da proteção da criança e do adolescente, cujos melhores interesses devem sempre ser amplamente resguardados pelo Estado, pela sociedade e pela família em si. "Convivem, portanto, no direito de família, o público e o privado, não sendo possível demarcar fronteiras estanques",[33] sendo justificável a interferência do Estado para maiores salvaguardas em prol da tutela dos vulneráveis quando, na situação concreta, esta se mostrar realmente necessária.

---

[30] TEPEDINO, Gustavo. A disciplina jurídica da filiação na perspectiva civil-constitucional. In: TEPEDINO, Gustavo. *Temas de direito civil*. Rio de Janeiro: Renovar, 2004. p. 444-445.

[31] Considera-se posse de estado de filho a situação de fato que corresponde à situação jurídica de filho, consubstanciada com o trato, o nome e a fama de alguém como filho de outrem, sem que necessariamente todos esses aspectos ocorram simultaneamente.

[32] FACHIN, Luiz Edson. *Da paternidade*. Relação biológica e afetiva. Belo Horizonte: Del Rey, 1996. p. 37.

[33] MORAES, Maria Celina Bodin de; TEIXEIRA, Ana Carolina Brochado. Comentário ao artigo 226. In: CANOTILHO, José Joaquim Gomes *et al.* (Coord.). *Comentários à Constituição do Brasil*. São Paulo: Saraiva/Almedina, 2013. p. 2119.

Nesse cenário, o Supremo Tribunal Federal, em julgamento histórico realizado em 21.9.2016,[34] considerou, apreciando a repercussão geral da matéria,[35] por maioria dos votos e nos termos do voto do relator, que "a paternidade socioafetiva, declarada ou não em registro, não impede o reconhecimento do vínculo de filiação concomitante, baseada na origem biológica, com os efeitos jurídicos próprios".

Para o relator, Ministro Luiz Fux, é o direito que deve se curvar às vontades e necessidades das pessoas, não o contrário. Sob essa lógica, ressalta que o conceito de família não pode ser reduzido a modelos padronizados, nem é lícita a hierarquização entre as diversas formas de filiação. Assim, salienta a necessidade de se contemplar todas as formas pelas quais a parentalidade pode se manifestar, "a saber: (i) pela presunção decorrente do casamento ou outras hipóteses legais (como a fecundação artificial homóloga ou a inseminação artificial heteróloga – art. 1.597, III a V do Código Civil de 2002); (ii) pela descendência biológica; ou (iii) pela afetividade".

Assim, presencia-se o fim de um dos paradigmas mais antigos do sistema jurídico: o da biparentalidade, em prol da multiparentalidade. Atenta doutrina ressalta que de uma só vez o Supremo Tribunal Federal reconheceu o instituto da paternidade socioafetiva mesmo à falta de registro; a ausência de prevalência da paternidade biológica sobre a socioafetiva; e a multiparentalidade.[36]

Essa mudança na compreensão jurídica no campo da filiação culminou na edição, em 14.11.2017, do Provimento nº 63[37] do Conselho Nacional de Justiça, que contém uma seção inteiramente dedicada à parentalidade socioafetiva e prevê a possibilidade do reconhecimento voluntário da paternidade e/ou da maternidade socioafetivas extrajudicialmente. Em que pese o provimento demandar reflexões mais profundas e ter gerado diversos debates, não se pode negar que ele vai ao encontro dos diversos pedidos de registro do nome de mais um pai ou mais uma mãe que já vinham sendo requeridos nos últimos anos nos cartórios de todo o Brasil.

Assim, é possível indagar sobre o que de fato representa o melhor interesse para a formação da parentalidade. Sob a ponderação de princípios e de acordo com a metodologia civil-constitucional, parece seguro afirmar que a resposta deve ser aferida casuisticamente. Não parece ideal dizer, por exemplo, aprioristicamente, se é a consanguinidade ou a socioafetividade que realiza o melhor interesse da criança. Afinal, o aspecto funcional da parentalidade é evidentemente mais relevante do que qualquer outro. Ressalta-se que a opinião da criança, compreendida como sujeito de direitos, também deve ser considerada na medida de seu desenvolvimento e discernimento, a fim de perquirir qual arranjo melhor satisfaz seus interesses.[38]

---

[34] STF. RE nº 898.060. Rel. Min. Luiz Fux, Pleno, j. em 21.9.2016. O voto condutor foi acompanhado pelos ministros(as) Cármen Lúcia, Celso de Mello, Marco Aurélio, Gilmar Mendes, Ricardo Lewandowski, Dias Toffoli e Rosa Weber. Vencidos, em parte, os ministros Luiz Edson Fachin e Teori Zavascki. Ausente, justificadamente, o Ministro Luís Roberto Barroso.

[35] Repercussão Geral nº 622.

[36] SCHREIBER, Anderson; LUSTOS, Paulo Franco. Os efeitos jurídicos da multiparentalidade. *Revista Pensar*, Fortaleza, v. 21, n. 3. p. 847-873, set./dez. 2016.

[37] CONSELHO NACIONAL DE JUSTIÇA. *Provimento nº 63 de 14/11/2017*. Disponível em: <http://www.cnj.jus.br/busca-atos-adm?documento=3380>. Acesso em: 1º maio 2018.

[38] Nesse sentido VENCELAU, Rose Melo. *O elo perdido da filiação*: entre a verdade jurídica, biológica e afetiva no estabelecimento do vínculo paternofilial. Rio de Janeiro: Renovar, 2004. p. 132.

Há diversos precedentes do Superior Tribunal de Justiça que consideram que a parentalidade socioafetiva deve decorrer de um ato de vontade do suposto pai ou mãe socioafetivo, ato volitivo que ainda se alia à posse de estado de filho.[39] O melhor entendimento, porém, é o que não vê a declaração de vontade como requisito essencial, embora ela seja elemento apto a contribuir para o reconhecimento de relações socioafetivas. A ausência de vontade, no entanto, deve ser levada em consideração, embora não possa fulminar, por si só, a possibilidade de criação dos laços. Isso porque, como dito, o que há de ser examinado pelo julgador na análise do caso concreto não é tanto a anuência do suposto pai ou mãe socioafetivo com o pedido de reconhecimento, mas, sim, a existência de prática reiterada de atos típicos da autoridade parental, objetivamente verificados. Importante notar que, na verdade, são essas condutas que irão gerar a posse de estado de filho. Por isso, a posse desse estado deve bastar como requisito para o reconhecimento da parentalidade socioafetiva.[40] Não pode aquele que assumiu durante muito tempo – às vezes a vida inteira do filho – o papel de pai ou mãe esquivar-se do reconhecimento como tal pelo Judiciário pela simples declaração de vontade contrária. E, nesse sentido, foi o julgamento acima mencionado.

Nesse cenário, o recente o Provimento nº 63 aprovado em 2017 pelo Conselho Nacional de Justiça,[41] embora ainda sob ampla controvérsia, contém uma seção inteiramente dedicada ao reconhecimento extrajudicial da paternidade ou maternidade socioafetiva, de pessoa de qualquer idade, mediante a aferição da "posse de estado de filiação" pelos oficiais de Registro Civil das Pessoas Naturais (RCPN). O referido provimento prevê ainda a possibilidade da multiparentalidade sem a necessidade de chancela judicial, desde que no limite máximo de dois pais e duas mães por pessoa, sendo necessários o consentimento do filho maior de 12 (doze) anos e a concordância dos pais registrais.

---

[39] A jurisprudência do Superior Tribunal de Justiça, ao que parece, aufere especial relevância à vontade como critério para o reconhecimento da paternidade socioafetiva, principalmente quando, no caso concreto, esta é visada *post mortem* com intuito aparentemente patrimonial. Assim, no Informativo nº 552, publicado em 17.12.2014, assevera-se: "De fato, o estabelecimento da filiação socioafetiva demanda a coexistência de duas circunstâncias bem definidas e dispostas, necessariamente, na seguinte ordem: i) vontade clara e inequívoca do apontado pai ou mãe socioafetivo, ao despender expressões de afeto à criança, de ser reconhecido, voluntária e juridicamente como tal; e ii) configuração da denominada *posse de estado de filho* [...]. Nesse contexto, para o reconhecimento da filiação socioafetiva, a manifestação quanto à vontade e à voluntariedade do apontado pai ou mãe de ser reconhecido juridicamente como tal deve estar absolutamente comprovada nos autos, o que pode ser feito por qualquer meio idôneo e legítimo de prova".

[40] Nesse sentido, afirmam Ana Carolina Brochado Teixeira e Renata Rodrigues: "como se sabe, a posse de estado de filho só é caracterizada se provados os requisitos nome, trato e fama. [...] A partir da existência desse tratamento recíproco entre pai/mãe e filho socioafetivo, consistente na realização de funções promocionais de suas personalidades, podemos concluir que os outros requisitos geradores da posse de estado de filho – nome e fama – são apenas um reflexo do exercício fático da autoridade parental. O nome, como já é corrente em doutrina, é o menos relevante, vez que já indica indícios de formalidade numa relação que é, a princípio, 'menos exigível'. A fama, por seu turno, embora seja importante porque dá publicidade à relação jurídica, não é nada mais nada menos do que a publicização do tratamento: a comunidade toma conhecimento do exercício da autoridade parental. Por isso, a posse de estado de filho deve receber como principal enfoque o tratamento recíproco da relação de filiação, cujo pilar central está nos deveres de criar, educar e assistir os filhos. Através dessas reflexões, ousamos afirmar que uma relação de filiação tem como núcleo o exercício da autoridade parental" (TEIXEIRA, Ana Carolina Brochado; RODRIGUES, Renata de Lima. A multiparentalidade como nova estrutura de parentesco na contemporaneidade. *Revista Brasileira de Direito Civil*, v. 4. p. 21-22, abr./jun. 2015).

[41] CONSELHO NACIONAL DE JUSTIÇA. *Provimento nº 63 de 14/11/2017*. Disponível em: <http://www.cnj.jus.br/busca-atos-adm?documento=3380>. Acesso em: 1º maio 2018.

Percebe-se, portanto, que estando presentes os requisitos para a paternidade/maternidade socioafetiva e existindo uma paternidade/maternidade biológica, restando configurado no caso concreto que a manutenção de ambas atende ao melhor interesse do filho, devem as modalidades de paternidade/maternidade coexistirem.

4 Considerações finais[42]

Vale sublinhar que a desejada redução da intervenção estatal não significa recusar hipóteses em que o Estado deva desempenhar um papel ativo de ingerência na seara da família. Tais casos, como se viu, são os que envolvem sujeitos vulneráveis, como idosos e crianças, violência doméstica no âmbito familiar, entre outros. Nessas hipóteses, justifica-se plenamente que a liberdade consubstanciada na autonomia privada ceda espaço à incidência de imposições próprias da solidariedade familiar.[43]

O sistema constitucional de liberdade e direitos fundamentais constitui hoje uma sólida, ainda que por vezes negada, referência. Com efeito, uma relação de solidariedade pessoal, existencial, decorrente da escolha do projeto de vida conjugal, convivencial ou parental não pode ser considerada ilícita apenas por ser contrária ao que é tido como aceitável pela maioria, uma vez que os conceitos de ordem pública, de moral e de bons costumes são demasiadamente amplos e variáveis, diante do pluralismo da sociedade contemporânea e da laicidade que dão o contorno do Estado Democrático de Direito.

É, portanto, por força dessa solidariedade que se propaga pelo ordenamento jurídico, presente nas normas constitucionais e, portanto, em todas as demais regras e princípios, que não mais se sustenta um ordenamento que dê espaço à discriminação.[44] Cabe ao legislador não se descuidar dessas diversas configurações no sistema jurídico, pois só por meio da necessária coligação entre dignidade e solidariedade estará garantido o quadro dos direitos fundamentais, estendendo-o às relações privadas e, em particular, às relações conjugais e parentais.

Sob esse prisma e diante dos breves questionamentos aqui abordados, é certo que alguns problemas ainda aguardam respostas, no entanto, é possível inferir algumas conclusões que se encontram sistematizadas nos tópicos a seguir:

Quanto à autonomia nas relações conjugais e convivenciais:

1. Nas relações conjugais e convivenciais, o Estado deve cumprir papel promocional por meio de uma tutela que não implique necessariamente intervenção, sem restringir sua constituição e dificultar sua dissolução. Essas relações são essencialmente volitivas, isto é, a família só existe se e enquanto representa a vontade dos cônjuges. A descoberta do caminho de realização do próprio projeto de vida pertence, de forma exclusiva, ao casal. Quando se trata de pessoas livres e iguais, soa ilegítima a heteronomia em matéria tão íntima, sendo a interferência estatal válida tão somente para garantir o exercício da liberdade em condições de igualdade material.

---

[42] Algumas das conclusões aqui expostas se encontram na obra MULTEDO, Renata Vilela. *Liberdade e família*: limites para a intervenção do Estado nas relações conjugais e parentais. Rio de Janeiro: Processo, 2017. 2017.

[43] Para um exemplo, v. MORAES, Maria Celina Bodin de. Danos morais em família? Conjugalidade, parentalidade e responsabilidade. In: MORAES, Maria Celina Bodin de. *Na medida da pessoa humana*. Rio de Janeiro: Processo, 2016. p. 423-455.

[44] RODOTÀ, Stefano. *Solidarietà*: un'utopia necessaria. Bari: Laterza, 2014. p. 54-56.

2. A redução da intervenção estatal nas relações conjugais e convivenciais não significa recusar hipóteses em que o Estado deva desempenhar um papel ativo de ingerência na seara da família. No entanto, a intervenção deve se limitar a situações justificadas, como as que envolvem sujeitos vulneráveis, ou violência doméstica no âmbito familiar. Nessas hipóteses, justifica-se plenamente que a liberdade consubstanciada na autonomia privada ceda espaço à incidência de imposições próprias da solidariedade familiar.
3. Com uma atuação não interventora, mas atenta e vigilante, o sistema jurídico poderá assegurar a implementação do respeito à dignidade da pessoa humana na dimensão familiar, na medida em que reconhece aos sujeitos liberdade e autonomia, não intervindo em aspectos pessoais que impliquem restrição injustificada, sem respaldo constitucional.
4. Os pactos antenupciais de convivência permitem que as partes decidam o próprio projeto de vida familiar, embora subsista uma "regra-padrão" disciplinada pelo legislador caso não desejem dispor sobre o regime de bens de sua união. Os direitos de livre pactuação e alteração são coerentes com as diretrizes de um direito de família constitucionalizado, que tem como premissa ser a união conjugal uma comunhão plena de vida. Para que isso ocorra, nada melhor do que as próprias partes escolherem as regras que regerão sua relação, vigorando o regime supletivo da comunhão parcial como regra-padrão na falta de pactuação em outro sentido.
5. Uma das grandes dificuldades encontradas pelos contratos do direito de família decorre da necessária compatibilização de instrumentos tipicamente patrimoniais (contratos) a situações existenciais (família). Não se pode negar que a licitude de disposições de natureza existencial ainda é questão controversa. Considera-se, apesar de opiniões contrárias, que não há nenhuma justificativa razoável para vedar o pacto antenupcial que disponha sobre questões extrapatrimoniais. Deve-se, no entanto, executar-se um juízo de merecimento de tutela dos pactos, tendo a principiologia constitucional como limite. Os pactos não podem ser utilizados para colocar uma das partes em situação de desigualdade ou de dependência, nem para restringir a liberdade e tampouco para violar direitos fundamentais de um parceiro. Esses limites se impõem a qualquer pacto realizado na seara do direito de família.

Quanto à autonomia nas relações parentais:

1. A jurisprudência tem considerado que a parentalidade socioafetiva deve decorrer de um ato de vontade do suposto pai ou mãe socioafetivo aliado à posse de estado de filho. O melhor entendimento, porém, é o que não vê a declaração de vontade como requisito essencial, embora ela seja elemento apto a contribuir para o reconhecimento de relações socioafetivas. O que há de ser examinado pelo julgador na análise do caso concreto não é tanto a anuência do suposto pai ou mãe socioafetivo com o pedido de reconhecimento, mas, sim, a existência de prática reiterada de atos típicos da autoridade parental, objetivamente verificados.
2. A efetiva prática das condutas necessárias para criar e educar os filhos menores, com o escopo de edificar sua personalidade, independentemente de vínculos consanguíneos que geram essa obrigação, é que devem gerar o estado de filho;

e, por isso, a própria "posse" basta como requisito para o reconhecimento da parentalidade socioafetiva. Nessa linha de raciocínio, o que realmente cria o liame entre os envolvidos é o exercício da autoridade parental.
3. Uma vez confirmada a possibilidade do parentesco socioafetivo, não se pode qualificá-lo como inferior ao biológico. O Código Civil não o faz, e a Constituição veda o tratamento desigual entre filhos. A parentalidade socioafetiva, uma vez reconhecida, deve tornar-se irrevogável da mesma forma que ocorre com a paternidade biológica. Assim, esse vínculo de paternidade ou de maternidade impõe todas as obrigações e deveres – existenciais e patrimoniais – referentes a essa condição privilegiada. O princípio constitucional da paternidade responsável se soma aos princípios da solidariedade, da dignidade humana e do melhor interesse da criança, todos empregados para impor a satisfação das necessidades físicas e psíquicas da criança.
4. Define-se multiparentalidade como a possibilidade de concomitância na determinação da filiação de uma pessoa, o que, na acepção mais aceita tanto em doutrina como em jurisprudência, decorre do acúmulo de diferentes critérios de filiação.
5. O Supremo Tribunal Federal consolidou o entendimento de que a paternidade socioafetiva, declarada ou não em registro, não impede o reconhecimento do vínculo de filiação concomitante, baseada na origem biológica, com os efeitos jurídicos próprios. Afirma-se, portanto, que estando presentes os requisitos para a paternidade socioafetiva e, existindo uma paternidade biológica, ambas as modalidades de paternidade podem coexistir.
6. Atualmente, já é possível o reconhecimento da paternidade/maternidade socioafetiva e da multiparentalidade extrajudicialmente (Provimento nº 63 de 2017 do CNJ).
7. Além das técnicas reprodutivas modernas, dos avanços crescentes da medicina e do reconhecimento do afeto como formador de vínculos de parentesco, parece insustentável que o intérprete do direito se utilize de análises estáticas e estruturais das entidades familiares. A busca de interpretações dinâmicas e funcionais, despindo-se de velhos preconceitos e de discursos de ordem moral ou religiosa, mostra-se essencial para construir tutela concreta diante de uma realidade que o Estado Democrático de Direito não pode ignorar.

Informação bibliográfica deste texto, conforme a NBR 6023:2002 da Associação Brasileira de Normas Técnicas (ABNT):

MULTEDO, Renata Vilela; MEIRELES; Rose Melo Vencelau. Autonomia privada nas relações familiares: direitos do Estado e estado dos direitos nas famílias. In: EHRHARDT JÚNIOR, Marcos; CORTIANO JUNIOR, Eroulths (Coord.). *Transformações no Direito Privado nos 30 anos da Constituição*: estudos em homenagem a Luiz Edson Fachin. Belo Horizonte: Fórum, 2019. p. 625-636. ISBN 978-85-450-0562-9.

FILIAÇÃO NO DIREITO DE FAMÍLIA BRASILEIRO: DA PATERNIDADE PRESUMIDA À REPERCUSSÃO GERAL Nº 622 DO SUPREMO TRIBUNAL FEDERAL

ANA CARLA HARMATIUK MATOS

JACQUELINE LOPES PEREIRA

Introdução

Em obra publicada em 1992, Luiz Edson Fachin relatava a complexidade que girava em torno da disciplina legal quanto à relação paterno-filial no direito de família brasileiro, bem como a crise que o sistema clássico então enfrentava.[1] O citado trabalho intitulado *Estabelecimento da filiação e paternidade presumida* foi fruto de pesquisa em sede de seu doutoramento e se revelou pioneiro na matéria, tendo cotejado as experiências estrangeiras de reformas legislativas nos ordenamentos jurídicos francês, português, suíço e belga.

A presunção jurídica *pater is est* e a ação de contestação de paternidade foram construídas no direito civil clássico – e problematizadas pela obra –, que resgatou do direito romano a noção de *posse de estado de filho*. À luz da Constituição Federal de 1988, o emolduramento legal da filiação no Código Civil de 1916 ganhou novos contornos que extrapolam o liame da paternidade jurídica, questionam a "verdade biológica" e exploram a estatura sociológica da relação de parentalidade.

Com a chegada do Código Civil de 2002, as crianças "filhas das estrelas"[2] encontraram no art. 1.593 a possibilidade de reconhecimento da filiação "de outra

---

[1] "Ressente-se o Brasil de um necessário movimento de reforma legislativa que partindo do novo texto constitucional, possa organizar, no plano da legislação ordinária, um novo sistema de estabelecimento da filiação. Inexiste, nesse nível, um conjunto de regras assentado em base capaz de responder ao desafio da busca da verdadeira paternidade" (FACHIN, Luiz Edson. *Estabelecimento da filiação e paternidade presumida*. Porto Alegre: Sérgio Antonio Fabris Editora, 1992. p. 165).

[2] A metáfora tem origem em texto do autor homenageado que se refere às "estrelas" como os asteriscos que costumavam preencher o espaço do nome do pai nas certidões de nascimento: "Em suas mãos carregava a

origem", que não apenas por parentesco natural ou civil. Esse dispositivo trouxe maior relevo à discussão sobre a complexidade e a eventual prevalência da paternidade ou maternidade socioafetiva sobre a biológica ou a civil, além de inaugurar o debate sobre a multiparentalidade.

Luiz Edson Fachin teve a oportunidade de enfrentar assunto similar na qualidade de ministro do Supremo Tribunal Federal quando a Corte Constitucional avaliou a Repercussão Geral nº 622 sob o tema "Prevalência da paternidade socioafetiva em detrimento da paternidade biológica", no bojo do Recurso Extraordinário nº 898.060/SC.

Em seu voto, vencido em parte, ressaltou a necessidade de se diferenciar paternidade de "ascendência genética", tendo compreendido que o vínculo socioafetivo deve se impor juridicamente.[3]

As últimas três décadas presenciaram a passagem de uma necessária enunciação legislativa sobre o direito de filiação ao cenário jurídico de proteção das pessoas dos filhos, inclusive em face de seus pais.

Trata-se de submersão do direito de filiação ao que a doutrina denomina "família democrática",[4] isto é, uma leitura sistemática dos institutos de direito de família à luz das normas e valores constitucionais.

Sob essa premissa, pretende-se analisar o direito de filiação contemporâneo. A matéria executou travessia no direito brasileiro partindo do clássico regime de paternidade e maternidade presumida (*pater is est* e *mater semper certa est*), enveredou pelo estatuto de posse de estado de filho e agora explora os limites e possibilidades da multiparentalidade, anunciada transversalmente na Repercussão Geral nº 622.

1 Estado da arte do direito de filiação no ordenamento jurídico brasileiro

O tratamento jurídico clássico sobre o parentesco guarda raízes na ideia de consanguinidade, ainda que ficta. Nos dias atuais, segundo a dicção do art. 1.593[5] do Código Civil de 2002, o vínculo paterno-filial pode decorrer de três possíveis origens: biológica, civil ou socioafetiva.[6] De início, é importante salientar que a relação parental não se

---

prova de que sua pretensão era legítima: uma certidão de ofício de registro de nascimentos. Nela, um espaço a preencher com um nome próprio, o pai, aquele que nunca conhecera, aquele que mesmo estando sempre ausente havia estado sempre tão presente, ali, perto, ao lado, numa imagem sem rosto, mas que tinha cheiro e jeito, sempre imaginados e a todo momento recriados. Naquele espaço a preencher, uma lacuna a colmatar, haviam colocado sete asteriscos que pareciam pequenas estrelas que não iluminavam a falta do que devia estar em seus lugares" (FACHIN, Luiz Edson. A filha das estrelas em busca do artigo perdido. In: FACHIN, Luiz Edson. *Questões de direito civil brasileiro contemporâneo*. Rio de Janeiro: Renovar, 2008. p. 110).

[3] BRASIL. Supremo Tribunal Federal. Recurso Extraordinário n. 898.060/SC. Relator: Ministro Luiz Fux. Julgado em: 21/09/2016. Processo Eletrônico Repercussão Geral. *DJe*, 24 ago. 2017. Disponível em: <http://redir.stf.jus.br/paginadorpub/paginador.jsp?docTP=TP&docID=13431919>. Acesso em: 19 maio 2018.

[4] MORAES, Maria Celina Bodin de. A nova família, de novo: estruturas e função das famílias contemporâneas. *Revista Pensar*, Fortaleza, v. 18, n. 2, 2013. p. 602. Disponível em: <http://ojs.unifor.br/index.php/rpen/article/view/2705>. Acesso em: 15 maio 2018.

[5] "Art. 1.593. O parentesco é natural ou civil, conforme resulte de consanguinidade ou outra origem".

[6] Fabíola Albuquerque identifica nesse dispositivo o traço da contemporaneidade de se reconhecer vínculos de parentesco que não apenas via vínculo biológico ou registral: "A legislação civil brasileira contempla um bom exemplo desta viragem, quando dispõe que o parentesco é natural ou civil, conforme resulte de consanguinidade ou outra origem (art. 1.593 do CC). Este dispositivo inovador revela dois tipos de parentesco: o consanguíneo (biológico) e o civil associado à outra origem, que segundo a melhor doutrina é a expressão da socioafetividade" (ALBUQUERQUE, Fabíola Santos. Aspectos introdutórios às relações de parentesco. In: MATOS, Ana Carla

sustenta isoladamente de sua repercussão social, sendo possível diferenciar "pai" ou "mãe" da pessoa do "ascendente genético".

Em introdução da obra *Da paternidade: relação biológica e afetiva*, publicada em 1996, Luiz Edson Fachin[7] exibiu dois cenários que orbitam em torno dessas noções. O primeiro deles, pensado sob a égide do Código Civil de 1916, delineia a concepção de Antonio a partir de relação extraconjugal de sua mãe Maria com Pedro, o qual era casado com Joana. Observa o autor que, no referido contexto, Antonio seria "filho ilegítimo adulterino *a patre*".[8] Ainda sob essa lógica, não era admitida investigação de paternidade neste caso, pois eventual ação proposta por Antonio poderia comprometer a higidez da família matrimonializada constituída por Pedro e Joana.

Em segundo caso ilustrado em cenário às portas do terceiro milênio, entre a Constituição Federal de 1988 e o Código Civil de 2002, este mesmo pai, Pedro, mesmo que casado, poderia reconhecer o filho Antonio, haja vista o valor da dignidade humana e os princípios constitucionais da igualdade entre filhos (art. 227, §6º), pluralidade familiar (art. 226) e melhor interesse da criança e do adolescente (art. 227, *caput*).[9]

Esses dois quadros indicam a virada copernicana que a disciplina da filiação no direito brasileiro vivenciou através do fenômeno da constitucionalização do direito civil.[10]

As primeiras duas décadas do século XXI anunciam outros desafios e perguntas que fazem cair por terra o enquadramento do direito civil clássico: avanços na reprodução humana assistida,[11] a homoparentalidade[12] e a multiparentalidade[13] são exemplos da realidade hodierna que trazem novo colorido e matiz ao direito de filiação.

Harmatiuk; MENEZES, Joyceane Bezerra (Org.). *Direito das famílias*: por juristas brasileiras. São Paulo: Saraiva, 2013. p. 341).

[7] FACHIN, Luiz Edson. *Da paternidade*: relação biológica e afetiva. Belo Horizonte: Del Rey, 1996.

[8] "Imaginemo-nos no primeiro lustro de vigência do Código Civil. Antônio foi concebido por Maria, fruto de relação extraconjugal com Pedro, casado com Joana. Segundo os padrões jurídicos da época, tratava-se de um filho ilegítimo adulterino *a patre*, filiação espúria. Podia Pedro (o pai biológico) reconhecer Antônio como seu filho, naquelas circunstâncias? Não. Podia Antônio (por si, quando já portador da capacidade de exercício, ou mesmo antes disso, representado por sua mãe) propor em juízo investigação de paternidade em face de Pedro, enquanto casado? Não. Por quê? Porque a norma então vigorante proibia tais procedimentos em homenagem à paz nas famílias" (FACHIN, Luiz Edson. *Da paternidade*: relação biológica e afetiva. Belo Horizonte: Del Rey, 1996. p. 20-21).

[9] FACHIN, Luiz Edson. *Da paternidade*: relação biológica e afetiva. Belo Horizonte: Del Rey, 1996. p. 21.

[10] Fachin enxerga o fenômeno da constitucionalização do direito civil em três dimensões: formal, substancial e prospectiva: "Numa síntese apertada da tríplice acepção da constitucionalização do Direito Civil, tal como aqui apreendida e proposta, reitere-se, que formal é a instância do sentido da regra positivada (na legislação constitucional ou infraconstitucional), com seus limites e possibilidades; substancial é a expressão normativa e vinculante dos princípios, expressos ou implícitos na ordem constitucional positivada, e que compõem o ordenamento; sua previsão explícita ou não é também elemento da unidade de sua compreensão e aplicação; e prospectiva é a atuação hermenêutica da reconstrução permanente, correta e adequada, dos significados que se aplicam aos significantes que integram a teoria e a prática do Direito Civil" (FACHIN, Luiz Edson. *Direito civil*: sentidos, transformações e fim. Rio de Janeiro: Renovar, 2015. p. 85-86).

[11] BARBOZA, Heloisa Helena. Reprodução assistida: questões em aberto. In: CASSETTARI, Christiano (Org.). *10 anos de vigência do Código Civil Brasileiro de 2002*. 1. ed. São Paulo: Saraiva, 2014. v. 1. p. 92-110.

[12] Sobre o tema, recomenda-se a leitura do trabalho: GARCIA, M. R. V. *et al*. "Não podemos falhar": a busca pela normalidade em famílias homoparentais. In: GROSSI, Miriam; UZIEL, Anna Paula; MELLO, Luiz. *Conjugalidades, parentalidades e identidades lésbicas, gays e travestis*. Rio de Janeiro: Garamond, 2007. p. 277-299. E, de nossa autoria, recentemente publicado: MATOS, Ana Carla Harmatiuk; PEREIRA, Jacqueline Lopes. Argumentos e a homoparentalidade: o percurso do senso comum à proteção pelo direito brasileiro. *Jura Gentium: Rivista di Filosofia del Diritto Internazionale e della Política Globale*. Disponível em: <http://www.juragentium.org/forum/infanzia/it/matos.pdf>. Acesso em: 15 maio 2018.

[13] CASSETTARI, Christiano. *Multiparentalidade e parentalidade socioafetiva*: efeitos jurídicos. 2. ed. São Paulo: Atlas, 2015.

Alguns pontos anunciados merecem especial reflexão, em virtude do efervescente enfrentamento doutrinário.

Principia-se pela presunção de paternidade englobada no conceito clássico *pater is est quem justae nuptiae demonstrant*, a qual atribuía o *status* de filho "legítimo" do marido à criança nascida da esposa na constância do matrimônio. Essa presunção se mantém no atual Código Civil e tece uma ficção jurídica de que será pai aquele que for casado com a mãe da criança ou ocorrer uma das hipóteses inscritas nos incs. I a V do art. 1.597 do Código Civil de 2002.[14]

Ressalta-se da leitura do referido artigo que não apenas os filhos nascidos durante o casamento são presumidamente filhos do marido da mãe, mas também aqueles nascidos em até 180 dias depois do início da convivência conjugal (inc. I), os que nascem em até 300 dias após a dissolução da sociedade conjugal (inc. II), os filhos frutos de reprodução humana assistida homóloga, ainda que o marido seja falecido, bem como os embriões excedentários (incs. III e IV) e os decorrentes de técnica de reprodução humana assistida heteróloga com autorização do marido (inc. V). Adiante, cada uma dessas hipóteses será mais detidamente analisada.

No sistema jurídico do Código Civil de 1916, a presunção *pater is est* era passível de questionamento pela via da ação de contestação de paternidade, cuja legitimidade cabia exclusivamente ao pai registrado no assento de nascimento. Isto é, de acordo com a expressa redação do art. 344 do diploma civil de 1916, competia "privativamente ao marido o direito de contestar a legitimidade dos filhos nascidos de sua mulher".

Em sua tese de doutorado, Fachin notou que na segunda metade do século XX o Supremo Tribunal Federal experimentou dois momentos distintos de tratamento da temática: inicialmente, com a aplicação exegética e literal dessa regra, impedindo que outros legitimados, que não o próprio pai registral (o marido da mãe), pudesse contestar a paternidade. Posteriormente, as decisões da Corte Suprema passaram a admitir a investigação da paternidade por terceiro sem prévia ação de contestação e, mais ainda, acolheram a legitimidade do filho "adulterino *a matre*" em promover a demanda contestatória.[15]

Atualmente, é assente na doutrina que a investigação de paternidade prima pelo resguardo do direito fundamental do filho em conhecer suas origens biológicas, conforme ensina Rose Melo Vencelau Meireles:

> A ação positiva pode ser movida pelo próprio filho ou pelo pai que visa a estabelecer o vínculo jurídico, quando este já foi constituído com outrem. Quando movida pelo filho, o critério constitutivo pode ser socioafetivo ou biológico. A inexistência de vínculo afetivo entre investigante e investigado não afasta o direito indisponível e imprescritível de reconhecimento da paternidade biológica, ainda que exista filiação registral assentada na socioafetividade.[16]

---

[14] "Art. 1.597. Presumem-se concebidos na constância do casamento os filhos: I - nascidos cento e oitenta dias, pelo menos, depois de estabelecida a convivência conjugal; II - nascidos nos trezentos dias subsequentes à dissolução da sociedade conjugal, por morte, separação judicial, nulidade e anulação do casamento; III - havidos por fecundação artificial homóloga, mesmo que falecido o marido; IV - havidos, a qualquer tempo, quando se tratar de embriões excedentários, decorrentes de concepção artificial homóloga; V - havidos por inseminação artificial heteróloga, desde que tenha prévia autorização do marido".

[15] FACHIN, Luiz Edson. *Estabelecimento da filiação e paternidade presumida*. Porto Alegre: Sérgio Antonio Fabris Editora, 1992. p. 118.

[16] MEIRELES, Rose Melo Vencelau. Filiação biológica, socioafetiva e registral. In: MATOS, Ana Carla Harmatiuk; MENEZES, Joyceane Bezerra (Org.). *Direito das famílias*: por juristas brasileiras. São Paulo: Saraiva, 2013. p. 362.

O direito do filho em conhecer a paternidade biológica é direito que compõe sua personalidade e deve ser examinado à luz dos princípios da inocência[17] e do melhor interesse da criança e do adolescente. Aquele, por ser consentâneo da igualdade de tratamento aos filhos e fundar a própria infância da pessoa que desconhece sua origem; este segundo, por buscar o desenvolvimento da personalidade da criança e do adolescente através da garantia de seus direitos fundamentais.[18]

Os tribunais pátrios partilham do entendimento da possibilidade de o filho ser autor de ação de investigação de paternidade. Menciona-se a título exemplificativo a decisão do Superior Tribunal de Justiça no julgamento do Agravo Regimental no Agravo de Instrumento nº 1.138.467/MG,[19] em que se ventilou a aplicação do Código Civil de 1916 em caso de conflito entre paternidade socioafetiva e paternidade biológica.

Em seu voto, a Ministra Maria Isabel Galotti ressaltou que a presunção *pater is est* é de natureza relativa (*juris tantum*) e que a pretensão da parte recorrente em afastar sua responsabilidade parental decorrente de vínculo genético conflitaria com o direito da parte recorrida em reconhecer seu estado de filiação, direito este que prevaleceu na conclusão do julgamento pela aplicação do art. 27 do Estatuto da Criança e do Adolescente.[20]

Sobre a atuação dos tribunais em reconhecer a densidade jurídica do vínculo de socioafetividade, Simone Tassinari Cardoso observa que o direito prioriza a verdade social, construída diariamente nas relações paterno-filiais afetivas:

> Ao reconhecer no vínculo de socioafetividade uma densidade jurídica significativa, abre-se mão da essencial prova técnica como definidora da verdade para construir uma verdade nova, calcada na vida das pessoas, capaz de conceder aos vínculos cotidianos o status de algo essencial ao Direito. Essa realidade é importante e o fato de estar presente nas decisões dos tribunais também, pois importa em admitir a compreensão jurídica principiologicamente e constitucionalmente comprometida com os seres humanos prioritariamente.[21]

---

[17] Trata-se de princípio que afasta qualquer diferenciação entre filhos em razão de sua origem. Segundo Viviane Girardi: "A igualdade de tratamento a ser dado aos filhos previsto pelo §6º do mencionado artigo 227 da Carta Constitucional, mais do que reafirmar o direito fundamental à igualdade de tratamento estabelecido pelo artigo 5º da mesma Carta Política, revelou o princípio da inocência que subjacente à norma acompanha todas as origens da filiação, pois é na inocência e na fragilidade que se funda a infância" (GIRARDI, Viviane. *Famílias contemporâneas, filiação e afeto*: a possibilidade jurídica da adoção por homossexuais. Porto Alegre: Livraria do Advogado, 2005. p. 100-101).

[18] "O que se pode predeterminar em relação a este princípio é sua estreita relação com os direitos e garantias fundamentais da criança e do adolescente. Estes, além de detentores dos direitos fundamentais 'gerais' – isto é, os mesmos a que os adultos fazem jus –, têm direitos fundamentais especiais, os quais lhes são especialmente dirigidos" (PEREIRA, Rodrigo da Cunha. *Princípios fundamentais norteadores do direito de família*. 2. ed. São Paulo: Saraiva, 2012. p. 151).

[19] BRASIL. Superior Tribunal de Justiça. Agravo Regimental no Agravo de Instrumento n. 113.846-7/MG. 4ª Turma. Relator: Ministra Maria Isabel Galotti. Julgado em: 17/11/2011. *DJe*, 29 nov. 2011. Disponível em: <https://ww2.stj.jus.br/processo/revista/documento/mediado/?componente=ITA&sequencial=1105377&num_registro=200900037368&data=20111129&formato=PDF>. Acesso em: 19 maio 2018.

[20] "Em realidade, observo que, além de o marido da mãe da recorrida não constar em sua certidão de nascimento como pai, o exame de código genético (DNA) realizado, na hipótese dos autos, já atestou, com inquestionável precisão, a paternidade biológica do recorrente, o que não é negado pelo agravante e afasta qualquer controvérsia sobre o tema" (BRASIL. Superior Tribunal de Justiça. Agravo Regimental no Agravo de Instrumento n. 113.846-7/MG. 4ª Turma. Relator: Ministra Maria Isabel Galotti. Julgado em: 17/11/2011. *DJe*, 29 nov. 2011. Disponível em: <https://ww2.stj.jus.br/processo/revista/documento/mediado/?componente=ITA&sequencial=1105377&num_registro=200900037368&data=20111129&formato=PDF>. Acesso em: 19 maio 2018).

[21] CARDOSO, Simone Tassinari. Notas sobre parentalidade biológica e socioafetiva: do direito civil moderno ao contemporâneo. *Civilistica.com*, Rio de Janeiro, ano 5, n. 1, 2016. p. 26. Disponível em: <http://civilistica.com/wp-content/uploads/2016/07/Cardoso-civilistica.com-a.5.n.2.2016.pdf>. Acesso em: 20 maio 2018.

Não se pode olvidar da possibilidade de investigação oficiosa de paternidade, em procedimento extrajudicial disposto na Lei nº 8.560/92, com redação alterada pela Lei nº 12.010/2009 e que garante mais celeridade na hipótese de reconhecimento de filiação fora do casamento.

Além da crescente relativização da presunção *pater is est*, a presunção de maternidade – tida pelo direito civil clássico como absoluta – também se encontra em zona de incertezas. Isso decorre, primordialmente, dos avanços da reprodução humana assistida.

A regra sintetizada no brocardo latino *mater semper certa est* tem seus alicerces abalados nos casos de reprodução humana em que ascendente genética, gestante e mãe não se subsumem à mesma pessoa.

Sobre a reprodução humana assistida, dedicam-se algumas considerações. Essa prática tem fundamento no princípio constitucional do planejamento familiar (art. 226, §7º da CF) e atualmente é mencionada no Código Civil em seu art. 1.597 do Código Civil, incs. III a V, sendo regulamentada pela Resolução nº 2.168/2017 do Conselho Federal de Medicina (CFM) –[22] importante fonte de normas éticas aos profissionais da saúde no país.[23]

Ao ponderar sobre as regras de reprodução humana assistida constantes do Código Civil, Heloisa Helena Barboza constata que, diferentemente da presunção dos dois primeiros incisos do art. 1.597, os incs. III a V não pressupõem contato sexual entre os pais. A autora nota que a presunção incidente nas hipóteses de técnicas homólogas (material genético do próprio casal) não traz grandes problemas, por outro lado, o inc. V, ao dispor sobre as técnicas heterólogas, pode trazer algumas questões decorrentes do consentimento do marido.[24] Essa manifestação de vontade deve ser verificada no caso para chancelar o compartilhamento do planejamento familiar pelo casal.

Barboza aponta, em consonância com a obra de Fachin, que a possibilidade de os pais serem pessoas diferentes dos ascendentes genéticos não é novidade e pode ser depreendida dos casos de adoção.[25]

Assim como as resoluções anteriores, a Resolução nº 2.168/2017 do CFM resguarda a identidade dos doadores do material genético do conhecimento dos receptores e vice-versa (item "IV.2"). Tal previsão de sigilo é objeto de discussão em casos de interesse do filho em conhecer sua ascendência genética.[26]

---

[22] CONSELHO FEDERAL DE MEDICINA. Resolução n. 2.168/2017. *DOU*, 10 nov. 2017. Disponível em: <https://sistemas.cfm.org.br/normas/visualizar/resolucoes/BR/2017/2168>. Acesso em: 15 maio 2018.

[23] Em 1992 foi editada a Resolução nº 1.358 do CFM, que teve vigência por 18 anos, substituída pela Resolução nº 1.957/2010. Em 2013, o CFM editou nova Resolução nº 2.013, substituída dois anos depois pela Resolução nº 2.121/2015, revogada pela atual Resolução nº 2.168/2017. A inexistência de lei *strictto sensu* sobre a temática e a constante substituição de resoluções administrativas apontam a dinâmica dos avanços tecnológicos na área e a insegurança que enfrentam as pessoas que deles se utilizam.

[24] BARBOZA, Heloisa Helena. Reprodução assistida: questões em aberto. In: CASSETTARI, Christiano (Org.). *10 anos de vigência do Código Civil Brasileiro de 2002*. 1. ed. São Paulo: Saraiva, 2014. v. 1. p. 100.

[25] BARBOZA, Heloisa Helena. Reprodução assistida: questões em aberto. In: CASSETTARI, Christiano (Org.). *10 anos de vigência do Código Civil Brasileiro de 2002*. 1. ed. São Paulo: Saraiva, 2014. v. 1. p. 103-104.

[26] Em recente decisão, o Tribunal Constitucional (TC) de Portugal julgou por vedar o sigilo de doadores de gametas e de gestantes por substituição, assegurado na Lei de Procriação Medicamente Assistida (LPMA) em prol do direito dos filhos em conhecerem suas origens: "Ao permitir-se – ou permitir-se prioritariamente – ao filho o direito de conhecer e saber a sua verdadeira identidade genética e biológica, tal não constitui uma diminuição ou discriminação da filiação jurídica nem de quaisquer outros direitos a ela inerentes: o reconhecimento da

Para além da questão dos doadores de gametas, outro ponto instigante sobre as técnicas de reprodução humana reside na denominada "gestação de substituição". Essa hipótese flagrantemente atinge a estrutura clássica da presunção *mater semper certa est*, uma vez que a mulher que gesta a criança não é a mãe (que também pode não ser a doadora do material genético). A Resolução nº 2.168/2017 do CFM apresenta norma que dá preferência a mulheres com parentesco de até quarto grau colateral (prima) com a pessoa que deseja exercer a parentalidade.[27]

Há relativização da presunção materna, pois a declaração de nascido vivo (doravante "DNV") expedida pelas maternidades aponta o nome da parturiente, o que levava a mãe que se valeu da técnica de reprodução humana assistida a judicializar o caso para poder registrar regularmente a criança.[28] Nesse tocante, é imprescindível atentar-se ao recente Provimento nº 63 de 14.11.2017 da Corregedoria Nacional de Justiça, por ter simplificado o registro civil da criança nascida de gestação por substituição.

Sendo os pais casados ou conviventes em união estável, o referido provimento preceitua nos arts. 16 e 17 que eles devem apresentar ao oficial de registro: (i) a "DNV"; (ii) a "declaração, com firma reconhecida, do diretor técnico da clínica, centro ou serviço de reprodução humana em que foi realizada a reprodução assistida, indicando que a criança foi gerada por reprodução assistida heteróloga, assim como o nome dos beneficiários"; e (iii) a "certidão de casamento, certidão de conversão de união estável em casamento, escritura pública de união estável ou sentença em que foi reconhecida a união estável do casal".[29]

Tais requisitos visam a simplificar o registro da criança, atribuindo ao oficial a responsabilidade de examinar os documentos apresentados, vedada a sua recusa se regularmente preenchidos os critérios exigidos (art. 18).[30]

A relativização da presunção *mater semper certa est* encontra outros desafios impostos pela vida concreta, os quais escapam às hipóteses de reprodução humana assistida. Ao início de 2018, ganhou repercussão midiática o caso de "investigação de maternidade" ajuizada por mulher ao descobrir que seu ex-marido, de quem estava separada de fato há aproximadamente trinta anos, registrara as filhas de relacionamento

---

origem genética ou biológica não contende com a filiação havida, pelo que não implica qualquer direito ou dever paterno ou materno relativamente àquele cuja origem se investiga. Efetivamente, respeita-se e salvaguarda-se de forma equilibrada, no estrito cumprimento das diretrizes constitucionais, os vários direitos fundamentais em tensão" (PORTUGAL. Tribunal Constitucional. *Processo n. 95/2017*. Relator Conselheiro Pedro Machete. Disponível em: <http://www.tribunalconstitucional.pt/tc/acordaos/20180225.html>. Acesso em: 15 maio 2018).

[27] "VII – SOBRE A GESTAÇÃO DE SUBSTITUIÇÃO (CESSÃO TEMPORÁRIA DO ÚTERO) [...] 1. A cedente temporária do útero deve pertencer à família de um dos parceiros em parentesco consanguíneo até o quarto grau (primeiro grau – mãe/filha; segundo grau – avó/irmã; terceiro grau tia/sobrinha; quarto grau – prima). Demais casos estão sujeitos à autorização do Conselho Regional de Medicina" (CONSELHO FEDERAL DE MEDICINA. Resolução n. 2.168/2017. *DOU*, 10 nov. 2017. Disponível em: <https://sistemas.cfm.org.br/normas/visualizar/resolucoes/BR/2017/2168>. Acesso em: 15 maio 2018).

[28] BARBOZA, Heloisa Helena. Reprodução assistida: questões em aberto. In: CASSETTARI, Christiano (Org.). *10 anos de vigência do Código Civil Brasileiro de 2002*. 1. ed. São Paulo: Saraiva, 2014. v. 1. p. 105-106.

[29] BRASIL. Conselho Nacional de Justiça. *Provimento n. 63 de 14/11/2017*. Disponível em: <http://www.cnj.jus.br/busca-atos-adm?documento=3380>. Acesso em: 20 maio 2018.

[30] Questiona-se se seria possível relativizar a exigência de documento formal para comprovação da união estável (escritura pública ou sentença de reconhecimento), já que esta entidade familiar tem como uma de suas principais características a não exigência de formalidade para sua constituição. Sobre o histórico e requisitos para o reconhecimento da referida família, indica-se SPENGLER, Fabiana M. União estável: os efeitos jurídicos da família espontânea. In: MATOS, Ana Carla Harmatiuk; MENEZES, Joyceane Bezerra (Org.). *Direito das famílias: por juristas brasileiras*. São Paulo: Saraiva, 2013. p. 273-301.

posterior como se dela fossem. Ao que se veiculou nos meios de comunicação, as crianças registradas como filhas de outra mãe nasceram em casa e não em estrutura hospitalar, o que poderia em tese ter contribuído para o registro desta forma, pela ausência da "DNV".[31]

As presunções *pater is est* e *mater semper certa est*, portanto, abrandam-se no contemporâneo contexto que envolve técnicas de reprodução humana assistida e instrumentos de proteção dos filhos frente aos pais.

A origem "natural" do parentesco por filiação a que se refere o art. 1.593 do Código Civil diz respeito ao caso de a figura do ascendente genético coincidir com a pessoa que exerce a parentalidade. No diploma civil anterior, de acordo com o art. 358, os filhos "incestuosos" e "adulterinos" não poderiam ser reconhecidos, despontando uma conjuntura de desigualdade injustificada.

Adulterinos seriam os "filhos de pessoas que não eram casadas entre si à época da concepção, nem poderia sê-lo, por existir vínculo matrimonial de um dos genitores ou de ambos com terceiro" e os *incestuosos* seriam os "filhos de pessoas que não eram ligadas por casamento à época da concepção, nem poderiam sê-lo (e, nem vir a sê-lo), por existir entre elas impedimento de parentesco".[32]

Através da incidência do princípio da igualdade, essas distinções perderam sentido na ordem constitucional hodierna. Não obstante, viu-se na década de 1990 uma grande valoração à "verdade genética". Fachin questionou sua fundamentalidade frente à paternidade em sentido socioafetivo: "Se o liame biológico que liga um pai a seu filho é um dado, a paternidade pode exigir mais do que apenas laços de sangue. Afirma-se aí a paternidade que se capta juridicamente na expressão da posse de estado de filho".[33]

A semente do desenvolvimento contemporâneo da filiação socioafetiva jaz sob a configuração da "posse de estado de filho". Em *A filha das estrelas em busca do artigo perdido*, Fachin metaforicamente ilustra o achado do parentesco de "outra origem" no art. 1.593 do Código Civil de 2002 e sua harmonização à noção de filiação socioafetiva. Para o autor, a posse de estado de filho configura-se pela combinação dos elementos da *nominatio, tractatio* e *reputatio*:

> Por posse de estado de filho, entende-se a reunião de três elementos clássicos: a *nominatio*, que implica a utilização pelo suposto filho do patronímico, a *tractatio*, que se revela no tratamento a ele deferido pelo pai, assegurando-lhe manutenção, educação e instrução, e a *reputatio*, representando a fama ou notoriedade social de tal filiação.[34]

Todavia, Fachin alerta que esses elementos podem ser flexibilizados ou substituídos por outros mais marcantes no caso concreto.[35] O que se ressalta é a relevância que a verdade sociológica adquire na definição da parentalidade e no vínculo de filiação.

---

[31] RESENDE, Paula. Após 33 anos, aposentada descobre que ex-marido registrou no nome dela filha que teve com outra mulher. *G1*, 4 maio 2018. Disponível em: <https://g1.globo.com/go/goias/noticia/apos-33-anos-aposentada-descobre-que-ex-marido-a-colocou-como-mae-ao-registrar-filha-de-outra-mulher.ghtml>. Acesso em: 14 maio 2018.

[32] FACHIN, Luiz Edson. *Estabelecimento da filiação e paternidade presumida*. Porto Alegre: Sérgio Antonio Fabris Editora, 1992. p. 44.

[33] FACHIN, Luiz Edson. *Da paternidade*: relação biológica e afetiva. Belo Horizonte: Del Rey, 1996. p. 36-37.

[34] FACHIN, Luiz Edson. *Da paternidade*: relação biológica e afetiva. Belo Horizonte: Del Rey, 1996. p. 54.

[35] FACHIN, Luiz Edson. *Da paternidade*: relação biológica e afetiva. Belo Horizonte: Del Rey, 1996. p. 67-68.

O conflito entre a "verdade biológica" e a "verdade socioafetiva" representou grande ponto de discussão em matéria de direito de família nos países de tradição romano-germânica. No Brasil, houve resposta da Corte Constitucional em julgamento ocorrido em 2016 e no qual Fachin se pronunciou não mais como fonte doutrinária, mas como agente decisório do Supremo Tribunal Federal.

2 Ascendência genética *versus* paternidade socioafetiva

Em Sessão Plenária de 15.9.2016, o Supremo Tribunal Federal julgou o Recurso Extraordinário nº 898.060 com origem no estado de Santa Catarina e ao qual reconheceu repercussão geral por versar sobre a prevalência – ou não – do liame genético sobre a relação paterno-filial de socioafetividade.

Em síntese, narrou-se que a autora da ação de investigação de paternidade nasceu em 1993 e foi registrada pelo marido de sua mãe, sendo a filiação acobertada pela presunção *pater is est*. Alguns anos depois, a filha tomou conhecimento de que seu "pai biológico" seria outro, em face do qual ajuizou a demanda. O Ministro Luiz Fux, relator do caso, esclareceu na sessão que, em primeiro momento, o exame genético resultou negativo, porém, ao ser repetido, comprovou-se a compatibilidade de DNA.

O pretenso "pai biológico" argumentou que a paternidade socioafetiva, coincidente àquela indicada no registro, deveria prevalecer, o que foi acolhido pela sentença de primeiro grau ao reconhecer estado de "filiação preexistente". Em seu voto parcialmente vencido, o Ministro Edson Fachin ressaltou a dimensão jurídica da afetividade e a ausência de hierarquia entre diferentes formas de filiação, tendo sublinhado dois dissensos com relação ao voto do relator.

Ele compreendeu inexistir conflito entre paternidades, mas sim a concomitância entre um reconhecimento de ascendência genética e a preexistência de uma paternidade já reconhecida. Para esclarecer a diferença entre tais categorias, mencionou a hipótese de inseminação artificial heteróloga, em que o genitor biológico não é pai, assim como, na adoção, a criança será filha dos adotantes, os quais não são seus ascendentes genéticos. O conhecimento da origem biológica, sem representar efeitos na qualidade de filiação, é direito que consta inclusive do art. 48, *caput*, do Estatuto da Criança e do Adolescente (Lei nº 8.069/90).[36]

Ademais, o voto divergente do Min. Edson Fachin sinalizou que apenas a paternidade socioafetiva seria capaz de ensejar efeitos jurídicos, indicando como sugestão de tese à repercussão geral a seguinte:

> Diante da existência de vínculo socioafetivo com um pai e vínculo apenas biológico com outro genitor, ambos devidamente comprovados, somente o vínculo socioafetivo se impõe juridicamente, gerando o vínculo parental os efeitos dele decorrentes, assegurado o direito personalíssimo à revelação da ascendência genética.[37]

---

[36] "Art. 48. O adotado tem direito de conhecer sua origem biológica, bem como de obter acesso irrestrito ao processo no qual a medida foi aplicada e seus eventuais incidentes, após completar 18 (dezoito) anos".

[37] STF. Pleno – Paternidade socioafetiva não exime de responsabilidade o pai biológico (2/2). Sessão de 15/09/2016. *YouTube*, 22 set. 2016. Disponível em: <https://www.youtube.com/watch?v=vMgMQ0DdVbE>. Acesso em: 10 maio 2018 (dos 18min e 36s aos 19min).

Ressalvou, contudo, que tal posicionamento não afasta a possibilidade da multiparentalidade, a qual afirmou hipótese excepcional a ter viabilidade jurídica, se expressada na realidade, quando tanto o pai biológico quer ser pai, quanto o pai socioafetivo não quer deixar de sê-lo.

A redação final da tese da Repercussão Geral nº 622, não obstante, foi outra, qual seja: "A paternidade socioafetiva, declarada ou não em registro público, não impede o reconhecimento do vínculo de filiação concomitante baseado na origem biológica, com os efeitos jurídicos próprios".[38] Assim, Calderón afirma que o relator, Min. Luiz Fux, admitiu a multiparentalidade no caso concreto originário da tese de repercussão geral.[39]

Os efeitos desse posicionamento do STF são vislumbrados em decisões dos tribunais pátrios. O Superior Tribunal de Justiça vem aplicando a tese em tela, como no julgamento do Agravo Interno no Recurso Especial nº 1.622.330/RS, em que uma criança foi registrada e criada como filha do marido da mãe. Diferentemente da situação fática enfrentada pelo STF, ao saber quem seria seu pai biológico, a filha pretendeu o reconhecimento simultâneo dos dois pais. Seu pedido foi rejeitado em 1º e 2º grau, gerando sua irresignação e interposição de recurso especial junto ao STJ.

Em decisão monocrática, o Min. Ricardo Villas Bôas Cueva reformou o entendimento do Tribunal de Justiça do Rio Grande do Sul para reconhecer a situação de pluriparentalidade. Em face da decisão, o pai biológico interpôs o aludido agravo interno, alegando que não seria possível a aplicação da tese da Repercussão Geral nº 622, por ser imprescindível manter apenas o vínculo registral do pai socioafetivo. No caso, a Terceira Turma do STJ negou provimento a tal argumento, mantendo a decisão monocrática.[40]

Observa-se que o STJ se mantém atento à construção de fundamentos, expressados no voto do Ministro Fachin, ao tomar a pluriparentalidade como exceção e examinar cautelosamente os elementos fáticos que conduzem a tal conclusão. Por exemplo, no julgamento do Recurso Especial nº 1.674.849, sob relatoria do Min. Marco Aurélio Bellizze, também da Terceira Turma, notou-se que seria inviável a simultaneidade de paternidade socioafetiva e biológica, pois os autos demonstraram que o pai biológico não manifestava qualquer interesse na criação da filha, enquanto o pai socioafetivo a

---

[38] BRASIL. Supremo Tribunal Federal. Recurso Extraordinário n. 898.060/SC. Relator: Ministro Luiz Fux. Julgado em: 21/09/2016. Processo Eletrônico Repercussão Geral. *DJe*, 24 ago. 2017. Disponível em: <http://redir.stf.jus.br/paginadorpub/paginador.jsp?docTP=TP&docID=13431919>. Acesso em: 19 maio 2018.

[39] "A deliberação pela possibilidade de manutenção de ambas as paternidades, em *pluriparentalidade*, foi inovadora e merece destaque, visto que foi uma solução engendrada a partir do próprio STF. Essa temática não constou de pedido explícito da parte requerente e nem mesmo foi objeto de debate verticalizado nos autos processuais. Ainda assim, a deliberação foi claramente pelo improvimento do Recurso Extraordinário do pai biológico, mas com a declaração de que era possível a manutenção de ambas as paternidades de forma concomitante (socioafetiva e biológica), em coexistência" (CALDERÓN, Ricardo Lucas. *Princípio da afetividade*: no direito de família. 2. ed. Rio de Janeiro: Forense, 2017. p. 223).

[40] "Em síntese, à luz da tese fixada pelo STF, o registro efetuado pelo pai afetivo não impede a busca pelo reconhecimento registral também do pai biológico, cujo reconhecimento do vínculo de filiação é seu consectário lógico. Dessa maneira, sob a ótica do sistema de precedentes firmado pelo CPC/2015, aplica-se o precedente repetitivo em relação à ausência de hierarquia entre as paternidades socioafetiva e biológica no caso concreto" (BRASIL. Superior Tribunal de Justiça. Agravo Interno no Recurso Especial n. 1.622.330/RS. 3ª Turma. Relator: Ministro Ricardo Villas Bôas Cueva. Julgado em: 12/12/2017. *DJe*, 2 fev. 2018. Disponível em: <https://ww2.stj.jus.br/processo/revista/inteiroteor/?num_registro=201300042822&dt_publicacao=02/02/2018>. Acesso em: 28 maio 2018).

assistia material e afetivamente.⁴¹ A Corte julgadora ressalvou o direito de a criança buscar a verdade biológica depois de atingida a maioridade, como corolário do princípio do melhor interesse.

Por outro lado, o mesmo relator, com base na Repercussão Geral nº 622, acolheu o pleito de pai biológico que desejava reconhecer a paternidade paralela da criança no Recurso Especial nº 1.548.187/SP.⁴²

Esses casos concretizam a hermenêutica da tese de repercussão geral no sentido de reconhecer a multiparentalidade quando requerida e respaldada por conjunto probatório.⁴³ O tema está na ordem do dia das discussões doutrinárias em direito de família,⁴⁴ que se depara com a possibilidade de superar o paradigma da "biparentalidade". Ana Carolina Brochado Teixeira e Renata de Lima Rodrigues elucidam as divergências presentes na doutrina brasileira sobre as concepções ampla e estrita de "multiparentalidade":

> O conceito *lato* abrangeria mais de um vínculo paterno ou materno, como por exemplo, o filho que tem dois pais ou duas mães homoafetivos; o viés estrito pressupõe a existência necessária de, no mínimo, três laços parentais. Entendemos que o conceito de multiparentalidade se dá, necessariamente, sob um viés quantitativo e não tem nenhuma relação com o gênero ou orientação sexual dos pais, ou seja, ele pressupõe apenas a presença de mais de dois vínculos parentais.⁴⁵

O presente trabalho adota a compreensão estrita, isto é, quantitativa, de multiparentalidade, alinhando-se à opinião das professoras de que não há que se perquirir a existência de conjugalidade entre os pais ou mães. Ainda, o reconhecimento de efeitos jurídicos aos vínculos de paternidade com origem biológica e socioafetiva em pessoas diferentes deságua nas chamadas "famílias recompostas", famílias homoparentais e

---

⁴¹ "A possibilidade de se estabelecer a concomitância das parentalidades sociafetiva e biológica não é uma regra, pelo contrário, a multiparentalidade é uma casuística, passível de conhecimento nas hipóteses em que as circunstâncias fáticas a justifiquem, não sendo admissível que o Poder Judiciário compactue com uma pretensão contrária aos princípios da afetividade, da solidariedade e da parentalidade responsável" (BRASIL. Superior Tribunal de Justiça. Recurso Especial n. 1.674.849/RS. 3ª Turma. Relator: Ministro Marco Aurélio Bellizze. Julgado em: 17/04/2018. *DJe*, 23 abr. 2018. Disponível em: <https://ww2.stj.jus.br/processo/revista/inteiroteor/?num_registro=201602213860&dt_publicacao=23/04/2018>. Acesso em: 28 maio 2018).

⁴² "Iniludível, portanto, que os elementos fáticos da causa revelam o surgimento de filiação por origens distintas, do qual emerge um modelo familiar diverso da concepção tradicional, pela presença concomitante, tanto de vínculos estabelecidos por relação afetiva, quanto daqueles oriundos de ascendência biológica, e para cuja solução, a meu ver, vislumbrando o melhor interesse do menor, não se impõe a prevalência de um sobre o outro, mas o reconhecimento jurídico de ambos, seguindo a *ratio essendi* do que decidiu o Tribunal Pleno do Supremo Tribunal Federal, [...]" (BRASIL. Superior Tribunal de Justiça. Recurso Especial n. 1.548.187 - SP. 3ª Turma. Relator: Ministro Marco Aurélio Bellizze. Julgado em: 27/02/2018. *DJe*, 2 abr. 2018. Disponível em: <https://ww2.stj.jus.br/processo/revista/inteiroteor/?num_registro=201400495693&dt_publicacao=02/04/2018>. Acesso em: 28 maio 2018).

⁴³ Na qualidade de representante do Instituto Brasileiro de Direito de Família (IBDFam), Ricardo Lucas Calderón apresentou sustentação oral perante o STF no julgamento do RE nº 898.060/SC e constrói interessante análise sob a ótica do princípio da afetividade no direito de família: CALDERÓN, Ricardo Lucas. *Princípio da afetividade*: no direito de família. 2. ed. Rio de Janeiro: Forense, 2017. p. 213-238.

⁴⁴ MATOS, Ana Carla Harmatiuk; HAPNER, Paula Aranha. Multiparentalidade: uma abordagem a partir das decisões nacionais. *Civilistica.com*, Rio de Janeiro, ano 5, n. 1, 2016. Disponível em: <http://civilistica.com/wp-content/uploads/2016/07/Matos-e-Hapner-civilistica.com-a.5.n.1.2016.pdf>. Acesso em: 15 maio 2018.

⁴⁵ TEIXEIRA, Ana Carolina Brochado; RODRIGUES, Renata de Lima. Quais devem ser os parâmetros para o reconhecimento jurídico da multiparentalidade? In: CONGRESSO DO INSTITUTO BRASILEIRO DE DIREITO CIVIL, V, 2017. *Anais*... 2017. No prelo. p. 4.

em casos de o projeto parental envolver técnicas heterólogas de reprodução humana assistida, estes enfrentados no item anterior.

No primeiro caso, aquele que é, ao mesmo tempo, pai biológico, socioafetivo e registral se divorcia da mãe, que fica com a guarda da criança e casa-se ou inicia união estável com novo parceiro. Este, por sua vez, estreita laços de cuidado e afetividade com a criança, vivenciado posição de pai socioafetivo. Ressalta-se que esse efeito que não se opera automaticamente,[46] sendo os elementos de posse de estado de filho apenas indicadores que servem de prova para o vínculo de socioafetividade, conforme explica Renata Vilela Multedo:

> É possível argumentar que a posse de estado de filho é um meio eficaz de se comprovar o parentesco socioafetivo, mas não passaria disto: mero meio de prova. Os requisitos da posse de estado de filho seriam, desta forma, indicadores da existência da parentalidade, sem serem seus elementos constitutivos. [...] Nessa linha de raciocínio, pais e mães são aqueles que exercitam de fato a autoridade parental, e é, nesse sentido, impossível deixar de mencionar a mudança de eixo, no direito de família, por meio da qual a conjugalidade cede a centralidade de outrora à filiação.[47]

No segundo caso, o projeto parental é partilhado por pessoas de mesmo sexo casadas entre si ou em união homoafetiva e adotam criança, utilizam métodos de reprodução humana assistida ou, ainda, uma delas exerce a parentalidade sobre o filho biológico do(a) parceiro(a).[48] Simone Tassinari Cardoso e Isis Boll Bastos identificam a complexidade da discussão acerca da prevalência de uma paternidade sobre a outra, ou mesmo do reconhecimento de pluriparentalidade frente aos desafios impostos pela realidade da vida concreta. As autoras apontam que a resposta para a casuística em direito de família deve investigar o "afeto qualificado" sem descartar o vínculo biológico:

> Afirmar a preponderância, a priori, em todos os casos, de uma paternidade sobre a outra pode gerar injustiças ainda maiores. Há, de fato, no afeto qualificado, base jurídica de sustentação de paternidade ou maternidade, mas ele não pode excluir, sem análise pormenorizada dos casos concretos, o liame biológico.[49]

Se verificados os elementos de parentalidade socioafetiva (sendo a posse de estado de filho apenas um indicativo) a dois ou mais pais ou mães, sem que isso necessariamente figure conjugalidade, é possível reconhecer, em tese, a multiparentalidade. De relações em que esta se concretiza, aferem-se seus efeitos a partir dos princípios da pluralidade

---

[46] MATOS, Ana Carla Harmatiuk. A família recomposta: em busca de seu pleno reconhecimento jurídico. In: MATOS, Ana Carla Harmatiuk; MENEZES, Joyceane Bezerra (Org.). *Direito das famílias*: por juristas brasileiras. São Paulo: Saraiva, 2013. p. 319-335.

[47] MULTEDO, Renata Vilela. *Liberdade e família*: limites para a intervenção do Estado nas relações conjugais e parentais. Rio de Janeiro: Processo, 2017. p. 180.

[48] MATOS, Ana Carla Harmatiuk; PEREIRA, Jacqueline Lopes. Argumentos e a homoparentalidade: o percurso do senso comum à proteção pelo direito brasileiro. *Jura Gentium: Rivista di Filosofia del Diritto Internazionale e della Politica Globale*. Disponível em: <http://www.juragentium.org/forum/infanzia/it/matos.pdf>. Acesso em: 15 maio 2018.

[49] BASTOS, Isis Boll; CARDOSO, Simone Tassinari. Leading cases de Direito das Famílias: uma análise das situações com repercussão geral no Supremo Tribunal Federal a partir da eficácia horizontal dos direitos fundamentais. *Revista Brasileira de Direito Civil*, Rio de Janeiro, v. 10, p. 61-95, out./dez. 2016. p. 86-87.

familiar, da afetividade e do melhor interesse da criança e do adolescente.[50] Fachin e Matos defendem, nessa seara, a viabilidade de o filho demandar alimentos às pessoas com as quais haja vínculo parental, na qualidade de serem parentes de mesmo grau do alimentando em obrigação solidária.[51]

Conforme as lições de Maria Celina Bodin de Moraes, o cenário ora resumido compõe a "família democrática",[52] em que o protagonismo deixa de ser atribuído à figura patriarcal na família matrimonializada e passa a ser dos filhos e demais sujeitos vulneráveis num contexto de pluralidade familiar, visando, como objetivo maior, à tutela da pessoa humana e seus direitos de personalidade.[53] Ligia Ziggiotti de Oliveira defende a necessidade de articulação protetiva entre as vulnerabilidades em família, como sugere a defesa da criança e do(a) adolescente em relação à figura materna, marcada por frequentes assimetrias de gênero. Neste sentido:

> propõe-se que há uma série de desencontros entre a questão de gênero e a proteção das(os) jovens em contextos familiares quando considerada a produção jurídica bibliográfica e jurisprudencial brasileiras. A conjugação dos direitos fundamentais e humanos referentes às mulheres e referentes àquelas outras personagens desempoderadas no mesmo ambiente de convivência não se promove a contento. Profícuo, portanto, o ambiente para a promoção de possibilidades de encontro entre estas perspectivas.[54]

Assim, na discussão de direito de filiação no cenário de família democrática, a Corte Suprema concluiu pela prevalência dos laços socioafetivos, sem descartar a possibilidade de concomitância do liame biológico.

---

[50] RUZYK, Carlos Eduardo Pianovski; PEREIRA, Jacqueline L.; OLIVEIRA, Ligia Z. A multiparentalidade e seus efeitos segundo três princípios fundamentais do Direito de Família. *Revista Quaestio Iuris*, v. 11, p. 1268-1286, 2018.

[51] "Assim, cada um dos pais em questão estaria obrigado com um *quantum* proporcional às suas possibilidades. Da mesma forma, não poderia uma relação parental paralela significar um enriquecimento ilícito, sendo estabelecidos alimentos na medida da necessidade de quem os pleiteia, englobando a dimensão dos alimentos quer naturais, quer civis" (FACHIN, Luiz Edson; MATOS, Ana Carla Harmatiuk. Subsídios solidários: filiação socioafetiva e alimentos. In: CORTIANO JUNIOR, Eroulths (Coord.). *Apontamentos críticos para o direito civil brasileiro contemporâneo II*: anais do Projeto de Pesquisa Virada de Copérnico. Curitiba: Juruá, 2009. p. 275).

[52] "À família como instituição corresponde a atual família democratizada, criada e protegida pela Constituição de 1988, cujos protagonistas são os filhos. Desse microcosmo começam a ser partes integrantes aspectos que antes ficavam da porta para fora: direito ao respeito, garantia de liberdade de crença, proteção em face da síndrome da alienação parental, garantia do estado de filiação, direito de conhecer as origens genéticas, averiguação oficiosa da paternidade, presunção legal de paternidade em caso de recusa ao exame de DNA e responsabilização civil por abandono moral foram alguns dos instrumentos postos, nos últimos anos, a serviço da proteção dos filhos em face de seus próprios genitores" (MORAES, Maria Celina Bodin de. A nova família, de novo: estruturas e função das famílias contemporâneas. *Revista Pensar*, Fortaleza, v. 18, n. 2, 2013. p. 602. Disponível em: <http://ojs.unifor.br/index.php/rpen/article/view/2705>. Acesso em: 15 maio 2018).

[53] Joyceane Bezerra de Menezes acresce observação às lições de Maria Celina Bodin de Moraes: "[...] a 'nova' família se caracteriza pela relação de igualdade entre os cônjuges ou conviventes, pela funcionalização do poder familiar na promoção da pessoa dos filhos e pela pluralidade dos modelos de conjugalidade heterossexual ou homossexual. A ela também é confiada a tarefa de promover uma sociedade livre, justa e solidária, partindo do respeito e cuidado para com a pessoa de seus membros" (MENEZES, Joyceane Bezerra de. A família e o direito da personalidade: a cláusula geral de tutela na promoção da autonomia e da vida privada. In: MATOS, Ana Carla Harmatiuk; MENEZES, Joyceane Bezerra (Org.). *Direito das famílias*: por juristas brasileiras. São Paulo: Saraiva, 2013. p. 93).

[54] OLIVEIRA, Ligia Ziggiotti de. O papel da doutrina de proteção à criança e à(o) adolescente frente às perspectivas de gênero: propostas de olhares multidimensionais acerca dos desempoderamentos em família. *Revista Brasileira de Direito Civil*, Rio de Janeiro, v. 7, 2016. p. 85. Disponível em: <https://www.ibdcivil.org.br/rbdc.php?ip=123&titulo=VOLUME%207%20|%20Jan-Mar%202016&category_id=123&arquivo=data/revista/volume7/rbdcivil_volume_7_refeito.pdf>. Acesso em: 22 maio 2018.

De outro norte, afastada a paternidade ou maternidade registral e socioafetiva, sem pluriparentalidade, Rose Melo Vencelau Meireles questiona se seria possível ao pai ou à mãe afastado(a) exigir do filho maior, outrora registrado como seu, a prestação de dever de cuidado e assistência quando se tornar idoso, carente ou enfermo.[55]

Pertinente o convite de Meireles a essa reflexão, por desvelar o quão intricados e amplos podem ser os efeitos existenciais e patrimoniais a todos os sujeitos envolvidos, decorrentes do reconhecimento da paternidade biológica e afastamento da registral e socioafetiva.

Diante da força do vínculo socioafetivo, constatado da realidade dos fatos, e questões que emergem no registro civil de pessoas naturais, o Instituto dos Advogados de São Paulo formulou pedido de providências à Corregedoria Nacional de Justiça (Autos nº 0006194-84.2016.2.00.0000). Como resposta, editou-se em 14.11.2017 o Provimento nº 63 que, entre outras providências, "dispõe sobre o reconhecimento voluntário e a averbação da paternidade e maternidade socioafetiva no Livro 'A' e sobre o registro de nascimento e emissão da respectiva certidão dos filhos havidos por reprodução assistida", a serem adotadas pelos ofícios de registro civil das pessoas naturais.[56]

Em sua parte introdutória, a norma administrativa enfatiza a dimensão socioafetiva nas relações de maternidade e paternidade para doutrina e jurisprudência.[57] Segundo o provimento – supracitado quando se tratou do registro de criança fruto de técnicas de reprodução humana assistida –, a paternidade ou maternidade socioafetiva (arts. 10 a 15) pode ser reconhecida de modo unilateral e voluntário pelo pai ou mãe em registro de pessoas de qualquer idade, desde que haja diferença mínima de dezesseis anos entre o filho(a) e aquele(a).[58]

O ato é irrevogável, salvo se existirem vícios da manifestação de vontade, sendo observadas atentamente pelo oficial de registro todas as informações pessoais dos envolvidos. Interessante notar a harmonização do Provimento nº 63 ao sistema jurídico de proteção dos filhos, especialmente daqueles menores de 18 anos, o que é exemplificado

---

[55] "[...] o resultado da escolha pode ser o desamparo do pai preterido. O art. 229 demonstra que o dever de cuidado é recíproco, na medida em que os filhos maiores têm o dever de ajudar e amparar os pais na velhice, carência ou enfermidade. Dessa forma, ainda que a filiação integre o *status* do filho e, portanto, contribua para o desenvolvimento da sua personalidade, a manutenção dessa relação importa também aos pais, sobretudo, quando estes vivenciarem alguma das situações de vulnerabilidade mencionadas pelo constituinte" (MEIRELES, Rose Melo Vencelau. Filiação biológica, socioafetiva e registral. In: MATOS, Ana Carla Harmatiuk; MENEZES, Joyceane Bezerra (Org.). *Direito das famílias*: por juristas brasileiras. São Paulo: Saraiva, 2013. p. 362).

[56] BRASIL. Conselho Nacional de Justiça. *Provimento n. 63 de 14/11/2017*. Disponível em: <http://www.cnj.jus.br/busca-atos-adm?documento=3380>. Acesso em: 20 maio 2018.

[57] "CONSIDERANDO a ampla aceitação doutrinária e jurisprudencial da paternidade e maternidade socioafetiva, contemplando os princípios da afetividade e da dignidade da pessoa humana como fundamento da filiação civil; CONSIDERANDO a possibilidade de o parentesco resultar de outra origem que não a consanguinidade e o reconhecimento dos mesmos direitos e qualificações aos filhos, havidos ou não da relação de casamento ou por adoção, proibida toda designação discriminatória relativa à filiação (arts. 1.539 e 1.596 do Código Civil); [...]" (BRASIL. Conselho Nacional de Justiça. *Provimento n. 63 de 14/11/2017*. Disponível em: <http://www.cnj.jus.br/busca-atos-adm?documento=3380>. Acesso em: 20 maio 2018).

[58] "Art. 10. O reconhecimento voluntário da paternidade ou da maternidade socioafetiva de pessoa de qualquer idade será autorizado perante os oficiais de registro civil das pessoas naturais. §1º O reconhecimento voluntário da paternidade ou maternidade será irrevogável, somente podendo ser desconstituído pela via judicial, nas hipóteses de vício de vontade, fraude ou simulação. §2º Poderão requerer o reconhecimento da paternidade ou maternidade socioafetiva de filho os maiores de dezoito anos de idade, independentemente do estado civil. §3º Não poderão reconhecer a paternidade ou maternidade socioafetiva os irmãos entre si nem os ascendentes. §4º O pretenso pai ou mãe será pelo menos dezesseis anos mais velho que o filho a ser reconhecido".

na exigência de consentimento da pessoa maior de 12 anos (art. 11, §4º). O provimento resguarda a discussão em via judicial sobre a "verdade biológica" (art. 15) e afirma que o reconhecimento do vínculo socioafetivo não implicará "o registro de mais de dois pais e de duas mães no campo FILIAÇÃO no assento de nascimento" (art. 14).

O provimento administrativo da Corregedoria Nacional de Justiça pode despertar questionamentos, como: sua natureza de norma hierarquicamente inferior à legislação civil, eventual possibilidade de registro de situações de pluriparentalidade, possível repercussão com a temática da adoção, viabilidade de socioafetividade *a priori* (antes de concretizados alguns dos elementos da posse de estado de filho), participação de advogado(a) e representante do Ministério Público, entre outras.

Visualiza-se o fervilhar que habita o direito de filiação contemporâneo e os desdobramentos práticos derivados do reconhecimento da paternidade socioafetiva pelo STF.

Conclusão: desafios que se anunciam ao direito de filiação

É notória a proporção de mudanças que ocorreram nas últimas décadas sobre o direito de filiação no Brasil. A preocupação denunciada por Fachin em sua tese de doutorado quanto à inexistência de regras positivadas a respeito da parentalidade foi em parte superada pelas conquistas advindas das decisões nacionais, contudo, novos desafios nascem diariamente. Assim, a pioneira obra continua a lançar fundamentos prospectivos para a temática.

Em singela síntese a partir do que foi explorado no presente trabalho, destacam-se suas conclusões. A primeira é que a presunção *pater is est* foi relativizada em prol da realidade socioafetiva, afastando-se da égide patriarcal e de suposta necessidade de proteção da "paz familiar" no casamento.

Ainda, a presunção *mater semper certa est* também é redimensionada à ordem de que a gestante, a ascendente genética e a mãe que de fato deseja exercer o direito ao livre planejamento familiar podem se concretizar em três pessoas diferentes. Nisso se veem a repercussão e os desafios que orbitam em torno da reprodução humana assistida.

Adicionalmente, importa registrar que no conflito teórico entre liame biológico ou civil, de um lado, e socioafetivo, de outro, prevalece este último, não havendo vedação para o exercício simultâneo da parentalidade por duas pessoas ou mais na figura de pai ou de mãe, a exigir critérios cuidadosos para sua aferição.

É relevante notar o giro para uma prevalência dos interesses da criança e do adolescente, com o consentâneo direito de conhecer sua ascendência genética, com os efeitos jurídicos sopesados. Trata-se de conclusão harmônica com o texto constitucional que assegura o livre exercício do planejamento familiar e também sistematicamente atribui aos pais o dever de cuidado e assistência dos filhos dependentes.

Merece destaque, também, a edição do Provimento nº 63 em 14.11.2017 que visou a simplificar o reconhecimento voluntário e unilateral da paternidade ou maternidade socioafetiva junto ao registro civil de pessoas naturais, em posição de liberdade diametralmente oposta à existente sob a égide da Ação de Contestação de Paternidade no Código Civil de 1916.

Por fim, conclui-se que as estrelas, antes cravejadas nas certidões de nascimento, preenchendo o vazio formal da paternidade, hoje se turvam para dar lugar ao brilho de outros astros vindos da compreensão do direito de filiação com o seu conteúdo edificado no mundo dos fatos.

Ruída a diferença discriminatória entre espécies de filiação, a realidade dos vínculos socioafetivos e a viável simultaneidade com o vínculo genético, mesmo que identificados em pessoas diferentes, tornam límpido um horizonte a ser colorido de acordo com a aquarela que compõe a experiência individual e familiar de cada ser humano.

Referências

ALBUQUERQUE, Fabíola Santos. Aspectos introdutórios às relações de parentesco. In: MATOS, Ana Carla Harmatiuk; MENEZES, Joyceane Bezerra (Org.). *Direito das famílias*: por juristas brasileiras. São Paulo: Saraiva, 2013.

BARBOZA, Heloisa Helena. Reprodução assistida: questões em aberto. In: CASSETTARI, Christiano (Org.). *10 anos de vigência do Código Civil Brasileiro de 2002*. 1. ed. São Paulo: Saraiva, 2014. v. 1.

BASTOS, Isis Boll; CARDOSO, Simone Tassinari. Leading cases de Direito das Famílias: uma análise das situações com repercussão geral no Supremo Tribunal Federal a partir da eficácia horizontal dos direitos fundamentais. *Revista Brasileira de Direito Civil*, Rio de Janeiro, v. 10, p. 61-95, out./dez. 2016.

BRASIL. Conselho Nacional de Justiça. *Provimento n. 63 de 14/11/2017*. Disponível em: <http://www.cnj.jus.br/busca-atos-adm?documento=3380>. Acesso em: 20 maio 2018.

BRASIL. Superior Tribunal de Justiça. Agravo Interno no Recurso Especial n. 1.622.330/RS. 3ª Turma. Relator: Ministro Ricardo Villas Bôas Cueva. Julgado em: 12/12/2017. *DJe*, 2 fev. 2018. Disponível em: <https://ww2.stj.jus.br/processo/revista/inteiroteor/?num_registro=201300042822&dt_publicacao=02/02/2018>. Acesso em: 28 maio 2018.

BRASIL. Superior Tribunal de Justiça. Agravo Regimental no Agravo de Instrumento n. 113.846-7/MG. 4ª Turma. Relator: Ministra Maria Isabel Galotti. Julgado em: 17/11/2011. *DJe*, 29 nov. 2011. Disponível em: <https://ww2.stj.jus.br/processo/revista/documento/mediado/?componente=ITA&sequencial=1105377&num_registro=200900037368&data=20111129&formato=PDF>. Acesso em: 19 maio 2018.

BRASIL. Superior Tribunal de Justiça. Recurso Especial n. 1.548.187 - SP. 3ª Turma. Relator: Ministro Marco Aurélio Bellizze. Julgado em: 27/02/2018. *DJe*, 2 abr. 2018. Disponível em: <https://ww2.stj.jus.br/processo/revista/inteiroteor/?num_registro=201400495693&dt_publicacao=02/04/2018>. Acesso em: 28 maio 2018.

BRASIL. Superior Tribunal de Justiça. Recurso Especial n. 1.674.849/RS. 3ª Turma. Relator: Ministro Marco Aurélio Bellizze. Julgado em: 17/04/2018. *DJe*, 23 abr. 2018. Disponível em: <https://ww2.stj.jus.br/processo/revista/inteiroteor/?num_registro=201602213860&dt_publicacao=23/04/2018>. Acesso em: 28 maio 2018.

BRASIL. Supremo Tribunal Federal. Recurso Extraordinário n. 898.060/SC. Relator: Ministro Luiz Fux. Julgado em: 21/09/2016. Processo Eletrônico Repercussão Geral. *DJe*, 24 ago. 2017. Disponível em: <http://redir.stf.jus.br/paginadorpub/paginador.jsp?docTP=TP&docID=13431919>. Acesso em: 19 maio 2018.

CALDERÓN, Ricardo Lucas. *Princípio da afetividade*: no direito de família. 2. ed. Rio de Janeiro: Forense, 2017.

CARDOSO, Simone Tassinari. Notas sobre parentalidade biológica e socioafetiva: do direito civil moderno ao contemporâneo. *Civilistica.com*, Rio de Janeiro, ano 5, n. 1, 2016. Disponível em: <http://civilistica.com/wp-content/uploads/2016/07/Cardoso-civilistica.com-a.5.n.2.2016.pdf>. Acesso em: 20 maio 2018.

CASSETTARI, Christiano. *Multiparentalidade e parentalidade socioafetiva*: efeitos jurídicos. 2. ed. São Paulo: Atlas, 2015.

CONSELHO FEDERAL DE MEDICINA. Resolução n. 2.168/2017. *DOU*, 10 nov. 2017. Disponível em: <https://sistemas.cfm.org.br/normas/visualizar/resolucoes/BR/2017/2168>. Acesso em: 15 maio 2018.

FACHIN, Luiz Edson. A filha das estrelas em busca do artigo perdido. In: FACHIN, Luiz Edson. *Questões de direito civil brasileiro contemporâneo*. Rio de Janeiro: Renovar, 2008.

FACHIN, Luiz Edson. *Da paternidade*: relação biológica e afetiva. Belo Horizonte: Del Rey, 1996.

FACHIN, Luiz Edson. *Direito civil*: sentidos, transformações e fim. Rio de Janeiro: Renovar, 2015.

FACHIN, Luiz Edson. *Estabelecimento da filiação e paternidade presumida*. Porto Alegre: Sérgio Antonio Fabris Editora, 1992.

FACHIN, Luiz Edson; MATOS, Ana Carla Harmatiuk. Subsídios solidários: filiação socioafetiva e alimentos. In: CORTIANO JUNIOR, Eroulths (Coord.). *Apontamentos críticos para o direito civil brasileiro contemporâneo II*: anais do Projeto de Pesquisa Virada de Copérnico. Curitiba: Juruá, 2009.

GARCIA, M. R. V. et al. "Não podemos falhar": a busca pela normalidade em famílias homoparentais. In: GROSSI, Miriam; UZIEL, Anna Paula; MELLO, Luiz. *Conjugalidades, parentalidades e identidades lésbicas, gays e travestis*. Rio de Janeiro: Garamond, 2007.

GIRARDI, Viviane. *Famílias contemporâneas, filiação e afeto*: a possibilidade jurídica da adoção por homossexuais. Porto Alegre: Livraria do Advogado, 2005.

MATOS, Ana Carla Harmatiuk. A família recomposta: em busca de seu pleno reconhecimento jurídico. In: MATOS, Ana Carla Harmatiuk; MENEZES, Joyceane Bezerra (Org.). *Direito das famílias*: por juristas brasileiras. São Paulo: Saraiva, 2013.

MATOS, Ana Carla Harmatiuk; HAPNER, Paula Aranha. Multiparentalidade: uma abordagem a partir das decisões nacionais. *Civilistica.com*, Rio de Janeiro, ano 5, n. 1, 2016. Disponível em: <http://civilistica.com/wp-content/uploads/2016/07/Matos-e-Hapner-civilistica.com-a.5.n.1.2016.pdf>. Acesso em: 15 maio 2018.

MATOS, Ana Carla Harmatiuk; PEREIRA, Jacqueline Lopes. Argumentos e a homoparentalidade: o percurso do senso comum à proteção pelo direito brasileiro. *Jura Gentium: Rivista di Filosofia del Diritto Internazionale e della Política Globale*. Disponível em: <http://www.juragentium.org/forum/infanzia/it/matos.pdf>. Acesso em: 15 maio 2018.

MEIRELES, Rose Melo Vencelau. Filiação biológica, socioafetiva e registral. In: MATOS, Ana Carla Harmatiuk; MENEZES, Joyceane Bezerra (Org.). *Direito das famílias*: por juristas brasileiras. São Paulo: Saraiva, 2013.

MENEZES, Joyceane Bezerra de. A família e o direito da personalidade: a cláusula geral de tutela na promoção da autonomia e da vida privada. In: MATOS, Ana Carla Harmatiuk; MENEZES, Joyceane Bezerra (Org.). *Direito das famílias*: por juristas brasileiras. São Paulo: Saraiva, 2013.

MORAES, Maria Celina Bodin de. A nova família, de novo: estruturas e função das famílias contemporâneas. *Revista Pensar*, Fortaleza, v. 18, n. 2, 2013. Disponível em: <http://ojs.unifor.br/index.php/rpen/article/view/2705>. Acesso em: 15 maio 2018.

MULTEDO, Renata Vilela. *Liberdade e família*: limites para a intervenção do Estado nas relações conjugais e parentais. Rio de Janeiro: Processo, 2017.

OLIVEIRA, Ligia Ziggiotti de. O papel da doutrina de proteção à criança e à(o) adolescente frente às perspectivas de gênero: propostas de olhares multidimensionais acerca dos desempoderamentos em família. *Revista Brasileira de Direito Civil*, Rio de Janeiro, v. 7, 2016. Disponível em: <https://www.ibdcivil.org.br/rbdc.php?ip=123&titulo=VOLUME%207%20|%20Jan-Mar%202016&category_id=123&arquivo=data/revista/volume7/rbdcivil_volume_7_refeito.pdf>. Acesso em: 22 maio 2018.

PEREIRA, Rodrigo da Cunha. *Princípios fundamentais norteadores do direito de família*. 2. ed. São Paulo: Saraiva, 2012.

PORTUGAL. Tribunal Constitucional. *Processo n. 95/2017*. Relator Conselheiro Pedro Machete. Disponível em: <http://www.tribunalconstitucional.pt/tc/acordaos/20180225.html>. Acesso em: 15 maio 2018.

RESENDE, Paula. Após 33 anos, aposentada descobre que ex-marido registrou no nome dela filha que teve com outra mulher. *G1*, 4 maio 2018. Disponível em: <https://g1.globo.com/go/goias/noticia/apos-33-anos-aposentada-descobre-que-ex-marido-a-colocou-como-mae-ao-registrar-filha-de-outra-mulher.ghtml>. Acesso em: 14 maio 2018.

RUZYK, Carlos Eduardo Pianovski; PEREIRA, Jacqueline L.; OLIVEIRA, Ligia Z. A multiparentalidade e seus efeitos segundo três princípios fundamentais do Direito de Família. *Revista Quaestio Iuris*, v. 11, p. 1268-1286, 2018.

SPENGLER, Fabiana M. União estável: os efeitos jurídicos da família espontânea. In: MATOS, Ana Carla Harmatiuk; MENEZES, Joyceane Bezerra (Org.). *Direito das famílias*: por juristas brasileiras. São Paulo: Saraiva, 2013.

STF. Pleno – Paternidade socioafetiva não exime de responsabilidade o pai biológico (2/2). Sessão de 15/09/2016. *YouTube*, 22 set. 2016. Disponível em: <https://www.youtube.com/watch?v=vMgMQ0DdVbE>. Acesso em: 10 maio 2018.

TEIXEIRA, Ana Carolina Brochado; RODRIGUES, Renata de Lima. Quais devem ser os parâmetros para o reconhecimento jurídico da multiparentalidade? In: CONGRESSO DO INSTITUTO BRASILEIRO DE DIREITO CIVIL, V, 2017. *Anais...* 2017. No prelo.

Informação bibliográfica deste texto, conforme a NBR 6023:2002 da Associação Brasileira de Normas Técnicas (ABNT):

MATOS, Ana Carla Harmatiuk; PEREIRA, Jacqueline Lopes. Filiação no direito de família brasileiro: da paternidade presumida à Repercussão Geral nº 622 do Supremo Tribunal Federal. In: EHRHARDT JÚNIOR, Marcos; CORTIANO JUNIOR, Eroulths (Coord.). *Transformações no Direito Privado nos 30 anos da Constituição*: estudos em homenagem a Luiz Edson Fachin. Belo Horizonte: Fórum, 2019. p. 637-654. ISBN 978-85-450-0562-9.

FILIAÇÃO NO DIREITO DE FAMÍLIA BRASILEIRO: RESSIGNIFICAÇÃO A PARTIR DA *POSSE DE ESTADO* E DA *SOCIOAFETIVIDADE*

RICARDO CALDERÓN

1 O legado do homenageado em uma categoria central do direito de família

Uma das maiores honras que pode ser concedida a alguém é ter a oportunidade de participar de uma homenagem ao seu orientador. Ao lado da alegria, emerge o desafio de fazer frente a essa difícil empreitada, visto que a tarefa faz reavivar aquele respeitoso "temor reverencial". É com essa mistura de sentimentos que escrevo este texto em homenagem ao meu eterno orientador, Luiz Edson Fachin.

No decorrer da minha trajetória tive o privilégio de ser orientado pelo Professor Fachin, que muito me inspirou e foi um dos primeiros a acreditar nas minhas, então incipientes, reflexões. Entre tantas coisas, aprendi com ele que a pesquisa exige dedicação e seriedade, mas que sempre deve estar aliada a uma boa dose de sensibilidade. Para além das suas marcantes lições teóricas, para mim o seu maior legado é mesmo o belo exemplo de vida.

O homenageado, hoje Ministro do Supremo Tribunal Federal, é inequivocamente um dos maiores juristas do país. Civilista completo, possui relevantes trabalhos em vários ramos do direito civil. Muitas das suas primeiras obras cuidaram de uma seara em particular: o direito de família, o que certamente já era indicativo da sensibilidade ímpar do autor.

A atual vanguarda do direito de família brasileiro certamente é tributária de muitas das ideias de Luiz Edson Fachin, um dos pioneiros a ressignificar alguns institutos jusfamiliares, sempre de modo a aproximá-los dos instigantes desafios que passavam a se apresentar na sociedade.

Devido ao protagonismo da sua doutrina familiarista, o tema deste artigo será a filiação, com destaque especial para dois fatores: a noção de posse de estado de filho e o vínculo decorrente da socioafetividade.

2 Filiação à luz do Código Civil de 1916

A codificação civil brasileira aprovada no início do século XX refletiu as ideias que prevaleciam na sociedade daquela época, retratando o que se entendia como família no texto codificado. O Código Beviláqua vinculava o reconhecimento da família ao casamento civil, fora dele não era possível vislumbrar alguma outra entidade familiar.[1]

Diversas das suas disposições procuravam demonstrar a prevalência do homem sobre a mulher. Ao primeiro cabiam as principais funções jurídicas da família, já para a segunda restava apenas a administração doméstica e outras questões tidas como menores (sob o ponto de vista de então). Para além disso, originariamente o casamento era indissolúvel. Entre algumas características do direito de família codificado era possível destacar que o texto era precipuamente patriarcal, matrimonial e patrimonial.

No regramento da filiação o Código Civil de 1916 se preocupava mais com a tutela da família como instituição do que com a proteção dos indivíduos como pessoa. Prova disso, a odiosa distinção entre duas grandes categorias de filhos: os legítimos (havidos do casamento) e os ilegítimos (havidos fora do casamento, que se subdividiam em naturais e espúrios – incestuosos/adulterinos).[2]

Vigorava fortemente a presunção *pater is est* (pai é o marido da mãe), o que reforçava a prevalência do vínculo formal do matrimônio no estabelecimento dos laços de filiação. Em paralelo, na redação originária do antigo *Codex* havia vedação para a averiguação de paternidade de possíveis filhos extramatrimoniais, sob o pálido argumento de que isso poderia abalar a "família enquanto instituição".[3]

O vínculo de filiação estava fortemente atrelado ao prévio matrimônio e às suas diversas presunções, de modo que possuía uma base estritamente formal. Nas entrelinhas dessas dicções se constatava uma intenção de proteção ao vínculo biológico, ainda que de forma indireta.

Havia uma evidente preocupação em se tutelar a linhagem decorrente da descendência genética, tida como prevalecente. Portanto, sob a égide do Código de 1916, na filiação prevaleciam claramente os vínculos decorrentes das presunções legais relacionadas ao matrimônio e aos elos biológicos.

Nesse contexto, praticamente inexistiam espaços para o reconhecimento de vínculos subjetivos que pudessem constituir laços de parentesco (impensável se aventar sobre vínculos de socioafetividade, por exemplo). Essa estrutura imperou durante a primeira metade do século passado, ainda que atenuada com algumas alterações legislativas pontuais (mas que não alteraram o paradigma formal-biologista da filiação).[4]

Após a Segunda Guerra Mundial houve uma paulatina mudança na forma de se viver em família, percebida inicialmente nos países europeus. Passaram a avolumar relacionamentos de pares na forma da união estável, emergiram casos de rompimentos de casamentos e surgiram o que hoje denominamos famílias recompostas. O que estava subjacente a tudo isso era um inequívoco alargamento da subjetividade, com as escolhas

---

[1] MATOS, Ana Carla Harmatiuk. *As famílias não fundadas no casamento e a condição feminina*. Rio de Janeiro: Renovar, 2000.
[2] MADALENO, Rolf. *Curso de direito de família*. 5. ed. rev., atual. e ampl. Rio de Janeiro: Forense, 2013.
[3] FACHIN, Luiz Edson. *Direito de família*: elementos críticos à luz do novo Código Civil brasileiro. 2. ed. Rio de Janeiro: Renovar, 2003.
[4] LÔBO, Paulo Luiz Netto. *Direito civil* – Famílias. São Paulo: Saraiva, 2008.

afetivas passando a imperar quando do estabelecimento dos vínculos familiares (tanto na conjugalidade como na parentalidade).

No Brasil, esta realidade passa a ser percebida com maior vigor a partir dos anos 70 e 80, quando tais relacionamentos se apresentaram de forma mais intensa na nossa sociedade. Após a Lei do Divórcio (aprovada em 1977), avolumaram-se as situações de novas uniões e, com isso, se influenciou, até mesmo, os vínculos de filiação, que também passaram a ser decalcados por tratos mais afetivos.

Entretanto, mesmo com essas profundas mudanças na realidade social, quando os liames fáticos claramente indicavam por uma prevalência de elos mais subjetivos, com escolhas afetivas se propagando largamente, a estrutura da filiação e o direito de família clássico seguiam profundamente herméticos, categoriais, formais, quase sem espaços para o reconhecimento de relações precipuamente subjetivas (como a união estável e as relações socioafetivas, que já passavam a se apresentar na realidade concreta, mas eram solenemente ignoradas pelo direito legislado).[5] As linhas centrais desenhadas pelo legislador de 1916 ainda eram a viga mestra da legislação jusfamiliar.

Em vista disso, no último quarto do século XX houve uma profunda clivagem entre uma efervescente realidade social e um direito de família estanque e formal. Enquanto muitos relacionamentos familiares passavam a ser decalcados apenas por elos subjetivos, as categorias jusfamiliares seguiam reconhecendo apenas vínculos objetivos (como as presunções atreladas ao casamento e o elo biológico). Dessa forma, muitas das relações familiares presentes na realidade brasileira não possuíam agasalho jurídico, o que, aliado a uma aplicação silogística das regras codificadas, acabava por gerar muita injustiça.[6]

Sob a égide do vetusto Código Civil de 1916, quase não havia espaços para elos subjetivos. Como a corrente hermenêutica que campeava era fortemente influenciada por um positivismo normativista, restava árido o terreno para qualquer abertura que permitisse o acolhimento dessas relações afetivas que se mostravam presentes (exemplo disso, a ausência de chancela jurídica para as uniões estáveis).

Esse distanciamento do direito de família clássico para a nova realidade fez com que algumas regras sobre filiação restassem anacrônicas, em descompasso com muitas das aspirações sociais daquela quadra histórica, o que se percebeu intensamente durante as duas últimas décadas do século.

3 Posse de estado de filho

Nesse contexto de descompasso entre o direito e a realidade, surgiram alguns corajosos doutrinadores que não se conformaram com o quadro de injustiças que estava a se apresentar e passaram a buscar alternativas para arrefecer esta distância. Ante a ausência de reformas legislativas nesse sentido, criativamente passaram a perscrutar outras alternativas.[7]

Um autor que desempenhou papel central nessa cruzada por uma abertura da filiação no direito brasileiro certamente foi Luiz Edson Fachin. Umas das suas primeiras

---

[5] OLIVEIRA, Guilherme de. *Critério jurídico da paternidade*. reimpr. Coimbra: Almedina, 2003.
[6] FACHIN, Luiz Edson. *Da paternidade*: relação biológica e afetiva. Belo Horizonte: Del Rey, 1996.
[7] VELOSO, Zeno. *Direito brasileiro da filiação e paternidade*. São Paulo: Malheiros, 1997.

preocupações foi desvelar o quadro de então, que ao priorizar presunções formais como a *pater ist est* acabava por afastar o direito da realidade. Defensor da *força construtiva dos fatos sociais*, não fez ouvidos moucos para o conhecido ditado popular "pai é quem cria".

Entre as premissas que incentivaram tais reflexões estavam as precursoras constatações de João Baptista Vilella, com seu trabalho intitulado *Desbiologização da paternidade* (datado de 1979),[8] no qual o professor mineiro sustentou que o vínculo da paternidade é um dado muito mais cultural e social, do que apenas decorrente de um elo biológico. Essas lições auxiliaram a desconstrução de um dos pilares do regime de filiação que vigorava até então e, assim, abriu espaço para outras possibilidades.

A partir disso, Edson Fachin foi além e disseminou o que se passou a designar como *posse de estado de filiação*, baseado no conhecido instituto romano. Essa locução procurava permitir o reconhecimento de uma filiação preexistente na realidade concreta, mesmo sem o atendimento dos rigorosos requisitos formais previstos em lei (era a semente que faria germinar um necessário espaço de subjetividade no direito de família brasileiro, no qual floresceria a afetividade).

Uma das suas primeiras reflexões sobre a paternidade é datada do ano de 1992, em obra na qual questionava tanto as presunções fictícias da legislação como o "biologismo" crescente.[9] Nessa obra, o autor colocava em xeque a prevalência e os obstáculos que se punham ao questionamento da presunção *pater is est* (adotada pelo sistema brasileiro de 1916), bem como declarava insuficiente a mera inclusão do critério biológico no sistema de filiação, conforme suscitado por algumas reformas legislativas que se processavam.

Sustentava, então, uma abertura que comportasse o reconhecimento da paternidade oriunda da *posse de estado de filho*[10] (para a qual concorreriam três critérios: *nomen, tractatus, fama*), ou seja, uma paternidade consubstanciada pela realidade concreta (portanto, em certo aspecto, também *sociológica*).

Ainda sob a égide do Código de 1916, que não acolhia a *posse de estado* e era rígido no respeito à presunção *pater is est*, afirmava: "percebe-se, de fato, que é saliente o seu valor instrumental, isto é, a posse de estado serve para revelar a face sócio-afetiva da filiação".[11] A leitura de Luiz Edson Fachin auxiliou a percepção do caráter tríplice que envolvia a questão da paternidade: o aspecto biológico, o afetivo e o jurídico, o que viria a contribuir para a difusão da afetividade presente em tais relações a partir da defesa da utilização do critério da *posse de estado*:

---

[8] VILLELA, João Baptista. A desbiologização da paternidade. *Revista da Faculdade de Direito da Universidade Federal de Minas Gerais*, Belo Horizonte, ano XXVII, n. 21, maio 1979.

[9] Conforme já tivemos a oportunidade de sustentar em: CALDERÓN, Ricardo. *Princípio da afetividade no direito de família*. 2. ed. rev., atual. e ampl. Rio de Janeiro: Forense, 2017.

[10] Registre-se que Guilherme de Oliveira também via com bons olhos o reforço na utilização da posse de estado de filho, com o objetivo de arrefecer o biologismo crescente e atenuar o rigor das presunções legais: "Usei propositadamente a expressão vaga de 'consolidação da família' ou a do 'nascimento da verdade sociológica' sem me referir ao meio técnico idôneo para captar essa realidade fulcral na economia do regime – e pensava na posse de estado. É um conceito velho, bem conhecido da doutrina e da jurisprudência portuguesa, e que, por este motivo, colheria uma boa aceitação do foro; é, além disso, um conceito maleável, capaz de exprimir subtilmente a realidade da vida familiar e dos interesses que se confrontam" (OLIVEIRA, Guilherme de. *Critério jurídico da paternidade*. reimpr. Coimbra: Almedina, 2003. p. 445).

[11] FACHIN, Luiz Edson. *Estabelecimento da filiação e paternidade presumida*. Porto Alegre: Sérgio Antonio Fabris Editora, 1992. p. 160.

A efetiva relação paterno-filial requer mais que a natural descendência genética e não se basta na explicação jurídica dessa informação biológica. Busca-se, então, a verdadeira paternidade. Assim, para além da paternidade biológica e da paternidade jurídica, à completa integração pai-mãe-filho agrega-se um elemento a mais. Esse outro elemento se revela na afirmação de que a *paternidade se constrói*; não é apenas um dado: ela se faz. O pai já não pode ser apenas aquele que emprestou sua colaboração na geração genética da criança; também pode não ser aquele a quem o ordenamento jurídico presuntivamente atribui a paternidade. Ao dizer que a paternidade se constrói, toma lugar de vulto, na relação paterno-filial, uma verdade sócio-afetiva, que, no plano jurídico, recupera a noção da posse de estado de filho.[12]

Na sua segunda obra específica sobre a questão da paternidade (intitulada *Da paternidade: relação biológica e afetiva*, de 1996 – a presença no título já indicava a dignidade que era conferida à relação afetiva), transparecia sua orientação para uma convivência entre as esferas biológica e afetiva, em decorrência do que era firme na defesa da necessidade de reforma do sistema de filiação com o fito de corresponder às transformações trazidas pela Constituição, e pelas quais passou a própria noção de família "a construção de um novo sistema de filiação emerge como imperativa, posto que a alteração da concepção jurídica de família conduz necessariamente à mudança da ordenação jurídica da filiação".[13]

O indicativo da sua tese era pela convivência entre as esferas biológica e afetiva, apontando para a superação do embate entre os defensores de cada uma delas, eis que ambas deveriam conviver em um sistema de filiação coerente com o estágio social alcançado.[14] Dizia o autor: "é tempo de encontrar, na tese (conceito biologista) e na suposta antítese (conceito sócio-afetivo), espaço de convivência e também de dissociação"[15] Para Luiz Edson Fachin, a alteração de paradigma que se processou na família exigia a revisão de muitas das concepções tidas como sólidas até então, muitas delas no sentido de acolher o vínculo afetivo:

> Na transformação da família e de seu Direito, o transcurso apanha uma "comunidade de sangue" e celebra, ao final deste século, a possibilidade de uma "comunidade de afeto". Novos modos de definir o próprio Direito de Família. Direito esse não imune à família como refúgio afetivo, centro de intercâmbio pessoal e emanador da felicidade possível.[16]

No decorrer de suas obras, a partir de uma perspectiva civil-constitucional, passou a ser corrente a citação da afetividade como elemento relevante no trato das várias questões do direito de família, não apenas na temática da relação filial. A constitucionalização do direito de família como um todo envolveria, juntamente com a

---

[12] FACHIN, Luiz Edson. *Estabelecimento da filiação e paternidade presumida*. Porto Alegre: Sérgio Antonio Fabris Editora, 1992. p. 23.
[13] FACHIN, Luiz Edson. *Da paternidade*: relação biológica e afetiva. Belo Horizonte: Del Rey, 1996. p. 55.
[14] FACHIN, Luiz Edson. *Direito de família*: elementos críticos à luz do novo Código Civil brasileiro. 2. ed. Rio de Janeiro: Renovar, 2003. p. 302-321.
[15] FACHIN, Luiz Edson. Paternidade e ascendência genética. In: LEITE, Eduardo de Oliveira (Coord.). *Grandes temas da atualidade*: DNA como meio de prova da filiação. Rio de Janeiro: Forense, 2002. p. 172.
[16] FACHIN, Luiz Edson. *Direito de família*: elementos críticos à luz do novo Código Civil brasileiro. 2. ed. Rio de Janeiro: Renovar, 2003. p. 317-318.

obediência aos princípios constitucionais,[17] uma abertura que veio a viabilizar a leitura jurídica da afetividade.

Para o autor homenageado a afetividade perpassaria vários aspectos da tutela da família, sempre com relevância ímpar, mas sem qualquer pretensão de supremacia ou impositividade.[18] A partir dessas premissas a doutrina brasileira impulsionou o tema, desenhando uma travessia que teve a sua partida no seu reconhecimento (na margem) até sua sustentação como vetor das relações familiares contemporâneas (ao centro).

Essa abertura do direito de família para questões subjetivas como a afetividade permitiu, paulatinamente, uma aproximação das categorias jurídicas com a realidade concreta. A partir de então foi possível perceber, de certo modo, alguma sintonia com o caminho trilhado pela própria sociedade no que refere aos relacionamentos familiares.

Assim, resta patente a relevância dessas lições na ressignificação da temática da filiação no direito brasileiro, visto que essas premissas conferiram a base para o, hoje consagrado, princípio da afetividade no direito de família.

Como visto, muitas das colaborações doutrinárias de Luiz Edson Fachin serviram de argamassa para a edificação da significação jurídica da afetividade, o que merece ser destacado.

4 Leitura jurídica da afetividade

A assimilação da *posse de estado de filho* foi a porta de entrada para que a afetividade obtivesse assento no direito de família brasileiro. A imbricação entre as referidas temáticas é evidente, com a última dotada de uma maior amplitude.

A Constituição Federal traz relevantes diretrizes sobre a filiação, o que deve ser observado no acertamento dos casos concretos.[19] Por sua vez, o Código Civil de 2002 também traz uma regulação que acolhe a socioafetividade nas relações de parentalidade.[20]

Atualmente, a afetividade se tornou o novo vetor dos relacionamentos familiares,[21] o que exigiu do direito a sua consequente tradução jurídica. Uma das exigências que

---

[17] TEPEDINO, Gustavo. A disciplina civil-constitucional das relações familiares. In: COMAILLE, Jacques et al. *A nova família*: problemas e perspectivas. Rio de Janeiro: Renovar, 1997.

[18] FACHIN, Luiz Edson. *Direito de família*: elementos críticos à luz do novo Código Civil brasileiro. 2. ed. Rio de Janeiro: Renovar, 2003. p. 323.

[19] CF: "Art. 226. [...] §5º Os direitos e deveres referentes à sociedade conjugal são exercidos igualmente pelo homem e pela mulher. [...] §7º Fundado nos princípios da dignidade da pessoa humana e da paternidade responsável, o planejamento familiar é livre decisão do casal, competindo ao Estado propiciar recursos educacionais e científicos para o exercício desse direito, vedada qualquer forma coercitiva por parte de instituições oficiais ou privadas. [...] Art. 227. [...] §6º Os filhos, havidos ou não da relação do casamento, ou por adoção, terão os mesmos direitos e qualificações, proibidas quaisquer designações discriminatórias relativas à filiação".

[20] CC: "Art. 1.593. O parentesco é natural ou civil, conforme resulte de consangüinidade ou outra origem. [...] Art. 1.596. Os filhos, havidos ou não da relação de casamento, ou por adoção, terão os mesmos direitos e qualificações, proibidas quaisquer designações discriminatórias relativas à filiação. Art. 1.597. Presumem-se concebidos na constância do casamento os filhos: I - nascidos cento e oitenta dias, pelo menos, depois de estabelecida a convivência conjugal; II - nascidos nos trezentos dias subsequentes à dissolução da sociedade conjugal, por morte, separação judicial, nulidade e anulação do casamento; III - havidos por fecundação artificial homóloga, mesmo que falecido o marido; IV - havidos, a qualquer tempo, quando se tratar de embriões excedentários, decorrentes de concepção artificial homóloga; V - havidos por inseminação artificial heteróloga, desde que tenha prévia autorização do marido".

[21] HIRONAKA, Giselda Maria Fernandes Novaes. Sobre peixes e afetos – Um devaneio acerca da ética no direito. In: PEREIRA, Rodrigo da Cunha (Org.). *Anais do V Congresso Brasileiro de Direito de Família*. São Paulo: IOB Thompson, 2006.

decorrem desse novo contexto é a busca por uma apuração escorreita do sentido jurídico da afetividade, de modo a viabilizar a sua aplicação no acertamento de casos concretos.

As manifestações exteriorizadas de afeto podem ser captadas pelos filtros do direito, pois fatos jurídicos representativos de uma relação afetiva são assimiláveis no curso de um processo judicial. Por outro lado, é inegável que o afeto em si é efetivamente um sentimento anímico, inapreensível de forma direta pelo atual sistema jurídico, o que desaconselha que os juristas se aventurem na sua apuração. Consequentemente, resta tratar juridicamente apenas das atividades exteriorizadoras de afeto (afetividade), um conjunto de atos concretos representativos de dado sentimento afetivo por outrem (esses atos concretos são captáveis pelo direito, por intermédio dos seus meios usuais de prova). Finalmente, resta possível sustentar que a socioafetividade se constitui no reconhecimento no meio social de dada manifestação de afetividade, percepção por dada coletividade de uma relação afetiva (repercussão também captável pelo direito, pelos seus meios usuais de prova).[22]

Stefano Rodotà descreveu, com a maestria que lhe é peculiar, como o direito paulatinamente criou barreiras para o reconhecimento jurídico das relações amorosas, afetivas e sentimentais, e como elas o afastaram da realidade dos relacionamentos humanos. Um equívoco que merece ser revisto. Para o mestre italiano, ao ignorar e restringir esse aspecto subjetivo das pessoas, o direito suprime um traço relevantíssimo do ser humano, o que é inapropriado.[23]

Ainda que se parta de uma análise transdisciplinar, é inarredável aportar em uma tradução jurídica da afetividade, que não deve restar atrelada a aspectos subjetivos ou inapreensíveis concretamente. Face o direito laborar com fatos jurídicos concretos, estes devem ser os alicerces que demarcarão a significação jurídica da afetividade.

A leitura jurídica da afetividade deve ser realizada sempre com uma lente objetiva, a partir da persecução de fatos concretos que permitam sua averiguação no plano fático: uma afetividade jurídica objetiva. Corolário disso, a percepção que o princípio da afetividade jurídica possui duas dimensões: a *objetiva*, que é retratada pela presença de eventos representativos de uma expressão de afetividade, ou seja, fatos sociais que indiquem a presença de uma manifestação afetiva; e a *subjetiva*, que refere ao afeto anímico em si, o sentimento propriamente dito. A verificação dessa dimensão subjetiva certamente foge ao direito e, portanto, será sempre presumida, o que permite dizer que, constatada a presença da *dimensão objetiva* da afetividade, restará desde logo presumida a sua *dimensão subjetiva*. Em outras palavras, "nessas situações, é possível até presumir a presença do sentimento de afeto. Sendo ação, a conduta afetiva é um dever e pode ser imposta pelo Judiciário, presente ou não o sentimento".[24]

As últimas edições da obra clássica de Caio Mário da Silva Pereira aderem a essa proposição de leitura objetiva da afetividade jurídica:

> O princípio jurídico da afetividade, em que pese não estar positivado no texto constitucional, pode ser considerado um princípio jurídico, à medida que seu conceito é construído por meio de uma interpretação sistemática da Constituição Federal (art. 5º, §2º, CF)

---

[22] Conforme já tivemos a oportunidade de sustentar: CALDERÓN, Ricardo. *Princípio da afetividade no direito de família*. Rio de Janeiro: Renovar, 2013.
[23] RODOTÀ, Stefano. *Diritto d'amore*. Bari: Laterza, 2015. p. 7.
[24] PEREIRA, Rodrigo da Cunha. *Dicionário de direito de família e sucessões*: ilustrado. São Paulo: Saraiva, 2015. p. 70.

princípio é uma das grandes conquistas advindas da família contemporânea, receptáculo de reciprocidade de sentimentos e responsabilidades. [...] o princípio da afetividade possui duas dimensões: uma objetiva e outra subjetiva.[25]

A partir desses pressupostos é possível sustentar que a socioafetividade representa o reconhecimento no meio social de manifestações afetivas concretas. Em que pese inicialmente possa parecer árduo ao direito lidar com um tema tão subjetivo, não raro alguns institutos jurídicos igualmente subjetivos são apurados de maneira similar (*v.g.* a boa-fé). Eventos que podem evidenciar a afetividade são manifestações especiais de cuidado, entreajuda, afeição explícita, carinho, comunhão de vida, convivência mútua, mantença alheia, coabitação, projeto de vida em conjunto, existência ou planejamento de prole comum, proteção recíproca, acumulação patrimonial compartilhada, entre outros.

O Superior Tribunal de Justiça foi um dos precursores na edificação do sentido de socioafetividade para o direito de família brasileiro, visto que acolhe essa categoria há mais de duas décadas, mesmo quando inexistia qualquer lei expressa a respeito dessa temática. Essa categoria foi consolidada em um profícuo diálogo travado entre a literatura jurídica de direito de família (entre outros: João Baptista Vilella,[26] Luiz Edson Fachin, Zeno Veloso[27] e Paulo Luiz Netto Lôbo) e a jurisprudência (em particular, do próprio Superior Tribunal de Justiça).[28]

O conceito de filiação de Paulo Lôbo envolve o vínculo decorrente da socioafetividade, expresso mediante a noção da *posse de estado*:

> Filiação é conceito relacional; é a relação de parentesco que se estabelece entre duas pessoas, uma das quais nascida da outra, ou adotada, ou vinculada mediante posse de estado de filiação ou por concepção derivada de inseminação artificial heteróloga.[29]

Impende destacar que os vínculos socioafetivos passam a refletir, até mesmo, os conceitos jusfamiliares dos doutrinadores brasileiros: como na definição de família, parentesco e filiação. Muitas dessas conceituações veiculam claramente elementos atrelados aos elos afetivos.

O avanço da afetividade nas questões familiares é percebido também no direito comparado, como se percebe nas palavras de Pietro Perlingieri:

> O sangue e o afeto são razões autônomas de justificação para o momento constitutivo da família, mas o perfil consensual e a *affectio* constante e espontânea exercem cada vez mais o papel de denominador comum de qualquer núcleo familiar. O merecimento de tutela da família não diz respeito exclusivamente às relações de sangue, mas, sobretudo, àquelas afetivas que se traduzem em comunhão espiritual e de vida.[30]

---

[25] PEREIRA, Caio Mário da Silva. *Instituições de direito civil*. Família. 22. ed. rev., atual. e ampl. Rio de Janeiro: Forense, 2014. v. 5. p. 65-66.

[26] VILLELA, João Baptista. A desbiologização da paternidade. *Revista da Faculdade de Direito da Universidade Federal de Minas Gerais*, Belo Horizonte, ano XXVII, n. 21, maio 1979.

[27] VELOSO, Zeno. *Direito brasileiro da filiação e paternidade*. São Paulo: Malheiros, 1997.

[28] LÔBO, Paulo Luiz Netto. Socioafetividade no direito de família: a persistente trajetória de um conceito fundamental. *Revista Brasileira de Direito das Famílias e Sucessões*, Porto Alegre, Belo Horizonte, v. 5, ago./set. 2008.

[29] LÔBO, Paulo Luiz Netto. *Direito civil* – Famílias. São Paulo: Saraiva, 2008. p. 192.

[30] PERLINGIERI, Pietro. *Perfis do direito civil*: introdução ao direito civil-constitucional. Tradução de Maria Cristina de Cicco. 3. ed. Rio de Janeiro: Renovar, 2002. p. 244.

Atualmente é amplamente reconhecido o princípio da afetividade como diretriz contemporânea a ser observada quando do trato das relações familiares, o que possui respaldo doutrinário e jurisprudencial. Nesse tema, também é patente a contribuição das pioneiras lições de Luiz Edson Fachin, que semearam o que hoje se está a colher.

5 Direito de filiação x direito ao conhecimento da ascendência genética

Outra projeção relevante é a distinção entre o *direito de filiação* e o *direito de conhecer a ascendência genética*,[31] tese também há muito sustentada por Luiz Edson Fachin, ao lado de outros autores.[32]

Paulatinamente o direito civil assimila essa distinção, que vem sendo citada em várias obras e, também, veiculada em muitas decisões judiciais. Exemplo disso, as deliberações que indicam na manutenção de uma filiação socioafetiva, mesmo com a comprovação da ausência do vínculo biológico,[33] em total acordo com o sentido civil-constitucional de filiação apurado pelo direito de família contemporâneo, que é uníssono em afirmar que a paternidade não decorre apenas da descendência genética.[34]

Para uma exata compreensão do que se está a discutir, merece destaque a distinção entre parentesco e ascendência genética, sustentada por parte substancial da doutrina jusfamiliarista brasileira.[35] Essa diferenciação se extrai a partir do disposto no art. 227, §6º, da CF, no art. 1.596 do Código Civil, e também é retrato da evolução das relações familiares na própria sociedade. O reconhecimento da socioafetividade como suficiente vínculo parental permite perceber que nem sempre a filiação estará atrelada à descendência genética.[36]

No que concerne aos vínculos paterno-filiais, tal ordem de ideias resultou na edificação da distinção entre o *direito ao conhecimento da origem genética* e o *direito de ver reconhecida uma relação parental* (tidas como distintas por grande parte dos autores e da jurisprudência).[37]

O estado de filiação não está – direta e necessariamente – ligado aos vínculos biológicos. Não raro, os pais não são, necessariamente, os respectivos ascendentes genéticos. O estado de filiação também pode restar presente por intermédio de um vínculo socioafetivo, registral, adotivo, em decorrência da incidência das presunções legais ou, ainda, pelas hipóteses de reprodução assistida.

---

[31] FACHIN, Luiz Edson. Paternidade e ascendência genética. In: LEITE, Eduardo de Oliveira (Coord.). *Grandes temas da atualidade*: DNA como meio de prova da filiação. Rio de Janeiro: Forense, 2002.

[32] CALDERÓN, Ricardo. Socioafetividade na filiação: análise da decisão proferida pelo STJ no REsp 1.613.641/MG. *Revista Brasileira de Direito Civil*, v. 13, p. 141, 2017.

[33] STJ. REsp nº 1.330.404/RS, Rel. Min. Marco Aurélio Bellizze, Terceira Turma.

[34] "A paternidade socioafetiva é a relação paterno-filial que se forma a partir do afeto, do cuidado, do carinho, da atenção e do amor que, ao longo dos anos, se constrói em convivência familiar, em assistência moral e compromisso patrimonial. O sólido relacionamento afetivo paterno-filial vai formando responsabilidades e referenciais, inculcando, pelo exercício da paternagem, elementos fundamentais e preponderantes na formação, construção e definição da identidade da pessoa. E assim, a relação paterno-filial vai sendo reconhecida não só entre os parentes do grupo familiar, mas também entre terceiros (padrinhos, vizinhos e colegas)" (PORTANOVA, Rui. *Ações de filiação e paternidade socioafetiva*. Porto Alegre: Livraria do Advogado, 2016. p. 19).

[35] MADALENO, Rolf. *Curso de direito de família*. 5. ed. rev., atual. e ampl. Rio de Janeiro: Forense, 2013. p. 485.

[36] GAMA, Guilherme Calmon Nogueira da. *A nova filiação, o biodireito e as relações parentais, de acordo com o novo Código Civil*. Rio de Janeiro: Renovar, 2003. p. 907.

[37] TJ/RS. AC nº 70031164676. Rel. Des. Rui Portanova, 8ªC.C. *DJERS*, 24 set. 2009.

Assim, existindo um estado de filiação estabelecido de forma hígida e regular, em regra este não pode ser impugnado judicialmente apenas com base na alegação de ausência de vínculo biológico. Em outras palavras, nem todas as paternidades estão consubstanciadas em vínculos biológicos.[38]

Resulta disso a percepção de que o estado de filiação possui um sentido civil-constitucional plural que não pode ser objeto de uma leitura reducionista, sob pena de se incorrer até mesmo em reprovável inconstitucionalidade.[39] Como visto, os vínculos de filiação podem ser *biológicos, presuntivos, adotivos, registrais ou socioafetivos*. Essa especial relação de parentesco tem seu contorno delineado pelo *direito de família* e nem sempre está agregada ao elo biológico, como visto. Diante disso, particular destaque deve merecer a análise dos fatos concretos que consubstanciam dada relação parental.

Outro sentido teria o que se denomina direito ao conhecimento à origem genética, típico *direito da personalidade*, que envolve o direito de a pessoa – a qualquer tempo – ter ciência da sua ancestralidade biológica, mas sem necessariamente se estenderem daí os efeitos do parentesco.[40] Ou seja, é direito de todos averiguar judicialmente seu ascendente genético, mas não deriva daí, necessariamente, qualquer relação de parentesco, máxime quando esta já estiver estabelecida com outrem. A vinculação biológica pode – ou não – influir na relação de filiação, sempre a depender das peculiaridades do caso concreto.

Conforme assevera Paulo Luiz Netto Lôbo,[41] "pai é quem cria, ascendente quem gera", e prossegue:

> O estado de filiação, que decorre da estabilidade dos laços afetivos construídos no cotidiano de pai e filho, constitui fundamento essencial de atribuição de paternidade e maternidade. Nada tem a ver com o direito de cada pessoa ao conhecimento de sua origem genética. São duas situações distintas, tendo a primeira natureza de direito de família e a segunda, de direito da personalidade. As normas de regência e os efeitos jurídicos não se confundem nem se interpenetram.

Muito mais do que apenas um dado objetivo (biológico), sedimentou-se o entendimento de que a parentalidade se constitui um dado cultural (sociológico),[42] e, consequentemente, ser pai ou mãe nos dias de hoje é uma *função*.[43]

O entendimento prevalecente é o de que sem prova de qualquer vício do consentimento quando do registro da filiação, deve ser mantido o vínculo filial, ainda que ausente a descendência genética.

---

[38] OLIVEIRA, Guilherme de. *Critério jurídico da paternidade*. reimpr. Coimbra: Almedina, 2003.

[39] TEPEDINO, Gustavo. A disciplina civil-constitucional das relações familiares. In: COMAILLE, Jacques *et al*. *A nova família*: problemas e perspectivas. Rio de Janeiro: Renovar, 1997.

[40] FACHIN, Luiz Edson. Do direito de família. Do direito pessoal. Das relações de parentesco. Arts. 1.591 a 1.638. In: TEIXEIRA, Sálvio de Figueiredo (Coord.). *Comentários ao Novo Código Civil*. Rio de Janeiro: Forense, 2008. v. XVIII. p. 112-113.

[41] LÔBO, Paulo Luiz Netto. Direito ao estado de filiação e direito à origem genética: uma distinção necessária. In: PEREIRA, Rodrigo da Cunha (Org.). *Anais do IV Congresso Brasileiro de Direito de Família*. Belo Horizonte: Del Rey, 2004. p. 523.

[42] Na esteira das embrionárias lições de João Baptista Villela, no Brasil, e de Guilherme de Oliveira, em Portugal; mais recentemente, os autores Luiz Edson Fachin, Paulo Luiz Netto Lôbo e Zeno Veloso (entre tantos outros) são alguns que argumentam no mesmo sentido na literatura jurídica brasileira.

[43] BARBOZA, Heloísa Helena. Entrevista. *Informativo IBDFam*, n. 74, maio/jun. 2012. p. 3.

Na esteira do que se está a afirmar, a averiguação da desconstituição ou não de dada paternidade exige muito mais do que a mera comprovação da ausência de descendência biológica, no exato entendimento externado pelo acórdão do STJ ora comentado. Os elos socioafetivos e registrais regularmente constituídos são mais que suficientes para sustentar uma filiação.

6 Multiparentalidade

Em meados de 2016 o Supremo Tribunal Federal proferiu uma decisão paradigmática sobre filiação ao deliberar sobre o tema da Repercussão Geral nº 622, na qual restou acolhida a possibilidade jurídica da multiparentalidade.[44] Quis o destino que, nesta oportunidade, o autor ora homenageado participasse do referido julgamento na qualidade de ministro daquela Corte.

A dinâmica do direito fez com que o acolhimento da posse de estado de filho e dos vínculos afetivos trouxesse o seguinte questionamento: seria possível acumular de forma concomitante mais de dois vínculos de paternidade (uma biológica e outra afetiva)? A resposta do STF foi positiva.

> RECURSO EXTRAORDINÁRIO. REPERCUSSÃO GERAL RECONHECIDA. DIREITO CIVIL E CONSTITUCIONAL. CONFLITO ENTRE PATERNIDADES SOCIOAFETIVA E BIOLÓGICA. PARADIGMA DO CASAMENTO. SUPERAÇÃO PELA CONSTITUIÇÃO DE 1988. EIXO CENTRAL DO DIREITO DE FAMÍLIA: DESLOCAMENTO PARA O PLANO CONSTITUCIONAL. SOBRE PRINCÍPIO DA DIGNIDADE HUMANA (ART. 1º, III, DA CRFB). SUPERAÇÃO DE ÓBICES LEGAIS AO PLENO DESENVOLVIMENTO DAS FAMÍLIAS. DIREITO À BUSCA DA FELICIDADE. PRINCÍPIO CONSTITUCIONAL IMPLÍCITO. INDIVÍDUO COMO CENTRO DO ORDENAMENTO JURÍDICO-POLÍTICO. IMPOSSIBILIDADE DE REDUÇÃO DAS REALIDADES FAMILIARES A MODELOS PRÉ-CONCEBIDOS. ATIPICIDADE CONSTITUCIONAL DO CONCEITO DE ENTIDADES FAMILIARES. UNIÃO ESTÁVEL (ART. 226, §3º, CRFB) E FAMÍLIA MONOPARENTAL (ART. 226, §4º, CRFB). VEDAÇÃO À DISCRIMINAÇÃO E HIERARQUIZAÇÃO ENTRE ESPÉCIES DE FILIAÇÃO (ART. 227, §6º, CRFB). PARENTALIDADE PRESUNTIVA, BIOLÓGICA OU AFETIVA. NECESSIDADE DE TUTELA JURÍDICA AMPLA. MULTIPLICIDADE DE VÍNCULOS PARENTAIS. RECONHECIMENTO CONCOMITANTE. POSSIBILIDADE. PLURIPARENTALIDADE. PRINCÍPIO DA PATERNIDADE RESPONSÁVEL (ART. 226, §7º, CRFB). RECURSO A QUE SE NEGA PROVIMENTO. FIXAÇÃO DE TESE PARA APLICAÇÃO A CASOS SEMELHANTES. (STF. RE nº 898.060/SC)

Ao acolher a multiparentalidade, o STF aprovou uma relevante tese sobre direito de família, delineando o sentido da parentalidade no atual cenário jurídico brasileiro. O tema de Repercussão Geral nº 622,[45] de Relatoria do Ministro Luiz Fux, envolvia a análise de uma eventual "prevalência da paternidade socioafetiva em detrimento da

---

[44] CALDERÓN, Ricardo. Multiparentalidade acolhida pelo STF: análise da decisão proferida no RE 898060-SC. *Revista IBDFam Família e Sucessões*, v. 22, p. 169-194, 2017.

[45] A sessão que fixou a tese foi realizada no dia 21.9.2016, em deliberação do pleno do STF. O caso que balizou a apreciação do tema foi o RE nº 898.060/SC, no qual o Instituto Brasileiro de Direito de Família - IBDFam atuou como *amicus curiae*.

paternidade biológica".⁴⁶ Ao deliberar sobre o mérito da questão, o STF optou por não afirmar nenhuma prevalência entre as referidas modalidades de vínculo parental, apontando para a possibilidade de coexistência de ambas.

A importância do referido caso foi destacada pelo próprio voto do ministro relator já ao início da sua manifestação, quando afirmou:

> O caso ora em julgamento, seja qual for o resultado proclamado pelo colegiado, constituirá precedente essencial para a definição do estatuto constitucional das famílias, em especial a densificação conceitual de um dos componentes mais elementares dos direitos da personalidade: a filiação.

Como previsto, a decisão foi realmente emblemática, visto que redefiniu os contornos da filiação no nosso direito de família, tanto é que segue reverberando na doutrina e na jurisprudência, com projeções de várias ordens.

O caso paradigma envolvia uma situação na qual se discutia o reconhecimento tardio de uma paternidade biológica não vivenciada, em substituição a uma paternidade socioafetiva registral e concretamente vivenciada. Após deliberar sobre o referido caso concreto, aquele tribunal aprovou a seguinte tese: "A paternidade socioafetiva, declarada ou não em registro público, não impede o reconhecimento do vínculo de filiação concomitante baseado na origem biológica, com os efeitos jurídicos próprios".

Ao apreciar a temática subjacente à referida repercussão geral, o plenário do Supremo Tribunal Federal aprovou a tese acima descrita, que servirá de diretriz para casos semelhantes, inclusive com efeito vinculante. Esta deliberação de aspecto geral foi extraída a partir de proposta do Min. Relator Luiz Fux, a qual restou aprovada por ampla maioria, inclusive com o voto do Ministro Edson Fachin (restando vencidos apenas os votos dos ministros Dias Toffoli e Marco Aurélio, que discordavam parcialmente da redação final sugerida).

A disposição é explícita em afirmar a possibilidade de cumulação de uma paternidade socioafetiva concomitantemente com outra paternidade biológica, mantendo-se ambas em determinado caso concreto, admitindo a existência jurídica de dois pais, com vínculos de filiação reconhecidos com todos os efeitos jurídicos.

Ao prever expressamente a pluralidade de vínculos familiares, nossa Corte Suprema consagra um importante avanço: o reconhecimento da multiparentalidade. A manifestação de um tribunal superior pela possibilidade de reconhecimento jurídico de ambas as paternidades, socioafetiva e biológica, de forma concomitante, merece destaque, pois deixou novamente o Brasil na vanguarda mundial do direito de família.

Outro aspecto digno de nota é que a conclusão do STF foi extraída a partir de uma hermenêutica civil-constitucional, robustecida por princípios e valores constitucionais, o que se mostra adequado e necessário, já que para edificar a solução do caso, o Supremo partiu do problema concreto ao sistema jurídico, a seguir analisou o conjunto de normas do nosso ordenamento a partir da Constituição Federal, perpassando as disposições do Código Civil e demais leis pertinentes. Ao final, chegou-se à interessante solução, para a qual inexistia legislação prévia explícita a respeito.

---

⁴⁶ Esse trecho constava no acórdão do plenário virtual que reconheceu a repercussão geral do tema.

A perspectiva hermenêutica aplicada ao caso permitiu que, mesmo sem lei que preveja expressamente a multiparentalidade no direito brasileiro, o Supremo Tribunal Federal acolhesse essa possibilidade jurídica. Com isso, forneceu aos operadores do direito mais uma opção ao "cardápio de soluções jurídicas":

> Esses noveis conflitos familiares refletem alguns dos desafios que as múltiplas relações interpessoais apresentam aos juristas. No complexo, fragmentado e líquido cenário da atualidade, a possibilidade de pluralidade de vínculos parentais é uma realidade fática que exige alguma acomodação.

Neste julgamento restou cristalina a relevância dos ensinamentos de Luiz Edson Fachin no trato da filiação, visto que sua doutrina foi citada praticamente por todos os ministros que manifestaram voto, o que merece destaque.

A trajetória do homenageado permitiu que ele participasse ativamente do momento da consagração de uma das projeções das premissas lançadas décadas atrás, o que revela a proeminência teórica e prática da sua atuação.

7 Registro extrajudicial da filiação socioafetiva

Em novembro de 2017 o Conselho Nacional de Justiça aprovou o Provimento nº 63, pelo qual passou a permitir o registro extrajudicial da filiação socioafetiva, o que é um avanço e pode beneficiar um grande número de pessoas. Até então, em regra as relações socioafetivas exigiam uma ação judicial para que pudessem ter reconhecimento jurídico, ainda que o pleito fosse consensual.

A possibilidade de registro de paternidades e maternidade socioafetivas diretamente nos cartórios de registro civil é prova representativa da assimilação da afetividade no direito de família brasileiro. Os vínculos filiais representados pela posse de estado de filho não demandam mais uma ação judicial para a sua formalização, pois quando tal pleito for consensual poderá ser concretizado diretamente na serventia cartorial (desde que cumpra alguns requisitos formais detalhados na referida normativa).

O provimento permite inclusive o registro de relações multiparentais consensuais diretamente no cartório, o que está explícito no seu art. 14 (até dois pais e até duas mães). As disposições aprovadas poderão facilitar o registro de filiação para um contingente enorme de pessoas.

O movimento de extrajudicialização do direito civil justifica a natureza das medidas implementadas. Este regramento é mais um capítulo da trajetória iniciada com o acolhimento da *posse de estado de filho*, e bem retrata o dinamismo do direito de família brasileiro.

8 Considerações finais

São inúmeras as contribuições do autor ora homenageado para o direito brasileiro, em particular para o direito civil. No presente texto buscou-se apenas destacar uma delas, relacionada à temática da filiação.

A compreensão desse percurso construtivo iniciado com o acolhimento da posse de estado de filho certamente auxilia na compreensão de algumas das atuais decisões paradigmáticas do direito de família brasileiro, muitas delas lastreadas pelo amálgama da afetividade.

Algumas dessas conquistas contaram com a contribuição das lições de Luiz Edson Fachin, um dos pioneiros a buscar um maior reconhecimento jurídico para as relações afetivas presentes na realidade concreta.

Nas suas próprias palavras:

> Eis que se impõe um desafio ao Direito Civil contemporâneo: (re)pensar as transformações da família, as novas formas de convivência familiar, o afeto e a solidariedade com pontos nodais de uma estrutura cujo futuro próximo já arrosta no porvir buscando superar o formalismo e reaproximar o Direito da realidade.[47]

Referências

BARBOZA, Heloísa Helena. Efeitos jurídicos do parentesco socioafetivo. *Revista Brasileira de Direito das Famílias e Sucessões*, Porto Alegre, Belo Horizonte, v. 9, abr./maio 2009.

BARBOZA, Heloísa Helena. Entrevista. *Informativo IBDFam*, n. 74, maio/jun. 2012.

CALDERÓN, Ricardo. Afetividade e cuidado sob as lentes do direito. In: PEREIRA, Tânia da Silva; OLIVEIRA, Guilherme; COLTRO, Antonio Carlos Mathias (Org.). *Cuidado e afetividade*: projeto Brasil/Portugal – 2016-2017. São Paulo: Atlas, 2017.

CALDERÓN, Ricardo. Multiparentalidade acolhida pelo STF: análise da decisão proferida no RE 898060-SC. *Revista IBDFam Família e Sucessões*, v. 22, p. 169-194, 2017.

CALDERÓN, Ricardo. *Princípio da afetividade no direito de família*. 2. ed. rev., atual. e ampl. Rio de Janeiro: Forense, 2017.

CALDERÓN, Ricardo. *Princípio da afetividade no direito de família*. Rio de Janeiro: Renovar, 2013.

CALDERÓN, Ricardo. Socioafetividade na filiação: análise da decisão proferida pelo STJ no REsp 1.613.641/MG. *Revista Brasileira de Direito Civil*, v. 13, p. 141, 2017.

CASSETTARI, Christiano. *Multiparentalidade e parentalidade socioafetiva*. 3. ed. rev. atual. e ampl. São Paulo: Atlas, 2017.

FACHIN, Luiz Edson. *Da paternidade*: relação biológica e afetiva. Belo Horizonte: Del Rey, 1996.

FACHIN, Luiz Edson. *Direito civil*. Sentidos, transformações e fim. Rio de Janeiro: Renovar, 2015.

FACHIN, Luiz Edson. *Direito de família*: elementos críticos à luz do novo Código Civil brasileiro. 2. ed. Rio de Janeiro: Renovar, 2003.

FACHIN, Luiz Edson. Do direito de família. Do direito pessoal. Das relações de parentesco. Arts. 1.591 a 1.638. In: TEIXEIRA, Sálvio de Figueiredo (Coord.). *Comentários ao Novo Código Civil*. Rio de Janeiro: Forense, 2008. v. XVIII.

FACHIN, Luiz Edson. *Estabelecimento da filiação e paternidade presumida*. Porto Alegre: Sérgio Antonio Fabris Editora, 1992.

FACHIN, Luiz Edson. Paternidade e ascendência genética. In: LEITE, Eduardo de Oliveira (Coord.). *Grandes temas da atualidade*: DNA como meio de prova da filiação. Rio de Janeiro: Forense, 2002.

GAMA, Guilherme Calmon Nogueira da. *A nova filiação, o biodireito e as relações parentais, de acordo com o novo Código Civil*. Rio de Janeiro: Renovar, 2003.

---

[47] FACHIN, Luiz Edson. Prefácio In: CALDERÓN, Ricardo. *Princípio da afetividade no direito de família*. 2. ed. rev., atual. e ampl. Rio de Janeiro: Forense, 2017. p. XVI.

HIRONAKA, Giselda Maria Fernandes Novaes. Sobre peixes e afetos – Um devaneio acerca da ética no direito. In: PEREIRA, Rodrigo da Cunha (Org.). *Anais do V Congresso Brasileiro de Direito de Família*. São Paulo: IOB Thompson, 2006.

LÔBO, Paulo Luiz Netto. Direito ao estado de filiação e direito à origem genética: uma distinção necessária. In: PEREIRA, Rodrigo da Cunha (Org.). *Anais do IV Congresso Brasileiro de Direito de Família*. Belo Horizonte: Del Rey, 2004.

LÔBO, Paulo Luiz Netto. *Direito civil* – Famílias. São Paulo: Saraiva, 2008.

LÔBO, Paulo Luiz Netto. Socioafetividade em família e a orientação do Superior Tribunal de Justiça. In: FRAZÃO, Ana; TEPEDINO, Gustavo (Coord.). *O Superior Tribunal de Justiça e a reconstrução do direito privado*. São Paulo: Revista dos Tribunais, 2011.

LÔBO, Paulo Luiz Netto. Socioafetividade no direito de família: a persistente trajetória de um conceito fundamental. *Revista Brasileira de Direito das Famílias e Sucessões*, Porto Alegre, Belo Horizonte, v. 5, ago./set. 2008.

MADALENO, Rolf. *Curso de direito de família*. 5. ed. rev., atual. e ampl. Rio de Janeiro: Forense, 2013.

MATOS, Ana Carla Harmatiuk. *As famílias não fundadas no casamento e a condição feminina*. Rio de Janeiro: Renovar, 2000.

OLIVEIRA, Guilherme de. *Critério jurídico da paternidade*. reimpr. Coimbra: Almedina, 2003.

PEREIRA, Caio Mário da Silva. *Instituições de direito civil*. Família. 22. ed. rev., atual. e ampl. Rio de Janeiro: Forense, 2014. v. 5.

PEREIRA, Rodrigo da Cunha. *Dicionário de direito de família e sucessões*: ilustrado. São Paulo: Saraiva, 2015.

PERLINGIERI, Pietro. *Perfis do direito civil*: introdução ao direito civil-constitucional. Tradução de Maria Cristina de Cicco. 3. ed. Rio de Janeiro: Renovar, 2002.

PORTANOVA, Rui. *Ações de filiação e paternidade socioafetiva*. Porto Alegre: Livraria do Advogado, 2016.

RODOTÀ, Stefano. *Diritto d'amore*. Bari: Laterza, 2015.

RODRIGUES, Renata de Lima; TEIXEIRA, Ana Carolina Brochado. Multiparentalidade como fenômeno jurídico contemporâneo. *Revista Brasileira de Direito das Famílias e Sucessões*, Porto Alegre, Belo Horizonte, v. 14, p. 89-106, fev./mar. 2010.

TARTUCE, Flávio. *Direito civil*. Direito de família. 12. ed. rev., atual. e ampl. Rio de Janeiro: Forense, 2017. v. 5.

TEPEDINO, Gustavo. A disciplina civil-constitucional das relações familiares. In: COMAILLE, Jacques *et al*. *A nova família*: problemas e perspectivas. Rio de Janeiro: Renovar, 1997.

VELOSO, Zeno. *Direito brasileiro da filiação e paternidade*. São Paulo: Malheiros, 1997.

VILLELA, João Baptista. A desbiologização da paternidade. *Revista da Faculdade de Direito da Universidade Federal de Minas Gerais*, Belo Horizonte, ano XXVII, n. 21, maio 1979.

Informação bibliográfica deste texto, conforme a NBR 6023:2002 da Associação Brasileira de Normas Técnicas (ABNT):

CALDERÓN, Ricardo. Filiação no direito de família brasileiro: ressignificação a partir da posse de estado e da socioafetividade. In: EHRHARDT JÚNIOR, Marcos; CORTIANO JUNIOR, Eroulths (Coord.). *Transformações no Direito Privado nos 30 anos da Constituição*: estudos em homenagem a Luiz Edson Fachin. Belo Horizonte: Fórum, 2019. p. 655-669. ISBN 978-85-450-0562-9.

DE VOLTA À FILHA DAS ESTRELAS: CONHECIMENTO DAS ORIGENS E REPRODUÇÃO ASSISTIDA

ANA CAROLINA BROCHADO TEIXEIRA

CARLOS NELSON KONDER

> *Naquele espaço a preencher, uma lacuna a colmatar, haviam colocado sete asteriscos, que pareciam pequenas estrelas que não iluminavam a falta do que devia estar em seus lugares.*
>
> (FACHIN, Luiz Edson. A filha das estrelas em busca do artigo perdido. In: PEREIRA, Rodrigo da Cunha (Coord.). *Anais do IV Congresso Brasileiro de Direito de Família*. Belo Horizonte: Del Rey, 2004. p. 370)

1 Introdução

Em 2004, no IV Congresso Brasileiro de Direito de Família ocorrido em Belo Horizonte, Luiz Edson Fachin propôs uma relevante reflexão intitulada *A filha das estrelas em busca do artigo perdido*. O objetivo da palestra – que se transformou em texto publicado nos anais daquele congresso – era fundamentalmente questionar a busca pela paternidade biológica como a verdadeira paternidade – cuja ausência gerava lacunas na certidão de nascimento identificada por asteriscos. Além disso, pretendeu e ressignificar os vínculos de socioafetividade, pois era essa pessoa sem nenhum liame consanguíneo quem, muitas vezes, exercia a paternidade e ocupava o lugar do pai na vida do filho, embora não estivesse na certidão de nascimento. Para tanto, o autor utilizou-se de uma pequena história que demonstrava a dimensão desta desvinculação de papéis e figuras de pai biológico e pai socioafetivo, cuja ausência de reconhecimento jurídico poderia causar efeitos danosos na vida do filho.

De lá pra cá, as ideias lançadas pelo autor se fortaleceram e se redimensionaram. A parentalidade socioafetiva é, sem dúvida, uma forte referência jurídica,[1] tendo ingressado no ordenamento jurídico brasileiro por meio da cláusula geral de parentesco apta a abrigar novas possibilidades fáticas, positivada no art. 1.593 do Código Civil.[2] A socioafetividade impregnou de tal modo o direito de família que em 2016 foi julgado pelo Supremo Tribunal Federal o Recurso Extraordinário nº 898.060/SC, cuja ideia inicial era investigar se o parentesco socioafetivo tinha supremacia sobre o biológico, aprioristicamente. A conclusão foi negativa: a análise da supremacia de um tipo de parentesco sobre o outro só pode ser feita à luz do caso concreto. Além disso, concluiu-se também pela possibilidade jurídica da multiparentalidade – ou seja, é possível a pessoa ter mais de 2 dois pais/mães em seu registro civil –, editando a tese nº 622: "A paternidade socioafetiva, declarada ou não em registro público, não impede o reconhecimento do vínculo de filiação concomitante baseado na origem biológica, com os efeitos jurídicos próprios".[3]

A partir disso, convém levar essas reflexões à fronteira desbravada pelas tecnologias de reprodução assistida. A procriação passa a poder se operar com a participação de múltiplos sujeitos, cindidos entre, de um lado, aqueles que contribuem com material genético e com a gestação e, de outro lado, os chamados beneficiários da técnica, que são os autores do projeto parental, ainda que não tenham vínculo biológico com a criança por nascer. Em consequência, colocam-se novamente – embora em outros termos – os conflitos relativos a vínculos socioafetivos e biológicos, quanto à filiação, bem como quanto ao direito de conhecimento das próprias origens, ligado à identidade pessoal. Cumpre, portanto, retomar a reflexão pioneira de Luiz Edson Fachin à luz dessas novas questões.

---

[1] João Baptista Vilela foi responsável pela concepção da socioafetividade, inscrita em seu texto sobre a desbiologização da paternidade, de 1979 (VILLELA, João Baptista. Desbiologização de paternidade. *Revista da Faculdade de Direito da Universidade Federal de Minas Gerais*, n. 21, p. 400-418, 1979). Posteriormente, Luiz Edson Fachin desenvolveu e aprimorou as diretrizes do tema, como se nota por meio de suas reflexões em 1992: "Ressente-se o Brasil de um necessário movimento de reforma legislativa que, partindo de um novo texto constitucional, possa organizar, no plano da legislação ordinária, um novo sistema de estabelecimento da filiação. Pai também é aquele que se revela no comportamento cotidiano, de forma sólida e duradoura, capaz de estreitar os laços de paternidade numa relação sócio-afetiva, aquele, enfim, que, além de emprestar o nome de família, o trata como sendo verdadeiramente seu filho perante o ambiente social. E no fundamento da posse de estado de filho é possível encontrar a verdadeira paternidade, que reside no serviço e no amor que na procriação. Esse sentido de paternidade faz eco no estabelecimento da filiação e, por isso, reproduzindo a modelar frase do Professor João Batista Villela, é possível dizer que, nesse contexto, há um nascimento fisiológico e, por assim dizer, um nascimento emocional" (FACHIN, Luiz Edson. *Estabelecimento da filiação e paternidade presumida*. Porto Alegre: Sérgio Antonio Fabris, 1992. p. 156). Suas ideias a respeito da filiação e de suas fontes foram consolidadas em sua tese de doutorado: FACHIN, Luiz Edson. *Da paternidade*: relação biológica e afetiva. Belo Horizonte: Del Rey, 1996.

[2] FACHIN, Luiz Edson. Enunciando a família brasileira contemporânea. *Boletim IBDFam*, Belo Horizonte, v. 5, n. 30, p. 7, 2005.

[3] Sobre o tema da multiparentalidade: RODRIGUES, Renata de Lima; TEIXEIRA, Ana Carolina Brochado. Multiparentalidade como efeito da socioafetividade nas famílias recompostas. *Revista Brasileira de Direito das Famílias e Sucessões*, v. 10, p. 34-60, 2009; MATOS, Ana Carla Harmatiuk; HAPNER, Paula Aranha. Multiparentalidade: uma abordagem a partir das decisões nacionais. Civilistica.com, Rio de Janeiro, ano 5, n. 1, 2016. Disponível em: <http://civilistica.com/wp-content/uploads/2016/07/Matos-e-Hapner-civilistica.com-a.5.n.1.2016.pdf>. Acesso em: 15 maio 2018; VALADARES, Maria Goreth Macedo. *Multiparentalidade e as novas relações parentais*. Rio de Janeiro: Lumen Juris, 2016.

2 Filiação na contemporaneidade: entre inovação e tradição

A filiação é a relação de parentesco que se estabelece entre pais e filhos, sendo chamada de paternidade e maternidade, se analisada sob o enfoque dos pais. Esse foi o ângulo de interpretação do Código Civil de 1916: os filhos eram classificados segundo a relação dos pais.[4] Apenas aqueles concebidos na constância do casamento eram os legítimos a alcançar direitos inerentes à condição de filho; os demais, conhecidos como ilegítimos, sempre tinham algum tipo de direito restringido. O grande marco de modificação dessa estrutura para possibilitar o acesso aos direitos foi a Constituição Federal de 1988, que em seu art. 227, §6º, estabeleceu a absoluta igualdade de direitos entre os filhos, desvinculando-os da situação conjugal dos pais, além de lhes vedar quaisquer designações discriminatórias. O sistema constitucional inaugura novos paradigmas para o direito de família, pois, além de estabelecer a pluralidade de entidades familiares e igualdade de gênero no interior da família, traz uma ampla igualdade – formal e material – no sistema de filiação, tanto sob aspectos existenciais quanto patrimoniais, na tentativa de incentivar e promover uma tutela que realize a personalidade das pessoas menores de idade pelos demais membros do núcleo familiar, notadamente os pais no exercício da autoridade parental.

Redimensiona-se, assim, o sistema de filiação, também em razão da absoluta prioridade garantida à criança e ao adolescente por meio do exercício de seus direitos fundamentais, previstos no art. 227 do texto constitucional e nos arts. 15-24 do Estatuto da Criança e do Adolescente – ECA, que devem ser criados em uma família democrática, no âmbito da qual sua oitiva e participação devem ser promovidas pelos pais, sem prejuízo da condução por meio dos valores familiares que respeitem a personalidade dos filhos.

O advento da tecnologia promoveu uma grande revolução no interior da família, inclusive no planejamento familiar, na forma de concepção e gestação dos filhos. Continua possível a adoção, como meio clássico de se criar parentesco civil, mas outras formas estão a desafiar o intérprete a estabelecer nortes hermenêuticos em matéria de filiação.

A atribuição do *status* de filho pode se dar de diversas maneiras: a) por meio do estabelecimento de presunções (art. 1.597 do Código Civil); b) mediante reconhecimento voluntário; c) mediante reconhecimento judicial, que ocorre por meio das ações de estado. Esses meios de formação do vínculo de filiação abrangem suas fontes: biológica, socioafetiva e presumida.[5] No entanto, mais do que isso, o desenvolvimento das biotecnologias tem causado perplexidade no que tange à formação jurídica do próprio vínculo de filiação, em razão dos variados processos e procedimentos, dos sujeitos envolvidos e das repercussões dessas variáveis na vida dos filhos, dos pais e de todos que, de algum

---

[4] "Tradicionalmente, a matéria fora tratada pelo legislador pátrio, na esteira de tradição milenar, mediante classificação decorrente da posição jurídica dos pais, estremando-se os filhos gerados por pessoas casadas – filhos legítimos – daqueles provenientes de relações extramatrimoniais – filhos ilegítimos –, daí derivando efeitos diferenciados para a prole" (TEPEDINO, Gustavo. A disciplina jurídica da filiação na perspectiva civil-constitucional. In: TEPEDINO, Gustavo. *Temas de direito civil*. 4. ed. Rio de Janeiro: Renovar, 2008. p. 475-476).

[5] "A realidade (e o discurso que a explica) escapa dessa simplicidade e assume uma dimensão plural e complexa, dado que dilemas da vida e dos afetos indicam que as paternidades biológica, jurídica e socioafetiva podem ou não se focar em uma mesma pessoa" (FACHIN, Luiz Edson; MATOS, Ana Carla Harmatiuk. Subsídios solidários: filiação socioafetiva e alimentos. In: CORTIANO JUNIOR, Eroulths *et al.* (Coord.). *Apontamentos críticos para o direito civil brasileiro contemporâneo*: anais do Projeto de Pesquisa Virada de Copérnico. Curitiba: Juruá, 2009. p. 266).

modo, participam do processo de concepção do filho e da construção e execução do planejamento familiar.⁶

É papel da doutrina, portanto, verificar o que pode ser aprendido com a tradição do direito de família e com os parâmetros estabelecidos até então para lançar bases coerentes com os princípios da família democrática nas inovações que a tecnologia desafia,⁷ a fim de construir um sistema de filiação condizente com os novos tempos e consentâneo com o exercício do direito fundamental ao planejamento familiar, que encontra limites na parentalidade responsável e na dignidade da pessoa humana.⁸

3 Do direito à filiação ao direito a conhecer as próprias origens: tornando-se sujeitos de sua própria história

A filiação é a raiz fundamental da autocompreensão do sujeito, na medida em que é o ponto de partida para a constituição da sua própria identidade. Entretanto, nas últimas décadas observou-se significativa expansão do alcance desse direito à construção da identidade pessoal. Ao lado das tradicionais categorias da imagem, da honra e do nome, algumas decisões italianas da década de 1970 deram impulso ao reconhecimento de um "direito de ser si mesmo".⁹ Essa categoria, contudo, sofreu notável expansão, graças a influxos da psicologia, da antropologia e da sociologia, e ainda, dentro do direito, da filosofia do direito, do direito constitucional e, claro, do direito civil.

Com base nessa perspectiva ampliada, constatou-se que a identidade se forma no diálogo com o outro e que, portanto, o direito à identidade pessoal se constrói simultaneamente individual e coletivamente.¹⁰ Associa-se, dessa forma, o direito à identidade ao direito ao reconhecimento dessa identidade, na medida em que cumpre ao Estado e à sociedade a oferta dos meios adequados para que o sujeito possa, no âmbito

---

⁶ "Em conformidade com esse paradigma, a atuação do Estado revela-se equilibrada quanto à composição familiar: sua intervenção é traduzida em garantia de tutela das relações pessoais de família. Deste modo, o direito de planejar sua prole é deferido à autonomia dos indivíduos, e a atuação do Estado ocorre por meio de políticas públicas, definidas pela Lei 9263/96, para implementação de serviços de planejamento reprodutivo, de acesso a meios preventivos e educacionais de regulação da fecundidade e prevenção de doenças sexualmente transmissíveis. Nestas políticas destaca-se a informação como fator que conduz o exercício de liberdade de compor a família, para que este não ocorra tão somente em termos formais" (PINHEIRO, Rosalice Fidalgo. Planejamento familiar e condição feminina. In: LIU, Alice Bark et al. (Org.). *Pela conquista de uma justiça sem fronteiras*. 1. ed. Curitiba: OAB Paraná, 2006. v. 3. Coleção Comissões – Comissão da Mulher Advogada. p. 334).

⁷ Luiz Edson Fachin fez um balanço dos avanços do Código Civil de 2002, ponderando os passos que poderiam ter sido dados. Sua crítica foi no sentido de que o Código já nascia desatualizado e excludente, ao não tratar, por exemplo, de biogenética, uniões estáveis em sentido amplo, família fraterna e filiação socioafetiva, embora reconheça que houve inovações, como a cláusula geral de parentesco socioafetivo do art. 1.593 e as presunções de filiação em caso de reprodução humana assistida (FACHIN, Luiz Edson. Inovação e tradição do direito de família contemporâneo sob o novo Código Civil brasileiro. *Revista Brasileira de Direito Comparado*, Rio de Janeiro, v. 27, n. 2, p. 95-122, 2005).

⁸ RODRIGUES, Renata de Lima; TEIXEIRA, Ana Carolina Brochado. Características e consequências do exercício do livre planejamento familiar conferido à pluralidade de entidades familiares. In: RODRIGUES, Renata de Lima; TEIXEIRA, Ana Carolina Brochado. *Direito das famílias entre a norma e a realidade*. São Paulo: Atlas, 2010. p. 140-168.

⁹ CAMPOS, Ligia Fabris. *O direito de ser si mesmo*: a tutela da identidade pessoal no ordenamento jurídico brasileiro. Dissertação (Mestrado) – PUC-Rio, Rio de Janeiro, 2006. Disponível em: <https://goo.gl/XcR6y6>. Acesso em: 19 jan. 2018.

¹⁰ CHOERI, Raul Cleber da Silva. *O direito à identidade na perspectiva civil-constitucional*. Rio de Janeiro: Renovar, 2010. p. 166.

coletivo, viabilizar a construção de sua própria identidade.[11] Essa expansão está também ligada à insuficiência da técnica regulamentar, veiculada pelos chamados direitos da personalidade, para a tutela da pessoa humana, cumprindo voltar-se à cláusula geral de tutela da personalidade, consistente no princípio da dignidade da pessoa humana, que desempenha papel promocional.[12] Busca-se, com isso, assegurar de modo mais efetivo que a pessoa humana possa realmente tornar-se sujeito de sua própria história.

Esse processo expansivo passa a identificar, entre as prerrogativas necessárias ao adequado reconhecimento do direito à construção da identidade pessoal, o direito a conhecer as próprias origens. Para além da filiação – que já não mais se prende ao vínculo biológico ou genético – o autoconhecimento e a autocompreensão passam a demandar também a possibilidade de encontrar suas raízes, seus ascendentes genéticos, que lhe transmitiram as características que, de alguma forma, interferem com sua forma de estar no mundo. Nesse contexto, "o conhecimento do elo biológico, mesmo que não se torne um vínculo socioafetivo, é de grande relevância para vida de todo ser humano".[13]

Trata-se da chamada identidade genética, direito que envolve não apenas a dimensão coletiva da espécie humana, consistente na tutela do genoma como patrimônio da humanidade, mas também a dimensão individual, referente às características genotípicas singulares daquele indivíduo.[14] Assim, o acesso à ascendência genética faz parte da compreensão da individualidade biológica do sujeito e, portanto, pode ser abrangida no que parte do que se poderia referir como "bioconstituição".[15]

O conhecimento dessa ascendência independente de filiação, já reconhecido na esfera da adoção, é colocado em xeque pelas técnicas de reprodução assistida, que, para além de facilitar a constituição de novas estruturas familiares, permite o desenvolvimento de novas arquiteturas da própria dinâmica da procriação. Se a identificação insuficiente da filiação, substituída pelos asteriscos no registro, lesionava a filha das estrelas na constituição de sua identidade pessoal, cabe investigar se os filhos das provetas, gerados no âmbito dos processos de procriação artificial, têm o direito de conhecer aqueles sujeitos

---

[11] Sobre o tema, v. TAYLOR, Charles. La *política del reconocimiento*. Multiculturalismo y la política del reconocimiento. Madrid: Fondo Económico de Cultura, 1993. p. 43-107; FRASER, Nancy. Reconhecimento sem ética? *Lua Nova: Revista de Cultura e Política*, São Paulo, n. 70, p. 101-138, 2007. Disponível em: <https://goo.gl/Tr3VFm>. Acesso em: 21 jan. 2018; e, entre nós, SARMENTO, Daniel. *Dignidade da pessoa humana*: conteúdo, trajetórias e metodologia. 2. ed. Belo Horizonte: Fórum, 2016. p. 241.

[12] KONDER, Carlos Nelson. O alcance do direito à identidade pessoal no direito civil brasileiro. *Pensar – Revista de Ciências Jurídicas*, Fortaleza, v. 23, p. 1-11, 2018. Sobre a cláusula geral de tutela da personalidade, v. TEPEDINO, Gustavo. *Temas de direito civil*. 4. ed. Rio de Janeiro: Renovar, 2008. p. 25-62.

[13] TEIXEIRA, Ana Carolina Brochado. Conflito positivo de maternidade e útero de substituição. In: CASABONA, Carlos María Romeo; QUEIROZ, Juliane Fernandes (Coord.). *Biotecnologia e suas implicações ético-jurídicas*. Belo Horizonte: Del Rey, 2005. p. 318. Na mesma linha: "Todo ser humano possui, além do desejo investigatório natural, o direito de conhecer as próprias origens, de onde herdou determinadas características, etc." (HATEM, Daniela Soares. Questionamentos jurídicos diante das novas técnicas de reprodução assistida. In: SÁ, Maria de Fátima Freire de (Coord.). *Biodireito*. Belo Horizonte: Del Rey, 2002. p. 200).

[14] XAVIER, Elton Dias. A identidade genética do ser humano como um biodireito fundamental e sua fundamentação na dignidade do ser humano. In: LEITE, Eduardo de Oliveira (Coord.). *Grandes temas da atualidade*: bioética e biodireito. Rio de Janeiro: Forense, 2004. p. 59.

[15] SPAREMBERGER, Raquel Fabiana Lopes; THIESEN, Adriane Berlesi. O direito de saber a nossa história: identidade genética e dignidade humana na concepção da bioconstituição. *Revista Direitos Fundamentais e Democracia*, Curitiba, v. 7, n. 7, p. 33-65, jan./jun. 2010. p. 63. Para aprofundamento no conceito de "bioconstituição" e sua relação com a identidade genética, v. o pioneiro BARACHO, José Alfredo de Oliveira. A identidade genética do ser humano. Bioconstituição: bioética e direito. *Revista de Direito Constitucional e Internacional*, São Paulo, v. 32, p. 88-92, jul./set. 2000.

que participaram do projeto procriativo, contribuindo seja para sua herança genética, seja para o processo gestacional.

4 Arquiteturas da procriação: as técnicas de reprodução assistida

Originalmente concebidas para contornar problemas de infertilidade entre casais, as técnicas de reprodução assistida se tornaram instrumentos de realização do direito fundamental ao planejamento familiar.[16] Entidades familiares que não se adequavam ao modelo tradicional puderam, graças às técnicas de reprodução assistida, realizar o projeto parental de gerar descendentes. Nessa seara, destaca Luiz Edson Fachin: "No planejamento familiar, a presença do Estado deve se nortear pelos ditames de uma sociedade democrática, com respeito à diversidade e com a proteção daqueles que são justos destinatários de guarida".[17]

Consequentemente, garantida constitucionalmente a livre decisão do planejamento familiar, deve ser assegurada a possibilidade de uso de métodos artificiais de procriação para esse fim.[18] Nas palavras pioneiras de Stefano Rodotà:

> Temos uma tecnologia que expande as possibilidades de escolha individual e que não pode ser considerada apenas como um remédio para a infertilidade, mesmo que tenha nascido e se desenvolvido precisamente neste terreno. Seria uma constrição autoritária limitá-la às suas fronteiras originais.[19]

A técnica mais básica é a inseminação artificial, pela qual o sêmen é colhido e implantado diretamente na gestante. Essa técnica foi originalmente desenvolvida para contornar dificuldades de fertilização, beneficiando casais heteroafetivos, de modo que o sêmen era colhido do marido ou companheiro e implantado na esposa ou companheira (inseminação homóloga). A expansão dos espaços de autonomia reprodutiva e planejamento familiar permitiu que se extravasasse esse modelo tradicional, por meio da chamada inseminação heteróloga, ou seja, com material de doador externo. Isso viabilizou o benefício não somente para o caso de infertilidade do marido ou do companheiro, mas também para casais homoafetivos, famílias monoparentais e outras estruturas familiares.

---

[16] BARBOZA, Heloisa Helena. A reprodução humana como direito fundamental. In: DIREITO, C. A. M.; TRINDADE, A. A. C.; PEREIRA, A. C. A. P. (Coord.). *Novas perspectivas do direito internacional contemporâneo*. Rio de Janeiro: Renovar, 2008. p. 779. Para balizas hermenêuticas sobre o direito ao livre planejamento familiar, com interface na reprodução assistida e no aborto: RODRIGUES, Renata de Lima. *Autonomia privada e direito ao livre planejamento familiar*. Como as escolhas se inserem no âmbito de autodeterminação dos indivíduos? 2015. 228f. Tese (Doutorado) – Faculdade Mineira de Direito, Pontifícia Universidade Católica de Minas Gerais, Belo Horizonte, 2015.

[17] FACHIN, Luiz Edson. Reformas de que o Brasil precisa: as três fronteiras da democracia. In: CONFERÊNCIA ESTADUAL DOS ADVOGADOS, V. Anais... Curitiba: OABPR, 2010. p. 37.

[18] TEIXEIRA, Ana Carolina Brochado. Conflito positivo de maternidade e útero de substituição. In: CASABONA, Carlos María Romeo; QUEIROZ, Juliane Fernandes (Coord.). *Biotecnologia e suas implicações ético-jurídicas*. Belo Horizonte: Del Rey, 2005. p. 311.

[19] RODOTÀ, Stefano. Diritti della persona, strumenti di controllo sociale e nuove tecnologie riproduttive. In: FERRANDO, Gilda (Coord.). *La procreazione artificiale tra etica e diritto*. Padova: Cedam, 1989. p. 138. No original "Abbiamo una tecnologia che amplia le possibilità di scelta individuale e che non può essere considerata soltanto come rimedio alla sterilità, anche se è nata e si è sviluppata proprio su questo terrreno. Ma sarebbe una forzatura autoritaria costringerla nei suoi confini originari".

A difusão do procedimento, graças à sua simplicidade, também tem contribuído para sua utilização fora do ambiente clínico, popularizando-se a utilização informal da "inseminação caseira", em que o doador é buscado em redes sociais e o procedimento é realizado "a fresco".[20] O método é preocupante, já que afasta os controles sanitários que são impostos aos laboratórios e clínicas, mas deve ser compreendido como parte do exercício legítimo da autonomia existencial, reconhecida "a existência da liberdade de autodeterminar-se em matéria de saúde, tendo a pessoa exclusivo poder de liberdade sobre seu corpo".[21]

Em combinação com a gestação substituta, como se observará, não há limite para as possíveis arquiteturas pelas quais o projeto procriacional pode com esses recursos se estruturar. É o que se percebe pela notícia de mulher que, não conseguindo lidar com a morte do filho, conseguiu autorização para que o sêmen que ele deixou congelado fosse implantado em uma gestante substituta, de modo a lhe gerar um neto.[22] A possibilidade de procriação com base em sêmen doado foi a contribuição científica que colaborou para a ruptura do paradigma que associava a parentalidade à conjugalidade. Para essa revolução contraceptiva, como destacado por Bruno Lewicki, foi necessário o entrelaçamento de dois fatores: a revolução dos costumes e a evolução da ciência.[23] Sintetiza Fachin, "a inseminação sugere nova família, não captada pelo reducionismo do Código Civil".[24]

O desenvolvimento da tecnologia reprodutiva foi além da inseminação artificial, ao viabilizar a técnica de fertilização *in vitro*, pela qual tanto o sêmen como o óvulo são colhidos e fertilizados em ambiente extracorpóreo, criando-se o embrião, portanto, fora do útero da gestante. Somente após sua formação, será o embrião implantado na gestante, para seu desenvolvimento. Assim, já de plano, a técnica permite não apenas que o gameta masculino seja externo ao(à)(s) beneficiário(a)(s), mas também o gameta feminino. Entretanto, essa não é a única repercussão da fertilização *in vitro* para as possíveis arquiteturas procriativas.

Tendo em vista a taxa de sucesso extremamente baixa desse procedimento, e considerando que sua etapa mais custosa se encontra na coleta dos óvulos – que envolve hiper-hormonização da mulher para a produção de óvulos adicionais –[25] a praxe é produção de diversos embriões *in vitro* de uma única vez. Para equilibrar a maximização das chances de sucesso com os riscos de múltipla gestação, a resolução do Conselho Federal de Medicina em vigor permite a implantação de dois a quatro embriões de uma

---

[20] ZYLBERKAN, Mariana. Inseminação caseira ganha impulso com pai 'real' e custo quase zero. *Folha de S. Paulo*, 15 out. 2017. Disponível em: <http://m.folha.uol.com.br/cotidiano/2017/10/1927109-inseminacao-caseira-ganha-impulso-com-pai-real-e-custo-quase-zero.shtml>. Acesso em: 17 maio 2018; LEMOS, Vinicius. Os brasileiros que doam sêmen para inseminações caseiras. *BBC Brasil*, 29 nov. 2017. Disponível em: <http://www.bbc.com/portuguese/geral-42145205?ocid=wsportuguese.chat-apps.in-app-msg.whatsapp.trial.link1_.auin>. Acesso em: 17 maio 2018.

[21] TEIXEIRA, Ana Carolina Brochado. *Saúde, corpo e autonomia privada*. Rio de Janeiro: Renovar, 2010. p. 379.

[22] MULHER usa sêmen do filho morto e barriga de aluguel para se tornar avó. *BBC Brasil*, 24 fev. 2018. Disponível em: <http://www.bbc.com/portuguese/geral-43162469>. Acesso em: 18 maio 2018.

[23] LEWICKI, Bruno. O homem construtível: responsabilidade e reprodução assistida. In: BARBOZA, Heloisa Helena; BARRETO, Vicente de Paulo (Coord.). *Temas de biodireito e bioética*. Rio de Janeiro: Renovar, 2001. p. 100-101.

[24] FACHIN, Luiz Edson. *Direito civil*: sentidos, transformações e fim. Rio de Janeiro: Renovar, 2015. p. 59.

[25] Sobre os aspectos técnicos do procedimento, v. ALVARENGA, Raquel de Lima Leite Soares. Considerações sobre o congelamento de embriões. In: CASABONA, Carlos María Romeo; QUEIROZ, Juliane Fernandes (Coord.). *Biotecnologia e suas implicações ético-jurídicas*. Belo Horizonte: Del Rey, 2005. p. 229-247.

vez, conforme a idade da gestante, restando os demais congelados.²⁶ Dessa forma, a fertilização *in vitro* permite que o próprio embrião, concebido de forma extracorpórea, seja objeto de doação.

Consequentemente, a fertilização *in vitro* já de início duplica as arquiteturas possíveis para o projeto procriacional, pois sua forma heteróloga pode ocorrer tanto pela doação de sêmen, como pela doação de óvulo. Exemplificativamente, a Resolução CFM nº 2.168/2017 expressamente prevê a chamada "gestação compartilhada", pela qual "o embrião obtido a partir da fecundação do(s) oócito(s) de uma mulher é transferido para o útero de sua parceira". Além disso, a citada resolução prevê a controversa possibilidade de "doação compartilhada de oócitos", pela qual "doadora e receptora, participando como portadoras de problemas de reprodução, compartilham tanto do material biológico quanto dos custos financeiros que envolvem o procedimento", colocando em xeque a gratuidade da doação, já que a doadora, em consequência, terá o desconto de pelo menos metade dos altos gastos que o procedimento demanda.²⁷ Em síntese, a criança pode ser gerada com base em sêmen oriundo de doador anônimo, ou de óvulo de doadora anônima, de ambos, ou ainda de embriões criopreservados, sobressalentes do uso da técnica por outros beneficiários.

Ademais, a criopreservação insere nessa equação o fator tempo, tornando suas repercussões ainda mais complexas. Viabiliza-se, dessa forma, que o nascimento ocorra muito tempo depois da concepção, e mesmo depois que os doadores do material já tenham falecido.²⁸ Essa situação gera inúmeras repercussões patrimoniais, como vem sendo analisado, no âmbito do direito sucessório, quanto à chamada herança *ad tempus*.²⁹ Gera igualmente, todavia, a necessária impossibilidade de a criança vir a conhecer seus ascendentes.

Enfim, a terceira técnica de reprodução assistida é a gestação substituta, pela qual o embrião ou sêmen são implantados na gestante, para que ela leve a cabo a gravidez e, nascida a criança, seja entregue aos beneficiários. Como se observa, a técnica pode combinar-se com a inseminação artificial, caso em que a gestante também é indiretamente doadora de óvulo, sendo genitora genética da criança ("maternidade substituta"), ou com a fertilização *in vitro*, caso em que poderá interferir somente no processo gestacional

---

[26] Resolução CFM nº 2.168/2017: "I.7. Quanto ao número de embriões a serem transferidos, fazem-se as seguintes determinações de acordo com a idade: a) mulheres até 35 anos: até 2 embriões; b) mulheres entre 36 e 39 anos: até 3 embriões; c) mulheres com 40 anos ou mais: até 4 embriões; d) nas situações de doação de oócitos e embriões, considera-se a idade da doadora no momento da coleta dos oócitos. O número de embriões a serem transferidos não pode ser superior a quatro".

[27] Resolução CFM nº 2.168/2017, IV.9. Thamis Dalsenter Viveiros de Castro faz importante reflexão sobre esse tipo de negócio jurídico: "Nessa hipótese, a autonomia existencial da doadora é instrumentalizada para a realização de dois interesses distintos: por um lado, o seu próprio interesse patrimonial, representado na vantagem econômica que lhe é oferecida, e por outro a satisfação dos anseios existenciais alheios aos dela. Daí porque esse tipo de negócio não encontra amparo no ordenamento jurídico pátrio, sendo certo que a cláusula que impõe a doação de óvulos como condição para realização de procedimentos médicos com preço reduzido ou mesmo gratuitamente é absolutamente ilícita, vez que viola frontalmente a cláusula geral de bons costumes" (CASTRO, Thamis Dalsenter Viveiros de. *Bons costumes no direito civil brasileiro*. São Paulo: Almedina, 2017. p. 250-251). Interessante reflexão para desconstruir a premissa da gratuidade foi feita por: RETTORE, Anna Cristina de Carvalho. *Gestação de substituição como negócio jurídico existencial e/ou patrimonial*. Dissertação (Mestrado) – Faculdade Mineira de Direito, Pontifícia Universidade Católica de Minas Gerais, Belo Horizonte, 2018.

[28] Resolução CFM nº 2.168/2017: "VIII – REPRODUÇÃO ASSISTIDA POST-MORTEM. É permitida a reprodução assistida post-mortem desde que haja autorização prévia específica do(a) falecido(a) para o uso do material biológico criopreservado, de acordo com a legislação vigente".

[29] Sobre o tema, GAMA, Guilherme Calmon Nogueira da. *Herança legítima ad tempus*. São Paulo: Revista dos Tribunais, 2018.

("gestação substituta propriamente dita"). Ainda que não tenha vínculo genético nesse caso, deve-se ter em mente que a ligação estabelecida durante as semanas de gestação pode ser relevante para fins de autocompreensão, como será analisado no próximo item.

5 As novas imagens sem rosto: doadores de sêmen, óvulos e embriões, gestantes substitutas e "beneficiários da técnica"

Tendo em vista que o planejamento familiar é o grande pano de fundo da utilização dessas novas técnicas de reprodução assistida – que tem como objetivo final a criação e o estabelecimento de um vínculo de filiação, preferencialmente com liame consanguíneo com um dos membros do casal – e uma vez estabelecida a importância do direito à identidade pessoal, questiona-se se o registro de nascimento deve refletir toda a história, com todas as pessoas que participaram desse processo para o alcance desse "sonho da filiação".[30]

Sob esse pano de fundo, a doutrina trata mais comumente do conflito entre o direito de conhecer as origens e o direito ao anonimato. Essa discussão, muito inspirada nas mudanças legislativas operacionalizadas no instituto da adoção, positivou o direito de conhecer as origens sem que isso gerasse vínculo parental.[31] A ideia iniciou-se tendo questões de saúde como justificativa: era necessário saber suas origens em virtude de alguma necessidade de obter algum órgão compatível, ou compreender alguma doença genética, por exemplo; a partir daí, esse direito evoluiu para que o conhecimento das origens tivesse por função preencher uma lacuna a partir de uma demanda psicológica de autocompreensão de determinados aspectos da própria identidade, constituindo-se em um direito da personalidade. No entanto, conhecer sua origem não fazia com que o genitor ou doador de sêmen se tornasse seu parente, o que reforçou a distinção entre pai e ascendente biológico,[32] de modo que o fato de a pessoa saber sua ascendência não gera efeitos sobre a relação de parentesco.

---

[30] Não obstante a busca pela realização do projeto parental, há registros de abandono de filhos concebidos pela utilização da técnica de reprodução assistida, que, a princípio, são muito desejados, haja vista o custo financeiro, biológico, físico e emocional para realização desse projeto parental. Registrou-se em Curitiba o abandono de trigêmeas ainda no hospital, por alegada falta de acompanhamento psicológico dos pais (MORAIS, Andréa; RIBEIRO, Diego. Caso de abandono de trigêmeas causa polêmica sobre gravidez induzida. *Gazeta do Povo*, Curitiba, 1º abr. 2011. Disponível em: <http://www.gazetadopovo.com.br/vida-e-cidadania/caso-de-abandono-de-trigemeas-causa-polemica-sobre-gravidez-induzida-3wcltv6ifi0nviicr8qr8xphq>. Acesso em: 28 maio 2018).

[31] Art. 48 do Estatuto da Criança e do Adolescente: "O adotado tem direito de conhecer sua origem biológica, bem como de obter acesso irrestrito ao processo no qual a medida foi aplicada e seus eventuais incidentes, após completar 18 (dezoito) anos. Parágrafo único. O acesso ao processo de adoção poderá ser também deferido ao adotado menor de 18 (dezoito) anos, a seu pedido, assegurada orientação e assistência jurídica e psicológica".

[32] "Em diversos trabalhos, desde 1999, procuramos salientar a distinção necessária que se há de fazer entre o direito ao reconhecimento à parentalidade (paternidade, maternidade, filiação e demais relações de parentesco) e o direito ao conhecimento da origem genética ou biológica. O primeiro diz respeito ao direito da personalidade, de caráter absoluto e oponível a todas as demais pessoas. O segundo emerge das relações de família. [...] Se são distintos os direitos (direito da personalidade e direito de família), então não se pode pretender a obtenção do conhecimento da origem genética mediante ação de investigação de paternidade. O que se busca é esclarecer a origem genética, mas não a atribuição de paternidade ou maternidade, ou a negação da parentalidade já constituída. Quando uma pessoa que foi adotada pugna por conhecer sua origem genética e consegue seu intento, disso não resulta o desfazimento da relação parental/filial. Do mesmo modo, se tiver sido concebido a partir de sêmen de homem que não é seu pai. Pode-se afirmar que as situações de genitor biológico e de pai nem sempre estão reunidas" (LÔBO, Paulo. Direito ao conhecimento da origem genética difere do direito à filiação. *Revista Consultor Jurídico*, 14 fev. 2016. Disponível em: <https://www.conjur.com.br/2016-fev-14/processo-familiar-direito-conhecimento-origem-genetica-difere-filiacao>. Acesso em: 4 jun. 2018).

O direito de conhecer as origens genéticas para efeitos de filiação foi objeto de análise pelo Supremo Tribunal Federal. Foi reconhecida repercussão geral em caso que discutia a possibilidade de novo ajuizamento de ação de investigação de paternidade, quando já existente igual demanda entre as mesmas partes, cujo pedido foi julgado improcedente por falta de provas, mesmo se já possível exame de DNA, mas se a parte não tinha condições financeira de custeá-lo. Nessa hipótese, entendeu-se pela relativização da coisa julgada, sem que sejam impostos óbices processuais

> ao exercício do direito fundamental à busca da identidade genética, como natural emanação do direito de personalidade de um ser, de forma a tornar-se igualmente efetivo o direito à igualdade entre os filhos, inclusive de qualificações, bem assim o princípio da paternidade responsável.[33]

Nesse julgamento, chegou-se ao tema de nº 392: "Superação da coisa julgada para possibilitar nova ação de investigação de paternidade em face da viabilidade de realização de exame de DNA".

Esse caso difere das hipóteses que serão discutidas, tendo em vista que o objetivo central do caso julgado pelo STF foi a identificação da paternidade biológica. Frisou-se que se tratava de "hipótese em que não há disputa de paternidade de cunho biológico, em confronto com outra, de cunho afetivo. Busca-se o reconhecimento de paternidade com relação a pessoa identificada". O art. 1.597 do Código Civil estabelece os casos de presunções de filiação, quando se utiliza técnicas de reprodução humana assistida, seja ela homóloga ou heteróloga, ou seja, os critérios para o estabelecimento do parentesco estão claros na lei – embora ainda sujeitos a problemas hermenêuticos.[34] O que ora se investiga é saber se as questões colaterais que tangenciam a maternidade ou paternidade devem ser objeto do registro – seja o registro civil ou de algum registro – por compor a identidade, a história daquele gerado por meio dessas novas tecnologias. O manejo das técnicas de reprodução humana assistida demanda uma reflexão sobre a necessidade de ampliação desse direito de conhecer as origens, para que ele abranja a história da filiação, da concepção, da participação de terceiros no processo reprodutivo.

---

[33] STF. RE nº 363.889/DF. Rel. Min. Dias Toffoli, Pleno, j. 2.6.2011.

[34] Para exemplificar um dos desafios interpretativos do referido artigo, a gestação de substituição não foi expressamente contemplada pelo art. 1.597 CC, mas pode-se dele extrair sua possibilidade, a partir da aplicação do princípio da igualdade ao inc. V do art. 1.597, por exemplo, embora seja possível utilizar material genético do próprio casal. O que diferencia essa técnica é a gestação da criança em ventre de outrem, independentemente de quem seja o material genético. Inexiste instrumento legislativo que aborde o tema, regulado pela Resolução nº 2.121 do Conselho Federal de Medicina. Esta estabelece que se trata de procedimento gratuito e que pode ter como receptores dos óvulos apenas parentes até quarto grau daqueles que lançaram mão dessa técnica e são autores do projeto parental. Não obstante o silêncio legislativo, o CNJ editou o Provimento nº 63/2017 – que revogou o de nº 52/2016 que iniciou calorosos debates sobre o tema –, a fim de determinar como será feito o registro da criança pelos pais que, ciosos por um filho, utilizaram essa técnica, de modo que, tacitamente, instituem que são os autores do planejamento familiar – independentemente dos vínculos biológicos – os pais da criança. Não obstante os questionamentos sobre a competência do CNJ para tratar o tema, tais definições são relevantes, na medida em que não se pode deixar ao casuísmo os critérios para se estabelecer os vínculos parentais em hipóteses de conflito positivo ou negativo de maternidade; mesmo porque os critérios adotados são os mais acertados. Sobre o tema, remete-se a SÁ, Maria de Fátima Freire de; RETTORE, Anna Cristina de Carvalho. Registro civil de crianças nascidas de gestação de substituição no Brasil: uma análise a partir de julgamentos pelo Tribunal Supremo Espanhol. In: ENCONTRO NACIONAL DO CONPEDI EM BRASÍLIA/DF – BIODIREITO E DIREITO DOS ANIMAIS, XXV. Anais... Florianópolis: Conpedi, 2016. p. 31-32. Disponível em: <http://www.conpedi.org.br/publicacoes/y0ii48h0/tvu736t8/QGFVxviu3iRwFCtp.pdf>. Acesso em: 29 maio 2018.

Discute-se se o filho gerado por meio de reprodução assistida heteróloga tem o direito de saber quem foi o doador do gameta – sem que isso gere vínculo de parentesco, insista-se, mas que preencha eventual demanda do filho para conhecer suas origens, como legítimo exercício de direito da personalidade.[35] O debate surge em razão de ser comum cláusula que resguarde o anonimato do doador de gametas em negócios jurídicos que versam sobre reprodução assistida nas respectivas clínicas. Exsurge então um conflito de situações jurídicas existenciais: por um lado, o filho tem o direito de saber sua origem genética como direito da personalidade; por outro, o doador do gameta pode não querer ter sua identidade divulgada, protegido por cláusula contratual com a clínica de reprodução.

Ante o silêncio legislativo, a Resolução nº 2.121/2015 do Conselho Federal de Medicina, inc. IV, nº 2, preceitua que "os doadores não devem conhecer a identidade dos receptadores e vice-versa".[36] Essa disposição é reforçada nos contratos através de cláusula em que os contratantes se comprometem a nunca procurar identificar o doador, assim como a clínica nunca deverá revelar suas identidades. Não obstante doutrinariamente defenda-se o direito ao conhecimento da origem genética, muito se argumenta sobre os riscos que esse conhecimento pode gerar, dificultando a inserção da criança na família ou gerando interesses ou expectativas do filho ou do doador na formação de vínculo, que poderia gerar frustrações ou dificuldades que o anonimato preservaria, principalmente em se tratando de filho menor.[37]

Existem alguns projetos de lei, que tramitam há alguns anos, que também abordam a questão.[38] Discute-se, portanto:

---

[35] Pode-se afirmar que o fortalecimento da distinção entre pai e ascendente genético é uma tendência, tanto é que o Provimento nº 63 do Conselho Nacional de Justiça previu expressamente: "Art. 17, §3º O conhecimento da ascendência biológica não importará no reconhecimento do vínculo de parentesco e dos respectivos efeitos jurídicos entre o doador ou a doadora e o filho gerado por meio da reprodução assistida".

[36] Esse sempre foi o entendimento do CFM, desde a primeira resolução sobre o assunto, em 1992 (nº 1.358, item 3), bem como da Agência Nacional de Vigilância Sanitária – Anvisa (Resolução da Diretoria Colegiada nº 23, de 27.52011, art. 15, que assim dispõe: "Art. 15 A doação de células, tecidos germinativos e embriões deve respeitar os preceitos legais e éticos sobre o assunto, devendo garantir o sigilo, a gratuidade e a assinatura do Termo de Consentimento Livre e Esclarecido: §1º Toda a informação relativa a doadores e receptores de células, tecidos germinativos e embriões deve ser coletada, tratada e custodiada no mais estrito sigilo. §2º Não pode ser facilitada nem divulgada informação que permita a identificação do doador ou do receptor. §3º Na doação anônima, o receptor não pode conhecer a identidade do doador, nem o doador a do receptor. §4º As autoridades de vigilância sanitária podem ter acesso aos registros para fins de inspeção e investigação. §5º Em casos especiais, por motivo médico ou jurídico, as informações sobre o doador ou receptor podem ser fornecidas exclusivamente para o médico que assiste o receptor, resguardando-se a identidade civil do doador").

[37] "Vale, pois, ressaltar que a doação de gametas (esperma + óvulo) não gera ao seu autor nenhuma conseqüência parental relativamente à criança daí advinda. A doação é abandono a outrem, sem arrependimento, nem possibilidade de retorno. É, conforme se afirmou acima, medida de generosidade, medida filantrópica" (LEITE, Eduardo Oliveira. *Procriações artificiais e o direito*: aspectos médicos, religiosos, psicológicos, éticos e jurídicos. São Paulo: Revista dos Tribunais, 1995. p. 145).

[38] "Na mesma linha da Resolução 2.121/2.015 do CFM, estão o PL 2061/2003 [arquivado] (art. 10, II) e o PL 1135/2003 (art. 11, II). Já o PLS 90, em sua versão inicial, previu não só o direito da criança de conhecer o doador quando atingir a maioridade ou quando da morte dos pais (art. 12, *caput*), mas também, no caso de não haver registro civil do 'pai legal' (contratante), a prerrogativa da criança ou do doador de obter o reconhecimento de paternidade na forma da lei (art. 12, §1º). Neste sentido também dispõem o PL 120/2003, que visa a acrescentar o art. 6º-A na L. 8.560/92 para assegurar a investigação de paternidade ao nascido através de procriação assistida, e o PL 4.686/2004, que pretende a alteração do Código Civil vigente para a inclusão de um art. 1.597-A, que obrigaria as clínicas a manter em arquivo sigiloso a identidade do doador, franqueando à pessoa nascida do processo acesso a qualquer tempo a esta informação, diretamente ou por meio de representante legal, mas grifa, no §3º do dispositivo, que a referida paternidade biológica não gera direitos sucessórios. [...] O substitutivo do PLS 90 adota o entendimento de que o desencorajamento ao uso irresponsável da técnica não deve ser feito mediante tal

a licitude da cláusula contratual que garante o sigilo do doador de sêmen, vale destacar a tendência de certos bancos de sêmen instituírem contratos de inseminação heteróloga diferenciados, nos quais os doadores abrem mão do sigilo e permitem a sua identificação futura perante a criança – sem com isso produzir vínculos de parentesco. Nestes casos, em que o doador declara, quando catalogado no banco de sêmen, se permite sua futura identificação, estatísticas americanas revelam que cerca de 80% das pacientes optam pelos doadores que se manifestam positivamente neste sentido.[39]

Embora o direito ao conhecimento da origem genética como direito da personalidade não seja simétrico ao direito ao anonimato do doador, ante o vácuo legislativo é necessário garantir alguma segurança aos doadores de material genético, até para assegurar que pessoas continuem exercendo esses papéis que são essenciais para a realização dos procedimentos.

A discussão sobre o assunto ganhou novo corpo com a edição do Provimento nº 52/2016 pelo Conselho Nacional de Justiça que, em seu art. 2º, II, e §1º, determinava que o registro da criança nascida a partir de doação de gametas poderia ser feito exclusivamente por meio da apresentação de declaração do diretor técnico da clínica de reprodução assistida contendo, entre outros dados, o nome do(a) doador(a) (art. 2º, II), bem como de termo de consentimento prévio pelo(a) doador(a) autorizando expressamente que o registro da criança se dê em nome de outrem, que deverá ser feito por instrumento público. A disposição priorizava, portanto, o direito ao conhecimento da origem genética em detrimento do anonimato do doador.[40]

Ao mesmo tempo que determinava que o diretor técnico da clínica deveria informar o nome do doador do gameta – para garantia da eventual e futura identificação biológica – a mesma resolução previa que, quando fosse o caso da gestação de substituição, não constaria do registro o nome da parturiente, informado na declaração de nascido vivo (art. 2º, §2º). Tendo em vista que a relação de paternidade e maternidade – e, por via reflexa, a de filiação – está muito mais ligada à concepção de um projeto parental, a resolução estava correta ao afirmar que a parturiente, por não ser a mãe, não deverá constar do registro de nascimento.[41]

O provimento, no entanto, foi alterado posteriormente por outro, o de nº 63/2017, cujo art. 8º dispõe que "o oficial de registro civil das pessoas naturais não poderá exigir a identificação do doador de material genético como condição para a lavratura do registro

---

tratamento jurídico. Foi trilhado então o caminho oposto ao do projeto inicial: atribuiu-se a paternidade aos pais legais da criança, irrevogável desde a origem do embrião (arts. 18 e 20) e excluiu-se qualquer direito ou vínculo deste tipo do doador (art. 19), independentemente da morte dos pais legais (art. 21). Ficaram ressalvados apenas o acesso a informações médicas para fins de transplantes e os impedimentos matrimoniais" (KONDER, Carlos Nelson. Elementos de uma interpretação constitucional dos contratos de reprodução assistida. *Revista Trimestral de Direito Civil*, Rio de Janeiro, v. 7, p. 247-268, 2001).

[39] KONDER, Carlos Nelson. Elementos de uma interpretação constitucional dos contratos de reprodução assistida. *Revista Trimestral de Direito Civil*, Rio de Janeiro, v. 7, p. 247-268, 2001. p. 256.

[40] Sobre o tema, SÁ, Maria de Fátima Freire de; RETTORE, Anna Cristina de Carvalho. O impacto do Provimento n.º 52/2016 do CNJ na garantia de anonimato a doadores de gametas no Brasil: necessidade de uma definição. In: POLI, Leonardo Macedo; SÃO JOSÉ, Fernanda; LIMA, Renata Mantovani de (Org.). *Direito civil na contemporaneidade*. 1. ed. Belo Horizonte: D'Plácido, 2017. v. 4. p. 97-124.

[41] Essa orientação foi mantida no Provimento nº 63, que reformou o Provimento nº 52: "Art. 17, §1º. Na hipótese de gestação por substituição, não constará do registro o nome da parturiente, informado na declaração de nascido vivo, devendo ser apresentado termo de compromisso firmado pela doadora temporária do útero, esclarecendo a questão da filiação".

de nascimento de criança gerada mediante técnica de reprodução assistida".[42] Ou seja, o CNJ recuou quanto à divulgação ao cartório, no momento do registro, a respeito dos dados biológicos da criança fruto de reprodução assistida. É o momento, portanto, de suscitar as reflexões aqui propostas: (i) será necessário que tais informações estejam presentes em algum registro ou algum repositório que possa ser consultado, para que, em algum momento, o filho (se quiser) possa acessar essas informações, na linha da formação e construção da própria identidade; (ii) em caso positivo, seria o registro de nascimento o local mais adequado para abrigar esses dados, pois, em razão da sua publicidade, talvez não seja a sede mais apropriada para guardar essas informações tão íntimas que revelam dados tão sensíveis da história individual da pessoa humana. Compreendem-se por informações a serem preservadas para posterior consulta o direito do filho de saber que houve reprodução assistida e o direito a saber quem foram os participantes – sejam doadores de gametas ou uma terceira pessoa que gerou a criança por meio de gestação de substituição.

Entende-se que é importante que essas informações possam estar acessíveis à pessoa para que haja a completa formação da sua identidade e personalidade, se for essa uma demanda pessoal em algum momento de sua vida, desde que tenha discernimento ou condições de compreensão da situação. Na linha do que foi estabelecido pelo art. 48 do Estatuto da Criança e do Adolescente, trata-se de informação acessível a qualquer pessoa maior de idade; se houver uma necessidade de acesso a essas informações antes de completar 18 anos, este é possível, uma vez garantida orientação e assistência jurídica e psicológica.

Não há razões para que seja ocultada da pessoa a história da sua concepção e da formação do projeto parental no qual ela foi inserida. Para tanto, entende-se necessário a elaboração de um cadastro – que não seja público e só acessível pela própria pessoa – que esteja sob a responsabilidade e cuidados de alguma associação nacional de tabeliães ou registradores (como exemplo, o Colégio Notarial do Brasil) ou do Conselho Federal de Medicina. Como os desdobramentos desse cadastro podem ser a busca por conhecer pessoalmente os participantes envolvidos na técnica – inclusive estreitando os laços que poderiam gerar a formação de socioafetividade e, aí sim, eventualmente um vínculo parental (e não simplesmente pela identificação genética) – é essencial que haja lei disciplinando a matéria, pois, no vácuo legislativo atual, a quebra do anonimato, que é previsto na resolução e é cláusula do contrato, poderia inviabilizar o próprio acesso à técnica.

6 Conclusão

Tendo em vista a consolidação do sistema de filiação com uma abertura à tríplice fonte de parentesco – presunções, consanguinidade e socioafetividade – os conceitos de

---

[42] Essa disposição é reforçada pelo art. 17 do mesmo provimento: "Art. 17. Será indispensável, para fins de registro e de emissão da certidão de nascimento, a apresentação dos seguintes documentos: I – declaração de nascido vivo (DNV); II – declaração, com firma reconhecida, do diretor técnico da clínica, centro ou serviço de reprodução humana em que foi realizada a reprodução assistida, indicando que a criança foi gerada por reprodução assistida heteróloga, assim como o nome dos beneficiários; III – certidão de casamento, certidão de conversão de união estável em casamento, escritura pública de união estável ou sentença em que foi reconhecida a união estável do casal".

paternidade e maternidade estão baseados cada vez mais no planejamento familiar, de modo que, ante essa gama de alternativas, o registro deve refletir a história do filho – tanto é que, atualmente, permite-se a multiparentalidade, de modo que o registro do nascimento reflita a história parental do filho, cumprindo a sua função: "o registro está onde sempre esteve: continua a ser a memória dos fatos jurídicos. Nada indica que tenha passado à condição de prontuário da fenomenologia biológica".[43]

O que se propôs neste artigo foi uma revisitação das ideias de Luiz Edson Fachin, ao escrever sobre a filha das estrelas. À época de sua palestra, em 2004, sua intenção foi questionar o lugar de ausência do pai, que era substituído por asteriscos nas certidões de nascimentos, de modo que as "estrelas" refletiam uma lacuna da filiação biológica, mas que, na vida real daquele filho, poderia estar preenchida por vínculos de socioafetividade.

O objetivo foi alargar esse espectro, para abranger não só os pais, mas todas as pessoas que influem no processo reprodutivo, não se restringindo apenas à filiação, mas ao direito a conhecer as próprias origens. Afinal, diante dessas técnicas, mesmo que a certidão tenha um nome de pai e um nome de mãe (ou de dois ou mais pais e mães), muitas vezes não tem o nome de pessoas que tiveram um papel relevante no processo. O asterisco era, por assim dizer, o reconhecimento expresso de um segredo, de uma omissão. Atualmente, os filhos da reprodução assistida têm ocultados nomes e procedimentos, escolhas de um projeto parental que só ficam nos registros médicos. Por isso, buscou-se investigar se a pessoa tem direito de saber quem foi o doador de sêmen, de óvulo ou do o embrião, ou quais as características foram selecionadas para a criança. Será que a identidade dessas pessoas fica incompleta sem conhecer sua historicidade, como a filha das estrelas?[44]

A resposta é positiva. A partir de uma demanda ou de uma necessidade pessoal, esses dados podem ser importantes para se assegurar a construção da própria identidade. No entanto, parece que o registro civil não é o local para abrigar essas informações, em razão de se tratar de dados sensíveis, de maior intimidade da pessoa. Sugeriu-se a criação de um repositório sob a responsabilidade do Conselho Federal de Medicina ou de alguma associação nacional de notários e registradores, acessível unicamente ao filho maior de idade ou, se menor, com garantia de sua orientação e assistência jurídica e psicológica.

Como o acesso a esses dados implica a quebra do anonimato dos doadores e dos participantes do procedimento, é necessário que haja lei para disciplinar a matéria, pois atualmente a não identificação desses partícipes pode ser objeto de cláusula de contrato de reprodução humana assistida, celebrado entre ele e a clínica. A disciplina legal da matéria é imperativa, para assegurar que pessoas que busquem esses dados para a construção da sua identidade pessoal não continuem nesse lugar de filhas de estrelas, sem informações suficientes. Em conclusão:

---

[43] VILLELA, João Baptista. O modelo constitucional da filiação: verdade e superstição. *Revista Brasileira de Direito de Família*, n. 2, jul./set. 1999. p. 139.

[44] "Em suas mãos carregava a prova de que sua pretensão era legítima: uma certidão do ofício de registro de nascimentos. Nela, um espaço a preencher com um nome próprio, o pai, aquele que nunca conhecera, aquele que mesmo estando sempre ausente havia estado sempre tão presente, ali, perto, ao lado, numa imagem sem rosto, mas que tinha cheiro e jeito, sempre imaginados e a todo o momento recriados" (FACHIN, Luiz Edson. A filha das estrelas em busca do artigo perdido. In: PEREIRA, Rodrigo da Cunha (Coord.). *Anais do IV Congresso Brasileiro de Direito de Família*. Belo Horizonte: Del Rey, 2004. p. 370).

Descobre-se, então, que a esfera jurídica é vital no debate da bioética e que a discussão sobre a crise de valores passa pelo jurídico, por isso mesmo o Direito não pode, realmente, ser uma evidência perante a qual devemos nos adaptar ou nos acostumar. É uma construção contínua e incessante, não dogmática e reflexiva, o Direito contemporâneo.[45]

Referências

ALVARENGA, Raquel de Lima Leite Soares. Considerações sobre o congelamento de embriões. In: CASABONA, Carlos María Romeo; QUEIROZ, Juliane Fernandes (Coord.). *Biotecnologia e suas implicações ético-jurídicas*. Belo Horizonte: Del Rey, 2005.

BARACHO, José Alfredo de Oliveira. A identidade genética do ser humano. Bioconstituição: bioética e direito. *Revista de Direito Constitucional e Internacional*, São Paulo, v. 32, p. 88-92, jul./set. 2000.

BARBOZA, Heloisa Helena. A reprodução humana como direito fundamental. In: DIREITO, C. A. M.; TRINDADE, A. A. C.; PEREIRA, A. C. A. P. (Coord.). *Novas perspectivas do direito internacional contemporâneo*. Rio de Janeiro: Renovar, 2008.

CAMPOS, Ligia Fabris. *O direito de ser si mesmo*: a tutela da identidade pessoal no ordenamento jurídico brasileiro. Dissertação (Mestrado) – PUC-Rio, Rio de Janeiro, 2006. Disponível em: <https://goo.gl/XcR6y6>. Acesso em: 19 jan. 2018.

CASTRO, Thamis Dalsenter Viveiros de. *Bons costumes no direito civil brasileiro*. São Paulo: Almedina, 2017.

CHOERI, Raul Cleber da Silva. *O direito à identidade na perspectiva civil-constitucional*. Rio de Janeiro: Renovar, 2010.

FACHIN, Luiz Edson. A filha das estrelas em busca do artigo perdido. In: PEREIRA, Rodrigo da Cunha (Coord.). *Anais do IV Congresso Brasileiro de Direito de Família*. Belo Horizonte: Del Rey, 2004.

FACHIN, Luiz Edson. *Da paternidade*: relação biológica e afetiva. Belo Horizonte: Del Rey, 1996.

FACHIN, Luiz Edson. *Direito civil*: sentidos, transformações e fim. Rio de Janeiro: Renovar, 2015.

FACHIN, Luiz Edson. Enunciando a família brasileira contemporânea. *Boletim IBDFam*, Belo Horizonte, v. 5, n. 30, p. 7, 2005.

FACHIN, Luiz Edson. *Estabelecimento da filiação e paternidade presumida*. Porto Alegre: Sérgio Antonio Fabris, 1992.

FACHIN, Luiz Edson. Inovação e tradição do direito de família contemporâneo sob o novo Código Civil brasileiro. *Revista Brasileira de Direito Comparado*, Rio de Janeiro, v. 27, n. 2, p. 95-122, 2005.

FACHIN, Luiz Edson. Luzes e sombras no diálogo entre direito e medicina. In: TEIXEIRA, Sálvio de Figueiredo (Coord.). *Direito e medicina*. Belo Horizonte: Del Rey, 2000.

FACHIN, Luiz Edson. Reformas de que o Brasil precisa: as três fronteiras da democracia. In: CONFERÊNCIA ESTADUAL DOS ADVOGADOS, V. *Anais...* Curitiba: OABPR, 2010.

FACHIN, Luiz Edson; MATOS, Ana Carla Harmatiuk. Subsídios solidários: filiação socioafetiva e alimentos. In: CORTIANO JUNIOR, Eroulths *et al.* (Coord.). *Apontamentos críticos para o direito civil brasileiro contemporâneo*: anais do Projeto de Pesquisa Virada de Copérnico. Curitiba: Juruá, 2009.

FRASER, Nancy. Reconhecimento sem ética? *Lua Nova: Revista de Cultura e Política*, São Paulo, n. 70, p. 101-138, 2007. Disponível em: <https://goo.gl/Tr3VFm>. Acesso em: 21 jan. 2018.

GAMA, Guilherme Calmon Nogueira da. *Herança legítima ad tempus*. São Paulo: Revista dos Tribunais, 2018.

HATEM, Daniela Soares. Questionamentos jurídicos diante das novas técnicas de reprodução assistida. In: SÁ, Maria de Fátima Freire de (Coord.). *Biodireito*. Belo Horizonte: Del Rey, 2002.

---

[45] FACHIN, Luiz Edson. Luzes e sombras no diálogo entre direito e medicina. In: TEIXEIRA, Sálvio de Figueiredo (Coord.). *Direito e medicina*. Belo Horizonte: Del Rey, 2000. p. 17.

KONDER, Carlos Nelson. Elementos de uma interpretação constitucional dos contratos de reprodução assistida. *Revista Trimestral de Direito Civil*, Rio de Janeiro, v. 7, p. 247-268, 2001.

KONDER, Carlos Nelson. O alcance do direito à identidade pessoal no direito civil brasileiro. *Pensar – Revista de Ciências Jurídicas*, Fortaleza, v. 23, p. 1-11, 2018.

LEITE, Eduardo de Oliveira. Bioética e presunção de paternidade (considerações em torno do art. 1.597 do Código Civil). In: LEITE, Eduardo de Oliveira (Coord.). *Grandes temas da atualidade*: bioética e biodireito. Rio de Janeiro: Forense, 2004.

LEITE, Eduardo Oliveira. *Procriações artificiais e o direito*: aspectos médicos, religiosos, psicológicos, éticos e jurídicos. São Paulo: Revista dos Tribunais, 1995.

LEMOS, Vinicius. Os brasileiros que doam sêmen para inseminações caseiras. *BBC Brasil*, 29 nov. 2017. Disponível em: <http://www.bbc.com/portuguese/geral-42145205?ocid=wsportuguese.chat-apps.in-app-msg.whatsapp.trial.link1_.auin>. Acesso em: 17 maio 2018.

LEWICKI, Bruno. O homem construtível: responsabilidade e reprodução assistida. In: BARBOZA, Heloisa Helena; BARRETO, Vicente de Paulo (Coord.). *Temas de biodireito e bioética*. Rio de Janeiro: Renovar, 2001.

LÔBO, Paulo. Direito ao conhecimento da origem genética difere do direito à filiação. *Revista Consultor Jurídico*, 14 fev. 2016. Disponível em: <https://www.conjur.com.br/2016-fev-14/processo-familiar-direito-conhecimento-origem-genetica-difere-filiacao>. Acesso em: 4 jun. 2018.

MATOS, Ana Carla Harmatiuk; HAPNER, Paula Aranha. Multiparentalidade: uma abordagem a partir das decisões nacionais. *Civilistica.com*, Rio de Janeiro, ano 5, n. 1, 2016. Disponível em: <http://civilistica.com/wp-content/uploads/2016/07/Matos-e-Hapner-civilistica.com-a.5.n.1.2016.pdf>. Acesso em: 15 maio 2018.

MORAIS, Andréa; RIBEIRO, Diego. Caso de abandono de trigêmeas causa polêmica sobre gravidez induzida. *Gazeta do Povo*, Curitiba, 1º abr. 2011. Disponível em: <http://www.gazetadopovo.com.br/vida-e-cidadania/caso-de-abandono-de-trigemeas-causa-polemica-sobre-gravidez-induzida-3wcltv6ifi0nviicr8qr8xphq>. Acesso em: 28 maio 2018.

MULHER usa sêmen do filho morto e barriga de aluguel para se tornar avó. *BBC Brasil*, 24 fev. 2018. Disponível em: <http://www.bbc.com/portuguese/geral-43162469>. Acesso em: 18 maio 2018.

PINHEIRO, Rosalice Fidalgo. Planejamento familiar e condição feminina. In: LIU, Alice Bark *et al*. (Org.). *Pela conquista de uma justiça sem fronteiras*. 1. ed. Curitiba: OAB Paraná, 2006. v. 3. Coleção Comissões – Comissão da Mulher Advogada.

RETTORE, Anna Cristina de Carvalho. *Gestação de substituição como negócio jurídico existencial e/ou patrimonial*. Dissertação (Mestrado) – Faculdade Mineira de Direito, Pontifícia Universidade Católica de Minas Gerais, Belo Horizonte, 2018.

RODOTÀ, Stefano. Diritti della persona, strumenti di controllo sociale e nuove tecnologie riproduttive. In: FERRANDO, Gilda (Coord.). *La procreazione artificiale tra etica e diritto*. Padova: Cedam, 1989.

RODRIGUES, Renata de Lima. *Autonomia privada e direito ao livre planejamento familiar*. Como as escolhas se inserem no âmbito de autodeterminação dos indivíduos? 2015. 228f. Tese (Doutorado) – Faculdade Mineira de Direito, Pontifícia Universidade Católica de Minas Gerais, Belo Horizonte, 2015.

RODRIGUES, Renata de Lima; TEIXEIRA, Ana Carolina Brochado. Características e consequências do exercício do livre planejamento familiar conferido à pluralidade de entidades familiares. In: RODRIGUES, Renata de Lima; TEIXEIRA, Ana Carolina Brochado. *Direito das famílias entre a norma e a realidade*. São Paulo: Atlas, 2010.

RODRIGUES, Renata de Lima; TEIXEIRA, Ana Carolina Brochado. Multiparentalidade como efeito da socioafetividade nas famílias recompostas. *Revista Brasileira de Direito das Famílias e Sucessões*, v. 10, p. 34-60, 2009.

SÁ, Maria de Fátima Freire de; RETTORE, Anna Cristina de Carvalho. Registro civil de crianças nascidas de gestação de substituição no Brasil: uma análise a partir de julgamentos pelo Tribunal Supremo Espanhol. In: ENCONTRO NACIONAL DO CONPEDI EM BRASÍLIA/DF – BIODIREITO E DIREITO DOS ANIMAIS, XXV. Anais... Florianópolis: Conpedi, 2016. Disponível em: <http://www.conpedi.org.br/publicacoes/y0ii48h0/tvu736t8/QGFVxviu3iRwFCtp.pdf>. Acesso em: 29 maio 2018.

SÁ, Maria de Fátima Freire de; RETTORE, Anna Cristina de Carvalho. O impacto do Provimento n.º 52/2016 do CNJ na garantia de anonimato a doadores de gametas no Brasil: necessidade de uma definição. In: POLI, Leonardo Macedo; SÃO JOSÉ, Fernanda; LIMA, Renata Mantovani de (Org.). *Direito civil na contemporaneidade*. 1. ed. Belo Horizonte: D'Plácido, 2017. v. 4.

SARMENTO, Daniel. *Dignidade da pessoa humana*: conteúdo, trajetórias e metodologia. 2. ed. Belo Horizonte: Fórum, 2016.

SPAREMBERGER, Raquel Fabiana Lopes; THIESEN, Adriane Berlesi. O direito de saber a nossa história: identidade genética e dignidade humana na concepção da bioconstituição. *Revista Direitos Fundamentais e Democracia*, Curitiba, v. 7, n. 7, p. 33-65, jan./jun. 2010.

TAYLOR, Charles. La *política del reconocimiento*. Multiculturalismo y la política del reconocimiento. Madrid: Fondo Económico de Cultura, 1993.

TEIXEIRA, Ana Carolina Brochado. Conflito positivo de maternidade e útero de substituição. In: CASABONA, Carlos María Romeo; QUEIROZ, Juliane Fernandes (Coord.). *Biotecnologia e suas implicações ético-jurídicas*. Belo Horizonte: Del Rey, 2005.

TEIXEIRA, Ana Carolina Brochado. *Saúde, corpo e autonomia privada*. Rio de Janeiro: Renovar, 2010.

TEPEDINO, Gustavo. A disciplina jurídica da filiação na perspectiva civil-constitucional. In: TEPEDINO, Gustavo. *Temas de direito civil*. 4. ed. Rio de Janeiro: Renovar, 2008.

TEPEDINO, Gustavo. *Temas de direito civil*. 4. ed. Rio de Janeiro: Renovar, 2008.

VALADARES, Maria Goreth Macedo. *Multiparentalidade e as novas relações parentais*. Rio de Janeiro: Lumen Juris, 2016.

VILLELA, João Baptista. Desbiologização de paternidade. *Revista da Faculdade de Direito da Universidade Federal de Minas Gerais*, n. 21, p. 400-418, 1979.

VILLELA, João Baptista. O modelo constitucional da filiação: verdade e superstição. *Revista Brasileira de Direito de Família*, n. 2, jul./set. 1999.

XAVIER, Elton Dias. A identidade genética do ser humano como um biodireito fundamental e sua fundamentação na dignidade do ser humano. In: LEITE, Eduardo de Oliveira (Coord.). *Grandes temas da atualidade*: bioética e biodireito. Rio de Janeiro: Forense, 2004.

ZYLBERKAN, Mariana. Inseminação caseira ganha impulso com pai 'real' e custo quase zero. *Folha de S. Paulo*, 15 out. 2017. Disponível em: <http://m.folha.uol.com.br/cotidiano/2017/10/1927109-inseminacao-caseira-ganha-impulso-com-pai-real-e-custo-quase-zero.shtml>. Acesso em: 17 maio 2018.

Informação bibliográfica deste texto, conforme a NBR 6023:2002 da Associação Brasileira de Normas Técnicas (ABNT):

TEIXEIRA, Ana Carolina Brochado; KONDER, Carlos Nelson. De volta à filha das estrelas: conhecimento das origens e reprodução assistida. In: EHRHARDT JÚNIOR, Marcos; CORTIANO JUNIOR, Eroulths (Coord.). *Transformações no Direito Privado nos 30 anos da Constituição*: estudos em homenagem a Luiz Edson Fachin. Belo Horizonte: Fórum, 2019. p. 671-687. ISBN 978-85-450-0562-9.

O INSTITUTO DA FILIAÇÃO E A CONSTITUIÇÃO FEDERAL: TRANSFORMAÇÕES E PERSPECTIVAS DIANTE DA MULTIPARENTALIDADE

CAMILA BUARQUE CABRAL

KARINA BARBOSA FRANCO

Introdução

Assim como grande parte dos institutos do direito de família, os direitos de filiação passaram por profundas transformações com o advento das constituições sociais, sobretudo a de 1988, sob a égide da igualdade e da primazia do afeto. Fato esse que já justificaria a necessidade de um estudo mais acurado como o presente.

Entretanto, diferentemente de outras searas do direito privado, as balizas que fundamentavam a filiação no direito brasileiro foram, mais uma vez, alvo de significativo debate que levou a importantes modificações nos paradigmas do instituto.

Para Fachin,[1] a filiação e o direito de família estão na pauta das discussões hodiernas.

Em recente decisão, com repercussão geral reconhecida (Tema nº 622), o Supremo Tribunal Federal (STF), nos autos do RE nº 898.060/SC, ampliando os conceitos e as nuances dos vínculos parentais, admitiu a coexistência da filiação biológica e da socioafetiva para todos os fins de direito, reconhecendo expressamente a possibilidade de multiparentalidade.

Mais uma vez, portanto, partindo da compreensão das normas infraconstitucionais sob a ótica dos princípios da Constituição Federal, o instituto da filiação foi alvo de indelével transformação, que, agora, exige do jurista que este perquira, não apenas quanto ao alcance dessas modificações, mas, sobretudo, quanto às suas perspectivas.

---

[1] FACHIN, Luiz Edson. *Direito de família*. Elementos críticos à luz do Novo Código Civil brasileiro. 2. ed. Rio de Janeiro: Renovar, 2003. p. 7.

Assim é que o presente trabalho se propõe a, primeiro, debruçar-se sobre as transformações pelas quais passaram os direitos da filiação com o advento da Constituição Federal hodierna para, em seguida, compreender os seus contornos à luz dos princípios constitucionais, com destaque para o da afetividade.

Após isso, analisar-se-á o instituto da multiparentalidade e a mencionada decisão paradigmática do STF, buscando compreender os fundamentos que balizaram os julgadores e, por consequência, as modificações que imprimiram na atual compreensão do instituto.

Dessa forma, pretende-se trazer à baila as transformações pelas quais tem passado o direito de filiação, a fim de fixar, de forma segura, as novas diretrizes para compreender os vínculos filiais, ou, ao menos, delinear os caminhos para os quais seguirão, após o reconhecimento da possibilidade da multiparentalidade.

1 O instituto da filiação e suas transformações

À família foram atribuídas funções variadas, de acordo com as mudanças históricas e culturais operadas na sociedade. Com essas transformações, modificavam-se também as prerrogativas dos pais em relação aos filhos.

A filiação traduz a relação de parentesco que se desenvolve entre indivíduos, atribuindo a um deles a função da maternidade ou da paternidade e a outro a de filho ou filha. Constituiu-se, inicialmente, com base em um modelo patriarcal, no qual se legitimou o exercício dos poderes masculinos sobre a mulher e a prole, poder marital e pátrio poder, respectivamente. Importavam as funções religiosa, econômica, reprodutiva e política que a família detinha perante seus componentes.

Nesse sentido, o Código Civil de 1916 retratou a família da época da sua promulgação, com o claro propósito de proteção patrimonial da família, e tinha o homem como chefe da família e tutelava o tratamento desigual da filiação.[2] Trazia, em seu bojo, a classificação dos filhos com base na sua origem, subdividindo-os em legítimos e ilegítimos. Os legítimos eram os concebidos na constância do casamento; já os ilegítimos, os que nasciam da relação extramatrimonial e poderiam ser naturais ou espúrios.

Classificavam-se como filhos ilegítimos naturais aqueles advindos de pais que não eram casados, mas que não detinham qualquer impedimento para tanto. Já os filhos ilegítimos espúrios eram aqueles advindos de pais que não eram casados nem poderiam casar, em razão de um dos impedimentos legais.

Os filhos ilegítimos espúrios podiam ser classificados, ainda, como adulterinos ou incestuosos. Os adulterinos eram aqueles advindos da relação de uma pessoa casada com um terceiro estranho à relação conjugal, enquanto que os incestuosos eram os que nasciam do relacionamento entre parentes legítimos, naturais, adotivos ou afins.

Era nítido e expresso o tratamento discriminatório dado aos filhos tidos como ilegítimos, que poderiam ser reconhecidos apenas se não fossem incestuosos ou adulterinos. Quando reconhecidos, recebiam o tratamento equiparado aos filhos legítimos, entretanto, se reconhecidos por apenas um dos cônjuges, não poderiam residir no lar conjugal sem o consentimento do outro.

---

[2] ROSA, Conrado Paulino da. *Desatando nós e criando laços*: os novos desafios da mediação familiar. Belo Horizonte: Del Rey, 2012. p. 30-31.

Essa estrutura, entretanto, sofreu profundas mudanças, sobretudo com a emancipação gradativa da mulher casada, sua inserção no mercado de trabalho e o advento do Estado Social, ao longo do século XX. À medida que a mulher foi deixando de ser *alieni iuri*, restringiram-se os poderes domésticos dos homens, a hierarquização e a desigualdade entre os componentes da família.

Como esclarece Waldyr Grisard:

> [...] começa-se a questionar o denominado instinto maternal, quando a mulher notadamente a partir da segunda metade do século XX, reconhece para si outras inquietações e possibilidades, ao mesmo tempo em que o homem descobre seu instinto paternal, sem perder sua masculinidade, tornando-se mais responsável e mais envolvido no exercício cotidiano da parentalidade.[3]

O Estado, por sua vez, agora intervencionista, passa a interferir nas relações privadas, a fim de proteger os considerados hipossuficientes, inclusive no seio das famílias, para garantir a equidade dos seus membros. No Brasil, desde a primeira Constituição social, a de 1934, a família é destinatária de normas crescentemente tutelares, que asseguram a liberdade e a igualdade material entre seus membros. Nesse sentido é que Facchini afirma:

> [...] ao contrário de uma concepção liberal, que vislumbrava na Constituição apenas um limite ao poder político, sem afetar as relações privadas, regidas pela legislação infraconstitucional, o constitucionalismo contemporâneo atribui à Constituição a função de modelar também as relações sociais e econômicas.[4]

Assim, o que antes era matéria restrita ao interesse privado, passa a ser alvo da intervenção do Estado, seja ele legislador, judiciário ou administrador, com o fito de garantir a igualdade e legitimidade nas relações jurídicas interprivadas, sobretudo com o fenômeno da constitucionalização dos direitos privados. Abandona-se a rígida distinção legislativa, projetada na dicotomia entre a constituição estatal – a Constituição Federal, e a constituição dos particulares – o Código Civil, sobretudo com a Carta Magna de 1988, que trouxe em suas disposições diversas matérias antes restritas ao interesse privado.

A Constituição de 1988 reduziu, ou mesmo eliminou, ao menos no plano jurídico, o elemento despótico existente no seio da família brasileira.[5] Institutos que eram matéria restrita aos códigos privados ganham *status* constitucional, como resultado da consolidação do Estado Democrático brasileiro e o fenômeno da constitucionalização, inaugurando uma ótica, na qual,

> O significado mais importante é o da aplicação direta das normas constitucionais, máxime os princípios, quaisquer que sejam as relações privadas [...]. Portanto, as normas constitucionais

---

[3] GRISARD FILHO, Waldyr. *Guarda compartilhada*: um novo modelo de responsabilidade parental. São Paulo: Revista dos Tribunais, 2009. p. 123.
[4] FACCHINI NETO, Eugênio. Reflexões histórico-evolutivas sobre a constitucionalização do direito privado. In: SARLET, Ingo Wolfgang (Org.). *Constitucionalização, direitos fundamentais e direito privado*. Porto Alegre: Livraria do Advogado, 2006. p. 46.
[5] LÔBO, Paulo. *Direito civil*: famílias. 2. ed. São Paulo: Saraiva, 2009. p. 4.

sempre serão aplicadas em qualquer relação jurídica privada, seja integralmente, seja pela conformação das normas infraconstitucionais.[6]

O marco histórico pode ser atribuído à Declaração Universal dos Direitos do Homem, votada pela ONU, em 10.12.1948, quando se esclareceu que "A família é o núcleo natural e fundamental da sociedade e tem direito à proteção da sociedade e do Estado".[7] No mesmo caminhar, seguiu a Constituição Federal brasileira, no seu art. 226, *caput*, ao definir que "A família, base da sociedade, tem especial proteção do Estado", consubstanciando uma regra geral de inclusão.

As relações entre os membros da família passam a ser definidas, portanto, não com base em critérios patrimoniais, mas em princípios norteadores das relações familiares como o da solidariedade, igualdade e afetividade. O seio familiar ganha ares de ambiente de realização pessoal e afetiva de seus componentes, configurando a família eudemonista. Marca-se o deslocamento, definitivo, da função econômico-político-religiosa para essa nova atribuição, fenômeno intitulado por Lôbo como repersonalização, que "[...] valoriza o interesse da pessoa humana mais do que suas relações patrimoniais. É a recusa da coisificação ou retificação da pessoa, para ressaltar sua dignidade".[8]

Transformações essas que impactaram, fortemente, as relações entre pais e filhos, abandonando-se, definitivamente, a ideia de filiação legítima ou ilegítima, natural ou adotiva, matrimonial ou extramatrimonial, principalmente, com a inserção do princípio da igualdade nas relações paterno-materno-filiais, erigindo todos os filhos a um mesmo patamar sem qualquer discriminação em razão da condição dos seus pais. Consolidaram-se os direitos e deveres dos filhos em relação aos seus pais, independentemente de sua origem, não se admitindo qualquer distinção em virtude da procedência da prole.

E o exercício dos direitos e deveres dos pais para com os filhos ganha novos contornos. O poder familiar, adstrito ao poder do pai sobre a prole, dissolve-se para fixar-se no exercício da autoridade de ambos, pai e mãe, sobre os filhos e adstrito ao superior interesse das crianças e adolescentes.

Solidifica-se a atual configuração familiar, na qual cabem a ambos os pais o exercício do poder familiar (ou autoridade parental) sobre seus filhos.

Não se tratou, entretanto, de um mero deslocamento de centro de poder, do pai para ambos os genitores, foi-se além. Condicionou-se o exercício do poder familiar ao melhor interesse dos filhos, configurando-se, assim, atualmente, mais como deveres que poderes, propriamente ditos, conforme consagrado na Constituição Federal, nos seus arts. 227 e 229, ao delimitar expressamente as obrigações exigíveis, com absoluta prioridade, dos pais para com seus filhos.

Percebe-se, além disso, que os deveres constitutivos do poder familiar não se restringem a obrigações de manutenção material dos filhos ou em um dever meramente alimentar, mas abrange o dever de assegurar à criança e ao adolescente o direito "[...] à dignidade, ao respeito, à liberdade e à convivência familiar e comunitária, além de colocá-los a salvo de toda forma de negligência, discriminação, exploração, violência,

---

[6] LÔBO, Paulo. *Direito civil*: parte geral. 2. ed. São Paulo: Saraiva, 2010. p. 64.

[7] ORGANIZAÇÃO DAS NAÇÕES UNIDAS. *Declaração Universal dos Direitos do Homem*. 1948. Disponível em: <unesdoc.unesco.org/images/0013/001394/139423por.pdf>. Acesso em: 20 jul. 2014.

[8] LÔBO, Paulo. *Direito civil*: famílias. 2. ed. São Paulo: Saraiva, 2009. p. 11-12.

crueldade e opressão [...]".⁹ Trata-se, portanto, também de deveres de cunho existencial a possibilitar o pleno desenvolvimento humano dessas pessoas em formação, consagrando-se o princípio maior da Carta Magna – o da dignidade da pessoa humana (art. 1º, inc. III, da Constituição de 1988).

Assim, não sendo mais a família pautada em ditames patrimoniais ou econômicos, também os deveres dos pais para com seus filhos modificaram-se, seja quanto ao reconhecimento dos filhos independentemente de suas origens, seja quanto aos liames da relação paterno-filial.

Abraça-se, definitivamente, a ideia da família como centro realizador das personalidades de seus membros, e não de seus patrimônios, abandonando a ideia de família-instituição que existia nos séculos anteriores, constituindo o fenômeno da repersonalização, cuja "[...] responsabilidade dos pais consiste principalmente em dar oportunidade ao desenvolvimento dos filhos, consiste principalmente em ajudá-los na construção da própria liberdade".¹⁰

Nesse passo, é que tem se caracterizado e compreendido as relações entre pais e filhos: voltadas a garantir um desenvolvimento social, psíquico e físico pleno a essas pessoas em processo de formação de suas personalidades e que, portanto, gozam de prioridade absoluta e proteção integral na proteção de seus interesses; calcadas numa parentalidade responsável, na qual se incluam os deveres de cunho material, ligados à manutenção e sobrevivência da prole, e, sobretudo, os deveres de cunho existencial ou moral.

2 Atuais contornos do instituto da filiação

Como visto acima, diante das modificações vivenciadas nos parâmetros da filiação com o fenômeno da constitucionalização das relações privadas, sobretudo com o advento da Constituição hodierna, resta evidenciado que o instituto tem suas balizas fincadas, irremediavelmente, nas normas constitucionais, com relevância nos princípios constitucionais, sobretudo o da isonomia, solidariedade e afetividade, que delineiam a formação as novas entidades familiares e relações filiais.

Mais ainda, o ponto máximo do desenvolvimento histórico por que passou o direito de filiação encontra-se no princípio da igualdade. A compreensão da família como espaço em que cada membro, na condição de sujeito de direito dotado de dignidade, ocupa um lugar, ou seja, lugar de realização da dignidade das pessoas humanas,¹¹ conduziu ao fim do tratamento desigual dos filhos em razão da origem.

Amparando-se, portanto, nas significativas modificações introduzidas no direito de família pela Constituição Federal de 1988, abalizadas na liberdade de constituição da entidade familiar e na igualdade de direitos, entre os cônjuges, companheiros e filhos, tem-se não apenas indubitável o princípio da igualdade na filiação, mas, da mesma forma, todas as repercussões dele decorrentes.

---

⁹ Art. 227 da Constituição Federal de 1988.
¹⁰ HIRONAKA, Giselda Maria F. N. Responsabilidade civil na relação paterno-filial. *Jus.com.br*, jun. 2003. Disponível em: <https://jus.com.br/artigos/4192/responsabilidade-civil-na-relacao-paterno-filial>. Acesso em: 18 nov. 2009.
¹¹ LOBO, Fabiola Santos Albuquerque. *Adoção à brasileira e a verdade do registro civil*. Disponível em: <http://www.ibdfam.org.br/_img/congressos/anais/14.pdf>. Acesso em: 15 maio 2017.

Como principal repercussão da igualdade na filiação, destaque-se a impossibilidade de interpretarem-se as normas, atinentes à matéria, de modo a revelar qualquer resquício de tratamento discriminatório entre os filhos. Os regramentos aplicados à filiação, dentro dos quais se englobam as decisões judiciais, deverão sempre ser lidos e aplicados com vista a garantir a isonomia e a não discriminação dos filhos, independentemente de suas origens.

Seja quanto aos aspectos pessoais ou quanto aos patrimoniais, não há que se admitirem efeitos jurídicos discriminatórios nas relações entre pais e filhos, ou entre irmãos, em virtude da origem da filiação, porquanto não se coadunam com os aspectos constitucionais e infraconstitucionais do direito vigente.

Coligado ao princípio mencionado, ressalta-se a liberdade de planejamento da filiação. Nos termos do art. 226, §7º, da Constituição Federal, tem-se que o planejamento familiar é de livre decisão dos indivíduos, competindo ao Estado apenas propiciar os recursos educacionais e científicos para o exercício desse direito, sendo, ainda, vedada qualquer ingerência coercitiva de instituições oficiais ou privadas.

A liberdade de planejamento da filiação compreende a livre escolha quanto a realizar, ou não, o projeto de paternidade e maternidade; quanto à forma, se por meio de concepção tradicional, inseminação homóloga ou heteróloga, adoção ou socioafetiva; quanto ao momento e quanto à quantidade de filhos. Não é autorizado ao Estado ou à sociedade impor limites ou condições à realização do projeto de filiação pelos indivíduos.

Destaque-se que o texto constitucional faz menção ao planejamento familiar por livre decisão do "casal". No entanto, a expressão há de ser entendida para falar-se de "qualquer dos pais", uma vez que a entidade monoparental, composta por apenas um dos pais e seus filhos, também recebe proteção expressa no texto constitucional.[12]

No mesmo sentido do exposto no parágrafo anterior, direciona a Lei nº 9.263/96, que dispõe detalhadamente sobre o planejamento familiar. Em seus primeiros artigos, afirma que o planejamento familiar é direito de todo cidadão e tem como pressuposto o conjunto de ações de regulação da fecundidade, que garanta direitos iguais de constituição, limitação ou aumento da prole pela mulher, pelo homem ou pelo casal.

É a liberdade de filiação, garantida a todo o indivíduo, independentemente da existência do "casal", como disposto na legislação, porquanto fundada no princípio maior da dignidade da pessoa humana. É o projeto familiar, o ícone formador da personalidade humana e, por isso, indispensável à sua realização em plenitude.

No entanto, a liberdade de filiação tem assento também no princípio da paternidade responsável. As responsabilidades dos genitores sobre a prole, nos ditames do atual ordenamento jurídico pátrio, passam pela compreensão desse princípio como um desdobramento dos princípios da responsabilidade e da afetividade,[13] mas que detém a condição de princípio autônomo.

Com evidente cunho social, o princípio da paternidade responsável define os liames das responsabilidades dos genitores com os filhos, diante da sobrelevada importância das funções parentais para o adequado desenvolvimento da criança e do

---

[12] Nesse sentido é o art. 226, §4º, da Constituição Federal: "Art. 226. A família, base da sociedade, tem especial proteção do Estado. [...] §4º Entende-se, também, como entidade familiar a comunidade formada por qualquer dos pais e seus descendentes".

[13] PEREIRA, Rodrigo da Cunha. *Princípios fundamentais norteadores do direito de família*. 2. ed. São Paulo: Saraiva, 2012. p. 105.

adolescente, pessoas em especial fase de desenvolvimento e detentoras de absoluta prioridade.

Inicialmente, cabe a ressalva de que mais adequado para definir o princípio da paternidade responsável seria a expressão *parentalidade responsável*, tendo em vista que o termo *paternidade* indica somente a condição ou qualidade de pai ou o tipo de parentesco que vincula pais e filhos, enquanto que *parentalidade* consegue englobar todo o alcance do princípio, que se destina aos pais, ou seja, ao homem e à mulher e ao casal que, no exercício do projeto parental, têm deveres de cuidado para com os filhos.[14]

Afastando-se da concepção de pátrio poder, nos quais se acentuava o escopo formal da autoridade parental, de representação ou de assistência das crianças e adolescentes e do dever de obediência dos filhos e que estava embasada numa evidente desigualdade paterno-filial, a atual configuração do poder familiar modificou-se. Como visto no item anterior, transformaram-se também os ditames primordiais no ambiente familiar, abandonando-se o autoritarismo pelo afeto e a solidariedade.

A entidade familiar, na sua acepção hodierna, pressupõe laços de afetividade para sua concretização e, do ponto de vista dos menores, exige ambiente seguro e suficiente ao seu desenvolvimento sadio e indispensável para sua formação digna.[15]

Nesse contexto, as disposições constitucionais e estatutárias (Estatuto da Criança e do Adolescente) deixam saliente que "o relacionamento entre os genitores e o filho passou a ter como objetivo maior tutelar a sua personalidade e, portanto, o exercício dos seus direitos fundamentais, para que possa, neste contexto, edificar sua dignidade enquanto sujeito".[16] Lança-se por terra, portanto, a perspectiva do poder familiar enquanto poder/dever, para abranger sua função de instrumento de construção das autonomias dos filhos e de realização de suas personalidades.

Considerando-se, ademais, que os filhos são sujeitos de direitos e não meros objetos da intervenção do mundo adulto, não podem, pois, ser sujeitos passivos da relação com os pais e, sim, sujeitos ativos de suas próprias histórias, albergados também pelo direito fundamental à liberdade, consoante os arts. 15 e 16, do Estatuto da Criança e do Adolescente.

Sob essa ótica é que se deve apreender o princípio da paternidade responsável, amparado em parâmetros eminentemente existenciais e na noção de que a criança e o adolescente são sujeitos de direito e, em primeiro plano, pessoas, detentoras de autonomia e personalidade, em especial processo de formação, o que lhes assegura prioridade absoluta de interesses.

No mesmo pisar, a doutrina italiana é bastante instrutiva ao disciplinar que, na construção da filiação, os pais devem buscar os interesses dos menores, independentemente de suas vontades próprias, considerando-os um potencial portador de valores pessoais conexos à formação de um homem livre.[17]

---

[14] Heloisa Helena Barboza *apud* AMATO, Gabriela Cruz. A alienação parental enquanto elemento violador dos direitos fundamentais e dos princípios de proteção à criança e ao adolescente. *Revista Síntese Direito de Família*, São Paulo, v. 14, n. 75, p. 60-77, dez./jan. 2013. p. 70.

[15] SILVA, Priscilla Menezes da. *A amplitude da responsabilidade familiar*: da indenização por abandono afetivo por consequência da violação do dever de convivência. Disponível em: <www.ibdfam.org.br/?artigos&artigo=617>. Acesso em: 10 abr. 2011.

[16] TEIXEIRA, Ana Carolina Brochado. *Família, guarda e autoridade parental*. Rio de Janeiro: Renovar, 2005. p. 130.

[17] Alberto Trabucchi *apud* TEIXEIRA, Ana Carolina Brochado. *Família, guarda e autoridade parental*. Rio de Janeiro: Renovar, 2005. p. 134.

Assim é que o exercício do poder familiar e, antes dele, o do projeto de filiação devem ser pautados no princípio de uma paternidade efetivamente responsável e devem ter em vista o interesse da prole. Os pais não exercem poderes e competências privados, mas direitos vinculados a deveres cujos titulares são os filhos.

Enquanto estritamente funcionalizado ao interesse da prole, ou até da futura prole, o exercício do projeto de filiação evoluiu no sentido da efetiva garantia da formação da personalidade desses entes, pois o desenvolvimento de uma criança ou de um adolescente pressupõe mais que sustento material, necessita de afeto e a participação efetiva em sua vida de seus pais, com quem adquirirão o conhecimento teórico e empírico para construção plena de suas personalidades.

2.1 A exigência da afetividade

A Constituição de 1988 iniciou o reconhecimento legal da afetividade. Entretanto, precursoramente, quem atentou para a importância da afetividade na filiação foi o Professor João Baptista Villela,[18] cujo estudo publicado em 1979, denominado *Desbiologização da paternidade*, afirmou que a paternidade em si mesma não é um fato da natureza, mas um fato cultural, sustentando que a relação de parentalidade reside no amor, e não na procriação, desvinculando o exercício das funções paterna e materna do critério biológico, valorizando o afeto como valor jurídico e vetor das relações familiares.[19]

O autor[20] prenunciou a relevância da afetividade diante das transformações mais recentes por que passou a família, passando a se afirmar fundamentalmente como um grupo de afetividade e companheirismo, imprimindo considerável reforço ao esvaziamento biológico da paternidade.

Na essência, Villela procura dizer que o vínculo familiar constitui mais um vínculo de afeto do que um vínculo biológico, surgindo, assim, uma nova forma de parentesco civil.

Cunha Pereira[21] ressalta que a referida obra lançou as bases para a compreensão da paternidade socioafetiva e, após a Constituição de 1988, surgiram modernos doutrinadores que alargaram a trilha aberta por Villela.

O primeiro deles, que contribuiu para a construção de uma doutrina que acolhesse a afetividade no direito de família brasileiro, foi Luiz Edson Fachin,[22] que sustentou o fim do ciclo biologista tradicional diante do debate do fundamento socioafetivo da filiação, cuja paternidade é *construída* e se espelha na posse de estado de filho, apta a representar o afeto que une pais e filhos, haja ou não vínculo biológico entre eles.

Fachin lecionou que para além da paternidade biológica e da paternidade jurídica, agrega-se um outro elemento – o socioafetivo, em que "o pai já não pode ser apenas

---

[18] VILLELA, João Baptista. Desbiologização da paternidade. *Revista da Faculdade de Direito da UFMG*, Belo Horizonte, ano XXVIII, n. 21, 1979.
[19] VILLELA, João Baptista. Desbiologização da paternidade. *Revista da Faculdade de Direito da UFMG*, Belo Horizonte, ano XXVIII, n. 21, 1979.
[20] VILLELA, João Baptista. Desbiologização da paternidade. *Revista da Faculdade de Direito da UFMG*, Belo Horizonte, ano XXVIII, n. 21, 1979.
[21] PEREIRA, Rodrigo da Cunha. *Princípios fundamentais norteadores do direito de família*. 2. ed. São Paulo: Saraiva, 2012. p. 31-32.
[22] FACHIN, Luiz Edson. *Estabelecimento da filiação e paternidade presumida*. Porto Alegre: Sérgio Antonio Fabris, 1992.

aquele que emprestou sua colaboração na geração genética da criança; também pode não ser aquele a quem o ordenamento jurídico presuntivamente atribui a paternidade", ressaltando uma verdade socioafetiva que, no plano jurídico, recupera a noção de posse de estado de filho.[23]

Seguindo a mesma linha, para Lôbo,[24] a família está matizada em paradigma que explica sua função atual: a afetividade.

O afeto, elemento identificador das entidades familiares, passou a servir de parâmetro para a definição dos vínculos parentais também. Segundo Calderón,[25] no decorrer da modernidade (final do século XIII até meados do século XX), o espaço conferido à afetividade alargou-se e verticalizou-se a tal ponto que já era possível sustentá-la como vetor das relações pessoais. Dessa forma, ao lado da verdade jurídica e biológica, há outra verdade que não pode ser desprezada: a socioafetiva.

Com a Constituição Federal, dessa forma, a família reencontrou seu fundamento na "afetividade, na comunhão de afeto, pouco importando o modelo que adote", cujos fundamentos essenciais e constitutivos se basearam na isonomia de todos os filhos, na adoção como uma escolha afetiva e na comunidade formada por qualquer dos pais e seus descendentes, nas palavras de Lôbo,[26] e essa virada de Copérnico englobou, também, as relações de filiação.[27]

Continuando na análise da temática, tem-se que o vínculo da filiação abandonou o modelo tradicional, passando a se constituir a partir da ascendência biológica, da adoção, da posse do estado de filiação ou das presunções jurídicas de filiação, que acomodam as duas formas de origem: natural e socioafetiva, sendo esta última a verdadeira filiação para Cunha Pereira,[28] sendo mais relevante do que os vínculos biológicos, pois é capaz de contribuir de forma efetiva para a estruturação do sujeito.

Na esteira da legislação civil (CC/02), seus dispositivos fazem referências claras que exprimem a opção do legislador pela escolha da parentalidade socioafetiva, a exemplo do art. 1.593,[29] como geradora de vínculo parental que não seja a consanguinidade, que abre a possibilidade *de outra origem de paternidade*, e do art. 1.596, que determina igualdade entre os filhos, sejam eles havidos ou não no casamento, ou seja, biológicos ou não.

A paternidade socioafetiva alicerçada na posse de estado de filho é um dos temas de direito de família que mais se transformou e evoluiu nos últimos anos, e sobre esse reconhecimento, no âmbito doutrinário, merece destaque, além dos enunciados aprovados nas Jornadas de Direito Civil,[30] a baliza da posse de estado de filiação como

---

[23] FACHIN, Luiz Edson. *Estabelecimento da filiação e paternidade presumida*. Porto Alegre: Sérgio Antonio Fabris, 1992. p. 23.
[24] LÔBO, Paulo. *Direito civil*: famílias. 6. ed. São Paulo: Saraiva, 2015.
[25] CALDERÓN, Ricardo Lucas. *Princípio da afetividade no direito de família*. Rio de Janeiro: Renovar, 2013.
[26] LÔBO, Paulo. Princípio jurídico da afetividade na filiação. In: PEREIRA, Rodrigo da Cunha (Coord.). *A família na travessia do milênio*. Anais do II Congresso Brasileiro de Direito de Família. Belo Horizonte: IBDFam, 2000. p. 250.
[27] LÔBO, Paulo. Princípio jurídico da afetividade na filiação. In: PEREIRA, Rodrigo da Cunha (Coord.). *A família na travessia do milênio*. Anais do II Congresso Brasileiro de Direito de Família. Belo Horizonte: IBDFam, 2000. p. 249.
[28] PEREIRA, Rodrigo da Cunha. *Princípios fundamentais norteadores do direito de família*. 2. ed. São Paulo: Saraiva, 2012.
[29] "O parentesco é natural ou civil, conforme resulte de consanguinidade ou outra origem".
[30] O Enunciado nº 103 da I Jornada de Direito Civil, realizada em 2002, estabelece que "o Código Civil reconhece, no art. 1.593, outras espécies de parentesco civil além daquele decorrente da adoção, acolhendo, assim, a noção de que há também parentesco civil no vínculo parental proveniente quer das técnicas de reprodução assistida heteróloga relativamente ao pai (ou mãe) que não contribuiu com seu material fecundante, quer da paternidade

situação fática na qual uma pessoa desfruta da condição de filho em relação à outra, independentemente dessa situação corresponder à realidade legal.

Fachin leciona, neste sentido: "Se o afeto é a base das relações familiares, entre elas as de paternidade, há que se verificar a sua manifestação fática para averiguar-se a existência ou não de hipótese em que a filiação pode ser afirmada. Pertinente, por isso, a noção de posse de estado de filho".[31]

Desse modo, identifica-se o estado de filiação quando há, conjunta ou separadamente, os seguintes elementos: *tractatus* – comportamento aparente de pais e filhos; *nomem* – utilização de nome familiar comum; *fama* – imagem social ou reputação de filho e pais.[32]

Com guarida na jurisprudência, os vínculos advindos da filiação têm sido reconhecidos como resultantes da posse do estado de filho, reputando-se secundária a verdade biológica, a fim de preservar o elo da afetividade.[33] A vontade de ser genitor e as ações que concretizam esse desejo, desde que calcadas na boa-fé do agente, passam a deter relevância jurídica e *status* similar à ascendência genética, mormente quando o vínculo biológico se reduz à concepção, não tendo havido o estabelecimento de nenhum tipo de vínculo entre pais biológicos e sua prole.[34]

Tratando-se, portanto, de atributo advindo das relações, a filiação pode ser reconhecida como fenômeno socioafetivo, resultante da convivência familiar e da afetividade. Ou, em outras palavras, o estado de filiação constitui-se em razão da posse de estado, por força da convivência familiar (*a fortiori*, social), consolidada na afetividade.[35]

Nesse sentido, a filiação jurídica é sempre de natureza cultural e afetiva, e não necessariamente natural, já que a origem biológica é apenas uma das possibilidades da filiação, admitindo o direito brasileiro, de forma inconteste, as modalidades advindas de outras origens, desde que abalizadas na afetividade e na convivência familiar, configurando, assim, a parentalidade socioafetiva, que vem a ser uma criação da doutrina brasileira, já absorvida pela jurisprudência. E quem primeiro definiu esta forma de constituição do parentesco foi justamente Fachin,[36] em 1992. Está aí a origem próxima e base de sustentação da socioafetividade e multiparentalidade.

---

socioafetiva, fundada na posse do estado de filho". Da mesma Jornada, foi aprovado o Enunciado nº 108 CJF, que preconiza que "no fato jurídico do nascimento, mencionado no art. 1.603, compreende-se, à luz do disposto no art. 1.593, a filiação consanguínea e também a socioafetiva". Em continuidade, na III Jornada de Direito Civil, do ano de 2004, aprovou-se o Enunciado nº 256: "A posse de estado de filho (parentalidade socioafetiva) constitui modalidade de parentesco civil". Por fim, na V Jornada de Direito Civil, o Enunciado nº 519 preconiza: "Art. 1593: O reconhecimento judicial do vínculo de parentesco em virtude da socioafetividade deve ocorrer a partir da relação entre pai (s) e filho (s), com base na posse de estado de filho, para que produza seus efeitos pessoais e patrimoniais".

[31] FACHIN, Luiz Edson. *Direito de família*. Elementos críticos à luz do Novo Código Civil brasileiro. 2. ed. Rio de Janeiro: Renovar, 2003. p. 23.

[32] LÔBO, Paulo. *Direito civil*: famílias. 2. ed. São Paulo: Saraiva, 2009. p. 215.

[33] Nesse sentido, citem-se os seguintes julgados do Superior Tribunal de Justiça: REsp nº 1.244.957/SC. Rel. Min. Nancy Andrighi; REsp nº 922.462/SP. Rel. Min. Ricardo Villas Bôas Cueva.

[34] STJ. Recurso Especial nº 1.087.163/RJ. Rel. Min. Nancy Andrighi, Terceira Turma, j. 18.8.2011.

[35] LÔBO, Paulo. Direito ao estado de filiação e direito à origem genética: uma distinção necessária. In: PEREIRA, Rodrigo da Cunha (Coord.). *Afeto, ética, família e o Novo Código Civil*. Belo Horizonte: Del Rey, 2004.

[36] FACHIN, Luiz Edson. *Estabelecimento da filiação e paternidade presumida*. Porto Alegre: Sérgio Antonio Fabris, 1992.

3 Multiparentalidade: avanços no reconhecimento da parentalidade socioafetiva

Acompanhando as transformações substanciais na filiação, diante do assento na doutrina e jurisprudência acerca da possibilidade de coexistência das parentalidades biológica e socioafetiva, nosso ordenamento jurídico deu guarida à multiparentalidade, um fenômeno jurídico com fundamento nas concepções da socioafetividade, novo fator propulsor ao estabelecimento de parentesco, consubstanciando-se na possibilidade de uma pessoa ter múltiplos pais/mães no registro de nascimento, representando uma realidade jurídica impulsionada pela dinâmica das novas relações parentais, quando a mera substituição da parentalidade (biológica e socioafetiva) não atende ao caso concreto.

As decisões de 1º e 2º graus reconhecendo o instituto datam de 2012, época em que foi prolatada a primeira decisão nos autos da ação de investigação de paternidade ajuizada pela autora contra o pai biológico, cumulada com pedido de anulação de registro civil em desfavor do seu padrasto sob nº 0012530-95.2010.8.22.0002 (RO),[37] em que a juíza manteve a paternidade registral (e socioafetiva do padrasto) da autora, determinando a inclusão do pai biológico no assento do seu nascimento, reconhecendo, dessa forma, a dupla paternidade registral da autora, sem prejuízo da manutenção do registro materno.

Configura uma ruptura ao paradigma da biparentalidade dentro da nova perspectiva no direito das famílias, calcado no afeto, na solidariedade, na igualdade e liberdade, não restando dúvidas de que os conceitos de parentesco e filiação passaram por grandes transformações, considerando o "surgimento das técnicas de reprodução assistida e da parentalidade socioafetiva, reconhecidas como novas formas de parentesco civil, enquadradas a redação do art. 1593 do Código Civil".[38]

Mas o ápice deu-se com a decisão do STF em 2016, no RE nº 898.060/SC, que avançou no sentido de reconhecer a possibilidade jurídica de multiparentalidade, como será abordado adiante.

3.1 A tese de Repercussão Geral nº 622 do STF

Na paradigmática decisão do STF,[39] nos autos do RE nº 898.060/SC, com repercussão geral reconhecida (Tema nº 622), no *leading case* escolhido, é possível verificar, pela leitura da sentença prolatada pelo Juízo da 2ª Vara da Família da Comarca de Florianópolis, bem como dos acórdãos proferidos pelo Tribunal de Justiça do Estado de Santa Catarina, que a autora, F. G., é filha biológica de A. N., o que restou comprovado pelo resultado dos exames de DNA produzidos no curso do processo. Todavia, a autora

---

[37] Neste caso concreto, quando a autora nasceu, o companheiro de sua mãe registrou-a como se sua filha fosse e com ela estabeleceu forte vínculo afetivo, mesmo sabendo da inexistência de laços consanguíneos entre eles, considerando-se pai dela. Trata-se de um caso típico do exercício da paternidade socioafetiva, pela posse de estado de filho e de estado de pai, baseada no afeto e na convivência familiar. Muitas outras situações fáticas consolidadas existem, caracterizadas pela posse de estado de filho em decorrência das relações entre padrastos/madrastas e enteados, representadas também por pessoas que são registradas pelo pai e/ou mãe biológicos, mas que intentam o reconhecimento da parentalidade socioafetiva, com grande repercussão prática no meio social.

[38] TARTUCE, Flávio. Anotações ao Provimento 63 do Conselho Nacional de Justiça. Segunda Parte. *Migalhas*, 30 maio 2018. Disponível em: <http://www.migalhas.com.br/FamiliaeSucessoes/104,MI280973,11049-Anotacoes+ao+provimento+63+do+Conselho+Nacional+de+Justica+Parte+II>. Acesso em: 1º jun. 2018.

[39] STF. RE nº 898.060/SC. Rel. Min. Luiz Fux, j. 21.9.2016. *Informativo*, nº 840.

foi registrada como filha de I. G., quando de seu nascimento, dele recebendo, por mais de vinte anos, os cuidados de pai.

O acórdão de origem reconheceu a dupla parentalidade, dispondo acerca dos efeitos jurídicos decorrentes do vínculo genético relativos ao nome, alimentos e herança. Contra essa decisão, insurgiu-se o pai biológico, por meio da interposição do recurso extraordinário ora em comento, sustentando a preponderância da paternidade socioafetiva em detrimento da biológica, com fundamento nos arts. 226, §§4º e 7º; 227, *caput*, e §6º; 229 e 230 da Constituição Federal, posto existir vínculo de parentalidade socioafetiva previamente reconhecido e descoberta posterior da paternidade biológica.

Em seu voto, o relator, Ministro Luiz Fux, ressaltou a importância de não se reduzir o conceito de família a modelos padronizados, além de afirmar a ilicitude da hierarquização entre as diversas formas de filiação, acentuando a necessidade de se contemplar, sob o âmbito jurídico, as variadas formas pelas quais a parentalidade pode se manifestar: "(i) pela presunção decorrente do casamento ou outras hipóteses legais (como a fecundação artificial homóloga ou a inseminação artificial heteróloga – art. 1.597, III a V do Código Civil de 2002); (ii) pela descendência biológica; ou (iii) pela afetividade".

A partir dessa premissa, e afirmada a possibilidade de surgimento da filiação por origens distintas, fundamentou seu voto no supraprincípio da dignidade humana, em "sua dimensão de tutela da felicidade e realização pessoal dos indivíduos a partir de suas próprias configurações existenciais", o que impõe o reconhecimento de modelos familiares diversos da concepção tradicional, para se assentar que tanto os vínculos de filiação, construídos pela relação afetiva entre os envolvidos, como os originados da ascendência biológica, devem ser acolhidos em nosso ordenamento, em razão da imposição decorrente do princípio da paternidade responsável, expresso no §7º, do art. 226, da Constituição.

Como consequência, é descabido "pretender decidir entre a filiação afetiva e a biológica quando o melhor interesse do descendente é o reconhecimento jurídico de ambos os vínculos", sob pena de se transformar ser humano "em mero instrumento de aplicação dos esquadros determinados pelos legisladores".

Assim, conclui o Ministro Luiz Fux em seu voto:

> A omissão do legislador brasileiro quanto ao reconhecimento dos mais diversos arranjos familiares não pode servir de escusa para a negativa da proteção a situações de pluriparentalidade. É imperioso o reconhecimento, para todos os fins de direito, dos vínculos parentais de origem biológica e afetiva, a fim de prover a mais completa e adequada tutela aos sujeitos envolvidos.

O STF inovou a um só tempo quando reconheceu juridicamente a socioafetividade e admitiu a possibilidade de coexistência das filiações biológica e socioafetiva, para todos os fins de direito, ampliando os vínculos parentais e reconhecendo a configuração da multiparentalidade, cuja ementa segue *ipsis litteris*:

> RECURSO EXTRAORDINÁRIO. REPERCUSSÃO GERAL RECONHECIDA. DIREITO CIVIL E CONSTITUCIONAL. CONFLITO ENTRE PATERNIDADES SOCIOAFETIVA E BIOLÓGICA. PARADIGMA DO CASAMENTO. SUPERAÇÃO PELA CONSTITUIÇÃO DE 1988. EIXO CENTRAL DO DIREITO DE FAMÍLIA: DESLOCAMENTO PARA O PLANO CONSTITUCIONAL. SOBREPRINCÍPIO DA DIGNIDADE HUMANA

(ART. 1º, III, DA CRFB). SUPERAÇÃO DE ÓBICES LEGAIS AO PLENO DESENVOLVIMENTO DAS FAMÍLIAS. DIREITO À BUSCA DA FELICIDADE. PRINCÍPIO CONSTITUCIONAL IMPLÍCITO. INDIVÍDUO COMO CENTRO DO ORDENAMENTO JURÍDICO- POLÍTICO. IMPOSSIBILIDADE DE REDUÇÃO DAS REALIDADES FAMILIARES A MODELOS PRÉ-CONCEBIDOS. ATIPICIDADE CONSTITUCIONAL DO CONCEITO DE ENTIDADES FAMILIARES. UNIÃO ESTÁVEL (ART. 226, §3º, CRFB) E FAMÍLIA MONOPARENTAL (ART. 226, §4º, CRFB). VEDAÇÃO À DISCRIMINAÇÃO E HIERARQUIZAÇÃO ENTRE ESPÉCIES DE FILIAÇÃO (ART. 227, §6º, CRFB). PARENTALIDADE PRESUNTIVA, BIOLÓGICA OU AFETIVA. NECESSIDADE DE TUTELA JURÍDICA AMPLA. MULTIPLICIDADE DE VÍNCULOS PARENTAIS. RECONHECIMENTO CONCOMITANTE. POSSIBILIDADE. PLURIPARENTALIDADE. PRINCÍPIO DA PATERNIDADE RESPONSÁVEL (ART. 226, §7º, CRFB). RECURSO A QUE SE NEGA PROVIMENTO. FIXAÇÃO DE TESE PARA APLICAÇÃO A CASOS SEMELHANTES.

1. O prequestionamento revela-se autorizado quando as instâncias inferiores abordam a matéria jurídica invocada no Recurso Extraordinário na fundamentação do julgado recorrido, tanto mais que a Súmula n. 279 desta Egrégia Corte indica que o apelo extremo deve ser apreciado à luz das assertivas fáticas estabelecidas na origem.

2. A família, à luz dos preceitos constitucionais introduzidos pela Carta de 1988, apartou-se definitivamente da vetusta distinção entre filhos legítimos, legitimados e ilegítimos que informava o sistema do Código Civil de 1916, cujo paradigma em matéria de filiação, por adotar presunção baseada na centralidade do casamento, desconsiderava tanto o critério biológico quanto o afetivo.

3. A família, objeto do deslocamento do eixo central de seu regramento normativo para o plano constitucional, reclama a reformulação do tratamento jurídico dos vínculos parentais à luz do sobreprincípio da dignidade humana (art. 1º, III, da CRFB) e da busca da felicidade.

4. A dignidade humana compreende o ser humano como um ser intelectual e moral, capaz de determinar-se e desenvolver-se em liberdade, de modo que a eleição individual dos próprios objetivos de vida tem preferência absoluta em relação a eventuais formulações legais definidoras de modelos preconcebidos, destinados a resultados eleitos *a priori* pelo legislador. Jurisprudência do Tribunal Constitucional alemão (BVerfGE 45, 187).

5. A superação de óbices legais ao pleno desenvolvimento das famílias construídas pelas relações afetivas interpessoais dos próprios indivíduos é corolário do sobreprincípio da dignidade humana.

6. O direito à busca da felicidade, implícito ao art. 1º, III, da Constituição, ao tempo que eleva o indivíduo à centralidade do ordenamento jurídico-político, reconhece as suas capacidades de autodeterminação, autossuficiência e liberdade de escolha dos próprios objetivos, proibindo que o governo se imiscua nos meios eleitos pelos cidadãos para a persecução das vontades particulares. Precedentes da Suprema Corte dos Estados Unidos da América e deste Egrégio Supremo Tribunal Federal: RE 477.554-AgR, Rel. Min. Celso de Mello, DJe de 26/08/2011; ADPF 132, Rel. Min. Ayres Britto, DJe de 14/10/2011.

7. O indivíduo jamais pode ser reduzido a mero instrumento de consecução das vontades dos governantes, por isso que o direito à busca da felicidade protege o ser humano em face de tentativas do Estado de enquadrar a sua realidade familiar em modelos pré-concebidos pela lei.

8. A Constituição de 1988, em caráter meramente exemplificativo, reconhece como legítimos modelos de família independentes do casamento, como a união estável (art. 226, §3º) e a comunidade formada por qualquer dos pais e seus descendentes, cognominada "família monoparental" (art. 226, §4º), além de enfatizar que espécies de filiação dissociadas do matrimônio entre os pais merecem equivalente tutela diante da lei, sendo vedada discriminação e, portanto, qualquer tipo de hierarquia entre elas (art. 227, §6º).

9. As uniões estáveis homoafetivas, consideradas pela jurisprudência desta Corte como entidade familiar, conduziram à imperiosidade da interpretação não-reducionista do conceito de família como instituição que também se forma por vias distintas do casamento civil (ADI nº. 4277, Relator(a): Min. AYRES BRITTO, Tribunal Pleno, julgado em 05/05/2011).

10. A compreensão jurídica cosmopolita das famílias exige a ampliação da tutela normativa a todas as formas pelas quais a parentalidade pode se manifestar, a saber: (i) pela presunção decorrente do casamento ou outras hipóteses legais, (ii) pela descendência biológica ou (iii) pela afetividade.

11. A evolução científica responsável pela popularização do exame de DNA conduziu ao reforço de importância do critério biológico, tanto para fins de filiação quanto para concretizar o direito fundamental à busca da identidade genética, como natural emanação do direito de personalidade de um ser.

12. A afetividade enquanto critério, por sua vez, gozava de aplicação por doutrina e jurisprudência desde o Código Civil de 1916 para evitar situações de extrema injustiça, reconhecendo-se a posse do estado de filho, e consequentemente o vínculo parental, em favor daquele utilizasse o nome da família (*nominatio*), fosse tratado como filho pelo pai (*tractatio*) e gozasse do reconhecimento da sua condição de descendente pela comunidade (*reputatio*).

13. A paternidade responsável, enunciada expressamente no art. 226, §7º, da Constituição, na perspectiva da dignidade humana e da busca pela felicidade, impõe o acolhimento, no espectro legal, tanto dos vínculos de filiação construídos pela relação afetiva entre os envolvidos, quanto daqueles originados da ascendência biológica, sem que seja necessário decidir entre um ou outro vínculo quando o melhor interesse do descendente for o reconhecimento jurídico de ambos.

14. A pluriparentalidade, no Direito Comparado, pode ser exemplificada pelo conceito de "dupla paternidade" (*dual paternity*), construído pela Suprema Corte do Estado da Louisiana, EUA, desde a década de 1980 para atender, ao mesmo tempo, ao melhor interesse da criança e ao direito do genitor à declaração da paternidade. Doutrina.

15. Os arranjos familiares alheios à regulação estatal, por omissão, não podem restar ao desabrigo da proteção a situações de pluriparentalidade, por isso que merecem tutela jurídica concomitante, para todos os fins de direito, os vínculos parentais de origem afetiva e biológica, a fim de prover a mais completa e adequada tutela aos sujeitos envolvidos, ante os princípios constitucionais da dignidade da pessoa humana (art. 1º, III) e da paternidade responsável (art. 226, §7º).

Ao recurso extraordinário foi negado provimento, fixando-se a seguinte tese: "A paternidade socioafetiva, declarada ou não em registro público, não impede o reconhecimento do vínculo de filiação concomitante baseado na origem biológica, com os efeitos jurídicos próprios".

É interessante fazer uma análise crítica da decisão, que tem efeitos *erga omnes*, diante da repercussão geral, que tomou como base para o reconhecimento da multiparentalidade considerando o critério biológico diante de uma paternidade socioafetiva já estabelecida e consolidada na convivência e afetividade.

Nesse aspecto, a questão perpassa a importância de se distinguir o direito ao conhecimento à origem genética do direito à filiação, muito confundido na jurisprudência.

Madaleno[40] leciona a distinção entre o direito de se conhecer a origem genética da socioafetividade, a fim de se permitir ao filho conhecer sua ascendência consanguínea,

---

[40] *Apud* AGUIRRE, João. Reflexos sobre a multiparentalidade e a Repercussão Geral 622 do STF. *Revista Eletrônica Direito e Sociedade*, Canoas, v. 5, n. 1, 2017. Disponível em: <http://dx.doi.org/10.18316/REDES>. Acesso em: 16 abr. 2017.

sem, contudo, desconstituir a paternidade ou maternidade socioafetiva, pois qualquer pessoa "vai apenas investigar o doador do material genético que lhe deu origem e existência, vai conhecer sua identidade estática ao exercer o direito ao conhecimento de sua vida íntima", mas não modificará sua relação familiar, "porque família ele já tem e neste núcleo construiu sua identidade dinâmica".

Para Lôbo:[41]

> O estado de filiação, decorrente da estabilidade dos laços afetivos construídos no cotidiano de pai e filho, constitui fundamento essencial da atribuição da paternidade ou maternidade. Nada tem a ver com o direito de cada pessoa ao conhecimento de sua origem genética. São duas situações distintas, tendo a primeira natureza de direito de família, e a segunda, de direito da personalidade.

O autor[42] leciona que "a filiação não é haurida da natureza". E arremata:[43]

> O estado de filiação deriva da comunhão afetiva que se constrói entre pais e filhos, independentemente de serem parentes consanguíneos. A verdade em matéria de filiação colhe-se no viver e não em laboratório ou na natureza. Portanto, não se deve confundir o direito da personalidade à origem genética com o direito à filiação, seja genética ou não.

Nesta quadra, na tese estabelecida pelo STF, Calderón[44] destacou os aspectos relevantes – o reconhecimento jurídico da afetividade, o vínculo socioafetivo e biológico em igual grau de hierarquia jurídica, a possibilidade jurídica da multiparentalidade e a prevalência do princípio da paternidade responsável do pai biológico, mesmo diante de uma paternidade socioafetiva já consolidada, a despeito de "alguns pontos não restaram acolhidos, como a distinção entre o papel de genitor e pai, bem destacado no voto divergente do Ministro Edson Fachin[45] ao deliberar sobre o caso concreto".[46]

Ingressando no voto do Ministro Fachin,[47] este, apesar de comungar das várias premissas contidas no voto lançado do ministro relator, entre elas o valor jurídico à socioafetividade e a ausência de hierarquia entre as diversas espécies de filiação, diverge da conclusão ao não entender que inexiste conflito de paternidade no caso concreto, haja vista restar comprovado o vínculo socioafetivo com um pai (no caso, o pai registral), estando sobejamente presentes todos os requisitos da posse de estado de filho, ao passo que a prova técnica evidencia o ascendente genético da autora da demanda.

O ministro entende que a realidade do parentesco não se confunde exclusivamente com o liame biológico. De um lado, tem-se o parentesco socioafetivo, que se forma na conjugação dos elementos da posse de estado de filho, como um verdadeiro critério constitutivo da parentalidade, decorrente do direito constitucional à filiação, e

---

[41] LÔBO, Paulo. Direito ao estado de filiação e direito à origem genética: uma distinção necessária. In: PEREIRA, Rodrigo da Cunha (Coord.). *Afeto, ética, família e o Novo Código Civil.* Belo Horizonte: Del Rey, 2004.
[42] LÔBO, Paulo. *Direito civil:* famílias. 6. ed. São Paulo: Saraiva, 2015. p. 211.
[43] LÔBO, Paulo. *Direito civil:* famílias. 6. ed. São Paulo: Saraiva, 2015. p. 224.
[44] CALDERÓN, Ricardo Lucas. *Princípio da afetividade no direito de família.* Rio de Janeiro: Renovar, 2013.
[45] Não disponibilizado no RE nº 898.060.
[46] CALDERÓN, Ricardo Lucas. Novidades no direito de família – STF acolhe socioafetividade e multiparentalidade. *LFG*, 6 abr. 2017. Disponível em: <www.lfg.com.br> Acesso em: 17 abr. 2017.
[47] Não disponibilizado no RE nº 898.060.

por outro, não se confunde com o direito fundamental à identidade pessoal previsto no art. 48 do ECA.⁴⁸

Portanto, não há que se confundir o direito de personalidade ao conhecimento à origem genética a que todos têm direito, com o direito à filiação fundada no princípio da afetividade.

O que se questiona é se é possível o reconhecimento da multiparentalidade com base apenas no critério biológico, para fins de parentesco biológico concorrente com o parentesco socioafetivo, não estando presente a efetiva afetividade e convivência entre as pessoas que buscam o vínculo parental.

Na visão de Fachin, no *leading case*, o parentesco socioafetivo estava delimitado, impondo-se diante de um vínculo biológico da autora com o genitor, sustentando que a multiparentalidade só pode ser reconhecida quando se expressa na realidade da socioafetividade – o pai biológico quer ser pai, o pai socioafetivo não quer deixar de sê-lo, e isso atende ao superior interesse da criança e do adolescente, não devendo se admitir a multiparentalidade para acomodar ao mesmo tempo um vínculo biológico – decorrente do direito da personalidade ao conhecimento à origem genética, e um socioafetivo decorrente do estado de filiação e propôs, no voto divergente, o reconhecimento, de um lado, do direito subjetivo personalíssimo de identificar o ascendente genético, e de outro, a chancela dos efeitos jurídicos atinente somente à paternidade socioafetiva. Este é o entendimento adotado no presente trabalho.

Por fim, é importante trazer à baila, na esteira das inovações e desafios no âmbito da filiação, que o reconhecimento da parentalidade socioafetiva e da multiparentalidade, por meio do Provimento nº 63, de 14.11.2017, do Conselho Nacional de Justiça, pode se dar de forma extrajudicial, diretamente nos cartórios de registro de pessoa natural, considerando o posicionamento firmado pelo STF no RE nº 898.060. Para tanto, o reconhecimento de uma relação parental socioafetiva somente poderia se dar pela via jurisdicional, mas a possibilidade deste reconhecimento pela via extrajudicial começou a ser discutido por Christiano Cassettari, cuja ideia lançada foi acolhida pelo Desembargador Jones Figueiredo Alves, sendo o estado de Pernambuco o pioneiro em publicar um provimento neste sentido em 2013. Após, seguiram-se os estados do Ceará, Maranhão, Santa Catarina, Amazonas, Paraná e Mato Grosso do Sul.

Villela, à época, já sustentava que "O cidadão que comparece espontaneamente a um cartório e registra, como seu filho, uma vida nova que veio ao mundo, não necessita qualquer comprovação genética para ter sua declaração admitida".⁴⁹

Diante do fenômeno crescente da desjudicialização do direito civil, o CNJ, em boa hora, acolheu o pedido do IBDFam no sentido de uniformizar a regulamentação da filiação socioafetiva pela posse de estado de filho nos cartórios, editando o referido Provimento nº 63, que consubstancia uma conquista para o direito das famílias, diante da atuação vanguardista do instituto, remanescendo algumas reflexões quanto à possibilidade da multiparentalidade extrajudicial, mas ainda surgirão muitos debates em torno da questão, que já palpita discussões na literatura nacional.

---

⁴⁸ "Art. 48. O adotado tem direito de conhecer sua origem biológica, bem como de obter acesso irrestrito ao processo no qual a medida foi aplicada e seus eventuais incidentes, após completar 18 (dezoito) anos".

⁴⁹ VILLELA, João Baptista. O modelo constitucional da filiação: verdade e superstições. *Revista Brasileira de Direito de Família*, Porto Alegre, ano 1, n. 2, 1999. p. 128 apud FACHIN, Luiz Edson. *Direito de família*. Elementos críticos à luz do Novo Código Civil brasileiro. 2. ed. Rio de Janeiro: Renovar, 2003. p. 29.

Conclusão

A família, ao transformar-se, valoriza as relações afetivas em uma perspectiva que acompanha a repersonalização, em que não é mais o indivíduo que existe para a família-instituição, mas a família que existe para o desenvolvimento pessoal de cada membro em busca da aspiração à felicidade.

A evolução da família e do direito expressam, na filiação, a passagem do fato natural da consanguinidade, que era indispensável para a família patriarcal e exclusivamente matrimonial, para o fato cultural da afetividade, baseada na convivência duradoura com pais socioafetivos, revelando-se que *a paternidade se constrói*, não configurando apenas um dado e conduzindo à distinção entre pai e genitor ou procriador, pois segundo o brocardo *pai é aquele que cria*, e genitor, o que gera, haja vista que a verdade sociológica não se explica apenas na descendência genética.[50]

Na esteira dos avanços, em matéria de filiação, embora iniciada a tese da desbiologização da paternidade na década de 70, a compreensão da verdadeira paternidade baseada no afeto alavancou na década de 90, com Fachin, lançando a obra *Estabelecimento da filiação e paternidade presumida*, em 1992, e posteriormente, *Da paternidade: relação biológica e afetiva*, em 1996. Em 2003, o autor tratou do mesmo tema em *A filha das estrelas em busca do artigo perdido*, publicado nos anais do IV Congresso Brasileiro de Direito de Família, e em 2005, *Palavras menores abandonadas*, nos anais do V Congresso Brasileiro de Direito de Família.

Na travessia da Constituição Federal de 1988 para o Código Civil de 2002, no âmbito desse direito de família *constitucionalizado*, a doutrina e jurisprudência debruçaram-se sobre a parentalidade socioafetiva e, uma vez consolidada, perquiriu-se a possibilidade da sua coexistência com a parentalidade biológica, configurando a multiparentalidade.

Passados quase 30 (trinta) anos sob a égide da Constituição cidadão, entre os institutos do direito civil, a família foi o que mais se transformou e alavancou de forma surpreendente, configurando vanguardista a decisão do STF que reconheceu a multiparentalidade e redesenhou um novo marco para o direito à filiação, redefinindo os seus contornos com o reconhecimento jurídico da filiação socioafetiva e da isonomia jurídica entre as filiações socioafetiva e biológica, não sendo possível afirmar, *a priori*, que uma modalidade de vínculo deva sempre prevalecer em detrimento da outra.

Não há dúvidas de que, na quadra destas modificações impressas desde antes da Constituição, e principalmente a partir dela, a verdadeira paternidade se apresenta como aquela que, fruto do nascimento emocional e menos fisiológico,[51] "reside antes no serviço e no amor que na procriação",[52] considerando os pilares constitucionais da isonomia, liberdade, solidariedade e afetividade que permeiam as relações múltiplas parentais.

---

[50] FACHIN, Luiz Edson. *Da paternidade*. Relação biológica e afetiva. Belo Horizonte: Del Rey, 1996.
[51] FACHIN, Luiz Edson. *Da paternidade*. Relação biológica e afetiva. Belo Horizonte: Del Rey, 1996. p. 37.
[52] VILLELA, João Baptista. Desbiologização da paternidade. *Revista da Faculdade de Direito da UFMG*, Belo Horizonte, ano XXVIII, n. 21, 1979.

Referências

AGUIRRE, João. Reflexos sobre a multiparentalidade e a Repercussão Geral 622 do STF. *Revista Eletrônica Direito e Sociedade*, Canoas, v. 5, n. 1, 2017. Disponível em: <http://dx.doi.org/10.18316/REDES>. Acesso em: 16 abr. 2017.

AMATO, Gabriela Cruz. A alienação parental enquanto elemento violador dos direitos fundamentais e dos princípios de proteção à criança e ao adolescente. *Revista Síntese Direito de Família*, São Paulo, v. 14, n. 75, p. 60-77, dez./jan. 2013.

CALDERÓN, Ricardo Lucas. Novidades no direito de família – STF acolhe socioafetividade e multiparentalidade. *LFG*, 6 abr. 2017. Disponível em: <www.lfg.com.br> Acesso em: 17 abr. 2017.

CALDERÓN, Ricardo Lucas. *Princípio da afetividade no direito de família*. Rio de Janeiro: Renovar, 2013.

CNJ. *Provimento n. 63, de 14/11/17*. Disponível em: <http://www.cnj.jus.br/busca-atos-adm?documento=3380>.

FACCHINI NETO, Eugênio. Reflexões histórico-evolutivas sobre a constitucionalização do direito privado. In: SARLET, Ingo Wolfgang (Org.). *Constitucionalização, direitos fundamentais e direito privado*. Porto Alegre: Livraria do Advogado, 2006.

FACHIN, Luiz Edson. *Da paternidade*. Relação biológica e afetiva. Belo Horizonte: Del Rey, 1996.

FACHIN, Luiz Edson. *Direito de família*. Elementos críticos à luz do Novo Código Civil brasileiro. 2. ed. Rio de Janeiro: Renovar, 2003.

FACHIN, Luiz Edson. *Estabelecimento da filiação e paternidade presumida*. Porto Alegre: Sérgio Antonio Fabris, 1992.

GRISARD FILHO, Waldyr. *Guarda compartilhada*: um novo modelo de responsabilidade parental. São Paulo: Revista dos Tribunais, 2009.

HIRONAKA, Giselda Maria F. N. Responsabilidade civil na relação paterno-filial. *Jus.com.br*, jun. 2003. Disponível em: <https://jus.com.br/artigos/4192/responsabilidade-civil-na-relacao-paterno-filial>. Acesso em: 18 nov. 2009.

LOBO, Fabiola Santos Albuquerque. *Adoção à brasileira e a verdade do registro civil*. Disponível em: <http://www.ibdfam.org.br/_img/congressos/anais/14.pdf>. Acesso em: 15 maio 2017.

LÔBO, Paulo. Direito ao estado de filiação e direito à origem genética: uma distinção necessária. *Revista Jus Navigandi*, Teresina, ano 9, n. 194, 16 jan. 2004. Disponível em: <https://jus.com.br/artigos/4752>. Acesso em: 18 maio 2017.

LÔBO, Paulo. Direito ao estado de filiação e direito à origem genética: uma distinção necessária. In: PEREIRA, Rodrigo da Cunha (Coord.). *Afeto, ética, família e o Novo Código Civil*. Belo Horizonte: Del Rey, 2004.

LÔBO, Paulo. *Direito civil*: famílias. 2. ed. São Paulo: Saraiva, 2009.

LÔBO, Paulo. *Direito civil*: famílias. 6. ed. São Paulo: Saraiva, 2015.

LÔBO, Paulo. *Direito civil*: parte geral. 2. ed. São Paulo: Saraiva, 2010.

LÔBO, Paulo. Princípio jurídico da afetividade na filiação. In: PEREIRA, Rodrigo da Cunha (Coord.). *A família na travessia do milênio*. Anais do II Congresso Brasileiro de Direito de Família. Belo Horizonte: IBDFam, 2000.

MADALENO, Rolf. *Filiação sucessória*. Disponível em: http://www.ibdfam.org.br/_img/congressos/anais/102.pdf. Acesso em: 15 maio 2017.

ORGANIZAÇÃO DAS NAÇÕES UNIDAS. *Declaração Universal dos Direitos do Homem*. 1948. Disponível em: <unesdoc.unesco.org/images/0013/001394/139423por.pdf>. Acesso em: 20 jul. 2014.

PEREIRA, Rodrigo da Cunha. *Princípios fundamentais norteadores do direito de família*. 2. ed. São Paulo: Saraiva, 2012.

ROSA, Conrado Paulino da. *Desatando nós e criando laços*: os novos desafios da mediação familiar. Belo Horizonte: Del Rey, 2012.

SILVA, Priscilla Menezes da. *A amplitude da responsabilidade familiar*: da indenização por abandono afetivo por consequência da violação do dever de convivência. Disponível em: <www.ibdfam.org.br/?artigos&artigo=617>. Acesso em: 10 abr. 2011.

TARTUCE, Flávio. Anotações ao Provimento 63 do Conselho Nacional de Justiça. Segunda Parte. *Migalhas*, 30 maio 2018. Disponível em: <http://www.migalhas.com.br/FamiliaeSucessoes/104,MI280973,11049-Anotacoes+ao+provimento+63+do+Conselho+Nacional+de+Justica+Parte+II>. Acesso em: 1º jun. 2018.

TEIXEIRA, Ana Carolina Brochado. *Família, guarda e autoridade parental*. Rio de Janeiro: Renovar, 2005.

VILLELA, João Baptista. Desbiologização da paternidade. *Revista da Faculdade de Direito da UFMG*, Belo Horizonte, ano XXVIII, n. 21, 1979.

Informação bibliográfica deste texto, conforme a NBR 6023:2002 da Associação Brasileira de Normas Técnicas (ABNT):

CABRAL, Camila Buarque; FRANCO, Karina Barbosa. O instituto da filiação e a Constituição Federal: transformações e perspectivas diante da multiparentalidade. In: EHRHARDT JÚNIOR, Marcos; CORTIANO JUNIOR, Eroulths (Coord.). *Transformações no Direito Privado nos 30 anos da Constituição*: estudos em homenagem a Luiz Edson Fachin. Belo Horizonte: Fórum, 2019. p. 689-707. ISBN 978-85-450-0562-9.

OS ALIMENTOS COMPENSATÓRIOS NO DIREITO BRASILEIRO: INADMISSIBILIDADE POR AUSÊNCIA DE FONTE LEGAL E INCOMPATIBILIDADE DE FUNÇÃO

GUSTAVO TEPEDINO

PAULA GRECO BANDEIRA

1 Introdução

O dever de prestar alimentos, embora traduza prestação de natureza pecuniária, tem por função garantir a subsistência de pessoas ligadas por liame familiar, a traduzir a sua *ratio* existencial. Daí afirmar-se que a obrigação alimentar consiste em prestação financeira com escopo existencial, precisamente a sobrevivência do alimentando.[1] A prestação de alimentos revela, assim, sua dupla faceta: a material, relativa aos recursos necessários à subsistência do credor; e a imaterial, concernente à construção da personalidade do beneficiário, possibilitando-o viver com dignidade.[2]

No âmbito das relações conjugais, a prestação de alimentos entre os cônjuges, disciplinada nos arts. 1.694 e ss. do Código Civil e na Lei n.º 6.515, de 26.12.1977, denominada Lei do Divórcio – posteriormente reconhecida também entre os companheiros –, decorre do dever de mútua assistência existente na constância do casamento (art. 1.566,

---

[1] Cfr., sobre o ponto, SCHREIBER, Anderson. O princípio da boa-fé objetiva no direito de família. In: MORAES, Maria Celina Bodin de (Coord.). *Princípios do direito civil contemporâneo*. Rio de Janeiro: Renovar, 2006. p. 453. Na mesma direção, observou-se em outra sede: "A solidariedade, através dos alimentos, projeta-se no âmbito material; assim, embora os alimentos sejam um instituto que tenha uma projeção patrimonial, sua *ratio* nem por isso deixa de ser existencial, isto é, a garantia de subsistência de pessoas ligadas por um liame familiar" (TEPEDINO, Gustavo et al. *Código Civil interpretado conforme a Constituição da República*. Rio de Janeiro: Renovar, 2014. p. 361. v. IV).

[2] Como sublinha Rolf Madaleno: "A verba alimentar apresenta-se com dúplice caráter. Revela sua faceta material, enquanto recurso necessário à manutenção da subsistência do credor e, ao mesmo tempo, permite a visualização de seu prisma imaterial, já que se destina à construção da personalidade de seu destinatário, possibilitando ao mesmo viver com dignidade" (MADALENO, Rolf. Alimentos entre colaterais. *Revista Brasileira de Direito de Família*, n. 28, p. 110, fev./mar. 2005).

III,[3] Código Civil), o qual se estende para além da separação e do divórcio, como forma de garantir a subsistência digna do reclamante. Dito diversamente, os alimentos destinam-se a suprir as necessidades vitais do indivíduo, tais como alimentação, habitação, vestuário, bem como aquelas relacionadas à formação intelectual e moral, a exemplo da educação e do lazer, constituindo obrigação entre os ex-consortes que se prolonga após o término da união conjugal. Na feliz síntese do Professor Luiz Edson Fachin, a prestação alimentar "presentifica" o elo partido, perpetuando-se os efeitos da vida em comum.[4]

Na esteira da tábua de valores estabelecida pela Constituição da República, a obrigação alimentar encontra fundamento legal nos princípios da dignidade da pessoa humana (art. 1º, III,[5] CR), da solidariedade social (art. 3º, I,[6] CR) e da igualdade (art. 5º, I,[7] CR) – que admitiu supervenientemente a prestação de alimentos pela mulher em favor do cônjuge varão –, permitindo-se, assim, ao alimentando, viver com dignidade, de modo a preservar sua vida, saúde e integridade física.

Tradicionalmente associada à culpa na separação e no divórcio, noção paulatinamente abandonada pelo nosso ordenamento, a obrigação de alimentos objetivou-se – a despeito de dispositivos presentes no Código Civil (arts. 1.694, §2º;[8] 1.704)[9] e na Lei do Divórcio (art. 19)[10] que ainda remetem à ideia de culpa –, passando a incidir, em perspectiva axiológica, sempre que o ex-cônjuge puder fazê-lo e enquanto seu ex-consorte necessitar. Tais alimentos traduzem os denominados alimentos civis, cujos pressupostos de incidência e finalidade no direito brasileiro serão examinados a seguir.

Ao lado dos alimentos civis, desponta como objeto de discussão doutrinária e jurisprudencial os chamados alimentos compensatórios, compreendidos, em linhas gerais, como compensação devida por um dos ex-cônjuges em favor do outro, como forma de assegurar a manutenção do equilíbrio econômico-financeiro entre os patrimônios dos consortes após a ruptura da união conjugal. Busca-se, por outras palavras, restaurar o equilíbrio entre a situação financeira dos ex-cônjuges, naturalmente abalado pela separação

---

[3] "Art. 1.566. São deveres de ambos os cônjuges: [...] III – mútua assistência".

[4] Em suas palavras, "a fixação alimentar após a dissolução matrimonial 'presentifica', mês a mês, o elo partido. A descontinuação da vida em comum, rompendo laços e projetos, perdura na alça da obrigação alimentar. Da vida em comum, um resquício. De cônjuge companheiro e provedor à distância" (FACHIN, Luiz Edson. *Direito de família*: elementos críticos à luz do novo Código Civil brasileiro. Rio de Janeiro: Renovar, 2003. p. 294-296).

[5] "Art. 1º A República Federativa do Brasil, formada pela união indissolúvel dos Estados e Municípios e do Distrito Federal, constitui-se em Estado Democrático de Direito e tem como fundamentos: [...] III - a dignidade da pessoa humana".

[6] "Art. 3º Constituem objetivos fundamentais da República Federativa do Brasil: I - construir uma sociedade livre, justa e solidária".

[7] "Art. 5º Todos são iguais perante a lei, sem distinção de qualquer natureza, garantindo-se aos brasileiros e aos estrangeiros residentes no País a inviolabilidade do direito à vida, à liberdade, à igualdade, à segurança e à propriedade, nos termos seguintes: I - homens e mulheres são iguais em direitos e obrigações, nos termos desta Constituição".

[8] "Art. 1.694. [...] §2º Os alimentos serão apenas os indispensáveis à subsistência, quando a situação de necessidade resultar de culpa de quem os pleiteia".

[9] "Art. 1.704. Se um dos cônjuges separados judicialmente vier a necessitar de alimentos, será o outro obrigado a prestá-los mediante pensão a ser fixada pelo juiz, caso não tenha sido declarado culpado na ação de separação judicial. Parágrafo único. Se o cônjuge declarado culpado vier a necessitar de alimentos, e não tiver parentes em condições de prestá-los, nem aptidão para o trabalho, o outro cônjuge será obrigado a assegurá-los, fixando o juiz o valor indispensável à sobrevivência".

[10] "Art. 19. O cônjuge responsável pela separação judicial prestará ao outro, se dela necessitar, a pensão que o juiz fixar".

ou pelo divórcio. Tal modalidade de alimentos, contudo, revela-se incompatível com o sistema brasileiro, seja pela finalidade que os alimentos desempenham no ordenamento, seja pela ausência de fonte legal que os autorize, como se passa a demonstrar.

2 Alimentos civis: função e pressupostos de incidência no direito brasileiro

Os alimentos civis, que encontram sua fonte na lei, têm como finalidade ou função garantir a subsistência digna do alimentando, assegurando-lhe as condições materiais e morais essenciais à construção de sua personalidade e à preservação de sua vida, saúde, liberdade e integridade psicofísica. Em uma palavra, os alimentos civis permitem ao alimentando viver com dignidade. Poder-se-ia afirmar, nessa direção, que os alimentos civis se destinam a assegurar, na festejada tese do Professor Luiz Edson Fachin, o patrimônio mínimo de quem os pleiteia, assim compreendido como as condições materiais razoáveis e justas no caso concreto, que lhes permita desenvolver plenamente a sua dignidade.[11] O patrimônio constitui, portanto, meio ou instrumento à concretização dos fins, precisamente a realização da dignidade da pessoa humana.

Como é consabido, a doutrina classifica os alimentos em naturais e civis. Os alimentos naturais teriam por finalidade custear despesas indispensáveis à sobrevivência do alimentando, tais como saúde, educação, moradia, alimentação e vestuário. Já os alimentos civis ou côngruos objetivariam a manutenção da condição social do alimentando, sendo determinados segundo as condições financeiras do alimentante e o seu padrão de vida.[12] A distinção mostra-se irrelevante do ponto de vista da disciplina jurídica aplicável, na medida em que ambas as noções atendem aos mesmos pressupostos, podendo ser compreendidos sob a designação genérica de alimentos civis. Nessa perspectiva, os alimentos civis obedecem ao *binômio necessidade-possibilidade*. Vale dizer: os alimentos civis serão concedidos se observados seus pressupostos de incidência, quais sejam, a necessidade do alimentando e a possibilidade do alimentante.

No que se refere à *necessidade* do alimentando, os alimentos serão devidos àquele que os necessite, ou seja, àquele que não tenha bens suficientes, nem possa prover, pelo seu trabalho, a própria mantença.[13] Na dicção do art. 1.694 do Código Civil, um dos cônjuges

---

[11] Como defendido pelo Professor Luiz Edson Fachin, "a tutela de um patrimônio mínimo nucleado na dignidade da pessoa humana, parece-nos bem representar o novo sentido a ser dado ao patrimônio na perspectiva de um direito civil repersonalizado – o qual tão-só se legitima a partir do momento em que observam os valores existenciais e primordiais da pessoa, que hoje estão encartados em sede constitucional" (FACHIN, Luiz Edson. *Estatuto jurídico do patrimônio mínimo*. 2. ed. Rio de Janeiro: Renovar, 2006. p. 251).

[12] Sobre a classificação, registra a doutrina: "O primeiro corte nas obrigações alimentares distingue os alimentos naturais dos civis. Os alimentos naturais compreendem as notas mínimas da obrigação: alimentação, cura, vestuário e habitação: equivalem a necessidades básicas do ser humano. Eles se situam, portanto, nos limites do *necessarium vitae*. Os alimentos civis, também chamados de côngruos, englobam, além desse conteúdo estrito, o atendimento a necessidades morais e intelectuais do ser humano, objetivamente considerado, e por isso se dizem *necessarium personae*" (ASSIS, Araken de. *Da execução de alimentos e prisão do devedor*. 4. ed. São Paulo: Revista dos Tribunais, 1998. p. 99-100). V. também: "Os alimentos podem ser naturais ou civis: a) alimentos naturais são os estritamente exigidos para a mantença da vida; b) civis, os que se taxam segundo os haveres do alimentante e a qualidade e situação do alimentado" (MIRANDA, Francisco C. Pontes de. *Tratado de direito privado*: parte especial. São Paulo: Revista dos Tribunais, 2012. t. IX. p. 289).

[13] Anota-se sobre o requisito da necessidade do alimentando: "A obrigação de alimentos não é estática, uma vez que está condicionada a pressupostos variáveis, quais sejam, as necessidades do alimentando e as possibilidades

poderá pedir ao outro alimentos de que "necessite para viver de modo compatível com a sua condição social, inclusive para atender às necessidades de sua educação". Além disso, os alimentos serão fixados "na proporção das necessidades do reclamante" (art. 1.694, §1º, Código Civil), a representar apenas os alimentos "indispensáveis à sua subsistência" (art. 1.694, §2º, Código Civil): nada além ou aquém disso. Os alimentos não poderão, portanto, constituir fonte de enriquecimento ou, ao contrário, se mostrar insuficientes a prover as condições mínimas à vida digna do alimentando.

Por outro lado, sob o viés da *possibilidade*, os alimentos serão fornecidos por quem tenha a possibilidade de fazê-lo, sem prejuízo do necessário ao seu próprio sustento, observada, ainda, a proporção dos seus recursos (arts. 1.694, §1º;[14] 1.695,[15] Código Civil).

Como decorrência do binômio necessidade-possibilidade, a obrigação alimentar produzirá efeitos segundo as circunstâncias, de modo que eventual mudança na situação financeira de quem os presta ou de quem os recebe deflagrará a extinção, a majoração ou a redução da obrigação alimentar (art. 1.699,[16] Código Civil). Pode-se afirmar, nessa direção, que os alimentos se afiguram circunstanciais, vale dizer, relativos a determinadas circunstâncias fáticas, que poderão se alterar no decorrer do tempo. O juiz os fixará provisoriamente *inaudita altera pars*, no início da ação de alimentos,[17] e,

---

do alimentante. Reconhecendo tal fato, o Código Civil, em seu artigo 1.699, possibilita a exoneração, a redução e a majoração do encargo, caso sobrevenha alteração na situação financeira de quem provém ou de quem percebe os alimentos. [...] pode-se constatar que são pressupostos da obrigação alimentar a necessidade do reclamante e a possibilidade econômica do reclamado, os quais deverão ser sopesados quando da fixação do *quantum*. [...] O fato é que só pode reclamar alimentos aquele que não detém recursos suficientes para prover o próprio sustento e nem pode obtê-los pelo próprio esforço, em decorrência, por exemplo, de doença ou de idade avançada. Com fulcro no artigo 1.695, mais precisamente na palavra 'suficientes' utilizada pelo legislador, verifica-se que é plenamente possível que o credor que possui bens venha a necessitar de alimentos. É o que ocorre quando tais bens não se mostram suficientes para gerar rendas que permitam assegurar sua manutenção e a alienação não se faz viável. Da mesma forma, mesmo que o credor exerça atividades laborativas ou receba benefícios, será possível o reconhecimento de alimentos quando seus salários, vencimentos ou proventos não forem suficientes para garantir uma vida digna. O que a doutrina defende é que os alimentos não devam estimular a ociosidade ou o parasitismo" (LIMA NETO, Francisco Vieira; CASAGRANDE, Layra Francini Rizzi. *Alimentos no direito de família*: aspectos materiais e processuais. Rio de Janeiro: Lumen Juris, 2011. p. 45-46). Cfr. também: "Vê-se dessa forma que está presente o binômio necessidade de um *versus* possibilidade do outro, reforçando o fato de que a ideia do instituto não é a exploração do próximo, em decorrência da falta de trabalho volitivo ou esforço pessoal de uma das partes, mas sim a proteção da vida daquele que se encontra impossibilitado de prover o seu sustento pessoal por motivo de doença, incapacidade para o trabalho ou idade avançada. Logo, é necessário que o alimentante disponha de recursos econômicos para fazer jus à prestação alimentar, sem que haja prejuízo ao seu próprio sustento" (MALUF, Carlos Alberto Dabus; MALUF, Adriana Caldas do Rego Freitas Dabus. *Curso de direito de família*. São Paulo: Saraiva, 2013. p. 669).

[14] "Art. 1.694. [...] §1º Os alimentos devem ser fixados na proporção das necessidades do reclamante e dos recursos da pessoa obrigada".

[15] "Art. 1.695. São devidos os alimentos quando quem os pretende não tem bens suficientes, nem pode prover, pelo seu trabalho, à própria mantença, e aquele, de quem se reclamam, pode fornecê-los, sem desfalque do necessário ao seu sustento".

[16] "Art. 1.699. Se, fixados os alimentos, sobrevier mudança na situação financeira de quem os supre, ou na de quem os recebe, poderá o interessado reclamar ao juiz, conforme as circunstâncias, exoneração, redução ou majoração do encargo".

[17] É o que dispõe o art. 4º da Lei nº. 5.478/66: "Art. 4º. Ao despachar o pedido, o juiz fixará desde logo alimentos provisórios a serem pagos pelo devedor, salvo se o credor expressamente declarar que deles não necessita". V., ainda, a previsão contida no art. 531, §1º, CPC: "Art. 531. O disposto neste Capítulo aplica-se aos alimentos definitivos ou provisórios. §1º. A execução dos alimentos provisórios, bem como a dos alimentos fixados em sentença ainda não transitada em julgado, se processa em autos apartados".

após a sentença, poderá torná-los definitivos (arts. 528[18] e 531, §2º, CPC),[19] sendo certo que tal definitividade há de ser assim compreendida se mantidas as circunstâncias fáticas existentes por ocasião da sentença. Os alimentos definitivos vigem, portanto, segundo a cláusula *rebus sic stantibus*. Daí a previsão legal no sentido de que a sentença que determina os alimentos provisionais faz coisa julgada formal, suscetível de revisão segundo a modificação financeira dos interessados (art. 15,[20] Lei nº 5.478/1968).

Os alimentos provisórios e definitivos consistem, assim, em espécies do gênero alimentos provisionais, sendo certo que, em sentido vulgar, os alimentos serão sempre provisórios, na medida em que se sujeitam à extinção, desde que verificada ausência ou alteração superveniente de qualquer de seus pressupostos.

Para além dos alimentos civis, a doutrina e a jurisprudência têm cogitado da categoria dos alimentos compensatórios, que não teriam por função garantir a subsistência digna do alimentando segundo o binômio necessidade-possibilidade, mas, ao revés, compensar o desfalque financeiro sofrido por um dos cônjuges em decorrência da separação ou do divórcio. Por outras palavras, os alimentos compensatórios serviriam a compensar o cônjuge que sofreu abalo patrimonial, traduzido pela perda de seu *status* social e do padrão de vida que desfrutava na constância da união conjugal. Entretanto, como se verá a seguir, os alimentos compensatórios se revelam inadmissíveis no direito brasileiro, por representarem, a um só tempo, o desvirtuamento da função assistencial dos alimentos sem autorização legislativa; e a responsabilização civil do ex-consorte sem a prática de ato ilícito ou de fonte legal ou contratual que a autorize.

3 Alimentos compensatórios: inadmissibilidade por ausência de fonte legal e incompatibilidade de função

Importado de maneira servil e acrítica do ordenamento jurídico francês, sem que houvesse a identificação da funcionalidade de tal categoria naquele sistema,[21] os

---

[18] "Art. 528. No cumprimento de sentença que condene ao pagamento de prestação alimentícia ou de decisão interlocutória que fixe alimentos, o juiz, a requerimento do exequente, mandará intimar o executado pessoalmente para, em 3 (três) dias, pagar o débito, provar que o fez ou justificar a impossibilidade de efetuá-lo".

[19] "Art. 531. O disposto neste Capítulo aplica-se aos alimentos definitivos ou provisórios. [...] §2º. O cumprimento definitivo da obrigação de prestar alimentos será processado nos mesmos autos em que tenha sido proferida a sentença".

[20] "Art. 15. A decisão judicial sobre alimentos não transita em julgado e pode a qualquer tempo ser revista, em face da modificação da situação financeira dos interessados".

[21] K. Zweigert e H. Kötz criticam o reducionismo do direito comparado à mera descrição das normas vigentes em determinado sistema, ressaltando a importância de se perquirirem as finalidades do instituto examinado: "As has often been observed, the mere study of foreign law falls short of being comparative law. [...] One can speak of comparative law only if thre are specific comparative reflections on the problem to which the work is devoted. Experience shows that this is best done if the author first lays out the essentials of the relevant foreign law, country by country, and then uses this material as a basis for critical comparison, ending up with conclusions about the proper policy for the law adopt, which may involve a reinterpretation of his own system" (ZWEIGERT, K.; KÖTZ, H. *An introduction to comparative law*. 3. ed. Oxford: Clarendon Press, 1998. p. 6). No mesmo sentido, observou-se em outra sede: "Paradoxalmente, a comunicação imediata e a velocidade de transferência de informações internacionais tornam o método comparatista ainda mais árduo e complexo. Por trás das semelhanças entre as soluções legislativas, aguçadas pela coincidência dos problemas surgidos na sociedade tecnológica, é preciso justamente saber reconhecer as especificidades que traduzem a identidade cultural de cada sociedade e que exigem do comparatista redobrado esforço, ao manejar o princípio da funcionalidade (segundo o qual as categorias jurídicas devem ser compreendidas com base na função que efetivamente desempenham em dado ordenamento), em um cenário de aparente homogeneidade estética, para

alimentos compensatórios não encontram guarida no ordenamento jurídico brasileiro, a despeito de esforços engendrados por parte de advogados e da jurisprudência nacionais.

Afirma-se, de modo ingênuo, que os alimentos compensatórios se destinam a garantir ao cônjuge separado ou divorciado o mesmo padrão de vida que detinha na constância do casamento, corrigindo o desequilíbrio econômico e financeiro decorrente do fim da sociedade conjugal. Por outras palavras, objetiva-se, por meio dos alimentos compensatórios, reparar a perda do poder aquisitivo do cônjuge em razão do divórcio ou da separação, com fundamento em vínculo de solidariedade.[22] Assumiriam, nessa direção, os alimentos compensatórios, caráter indenizatório, sendo devidos até que se efetue a partilha, independentemente dos pressupostos dos alimentos civis,[23] e cumulativamente com esses.

Especificamente, sustenta-se que os alimentos compensatórios seriam devidos se (i) o cônjuge não percebe bens na partilha em razão do regime de separação, de sorte que os alimentos compensatórios serviriam a manter o alimentando pelo tempo hábil à sua inserção, recolocação ou progressão no mercado de trabalho, que lhe permita, só por si, atingir o *status* social similar ao período do relacionamento;[24] (ii) o cônjuge se encontra em dificuldade financeira;[25] ou (iii) o bem comum está na posse exclusiva do outro cônjuge, que dele aufere integralmente os frutos, de modo que os alimentos compensatórios seriam fixados temporariamente até que se efetuasse a partilha, a fim de se evitar o enriquecimento sem causa.[26]

---

a percepção das diferentes realidades em que o fenômeno jurídico se expressa" (TEPEDINO, Gustavo. Direito civil e método comparativo. *Revista Trimestral de Direito Civil*, Rio de Janeiro, ano 6, v. 21, jan./mar. 2005. p. iv).

[22] Na doutrina nacional, têm-se justificado os alimentos compensatórios quando, com a separação ou o divórcio, "provier desequilíbrio econômico em comparação com o estilo de vida experimentado durante a convivência matrimonial, para compensar, desse modo, a sensível disparidade no padrão social e econômico do separando alimentário, comprometendo, com a ruptura das núpcias, os seus compromissos materiais, seu estilo de vida e a própria subsistência" (MADALENO, Rolf. Obrigação, dever de assistência e alimentos transitórios. *Revista CEJ*, v. 8, n. 27, out./dez. 2004. p. 74-75). V. também PEREIRA, Rodrigo da Cunha. Alimentos compensatórios: nem só de pão vive o homem. *Conjur*, 5. fev. 2017. Disponível em: <https://www.conjur.com.br/2017-fev-05/processo-familiar-alimentos-compensatorios-nem-pao-vive-homem>. Acesso em: 24 abr. 2018.

[23] A respeito do caráter indenizatório dos alimentos compensatórios, assinala Rolf Madaleno: "A pensão compensatória (compensação econômica) está dirigida a restabelecer o desequilíbrio econômico e, por isso mesmo, agrega um caráter claramente indenizatório, fundado em pauta objetiva para eliminar até onde for possível o desnível econômico que se estabelece em razão do divórcio do casal" (MADALENO, Rolf. Alimentos compensatórios. In: PEREIRA, Rodrigo da Cunha (Coord.). *Tratado de direito das famílias*. Belo Horizonte: IBDFam, 2016. p. 591). No mesmo sentido, VIANNA, Tauanna Gonçalves. Os tribunais em face da nova mulher brasileira: uma perspectiva a partir do direito de família. *Revista de Direito Privado*, v. 56, p. 319-341, out./dez. 2013; RODRIGUES JUNIOR, Otavio Luiz. Alimentos compensatórios no Brasil e no exterior (parte 2). *Conjur*, 15 jan. 2014. Disponível em: <https://www.conjur.com.br/2014-jan-15/direito-comparado-alimentos-compensatorios-brasil-exterior-parte#_ftn11_2478>. Acesso em: 24 abr. 2018.

[24] V., nesse sentido: "[...] os chamados alimentos compensatórios, ou prestação compensatória, não têm por finalidade suprir as necessidades de subsistência do credor, tal como ocorre com a pensão alimentícia regulada pelo art. 1.694 do CC/2002, senão *corrigir ou atenuar grave desequilíbrio econômico-financeiro ou abrupta alteração do padrão de vida do cônjuge desprovido de bens e de meação*. 6. Os alimentos devidos entre ex-cônjuges devem, em regra, ser fixados com termo certo, assegurando-se ao alimentando tempo hábil para sua inserção, recolocação ou progressão no mercado de trabalho, que lhe possibilite manter, pelas próprias forças, o status social similar ao período do relacionamento" (STJ. REsp nº 1.290.313, 4ª T., 12.11.2013. Grifos nossos). V. também STJ. EDcl no AREsp nº 890.894, dec. mon., j. 17.10.2016.

[25] Rolf Madaleno, ao defender os alimentos compensatórios, assevera que o seu cabimento ocorrerá quando da separação ou do divórcio resultar desequilíbrio econômico financeiro ao cônjuge, comprometendo o "seu estilo de vida *e a própria subsistência*" (MADALENO, Rolf. Obrigação, dever de assistência e alimentos transitórios. *Revista CEJ*, v. 8, n. 27, out./dez. 2004. p. 74. Grifos nossos).

[26] Sobre essa hipótese, v. FIGUEIREDO, Luciano L. Alimentos compensatórios: compensação econômica e equilíbrio patrimonial. In: PEREIRA, Rodrigo da Cunha (Coord.). *Famílias nossas de cada dia*: anais do Congresso

Todavia, os alimentos compensatórios não encontram, no sistema brasileiro, supedâneo legal. Diversamente do direito francês, em que os alimentos compensatórios foram introduzidos por lei em 1975, tendo passado por diversas reformas legislativas, e encontrando-se atualmente disciplinados nos arts. 270[27] e ss. do Código Civil francês, o direito brasileiro não possui norma que admita os alimentos compensatórios. Inexiste, portanto, fonte legal para o dever de prestar alimentos compensatórios.

Além disso, no direito brasileiro, o dever de oferecer alimentos se presta a finalidades distintas. Como visto, do ponto de vista técnico, os alimentos assumem natureza assistencial, isto é, destinam-se a prover as necessidades do cônjuge após a separação ou o divórcio, baseados no binômio necessidade e possibilidade.[28] Fundamentados no já mencionado dever de mútua assistência que rege a sociedade conjugal (art. 1.566, III, Código Civil), os alimentos hão de ser concedidos com vistas à subsistência do outro cônjuge, na proporção de suas necessidades, *vis-à-vis* aos recursos da pessoa obrigada (arts. 1.694 e 1.702,[29] Código Civil).

Projetado como meio de garantir o sustento da mulher que, na sociedade patriarcal, devotava sua vida inteiramente à família, os alimentos serviriam como forma de garantia à sua subsistência com o fim do casamento, diante da insuficiência de bens para a sua mantença. Com a inserção da mulher no mercado de trabalho e a sua benfazeja independência, os alimentos ganharam progressivamente conotação objetiva e hoje são

---

Brasileiro de Direito de Família. Belo Horizonte: IBDFam, 2016. v. 10. p. 569. No STJ, o entendimento encontra-se em decisões monocráticas: "Com efeito, verifico que o acórdão recorrido vai de encontro à jurisprudência deste Superior Tribunal de Justiça, visto que o trânsito em julgado da sentença que julga a partilha dos bens não pode ser utilizado como termo final dos alimentos compensatórios, os quais possuem origem em uma situação fático-econômica de desequilíbrio, razão pela qual somente cessa a necessidade de sua prestação quando a parte alimentada retornar à situação de normalidade, com a efetiva partilha dos bens comuns. Isso porque, como sabido, a sentença que partilha os bens comunicáveis apenas declara quais bens pertencem à meação de cada ex-consorte, de modo que não põe fim à situação de afastamento do patrimônio comunicável na posse exclusiva de uma das partes, a qual pode se arrastar por tempo indefinido. Dessa forma, os alimentos compensatórios devem durar até que se proceda à efetiva partilha dos bens, ficando a cargo do alimentante, que é o interessado, proceder à comprovação de tê-la feito" (STJ. AREsp nº 890.894, dec. mon., j. 1.9.2016); "Ao que se colhe, as partes se encontram divorciadas desde 18/07/2012, oportunidade em que não foram estabelecidos alimentos em prol de qualquer dos ex-cônjuges, sobrevindo o ajuizamento da ação de alimentos em 09/04/2013. Diversamente dos alimentos fundados no dever de mútua assistência (artigo 1566, III, do CC/2002), a verba alimentar de cunho compensatório visa recompor eventual desequilíbrio patrimonial verificado em situações em que, por exemplo, um dos cônjuges exerça com exclusividade a posse do patrimônio comum" (STJ. MC nº 24.201, dec. mon., j. 22.4.2015). V. também STJ. AREsp nº 1.176.107, dec. mon., j. 6.10.2017. Nos tribunais estaduais, v., exemplificativamente, TJMG. Ag. Instr. nº 1.0145.12.042114-7/005, j. 19.5.2015; TJRS, Ap. Cív. nº 70026541623, 8ª CC, j. 4.6.2009.

[27] "Art. 270. Le divorce met fin au devoir de secours entre époux. L'un des époux peut être tenu de verser à l'autre une prestation destinée à compenser, autant qu'il est possible, la disparité que la rupture du mariage crée dans les conditions de vie respectives. Cette prestation a un caractère forfaitaire. Elle prend la forme d'un capital dont le montant est fixé par le juge. Toutefois, le juge peut refuser d'accorder une telle prestation si l'équité le commande, soit en considération des critères prévus à l'article 271, soit lorsque le divorce est prononcé aux torts exclusifs de l'époux qui demande le bénéfice de cette prestation, au regard des circonstances particulières de la rupture".

[28] A respeito da natureza assistencial dos alimentos entre cônjuges e de seus pressupostos, confira-se: "É da mútua assistência que decorre, portanto, a obrigação alimentar entre os cônjuges, que está prevista no artigo 1.694 do Código Civil. Há que se destacar que tal obrigação é recíproca e está sujeita aos pressupostos da necessidade do alimentando e da possibilidade do alimentante, não mais sendo possível falar em uma presunção da necessidade da mulher aos alimentos" (LIMA NETO, Francisco Vieira; CASAGRANDE, Layra Francini Rizzi. *Alimentos no direito de família*: aspectos materiais e processuais. Rio de Janeiro: Lumen Juris, 2011. p. 46-50).

[29] "Art. 1.702. Na separação judicial litigiosa, sendo um dos cônjuges inocente e desprovido de recursos, prestar-lhe-á o outro a pensão alimentícia que o juiz fixar, obedecidos os critérios estabelecidos no art. 1.694".

igualmente admitidos, embora de modo prudente, em favor do homem.[30] Os alimentos serão atribuídos levando em conta a capacidade laboral, a saúde, a aptidão de se autossustentar, sendo deferidos, em geral, até que o cônjuge consiga suprir suas necessidades por conta própria.[31] Assim, as regras do direito brasileiro atribuem aos alimentos a função assistencial, desprovida de qualquer caráter compensatório.[32]

Aduza-se ainda, adicionalmente, que o direito francês não comporta, contemporaneamente, as duas espécies de alimentos, tendo substituído, mercê da aludida reforma legislativa, os critérios e a natureza dos alimentos civis. Vale dizer, no direito francês, os alimentos assistenciais foram substituídos pelos alimentos compensatórios –[33]

---

[30] Nessa direção, registra a doutrina especializada: "De tal reciprocidade de obrigações, associada à simetria de direitos proclamada no artigo 226, §5º, da Carta Magna, resulta que, da mesma forma que o marido pode ser demandado a prestar alimentos à esposa, esta, em situações especiais – sempre demonstrada a efetiva necessidade –, poderá ser chamada a pagar pensão ao marido" (PEREIRA, Áurea Pimentel. *Alimentos no direito de família e no direito dos companheiros*. Rio de Janeiro: Renovar, 2007. p. 110); "É tranquilo o entendimento jurisprudencial e doutrinário no sentido de que a mulher pode ser compelida a prestar alimentos ao marido" (CAHALI, Yussef Said. *Dos alimentos*. São Paulo: Revista dos Tribunais, 1998. p. 329); "A obrigação alimentar entre os cônjuges é reciprocamente e sua pauta está atrelada à situação fática da efetiva necessidade, representando uma revolução social aportada com a Carta Política de 1988" (MADALENO, Rolf. Alimentos e sua configuração. In: TEIXEIRA, Ana Carolina Brochado; RIBEIRO, Gustavo Pereira Leite (Coord.). *Manual de direito das famílias e das sucessões*. Belo Horizonte: Del Rey, 2010. p. 408).

[31] Na jurisprudência do Superior Tribunal de Justiça: "A jurisprudência desta egrégia Corte Superior firmou a orientação de que a pensão entre ex-cônjuges não está limitada somente à prova da alteração do binômio necessidade-possibilidade, devendo ser consideradas outras circunstâncias, como a capacidade potencial do alimentado para o trabalho e o tempo decorrido entre o início da prestação alimentícia e a data do pedido de desoneração. 5. Esta egrégia Corte Superior também tem entendimento de que, em regra, a pensão deve ser fixada com termo certo, assegurando ao beneficiário tempo hábil para que reingresse ou se recoloque no mercado de trabalho, possibilitando-lhe a manutenção pelos próprios meios. O pensionamento só deve ser perene em situações excepcionais, como de incapacidade laboral permanente, saúde fragilizada ou impossibilidade prática de inserção no mercado de trabalho. Precedentes" (STJ. REsp nº 1.496.948. Rel. Min. Moura Ribeiro, 3ª T., j. 3.3.2015). No mesmo sentido, v. STJ. REsp nº 1.396.957. Rel. Min. Nancy Andrighi, 3ª T., j. 3.6.2014. Diverso não se mostra o entendimento doutrinário: "Por isso, toda a legislação europeia atual, acompanhada de perto pelo legislação canadense e norte-americana, tem revisto e ajustado a legislação alimentícia com vistas à mantença da noção de necessidade e anulação (ou redução a parâmetros mínimos de aceitação) do parasitismo inaceitável a que conduzem decisões tomadas com base em meros porcentuais (do tipo '1/3') e que ficam negados pela realidade dos números e pela efetiva necessidade dos credores. [...] O exemplo alemão vem imantado de significação porque não se preocupa só com o atender das necessidades presentes, mas visualiza, em manifesta tendência de acendrada justiça, a autonomia de ambos os cônjuges. Credor e devedor, embora, inicialmente, vinculados à obrigação alimentar, tendem, a curto, ou médio prazo, a soluções definitivas, geradoras da independência e autonomia fundamentais à dignidade humana" (LEITE, Eduardo de Oliveira. O quantum da pensão alimentícia. In: CAHALI, Yussef Said; CAHALI, Francisco José (Org.). *Doutrinas essenciais*: família e sucessões. São Paulo: Revista dos Tribunais, 2011. v. 5. p. 1045-1061).

[32] Sobre a natureza assistencial dos alimentos, assinala Yussef Said Cahali: "Paulatinamente, assim, esse dever de assistência em favor do que se encontrasse necessitado, como simples imperativo moral de solidariedade humana imposto a quem estivesse em condições de fazê-lo, foi se transformando em obrigação jurídica, como decorrência direta da lei, e desde que verificados certos pressupostos estabelecidos na própria lei" (CAHALI, Yussef Said. *Dos alimentos*. São Paulo: Revista dos Tribunais, 1998. p. 31-32). V., ainda: "Essa proporcionalidade é fundamental, porque evita que o alimentante venha a não suportar o encargo alimentar que possa ser suficiente ou necessário ao alimentando. Por outro lado, por mais que seja abastado o alimentante, a proporcionalidade não pode chegar ao absurdo de possibilitar o pensionamento do necessitado de alimentos muito além de suas necessidades vitais. Pois, a assim ser, os alimentos estariam a enriquecer o alimentado, perdendo seu objetivo, de satisfazer à sobrevivência dele" (AZEVEDO, Álvaro Villaça. *Direito de família*. São Paulo: Atlas, 2013. p. 312). Na jurisprudência do Superior Tribunal de Justiça: "Sob a perspectiva do ordenamento jurídico brasileiro, o dever de prestar alimentos entre ex-cônjuges reveste-se de caráter assistencial, não apresentando características indenizatórias, tampouco fundando-se em qualquer traço de dependência econômica havida na constância do casamento" (STJ. REsp nº 933.355. Rel. Min. Nancy Andrighi, 3ª T., j. 25.3.2008).

[33] "Le droit français s'est révélé en ces matières l'un des moins fidèles au maintien de la pension alimentaire, une importante réforme du divorce du 11 juillet 1975 ayant substitué à la traditionnelle obligation alimentaire entre ex-époux, une indemnité nouvelle, nommée prestation compensatoire" (BOUABDALLAH, Safia; SAYN,

cujos pressupostos se encontram rigorosamente definidos pela lei –,[34] os quais existem apenas em favor da mulher e constituem, a despeito dos mais variados fundamentos atribuídos não sem dissenso pelos juristas franceses, indenização pelos investimentos por ela realizados nas atividades domésticas.[35]

Nesse cenário, a imposição, no direito brasileiro, da prestação de alimentos compensatórios a um dos cônjuges representaria, a um só tempo, o desvirtuamento, sem reforma legislativa, da função da prestação de alimentos, de caráter genuinamente assistencial; e a responsabilização civil do ex-consorte, sem fonte legal ou contratual – e sem que este tenha praticado ato ilícito –,[36] determinando a transferência de recursos desprovida de título justificativo, a acarretar o enriquecimento sem causa do requerente, como tal repudiado pelo ordenamento (art. 884,[37] Código Civil).

Como se sabe, a responsabilidade civil fundamenta-se (i) no ato ilícito (art. 186,[38] Código Civil), o qual pressupõe a violação a determinado dever legal e, portanto, a culpa, impondo ao agente o dever de reparar os danos causados; (ii) na lei, que cria as hipóteses de responsabilidade objetiva, em razão de alocação de riscos associada a determinadas atividades; ou (iii) no contrato, que impõe deveres contratuais cujo descumprimento enseja a responsabilidade contratual. Sem fonte legal ou contratual e sem a prática de ilícito, não se configura a responsabilização civil. Assim, a prestação de alimentos compensatórios traduziria espécie de responsabilização civil sem a prática de ato ilícito e sem fonte legal ou contratual que a autorize, o que se revela insubsistente no sistema jurídico brasileiro.

À míngua de fonte legal, tal dever de indenizar parece fazer ingressar pela janela aquilo que, após longa evolução jurisprudencial, o direito brasileiro havia conseguido debelar: a culpa no regime da separação e do divórcio. Isso porque impõe-se ao cônjuge

---

Isabelle. Les justifications de la prestation compensatoire dans le discours juridique français. *Canadian Journal of Law and Society*, v. 31, n. 2, 2016. p. 164-165).

[34] V., nessa direção, art. 271, do Código Civil francês: "La prestation compensatoire est fixée selon les besoins de l'époux à qui elle est versée et les ressources de l'autre en tenant compte de la situation au moment du divorce et de l'évolution de celle-ci dans un avenir prévisible. A cet effet, le juge prend en considération notamment: - la durée du mariage ; - l'âge et l'état de santé des époux; - leur qualification et leur situation professionnelles; - les conséquences des choix professionnels faits par l'un des époux pendant la vie commune pour l'éducation des enfants et du temps qu'il faudra encore y consacrer ou pour favoriser la carrière de son conjoint au détriment de la sienne; - le patrimoine estimé ou prévisible des époux, tant en capital qu'en revenu, après la liquidation du régime matrimonial; - leurs droits existants et prévisibles; - leur situation respective en matière de pensions de retraite en ayant estimé, autant qu'il est possible, la diminution des droits à retraite qui aura pu être causée, pour l'époux créancier de la prestation compensatoire, par les circonstances visées au sixième alinéa".

[35] "Le discours juridique français, qu'ils s'agissent des discours parlementaires ou doctrinaux, laisse de plus en plus apparaître la prestation compensatoire comme l'indemnisation de l'investissement des épouses dans les activités domestiques du couple, même si cet argument reste encore noyé au sein d'autres justifications" (BOUABDALLAH, Safia; SAYN, Isabelle. Les justifications de la prestation compensatoire dans le discours juridique français. *Canadian Journal of Law and Society*, v. 31, n. 2, 2016. p. 180).

[36] Nessa direção, confira-se a crítica de Marcos Ehrhardt a respeito dos alimentos compensatórios, em especial quanto a seu caráter indenizatório ou compensatório: "[...] Compensação pressupõe existência de ato ilícito e dever de indenizar. Tais características estão situadas no campo da responsabilidade civil que exige a observância de requisitos específicos" (EHRHARDT JUNIOR, Marcos. *Alimentos compensatórios e divisão dos frutos e rendimentos*: semelhanças e diferenças. 2013. Disponível em: <http://pt.slideshare.net/adventocongressos/alimentos-compensatrios-drmarcos-ehrhardt-jnior>. Acesso em: 7 dez. 2017. Grifos nossos).

[37] "Art. 884. Aquele que, sem justa causa, se enriquecer à custa de outrem, será obrigado a restituir o indevidamente auferido, feita a atualização dos valores monetários".

[38] "Art. 186. Aquele que, por ação ou omissão voluntária, negligência ou imprudência, violar direito e causar dano a outrem, ainda que exclusivamente moral, comete ato ilícito".

abastado espécie de penalidade pelo abalo patrimonial sofrido pelo ex-consorte com o fim da sociedade conjugal, como se culpado fosse pela deterioração de seu *status* social.

Pelo exposto, mostram-se inadmissíveis os alimentos compensatórios à luz do direito brasileiro,[39] seja pela ausência de previsão legal, seja pela incompatibilidade com a função assistencial que os alimentos desempenham no ordenamento, seja por representar a responsabilização civil do consorte sem a prática de ilícito e sem fonte legal ou contratual, de modo que o seu reconhecimento implicaria enriquecimento sem causa do favorecido.

4 Conclusão

O dever de prestar alimentos, como visto, a despeito de sua natureza pecuniária, tem finalidade existencial, na medida em que visa a garantir a subsistência digna do alimentando, oferecendo-lhe as condições materiais e morais indispensáveis à sua sobrevivência com dignidade. Afirma-se, por isso mesmo, que os alimentos possuem caráter assistencial.

Os alimentos obedecem, ainda, ao binômio necessidade-possibilidade, sendo oferecidos estritamente de acordo com as necessidades do alimentando e em consonância com as possibilidades do alimentante, que deverá prestá-los sem comprometer a sua própria subsistência.

Em contrapartida, os alimentos compensatórios, importados acriticamente do direito francês por parte da doutrina e jurisprudência nacionais, desempenham finalidade diversa, almejando precisamente garantir ao cônjuge separado ou divorciado o mesmo padrão de vida que detinha na constância do casamento, corrigindo o desequilíbrio econômico e financeiro decorrente do fim da sociedade conjugal. Ou seja, os alimentos compensatórios objetivariam reparar a perda do poder aquisitivo do cônjuge em razão do divórcio ou da separação, com fundamento em vínculo de solidariedade, assumindo, assim, caráter indenizatório. Além disso, seriam devidos temporariamente até que se efetuasse a partilha, independentemente dos pressupostos dos alimentos civis, e cumulativamente com esses.

---

[39] Nessa direção, Renata Barbosa de Almeida e Walsir Edson Rodrigues Júnior: "[...] considerando que no Brasil não há lei específica regulamentando a prestação compensatória e, principalmente, considerando a natureza jurídica dos alimentos no ordenamento jurídico brasileiro, tem-se temerário defender a aplicação do instituto nos moldes franceses. Como intermediária e compatível com os ordenamento jurídico brasileiro em vigor, é possível trabalhar com os alimentos transitórios [...]" (ALMEIDA, Renata Barbosa de; RODRIGUES JÚNIOR, Walsir Edson. *Direito civil*: famílias. 2. ed. São Paulo: Atlas, 2012. p. 416). José Fernando Simão igualmente rechaça os alimentos compensatórios: "[...] Alimentos que não tem nenhuma característica de alimentos não são alimentos. [...] Em suma, não apenas são inadmissíveis os alimentos compensatórios, como, conforme título deste artigo, representam um desvio de categoria e um engano perigoso" (SIMÃO, José Fernando. *Alimentos compensatórios*: desvio de categoria e um engano perigoso. Disponível em: <http://professorsimao.com.br/artigos_simao_cf0413.html>. Acesso em: 7 dez. 2017). V. também KADDISSI, Patricia Moya Martins. A necessidade de um marco legal para a definição dos alimentos compensatórios. *Revista Nacional de Direito de Família e Sucessões*, n. 9, nov./dez. 2015; EHRHARDT JUNIOR, Marcos. *Alimentos compensatórios e divisão dos frutos e rendimentos*: semelhanças e diferenças. 2013. Disponível em: <http://pt.slideshare.net/adventocongressos/alimentos-compensatrios-drmarcos-ehrhardt-jnior>. Acesso em: 7 dez. 2017; FREITAS, Sério Henriques Zandona; FIGUEIREDO, Lívia Cunha. (In)aplicabilidade dos alimentos compensatórios no direito de família brasileiro. In: POLI, Luciana Costa; CARDIN, Valéria Silva Galdino; MAFRA, Tereza Cristina Monteiro (Coord.). *Direito de família e sucessões*. Florianópolis: Conpedi, 2015. p. 429-458.

Contudo, ao contrário do direito francês, em que os alimentos compensatórios possuem previsão legal, tendo substituído os alimentos civis, no direito brasileiro, tal modalidade de alimentos não encontra amparo legal, tampouco atende à função assistencial desempenhada pelos alimentos.

À míngua de fonte legal, os alimentos compensatórios acabam por reintroduzir a noção de culpa no regime da separação e do divórcio, a qual já havia sido extirpada não sem esforço doutrinário e jurisprudencial.

Assim, a imposição, no direito brasileiro, da prestação de alimentos compensatórios a um dos cônjuges representaria, a um só tempo, o desvirtuamento, sem reforma legislativa, da função da prestação de alimentos, de caráter genuinamente assistencial; e a responsabilização civil do ex-consorte, sem fonte legal ou contratual – e sem que este tenha praticado ato ilícito –, determinando a transferência de recursos desprovida de título justificativo, a acarretar o enriquecimento sem causa do requerente, como tal repudiado pelo ordenamento.

Informação bibliográfica deste texto, conforme a NBR 6023:2002 da Associação Brasileira de Normas Técnicas (ABNT):

TEPEDINO, Gustavo; BANDEIRA, Paula Greco. Os alimentos compensatórios no direito brasileiro: inadmissibilidade por ausência de fonte legal e incompatibilidade de função. In: EHRHARDT JÚNIOR, Marcos; CORTIANO JUNIOR, Eroulths (Coord.). *Transformações no Direito Privado nos 30 anos da Constituição*: estudos em homenagem a Luiz Edson Fachin. Belo Horizonte: Fórum, 2019. p. 709-719. ISBN 978-85-450-0562-9.

USUCAPIÃO FAMILIAR COMO INSTRUMENTO DE CONCRETIZAÇÃO (OU DISTORÇÃO) DE DIREITOS FUNDAMENTAIS

CATARINA ALMEIDA DE OLIVEIRA

MARIA RITA DE HOLANDA S. OLIVEIRA

Introdução

É possível conferir, em toda a obra do Professor Luiz Edson Fachin, hoje ministro do Supremo Tribunal Federal, a preocupação em trazer para o direito, sobretudo o direito civil, a hermenêutica que conduz à concretização de valores existenciais e assegura a dignidade da pessoa humana, em um contexto social de justiça, igualdade, responsabilidade e solidariedade.

Um de seus trabalhos mais expressivos e que é responsável pela ressignificação de relações jurídicas, antes puramente econômicas, trata do *estatuto jurídico do patrimônio mínimo*,[1] que oferece uma concepção contemporânea de patrimônio, para viabilizar a legalidade constitucional na solução de conflitos que, por seu viés econômico, poderiam negar a efetivação da dignidade humana por privação patrimonial, a exemplo, entre outras situações, da proteção da família em hipóteses de impenhorabilidade de bens que atinjam a dignidade da vida de seus integrantes.

Conforme ressaltado no prefácio de Gustavo Tepedino, mais do que indicar soluções interpretativas para os institutos escolhidos para fins de investigação, a tese ainda fornece uma "chave de leitura preciosa para o leitor atento, de modo que outros institutos possam ser redescobertos e revisitados pelos próprios operadores".

É nesse lugar que o presente trabalho encontra inspiração, ainda que não se volte a preocupações que digam respeito a conflitos entre interesses creditórios e interesses existenciais, mas, entre interesses imobiliários e interesses existenciais e que se agravam por envolver relações familiares.

---

[1] FACHIN, Luiz Edson. *Estatuto jurídico do patrimônio mínimo*. Rio de Janeiro: Renovar, 2001.

O problema a ser tratado gira em torno da modalidade de usucapião familiar que autoriza a aquisição da propriedade total de imóvel que se tem em compartilhamento com ex-cônjuge ou ex-companheiro, em razão da figura culposa do "abandono de lar".

Questiona-se a solução encontrada pelo legislador que privilegia o direito de moradia em detrimento do direito de propriedade, tendo em vista que, na usucapião, um sujeito só ganha se o outro perde, afastando a possível coexistência de direitos e, muitas vezes, causando a privação do que poderia significar, até, a totalidade patrimonial de quem é condenado pelo puro afastamento da relação conjugal, não importando se é, antes, vítima ou mesmo culpado.

No contexto da nova modalidade de usucapião, conforme será demonstrado, o interesse patrimonial econômico de um dos sujeitos da relação conjugal irá se sobrepor, por razões jurídicas (e morais) distorcidas, a interesses existenciais, mesmo que instrumentalizados por bens materiais. O direito fundamental à propriedade seria de ambos, enquanto que apenas um deles acumularia o direito fundamental da moradia.

Os estudos do Professor Luiz Edson Fachin[2] apontam um significado de patrimônio, como base de bens suscetíveis de valoração, não exclusivamente, mas, principalmente, econômica, todavia, necessária à garantia da dignidade humana e, por isso, um mínimo deve ser garantido, considerando-se por "mínimo" não o extremo em termos quantitativos, mas, em qualidade, para garantir a dignidade da vida.

E é no contexto da repersonalização do direito, com a tendência normativa para a tutela de direitos existenciais que não se pode permitir, por exemplo, que alguém por vontade, seja privado de todos os bens, em doação, não garantindo com isso, o mínimo necessário para sua subsistência; ou ainda, que há impenhorabilidade de bens que garantam o mínimo necessário para dignidade da pessoa e de sua família, em detrimento de interesses de credores, entre outras situações. Nessa mesma toada e considerando a inspiração humanista que marca a obra do Professor Fachin, busca-se analisar, da mesma forma, a usucapião familiar na perspectiva do cônjuge/companheiro que "abandona o lar" e é privado de sua meação no imóvel de residência da família, para perquirir possíveis violações a interesses não econômicos por incidência de um viés punitivo que não se adequa ao atual contexto jurídico brasileiro.

1 Considerações gerais sobre usucapião como forma de aquisição e perda da propriedade imóvel no direito brasileiro

A usucapião é instituto longevo que remonta ao direito romano, conforme pode se observar na antiga Lei das XII Tábuas (*Lex Duodecim Tabularum* ou *Duodecim Tabulae*) que vigorava no século V a.C.

Pela lei romana, em sua Tábua VI, as terras seriam adquiridas por usucapião depois de dois anos de posse, assim como as coisas móveis seriam usucapidas em um ano. Curiosa era a ideia, naquela época, de uma espécie de "usucapião" de mulher, vez que esta passaria ao domínio do homem, desde que com ele residisse por um ano, não tendo se ausentado por três noites.

---

[2] FACHIN, Luiz Edson. *Estatuto jurídico do patrimônio mínimo*. Rio de Janeiro: Renovar, 2001. p. 291.

A regra, que só amparava o cidadão romano, teria os prazos exíguos em sua origem, em razão da facilidade de conhecimento, pela população, das ocupações e usos de bens alheios, tendo em vista o pequeno tamanho de seu território geográfico.[3]

De qualquer maneira, conforme sua origem romana, a usucapião[4] objetivava legitimar o domínio de coisas, regularizando a titularidade de bens, devendo ocorrer nas seguintes situações: a) sobre coisas abandonadas (*res derelictae*); b) sobre as *res mancipi*, alienadas sem as formalidades exigidas pela lei vigente; c) sobre as coisas alienadas por quem não fosse proprietário.

Observe que nas três situações há clara motivação que se volta para o comportamento inerte do proprietário que, no primeiro caso, abandona o bem; no segundo, aliena sem observar as formalidades exigidas e, na terceira, permite que outras pessoas se passem por donos para transferir domínio sobre bens alheios.[5]

O Código Civil de 2002 retoma a forma feminina de designar "a" usucapião, no sentido de sua origem latina que junta os termos *usu* e *capere* – adquirir pelo uso. Assim, considerando o *capere* (*capio* da *usucapio*), teremos, realmente, a palavra no feminino para significar, em conceito simplificado, a aquisição da propriedade pelo uso (posse) prolongado no tempo.

Considerando o significado acima, salienta Caio Mário[6] que a posse que, com o decurso do tempo, se converte em domínio deve ser associada, também, a outras exigências, sendo, assim, a posse qualificada.

Para Caio Mário, ainda, diferentemente das razões originais romanas, a usucapião hoje não seria modalidade originária de aquisição de propriedade, considerando a modalidade derivada na simples existência de um proprietário anterior, não significando, necessariamente, a transferência do domínio de um sujeito para o outro; assim, "é modalidade aquisitiva que pressupõe a perda do domínio por outrem, em benefício do usucapiente".[7]

Interessante o ponto de vista de Paulo Lôbo, quando apresenta algumas das várias teorias que justificam a usucapião, podendo ser uma punição pela inércia do proprietário, ou, também, uma forma de conferir segurança e estabilidade nas relações jurídicas, como ainda a efetivação da função social da propriedade. Enfatizando a última teoria justificante, afirma que a usucapião está "assentada na primazia que, em nosso direito, se deu à efetiva utilização da coisa e à posse real". Assim, "o foco essencial é a aquisição da propriedade pelo possuidor, sendo a perda, consequência".[8]

Para Caio Mário,[9] ainda, as teorias justificantes da usucapião focam, essencialmente, no abandono da coisa pelo antigo dono (teorias subjetivistas), sendo a renúncia, então,

---

[3] MEIRA, Sílvio. Aquisição da propriedade pelo usucapião. *Revista de Informação Legislativa*, Brasília, v. 22, n. 88, p. 195-228, out./dez. 1985. p. 196.
[4] Tratamos aqui, da *usucapio* para aquisição de propriedade quiritária, em terras itálicas, não adentrando na discussão a respeito da figura da *praescriptio*, em terras provinciais.
[5] MEIRA, Sílvio. Aquisição da propriedade pelo usucapião. *Revista de Informação Legislativa*, Brasília, v. 22, n. 88, p. 195-228, out./dez. 1985. p. 197.
[6] PEREIRA, Caio Mário da Silva. *Instituições de direito civil*. Direitos reais. 20. ed. Rio de Janeiro: Forense, 2009. v. 4. p. 117-118.
[7] PEREIRA, Caio Mário da Silva. *Instituições de direito civil*. Direitos reais. 20. ed. Rio de Janeiro: Forense, 2009. v. 4. p. 118.
[8] LÔBO, Paulo Luiz Netto. *Direito civil*. Coisas. 2. ed. São Paulo: Saraiva, 2017. p. 135.
[9] PEREIRA, Caio Mário da Silva. *Instituições de direito civil*. Direitos reais. 20. ed. Rio de Janeiro: Forense, 2009. v. 4. p. 119.

presumida; na necessidade de conferir certeza ao direito de propriedade; assim como na segurança social incorporada na utilização econômica da coisa (teorias objetivistas).

É de reconhecimento majoritário, hodiernamente, a prevalência das teorias objetivistas, tendo em vista a relevância da função social da propriedade, sobretudo após a Constituição Federal de 1988 e, assim, o protagonismo estaria na pessoa do usucapiente que preenche, com seu comportamento, os requisitos que qualificam a posse *ad usucapionem*, para no tempo convertê-la em domínio, sendo mesmo forma de aquisição de propriedade, antes de ser modalidade de perda.

Na perspectiva acima, a inação do proprietário seria, apenas, o espaço aberto para conferir a liberdade necessária para o usucapiente agir, sendo que esse raciocínio não se adequa, com justeza, à nova modalidade de usucapião familiar, conforme será visto adiante, pois, neste tipo, por mais que o cônjuge/companheiro exerça a posse com o fim de morar no imóvel, é o afastamento do lar por parte do outro sujeito a razão de causalidade principal para a usucapião de sua meação.

Todavia, ainda que as teorias objetivistas prevaleçam para todas as modalidades atuais de usucapião, em razão da função social da propriedade que a acompanha como direito fundamental, bem como princípio da ordem econômica nacional (Constituição Federal, arts. 5º, XXII e XXIII e 170, II e III), sendo, portanto, a perda da propriedade uma consequência e não o cerne do instituto, é preciso observar que é o comportamento omissivo do proprietário, negligente na defesa de sua propriedade, tendo em vista que sua inércia, também, requisito que qualifica a posse do outro para fins de usucapião em qualquer das modalidades que preexistiam no Código Civil, à modalidade familiar, assim, a usucapião extraordinária, a usucapião ordinária e as modalidades especiais introduzidas pela Constituição Federal de 1988.

Podem ser observados requisitos comuns a todas as formas de usucapião, sendo os que autorizam a aquisição da propriedade pela usucapião extraordinária, com o prazo mais longo de todos e que hoje é de quinze anos, desde que só estejam presentes esses qualificantes mínimos.

Para outras modalidades, seriam esses requisitos comuns, somados a outros específicos que justificariam a redução dos prazos que, até a entrada da usucapião familiar no ordenamento pátrio, chegavam ao mínimo de cinco anos.

O principal elemento, por óbvio, é a *posse*, definida no Código Civil em seu art. 1.196 pelo conceito de possuidor que, por sua vez, é aquele "que tem de fato, o exercício, pleno ou não, de algum dos poderes inerentes à propriedade".

Em seguida, o art. 1.198 do Código Civil esclarece o que não é posse, mas, detenção, também considerando a atuação do sujeito/detentor que é aquele "que achando-se em relação de dependência para com outro, conserva a posse em nome deste e em cumprimento de ordens ou instruções suas".

Assim, o caseiro, o motorista, o mandatário teriam, enquanto assim fossem, simplesmente a detenção da coisa, que não lastrearia, em tempo algum, a usucapião, vez que esta é efeito de posse e, não, de outra relação com os bens.

Deve-se observar ainda, o conteúdo do art. 1.208 do Código Civil, quanto à aquisição da posse, para constatar que não a induzem, atos de mera permissão ou tolerância, bem como atos violentos ou clandestinos antes de cessados.

Quanto aos atos de mera permissão ou tolerância, explica Caio Mário[10] que os primeiros não levam à aquisição da posse, por se tratarem de uma mera concessão do *dominus*, revogável à sua vontade; já a tolerância significa, tão somente, uma condescendência pela qual não se está transferindo ou cedendo direito algum.

Havendo posse, no entanto, como qualificante comum a todas as modalidades de usucapião, esta deve ser *mansa e pacífica*, significando a que não sofre oposição, assim, aquela que poderia ser contestada pelo proprietário que, por sua vez, permanece inerte. Não se confunde com a posse direta que, em razão de direito pessoal ou real, não confere ao possuidor indireto (normalmente proprietário) qualquer prerrogativa para prejudicá-la.

É necessário o *decurso do tempo* razoável para consolidar a situação de fato, tanto do usucapiente que confere utilidade econômica à coisa, como do *dominus* negligente, que se omite na defesa de sua propriedade. No direito brasileiro, o prazo sempre foi longo, sendo de vinte anos, na codificação anterior, para a usucapião extraordinária, reduzida no código atual, para quinze anos. Para as demais modalidades, sobretudo as especiais urbana e rural, tinha-se o prazo mais exíguo, de cinco anos, talvez pela relevância dos interesses constitucionais tutelados e que seriam garantidos juntamente com a aquisição da propriedade do imóvel.

Seriam esses, então, os requisitos comuns a todas as modalidades de usucapião que irão se diferenciar, na presença de outros específicos.

2 Inércia do proprietário como renúncia presumida ao direito de propriedade sobre imóvel

Analisando a situação jurídica de quem é privado da propriedade pela usucapião, ainda que a perda seja considerada em segundo plano para os objetivos do instituto, verifica-se que seu comportamento omissivo consiste em não exercer, voluntariamente, os elementos que integram seu direito de propriedade, assim, não usa, não goza, principalmente não reivindica e, assim, não exercendo a posse, seu não fazer leva à presunção da renúncia que libera a ação contraposta de outrem, completando para este as bases da posse *ad usucapionem*.

Assim, são duas situações jurídicas distintas que correm em paralelo e que autorizam por lei a usucapião: uma, do usucapiente em relação à coisa, cumprindo a sua função social e outra, do proprietário, também em relação à coisa, para negligenciá-la.

Foi isso que quis dizer Caio Mário quando afirmou que a usucapião seria modalidade derivada de aquisição de propriedade, pois esta é implementada em razão de duas situações subjetivas que se completam, não se falando em transferência de domínio de um sujeito para o outro, mas de efeitos concomitantes de ganho e perda por força da ação e da inação do usucapiente e do proprietário, respectivamente.

Ainda que se considere a privação da propriedade um efeito secundário da usucapião, não se pode negar sua relevância, tendo em vista consistir na perda de um direito fundamental e, por isso, perda grave que confirma que a função social é, ao

---

[10] PEREIRA, Caio Mário da Silva. *Instituições de direito civil*. Direitos reais. 20. ed. Rio de Janeiro: Forense, 2009. v. 4. p. 17.

mesmo tempo, requisito para acessar o direito de propriedade, quando cumprida, e causa para sua perda, quando não observada.

Contudo, a perda da propriedade pela usucapião de outrem não tem lastro punitivo, apenas consolida duas situações jurídicas que se opõem, mas que já estão consumadas pelos fatos; tampouco se verifica qualquer necessidade de relação direta entre os sujeitos (usucapiente e proprietário), mas, pela relação direta entre cada sujeito de seu lado e a coisa usucapida.

A privação da propriedade, como efeito de usucapião, é o destino de quem não deu ao direito perdido a devida importância, não lhe conferindo funcionalidade nem o defendendo contra a presença contestável da posse de outrem.

É o comportamento dos sujeitos em relação direta com a coisa que motiva a usucapião e não a relação direta entre os sujeitos que protagonizam o instituto.

Na verdade, quando se ressalta a proximidade relacional entre os sujeitos, é para efeito contrário, ou seja, afastar o direito de usucapir como ocorre na relação entre cônjuges, durante a sociedade conjugal; entre ascendentes e descendentes, durante o poder familiar; entre tutelados e curatelados e seus tutores e curadores, durante a tutela e curatela, pois que são causas impeditivas de prescrição e que se aplicam também à usucapião.

Visto assim, é a relação entre o proprietário e a coisa, em paralelo à relação entre o usucapiente e a coisa, que conduz à perda da propriedade, nunca se admitindo a usucapião como consequente de falta cometida contra o outro sujeito da relação. Se assim fosse, estaria ressaltado o viés punitivo como parece acontecer na nova modalidade que será analisada a partir de agora.

3 Usucapião familiar como forma de perda da meação sobre imóvel de moradia da família

A usucapião familiar é modalidade nova de aquisição de propriedade, introduzida no ordenamento jurídico, pela Lei nº 12.424/11 que acrescentou ao Código Civil o art. 1.240-A, sendo agora outra modalidade especial urbana de usucapião, com o seguinte conteúdo:

> Art. 1.240-A. Aquele que exercer por 2 (dois) anos ininterruptamente e sem oposição, posse direta com exclusividade, sobre imóvel urbano de até 250 m² (duzentos e cinquenta metros quadrados) cuja propriedade divida com ex-cônjuge ou ex-companheiro que abandonou o lar, utilizando-o para sua moradia ou de sua família, adquirir-lhe-á o domínio integral, desde que não seja proprietário de outro imóvel urbano ou rural.
> §1º O direito previsto no caput não será reconhecido ao mesmo possuidor mais de uma vez

A nova regra estabelece que são elementos desse tipo de usucapião, a) para o usucapiente: a posse justa, contínua, mansa e pacífica, por 2 anos, utilizando o imóvel para moradia sua ou de sua família; b) para o proprietário: a não oposição à posse do outro, bem como o abandono do lar por 2 anos; e c) com relação ao objeto: ser imóvel urbano de até 250 metros quadrados, de propriedade compartilhada pelos cônjuges/companheiros.

Como se percebe, o proprietário que vai perder o domínio sobre o imóvel precisa apresentar dois comportamentos omissivos: (1) não manifestar oposição à posse do remanescente e, ainda, (2) ter abandonado o lar pelo tempo previsto para a usucapião se consumar.

Ou seja, diferentemente dos requisitos comuns às demais formas de usucapião, no que tange à situação do sujeito que vai perder a propriedade, este também deve ter cometido uma falta contra sua família, já que o abandono do lar é comportamento que aponta a culpa que justifica consequentes negativos no fim da sociedade conjugal, ressaltando, agora, o aspecto punitivo da usucapião familiar, para conferir mais relevância à perda do direito sobre o bem imóvel, que passa a ter caráter essencial e não mais secundário, na usucapião.

Outro evento que conduz à posse *ad usucapionem* é o compartilhamento da propriedade do imóvel entre os cônjuges/companheiros, em virtude do regime de bens que justifica a meação. Assim, se o bem imóvel for de propriedade exclusiva de quem abandona, a regra da usucapião familiar não deve incidir.[11]

O usucapiente também deve exercer a posse com exclusividade, após o afastamento do outro, com o intuito de morar e sem oposição, para que sua posse seja mansa e pacífica para fins de usucapião.

O problema está em identificar a aquisição da posse, quanto à parte ideal pertencente ao outro, pelo simples afastamento do titular. Como visto antes, o art. 1.208 do Código Civil não autoriza a aquisição da posse diante da mera permissão ou tolerância.

Independentemente das razões que levaram ao "abandono do lar", não importando, inclusive, quem foi culpado pelo afastamento, muitas vezes, a história e os afetos vividos no passado podem obstacular a resistência quanto à permanência do outro no imóvel, principalmente se existem filhos que também residam nele.

Toda ruptura produz feridas emocionais que, muitas vezes, paralisam ações de ordem prática, e, em muitas situações, promover um litígio para garantir sua fatia patrimonial, em detrimento da moradia de quem foi seu cônjuge ou companheiro e, mais grave ainda, de seus próprios filhos, só agravaria problemas.

Parece que a nova modalidade de usucapião está na contramão da estrada que o direito brasileiro tem escolhido traçar e que busca soluções pacíficas para os conflitos, estimulando sua prevenção e incentivando a conciliação.

A nova regra, ao contrário, incentiva o litígio, ressaltando mais o comportamento de oposição à posse de quem fica do que o comportamento tolerante ou solidário para permitir a moradia pacífica de quem já integrou uma mesma família.

A princípio, a nova regra parece promover a dignidade da família, mas, antes, considera a meação do outro uma espécie de prêmio de consolação e, pior, incentiva pessoas a priorizarem o patrimônio econômico, mantendo a convivência sob o mesmo teto, ainda que em pé de guerra, gerando intenso sofrimento ou, por outro lado, incentiva quem se afasta a se opor à moradia de quem já foi seu par na vida e, possivelmente, de filhos também.

Ressalte-se ainda que, mesmo diante do abandono do lar, é possível incidência do art. 1.208 para desconsiderar a aquisição da posse de quem fica, em razão da permissão ou da mera tolerância e, assim, não haveria que se falar em usucapião, para qualquer das modalidades.

---

[11] LÔBO, Paulo Luiz Netto. *Direito civil*. Coisas. 2. ed. São Paulo: Saraiva, 2017. p. 144.

Caso a interpretação seja objetiva no sentido de permitir a aquisição da posse da meação, em razão da ausência de contestação, afastando por presunção de renúncia à coisa a incidência da regra do art. 1.208 em todos os casos de abandono de lar, a nova regra apenas ressalta a gravidade da culpa de quem se afasta, ainda que seja a vítima da relação conjugal.

4 Abandono do lar e não da propriedade, como requisito para usucapião

A diferença substancial entre a usucapião familiar e as demais modalidades de usucapião é que, em todas as outras, o proprietário que perde a titularidade suporta esse efeito por causa de sua inação na tutela de seu patrimônio econômico, assim, o afastamento é da coisa e, não, de pessoas.

Já na modalidade familiar, o afastamento é da relação conjugal ou de união estável. Poderá haver abandono de lar, para o direito de família, independentemente de existir qualquer direito real sobre bens móveis ou imóveis e, assim, o comportamento que implica culpa na ruptura das relações conjugais ou de união estável não guarda, em sua essência, nem para auxiliar sua definição, qualquer relação com direitos reais.

Para o direito de família, o abandono de lar deve ser considerado, apenas, o afastamento voluntário e sem intenção de retorno ao lar conjugal.

Por sua vez, quanto aos efeitos da usucapião especial, ensina Paulo Lôbo[12] que o abandono de lar deve consistir na situação de fato, mesmo sem comprovação de culpa ou de qualquer motivo justificante, como requisito objetivo que se verifica com o afastamento físico do outro cônjuge ou companheiro, desde que também deixe de prover a família.

A regra busca proteger a família e garantir a moradia dos integrantes que remanescem no imóvel, todavia, para realizar tal intuito, por meio da usucapião, o legislador precisou confundir os significados de lar e imóvel objeto de propriedade.

A ideia de lar vem, mais uma vez, dos romanos, para quem, originariamente, a família se confundia com a religião do fogo doméstico, tendo em vista que cada agrupamento familiar professava seu próprio culto.

O culto aos mortos, por sua vez, mesmo que cada família seguisse seu próprio fogo doméstico, era a base religiosa comum e não se confundia, segundo Fustel de Coulanges,[13] com o que hoje os cristãos praticam em relação aos santos, exatamente porque uma de suas primeiras regras era que cada culto só poderia ser realizado pela família com a qual os mortos guardassem laços de sangue.

O termo *lar*, em Roma antiga, significava uma divindade que se fundia nos mortos daquela família a quem seus integrantes deviam respeito, culto e repasto.

Fustel de Coulanges informa que *Lares* ou *Heróis* eram para os antigos, senão, as almas dos mortos, "às quais o ser humano atribuía um poder sobre-humano e divino".[14]

A casa também estava atrelada à própria noção de religião, pois era o espaço onde os rituais se materializavam e sendo, entre outros, os deuses Lares protetores da família,

---

[12] LÔBO, Paulo Luiz Netto. *Direito civil*. Coisas. 2. ed. São Paulo: Saraiva, 2017. p. 144.
[13] COULANGES, Fustel de. *A cidade antiga*. 4. ed. Tradução de Edson Brini. Bauru: Edipro, 2009. p. 39.
[14] COULANGES, Fustel de. *A cidade antiga*. 4. ed. Tradução de Edson Brini. Bauru: Edipro, 2009. p. 32.

como espírito divinizado de ancestrais daquela família, com o passar dos séculos, a noção de família, casa e lar, continuou entrelaçada, como, em analogia, pessoa, corpo e alma, respectivamente.

No entanto, ainda que não se tenha a propriedade da casa que habite, é possível experimentar, nela, um lar. O abandono de lar, então, não se confunde com o afastamento ou renúncia à titularidade do imóvel de residência da família, sendo, então, afastamento e renúncia àquela família conjugalizada.

Dessa forma, a usucapião familiar modifica visceralmente a situação jurídica do cônjuge ou companheiro, enquanto coproprietário que abre mão de seu lugar na família, para considerar, por extensão, que também renuncia a seus direitos sobre o imóvel onde a família permaneça residindo.

Não há lógica na causalidade escolhida pelo legislador, entre abandono de lar e perda da propriedade por usucapião, por isso, a nova modalidade de usucapião familiar parece mais outro efeito punitivo do comportamento, presumidamente desagregador, de quem se afasta.

5 Abandono de lar e direito real de habitação

O sentido da nova modalidade de usucapião parece estar na garantia do direito de moradia, que é direito fundamental, para a família que permanece no imóvel e, para Paulo Lôbo, havendo "conflito entre o direito de propriedade e o direito à moradia, este deve prevalecer".[15]

Na usucapião especial urbana, do art. 1.240 do Código Civil, o conflito entre direito de propriedade e direito de moradia fica mais claro, até porque não pressupõe qualquer vínculo entre os sujeitos da relação que se estabelece em torno do imóvel. Já na nova modalidade do art. 1.240-A, a relação afetiva (de amor ou ódio, que é amor ferido) dificulta a percepção mais clara de negligência patrimonial por parte de quem se afasta.

A animosidade, própria dos afetos entre os protagonistas do "abandono do lar" e da usucapião familiar, pode conduzir, ainda, a situações mais injustas. Nada impede que o cônjuge ou companheiro que foi abandonado, ferido e com desejo de vingança, após preencher os requisitos da usucapião e, assim, adquirir o domínio total do imóvel, venha a vender o bem, apenas para se locupletar às custas do outro, botando a perder os direitos fundamentais de moradia e propriedade, ao mesmo tempo.

Ou, por outro lado, se o que se afasta, assim o fizer por ameaças ou agressões do cônjuge ou companheiro que ficou no imóvel e isso justificar o seu receio quanto a diligenciar, no exíguo prazo de dois anos, em defesa de sua parte ideal no bem?

Como já foi exposto, também há a possibilidade de quem se afastou, simplesmente, permitir ou tolerar a permanência de filhos e ex-cônjuge ou companheiro no imóvel, por solidariedade familiar que é dever moral e, também, jurídico, sendo princípio constitucional que deveria afastar a posse *ad usucapionem* da meação.

Outro problema diz respeito às famílias que habitam em imóveis rurais. Qual o sentido da proteção das famílias das cidades e do correspondente desamparo das famílias em zonas rurais?

---

[15] LÔBO, Paulo Luiz Netto. *Direito civil*. Coisas. 2. ed. São Paulo: Saraiva, 2017. p. 141.

Se o legislador se preocupou em garantir o direito fundamental à moradia, deveria ter feito com relação a todas as situações de família, não apenas para aquelas que residam em áreas urbanas.

Ainda, sendo o conflito entre dois direitos fundamentais, que são o direito à propriedade e o direito à moradia, ambos poderiam coexistir perfeitamente. O direito real de habitação sobre coisa alheia poderia ser a solução mais justa para os casos de abandono de lar, por que não?

O direito real de habitação garantiria a permanência para fins de moradia, sendo ainda, *erga omnes*, protegido até mesmo contra comportamentos turbadores do próprio titular do domínio; não obrigaria a pagamento de aluguel e, também, não autorizaria a alienação do direito de morar.

No lugar de criar uma modalidade de usucapião, o legislador poderia ter garantido pelo direito real de habitação o direito oponível a todos, do ex-cônjuge ou ex-companheiro e seus familiares, de permanecer residindo no imóvel que seguiria como objeto de condomínio do antigo casal.

Não há sentido, senão o de punir o cônjuge ou companheiro que se afasta, na escolha pela usucapião familiar, modalidade de aquisição de propriedade que tem grandes chances de, na prática, conduzir a situações bem distantes da nobreza e dignidade de garantir um teto.

6 Culpa nas relações de família

A figura jurídica da culpa na separação conjugal não pode ser dissociada do contexto que outrora a justificou.

Baseada nas convenções da própria sociedade brasileira, que em seu contexto liberal clássico adotou valores religiosos, a legislação familiar, por muito tempo, foi pautada pela exclusão, na medida em que, não obstante a realidade se portasse diferentemente, a proteção estatal apenas seria conferida a uma única forma de constituição familiar, definida pelo casamento.

A família, em seu modelo institucional, também carregava uma história de desigualdade entre os membros que a compunham, estabelecendo-se uma hierarquia entre o *pater* família e a sua esposa, bem como com relação aos seus filhos.

A influência adveio também das Ordenações Filipinas, de Portugal, que mesmo durante o início do período republicano se manteve vigente aqui no Brasil, até mais que em seu país de origem, retardando a evolução de novas interpretações, advindas da renovação legislativa da maioria das nações ocidentais.[16] A sociedade colonial, à época, foi de grande influência para a manutenção dos valores patriarcais.

Assim, embora independente, o Brasil regeu-se até 1917, em grande parte, pelas Ordenações Filipinas, e por essa razão Pontes de Miranda assevera que o nosso direito não nasceu de uma semente, mas de um galho que se plantou e cuja origem precisa ser conhecida, para a compreensão do Brasil-Colônia.[17]

---

[16] GOMES, Orlando. *Raízes históricas e sociológicas do Código Civil brasileiro*. São Paulo: Martins Fontes, 2006. p. 4.
[17] MIRANDA, Francisco Cavalcanti Pontes de. *Fontes e evolução do direito civil brasileiro*. Rio de Janeiro: Forense, 1981. p. 28.

A liberdade individual nas relações subjetivas, portanto, era um valor que deveria ser esquecido em nome da tradição da sociedade da época, fortemente influenciada, também, pelos valores religiosos da Igreja católica, que penitenciava e punia os fiéis pecadores que infringissem os mandamentos da fidelidade, deixando de reconhecer quaisquer efeitos benéficos para os frutos advindos das relações extramatrimoniais e, mesmo, sobre tais relações.

O indivíduo tornava-se invisível quando inserido em um seio familiar, e apenas a instituição era valorizada, desde que houvesse sido composta dentro dos critérios preestabelecidos pela ordem social, com forte influência da moral religiosa.

Com o contexto político e social do Estado Democrático de Direito, embora o valor da liberdade humana tenha sido alçado a um mandamento constitucional imperativo, o fato é que tal conceito, na esfera existencial, sofreu várias adaptações, máxime nas relações privadas como um todo, a ela incorporando-se denominações como a da autonomia privada, moldada pelo cuidado no equilíbrio e na igualdade das partes em relação, considerando-se a sua desigualdade material.

Nessa esfera, portanto, os modelos perdem a importância diante da própria condição humana, passando a família a ser um *locus* ao desenvolvimento da personalidade e construção da felicidade de cada um de seus membros.[18]

A base valorativa da liberdade existencial vem distinguindo-se do exercício de outras esferas de liberdade privada, principalmente em razão de sua peculiaridade íntima com os valores da própria existência humana, voltada à primazia do bem-estar das pessoas e não dos grupos que elas compõem, entre eles a própria família, mas nas interpretações configuradas na realidade social, por vezes confunde-se com a possibilidade de um individualismo exacerbado. É preciso reconhecer que a base da liberdade existencial se distancia hoje e se distingue dos conceitos atribuídos no passado, a partir da justificativa histórica da dinâmica dos valores e de sua necessária consideração para a solução dos conflitos que são detectados na atualidade.

Em entrevista concedida ao Instituto Brasileiro de Direito de Família no ano de 2014, o Ministro Luiz Edson Fachin[19] alertou sobre o importante papel da jurisprudência na atualidade, de ressignificação e atualização das leis, sem que haja minimização do papel do legislador de seu tempo, possibilitando a regulação pela força construtiva dos fatos a partir da realidade social. Contudo, no Brasil, continua o insigne jurista, falta-nos coesão quando da captação pelo direito, que possa trazer uma unidade desejável para uma segurança jurídica substancial.

Assim, a necessária atualização concreta das normas jurídicas não pode deixar de buscar a sua fundamentação normativa legal, por meio de técnicas que sejam razoáveis à solução do conflito familiar, que por sua vez pode envolver a colisão de direitos fundamentais, como é o caso do abandono do lar e o conflito entre o direito à propriedade privada de quem se afasta e o direito à moradia de quem fica.

Nesse sentido, há um grande dilema na consideração da autonomia em um contexto de Estado Democrático de Direito, em que o valor da liberdade se encontra

---

[18] LÔBO, Paulo Luiz Netto. A repersonalização das relações de família In: BITTAR, Carlos A. (Coord.). *O direito de família e a Constituição de 1988*. São Paulo: Saraiva, 1989. p. 99-109.
[19] FACHIN, Luiz Edson. Um país sem jurisprudência *IBDFam Revista*, ed. 11, 2014. p. 5.

ressaltado; e valores conferidos pela sociedade às suas próprias dimensões existenciais também não podem ser desconsiderados na releitura e aplicação do direito pelo julgador.

Para uma releitura responsável, contudo, e que tente manter o aplicador o mais neutro possível de suas próprias convicções subjetivas é importante que se colha, ainda que por amostra, uma base de dados por meio de parâmetros científicos.

Por meio de um estudo sociojurídico realizado na cidade do Recife/PE e orientado pelo Departamento de Estatística e Informática da Universidade Federal de Pernambuco, pôde-se constatar a ineficácia do regramento da culpa na separação conjugal, para fins de condenação e responsabilização de um dos cônjuges pela quebra dos chamados deveres conjugais, o que deve ser ressaltado como justificativa científica para a extinção de sua discussão como parâmetro à responsabilidade civil "familiar" com sanções patrimoniais, ainda que travestidas de outras coisas, como acontece na usucapião familiar.

7 Usucapião familiar como punição pelo abandono do lar e a violação do direito de romper a relação conjugal – Autonomia da vontade

Alie-se à discussão como um todo a postura processual da reforma de 2015, no Brasil.

A legislação processual mostra-se contraditória, na medida em que reverencia e ressalta o sistema multiportas com o fortalecimento da cultura da mediação e conciliação, ao mesmo tempo em que ressuscita a figura da separação conjugal, judicial ou extrajudicial, alimentando a perspectiva de retorno da discussão da culpa, e pior, atrelando-a, agora, à possibilidade de interpretação para considerar outros efeitos punitivos, como a perda da meação do patrimônio comum do casal, pelo abandono "do lar" conjugal.

A previsão de possibilidade de perda da propriedade pelo cônjuge "culpado" em razão de haver abandonado o lar atribui um efeito punitivo a uma conduta subjetiva de afastamento que não pode presumir negligência com a propriedade, a ponto de vir a perdê-la.

Interpretações mais amenas e lógicas desse retorno da figura da separação na legislação processual, não obstante a consolidação da jurisprudência quanto à sua extinção, apontam para a possibilidade do seu exercício consensual tão somente, e portanto, não admite discussão litigiosa de quem quer apenas se separar em face de quem quer se divorciar. Trata-se do exercício de uma autonomia, posto que a ninguém é dado o direito de permanecer casado, se o outro não o quiser.

8 Tendência a afastar a discussão sobre a culpa no direito de família contemporâneo e a incoerente usucapião por abandono do lar

No atual Código Civil de 2002, qualquer ato que importe em grave violação dos deveres do casamento e torne insuportável a vida em comum é causa de separação, além das causas meramente *exemplificativas*, constantes no art. 1.573 que ressuscita aparentemente a especificidade das causas/condutas previstas em 1916, incluindo o abandono do lar conjugal por mais de um ano, e esclarece em seu parágrafo único a sua nova finalidade de descrição, uma vez que admite que o juiz considere outros fatos além dos elencados na lei, em um expresso reconhecimento do Estado com relação à sua intervenção eficaz na intimidade das partes.

A partir dessa formula genérica, a própria sociedade começou a balizar, por meio de suas pretensões e jurisprudências decorrentes, a utilidade de configuração da culpa, juridicamente falando, seja pela dificuldade de sua prova na análise subjetiva das condutas que levaram ao rompimento da relação, seja pela ausência de sanções específicas e familiares na lei, uma vez que as sanções voltadas à violação dos direitos de personalidade e outros direitos fundamentais possuíam suas próprias regras que poderiam transversalizar o conflito familiar.

O sistema híbrido estabelecido na presença da separação e do divórcio pode ter sido mais um ritual de passagem e transição para a plena aceitação do divórcio no Brasil, que ocorreu em 2010 com a EC nº 66, ressaltando a autonomia da vontade e, assim, a liberdade de permanecer ou não casados, com a interferência menor do Estado, sobretudo na aplicação de castigos civis por culpa na dissolução dos vínculos afetivos.

A partir da alteração do §6º do art. 226 da CF/88, duas interpretações surgiram: teria a alteração eliminado o prazo e o instituto da separação, ou apenas o prazo?

A corrente que defendeu a extinção de ambos se consolidou mais na jurisprudência, inclusive, com a definição de que os processos de separação em andamento seriam convertidos em divórcio ou em extinção do processo sem julgamento do mérito pela impossibilidade jurídica do pedido. Tal doutrina é mais fortalecida também pela extinção do princípio da culpa na separação e pela a impossibilidade de aplicabilidade de sanções familiares ao cônjuge considerado culpado na separação, como no passado, com a possibilidade da perda do uso do nome, da perda da guarda e das vantagens patrimoniais advindas do regime e agora, ainda, a perda da propriedade do imóvel de residência da família, em caso de abandono de lar.

De qualquer sorte, desde a EC nº 66 e até a entrada em vigor do art. 1.240-A do Código Civil, a culpa só produziria uma sanção para o cônjuge considerado culpado, que seria a restrição do direito de alimentos, apenas para garantir a subsistência, havendo a necessidade e considerando, ainda, a ausência de parentes legitimados para tal.

Se caminharmos para uma naturalização do fim do casamento, teremos que eliminar o grau de litigiosidade e seus efeitos e, consequentemente, do conceito jurídico de "culpa", posto que a perquirição com relação à possível conduta já se enquadra de forma geral na possibilidade de violação de direitos de personalidade, devendo se analisar por meio da doutrina da responsabilidade civil.

Operadores jurídicos não estão obrigados, tampouco capacitados, a descobrir as motivações inconscientes da ação humana. Em verdade, quando surge a crise conjugal que desemboca na dissolução, a ruptura já fora promovida muito antes, com a perda do afeto.

Não há dúvidas de que o movimento de intervenção do Estado na conjugalidade, para trazer um novo efeito punitivo para o abandono do lar, como comportamento elencado entre as hipóteses de culpa do art. 1.573 do Código Civil, foi de recuo, vez que salienta a figura já combatida da culpa, e, na retórica falaciosa de proteger direito fundamental de moradia, condena o cônjuge ou companheiro que se afasta, por sua culpa, a ser privado de outro direito fundamental, que seria sua propriedade. Principalmente, quando a coexistência e a garantia de ambos os direitos poderiam ser resolvidas com a figura do direito real de habitação.

Notas conclusivas

Do exposto o cerne do estudo está na distinção entre o abandono da propriedade e o abandono do lar. Tratados diferentemente pelo direito real e pelo direito de família, será necessário que se interprete o sentido atribuído ao artigo que incluiu a modalidade da usucapião familiar.

Na esfera familiar, o afastamento da propriedade, seja comum ou particular, advém de razões diversas que não presumem a renúncia do direito real à meação e de propriedade, mas apenas ao direito real de habitação, que não se caracteriza como indefinido em razão do tempo, muito menos em razão de circunstâncias meramente existenciais.

A exata identificação dos institutos e sua finalidade confundem o intérprete quanto às causas de sua aplicabilidade, se familiares e provenientes da falida culpa na separação ou se patrimoniais e funcionais quanto à inércia de seu exercício.

O instituto da usucapião familiar traz consigo essa hibridez na interpretação que precisa ser esclarecida, uma vez que o afastamento do proprietário como cônjuge/companheiro se dá por razões inteiramente distintas do afastamento pelo proprietário, que implicam também o abandono da funcionalidade dessa mesma propriedade. Na primeira hipótese, a funcionalidade da propriedade poderá ser mantida quando alberga a moradia de filhos comuns ou mesmo quando o ato de quem se ausenta significa solidariedade familiar para com o ex-cônjuge, no reconhecimento de sua dependência econômica ou situação momentânea.

Em razão disso, a crítica ao instituto da usucapião familiar se mantém pertinente, posto que foi inserido no capítulo exclusivo dos direitos reais, como hipótese de perda da propriedade, mas traz consigo elementos existenciais inarredáveis. A julgar, por exemplo, que "comunicabilidade" em regime patrimonial de comunhão parcial ou universal é forma de aquisição de propriedade, a sua perda só se daria na esfera das regras familiares e não reais, posto que a inércia na posse não traz repercussões e se dará por causas inteiramente distintas da inércia de qualquer proprietário com relação a um bem de sua propriedade.

Referências

COULANGES, Fustel de. *A cidade antiga*. 4. ed. Tradução de Edson Brini. Bauru: Edipro, 2009.

FACHIN, Luiz Edson. *Estatuto jurídico do patrimônio mínimo*. Rio de Janeiro: Renovar, 2001.

FACHIN, Luiz Edson. Um país sem jurisprudência *IBDFam Revista*, ed. 11, 2014.

GOMES, Orlando. *Raízes históricas e sociológicas do Código Civil brasileiro*. São Paulo: Martins Fontes, 2006.

LÔBO, Paulo Luiz Netto. A constitucionalização do direito civil. *Revista de Informação Legislativa*, Brasília, n. 141, p. 99-109, jan./mar. 1999.

LÔBO, Paulo Luiz Netto. A repersonalização das relações de família In: BITTAR, Carlos A. (Coord.). *O direito de família e a Constituição de 1988*. São Paulo: Saraiva, 1989.

LÔBO, Paulo Luiz Netto. *Direito civil*. Coisas. 2. ed. São Paulo: Saraiva, 2017.

MEIRA, Sílvio. Aquisição da propriedade pelo usucapião. *Revista de Informação Legislativa*, Brasília, v. 22, n. 88, p. 195-228, out./dez. 1985.

MIRANDA, Francisco Cavalcanti Pontes de. *Fontes e evolução do direito civil brasileiro*. Rio de Janeiro: Forense, 1981.

PEREIRA, Caio Mário da Silva. *Instituições de direito civil*. Direitos reais. 20. ed. Rio de Janeiro: Forense, 2009. v. 4.

Informação bibliográfica deste texto, conforme a NBR 6023:2002 da Associação Brasileira de Normas Técnicas (ABNT):

OLIVEIRA, Catarina Almeida de; OLIVEIRA, Maria Rita de Holanda S. Usucapião familiar como instrumento de concretização (ou distorção) de direitos fundamentais. In: EHRHARDT JÚNIOR, Marcos; CORTIANO JUNIOR, Eroulths (Coord.). *Transformações no Direito Privado nos 30 anos da Constituição*: estudos em homenagem a Luiz Edson Fachin. Belo Horizonte: Fórum, 2019. p. 721-735. ISBN 978-85-450-0562-9.

PESSOA IDOSA: UM NOVO SUJEITO E A TUTELA JURÍDICA DOS SEUS INTERESSES NAS RELAÇÕES FAMILIARES

ANA LUIZA MAIA NEVARES

VIVIANE GIRARDI

1 A longevidade e o envelhecimento no Brasil

Não é novidade dizer que "estamos envelhecendo". De fato, segundo fontes do IBGE, em 2020, os idosos chegarão a 25 milhões de pessoas e representarão 11,4% da população, sendo certo que, em virtude das sucessivas quedas das taxas de fecundidade e da diminuição gradativa das taxas de mortalidade registradas nas últimas décadas, estudos mostram que é irreversível o envelhecimento da população brasileira.[1]

A Constituição da República dedica atenção especial ao idoso no Capítulo VI do Título VIII, Da Ordem Social, determinando em seu art. 230 que a família, a sociedade e o Estado têm o dever de amparar as pessoas idosas, assegurando sua participação na comunidade, defendendo sua dignidade e bem-estar e garantindo-lhes o direito à vida.

Com efeito, o envelhecimento torna as pessoas mais vulneráveis, em virtude das inúmeras mudanças que causa no corpo e na mente das pessoas. Como se sabe, muito embora os efeitos do envelhecimento não sejam uniformes, dependendo de cada pessoa, com o avançar da idade, começam a surgir problemas de audição, visão, enfraquecimento dos ossos, perdas de memória, bem como o desgaste de órgãos vitais para o corpo humano. Por tudo isso, os idosos, juntamente com as crianças e os adolescentes, são pessoas vulneráveis e, assim, a eles deve ser direcionada uma especial proteção.

Nessa direção, foi promulgado em 1º.10.2003 o Estatuto do Idoso (Lei nº 10.741), destinado a regular os direitos assegurados às pessoas com idade igual ou superior a 60 (sessenta) anos. O referido estatuto volta-se primordialmente para direitos essenciais

---

[1] EM 2030, cerca de 40% da população brasileira deverá ter entre 30 e 60 anos. *Agência de Notícias IBGE*, 13 abr. 2004. Disponível em: <https://agenciadenoticias.ibge.gov.br/agencia-noticias/2013-agencia-de-noticias/releases/12757-asi-em-2030-cerca-de-40-da-populacao-brasileira-devera-ter-entre-30-e-60-anos.html>. Acesso em: 29 maio 2018.

relativos ao exercício da cidadania e à inserção do idoso na sociedade, prevendo uma gama de direitos sociais, como aqueles relativos ao lazer, ao transporte, à saúde, à assistência social, ao acesso à Justiça, entre outros. Em resumo, pode-se dizer, em linhas gerais, que o objetivo do Estatuto do Idoso é garantir às pessoas maiores de 60 (sessenta anos) iguais oportunidades para o exercício de uma vida digna, prevendo penalidades para aqueles que violarem os seus direitos, bem como atribuindo competências e responsabilidades institucionais para entidades governamentais e agentes públicos para a garantia e efetivação dos direitos nele previstos, como ocorre em relação ao Ministério Público.

No entanto, pode-se dizer que a especial proteção que deve ser destinada aos idosos deve se dar também e precipuamente no âmbito de suas relações familiares, uma vez que é na família que o indivíduo exerce os seus mais genuínos vínculos de afeto, solidariedade e dependência. Não por outra razão, a própria Constituição da República em seu §1º do art. 230 determina que os programas de amparo aos idosos serão executados preferencialmente em seus lares. No entanto, nessa seara, o Estatuto do Idoso foi tímido e, muito embora preveja em seu art. 1º que é obrigação da família garantir ao idoso a efetivação de seus direitos, imiscuiu-se apenas no campo dos alimentos, não inovando em outros institutos ou setores que poderiam melhor atender à proteção do idoso na família.

Assim, o presente artigo tem por objetivo analisar a proteção do idoso no seio familiar, examinando institutos que a concretizam nessa seara, bem como investigando e propondo outras soluções possíveis, que devem ser pensadas, para a construção de um direito a envelhecer.

2 Envelhecimento e a emergência de um novo sujeito de direitos: vulnerabilidade e autonomia

Na perspectiva crítica do direito de família, a Constituição Federal de 1988 é o marco legal que alterou o paradigma hermenêutico para elevar a tutela dos direitos existenciais em relação aos patrimoniais, os quais devem ser funcionalizados para a promoção da dignidade da pessoa humana. Ao lado dessa mudança do paradigma interpretativo, por força de princípios constitucionais, cujos valores informam direta ou indiretamente todo o sistema infraconstitucional, a pessoa passou a ser o centro do ordenamento jurídico e a sua tutela, para ser efetiva, deve ter em conta as fases da vida humana, ou seja, a infância, a adolescência, a idade adulta e a velhice.

Nesse âmbito, sob os comandos dos arts. 227, 229 e 230 da Constituição Federal de 1988, os aspectos de vulnerabilidade inerentes às fases da infância, da adolescência e do processo de envelhecimento passaram a ser legislados e dotaram as crianças, os adolescentes e as pessoas idosas de ressignificação jurídica e, por força de interesses jurídicos que lhes são inerentes, de especial tutela tanto no interior da família como nas relações que se espraiam dela.

Informado pelos valores constitucionais e sendo a tutela da dignidade da pessoa humana a última *ratio* do ordenamento jurídico, restou promulgada em 1º.10.2003 a Lei nº 10.741/03, denominada Estatuto do Idoso, que no seu art. 1º assegurou "é instituído o Estatuto do Idoso, destinado a regular os direitos assegurados às pessoas com idade igual ou superior a 60 (sessenta) anos".

Portanto, ao lado do Estatuto da Criança e do Adolescente que tutela o período de fragilidade da pessoa em processo de formação, agora a lei brasileira reconhece também a vulnerabilidade das pessoas acima de 60 anos e dos efeitos físicos e mentais da passagem do tempo sobre o corpo humano. Reconhecendo, ademais, que no contexto do processo de envelhecimento a condição física e mental das pessoas acima de 80 anos é ainda mais frágil e dependente, a lei estabeleceu o critério da prioridade absoluta desses últimos em relação aos demais idosos sempre que outras condições excepcionais não recomendarem o contrário. Mais que isso, o Estatuto do Idoso a partir do seu art. 2º declara que a pessoa a partir dos 60 anos goza de todos os direitos fundamentais e de proteção integral, devendo a ela serem asseguradas todas as oportunidades e facilidades para (i) preservação da saúde física e mental e (ii) seu aperfeiçoamento moral, intelectual, espiritual e social em condições de liberdade e dignidade.

No texto constitucional já havia a proteção e a imposição do dever de amparo da pessoa na velhice, mas indiscutivelmente foi com a conceituação de idoso como aquela pessoa de idade igual ou superior a 60 anos que houve a afirmação desse novo sujeito no seio do ordenamento legal e do envelhecimento como um direito personalíssimo (art. 8º do estatuto). É relevantíssimo para o direito privado que o estatuto visa à garantia da autonomia da pessoa idosa, ao absoluto respeito à sua liberdade e, portanto, à capacidade de agir do idoso no contexto das relações jurídicas (§2º do art. 10 do estatuto).

A pessoa idosa, como se sabe, padece da peculiar condição de, gradativamente, perder a capacidade física e mental na direta proporção em que aumenta a sua dependência aos cuidados de terceiros. Porém, diferentemente da infância e da adolescência, o envelhecimento como direito personalíssimo que é, se apresenta mais ou menos acentuado a depender da particular condição de cada ser humano e dos múltiplos fatores que influem a velhice e não somente pelo alcance dos 60 anos de idade.

O envelhecimento impacta vários campos da vida de uma pessoa, indo da saúde ao mundo do trabalho, sem serem esquecidas as relações familiares. Contudo, na base desse processo se encontra o dever jurídico da preservação da dignidade do idoso, o que leva inegavelmente à absoluta consideração da autonomia plena desse sujeito, quando possível, e mitigada quando necessária.

3 A proteção do idoso nas relações familiares

É no contexto das relações familiares[2] que primordialmente a pessoa idosa deve ser tutelada e protegida e a ela assegurada a sua dignidade, liberdade e autonomia. Nos termos do art. 230 da Constituição Federal, é prioritariamente dever da família e depois dos agentes públicos a proteção integral da pessoa idosa. E, no núcleo das

---

[2] "A *repersonalização* das relações familiares significaria sair daquele idéia de patrimônio como orientador da família, onde essa se forma pela afetividade e não mais exclusivamente pelo vínculo jurídico-formal que une as pessoas. Deve o Direito Civil, cumprir seu verdadeiro papel: regular as relações relevantes da pessoa humana – colocar o homem no centro das relações civilísticas. [...] E, gravitando o Direito Civil em torno da pessoa, não há lugar para concepções excludentes de determinados sujeitos de tutela jurídica ou atribuidoras de um tratamento jurídico inferior a eles. [...] Uma das conseqüências práticas da *repersonalização* vem a ser a nova concepção de família, espelhando a idéia básica da família *eudemonista*, ou seja, da família direcionada à realização dos indivíduos que a compõem" (MATTOS, Ana Carla Harmatiuk. *As famílias não fundadas no casamento e a condição feminina*. Rio de Janeiro: Renovar, 2000. p. 104-105).

relações familiares, o art. 229 da Constituição Federal impõe aos pais o dever de tutela e de cuidados dos filhos menores e aos filhos capazes o dever de amparo dos pais na velhice. Reconhecida a vulnerabilidade inerente a essa fase da vida da pessoa e da família como base da sociedade brasileira, pode-se afirmar que a solidariedade familiar e o afeto como elementos jurídicos[3] e inerentes aos vínculos familiares são, ao lado do parentesco e da observância da autonomia com respeito à capacidade de discernimento, os vetores de orientação para a promoção integral da pessoa idosa e da adequada tutela de seus direitos, dada a peculiar condição de vulnerabilidade própria desses sujeitos. Por isso, tendo a família como pano de fundo e tomada como espacialidade própria da convivência salutar das pessoas unidas por vínculos de sangue e de afeto, são apontados alguns institutos jurídicos, os quais, uma vez funcionalizados segundo o melhor interesse da pessoa idosa e do dever de solidariedade familiar, são instrumentos aptos à promoção da autonomia e do respeito à manifestação volitiva da pessoa idosa.

3.1 As diretivas antecipadas de vontade

As diretivas antecipadas de vontade constituem documento que contém instruções do declarante relativas a tratamentos e cuidados com a sua saúde. De acordo com a definição de Luciana Dadalto, as diretivas antecipadas de vontade constituem um gênero de documentos que abrange duas espécies, a saber, o testamento vital, que tem por objetivo dispor sobre os tratamentos e cuidados médicos em relação aos quais uma pessoa deseja se submeter quando estiver com uma doença terminal e incurável, impossibilitada de manifestar sua vontade, e o mandato duradouro, que constitui a nomeação de uma pessoa (ou mais) de confiança da pessoa que deverá ser consultada pelos médicos quando for necessário tomar alguma decisão sobre os referidos cuidados médicos referidos no instrumento, estando o declarante impossibilitado de manifestar sua vontade. Embora seja possível realizar um testamento vital sem nomear um procurador de saúde, é sempre recomendável fazê-lo.[4]

A maior expectativa de vida está atrelada à maior incidência de doenças crônicas graves e incuráveis, que ocasionam a perda de qualidade de vida e da autonomia do paciente. Com a evolução da medicina, cada vez mais é possível prolongar a vida de uma pessoa diante de tais enfermidades, sendo certo que os referidos tratamentos muitas vezes constituem terapias inúteis para a cura ou para a melhora da qualidade de vida, ocasionando mais sofrimento para o paciente e seus familiares. Daí a importância cada vez maior das diretivas antecipadas de vontade, documento através do qual a pessoa poderá exprimir sua vontade quanto a ditos tratamentos, guiando os médicos nos seus cuidados, bem como nomeando uma ou mais pessoas que poderão representá-la na tomada de decisão em relação às aludidas terapias.

---

[3] "Na transformação da família e de seu Direito, o transcurso apanha uma 'comunidade de sangue' e celebra, ao final desse século, a possibilidade de uma 'comunidade de afeto'. Novos modos de definir o próprio Direito de Família. Direito esse não imune à família como refúgio afetivo, centro de intercâmbio pessoa e emanador da felicidade possível" (FACHIN, Luiz Edson. *Curso de direito civil*. Elementos críticos do direito de família. Rio de Janeiro: Renovar, 1999. p. 305).

[4] DIRETIVAS antecipadas de vontade. *Testamento Vital*. Disponível em: <http://testamentovital.com.br/diretivas-antecipadas-de-vontade>. Acesso em: 29 maio 2018.

Com efeito, a Constituição da República garante como princípios fundamentais do ordenamento jurídico a dignidade, a liberdade e o direito à vida privada. Trata-se do exercício da autonomia existencial do indivíduo que pressupõe também a escolha de seu modo de morrer. A liberdade como expressão da dignidade da pessoa humana clama para que também no momento da morte sejam respeitadas as determinações de cada pessoa, segundo seus próprios valores, convicções e desejos do que suporta passar.

Foi nessa direção que o Conselho Federal de Medicina editou a Resolução nº 1.995/2015, que determinou no âmbito do exercício da medicina que, nas decisões sobre cuidados e tratamentos de pacientes que se encontram incapazes de comunicar-se ou de expressar de maneira livre e independente suas vontades, sejam levadas em consideração suas diretivas antecipadas de vontade, que prevalecerão sobre qualquer outro parecer não médico, inclusive sobre os desejos dos familiares. Dita resolução reconheceu, ainda, o procurador de saúde e garantiu a autonomia do médico, facultando-lhe não observar as diretivas que não estiverem de acordo com o Código de Ética Médica. A aludida resolução está em consonância com o art. 41, parágrafo único, do Código de Ética Médica, que determina que nos casos de doença incurável e terminal o médico deve levar sempre em consideração a vontade expressa do paciente ou, na sua impossibilidade, a de seu representante legal.

O Ministério Público Federal, em 2013, ajuizou ação civil pública contra o Conselho Federal de Medicina, para que fosse declarada a inconstitucionalidade e ilegalidade da aludida resolução, argumentando que o referido órgão havia extravasado o seu poder regulamentar, ameaçando, assim, a segurança jurídica, alegando, ainda, a impropriedade do documento entendido como diretivas antecipadas de vontade para externar o conjunto de desejos do paciente sobre cuidados e tratamentos que quer, ou não, receber no momento em que estiver incapacitado de expressar, livre e autonomamente, sua vontade. Ainda, alegou o Ministério Público vício material da aludida resolução por alijamento da família de decisões que lhe são de direito, já que dita norma deontológica não prevê a participação da família na elaboração e fiscalização das diretivas antecipadas, senão as veda, textualmente, quando a família é instituição a que o texto constitucional dispensou especial proteção pelo Estado (art. 226, *caput*).

Dita ação ainda não foi definitivamente julgada, estando em fase de recurso de apelação, mas a sentença não acolheu a tese do Ministério Público. Em sua fundamentação, dito *decisum* não considerou que a resolução em comento afronta o art. 226 da Constituição da República. Com efeito, muito embora a família tenha sido elevada à base da sociedade com especial proteção do Estado, não se pode admitir que esta interfira no projeto pessoal de vida de seus membros, no exercício de sua liberdade e dignidade. É evidente que, diante das relações familiares, este projeto de vida será exercido com suas devidas responsabilidades – assim não será facultado a um pai, por exemplo, deixar de pagar alimentos ao seu filho, porque este é seu projeto de vida. No entanto, é certo que há decisões que se encontram em esferas absolutamente pessoais, sobre as quais só cabe ao indivíduo decidir, como é o caso de seu processo de morrer.

Nesse campo, estão em luz os cuidados paliativos, cada vez mais eleitos em diretivas antecipadas de vontade diante de doenças terminais ou incuráveis. Tratam-se daqueles cuidados que amenizam a dor e o sofrimento do paciente, sem prolongar sua vida de forma inútil. Importante observar que, pela definição da Organização Mundial de Saúde, a família, como núcleo no qual está inserida a pessoa, não está esquecida nos cuidados paliativos. Para a aludida organização:

cuidados paliativos consistem na assistência promovida por uma equipe multidisciplinar, que objetiva a melhoria da qualidade de vida do paciente e seus familiares, diante de uma doença que ameace a vida, por meio da prevenção e alívio do sofrimento, da identificação precoce, avaliação impecável e tratamento de dor e demais sintomas físicos, sociais, psicológicos e espirituais.[5]

A família, portanto, está inserida no contexto do cuidado da pessoa diante de sua doença terminal ou incurável, mas não em suas decisões pessoais quanto ao seu processo de morrer, salvo se não houver manifestação de vontade nas aludidas diretivas antecipadas de vontade.

3.2 A curatela segundo o melhor interesse do idoso

O Estatuto da Pessoa com Deficiência revogou os incs. I, II, III do art. 3º do Código Civil e alterou o art. 4º *caput*, incs. II, III e parágrafo único que disciplinavam, respectivamente, a matéria da incapacidade absoluta e da incapacidade relativa para o exercício de direitos e deveres. Temas esses, então, coligados ao instituto da interdição e da curatela.[6] Por sua vez, também alterou o regime dos sujeitos à curatela ao alterar os incs. I, III, e ao revogar os incs. II e IV do art. 1.767 do Código Civil, resultando em que, atualmente, estão sujeitos à curatela (i) aqueles que não puderem transitória ou permanentemente exprimir sua vontade; (ii) os ébrios habituais e/ou viciados em tóxicos e, por fim, (iii) os pródigos. Portanto, por força do novo regime da capacidade civil e da revogação do art. 1.776 do Código Civil que falava em pessoa "interdita", não poderá mais haver a declaração de incapacidade para fins de curatela. No novo regramento brasileiro, informado pela legislação internacional, mesmo diante da curatela remanescerão aspectos da capacidade civil da pessoa, inclusive como forma de concretização da sua própria dignidade. A lei brasileira faz agora uma distinção entre capacidade de direitos e capacidade de agir. Por sua vez, a interdição como instituto voltado à supressão total da capacidade civil restou afastada do direito brasileiro por contrariar a principiologia da Convenção Internacional de Proteção à Pessoa com Deficiência. Nesse âmbito, subsiste a possibilidade do deferimento da curatela, como instituto protetivo e voltado especificamente para a ausência do discernimento e para os atos que a pessoa não possa, por si, realizar. Vale dizer, a curatela prescinde da prévia declaração da incapacidade absoluta da pessoa como outrora ocorria porque restou consagrada a diferença entre capacidade de direitos e capacidade de agir.

O instituto da curatela é o clássico instrumento de proteção àqueles que por diversas razões físicas ou psíquicas não possuem o discernimento que a lei exige e, por consequência, ficam limitados quanto à capacidade de agir. Trata-se de representação jurídica da vontade de cunho limitado, pois não tem ela a eficácia e o alcance de substituir a vontade do curatelado em todas as esferas do direito. Outrora de contornos

---

[5] CUIDADOS paliativos. *Inca*. Disponível em: <http://www2.inca.gov.br/wps/wcm/connect/cancer/site/tratamento/cuidados_paliativos>. Acesso em: 29 maio 2018.

[6] "A trilogia assistencial compreende a tutela, espécies, efeitos e caracteres, bem com a curatela. Interessante análise pode emergir a partir desses mecanismos que atender, no plano da proteção, emergências jurídicas de representação e de incapacidade" (FACHIN, Luiz Edson. *Curso de direito civil*. Elementos críticos do direito de família. Rio de Janeiro: Renovar, 1999. p. 238).

nitidamente patrimoniais, o curador era nomeado depois do prévio decreto de interdição total da pessoa, com a publicidade da incapacidade civil declarada nos registros civil. De um modo geral, a curatela à pessoa idosa tinha como mote não os cuidados com a ela (categoria do ser), mas sim com a gestão e posse do patrimônio do curatelado (categoria do ter) o qual, não raras vezes, depois do decreto da interdição civil restava abandonado aos cuidados de terceiros ou de clínicas de saúde, afastado do convívio familiar e comunitário, em verdadeira segregação social das pessoas fragilizadas pela idade. A curatela apesar dos seus contornos de cunho protetivo impunha a pesada pena da interdição civil a quem, muitas das vezes, gozava de reservas de discernimento, porém se encontrava fragilizado pela idade e para o pleno exercício dos seus direitos. Nesse âmbito, o avançar da idade e o envelhecimento eram confundidos com a automática incapacidade de agir e a tutela voltada prioritariamente para os bens do curatelado, sob o pretexto de não serem dilapidados quando, em verdade, eram usufruídos e preservados para os futuros herdeiros. No entanto, sob análise civil-constitucional,[7] a prioridade da tutela está funcionalizada para a promoção da pessoa idosa e voltada ao absoluto respeito dos interesses dela e cuja manifestação, com base no discernimento total ou parcial, preservada o quanto possível.

Com a entrada em vigor do Estatuto das Pessoas com Deficiência desde 2016, o regime da capacidade legal e, portanto, da capacidade de agir, foi totalmente reformulado e houve a revogação da prévia interdição, justamente para se cumprir o comando constitucional de promoção da dignidade e do dever de respeito à pessoa sem capacidade de manifestação plena da sua vontade. De rigor, com exceção do nascituro, a curatela se destinava basicamente a interditar a pessoa que passava a ser tratada como totalmente incapaz em absoluta desconsideração à sua manifestação de vontade e autonomia. Porém, e nos moldes das modificações introduzidas pelo Estatuto da Pessoa com Deficiência, o qual visa promover a dignidade das pessoas marcadas por alguma debilidade física, mental ou psicológica, e por isso também instrumental apto a tutelar os interesses da pessoa idosa, a interdição não fará mais o decreto da incapacidade absoluta da pessoa,[8] mas sim a declaração sobre o espaço de ausência

---

[7] "[...] as novas temáticas do direito civil-constitucional associam-se à reflexão acerca da eficácia da tutela da pessoa humana. Para que se construa uma dogmática sólida, que combine a aplicação de dispositivos infraconstitucionais e constitucionais, revela-se imprescindível a utilização de uma teoria da interpretação única e não formalista, como ensina Pietro Perlingieri, em que cada norma infraconstitucional há de ser aplicada juntamente com os princípios constitucionais. Está técnica hermenêutica mostre-se a única capaz de fazer prevalecer os valores do ordenamento em cada decisão judicial" (TEPEDINO, Gustavo. O direito civil-constitucional e suas perspectivas atuais. In: TEPEDINO, Gustavo (Coord.). *Direito civil contemporâneo*: novos problemas à luz da legalidade constitucional. São Paulo: Atlas, 2008. p. 361).

[8] "Apelações cíveis. Curatela. Ação de interdição. Laudo pericial psiquiátrico que aponta a incapacidade parcial da requerida. Cumprimento do disposto no art. 1.183 do CPC. Decretação da interdição com limites da curatela em relação à administração do patrimônio. Aplicação de medida de proteção de abrigo em entidade prevista no estatuto do idoso. Resguardo dos interesses da curatelada. 1. Tramitando o feito com observância do procedimento de interdição, que é previsto nos arts. 1.177 a 1.186 do Código de Processo Civil, inclusive a respeito da necessidade de exame do interditando por médico psiquiatra com a elaboração de laudo, não há falar em nulidade. 2. Havendo suficientes provas de que a requerida possui uma incapacidade, ainda que parcial, para o exercício dos atos da vida civil, não há qualquer reparo a ser feito na sentença vergastada, já que a extensão da interdição decretada respeita os limites apontados pelo laudo médico produzido pelo *expert*, qual seja, a administração de patrimônio. 3. Verificada a negligência dos anteriores cuidadores da interdita, que residia em moradia desorganizada e em precárias condições de higiene, impõe-se a manutenção da medida de proteção de abrigo em entidade, prevista no art. 45, inc. V, do Estatuto do Idoso, como forma de resguardar os interesses e direitos da curatelada, permitindo-lhe um envelhecimento saudável e em condições de dignidade.

de discernimento do curatelado. Por consequência o campo de atuação do curador poderá se dar sobre todos os atos da vida do curatelado, preservando os seus direitos personalíssimos e fundamentais, ou então parcialmente, sobre determinadas esferas da vida.[9] Vale dizer, a curatela recai sobre a capacidade de agir e não sobre a pessoa em si, porque, diante da atual redação dos arts. 3º e 4º do Código Civil, somente os menores de 16 anos podem ser considerados absolutamente incapazes. As demais pessoas sujeitas à curatela se referem aos relativamente incapazes e guardam um núcleo de atuação, cuja extensão será verificada pelo juiz por meio de um processo de averiguação dos níveis de discernimento e não mais de interdição da pessoa.

Nesse sentido, para que o idoso esteja sujeito a uma curatela total ou parcial, temporária ou permanente, é imprescindível a constatação da imperiosa necessidade do curador ou de curadores como permite o art. 1.775-A do Código Civil e do grau de discernimento do idoso, com fins de ser preservada, o quanto possível, a sua autonomia. A curatela atinge o que Pontes de Miranda denomina "capacidade de obrar",[10] ou seja, a capacidade para o exercício, que não pode ser confundida com a capacidade de ser sujeito de direito, a qual permanece intacta e garantida para todos os fins à pessoa idosa. Por isso, pode-se afirmar que o procedimento que "interdita" os atos da pessoa idosa recai sobre uma esfera secundária de direitos da pessoa, sendo a primeira esfera aquela dos direitos fundamentais e indisponíveis, e volta-se mais para o curador para declarar em quais espaços da vida ele poderá agir em representação à vontade do curatelado. Isso porque, nos novos contornos da capacidade civil e de agir, se antes a interdição declarava a incapacidade absoluta do curatelado, agora ela informa ao curador qual será o seu campo de atuação com base no nível do discernimento do curatelado. Mesmo diante da completa ausência de discernimento, a curatela não fará declarar a incapacidade total[11]

Negaram provimento. Unânime" (TJRS. AC nº 70054659040. Rel. Luiz Felipe Brasil Santos, 8ª Câmara Cível, j. 29.8.2013. DJe, 3 set. 2013).

[9] "Ação de interdição. Declaração incidental de inconstitucionalidade do art. 114, da lei nº 13.146/15. Estatuto da pessoa com deficiência. Interdição absoluta. Reforma da sentença. Ausência de inconstitucionalidade. Adequação da lei à convenção sobre os direitos das pessoas com deficiência. Status constitucional. Incapacidade relativa. Art. 4º, iii, cc. Atuação da curadora quanto aos direitos de natureza patrimonial e negocial. Apelação do ministério público provida. 1. A sentença declarou, incidentalmente, a inconstitucionalidade parcial do art. 114, da Lei nº 13.146/15 (Estatuto da Pessoa com Deficiência) e decretou a interdição absoluta da apelada. 2. Recurso do Ministério Público. Hipótese de provimento. 3. A Lei nº 13.146/15, no que tange ao estabelecimento da incapacidade relativa para os portadores de deficiência, está em conformidade com a Convenção Sobre os Direitos das Pessoas com Deficiência, promulgada pelo Decreto nº 6.949/2009, e com status equivalente ao de emenda constitucional (art. 5º, §3º, CF). 4. Interditanda tem 91 anos, é portadora de doença mental, de prognóstico incurável, e não exprime nenhum pensamento, nem vontade. 5. Reforma da r. sentença para afastar a declaração incidental de inconstitucionalidade, decretar a interdição nos termos do art. 114, da Lei nº 13.146/15 e do art. 4º, III, CC, bem como para manter a nomeação da curadora, que poderá praticar os atos relacionados aos direitos de natureza patrimonial e negocial, conforme art. 85, da Lei nº 13.146/15. 6. Apelação do Ministério Público provida" (TJSP. APL nº 10037659420158260564. Rel. Des. Alexandre Lazzarini, 9ª Câmara de Direito Privado, j. 14.3.2017).

[10] MIRANDA, Francisco C. Pontes de. *Tratado de direito privado*. Pessoas físicas e jurídicas. Atualizado por Judith Martins-Costa, Gustavo Haical, Jorge Cesa Ferreira da Silva. São Paulo: Revista dos Tribunais, 2013. t. I. p. 247-248.

[11] "Direito civil. Ação de interdição. Incapacidade civil alterações promovidas pela lei 13.146/2015. Incapacidade de exprimir suas próprias vontades. Paralisia cerebral. Incapacidade relativa (art. 4º, inciso III, CC/02). Necessidade de curatela. Deferimento. Interdição indeferida. Recurso parcialmente provido. A matéria sobre a capacidade civil foi consideravelmente alterada recentemente, em especial pela Lei 13.146/2015 (Estatuto da Pessoa com Deficiência). Com efeito, em casos em que a pessoa não consegue exprimir suas vontades, deve-se considerar a incapacidade relativa, na inteligência do art. 4º, inciso III, CC/02. O Estatuto da Pessoa com Deficiência teve a nítida intenção de suprimir a idéia de interdição, que restou substituída pelo termo curatela,

do idoso. Por isso, com respeito aos valores constitucionais não mais se interditam as pessoas idosas com a total incapacidade para o agir, fruto na maioria dos casos das doenças próprias da senilidade.

Diante do envelhecimento da população brasileira, a curatela retoma força por ser uma categoria jurídica essencial para tutelar a maior longevidade física das pessoas, sem que essa venha acompanhada da plena lucidez. Por isso no espectro que vai da plena capacidade à incapacidade se pode falar em estágios de paracapacidades ou de capacidade intermédia a justificar curatelas de mesmas características, as quais e nestes termos concretizarão o comando constitucional da promoção da dignidade da pessoa idosa e da solidariedade familiar.

Por sua vez, segundo os critérios legais de orientação do instituto voltados para a preservação da dignidade e do bem-estar da pessoa, a curatela será deferida com base no parentesco e/ou no afeto a quem relevar melhores condições de atender aos interesses do idoso. Ela poderá ser compartilhada entre curadores incumbidos de atuação no campo dos atos negociais e daqueles dos cuidados da própria pessoa idosa, respondendo cada um deles nos limites da sua atuação. É importante ainda consignar que, dentro dos níveis de preservação da autonomia da pessoa idosa, do respeito à sua liberdade e com base no seu grau de discernimento, ela poderá indicar quem pretende que seja o seu curador, estabelecendo segundo os seus anseios de afeto e confiança quem poderá representar a sua vontade e se ocupar dos seus cuidados essenciais.

3.3 Tomada de decisão apoiada

Com e entrada em vigor do art. 114 do Estatuto da Pessoa com Deficiência, foi incluído no direito brasileiro o novo instituto de cunho promocional que é a possibilidade da "tomada de decisão apoiada" pela pessoa. Este novel instituto é tratado no art. 1.783-A que introduziu o Capítulo III do Título IV do Código Civil e situa-se no campo intermédio da plena capacidade e da necessidade de curatela. Para Joyceane Bezerra de Menezes:

> trata-se de um instituto novo que, sem guardar identidade com qualquer outro existente na ordem jurídica brasileira, foi criado para atender a orientação geral da Convenção de Proteção da Pessoa com Deficiência. [...]. Embora tenha alguma semelhança com a *amministrazione di sostegno* italiana e com o contato de representação instituído pela *British Columbiam* canadense, não constitui cópia de qualquer deles, razão pela qual ainda representa arestas e lacunas que serão aparadas e preenchidas pela doutrina e pela jurisprudência brasileiras, com o fim de favorecer a sua aplicação e utilidade.[12]

A decisão apoiada é um instituto peculiar e de natureza protetiva, no qual a própria pessoa vulnerável e cujo discernimento não é pleno exerce os seus direitos valendo-se

---

de forma a abrandar o tema. Assim, em uma interpretação mais moderna, deve-se evitar e indeferir a interdição. Reconhecida a incapacidade relativa, é necessário, para resguardar os interesses e direitos da pessoa deficiente, definir a curatela, tudo conforme os arts 84 da Lei 13.146/15 e art. 1.767 do CC/02. Recurso parcialmente provido" (TJMG. Apelação Cível nº 1.0003.14.003754-4/001. Rel. Des. Armando Freire, 1ª Câmara Cível, j. 20.6.2017, public. 27.6.2017).

[12] MENEZES, Joyceane Bezerra de. Tomada de decisão apoiada: instrumento de apoio ao exercício da capacidade civil da pessoa com deficiência instituído pela lei brasileira de inclusão (lei n.13.146/2015). *Revista de Direito Civil – RBDCivil*, Belo Horizonte, v. 9, p. 31-57, jul./set. 2016. p. 43-44.

das figuras dos apoiadores para suprir as suas debilidades. Essencialmente a tomada de decisão apoiada se destina à pessoa com deficiência psíquica ou intelectual prescindível de curatela porque capaz, porém necessita de receber informações e esclarecimentos de terceiros para manifestar validamente a sua vontade no mundo. A tomada de decisão apoiada não é, assim, um tipo de curatela e tampouco um contrato de representação, porém é instituto extremamente útil para a promoção dos direitos do Estatuto do Idoso, os quais se destinam a garantir à pessoa idosa a autonomia e a liberdade de escolha.

Portanto, a tomada de decisão apoiada, diferentemente da curatela, não substitui a vontade da pessoa idosa e permite que ela própria a manifeste, com base no seu discernimento que é débil, mas aperfeiçoado pelas orientações dos apoiadores.

A tomada de decisão apoiada leva em conta a possibilidade de graduações do discernimento e, por consequência, a graduação da capacidade de exercício do direito. É um mecanismo apto a suprir as debilidades intelectuais oriundas do envelhecimento e dos efeitos deletérios da passagem do tempo sobre a mente humana. Os apoiadores não suprem a vontade da pessoa vulnerável e sim a integram ao complementarem as lacunas do discernimento do apoiado, o qual passa então a ser considerado pleno para o direito, embora na presença da perda de condições intelectivas em função da idade. Revela-se categoria jurídica que se coaduna com o processo de envelhecimento, cujos efeitos, na maioria dos casos, importa na perda gradativa das habilidades do raciocínio pleno que pode levar a pessoa ao erro de interpretação e análise ao exercer seus direitos.

A tomada de decisão apoiada do art. 1.783-A será estabelecida por um processo de jurisdição voluntária, requerida pelo idoso sozinho ou em conjunto com os seus apoiadores, sempre por prazo determinado e necessariamente com deveres e obrigações delimitados aos apoiadores, sujeitando-os à prestação de contas. Nesse cenário é possível a afirmação no sentido de o direito civil apreender a fragilidade oriunda do envelhecimento e permitir o pleno exercício da capacidade de agir, apontando para a funcionalização dos institutos jurídicos com vistas à promoção da dignidade da pessoa idosa e do absoluto respeito da sua gama de direitos fundamentais, entre os quais se situa a de atuar no mundo dos fatos.

Essa compreensão revela a preocupação do direito com a inclusão do idoso e a consideração da sua vulnerabilidade, sob o aspecto concreto e real com respeito à sua integridade psíquica e intelectual e aos progressivos níveis de perdas naturais ou oriundas de moléstias típicas da longevidade. A tomada de decisão apoiada ao tempo que permite o pleno exercício da capacidade de agir do idoso é também um instrumento jurídico que permite serem ultrapassadas as barreiras decorrentes do envelhecimento e impostas à autonomia da pessoa idosa, prescindindo-se, para tanto, do uso da curatela.

Por meio do processo de tomada de decisão apoiada regulado no art. 1783-A do Código Civil – que, apesar de introduzido pelo Estatuto da Pessoa com Deficiência, "cai como uma luva" para o exercício da liberdade de escolha e acesso da pessoa idosa ao seu conjunto de direitos –, o idoso elegerá duas pessoas, idôneas, com as quais mantêm vínculos de confiança para a prestação concreta de informação e esclarecimentos visando à tomada de decisões. Esse apoio não substitui a vontade que é, de fato e pessoalmente, manifestada pela própria pessoa idosa, mas serve de elemento de integração e aperfeiçoamento do discernimento para a tomada de decisão por ela. Desse modo, a tomada de decisão apoiada é mecanismo que viabiliza a permanência hígida da capacidade civil e da capacidade de agir da pessoa idosa; e, por isso, é promotora dos valores constitucionais da dignidade humana e do conjunto de medidas que impõem a inclusão familiar e social desse emergente sujeito vulnerado pelos efeitos da longevidade e do envelhecimento.

3.4 A obrigação alimentar solidária

Para aquele que não pode prover sua própria subsistência, a lei determina que seus parentes mais próximos lhe prestem assistência material em virtude de uma obrigação legal. Realmente, não poderia caber ao Estado prover a todos os "necessitados" a subsistência, tendo a família o dever de sustentar aqueles que não podem fazê-lo até determinada idade ou conforme certas e determinadas circunstâncias. Nessa direção, o art. 1.694 prevê os alimentos entre parentes, cônjuges e companheiros, abrangendo aqueles naturais (alimentação, vestuário e habitação) e os civis (destinados a manter a condição social da pessoa).

O dever de prestar alimentos é recíproco entre pais e filhos, extensivo a todos os ascendentes, recaindo a obrigação nos mais próximos em grau, uns em falta de outros. Na falta de ascendentes, cabe a obrigação aos descendentes, guardada a ordem de sucessão, e não havendo estes, a obrigação de prestá-los é atribuída aos irmãos, germanos ou unilaterais.

Assim, não raro, o dever de prestar alimentos recai em mais de uma pessoa, dividindo-se o débito alimentar em tantas partes quantos forem os alimentantes devedores, sendo calculadas suas respectivas cotas conforme suas possibilidades. Nessa linha, prevê o art. 1.698 do Código Civil que, sendo várias as pessoas obrigadas a prestar alimentos, todas devem concorrer na proporção dos respectivos recursos, e, intentada ação contra uma delas, poderão as demais ser chamadas a integrar a lide. A hipótese retrata uma faculdade do autor de incluir quem desejar na demanda, mas também do réu de chamar ao feito os demais parentes do mesmo grau, formando estes um litisconsórcio simples, uma vez que o juiz analisará a demanda de forma independente em relação a cada um dos réus, estabelecendo para cada um deles a prestação alimentar que podem suportar conforme as suas possibilidades.[13] Com efeito, como regra geral, a obrigação alimentar não é nem solidária, nem indivisível, o que significa dizer que cada devedor se obriga à prestação que pode pagar, sendo certo que o credor só pode exigir alimentos do segundo coobrigado se o devedor em primeiro lugar não tiver condições de prestá-los.

Em relação ao idoso, no entanto, prevê o art. 12 da Lei nº 10.741/03 que a obrigação alimentar é solidária, podendo este optar entre os prestadores. Dessa forma, quando o credor for idoso, este pode pleitear toda a prestação alimentar de apenas um dos coobrigados. Esta tem sido a interpretação jurisprudencial diante do aludido art. 12 da Lei nº 10.741/03, no sentido de que a intenção do legislador foi oportunizar ao idoso prestação jurisdicional mais rápida, na medida em que evita delonga que pode ser ocasionada pela intervenção de outros devedores. Assim, uma vez intentada a ação contra o filho que melhores condições têm de suprir os alimentos, não terá o réu o direito de chamar à lide seus irmãos. O direito de regresso deverá, assim, ser exercido em ação autônoma,

---

[13] OLIVEIRA, Alexandre Miranda; TEIXEIRA, Ana Carolina Brochado. Obrigação alimentar dos avós: limites e critérios para fixação. *Revista de Direito de Família*, n. 38, p. 64-86, out./nov. 2006. p. 81.

diversa daquela de alimentos.¹⁴ Desse modo, o credor só chamará ao feito todos os coobrigados se verificar que o ajuizamento da demanda em face de apenas um deles lhe trará prestação alimentar insuficiente.

3.5 Outras esferas de proteção do idoso nas relações familiares: *de lege ferenda*

No âmbito das relações familiares, as ponderações acima trataram de abordar a proteção do idoso em esfera na qual sua manifestação de vontade pode colidir com aquela de seus familiares, na esfera assistencial e naquela alimentar, esta última decorrente da solidariedade familiar. No entanto, diante da solidariedade familiar, verifica-se que a especial proteção do idoso em virtude de sua condição de vulnerabilidade deve se expandir para outros campos além da obrigação alimentar. De fato, também na esfera sucessória deve-se atentar para a tutela dos parentes idosos das pessoas falecidas.

A sucessão hereditária estabelece um mecanismo de distribuição de patrimônio em virtude da morte de uma pessoa. No estabelecimento da vocação hereditária, o legislador se inspira na família do *de cujus*, tendo em vista que esta é a comunidade na qual a pessoa desenvolve os seus vínculos mais estreitos de comunhão e solidariedade. Não obstante a permanente discussão quanto ao justo meio entre a liberdade de testar e a proteção da família,¹⁵ fato é que esta última é protegida no direito hereditário em maior ou menor grau. Assim, é preciso investigar se esta proteção está em consonância com aquela preconizada pela Constituição da República, direcionada à pessoa de cada um de seus membros (CR, art. 226, §8º), uma vez que, nessa direção, deve-se dar prioridade aos vulneráveis na família, a saber, aos menores, aos deficientes e aos idosos dependentes.

No entanto, em que pese a referida prioridade, verifica-se uma neutralidade da normativa sucessória, uma vez que esta, raras vezes, estabelece a divisão da herança com base em critérios concretos de proteção da pessoa, como ocorreu com a Lei nº 10.050/2000, que previu o direito real de habitação em relação ao único imóvel residencial do monte para o filho órfão portador de deficiência que o impossibilitasse para o trabalho, incluindo o §3º ao art. 1.611 do Código Civil de 1916.

Quanto aos ascendentes, verifica-se que sua vocação sucessória tem sido objeto de discussão e reforma, como ocorreu na França em 2006, quando foi abolida a reserva hereditária de ditos parentes, muito embora haja a previsão de um direito alimentar para determinados ascendentes, em certos casos, quando estes são excluídos da sucessão pelo cônjuge e se encontram em situação de necessidade (*Code Civil*, art. 758, al. 1). Em sentido semelhante, segue a reforma do direito sucessório belga, a vigorar a partir de 1º.9.2018.

Ainda à luz do direito estrangeiro, merece menção dispositivo da recente codificação argentina de 2015, que autoriza o testador a destinar 1/3 da legítima para descendentes ou *ascendentes* incapacitados, considerando neste caso pessoas com incapacidade aquelas que padecem de uma alteração funcional permanente ou prolongada, física ou mental, que em relação à sua idade e meio social implica desvantagens consideráveis

---

¹⁴ STJ. REsp nº 775.565/SP. Rel. Min. Nancy Andrighi, 3ª T., j. 13.6.2006.
¹⁵ Sobre a questão ver NEVARES, Ana Luiza Maia. A proteção da legítima deve ser mantida, excluída ou diminuída no ordenamento jurídico brasileiro. *Revista IBDFam Famílias e Sucessões*, n. 25, p. 77-94, jan./fev. 2018.

de integração familiar, educacional ou laboral.[16] De fato, na Argentina, assim como no Brasil, os ascendentes são preteridos na sucessão hereditária quando há descendentes. Dessa forma, dito dispositivo amplia a liberdade de testar em benefício de herdeiros incapacitados, entre eles os ascendentes, permitindo que o autor da herança melhor distribua seus bens diante de uma legítima elevada em favor dos descendentes, que é fixada em 2/3 da herança naquele país.

No entanto, na linha da tutela dos vulneráveis e em atenção à inversão da pirâmide populacional e da necessidade de o direito de família e das sucessões procurar expedientes e mecanismos de proteção das pessoas idosas, que a cada dia crescem mais, é preciso prever uma tutela efetiva de idosos dependentes e incapacitados na sucessão hereditária. Realmente, o aumento da longevidade trouxe a maior possibilidade de a pré-morte de filhos deixar pais idosos e dependentes que, por não estarem na linha preferencial sucessória, ficarão desprotegidos. Além disso, não se pode descuidar da problemática do cuidado dos parentes idosos, indagando-se se seria possível encontrar no direito sucessório algum mecanismo de fomento para tal cuidado.

Nessa linha, *de lege ferenda*, é preciso repensar a tutela sucessória dos ascendentes na sucessão hereditária, prevendo mecanismos que garantam uma proteção patrimonial para os parentes idosos dependentes da pessoa falecida, que pode se dar em usufruto, em prestação alimentar e até mesmo no direito real de habitação quanto ao imóvel que era destinado à residência da família, quando o parente idoso residia com o *de cujus*. Com efeito, o direito real de habitação conferido por força de sucessão hereditária, previsto apenas em favor do cônjuge (CC, art. 1.831), tem se revelado muitas vezes uma tutela excessiva e despicienda, destinada a cônjuges capazes, titulares de renda e imóveis, uma vez que a concessão de tal direito não depende das necessidades de seu beneficiário nem pondera aquelas dos demais sucessores com quem o cônjuge concorre.

Quanto ao zelo com os parentes idosos, imprescindível numa sociedade em que a longevidade só aumenta, é evidente que, no mundo ideal, se esperaria espontaneidade no estabelecimento de tal cuidado por parte da família. No entanto, um sistema em que a repreensão e a recompensa sejam explícitas será certamente mais eficaz para o fomento de tal cuidado do que a espera por aqueles que irão se voluntariar na referida tarefa. Nessa direção, verifica-se no direito brasileiro que uma doação pode ser revogada por ingratidão quando o donatário, podendo ministrar alimentos de que necessitava o doador, se recusou a fazê-lo (CC, art. 557, IV), o mesmo não sendo possível para casos de exclusão da herança por indignidade e deserdação, diante das hipóteses taxativas previstas na lei (CC, arts. 1.814, 1.961, 1.962 e 1.963). Resta claro que as três hipóteses aqui descritas – revogação por ingratidão da doação, deserdação e indignidade – fazem parte de uma mesma lógica, a saber, exigir daquele que recebe uma dádiva retribuição pelo benefício recebido. Dessa forma, devem ser ampliadas as causas de deserdação e indignidade, não para estimular uma vingança do autor da herança, mas sim para

---

[16] "ARTICULO 2448.- Mejora a favor de heredero con discapacidad. El causante puede disponer, por el medio que estime conveniente, incluso mediante un fideicomiso, además de la porción disponible, de un tercio de las porciones legítimas para aplicarlas como mejora estricta a descendientes o ascendientes con discapacidad. A estos efectos, se considera persona con discapacidad, a toda persona que padece una alteración funcional permanente o prolongada, física o mental, que en relación a su edad y medio social implica desventajas considerables para su integración familiar, social, educacional o laboral".

estimular o cuidado com os idosos, permitindo que aquele possa premiar os que tenham lhe sido atenciosos na velhice, decotando a cota hereditária dos que se afastaram.

4 Conclusão

À guisa de conclusão, pode-se afirmar que o direito civil deve ser interpretado segundo os valores constitucionais e com base na solidariedade familiar, e que os institutos do direito de família são promotores de tutela dos diversos sujeitos que compõem a família. Assim, é no âmbito das relações familiares, funcionalizadas pelo dever de solidariedade e pela igualdade material e respeito à vulnerabilidade das pessoas idosas, que os institutos da curatela, tomada de decisão apoiada, diretivas antecipadas e alimentos são necessariamente interpretados para tutelar os interesses da pessoa idosa. São também categorias jurídicas e instrumentos aptos à superação das barreiras de acesso da pessoa idosa à sua gama de direitos fundamentais, porque garantem a capacidade de direito e a capacidade de agir do idoso dentro dos níveis de seu discernimento e dependência. Ademais, se constata ser a sucessão um terreno fértil ainda a ser conformado com o dever de solidariedade familiar e a permitir a supremacia dos interesses do idoso visando à garantia dos direitos fundamentais da pessoa idosa muitas das vezes preterida em sua vulnerabilidade por força de direitos assegurados pela lei civil a outros herdeiros.

Referências

CUIDADOS paliativos. *Inca*. Disponível em: <http://www2.inca.gov.br/wps/wcm/connect/cancer/site/tratamento/cuidados_paliativos>. Acesso em: 29 maio 2018.

DIRETIVAS antecipadas de vontade. *Testamento Vital*. Disponível em: <http://testamentovital.com.br/diretivas-antecipadas-de-vontade>. Acesso em: 29 maio 2018.

EM 2030, cerca de 40% da população brasileira deverá ter entre 30 e 60 anos. *Agência de Notícias IBGE*, 13 abr. 2004. Disponível em: <https://agenciadenoticias.ibge.gov.br/agencia-noticias/2013-agencia-de-noticias/releases/12757-asi-em-2030-cerca-de-40-da-populacao-brasileira-devera-ter-entre-30-e-60-anos.html>. Acesso em: 29 maio 2018.

FACHIN, Luiz Edson. *Curso de direito civil*. Elementos críticos do direito de família. Rio de Janeiro: Renovar, 1999.

FACHIN, Luiz Edson. *Direito civil*: sentidos, transformações e fim. Rio de Janeiro: Renovar, 2015.

FACHIN, Luiz Edson. Limites e possibilidades da nova teoria geral do direito civil. *Revista Raízes Jurídicas*, Curitiba, v. 3, n. 1, p. 53-60, jan./jun. 2007.

MATTOS, Ana Carla Harmatiuk. *As famílias não fundadas no casamento e a condição feminina*. Rio de Janeiro: Renovar, 2000.

MENEZES, Joyceane Bezerra de Menezes. O direito protetivo após a convenção sobre os direitos da pessoa. *Civilistica.com*, ano 4, n. 1, 2015. Disponível em: <http://civilistica.com/o-direito-protetivo-no-brasil/>.

MENEZES, Joyceane Bezerra de. Tomada de decisão apoiada: instrumento de apoio ao exercício da capacidade civil da pessoa com deficiência instituído pela lei brasileira de inclusão (lei n.13.146/2015). *Revista de Direito Civil – RBDCivil*, Belo Horizonte, v. 9, p. 31-57, jul./set. 2016.

MIRANDA, Francisco C. Pontes de. *Tratado de direito privado*. Pessoas físicas e jurídicas. Atualizado por Judith Martins-Costa, Gustavo Haical, Jorge Cesa Ferreira da Silva. São Paulo: Revista dos Tribunais, 2013. t. I.

OLIVEIRA, Alexandre Miranda; TEIXEIRA, Ana Carolina Brochado. Obrigação alimentar dos avós: limites e critérios para fixação. *Revista de Direito de Família*, n. 38, p. 64-86, out./nov. 2006.

PERLINGIERI, Pietro. *Perfis do direito civil*: introdução ao direito civil constitucional. 3. ed. Rio de Janeiro: Renovar, 2002.

TEPEDINO, Gustavo. O direito civil-constitucional e suas perspectivas atuais. In: TEPEDINO, Gustavo (Coord.). *Direito civil contemporâneo*: novos problemas à luz da legalidade constitucional. São Paulo: Atlas, 2008.

Informação bibliográfica deste texto, conforme a NBR 6023:2002 da Associação Brasileira de Normas Técnicas (ABNT):

NEVARES, Ana Luiza Maia; GIRARDI, Viviane. Pessoa idosa: um novo sujeito e a tutela jurídica dos seus interesses nas relações familiares. In: EHRHARDT JÚNIOR, Marcos; CORTIANO JUNIOR, Eroulths (Coord.). *Transformações no Direito Privado nos 30 anos da Constituição*: estudos em homenagem a Luiz Edson Fachin. Belo Horizonte: Fórum, 2019. p. 737-751. ISBN 978-85-450-0562-9.

AS NORMAS APLICÁVEIS ÀS RELAÇÕES PATRIMONIAIS ADVINDAS DO CASAMENTO E DA UNIÃO ESTÁVEL DA PESSOA COM DEFICIÊNCIA MENTAL OU INTELECTUAL E A PROTEÇÃO DE SEUS INTERESSES

CLÁUDIA STEIN VIEIRA

DÉBORA VANESSA CAÚS BRANDÃO

1 A tutela da pessoa com deficiência no direito brasileiro: enxergar o outrora invisível

As pessoas com deficiência eram invisíveis aos olhos da população, da Idade Antiga até a Idade Média, sendo rejeitadas socialmente porque inválidas, inclusive do ponto de vista estético, diante do culto ao belo, em pleno vigor na Grécia, razão que, inclusive, justificava o infanticídio. Em Roma, os pais tinham o direito de afogar as crianças com deficiência.[1]

Durante a Idade Média, eram os deficientes vistos como uma punição aos seus pais, um verdadeiro castigo divino. Depois, se fossem mansos, ficavam à margem da sociedade como andarilhos, vagando pelas ruas, recebendo benesses e chacotas por parte da população. Se fossem furiosos, eram recolhidos.

"Na Europa os primeiros registros de hospitais ou alas para portadores de transtorno mental se dão nos séculos XIV e XV, na Espanha, Inglaterra e Alemanha".[2]

No Brasil, esse cenário europeu foi reproduzido. As pessoas com deficiência, que perturbavam a ordem pública, passaram a ser mantidas nas Santas Casas de Misericórdia por volta de 1830, e, caso contrário, ficavam perambulando pelas ruas ou eram contidas, dentro de suas casas, pelas famílias.

---

[1] GUGEL, Maria Aparecida. A pessoa com deficiência e sua relação com a história da humanidade. *Ampid*. Disponível em: <http://www.ampid.org.br/ampid/Artigos/PD_Historia.php#autor>. Acesso em: 6 maio 2018.

[2] REQUIÃO, Marcelo. *Estatuto da Pessoa com Deficiência, incapacidades e interdição*. Salvador: JusPodivm, 2016. p. 89.

As pessoas com deficiência ficaram segregadas, durante todo o século XIX até a década de 1940, quando surgem as ideias de integração e normalização, razão pela qual se passa a conceber que, caso conseguissem se adaptar às condições vigentes na sociedade, ali lhes era dado conviver.

A pessoa com deficiência é que tinha de se esforçar para conviver com as pessoas reputadas "normais", adaptando-se às condições que encontrava, pois inexistia esforço da sociedade para transpor qualquer barreira ou para proceder a adaptações.

Tal modelo higienista-asilar persiste até 1970, quando se iniciam movimentos reformistas dentro da psiquiatria.

Nos anos 80, iniciou-se o movimento que dá conta do modelo social cujo lema era "Nada sobre nós, sem nós", numa perspectiva de não mais tolerar a invisibilidade e a falta de voz, uma vez que foram anos de direitos políticos e civis ceifados. Portanto, passou-se a um novo momento, no qual as pessoas com deficiência assumem o protagonismo de suas vidas e necessidades e começam a reivindicar a tomada das decisões sobre suas vidas.

Migrou-se do modelo asilar-higienista para o modelo social, que entende que as limitações sofridas pelas pessoas com deficiência são produto de uma construção social e de relação de poder que constituem uma violação da sua dignidade e direitos.[3] Propõe-se o rompimento de todo o tipo de barreiras, desde as arquitetônicas, comunicacionais, interacionais até as legais, a fim de que a pessoa com deficiência possa exercer todos os direitos como todas as demais pessoas, num plano eficacial material concreto.

Com o advento da Convenção sobre os Direitos das Pessoas com Deficiência, conhecida como Convenção de Nova Iorque, em 30.3.2007, as pessoas com deficiência são reconhecidas, definitivamente, como sujeitos de direitos, numa perspectiva inclusiva, a fim de que o Estado trabalhe para eliminar todas as barreiras ainda existentes, visando a que elas possam exercer todas as suas potencialidades com autonomia. Instala-se o modelo social.

2 O direito de a pessoa com deficiência mental/intelectual constituir família, pelo casamento ou pela união estável: da Convenção Internacional sobre os Direitos das Pessoas com Deficiência ao Estatuto da Pessoa com Deficiência

A Constituição Federal já consagrava o princípio da dignidade da pessoa humana, no art. 1º, inc. III, o que importava na inexistência de razão para que se deixasse a pessoa com deficiência desprotegida constitucionalmente, mas, a despeito disso, a proteção não se materializava, pois ela era tida como incapaz de realizar qualquer ato civil, como exemplo, votar e estudar regularmente.

Para conferir essa visibilidade, com a mudança de paradigma já explicitada, é que surge a Convenção Internacional sobre os Direitos das Pessoas com Deficiência (CDPD), também conhecida como Convenção de Nova Iorque – CNI, que foi adotada pela ONU e entrou em vigor dia 3.5.2008; e, no Brasil, juntamente com o Protocolo Facultativo, deu-se a respectiva vigência em 9.7.2008, quando foi ratificada pelo Congresso Nacional por meio do Decreto Legislativo nº 186.

---

[3] CUENCA GÓMEZ, Patrícia. Derechos humanos y modelos de tratamiento de la discapacidad. *El Tiempo de los Derechos*, n. 3. 2011. p. 8. Disponível em: <http://migre.me/qKRUL>. Acesso em: 18 maio 2018.

A relevância desse diploma internacional reside no fato de o art. 5º, §3º, da Constituição Federal, consagrar que os tratados e convenções internacionais sobre direitos humanos que forem aprovados, em cada Casa do Congresso Nacional, em dois turnos, por três quintos dos votos dos respectivos membros, serão equivalentes às emendas constitucionais, o que se deu com a convenção, cujos princípios norteadores são o respeito à dignidade, autonomia individual para fazer suas próprias escolhas e independência pessoal; não discriminação; plena e efetiva participação e inclusão social; respeito às diferenças e aceitação das pessoas com deficiência como parte da diversidade humana; igualdade de oportunidades; acessibilidade; igualdade; respeito ao desenvolvimento das capacidades das crianças e respeito aos respectivos direitos de preservação de suas identidades.

Nessa perspectiva de respeito à dignidade da pessoa com deficiência, à sua autonomia individual para fazer suas próprias escolhas e à independência pessoal e igualdade (art. 5º do item "Igualdade e não discriminação") é que a convenção consagrou o direito ao casamento.

Especificamente, o art. 23 da CNI trata do respeito pelo lar e pela família, prevendo o direito de as pessoas com deficiência se casarem,[4] considerando-as capazes para o exercício dos atos da vida civil em sua dimensão existencial.

Já tramitavam, no Congresso Nacional, projetos de lei que visavam à tutela das pessoas com deficiência, o que foi apressado com o advento da convenção, culminando com o Estatuto da Pessoa com Deficiência (EPD), também conhecido como Lei Brasileira de Inclusão da Pessoa com Deficiência (Lei nº 13.146, de 6.7.2015), que se destina a assegurar e a promover, em condições de igualdade, o exercício dos respectivos direitos e liberdades fundamentais, visando à sua inclusão social e cidadania.[5]

O art. 6º do EPD vem ao encontro da convenção e estabelece que "a deficiência não afeta a plena capacidade civil da pessoa, inclusive para: I- casar-se e constituir união estável; [...]", derrogando o art. 1.548, inc. I CC, que fulminava com a nulidade absoluta do casamento "do enfermo mental sem o necessário discernimento para os atos da vida civil", mantendo, contudo, a anulabilidade do consentimento do incapaz de fazê-lo ou manifestá-lo, de modo inequívoco (art. 1.550, IV, CC).

Previsto restou, no §2º do art. 1.550, que o casamento da pessoa com deficiência mental ou intelectual poderá ocorrer, desde que, em idade núbil e "expressando sua vontade diretamente ou por meio de seu responsável ou curador", o que se pode haver como um paradoxo, diante de a curatela guardar relação com questões patrimoniais, consoante preleciona o art. 85 do EPD, com o reconhecimento expresso de o exercício das questões existenciais deverem se dar pelo próprio nubente.[6]

---

[4] "Os Estados Partes tomarão medidas efetivas e apropriadas para eliminar a discriminação contra pessoas com deficiência, em todos os aspectos relativos à casamento, família, paternidade e relacionamentos, em igualdade de condições com as demais pessoas, de modo a assegurar que: a) seja reconhecido o direito das pessoas com deficiência, em idade de contrair matrimônio, casar-se e estabelecer família, com base em livre e pleno consentimento dos pretendentes; [...] c) As pessoas com deficiência, inclusive crianças, conservem sua fertilidade, em igualdade de condições com as demais pessoas".

[5] *Vide* art. 1º do Estatuto da Pessoa com Deficiência (EPD).

[6] "Art. 85. A curatela afetará tão somente os atos relacionados aos direitos de natureza patrimonial e negocial. §1º A definição da curatela não alcança o direito ao próprio corpo, à sexualidade, ao matrimônio, à privacidade, à educação, à saúde, ao trabalho e ao voto".

Mas, diante da possibilidade jurídica da convolação das núpcias ou da constituição de união estável, a questão que se coloca, a seguir, versa sobre a possibilidade de escolha de normas atinentes a qualquer dos regimes de bens previstos no ordenamento jurídico, pela pessoa com deficiência mental/intelectual e se isso pode prejudicá-la.

3 As consequências patrimoniais decorrentes do casamento/união estável da pessoa com deficiência mental/intelectual

Ensina Fachin que à existência do casamento vincula-se a própria incidência de um regime de bens.[7]

O mesmo doutrinador, mergulhando, com extremo zelo, no estudo de institutos diversos da eleição de regime de bens, traz à baila a importância da manutenção de um patrimônio mínimo que permita a sobrevivência digna de qualquer cidadão. E, nesse ponto, se encontra o marco para o que a seguir se expõe.

Muito se alardeia sobre os riscos a que estaria exposta a pessoa com deficiência mental/intelectual, por poder ser vítima da astúcia de terceiro que, com objetivos meramente financeiros, com ela contraia casamento ou constitua união estável.

Afirmando propósito protetivo – mas se afastando do caráter inclusivo que tem a legislação –, algumas vozes se levantam na defesa da imposição das normas relativas ao regime da separação obrigatória de bens, quando do casamento ou constituição de união estável, pelo deficiente mental/intelectual.

Tal regime está previsto no ordenamento jurídico desde 1916, para casos específicos, e, como consigna Carvalho Santos, "O Código não admite a comunhão em alguns casos como penalidade, em outros como medida acauteladora dos próprios interesses dos cônjuges".[8]

Sob a égide do anterior CC, prelecionava o art. 258, parágrafo único, que o regime de bens era o da separação obrigatória para as pessoas sujeitas ao antes denominado pátrio poder – atual poder familiar –, tutela ou curatela, que não obtivessem o consentimento do respectivo representante, ainda que tivessem logrado êxito em relação ao suprimento judicial; os que não haviam alcançado a idade núbil;[9] o viúvo ou a viúva que tivesse filho do cônjuge falecido, se contraísse novo casamento sem ter finalizado o inventário e efetuado a partilha aos herdeiros; a mulher viúva ou cujo casamento tivesse sido anulado se se casasse antes dos dez meses subsequentes à viuvez ou dissolução do leito anterior; os tutores ou curadores e seus parentes, se se casassem com o pupilo ou curatelado, antes de cessada a tutela ou curatela e as contas fossem prestadas; o juiz, escrivão e seus parentes, se se casassem com órfão ou viúva da comarca; o órfão de pai e mãe, ainda que se casasse com autorização do tutor; todos aqueles que dependessem de autorização judicial para o matrimônio, além do homem maior de sessenta e da mulher

---

[7] FACHIN, Luiz Edson. *Direito de família*: elementos críticos à luz do Novo Código Civil brasileiro. 2. ed. Rio de Janeiro: Renovar, 2003. p. 177.

[8] SANTOS, João Manuel de Carvalho. *Código Civil brasileiro interpretado*. 14. ed. Rio de Janeiro: Freitas Bastos, 1988. v. V. p. 51.

[9] "Art. 183. Não podem casar (arts. 207 e 209): [...] XI - Os sujeitos ao pátrio poder, tutela, ou curatela, enquanto não obtiverem, ou lhes não for suprido o consentimento do pai, tutor, ou curador (art. 211). XII. As mulheres menores de dezesseis anos e os homens menores de dezoito. [...]. Art. 185. Para o casamento dos menores de vinte e um anos, sendo filhos legítimos, é mister o consentimento de ambos os pais".

maior de cinquenta anos – situação essa que, com o advento do CC 2002, sofre profunda alteração, fruto da isonomia entre homem e mulher, constante da Constituição Federal.[10]

Atualmente, o regime da separação obrigatória de bens, previsto no art. 1641, é imposto aos que se enquadrem nas previsões relativas às causas suspensivas para o casamento (art. 1523 CC);[11] aos que necessitem de suprimento judicial, seja ele de consentimento ou de idade;[12] e aos maiores de setenta anos.

No que tange à união estável, ao menos no que tange aos maiores de setenta anos, incidem as normas do regime da separação obrigatória.[13]

---

[10] "Art. 258. Não havendo convenção, ou sendo nula, vigorará, quanto aos bens entre os cônjuges, o regime de comunhão parcial. Parágrafo único. É, porém, obrigatório o da separação de bens no casamento: I - Das pessoas que o celebrarem com infração do estatuto no art. 183, nºs XI a XVI (art. 216). II - Do maior de sessenta e da maior de cinquenta anos. III - Do órfão de pai e mãe, embora case, nos termos do art. 183, nº XI, com o consentimento do tutor, ou curador. IV - E de todos os que dependerem, para casar, de autorização judicial (arts. 183, nº XI, 384, nº III, 426, nº I, e 453)". "Art. 183. Não podem casar (arts. 207 e 209) [...] XIII - O viúvo ou a viúva que tiver filho do cônjuge falecido, enquanto não fizer inventário dos bens do casal (art. 226). XIV - A mulher viúva ou separada do marido por nulidade ou anulação do casamento, até dez meses depois da viuvez ou da separação judicial dos corpos, salvo se, antes de terminado o referido prazo, der à luz algum filho. XIV - A viúva, ou a mulher cujo casamento se desfez por ser nulo ou ter sido anulado, até dez meses depois do começo da viuvez, ou da dissolução da sociedade conjugal, salvo se antes de findo esse prazo der á luz algum filho. XV - O tutor ou curador e os seus descendentes, ascendentes, irmãos, cunhados ou sobrinhos, com a pessoa tutelada ou curatelada, enquanto não cessar a tutela ou curatela, e não estiverem saldadas as respectivas contas, salvo permissão paterna ou materna manifestada em escrito autêntico ou em testamento. XVI - O juiz, ou escrivão e seus descendentes, ascendentes, irmãos, cunhados ou sobrinhos, com órfão ou viúva, da circunscrição territorial onde um ou outro tiver exercício, salvo licença especial da autoridade judiciária superior". [...] Art. 216. Quando requerida por terceiros a anulação do casamento (art. 213, nºs II e III), poderão os cônjuges ratifica-lo, em perfazendo a idade fixada no art. 183, nº XII, ante o juiz o oficial do registro civil. A ratificação terá efeito retroativo, subsistindo, entretanto, o regime da separação de bens. Parágrafo único. Fica salvo aos nubentes fazer a prova contrária ao impedimento e promover as ações civis e criminais contra o impediente de má fé". "Art. 384. Compete aos pais, quanto à pessoa dos filhos menores: [...] III - Conceder-lhes, ou negar-lhes consentimento, para casarem. [...]. Art. 426. Compete mais ao tutor: [...] I - Representar o menor, até os dezesseis anos, nos atos da vida civil, e assisti-lo, após essa idade, nos atos em que for parte, suprindo-lhe o consentimento. [...]. Art. 453. Decretada a interdição, fica o interdito sujeito à curatela, à qual se aplica o disposto no capítulo antecedente, com a restrição do art. 451".

[11] "Art. 1.641. É obrigatório o regime da separação de bens no casamento: I - das pessoas que o contraírem com inobservância das causas suspensivas da celebração do casamento; II - da pessoa maior de 70 (setenta) anos; III - de todos os que dependerem, para casar, de suprimento judicial". "Art. 1.523. Não devem casar: I - o viúvo ou a viúva que tiver filho do cônjuge falecido, enquanto não fizer inventário dos bens do casal e der partilha aos herdeiros; II - a viúva, ou a mulher cujo casamento se desfez por ser nulo ou ter sido anulado, até dez meses depois do começo da viuvez, ou da dissolução da sociedade conjugal; III - o divorciado, enquanto não houver sido homologada ou decidida a partilha dos bens do casal; IV - o tutor ou o curador e os seus descendentes, ascendentes, irmãos, cunhados ou sobrinhos, com a pessoa tutelada ou curatelada, enquanto não cessar a tutela ou curatela, e não estiverem saldadas as respectivas contas".

[12] De ordinário, não se concebe a razão da imposição do regime de separação nesses casos porque ao invés de promover o compartilhar da vida das pessoas que estão apenas iniciando a vida conjugal, fornece-se um salvo-conduto para agir como se "brincasse de casinha", sem que assumam os compromissos e as responsabilidades para a construção de um patrimônio a dois. Sugere-se, nesses casos, a adoção do regime de comunhão parcial, protegendo os bens particulares, angariados anteriormente ao casamento, mas incentivando o compartilhamento da vida conjugal também do ponto de vista patrimonial.

[13] "RECURSO ESPECIAL. DISSOLUÇÃO DE UNIÃO ESTÁVEL. PARTILHA DE BENS. COMPANHEIRO SEXAGENÁRIO. SÚMULA 377 DO STF. BENS ADQUIRIDOS NA CONSTÂNCIA DA UNIÃO ESTÁVEL QUE DEVEM SER PARTILHADOS DE FORMA IGUALITÁRIA. NECESSIDADE DE DEMONSTRAÇÃO DO ESFORÇO COMUM DOS COMPANHEIROS PARA LEGITIMAR A DIVISÃO. PRÊMIO DE LOTERIA (LOTOMANIA). FATO EVENTUAL OCORRIDO NA CONSTÂNCIA DA UNIÃO ESTÁVEL. NECESSIDADE DE MEAÇÃO. 1. Por força do art. 258, parágrafo único, inciso II, do Código Civil de 1916 (equivalente, em parte, ao art. 1.641, inciso II, do Código Civil de 2002), ao casamento de sexagenário, se homem, ou cinquentenária, se mulher, é imposto o regime de separação obrigatória de bens (recentemente, a Lei 12.344/2010 alterou a redação do art. 1.641, II, do CC, modificando a idade protetiva de 60 para 70 anos). Por esse motivo, às uniões estáveis é aplicável a mesma regra, impondo-se seja observado o regime de separação obrigatória, sendo o homem maior de sessenta anos ou a mulher maior de cinquenta. Precedentes. 2. A *ratio legis* foi a de proteger o idoso e seus

Essa norma tem um viés historicamente protetivo, podendo ser havida como inoportuna aos direitos dos cônjuges/companheiros, funcionando, em grande parte das situações, como um mecanismo de perpetuação de situações de impedimento do exercício da autonomia privada, o que, contudo, tem fulminante impacto sobre os maiores de setenta anos, para quem a condição não cessará.

Nas demais hipóteses, superada a situação que deu azo ao casamento sob o regime da separação obrigatória de bens, poderá, como está previsto no art. 1.639, §2º, CC, haver a respectiva alteração.

Dito isso, mostra-se oportuno referir que, em se reputando que a Súmula nº 377 do STF[14] ainda seja aplicável, tal deverá se dar, com exclusividade, para os septuagenários, pois os demais podem alterar o regime de bens.

Aliás, ao se tratar dos septuagenários, insta referir que a senilidade, por si só, não importa em incapacidade, vigorando a regra civil do *in dubio pro capacitate*, razão pela qual a imposição do regime da separação obrigatória de bens viola o princípio da dignidade da pessoa humana, consagrada no art. 3º, III, da CF e o Estatuto do Idoso.

A pessoa idosa deve ser tratada com respeito e sem preconceito em virtude da idade, de modo que deve ser respeitada em seu direito à autonomia privada, ao seu projeto de vida. "A solução mais adequada para essa flagrante injustiça e inconstitucionalidade seria a abolição da idade como elemento de discriminação".[15]

Nota-se, assim, que o regime de separação obrigatória de bens se mostra muito mais violador de direitos que protetivo da pessoa humana, sendo imperiosa a discussão e, quiçá, sua revogação.

De outro giro, todavia, é interessante verificar que a alardeada função protetiva cai por terra a partir do Enunciado da Súmula nº 377, STF, que acabou por transformar o regime da separação obrigatória no da comunhão parcial, determinando a partilha dos aquestos, ou seja dos bens adquiridos, onerosamente, após a vigência do casamento.

Retomando a questão relacionada à pessoa com deficiência mental/intelectual, com amparo nos arts. 4º e 1.550, IV, CC, se há possibilidade de o agente expressar sua vontade, ele é plenamente capaz e, portanto, manifesta seu consentimento de forma inequívoca, implicando a validade do ato.

Partindo dessa premissa, o nubente ou aquele que deseja constituir uma união estável tem total liberdade para optar pela aplicação das normas relativas a qualquer dos regimes de bens previstos no ordenamento jurídico, considerado o reconhecimento de sua plena capacidade para formar uma família, da maneira que melhor lhe aprouver, com base no princípio *habilis ad nuptias, habilis ad pacta nuptialia*, ou seja, quem está habilitado para o casamento, está habilitado para elaborar o pacto e para escolher o regime de bens, como reconhecido pela doutrina:

> Tem-se, assim, que, ressalvada hipótese de deficiência mental grave – passível de assistência para os atos de natureza patrimonial, que poderá influir também na convenção de regime de bens, o que se afirma por uma interpretação restritiva –, o Estatuto presume que uma

---

herdeiros necessários dos casamentos realizados por interesse estritamente econômico, evitando que este seja o principal fator a mover o consorte para o enlace. [...]" (REsp nº 1.689.152/SC. Rel. Min. Luis Felipe Salomão, j. 24.10.2017).

[14] No regime de separação legal de bens, comunicam-se os adquiridos na constância do casamento.
[15] BRANDÃO, Débora Vanessa Caús. *Regime de bens no Novo Código Civil*. São Paulo: Saraiva, 2008. p. 128.

pessoa com deficiência mental leve esteja plenamente apta a deliberar livremente sobre o regime de bens. [...] na prática, uma pessoa com Síndrome de Down (deficiência mental leve) poderá adotar (sem assistência de curador) o regime da comunhão universal de bens, mediante pacto antenupcial, em prol da comunicação dos bens presentes e futuros dos cônjuges, ressalvadas as hipóteses do art. 1668 do Código Civil.[16]

Na prática, pode parecer que o direito saiu de um extremo ao outro, sem considerar as reais condições de cada pessoa, enxergadas nas suas realidades, individualmente, de forma a lhe conceder as tutelas específicas cabíveis:

> a existência de salvaguardas para preservação de seus bens também constitui um princípio da Convenção de Direitos da Pessoa com Deficiência [sic], de modo que sua inobservância poderá acarretar a necessidade de controle de convencionalidade do Estatuto, dado o potencial prejuízo que poderá acarretar em seu patrimônio.[17]

Entretanto, mais vale ser que ter, ideia que norteia a consolidação do direito civil dos séculos XX e XXI, personalizando as relações jurídicas, incluindo, verdadeiramente, a pessoa com deficiência, que merece ser protegida, o que importa no fato de que a preocupação primordial dever guardar relação com a comunhão de vida e, subsidiariamente, com a comunhão patrimonial.

Ainda que alguns operadores do direito sustentem que, em caso de deficiência mental/intelectual grave, deva ser imposto o regime da separação obrigatória, o certo é que, em tais situações, estando o discernimento do agente comprometido, o casamento seria inexistente e, portanto, não há que se falar em regime de bens. E, ainda que assim não o fosse, considerada a omissão da lei, vigora a regra hermenêutica consistente na vedação da interpretação extensiva para restringir direitos.

Mas a proteção que alguns alardeiam não virá a partir da obrigatoriedade da adoção de um regime de bens, tal como o da separação obrigatória, mas sim com a verdadeira inclusão da pessoa com deficiência mental/intelectual, contando com o aconselhamento e orientação a que têm direito, considerada a situação particular de cada uma.

A sociedade tem o dever de, com o objetivo de inclusão da pessoa com deficiência mental/intelectual, formar uma rede de proteção, que se materializará com o passar do tempo, com a mudança de paradigmas.

4 Conclusão

Se, de um lado, a convivência familiar é de grande benefício ao deficiente mental/intelectual – como o é para todas as pessoas –, por outro há de se questionar se a liberdade pela opção pelas normas de quaisquer dos regimes de bens previstos no ordenamento

---

[16] LIMONGI, Viviane Cristina de Souza. *A capacidade civil e o Estatuto da Pessoa com Deficiência (Lei Federal n. 13.146/2015)*: reflexos patrimoniais decorrentes do negócio jurídico firmado pela pessoa com deficiência mental. 2017. 211 f. Dissertação (Mestrado em Direito) – Pontifícia Universidade Católica de São Paulo, São Paulo, 2017. p. 191.

[17] LIMONGI, Viviane Cristina de Souza. *A capacidade civil e o Estatuto da Pessoa com Deficiência (Lei Federal n. 13.146/2015)*: reflexos patrimoniais decorrentes do negócio jurídico firmado pela pessoa com deficiência mental. 2017. 211 f. Dissertação (Mestrado em Direito) – Pontifícia Universidade Católica de São Paulo, São Paulo, 2017. p. 192.

jurídico,[18] ou, ainda, no silêncio, a aplicação das referentes ao regime da comunhão parcial de bens, às respectivas relações patrimoniais, importaria em deixá-lo desprotegido.

Como se sabe, na inexistência de pacto antenupcial ou contrato escrito, o casamento ou a união estável se pautará nas normas do regime da comunhão parcial, que importa na comunicabilidade de todo o patrimônio que for adquirido, onerosamente, durante a vigência do relacionamento,[19] o que ocorre, também, quando se está diante do regime da participação final nos aquestos, com algumas exceções.[20]

No regime da comunhão universal de bens, a princípio, comunica-se a totalidade do patrimônio dos partícipes da relação, igualmente com algumas exceções.[21]

Entretanto, no regime da comunhão parcial, comunicam-se "IV - as benfeitorias em bens particulares de cada cônjuge; V - os frutos dos bens comuns, ou dos particulares de cada cônjuge, percebidos na constância do casamento, ou pendentes ao tempo de cessar a comunhão" (art. 1.660 CC); enquanto que, no regime da comunhão universal, "A incomunicabilidade dos bens enumerados no artigo antecedente não se estende aos frutos, quando se percebam ou vençam durante o casamento" (art. 1.669).

---

[18] Tanto no pacto antenupcial quanto no contrato de união estável – que pode ser elaborado de forma particular ou pública –, pode haver a previsão de incidência de normas de vários dos regimes de bens.

[19] "Art. 1.658. No regime de comunhão parcial, comunicam-se os bens que sobrevierem ao casal, na constância do casamento, com as exceções dos artigos seguintes. Art. 1.659. Excluem-se da comunhão: I - os bens que cada cônjuge possuir ao casar, e os que lhe sobrevierem, na constância do casamento, por doação ou sucessão, e os sub-rogados em seu lugar; II - os bens adquiridos com valores exclusivamente pertencentes a um dos cônjuges em sub-rogação dos bens particulares; III - as obrigações anteriores ao casamento; IV - as obrigações provenientes de atos ilícitos, salvo reversão em proveito do casal; V - os bens de uso pessoal, os livros e instrumentos de profissão; VI - os proventos do trabalho pessoal de cada cônjuge; VII - as pensões, meios-soldos, montepios e outras rendas semelhantes. [...] Art. 1.661. São incomunicáveis os bens cuja aquisição tiver por título uma causa anterior ao casamento".

[20] "Art. 1.672. No regime de participação final nos aquestos, cada cônjuge possui patrimônio próprio, consoante disposto no artigo seguinte, e lhe cabe, à época da dissolução da sociedade conjugal, direito à metade dos bens adquiridos pelo casal, a título oneroso, na constância do casamento. [...] Art. 1.674. Sobrevindo a dissolução da sociedade conjugal, apurar-se-á o montante dos aquestos, excluindo-se da soma dos patrimônios próprios: I - os bens anteriores ao casamento e os que em seu lugar se sub-rogaram; II - os que sobrevieram a cada cônjuge por sucessão ou liberalidade; III - as dívidas relativas a esses bens. Parágrafo único. Salvo prova em contrário, presumem-se adquiridos durante o casamento os bens móveis. Art. 1.675. Ao determinar-se o montante dos aquestos, computar-se-á o valor das doações feitas por um dos cônjuges, sem a necessária autorização do outro; nesse caso, o bem poderá ser reivindicado pelo cônjuge prejudicado ou por seus herdeiros, ou declarado no monte partilhável, por valor equivalente ao da época da dissolução. Art. 1.676. Incorpora-se ao monte o valor dos bens alienados em detrimento da meação, se não houver preferência do cônjuge lesado, ou de seus herdeiros, de os reivindicar. Art. 1.677. Pelas dívidas posteriores ao casamento, contraídas por um dos cônjuges, somente este responderá, salvo prova de terem revertido, parcial ou totalmente, em benefício do outro. Art. 1.678. Se um dos cônjuges solveu uma dívida do outro com bens do seu patrimônio, o valor do pagamento deve ser atualizado e imputado, na data da dissolução, à meação do outro cônjuge. Art. 1.679. No caso de bens adquiridos pelo trabalho conjunto, terá cada um dos cônjuges uma quota igual no condomínio ou no crédito por aquele modo estabelecido. Art. 1.680. As coisas móveis, em face de terceiros, presumem-se do domínio do cônjuge devedor, salvo se o bem for de uso pessoal do outro. Art. 1.681. Os bens imóveis são de propriedade do cônjuge cujo nome constar no registro. Parágrafo único. Impugnada a titularidade, caberá ao cônjuge proprietário provar a aquisição regular dos bens".

[21] "Art. 1.667. O regime de comunhão universal importa a comunicação de todos os bens presentes e futuros dos cônjuges e suas dívidas passivas, com as exceções do artigo seguinte. Art. 1.668. São excluídos da comunhão: I - os bens doados ou herdados com a cláusula de incomunicabilidade e os sub-rogados em seu lugar; II - os bens gravados de fideicomisso e o direito do herdeiro fideicomissário, antes de realizada a condição suspensiva; III - as dívidas anteriores ao casamento, salvo se provierem de despesas com seus aprestos, ou reverterem em proveito comum; IV - as doações antenupciais feitas por um dos cônjuges ao outro com a cláusula de incomunicabilidade; V - Os bens referidos nos incisos V a VII do art. 1.659. Art. 1.669. A incomunicabilidade dos bens enumerados no artigo antecedente não se estende aos frutos, quando se percebam ou vençam durante o casamento".

Tal comunicabilidade, se não for afastada por pacto antenupcial ou contrato de união estável, pode acarretar prejuízos ao deficiente mental/intelectual, uma vez que tais frutos podem ser importantes para a respectiva subsistência, considerada a respectiva vulnerabilidade.

Por outro lado, no regime convencional da separação total de bens, nada se comunica entre os cônjuges/companheiros, enquanto que, no da separação obrigatória, comunicam-se os aquestos, por força da Súmula nº 377 do STF.

Ainda que o casamento e a união estável sejam, na maior parte dos casos, a consequência do amor nutrido pelos respectivos partícipes, o relacionamento poderá, enquanto vivo o deficiente mental ou intelectual – e a vida é o período necessário a contar com um patrimônio mínimo para a respectiva subsistência –, romper-se e, ainda que se opere uma partilha, poderá lhe faltar o básico.

E isso se dá em razão de que, embora a partilha decorrente da dissolução do casamento ou da união estável se opere, a princípio, com a atribuição, para cada um dos cônjuges/companheiros, de metade do patrimônio – se adotado o regime da comunhão universal, incidindo sobre a totalidade do patrimônio das partes; e se adotado o regime da comunhão parcial ou da participação final nos aquestos, daquele adquirido, onerosamente, durante a vigência do relacionamento – tal parte pode ser insuficiente à manutenção de uma vida digna para o deficiente mental/intelectual.

Sobre o tema, como ressaltado por Fachin, embora em relação à doação, mas aqui referido, por se mostrar cabível:

> Realizada a liberalidade diretamente ou mediante procurador, o que importa, prioritariamente, é a situação objetiva em que são remetidos os doadores. Note-se que o juízo de subsistência não depende apenas de existência de algum bem, mas sim de bens suficientes ao desempenho de tal finalidade.[22]

Decidir pelo casamento ou pela constituição de união estável, com a eleição das normas atinentes ao regime da comunhão parcial de bens ou da participação final nos aquestos, implica a concordância com a divisão, com o outro, do patrimônio que for auferido, durante a vigência do relacionamento, de forma onerosa. E, mais ainda, concordância com a divisão dos frutos dos bens particulares.

No que tange às normas relativas ao regime da comunhão universal de bens, está-se, claramente, diante de ato que pode ser havido como de "doação" do patrimônio que às relações afetivas seria incomunicável.

Mas qualquer uma dessas opções pode retratar a vontade livre da pessoa com deficiência mental/intelectual, e essa é a mudança de paradigma que a sociedade tem de enfrentar.

Considerada a imperiosidade de a pessoa com deficiência ser protegida "de toda forma de negligência, discriminação, exploração, violência, tortura, crueldade, opressão e tratamento desumano ou degradante", será necessária, sim, a tomada de cuidados quando da decisão acerca da forma pela qual serão pautadas as relações patrimoniais advindas do casamento ou da união estável. Cuidados e não imposições que deixarão à margem o objetivo de inclusão da pessoa com deficiência mental/intelectual.

---

[22] FACHIN, Luiz Edson. *Estatuto jurídico do patrimônio mínimo*. Rio de Janeiro: Renovar, 2001. p. 121-122.

Citando Fachin, novamente:

> É congruente com a estrutura do Código Civil prever restrições à disposição do patrimônio, eis que é dos bens que a codificação extrai seu eixo basilar. Soa razoável asseverar que tal estrutura de base não é una ou monolítica, e nela é possível garimpar âncoras de sustentação de valores que transcendam a proteção meramente patrimonial.
> Enfeixa-se aí a hipótese que, obstando a auto-redução à miséria, prevê limites às liberalidades *inter vivos*.[23]

Caberá aos que, por qualquer razão, virem-se envolvidos na lavratura de qualquer ato – incluindo, mas não limitando, o casamento, a escritura de pacto antenupcial, a escritura de união estável, a procuração para o casamento ou para assinatura do pacto –, por pessoa com deficiência mental/intelectual, verificar, da forma que for possível, consideradas as limitações de cada um, se há, de parte dela, discernimento para tanto.

Se se estiver diante de pessoa sem qualquer discernimento, o curador não poderá suprir a respectiva manifestação, para casar ou constituir união estável, quiçá para a prática dos atos de cunho patrimonial.

Outrossim, se se estiver diante de pessoa com discernimento parcial, mas que não esteja sob curatela, há capacidade para casar ou constituir união estável, mas, talvez, não para a prática de atos que envolvam patrimônio, o que inclui o silêncio quanto às normas que incidirão sobre as relações patrimoniais advindas desses relacionamentos, que importará na eleição do regime da comunhão parcial de bens.

Tudo, como é certo, dependerá do caso concreto.

No cuidado com o deficiente mental/intelectual, a Corregedoria do Estado de São Paulo assim determina:

> 41. O Tabelião de Notas, antes da lavratura de quaisquer atos, deve: [...] f) exigir alvará, termo de curatela, ou termo de acordo de decisão apoiada, para atos relacionados a direitos de natureza patrimonial ou negocial, praticados por pessoa em situação de curatela, ou em nome da pessoa com deficiência, por seus eventuais apoiadores. (Capítulo XVII, Seção IV, "Da Lavratura dos Atos Notariais", Subseção I, "Disposições Gerais"). [...]
> 54.1. A pessoa com deficiência que manifestar vontade poderá requerer habilitação de casamento, sem assistência ou representação, sendo certo que a falta de manifestação não poderá ser suprida pela intervenção individual de curador ou apoiador. [...]
> 57.1. O nubente interdito, seja qual for a data ou os limites da interdição, poderá contrair casamento (Capítulo XVII, Seção VI, "Do casamento", Subseção I, "Da Habilitação para o Casamento"). [...]
> 77. Presentes os contraentes, em pessoa, por procurador especial ou através de curador, juntamente com as testemunhas e o Oficial, o presidente do ato, ouvindo os nubentes a afirmação de que persistem no propósito de casar por livre e espontânea vontade, declarará efetuado o casamento (Capítulo XVII, Seção VI, "Do Casamento", Subseção II, "Da Celebração do Casamento").

---

[23] FACHIN, Luiz Edson. *Estatuto jurídico do patrimônio mínimo*. Rio de Janeiro: Renovar, 2001. p. 100-101.

Repete-se, aqui, que o art. 23 da CNI permite o casamento das pessoas com deficiência, reputando-as capazes para os atos existenciais. O que causa estranhamento é a contradição diante do art. 85, §1º do EPD, como já ressaltado acima, uma vez que a curatela somente alcança questões patrimoniais. O §2º do art. 1550 do CC admite a presença do curador, as normas da Corregedoria também, mas o próprio EPD e a CNI restringem sua atuação.

O que importa é, realmente, compreender e aceitar que os tempos mudaram, que o deficiente mental/intelectual está incluído na sociedade e por ela deve ser protegido, na medida de sua vulnerabilidade.

Incluir a pessoa com deficiência mental/intelectual engloba respeitar as opções que faz para constituir uma família, procurando, na medida do possível, a melhor solução para o caso concreto, visando a que, no campo patrimonial, não venha a lhe faltar o mínimo para a respectiva sobrevivência.

E, caso tal não ocorra, as mesmas vozes que se levantam buscando convencer de que a pessoa com deficiência mental/intelectual permaneceria desprotegida, por conta de incapacidade que não tenha sido observada, acabam por esquecer que a provocação da tutela jurisdicional, objetivando a anulação do negócio consistente na eleição de normas atinentes a regime de bens, é de quatro anos, contados do dia em que cessar a incapacidade (art. 178, III, CC). A questão é saber quem suscitará eventual nulidade, havendo a escolha do regime pela própria pessoa com deficiência, eis que capaz, se seus próprios familiares a apoiarem.

Resta claro que, ao menos no ponto relativo à opção pela forma pela qual se pautarão as relações patrimoniais advindas de seu casamento ou união estável, a pessoa com deficiência mental/intelectual não está, a princípio, como alguns alardeiam, desprotegida, sobretudo quando o Poder Judiciário tem dado mostras, à sociedade, da preocupação com os vulneráveis.

O que se tem de fazer, nesse momento, é respeitar a inclusão, é criar mecanismos que quebrem os paradigmas do passado, pois, uma vez mais citando Luiz Edson Fachin:

> 5. O enclausuramento em face do diferente furta o colorido da vivência cotidiana, privando-nos da estupefação diante do que se coloca como novo, como diferente.
>
> 6. É somente com o convívio com a diferença e com o seu necessário acolhimento que pode haver a construção de uma sociedade livre, justa e solidária, em que o bem de todos seja promovido sem preconceitos de origem, raça, sexo, cor, idade e quaisquer outras formas de discriminação (Art. 3º, I e IV, CRFB). (STF. Ação Direta de Inconstitucionalidade (ADI) nº 5.537 MC – Ref – ED – DF. Rel. Min. Edson Fachin, j. 17.2.2017)

Referências

BRANDÃO, Débora Vanessa Caús. *Regime de bens no Novo Código Civil*. São Paulo: Saraiva, 2008.

CUENCA GÓMEZ, Patrícia. Derechos humanos y modelos de tratamiento de la discapacidad. *El Tiempo de los Derechos*, n. 3. 2011. Disponível em: <http://migre.me/qKRUL>. Acesso em: 18 maio 2018.

FACHIN, Luiz Edson. *Direito de família*: elementos críticos à luz do Novo Código Civil brasileiro. 2. ed. Rio de Janeiro: Renovar, 2003.

FACHIN, Luiz Edson. *Estatuto jurídico do patrimônio mínimo*. Rio de Janeiro: Renovar, 2001.

FARIAS, Christiano Chaves de; CUNHA, Rogério Sanches; PINTO, Ronaldo Batista. *Estatuto da Pessoa com Deficiência comentado artigo por artigo*. Salvador: JusPodivm, 2016.

GUGEL, Maria Aparecida. A pessoa com deficiência e sua relação com a história da humanidade. *Ampid*. Disponível em: <http://www.ampid.org.br/ampid/Artigos/PD_Historia.php#autor>. Acesso em: 6 maio 2018.

LIMONGI, Viviane Cristina de Souza. *A capacidade civil e o Estatuto da Pessoa com Deficiência (Lei Federal n. 13.146/2015)*: reflexos patrimoniais decorrentes do negócio jurídico firmado pela pessoa com deficiência mental. 2017. 211 f. Dissertação (Mestrado em Direito) – Pontifícia Universidade Católica de São Paulo, São Paulo, 2017.

PEREIRA, Caio Mário da Silva. *Instituições de direito civil*. 14. ed. Rio de Janeiro: Forense, 2004. v. V.

REQUIÃO, Marcelo. *Estatuto da Pessoa com Deficiência, incapacidades e interdição*. Salvador: JusPodivm, 2016.

SANTOS, João Manuel de Carvalho. *Código Civil brasileiro interpretado*. 14. ed. Rio de Janeiro: Freitas Bastos, 1988. v. V.

SIMÃO, José Fernando. Estatuto da Pessoa com Deficiência causa perplexidade (Parte 1). *Conjur*, 6 ago. 2015. Disponível em: <http://www.conjur.com.br/2015-ago-06/jose-simao-estatuto-pessoa-deficiencia-causa-perplexidade>. Acesso em: 31 maio 2018.

SIMÃO, José Fernando. Estatuto da Pessoa com Deficiência causa perplexidade (Parte 2). *Conjur*, 7 ago. 2015. Disponível em: <https://www.conjur.com.br/2015-ago-07/jose-simao-estatuto-pessoa-deficiencia-traz-mudancas>. Acesso em: 31 maio 2018.

YOUNG, Beatriz Capanema. A Lei Brasileira de Inclusão e seus reflexos no casamento da pessoa com deficiência psíquica e intelectual. In: BARBOZA, Heloisa Helena; MENDONÇA, Bruna Lima de; ALMEIDA JUNIOR, Vitor de Azevedo (Coord.). *O Código Civil e o Estatuto da Pessoa com Deficiência*. Rio de Janeiro: Processo, 2017.

Informação bibliográfica deste texto, conforme a NBR 6023:2002 da Associação Brasileira de Normas Técnicas (ABNT):

VIEIRA, Cláudia Stein; BRANDÃO, Débora Vanessa Caús. As normas aplicáveis às relações patrimoniais advindas do casamento e da união estável da pessoa com deficiência mental ou intelectual e a proteção de seus interesses. In: EHRHARDT JÚNIOR, Marcos; CORTIANO JUNIOR, Eroulths (Coord.). *Transformações no Direito Privado nos 30 anos da Constituição*: estudos em homenagem a Luiz Edson Fachin. Belo Horizonte: Fórum, 2019. p. 753-764. ISBN 978-85-450-0562-9.

DIÁLOGOS: O DIREITO DAS SUCESSÕES E OS INSTITUTOS FUNDAMENTAIS DE DIREITO CIVIL

EROULTHS CORTIANO JUNIOR

ANDRÉ LUIZ ARNT RAMOS

Introdução

O direito das sucessões é uma normativa de síntese, que corta transversalmente os institutos fundamentais de direito civil. Contratos, propriedades e famílias, expressões que sumarizam os três pilares de sustentação do governo jurídico das relações interprivadas[1] confluem e desaguam em temas de sucessão. Nada obstante, o profundo e complexo processo de constitucionalização daqueles[2] teima em não ser assimilado pelo direito sucessório.[3] Ele permanece velho e encastelado na "aparente rigidez atemporal de sua dogmática".[4] Esse fenômeno é registrado pela literatura jurídica especializada, mas carece de melhor enfrentamento, até para demonstrar seus limites e possibilidades.

---

[1] O tríplice alicerce do governo jurídico das relações interprivadas é extensivamente abordado por Fachin, sob o título *tríplice vértice fundante do privado*. Cf.: FACHIN, L. E. *Teoria crítica do direito civil*. 3. ed. rev. e atual. Rio de Janeiro: Renovar, 2012. p. 157 e ss. e FACHIN, L. E. *Questões do direito civil brasileiro contemporâneo*. Rio de Janeiro: Renovar, 2009. p. 21-164.

[2] A propósito, diz Fachin: "A releitura de estatutos fundamentais do Direito Privado é útil e necessária para compreender a crise e a superação do sistema clássico que se projetou para o contrato, a família e o patrimônio. A complexidade desse fenômeno apresenta, neste momento, um interessante banco de prova que se abre em afazeres epistemológicos que acolhem as novas demandas da juridicidade. Assim nos alimentamos do tormento de saber pouco e por isso não temos o direito de viver em paz. Sabemos, porém, que o Direito (como um todo, e o Direito Civil, em particular) não é somente *isso que está aí*" (FACHIN, L. E. "Virada de Copérnico": um convite à reflexão sobre o direito civil brasileiro contemporâneo. In: FACHIN, L. E. (Coord.). *Repensando os fundamentos do direito civil brasileiro contemporâneo*. Rio de Janeiro: Renovar, 1998. p. 319).

[3] O inc. XXX do art. 5º da Constituição Federal diz, simples mas enfaticamente, que "é garantido o direito de herança"; elevando a sucessão a direito fundamental, enclausurado petreamente em nosso sistema jurídico. O sentido e alcance da norma é carente de crítica e interpretação. Outras ordens jurídicas – assim a Alemanha, a Itália e Portugal, entre tantas – também cuidam constitucionalmente da herança, em regra, de maneira geral, unida à garantia da propriedade. A respeito da previsão constitucional do direito à herança no Brasil, ver, entre outros, MARTINS-COSTA, J. O direito sucessório na Constituição: a fundamentalidade do direito à herança. *Revista do Advogado*, n. 112, p. 79-87, 2011. p. 79-87.

[4] TEPEDINO, G. Prefácio. In: NEVARES, A. L. M. *A função promocional do testamento*. Rio de Janeiro: Renovar, 2009. p. 1.

Constatações semelhantes são voz corrente na literatura atenta, conforme atestado por Bucar e Teixeira:

> O Direito Sucessório não tem merecido a atenção devida por parte da doutrina. Esse distanciamento associa-se à dificuldade técnica, intensificada por duas peculiaridades. Em primeiro lugar, o Direito das Sucessões não comporta digressões retóricas, nem concessões a noções imprecisas; em segundo, desaguam no estudo das sucessões, todos os problemas dos demais ramos do Direito Civil.[5]

É talvez por essa razão que ranços do modelo patriarcal de família e do privatismo doméstico,[6] informado pela tríade "pai soturno, mulher submissa, filhos aterrados",[7] ainda assolam quem de inspiração democrática ouse se aventurar nos rincões do direito sucessório. Num caminho de *zigue-zague*, conversam as estruturas familiares e o direito das sucessões. De igual maneira, o direito das propriedades. A essência das titularidades repercute no direito sucessório, mas este também ajuda a construir escolhas proprietárias: basta pensar nos problemas da tributação *causa mortis*, nas estratégias de planejamento sucessório, no papel desempenhado pela posse como exercício material dos direitos proprietários, na função social da propriedade. Também o exercício da autonomia privada é recebido no ambiente do direito sucessório com tradicionais colmatações (por exemplo, na limitação à liberdade de testar, ou na proibição de pactos sucessórios), mas que pode – e deve – restituir, à própria autonomia privada, ecos de rejuvenescimento e crítica.

O que se quer dizer é: o direito das sucessões deixa de ser sujeito passivo e, liberado de uma esterilidade criada e absorvida, passa a agir proativamente, influenciando o direito das famílias, o direito das propriedades, o direito dos contratos.

Diante deste cenário é que se alvitra, desde as contribuições de Luiz Edson Fachin, colher insumos para estabelecer mediações necessárias ao estabelecimento de um diálogo[8] verdadeiro entre algumas das transformações havidas na gramática dos institutos fundamentais de direito civil e a teoria e a prática das sucessões. E vice-versa. Propõe-se, pois, romper as amarras que adstringem este importante complexo normativo à exegese da manualística, que "dos Códigos fez o 'seu código' do pensar por repetições, memorizações e mitologias simplificadoras, num tocante pragmatismo rasteiro que vende parcos saberes, a peso de outro, a famintos por pão e trigo verdadeiros".[9]

---

[5] BUCAR, D.; TEIXEIRA, D. A colação no Código de Processo Civil de 2015. In: EHRHARDT JÚNIOR, M. (Coord.). *Impactos do Novo CPC e do EPD no direito civil brasileiro*. Belo Horizonte: Fórum, 2016. p. 107.

[6] Projeções do privatismo doméstico no Código Civil brasileiro são abordadas por Orlando Gomes (*Raízes históricas e sociológicas do Código Civil brasileiro*. São Paulo: Martins Fontes, 2003).

[7] ABREU, C. *Capítulos de história colonial*. Rio de Janeiro: Briguiet, 1954. p. 303.

[8] A dialógica, assim proposta, afigura-se como "Unidade complexa entre duas lógicas, entidades ou instâncias complementares, concorrentes e antagônicas, que se alimentam uma da outra, se completam, mas também se opõem e combatem. [...] É convidar a pensar-se na complexidade. Não é dar a receita que fecharia o real numa caixa; é fortalecer-nos na luta contra a doença do intelecto – o idealismo –, que crê que o real se pode deixar fechar na idéia e que acaba por considerar o mapa como o território, e contra a doença degenerativa da racionalidade, que é a racionalização, a qual crê que o real se pode esgotar num sistema coerente de idéias" (MORIN, E. *O método 5* – A humanidade da humanidade – A identidade humana. Tradução de Juremir Machado da Silva. 4. ed. Porto Alegre: Sulina, 2007. p. 300-301).

[9] FACHIN, L. E. A "reconstitucionalização" do direito civil brasileiro. In: FACHIN, L. E. *Questões do direito civil brasileiro contemporâneo*. Rio de Janeiro: Renovar, 2009. p. 12.

Assim e de modo ensaístico, propositadamente inconclusivo, passa-se a delinear aspectos do projeto parental, das titularidades e do trânsito jurídico cuja assimilação – e rebote – pelo direito sucessório se põe como desafio à concretização das agendas do direito civil contemporâneo.[10]

1 Projeto parental. Ou: a ruidosa sucessão *legítima* ante ao eudemonismo nas famílias

O direito de família Pré-Constituição de 1988 era um modelo de tendência monista. Privilegiava-se a família fundada no matrimônio – institucionalizada e formalizada, portanto –, em função da qual critérios legitimadores de pertencimento (e de exclusão) se estabeleciam. A definição de *direito de família* esquadrinhada pela comunidade especializada é disso reveladora e sua leitura basta por si só:

> Dentre as conceituações propostas na doutrina, duas, ao menos, se impõem por suas características e pela precisão. A primeira, sintética, expressa que o Direito de Família "é o conjunto de regras aplicáveis às relações entre pessoas ligadas pelo casamento ou parentesco". Reveste-se a outra de índole analítica: "complexo de princípios que regulam a celebração do casamento, sua validade e os efeitos que dele resultam, as relações pessoais e econômicas da sociedade conjugal, a dissolução desta, as relações entre pais e filhos, o vínculo do parentesco e os institutos complementares da tutela, curatela e ausência".
>
> Ao tempo em que proposta a segunda definição, ainda não existia, no direito positivo, o instituto do divórcio, que sobreveio apenas em 1977. Assim, sai versão hodierna incluiria também a desconstituição do matrimônio a este título.[11]

Este viés exclusivista (e excludente), centrado no matrimônio e na consequente desqualificação das relações extramatrimoniais, inclusive de filiação, cedeu. Cedeu em prol do vislumbre de uma intransigente abertura constitucional à pluralidade de relações familiares, informadas sobretudo pelo afeto. Cedeu, também, à vista de um compromisso basal com a igualdade: de gênero, de orientação sexual e de origem na filiação,[12] ao que se acresce a igualdade de crédito de proteção entre as diversas entidades familiares[13] existentes *de fato*.[14]

---

[10] A renovação da agenda do direito civil se põe como consectário da dimensão prospectiva e sempre diacrônica da tríplice constituição (no caso, constitucionalização, pelo movimento que lhe é imanente) do direito civil. Assim: "A atuação constitutiva do Direito Civil apreendido como expressão prospectiva, vale dizer, construção e reconstrução dos significantes de base do governo jurídico das relações interprivadas (como propriedade, contrato e família), dentro dos limites de um sistema jurídico poroso, aberto e plural, sugere uma possibilidade de evocações compromissárias" (FACHIN, L. E. *Direito civil*: sentidos, transformações e fim. Rio de Janeiro: Renovar, 2015. p. 143).

[11] ALMADA, N. M. *Direito de família*. São Paulo: Brasiliense, 1987. v. 1. p. 20.

[12] A propósito desta tríplice igualdade, cf.: MORAES, M. C. B. de. A nova família, de novo – Estruturas e função das famílias contemporâneas. *Pensar*, Fortaleza, v. 18, n. 2, p. 587-628, maio/ago. 2013.

[13] V. LÔBO, P. L. N. Entidades familiares constitucionalizadas: para além do numerus clausus. In: PEREIRA, R. C. (Coord.). *Família e cidadania*: o Novo CCB e a vacatio legis. Belo Horizonte: Del Rey, 2002. p. 84-107.

[14] A propósito: "Nesse andamento, importa destacar que se a família for pensada em um viés plural e aberto, apreendida como espaço de uma *autoconstituição coexistencial*, não caberia nem ao Estado nem à comunidade a definição exclusiva de como essa autoconstituição será desenvolvida, em quais pilares essa autoconstituição se sustentará ou quais cores passará ela a exprimir. [...] Pretender, assim, projetar uma espécie de arrimo a tal painel de possibilidades, no âmbito dessas perspectivas, traduz o sinônimo de *respeitar* e *acatar* escolhas pessoais. [...]

A família do direito civil brasileiro contemporâneo não é mais apenas a matrimonial; não é mais continente de um organograma encabeçado por figura soturna. É, antes, um espaço amorfo de afeto e solidariedade, inspirado pela promoção do desenvolvimento das potencialidades de seus integrantes.[15] Nesse quadro, a família transcende suas funções institucionais, "para retratar também os projetos pessoais de cada um de seus membros, na busca pela sua realização e felicidade, sem perder de vista, contudo, a mesma projeção para o todo familiar".[16] No dizer de Ana Carla Matos, "são os *fios do afeto* que tecem a roupagem da família contemporânea, agasalhando a pessoa e sua dignidade à luz dos valores consagrados na Constituição da República".[17] Daí se dizer, com Fachin:

> Eis que o tradicional modelo familiar, que instrumentalizava as relações sociais como instituição erigida sobre o tríplice estandarte do *matrimônio*, do *patrimônio* e do *pátrio poder*, dá lugar à *família nuclear eudemonista*, cujo feixe luminoso passa a focar-se por sobre as pessoas que nela se encontram afetivamente envolvidas. [...]
> Naquele passo, a família era limitada a representar uma aquarela de tonalidades e cores morais e sociais, em lugar de ser uma tela policrômica para o desenho do sentimento e do afeto.
> Essa renovada estruturação familiar abriu as portas à compreensão e ao reconhecimento de inúmeros outros tons, a rigor *sem modelos* excludentes, resultado de uma série de transformações sociais, especialmente ocorridas aos anos que sucederam a gênese da nova ordem constitucional.[18]

A sucessão, ao se fechar na pretensa assepsia das categorias e no dissimulado autoritarismo de suas práticas,[19] trai as transformações havidas no governo jurídico das relações familiares. Isso se revela na persistência, no contexto normativo brasileiro, de referências à *sucessão legítima*, que remete literalmente à *família legítima*,[20] expressão

---

Todas as uniões são fontes de relações das famílias" (FACHIN, L. E. *Direito civil*: sentidos, transformações e fim. Rio de Janeiro: Renovar, 2015. p. 163-164).

[15] Acerca do tema, enuncia Fachin: "Progressivamente, com o surgimento do desenho de afeto no plano dos fatos, ela [a família] se inscreve numa trajetória de direitos subjetivos: de espaço de poder se abre para o terreno da liberdade: o direito de ser ou de estar, e como se quer ser ou estar" (FACHIN, L. E. Inovação e tradição no direito de família contemporâneo sob o novo Código Civil brasileiro. Ânima, v. 3. Disponível em: <http://www.anima-opet.com.br/pdf/anima3/anima3-Luiz-Edson-Fachin.pdf>. Acesso em: 15 maio 2018).

[16] HIRONAKA, G. M. F. N. A incessante travessia dos tempos e a renovação dos paradigmas: a família, seu status e seu enquadramento na pós-modernidade. In: MENEZES, J. B. de; MATOS, A. C. H. (Org.). *Direito das famílias por juristas brasileiras*. São Paulo: Saraiva, 2013. p. 30.

[17] MATOS, A. C. A família recomposta: em busca de seu pleno reconhecimento jurídico. In: MENEZES, J. B. de; MATOS, A. C. H. (Org.). *Direito das famílias por juristas brasileiras*. São Paulo: Saraiva, 2013. p. 320.

[18] FACHIN, L. E. *Direito civil*: sentidos, transformações e fim. Rio de Janeiro: Renovar, 2015. p. 161. Este diagnóstico é reforçado em Bodin de Moraes, para quem: "[E]m contraposição ao modelo familiar tradicional [...], tornou-se possível propor uma configuração democrática de família, na qual não há direitos sem responsabilidades, nem autoridade sem democracia. [...] O adjetivo 'democrático' diz respeito à rejeição de qualquer discriminação e preconceito, à liberdade de decidir o curso da própria vida e ao direito de protagonizar igual papel ao forjar um destino comum. [...] Famílias democratizadas nada mais são do que famílias em que a dignidade de cada membro é respeitada e tutelada. Para a concretização desse processo, o que mais cumpre ressaltar é a sua pluralidade: o fenômeno familiar não é mais unitário" (MORAES, M. C. B. de. A nova família, de novo – Estruturas e função das famílias contemporâneas. *Pensar*, Fortaleza, v. 18, n. 2, p. 587-628, maio/ago. 2013. p. 592-593).

[19] Esta problemática foi tangenciada em RAMOS, A. L. A.; ALTHEIM, R. Colação hereditária e legislação irresponsável: descaminhos da segurança jurídica no âmbito sucessório. *Redes*, v. 6, n. 1, p. 33-46, maio 2018.

[20] A propósito da família legítima, interessa o relato de Carbonera: "o referido Código [Civil de 1916], em nome da busca de segurança jurídica, compreenda aqui como previsibilidade de resultados, promoveu a descrição

sabidamente banida do léxico civilístico pelo nascimento da "família constitucional, com a progressiva eliminação da hierarquia"[21] entre os filhos de diversas origens. Outra não é a leitura de Pianovski Ruzyk e Pinheiro:

> Nessa perspectiva, a sucessão legítima guarda em suas entrelinhas, a prevalência da família como "comunidade de sangue". Nega-se tutela patrimonial àqueles que se ligam à família por laços de afeto. Às custas de um juízo de exclusão, conserva-se o patrimônio familiar dentro de um mesmo grupo, e coloca-se no centro da sucessão hereditária a propriedade.[22]

Esse contrassenso, que nada tem de pontual e singelo, havido entre o texto do Código sucessivo à Constituição, sinaliza a pungência da provocação de Timsit, de que *codificar não é modificar*,[23] de resto já anunciada expressamente por Reale[24] relativamente ao Código Civil brasileiro. O problema é que a mudança não se fez pela lei ou simplesmente pela atuação dos Tribunais. Antes, deu-se na dimensão constitucional, pela via de uma verdadeira (talvez a única) mudança paradigmática em matéria civil: a reformulação de estrutura e funções caras ao projeto parental.

O revolvimento dos sentidos de *famílias* (e do direito das famílias), com transformações também em seus fins, contemporaneamente vincados à promoção de liberdades multifacetadas, exige um repensar do modelo da sucessão forçada (legítima), para além das já discutidas e resolvidas questões atinentes à vocação hereditária. Este é, induvidosamente, um desafio à concretização da agenda evocatória do direito civil brasileiro contemporâneo; é, também, uma exigência imposta pela constituição prospectiva do direito civil, haurida não apenas de suas constituições formal e substancial, mas, igualmente, da força jurígena dos fatos.[25]

---

pormenorizada de todos os aspectos formativos e caracterizadores das relações jurídicas familiais. O desenho traçado revelou um modelo de família legítima, matrimonializada, patriarcal, hierarquizada, patrimonializada e transpessoal, fundada em um vínculo matrimonial indissolúvel, na indissociabilidade entre a relação conjugal e a paterno-filial, com papéis familiares inflexíveis e com destaque à proteção da consanguinidade na filiação. [...] Em um sentido mais amplo, o binômio legitimidade/ilegitimidade determinava de que forma as relações e os papéis a elas deferidos seriam preenchidos e desempenhados. Assim sendo, a regulamentação jurídica dos papéis atribuídos às pessoas dependia, sobretudo, 'da função que, em abstrato, o próprio sistema define'" (CARBONERA, S. M. Aspectos históricos e socioantropológicos da família brasileira: passagem da família tradicional para a família instrumental e solidarista. In: MENEZES, J. B. de; MATOS, A. C. H. (Org.). *Direito das famílias por juristas brasileiras*. São Paulo: Saraiva, 2013. p. 36-37).

[21] FACHIN, L. E. Inovação e tradição no direito de família contemporâneo sob o novo Código Civil brasileiro. *Ânima*, v. 3. Disponível em: <http://www.anima-opet.com.br/pdf/anima3/anima3-Luiz-Edson-Fachin.pdf>. Acesso em: 15 maio 2018.

[22] RUZYK, C. E. P.; PINHEIRO, R. F. O direito de família na Constituição de 1988 e suas repercussões no direito das sucessões: convergências e dissensões na senda da relação entre Código Civil e Constituição. In: CONRADO, M.; PINHEIRO, R. F. *Direito privado e Constituição*: ensaios para uma recompreensão valorativa da pessoa e do patrimônio. Curitiba: Juruá, 2009. p. 435.

[23] Tradução livre. No original: "codifier n'est pás modifier" (TIMSIT, G. La codification, transcription ou transgression de la loi? *Droits*, Paris, v. 24, jan. 1996. p. 83).

[24] Está-se a referir ao compromisso da comissão de juristas envolvida no projeto que viria a se tornar o Código Civil de 2002 em "não dar guarida no Código senão aos institutos e soluções normativas já dotados de certa sedimentação e estabilidade" (REALE, M. *O Projeto de Código Civil*: situação atual e seus problemas fundamentais. São Paulo: Saraiva, 1986. p. 76).

[25] Trata-se elemento fundamental da constituição prospectiva do direito civil, de há muito perscrutada pela teoria crítica do direito civil, que assim enuncia desafio à comunidade jurídica especializada: "Descobrir o direito pela força criadora dos fatos [...], captando a legítima 'revolta dos fatos contra o código' sem a irresignação que daí retirava Gaston Morin, apreendendo que o caráter ôntico do direito está na sociedade e na realidade social, econômica e política" (FACHIN, L. E. A "reconstitucionalização" do direito civil brasileiro. In: FACHIN, L. E. *Questões do direito civil brasileiro contemporâneo*. Rio de Janeiro: Renovar, 2009. p. 12).

Crítica e recompreensão do modelo brasileiro de sucessão, especialmente no que tange à delimitação de herdeiros legitimários e à atribuição incontornável da reservatória, a eles não se bastam nas famílias. Imprescindem, também, de um colocar em perspectiva de outro pilar de sustentação do direito civil imbricado no fundamento e no *telos* da sucessão: as titularidades.

2 Titularidades: perspectivas da sucessão *ab intestato* segundo a função social da posse e a propriedade contemporânea

Teoria e prática das titularidades, nos esquadros do direito civil contemporâneo, põem-se como *loci* da realização de contributos à promoção de liberdades múltiplas, sobretudo em viés substancial.[26] Por isso se diz, com Fachin, que "o direito *da propriedade* e à *propriedade* [se firmam] como titularidade integrante do mínimo existencial",[27] vertidos na noção de *patrimônio mínimo*.[28] Essa (re)compreensão da propriedade é de suma valia ao direito sucessório, que, de há muito, enuncia seu compromisso com o *fim* de preservar a propriedade no seio de dada acepção de família (também carente de amparo na ordem do dia).

A propriedade privada, filtrada pelos mecanismos sucessórios, tem sua função social sequestrada pelo propósito de conservação do estado de coisas familial do *de cujus*. E isto – não a preservação da propriedade na família, mas a redução àquela do propósito de sua transferência *mortis causa* – é dissonante com o diapasão do direito brasileiro contemporâneo.

A constatação se robustece pela gravíssima limitação que o Código Civil impõe à liberdade de disposição patrimonial – negativa, no sentido de ser uma liberdade *de* coerção, e positiva, como liberdade *para* dar ao objeto de seu direito a destinação *post mortem* que entende mais conveniente –,[29] na razão de *um meio*. Vale dizer: em nome da preservação da propriedade em uma família estruturada segundo modelo hierárquico e não mais primacial, ceifa-se a liberdade do falecido, a liberdade dos eventuais legatários ou herdeiros testamentários e, enfim, também a liberdade dos não proprietários – quer virtualmente, pelo critério da igualdade formal, quer realmente, pela desvinculação da titularidade de sua função. A liberdade se dissocia da propriedade, cuja transferência *mortis causa* se despega de seus propósitos. Rompe-se o *cris anglais*[30] e o compromisso

---

[26] "É daí que pode emergir a função como liberdade(s), a (re)definir um sentido possível da função dos institutos jurídicos do direito civil: sendo eles vinculados à intersubjetividade travada entre particulares, podem ser eles instrumentos de exercício e de promoção da(s) liberdade(s), assim compreendidas como possibilidades de auto-constituição intersubjetiva – o que pode importar, inclusive, a responsabilidade recíproca dos indivíduos pela liberdade dos outros. Essas possibilidades se inserem na rede complexa da sociedade, com suas convergências e seus conflitos, mas não se confundem nem com 'O' interesse coletivo sem face (ou que recebe a face que aquele que exerce o poder político pretende a ele impor) nem com particulares atomizados, que excluem o indivíduo da rede social" (RUZYK, C. E. P. *Institutos fundamentais de direito civil e liberdade(s)*: repensando a dimensão funcional dos contratos, da propriedade e da família. Rio de Janeiro: GZ, 2011. p. 199).

[27] FACHIN, L. E. *Direito civil*: sentidos, transformações e fim. Rio de Janeiro: Renovar, 2015. p. 96.

[28] Cf. FACHIN, L. E. *Estatuto jurídico do patrimônio mínimo*. Rio de Janeiro: Renovar, 2001. p. 303-311.

[29] Para um panorama da distinção entre liberdade negativa e liberdade negativa, cf. FARRELL, M. D. Libertad negativa y libertad positiva. *Revista del Centro de Estudios Constitucionales*, n. 2, p. 9-20, ene./abr. 1989.

[30] Conquanto a díade propriedade-liberdade se apresente com referência à célebre passagem de Voltaire, adota-se um viés contemporâneo na assimilação dos sentidos de propriedade(s) e liberdade(s), tal qual tracejado por Pianovski Ruzyk, sob orientação de Fachin, em sua tese de doutoramento. Cf.: RUZYK, C. E. P. *Institutos*

do direito com a vinculação do exercício da propriedade a contributos a liberdades. E isto, sobretudo na sucessão forçada, por duas ordens de razão: (i) pela inconsistência da promoção da liberdade mediante limitação grave ao poder de disposição (encarnado na liberdade testamentária), quiçá o mais distintivo dos inerentes à propriedade;[31] e (ii) pela desconsideração da posse funcional, que antecede a propriedade; que figura como sua causa e sua necessidade.[32]

A literatura especializada em temas sucessórios conta com inclinações à releitura da liberdade testamentária pela via do aproveitamento funcional dos bens da herança, mediante o vislumbre de uma *função promocional ao testamento*,[33] bem como por orientações mais celebratórias da liberdade do testador. Pouco se diz, contudo, acerca da relevância da posse para atribuição de titularidade *mortis causa* e *ab intestato*. Talvez pela textualidade do art. 1.846, do Código Civil, que reza: "Pertence aos herdeiros necessários, de pleno direito, a metade dos bens da herança, constituindo a legítima". Dizer o contrário seria, então, militar *contra legem*. Mas quer parecer que a lei, neste quesito, está contra o direito. Isto não só pela ruidosa referência aos critérios excludentes que sinalizam ao prestígio de uma família legítima na delimitação dos herdeiros a quem metade dos bens da herança pertence de pleno direito; também pela melhor aplicabilidade da função promocional vislumbrada no testamento à sucessão forçada.

Em maior detalhe: as disposições testamentárias, por prescrição legal consentânea com um direito centrado na dignidade e nas liberdades da pessoa humana, prevalecem sobre as regras gerais de sucessão *ab intestato*. O exercício da liberdade de testar opera mediante negócio jurídico unilateral, que dá vazão à autonomia privada, como dimensão de liberdades negativa e positiva do testador, exercidas pontualmente e com vistas ao futuro, mas em suporte essencialmente revogável.[34] Há, portanto, uma justificativa para a obediência da vontade do falecido quanto à destinação dos bens e direitos sujeitos ao seu poder de disposição, de modo que apenas vicissitudes diagnosticadas em concreto permitem sua inobservância – este é um viés possível de superação das rançosas limitações à liberdade de testar em nome da preservação da propriedade privada na instituição familiar do *de cujus*.

O mesmo não se verifica nos enunciados normativos que regem a sucessão forçada. É o direito que estabelece os critérios para divisão do patrimônio do falecido e para sua atribuição aos sujeitos indicados pelo art. 1.829 do Código Civil. Assim, à parte a redação do mencionado art. 1.846 deste diploma legal, nenhuma inconsistência haveria se o direito positivo indicasse que determinados bens do falecido devessem ser

---

fundamentais de direito civil e liberdade(s): repensando a dimensão funcional dos contratos, da propriedade e da família. Rio de Janeiro: GZ, 2011. *Passim*.

[31] O tema já foi abordado em CORTIANO JUNIOR, E.; RAMOS, A. L. A. Liberdade testamentária versus sucessão forçada: anotações preliminares sobre o direito sucessório brasileiro. *Rejus-Univel*, n. 4, p. 41-73, maio 2015.

[32] A propósito: "Na medida em que a posse qualificada instaura nova situação jurídica, observa-se que a posse, portanto, não é somente o conteúdo do direito de propriedade, mas sim, e principalmente, *sua causa e sua necessidade*. Causa porque é sua força geradora. Necessidade porque exige sua manutenção sob pena de recair também sobre aquele bem força aquisitiva" (FACHIN, L. E. *A Função social da posse e a propriedade contemporânea*: uma perspectiva da usucapião imobiliária rural. Porto Alegre: Safe, 1988. p. 13).

[33] Cf. NEVARES, A. L. M. *A função promocional do testamento*. Rio de Janeiro: Renovar, 2009. *Passim*.

[34] A propósito: "O testamento, figura jurídico-econômica dos nossos dias, é essencialmente revogável. Nisso difere das primitivas formas de testar [...]. Só se torna irrevogável com a morte" (MIRANDA, F. C. P. de. *Tratado de direito privado*: direito das sucessões. Sucessão testamentária. Atualizado por Giselda Hironaka e Paulo Lôbo. São Paulo: RT, 2012. t. LVI. p. 133).

atribuídos preferencialmente àqueles herdeiros que sobre eles exercem determinado(s) poder(es) proprietário(s). Isto é: aos sucessores que possuem os bens de modo funcional. Esta, aliás, seria orientação consentânea com a ordem constitucional em que se insere o direito civil, pois:

> O fundamento da função social da propriedade é eliminar da propriedade privada o que há de eliminável. O fundamento da função social d aposse revela o imprescindível, uma expressão natural da necessidade. [...]
> Antes e acima de tudo [...], a posse tem um sentido distinto da propriedade, qual seja o de ser uma forma atributiva da utilização das coisas ligadas às necessidades comuns de todos os seres humanos, e dar-lhe autonomia significa constituir um contraponto humano e social de uma propriedade concentrada e despersonalizada, pois, do ponto de vista dos fatos e da exteriorização, não há distinção fundamental entre o possuidor proprietário e possuidor não proprietário. A posse assume então uma perspectiva que não se reduz a mero efeito [...]: é *uma concessão à necessidade*.[35]

Neste prisma, a posse, que dá sentido à propriedade embora apenas *seja*,[36] pode justificar um desprendimento da sucessão relativamente à acepção marcadamente estrutural de propriedade privada. A atribuição patrimonial, destarte, pode se dar *em função da posse* funcional. A posse, então, "renasce para o Direito Civil contemporâneo",[37] com reflexos possíveis e decisivos na sucessão *ab intestato*, embora por ela ainda não assimilados. Na posse ou na propriedade, está o agir humano, com autonomia protegida, assegurada e regulada pelo direito.

3 Contrato: *uma expressão de autonomia da pessoa no espaço de certa liberdade*[38]

Contrato, negócio jurídico, autonomia privada marcam um aspecto do viver em conjunto: o trânsito, o tráfego, a troca, a circulação de riquezas. De fato, a autonomia privada é o aspecto jurídico da livre iniciativa, e o negócio jurídico o seu mais cotidiano instrumento. Trata-se de autorregular interesses, gerenciar a vida privada, cuidar de si. Reconhece-se ao sujeito esta aptidão de criar normas que o vinculam, por seu próprio querer, a partir de sua visão de mundo e conforme sua expectativa de existência.

A autonomia, neste aspecto, é fundante para o direito das sucessões, ainda que a maior parte da doutrina refira apenas a família e a propriedade como suas estruturas. A autonomia privada constrói o direito das sucessões no reconhecimento da faculdade de aceitação da herança, nas possibilidades da deserdação, na imposição de encargos e cláusulas restritivas, na (limitada) liberdade de testar e de constituir legados e nos seus

---

[35] FACHIN, L. E. *A Função social da posse e a propriedade contemporânea*: uma perspectiva da usucapião imobiliária rural. Porto Alegre: Safe, 1988. p. 21.

[36] Cf. CORTIANO JUNIOR, E. A Constituição, o direito privado e a posse. In: CONRADO, M.; PINHEIRO, R. F. *Direito privado e Constituição*: ensaios para uma recompreensão valorativa da pessoa e do patrimônio. Curitiba: Juruá, 2009. p. 154.

[37] CORTIANO JUNIOR, E. A Constituição, o direito privado e a posse. In: CONRADO, M.; PINHEIRO, R. F. *Direito privado e Constituição*: ensaios para uma recompreensão valorativa da pessoa e do patrimônio. Curitiba: Juruá, 2009. p. 154.

[38] FACHIN, L. E. *Teoria crítica do direito civil*. 3. ed. rev. e atual. Rio de Janeiro: Renovar, 2012. p. 141

espelhos reversos: a faculdade de renúncia à herança,[39] as limitações legais à deserdação,[40] a restrição à livre clausulação da herança,[41] a reserva legitimária[42] e a vedação aos *pacta corvina*. É dizer: na sucessão, a autonomia privada é aberta e encerrada, ampliada e limitada. Desenha-se, por ela, o direito das heranças. Sem autonomia privada, sequer se pode falar em direito das sucessões. Até porque a autonomia desenha e completa o efetivo exercício das titularidades, que se transmitem em vida e na morte.

Nesta perspectiva se pode enxergar o contributo que um melhor diálogo entre o direito das sucessões e o direito negocial (de forma ampla, a regulação da autonomia privada) pode dar ao direito privado. Para usar um só exemplo (talvez o mais relevante e de maior repercussão na vida concreta esteja ligado à limitação da autonomia pelo tamanho da herança legítima), tome-se a vedação aos chamados contratos *post mortem* (CC, art. 426). Uma vez que o direito das sucessões contemporâneo parece rumar na direção de ampliar os exercícios da autonomia e garantir maior liberdade para que o titular do patrimônio possa gerenciar sua sucessão, a sacralização da proibição dos pactos sucessórios está pronta a sofrer um trauma.

Razões de sobra se colocam em favor da reconstrução da autonomia privada no âmbito sucessório: "os argumentos desfavoráveis à reserva hereditária modernizaram-se" por conta da atual realidade biológica social-econômica e jurídica da sociedade, com maior longevidade das pessoas e presença de técnicas de proteção, como a seguridade social e privada.[43] Justamente no que toca ao exemplo colocado – os pactos sucessórios – os avanços na gerência da sucessão por instrumentos contemporâneos (*trusts*, contratos bancários e de previdência, pactos de família, instituição de fundações etc.) assombram a vetusta proibição. No dizer de Roppo, citado por Balestra e Martino, os pactos sucessórios:

> per giudizio sempre piú diffuso, appaiono all'osservatore contemporaneo come una maglia intollerabilmente stretta e ingiustificatamente limitativa del libero dispiegarse dell'autonomia privata, come un obsoleto fattore di bloco frapposto al perseguimento di interessi sostanzialmente meritevoli di tutela.[44]

Chama-se a doutrina, então, para revisitar a proibição de contratos *post mortem*.

Num caminho de mão dupla, autonomia constrói o direito das sucessões e o direito das sucessões recompõe a autonomia privada: as vicissitudes da sucessão impelem repensar a rigidez imposta aos pactos sucessórios.

---

[39] Dois aspectos da transmissão *causa mortis* que, apesar de serem conexos, têm alguma distância: basta ver a exigência de formas distintas para cada qual manifestação de vontade.

[40] A rigidez da regra da deserdação (isto é: os requisitos para sua eficácia) torna-a letra praticamente morta em nosso ordenamento.

[41] O empoderamento da legítima se mostra na limitação à faculdade de limitar as vantagens do herdeiro legítimo, exigindo ato (testamento) e fundamento (justa causa) na imposição de cláusulas restritivas, nos termos do art. 1848 do Código Civil.

[42] A aritmética da sucessão necessária é posta sob crítica, já que sucessão não é ciência exata, mas escolha legislativa que deve reverberar a aventura humana de cada sociedade: em outras palavras, se trata de saber se a intangibilidade da legítima é princípio ou regra.

[43] NEVARES, A. L. M. *A função promocional do testamento*. Rio de Janeiro: Renovar, 2009. p. 163, com referências aos estudos de Ioanna Kondily no direito francês.

[44] BALESTRA, Luigi; MARTINO, Marco. Il divieto dei patti successori. In: BONILINI, Giovanni. *Trattato di diritto delle successioni e donazioni* – La successione ereditaria. Milano: Giuffrè, 2009. v. I. p. 66.

4 Um direito complexo, um espaço privilegiado de diálogo

Família, propriedade e contrato acorrem ao direito das sucessões e o constroem e, no caminho inverso (nem sempre percebido), o direito das sucessões se reflete nesses direitos. Trata-se de um direito complexo, conforme a pena de Moraes:

> O fato que mais importa depois destas observações é notar que de fato o Direito das Sucessões não assenta em algum tipo de relação marcada de natureza distinta das demais. De um modo ou de outro trata de todas elas, é um composto dos outros direitos, o que determina a mais importante das suas características enquanto parte do Direito Civil: é um direito complexo.[45]

Essa característica do direito sucessório, entanto, não lhe tira a autonomia científica – muito menos a autonomia didática. A regulação do fenômeno sucessório atingiu alto grau de refinamento e fez construir uma dogmática altamente especializada, com elaboração de métodos e princípios próprios. Isso lhe garante um lugar autônomo na ciência jurídica, carente apenas de transposição à pauta do direito contemporâneo.

E da característica dos influxos recebidos dos institutos fundamentais do direito privado surge a importante experiência da didática do ensino das sucessões ao unir em seu tear o direito das famílias, o direito da propriedade e o direito dos contratos. De um lado, o ensino do direito das sucessões permite ao professor aferir e instigar os alunos a confrontar todo o conjunto de saberes que constitui o direito privado e interagir com ele, numa espécie de cadinho jurídico; o ganho resultado disso é imensurável. Por outro lado, as peculiaridades do direito das sucessões permitem ao próprio professor criar novas perspectivas de estudos e pesquisas, por fornecerem-lhe material técnico refinado, com especial relevância na construção teórica do direito civil e na sua aplicação pragmática.

Em suma, estamos a falar de diálogo e de diálogos. Entre saberes, entre disciplinas, entre sujeitos que aprendem e ensinam, e ao aprender estão ensinando e ao ensinar estão aprendendo.

Essa nota final tem muito do percurso de Luiz Edson Fachin, a quem se dedica este breve ensaio. É que por toda sua obra – o que abrange sua atividade docente, advocatícia e judicante – sempre esteve (*rectius*: está) presente a preocupação com o ensino e com a crítica; não por isso que já na entrada de seu *Teoria crítica do direito civil*, Fachin alertava que a renovação da dogmática é feita, também, por intermédio das estruturas e conjunturas do ensino:

> Não são apenas retoques teóricos e ajustes conceituais os instrumentos aptos a provocar, de algum modo, um "giro copernicano" nesse campo. Papel de relevo é deferido à metodologia científica e ao procedimento didático, não exatamente para captar a cooptação do sujeito no estatuto objeto do suposto aprendizado, mas sim para alcançar alguma desconstrução [...].[46]

E preocupar-se com o ensino do direito é preocupar-se com o diálogo. Dialogar é ensinar, ensinar é dialogar. Isso nos ensinou, em diálogos, Luiz Edson Fachin.

---

[45] MORAES, Walter. *Teoria geral e sucessão legítima*. São Paulo: Revista dos Tribunais, 1980. p. 16.
[46] FACHIN, L. E. *Teoria crítica do direito civil*. 3. ed. rev. e atual. Rio de Janeiro: Renovar, 2012. p. 5.

Referências

ABREU, C. *Capítulos de história colonial*. Rio de Janeiro: Briguiet, 1954.

ALMADA, N. M. *Direito de família*. São Paulo: Brasiliense, 1987. v. 1.

BALESTRA, Luigi; MARTINO, Marco. Il divieto dei patti successori. In: BONILINI, Giovanni. *Trattato di diritto delle successioni e donazioni* – La successione ereditaria. Milano: Giuffrè, 2009. v. I.

BUCAR, D.; TEIXEIRA, D. A colação no Código de Processo Civil de 2015. In: EHRHARDT JÚNIOR, M. (Coord.). *Impactos do Novo CPC e do EPD no direito civil brasileiro*. Belo Horizonte: Fórum, 2016.

CARBONERA, S. M. Aspectos históricos e socioantropológicos da família brasileira: passagem da família tradicional para a família instrumental e solidarista. In: MENEZES, J. B. de; MATOS, A. C. H. (Org.). *Direito das famílias por juristas brasileiras*. São Paulo: Saraiva, 2013.

CORTIANO JUNIOR, E. A Constituição, o direito privado e a posse. In: CONRADO, M.; PINHEIRO, R. F. *Direito privado e Constituição*: ensaios para uma recompreensão valorativa da pessoa e do patrimônio. Curitiba: Juruá, 2009.

CORTIANO JUNIOR, E.; RAMOS, A. L. A. Liberdade testamentária versus sucessão forçada: anotações preliminares sobre o direito sucessório brasileiro. *Rejus-Univel*, n. 4, p. 41-73, maio 2015.

FACHIN, L. E. "Virada de Copérnico": um convite à reflexão sobre o direito civil brasileiro contemporâneo. In: FACHIN, L. E. (Coord.). *Repensando os fundamentos do direito civil brasileiro contemporâneo*. Rio de Janeiro: Renovar, 1998.

FACHIN, L. E. A "reconstitucionalização" do direito civil brasileiro. In: FACHIN, L. E. *Questões do direito civil brasileiro contemporâneo*. Rio de Janeiro: Renovar, 2009.

FACHIN, L. E. *A Função social da posse e a propriedade contemporânea*: uma perspectiva da usucapião imobiliária rural. Porto Alegre: Safe, 1988.

FACHIN, L. E. *Direito civil*: sentidos, transformações e fim. Rio de Janeiro: Renovar, 2015.

FACHIN, L. E. *Estatuto jurídico do patrimônio mínimo*. Rio de Janeiro: Renovar, 2001.

FACHIN, L. E. Inovação e tradição no direito de família contemporâneo sob o novo Código Civil brasileiro. *Ânima*, v. 3. Disponível em: <http://www.anima-opet.com.br/pdf/anima3/anima3-Luiz-Edson-Fachin.pdf>. Acesso em: 15 maio 2018.

FACHIN, L. E. *Questões do direito civil brasileiro contemporâneo*. Rio de Janeiro: Renovar, 2009.

FACHIN, L. E. *Teoria crítica do direito civil*. 3. ed. rev. e atual. Rio de Janeiro: Renovar, 2012.

FARRELL, M. D. Libertad negativa y libertad positiva. *Revista del Centro de Estudios Constitucionales*, n. 2, p. 9-20, ene./abr. 1989.

GOMES, O. *Raízes históricas e sociológicas do Código Civil brasileiro*. São Paulo: Martins Fontes, 2003.

HIRONAKA, G. M. F. N. A incessante travessia dos tempos e a renovação dos paradigmas: a família, seu status e seu enquadramento na pós-modernidade. In: MENEZES, J. B. de; MATOS, A. C. H. (Org.). *Direito das famílias por juristas brasileiras*. São Paulo: Saraiva, 2013.

LÔBO, P. L. N. Entidades familiares constitucionalizadas: para além do numerus clausus. In: PEREIRA, R. C. (Coord.). *Família e cidadania*: o Novo CCB e a vacatio legis. Belo Horizonte: Del Rey, 2002.

MARTINS-COSTA, J. O direito sucessório na Constituição: a fundamentalidade do direito à herança. *Revista do Advogado*, n. 112, p. 79-87, 2011.

MATOS, A. C. A família recomposta: em busca de seu pleno reconhecimento jurídico. In: MENEZES, J. B. de; MATOS, A. C. H. (Org.). *Direito das famílias por juristas brasileiras*. São Paulo: Saraiva, 2013.

MIRANDA, F. C. P. de. *Tratado de direito privado*: direito das sucessões. Sucessão testamentária. Atualizado por Giselda Hironaka e Paulo Lôbo. São Paulo: RT, 2012. t. LVI.

MORAES, M. C. B. de. A nova família, de novo – Estruturas e função das famílias contemporâneas. *Pensar*, Fortaleza, v. 18, n. 2, p. 587-628, maio/ago. 2013.

MORAES, Walter. *Teoria geral e sucessão legítima*. São Paulo: Revista dos Tribunais, 1980.

MORIN, E. *O método 5* – A humanidade da humanidade – A identidade humana. Tradução de Juremir Machado da Silva. 4. ed. Porto Alegre: Sulina, 2007.

NEVARES, A. L. M. *A função promocional do testamento*. Rio de Janeiro: Renovar, 2009.

RAMOS, A. L. A.; ALTHEIM, R. Colação hereditária e legislação irresponsável: descaminhos da segurança jurídica no âmbito sucessório. *Redes*, v. 6, n. 1, p. 33-46, maio 2018.

REALE, M. *O Projeto de Código Civil*: situação atual e seus problemas fundamentais. São Paulo: Saraiva, 1986.

RUZYK, C. E. P. *Institutos fundamentais de direito civil e liberdade(s)*: repensando a dimensão funcional dos contratos, da propriedade e da família. Rio de Janeiro: GZ, 2011.

RUZYK, C. E. P.; PINHEIRO, R. F. O direito de família na Constituição de 1988 e suas repercussões no direito das sucessões: convergências e dissensões na senda da relação entre Código Civil e Constituição. In: CONRADO, M.; PINHEIRO, R. F. *Direito privado e Constituição*: ensaios para uma recompreensão valorativa da pessoa e do patrimônio. Curitiba: Juruá, 2009.

TEPEDINO, G. Prefácio. In: NEVARES, A. L. M. *A função promocional do testamento*. Rio de Janeiro: Renovar, 2009.

TIMSIT, G. La codification, transcription ou transgression de la loi? *Droits*, Paris, v. 24, jan. 1996.

Informação bibliográfica deste texto, conforme a NBR 6023:2002 da Associação Brasileira de Normas Técnicas (ABNT):

CORTIANO JUNIOR, Eroulths; RAMOS, André Luiz Arnt. Diálogos: o direito das sucessões e os institutos fundamentais de direito civil. In: EHRHARDT JÚNIOR, Marcos; CORTIANO JUNIOR, Eroulths (Coord.). *Transformações no Direito Privado nos 30 anos da Constituição*: estudos em homenagem a Luiz Edson Fachin. Belo Horizonte: Fórum, 2019. p. 765-776. ISBN 978-85-450-0562-9.

OS PACTOS SUCESSÓRIOS ONTEM E HOJE: UMA LEITURA À LUZ DA TEORIA DO PATRIMÔNIO MÍNIMO DE LUIZ EDSON FACHIN

JOSÉ FERNANDO SIMÃO

"Ave ou demônio que negrejas!
Profeta, ou o que quer que sejas!"
Cessa, ai, cessa! clamei, levantando-me, cessa!
Regressa ao temporal, regressa
À tua noite, deixa-me comigo.
Vai-te, não fique no meu casto abrigo
Pluma que lembre essa mentira tua.
Tira-me ao peito essas fatais
Garras que abrindo vão a minha dor já crua."
E o corvo disse: "Nunca mais".
E o corvo aí fica; ei-lo trepado
No branco mármore lavrado
Da antiga Palas; ei-lo imutável, ferrenho.
Parece, ao ver-lhe o duro cenho,
Um demônio sonhando. A luz caída
Do lampião sobre a ave aborrecida
No chão espraia a triste sombra; e, fora
Daquelas linhas funerais

> *Que flutuam no chão, a minha alma que chora*
> *Não sai mais, nunca, nunca mais!*[1]
> (*O corvo*, Edgard Allan Poe)

1 Introdução

No ano de 2005 escrevi algumas linhas relativas aos pactos sucessórios e o contrato de sociedade.[2] Ainda aluno do curso de Doutorado da Faculdade de Direito do Largo de São Francisco (USP), o tema me encantou pelas razões históricas e pela sua manutenção no ordenamento pátrio, apesar de tão antiga regra, passados mais dois milênios.

Ainda não conhecia Luiz Edson Fachin e sua obra *Estatuto jurídico do patrimônio mínimo: à luz do novo Código Civil brasileiro e da Constituição Federal*.[3]

Decorridos 13 anos da publicação daquelas velhas linhas, já doutor e livre-docente pela Faculdade de Direito da USP e professor das Arcadas, do Largo de São Francisco, estabeleço no presente artigo um diálogo entre as convicções de outrora e as atuais a partir dos ensinamentos do Mestre Fachin que ora se homenageia.

É do confronto da tradição histórica de vedação aos pactos sucessórios (ou *pacta corvina*)[4] com as lições contemporâneas de Luiz Edson Fachin que analisaremos o art. 426 do Código Civil e a (in)conveniência de sua manutenção, com eventual possibilidade de abrandamento da regra de *lege ferenda*.

2 As reflexões de outrora

2.1 A denominação *pacta corvina*

Trata-se do pacto sucessório, ou seja, os chamados *pacta corvina*, isto é, aqueles negócios capazes de levantar no coração de uma das partes, ou de ambas, um anseio pela morte da outra ou de terceiro, um *votum alicujus mortis*.[5]

O nome latino do pacto sucessório advém da palavra corvo, designação comum a diversas grandes aves da espécie dos corvídeos, especialmente aquelas do gênero *Corvus*, de plumagem negra e que são encontradas em todos os continentes, com exceção da

---

[1] Tradução de Machado de Assis. No original: "Be that word our sign of parting, bird or fiend!" I shrieked, upstarting. Get thee back into the tempest and the Night's Plutonian shore! Leave no black plume as a token of that lie thy soul hath spoken! Leave my loneliness unbroken! – quit the bust above my door! Take thy beak from out my heart, and take thy form from off my door!" Quoth the Raven "Nevermore." And the Raven, never flitting, still is sitting, *still* is sitting / On the pallid bust of Pallas just above my chamber door; / And his eyes have all the seeming of a demon's that is dreaming, / And the lamp-light o'er him streaming throws his shadow on the floor; / And my soul from out that shadow that lies floating on the floor / Shall be lifted – nevermore!".

[2] SIMÃO, José Fernando. Análise das regras do contrato de sociedade quando da morte dos sócios e a vedação da existência de pacto sucessório. *Revista IMES*, jan./jun. 2005. p. 47.

[3] Nestas linhas faço uso da segunda edição de 2006 (FACHIN, Luiz Edson. *Estatuto jurídico do patrimônio mínimo*. 2. ed. Rio de Janeiro: Renovar, 2006).

[4] *Pactum* no singular e *pacta* no plural. Nominativo neutro da segunda declinação. Logo utilizar em português a expressão antecedida pelo artigo definido feminino ("a" *pacta corvina*) é um equívoco gramatical.

[5] RODRIGUES, Silvio. *Direito civil*. Dos contratos e das declarações unilaterais de vontade. 28. ed. atual. São Paulo: Saraiva, 2003. v. 3. p. 78.

América do Sul.[6] O corvo[7] é uma ave carnívora que se alimenta basicamente de seres mortos, sendo, portanto necrófago. É uma ave agourenta, segunda a tradição europeia.[8]

A analogia que se faz é justamente com relação aos hábitos alimentares do corvo (animais mortos) e o objeto do contrato (herança de pessoa viva). O negócio jurídico com tal objeto indicaria o desejo, os votos de morte para aquele de quem a sucessão se trata. Tal como os corvos, que esperam a morte de suas vítimas para se alimentarem (carne fresca), os contratantes (ou pelo menos aquele que adquiriu os bens) estariam avidamente aguardando o falecimento para se apossarem dos bens da herança.

2.2 Notas históricas[9]

2.2.1 Notas sobre o direito romano

Afirma Guilherme Braga da Cruz:

> o direito romano foi francamente hostil aos pactos sucessórios, embora não tenha chegado a formular, a esse propósito, qualquer construção jurídica. Não chegou a elaborar um conceito, nem muito menos uma classificação dos pactos sucessórios; e, por isso mesmo, nunca chegou a formular, nem sequer na época justinianeia, uma proibição genérica dos pactos sobre sucessão futura. Neste, como em muitos outros domínios, o direito romano limitou-se a proceder casuisticamente: limitou-se a condenar, uma por uma, as várias modalidades possíveis de pactos, à medida que a prática se encarregava de as ir criando; e invocou fundamentos diversos, consoante os casos, para justificar essa condenação. E foi também casuisticamente que condescendeu com a prática, acabando por admitir, na época pós-clássica e justinianeia, algumas das modalidades de pactos sucessórios que teimavam em não ceder perante a proibição.[10]

Pontes de Miranda descreve as espécies de pactos sucessórios:

> pactos sucessórios, sucessões pactícias, contratos de herança, sempre se chamaram, no direito romano, os pactos *aquisitivos*, em que algum dos contraentes promete instituir ou se obriga a aceitar sucessão *(de succedendo)*, e os *renunciativos*, em que se promete não instituir ou não aceitar *(de non succedendo)*. Esses pactos sempre foram (com ligeiras exceções) considerados nulos. Procurava-se, assim, evitar que os contratos derrogassem regras legais de interesse público, *iuris publici*, como o é a matéria das sucessões, *quod pactis privatorum mutari non potest* (L. 38, D., de pactis, 2, 14).[11]

---

[6] CORVO. *Dicionário Houaiss da Língua Portuguesa*. 1. ed. Rio de Janeiro: Objetiva, 2001. p. 852.

[7] "O corvo é o maior de todos os corvídeos, chegando quase aos 70 cm de comprimento. Tem um bico forte e curto, e uma 'barba' hirsuta, que o distingue da gralha, que é também mais pequena. Tal como esta, é inteiramente negro. É principalmente necrófago, mas também mata pequenas aves e mamíferos, numa dieta que inclui ainda ovos, caracóis e cereais. Nidifica entre Fevereiro e Março num ninho em forma de uma grande taça, num armo bifurcado de uma árvore. Põe entre 4 e 6 ovos azul esverdeados claros com manchas castanhas, que são incubados pela fêmea durante 20/21 dias" (CORVO. *Blog Bragança.net*. Disponível em: <http://www.bragancanet.pt/patrimonio/faunacorvo.htm>. Acesso em: 8 jun. 2018).

[8] Há uma lenda referente aos corvos que habitam a Torre de Londres desde tempos imemoriais (pelo menos 500 anos). Segundo a lenda, se os corvos da Torre de Londres sumirem ou deixarem a Torre, a Coroa cairá e a Grã-Bretanha também ("if the Tower of London ravens are lost or fly away, the Crown will fall and Britain with it").

[9] Para as notas históricas, a obra de referência é CRUZ, Guilherme Braga da. Pacto sucessório na história do direito português. *Revista da Faculdade de Direito da Universidade de São Paulo*, São Paulo, v. 60, 1965.

[10] CRUZ, Guilherme Braga da. Pacto sucessório na história do direito português. *Revista da Faculdade de Direito da Universidade de São Paulo*, São Paulo, v. 60, 1965. p. 97.

[11] MIRANDA, Francisco C. Pontes de. *Tratado de direito privado*. 3. ed. Rio de Janeiro: Borsoi, 1971. t. VIII. p. 359.

Foi apenas no Baixo Império,[12] já no reinado de Diocleciano,[13] que o problema é enfrentado por meio de uma Constituição imperial que viria a ser reproduzida no Código de Justiniano.[14]

Braga da Cruz explica:

> consultado sobre a validade duma cláusula dum pacto dotal onde se convencionava, *vice testamenti*, que o marido, por morte da mulher, sucederia nos seus bens extradotais, o Imperador declara que essa cláusula é de todo destituída de valor, porque é ofensiva da liberdade de testar, visto que a herança só se pode dar a estranhos por meio de testamento (*haereditas extraneis testamento datur*) (C. 5, 14,5).[15]

Lembra o autor:

> o caso mais frequentemente citado e condenado nas fontes – e que devia, portanto, ser o mais vulgarizado – é o da renúncia da filha dotada à herança paterna. A hipótese aparece já prevenida e condenada num texto de Papiniano,[16] com o fundamento de que as convenções particulares não podem prevalecer sobre a autoridade das leis (*privatorum enim cautiones legum auctoritate non censeri*) (D. 38, 16, 16); e é novamente referida e condenada numa constituição de Alexandre Severo,[17] mais tarde reproduzida no Código de Justiniano (C. 6, 20, 3).[18]

---

[12] Séculos III a V d.C.

[13] Diocleciano nasceu em 22 de dezembro de 245 d.C., na região da Dalmácia, provavelmente nos arredores de Split, e faleceu em 3 de dezembro de 311 d.C., também em Split. Diocleciano optou por uma carreira militar, tendo ascendido ao corpo de elite do exército ilírico. Ele comandou o Império Romano de 284 d.C. a 305 d.C., período que foi considerado o início de uma nova era para enfrentar as deficiências de comandos anteriores dos imperadores Aureliano e Probo. Foi sua a ideia de criar a tetrarquia, ou seja, dividir o Império em quatro partes e garantir de maneira efetiva a proteção das fronteiras (SCARRE, Chris. *Chronicle of the Roman emperors*. Thames and Hudson: London, 1995. p. 196-197).

[14] CRUZ, Guilherme Braga da. Pacto sucessório na história do direito português. *Revista da Faculdade de Direito da Universidade de São Paulo*, São Paulo, v. 60, 1965. p. 98.

[15] CRUZ, Guilherme Braga da. Pacto sucessório na história do direito português. *Revista da Faculdade de Direito da Universidade de São Paulo*, São Paulo, v. 60, 1965. p. 98.

[16] Havia um grupo de juriconsultos na segunda metade do século II e da primeira metade do século III d.C. que atingiu importância indiscutível para o direito romano. Depois de Gaio (jurista na época de Antonino Pio e Marco Aurélio), outros três juriconsultos exerceram as mais altas funções no Império Romano. O primeiro é *Aemilius Papinianus* que é, a partir de então, considerado o príncipe dos juriconsultos romanos. Nascido em Emese, na Síria, no início do Reinado de Marco Aurélio, alcança o cargo de *magister libellorum* (chefe da chancelaria) sob Severo, torna-se prefeito do Pretório em 203 e foi morto em 212 por ter se recusado a fazer o elogio fúnebre do Imperador Geta, que foi morto por seu irmão, o Imperador Caracalla. Era sobretudo especialista em solucionar as questões de direito e dar respostas aos consulentes. Seus escritos testemunham uma grande independência de espírito (MONIER, Raymond. *Manuel élementaire de droit romain*. Paris: Éditions Domat Monchrestien, 1947. t. 1. p. 86). Sobre o assassinato de Geta, efetivamente, ele e Caracalla assumiram em 211 a função de imperadores. Contudo, desde logo, os irmãos se mostram rivais e antagônicos em suas políticas. A solução seria dividir o Império: Geta deveria ficar com as províncias asiáticas e faria de Antióquia sua capital. Caracalla se manteria em Roma cuidado das províncias ocidentais. Julia Domna, mãe dos imperadores, impediu a divisão questionando se eles, também, dividiriam a própria mãe. Caracalla, como última solução, assassinou seu irmão (SCARRE, Chris. *Chronicle of the Roman emperors*. Thames and Hudson: London, 1995. p. 139).

[17] Alexandre Severo reinou entre os anos de 222 a 235 d.C. Foi o último imperador da dinastia dos Severos cujo mais famoso membro foi Caracalla, não só por suas termas em Roma, como pela reforma monetária que criou. Alexandre Severo era primo de Elagabalus e por isso o sucedeu. Sobre Alexandre Severo, afirma *Aurelius Victor*, no Livro dos Césares, que "apesar de ele ter ficado no poder por não mais de 13 anos, ele deixou o Estado fortalecido em todos os aspectos. De *Romulus* a *Septimus*, o Estado cresceu sensivelmente em força, mas atingiu seu apogeu no governo de Caracalla. Foi graças a Alexandre que não sofreu declínio imediato" (SCARRE, Chris. *Chronicle of the Roman emperors*. Thames and Hudson: London, 1995. p. 153).

[18] CRUZ, Guilherme Braga da. Pacto sucessório na história do direito português. *Revista da Faculdade de Direito da Universidade de São Paulo*, São Paulo, v. 60, 1965. p. 99.

Segundo Guilherme Braga da Cruz:

> os pactos *de hereditate tertii*, finalmente, são já objeto de condenação casuística na época clássica, a propósito da *venda* (D. 18, 4, 1), da *doação* (D. 39, 5, 29, 2) e da *aceitação* duma sucessão não aberta (D. 28, 6, 2, 2); e acabam por ser proibidos, em termos genéricos, logo nos começos do Baixo Império, através duma constituição de Constantino,[19] mais tarde incluída no Código Teodosiano[20] (C. Th., 2, 24).[21]

2.2.2 Notas sobre as Ordenações Filipinas e a Consolidação das Leis Civis

A vedação aos pactos sucessórios é muito antiga no direito brasileiro.
O Título LXX do Livro IV das Ordenações do Reino, em seu §3º afirmava:

> Ou se feito contrato sobre herança de pessoa viva, por aquele que não deveria ser seu herdeiro, ou seja, sob certa pena, porque tais contratos são assim ilícitos e pelo Direito reprovados, que não podem por juramento serem confirmados: e por conseguinte as penas neles postas não pode pedir, nem demandar.

Explica Coelho da Rocha que, no direito civil português, desde as Ordenações Afonsinas, os legisladores tinham a mesma opinião, que todos os pactos eram reprovados: trata-se de herança própria, ou da herança de terceiros, ou fosse *de succedendo* ou de *non succedendo*. Quanto a esses últimos havia uma exceção de direito canônico: os pactos jurados. É por isso que se admitiu como válida renúncia à herança de seus pais da filha ao ingressar em uma ordem religiosa, "aconselhando-se a cautela do juramento a fim de evitar risco de nulidade".[22]

A regra continha exceções:[23]
   a) contratos que versassem sobre herança de terceiro, sendo consentidos por este, o qual fica livre de mudar de vontade;

---

[19] Foi um dos mais famosos imperadores por ter adotado o cristianismo como religião oficial e fundado uma nova capital, Constantinopla. Governou entre 307 a 337. É sua a frase: "quando os homens elogiam meus serviços, que devem suas origens à inspiração do Céu, eles não percebem claramente a verdade que Deus é a causa dos feitos que realizo? Claramente eles percebem, pois pertence a Deus fazer o que é melhor e ao homem fazer o que Deus manda". Acabou com a divisão do Império em quatro partes (tetrarquia) e governou com exclusividade (SCARRE, Chris. *Chronicle of the Roman emperors*. Thames and Hudson: London, 1995. p. 213).

[20] Teodósio II governou, entre 408 e 450 d.C., a parte Oriental do Império Romano. Foi responsável pelo Código Teodosiano, que compreende as constituições imperais desde Constantino. É uma obra colossal dividida em dezesseis livros, o último dos quais versa sobre direito eclesiástico. O Código Teodosiano, publicado, no Oriente, por Teodósio II e, no Ocidente, por Valentiniano III (governou o Império Romano do Ocidente entre os anos de 425 e 455 d.C.), entrou em vigor em 1º de janeiro de 439 (GIORDANI, Mário Curtis. *História de Roma*. 2. ed. Petrópolis: Vozes, 1968. p. 265).

[21] Explica o autor que "os pactos sobre a sucessão dum terceiro ou 'de hereditate tertii' constituem, justamente, a terceira e última categoria de pactos sucessórios. Na sua configuração típica, não cabem na categoria de pactos sucessórios *stricto sensu*, porque não se destinam a regular a sucessão dum dos contraentes: não são, numa palavra, actos de direito sucessório ou de direito hereditário; são actos bilaterais *inter vivos* (uma venda, uma renúncia, uma doação, etc.) efectuados entre dois interessados, acêrca da sucessão duma pessoa viva, que permanece estrada ao acôrdo celebrado" (CRUZ, Guilherme Braga da. Pacto sucessório na história do direito português. *Revista da Faculdade de Direito da Universidade de São Paulo*, São Paulo, v. 60, 1965. p. 100).

[22] ROCHA, Manuel. A. Coelho da. *Instituições de direito civil português*. Rio de Janeiro: H. Garnier, 1807. t. II. p. 424.

[23] ROCHA, Manuel. A. Coelho da. *Instituições de direito civil português*. Rio de Janeiro: H. Garnier, 1807. t. II. p. 261.

b) quando o pacto sucessório contivesse doações ou fosse estipulado nos contratos antenupciais (lei de 17 de agosto de 1761, §8º).

É de se salientar que Melo Freire se insurge contra a proibição afirmando que são ineptas e supersticiosas as razões do direito romano e que os pactos sucessórios, em razão do Título 5, §36 do Livro 3 das Ordenações Filipinas, eram geralmente permitidos.[24]

Os arts. 352 e 353 da Consolidação das Leis Civis de Teixeira de Freitas, seguindo o preceito proibitivo das Ordenações, dispunham:

> Art. 352. As heranças de pessoas vivas não podem ser igualmente objeto de contrato.
> Art. 353. São nulos todos os pactos sucessórios, para succeder, ou não succeder, ou sejão, entre aquelles que esperão ser herdeiro, ou com a própria pessoa, de cuja herança se-trata.

Foi destas regras que nasceu o art. 1.089 do Código Civil de 1916, posteriormente copiado pelo Código Civil de 2002 (art. 426):

> Não pode ser objeto de contrato herança de pessoa viva.

2.3 Razões de ser da vedação aos pacta corvina

A principal razão de ser da regra em questão é o problema moral do desejo de morte daquela pessoa a quem os bens pertencem. O legislador evita negócios capazes de alimentar a esperança de apressar a morte de outrem.[25]

Clóvis Beviláqua[26] explica os motivos da proibição da sucessão pactícia e seus inconvenientes. Afirma o autor que tais disposições determinam um surto de sentimentos imorais, porque tomam por base de suas combinações a morte da pessoa de cuja sucessão se trata, sejam os pactos aquisitivos (*de succedendo*), sejam renunciativos (*de non succedendo*).

Chega-se a aventar a possibilidade de o pacto sucessório despertar sentimentos de tentação para a prática de crime, levando o interessado ao extremo da eliminação daquele de cuja herança se trata.[27]

Não é nova essa leitura. Braga da Cruz conta:

> desta fundamentação, tira Justiniano uma consequência: a convenção sobre a sucessão dum terceiro deixa de ser imoral e de representar um perigo para a vida do *de cuius* se este der o seu expresso consentimento e se perseverar nesse consentimento até a morte (*si voluntatem suam eis accommodaverit*). É a mesma doutrina, como se vê, que a constituição de Constantino tinha estabelecido para o caso concreto da partilha da herança materna feita pelos filhos em vida da mãe, agora generalizada a todos os casos de pactos sobre a sucessão dum terceiro.[28]

---

[24] ROCHA, Manuel. A. Coelho da. *Instituições de direito civil português*. Rio de Janeiro: H. Garnier, 1807. t. II. p. 424.
[25] RODRIGUES, Silvio. *Direito civil*. Dos contratos e das declarações unilaterais de vontade. 28. ed. atual. São Paulo: Saraiva, 2003. v. 3. p. 78.
[26] BEVILÁQUA, Clóvis. *Código Civil dos Estados Unidos do Brasil comentado*. 3. ed. Rio de Janeiro: Francisco Alves, 1930. v. 4. p. 202.
[27] SANTOS, João M. Carvalho de. *Código Civil brasileiro interpretado* – Direito das obrigações (arts. 1.079 – 1.121). 9. ed. Rio de Janeiro: Freitas Bastos, 1963. v. 15. p. 196.
[28] CRUZ, Guilherme Braga da. Pacto sucessório na história do direito português. *Revista da Faculdade de Direito da Universidade de São Paulo*, São Paulo, v. 60, 1965. p. 100-101.

A razão de ordem moral e de decência pública é também considerada fundamento para a vedação aos pactos sucessórios para João Luiz Alves[29] e Washington de Barros Monteiro.[30] Carvalho de Mendonça[31] afirma que o direito moderno sempre considerou tais pactos imorais e perigosos.

Não só o direito moderno. Justiniano,

> respondendo a uma consulta dos advogados de Cesareia sobre a validade duma convenção celebrada entre vários herdeiros presuntivos dum terceiro, numa constituição datada de 531, declara nulas todas estas convenções, com o fundamento de que, além de contrárias aos bons costumes, são odiosas e cheias de tristíssimas e perigosas consequências (*odiosae videntur et plenae tristissimi et periculosi eventus*) (D. 2, 3, 30). Invoca-se assim, pela primeira vez, como fundamento da nulidade dos pactos sobre a sucessão dum terceiro, o fato de representarem um perigo para a vida da pessoa de cuja sucessão se trata, na medida em que assentam na condenável esperança (*acerbissima spes*) da sua morte próxima.[32]

A ideia de vedação aos pactos sucessórios por afronta aos bons costumes é confirmada por Derrousin. Segundo o autor, os pactos foram reputados como ilícitos ora por dizerem respeito a coisas fora do comércio, ora por serem contrários à moral.[33] Conforme mostra o autor, a sanção aos pactos sucessórios (e a outros atos que versassem sobre coisas fora do comércio) era exemplo concreto de repúdio, pelo direito romano, de atos que desrespeitassem os bons costumes e a ordem pública. As convenções *de succedendo* ou *de non succedendo* foram rapidamente vedadas pelo direito civil (D. 39, 5, 29, 2 et C.J. VIII, 38, 4).[34]

Havia, ainda, no direito romano, uma questão curiosa. Segundo Theodor Kipp, considerava-se contra os bons costumes e nulo, portanto, dispor de bens de outrem em razão da morte deste. Só seria válido o acordo quando o terceiro (titular dos bens) concordasse com o contrato. E se o herdeiro fizesse isso sem consentimento do titular dos bens perderia a herança como *indignus* (1. 2 §3 *de his quae ut indignis* 34, 9, 1. 94 D. de A. v. O. 29, 2).[35]

Entretanto, é Silvio Rodrigues[36] que, com base nas lições de Larombière, traz um forte argumento jurídico a justificar a proibição do pacto sucessório. Isso porque a sucessão de pessoa viva representa apenas perspectiva futura e distante de um bem, de maneira que o herdeiro, necessitando de dinheiro imediatamente, não podendo suportar os ônus da demora em receber sua herança, pode, de maneira atabalhoada e afoita,

---

[29] ALVES, João Luiz. *Código Civil da República dos Estados Unidos do Brasil*. 2. ed. rev. e aum. Rio de Janeiro: Saraiva, 1935. v. 2. p. 169.

[30] MONTEIRO, Washington de Barros. *Curso de direito civil*: direito das obrigações – Segunda parte. 24. ed. São Paulo: Saraiva, 1985. v. 6. p. 34.

[31] MENDONÇA, Manuel I. Carvalho de. *Doutrina e prática das obrigações*: ou tratado geral dos direitos de crédito. 4. ed. Rio de Janeiro: Forense, 1956. p. 723.

[32] CRUZ, Guilherme Braga da. Pacto sucessório na história do direito português. *Revista da Faculdade de Direito da Universidade de São Paulo*, São Paulo, v. 60, 1965. p. 100-101.

[33] *Contra bonos mores*. Isso porque tais acordos impedem o direito de dispor dos bens e contrariam o dever de piedade (*pietas*) (DERROUSSIN, David. *Histoire du droit des obligations*. Paris: Economica, 2007. p. 380).

[34] DERROUSSIN, David. *Histoire du droit des obligations*. Paris: Economica, 2007. p. 380.

[35] KIPP, Theodor. *Tratado de derecho civil*: derecho des sucesiones. 8. ed. Barcelona: Bosch, 1951. v. I. t. V. p. 204-205.

[36] RODRIGUES, Silvio. *Direito civil*. Dos contratos e das declarações unilaterais de vontade. 28. ed. atual. São Paulo: Saraiva, 2003. v. 3. p. 79.

vender seus direitos futuros por valores inferiores aos reais, sofrendo um forte prejuízo material. Conclui-se, então, que a norma é eminentemente protetiva do herdeiro.[37]

Clóvis Beviláqua[38] lembra, também, que tais disposições, ainda que contassem com a concordância da pessoa de quem a sucessão se trata, contrariariam o princípio da liberdade essencial às disposições de última vontade, que devem ser revogáveis, até o momento da morte do disponente.

Assim, a justificativa do dispositivo superaria a tradicional noção de *votum alicujus mortis* e passaria a cuidar do interesse do herdeiro e até mesmo do disponente de quem a sucessão se tratará.

O alcance da regra é bastante amplo, conforme esclarecem os doutrinadores, mas há necessidade da presença de dois elementos simultâneos para que se caracterize o pacto sucessório: que a coisa objeto do contrato deva consistir na totalidade ou em parte de uma sucessão futura e que, em se tratando da sucessão de uma das partes, que a outra tenha eventual direito sobre esta herança. Ainda, em se tratando de herança de terceiro (não dos contratantes), é necessário que o promitente tenha uma pretensão hereditária sobre a coisa que é objeto de sua obrigação.[39]

Carvalho de Mendonça[40] explica o alcance da ideia de sucessão futura. Ela é para terceiros uma parte de bens de outrem que atualmente constituem um direito eventual do contratante. Explica, também, que para a existência de pacto sucessório é essencial que se efetue na expectativa de uma sucessão ainda não aberta, que a coisa, objeto da prestação, esteja no momento do contrato fazendo parte da sucessão e que o pactuante tenha direito a receber tal sucessão ou tal objeto.[41]

Não se pode, por fim, renunciar à herança de pessoa viva, porque, antes da abertura da sucessão a herança é considerada mera expectativa de direito para o possível herdeiro. Tecnicamente não existe "herança de pessoa viva" como dispõe o art. 426. Pessoa viva tem patrimônio. Herança surge no momento da morte, com a abertura da sucessão. Nota-se, portanto, uma imprecisão terminológica histórica.[42]

Explica João Luiz Alves que podem ser objeto de contrato as coisas futuras, exceto herança de pessoa viva.[43] Melhor seria que o Código Civil dissesse "herança futura", pois "herança de pessoa viva" é uma contradição em termos.

---

[37] Trata-se de estudo referente ao art. 1.130 do Código Civil francês. Esse dispositivo assim dispunha: "As coisas futuras podem ser objeto de uma obrigação. Contudo, não se pode renunciar a uma sucessão não aberta, nem se fazer qualquer estipulação sobre uma sucessão, ainda que como o com sentimento daquele de quem a sucessão se trata, salvo se nas condições previstas em lei". Já o novo art. 1.163 do Código Civil francês, após a reforma de 2016 (Lei 2016-131 de 10 de fevereiro) não reproduz a proibição contida anteriormente. Remete-se à regra do art. 722 após a reforma. Há uma regra genérica proibindo os pactos sucessórios com a seguinte redação: "Art. 722 – as convenções que tenham por objeto criar ou renunciar direitos sobre o todo, uma parte ou um bem de uma sucessão ainda não aberta, não produzem efeitos se não nos casos em que elas são autorizadas por lei". Há uma mudança topológica, pois a regra sai dos contratos e passa ao livro de sucessões. O conteúdo, contudo, prossegue o mesmo.

[38] BEVILÁQUA, Clóvis. *Código Civil dos Estados Unidos do Brasil comentado*. 3. ed. Rio de Janeiro: Francisco Alves, 1930. v. 4. p. 202.

[39] SANTOS, João M. de Carvalho. *Código Civil brasileiro interpretado* – Direito das obrigações (arts. 1.079 – 1.121). 9. ed. Rio de Janeiro: Freitas Bastos, 1963. v. 15. p. 197.

[40] MENDONÇA, Manuel I. Carvalho de. *Doutrina e prática das obrigações*: ou tratado geral dos direitos de crédito. 4. ed. Rio de Janeiro: Forense, 1956. p. 723.

[41] MENDONÇA, Manuel I. Carvalho de. *Doutrina e prática das obrigações*: ou tratado geral dos direitos de crédito. 4. ed. Rio de Janeiro: Forense, 1956. p. 724.

[42] O art. 1.089 do Código Civil de 1916 já utiliza essa expressão.

[43] ALVES, João Luiz. *Código Civil da República dos Estados Unidos do Brasil*. 2. ed. rev. e aum. Rio de Janeiro: Saraiva, 1935. v. 2. p. 169.

As consequências dos *pacta corvina* são minuciosamente explicadas por Carvalho Santos.[44] O pacto sucessório:

a) não priva a pessoa a quem a herança pertence do direito de sobre ela dispor livremente em testamento;
b) não confere qualquer direito aos contraentes e a herança deverá ser partilhada entre os herdeiros legítimos ou testamentários, de acordo com as regras da sucessão;
c) é ineficaz se declara haver recebido certa importância como pagamento pelos futuros direitos sucessórios;
d) é ineficaz no tocante à remissão de dívida feita envolvendo a alienação do direito hereditário de uma pessoa viva.

A expressão contida no art. 426 ("não pode") deve ser compreendida como causa de nulidade absoluta da disposição contratual. É a chamada nulidade virtual que está prevista no art. 166, inc. VII, do Código Civil.

Não se trata de matéria de simples anulabilidade que se convalidaria com o decurso do tempo. O negócio é nulo e não produz nenhum efeito. É uma sanção prevista em lei que pune severamente o negócio jurídico, já que não se cogitará no seu aproveitamento, ainda que parcial.

Diante da teoria das nulidades, forçoso concluir que, se o negócio é nulo e não se convalida pelo decurso do tempo, também não poderá ser confirmado pelas partes interessadas quando do falecimento do futuro *de cujus*. A ratificação só seria possível em se tratando de negócio jurídico meramente anulável.

Com a nulidade do principal, todas as cláusulas acessórias também são nulas, inclusive eventuais garantias prestadas por terceiros para garantir o cumprimento do pacto sucessório, na hipótese de inadimplemento dos contratantes.

3 As reflexões do presente. O diálogo necessário[45]

Luiz Edson Fachin, ao dar o norte para conhecimento de seu pensamento, afirma:

> o valor "pessoa" abarca a possibilidade de se lhe garantir um patrimônio mínimo a fim de que seja resguardada a dignidade em razão da qual os indivíduos merecem proteção e amparo. A tutela desses valores não preserva apenas a individualidade, com também se projeta para a coletividade.[46]

Trata-se da ideia pela qual o princípio constitucional da dignidade da pessoa humana precisa ganhar concretude, densidade teórica. Essa densidade se dá partindo-se da premissa que sem o mínimo existencial ninguém é digno. Não se trata de passar pelo filtro kantiano. Trata-se de algo bem mais simples e direto: faltando o mínimo existencial, o ser humano tem uma vida indigna.[47]

---

[44] SANTOS, João M. de Carvalho. *Código Civil brasileiro interpretado* – Direito das obrigações (arts. 1.079 – 1.121). 9. ed. Rio de Janeiro: Freitas Bastos, 1963. v. 15. p. 194/195.
[45] A obra de Fachin que é citada em todas as passagens é: *Estatuto jurídico do patrimônio mínimo*. 2. ed. Rio de Janeiro: Renovar, 2006.
[46] FACHIN, Luiz Edson. *Estatuto jurídico do patrimônio mínimo*. 2. ed. Rio de Janeiro: Renovar, 2006. p. 114.
[47] Nas palavras do homenageado, "Vê-se que estes institutos são informados por um mesmo princípio, a proteção da pessoa, e, hoje, à luz da Constituição de 1988, dir-se-á *princípio da dignidade do ser humano*" (FACHIN, Luiz

Ao tratar da doação universal[48] preconizada no art. 548 do Código Civil, lembra Fachin que, a despeito do caráter acentuadamente patrimonialista da doutrina civilista consubstanciada no Código Civil de 1916, já se tutelavam, topicamente, direitos fundamentais da pessoa.[49]

Qual a possível relação entre a vedação aos pactos sucessórios e a nulidade da doação universal?

Como fundamento histórico à vedação da doação universal, Fachin cita exatamente o mesmo Título das Ordenações que veda o pacto sucessório: Livro IV, Título 70:

> No parágrafo 3º do Título 70 do Livro 4 das Ordenações estavam inseridas duas regras que no Código de 1916 comparecem em capítulos distintos: a vedação da doação de todos os bens sem reservas e a proibição que tenha por objeto herança de pessoa viva. Tal constatação é elucidativa, pois a proibição de cessão de direitos hereditários antes de aberta a sucessão pode ter por objetivo proteger a vida daquele que, pela sua morte, deixaria a herança. A proibição da doação universal sem reservas segue o mesmo escopo da regra que, nas Ordenações, estava a ela emparelhada num mesmo dispositivo, vale dizer, a proteção da pessoa. A tutela legal pode dirigir-se à pessoa e não ao direito patrimonial do titular.[50]

A lição é elucidativa, nos dizeres do próprio autor, pois ambas as vedações protegem a pessoa que é titular do patrimônio. O fundamento histórico apresentado por Fachin retoma o pensamento de Carvalho de Mendonça que, por sua vez, já tinha como fonte Justiniano: "são odiosas e cheias de tristíssimos e perigosas consequências (*odiosae videntur et plenae tristissimi et periculosi eventus*)".[51]

Isso significa que, há séculos, o direito civil se preocupa com o mínimo existencial e a proteção da pessoa humana, muito antes de o princípio de dignidade da pessoa humana ser estampado em textos constitucionais. É verdade que não o fazia de maneira sistemática, mas sim de maneira esparsa, em situações específicas e não de maneira geral. É por isso que Luiz Edson Fachin afirma:

> partindo da regra protetiva contida no Código Civil chegando ao princípio da dignidade humana albergado na Constituição brasileira de 1988, e alcançando o polêmico Código Civil de 2002, é possível afirmar, sem embargo de alguma margem de erro, a ausência de uma tradição construída para tutelar a pessoa. Essa falta não está apenas no Direito.[52]

Nesse sentido, realmente foi necessário o fenômeno da constitucionalização do direito privado para que, como sistema, fosse desenhada a proteção da pessoa humana e a garantia de um mínimo existencial. É a partir dessa leitura sistêmica, com a Constituição da República a ocupar o centro do sistema, que se dá o fenômeno da repersonalização do direito civil. Os bens, objetos da relação jurídica, deixam de ter primazia sobre a pessoa (despatrimonialização).[53]

Edson. *Estatuto jurídico do patrimônio mínimo*. 2. ed. Rio de Janeiro: Renovar, 2006. p 103). O comentário é voltado a artigos específicos do CC, que tratam da proteção do patrimônio mínimo, a saber: arts. 548, 426, 4º, inc. IV.

[48] Doação de todos os bens sem se garantir um mínimo para subsistência.

[49] FACHIN, Luiz Edson. *Estatuto jurídico do patrimônio mínimo*. 2. ed. Rio de Janeiro: Renovar, 2006. p. 100.

[50] FACHIN, Luiz Edson. *Estatuto jurídico do patrimônio mínimo*. 2. ed. Rio de Janeiro: Renovar, 2006. p. 96.

[51] *Vide* o item 2, "As reflexões de outrora".

[52] FACHIN, Luiz Edson. *Estatuto jurídico do patrimônio mínimo*. 2. ed. Rio de Janeiro: Renovar, 2006. p. 91.

[53] Conforme as lições de Luiz Edson Fachin, "o Direito Civil clássico, como fruto do jusracionalismo e da filosofia iluminista, representado pelo Código Napoleônico, é marcado pela exacerbação do patrimônio. Inserido nesse

Será que a vedação contida no art. 426 do Código Civil e que espelha uma tradição milenar se mantém adequada para uma visão repersonalizada do direito civil garantida pela Constituição de 1988?

A pergunta decorre da assertiva de Luiz Edson Fachin, pela qual

> é certo que essa "repersonalização" do Direito Civil somente encontrou explícita guarida na Constituição Federal de 1988, não só porque explicitou o princípio da dignidade da pessoa humana como um dos pilares da República, mas também porque a matéria cível foi diretamente constitucionalizada.[54]

Sob a perspectiva do titular dos bens, aquele cujo patrimônio (herança de pessoa viva) será objeto de contrato, Luiz Edson Fachin responde afirmativamente:

> outras normas do novo Código Civil têm o mesmo escopo da regra do art. 548, destaca-se, por exemplo, a possibilidade de revogação de doação, em caso de recusa de prestação de alimentos, por parte do donatário, que teria o dever e a possibilidade de prestá-los (art. 577, inciso IV); a incapacidade relativa dos pródigos (art. 4º, inciso IV); a vedação de contrato que tenha por objeto a herança de pessoa viva (art. 426); também caracteriza instituto análogo ao contido no art. 1.443 do Código Civil francês, a denominada *action en séparation de biens*.[55]

Sob a perspectiva daquele futuro herdeiro, que desde logo cede gratuita ou onerosamente sua "herança", cabe lembrar Silvio Rodrigues anteriormente citado e que ora se retoma: o herdeiro, necessitando de dinheiro imediatamente, não podendo suportar os ônus da demora em receber sua herança, pode, de maneira atabalhoada e afoita, vender seus direitos futuros por valores inferiores aos reais, sofrendo um forte prejuízo material.[56]

Assim, se a regra do art. 426 protege tanto o titular dos bens quanto o futuro herdeiro, pode-se afirmar que sua manutenção é desejada como forma de manter um mínimo existencial e de proteção do futuro autor da herança, assim como do futuro herdeiro.

4 Nota conclusiva

A conclusão a que se chega, a partir da premissa de Luiz Edson Fachin de que "com as transformações operadas no seio da sociedade, os institutos são avistados e relação à sua função social, e aflora o princípio da dignidade humana",[57] é que a vedação aos pactos sucessórios, apesar de milenar, prossegue útil ao sistema como forma de proteção da pessoa humana.

---

contexto, o Código Civil brasileiro não passou imune às influências europeias, tendo sido em grande escala marcado em sua essência pelo caráter patrimonial imobiliário, em que a pessoa humana não é vista pelo que é, mas pelo que tem. Com as transformações operadas no seio da sociedade, os institutos são avistados e relação à sua função social, e aflora o princípio da dignidade humana" (FACHIN, Luiz Edson. *Estatuto jurídico do patrimônio mínimo*. 2. ed. Rio de Janeiro: Renovar, 2006. p. 114).

[54] FACHIN, Luiz Edson. *Estatuto jurídico do patrimônio mínimo*. 2. ed. Rio de Janeiro: Renovar, 2006. p. 92.
[55] FACHIN, Luiz Edson. *Estatuto jurídico do patrimônio mínimo*. 2. ed. Rio de Janeiro: Renovar, 2006. p. 101.
[56] RODRIGUES, Silvio. *Direito civil*. Dos contratos e das declarações unilaterais de vontade. 28. ed. atual. São Paulo: Saraiva, 2003. v. 3. p. 79.
[57] FACHIN, Luiz Edson. *Estatuto jurídico do patrimônio mínimo*. 2. ed. Rio de Janeiro: Renovar, 2006. p. 114.

A proteção passa por duas possíveis leituras. A primeira consiste na proteção do próprio titular dos bens (a pessoa viva cuja herança é objeto de contrato), pois no desejo de morte podem se consubstanciar atos criminosos para que ela logo ocorra. A segunda, por sua vez, reside na proteção do próprio "herdeiro", que pode, de maneira irrefletida e precipitada, ceder seu direito futuro.

É por isso que a manutenção da regra se impõe. Ainda que a categoria passe pelo filtro da Constituição da República, ainda que seja socialmente funcionalizada, sua razão histórica de ser permanece atual: garantia e proteção da pessoa humana.

Em conclusão, expõe de maneira contundente Luiz Edson Fachin:

> é congruente com a estrutura do Código Civil prever restrições à disposição do patrimônio, eis que é dos bens que a codificação extrai seu eixo basilar. Soa razoável asseverar que tal estrutura de base não é uma ou monolítica, e nela é possível garimpar âncoras de sustentação de valores que transcendam a proteção meramente patrimonial.[58]

A vedação contida no art. 426 deve ser mantida, portanto.

Referências

ALVES, João Luiz. *Código Civil da República dos Estados Unidos do Brasil.* 2. ed. rev. e aum. Rio de Janeiro: Saraiva, 1935. v. 2.

BEVILÁQUA, Clóvis. *Código Civil dos Estados Unidos do Brasil comentado.* 3. ed. Rio de Janeiro: Francisco Alves, 1930. v. 4.

CORVO. *Dicionário Houaiss da Língua Portuguesa.* 1. ed. Rio de Janeiro: Objetiva, 2001.

CRUZ, Guilherme Braga da. Pacto sucessório na história do direito português. *Revista da Faculdade de Direito da Universidade de São Paulo*, São Paulo, v. 60, 1965.

DERROUSSIN, David. *Histoire du droit des obligations.* Paris: Economica, 2007.

FACHIN, Luiz Edson. *Estatuto jurídico do patrimônio mínimo.* 2. ed. Rio de Janeiro: Renovar, 2006.

GIORDANI, Mário Curtis. *História de Roma.* 2. ed. Petrópolis: Vozes, 1968.

KIPP, Theodor. *Tratado de derecho civil*: derecho des sucesiones. 8. ed. Barcelona: Bosch, 1951. v. I. t. V.

MENDONÇA, Manuel I. Carvalho de. *Doutrina e prática das obrigações*: ou tratado geral dos direitos de crédito. 4. ed. Rio de Janeiro: Forense, 1956.

MIRANDA, Francisco C. Pontes de. *Tratado de direito privado.* 3. ed. Rio de Janeiro: Borsoi, 1971. t. VIII.

MONIER, Raymond. *Manuel élementaire de droit romain.* Paris: Éditions Domat Monchrestien, 1947. t. 1.

MONTEIRO, Whasington de Barros. *Curso de direito civil*: direito das obrigações – Segunda parte. 24. ed. São Paulo: Saraiva, 1985. v. 6.

ROCHA, Manuel. A. Coelho da. *Instituições de direito civil português.* Rio de Janeiro: H. Garnier, 1807. t. II.

RODRIGUES, Silvio. *Direito civil.* Dos contratos e das declarações unilaterais de vontade. 28. ed. atual. São Paulo: Saraiva, 2003. v. 3.

SANTOS, João M. de Carvalho. *Código Civil brasileiro interpretado* – Direito das obrigações (arts. 1.079 – 1.121). 9. ed. Rio de Janeiro: Freitas Bastos, 1963. v. 15.

---

[58] FACHIN, Luiz Edson. *Estatuto jurídico do patrimônio mínimo.* 2. ed. Rio de Janeiro: Renovar, 2006. p. 94.

SCARRE, Chris. *Chronicle of the Roman emperors*. Thames and Hudson: London, 1995.

SIMÃO, José Fernando. Análise das regras do contrato de sociedade quando da morte dos sócios e a vedação da existência de pacto sucessório. *Revista IMES*, jan./jun. 2005.

Informação bibliográfica deste texto, conforme a NBR 6023:2002 da Associação Brasileira de Normas Técnicas (ABNT):

SIMÃO, José Fernando. Os pactos sucessórios ontem e hoje: uma leitura à luz da teoria do patrimônio mínimo de Luiz Edson Fachin. In: EHRHARDT JÚNIOR, Marcos; CORTIANO JUNIOR, Eroulths (Coord.). *Transformações no Direito Privado nos 30 anos da Constituição*: estudos em homenagem a Luiz Edson Fachin. Belo Horizonte: Fórum, 2019. p. 777-789. ISBN 978-85-450-0562-9.

POSFÁCIO

QUAIS OS DESAFIOS PARA O DIREITO PRIVADO BRASILEIRO NOS PRÓXIMOS ANOS?

Se nas páginas anteriores foi possível compreender com detalhes e de modo estruturado como ocorreu a evolução do direito privado desde a promulgação da Constituição Federal de 1988, fazer uma reflexão prospectiva para as próximas décadas não é uma tarefa fácil, especialmente quando verificamos a velocidade com que as inovações tecnológicas vêm ocorrendo, provocando uma série de disrupturas no modo como as pessoas se relacionam, com intenso impacto na forma de interpretação do direito privado.

Organizar a perspectiva de transformações e evolução na ordem de disposição dos livros do Código Civil servirá como referência para este texto, além de representar uma forma de reconhecimento de que muito do que ocorrerá daqui em diante decorre direta e imediatamente da forma como os institutos clássicos do direito privado foram ressignificados a partir do advento da Constituição Cidadã.

Comecemos pelo reconhecimento de novos sujeitos de direito, a partir da consolidação de uma nova forma de compreensão da natureza jurídica dos animais. Tais seres sensíveis integrarão o quadro daqueles que podem figurar numa relação jurídica juntamente com seres artificiais, máquinas com identidade e patrimônio independente dos seus criadores. A atual dicotomia da pessoa jurídica, que subdivide sua classificação entre reunião de pessoas (corporações) ou de bens para determinada finalidade (fundações), deverá ser substituída por um modelo em que máquinas programadas para determinadas finalidades também poderão figurar em relações jurídicas e responder solidariamente com seus criadores. Concepturo, embrião, nascituro, pessoa natural, seres sensíveis, pessoa jurídica e pessoa artificial coexistirão num cenário em que a morte não extinguirá todas as relações jurídicas daqueles que além da vida no mundo físico fazem do meio virtual o *locus* principal de suas interações sociais.

Mesmo as tradicionais categorias de sujeito de direito passarão por um intenso desenvolvimento do atributo capacidade, categoria cada vez mais complexa e peculiar a cada sujeito individualmente considerado de acordo com as particularidades do caso concreto: ter ou não ter capacidade, ser vulnerável, ostentar uma condição de desvantagem transitória ou perene, genética ou adquirida... A verificação da habilitação, vale dizer, do reconhecimento para a prática de atos jurídicos, merecerá cada vez mais atenção na direção da igualdade material, de matiz inclusiva, diversa e plural.

E não é só no elemento subjetivo que a relação jurídica continuará a ser ressignificada nos próximos anos. Com o declínio da utilização de suportes físicos como o papel; considerando ainda que tempo e lugar já foram relativizados no ambiente virtual, intensificar-se-á o estudo da prova dos fatos jurídicos, mediante o desenvolvimento de instrumentos que possam conferir maior segurança e confiabilidade aos arranjos contratuais em suas mais variadas formas. Os requisitos formais de existência, validade e eficácia precisarão ser multiplataforma e apresentar aspectos que permitam sua sobrevivência a cada novo salto tecnológico para não ficarem obsoletos. Neste cenário, o valor da informação como bem jurídico, em todas as suas formas, e os meios para seu armazenamento e segurança estarão na ordem do dia.

Se o processo de constitucionalização do direito privado retirou do Código Civil a centralidade da orientação hermenêutica do sistema, papel que passou para o texto constitucional, o surgimento de novos modos de comunicação e conexão, a flexibilidade dos suportes para registro de dados e o intenso ritmo das transformações tecnológicas amplificarão de modo significativo o diálogo entre as fontes, em várias dimensões, quer sejam locais, regionais ou transnacionais, numa superposição de diplomas legislativos tratando de assuntos concorrentes e bastante específicos, como já vem ocorrendo com temas relacionados à proteção da privacidade e ao tratamento dos dados pessoais.

No campo obrigacional, novas moedas, transações eletrônicas e os problemas de jurisdição se intensificarão, na medida em que novos arranjos contratuais e formas de garantia surgirem. Contratos parciais, incompletos, multipartes, padronizados, elaborados por inteligência artificial para relações contratuais massificadas e praticados exclusivamente com base no comportamento social típico, sem atenção para a capacidade negocial, continuarão a demandar a figura de um ser humano para sua interpretação, apesar dos avanços da tecnologia relacionada à inteligência artificial.

Já ingressando no campo das titularidades, dentro de uma perspectiva de compartilhamento proprietário de intensidade ainda não experimentada, formas tradicionais de garantia perderão espaço num contexto de contratos relacionais de longa duração, cada vez mais complexos e internacionais.

Merecerá destaque o modo como resolver eventuais controvérsias sem a necessidade de se recorrer ao Judiciário e/ou a longas listas de negócios processuais para tentar chegar mais rápido ao deslinde das lides negociais. Ficará cada vez mais evidente o conflito entre a quantidade de conflitos que necessitam de solução e a qualidade das decisões tomadas para solucioná-los quando estas não incluírem os participantes no processo de resolução da controvérsia.

Nesse mesmo diapasão, deve-se destacar o importante papel de um Poder Judiciário de há muito exaurido da possibilidade de responder tempestivamente à demanda por pacificação das relações privadas. A crescente exigência de interpretação de textos normativos abertos, permeáveis a novos valores e a um diálogo entre fontes que se superpõem (local, regional, internacionalmente), parece algo incompatível com o produtivismo fordista que observamos já nos dias de hoje.

Se os contratos massificados e impessoais típicos do mercado de consumo passarão a ser tratados em sua maioria (pelo menos em algumas etapas) por inteligência artificial, problemas decorrentes do abuso ou má utilização da tecnologia criarão novos desafios, exigindo do operador jurídico um ferramental de capacidades e habilidades que hoje ainda não são valorizadas como deveriam ser.

    Voltando os olhos para as questões existenciais, é possível vislumbrar que o Estado intervirá cada vez menos na relação conjugal e sua diversidade e pluralidade deixará a solução litigiosa e judicial dos conflitos para casos de incapacidade ou lesão de direitos indisponíveis.

    Relações sucessivas (em série) ou simultâneas criarão a necessidade de novos mecanismos de controle em busca de um mínimo de segurança tanto para terceiros que se relacionam com o casal quanto para eles próprios, tanto no aspecto familiar como sucessório, que continuará experimentando a fuga para outros ramos, como o direito contratual empresarial, substituindo normas de ordem pública que disciplinam a relação entre herdeiros por normas dispositivas que cuidam das relações entre sócios. No campo do direito das sucessões, tradicionalmente focado em disposições patrimoniais, desenvolver-se-á intenso debate sobre aspectos existenciais a partir das diretivas antecipadas, que hoje já ocupam a maioria dos especialistas na área.

    Considerando-se a permeabilidade do nosso modelo atual, incessantemente alterado e desfigurado pelo poder constituinte derivado, aliado ao desenvolvimento do controle de convencionalidade em face dos compromissos internacionais que o nosso país assumiu, parece improvável o surgimento de um novo texto constitucional. Teremos algumas décadas de consolidação dos avanços obtidos nos últimos trinta anos, com uma quantidade cada vez maior de microssistemas que se integrarão numa teia legislativa complexa. Essa nova configuração de textos normativos poderá exigir uma forma de organizar o estudo do direito privado num modelo diverso da clássica divisão baseada na disposição dos livros do Código Civil que serviu de guia para apresentarmos as transformações e os desafios que se projetam diante de nossos olhos.

    Caberá a responsabilidade civil, na roupagem do direito de danos, assumir o protagonismo da tutela de direitos transindividuais e coletivos, ampliando sua incidência para priorizar demandas coletivas em detrimento de ações individuais de reparação, num movimento em que os novos danos continuarão a ser desenvolvidos doutrinariamente, com reflexos em decisões judiciais cada vez mais casuísticas. As incertezas nesta seara fomentarão o já crescente campo dos seguros, como forma de lidar com as contingências, criando uma espécie de tarifação do *quantum* reparatório construída pelo próprio mercado para os riscos de empreender e se relacionar numa realidade social cada vez mais fluida.

    Tudo isso vai exigir uma nova forma de ensino jurídico que incorpore de modo proativo e prospectivo as novas tecnologias de aprendizagem e as ferramentas de inteligência artificial, que, ao mesmo tempo que libertarão os operadores jurídicos de funções meramente burocráticas, exigirão novas capacidades de argumentação e planejamento, como solução de conflitos e desenvolvimento de estratégias específicas para resolução de novos problemas, num horizonte em que ficam cada vez mais tênues as diferenças entre os interesses públicos e privados.

    Em vários dos textos do livro, é possível retirar as ideias seminais do cenário aqui desenvolvido, que parte de um exercício puramente doutrinário sem considerar os projetos de lei em tramitação no Congresso Nacional. Se o contexto acima vai se materializar em realidade é difícil prever, pois só existe a certeza da mudança, da necessidade de se estar preparado para ela, sem perder a diretriz de fazer parte da solução e não do problema. Que venham os próximos anos, mantendo-nos firmes do propósito da importância de estarmos bem preparados para a caminhada.

Praia de Ipioca, Maceió/AL, 3 de agosto de 2018.

Marcos Ehrhardt Júnior

SOBRE OS AUTORES

Águida Arruda Barbosa
Doutora e Mestre em Direito Civil pela USP. Advogada Especialista em Direito de Família. Mediadora Familiar. Pesquisadora de Mediação na França desde 1989. Antigo Membro da Fédération Internationale des Femmes des Carrières Juridiques. Presidente da Comissão de Mediação do IBDFam (Instituto Brasileiro de Direito de Família) –período 2001 a 2012. Membro da Comissão de Direito de Família do IASP (Instituto dos Advogados de São Paulo). Membro do Conselho Científico da *Revista Nacional de Direito de Família e Sucessões Lex Magister*/IASP.

Alexandre Gomide
Mestre em Direito Civil pela Faculdade de Direito da Universidade de São Paulo. Especialista e Mestre em Ciências Jurídicas pela Faculdade de Direito da Universidade de Lisboa. Professor dos Cursos de Pós-Graduação da Escola Paulista de Direito (EPD). Advogado.

Aline de Miranda Valverde Terra
Doutora e Mestre em Direito Civil pela Universidade do Estado do Rio de Janeiro – UERJ. Professora Adjunta de Direito Civil da Faculdade de Direito da UERJ. Professora Permanente do Programa de Pós-Graduação em Direito (Mestrado e Doutorado) da UERJ. Professora de Direito Civil da Pontifícia Universidade Católica do Rio de Janeiro – PUC-Rio. Professora dos Cursos de Pós-Graduação da PUC-Rio e do Ceped/UERJ. Coordenadora Editorial da *Revista Brasileira de Direito Civil – RBDCivil*. Advogada.

Ana Carla Harmatiuk Matos
Mestre Doutora pela Universidade Federal do Paraná. Mestre em Derecho Humano pela Universidad Internacional de Andalucía. Tutora Diritto na Universidade di Pisa – Itália. Professora na Graduação, Mestrado e Doutorado em Direito da Universidade Federal do Paraná. Vice-Coordenadora do Programa de Pós-Graduação em Direito da Universidade Federal do Paraná. Professora de Direito Civil e de Direitos Humanos. Advogada. Diretora da Região Sul do IBDFam. Vice-Presidente do IBDCivil. Autora de artigos e livros jurídicos.

Ana Carolina Brochado Teixeira
Doutora em Direito Civil pela UERJ. Mestre em Direito Privado pela PUC Minas. Especialista em Direito Civil pela Escuola di Diritto Civile – Camerino, Itália. Professora do Centro Universitário UNA. Coordenadora Editorial da *RBDCivil*. Advogada.

Ana Luiza Maia Nevares
Doutora e Mestre em Direito Civil pela UERJ. Professora de Direito Civil da PUC-Rio. Coordenadora do Curso de Pós-Graduação *lato sensu* de Direito das Famílias e das Sucessões da PUC-Rio. Membro do IBDFam, do IBDCivil e do IAB. Advogada.

Ana Paola de Castro e Lins
Mestra em Direito Constitucional pela Universidade de Fortaleza. Membro do Grupo de Pesquisa CNPq: Direito Constitucional nas Relações Privadas. Coordenadora da linha de pesquisa "Autonomia, Identidade e Gênero" do Laboratório de Estudos sobre Violências contra Mulheres, Meninas e Minorias (LEVIM) da Universidade de Fortaleza. Fortaleza/CE – Brasil. *E-mail:* <paola@unifor.br>.

Anderson Schreiber
Professor Titular de Direito Civil da Universidade do Estado do Rio de Janeiro – UERJ. Doutor em Direito Privado Comparado pela Università degli studi del Molise – Itália. Mestre em Direito Civil pela UERJ. Procurador do Estado do Rio de Janeiro. Advogado.

André Luiz Arnt Ramos
Doutorando e Mestre em Direito das Relações Sociais pela UFPR. Pesquisador Visitante junto ao Instituto Max Planck para Direito Comparado e Internacional Privado – Hamburgo, Alemanha. Membro do Núcleo de Pesquisas em Direito Civil Virada de Copérnico. Associado do Instituto Brasileiro de Estudos em Responsabilidade Civil – Iberc e do Instituto dos Advogados do Paraná – IAP. Professor da Universidade Positivo. Advogado em Curitiba. E-mail: <a.arntramos@gmail.com>.

Caitlin Sampaio Mulholland
Doutora em Direito Civil pela UERJ. Professora Associada do Departamento de Direito da PUC-Rio.

Camila Buarque Cabral
Mestre em Direito Privado pela UFPE. Professora Universitária. Advogada com especialidade em Direito de Família e Sucessões. Pesquisadora do Grupo de Pesquisa Constitucionalização das Relações Privadas (Conrep/UFPE). E-mails: <camilabuarque@live.com>; <camila@buarqueebrito.com.br>.

Carla Moutinho
Mestre em Direito pela UFPE. Assessora Jurídica do Tribunal de Justiça de Pernambuco. Professora da Faculdade Salesiana do Nordeste – Fasne e da Universidade Salgado de Oliveira – Universo. Membro do Grupo de Pesquisa Constitucionalização das Relações Privadas (UFPE/CNPq). E-mail: <mariacarlamoutinho@gmail.com>.

Carlos Edison do Rêgo Monteiro Filho
Professor Associado de Direito Civil da Faculdade de Direito da UERJ. Representante da linha de pesquisa de Direito Civil no Programa de Pós-Graduação em Direito da UERJ. Foi Coordenador do Programa de Pós-Graduação, Chefe do Departamento de Direito Civil e Vice-Diretor da Faculdade de Direito da UERJ. Procurador do Estado do Rio de Janeiro. Foi Diretor Jurídico do Procon/RJ (2011-2013). Coordenador da Comissão de Eventos Científicos do Instituto Brasileiro de Direito Civil (IBDCivil). Membro do Conselho Editorial da *Civilistica.com – Revista Eletrônica de Direito Civil*. Membro da Comissão de Direito Civil da OAB/RJ. Mestre em Direito da Cidade e Doutor em Direito Civil pela Universidade do Estado do Rio de Janeiro. Advogado.

Carlos Eduardo Pianovski Ruzyk
Professor de Direito Civil da Universidade Federal do Paraná. Doutor e Mestre em Direito pela UFPR. Advogado.

Carlos Nelson Konder
Professor Adjunto da Faculdade de Direito da UERJ. Professor Agregado do Departamento de Direito da PUC-Rio. Doutor e Mestre em Direito pela UERJ. Especialista em Direito Civil pela Università di Camerino – Itália. Advogado.

Catarina Almeida de Oliveira
Doutora em Direito Civil pela UFPE. Professora de Direito Civil da Unicap. Advogada. Membro do Grupo de Pesquisa Conrep – Constitucionalização das Relações Privadas da UFPE. Vice-Presidente do IBDFam/PE.

Cesar Calo Peghini
Doutor em Direito Civil pela PUC-SP (2017). Mestre em Função Social do Direito pela Faculdade Autônoma de Direito – Fadisp (2009). Especialista em Direito do Consumidor na experiência do Tribunal de Justiça da União Europeia e na Jurisprudência Espanhola, pela Universidade de Castilla – La Mancha, Toledo/ES (2018). Especialista em Direito Civil pela Instituição Toledo de Ensino – ITE (2010). Especialista em Direito Civil e Processo Civil pela Escola Paulista de Direito – EPD (2008). Graduado em Direito pelo Centro Universitário das Faculdades Metropolitanas Unidas – FMU (2005). Professor da Rede de Ensino Luis Flávio Gomes – LFG. Professor da Escola Paulista de Direito – EPD. Professor Visitante em Cursos de Pós-Graduação *Lato Sensu*. Associado ao Instituto Brasileiro de Direito de Família (IBDFam) e ao Instituto Brasileiro de Política e Direito do Consumidor (Brasilcon). Experiência na área de Direito, com ênfase em Direito Privado, atuando principalmente nos seguintes temas: Direito Civil, Direito do Consumidor, Direito da Infância e Juventude e Processo Civil. Advogado.

Cíntia Muniz de Souza Konder
Doutora em Direito Civil pela UERJ. Mestre em Direito e Sociologia pela UFF. Professora de Direito Civil da UFRJ. Advogada.

Cláudia Stein Vieira
Mestre e Doutoranda em Direito Civil pela Universidade de São Paulo. Professora de Direito Civil no Curso de Pós-Graduação da Escola Paulista de Direito-EPD. Advogada Especializada em Direito de Família e das Sucessões.

Daniel Bucar
Doutor e Mestre em Direito Civil pela UERJ. Especialista em Direito Civil pela Scuola di Specializzazione in Diritto Civile pela Università degli Studi di Camerino – Itália. Pesquisador Visitante do Max Planck Institut für Ausländisches und Internationales Privatrecht – Alemanha. Professor Titular de Direito Civil do Ibmec/RJ. Procurador do Município do Rio de Janeiro. Advogado.

Daniele Teixeira
Doutora e Mestre em Direito Civil pela Universidade do Estado do Rio de Janeiro – UERJ. Especialista em Direito Civil pela Scuola di Specializzazione in Diritto Civile pela Università degli Studi di Camerino – Itália. Pesquisadora Bolsista do Max Planck Institut für Ausländisches und Internationales Privatrecht – Alemanha. Especialista em Direito Privado pela PUC-Rio. Advogada.

Danilo Rafael da Silva Mergulhão
Mestre em Direito pela Universidade Federal de Pernambuco. Especialista em Direito Processual. Bacharel em Direito pela Universidade Católica de Pernambuco. Advogado. Assessor Jurídico do Município de Belo Jardim – PE. Coordenador do Núcleo de Direito de Empresa da Escola Superior da Advocacia de Pernambuco (ESA/PE). Professor da Escola Judicial de Pernambuco (Esmape). Pesquisador do Grupo de Pesquisa Constitucionalização das Relações Privadas vinculado à Universidade Federal de Pernambuco. Professor Universitário. *E-mail*: <danilomergulhao@gmail.com>.

Débora Vanessa Caús Brandão
Mestre e Doutora em Direito Civil pela Pontifícia Universidade Católica de São Paulo. Professora Titular de Direito Civil da Faculdade de Direito de São Bernardo do Campo/SP. Pós-Doutora em Direitos Humanos pela Universidade de Salamanca – Espanha. Advogada.

Dimitre Braga Soares de Carvalho
Especialista, Mestre e Doutor em Direito. Professor Adjunto da Universidade Federal do Rio Grande do Norte – UFRN. Professor da Unifacisa. Advogado.

Elimar Szaniawski
Doutor e Mestre em Direito pela Universidade Federal do Paraná. Associado do Instituto dos Advogados do Paraná – IAP e do Instituto Brasileiro de Direito Civil – IBDCivil. Professor Titular de Direito Civil da Faculdade de Direito – Setor de Ciências Jurídicas – da Universidade Federal do Paraná. Membro do Núcleo de Estudos em Direito Civil Constitucional (Projeto Virada de Copérnico). Advogado em Curitiba – Advocacia Elimar Szaniawski.

Eroulths Cortiano Junior
Pós-Doutor em Direito (Università di Torino). Doutor em Direito das Relações Sociais (UFPR). Professor da Faculdade de Direito da UFPR. Coordenador do Núcleo de Pesquisas em Direito Civil "Virada de Copérnico". Associado do Instituto Brasileiro de Direito Civil – IBDCivil, do Instituto Brasileiro de Direito de Família – IBDFam, do Instituto Brasileiro de Estudos em Responsabilidade Civil – Iberc e do Instituto dos Advogados do Paraná – IAP. Procurador do Estado do Paraná e Advogado em Curitiba. E-mail: <ecortiano@cpc.adv.br>.

Fernanda Tartuce
Doutora e Mestre em Direito Processual pela USP. Professora no Programa de Doutorado e Mestrado da Faculdade Autônoma de Direito – Fadisp. Coordenadora e Professora em Cursos de Especialização na Escola Paulista de Direito – EPD. Advogada e Mediadora. Presidente da Comissão de Processo Civil do IBDFam – Instituto Brasileiro de Direito de Família. Diretora do Ceapro – Centro de Estudos Avançados de Processo. Membro do IBDP – Instituto Brasileiro de Direito Processual e do IASP – Instituto dos Advogados de São Paulo. Membro do Conselho Científico da *Revista Nacional de Direito de Família e Sucessões Lex Magister*/IASP.

Flávio Tartuce
Doutor em Direito Civil pela USP. Mestre em Direito Civil Comparado pela PUC-SP. Professor Titular permanente do Programa de Mestrado e Doutorado da Faculdade Autônoma de Direito – Fadisp. Professor e Coordenador dos Cursos de Pós-Graduação *Lato Sensu* da Escola Paulista de Direito – EPD. Advogado. Parecerista. Consultor Jurídico.

Geraldo Frazão de Aquino Jr.
Doutor em Direito pela UFPE. Graduado e Mestre em Direito e em Engenharia Elétrica pela UFPE.

Gisela Sampaio da Cruz Guedes
Doutora e Mestre em Direito Civil pela Universidade do Estado do Rio de Janeiro – UERJ. Professora Adjunta de Direito Civil da Faculdade de Direito da UERJ. Professora Permanente do Programa de Pós-Graduação em Direito (Mestrado e Doutorado) da UERJ. Professora dos Cursos de Pós-Graduação da Pontifícia Universidade Católica do Rio de Janeiro – PUC-Rio e do Ceped/UERJ. Advogada.

Giselda Maria Fernandes Novaes Hironaka
Professora Titular da Faculdade de Direito da Universidade de São Paulo – Fadusp. Coordenadora Titular e Professora Titular do Programa de Mestrado e Doutorado da Faculdade Autônoma de Direito de São Paulo (Fadisp). Coordenadora Titular da área de Direito Civil da Escola Paulista de Direito (EPD). Mestre, Doutora e Livre-Docente pela Faculdade de Direito da Universidade de São Paulo (Fadusp). Ex-Procuradora Federal. Fundadora e Diretora Nacional do IBDFam (região Sudeste). Diretora Nacional do IBDCivil (região Sudeste).

Gustavo Tepedino
Professor Titular de Direito Civil da Faculdade de Direito da Universidade do Estado do Rio de Janeiro – UERJ. Sócio do Escritório Gustavo Tepedino Advogados.

Heloisa Helena Barboza
Professora Titular de Direito Civil da Faculdade de Direito da Universidade do Estado do Rio de Janeiro – UERJ. Doutora em Direito pela UERJ e em Ciências pela ENSP/Fiocruz. Procuradora de Justiça do Estado do Rio de Janeiro (aposentada). Diretora do Instituto Brasileiro de Biodireito, Bioética e Sociedade (Ibios). Advogada.

Hugo Sirena
Mestre em Direito das Relações Sociais pela Universidade Federal do Paraná – UFPR (2013). Advogado. Sócio-Fundador da Mattos, Osna & Sirena Sociedade de Advogados, com atuação específica nas áreas de Direito Civil e Direito Comercial, com ênfase em Contratos, Responsabilidade Civil e Direito das Famílias. Bacharel em Direito pela Universidade Federal do Paraná – UFPR (2010). Licenciado em Letras Português/Inglês pela Pontifícia Universidade Católica do Paraná PUCPR (2010). Professor de Direito Civil do Centro Universitário Uninter.

Jacqueline Lopes Pereira
Mestre em Direito das Relações Sociais pelo Programa de Pós-Graduação em Direito da Universidade Federal do Paraná. Especialista em Direito das Famílias e Sucessões pela ABDConst. Professora de Direito Civil da Graduação em Direito da Faculdade de Pinhais. Atua no Núcleo de Estudos em Direito Civil Constitucional e no Núcleo de Pesquisa Direitos Humanos e Vulnerabilidades, ambos do PPGD-UFPR. Advogada.

João Ricardo Brandão Aguirre
Pós-Doutorando em Direito Civil pela Faculdade de Direito da Universidade de São Paulo, sob a supervisão da Professora Livre Docente Doutora Patrícia Faga Iclecias Lemos. Doutor em Direito Civil pela Faculdade de Direito da Universidade de São Paulo, sob a orientação da Professora Titular Doutora Teresa Ancona Lopez. Mestre em Direito Civil pela Pontifícia Universidade Católica de São Paulo (2004), sob a orientação do Professor Doutor Francisco José Cahali. Especialista em Direito Processual Civil pelo Centro de Extensão Universitária – CEU. Graduado em Direito pela Faculdade de Direito da Universidade de São Paulo (1994). Professor da Faculdade de Direito da Universidade Presbiteriana Mackenzie. Coordenador da Pós-Graduação em Direito de Família e Sucessões da Universidade Anhanguera Uniderp/MS. Foi Coordenador dos Cursos Jurídicos da Rede LFG. Presidente do Instituto Brasileiro de Direito de Família em São Paulo – IBDFam/SP. Tem experiência na área de Direito, com ênfase em Direito Civil. Advogado.

José Barros Correia Junior
Doutor em Constitucionalização das Relações Privadas pela FDR/UFPE. Pesquisador do Grupo de Pesquisa Constitucionalização das Relações Privadas – Conrep da UFPE. Pesquisador do Grupo de Pesquisa Direito Privado e Contemporaneidade da UFAL. Professor da Graduação e Mestrado da FDA/UFAL. Advogado.

José Fernando Simão
Mestre, Doutor e Livre-Docente pela Faculdade de Direito da USP. Professor Associado do Departamento de Direito Civil da USP. Advogado em São Paulo.

Joyceane Bezerra de Menezes
Doutora em Direito pela Universidade Federal de Pernambuco. Mestre em Direito pela Universidade Federal do Ceará. Professora Titular da Universidade de Fortaleza. Professora do Programa de Pós-Graduação *Stricto Sensu* em Direito (Mestrado/Doutorado) da Universidade de Fortaleza, na Disciplina de Direitos de Personalidade. Professora Adjunta da Universidade Federal do Ceará. Coordenadora do Grupo de Pesquisa CNPq: Direito Constitucional nas Relações Privadas. Fortaleza/CE – Brasil. *E-mail*: <joyceane@unifor.br>.

Jussara Maria Leal de Meirelles
Graduada em Direito pela Universidade Federal do Paraná. Mestre e Doutora em Direito das Relações Sociais pela Universidade Federal do Paraná. Pós-Doutora no Centro de Direito Biomédico da Universidade de Coimbra. Professora Titular de Direito Civil da Pontifícia Universidade Católica do Paraná. Professora nos Programas de Pós-Graduação em Bioética (Mestrado) e em Direito Econômico e Socioambiental (Mestrado e Doutorado) da Pontifícia Universidade Católica do Paraná. Procuradora Federal aposentada.

Karina Barbosa Franco
Mestranda em Direito Público pela Ufal. Professora Universitária. Advogada Licenciada. Membro do IBDFam e IBDCivil. Participante do Grupo de Pesquisa Constitucionalização das Relações Privadas (Conrep/UFPE) e Direito Privado e Contemporaneidade – Linha de Pesquisa: Constitucionalização das Relações Privadas (Ufal). *E-mail*: <karybfranco@gmail.com>.

Kleber Luiz Zanchim
Graduado e Doutor pela Faculdade de Direito da Universidade de São Paulo. Professor do Insper Direito. Membro do Comitê Jurídico da Sociedade Rural Brasileira. Sócio de SABZ Advogados.

Luciana Pedroso Xavier
Professora Substituta da Graduação da Faculdade de Direito da UFPR. Professora do UniCuritiba. Mestre e Doutora pelo Programa de Pós-Graduação da UFPR. Conselheira do Instituto dos Advogados do Paraná. Advogada.

Luciano de Souza Godoy
Graduado, Mestre e Doutor pela Faculdade de Direito da Universidade de São Paulo. *Visiting Scholar* na Columbia Law School. Professor da Escola de Direito de São Paulo da Fundação Getúlio Vagas (FGV Direito SP). Sócio de PVG Advogados.

Marcelo Conrado
Doutor em Direito das Relações Sociais pelo Programa de Pós-Graduação em Direito da Universidade Federal do Paraná. Professor Adjunto do Curso de Direito e do Programa de Pós-Graduação da Faculdade de Direito da Universidade Federal do Paraná. Coordenador da Clínica de Direito e Arte da Universidade Federal do Paraná.

Marcelo Junqueira Calixto
Doutor em Direito Civil. Professor Adjunto da PUC-Rio e dos Cursos de Pós-Graduação da FGV, UERJ e EMERJ. Advogado.

Marcos Alberto Rocha Gonçalves
Aluno – da vida e do direito – do Professor Luiz Edson Fachin desde 2002. Sócio de Escritório do Professor Luiz Edson Fachin de 2006 a 2015 e seu filho afetivamente adotado desde 15.11.2008. Doutorando em Direito Civil pela UERJ. Professor do Curso de Direito da Pontifícia Universidade Católica do Paraná, na qual foi colega de docência do Professor Luiz Edson Fachin.

Marcos Bernardes de Mello
Professor Emérito da Faculdade de Direito de Alagoas – Ufal. PhD em Direito do Estado. MSc em Direito Público. Professor de Teoria Geral do Direito no Curso de Mestrado da Faculdade de Direito de Alagoas – Ufal. Professor de Teoria Geral do Direito Civil na Faculdade de Direito de Alagoas – Ufal.

Marcos Ehrhardt Júnior
Doutor pela Universidade Federal de Pernambuco (UFPE). Mestre em Direito pela Universidade Federal de Alagoas (UFAL). Professor de Direito Civil da UFAL. Professor de Direito Civil e Direito do Consumidor do Centro Universitário CESMAC. Pesquisador Visitante do Instituto Max-Planck de Direito Privado Comparado e Internacional (Hamburgo/Alemanha). Líder do Grupo de Pesquisa Direito Privado e Contemporaneidade (UFAL). Membro do Grupo de Pesquisa Constitucionalização das Relações Privadas (CONREP/UFPE). Editor da *Revista Fórum de Direito Civil (RFDC)*. Diretor Nordeste do Instituto Brasileiro de Direito Civil (IBDCivil). Membro do Instituto Brasileiro de Direito de Família (IBDFAM) e do Instituto Brasileiro de Estudos de Responsabilidade Civil (IBERC). Advogado. *E-mail*: <marcosehrhardtjr@uol.com.br>.

Maria Candida do Amaral Kroetz
Mestre e Doutora pela Universidade Federal do Paraná – UFPR. Procuradora Federal. Vice-Diretora do Setor de Ciências Jurídicas da UFPR, no qual é Professora Adjunta do Departamento de Direito Civil e Processual Civil desde 2008. Mediadora Certificada pelo Conselho Nacional de Justiça. Membro do Núcleo de Estudos de Direito Civil-Constitucional Virada de Copérnico.

Maria Rita de Holanda S. Oliveira
Doutora em Direito Civil pela UFPE. Professora de Direito Civil da Unicap. Advogada. Membro do Grupo de Pesquisa Conrep – Constitucionalização das Relações Privadas da UFPE. Presidente do IBDFam/PE.

Marília Pedroso Xavier
Professora da Graduação e da Pós-Graduação *Stricto Sensu* da Faculdade de Direito da UFPR. Doutora em Direito Civil pela USP. Mestre e Graduada em Direito pela UFPR. Conselheira da OAB/PR. Diretora do Departamento de Direito Civil do Instituto dos Advogados do Paraná. Coordenadora da Clínica Jurídica Advocacia Disruptiva junto ao Núcleo de Prática Jurídica da UFPR. Advogada.

Mário Luiz Delgado Regis
Doutor em Direito Civil pela Universidade de São Paulo – USP. Mestre em Direito Civil Comparado pela Pontifícia Universidade Católica de São Paulo – PUC-SP. Advogado. Professor Titular da Faculdade Autônoma de Direito de São Paulo – Fadisp. Presidente da Comissão de Assuntos Legislativos do Instituto Brasileiro de Direito de Família – IBDFam. Diretor de Assuntos Legislativos do Instituto dos Advogados de São Paulo – Iasp. Membro da Academia Brasileira de Direito Civil –ABDC e do Instituto de Direito Comparado Luso-Brasileiro – IDCLB.

Melina Girardi Fachin
Filha de Luiz Edson e Rosana Fachin. Aluna – da vida e do direito – do Professor Luiz Edson Fachin desde 2001. Sócia de Escritório do Professor Luiz Edson Fachin de 2006 a 2015. Professora Doutora dos Cursos de Graduação e Pós-Graduação da Faculdade de Direito, na qual foi colega de docência do Professor Luiz Edson Fachin de 2012 a 2015.

Milena Donato Oliva
Professora do Departamento de Direito Civil da Faculdade de Direito da Universidade do Estado do Rio de Janeiro – UERJ. Secretária-Geral do Instituto Brasileiro de Direito Civil – IBDCivil. Advogada Sócia do Escritório Gustavo Tepedino Advogados.

Nelson Rosenvald
Pós-Doutor em Direito Civil na Universidade Roma Tre – Itália. Pós-Doutor em Direito Societário na Universidade de Coimbra – Portugal. Professor Visitante na Universidade de Oxford – Inglaterra. Doutor e Mestre em Direito Civil pela PUC-SP. Procurador de Justiça do Ministério Público de Minas Gerais.

Otavio Luiz Rodrigues Jr.
Doutor, Livre-Docente e Professor Associado de Direito Civil da Faculdade de Direito do Largo de São Francisco – Universidade de São Paulo, com Estágios Pós-Doutorais na Universidade de Lisboa e no Instituto Max-Planck de Direito Privado Internacional e Estrangeiro. Coordenador da Área de Direito da Capes.

Pablo Malheiros da Cunha Frota
Doutor em Direito das Relações Sociais pela Universidade Federal do Paraná (2013). Mestre em Função Social do Direito pela Faculdade Autônoma de Direito de São Paulo (2008). Especialista em Direito Civil pela Unisul (2006). Especialista em Filosofia do Direito pela Pontifícia Universidade Católica de Minas Gerais (2013). Graduado em Direito pela Universidade Católica de Brasília (2004). Graduando em Filosofia pela Universidade Católica de Brasília (2018). Professor Adjunto em Direito Civil e Processo Civil da Universidade Federal de Goiás – UFG. Professor Colaborador do Programa de Pós-Graduação em Direito Agrário da UFG. Professor de Direito Civil e do Consumidor da Universidade de Vila Velha. Trabalha em Constitucionalização do Direito. Líder do Grupo de Pesquisa Realizando o Direito Privado na Universidade Federal de Goiás. Diretor do IBDFam/DF. Líder do Grupo de Pesquisa Relações Privadas, Igualdade e Ordem Pública Nacional e Internacional na UVV. Membro do IBDFam, do Brasilcon, do IBDCivil, da ABDCONST, da Abedi, da Aldis, do IAB, do Instituto Luso-Brasileiro de Direito e do Iberc. Pesquisador do Grupo Virada de Copérnico (UFPR) e do Grupo Constitucionalização das Relações Privadas (UFPE). Advogado. Código ORCID: 0000-0001-7155-9459. *Lattes*: <http://lattes.cnpq.br/0988099328056133>.

Pablo Renteria
Professor do Departamento de Direito da PUC-Rio.

Patricia Ferreira Rocha
Mestra em Direito Civil pela Universidade Federal de Pernambuco – UFPE. Professora de Direito das Famílias e Sucessões. Membro do Instituto Brasileiro de Direito de Família e Sucessões – IBDFam. Pesquisadora do Grupo de Pesquisa Constitucionalização das Relações Privadas (Conrep/UFPE). Advogada. Conselheira Seccional e Membro da Comissão de Ensino Jurídico da Ordem dos Advogados do Brasil, seccional de Alagoas. *E-mail*: <patriciarochamcz@hotmail.com>.

Paula Falcão Albuquerque
Mestra em Direito pela FDA/Ufal. Membro do Grupo de Pesquisa Constitucionalização das Relações Privadas – Conrep da Universidade Federal de Pernambuco. Membro do Grupo de Pesquisa Direito Privado e Contemporaneidade da Universidade Federal de Alagoas. Professora de Direito. Advogada.

Paula Greco Bandeira
Doutora e Mestre em Direito Civil pela Universidade do Estado do Rio de Janeiro – UERJ. Sócia do Escritório Gustavo Tepedino Advogados.

Paula Moura Francesconi de Lemos Pereira
Doutora e Mestre em Direito Civil pela Universidade do Estado do Rio de Janeiro – UERJ. Pós-Graduada em Advocacia Pública pela Ceped-UERJ. Pós-Graduada em Direito da Medicina pelo Centro de Direito Biomédico da Universidade de Coimbra. Professora da Pós-Graduação *Lato Sensu* do Curso de Direito Civil-Constitucional do Centro de Estudos e Pesquisas no Ensino de Direito – Ceped-UERJ e da Pós-Graduação da Universidade Católica do Rio de Janeiro – PUC-RJ. Professora da Universidade Unilasalle Rio de Janeiro. Tesoureira do Instituto Brasileiro de Direito Civil – IBDCivil. Diretora do Instituto Brasileiro de Biodireito, Bioética e Sociedade – Ibios. Advogada. *E-mail*: <paula@francesconilemos.com.br>.

Paulo Nalin
Graduado em Direito pela Universidade Federal do Paraná (1991). Mestre em Direito Privado pela Universidade Federal do Paraná (1996). Doutor em Direito das Relações Sociais pela Universidade Federal do Paraná (2000). Pós-Doutor em Contratos Internacionais pela Juristische Fakultät – Universität Basel (2014). Professor Associado de Direito Civil da Universidade Federal do Paraná (Graduação e Pós-Graduação). Professor Titular de Direito Civil da Pontifícia Universidade Católica do Paraná (2003-2004). Professor do L.L.M. da Swiss International Law School (SILS). Advogado da Popp & Nalin Sociedade de Advogados. Árbitro.

Priscila de Castro Teixeira Pinto Lopes Agapito
29ª Tabeliã de Notas Titular de São Paulo, Capital. Ex-Oficial do Registro Civil das Pessoas Naturais e Tabelionato de Notas do Distrito do Jaraguá – São Paulo, Capital. Ex-Advogada. Presidente da Comissão de Notários e Registradores do IBDFam Nacional. Palestrante e Professora em diversas instituições de ensino: FMB, Damásio Educacional, IDP, OAB/ENA, EPM, entre outras.

Renata Vilela Multedo
Doutora e Mestre em Direito Civil pela UERJ. Professora Titular de Direito Civil do Grupo Ibmec. Professora dos Cursos de Pós-Graduação *Lato Sensu* em Direito Privado Patrimonial (DPP) e em Direito das Famílias e das Sucessões da PUC-Rio (DFS). Professora do Curso de Pós-Graduação *Lato Sensu* do Ceped-UERJ. Professora da Escola de Magistratura do Estado do Rio de Janeiro – EMERJ. Membro efetivo do IAB, do IBDFam e do IBDCivil. Membro do Conselho Executivo da *Civilistica.com – Revista Eletrônica de Direito Civil*. Advogada.

Ricardo Calderón
Doutorando e Mestre em Direito Civil pela Universidade Federal do Paraná – UFPR. Coordenador da Especialização em Direito das Famílias e Sucessões da Academia Brasileira de Direito Constitucional – ABDConst. Pós-Graduado em Teoria Geral do Direito e em Direito Processual Civil. Professor dos Cursos de Pós-Graduação da Fundação Getulio Vargas – FGV/Isae Curitiba, Universidade Positivo e Escola Paulista de Direito. Membro do Instituto Brasileiro de Direito Civil – IBDCivil. Membro da Diretoria Nacional do Instituto Brasileiro de Direito de Família – IBDFam. Pesquisador do Grupo de Estudos e Pesquisas de Direito Civil Virada de Copérnico, vinculado ao PPGD-UFPR. Membro da Comissão de Educação Jurídica da OAB/PR. Membro do Instituto dos Advogados do Paraná. Advogado em Curitiba. Sócio do Escritório Calderón Advogados.

Roberta Mauro Medina Maia
Doutora em Direito Civil pela UERJ. Professora dos Cursos de Graduação e Pós-Graduação em Direito da PUC-Rio. Professora dos Cursos de Pós-Graduação do Ceped/UERJ. Advogada

Rodolfo Pamplona Filho
Doutor em Direito pela Pontifícia Universidade Católica de São Paulo. Professor Titular do Curso de Direito e do Mestrado em Direito, Governança e Políticas Públicas da Unifacs, da Graduação e Pós-Graduação *Stricto Sensu* (Mestrado e Doutorado) da UFBA. Coordenador dos Cursos de Pós-Graduação em Direito Civil e em Direito e Processo do Trabalho da Faculdade Baiana e dos Cursos de Pós-Graduação *On-Line* em Direito e Processo do Trabalho e em Direito Contratual da Estácio/CERS. Membro da Academia Brasileira de Direito do Trabalho, Academia de Letras Jurídicas da Bahia, Academia Brasileira de Direito Civil – ABDC, Instituto Brasileiro de Direito Civil – IBDCivil e Instituto Brasileiro de Direito de Família e Sucessões – IBDFam. Juiz do Trabalho. *E-mail*: <rpf@rodolfopamplonafilho.com.br>.

Rodrigo Toscano de Brito
Doutor e Mestre em Direito Civil Comparado pela Pontifícia Universidade Católica de São Paulo – PUC-SP. Professor de Direito Civil da Universidade Federal da Paraíba – UFPB e do Centro Universitário de João Pessoa – Unipê nos Cursos de Graduação e Pós-Graduação. Professor convidado para ministrar Cursos de Pós-Graduação em diversas instituições de ensino no Brasil. Membro da Diretoria Nacional do IBDFam. Advogado.

Rodrigo Xavier Leonardo
Advogado. Professor Associado de Direito Civil nos Cursos de Graduação e Pós-Graduação na UFPR. Mestre e Doutor em Direito Civil pela USP. Estágio de Pós-Doutorado na Università degli Studi di Torino.

Romualdo Baptista dos Santos
Mestre e Doutor em Direito Civil pela USP. Professor convidado nos Cursos de Pós-Graduação da Escola Paulista de Direito – EPD e da Escola Superior da Procuradoria Geral do Estado de São Paulo – ESPGE. Autor e Coautor de várias obras e artigos jurídicos. Procurador do Estado de São Paulo.

Rosalice Fidalgo Pinheiro
Doutora e Mestre em Direito das Relações Sociais junto ao Programa de Pós-Graduação em Direito da Universidade Federal do Paraná. Professora Adjunta de Direito Civil da Faculdade de Direito da Universidade Federal do Paraná. Professora Adjunta do Programa de Mestrado em Direito do Centro Universitário Autônomo do Brasil. Pós-Doutora junto à Universidade Paris 1 – Panthéon-Sorbonne. E-mail: <rosallice@gmail.com>.

Rose Melo Vencelau Meireles
Doutora e Mestre em Direito Civil pela UERJ. Professora Adjunta de Direito Civil da Faculdade de Direito da UERJ. Membro efetivo do IBDFam e do IBDCivil. Consultora. Parecerista. Mediadora. Advogada.

Tatiane Gonçalves Miranda Goldhar
Advogada. Mestre em Direito Civil pela Universidade Federal de Pernambuco. Especialista em Processo Civil pela Fanese/JusPodivm. Professora da Ciclo Renovando Conhecimento – Cers. Conselheira da Ordem dos Advogados do Brasil – OAB/SE. Membro do Instituto Brasileiro de Direito de Família/SE. Membro do Grupo de Pesquisa de Constitucionalização das Relações Jurídicas Privadas da Universidade Federal de Pernambuco – UFPE. Membro do Grupo de Pesquisa de Direitos Fundamentais, Novos Direitos e Evolução Social da Universidade Tiradentes – UNIT (<dgp.cnpq.br/dgp/espelhogrupo/7004133565949592>). Presidente da Associação Jurídica do Estado de Sergipe – AJE/SE (desde 2015). E-mail: <tatianegoldhar@gmail.com>. Lattes: <http://lattes.cnpq.br/8888290603918536>.

Thamis Ávila Dalsenter Viveiros de Castro
Doutora em Direito Civil pela UERJ. Mestre em Direito Constitucional e Teoria do Estado pela PUC-Rio. Professora de Direito Civil do Departamento de Direito da PUC-Rio. Coordenadora do Curso de Pós-Graduação em Direito das Famílias e das Sucessões da PUC-Rio. E-mail: <thamis@puc-rio.br>.

Vitor Almeida
Doutor e Mestre em Direito Civil pela Universidade do Estado do Rio de Janeiro – UERJ. Professor Adjunto de Direito Civil da Universidade Federal Rural do Rio de Janeiro – ITR/UFRRJ. Professor de Direito Civil da PUC-Rio. Professor dos Cursos de Especialização do Ceped-UERJ e EMERJ. Professor Convidado da Escola Superior de Advocacia Pública da PGE/RJ. Vice-Diretor do Instituto Brasileiro de Biodireito, Bioética e Sociedade – Ibis. Advogado.

Viviane Girardi
Doutoranda em Direito Civil pela Faculdade do Largo de São Francisco – USP. Mestre em Direito Civil pela Faculdade de Direito da UFPR. Especialista em Direito Civil pela Universidade de Camerino – Itália. Conselheira e Diretora da Associação dos Advogados de São Paulo – AASP. Membro do IBDFam e do IBDCivil. Advogada.

Esta obra foi composta em fonte Palatino Linotype, corpo 10
e impressa em papel Offset 63g (miolo) e Supremo 250g (capa)
pela Expressão e Arte Gráfica, em São Paulo/SP.